大清十二帝

真实地再现了大清十三朝十二帝三百余年的历史

李金龙／主编

辽海出版社

壹

图书在版编目（CIP）数据

大清十二帝 / 李金龙主编．—沈阳：辽海出版社，2015. 7

ISBN 978-7-5451-3522-0

Ⅰ．①大… Ⅱ．①李… Ⅲ．①皇帝—生平事迹—中国—清代 Ⅳ．① K827=49

中国版本图书馆 CIP 数据核字（2015）第 171917 号

大清十二帝

责任编辑：段扬华　柳海松　冷厚诚
责任校对：顾　季
装帧设计：马寄萍
出 版 者：辽海出版社
地　　址：沈阳市和平区十一纬路 29 号
邮政编码：116003
电　　话：024-23284473
E - mail：dyh550912@163. com
印 刷 者：北京一鑫印务有限责任公司
发 行 者：辽海出版社
幅面尺寸：787mm × 1092mm　　1/16
印　　张：80
字　　数：1280 千字
出版时间：2015 年 8 月第 1 版
印刷时间：2015 年 8 月第 1 次印刷
定　　价：498. 00 元

目　录

一代天骄兴建州

——清太祖努尔哈赤

文武兼备的创业之君

——清太宗皇太极

身许佛门

——清世祖顺治帝

雄才大略的盛世君王

——清圣祖康熙帝

铁腕下的千古骂名

——清世宗雍正

盛世巅峰的诗人皇帝

——清高宗乾隆帝

谨守祖业的守成之君

——清仁宗嘉庆帝

崇俭倡廉的平庸皇帝

——清宣宗道光帝

内忧外困的苦命天子

——清文宗咸丰帝

因人成事的短命皇上

——清穆宗同治帝

无力回天的囚徒皇帝

——清德宗光绪帝

见证历史变迁的末代君王

——清宣统帝溥仪

【总论】

大清王朝是由女真族（满族）建立起来的封建王朝，是中国历史上继元朝之后第二个由少数民族建立起来的统一政权，也是中国最后一个封建帝制国家。从顺治元年（1644 年）清兵入关到 1912 年中华民国成立，清帝退位，清王朝统治全国共 268 年。自此之后，中国脱离了封建帝制而转入了民主革命时期。清王朝处于封建社会晚期，盛衰隆替，风云变幻，它的崛起为封建社会注入了新的生机，它的衰落又导致了封建社会的瓦解。

皇帝是封建王朝政权和神权的象征，是王朝最高统治者，有至高无上的权力。整个来说，清朝是专制主义中央集权发展的顶峰时期。皇帝掌军国大权，举凡军事、政治、经济、科举、法制、外交等方面的大政方针无不由他决定。皇帝与这个朝代的兴亡，关系十分密切，所谓“一言兴邦，一言废邦”，并不完全是夸张。

清朝共 12 个皇帝——入关前的两帝：努尔哈赤和皇太极；入关后 10 帝：顺治，康熙，雍正，乾隆，嘉庆，道光，咸丰，同治，光绪，宣统。每个皇帝都有年号，这些年号都暗含美好的意思[①]。但是清太宗皇太极有两个年号：先叫天聪，后来改元叫崇德。在这个特定时代中的十二位皇帝，自然有开国之君，治世之帝，也有平庸之君，堕落之帝。

清太祖努尔哈赤是女真酋长猛哥帖木尔后裔，出生在建州左卫苏克素护部赫图阿拉城（辽宁省新宾县）的一个满族奴隶主家庭。明万历十一年（1583年），努尔哈赤不屈奋起，以父、祖遗甲13副起兵，“自中称王”。他率领八旗子弟转战于白山黑水之间，临大敌不惧，受重创不馁，以勇悍立威，受部众拥戴，历时30多年，统一女真各部，推动了女真社会的发展和满族共同体的形成。他创立八旗制度，万历四十四年（1616年）建立大金（史称后金），建都赫图阿拉城。努尔哈赤兵势渐强，势力日增，天命三年（1618年）以七大恨[②]祭天，誓师征明，攻占沈阳，进入辽河流域，迁都沈阳，开始为清王朝的建立艰苦创业。他实行“计丁授田”制，建立大贝勒共治国政制度。

赫图阿拉老城，清太祖努尔哈赤起兵的地方，也是大清三百年基业的肇始之地。

清太宗皇太极继位后，踔厉风发，将父业推向更高阶段。即位不到10年，皇太极就统一了整个东北，并南下朝鲜，西征蒙古，屡挫大明官兵。天聪十年（1636年）四月，皇太极改国号为“大清”，将族名改称“满洲”。他将满洲贵族部分奴仆编为民户，实行中央集权，控制正黄、镶黄、正蓝三旗，排除三大贝勒，获得独自南面权。他效法汉族中央组织机构，设六部、内三院，建立起完善的中枢机构。他以武力征服了漠南蒙古和朝鲜，又雄心勃勃地挥师西进，兵锋所指，京畿震惊。崇德七年（1642 年）皇太极攻下松山、锦州，尽歼明军精锐，山海关外，东北地区除宁远四城外全部为清所有，为进军中原做好了准备。皇太极博览群史，气度恢弘，军事上有勇有谋，政治上极富开拓精神，既有强烈的民族意识，又十分向往汉族文化，兴利除弊，优礼汉官，堪称“上承太祖开国之绪业，下启清代一统之宏图”的创业之君。他猝死于清军入关前夕，未能实现夺取全国政权的宿愿。

清世祖顺治帝 6 岁即位，由睿亲王多尔衮与郑亲王济尔哈朗辅政，实权掌握在多尔衮手中。辽东总兵吴三桂投降，多尔衮率兵入关，迁都北京，然后派兵镇压各路抗清力量，吸取明朝统治经验，建立起全国性的封建政权。他完成了一系列治国的基础工程，例如仿效明朝制定职官，制定大清律等。他一方面免除明朝的三饷，安定民心，但另一方面则又实施 5 大弊政，加深了民族矛盾。顺治七年，多尔衮出塞射猎，死于塞外。14 岁的福临提前亲政。少年天子顺治帝变多尔衮对西南农民和桂王的抗清力量一味镇压为镇压与诱降相结合的政策，终于消灭

身穿甲胄的八旗兵形象

了西南抗清力量；对东南的郑成功则实行海禁，郑成功被迫迁往台湾，全国基本得到统一。顺治帝天资聪颖，读书勤奋，他审时度势，对成法祖制有所更张，且不顾满洲亲贵大臣的反对，拨乱反正，倚重汉官，并学习先进的汉族文化。为了使新兴的统治基业长治久安，他以明代兴亡为借鉴，警惕宦官朋党为祸，重视整饬吏治，注意与民休息，取之有节。顺治帝纠正多尔衮的 5 大弊政，安定了民心，发展了生产。但他少年气盛，刚愎自用，急躁易怒，当他宠爱的董妃去世后，转而消极厌世，终于英年早逝，匆匆走完短暂的人生历程。他是清朝历史上唯一公开归依禅门的皇帝。

圣祖康熙帝、世宗雍正帝、高宗乾隆帝可同时而论，此三帝在位 100 多年，乾纲独断。他们志存高远，励精图治，汉文化水平又高，是清兵入关后最有统治才能，功绩最突出的皇帝。

康熙帝玄烨自幼勤奋好学，文韬武略样样精通，在清除鳌拜，撤除三藩，统一台湾，平定准噶尔叛乱等一系列军事行动中或御驾亲征，或决胜千里，充分显示了他的军事才能。他慎选人才，表彰清官，修治河道，笼络汉族知识分子等，又反映了康熙是一个出色的政治家和睿智的君主。

乾隆帝戎装骑马像

雍正帝胤禛是在康乾盛世前期——康熙末年社会经济出现停滞的形势下登上历史舞台

的。复杂的社会矛盾，为雍正提供了施展抱负和才干的机会。他有步骤地进行了多项重大改革，高瞻远瞩，又惟日孜孜，励精图治，在13年的统治生涯中取得了卓有成效的业绩，为后代的乾隆盛世打下了扎实雄厚的基础。他的历史地位，同乃父康熙和乃子乾隆相比，毫不逊色。尽管他猜忌多疑，刻薄寡恩，统治严酷，但比起他的业绩来，毕竟是次要的。

乾隆帝弘历即位之初，实行宽猛互济的政策，务实足国，重视农桑，在停止捐纳，平定叛乱，网罗人才，访求书籍等一系列治国举措中，充分体现了他的政治才能与文治武功。乾隆帝精于骑射，向慕风雅，笔墨留于大江南北，还是一个有名的文物收藏家，清宫书画大多是他收藏的。他在位期间编纂的《四库全书》收书宏富，其卷数是《永乐大典》的3倍，成为我国古代思想文化遗产的总汇。但乾隆为人重奢靡，晚年时国库财用耗竭，并重用贪官和珅，以至农民起义在其晚年层出不穷，清王朝从强盛走向衰败。

三帝治国风格不同，康熙宽大，雍正严酷，乾隆宽严并用，但都能适应他们统治时期的实际情况。三帝统治期间，先后通过剪除保守势力鳌拜，设置南书房、军机处，建立密折制度等措施，把皇权推向顶峰。三帝重视边疆的经营，实行恩威并施，因地制宜的政策。三藩平定、台湾统一、噶尔丹和罗卜藏丹津叛乱的镇压、回部统一、西南少数民族地区实行改土归流，这些措施促进了边疆的稳定、王朝的安宁和版图的扩大（相对于明朝而言）。乾隆二十四年（1759年）平息叛乱，天山南北两路皆平，清朝疆域空前[3]，形成统一巩固的多民族的幅员辽阔的封建帝国。三帝重视治理黄河、海塘，奖励开荒，实行地丁合一政策，蠲免钱粮，减轻百姓负担，改革财政，推广作物，使农业生产获得较大发展，手工业和商业也都兴旺起来，财政状况不断好转，人口也增加很快。康熙六十一年，户部库存 800 余万两，乾隆四十二年增至 81824044 两④。文化事业大兴，文学、哲学、书画艺术和图书业历代很少能与之比美。从清除鳌拜的康熙八年到乾隆三十九年是清朝最辉煌的时期，被誉为“康乾盛世”⑤。由于国家渐强，从崇德二年到乾隆末年，周边 10 多个国家俯首称臣，先后成为清朝的藩属。

然而三帝也有一些错误做法。首先他们在思想上实行专制，推崇儒家理学，大兴文字狱，压制有反清思想的知识分子，迫使知识分子钻进故纸堆，脱离现实，抑制了社会的发展。三帝统治期间尤其是乾隆朝，由于实行束缚自己的闭关自守政策，妨碍了对外贸易和航海事业的发展，妨碍了对国外先进科学技术的吸收。乾隆帝晚年生活奢侈，官吏管理不严。雍正年间，尽管取消“耗羡”，实行养廉银制度，在一定程度上解决了薪俸过低的问题，有利于廉政建设，但始终没能刹住顺治以来就存在的贪污现象，反而愈演愈烈，出了像和珅那样在整个封建社会都少见的大贪官。吏治败坏，土地兼并

康熙时所建的热河行宫，又称避暑山庄。

现象严重，“富者连阡陌，而贫者无立锥”[6]。乾隆朝多次征伐，耗费繁巨，导致乾隆末年国库存银骤减，农村经济转衰，经制兵八旗和绿营的战斗力也大大丧失。阶级矛盾加剧，乾隆朝农民起义此起彼伏：乾隆三十九年山东王伦起义，四十六、四十八年甘肃苏十四和田五领导的起义，五十一年台湾林爽文起义，六十年湖南、贵州、四川苗族起义。

仁宗嘉庆帝与宣宗道光帝两朝共55年。嘉道年间，官吏贪污，吏治日益败坏；自然灾害频仍，人口激增，土地兼并，教派、会党众多，社会矛盾尖锐。清朝颓势形成，其标志是频繁的农民起义。陈旭麓先生说：“从白莲教起义这一年到道光二十年（1840年）的这四十四年，《东华录》所记起义共九十三次。这些起义标志着清朝的封建统治已由盛变衰。”[7]

嘉庆帝是一位勤政图治的守成之君，他亲政后采取的一系列政策措施，对于改变乾隆后期的种种弊政起了一定的作用，但他没有也不可能从根本上扭转清代中衰之势。对一大批“尸禄保位”的官僚嘉庆帝只能警告恫吓，最终徒呼奈何而已，他始终开不出一个根治日趋严重的腐化和怠惰的药方。他对西方殖民主义者的侵略有一定的认识，但一个日趋衰弱的封建制度的古老国家不可能真正有效地对付外来侵略者。

才智平庸的道光帝徒以俭德著称。他处于历史转折的关键时刻，“守其常而不知其变”。来自东南海上的鸦片流毒和英军入侵，使他寝食不安。他想严厉禁烟，也曾下决心抗击侵略者，但他不知英国来自何方，不知殖民主义为何物。他平素无知人之明，临危无应变之策，以至战守茫然，毫无方略，只能在自恨自愧中顿足叹息。道光二十年，大清帝国终于为英国的坚船利炮所破，道光帝成为第一

英国东印度公司储存鸦片的仓库。鸦片战争后，鸦片之祸越发严重，而大量的白银流进了侵略者的腰包。

个被迫签订不平等条约《南京条约》的清帝。清朝的外交政策从此由自主转向妥协投降，中国从此沦为半封建半殖民地社会。鸦片战争结束后，道光帝仍没吸取教训，没有创意改革。要说有变化的话，那就是《南京条约》签订后，实行五口通商，清政府不得不设立了五口通商大臣，闭关自守政策再也没法坚守下去了。道光帝秉政 30 年，朝纲独断，事必躬亲，但内政事务，如吏治、河工、漕运、禁烟等均无起色。勤政图治而鲜有作为，正是他一生的悲剧。

文宗咸丰帝、穆宗同治帝、德宗光绪帝和宣统帝是清王朝最后四个皇帝。他们在位期间，主要发生了三个方面的大事。首先是列强频频侵略中国，爆发了第二次鸦片战争（1856～1860 年）、中法战争（1883～1885 年）、中日甲午战争（1894～1895 年）、八国联军侵略中国战争（1900 年）。其次是王朝内部斗争和为了自身的生存而进行的改革。内部斗争有北京政变（1861 年）、恭亲王奕䜣与全体军机大臣被慈禧太后逐出军机处（1884 年）；改革有同光时期的洋务运动，戊戌政变（1898 年）和新政（1901～1911 年），总理衙门的设立，闭关自守政策被迫取消，大量举用汉人督抚。再次是人民革命运动的兴起：太平天国起义（1851～1864 年）、捻军起义（1851～1888 年）、义和团运动（1899～1900 年）和辛亥革命（1911～1912 年）接连不断。孙中山领导的辛亥革命最后推翻了清王朝。

太平天国天王洪秀全

咸丰即位时，以洪秀全为首的太平天国起义在广西紫荆山前金田村爆发。曾国藩领导的湘军，勾结列强，镇压了太平天国。但接踵而来的英法联军之役，迫使咸丰逃往热河承德。第二次鸦片战争失败，圆明园被毁，清政府被迫签订不平等条约，割地赔款。咸丰在位 11 年，民怨沸腾，“大局糜烂，不可收拾”，他往往中夜彷徨，一筹莫展，于是颓废起来，贪恋女色，戕害了身体。志高才疏的咸丰帝陷于祖制，忧虑终生。

同治帝在位 14 年，在此期间，清朝政府依靠曾国藩、李鸿章、左宗棠等一批重臣镇压了太平天国等一系列农民起义。为挽救清朝灭亡，慈禧太后支持洋务运动，发动了新政，最后还实行了宪政改革。洋务运动推动了中国的工业建设，新政对中国的政治进步产生了积极作用，但是亡羊补牢，不能挽狂澜于既倒。宪政改革促进了中国法制的进步，使中国民主建设开了步，但“皇族内阁”的产生使宪政改革最后破产，立宪派从拥戴朝廷走到了它的对立面，加速了清朝的灭亡。但这些与同治皇帝都没多大关系，当时的统治者实际上是慈禧。载淳幼年是一个少不更事的顽童，作为一个皇帝，确实辜负了朝野上下对他的殷切期望。亲政2年后，他死于天花。

伪满洲国皇宫旧址，位于吉林省长春市东北角，是伪满皇帝溥仪的宫殿。该处原为吉黑榷运局办公楼，自日本侵略者扶植溥仪上台后，即成为傀儡皇帝的住处。

光绪帝19岁亲政，他富有年轻人的进取精神，愿意接受新思想，有振兴大志，“不甘作亡国之君”，支持康有为戊戌变法，一度成为维新派心中的“救世主”。但变法危及封建守旧势力的利益，遭到以慈禧为首的清室贵族的阻挠。戊戌变法的失败，使清王朝改变旧章的一线生机被扼杀。光绪帝没有勇气冲破封建伦理思想的束缚，“天颜戚戚，常若不悦”，心境悲怆。八国联军占领北京时，慈禧只好携光绪帝仓皇逃到西安。义和团运动后，各地反清武装起义此起彼伏，民主革命思潮在全国广泛传播，清王朝濒于覆灭的边缘。

在位3年的宣统帝还是孩子，晚清实权长期为慈禧太后篡夺，最后三四年则落在载沣和隆裕太后手里。孙中山倡导的资产阶级民主革命条件日趋成熟，清王朝的败亡已经不可逆转，清廷只得以光绪帝的未亡人隆裕皇太后和末代皇帝宣统的名义颁发退位诏书。

1931 年溥仪在侵华日军策划下被挟持至东北，1932 年 3 月出任日本傀儡政权“满洲国”执政。日军战败后被俘，溥仪经改造，曾任中华人民共和国政协委员。

奉
旨朕欽奉
隆裕皇太后懿旨前因民軍起事各省響應九夏沸騰
生靈塗炭特命袁世凱遣員與民軍代表討論大局
議開國會公決政體兩月以來尚無確當辦法南北
睽隔彼此相持商輟於途士露於野徒以國體一日
不決故民生一日不安今全國人民心理多傾向共
和南中各省既倡議於前北方諸將亦主張於後人
心所嚮天命可知予亦何忍因一姓之尊榮拂兆民
之好惡是用外觀大勢內審輿情特率皇帝將統治
權公諸全國定為共和立憲國體近慰海內厭亂望
治之心遠協古聖天下為公之義袁世凱前經資政
院選舉為總理大臣當茲新舊代謝之際宜有南北
統一之方即由袁世凱以全權組織臨時共和政府
與民軍協商統一辦法總期人民安堵海宇乂安仍
合滿漢蒙回藏五族完全領土為一大中華民國予
與皇帝得以退處寬閑優游歲月長受國民之優禮
親見郅治之告成豈不懿歟欽此
宣統三年十二月二十五日
內閣總理大臣 臣 袁世凱
署外務大臣 臣 胡惟德
民政大臣 臣 趙秉鈞
署度支大臣 臣 紹英 假
學務大臣 臣 唐景崇 假
陸軍大臣 臣 王士珍 假
署海軍大臣 臣 譚學衡
司法大臣 臣 沈家本 假
署農工商大臣 臣 熙彥
署郵傳大臣 臣 梁士詒
理藩大臣 臣 達壽

《清帝退位诏书》，颁布于 1912 年 2 月 12 日。

比较而言，清朝十二帝中，努尔哈赤、皇太极、顺治、康熙、雍正和前期的乾隆帝，是艰苦创业、励精图治之帝。他们有气魄、有能力，善于学习先进的汉族文化，制定的政策多数比较适合国情，促进了政治、经济、军事等发展，使清王朝从地方政权发展为全国性的政权，并使王朝发展成为一个强盛的封建帝国。但是从顺治帝开始，因为死守自然经济和长期坚持闭关自守政策，限制了中国的发展。自乾隆朝晚期起吏治逐步败坏，而皇帝或纵情挥霍，或株守平庸，或贪恋女色，或只作偶像而已。

清朝的兴亡，除与十二帝有关外，应当说还与慈禧太后有关。咸丰帝死后，慈禧发动政变，诛杀肃顺，终于实现了“垂帘听政”。在这以后的近 50 年里，她独断朝纲。在此期间，地球上的许多国家科技发展，经济繁荣，政治改良，而中国却被这样一个充满权力欲的女人把持着，死气沉沉，发展迟缓。为了一己私利，她施展阴谋，倒行逆施，置民族的利益于不顾，她死后 3 年清王朝国破家亡，给我们民族留下了沉重的包袱。

此外，清朝的兴亡还与其他因素有关。明朝的腐朽为其兴起开了绿灯；李自成推翻明朝为其入关并建立全国性政权排除了障碍；吏治腐败、闭关自守、封建制度的腐朽则使它衰落；外国侵略和农民起义使它丧尽元气；辛亥革命则直接导致了它的垮台。

总之，大清王朝的兴衰荣辱，令人荡气回肠。在漫长的岁月中，演绎着一个王朝的兴衰隆替。大清王朝的12位皇帝，文治武功各有千秋，在他们离去的背影中，显露出一个帝国的沧桑。

注释：

①高阳《清朝的皇帝》解释清朝皇帝年号大意如下：顺治，入关之初，天下未定，愿顺民意，以求大治。康熙，天下已定，与民休息，安居乐业。雍正，雍为雍亲王，正为正位。乾隆，乾卦象征君王，乾隆者，乾运兴隆。嘉庆，此号为乾隆内禅时所定，嘉是对嗣君的嘉勉，庆表示祝贺。道光，广大道统。咸丰，当时国势衰颓，财用不足，为求富足，因称咸丰。同治，表示愿与大臣亲贵共同治理国家。光绪，光是光大，绪表示兄终弟及的先后次序。宣统，明白宣告，溥仪入继为穆宗之子，兼祧（tiāo）德宗。

②据《清太祖高皇帝实录》，1618年（万历四十六年，天命三年）四月十三日，后金汗努尔哈赤以七大恨告天，其文曰：

我之祖、父，未尝损明边一草寸也，明无端起衅边陲，害我祖、父，恨一也。明虽起衅，我尚欲修好，设碑勒誓："凡满、汉人等，毋越疆圉，敢有越者，见即诛之，见而故纵，殃及纵者。"讵明复渝誓言，逞兵越界，卫助叶赫，恨二也。明人于清河以南、江岸以北，每岁窃踰疆场，肆其攘夺，我遵誓行诛；明负前盟，责我擅杀，拘我广宁使臣纲古里、方吉纳，挟取十人，杀之边境，恨三也。明越境以兵助叶赫，俾我已聘之女，改适蒙古，恨四也。柴河、三岔、抚安三路，我累世分守疆土之众，耕田艺谷，明不容刈获，遣兵驱逐，恨五也。边外叶赫，获罪于天，明乃偏信其言，特遣使臣，遗书诟詈，肆行陵侮，恨六也。昔哈达助叶赫，二次来侵，我自报之，天既授我哈达之人矣，明又党之，挟我以还其国。已而哈达之人，数被叶赫侵掠。夫列国之相征伐也，顺天心者胜而存，逆天意者败而亡。何能使死于兵者更生，得其人者更还乎？天建大国之君即为天下共主，何独构怨于我国也。初扈伦诸国，合兵侵我，故天厌扈伦启衅，惟我是眷。今明助天谴之叶赫，抗天意，倒置是非，妄为剖断，恨七也。欺陵实甚，情所难堪。因此七大恨之故，是以征之。

现代文解释七大恨：一、明朝无故杀害努尔哈赤父、祖；二、明朝偏袒叶赫、哈达，欺压建州；三、明朝违反双方划定的疆域，强令努尔哈赤抵偿所杀越境人命；四、明朝派兵保卫叶赫，抗拒建州；五、叶赫由于得明朝的支持，背弃盟誓，将其“老女”转嫁蒙古；六、明当局逼迫努尔哈赤退出已垦种之柴河、三岔、抚安之地，不许收获庄稼；七、明朝辽东当局派遣守备尚伯芝赴建州，作威作福。七大恨反映了满族对明朝的愤恨，成为讨明檄文。

③参见葛剑雄《分久必合，合久必分——统一分裂与中国历史余论》。又柳诒徵《中国文化史》概括了拓广疆土的过程：“清起满洲，抚有东胡及内蒙诸部。入关后，奄有明代两直隶十三布政司之地。康熙二十二年，收台湾。三十六年，平外蒙古。乾隆二十二年，平准部。二十四年，平回部，遂合为新疆省。而青海、蒙古、西藏喇嘛，亦于康、雍间，先后用兵平之，其幅员之辽阔，远非宋、明所及，故清代诸帝恒以此自诩。”

④葛剑雄《分久必合，合久必分——统一分裂与中国历史余论》。

⑤根据仲伟民《康乾盛世》第2页，上海古籍出版社，1997年。郭康成《康乾盛世的成就与隐患》把康乾盛世定在康熙二十三年到嘉庆四年之间。

⑥崔述《无闻集》卷一。

⑦《近代史思辨录·农民起义与人口问题》，广东人民出版社，1984年。

一代天骄兴建州

——清太祖努尔哈赤

冲冠一怒起遗甲，白山黑水立后金

帝王档案

⊙姓名：爱新觉罗·努尔哈赤

⊙属相：羊（1559年）

⊙年号：天命

⊙在位：1616～1626年

⊙享年：68岁（1559～1626年）

⊙庙号：太祖

⊙谥号：承天广运圣德神功肇纪立极仁孝睿武端毅钦安弘文定业高皇帝

⊙陵寝：福陵（沈阳东陵）

⊙配偶：16人，皇后（大福晋）乌拉纳喇氏

⊙子女：16子，8女

⊙继位人：皇太极（太宗）

帝王小传

努尔哈赤（1559～1626 年），姓爱新觉罗，名努尔哈赤，号淑勒贝勒。明嘉靖三十八年（1559 年）出生于明建州左卫苏克素护部赫图阿拉城（今辽宁省新宾县）。父塔克世为建州左卫指挥都指挥使觉昌安第四子，母为建州右卫都指挥使王杲长女喜塔拉氏额穆齐。1583 年努尔哈赤父、祖都死于战乱。其后，努尔哈赤用父、祖所遗的 13 副甲胄起兵，开始统一建州女真各部的战争。1587 年正月，努尔哈赤于呼兰哈达南冈建“宫室”，即建州左卫的治城，史称费阿拉城。天命元年（1616 年，明万历四十四年）正月，努尔哈赤于赫图阿拉城御八角殿称汗，建元天命，定国号为金，史称后金。天命十一年即明天启六年（1626 年）八月十一日，努尔哈赤病逝，终年 68 岁，葬于沈阳福陵（今辽宁省沈阳市东陵），庙号“太祖”。大妃乌拉纳喇氏及二庶妃从殉。皇太极嗣汗位。努尔哈赤是中国历史上最后一个封建王朝的奠基人。金庸先生称他为“自成吉思汗以来，四百多年中全世界从未出现过的军事天才”。

青史语录

“自东北海滨，迄西北海滨，其间使犬、使鹿之邦，及产黑狐、黑貂之地，不事耕种、渔猎为生之俗，厄鲁特部落，以至斡难河源，远迩诸国，在在臣服。”

——《清史稿·太祖本纪》

爱新觉罗的祖先

传说中的故事

很久以前，在东北长白山上有一座布库里山，山上有一个湖泊，叫布勒瑚里湖。已经久远得忘记了是何年何月，天宫里的恩古伦、正古伦、佛库伦三位仙女突然心血来潮，想要到凡间去玩玩。于是，她们想办法躲过了天庭守卫的法眼，偷偷地溜到人间，来到布勒瑚里湖畔。

湖水分外清冽晶莹，对三个终日里闷在天廷的仙女有着莫大的吸引力。她们合计一番，打算先在湖里洗个澡，再痛快地玩去。

正在这三位仙女玩得开心之时，一只喜鹊突然飞了过来，在三仙女中最小的佛库伦头上久久盘旋不止。佛库伦感到很奇怪，伸出手去想要摸摸这只看起来十分可爱的喜鹊。没想到，喜鹊恰巧将口中衔着的一枚朱果吐到了她的手中，随后长鸣着展翅飞远，不见了踪影。

细看喜鹊留下来的这枚朱果色泽红艳，散发着一股诱人的香气，让佛库伦爱不释手。见两位姐姐都有穿衣服离开的意思，佛库伦忙把朱果放在嘴里，匆忙着衣。忙中出错，一不留神却把果子囫囵着吞进肚里。没过多大一会儿，佛库伦便感到小腹有下坠的异状，像是怀孕的征兆，当两位姐姐要飞走时，自己的身体却已经沉重不堪，无法再驾云飞升。

两位姐姐见妹妹神色不对，便问妹妹怎么了，得知事情的来龙去脉之后，安慰她道："我们早已长生不老，时间的流逝对我们来说没有任何意义。你就在这里把孩子生下来吧，等身子轻了再飞回去也来得及。"

就这样，佛库伦独自一人留在了布库里山上，等待婴儿的降生。

没过多久，一个长相奇异的男孩呱呱落地。奇异的是他竟然生下来就会说话，迎风就长，没用多长时间，便已经长大成人。佛库伦给他起了个名字：爱新觉罗·布库里雍顺，并将自己的身世和他诞生的经过详细地讲与他听，并告诉他："你是上天安排出生的人，你的使命就是平息天下的战乱。现在，你沿着这条溪水一直往下游走，那里有你成名立业的地方。"说完这番话，佛库伦便消失不见了。

布库里雍顺划着母亲留下来的一叶用桦树做的独木舟，顺流而下，来到长白山东南一个叫鄂谟辉的地方，在溪水边用柳枝和野蒿搭起一座窝棚，暂时居住了下来。

在布库里雍顺居住的地方，有一座鄂多理城，也就是今天的吉林省敦化市。城里有三姓人家，各以姓为派别，形成三派，终日里为了争夺鄂多理城的控制权而打个不休。但三家实力差不多，谁也没本事把另外两家吃掉，却也不甘心就此沦为人后。正因为如此，这座小小的城里终日上演着刀光剑影的闹剧。

一天，城中有人去提水，发现溪边起了一座窝棚。由于那个时候的交通极为不便，陌生人很少见，所以他很是惊讶。走近一看，见里面住着个相貌奇异、举止不凡的年轻人——布库里雍顺。

当下，布库里雍顺便向来者友善地介绍了自己，也将自己的使命告知对方。来者一听，满心欢喜，连忙奔回城里，找到仍在械斗的三家首领，将情况一一讲明，并说："我想他会公平解决我们之间的争斗的，为什么不去问问他呢?"三家首领听罢，又惊又喜，忙率一干人等来到了布库里雍顺的窝棚前。

布库里雍顺进行了自我介绍。三家首领一商议，决定结束争斗，让这个上天派下来的使者担任城中领袖。于是，众人用手臂结成人轿，抬起布库里雍顺，浩浩荡荡地走回城中。

从此以后，布库里雍顺便成了鄂多理城之主，娶了城中如花似玉的百里氏之女为妻，称其国号为满洲。鄂多理城终于迎来了安定、平静的日子。

然而好景不长。布库里雍顺死后没过几代人，鄂多理城再次陷入危机之中。在一次极大的叛乱中，布库里雍顺的子孙几乎被斩杀殆尽，只有一个名叫樊察的小男孩逃出生天。当他逃到荒野上时，身后的追兵越来越近，眼见就要被擒，几只乌鸦突然落在他的肩膀上。追兵误以为樊察是一段枯树，从他的身边呼啸而去。就这样，樊察方才侥幸逃脱，将爱新觉罗氏唯一的血脉传承了下去。

这就是爱新觉罗氏始祖起源的故事。现在，当我们看到这则故事时，大多会毫不怀疑地将之归入到神话传说中去。但这却是正大光明记载于《清实录》《清史稿》等重要史料中的"历史"。那么，爱新觉罗氏的始祖到底是何方神圣?

布库里雍顺存在与不存在之争

大多数人认为，布库里雍顺虽然不是什么仙女之子，但可以肯定他就是爱新觉罗氏的始祖。其证据在于，历史上确实存在过布库里雍顺这个人物。在史料记载中，此人乃元代首任斡朵里万户府万户，而据《元地理志》记载，斡朵里确实设有万户一职，这就与传说中布库里雍顺在鄂多理（与斡朵里谐音，应当是不同时代的音译问题）城起家相符合。

传说中的鄂多理城三姓家族，即为"（布库里雍顺）所居之地为元代合兰府水达达等路之斡朵里。夫合海府领混同江南北两岸之地，以今三姓地为其中心，则《清实录》所谓雍顺往定三姓之乱者，亦不无关合"。也就是说，元代时的鄂多理其实是三个行政单位交界之处，在传说里转换成了"三姓"，这也正符合布库里雍顺的故事。

也有人认为并不存在布库里雍顺这个人。其证据在于《清实录》中在提到鄂多理城时说该城在长白山的东侧，而清代官方所修的史书，乃至追溯到《元地理志》上均称鄂多理城位于长白山之北。一东一北，史料中出现了地理位置上的矛盾，因此日本学者便断定，《清实录》的记载并不可信，历史也不存在布库里雍顺这个人，爱新觉罗氏的祖先，实际上是清肇祖猛哥帖木儿。

一个存在的人，一个未定的祖先

可以肯定的是，布库里雍顺是一个被神化了的人物。布库里雍顺的传说其实是整个女真人的传说，在女真人的神话体系里，布库里雍顺是整个女真的始祖，而非爱新觉罗氏所独有。然而努尔哈赤将之据为己有，到底是出于什么目的？

这其实是中国历史的通病。比如说，汉高祖刘邦在未参加起义军时，不过是一小小的亭长（相当于今天的村一级保安队长），但登上宝座，便声称自己是刘累之后。刘累并不是什么帝王将相，却是夏朝时期给孔甲帝养龙的人，跟帝王略有关系，所以刘邦这个皇上当得也就名正言顺。

不仅是平民出身的皇帝如此，就连祖上声名显赫的帝王亦是如此。如唐朝的开国皇帝李渊本是官宦世家出身，其祖、父，乃至母亲都是在前朝名气在外的人，但后来还是攀上了老子李聃的高枝，对外宣称自己是老子之后。而在史料中，对于李氏先祖是谁，有据可查的只有东晋末期的凉武昭王李皓。至于李皓与老子之间是否存在着血脉关系，恐怕连李皓自己也不知道。所以，李氏帝王认老子为祖，不过是让自己的登基显得理所当然一些罢了。

作为一朝的开国之君，努尔哈赤的祖先自然也要找个有头有脸的人物。然而，祖辈生活在辽东地区的爱新觉罗氏为满洲人，不像大汉民族那样历史悠久，名人辈出，不愁寻一个声名显赫的同姓之人为祖先。满洲人的前身是女真，女真的前身是黑水靺鞨，靺鞨再往前推，推到头也不过是夏商周时期的肃慎。加之在努尔哈赤之前，满洲人并没有自己的文字，无法证明祖上曾经出过声名显赫的人物。如此，从民间传说入手，去寻找一个能够让后人信服、能够赢得后人崇敬的祖先也就不足为奇。

先辈都非等闲人

虽然爱新觉罗氏的祖先带有很强的神话色彩，且是真是假也是众说纷纭，但努尔哈赤的先辈却都不是等闲人。努尔哈赤姓爱新觉罗，号淑勒贝勒，明嘉靖三十八年（1559 年），出生在建州左卫苏克素护部赫图阿拉城（辽宁省新宾县）的一个满族奴隶主塔克世的家中。

满洲人从周代开始曾有过肃慎、挹娄、勿吉、靺鞨、女真等名称。满语中，“爱新”意为“金”，“觉罗”意为族，“努尔哈赤”意思是野猪皮。努尔哈赤的祖先原居黑龙江北岸，大约金朝灭亡以后，迁徙到松花江下游的斡朵里（黑龙江省依兰县）地区。到了明初，为了躲避兀狄哈人和蒙古人的不断侵扰，几经辗转，直到正统年间，才在苏子河上游的广大地区定居下来，这里气候温和，雨量充沛，土壤肥沃，森林繁茂，为后来建州女真社会的发展提供了优越的自然条件。

努尔哈赤的先人都非等闲之辈，从六世祖猛哥帖木儿开始就受到明朝册封。努尔哈赤的祖父觉昌安、父亲塔克世，都曾先后担任过明朝的官职，史籍中有的说是“都督”，有的说是“都督企事”。努尔哈赤的母亲是建州右卫都督王杲的长女，姓喜塔拉氏，名额穆齐，她生了三子一女，即努尔哈赤、舒尔哈齐、雅尔哈齐和一个女儿。努尔哈赤为长子，生得龙颜凤目，伟躯大耳，声若洪钟，而且聪敏机智，喜爱习武，勤于劳作，因此颇受父母的喜爱。然而，努尔哈赤 10 岁时慈母便不幸病逝，他幼小的心灵遭到沉重的打击。继母纳喇氏为人十分尖刻，刻薄寡恩，弄得家里极不和睦，兄弟们都闹着分家。父亲塔克世听了继母挑唆，给他的产业极少，甚至不够维持正常的生活。

万历元年（1573 年），15 岁的努尔哈赤带着弟弟舒尔哈齐离开家，到外祖父王杲那里生活。王杲本名阿突罕，曾被明朝巡抚张学颜带往抚顺，教授汉文和武艺，并赐名为王杲。史书上说他“黠慧剽悍”，“有才辩，能解番汉语言字义”，是个文武兼备的人，以至于“建州诸夷，悉听杲调度”，成为当时建州女真的著名领袖。努尔哈赤对外祖父非常崇敬，而王杲对机智勇敢的外孙努尔哈赤亦十分喜爱，孜孜不倦地教努尔哈赤弓马骑射、汉语文化、兵书战策，可谓努尔哈赤的第一任最好的启蒙老师。

不幸的是，万历二年（1574 年），由于反对明王朝在女真地区推行民族压迫政策，王杲带兵进犯明辽东首府辽阳，杀死指挥王国栋。明辽东总兵李成梁率军攻破王杲屯寨，王杲只身逃走，最终被明朝捕获，被解送到北京，明廷将其处死，暴尸于京城的槁街。建州右卫也遭到明军的残酷掠杀，此时正在王杲家中的努尔哈赤兄弟也双双做了俘虏，机敏的努尔哈赤当即跪在李成梁马前，痛哭流涕，用汉语请赐一死。李成梁见他聪明伶俐、乖敏可怜，不仅赦免了他，而且把他留在帐下做了书童，专门伺候自己。努尔哈赤从七八岁就开始练习骑射，到这时十六七岁，已是弓马娴熟、武艺高强。因而在李成梁帐下，每逢征战，他总是勇猛冲杀，屡立战功。李成梁对他非常赏识，让他作了自己的随从和侍卫。两人形影不离，关系密切，情同父子。

然而，努尔哈赤只是表面上对李成梁表示恭顺和效忠，实际上他对外祖父的被杀始终怀恨在心，只是慑于李成梁的威名，暂时不敢轻举妄动。私下里他早已另有打算，只待时机成熟再采取行动。在李成梁帐下生活了 3 年左右，努尔哈赤以父亲捎信让他回家成亲为由，借机离开李成梁，回到了阔别已久的故乡。遵照父命，19 岁的努尔哈赤与佟佳氏结了婚。

经历了这种血与火的现实，无疑给以后努尔哈赤勃兴女真点燃了火花。但此时的努尔哈赤还需要面对生存的难题，他每天去挖人参、采蘑菇、拣榛子、摘木耳、拾松子，然后将这些东西运到抚顺、清河（今本溪北清河城）等地去卖，以此来维持生活。就在这一时期，努尔哈赤广交朋友，学会蒙、汉语言文字，逐渐受到汉人文化的影响，据说他十分喜爱读《三国演义》及《水浒传》，从中学习韬略兵法，渐知辽东山川形胜与道里险夷。

十三副遗甲起兵

努尔哈赤 25 岁那年，更大的不幸降临了。这一年，努尔哈赤的祖父和父亲，遭受池鱼之殃，同时死于明军攻城的炮火。这一事件，对努尔哈赤以后的人生道路产生了决定性的影响。

这一事件还要从王杲之死说起。王杲惨死京城，他的儿子阿台为报父仇，屡屡带兵袭杀明军。万历十一年（1583 年）二月，李成梁领兵直捣阿台的驻地古勒城。古勒城位于抚顺“马市”与赫图阿拉的中间位置。李成梁招诱了叶赫部图伦城主尼堪外兰合兵攻打古勒城。阿台已成瓮中之鳖，努尔哈赤的祖父觉昌安带着儿孙们前去营救，为了减少伤亡，觉昌安同努尔哈赤的父亲塔克世一同进城，打算劝说阿台投降。而尼堪外兰则利用内奸，引明朝大军入城，并向城上守军喊话说：“李太师有令，谁杀死阿台，谁就做古勒城的城主!”很快城被攻破，明军屠城。努尔哈赤的祖父、父亲死于其中。

噩耗传来，努尔哈赤悲痛欲绝。他愤然来到了辽东都司，义正辞严地质问明廷边吏，为何杀他一向忠顺于朝廷的祖父和父亲。明朝边吏自觉理亏，便送还觉昌安和塔克世的遗体，并派人跟他解释说："非有意也，是误杀耳！"后朝廷又赐予努尔哈赤敕书30道，战马10匹，让他袭任祖父之职，当了建州左卫都指挥使。

这一事件的发生对努尔哈赤的生活道路的影响是巨大的，袭任祖父之职，使他在东北地区女真各部间开始知名；祖父、父亲一贯忠于明朝却落得个惨死，使他与明室产生了对立情绪，暗暗下决心要报仇雪恨，但他清楚，此时若与明朝闹翻，就无异于自取灭亡。

满洲人所穿的铠甲

于是他表面上接受了明朝的抚慰，而把满腔怒火发泄到尼堪外兰身上。他奏请明臣执送尼堪外兰交由他处置。不料这一要求，竟惹恼了骄横跋扈的明朝边将，被视为无理取闹，一口拒绝，并宣称筑城，令尼堪外兰为"满洲国主"，因而尼堪外兰威望大升，"于是国人信之，皆归尼堪外兰"，甚至连亲族子弟也"对神立誓"，欲杀努尔哈赤以归之，尼堪外兰则乘机逼努尔哈赤"往附"，俨然以建州国君自居。

此时努尔哈赤处境异常艰难，祖父、父亲冤死，部众叛离，族人心变，兼之得罪了明朝边臣，仇人尼堪外兰气焰嚣张，确是四面楚歌，危急万分。但是，这种艰苦的环境，反而激发了努尔哈赤的斗志。

万历十一年（1583年）五月，时年25岁的努尔哈赤，以报父、祖之仇为名，以遗甲13副和部众30人，联合嘉木湖寨主噶哈善，沾河寨主常书、扬书，向尼堪外兰的驻地——图伦城进攻。尼堪外兰外强中干，他被努尔哈赤的气势吓破了胆，丢下部将，只带着家人仓皇逃窜到浑河部的嘉班去了。努尔哈赤不费吹灰之力便攻破图伦城，凯旋而归。万历十四年（1586年），努尔哈赤再次发兵进攻尼堪外兰。尼堪外兰闻风而逃，企图得到明廷抚顺关守将的保护。但他没有想到，此时明廷对两人的态度已经发生变化。守将将尼堪外兰拒于边台之外，努尔哈赤的部下赶到，砍死了尼堪外兰。努尔哈赤终于报了父祖的大仇，了却了一桩心愿。

自此以后，努尔哈赤声威大振，但他并未就此罢手，而是将目光投向了更远的地方。在追杀尼堪外兰的过程中，努尔哈赤已经成长为一名帅才。统一整个女真族的大业在激励着他。

统一女真各部

统一的进程

女真族在明代中叶分为建州、海西、野人三大部，属于奴儿干都司。

三部分女真生产水平不同：野人女真以渔猎为主，“无市井城郭，逐水草而居。”其他两部生产水平略高，以农业为主，开始学会冶炼，会制造农业用的斧头、镰刀和军事用的箭镞和甲衣，有了阶级，到了氏族制末期家长奴隶社会阶段。

女真各部又分为若干个小的部落，如苏克素护部便有图伦、萨尔浒、嘉木湖、沾河、安图瓜尔佳等城寨。如此多的女真部落，“群雄蜂起，称王号，争为雄长。各主其地，互相攻战。甚者兄弟自戕，强陵弱，众暴寡，争夺无已时。”

努尔哈赤首先将战争矛头指向建州女真。他起兵之后，很快便征服了苏克素护部，然后又分别于万历十二年（1584 年）、十三年、十五年、十六年连克董鄂部、浑河部、哲陈部和完颜部，将建州五部置于他的控制之下。建州有东珠、人参、紫貂、玄狐、猞猁狲等土产，努尔哈赤与明朝于抚顺、清河、宽甸、叆阳开展贸易活动，粮食更多，兵力更强。此后，努尔哈赤又于万历十九年统一鸭绿江部。

努尔哈赤接连胜利，引起了以叶赫为首的海西四部的恐慌。万历二十一年（1593 年）六月，海西四部联合蒙古科尔沁、锡伯、卦勒察三部加上长白的珠舍哩、讷殷二部一共九部 3 万人马分三路攻打努尔哈赤。努尔哈赤半夜听说九部之兵正往驻地攻杀而来，就告诉诸将，为了不惊扰已经安歇的百姓，天亮后再开拔部队，说完就去睡觉了。妃子富察氏听说有敌军攻来，心里十分着急，就把努尔哈赤叫醒，说：“九部兵打来，为什么反而酣睡呢？是方寸乱了，还是害怕？”努尔哈赤以天命之说回答：“我如果害怕，哪能睡得着？我如果输给九部之师，上天厌恶我，哪里会不害怕？现在我顺天命，安疆土，他们不喜欢我，纠集九部之师来戕害无罪之人。上天一定不保佑他们。”说完努尔哈赤仍然继续安寝如初。

第二天，建州派出的探子回报敌兵人数众多，将士们听了也有点害怕。努尔哈赤就解释说：“别害怕，现在我们占据险要地形，敌兵虽然多，不过是乌合之众，一定互相观望。如有哪一个领兵先攻，我们就杀他一二个头目，不怕他们不退。”士兵斗志鼓动了起来。努尔哈赤把兵带到古勒山据险布阵。九部之师攻扎喀、黑济格两城，均不得手，就来到了古勒山下，建州兵在山上严阵以待，努尔哈赤令额亦都带领 100 名骑兵迎战。叶赫部一个头目布斋冲来，马被木桩绊倒，额亦都部将吴谈上去把他杀了，另一头目科尔沁贝勒明安看到这情景吓坏了，所骑的马受惊陷进了泥淖，他掉头逃跑了。九部之师大败，兵马俘获不计其数。努尔哈赤乘机灭了讷殷、珠舍哩，将整个建州女真置于他的统治之下。

九部之师大败后，努尔哈赤开始统一海西女真。二十七年（1599 年）乘哈达饥荒，并与叶赫不和之机，灭了哈达。万历三十五年（1607 年），乌拉部所属东海瓦尔喀部归附努尔哈赤，努尔哈赤派其弟舒尔哈齐迎接其首领家眷，布沾泰率兵于图们江之乌碣岩企图截获。努尔哈赤又打了个大胜仗，将布沾泰俘虏，斩首 3000 人，获马 5000 匹，得甲 3000 副。乌拉大衰，辉发部被灭。四十一年（1613 年）灭了乌拉。

哈达、辉发、乌拉灭掉后，海西就剩下叶赫了。叶赫向明朝求救，明朝派出千人持火器相助。努尔哈赤攻下 7 城，下 19 寨而归。四十七年努尔哈赤再次率兵攻打叶赫。攻下 20 余寨，就回师了。明杨镐指挥四路兵马大举进攻努尔哈赤，萨尔浒之战打响，叶赫派兵援明。努尔哈赤败其四路进攻后就灭了叶赫。萨尔浒之战，是明朝与努尔哈赤争夺辽东的关键性一战，成为战争史上的一个出色战役。在这场战役中，努尔哈赤运用集中兵力、各个击破的战略，5 天之内连破三路明军，歼灭明军约 5 万人，缴获大量军用物资。

经过 30 多年时间，努尔哈赤终于统一了建州五部、海西四部和东海大部分。

从明万历十一年以遗甲 13 副兴师起，努尔哈赤取图伦，斩尼堪外兰，败九部联军，10 年内统一了建州女真部落。接着，他又灭哈达，并辉发，亡乌拉，降叶赫，取东海女真。36 年内，统一了建州、海西女真及大部分野人女真部落，“自东北海滨，迄西北海滨，其间使犬、使鹿之邦，及产黑狐、黑貂之地，不事耕种、渔猎为生之俗，厄鲁特部落，以至斡难河源，远迩诸国，在在臣服。”就是说，东起鄂霍次克海，西北到贝加尔湖，西至青海，南濒日本海，北跨外兴安岭的地域，实际辖境大约有 500 万平方公里，和明朝实际控制的面积大致相等。东北地区的重新统一，为康熙二十八年（1689 年）中俄《尼布楚条约》的签订奠定了基础。

胜利的因素

努尔哈赤的胜利离不开他非凡的军事指挥才干。他善于用计，重视保密，多谋善断，议即定，定即行，出兵犹如暴风骤雨，迅不可挡，经常以少胜多，变被动为主动。努尔哈赤的谋略在他征伐初期便表现出来了，如明万历十二年九月，住在佟佳江附近的董鄂部内乱，努尔哈赤那时人还不多，他乘机领了一些人进攻。董鄂部主阿海巴颜以 400 人在城内迎战。时值大雪，努尔哈赤下令停止进攻，撤退。他本人却率领 12 人在城下埋伏下来。阿海巴颜以为努尔哈赤已经撤走，便率兵出城。努尔哈赤与伏兵突然跃起，把阿海巴颜打了个措手不及，杀 4 人，缴获甲衣 2 副。

努尔哈赤自幼喜爱兵猎，勤学苦练，武艺超群。逢遇征战，他便率先冲阵，拼死厮杀。后来，努尔哈赤回顾数十年戎马生涯时总结说：“吾自幼于千百军中，孤身突入，弓矢相交，兵刃相接，不知几经鏖战。”这种英勇的气概和猛烈冲杀的作风，赢得了将士的拥戴，建立起崇高的威信，使部众竞相仿效，因而能够做到令必行，行必从。

努尔哈赤更令人钦佩的是他襟怀大度，不计小怨。有一次，努尔哈赤进攻翁克洛城，先纵火烧了该部的外城。他爬到屋顶上向城中射箭，被守城的鄂尔果尼以箭射中头部，血流至足；努尔哈赤把箭拔出来，反射敌兵，敌一人中箭而死。不久又被守城的洛科以箭射中颈部，努尔哈赤把箭头拔出，血肉随箭头往下掉。努尔哈赤强忍疼痛，慢慢地拄着弓从屋顶下来，饮水数升，骑马回去。伤愈后兵破此城，擒获鄂尔果尼与洛科，众将请对其施以乱箭穿胸之酷刑，以雪前恨。努尔哈赤说：两敌交锋，志在取胜。彼为其主乃射我，今为我用，不又为我射敌耶？如此勇敢之人，若临阵死于锋镝，犹将惜之，奈何以射我故而杀之乎！于是，命给二人释缚，授为牛录额真。

在统一女真过程中，努尔哈赤还制定了一系列的正确政策。他欣赏诸葛亮厉行法制、严惩罪犯的做法，于是“定国政，禁悖乱，缉盗贼，法制以立”；政治制度方面，他创立兼有军事、行政和生产职能的八旗制度；经济上加强与明朝互市贸易。

在用人上，他强调六项原则：一是任用贤人；二是不论亲疏门第，公正举人；三是不拘一格，用其所长；四是举贤贬奸；五是奖惩分明，功必赏，过必罚；六是赏赐效劳官将，视其所需，赐与马、牛、阿哈、食谷、衣服、财帛和妻室。努尔哈赤重用贤人和厚待功臣，招徕了许多机智忠贞武艺超群的猛将谋士。他们献计献策，奋勇冲杀，善理国政，自此，女真部逐渐“民殷国富”，国势日强，军威大振。这就在政治上、经济上、军事上为统一女真各部，建立和壮大后金国，奠定了牢固的基础。

另一方面，努尔哈赤采取“恩威并行，顺者以德服，逆者以兵临”，即以抚为主，以剿相辅的方针。具体内容有三，一为抗拒者杀，俘获者为奴；二是降者编户，分别编在各个牛录内，不贬为奴，不夺其财物；三为来归者奖。对于主动远道来归的人，从厚奖赐。当他听说东海虎尔哈部纳喀达部长率领100户女真来投时，专遣200人往迎，到后，“设大宴”，厚赐财物，“为首之八大臣，每人各赐役使阿哈十对、乘马十匹、耕牛十头”，以及大量皮裘、貂帽、衣、布、釜盆等物。对其他随从人员，亦“俱齐备厚赐之”。这样就缩小了打击面，争取到许多部长、路长带领属人前来归顺。仅据《八旗满洲氏族通谱》记载，黑龙江、吉林、辽宁女真酋长统众来归的，就有二三百起，这加速了女真统一的进程。

努尔哈赤还采取了正确的用兵策略，对邻国采取“远交近攻”的策略，与蒙古、朝鲜保持友好关系，与明朝保持君臣关系，尽力避免过早地与明朝发生正面冲突。万历十七年（1589年），明朝封努尔哈赤为都督佥事，二十三年又封他为龙虎将军。每次封赏后，努尔哈赤第二年就入朝谢恩。直到万历四十六年（1618年）以七大恨誓师伐明以前，努尔哈赤一直没有受到明军的征剿，这极大地有利于统一女真事业的顺利进行。

这些因素使得努尔哈赤不仅能在夹缝中求生存，从绝境里找出路，避免了灭门之灾，而且不断由弱变强，由小到大，最终完成了统一女真各部的大业。然而，胸怀大志的努尔哈赤并未就此止步，他开始将矛头指向了最强大的对手——明王朝。努尔哈赤知道，消灭明王朝这个“庞然大物”，不是一朝一夕的事情，他必须做很多方面的准备，而首要的就是建立一个强大的政权。然而这谈何容易，他需要付出很多很多。

虎毒食子

铁血太子的身世

在辽阳东郊阳鲁山上，有一处青砖素瓦的皇家陵园。清王朝入关前，因努尔哈赤建都东京（辽阳古名），曾一度将祖茔奉迁于此，故被敕封为东京陵。东京陵现存努尔哈赤胞弟舒尔哈齐、长子褚英、庶母弟穆尔哈齐及其子达尔差等人的四座陵寝，其中褚英的墓被当地老百姓称为“太子坟”。然而，褚英之墓远无皇家陵寝的风光，不仅面积小到不及舒尔哈齐陵寝的一半，墓前也是落寞孤寂，连一座石碑都没有。

这位生前勇武善战、为努尔哈赤统一女真立下赫赫功绩的太子，身后之所以如此凄凉，是因为300多年前，他在王朝内部一场政治角逐中落败获罪，被自己的父王努尔哈赤拘禁处死。

爱新觉罗·褚英，又称爱新觉罗·褚燕，清太祖努尔哈赤的长子，1580年生于北砬背山城（今新宾县网户村后山）。褚英的母亲为佟佳氏哈哈纳扎青，是努尔哈赤的结发妻子，因此，褚英是努尔哈赤的嫡亲长子。

明万历十一年（1583年），努尔哈赤开始了他长达半生的统一女真的征战，这年褚英刚满 3 岁。努尔哈赤起兵之初，首先面对的是一些族人的对抗和暗杀。有刺客来袭，努尔哈赤就把儿子褚英、代善和女儿东果藏进板柜底下。褚英在格杀争战、险象环生的境况中长大，刀光剑影、血雨腥风，造就了他性格上的勇敢和躁烈，严酷的生活磨练以及父亲的悉心训导，使他很快成长为一个英姿勃发、壮怀激烈的勇武少年。

万历二十六年（1598 年）正月，褚英受命与他的小叔巴雅喇、一等大臣费英东等，率一千精兵征讨东海女真安褚拉库路。这是褚英首次担任主帅，他率军披星戴月，昼夜兼程，一连攻取二十余座屯寨，尽数招来所属民众，大胜而归。对此，努尔哈赤十分高兴，亲赐褚英为洪巴图鲁（满语“英勇”的音译）的荣誉称号，并晋封他为贝勒。这年褚英刚满 18 岁。

万历三十五年（1607 年）正月，蜚悠城主策穆特黑到赫图阿拉归服努尔哈赤，请求建州派兵前去迎护家眷和部众。努尔哈赤便命他的弟弟舒尔哈齐与长子褚英及次子代善等统兵三千前往蜚悠城。行军路上，发生了一件奇怪的事情：一天夜里，阴云密布，伸手不见五指，迎风招展的军中大旗上忽然射出一道白光，闪电般撕裂夜空，刺人眼目。兵士们放倒大旗细看，旗上并无一点光亮。但当他们重新将旗竖起，旗上便又射出耀眼的白光。舒齐哈奇大惊失色，说：“我自幼跟大汗四处征讨，经历的事说来不少，但从来没有见过这样怪异的事。这是不祥之兆！我们应该撤军，避开这个凶兆。”舒尔哈齐的话遭到褚英和代善的坚决反对。在他们的坚持之下，大军终于到达蜚悠城。

在护佑着 500 户蜚悠部众返程途中，建州军在一个叫乌碣岩的地方，遭到乌拉兵的堵截。舒尔哈齐见敌军过万，惧于敌众我寡，畏缩山前，按兵不动。褚英和代善见状，便鼓动众将士说：“乌拉首领布占泰曾是我们建州的俘虏，因其归顺父王，父王才把他放回。我们过去能把他放回去，今天就能再把他抓回来。他的兵虽然比我们多，我们却有老天的眷顾，有父王的威名，只要奋勇厮杀，敌兵必破。”

部众士气受到了鼓舞，军心大振。他们在山上立栅扎营，派兵守护那500户部众。由扈尔汉、扬古利率200人同乌拉军前锋殊死拼杀，吸引敌军的注意力。而褚英则与代善各率兵500，分两路夹击乌拉军。褚英率先冲入敌阵，吼声震天，无人敢挡。乌拉兵兵败逃窜，“如天崩地裂”。这一仗，建州兵斩杀乌拉兵3000多人，获马5000匹，甲3000副，代善擒斩了乌拉大将博克多。

乌碣岩大战不仅大大地削弱了乌拉部的力量，而且打通了建州通向乌苏里江流域和黑龙江中下游地区的通道。努尔哈赤自然欣喜万分，以褚英“奋勇当先”，赐以“阿尔哈图图门”尊号。阿尔哈图图门是满语音译，即足智多谋之意。

之后，在宜罕山城等战役中，褚英也是军功卓著，为努尔哈赤完成女真统一大业作出了重要贡献，堪称建立后金王国的卓越功臣。

太子之死

万历三十九年（1611年），努尔哈赤53岁了。那个时代，女真人的平均寿命都不高，五十多岁已是高寿，努尔哈赤不得不对自己的身后事作出安排。经过再三斟酌，他于万历四十年（1612年）六月，正式立褚英为太子，并授命其执掌国政。

褚英18岁开始领兵打仗，22岁执掌白旗，参与议政。34岁被指定为储君，秉执国政，是努尔哈赤亲手培养的继承人。然而，实际上不论资历还是威望，褚英都远没有父亲那样至高无上。再加上年轻气傲，见识短浅，心胸偏狭，多年戎马，也没有经历过真正的政治上的训练，在权力角逐和抗衡中，不懂得韬晦绥靖，所以，做了很多蠢事。

此时，他本已是一人之下万人之上，但他却对父王“爱如心肝”的四大贝勒和父王“信用恩养、同甘共苦”的五大臣心存忌惮，总想着趁努尔哈赤在世时，逐渐削夺四大贝勒和五大臣的权力，巩固自己的储位，为自己顺利即位铺平道路。他的这种做法使四大贝勒和五大臣人人自危，更促进了他们的联合，使自己陷于孤立。

更愚蠢的是，褚英对自己的处境不但没有省察自警，反而为了树立自己的权威，竟号令诸贝勒与诸大臣对天发誓，效忠自己。四大贝勒和五大臣怎么能买他的账呢？于是，纷纷上书告状，状告其缺乏治国公心，离间五大臣的关系；逼迫弟弟们在夜里发誓，背着父亲忠于自己；并且威胁贝子们如不顺从自己，将在父亲死后断绝对他们的供养，即位之后，弟弟和大臣们谁反对他，他就杀掉谁。

努尔哈赤接到这些告状后，心情十分沉重。他拿着那些状告文书当面对褚英说：“儿子，这是你四个弟弟和五大臣告发你的文书，你先看看，如有不实之处，你可以据理辩白。”这其实是给褚英一个检讨自己、痛思悔过的机会，只要他能把事情解释清楚，承认自己狭隘偏私给兄弟和大臣造成的伤害，或许会得到父亲的宽宥和一如既往的扶植。可是，褚英仍然固守己见，表示无话可说。他的态度惹怒了父亲，他在立储之时，本就顾虑褚英“从幼偏狭，无宽宏恤众之心”，本希望他通过执掌政务得到锤炼，能够“弃其偏心，为心大公”，不想他一意孤行，不思悔改。于是，努尔哈赤下令削夺了他

后金东京陵

后金东京陵位于辽宁省辽阳市，此处原葬有努尔哈赤的长辈，褚英死后也葬于此处。

的权力，并将其所属部民和牧群等悉数收回，分给了其他儿子。至此，褚英从被立为储君到他最后失去执政权力，只经过了短短的三个月时间。

之后，努尔哈赤两次率兵征伐乌拉时，都让他留守建州，却把守城之责先后委代善、莽古尔泰和皇太极，明显表现出对他的不信任。对此，他不但没有反躬自省，心中反而更加愤懑和不满。于是当父亲出兵在外的时候，他竟焚表诅咒努尔哈赤及诸贝勒、众大臣兵败。并扬言说，如果他们兵败回来，我是不会让他们进城的。

努尔哈赤回兵后，褚英的诅咒被部下揭发。努尔哈赤盛怒之下将他囚禁。被押两年之后，明万历四十三年（1615 年）八月二十二日，距努尔哈赤建国称汗只有不到四个月的时间，褚英被努尔哈赤以不思悔改之名下令处死，年仅 36 岁。

一场惊心动魄的政治谋杀

几百年来，人们一直在探询：是什么让努尔哈赤残忍地杀害了自己的亲生儿子？

有人试图从努尔哈赤性格上找原因，说他是一个生性残暴的人，“虽其妻子及素亲者，少有所忤，即加杀害。”也有人认为努尔哈赤杀褚英是要保住自己至高无上的地位；还有人戏说，其父子反目是为了争夺一个女人。

其实，努尔哈赤同样也是一个情意深重的父亲，他一生最后悔的事就是囚杀了长子褚英。特别是年老之后，努尔哈赤每每回顾这件事情，都痛彻心扉，久不平静。据《清太祖武皇帝实录》卷三记载，为了不愿再看到子孙们骨肉相残的事，天命六年（1621年）正月十二日，努尔哈赤召集诸子侄代善、阿敏、莽古尔泰、皇太极、阿济格等对天地神祇，焚香设誓：“吾子孙中纵有不善者，天可灭之，勿令刑伤，以开杀戮之端。……昆弟中若有作乱者，明知之而不加害，俱坏（怀）礼义之心，以化导其愚顽。……自此之后，伏愿神祇，不咎既往，惟鉴将来。”

对于这桩史上鲜见的父杀子的悲剧，有史学家认为，努尔哈赤是一位具有远大政治抱负的政治家，当他的力量还很弱小时，他需要一支强有力的骨干队伍，同心同德，朝着既定的大目标共同奋斗。当时这个骨干队伍主要是两个集团：一个是宗室贵族集团，以四大贝勒为代表；另一个是军功贵族集团，如五大臣。当褚英被推到执掌国政的地位时，因为他没有恰当地处理好各种关系，两个集团的主要成员都反对他。努尔哈赤不处理褚英，就会出现三个不合：宗室贵族不合、军功贵族不合、宗室贵族与军功贵族不合。除掉褚英之后，使宗室贵族合，又使军功贵族合，更使宗室贵族与军功贵族大合，从而为建立后金政权、创立大清事业奠定了基础。

自斩手足

军功显赫的兄弟

清咸丰十一年（1861 年）七月，咸丰皇帝在热河避暑山庄去世，怡亲王载垣、郑亲王端华、尚书肃顺等称“赞襄政务王大臣”，受遗诏辅政。不久，慈禧与恭亲王奕䜣发动北京政变，肃顺陈尸西市，载垣、端华赐死宗人府。这端华、肃顺系同胞兄弟，时人号“端三肃六”，他们是清太祖努尔哈赤亲弟舒尔哈齐的八世孙。

有清一代，舒尔哈齐默默无闻，即使今人闲话清史，述及帝业肇起，也惟知太祖而已。其实舒尔哈齐是一个很了不起的人物，他与努尔哈赤一起奠定了清朝 300 年江山的基石，若说他是仅次于太祖的清帝国的缔造者，也并非过誉。努尔哈赤弟兄 5 人，但称得上同胞手足的只有三弟舒尔哈齐、四弟雅尔哈齐。1583 年，努尔哈赤的祖父和父亲被明军误杀，当时努尔哈赤 25 岁，舒尔哈齐 20 岁，兄弟遽失护恃，明人谓为“孤雏”，十分可怜，明朝政府为了补偿他们，就让努尔哈赤继父、祖领建州左卫都指挥，给还敕书、马匹，也未加留意。谁想努尔哈赤兄弟沉潜有心计，为报父、祖亡仇，生聚教训，秣马厉兵，不几年间，建州异军突起，不但令周围女真名酋刮目相看，明朝和朝鲜也都知道有“奴速”兄弟二人多智习兵，其志不在小。

明朝人称努尔哈赤为奴儿哈赤，舒尔哈齐为速儿哈赤，故有“奴速”之称。当时朝鲜政府得到情报说，努尔哈赤自称为王，其弟称船将，立志“报仇中原”。明朝留心边事的人记述说，凡军机大事，努尔哈赤兄弟登高密议，决定之后，雷厉风行，竟无一人了解内幕。以后努尔哈赤晋都督，加龙虎将军勋衔，舒尔哈齐也被明廷授予都督崇阶，故在建州内部人称舒尔哈齐“二都督”，到万历三十九年（1611 年）舒尔哈齐去世时，不仅统一了建州女真，而且灭掉了海西女真哈达、辉发二部。昔人曾三，“女直（即女真）兵满万，天下不能敌”。此时建州有精兵劲卒数万，鲸吞女真，虎视辽东，已成不制之势，总之，在开创帝业的最艰苦的头 30 年间，是努尔哈赤兄弟二人打的天下，舒尔哈齐对清王朝的建立起着不可磨灭的作用，舒尔哈齐军功显赫，对大清朝而言是幸事，对他的哥哥努尔哈赤而言却未必是。

被囚杀的一奶同胞

《清实录》记载，1611 年 8 月 19 日舒尔哈齐“薨，年四十八岁”，但何以致死，丧仪如何，全不作交代。当时明朝方面的记载则为：“奴酋忌其弟速儿哈赤兵强，计杀之。”“奴儿哈赤杀其弟速儿哈赤，并其兵。”对这次骨肉相残的内幕，明代黄道周说得绘声绘影：“酋疑弟二心，佯营壮第一区，落成置酒，招弟饮会，入于寝室，锒铛之，注铁键其户，仅容二穴，通饮食，出便溺。弟有二名裨以勇闻，酋恨其佐弟，假弟令召入宅，腰斩之。”黄氏所云不可目为无稽之谈。清人撰《满文老档》记舒尔哈齐事始起于万历三十七年(1609年)

三月间，努尔哈赤以舒尔哈齐图谋出走自立尽夺其所属军民，又杀舒尔哈齐一子及一僚属。两年后，舒尔哈齐死去。揣度当时情状，舒尔哈齐自有军兵，不可能束手就擒。努尔哈赤用计囚禁，杀其亲信以震慑其族党，是意中之事。舒尔哈齐以一代雄杰，纵非被戮而亡，亦会自毙于囚室。明人谓努尔哈赤杀弟，并非诬传。今天的史学家认为舒尔哈齐为其兄囚杀。

舒尔哈齐与其兄同为明廷任命的管理建州女真的官员，二人又分别统辖自己属下的兵马，若舒尔哈齐能屈身事兄，自然相安无事，而舒尔哈齐偏偏又是桀骜难制的人，他虽不及其兄兵强马壮，但处处要分庭抗礼，兄弟之间难免产生龃龉，裂痕日大。舒尔哈齐最后决心离兄出走，自树旗帜。在努尔哈赤看来，当时强邻环伺，断不容在自己身边又立一敌国，由此而导致努尔哈赤火并舒尔哈齐。权力之争最终让手足反目。虽然近年来又有新的解释，认为努尔哈赤兄弟之争，绝不单是权力的争夺，而是一场“叛明”和“拥明”的斗争，建州内部本有拥明派的社会基础，明廷又扶持舒尔哈齐重建建州右卫以削弱勃兴中的努尔哈赤。持这种看法者，还考察得出新设建州右卫治所黑扯木在辽宁铁岭东南。但不管事实的真相如何，努尔哈赤杀了舒尔哈齐，为最终建立后金政权扫清了障碍。

后金政权的建立

创制满文

长久以来，女真人只有语言而没有文字，一直到努尔哈赤时，仍然是借用蒙文和汉文。女真人讲女真语，写蒙古文，这十分不利于政令的通行，特别是战争时期，常常贻误战机。万历二十七年，努尔哈赤命巴克什额尔德尼和扎尔固齐噶盖用蒙古字母拼写满语，创制满文，颁行全国。这就是无圈点满文（老满文），皇太极时改进成为有圈点满文（新满文）。满文是拼音文字，有6个元音字母、22个辅音字母和10个特定字母。创制和颁行满文是满族文化史上的一件大事，它促进了满族社会的进步，扩大了与相邻民族的交往，并为后来女真的全面统一，建立“后金”政权，以至于入主中原都起到了非常重要的作用。满文成为清朝官方语言和文字，促进了民族的统一和清王朝的建立与巩固。特别是它为我们留下了大批满文档案，成为今天研究满族和清朝历史的宝贵财富。

建立八旗制度

女真族是一个主要以狩猎、采集为生的民族，在长期的社会组织生活中，形成了所谓的“牛录”制。“凡遇行师出猎，不论人之多寡，照依族寨而行……出猎开围之际，各出箭一枝，十人中立一总领，属九人而行，各照方向，不许错乱，此总领呼为牛录额真”（《清太祖武皇帝实录》）。“牛录制”利于小规模的征战，但它只是为狩猎而设，组织结构非常松散，不利于努尔哈赤的统一大业。努尔哈赤看到了这一制度的弊端，逐渐对其进行改造。万历二十九年（1601 年），努尔哈赤编牛录为“四固山”，“固山”是满文，汉语译为“旗”。“四固山”以黄、白、红、蓝四种颜色的旗帜为标志。四旗颜色的确定，源于女真人射猎时各方所用旗之色。总领四方的，为居于北方的“汗旗”，以黄旗为标志。居于东方、西方、南方的，则是贝勒旗，分别以白旗、红旗和蓝旗为标志。后来又增加了四个旗，将原来的四色旗帜周围镶上边，黄旗、白旗、蓝旗镶红边，红旗镶白边。这样，共有八种不同颜色的旗帜，称为八旗。明朝万历四十三年（1615 年），具有军事、行政和生产职能的八旗制度正式确立。

努尔哈赤规定，所有人员都必须全部编入设定的八旗里面。一牛录有三百丁，设立牛录额真一员、代子二人、章京四人。五牛录为一个甲喇，设立一名甲喇额真。五甲喇为一个旗，置固山额真一名、梅勒额真两名。八旗人员居住同一地区，互为婚娶，耕田种地，牧马放羊，采参打猎，遵守国法，纳赋服役，听从汗、贝勒统率，使用满语满文。服装发式亦须一律，妇女不得缠脚，男子皆要剃发留辫。这样一来，使原先来自不同地区、制度相异、习俗不一的几十万女真、蒙古、汉人，在生产力、生产关系、赋役负担、国家法令、语言文字和风俗习惯等等方面，大体上达到了同样的水平，旧有的差异迅速消失，一致性愈益增多，逐渐成为一个在经济条件、语言文字、心理状态等方面基本一致的新的民族共同体——满族。

满族是以建州女真为核心，以海西女真为主体，吸收部分汉人、蒙古人、锡伯人、达斡尔人、朝鲜人等组成的一个新的民族。皇太极于天聪九年（1635年）十月十三日诏谕曰：“我国建号满洲，统绪绵远，相传奕世。自今以后，一切人等，止称我国满洲原名，不得仍前妄称。”从此，满洲族的名称正式出现。满族肇兴的领袖，就是清太祖努尔哈赤。

八旗制度“以旗统军，以旗统民”，是努尔哈赤的一个创造，也是清朝前期的一个重要的社会制度，它对清初的入关、平三藩等战役具有决定性的作用。

“天命皇帝”即位

万历四十四年（1616年）正月，努尔哈赤在赫图阿拉城（今辽宁新宾县）举行登极大典，自称“承奉天命覆育列国英明汗”，定国号为后金，建元天命，隐喻有天命所归的意思。他还将赫图阿拉城改名兴京，定为国都。赫图阿拉城是一个地理位置很重要的宝地，西距抚顺200里，既有关山阻隔，也有大路通辽沈。努尔哈赤以这里为基地，图谋发展，将后金领土扩大到东至日本海、北至库页岛和外兴安岭、西至青海、西北至贝加尔湖、南至长城的广大地区。一个辖地数千里、臣民数十万的强大的后金国，出现在中国的东北地区。

后金建立后，努尔哈赤自称“天命皇帝”，他致朝鲜国王书即钤“后金天命皇帝印”。努尔哈赤以天命思想来维持他的汗位和奴隶社会的等级制。他宣称，汗是天之子，汗之子是贝勒、大臣，而贝勒和大臣之子又是阿哈（奴隶）。随着努尔哈赤在东北割据的军事实力的扩大，以及明王朝统治势力的进一步衰落，他公开同明朝决裂，把攻伐明朝提上了日程。

七大恨告天

努尔哈赤建立后金，明朝立刻感到这是一大威胁，于是在政治上、经济上进行限制，例如利用叶赫部干扰努尔哈赤统一女真，停止贸易，挑起边界纠纷等。

明万历四十六年（1618 年，后金天命三年），恰是努尔哈赤六十大寿，这一天后金兴京的宴殿上，红烛将大厅照得如同白昼，努尔哈赤的儿子们频频向他敬酒。酒过三巡，努尔哈赤郑重向众宣布："我已下了决心，今年内一定要征讨大明！"

努尔哈赤说的这些话，并非酒后胡言。正因为他对当时的形势十分了解，才敢于公开与明朝翻脸。明朝晚期，因统治者忙于镇压关内人民起义，无力顾及辽东防务。驻守辽东的明军，训练荒废，装备陈旧，缺粮缺饷，兵力虚额 10 余万，实有不过数万。加上长期处于和平环境，守备又极分散，军队战斗力差。明军的这些弱点，给了努尔哈赤打胜仗的信心。很快，他召集贝勒诸臣讨论方略，具体制定了攻打明军、兼并女真叶赫部，最后夺取辽东的战略方针。尔后努尔哈赤厉兵秣马，扩充军队，刺探明军军情，积极从事战争准备。

同年四月十三日，努尔哈赤在兴京"告天"誓师，宣读了与明朝结有七大恨的讨明檄文。努尔哈赤的七大恨，是指责明朝政府欺凌自己和广大女真的七条大罪。第一恨为明军无故生衅于边外，杀其祖父觉昌安与父亲塔克世。第二恨是明朝违背誓言，遣兵出边，护卫叶赫。第三恨系明臣违背誓言，指责建州擅杀出边采参挖矿的汉民，逼令建州送献十人斩于边上。第四恨，乃明朝遣兵出边，支持叶赫，助长叶赫将其许聘与努尔哈赤之女转嫁蒙古。第五恨，明廷遣兵驱逐耕田种谷的女真，不容许收获。第六恨为明帝听取叶赫谗言，遣人持函，备书恶言，侮辱建州。第七恨是明廷逼迫努尔哈赤退出已经吞并的哈达地区。

七大恨集中反映了东北地区少数民族对明朝君臣欺凌所产生的愤怒之情。明朝的皇帝，从太祖朱元璋到万历帝朱翊钧，都要女真尊他们为“天皇帝”。辽东的明朝文武官将，也对各个少数民族采取歧视的态度，称蒙古为“西虏”、“北虏”，称建州女真为“东夷”，称努尔哈赤为“奴儿哈赤”、“奴酋”，这引起当地民众的极大不满。建州女真进入抚顺马市贸易时，“例于日晡时开市，买卖未毕遽即驱逐胡人，所赍几尽遗失”，这样的公开抢夺更增加了东北少数民族对明朝的愤恨。

七大恨的基本思想和主要目标，对激励女真（满族）奋发图强，英勇冲杀，反抗明朝政府的压迫，起了巨大的作用。

以七大恨告天之后的第二天，努尔哈赤便披甲上马，亲率步骑兵马 2 万，直扑辽东明军边防重镇抚顺。在进军前，努尔哈赤向全军申明军纪：“阵中所得之人，勿剥其衣，勿淫其妇，勿离其夫妻；拒敌者杀之，不拒敌者勿妄杀。”同时颁布《兵法之书》，修器械，严军令。八旗官兵士气昂扬，飞驰前进。

抚顺城濒临浑河，是建州女真同明朝互市的重要场所。努尔哈赤青年时，常来这里贸易，因此这里的山川地理形势，他了如指掌。

当时守卫抚顺的是明游击将军李永芳，以前努尔哈赤也曾同他打过交道。努尔哈赤派出先遣部队假冒商人来抚顺，将抚顺商人和军民诱出城外贸易。然后后金主力乘机突入城内，守将李永芳投降，抚顺遂不战而下。同日，后金军左四旗兵又攻占东州（今沈阳东南）、马根单（在赫图阿拉西南）两座城池。当后金军撤走时，明广宁（今辽宁北镇）总兵张承胤领兵万余人仓促来追。努尔哈赤派军环攻，利用风沙大作的有利天时，全歼明军，俘战马9000匹，甲7000副，兵仗器械，不可胜计。努尔哈赤在初战大捷后，又于同年七月，亲统八旗军，进鸦鹘关，围清河城（今辽宁本溪东北）。明朝守将闭门固守，城上施放火器，八旗兵死伤千余人。努尔哈赤命军士头顶木板，从城下挖墙而入，城陷，守将及兵民万人皆战死。后金军攻入鸦鹘关，攻占清河。至此，明抚顺以东诸堡，大都为后金所占。努尔哈赤厚待抚顺降将李永芳，将其从游击擢升副将，又把孙女嫁

永陵，大清皇帝爱新觉罗氏的祖陵，位于今辽宁抚顺。陵内葬有努尔哈赤的六世祖猛哥帖木儿、曾祖福满、祖父觉昌安、父亲塔克世及伯父礼敦、叔父塔察篇古以及他们的福晋。

给他，尊称为“抚顺额驸”，并赏赐降民大量牛、马、猪、犬、衣物、房、田，依照明制设官，令李永芳统管。后金军袭占抚顺、清河后，曾打算进攻沈阳、辽阳，但因力量不足，侧翼受到叶赫部的威胁，同时探知明王朝已决定增援辽东，便于九月主动撤退。

抚顺、清河被后金兵攻陷的消息很快就传到了北京，神宗皇帝以及众臣“举朝震骇”。明神宗慌忙召集九卿科道会议，商讨“大举征剿”赫图阿拉的办法。

努尔哈赤经过一段时间的休整，又于万历四十七年（1619年）正月亲率大军进攻叶赫部，给予重大打击。叶赫部向明廷告急。明神宗感到边事十分危急，立即从福建、浙江、四川、甘肃等地调集了9万余人的军队齐集沈阳，任命兵部左侍郎兼右佥都御史杨镐为经略辽东（经略是朝中派出的总制一方的军务重臣），并特赐先斩后奏尚方宝剑一口。经过调兵、点将、筹饷和置办武器等一系列准备，明军决定出兵。

杨镐采用分兵合击的战术，兵分四路，进攻后金都城兴京，企图一举摧毁努尔哈赤政权。他以总兵杜松为主力，出抚顺关，从西南进攻；以总兵马林合叶赫兵，出靖安堡攻其北；以总兵李如柏经清河堡、鸦鹘关，从南面进攻；以总兵刘铤会合朝鲜兵，出宽甸攻其东；以总兵秉忠率一部驻辽阳，作为机动；以总兵李光荣率军驻广宁保障后方交通。杨镐本人则坐镇沈阳，居中指挥，限令四路明军于三月初二会攻赫图阿拉城。但是明军出动之前，作战计划已经泄露了。

当时，后金的八旗兵力共6万余人，与明军相比，处于劣势。努尔哈赤正确分析判断敌情，认为明军东、南、北三路道路险远，不能即至，遂决定采取“凭尔几路来，我只一路去”，即集中优势兵力，然后各个击破的战法，集大军于赫图阿拉城附近，准备给予明军以迎头痛击。

中国古代军事史上教科书式的经典战役“萨尔浒之战”，就此拉开了序幕。对于后金政权来说，这是一场你死我活的较量。羽翼已然丰满的努尔哈赤，将经历自13副遗甲起兵以来的最大考验。

萨尔浒、开原、铁岭之战

萨尔浒大捷

万历四十七年三月初一，明东路刘铤军正由宽甸向西开进；北路马林军由开原出发，叶赫军尚未行动；南路李如柏虽已由清河堡出发，但行动迟缓；西路军将领杜松虽“勇健绝伦”，却是个有勇无谋之人，他为了抢头功，竟不顾将令，“违期先时出口”，日驰百余里，赶至浑河时，努尔哈赤已在山林深处埋下精兵，并遣人堵住上游，一待杜松见水很浅而率军渡河时，后金军决堤，河水骤涨，“水深没肩”，明兵“没于河者几千人”。三月一日，杜松军驰至萨尔浒后，分兵为二，以主力在萨尔浒扎营驻守，自率万人攻打吉林崖(在萨尔浒东北)。

努尔哈赤认定杜松的西路军是明军的主力，只要破了杜松，“则他路不足患”。因此只派500人防守自宽甸来攻的刘铤先头部队，集中主力迎战杜松军。他派遣大贝勒代善等率两旗兵力增援吉林崖，截击杜松，使杜松两部不能互援；自己则亲统八旗铁军冲向萨尔浒，进攻萨尔浒的杜松军主力。明军战车阵发射巨炮，炸弹爆发，血肉横飞。后金铁甲骑兵奋力冲击，在呐喊声中，狂扑明军萨尔浒大营。铁骑集中一点，攻陷方阵，突破战线，纵横驰突。经过激烈的战斗，萨尔浒的明军被击溃，伤亡甚重。而后，努尔哈赤又驰兵与代善会师，击破进攻吉林崖的杜松军另一部。进攻吉林崖的杜松军，听到萨尔浒大营失陷的消息，军心动摇，又遇到从吉林崖山下压过来的后金军，士气更加低落。杜松率官兵奋战数十余阵，企图占据山头，忽然大风扬尘，对面看不见人，明军打起火把，从明击暗，铳炮都打到丛林中去了；后金军从暗击明，发无不中。后金军以数倍于杜松军的兵力四面围攻，杜松左右冲击，矢尽力竭，落马而死，他率领的主力西路军全军覆没。

次日，努尔哈赤乘胜挥戈北上，攻击进至尚间崖（在萨尔浒西北 30 余里）的明北路马林军。当时马林已知杜松被歼，遂在尚间崖一带就地驻扎防御。后金军队向马林军发起猛烈的进攻，两军短兵相接，骑兵横驰。正在酣战之时，主将马林怯战，策马先奔，逃回开原。副将麻岩战死，余众大溃，全营皆没。

夺占尚间崖后，努尔哈赤立即转兵南下，迎击明东路刘鋌军。刘鋌治军素称严整，行则成阵，止则成营，炮车火器齐备，装备精良。努尔哈赤根据刘鋌军的这一特点，采取诱敌速进、设伏聚歼的打法，力求全歼刘鋌军。当时，刘鋌军不知西路、北路已经失利，正向距赫图阿拉约 50 里的阿布达里冈行进。努尔哈赤知道阿布达里冈一带重峦叠嶂、山路险隘，正是设伏的好地方。于是自率 4000 兵守城，派遣主力设伏于阿布达里冈，另以少数兵卒冒充明军，持着杜松令箭，诈称杜松已逼近赫图阿拉，要刘鋌军速进，与杜松军会师攻城。刘铤中计，下令轻装急进。当驰进到阿不达里冈时，刘铤督令兵马单列行进。后金军弥山满谷，伏兵四起，首尾齐击，四围厮杀。刘铤军惨败，刘铤本人阵亡，努尔哈赤乘势迫降了协同刘铤作战的朝鲜军队。

杨镐坐镇沈阳，掌握着一支机动部队，但对四路明军，却未能作出任何策应。及至得到三路丧师的消息后，杨镐才慌忙急令南路李如柏军回师。李如柏军在回师途中，为小股后金哨探所骚扰，军士惊恐逃奔，自相踩踏，死伤千余人，但最终总算逃脱了全军覆灭的命运。至此，萨尔浒之战落下了帷幕。

萨尔浒之战，是明与后金争夺辽东的关键性一战。后金军以劣势兵力，在5天之内，连破三路明军，缴获大量的驼马、甲杖等军用物资，取得了决定性的胜利。努尔哈赤此战的胜利，不但使后金政权更趋稳固，而且从此夺取了辽东战场的主动权，为日后的进一步发展创造了有利条件。后来，乾隆皇帝称颂萨尔浒之战说清朝的“基业实肇乎此”，可见此役对后金的深远意义。

明军经此惨败之后，在战场上完全陷入了被动，被迫采取守势，辽东局势日趋危急。明军的失败，一是对后金军的作战能力估计不足，情况不明，料敌不确，筹划不周，准备不充分，因而分进不仅未能达成合击，反遭各个击破。二是杜松主力突出冒进，孤军深入，陷入重围，全军覆没，并使南北两路也陷入力单势孤的危境，为后金从容转移兵力，依次各个歼击造成了有利战机。三是杨镐掌握的机动部队置于辽阳，远离前线，既不能及时策应前队，也不能掩护败退。加上杨镐远处后方，对战况一无所知，前线又无人统一指挥和协调各军行动，其失败是必然的。另外，明军作战意图事先泄露，使后金预有准备，也是明军失败的一个重要原因。

反观努尔哈赤，在作战指挥上运用集中兵力各个击破的方针是十分成功的。首先，及时探明敌情，适时判明对方进攻的主次方向，正确决定首先反击对其威胁最大而又孤立突出的杜松军，形成对明军各路的中间突破。其次，善于集中使用兵力，除了以一部扼守要点外，八旗主力始终集中，尽管总兵力处于劣势，每战却能形成局部优势，保证战斗的胜利。再次，发挥骑兵快速机动的长处，及时迅速转移兵力，既弥补了兵力不足，又使明军猝不及防。另外，努尔哈赤善于用间行诈，也是取胜的重要原因。

智取开、铁

萨尔浒丧师过去两个月之后，明廷对辽东局势并未作出有力的决策。努尔哈赤见时机有利，便乘胜率军进攻开原。

开原势据形胜，东邻建州，西接蒙古，北界叶赫。辽左三面临险，而开原孤悬一隅。开原不仅是明朝同蒙古和女真经济文化交流的重要场所，而且是明廷在辽东对抗蒙古贵族和女真贵族南进的前沿堡垒，努尔哈赤进兵辽、沈，自然要先摧毁明朝孤悬的堡垒开原。

万历四十七年即天命四年（1619 年）六月初十日，努尔哈赤率八旗军 4 万人往征开原。他兵分奇正两路：以小股部队直奔沈阳为疑兵，沿途杀 30 余人、俘 20 人以虚张声势，主力部队进靖安堡，于十六日突抵开原城。明统领开原的推事官郑之范贪婪，昏庸不理防务，素失军心，总兵马林也一贯松懈疏忽，努尔哈赤的大军摧枯拉朽，斩杀马林等官将，占据开原。

智取开原之后，努尔哈赤更为重视对降服汉官的政策。他说："彼知天念佑我，又闻吾国爱养人民，故相继来归耳"，"我等应善养来投之人”。明原任开原城千总工一屏、戴集宾、金玉和、白奇策等6人，因妻子被掳，投降后金。他们分别受赐50人，马50匹、牛50头、羊50只、骆驼2头，银50两，缎布若干匹。其随从人员也被赐给妻仆、耕牛、乘马、衣物、粮食，田庐、器用等。这个优待投降后金汉官的政策表明，努尔哈赤要分化明朝官员，收买汉族地主，以便进占更多的辽东城镇。

七月二十五日，努尔哈赤又一举攻克明在沈阳北部的重要城堡铁岭，后金军威震天下。开原和铁岭的失陷，使明朝在辽东地区失去了御守后金军西进的屏蔽。明人评曰：“铁岭、开原，为辽重蔽，既并陷贼，则河东已在贼握中。”

连夺辽沈

夺沈阳

正当努尔哈赤智取开原、铁岭，连连得志的时候，明兵部右侍郎兼右佥都御史、辽东经略熊廷弼，驰骑兼程，来到辽阳。熊的到来，使辽东形势发生急剧变化，后金进取辽沈计划遇到了困难。

熊廷弼，字飞百，江夏（今武昌）人，万历二十六年（1598年）进士，后任御史。他身高七尺，雷厉风行，有胆知兵，刚直不阿，严明有声。熊廷弼镇辽一年，整顿了濒于溃散状态的军队，稳定了陷于混乱状态的前线，守备大固，功绩卓著。努尔哈赤在熊廷弼任辽东经略期间，见辽东军容整肃，边防改观，便改变了全力向辽东进攻的部署，转而北吞叶赫，西抚漠南蒙古，对明朝只进行一些小规模的试探性行动，等待时机攻取辽、沈。

当明朝辽东形势初步好转，后金挥戈南进屡受挫折的时候，明统治集团内部发生重大政治变化。万历四十八年即天命五年（1620年）七月二十一日，明神宗死去。其长子朱常洛于八月初一日继位，是为光宗。光宗九月初一日因吞红丸死于乾清宫，“一月之内，梓宫两哭。”朱常洛长子朱由校袭受皇位，是为熹宗天启帝。天启朝统治集团内部的“党争”愈演愈烈。大臣之间，结党营私，排斥异己。熊廷弼因性情刚直，不曲意逢迎，得罪了一些人，在统治集团政治斗争中被挤下台，朝廷派袁应泰代熊廷弼为辽东经略。袁应泰虽为官“精敏强毅”，但不谙军事，他改变熊廷弼原来的部署，撤换许多官将，造成前线混乱；又收纳过多蒙古和女真降人，混入大量谍工，阴为后金内应。

此时，后金方面有得有失。一方面努尔哈赤灭叶赫，抚蒙古，女真实现统一，势力空前强大，军队约有10万人。同时，辽东大旱，赤地千里，粮食奇缺，数以千计的女真人沦为乞丐。努尔哈赤为摆脱经济困境，度过灾荒，需要向辽河流域兴兵。他紧紧地抓住明朝皇位更替，党争益烈，经略易人，军心涣散，辽东

沈阳故宫，始建于1625年，是清朝入关前清太祖努尔哈赤、清太宗皇太极创建的皇宫，又称盛京皇宫，清朝入主中原后改为陪都宫殿和皇帝东巡行宫。

大饥，边防紊乱的有利时机，向辽、沈大举进兵。

沈阳是明朝在江东的重镇。明天启元年（天命六年，1621 年）三月十日，努尔哈赤亲率诸贝勒大臣，统领八旗大军，将“板木、云梯、战车，顺浑河而下，水陆并进”，向沈阳进发。明军闻警，举烽传报。后金军十二日晨到达沈阳，在城东七里河的北岸筑造木城屯驻。沈阳城内有贺世贤、尤世功二位明朝的总兵官，各有将兵 1 万余人，明朝总兵官陈策、董仲揆又引领四川江浙一带的士兵 1 万余人从辽阳来援，守卫奉集堡的明朝总兵李秉诚、守卫武靖营总兵朱万良和姜弼也领兵 3 万增援。努尔哈赤先派出数十名骑兵“隔壕侦探”，被总兵尤世功家丁追击，死去 4 人。总兵贺世贤“勇而轻，谓奴易与”，于是改变了原来“固守”的策略，决意出战。第二天，努尔哈赤又派遣少数老弱士卒上阵挑战，贺世贤喝得大醉，率领家丁千余人出城，说要尽敌而返。后金兵诈败，贺世贤中了计，“乘锐轻进”，刚进入埋伏圈，后金精骑四合，贺世贤“身中四矢”，边战边走，退至城门外侧，因吊桥绳索被努尔哈赤数月前派往城中诈降的蒙古、女真人砍断，不能入城。八旗兵追至，击杀贺世贤和来援的尤世功，冲入城内，打下了号称金城汤池的沈阳重镇。

陷辽阳

努尔哈赤攻陷沈阳，击破明两路援军之后第 5 天，即三月十八日，集诸贝勒大臣道：“沈阳已拔，敌兵大败，可率大兵，乘势长驱，以取辽阳。”诸贝勒大臣会议同意努尔哈赤的重大军事决策。会后，他亲统八旗军，“旌旗蔽日，弥山亘野”，向辽阳进发。

辽阳是明朝辽东的首府，是东北政治、经济、军事和文化的中心。辽阳城坚池固，外围城壕，沿壕列火器，环城设重炮。沈阳陷落后，辽阳失去屏障，危如累卵，城中“兵不满万”，又“身无介胄，器不精利”，辽东“战将劲兵”，一半损于沈阳之战，一半在各地应援。如果金兵于十四日飞驰进击，当天即可轻取辽阳。明经略袁应泰、巡按张铨利用努尔哈赤的迟延和失误，飞速征调援军，撤虎皮驿、奉集堡兵回辽阳，5 天之内，凑集了 13 万大军。

三月十九日，后金军包围辽阳。经略袁应泰督侯世禄、李秉诚，梁仲善、姜弼、朱万良五总兵等率兵出城五里处结阵，与后金军对垒。后金兵见辽阳城池险固，兵众甚盛，不免有些怯阵。努尔哈赤声色俱厉地谕告众人说：“一步退时，我已死矣。你等须先杀我，后退去”，并立即“匹马独进”。这种无所畏惧的英雄气概，对八旗官兵发挥了强烈的影响，促使他们知难而进、转怯为勇。努尔哈赤看到明军守备甚严，决定避免硬攻，力争智取。三月十九日，他先差少数人马横渡太子河，诱骗敌人，同时又派遣“细作”，混入城内，待机内应。明军果然中计。明经略袁应泰本来已和诸将议定，“畏敌多，主守”，现在看见后金兵马太少，“其骑可数”，遂“见贼少而主战”。努尔哈赤督率左右翼军发起总攻。明军从城上放箭，进行抵御，后金军奋死夺城。原先派入的“奸细”从中内应。傍晚，小西门火药起火，各军窝铺、城内草场俱焚，守城军士溃乱。袁应泰见城楼起火，知道辽阳城已失陷，在城东北镇远楼上，佩印，自缢而死，其仆从纵火焚楼。辽东巡按御史张铨被俘，李永芳劝降，努尔哈赤诱以高爵，不从，被缢死。三月二十一日，后金军攻陷辽阳。努尔哈赤带领八旗贝勒、大臣，进入城内，驻于经略衙门，谕令汉人归顺，辽河以东 70 余城官民“俱削发降”。

明朝失陷辽、沈，朝廷上下一片慌乱。情不得已，明朝只好再次起用努尔哈赤"独怕的那个熊蛮子"，将熊廷弼从原籍招回，希望靠他来支撑辽西残局。天启帝命熊廷弼为兵部尚书兼右副都御史，驻山海关，经略辽东军务，并命王化贞为广宁巡抚，驻广宁，受经略节制。

取广宁

努尔哈赤夺取辽、沈后的 10 个月间，探察明朝动静，未敢轻举妄动。他通过李永芳与王化贞之间谍工往来，探知明朝辽东经抚不和，战守举棋不定，熊廷弼内外受困，王化贞浪言玩兵，广宁军备废弛，沿河防守单弱。努尔哈赤决计乘机西渡辽河，兵指广宁。

天命七年正月十八日，努尔哈赤统领八旗劲旅，西征明朝辽东重镇广宁。虽然明在关外有军队 20 万，两倍半于金军，而且火器众多，但努尔哈赤并不畏惧，二十日即渡过辽河，进围西平。西平之战打得异常激烈。城中明军 3000 人在参将罗一贵的指挥下，顽强抵抗后金军 9 万人的围攻。金军在西平城下，损失极为惨重。明军最后矢尽援绝，城陷身亡。后金军随即与 10 万明军鏖战于沙岭，斩杀辽东总兵刘渠、援辽总兵祁秉忠，大获全胜，明辽东巡抚王化贞弃广宁城匆忙逃遁。正月二十四日，努尔哈赤领军至广宁，明游击孙得功等率士民执旗张盖奏乐叩降，迎入城中，驻巡抚衙门。平阳、西兴、锦州、大凌河、右屯卫等 40 余城官兵俱降。二月十七日，努尔哈赤命诸贝勒统兵留守广宁，将锦州、义州等处官民迁于河东，回归辽阳。

广宁兵败，京师大震。广宁沦陷是明朝政治糜烂的结果，但阉党却把熊廷弼等作为替罪羊。天启五年即天命十年（1625 年）八月，熊廷弼慷慨赴市，衔冤而死。明廷暴尸不葬，传首九边。这使明朝失去一位优秀的统帅，还帮努尔哈赤剪除一个刚毅的对手。明朝此举，无异于自毁长城。

努尔哈赤自七大恨誓师后，4 年之间，陷抚、清，败杨镐，取开、铁，夺沈、辽，占广宁，兵锋所向，频频告捷。整个辽东形势，为之一变。努尔哈赤占领广宁后，达到了 40 年戎马生涯的顶峰。在这位辽东之王的眼里，问鼎中原只是时间的问题。

政策的成功与失败

各守旧业，计丁授田

自天命六年三月后金军进驻辽东以后，努尔哈赤也面临着新的任务，即在长期封建化的汉族地区，如何确立和巩固后金国的统治。

首先是对付辽东汉民的反抗。后金军进驻辽东以后，八旗贵族官将大量掠民为奴，扩大奴隶制剥削范围。这激怒了辽东兵民，他们不顾汗、贝勒的残酷镇压，铤而走险，英勇斗争。就在三月二十一日辽阳失陷的恶劣处境下，广大辽阳城民便针对后金贪婪抢掠的恶习，“放火焚家，锅、瓮、窗纸，尽皆毁坏”，以示抗议。反抗后金的武装斗争，风起云涌，绵延不断，遍及后金全部辖区。

辽东兵民和满族阿哈强烈反对野蛮的奴隶制和八旗贵族的奴役，“不定居，常逃走，从事奸细”，频繁起义，大批逃亡，后金国中城乡不宁，境内混乱，严重地威胁到后金的统治。

在这种形势下，努尔哈赤及时推行了“各守旧业”和“计丁授田”等过渡性质的新政策。史载，努尔哈赤“得辽之后，不杀一人，尽剃头发，如前农作”。“不杀一人”显系溢美，不足征信。但是，“仍依明制”和“如前农作”均说明努尔哈赤不仅在后金原有辖区，而且在新占辽东地区，都实行封建制生产关系。天命六年四月初一，即金军攻下辽阳后的第八天，努尔哈赤谕劝海州、复州、金州民归降时，正式提出了对待辽民的“各守旧业”政策。对于新降附的汉民，努尔哈赤没有把他们降作“阿哈”（奴隶），而是依照明制，采取了封建的生产关系。他下达汗谕说，对经过“死战而得获之辽东城民，尚皆不杀而养之，各守旧业”。按照这一政策，辽东兵民可以各自保有自己原来的祖业，从事先前的行业，因此，地主的田地房宅仍旧归其所有，他人不得侵占，原来经商开店的，照样能够购进货物，打造器具，出售获利，富家大户仍旧可以雇佣工人，雇农仍为东家效劳。这就意味着，努尔哈赤承认辽沈地区汉民中的封建生产关系可以延续。

紧接着，在进入辽沈地区之后的天命六年（1621 年）七月十四日，努尔哈赤发布“计丁授田”令。他综合明辽东封建军事屯田制和后金八旗牛录屯田制，颁布“计丁授田”制度，命于海州地方取无主之田 10 万日（1 日为田 6 亩或 10 亩）、辽东地方取田 20 万日，按丁授与八旗兵丁和汉民，“乞丐、僧人皆分与田，勤加耕种”。“计丁授田”制度是对女真生产关系的又一次重大变化。所谓“计丁授田”制度，就土地所有制来说，后金国家是土地的最高所有者，它把土地分为官田和份地，直接生产者除了无偿耕种规定的官田外，得以在所得份地上耕作。就其地位来说，直接生产者虽不像奴隶那种人身隶属关系，但被钉附在土地上，成为八旗封建主的依附土地的农奴。就分配来说，直接生产者耕种官田作为劳役地租，耕种份地则“一家衣食，凡百差役，皆从此出”。

“计丁授田”制度的土地所有制、直接生产者地位和产品分配形式，都表明它属于封建生产关系的范畴，而基础则是满洲八旗封建土地所有制。因此，努尔哈赤继牛录屯田之后，又颁布“计丁授田”，进一步从法律上确立封建土地所有制，这标志着我国东北地区满洲社会封建制取代了奴隶制。

由于阿哈猛烈反对奴隶主的野蛮奴役而大批逃亡，努尔哈赤颁布汗谕，命令阿哈必须“以主为父”，“不萌贼盗奸诈凶暴之念”，以免被主人责骂拷打；同时，又惩办了一些残酷虐待阿哈的奴隶主，不许主人任意杀害阿哈。这对促进满族从奴隶制向封建制过渡，也起了一定的作用。

重用汉官

努尔哈赤进驻辽阳之后，便开始大量任用汉官。他下令“释辽阳狱中官民，查削职闲住者，复其原职。设游击八员、都司二员，委之以事”。努尔哈赤深知，没有汉族地主阶级代表人物的支持，汗、贝勒是很难在辽东站稳脚跟的。努尔哈赤曾专门召集汉官对他们说：“尔等之国人，可信者，不可靠者，尔等知之矣。”

努尔哈赤多次宣布，对尽忠效劳的汉官，要破格提升，要“嘉赏赐财”，要“赏以功，给与为官”，要使他们“终身享受”，而且功臣的子孙可以世代承袭祖、父的官职。原明抚顺游击李永芳，初升三等副将，从征辽阳后晋三等总兵。这些措施产生了很大的影响，后金军进入辽东初期，不少明朝官、将、生员降顺新君，献计献策，告密送信，催征赋税，迁民分地，查点丁口，追捕逃人，对巩固后金的统治起了相当大的作用。

鉴于各贝勒的势力强大和难以挑选合适的嗣子，努尔哈赤于天命七年三月宣布今后要实行“八和硕贝勒共治国政”的制度，并采取了一些措施，逐步为这一制度的完全实行创造条件。

晚年的失误

努尔哈赤采取的这些措施，暂时缓和了满、汉之间的民族矛盾。但自天命八年（明天启三年，1623 年）以后，年迈的努尔哈赤也犯下了一系列错误。

后金天命八年六月，努尔哈赤听说复州的汉民人数增加，并且暗地里接受明朝“派来之奸细和札付”，当即派遣了 2 万大军，前去镇压，把男人全部杀光，子女和牲畜全部带回。天命九年正月，努尔哈赤遣派大批八旗官兵，大范围查量汉民粮谷，凡每人有谷不及五金斗的，定为“无谷之人”，谕令八旗官兵“应将无谷之人视为仇敌”，发现其“闲行乞食”，立即“捕之送来”。他还命令八旗贝勒和总兵官以下备御以上官将，带领士卒，各去自己辖属的村庄，“区别”汉民，凡系抗金者，一律处死。各将遵令，“分路去，逢村堡，即下马斩杀”。时有辽民几尽被杀光之说，满汉关系极度恶化。

努尔哈赤还在十月初三的“汗谕”中，命将劳动者全部编隶汗、贝勒的拖克索（庄），每庄 13 丁、7 牛，耕地 100 垧，80 垧庄丁“自身食用”，20 垧作“官赋”。这样一来，原来“计丁授田”的汉民，失去了“民户”的身份，沦落为奴仆性质的“庄丁”，人身奴役加重，剥削更为厉害。

天命八年以后，努尔哈赤放弃了大量任用汉官的正确政策，转而采取了疏远的态度。当努尔哈赤决定派兵屠杀复州兵民时，汉官“抚顺额驸”李永芳谏阻。努尔哈赤大发雷霆，革去他的总兵官职，捕其子来审讯，后虽复官，但也不似过去那样信任和重用他了。这样一来，汉官人人自危，加剧了辽东的动乱。

努尔哈赤晚年犯下的这些错误，严重地破坏了辽东生产。这一“田人富谷，泽人富鲜，山人富材，海人富货”的富饶地区，竟弄得人丁锐减，田园荒芜，百业凋敝，社会混乱，甚至出现了“人相食”的悲惨现象。

后金统治者给辽东地区汉族人民捆上阶级压迫和民族压迫的绳索，激起辽东汉民的反抗。努尔哈赤在辽东汉人反抗和女真奴隶、农奴不满的背景下，仍然率军进攻宁远。在宁远之役中，他遇上了他生平最强劲的对手袁崇焕。

兵败宁远　饮恨而终

亲征宁远

广宁失陷之后，明廷派天启帝的老师、大学士孙承宗为辽东经略。孙承宗整顿部伍，巡察边务，进行积极的防御，任用袁崇焕修筑宁远城。但是孙承宗是东林党的领袖，与以大太监魏忠贤为首的阉党水火不容，虽然身为帝师、大学士，但还是在党争中受到排挤，辞官回京。接任孙承宗任辽东经略的是阉党党羽高第。

天命十年即天启五年（1625 年），努尔哈赤决定迁都沈阳，但遭到贝勒诸臣反对。天命汗力主迁都沈阳，同时责备诸臣目光短浅，没有雄心壮志。他说："沈阳形胜之地，西征明，由都尔鼻渡辽河，路直且近；北征蒙古，二三日可至；南征朝鲜，可由清河路以进；且于浑河、苏克苏浒河之上流，伐木顺流下，以之治宫室、为薪，不可胜用也；时而出猎，山近兽多；河中水族，亦可捕而取之。朕筹此熟矣，汝等宁不计及耶!"于是，诸贝勒、大臣一致回答说，"此言诚然"，遂定议迁都沈阳，派人迎接汗之福晋和皇子，将建州地区人丁移驻辽东。从此以后，沈阳第一次在中国历史上成为都城。清朝迁都北京以后，沈阳被作为陪都。

迁都沈阳后，经过努尔哈赤、皇太极父子两代的经营，辽河地区的经济与社会得到了全面地开发与发展。此时的努尔哈赤并未止步，他野心勃勃，发誓要夺取全国政权。他曾说："南京、北京、汴京本非一人所居之地，乃女真、汉人轮流居住之地。"努尔哈赤一直保持着超人的自信，他 68 岁的时候，决定再次御驾亲征。

当努尔哈赤连克广宁（今辽宁北镇）、义州（今辽宁义县）等 40 余座城堡，并企图夺占辽西和山海关的时候，明廷面对后金的凌厉攻势，束手无策。辽东经略王在晋主张守山海关，以卫京师（今北京）。而宁前兵备佥事袁崇焕则认为，若保关内，必守关外；若保关外，必守宁远。他的主张，得到前往山海关视察的明朝兵部尚书孙承宗的支持。不久，明廷任用孙承宗取代王在晋。孙承宗命袁崇焕与副总兵满桂领兵万余驻防宁远。袁崇焕抓紧筑城。乘明军易帅和匆忙撤军之机，天命十一年（1626 年）正月十四日，68 岁的努尔哈赤率领诸贝勒，亲统八旗劲旅6万人，号称20万大军，征讨明国，发动了明金之间的第四次大决战。

正月十六日，后金军队抵达东昌堡，十七日渡过辽河，“于旷野布兵，南至海岸，北越广宁大路，前后络绎，首尾莫测，旌旗剑戟如林”。这时，身任兵部尚书、辽东经略要职的阉党党羽高第，严令从锦州、右屯卫、大凌河、小凌河、杏山、松山、塔山等城撤防，尽驱屯兵居民入关，焚烧房舍，遗弃米粟10余万石，搞得锦州等城兵民“死亡载途，哭声震野，民怨而军益不振”。因此，后金兵未遇任何抵抗，“如入无人之境”，二十三日即抵达宁远城郊。努尔哈赤率领军队在离宁远城5里的地方安营，将宁远重重包围。

宁远古城遗址。明朝以宁远与锦州为核心建立的宁锦防线坚不可破，成了后金的噩梦。

在宁远处于危急时刻，辽东经略高第和总兵杨麒却拥兵山海关不救。宁远城只有明兵1万余人，孤零零地悬在关外，与外界所有的联系都已经中断。袁崇焕决定采取坚壁清野之策，组织军民共同守城。他在将士面前刺血为书，以表守城决心，并派大将满桂，副将左辅、朱梅，参将祖大寿分守各城门；在城上配置西洋大炮11门，在城内查缉奸细，同时通告邻近各地，凡见到从宁远逃跑的将士立即斩首，很快稳定了军心和民心。此时，努尔哈赤派被俘的汉人捎劝降书，谕告袁崇焕说，我用20万军队攻宁远，肯定会攻破它，你们这些将官，如果献城投降，就封你们高官，给丰厚的赏赐。袁崇焕回答说："义当死守，岂有降理！"

正月二十四日，努尔哈赤派兵猛力攻城，宁远军民依托坚城，浴血奋战。眼看久攻不下，努尔哈赤命军士以盾牌和板车掩护，冒死凿城挖洞。袁崇焕见状便亲自带兵用铁索裹着棉絮蘸油点燃，垂下来烧挖城之敌。这时候，袁崇焕的战袍被射得千疮百孔，身上也受了轻伤，但他仍旧坚定指挥，军民倍受鼓舞，越战越勇。二十五日，袁崇焕命用西洋大炮，从城上往下轰击。努尔哈赤终于迎来了他生命中的最后一战。努尔哈赤亲自督阵，战马上的他依然威风凛凛不减当年，可惜，他的自信被一个年轻将领的炮火轻而易举地击碎了。十数门大炮不断燃放，"周而不停，每炮所中，糜烂可数里"，袁崇焕又让士兵把被褥裹上火药，卷成一捆一捆的，投掷到城下，"火星所及，无不糜烂"。

努尔哈赤率领的后金军队连续攻了两天。精于骑射的八旗兵，在深沟高垒面前，矢石炮火之下，难以发挥特长，不但没拿下宁远，反而伤亡惨重，"攻具焚弃，丧失殆尽"。对这种新引进的西洋大炮的来源、特点、性能、威力，努尔哈赤都一无所知。炮轰之处，死伤一片，官兵害怕，畏缩不前，努尔哈赤遭受到了从未有过的致命的失败！无奈之下，努尔哈赤派遣三等副将武纳格率蒙古兵往攻宁远南十六里明军屯贮粮草的觉华岛，尽杀守兵 7000，焚烧粮草千余堆和 2000 余只船。二十七日，疲惫的努尔哈赤带着后金士兵开始撤退，并于二月初九日回到沈阳。

宁远之战，以明军的胜利、后金兵的失败而结束。

死亡之谜

天命十一年八月十一日（1626 年 9 月 10 日），这位后金开国之主，在离沈阳四十里的叆鸡堡逝世，享年 68 岁，他多姿多彩的一生终于画下了句点。天聪三年（1629 年）努尔哈赤葬于沈阳石嘴头山福陵，崇德元年（1636 年）初谥武皇帝，庙号太祖。康熙元年（1662 年）改谥“承天广运圣德神功肇纪立极仁孝睿武端毅钦安弘文定业高皇帝”。

努尔哈赤死去多年，但关于他的死因却始终没有定论。清代官书在说到努尔哈赤之死时，都说他是得病而死，至于得的是什么病却没有提到。后人分析，努尔哈赤是被袁崇焕的炮火所伤而死。在宁远城下，袁崇焕率兵民万人守城，架设了 11 门由西洋人制造的红衣大炮。这种红衣大炮很可能是英国制造的早期加农炮，炮身长，射程远，威力大，可以说是当时全世界范围内最先进的火炮。后金军队在明军的炮火攻击下严重受挫，而努尔哈赤喜欢亲自上阵督战，在威力极大的火炮的猛烈攻击下，在毫无准备的情况下，他会不会受伤呢？

朝鲜人李星龄著的《春坡堂日月录》记载，朝鲜使团的译官韩瑗来到明朝的时候，在定远城与袁崇焕相见，宁远之战时袁崇焕曾把他带在身边，韩瑗亲眼目击了这次战役。战役结束后，袁崇焕派自己的手下，带着礼物，前往后金军营，向努尔哈赤“致歉”，说“老将横行天下久矣，今日见败于小子，岂其数耶！”当时，袁崇焕派去的人发现，努尔哈赤“先已重伤”，备好礼物和名马回谢，约期再战，最后终于“因懑恚而毙”。《明熹宗实录》载，兵部尚书王永光奏称，在宁远之战中，明军曾经炮毙一位“大头目”，后金军用红布把此人包裹起来，边走边哭，抬走了。明张岱在《石匮书后集·袁崇焕列传》中载，当时先进的红衣大炮打死敌人，不可胜数，击中“黄龙幕”，伤一“裨王”。后金军用皮革裹着这位“裨王”的尸体，号哭着撤退了兵马。后世学者据此分析，“大头目”、“裨王”是一个人，即努尔哈赤。如果这种分析成立，开国君主果真死在“西洋大炮”下，这将是很丢脸的一件事。为了稳定军心，壮大国威，清王朝沿用从古至今常用的办法，在官修史书中隐瞒主将的伤亡。

但是，也有专家对此提出质疑。既然朝鲜译官韩瑗都知道努尔哈赤受了重伤，那么袁崇焕就应更加清楚。如果努尔哈赤真的身受重伤，这当然是特大功劳、重大胜利，不仅袁崇焕要炫耀自己的威风，就是明朝朝廷上下、文武百官也会对这件事大书特书，以激励军民的士气。可是，无论是袁崇焕本人的报告，还是朝廷的圣旨或者是朝臣的奏疏，都没有提到努尔哈赤受伤的事。另外，宁远战败，时间是1626年的正月，努尔哈赤是在八月二十日死去，这中间总共有8个多月的时间。在此期间，努尔哈赤并没有静养疗伤，而是“整修舟车，试演火器”，还到“远边射猎，挑选披甲”。四月，他带领大军，征蒙古喀尔喀，“进略西拉木轮，获其牲畜”。五月，努尔哈赤回师沈阳。六月，他还亲自出城郭十里迎接蒙古科尔沁部的鄂巴洪台吉来朝，根本不像是重伤之人。

综合来看，宁远之败，给努尔哈赤以沉重打击，使他“大怀忿恨而回”。努尔哈赤回到盛京后，心情一直很糟糕，便经常以打猎、攻略小城排解忧闷。“天命十一年七月二十三日，帝不豫，诣清河温泉坐汤。十三日大渐，欲还京，遂乘舟顺太子河而下。遣人召后，迎之于浑河相遇，至叆鸡堡，离沈阳四十里。八月十一日庚戌未时崩，在位十一年，寿六十八。国政及子孙遗命预有告诫，临终遂不言及。”（《满洲实录》）官修史书只说“不豫”，后人无法知道努尔哈赤是伤、是病、是忧郁，也许是三者都有，所以伤病缠身、怒火攻心而死。当然这只是揣测，努尔哈赤的真正死因至今还没有人知道。

不管努尔哈赤是怎样死去的，在他的身后，后金政权里开始了一场你死我活的争斗，充满血雨腥风。这些都是围绕着汗位展开的。最后，努尔哈赤第八子皇太极成为这场夺位斗争的大赢家。

大妃殉葬

魅力独特，宠冠群芳

1593年，努尔哈赤打败了叶赫、哈达、乌拉等九部联军以后，在加强军事进攻的同时，采取了分化和蚕食政策，用结盟联姻的手段拉拢乌拉部首领布占泰，意图拆散海西四部的联合，以便各个击破。努尔哈赤先将自己的侄女嫁给布占泰，又将布占泰的女儿给自己的弟弟为妻，他自己则娶了布占泰的侄女阿巴亥。

1601年，年仅十二岁的阿巴亥嫁给了四十三岁的努尔哈赤。由于阿巴亥年轻貌美，努尔哈赤非常宠爱她。有一次晚宴，努尔哈赤望着年轻美丽的阿巴亥，想着自己逐渐老去，不禁为自己百年之后将阿巴亥托付何人作起了打算。后金一向有收继婚习俗，所以，努尔哈赤考虑在身后由大贝勒、二子代善继娶阿巴亥。代善知道父亲的这一想法，对阿巴亥也有爱慕之情，而阿巴亥也希望在努尔哈赤故去后能找到靠山。

1620年初春的一天，小福晋德因泽向努尔哈赤报告，大福晋阿巴亥不守宫规，和大贝勒有暧昧之情。她说，大福晋多次备佳肴送给大贝勒代善，甚至一天两三次派人到大贝勒家去，像是商量什么要紧的事。进而含糊其辞，似有似无地说，大福晋还有几次深夜出宫。努尔哈赤立即派人调查，结果竟是属实，而且探者进一步揭发大福晋在诸贝勒大臣举行宴会、集议国事时，与大贝勒眉来眼去，诸贝勒大臣早就习以为常，只是因为惧怕不敢报告。努尔哈赤听完以后，极为震怒，但是不愿意把家丑张扬出去，也不愿加罪儿子，便借口以私藏金银的罪名而将阿巴亥“离弃”。

阿巴亥被逐出宫以后，大妃的位置出现了空缺，所有福晋都对这一尊贵非凡的封号垂涎三尺。所以，那一段时间，努尔哈赤宫殿中的每个女人，都尽献妩媚，每个人都想拢住努尔哈赤那颗雄心勃然的心。可是，渐渐地，这些妃嫔们都深深地失望了。开始，努尔哈赤对阿巴亥的过失摆出一副深恶痛绝的样子，他规定皇宫中的任何人，都不许在他的面前再提及阿巴亥的名字。但是，阿巴亥住过的华屋，后宫中最是精美的一处宅第，偏偏是完好地保留着原状，努尔哈赤甚至不许任何人移动里面的一椅一桌。

努尔哈赤表面上维持着自己日理万机、荣华富贵的幸福模样，尽量把自己的军政活动编排得满满的，闲下来的时光，不是去了姹紫嫣红的女子檀板银筝的舞榭歌台，就是搂着蛮腰的小秋娘，夜夜畅欢。

可是，不久，努尔哈赤就对这人世间应虚景儿的繁花韵事腻烦了，除了处理政务，他的心一直是空荡荡的，总觉得少了些什么。

从前，阿巴亥在时，她在楼上看着廊下轻捷而过的老汗王，眼睛里流淌着脉脉的温情。努尔哈赤抬头望着她，一身女真族女子天青色的窄袖长袍，发髻编成了尺许长短的横把式，努尔哈赤戏称为把儿头，他的心里暖暖的，甜甜的，那样的感觉真好。

二十来年，努尔哈赤眼看着一支春花般的阿巴亥，成了他的新人，又看了她的三春花事开过，抱了阿济格、多尔衮、多铎三个精灵小鬼头，缠绕在膝边，这平凡的人生轨迹，正是人间寻常夫妻式的长远姻缘。

努尔哈赤对她的感情实在是太深了，往事的一幕幕浮现眼前，很快，他就关注起贬居在近郊的阿巴亥母子。以至于看尽繁花万万千的努尔哈赤，在饱受相思的煎熬之后，一进占辽阳，就迫不及待地召回了冻结近一年的阿巴亥，立马恢复了大妃的尊荣。

1621 年，努尔哈赤拿下了辽阳城，这是他人生中无上的辉煌。他亲自把自己心爱的女人，接进辽阳城居住，以赎回自己这一段时间对于阿巴亥的怠慢。

这时，努尔哈赤已到迟暮之年，后来，他强势地把阿巴亥塑造成为一个公众人物，就是要向那些嫉恨阿巴亥的势力宣布：他的有生之年，必须给自己心爱的人拨乱反正，捍卫她的地位。

1621 年，后金政权第四次择都。在辽阳太子河畔的北岸高地，老汗王努尔哈赤与明媚照人的大妃阿巴亥推出了一台与臣下共乐的庆贺大典，这是后金政权一次精英级的豪华盛会，参加者有诸贝勒、众汉官以及他们的打扮得珠光宝气、暗香盈盈的妻室们。

机智灵巧，大妃风范

阿巴亥入宫后的第三年，大福晋叶赫那拉氏病死，不久阿巴亥被立为大妃。

1622 年深冬，屡战屡败的大明皇帝很想在军事的博弈上，挽回一点面子。因此，明军出动三万精兵守卫广宁城。

努尔哈赤来到了冰冻三尺的前沿阵地，给将士们打气。老汗王豪气十足地许诺：打进广宁城，请阿巴亥大福晋领了众福晋到广宁来，给大伙儿补过一个新年！努尔哈赤的一番激将，女真族将士的士气陡增，每个人的眸子中都突突地往外冒着戾杀的怒气！

最终，这一战也是快刀斩乱麻式的收局。大明的骁将刘渠、祁秉忠，成为了女真族勇士们刀下的无头之鬼。

当大妃阿巴亥率领的由众福晋组成的慰问团抵达前线时，漫天玉龙飞舞的广宁城，已经沉浸于一种节日的欢快气氛之中了。

努尔哈赤喜滋滋地手捻着胡须，高高地坐在龙椅里，迎接着爱妃的到来。

阿巴亥率众福晋叩见大汗，说道，大汗承蒙上天眷顾，得了广宁城，努尔哈赤听后，心情愈发舒畅，精神倍增。众贝勒的福晋们在殿外三叩首，礼节结束后，举办大宴庆贺。

1623 年的农历正月初六，新年的喜气尚在眉心荡漾，游兴大发的努尔哈赤迫不及待地与阿巴亥进行了自己的第一次出巡。他们顺着辽河的岸边游巡而下，白天围猎，晚上就随便找个大户人家住下，仿佛又回到了二十几年前，两个人亲昵说笑着，犹如初恋一般。此后，蒙古贝勒的觐见以及为大贝勒代善之子精心安排的迎亲活动，努尔哈赤都特意拉着阿巴亥一起参加。阿巴亥很会调节会见的气氛，间或亲切和婉地插话，问一点家常的话题，宾主双方的心境顿感轻快，轻松愉悦不少，这对于加强蒙古、女真联盟，收效是相当不错的，这也充分显示了阿巴亥的大妃风范。

忘年夫妻，情深几许

阿巴亥比努尔哈赤小三十一岁，她跟从努尔哈赤的二十多年，正是努尔哈赤势力发展的关键时期。从费阿拉到赫图阿拉，又到界凡，阿巴亥看着努尔哈赤灭辉发，并乌拉，创八旗，征服东海女真，降服萨哈连部；看着努尔哈赤在赫图阿拉创立后金政权，称大汗，也看着努尔哈赤兴师攻明，取得萨尔浒大战的胜利。她是他的忠实伴侣。

1626年农历正月，隐忍数年未发的老汗王努尔哈赤，出手却败在了大明的强将袁崇焕的宁远城下。这对于天性自负的努尔哈赤而言，绝对是一个沉重的心理打击。努尔哈赤哀怜地觉察到：属于他的时代怕是真的要过去了。

这时，一代雄主努尔哈赤也走到了生命的尽头，七月的时候，仍然能够撑着病体处理公务的老汗王，忽然浑身上下都有了一种不舒服的感觉。他接受了二贝勒阿敏的建议，到清河汤泉去泡温泉疗养。

努尔哈赤自己也感觉到了前景不妙，这位六十八岁的垂死老者，一生经历了太多的政治风雨。努尔哈赤在生命的最后时段，对于皇室中一些争斗不已的贝勒子孙们，早已深深地厌倦了。在他的心里，唯一挂念的，只有那个风姿艳丽却又心思单纯的大妃阿巴亥。在疗养期间，他自感不适，传令阿巴亥火速地赶到自己的身边。

努尔哈赤是经验老到的政治家，他早已清晰地意识到了隐藏于阿巴亥身旁的巨大政治涡流，这旋涡可以毫不费力地把阿巴亥吞灭。同时，他也看穿了一群虎狼之心的贝勒子孙们的真实用意，开始用他有力的政治推手，为阿巴亥的今后的道路扫清障碍。由努尔哈赤做坚强的后盾，刻意地抬举起阿巴亥与她的三个儿子，众贝勒们虽然感到郁闷，却也无可奈何，一时间谁也不敢讲什么。

阿巴亥飞奔一样地赶到了老汗王的身边，这时，努尔哈赤已经奄奄一息，对眼前的阿巴亥恋恋不舍，可他仍然坚韧地忍住了从心底涌出的巨大的伤感。他艰难而又迫切地叮嘱阿巴亥，回盛京！他要在众臣面前宣布自己的临终遗命。只是，在走到离沈阳城不远的一个叫瑷鸡堡的小地方时，还是没能挺住，最终，努尔哈赤还是带着满腹遗憾离开了这个世界，离开了他曾经心爱和最爱的人。

不谙世事，含冤生殉

努尔哈赤归天的消息刚刚发布，诸贝勒大臣急忙赶来，大家心急火燎地，轮换肩抬着老汗王的棺柩，迎着一路飘着的小雨，疾步往京城的方向赶。在努尔哈赤离世仅几个小时以后，他的遗体已经安稳地躺在了沈阳的皇宫中。

紧接着，缤纷缭乱、瞬息万变的时局，就不是阿巴亥大妃这样一位孤孤单单的弱女子所能够左右的了。

此时，众贝勒大臣最关心的事情是老汗王在弥留之际，与大福晋阿巴亥单独相处时，是否留下过政治遗嘱，也就是说努尔哈赤究竟把汗位传给了谁。

迎着大家虎视眈眈的目光，大福晋阿巴亥紧张地犹豫了好一阵子。最终，她还是银牙一咬，以一种豁出去了的心情，颤抖着讲出了老汗王的临终遗言：由十四子多尔衮继承汗位，由大贝勒代善辅政，待多尔衮成年后，代善归政。

这样的结果或者早已在某些人的预料之中，可是，这显然是不符合当时在场的多数贝勒大臣的心意的。所以，这一群玩惯了刀枪的武夫，在阿巴亥话音刚落，就有人把不屑写在了脸上，而且质疑声不断。

贝勒大臣们抓住了大福晋阿巴亥的一个致命的弱点：汗王薨逝时，只有阿巴亥一人在身旁，没有其他人可以在旁边为证，所以，只凭大福晋的一张口，这样一条政治遗嘱的真实性还有待核查考证。

为此，当时政坛上真正的大佬级人物，四大贝勒代善、阿敏、莽古尔泰、皇太极便姗姗登场了。他们召开了一次紧急的碰头会议，这是一次决定后金未来政局的十分重要的会议。四大贝勒中，至少有三大贝勒对于阿巴亥设计的那个政治遗嘱嗤之以鼻，在他们看来，这未免也太小儿科了。如此，阿巴亥的政治前途，在会议的伊始，就被大家否定了。

如果大福晋阿巴亥想借政治手段为自己和儿子的前途谋划的话，那么，她真把政治这一碗饭想得太天真了。这些人都不是孬瓜，政治的前景，明眼人一瞥之下，所有的幽明曲直都已尽收眼底。

四大贝勒的长谈结束后，这些努尔哈赤的成年子侄们，脸上有了淡定的微笑，他们稳步地走向了大厅中焦急等待着的同僚，把这场立储继位的大戏推向了高潮。首先，他们断然否定了阿巴亥的那个多尔衮嗣位的临终遗命。随后，四大贝勒怀了一份畅然的愉悦，向阿巴亥传达了老汗王口授于四大贝勒的另一份遗言：大福晋阿巴亥丰容靓饰，与老汗王相处的二十余年间，早已情好如一人，因此，老汗王要走了，却把美丽如画的阿巴亥独自留在这尘世间，委实是割舍不下。所以，老汗王再三叮嘱道：俟吾终，必令殉之！这一奇峰突兀而来的重大变故，又令当时在场的官员们大吃了一惊！

当时，反应最强烈的就是大福晋阿巴亥，顷刻间，她的脸上惨然漫过了一层死神的灰白。这个女子最初的意愿，也不过是想为未成年的儿子们挣得一份最大的政治利益，为自己的生活谋个依靠而已，或者，努尔哈赤的生前，真的有过那样一份的临终遗命。可是，她无论如何都没有预想到，四大贝勒一出手反击，就要置自己于死地。

从前的贵族阶层，从汉族到女真的氏族社会，生殉似乎都不算是一件特别稀奇的事情，这是现代考古学屡屡实证过的。但是，按照当年女真人习俗相沿的习惯，妻子从殉丈夫于地下，至少要符合两个公认的基本条件：一个是死人割舍不下的爱妻；另一个则必须没有未成年的儿子。因此，后来多选择出身较低微的小妾陪葬。阿巴亥位居大妃之位，多尔衮与多铎的年纪还都很小，离成年尚远，以阿巴亥当时的尊荣，如果她不在政治的山呼海啸关头乱讲话，生殉那样的事，即便是八辈子都不一定会落在她的头上。

可是，政治斗争从来都是残酷的，毫无人情可言的。失去了老汗王庇护的阿巴亥，就像从一座崩塌着的巨大冰山顶峰上迅速坠落的一只小羊，她纵然是口舌如莲地辩解，也无法扭转既定的局势。

距离努尔哈赤的崩逝不到一天，以皇太极为首的诸贝勒传努尔哈赤遗诏，要大妃阿巴亥殉死。丰姿妍丽的阿巴亥当时三十六岁，正值盛年，她的三个儿子：阿济格二十二岁已经成年，多尔衮只有十五岁，多铎十三岁。出于对尘世的留恋和对爱子的牵挂，阿巴亥百般支吾，希望事情能有转机。但诸贝勒步步不让，阿巴亥在被逼无奈，山穷水尽的情况下，自缢殉死，到一个清静温暖的世界与老汗王继续相依为伴。

同殉者还有两位庶妃，其中包括德因泽。就这样，年仅十五岁的多尔衮登位的可能被皇太极剥夺了，他后来成为清朝顺治帝的摄政王。而顺治帝非常讨厌多尔衮，将多尔衮为他立的皇后——博尔济吉特氏降为静妃，更将多尔衮之母大妃阿巴亥逐出太庙，并追夺一切尊号。

被迫自尽的大福晋

四大贝勒已去其三，但皇太极还不能说自己已经汗位在握。他还有一个不可忽视的对手——多尔衮。

多尔衮生性聪明，颇得努尔哈赤的喜爱；更重要的是一点，多尔衮的母亲，大福晋阿巴亥是一个不可忽视的力量。这个女人胸怀大志、足智多谋，她所亲生的十二子阿济格、十四子多尔衮和十五子多铎在努尔哈赤的八贝勒中占据着强势，对一心要继承汗位的皇太极来说是不小的麻烦。最可怕的是，努尔哈赤并没有留下由谁来继承汗位的遗言，而努尔哈赤死前四天里，身边只有阿巴亥奉命服侍。那几天，努尔哈赤针对汗位的问题究竟说了些什么，只有阿巴亥才知道，也正是如此，无论阿巴亥说什么，都具有很高的可信度。如果皇太极不将阿巴亥铲除，她就可以假托“遗命”，代努尔哈赤任用封、赏、贬、谏等大权。如此一来，哪还有他皇太极什么事?!

阿巴亥再精明，也不会想到丧夫之日就是自己死亡之期。在皇太极等诸贝勒胁迫下，她于努尔哈赤死后次日为汗夫生殉。

《清太祖武皇帝实录》中这样记载：……诸王以帝遗言告后，后支吾不从。诸王曰（略），于是，后于十二日辛亥辰时自尽，寿三十七。乃与帝同柩”。另有清代官书作如下记述：“天命十一年八月十一日太祖高皇帝崩。……十二日，太妃以身殉，遂同时而敛。恭奉龙舆出宫，奉安梓宫于沈阳城中西北隅。

在清代官书中，阿巴亥的入葬过程，仅有此寥寥几笔。

此时的女真正处于由奴隶社会向封建社会的转型时期，生殉并不是什么稀罕的事，但对生殉有着严格的要求。被生殉的人，第一点必须是死者的妾室，正室在非自愿的情况下不得生殉；第二点要求生殉者没有未成年的幼子。就算是除了自己总惹努尔哈赤不高兴这一点不说，多尔衮和多铎尚属幼子，不合生殉的条件，而且自己大妃的地位身份又在后宫中最为尊贵，生殉之事无论如何也轮不到她的头上。

可事情毕竟发生了，不能生殉的条件恰恰成为了皇太极处死阿巴亥的理由：多尔衮、多铎兄弟二人尚未成人，更遑论战功，却与那些功名显赫的兄长们拥有同样多的属民及权力；而且，阿巴亥身为大妃，无论继承汗位的人是谁，都存在着受她牵制而且可能会随时被取代的危险。因此，据此推测大妃生殉的最大可能性就是被皇太极等人伪造太祖遗诏，逼迫阿巴亥生殉，除却这一大隐患。

附：努尔哈赤大事年表

⊙**明嘉靖三十八年**（1559年　己未）

努尔哈赤生。

⊙**明隆庆三年**（1569年　己巳）

努尔哈赤之母喜塔腊氏逝。

⊙**明万历二年**（1574年　甲戌）

明朝总兵官李成梁率兵讨伐建州，努尔哈赤与其弟舒尔哈齐被俘，收在李成梁帐下，充当幼丁。

⊙**明万历十一年**（1583 年　癸未）

二月，明李成梁发兵攻王杲，努尔哈赤父、祖死于战乱。李成梁将塔克世所遗土地人马派给努尔哈赤，并给都督敕书，令袭都督指挥衔。五月，努尔哈赤以父、祖所遗 13 甲起兵。

⊙**明万历十五年**（1587 年　丁亥）

正月，努尔哈赤于呼兰哈达南冈建“宫室”，史称费阿拉城。四月，努尔哈赤始定“国政”，并自称“女真国淑勒贝勒”。五子莽古尔泰生，母为继妃富察氏。九月，明廷封努尔哈赤为都督佥事。努尔哈赤与叶赫部、辉发部、哈达部会盟。

⊙**明万历十八年**（1590 年　庚寅）

四月，努尔哈赤首次赴京“朝贡”，受到明廷的赏赐。

⊙**明万历二十七年**（1599 年　己亥）

二月，努尔哈赤命额尔德尼与噶盖始创满文。十一月，努尔哈赤致朝鲜国王书中自称“建州等处地方国王”。

⊙**明万历二十九年**（1601 年　辛丑）

十二月，努尔哈赤第五次进京朝贡。是年，建黄、白、红、蓝四旗，此即八旗之始。

⊙**明万历三十一年**（1603 年　癸卯）

正月，迁居赫图阿拉。

⊙**明万历三十四年**（1606 年　丙午）

十二月，蒙古巴约特部台吉恩格德尔会喀尔喀蒙古五部朝见努尔哈赤，并尊努尔哈赤为昆都仑汗。

⊙**明万历三十六年**（1608 年　戊申）

四月，努尔哈赤与明将立碑划界，自称为国。

⊙**明万历四十三年**（1615 年　己卯）

三月，努尔哈赤第七次进京朝贡，此后停贡。八月，处死长子褚英。

⊙**天命元年**（1616年　丙辰　明万历四十四年）

正月，努尔哈赤于赫图阿拉御八角殿称汗，建元天命，定国号为金，史称后金。是年，二子代善与五子莽古尔泰被封为贝勒，参与国政。

⊙**天命三年**（1618年　戊午　明万历四十六年）

四月，努尔哈赤以“七大恨”誓师伐明。

⊙**天命四年**（1619年　己未　明万历四十七年）

三月，后金军与明军决战于萨尔浒，明军大败。四月，努尔哈赤致书朝鲜，自称“后金国汗”。

⊙**天命五年**（1620年　庚申　明万历四十八年）

十月，努尔哈赤迁都界藩城。

⊙**天命六年**（1621年　辛酉　明天启元年）

八月，命筑辽阳新城，即东京城，迁都于此城。

⊙**天命七年**（1622年　壬戌　明天启二年）

三月，努尔哈赤以皇子八人为和硕贝勒，共理国政。

⊙**天命十年**（1625年　乙丑　明天启五年）

三月，迁都沈阳，定名为盛京。

⊙**天命十一年**（1626年　丙寅　明天启六年）

正月，努尔哈赤统兵攻明宁远城，重创而归。八月，努尔哈赤病逝。大妃乌拉纳喇氏及二庶妃从殉。皇太极嗣汗位。

文武兼备的创业之君

——清太宗皇太极

锐意革新后金世变，四出攻伐虎视中原

帝王档案

⊙姓名：爱新觉罗·皇太极

⊙属相：龙（1592 年）

⊙年号：天聪，崇德

⊙在位：1626～1643 年

⊙享年：52 岁（1592～1643 年）

⊙庙号：太宗

⊙谥号：应天兴国弘德彰武宽温仁圣睿孝文皇帝

⊙陵寝：昭陵（沈阳北陵）

⊙配偶：16 人，皇后博尔济吉特氏

⊙子女：11 子，14 女

⊙继位人：福临（顺治）

帝王小传

爱新觉罗·皇太极（1592～1643年）是努尔哈赤第八子，明万历二十年十月二十五日（1592年11月28日）生。自少年起常随父兄狩猎和征战。后金天命元年（1616年）正月，封和硕贝勒，与兄代善、阿敏、莽古尔泰合称“四大贝勒”，又被称为四贝勒。天命十一年（1626年）八月，努尔哈赤病逝。九月，皇太极即位，以明年为天聪元年，定国号为大清，改元为崇德。皇太极20岁带兵打仗，35岁登极，即位不到10年，统一整个东北，并南下朝鲜，西征蒙古，堪称“上承太祖开国之绪业，下启清代一统之宏图”的创业之君。

崇德八年（1643年，明崇祯十六年）八月初九，太宗皇太极逝于寝宫清宁宫，后葬于昭陵（今沈阳北陵），享年52岁，在位17年。他猝死于清军入关前夕，未能实现夺取全国政权的宿愿。

青史语录

“允文允武，内修政事，外勤讨伐，用兵如神，所向有功。”

——《清史稿·太宗本纪》

“观诸本朝，能军者无出太祖之右者，其次则太宗耳。”

———清·赵翼《二十二史札记》

烽火中成长的王子

皇太极（1592～1643 年），全名爱新觉罗·皇太极，清太祖努尔哈赤第八子。

万历十六年（1588 年）九月，努尔哈赤基本削平建州各部，统一大业初具规模，这时他娶了一位美貌的妻子，这就是皇太极之母叶赫纳喇氏。叶赫纳喇氏是女真叶赫部首领杨吉努（仰加奴）之女。杨吉努为了与努尔哈赤结盟，把小女儿许配给他，称这是天生的“佳偶”。14 岁的叶赫纳喇氏前来那天，努尔哈赤本人率领诸贝勒、大臣前往迎接，然后在费阿拉城里努尔哈赤的住处举行盛大宴会。当时努尔哈赤有众多妻子和儿女，地位最高的是富察氏衮代。但叶赫纳喇氏聪明伶俐，待人宽厚，从不干预政事，把全部精力用在侍奉努尔哈赤身上，因此最得努尔哈赤的欢心。

万历二十年（1592 年），叶赫纳喇氏生了皇太极。在努尔哈赤的诸子中，皇太极排行第八。他的兄弟有褚英、代善、阿拜、汤古岱、莽古尔泰、塔拜、阿巴泰等人，年长的比他大 10 余岁，年幼的也比他只小三四岁。皇太极本人生来眉清目秀，聪明伶俐，凡接触到的事，“一听不忘，一见即识”。努尔哈赤十分疼爱这个儿子，军国事务之余，便常常与叶赫纳喇氏母子共享天伦之乐。

在父兄努尔哈赤、褚英、代善等奋战沙场，长年累月驰驱在外的情况下，年方 7 岁的皇太极接受父亲的命令，主持一切家政，干得很出色。举凡日常家务，钱财收支，送往迎来，大事小情，不管头绪如何繁多，事情如何细碎，皇太极都安排得井井有条，处置得当。

万历三十一年秋，不幸的事情发生了，年仅 29 岁的叶赫纳喇氏突然得重病而死。努尔哈赤日夜痛哭不止，为她举行了隆重的葬礼。从此，年方 12 岁的皇太极在父亲的教导关怀下，迅速成长起来。满族及先世女真人素以尚武著称，皇太极向他父亲学习本民族的传统风俗，从小就参加打猎，练得勇力过人，步射骑射，矢不虚发。皇太极当了皇帝以后，曾回忆这段生活时说："从前我们小的时候，听到第二天要出去打猎，个个欢腾雀跃，事先就调鹰蹴球，如不让去，哭着向太祖请求批准……那时仆从很少，人人各自牧马披鞍，劈柴做饭，即使这样艰苦，也乐于跟着为主效力，国家之有今日兴隆正是这种努力奋斗的结果。"

皇太极受父亲思想和作风的熏陶，像努尔哈赤那样吃苦耐劳，不怕流血牺牲，意志顽强，体格健壮。沈阳实胜寺曾藏有他用过的一张弓，矢长四尺余，不仅一般人不敢问津，就是一个壮士也很难拉开，而皇太极当年运用自如。

皇太极在参加作战和协助努尔哈赤治理国家的过程中逐渐显露了头角。据文献所载，皇太极在万历四十年（1612 年）参加了大规模的行军作战。那年乌拉首领布占泰背信弃义，干了一系列掠夺屯寨等罪恶勾当，引得努尔哈赤大怒，发兵往讨，皇太极随军出征。九月二十二日大军起程，二十九日抵乌拉部，与乌拉兵相峙三天。努尔哈赤所部四出焚毁粮草，乌拉兵白天出城对垒，夜里入城固守。皇太极与其兄莽古尔泰急不可耐，想立即过河进攻。努尔哈赤没有采纳他们的建议，还以"砍伐大树"为例，告诫他们对于势均力敌的敌人，用兵不能急躁，而应采取逐步削弱敌人的方式。于是他们毁掉了乌拉的一些城寨，第二年乌拉被灭。"伐大树"之说，对皇太极后来与明朝作战产生了深远的影响。

努尔哈赤自万历十一年（1583 年）起兵以后，经过 30 多年的征战，势力大增，同时也考虑起继承人的问题。长子褚英一直是努尔哈赤心目中继位的第一人选，但褚英后来背着努尔哈赤做了很多错事，他逼迫弟弟们对天发誓，誓词要求，长兄如何说，兄弟们即如何办，有什么话，也不要告诉父亲！褚英还提出，父亲死后，要把父亲分给弟弟们的财产重新分配，凡是和自己关系不好的弟弟、大臣，他作了汗以后统统杀掉。皇太极等人毅然向努尔哈赤揭发了褚英，万历四十一年努尔哈赤将褚英幽禁，褚英两年后死去。从此，皇太极进一步得到了努尔哈赤的信赖。万历四十三年，军政合一的八旗建制确立后，皇太极被任命为管正白旗的贝勒。

万历四十四年（1616 年）正月，努尔哈赤 58 岁时，群臣为他举行了庄严隆重的上尊号仪式。此前，皇太极等诸贝勒、大臣们开会议论并一致赞成说：我国没有汗时，忧苦极多，蒙天保佑，为使人民安生乐业，给降下一位汗，我们应给抚育贫苦人民、恩养贤能、应天而生的汗奉上尊号。生日当天，他们为努尔哈赤上尊号“覆育列国英明汗”，建国称金，也叫大金或后金，年号天命。现辽宁新宾县老城村为当时的都城赫图阿拉，迄今还有“尊号台”的遗址，俗称“金銮殿”。从此在东北大地诞生了一个和明朝对立的国家政权。

后金建立伊始，皇太极就在努尔哈赤身边参与重大决策，他被称为和硕贝勒，是八旗的旗主之一，同其他的和硕贝勒，“共议国政，各置官属”。努尔哈赤共有子侄数十人，天命之初为首的和硕贝勒共有四人，依年齿次序为：大贝勒代善、二贝勒阿敏、三贝勒莽古尔泰、四贝勒皇太极，统称为四大贝勒。天命六年（1621 年）二月，努尔哈赤“命四大贝勒按月分直，国中一切机务，俱令直月贝勒掌理”。这说明他们的地位和权力是同等的。

在后金所从事的主要战争活动中，皇太极献智献勇，发挥了重要的作用。天命三年（1618 年），努尔哈赤下定决心要对明朝发动进攻，但是具体怎样行动，却议而未决。在欢庆努尔哈赤 60 大寿的宴席中，皇太极献上一计。他说，抚顺是我们出入之处，必先取得它。听说四月八日至二十五日，守城游击李永芳要大开马市。这时边备一定松弛，机会难得。我们可以先派 50 人扮作马商，分成五伙，驱赶马匹，入城为市。接着我即率 5000 兵夜行至城下，向里发炮，内外夹击，抚顺可得，他处不战自下。努尔哈赤欣然接受他的建议。四月十三日以七大恨誓师征明，结果大获胜利，成功攻占抚顺。在接下来的萨尔浒之战中，皇太极凭借着智勇一连数胜：进攻吉林崖，明主将杜松惨死；攻打斡珲鄂谟，明游击龚念遂殁于阵中；他与代善追击明监军康应乾于富察，明军溃败，朝鲜军元帅姜弘立投降。可以说，皇太极为赢得此战的胜利立下了汗马功劳。

天命六年，努尔哈赤发动了辽沈大战，皇太极是这次大战的策划者之一和冲锋陷阵的前线指挥官。三月初十，后金倾国出兵，十二日兵临沈阳城下，明总兵贺世贤出城抵御被战败，十三日后金占领沈阳。明援辽总兵童仲揆、陈策及周敦吉等继与后金兵大战浑河。皇太极奋勇参战。后金的将领雅松遥望明兵，胆怯而退，皇太极却毫无畏惧冲上去，打败明军，并追杀至白塔铺（今沈阳市南郊），然后与明奉集堡守将李秉诚、朱万良、姜弼接战。皇太极以百余骑击败明朝三总兵。第二天，努尔哈赤斥责雅松说：“我的儿子皇太极，父兄依赖如眸子，因你之败，不得不杀入敌营，万一遭到不幸，你的罪何止千刀万剐!”怒斥之后，将其削职。

后金兵攻下沈阳城后 5 天，努尔哈赤又统大军攻向辽阳。皇太极率后金右翼四旗兵冲锋在前，在左翼四旗兵配合下，于辽阳城外打败明军，直追至鞍山界方返回。二十一日，经过城外城内的反复激战，后金攻取了辽阳，明朝守城的经略袁应泰自焚，巡按御史张铨被活捉。李永芳去劝降，被他大骂一顿。皇太极对这位大明忠臣十分敬仰，引证古代历史，劝张铨说："过去宋朝徽、钦二宗，为以前的大金天会皇帝所擒，尚且屈膝叩见，受封公侯，我想使你活下去，特地说说此事以提醒你，为何还执迷不悟，不肯屈服？"张铨不肯低头，最终被努尔哈赤派人勒死。从这件事情上，反映出皇太极不单是后金英勇善战的一员骁将，而且已经是比较成熟的政治家了。

辽沈大战的胜利，影响很大，辽河以东 70 余城也因之相继而下，连同以前所得，后金已经把东北的绝大部分地区纳入了它的统治范围。后金与明朝对峙，分地而治。天命六年，后金迁都辽阳，5 年后又迁都沈阳。后来皇太极就以辽沈为中心，统一了全东北及蒙古的一部分地区。皇太极做后金汗和大清皇帝的都城，也是他亲自参加浴血奋战夺取的。

皇太极继位

皇太极的登基仪式

天命十一年九月一日，盛京。天命汗努尔哈赤已经驾崩 19 天。

此日，三大贝勒代善、阿敏、莽古尔泰及众贝勒、文武大臣聚会于朝，在皇太极的率领下焚香告天。三叩九拜大礼行毕，皇太极正式登基称汗，改第二年为天聪元年，被称为天聪汗。

次日，皇太极又率诸贝勒大臣对天地祝誓，祈求皇天后土“垂祐”，国祚炽昌。皇太极发誓说：

皇天后土，即佑我皇考，肇立丕基，恢复大业；今皇考龙驭上宾，我诸兄衣诸弟侄，以家国人民为重，推我为君。唯当敬绍皇考之业，钦承皇考之心，我若不敬兄长，不爱弟侄，不行正道，明知非义之事而为之，或因弟侄等微有过愆，遽削夺皇考所与户口，天地鉴谴！若敬兄长，爱弟侄，行正道，天地眷佑！

接着，大贝勒代善、二贝勒阿敏，三贝勒莽古尔泰率领众贝勒、贝勒之子面对天地诸神，对新汗皇太极盟誓告曰：

我等兄弟子侄，询谋异同，奉上嗣登大位，宗社借凭，臣民倚赖。如有心怀嫉妒，将不利于上者，当身被显戮。我代善、阿敏、莽古尔泰三人，若不教养其子弟，或加诬害，必自遭凶孽。若我三人好待子弟，而子弟不听父兄之训，有违道者，天地谴责！如能守盟誓，尽忠良，天地眷佑！我阿巴泰、德格勒、济尔哈朗、阿济格、多尔衮、多铎、杜度（褚英长子）、岳托（代善长子）、硕托（代善第三子）、豪格（皇太极长子）等，若背父兄之训，而费矢忠荩，天地谴责！若一尽为国，不怀偏邪，天地眷佑焉！

盟誓完毕，皇太极为了表示对大贝勒代善、二贝勒阿敏、三贝勒莽古尔泰的尊敬，又率众贝勒向他们敬重地拜了三拜，以示“不以臣礼待之”。

八和硕贝勒共理国政制度的瓦解

然而，皇太极与其众兄弟的盟誓也仅仅停留在了口头上。后金政权内部仍有些人对汗位觊觎之心不死，图谋不轨。这些人大多地位较高、手握兵权，甚至是八旗中掌有一旗的旗主，若听之任之，不仅会动摇皇太极的地位，也会危胁到后金政权的稳定。因此，皇太极决定加强自己的权力，削弱八旗贝勒的势力。

努尔哈赤生前规定实行八和硕贝勒共理国政的制度。他曾经训谕八个和硕贝勒说：

“继我而为君者，毋令强势之人为之，此等人一为国君，恐依强恃势，获罪于天也。且一人之识见，能及众人之智虑耶？尔八人可为八固山之主。如是同心谋国，可无失矣。八固山尔等中有才德能受谏者，可继我之位。若不纳谏，不遵道，可更择有德者立之。倘易位之时，如不心悦诚服，而有难色者，似此不善之人，难任彼意也！”

从此可以看出，努尔哈赤对于后金政权统治的构想是以八旗旗主合议为政体。按规定，四大贝勒按月轮值，共同掌理国家机务。朝贺时，遵循礼仪，汗王皇太极须与三大贝勒代善、阿敏、莽古尔泰都坐北面南，共同接受朝拜。当时后金政治，实际上是四大贝勒共同掌权，皇太极的权力并不大。

为了改变这种不利局面，将大权握入自己的手中，皇太极逐步对努尔哈赤定下的规章制度进行改革，改变“狃于积习”的情况，同时又接受大明封建王朝的影响，仿照明制使后金政权日益巩固和完善，并进一步封建化，以适应将来夺取中原后统治全国的需要。

皇太极加强君权的隐蔽手段

天聪三年（1629 年）正月，皇太极以“三大贝勒向因值月之故，一切机务，辄烦诸兄经理，多有不便”为由，改为三大贝勒以下诸贝勒代理值月理政。这样，代善等三大贝勒不再值月，不能与皇太极一样来执掌治理国家的大事，他们的权力被皇太极“委婉”地削弱了。

为了进一步削弱三大贝勒的权势，皇太极又增设了“八大臣”“十六大臣”，他们有的与诸贝勒坐在一起“共议国事”，有的直接参与“佐理国政”，有的专门负责“出兵驻防”。

这些手段和措施，使君权得到了加强，但没有改变八旗并立的局面。此际，汉官胡贡明上奏说：

“有人必八家分养之，土地必八家分据之，即一人尺土，贝勒不容于上，上亦不容于贝勒，事事掣肘，上虽有一汗之名，实与正黄旗一贝勒无异也若不改此局面，纵借强兵，入山海关，中原，臣谓不数年间，必将错乱不一，而不能料理也。”

皇太极接到胡贡明的奏疏，看过之后深以为然。君主与旗主分权的矛盾，确实是后金进一步发展中亟须解决的问题。时过不久，又有人说：八旗并立，彼此怨与日俱增。君王不要兄弟是倚，他们行将害上。汉官也纷纷上书，主张皇太极君权独揽。

对如何加强君权，解决好与八旗旗主的矛盾，皇太极时时权谋在心。不久，他根据汉官的建议，仿照明制，设立六部。

天聪五年（1631 年），皇太极仿照明朝的管理制度设立六部，以贝勒管部事。

后金六部，分吏、户、礼、兵、刑、工，一如明制，每部皆用一贝勒主管。六部各设贝勒一人，“管某部事”。在这些贝勒之下，还设有承政、参政、启心郎、办事、笔贴式等官。承政各设满、蒙、汉一人。承政之下，皆设参政（尚书侍郎）八人，只有工部设满人八名，蒙、汉各两名。办事、笔贴式，看事务繁简，各酌量补授。

皇太极直接面谕六部大臣，要他们奉公守法，按照自己的意旨办事，“以副朕意”。汉官说：“今六部已立，规模次第可观，伏乞上毅然独断。”皇太极立即采纳，于六部中添启心郎之职。启心郎的设置，有助于君权的加强。其职责是：见管部事的贝勒有不善行为，劝阻莫行，启迪他们勤于国事，忠于大汗。

六部的设置加强了君权，巩固了后金统治，为日后进取中原、夺取明朝政权做了准备。它使后金“某一宗我国行得，某一宗我国行不得，参汉酌金，渐就中国之制，日后得了蛮子（指汉明王朝）地方，不至于手忙脚乱”。同时，它的设置，又使后金政权在封建化过程中前进了一大步。

六部设立以后，皇太极的权威仍没有完全凌驾于诸贝勒之上，一些权势很大的贝勒仍旧视君权于不顾，甚至有所挑衅。为了进一步加强君权，巩固后金统治，皇太极又开始了旨在削除异己、摧毁三大贝勒的改革。

削除异己

被禁锢的功臣

明崇祯二年、后金天聪三年（1629 年）十二月十七日，皇太极亲率八旗和蒙古联军十余万兵出关内，直扑北京城。结果在永定门外遭到了大同总兵满桂的重创，只得大肆掠夺一番后班师返回关外，于天聪四年三月初二，抵达盛京。

但放弃关外、偏安辽东又岂是皇太极的心愿？一次的挫折算不了什么，壮大自己的实力，伺机而动才是王道。于是，他派二贝勒阿敏、贝勒阿巴泰、济尔哈朗等人率领5000八旗军驻守在关内的滦州、迁安、永平、遵化四座军事重镇。

此时的明廷辽东经略一职再度起用孙承宗。在孙、袁二人的部属下，明军开始由战略防御转变为集中优势兵力收复辽东失地。他们首先要收复的，当属永平四镇。

率先迎来明军攻势的是滦州。然而作为此地的最高军事长官，阿敏却对滦州的被动无动于衷，拒不发援。滦州为明军所收复。

这时候的阿敏犯了一个更大的错误：他将降金的汉将、并且是由皇太极钦定的永平巡抚白养粹处死，在永平城中大开杀戒，屠戮无数，紧接着趁着夜色弃城出关，逃亡关外。

身在盛京的皇太极对阿敏在永平城里的作为毫不知情。得知永平四镇被明军所攻打的战报之后，忙派贝勒杜度星夜率兵驰援永平，同时让杜度带去一张敕令，告诫阿敏要对城中官民加以善抚，不得胡作非为。为了保住永平四镇，他甚至已经做好了亲征的准备。

然而阿敏弃城出逃的行径彻底将皇太极的战略计划打乱，屠城的暴行也对皇太极的权威造成了严重的不利影响。永平保卫战之前，皇太极刚颁布一项厚待俘虏的上谕，结果阿敏就将之糟践得体无完肤，不但投降的汉人心寒如冰霜，就连皇太极费尽心思在关内布下的“棋子”也被轻易葬送。这怎能不让皇太极怒火中烧？

阿敏辗转逃回盛京，盛怒之下的皇太极拒绝放他入城。六月初七，皇太极召集诸贝勒大臣，议定阿敏之罪。议毕，命岳托当众宣布，历数其十六大罪状，遂命夺其人口、财物给其弟济尔哈朗，只留庄园八所，将阿敏“送高墙禁锢，永不叙用”。

皇太极为何要除掉功臣阿敏

永平四城的失守，其实只不过是皇太极欲除掉阿敏这个隐患的导火线。

当年努尔哈赤尸骨未寒之时，阿敏便向皇太极提出了一个拥立他为嗣位之人的条件：“我与诸贝勒议立尔为主，尔即位后，使我出居外藩可也。”分裂之心昭然若揭。后来皇太极回忆说：“若令其出居外藩则两红、两白、正蓝等旗亦宜出居于外藩，朕统率何人，何以为主乎。”尽管他在支持皇太极继承汗位的过程中起过积极作用，但实质上是不赞同，并放言“谁畏谁，谁奈谁何”。先汗病死，对于后金是何等危急时刻，而阿敏的三位福晋却“盛装列坐”。

出征朝鲜时，岳托等劝阿敏班师，阿敏却说羡慕明朝皇帝及朝鲜王宫，一定要到王京去看看，还有“屯种以居”的话语。皇太极发现阿敏“颇怀异志”，却隐忍不发。这一招正是帝王常用的手段，要令对方欲加张狂，以便处之有道。

天聪三年十月，皇太极统兵扰明，阿敏留守沈阳。次年春，岳托、豪格率军先还。阿敏出迎，居中而坐，令留守诸臣坐于两侧，“俨如国君”。

次年，阿敏受命驻守永平后，对皇太极委任的城中汉族降官、招徕的乡民其为反感，任意杀害。又擅自在明军将至之时弃城逃回沈阳。

皇太极先拿堂兄开刀，采取故意放纵的策略，不动声色地除掉三大贝勒之一，又使其余诸人无法反对，高明之至。削夺二贝勒之举自然引起了另外两大贝勒的警惕，尤其三贝勒莽古尔泰，对皇太极的做法大为不满。

莽古尔泰的悲剧

莽古尔泰性格鲁莽、暴躁，因为心有怨言，自然在行为举止上表现出来。这正是皇太极所希望的。

天聪五年（1631 年）皇太极统军进行了大凌河之役。一天，皇太极到岳托营巡视。莽古尔泰与岳托一同上奏说：“昨日之战，我旗中将领受伤者较多，我旗下的士兵，有的跟着阿山出哨去了，有在达尔汉额附的营中当差者，能不能让我把他们收回来？”

皇太极故意用怒气的语调说：“我听说你所率领的部队，凡是被差遣到外面去的，都是违反军令的。”

莽古尔泰不服气，道：“我的部队哪里曾违反了军令？”

皇太极回答说：“果然，是别人的诬告；我回去后亲自追究诬告者的责任。”

莽古尔泰一时按捺不住，愤怒地说：“大汗你应当公正处事，为什么非要与我为难？我出于考虑到大汗的颜面，无论什么命令都完全服从，你们不肯放过我，难道还想要置我于死地不成？”并伸手将佩刀拔出刀鞘五寸许，用眼斜睨着皇太极。

当时莽古尔泰的弟弟德格勒也在场。德格勒劝阻他，不听；挥拳殴打他，他仍怒骂不止。事情发生后的第二天，莽古尔泰以“饮酒过度狂态失言”为辞，向皇太极叩头请罪。众贝勒大臣议论说，莽古尔泰拔刀露刃，“欲犯上，大不敬”。皇太极遂降其秩（降和硕贝勒，秩同诸贝勒），罚银万两及马匹甲胄。

同年十二月，礼部参政李伯龙奏定朝仪说，诸贝勒皆言莽古尔泰不当与皇太极并坐。皇太极说："从前跟诸位平起平坐，今天却不是这样，要是让外人知道，会怀疑我怠慢了各位兄长。"

代善主动说："我们既然已经拥立大汗为君，再与大汗平起平坐，恐怕会遭到国人的议论，说我们已经奉大汗为君，还与大汗平起平坐，于礼不合。如果仍像以前那样，必定会受到上天的惩罚。所以自今以后，大汗在南面中间坐，我与莽古尔泰在侧面陪坐，其余蒙古诸贝勒等人，就坐在我和莽古尔泰的下面。"

这种座位的变易，不只是表示朝仪的形式，也是后金内部渐趋统一的明证。

次年，三贝勒莽古尔泰在忧郁中死去，又一大贝勒的势力被皇太极轻易削除了。

完全掌握大权

削除阿敏、莽古尔泰十分容易，二人一个有不臣之心，一个性如烈火，容易做出授皇太极以口实的事，而削除大贝勒代善就比较困难了。代善素无异心，且性格平和，并曾力主拥立皇太极，想将他削除，必须找到理由。而代善此时已是权力仅次于皇太极的人物，若不削除他，皇太极之前的努力等同于徒劳。

天聪九年（1635年）十月，大贝勒代善盛情款待了三贝勒莽古尔泰的妹妹哈达公主莽古济格格。皇太极对莽古济格格成见本来就很深，见代善宴请她大为震怒，声称"正红旗的诸贝勒轻视我"。不久，皇太极历数代善不遵旨令、悖乱多端等罪，但这些罪名不足以作为削除代善的借口，因此皇太极声言“别举一强有力者为君”，从此杜门不出。众贝勒大臣闻讯人人惶恐，到朝门外跪请皇太极出朝听政，还哀告说：“大小纲纪，俱听睿裁。”从此，大贝勒代善几乎被削夺了大贝勒的名号，其子贝勒岳托、萨哈廉也因此受到牵连，俱同时获罪任罚。

十一月，莽古济家仆冷僧机，忽然到刑部自首，告发正蓝旗主莽古尔泰、德格勒生前曾与莽古济、索诺木（原蒙古敖汉部长，归附后金后，娶莽古济公主为妻）屯布禄、爱巴礼等跪焚誓词，结党为乱，图谋不轨，于是构成惊动一时的大案。在抄没莽古尔泰的家时，果然查获“所造木牌印十六枚，视其文，皆曰：‘金国皇帝之印’”。皇太极于是严厉镇压参与其事者。莽古济及其夫索诺木以“谋危社稷”“逆迹彰著”的罪名被处死。屯布禄、爱巴礼及其亲支兄弟子侄俱磔于市。莽古尔泰有两个儿子被杀，其余六子同德格勒之子皆废为庶人。正蓝旗附入皇太极旗，被吞并。皇太极长子豪格由两黄旗分出，专门主管重新编制的正蓝旗。

天聪末年，皇太极实际上已经控制了两黄、两蓝、两白六族，势力还渗入到镶红旗，结束了“八和硕贝勒共理朝政”的局面，开始“制令统于所尊”。后金的朝政大权完全掌握在了他的手中。

民族政策的调整

四伏的危机

皇太极雄才大略，不满足做个守成之君，决心要开创崭新的局面。这位从小就在开国创业中成长起来的政治家冷静沉着，并有远大的抱负，他想君临全中国，使其父子群臣艰难创立的国家由后世子孙永久统治下去。他很讲究实际，不仅懂得治国之道，也懂得人君之道。他说："若治国之道，如筑室然，基础坚固，庀材精良者，必不致速毁，世世子孙可以久居。其或苟且成工者，则不久圮坏，梓材作诰，古人所以谆谆垂诫也。"一切都不能简单从事，建造房屋就是如此，"惟筑地坚固，叠石为基，经营构造，方堪久远。"

皇太极即位之初，面临许多重大的问题：阶级矛盾尤其是民族矛盾相当尖锐；汉族奴隶大量逃亡，满族人不断遭到汉人的袭击；更为严重的是，武装暴动震撼着后金在辽东的统治。到了努尔哈赤晚年，这种反抗斗争日见激烈。这一严重的局势，是努尔哈赤进入辽东地区后实行错误政策带来的直接后果。他在进驻辽沈后，推行民族歧视与压迫的政策，对辽东地区的人民主要是汉人肆意屠杀与奴役。

经济状况同样很糟糕。经过战争蹂躏的辽沈地区，经济惨遭破坏，没有得到充分的恢复。由于后金实行屠杀与奴役的政策，人口大量逃亡，壮丁锐减，田园荒废，加上天灾接踵而来，经济情况更加恶化。清太宗即位才半年，即第二年春就遇到了大荒年，"国中大饥"，粮食奇缺，物价飞涨，社会秩序混乱，盗窃盛行，牛马成了盗窃的主要对象，凶杀、抢劫到处发生。皇太极叹息说："民将饿死，是以为盗耳。"可以说，经济已到了破产的地步。

军事上的连遭挫折更是雪上加霜，使整个局势充满危机。天命十一年，后金军在宁远城下遭明兵重创，这是努尔哈赤兴兵以来第一次大失利。从根本上说，这是他的失策。明将利用汉人和蒙古人对后金的仇恨心理，晓以民族大义，故能众志成城，击败后金兵的强大攻势。

面对如此危局，皇太极毅然决定实行改革。他不囿于祖宗之法和传统习惯，对父亲的遗策作了全面调整，有继承，有发展，也有改变，展现了一位杰出政治家的雄才大略。

政策的调整

首先，皇太极知道，汉官汉民备受虐待是祸乱之源，因此对努尔哈赤歧视汉人、压迫汉人、杀害汉人的措施适时做出调整，提出“治国之要，莫先安民”。他宣布，凡国内汉官汉民即使从前想逃跑的及“奸细”往来的，事属已往，不再追究，结果“逃者皆止，奸细绝迹”。他强调“满、汉之人，均属一体，凡审拟罪犯、差徭公务，毋致异同”，“满洲、蒙古、汉人视同一体”，“譬诸五味，调剂贵得其宜。若满洲庇护满洲，蒙古庇护蒙古，汉官庇护汉人，是犹成苦酸辛之不得其和。”他采取具体步骤，从多方面来改善汉人的政治、经济状况，调和满、汉之间的矛盾。他将汉人的壮丁分屯别居，把汉族的降人编为民户，放宽对逃跑人员的惩治，于是“民皆大悦，逃者皆止”。此外，皇太极优待汉官，笼络汉族士人，说“士为秀民，士心得，则民心得矣”，下令对汉儒实行两次考试，选拔428名秀才，发挥他们作用，起用一部分人到文馆中工作。皇太极这样调整政策的结果，“民心大悦，仁声远播”。这些调整政策，顺应民心，得到了汉族人民的认同。

皇太极十分重视学习汉族文化。他认为明罗贯中所著《三国演义》含有丰富的战略、战术思想，对于指挥打仗很有借鉴作用。他命令翻译这部书为满文，使之培育了一代又一代清朝将领。大学士达海（1595～1632 年）是满洲正蓝旗人，满文、汉文兼通，有“满洲圣人”之称。他受命翻译了《孟子》、《通鉴》、《六韬》。皇太极令他翻译《三国演义》，达海接受了任务，但没译完就死了。大学士范文程等受命继续翻译，直到顺治七年（1650 年）才译完，并颁发全军。译者接受了鞍马、银币的奖赏。

与对待汉族不一样的是，皇太极主要着力于笼络蒙古贵族，与他们进行联姻，以达到合作结盟的政治目的。崇德元年（1636 年）四月，皇太极即皇帝位，称“宽温仁圣皇帝”，定国号为大清，改元为崇德元年。七月，定五宫制，立清宁宫为中宫皇后，大福晋博尔济吉特氏正位中宫，东宫为关雎宫宸妃，次东宫为麟趾宫贵妃，西宫为衍庆宫淑妃，次西宫为永福宫庄妃。这“一后四妃”，都是蒙古族人，都姓博尔济吉特氏，分别属于蒙古察哈尔部和科尔沁部。皇太极还把次女下嫁给林丹汗的儿子额哲，命令叔父舒尔哈赤的儿子济尔哈朗娶林丹汗的遗孀苏泰太后为福晋，命令长子豪格和二兄代善、七兄阿巴泰分别和蒙古察哈尔部联姻，构成错综复杂的姻盟，以达到联合蒙古的目的。

皇太极重视农业生产，停止妨碍农业生产的建筑工程，禁止屠杀牲畜，禁止满人擅取汉人财物，禁止放鹰糟蹋庄稼，实行“三丁抽一”政策：一家三丁，一人出去打仗，两人留下从事生产，以保证劳力。这些措施，发展了农业生产，使后金经济有了很大发展。

皇太极还重视风俗习惯的改革。例如满洲有乱伦婚俗：嫁娶不择族类，父死，子可娶后母；兄死，弟娶嫂子等。皇太极下禁令，永远禁止娶继母、伯母、叔母、兄嫂、弟妇、侄妇。

失利宁锦

皇太极的最终目标是夺取明朝天下，他知道明朝虽屡败于后金，国力大为削弱，但毕竟在中原地区绵延了数百年，根基牢固，并不是轻易就可以战胜的。努尔哈赤在宁远之败不久死去，皇太极一上台，就致函宁远巡抚袁崇焕，传达了讲和的意思。袁崇焕针锋相对，回信提出了讲和的条件，要后金从占领的辽东地区退出。在讲和的问题上，双方都没有多大诚意，皇太极不过是想争取时间对朝鲜用兵，而袁崇焕也在争取时间加强防御。

后金天聪元年（1627 年）正月，皇太极命大贝勒阿敏、贝勒济尔哈朗、阿济格等统率 3 万军队东征朝鲜，在朝鲜土地上点燃了战火。阿敏罗列朝鲜不遣使吊努尔哈赤之死等 7 大罪状，率兵猛攻，占领平壤。朝鲜国王李倧弃京城，带着妻子逃到了江华岛，派其弟原昌君与后金讲和。三月，阿敏和朝鲜在江华岛杀白马黑牛，焚香盟誓，定下“兄弟之盟”。后金大掠三日而返。后金对朝鲜的胜利，从纳贡和开市中获得了一定的物资利益，但更重要的是，这次胜利破坏了朝鲜与明朝的同盟关系，解除了后顾之忧。

在与朝鲜签定“兄弟之盟”后，皇太极将军事触角伸向了明朝的辽西地区，以实现他一统天下的宏图。

明朝在萨尔浒战役中遭到惨败，迫使它从战略进攻转为防御，直至退却，但退到辽西地区，就不想再退了。整个辽沈地区被熊廷弼称为“神京左臂”，京师、山海关、辽沈，形势完整，臂指相连。

辽沈失掉后，辽西首当其冲；辽西不保，山海关即失；山海关一失，京城就暴露于敌前，其危亡必在旦夕之间。因此，明廷采纳孙承宗、袁崇焕等人的意见，在辽西地区派重兵镇守，双方在这一地区进行了长达十几年的拉锯战，激烈争夺每一个屯堡、军事要塞和城镇。

袁崇焕像

天聪元年（1627 年）五月，皇太极首次率大军征明，开始了与明朝争夺辽西的拉锯战。当时，皇太极派遣征朝鲜的大军刚刚回到沈阳，他便得到一个重要情报：明军正在加紧修筑锦州、大凌河、小凌河诸城，在其周围屯田耕种。这些城的修筑工程是明军积极防御策略的一部分，由宁远巡抚袁崇焕独创部署。袁崇焕总结交战以来的经验教训，筑起了一道宁锦防线。他认为“恢复之计”在于“以辽人守辽土、以辽土养辽人，守为正著，战为奇著”。依靠当地人民守卫自己的土地，依靠这里的肥沃土地来维持人民连军队在内的生计；军事上，防御为主，出战、进攻为其次。这一方针完全符合当时当地的实际情况，是阻挡后金的攻势，渐图恢复的有效措施。

皇太极意识到，这些地处辽西前锋的军事要地一旦修缮完整，会给他的进军造成巨大的障碍。他果断命令将士们连续作战，力图抢在这些城池完工之前，一举攻克，以使袁氏的防御体系付诸东流。

六日，皇太极留下贝勒杜度、阿巴泰守沈阳，自率大军朝锦州进发。十一日兵临锦州城下，对锦州形成包围之势，企图迫使明守军不战而降。明平辽总兵赵率教和副将左辅、朱梅等坚守不屈，皇太极的如意算盘落了空。

皇太极下令攻城，战斗进行了一整天，后金伤亡惨重，而锦州城却安然无恙。继续又攻十几天，还是没有攻下来。几次劝降信用箭射到城里，也没有回音；诱使出城会战，明兵凭坚城据守不出。

皇太极无计可施，只得留部分兵力围攻锦州，自率主力转攻宁远（今辽宁兴城县城）。坐镇宁远的正是名将袁崇焕，他已向朝廷请来各路援兵，出动水师在海上遥相控制，再派部将尤世录、祖大寿率精兵4000增援锦州，他们刚要出发，后金兵突然来到，就在城外二里安营，列枪炮，严阵以待。皇太极督代善、阿敏等领兵进击。袁崇焕坐镇指挥，放射大炮，后金兵一排排倒下，明兵也死伤大半，满桂身中数箭。这一战役延续到第二天，明兵发挥枪炮的威力，使后金继续遭受重大损失，游击觉罗拜山、备御巴希等被射死，贝勒济尔哈朗、萨哈廉、瓦克达都受了伤。

宁远不下，皇太极又返回锦州，再次攻城，已是六月四日。时值暑天，将士中暑很多，士气、战斗力都在下降。皇太极知不可久留，决定班师。第二天，大军开始从锦州撤退，整整持续了一夜，至次日黎明，经小凌河城，把明兵已修好的城墙和工事全部毁掉，然后挥军引去。

此战明军防守成功，时称“宁锦大捷”。“宁锦大捷”的取得，除了顽强的抵抗，主要还是袁崇焕的战略发挥了决定性的作用。袁崇焕正确估量了敌我形势：明兵不利于野战，和擅长骑射的后金兵是无法较量的。只有高筑城墙，深挖城壕，坚守城池，用大炮轰击，以制敌取胜。此种战略，正好限制了后金兵发挥优势。

宁锦之战的失利，使皇太极意识到明军的防守仍有巨大力量，在短时期内，他是无法攻克辽西的，但不能攻取辽西，便进不了山海关，更别提夺取北京了。在辽西受阻之后，皇太极决定改变进攻路线，首先扫清前进路上的障碍——蒙古。

明末清初，蒙古分成三大部落：漠北蒙古即外蒙古、漠南蒙古即内蒙古、漠西蒙古即厄鲁特蒙古。漠南蒙古位于明朝和后金的中间，曾经和明朝签订一同抵御后金的盟约。漠南蒙古察哈尔部的林丹汗是元太祖成吉思汗的后裔，每年接受明朝廷给的大量“岁赏”，同后金对抗。皇太极在对付蒙古问题上要有所进展，必须制服这个劲敌。后金天聪二年（1628 年），皇太极亲率大军进攻林丹汗，俘获 11000 余人，追到兴安岭。这次出征，后金既打击了大敌察哈尔，也进一步巩固了对已归服的蒙古诸部的统治。更重要的是，皇太极在辽西受阻之后，又通过征服蒙古，找到了进攻明朝的新路线。

反间计除袁崇焕

袁崇焕驰卫北京

袁崇焕击败皇太极，获得宁锦大捷后，上奏崇祯帝，说山海关一带防务巩固，已不足虑，但蓟门单弱，须防敌人从西路进攻。朝廷没有多加理会，他再上第二道、第三道奏章。崇祯下旨交由部科商议办理，但始终迁延不行。天聪三年（1629 年）十月，清兵果然大举从西路入犯，避开山海关，绕道内蒙古，进攻北京城，这一切都在袁崇焕料中。

明朝初年为防备蒙古人，对北方边防全力注意，修筑长城，设立辽东、蓟州、宣府、大同、太原、陕西、延绥、宁夏、甘肃九大边防军区，即所谓“九边”。东起鸭绿江，西至酒泉，绵延数千里中，一堡一寨都分兵驻守。但后来注意力集中于辽东，其他八镇的防务就废弛了。明太祖本来建都南京，成祖因为在北京起家，将都城迁过去。在中国整个地形上，北京偏于东北，和财赋来源的东南相距甚远。最不利的是，北京离长城只有 100 多里，敌军一破长城，快马半天，就兵临城下。金元两朝以北京为首都，因为它们是来自北方的游牧民族，不敢深入中原，如果有变，就可以立刻转身逃回本土。明朝的情况却不一样。明成祖对蒙古采取攻势，建都北京就是为了便于进攻，后来明朝中后期，兵力衰弱，北京地势上的弱点马上暴露无遗。

袁崇焕于十月二十八日得讯，立即兵分两路，北路派镇守山海关的赵率教带骑兵 4000 西上堵截。他自己率同祖大寿、何可纲等大将从南路西去保卫北京。沿途所经抚宁、永平、迁安、丰润、玉田诸地，都留兵布防，准备截断清兵的归路。崇祯正在惶急万状之际，听得袁崇焕来援，自然是喜从天降，急令袁崇焕作各路援军总司令。袁崇焕部十一月初赶到蓟州，十一、十二、十三三天与清兵在马升桥等要隘遭遇，每一仗都胜了，清军半夜里退兵。但北路援军却遭到了重大挫败。赵率教急驰西援，在遵化城外大战，被清军阿济格所部的左路军包围歼灭，赵率教中箭阵亡。遵化陷落，巡抚王元雅自杀。清军越三河，略顺义，至通州，渡河，进军牧马厂，攻向北京。袁崇焕两日两夜急行军300余里，比清军早到两天，驻军于北京广渠门外。袁崇焕一到，崇祯立即召见，大加慰劳，袁崇焕以士马疲劳，要求入城休息。但崇祯心中颇有疑忌，不许部队入城。袁崇焕要求屯兵外城，崇祯也不准，一定要他们在城外野战。清兵东攻，在高密店侦知袁军已到，大惊失色，想不到袁崇焕如此神速。

二十日，两军在广渠门外大战。袁崇焕亲自上阵督战。从上午八时打到下午四时，恶斗8小时，胜负不决。打到傍晚，清兵终于不支败退，退了10余里。袁军直追杀到运河边上。这场血战，清军劲旅阿巴泰、阿济格、思格尔三部都被击溃。袁崇焕也中箭受伤，中箭的甲胄，像刺猬似的。袁崇焕连获广渠门和左安门两捷，京师转危为安。

袁崇焕知道这是侥幸获胜，在军事上并不可取，尤其在京城外打仗，更不能侥幸。他对部属说："按照兵法，侥幸得胜，比打败仗还要不好。"崇祯见清兵没有远退，不断催促袁崇焕出战。袁崇焕说，估计关宁步兵全军于十二月初三、初四可到。一等大军到达，就可决战。袁崇焕的意思是，大军在城外坚守，派游军截断清兵粮道，焚烧清兵粮草，再派兵占领长城各处要隘，使清兵没有退路，然后与清兵持久对抗。这是一条非常正确的战略。

但是崇祯是个十分急躁的青年，那时还没满19岁，一见袁崇焕按兵不动，不耐烦起来，催他出战。袁崇焕一再说，要等步兵全军到达才可进攻，现在只有9000骑兵，和敌兵10余万决战，难求必胜。崇祯却怀疑起来了："你不肯出战，到底是什么居心？想篡位吗？想胁迫我答应议和吗？你从前不断和皇太极书信往来，到底有什么密谋？你为什么一早就料到金兵要从西路来攻北京？"崇祯的性格本来就十分多疑，现在兵临城下，更是又惊又怕。

皇太极借刀杀人

清兵于十一月二十七日退到南海子，溃败后，心中不忿，便在北京郊外大举烧杀。北京城里居民的心理和皇帝一样，听信谣言，说袁崇焕不肯出战，别有用心。许多人说清兵是他引来的，目的在“胁和”，使皇帝不得不接受他一向所主张的和议。于是有人在城头向城下的袁部骑兵抛掷石头，骂他们是“汉奸兵”。石头砸死几名兵士。

就在这时候，清兵捉到两名明官派在城外负责养马的太监，一个叫杨春，一个叫王成德。皇太极心生一计，派副将高鸿中、参将鲍承先、宁完我、巴克甚、达海等人监守。俘虏了两名小小太监，为什么还要派五名将领来监守呢？皇太极一生都很爱看《三国演义》，周瑜利用蒋干盗书使曹操中反间计的手法，皇太极非常清楚，他要设计陷害袁崇焕。这一计策，《清史稿·鲍承先传》记载：“翌日，上诫诸军勿进攻，召承先及副将高鸿中授以秘计，使近阵获明内监系所并坐，故相耳语云：‘今日撤兵，乃上计也。顷见上单骑向敌，有二人自敌中来，见上，语良久乃去。意袁经略有密约，此事可立就矣。’内监杨某佯卧窃听。越日，纵之归，以告明帝，遂杀崇焕。”

高、鲍、宁三人是投降满清的汉人。到了晚上，鲍承先与宁完我二人依照皇太极所授的密计，大声“耳语”，互相说道：“这次撤兵，并不是我们打了败仗，那是皇上的妙计。皇上单独骑了马逼近敌人，敌人军中有两名军官过来，参见皇上，商量了好久，那两名军官就回去了。皇上和袁督师已有密约，大事不久就可成功。”

这两名太监睡在旁边，将两人的话都听得清清楚楚。十一月三十日，皇太极命看守者假意疏忽，让杨春逃回北京。杨春将听到的话一五一十地禀报崇祯。先前有民谣："投了袁崇焕，鞑子跑一半。"（文秉《烈皇小识》）民众竟然认为要赶跑满兵，必须先逮捕（"投"）袁崇焕。这些舆论，自然传到了崇祯耳里，现在，太监们的话更加深了他的疑虑。

第二天，十二月初一，崇祯中了皇太极的"反间计"，以议军饷为名，命袁崇焕到紫禁城。当时，北京城戒严，九门紧闭。袁崇焕和祖大寿坐在筐里，被人吊到城上。袁崇焕到了紫禁城平台，崇祯帝并未议饷，而是下令将他逮捕，下锦衣卫狱。祖大寿眼见之下，手足无措，出北京城后等了三天，见袁崇焕没有获释，与何可纲惊怒交集，立即带部队回锦州去了。正在兼程南下赴援的袁部主力部队，在途中得悉主帅无罪被捕，当然也就掉头而回。

崇祯见祖大寿带领精兵走了，不理北京防务，忙派内阁全体大学士与九卿到狱中，要袁崇焕写信招祖大寿回来。袁崇焕心中不服，不肯写，但最后想到"以国家为重"五字，写了一封极诚恳的信，要祖大寿回兵防守北京。这时候祖大寿已冲出山海关北去，崇祯派人飞骑追去送信。追到军前，袁部将士怒不可遏，祖大寿军中喝令放箭，送信的人大叫："我奉袁督师之命，送信来给祖总兵，不是朝廷追兵。"使者递过信去。祖大寿读后，下马捧信大哭，一军都大哭。祖大寿对母亲很孝顺，他母亲又很勇敢，儿子行军打仗，80多岁的老太太常常跟着部队。这时她劝儿子说："本来以为督师已经死了，咱们才反出关来，谢天谢地，原来督师并没有死。你打几个胜仗，再去求皇上赦免督军，皇上就会答允。现今这样反了出去，只会加重督师的罪名。"祖大寿觉得母亲的话很对，当即回师入关，和清兵接战，收复永平、遵化一带，切断了清兵的两条重要退路。

这时祖大寿、何可纲等得到袁崇焕狱中手书，又还兵来救。皇太极对袁部毕竟忌惮，感到后路受到严重的威胁，于是并不进攻北京，反而写了两封议和的信，放在安定门和德胜门城门口，然后取道冷口而还辽东。

第二年八月十六日，一代名将袁崇焕在北京西市被凌迟处死。《明季北略》记载：袁崇焕受刑时，人们咬牙切齿，买从袁身上割下的肉就酒喝，喝一口，骂一声。这个记载，未必可靠。但说明当时京城上下都中了皇太极的“反间计”，误认为袁崇焕“通敌”。认定袁崇焕是大汉奸的明末遗民张岱在《石匮书后集》中记载了袁崇焕的悲惨下场：“遂于镇抚司绑发西市，寸寸脔割之。割肉一块，京师百姓从刽子手争取生啖之。刽子手乱扑，百姓以钱争买其肉，顷刻立尽。开腔出其肠胃，百姓群起抢之，得其一节者，和烧酒生啮，血流齿颊间，犹唾地骂不已。拾得其骨者，以刀斧碎磔之，骨肉俱尽，止剩一首，传视九边。”

后来清兵入关以后，定鼎中原，开始修明史，到了袁崇焕的传记时，就翻出了满文档案，把这个计谋大白于天下，乾隆皇帝给袁崇焕平了反。这个反间计没有用一兵一卒，也没有放一箭一炮，就让崇祯皇帝“自毁长城”。

皇太极的反间计能够成功，也与崇祯帝的少不更事有关。当清兵围城时，19 岁的崇祯张皇失措，不单表现在将袁崇焕下狱一事上。他认为兵部尚书王洽处置事情不善，将其下狱。围城时一切混乱，监狱中的囚犯乘机大举越狱，于是刑部尚书和侍郎也被下狱。崇祯又“发觉”北京的城墙不大坚固，于是将工部尚书和工部几名郎中一起在朝廷上各打 80 棍再下狱。三个郎中两个年老，一个体弱，都在殿上被当场活活打死了。

就这样，皇太极巧施离间计，骗得无能的崇祯帝杀了袁崇焕。《明史·袁崇焕传》说："自崇焕死，边事益无人，明亡征决矣！"

招降祖大寿

袁崇焕下狱，辽东兵溃，皇太极所率后金兵继续得以在京师附近攻掠。他们见北京不可下，便西趋良乡，克固安，然后返回，过北京近郊时得到消息，原来攻下的十余城皆叛。天聪四年正月，皇太极亲自指挥后金兵攻下永平，迁安不战而降，滦州也降。二月皇太极率军北返，所得永平、迁安、滦州、遵化皆令贝勒大臣率满洲、蒙古八旗驻守。行前，皇太极当面训谕诸王贝勒："宜严饬军士，毋侵害归顺之民，违者治罪。"

皇太极率大军东归不久，明朝兵部尚书、大学士孙承宗督理军务，调集各路兵马大举反攻。五月九日，他指挥数万兵马围攻滦州。阿敏等惊慌失措，没做任何抵抗，就下令撤退，弃城逃跑。逃前，下令屠城：已归降的汉官巡抚白养粹以下十余人连同全城百姓全部死于八旗兵的屠刀之下，并将城中财物抢掠一空，仓皇逃去。孙承宗只用十几天工夫，就收复了后金兵占领的永平、遵化、滦州、迁安四城，拔除插在京师脊背上的四颗钉子。孙承宗收复关内四城以后，于崇祯四年（1631 年，天聪五年）正月东出巡关，准备重新整备关外的防务。

皇太极得知阿敏逃归，十分震惊。他先治诸将之罪，然后追究阿敏弃城逃跑、肆杀降民的责任。六月七日，他召集诸贝勒大臣，历数阿敏大罪，将其幽禁。这位二大贝勒至崇德五年（1640 年）死于幽所。

孙承宗趁机向崇祯帝建议加强防御，恢复被后金兵毁坏的大、小凌河两城，以接连松山、杏山、锦州等城。崇祯批准了这一建议，下令先修复大凌河城。大凌河城位于锦州东 30 多里处，属锦州守备管辖，建于宣德年间，周长 3 里，嘉靖时又有所增修。在明清战争中，它是锦州的前哨阵地，几经战争破坏。这次经孙承宗提议，决定再次修复。这年七月，兵部尚书梁廷栋主其事，总兵祖大寿、何可纲及十余员副将率兵正式动工重建。

阿敏率败军刚回到沈阳，皇太极就得知明兵在大凌河筑城的消息。他毫不迟疑地昼夜催调各军包括蒙古兵，由他率领前往攻城，不给明修筑和加固防线的任何机会。他说，“坐视汉人开拓疆土，修建城郭，缮治甲兵，使得完备，我等岂能安处耶!”七月二十七日，皇太极率军离沈阳西行，第二天，渡过辽河，召集众将领，宣布军纪：凡俘虏之人，勿离散其父子、夫妇，勿裸取其衣服，当加以抚恤。八月一日，大军驻旧辽阳河，在这里分兵两路，一路由贝勒德格类、岳托、阿济格等率兵 2 万，经由义州，屯驻于锦州与大凌河之间；一路由皇太极率领经由白土场，趋广宁大道，约定六日两军会于大凌河城。

皇太极此次围攻大凌河城，已与宁锦之战大有不同。他吸取了宁远之战、宁锦之战和北京之战三次失败的经验，建造红衣炮，各旗还成立了炮兵营。天聪五年（1631 年）正月，后金仿制的第一批红衣大炮在盛京沈阳造成。这次围大凌河城，皇太极首次携带大炮，命令额驸佟养性率领汉兵，把大炮安放在通往锦州的大道上，堵截明朝援兵。皇太极认识到，后金军虽有火炮，但就目前而言，攻坚不是自己的长处，这次改为围而不攻，企图迫使城内粮尽援绝而降。

皇太极此次用兵志在必胜，他指挥后金兵将大凌河围得水泄不通，明3万军民被困城中。后来明人惊叹说："逆奴围凌，连挖四壕，湾曲难行，器具全备，计最狡矣！故虽善战如祖大寿，无怪其不能透其围。"祖大寿等起初还不时地出动数十人、几百人的小股部队，企图作试探性的突围，都被后金兵给打了回去。有一次，皇太极把后金兵伪装成明援兵，引诱祖大寿出城。祖大寿不知是计，率兵出城，中了埋伏，被杀得大败。因此从九月下旬以后，祖大寿紧闭城门，等待援军，再也不敢出战了。

明廷得知大凌河城被围，急忙从附近调集援兵。八月十六日，后金围大凌河城十天以后，松山城出动明兵2000前来支援。二十六日，辽东巡抚丘禾嘉与总兵吴襄、宋伟合兵6000赴援，与后金兵在长山（大凌河城东南）、小凌河间大战，被逐回锦州。此后，明兵多次采取救援行动，但均被外围后金兵击退。最后一次，明朝派监兵张春同总兵吴襄等率4万援军开来，结果张春被活捉，吴襄逃跑，全军被歼。明军经过这几次战斗，损失惨重，已经无力增兵救援了。

援兵盼不到，大凌河军民面临着粮尽的危险。围困已两个月，城里储备的粮食眼看就要吃光，兵士宰杀战马充饥，马无草料，大批倒毙。成百上千的老百姓都饿死了，勉强活着的人抢食死者身上的肉，用人骨当柴烧。

在严密围城的同时，皇太极不断发动政治攻势。皇太极责令俘获的明将20余人给祖大寿写信劝降，他本人还写了三封，一起送到城里，但祖大寿仍不投降，表示"我宁死于此城不降也"。皇太极知道祖大寿已面临绝境，之所以不降，是顾虑身家性命，担心后金随意杀人。皇太极写信解释，说从前杀辽东人实有其事，我十分痛悔，今后决不妄杀一人。祖大寿对皇太极的话将信将疑，拖到十月中旬，终因“力竭计穷”，才下决心投降。经过双方信使往来，将投降之事谈妥，只有副将何可纲反对投降。祖大寿将其逮捕，让两名士兵把他架出城外，当着后金诸将的面斩首，何可纲脸色不变，含笑而死。祖大寿来降时，皇太极十分高兴，他派诸贝勒出迎一里，他则出幄外迎接，不让祖大寿跪见，而以抱见礼优待，还让他先入幄，祖大寿不敢，谦让后，皇太极和他并肩入幄，极示尊敬之意。

在皇太极招待祖大寿的筵席上，祖大寿说妻子尚在锦州，请求皇太极允许他回锦州做内应，皇太极当即同意。祖大寿带 26 人，渡小凌河，徒步到达锦州，从此一去不复返，其子侄俱质留于后金，也顾不上了。皇太极采取怀柔政策，并未为难他的家人、部将。10 年之后，皇太极在松锦大战中，再次围困祖大寿据守的锦州，祖大寿才真正投降。从皇太极对待祖大寿的态度上，足可见其卓越的政治才能。

祖大寿走后，后金兵开进大凌河城。原先全城兵民共 3 万多人，此时仅存 11682 人，马只剩下 32 匹。三日，皇太极举行盛大宴会，招待大凌河城归顺将官。九日，皇太极下令班师，八旗将士满载战利品撤回沈阳。撤军前，将大凌河城完全摧毁，剩下一片废墟。

此次大凌河围城战前后达三月余，毁坏了大凌河工事，消灭了明在关外的精锐，使其军事力量遭到严重损失。同时，皇太极还招降了张存仁等数十名明将，这些人大部分成为他的得力战将。在深谋远虑的皇太极看来，这种收获远远超过了一座城池。

入口之战

大凌河围城战役结束后，太宗率军亲征蒙古察哈尔，暂时放松对明朝的大规模征伐。过了两年，到天聪八年（1634 年），皇太极又发动了远袭明朝宣府、大同的战役。因为这次战役主要是在沿长城内侧一带进行，所以称之为“入口之战”。

界岭口长城，明长城蓟镇的重要关隘，位于河北省抚宁县。当年在入口之战中，清兵由此进入关内。

这年五月十一日，皇太极召集诸贝勒大臣，征求他们对征明的想法。他说：现在我打算征明，应当由哪条路进兵？贝勒大臣认为应从山海关进入。皇太极不以为然，他说：“今兴大兵宜直抵宣（府）、大（同）。察哈尔先为我败，举国骚然，贝勒大臣将来归我，必遇诸途。我一则征明大同，一则收纳察哈尔来归官民。”其实，皇太极决定走大同，除了要在中途收纳察哈尔余部，还有一个重要原因，就是山海关明兵防守很严，不易通过。相形之下，宣府、大同一带的关口成了薄弱环节。

宣府、大同这两处重镇都以防御和控制北方游牧民族而为历代兵家所重。明朝为阻止蒙古兵南下，在这里筑城堡，派重兵把守，有“固若金汤”之称。但到了明末，这一地区的守备大坏。一方面，蒙古不断侵袭破坏；一方面，为对付后金新的威胁，明被迫抽调宣、大之兵专力经营宁、锦至山海关一线的防务，致使宣、大一带守卫空虚，岌岌可危。皇太极选择宣、大作为军事行动的突破口，从战略上说，就是避实击虚，攻其不备。通过对这两个重镇的打击，动摇明朝的统治之本。

五月二十二日，皇太极率大军离沈阳西行，渡辽河，到达都尔鼻。蒙古诸部率军来会。为适应远程行军和奔袭的需要，骑兵占了多数。从这里继续向西进军，进入内蒙。不出皇太极所料，一路上遇见许多察哈尔余部，纷纷归降后金。

后金军兵分四路，于七月八日分别破关口而入。皇太极此次用兵，“不攻城池，只在各村堡抢掠。”也就是说，皇太极的目的不在于得城池、土地，而是要掠取明朝的财富，消耗明朝的经济与军事实力。对于城镇能攻则攻，一时攻不下就放弃，转而去别处。皇太极入口后，亲自领兵奔向宣府，被明兵大炮击退，转向应州，包围后攻取成功。阿济格、代善、德格类也分别领兵一路，四处劫掠。

明朝在宣、大一带的防务十分空虚。当皇太极于六月上旬行经内蒙西进时，明朝就已得到情报，崇祯帝先后连发十余次御旨，指示宣、云等处“尤宜严备、固守”。六月中，又传下御旨：如被后金攻破，守官“立置重典”处死。但是，朝廷大计到了地方上，却得不到落实。地方官和带兵的将官不敢同后金对阵，要么弃城逃跑，要么紧闭城门，看到后金兵来了，只知道发射几颗炮弹而已。为了将来逃避责任，他们还纷纷向朝廷求援，声称："欲出城剿杀，贼势甚众，寡不相敌，用炮远打。"

在腐败的明朝守将面前，后金兵如入无人之境，在明朝的州府台堡之间往来穿梭。八月初，后金 20 来个骑兵掠获妇女小孩千余人，经过代州城下，被掠获的人望见城上自己的亲人，互相悲啼，城上守军却不发一矢，任后金兵从容过去。崇祯帝听说此事后，气得顿足不已。崇祯帝见宣、大之兵不顶用，急令宁远总兵官吴襄、山海关总兵尤世威率军 2 万分道驰援大同。同时，京师宣布戒严。由此可见，皇太极的这次入塞，给明朝造成的震动实在不小。

后金各路大军陆续会于应州，命诸贝勒攻克了代州，分道出攻。八月十三日，皇太极也离应州赴大同，攻城五天，打败吴襄，与尤世威兵大战北门，后金兵未攻下，就去攻西安堡，奔阳和。阳和总督张宗衡表面提出议和，却暗暗策动后金内部的汉人、蒙古人反叛皇太极。皇太极约张宗衡出城会战，还写信给他，信中指斥明将虚诳无能："朕入境几两月，蹂躏禾稼，攻克城池，竟无一人出而对垒，敢发一矢者。"张宗衡不作答复。八月二十七日，皇太极率军离阳和，不久攻下万全左卫，斩守备常汝忠，歼灭明军千余人。随后率大军班师，从尚方堡出塞。因为接收和处理察哈尔余众耽搁不少时日，直到初冬才回到沈阳。

皇太极此次入塞，史书称其"蹂躏宣、大五旬，杀掠无算"。后金军队的活动范围，以宣府、大同为中心，在今河北西北部、山西北部，纵深几达山西中部，攻围明 50 余个大小城镇台堡。在大肆劫掠之后，安然出口东去。皇太极此次用兵，以掠取明朝财物为目的，使广大人民遭到严重损害。但纪律败坏的明朝军队，从各地来大同的援兵包括辽兵，也给当地百姓造成了不小的灾难。皇太极远行数千里，再次自由入塞，向明朝显示了八旗将士能征惯战的威力，同时也暴露明朝在北部防线的巨大漏洞。

建立大清国

皇太极即汗位以来就倾心于学习中国历代专制主义的封建统治，不断地加强集权。他上台伊始，设了八大臣管理国务，称八固山额真，在旗内总管一切事务，国家有事，与诸贝勒“偕坐共议”，狩猎出师，各领本旗兵行，还负有稽查责任。固山额真的设立，削弱了诸贝勒的权力，加强了汗权。

皇太极又处心积虑以获得南面独坐权。天命六年（1621 年）努尔哈赤命四大贝勒“按月分直”，皇太极即汗位，四去其一，其余三大贝勒仍“分月掌理”，这是一种分权制度。皇太极刚登汗位时，与其余三大贝勒（大贝勒代善、二贝勒阿敏与三贝勒莽古尔泰）共同当政，群臣上朝时均南面而坐，这突出不了皇太极的地位。他处心积虑争取南面独坐，借用

清太宗皇太极所用的腰刀，为钢质刀身，木质刀柄，全长 94 厘米。

各种机会把其他三贝勒打下去。

天聪四年（1630 年），皇太极以阿敏从滦州、遵化等地败归，心怀异志僭拟国君等 16 条罪状将他幽禁籍没。第二年，皇太极以持刀“向前”（行刺皇太极）为罪名处置了莽古尔泰。在明白了皇太极杀鸡给猴看的手法后，代善便自个儿要求下台。自此，皇太极终于可以“南面独坐”了。但是皇太极对代善还不放心，天聪九年（1635 年）皇太极又以代善轻视君上、贪财违法的罪名削了代善的贝勒爵号。第二年代善封和硕礼亲王。第三年，皇太极又斥责他越分妄行，轻君蔑法，迫使他闲居。

天聪六年（1632 年），皇太极再次率军远征林丹汗，长途奔袭至归化城（现在内蒙古呼和浩特市），林丹汗星夜逃遁。此后，蒙古察哈尔部逐渐分崩离析，林丹汗逃至青海出痘病死。天聪九年（1635 年）正月，蒙古的牧羊人发现一只三天不吃草的羊，用蹄子老刨同一个地方，牧羊人在羊刨的地方挖出一块玉玺，上有汉文篆字“制诰之宝”，据说这是汉朝传下来的传国玉玺，元顺帝北逃时带走，后来就不知踪影。天聪九年，皇太极命令多尔衮等再次率军攻打察哈尔部。林丹汗的儿子额哲率部归降，献上传国玉玺。皇太极大喜，认为这是“一统万年之瑞”的天赐之宝。

接下来，皇太极巩固和完善了八旗制度，扩编蒙古八旗，加强对蒙古的统辖；创设理藩院，专门处理民族事务；设立内三院、六部、都察院和理藩院，形成所谓“三院六部二衙门”的政府架构，基本完善了政府组织的体制和架构。

天聪九年十月十三日，即 1635 年 11 月 22 日，皇太极正式下令把族名定为满洲：“我国建号满洲，统绪绵远，相传奕世，自今以后，一切人等，止称我国满洲原名，不得仍前妄称。”从此以后，满洲族简称满族，这样无疑凝聚了整个满洲内部的力量。

天聪十年（1636 年）四月十一日，皇太极改国号为“大清”，改年号为“崇德”，在盛京笃恭殿举行盛大典礼，大贝勒代善用满文宣读表文，额哲用蒙古文宣读表文，汉人孔有德用汉文宣读表文。这就意味着皇太极不仅是满洲人的皇帝、蒙古人的皇帝，也是汉族人的皇帝。

此举充分显示了皇太极的远见卓识。首先，历史上女真族建立的金朝（1115～1234 年），曾经残酷掠夺和压迫过汉族人民，是汉族人仇恨的对象。废去“女真”族号和“金”的国号，正是为了避免刺激汉族人的历史记忆，减少民族抵触情绪。第二，明朝的统治者姓朱，按汉族传统说法，其中的“朱”、“明”两字，均含有“火”之意，按五行相克的说法，“火”克“金”，这在明金对峙的形势下，对金不利。改“金”为“清”，汉字的“清”及“满洲”等字，均以“水”为旁，而“水”是克“火”的。另外，明朝当时的年号是“崇祯”，即崇尚祯祥，表明明朝统治者重天事。而皇太极改年号为“崇德”，表明他重视的是德治。

在封建社会中，种种迷信观念深入人心，皇太极很好地利用了这一点，不仅取悦于民，而且展现了与明朝争夺天下的决心和抱负。

但是，皇太极称帝之后亲自领兵攻打的不是明朝，而是 10 年前曾与他签定过“兄弟之盟”的朝鲜。自从后金与朝鲜结为兄弟以来，朝鲜仍与明朝藕断丝连，对后金政治、经济、军事的一些要求都寻找借口不肯应允。皇太极每有胜利，都不厌其详地告诉朝鲜，极力想把朝鲜从明朝一边拉过来，但收效甚微。崇德元年（1636 年），皇太极称帝大典上，朝鲜使臣拒不跪拜，衣服被撕扯破后，愤然离去。皇太极非常恼怒，崇德元年十一月十九日，皇太极以“朝鲜败盟逆命”为由，决定亲自征讨朝鲜。十二月，皇太极第二次对朝鲜用兵，统率清军渡鸭绿江，前锋直指朝鲜王京汉城。朝鲜国王李倧逃到南汉山城，皇太极也率军到南汉山城驻营。第二年正月，李倧请降，奉清国正朔，向清帝朝贡。第二年，朝鲜军队在汉江东面的三田渡，设坛杀白马黑牛，焚香盟誓，朝鲜国王表示尊崇清朝的正朔，向清朝进贡，结成“君臣之盟”。皇太极此次用兵朝鲜，达到了一石三鸟的目的：一是改变了朝鲜游荡于明朝和清朝之间的立场，二是得到了来自朝鲜的物资供应，三是解除了南攻明朝的后顾之忧。

蒙古、朝鲜臣服后，东方、西方的牵制势力都已经扫清，皇太极开始专心对付南部的明朝。

天聪八年，皇太极发动入口之战，饱掠而归。他建立大清国政权之后，加紧了对明朝关内的侵袭。崇德元年，皇太极命多罗郡王阿济格等率军入关，凡 56 战皆捷，克 16 城，俘获人畜 17 万。崇德三年（1638 年），皇太极派多尔衮率军入关，在长达半年的时间里，转战 2000 余里，攻克济南府城暨 3 州 55 县，获人畜 46 万；崇德七年（1642 年），皇太极派阿巴泰率军入关，横扫山东，俘获人口 36 万、牲畜 32 万余头。清军这几次对关内入侵，都是势如破竹，疾似飙风。皇太极命令他们：“凡遇人口，即行俘之……凡物，见则取之。”清军蹂躏了明朝广大地区，掳掠了大批人畜和财物，使明朝一次又一次地大伤元气。

汉军八旗的组建

努尔哈赤所建的八旗，其成员绝大多数是满洲人，又称满洲八旗，各旗也有少数蒙古人和汉人。皇太极即位后，一方面积极从事扩张政策，另一方面仍然注意缓和民族和社会矛盾，他命令臣下做好“养人”的事情，尤其是对新掠取或来降的蒙古、汉人做好安置。归附皇太极的蒙古人和汉人官兵日益增多，以至满洲八旗无法容纳，于是皇太极在满洲八旗的基础上，于天聪九年（1635 年）建立蒙古八旗（2 万 5 千人），此后又于崇德七年（1642 年）建立汉军八旗（3 万 3 千人）。加上原有的满洲八旗，合满、蒙、汉共二十四旗。这就使八旗制度臻于完备，武装力量不断扩大。

汉军八旗的始创，须从恭顺王孔有德、怀顺王耿仲明、智顺王尚可喜先后率众航海来归谈起。“三顺王”降后金是当时具有重大意义的事件，极大地壮大了皇太极的军事力量，与皇太极编制汉军八旗有着十分密切的联系。

孔有德（1602～1652 年）、耿仲明（1604～1649 年），均为辽东人。努尔哈赤攻克辽东，孔、耿二人奔皮岛（辽宁南大海中）明总兵毛文龙麾下。由于毛文龙屡为后金所败，又骄纵不受节制，为袁崇焕所杀。孔、耿二人走投登州巡抚孙元化，孔有德任参将，耿仲明任游击。天聪五年（1631 年），皇太极率兵围大凌河城，孙元化派遣孔有德率兵 3000 渡海增援，在海中遭遇飓风，孔有德几乎丧命。渡海不成，十一月，孙元化又派孔有德率 800 骑兵从陆上赴援。孔有德心中愤恨，行到邹平县（山东邹平）滞留月余。后来又到吴桥县（河北吴桥），遭遇大雪，没有吃的，军心混乱，士兵们便掠夺百姓财物。这时，正好遇到孙元化派遣去塞外购买马匹的参将李九成，两人密议，宣布叛明。孔有德率军回师，连陷临邑、陵县、商河、青城诸县（均在山东济南市北）。第二年正月，孔有德等挥师登州城下，耿仲明为内应，内外夹攻，迅速攻克登州。孙元化自杀未遂，孔有德念及旧情，没有杀他，让他乘船离开。孙元化航海到天津，崇祯得报，下令就地处决。

不久，又有驻旅顺的明朝参将陈有时、广鹿岛副将毛承录等率部分官兵造反，渡海到登州，加入孔有德部队。孔部兵势大盛，共推孔有德为王。孔有德谦让不受，自称都元帅，李九成为副元帅，耿仲明为总兵官。从此，他们率军在山东一带攻城略地，明朝调集大批兵马前来镇压，孔有德等退守登州。明将祖大弼率兵数万将登州包围，双方相持五月有余，李九成战死。孔、耿军队终因众寡悬殊，无法打破明军的围攻。两人感到力不能支，决计突围投奔后金。

五月，孔、耿率众抵镇江，遣人向皇太极报告起程赴沈阳日期。太宗马上传令济尔哈朗、阿济格、杜度率兵速往镇江迎接，并带去2000匹马，供孔有德部众上岸乘骑。与此同时，宁远、登州、旅顺口明兵乘船从海上尾追而来，朝鲜也出兵助威。正好济尔哈朗等率军也赶到镇江，与明兵夹江立营。明兵与朝鲜兵见后金兵强盛，不敢开战，便悄悄撤走了。孔、耿部众这才靠岸，将携带的大量兵器枪炮全部搬运上岸。

孔、耿这支庞大的队伍历经艰险，顺利来归，这对后金是个巨大的鼓舞，皇太极隆礼相待，关怀备至。六月十三日，皇太极按孔、耿原来的自封号，正式宣布封孔有德为都元帅，耿仲明为总兵官，赐给敕印。其他各官也视功劳分别封赏。不久，孔、耿率军协同八旗满洲攻克了旅顺城。

天聪八年，明朝广鹿岛副将尚可喜率数千名官兵和百姓叛明来归。尚可喜，辽东人，崇祯时为明东江总兵官（驻皮岛）黄龙部下。孔有德登州叛变后，黄龙提升他为广鹿岛副将。孔有德、耿仲明引后金兵攻旅顺，黄龙兵败自杀。明以沈世奎代黄龙为总兵，部校王廷瑞、袁安帮构陷尚可喜，尚可喜还据广鹿岛。尚与孔、耿都曾是毛文龙的部下，彼此交往很密切。不久他即效法孔、耿的行动，投降了皇太极。

孔有德、耿仲明、尚可喜相继叛明，明朝用以牵制后金的辽东沿海防线土崩瓦解，而且人心大乱，造成了严重的政治影响。

孔、耿、尚归附后，皇太极对三人极为优待，为他们营建府第，同时保持他们军队的编制，让他们继续统帅，旗下汉兵没有遭受满人歧视之感。这一措施得到广大汉兵的拥护，“故其将卒皆用命”。对后金来说，这比将汉兵分散到满洲各旗管辖更有利。另外，皇太极发现三人的军队“谙水战，习地利”，在这些方面均非满族骑兵可比，确是一支不可忽视的力量。努尔哈赤时代，采取的做法是“俘掠辽沈之民，悉为满臣奴隶”，到了皇太极的时候，随着军事规模的不断扩大，皇太极意识到单征满洲兵的局限性，开始打破民族界限，着手将他统治下的辽人及归顺的明兵武装起来，创建汉军编制。

崇德元年，皇太极接受尊号为皇帝，封孔有德为恭顺王，耿仲明为怀顺王，尚可喜为智顺王，将汉人组成的部队特许三人独立分管，使他们获得类同八旗旗主一样的权力。因此，孔、耿、尚等人来归，成为皇太极编制汉军旗的最好契机。不久，即天聪七年七月一日，皇太极令分隶满洲各旗所属汉人壮丁，每 10 名抽 1 丁披甲入伍，共得 1580 人，组成一旗汉兵，由汉官马光远统领，旗帜用黑色。这是正式建汉军旗之始。

崇德二年（1637 年）七月，太宗又把一旗汉军分作左右翼两旗，以汉官石廷柱为左翼固山额真，马光远为右翼固山额真，都按照满洲八旗的样式编壮丁为牛录。崇德四年（1639 年）六月，再分二旗为四旗，合计 7000 人左右。

崇德七年（1642年）六月，也就是皇太极去世的前一年，他将原四旗改编为八旗，称为八旗汉军，旗色、名称、官员设置一如八旗满洲之制，所不同的，前者的旗主可以由皇帝随时撤换任命，后者则是世袭。同年八月，孔有德、耿仲明、尚可喜、沈志祥奏请“以所部兵随汉军旗下行走，上允其请”。他们虽然没有编入八旗，但应属于八旗汉军的一部分。至此，皇太极完成了对八旗汉军的创建。皇太极说：“我国出则为兵，入则为民，耕战二事，未尝偏废。”

皇太极创建汉军与蒙古八旗，既增强了清朝的武装力量，也对满、蒙、汉的广大人民实行了深一层的控制，同时给予汉族、蒙古族的历史地位以某种肯定，缓解了满、蒙、汉三族之间的矛盾。蒙、汉与八旗满洲并立，这就从法律和制度上把这种联合的关系进一步确定下来，标志着以满族贵族为核心的，与汉、蒙封建地主阶级联合统治的基础更广泛了。皇太极创立的汉军八旗，对后来清朝夺取全中国的统治权具有重要意义。

皇太极晚年，他的子侄们在他面前发牢骚说太祖时诛戮汉人，而今汉人有为王者矣，有为昂邦章京者矣，而满洲宗室却有为官者，有为民者，“时势颠倒，一至于此！”但这位远见卓识的大清帝并未因此动摇其满、蒙、汉并立的国策。这一国策也为后代的顺治、康熙等帝王所继承，为清朝260多年的统治打下了牢固的根基。

至于为汉军八旗的创建立下大功的“三顺王”，最后的结局却都悲惨。

孔有德入关后随多尔衮进攻李自成起义军，又下江南镇压南明政权，顺治三年封定南王，九年为李定国围于桂林，自杀。

耿仲明入关后，跟随孔有德进攻李自成，下江南镇压南明政权。顺治六年改封靖南王，领兵入广东，以匿逃人罪自杀于吉安。

尚可喜于顺治元年随阿济格西追击李自成，三年又随孔有德南下。顺治六年改封平南王，驻广东。康熙十二年，乞归海城。三藩起事，他仍然忠于朝廷，封平南亲王。十五年因子尚之信叛，忧而死。

松锦之战

皇太极称帝之后，一方面不断派遣大军入关，深入明朝腹地，沉重打击明朝的有生力量；一方面，又在关外宁锦一线与明朝展开激烈的争夺。

锦州是明朝设置在辽西的军事重镇之一，广宁中屯卫、广宁左屯卫设在这里。自从明清（后金）交战以来，锦州的战略地位日益显得重要。明朝派遣重兵驻守，加固城池，力图使锦州成为阻止清兵西进的一座坚固堡垒。

皇太极知道“以大军屡入塞，不得明尺寸之地，皆由山海关阻隔；而欲取关，非先取关外四城不可”。而锦州则首当其冲。皇太极很清楚，只有先打下锦州，然后从山海关进攻北京，才能给明朝致命一击。

明崇祯十三年（清崇德五年，1640 年）三月，皇太极鉴于漠南蒙古归附，朝鲜称臣，后顾之忧已解除，经多次绕道入关作战，消耗明廷实力后，决计以 10 万兵力攻取锦州，打通辽西入关通道。皇太极命令郑亲王济尔哈朗为右翼主帅，多罗贝勒多铎为左翼主帅，各统兵开赴义州驻守，筑城屯田，筹措攻城器具，对锦州形成合围之势。规模巨大、震惊全国的松锦决战很快拉开了序幕。这是继萨尔浒激战之后，明清兴亡史上又一次战略性的大决战，它把皇太极的军事实践推向了一个新的高峰。

实行围困，是对付明军的较为有效的措施。明朝对辽东的作战方略屡有变化。实践证明，袁崇焕提出的唯有凭坚城、用大炮一策，守为正，战为奇，最为有效，它迫使清兵舍长取短，很少成功。袁虽冤死，但他的这一方针却继续下来，明兵就是坚守城池，不肯轻易出城与清兵较量。十几年来，清兵无可奈何。现在，皇太极进兵义州屯种，目的也是为长期围困锦州提供后勤支持。

当时，辽东名将祖大寿镇守锦州城。他本来在天聪五年（1631年）大凌河之战中已投降后金，当时他诡称妻子在锦州，要求迎取妻小，同时作为内应，智取锦州。太宗放他回去，结果他一去不返，还当上了锦州的守将，祖大寿之甥吴三桂为副将。祖、吴在辽东拥有强大实力，是明朝倚重的军事集团。崇德三年，清军发动入口之战，皇太极亲自领兵攻向宁远、锦州，祖大寿打败多铎的军队，皇太极要求祖大寿来见，祖大寿推辞不见。第二年，皇太极又领兵围攻松山，旁及连山、塔山、杏山，崇祯召祖大寿救援，皇太极却要他来投降，也没有成功。祖大寿坚守锦州，清军屡攻不克。

从崇德六年起，济尔哈朗开始令诸军包围锦州。祖大寿向明廷告急。四月，皇太极亲往义州、锦州察看地形和明军态势，决定对锦州采取长期围困之策。这一年，清军攻锦州，东关守将吴巴什降清，清军轻松地取得了锦州的外城。

此前，明朝已调洪承畴（1593～1665年）入卫京师。洪承畴是福建南安人，明万历进士，历任延绥巡抚，陕西三边总督，是明朝晚期不可多得的一位帅才。此时由于受到清兵的极大威胁，崇祯帝正式任命洪承畴为兵部尚书兼副都御史总督蓟辽军务，这是准备决战的重要一步。

洪承畴十月出山海关，调集曹变蛟、王廷臣、白广恩、马科、吴三桂、杨国柱、王朴、唐通八总兵，13万步骑，4万马匹，东来解锦州之围。祖大寿驻锦州，以松山、杏山、塔山三城为犄角。清朝也把孔、耿、尚的军队调来助围锦州。

洪承畴采取“步步为营，且战且守，待敌自困，一战解围”的战略，于崇德六年即崇祯十四年（1641年）七月，率兵进驻松山与锦州间的乳峰山，两军初战，“清人兵马，死伤甚多”，清军失利，几乎就要溃败了。失败的消息传到盛京，皇太极见形势危急，事关重大，于崇德六年八月亲自领兵进战。史书上记载：“上行急，鼻衄不止，承以椀”，鼻子流血不止，用椀（碗）接着，昼夜兼行500余里。有人建议“徐行”，皇太极说：“朕如有翼可飞，当即飞去，何可徐行也！”经过6天急行军到了松山。

皇太极亲征，大大鼓舞了清军的士气。他部署清军自乌忻河南至海，横截大路，绵亘驻营，再在高桥设伏，围追堵截，处处有备。明兵虽号称13万，能战者只有白、马、吴三总兵所部。洪承畴不愿急战，但崇祯及朝中不少大臣皆轻躁促战，洪氏被迫进兵，初获小胜。

皇太极作出部署，命令埋下伏兵，断去敌人的退路；袭劫明军的积粟，使明军的粮道丧失；清军在高桥设埋伏，袭击明军的逃兵；在大路列阵，截击明军的援兵。皇太极采取大包围的攻势，挖深濠困住了明军，洪承畴正欲决一胜负，而诸将以无饷为由，商议回宁远取粮。洪承畴看出：“战亦死，不战亦死；若战，或可冀幸万一。”但部将各怀异志。还没等下令出击，王朴等总兵得悉皇太极亲征，慑于其声威，纷纷乘夜率领本部兵马撤退，遭到清军的伏击，明13万兵被斩的就有5万。经过激战，皇太极获得大胜。洪承畴只剩下1万余人退守在松山城内。曹变蛟、王廷臣突围入松山城，与洪承畴与巡抚邱民仰在松山坚守。松山城内缺粮草，外失救援，处于孤立绝望的境地。洪承畴几次欲突围而出，都遭遇失败。

清崇德七年（1642年）二月，明朝松山副将夏承德暗地里投降清朝，密约清军为内应，二月十八日清军入松山，生擒洪承畴、辽东巡抚邱民仰等重要将领。皇太极马上下令就地杀掉邱民仰、曹变蛟、王廷臣，押解洪承畴到都城沈阳。三月初八日，锦州城内的祖大寿因孤立无援，率领锦州守军降清。四月，清军又攻克塔山、杏山，并毁二城。至此，持续两年的松锦之战结束。

自万历四十六年即天命三年（1618年），在抚顺明朝与后金的第一次交锋开始，至崇祯十七年即顺治元年（1644年）清军入关，在近30年间，有三大战役对明清兴亡产生了极其深远的影响，它们是萨尔浒之战、沈辽之战和松锦之战。萨尔浒之战，明朝在辽东从有利转为被动；沈辽之战，明朝在辽东的势力几乎终结，后金在辽东确立统治；松锦之战，明朝失去关外的所有一切。清朝人说，萨尔浒之战是“王基开”，而松锦之战是“帝业定”。皇太极为定鼎燕京、入主中原奠定了基础，做好了准备。

松锦之战还有一大意义是明蓟辽总督洪承畴的归顺。皇太极俘虏洪承畴回沈阳，想尽办法劝说他投降。洪承畴开始大义凛然，不肯屈服。皇太极派范文程劝降他，发现他爱惜衣服，梁上掉下一点灰尘，撒在他的衣服上，他拍了又拍，由此可见他更爱惜生命。听了这个报告，皇太极便亲自去看洪承畴，将身上的御衣解下披在洪承畴身上。洪承畴睁大眼睛感激地看着皇太极，叹息说：“真命世之主也!”便归顺了清朝（《清史稿·洪承畴传》）。后来，洪承畴隶属汉军镶黄旗，顺治二年到南京总督军务，经略湖广、广西、贵州。顺治亲政后，他积极贯彻顺治的怀柔政策，成绩显著。由于他的诱降，永历政权中很多官员投降了清朝，这对于瓦解西南抗清力量起了很大作用。

崇德七年，皇太极发动了生前最后一次入口之战。他对这次军事行动提出的要求异乎寻常，即注意明朝和农民军的动向及应对态势采取适当策略。这表明皇太极认为大清取代明朝统治全国已为期不远。奉命大将军阿巴泰等统帅两翼大军分别从界岭口及黄岩口毁墙而入，长驱南下，所向披靡，饱掠一番，但当手下将领提出直捣山海关时，皇太极仍坚持既定国策，不肯轻易冒险。终皇太极之世，清军不曾通过山海关，但没有先前的扫清道路，也就不可能有后来的清军入关。

历经三朝的庄妃

天赐良缘，政治联姻

1616年，后金政权的建立，标志这个新兴的政权已具备与明朝公开抗衡的实力，公开举起反明大旗。

后金对蒙古察哈尔部的斗争也连续取得巨大胜利，科尔沁与后金关系进一步发展，成为布木布泰与皇太极成婚的天赐良机。

皇太极荣升，哲哲作为和硕贝勒福晋，地位也随之提高。当时旗主对属下的隶属关系极强，旗主的福晋也被下属奉为女主子。但哲哲的处境有喜也有忧，与皇太极结婚已经七八年，虽然两人亲密无间，但始终未能生子，这不能不成为哲哲的一块心病。

后金实行的是封建领主承袭制，如果哲哲不能生子，其正福晋的地位将很难长期保持，将来皇太极归天之日，其旗主及大贝勒爵位或许还要包括汗位，必将由侧室所生之子豪格继承。届时，寄人篱下，悲惨命运可想而知。不仅哲哲，她的娘家科尔沁部的亲人为了本部的利益，也会极关心皇太极的继承人问题。

哲哲既然不生，必然考虑皇太极续娶之事，如果续娶人选出自博尔济吉特家族，可让皇太极的后代有博尔济吉特氏的血统，自家姐妹、姑侄共事同一夫君，矛盾总会少些。刚刚十岁的布木布泰，身体健壮，发育良好，体态丰满，一副子孙娘娘的“福相”，年龄小，好调教，容易安于侧室地位，尊重姑母大福晋，而且容貌俊美，皇太极一定喜爱。所以，哲哲和科尔沁部娘家人，积极促成布木布泰与皇太极成婚是情理中事。

1625 年，布木布泰嫁给皇太极，时年皇太极二十四岁，布木布泰十三岁。举行婚礼的当天，皇太极到沈阳城北岗出迎，努尔哈赤和众贝勒和后妃也出迎十里，大宴成婚。皇太极得此美女，宠爱不已。九年后，布木布泰二十六岁的姐姐海兰珠也嫁给了皇太极，可谓是姑侄三人同嫁一人。

1636 年，皇太极称帝，册封布木布泰为庄妃，居永福宫。两年以后，庄妃生下了皇太极第九个儿子，取名福临。

智勇双全，劝降外患

清初战乱频繁，国库空虚，兵饷不足。布木布泰经常将后宫省下的钱物拿出来赈济兵民。她这种节省宫中开支赈济灾民的做法，一直影响到康熙、雍正两朝。

布木布泰贤惠豁达，政治目光敏锐。她与姑姑同嫁与皇太极，极力地辅助皇太极征明，使其早日完成统一大业。

在旷日持久的松锦大战中，最终皇太极获得了全胜。在大战的最后阶段，皇太极指挥清军战胜了由蓟辽总督洪承畴统率的十三万明援军，将松锦战场中的辽西诸座军事重镇攻克，打通了进军山海关的通道，并活捉了明统军主帅洪承畴。

松锦之战胜利后，皇太极一改父亲努尔哈赤时期的做法，他广泛地起用汉人，重用汉官，并将归服的汉军编制到汉军八旗之中，使之成为满族民族共同体中的成员。因此，对投降的明官，皇太极采用以为我用的策略，加以任用。洪承畴是明廷的重臣，素以军事奇才相称，皇太极对其人早已有所耳闻，此役明军战败，洪承畴被俘后，皇太极极力想让洪承畴归降，并以此来影响明廷的官员，达到动摇明王朝封建统治的目的。然而，被俘后的洪承畴在牢中采取了绝食行动，面对着劝降的官员及自己已降清部属的劝说，一言不发，抱定以死殉国的决心，拒不降清。面对以死抗争拒不降清的洪承畴，求才心切的皇太极显得一筹莫展，束手无策。他深知洪承畴在此后对明战争中的作用，但如何使其归降却苦无良策。

当布木布泰得知这一消息后，立即请求皇太极让自己扮成宫女前去劝说洪承畴归降。她叫来太宗谋士、秘书院大学士范文程，详细了解、掌握了洪承畴的家世、经历、爱好、脾气等方方面面，然后自请为帝分忧，乔装打扮成汉族美女的样子，屈身为侍婢，前去伺候洪承畴。

布木布泰来到羁押洪承畴的居所，对他晓以明廷吏治腐败，民不聊生，以清代明的大义，终于促使洪承畴投降了大清，并在此后的伐明中，立下了功勋。

静观其变，智取帝位

1643年，清太宗皇太极突然染疾病离世，当时布木布泰三十二岁，而她的儿子福临只有六岁。由于皇太极生前没有指定皇位的继承人，又未留下遗诏，按制应由八王共举“贤者”。宗室贵族，人人觊觎。于是，满洲贵族内部围绕帝位继承问题，展开了一场激烈的斗争。

清宫内部关系复杂，矛盾尖锐。皇太极共有十一个儿子，肃亲王豪格是长子，当时已经三十四岁，战功显赫，实力很强。其他皇子，当时年龄还小，最大的也不过十六七岁，他们既没有战功，也没有地位。另外，皇太极的兄弟多尔衮和多铎也都在盛年，因战绩卓著，被封为睿亲王和豫亲王。努尔哈赤死后，正值多尔衮年幼，母亲被逼殉葬，皇太极趁机夺取皇位，现在他想以兄终弟继的方式继承大统。资历最老的大贝勒代善，因年老体弱，已没有继位之想，但是，他还存有相当的实力，他在一旁观望，分析谁继承帝位对自己最有利。

这样，空置的帝位一时间成为了争夺的焦点，爱新觉罗宗族的内讧一触即发。在此关健时刻，静观其变的布木布泰等待着时机的变化。其中，豪格与多尔衮是最有能力继承帝位的，豪格本人统正蓝旗，在满洲八旗中，他已拥有三旗的力量，此外，索尼、鳌拜等大臣也支持他。多尔衮拥有的力量是两白旗，并且有多铎和阿济格的支持。双方可谓是势均力敌，互不相让，大有火拼之势，各属旗下都进入了临战状态。

这一切，布木布泰都看在眼里，她预感到了一场战争即将爆发，这不仅会影响到清朝的未来，更会使清宁宫的地位岌岌可危，后妃们的命运将会任人摆布。为了保住自己的权力和地位，振兴刚刚建立起的大清国，她必须勇敢地去搏斗，而唯一的希望就是自己的儿子。为了阻止宗族内讧，布木布泰游说于豪格与多尔衮之间，并以宗族中的长者代善与济尔哈朗出面斡旋，推举自己所生之子福临继承帝位，以多尔衮和济尔哈朗等人辅政，从而平息了这场由帝位而引发的争端，并使自己的儿子福临顺利地继承了帝位。

为了确保福临帝位的稳定，布木布泰以其超常的政治手段，利用多尔衮摄政，剪除政敌，并定鼎北京，彻底推翻了明王朝的封建统治。在多尔衮摄政大权集于一身之时，清帝福临在其母的督教中，潜心地等待着权力回握的机遇。当多尔衮猝死之后，布木布泰马上抓住这一天赐的机遇，辅助福临迅速地将旁落的君权牢牢地掌握在手中。在母亲的辅助下，福临严厉地打击了多尔衮余党，昭雪了在宫廷政治斗争中被多尔衮处死的朝臣，重新起用了被其贬斥在外的遭受迫害的部分官员，使亲政真正地得到了实施。

贤德仁厚，再辅幼帝

福临死后，玄烨继承帝位，辅臣鳌拜专权，搅得朝野上下人人自危。在此事关大清社稷安危的紧要时刻，布木布泰不得不再次辅佐孙儿康熙皇帝设计智擒鳌拜，清除了鳌拜的党羽，使康熙在亲政后得以全力地投身到盛世的创建中。

康熙八岁丧父，十岁丧母，幼年由布木布泰抚养成长，有赖布木布泰辅政。布木布泰不过多出面参政，然而康熙处理国家大事，必先征求她的同意而后决。

清代起于康熙朝的东巡之制，玄烨是在祖母的训教中完善的。布木布泰常以“祖宗创业之艰，东北乃龙兴重地”，嘱其不忘故地，勤于巡视，以此来考察民情，整饬吏制。康熙九年，玄烨与祖母东巡谒陵。在恭谒孝陵后，前往盛京恭谒福陵和昭陵。自此以后，玄烨在位其间，数次东巡，察验地方吏制，整顿边务。当三藩叛乱之后，清廷频繁地派兵平息叛乱，国家付出了大量的财力。在国家财力日趋紧张之时，“太后念从征将士劳苦，发宫中金帛加犒。闻各省有偏灾，则发帑赈恤”。当布尔尼叛乱时，康熙皇帝派军出征平息叛乱，大军行前，布木布泰谕玄烨告诫出征将士严禁掠夺，确保征战地区的百姓安居。

布木布泰辅佐三朝帝王，创建了清王朝的基业，在国家政权建设中，她独有建树。布木布泰一生在辅佐帝王中，辅政而不干预朝政。在顺治、康熙两朝，帝王常有无策之时，布木布泰时常勉励两代君主：“祖宗骑射开基，武备不可弛。用人行政，务敬以承天，需公裁决。”告诉子孙，将事情由大臣们广泛地提出建议后，再裁定实施。为了使自己的子孙勤于国事，她亲自书写诫语，悬挂在皇帝的书房之中。

温和慈母，祖孙情深

康熙皇帝自幼在祖母的抚育下长大，祖孙二人的感情非常深。在祖母的熏陶培养下，玄烨在执政的六十多年中，勤于国事，励精图治，最终将一个满目疮痍的国家建设成为盛世之邦，在中华民族历史上，呈现出一片辉煌繁荣的景象。在日理万机的同时，玄烨对祖母布木布泰的关爱无时不在。当玄烨东巡时，不时地亲自书写家信向祖母问安，并将山中“落榛、核桃、松子”等东北特产，派人快马加鞭送给远在京城的祖母，以此来抚慰祖母的思乡之情。为了不影响孙儿玄烨处理军国大事，每次布木布泰染病，都令宫人秘而不宣，担心玄烨知道后影响处理国政。康熙外巡时，每每向祖母问安，布木布泰都叮嘱来人不准提起自己染病之事，当玄烨外巡回京后才发现，祖母“已染疾久矣”，止不住泪染龙袍。

为了祖母能够身体安好，健康长寿，康熙二十六年十二月，玄烨亲到天坛祭天，“请减算以益太后”，恳请上苍减少自己的寿命用以延长祖母的寿命。当玄烨泪流满面地读祝词时，陪祭的王公大臣无一人不为之动情，底下哭声一片。

对待自己的后事，布木布泰有着自己独特的看法，生前她叮嘱玄烨：“太宗奉安久，不可为我轻动，况我心恋汝父子，当与孝陵近地安厝，我心始无憾!”她决定在自己死后，葬在儿子福临的墓地清西陵，而不去盛京的昭陵与丈夫皇太极合葬。

1687 年，七十四岁的布木布泰崩于慈宁宫，留遗诏，写自己盛年丧夫，中年丧子之哀情，全靠康熙一片孝心待自己。综观布木布泰一生，康熙有赞语可作为略评：“昔奉我皇祖太宗文皇帝赞宣内政，诞我皇考世祖章皇帝，顾复劬劳，受无疆休，大一统业。暨朕践祚在冲龄，仰荷我圣祖母训诲恩勤，以至成立”，“设无祖母太皇太后，断不能敦有今日成立”。

布木布泰死后，玄烨按照祖母的遗愿，将其安葬在清西陵福临的孝陵附近。

独宠海兰珠

娇艳欲滴，神秘佳人

明万历三十七年，海兰珠出生了。

虽然长期过着游牧民族的生活，但是海兰珠却出落得亭亭玉立，冰肌雪骨，可谓是天生丽质。在她嫁给皇太极之前，谁也不知道这位美貌倾城的姑娘过去的生活，有人说她曾经嫁过人，但是，翻遍史料都无从查证。有史料记载的仅有短短的几句，只是简短略过而已，《清入关前内国史院满文档案》中提到：“天聪八年（1634 年）十月十六日。科尔沁部乌克善洪台吉率诸臣送妹至。汗偕诸福晋迎至，设大宴纳之为福晋。”这就是关于海兰珠的最早记录了。

海兰珠二十六岁的时候嫁给了皇太极，虽然已过妙龄的年纪，仍然是一副“沉鱼落雁，闭月羞花”的容貌，一点也不输给那些二八佳人，和后宫的后妃们比起来，反而显得更加丰满成熟，娇艳动人，更富有魅力，因此也倍受皇太极的宠爱，以贤淑文静著称。

贤德高雅，居关雎宫

自古以来，常有风流天子，多情嫔妃的佳话。享有九五之尊的皇帝，拥有三宫六院七十二妃嫔，其妻妾之众是可想而知的。但在这美女如云，众多妻妾之中，也有那“三千宠爱在一身”的爱妃，海兰珠就正是皇太极最钟爱的人。

海兰珠性格文静，为人单纯，多愁善感，皇太极对她一见钟情，怜爱有加。虽然两人之间相差十六岁，但是情投意和，自海兰珠入宫以后，形影相随。皇太极虽拥有众多妃嫔，天生丽质者亦不乏其人，然而他唯独钟爱海兰珠，在她的身上倾注了夫妻间的全部感情。

崇德元年，皇太极循古制举行了隆重的册封后妃典礼，以古代名妃的封号，封海兰珠为“宸妃”。并借《诗经》中象征爱情的诗句：“关关雎鸠，在河之洲，窈窕淑女，君子好逑。”将宸妃居住的寝宫命名为“关雎宫”。不仅饱含了对她姣好容貌的赞美，也表达了对她温柔贤惠高雅品格的称颂。

海兰珠居住的关雎宫，华美至极，屋顶和正脊满铺着五彩的琉璃，其纹饰中为五彩琉璃火焰珠，两侧有作前进状的龙，展翅欲飞的凤凰，含苞待放的荷花和莲藕。这座建筑与中宫清宁宫完全相同，唯台基略低一些，标明关雎宫主的身份和地位在诸妃之首，仅次于中宫皇后而已。它不仅见证了皇太极和海兰珠之间的爱情，也目睹了红颜薄命的人间悲剧。

爱子夭折，红颜伤逝

海兰珠入宫两年多，就为皇太极生下一子，是皇太极的第八子。

宠妃生子，有望成为太子，将来继承皇位。何况当时中宫皇后入宫多年，连生三女，一直也没有生育皇子，立嫡似不可能。此时，爱妃海兰珠诞育皇子，“立爱”也合情理。

得知爱妃产子的消息，皇太极喜悦万分，创有清以来之先例，在盛京皇宫举行了重大的庆典活动。当时，皇太极召集文武群臣，颁发了一道因诞育皇子而发的大赦令。这一异乎寻常的举动，引来了八方朝贺，轰动盛京城内外。崇德二年八月，海兰珠生皇子刚刚满月，一些与皇太极有姻亲关系的皇亲国戚和归附的蒙古部落，就不远千里，带着各式各样的土特产品闻风而至。

可是，天有不测风云，这个高贵而幼小的生命，来到这个世界不足一年就夭折了。海兰珠无论如何也难以接受这个事实，她痛苦万分，终日郁郁寡欢，不久便身染重病，撒手人寰，随爱子而去。时年，仅三十二岁。

在海兰珠死后不到两年，皇太极便追随她而去，命归九泉，他对海兰珠这种真情笃意，在历朝皇帝中都是少见的。皇太极葬入昭陵之后，海兰珠也被迁葬到昭陵妃园寝内。

皇太极之死

与努尔哈赤不同的是，皇太极改变了其父想在东北割地称王的总战略，他看到明王朝腐败至极，便积极扩军，多次进攻，意欲打进关内定鼎称帝。皇太极为联络抚绥广大蒙古各部落，娶了五位蒙古贵族的小姐，晋封为五宫后妃。这五位小姐全是清一色的博尔济吉特氏，庄妃布木布泰、海兰珠都是其中的一个。

至于皇太极的妻子总数，并没有准确的统计数字，有记载的包括五宫后妃和十几位妃子。宸妃入宫时 26 岁，比妹妹布木布泰文静娴淑、言行识度，在皇太极众多的后妃中，唯有宸妃海兰珠独得专宠。

清昭陵，位于沈阳市区北郊，是清太宗皇太极与皇后博尔济吉特氏合葬的陵墓，关雎宫宸妃也安葬其中。

崇德六年九月，海兰珠病危，当时皇太极正领兵在松锦战场与大明交战，听说宸妃海兰珠病重，“情令智昏”的他竟然下令撤出战场，驱马急返盛京（今沈阳），还没有赶到，海兰珠就已经死了。皇太极悲痛万分，朝夕哭泣，竟至昏迷，经抢救一整日才苏醒过来。这位屡经血战的皇帝因心爱的宸妃离去被彻底击倒，饮食大减，军政无心，一些亲贵在宸妃丧礼期间不遵守礼仪规定守丧，被皇太极罢夺了王爵官位。在诸王大臣的劝谏之下，他曾悔悟道：“天之生朕，原为抚世安民，今乃太过于悲悼，不能自持。天地祖宗知朕太过，以此示警。朕从今当善自排遣也。”话虽如此，他内心的悲苦却未稍减。为了开解他的伤心，群臣建议他外出打猎，谁料回来时经过海兰珠的墓地，皇太极又勾起了悲痛，扑在墓上大哭一场，在场的人无不动容。皇太极追封宸妃为元妃，谥号敏惠恭和。皇太极已经将海兰珠视为自己的元配正妻，只是碍于哲哲，不能给予皇后的名分。

从此这位身体一直健壮的大清帝常常“圣躬违和”，他曾对诸王及他们的妻子儿女说：“山峻则崩，木高则折，年富则衰，此乃天特贻朕以忧也。”这流露出皇太极已为自己年老体衰而不安了。后来皇太极因身体不好，曾发布过大赦令，也减少了处理日常事务的负担，甚至做过祈祷。崇德八年（1643 年）初皇太极身体已经不舒服了，但没有严重的迹象，到了八月庚午这一天仍照常处理公务，但到夜间就突然驾崩了，享年 52 岁。

皇太极的死，标志着大清皇朝奠基工程的完结。大清皇朝经过努尔哈赤、皇太极整整 60 年的奋争，为后来清军入关，定鼎燕京，统一中原，奠定了基础。

附：皇太极大事年表

⊙**天命十一年**（1626 年　丙寅　明天启六年）

八月，努尔哈赤病逝。皇太极嗣汗位，以明年为天聪元年。

⊙**天聪元年**（1627 年　丁卯　明天启七年）

五月，太宗率军征明，败于锦州。

⊙**天聪三年**（1629 年　己巳　明崇祯二年）

四月，设文馆翻译历代王朝典章制度，并记国家政事。十月，太宗率军绕道内蒙古奔入关内，袭击明朝，巧设反间计，除掉明将袁崇焕。

⊙**天聪四年**（1630 年　庚午　明崇祯三年）

六月，以阿敏失守所占明关内永平四城，太宗宣其 16 罪。众议当诛，太宗免死幽之。

⊙**天聪五年**（1631 年　辛未　明崇祯四年）

三月，书谕大贝勒代善、三贝勒莽古尔泰及贝勒诸大臣，求直言过失。七月，设六部。

⊙**天聪六年**（1632 年　壬申　明崇祯五年）

四月，太宗亲征蒙古。十二月，三贝勒莽古尔泰逝。

⊙**天聪七年**（1633 年　癸酉　明崇祯六年）

十月，太宗皇太极率诸贝勒督厉众军，练习行阵，是为大阅之始。

⊙**天聪九年**（1635 年　乙亥　明崇祯八年）

正月，诏太祖庶子称“阿格”、六祖子孙称“觉罗”。五月，察哈尔蒙古林丹汗之妻、子归降，献元朝“传国玉玺”。九月，太宗收纳林丹汗后妃为妃。大贝勒代善得罪受惩。

⊙**崇德元年**（1636 年　丙子　明崇祯九年）

四月，皇太极即皇帝位，称“宽温仁圣皇帝”，定国号为大清，改元为崇德元年。封多尔衮为睿亲王，多铎为豫亲王，阿济格为英郡王，豪格为肃亲王。七月，定五宫制，立清宁宫为中宫皇后，大福晋博尔济吉特氏正位中宫，东宫为关雎宫宸妃，次东宫为麟趾宫贵妃，西宫为衍庆宫淑妃，次西宫为永福宫庄妃。

⊙**崇德三年**（1638 年　戊寅　明崇祯十一年）

正月，皇九子福临生，母为永福宫庄妃博尔济吉特氏。六月，始设理藩院，专门处理民族事务。七月，定六部、理藩院、都察院等八衙门官制。

⊙**崇德四年**（1639 年　己卯　明崇祯十二年）

二月，命武英郡王阿济格率师入关征明，太宗亲统大军继之。五月，以豫亲王多铎征明失利及不亲送睿亲王多尔衮出师，降为贝勒。

⊙**崇德八年**（1643 年　癸未　明崇祯十六年）

八月，太宗坐逝于寝宫清宁宫，福临于大政殿举行即位大典。九月，葬太宗于盛京昭陵。

身许佛门

——清世祖顺治帝

少年履帝祚，卓越显治才

帝王档案

⊙姓名：爱新觉罗·福临

⊙属相：虎（1638年）

⊙年号：顺治

⊙在位：1643～1661年

⊙享年：24岁（1638～1661年）

⊙庙号：世祖

⊙谥号：体天隆运定统建极英睿钦文显武大德弘功至仁纯孝章皇帝

⊙陵寝：孝陵（河北遵化清东陵）

⊙配偶：19人，皇后博尔济吉特氏

⊙子女：8子，6女

⊙继位人：玄烨（康熙）

帝王小传

顺治帝福临，是清朝入关后的第一位皇帝。他是皇太极的第九子，生于崇德三年即明崇祯十一年正月三十日（1638 年 3 月 15 日），崇德八年八月二十六日在沈阳即位，次年改元顺治，在位 18 年。顺治即位后，由叔父多尔衮辅政。顺治七年，多尔衮出塞射猎，死于塞外。14 岁的顺治提前亲政。顺治帝天资聪颖，读书勤奋，他吸收先进的汉文化，审时度势，对成法祖制有所更张，且不顾满洲亲贵大臣的反对，倚重汉官。为了使新兴的统治基业长治久安，他以明之兴亡为借鉴，警惕宦官朋党为祸，重视整饬吏治，注意与民休息，取之有节。但他少年气盛，刚愎自用，急躁易怒，当他宠爱的董鄂妃去世后，转而消极厌世，终于英年早逝，匆匆走完短暂的人生历程。

清世祖福临卒于顺治十八年正月初七（1661 年 2 月 5 日），享年 24 岁。

青史语录

“践阼十有八年，登水火之民于衽席。虽景命不融，而丕基已巩。至于弥留之际，省躬自责，布告臣民。禹、汤罪己，不啻过之。”

——《清史稿·世祖本纪》

顺治即位

皇位之争

清崇德八年（1643年）八月九日，皇太极在毫无征兆的情况下突然去世，清朝的臣民们一下子陷入了群龙无首的状态中，众说纷纭，人心浮动。国不可一日无君，选立皇嗣当然就成了宫廷头等大事。努尔哈赤当年是在立太子失败的情况下才实行八贝勒共举新汗的，而以此方式登基的皇太极，在有生之年却没有考虑到选立太子。不知是来自上辈的教诲，还是事情尚属遥远，皇太极没有立太子。所以，选立新君的任务只好由他原来的手下诸王来承担了。

根据当时的情形而论，八旗诸王都有资格作为候选人。因此，大清的诸王们均跃跃欲试，皆是竞争皇位的主角。哪一个王公不愿享受一下九五之尊呢？可是这么多人都在觊觎王位，谁也别想顺顺当当入选。由于即将到来的竞争局面可想而知会异常激烈，所以没有几分胜算的礼亲王代善和郑亲王济尔哈朗便知难而退，摇身而变为裁决者。代善虽资历较高，但因为努尔哈赤废除太子和皇太极压制诸王他都深受其害，所以也对争夺皇位不抱任何希望。济尔哈朗是努尔哈赤之侄，阿敏之弟，由于他死心塌地跟着皇太极，所以权重一时，成了皇太极手下炙手可热的人物。但他毕竟是努尔哈赤的侄子，在竞争皇位问题上其他诸王自然是望尘莫及。

那么，争夺皇位谁是众望所归呢？一个是在朝中手握重权的多尔衮，一个是皇太极的长子豪格。帝位之争的剧目主要是在这两个人之间上演的。

多尔衮是努尔哈赤第十四子，初封贝勒，皇太极继位后，他被封为和硕贝勒（旗主贝勒）。多尔衮在皇太极时期屡立奇功，备受重用。崇祯元年（1628年）他随皇太极进攻蒙古察哈尔多罗特部，因其赫赫战功被赐以“墨尔根代青”的称号。后金天聪五年（1631年）皇太极命多尔衮掌管吏部。天聪九年（1635年）派他统率大军攻打察哈尔林丹汗之子额哲，不动一刀一枪便解决了察哈尔部，招降了额哲，并得到了元朝的传国玉玺，举国为之震动，皇太极不久后便封他为和硕睿亲王。接着，皇太极亲征朝鲜，他和豪格分统左翼满洲蒙古兵，从宽甸入长山口，大举南下，然后转入海战，攻下江华岛，将朝鲜王妃、王子及宗室76人俘获。崇祯十一年（1638年），多尔衮被任命为“奉命大将军”，与岳托分统左右路军分道伐明。多尔衮率军进入明境，从京畿打到山东，取城40余座，威名远扬。多尔衮在诸贝勒中的地位可谓名至实归，加之他对皇太极死心塌地的追随，所以备受器重，在八旗诸王中卓然独立。

豪格是皇太极长子。早在天命时期（1616～1626年），就因功被封为贝勒。皇太极继位以后又晋为和硕贝勒。清崇德元年（1636年）被封为肃亲王，掌管户部。后来在入关征明及松锦之战亦有不凡表现。豪格在皇太极诸子中毫无疑问是拔尖的人物，在当时的诸王中也极为有名。

两个人可谓各有擅长。首先说多尔衮。第一，他有两位既有军功、又有权势的同母兄弟阿济格和多铎，豪格在这一点上就相形见绌了。其次，多尔衮和多铎是两白旗主，他有着坚强的支撑，而豪格在当时是正蓝旗旗主，两黄旗因是皇太极所领旗，所以两黄旗与豪格在利益上有着千丝万缕的联系。不过，两黄旗中拥护多尔衮的也大有人在。第三，皇太极对多尔衮的爱护“有目共睹”，而对豪格却相对冷淡。还有，多尔衮为人处世方面也八面玲珑，在这一点上，豪格也不是对手。如果没有多尔衮认同，豪格要登上皇帝宝座是难上加难。但是，满族受汉文化的影响，已经逐步接受了汉族的封建礼法，父死子继的观念已深入人心，所以当时的舆论对多尔衮并不太有利。朝中的元老礼亲王代善和郑亲王济尔哈朗在此问题上态度尤为坚决。朝中几大权臣均是如此，形势对豪格多少有利些。

皇太极死后不久，豪格家门前宫车来往频繁，两黄旗中便有8位大臣密谋立豪格为君。豪格自然也是紧锣密鼓地筹划着，他派人去找郑亲王济尔哈朗，以求扩充势力，济尔哈朗基本同意，但也表示要同多尔衮商量一下，实际上暗示了他将站在豪格一边。这时，两白旗这边多铎等人也在多方奔走。多铎在得知两黄旗中多尔衮呼声甚重后，便和阿济格对多尔衮说：“你不继位，外人还以为我们是两黄旗大臣。舅舅阿布泰和固山额真阿山都认为，两黄旗大臣中支持皇子继位的寥寥无几。我们两黄旗都愿意拥护睿亲王。”多尔衮却犹豫不决，这倒不是他有意退让，他一向谨慎，不愿把事情弄砸了。他在审时度势，准备见机行事。

两黄旗和两白旗之间暗流汹涌，局势莫测。但是，最后的结局还是出人意料。

福临得利

八月十四日，皇太极去世后的第五天，多尔衮和豪格正面交锋的时刻到来了。这一天，诸王大臣们要选立新君，决定大清的命运。多尔衮找到了两黄旗大臣索尼，征求索尼对皇位继承人问题有何看法，实际上是想掌握一点先机。索尼看出了他的目的，针锋相对地说：“必须在先帝诸子中选立一人。”

会议开始之前，气氛变得格外紧张。两黄旗大臣们为不使本旗地位低落，竟然出动军队把会议地点——崇政殿团团包围起来。如此这般，豪格一方声气为之一振。会议的气氛一下子变得极为紧张。长久的令人窒息的对峙之后，多铎先发制人，他先是慷慨陈词，再次力劝多尔衮继位，见多尔衮不敢应允，便将事情挑明：“你如不同意继位，我就是最佳人选，太祖遗诏中便有我的名字。”此言不虚，多铎当年曾深受努尔哈赤宠爱，可到此时，这已没有多大的意义。多尔衮自然不会拱手相让，况且他觉得立多铎难以服众，所以他对多铎的自荐予以否决，他说：“仅凭名列太祖遗诏这一点说明不了什么问题。”多铎见多尔衮这么说，固然是无可奈何，但他觉得无论如何也不能让两黄旗的人继位，所以他又提议，立礼亲王代善。

代善身为先帝之兄，在这次会议上起着平衡各方势力的作用。可是他又觉得两黄旗、两白旗谁都不好惹，所以觉得事情极为难办。他见多铎提到自己，便心一狠，说出了蓄谋已久的心思，他说：“睿亲王如果应允，自然是我大清之福。然而，我看肃亲王豪格是先帝长子，立为皇帝亦是情理中事。而我年事已高，实难胜任。”

豪格见代善提到自己，不禁大为振奋，但他见多尔衮、多铎、阿济格三兄弟一言不发，其他诸王也态度冷淡，便顿时觉得很是没趣，他面露怨色地说：“我德浅才薄，不能担此大任。”说罢离席而去，两黄旗大臣们见事情闹到如此地步，便群起抗议：若不立先帝之子，他们决不答应，甚至以死相胁。

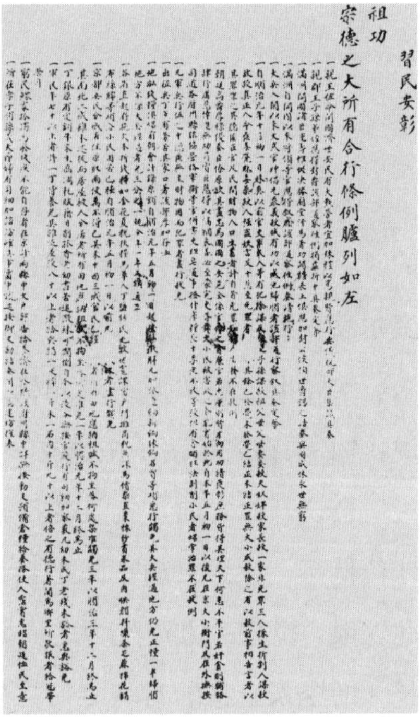

顺治帝登极诏书

现藏于台湾省历史语言研究所。

会议已经开不下去了，台后甚至已有人准备动手。代善的提议不仅无人响应，而且使各方对峙得更加严重。他大为恼火，眼见事情已不可收拾，便也扬长而去。八王阿济格见状也提前出局，十王多铎则满面愁容。朝中重臣只剩下多尔衮、多铎、济尔哈朗。两黄旗的大臣们仍在一旁，等待着最后的结果。

多尔衮看到局势的发展到了这样的地步，觉得应该是调整策略的时候了。他决定用立幼子的办法以退为进，同时为自己争得更多的砝码。经过反复思考之后，他和盘托出了自己的想法：“既然肃王豪格谦让退出，不愿继位，那么就立先帝的第九子福临为帝吧。不过福临年纪尚小，无法亲政，不妨由郑亲王和我暂为辅佐，分领八旗军队。等福临成年之后，归政于他。”

多尔衮走了一着险棋，果然是大政治家的风范。两黄旗大臣见多尔衮作了退步，两黄旗作为皇帝之旗一事没有变动，保驾皇子的目标也达到了，所以他们也愿意就此罢休。济尔哈朗一直冷眼旁观。

他原来也深受皇太极器重，在会上除了失落之外，也感到轻松。他原来也倾向于豪格，但福临上台，他也不特别反感。这时见多尔衮提议福临为帝并获得了一致通过，剑拔弩张的两家气氛也松弛了，他自然就放心了。何况多尔衮将他拉上了辅政的位置，这就更是意外之事了，所以他没有提出任何异议。代善得知这一情况后，也默许下来，因为福临也是皇太极之子，多尔衮议立福临与他拥立豪格没有本质的区别，同时，多尔衮和济尔哈朗成为辅政大臣，以崇德时期（1636～1643 年）二人的地位而论，也是名至实归。

在诸王中输得最惨的是豪格，他对多尔衮拥立福临愤怒不已。但谁让他当初故作高姿态呢，事已至此，也只好暂时任其自然了。多尔衮的两位同母兄弟阿济格和多铎也极为不满，他们不愿看到皇位落入皇太极诸子之手。可是多尔衮却一意孤行，最终立了福临，二人内心的失落可想而知。可决定是多尔衮作出的，二人终究无可奈何，唯有以消极的沉默作为抗议。

和豪格相比，多尔衮已是大大地胜出了。他虽然没能继承皇位，但终究已占尽先机，一边是年仅 6 岁的侄皇帝，一边是懦弱隐忍的郑亲王，这就为他日后登上“皇父摄政王”的宝座打下了基础。最后，多尔衮的个人利益和清政权的最高利益达成了和解。

崇德八年（1643 年）八月，年仅 6 岁的九皇子福临登上笃恭殿宝座，继位为帝，改元顺治，以第二年（1644 年）为顺治元年。

这样，皇太极死后，王位争夺战以“福临继统”、二王（多尔衮和济尔哈朗）辅政的方式结束。在代善的主持下，诸王、群臣进行了盟誓，表示忠于新君，永不背叛。

诸王纷争之后还有一点余波。不久，代善的儿子硕托和阿达礼（代善之孙）叔侄俩四处奔走，互通款曲，试图拥立多尔衮继位。代善揭发二人所为后，二人皆被杀。

清最高统治层在结束了因清太宗皇太极暴亡而引发的内部纷争后，重整旗鼓，继续入主中原的大业。

母后下嫁

一首诗中透露出来的秘密

上寿觞为合卺尊，慈宁宫里烂盈门。

春官昨进新仪注，大礼躬逢太后婚。

——南明·张煌言《建夷宫词》

张煌言的这首诗写得很热闹。从字里行间中便可看出那种宫中奢华的气象。不过最后一句却透露出了一个天大的秘密："太后婚。"

所谓"太后"，即指皇帝的母亲，先皇的皇后或妃子。也就是说，肯定是与先皇结过婚的人。而在这首诗中，又出现了"太后婚"的字眼，也就是说此时的太后又出嫁了一次。

在封建社会、尤其是宋朝之后，封建思想中的伦理道德观念被进一步放大，女子从一而终方算有贞洁可言，更不必提三从四德之类的条条款款。民间丧偶的女性改嫁，很多时候还要受到不少限制，尤其是对其名声所产生的大不利影响。更不用说堂堂一国的太后了。

如果说皇后是六宫之主，一国之母，那么太后就相当于太上皇的位子，一举一动都要受到文武百官乃至黎民百姓的关注，更何况是再婚这件有悖于伦常之事？而张煌言笔下的这个太后，却大张旗鼓、大操大办地筹办自己的“二婚”庆典，唯恐天下人所不知。这位太后究竟是谁？我们从张煌言所生活的时代中便可看出来。

张煌言生于1620年，即明光宗泰昌元年，卒于1664年，即清圣祖康熙三年，如果不算南明时期，那么他曾经历过明光宗、明熹宗（天启帝）、明思宗（崇祯帝）以及清世祖（顺治帝）、清圣祖（康熙帝）五代帝王。因诗中有慈宁宫的字样，因此可以认定是入主中原的太后，故努尔哈赤、皇太极以及南明皇帝的太后可以排除，再加上张煌言卒于康熙三年，且一直因为是南明之臣而处于被清廷的追杀之中，想来也无暇去写这种事，因此亦可以将康熙朝的太后排除在外。如此一来仅剩下一位，就是顺治朝的太后、顺治帝的母亲——博尔济吉特氏·布木布泰，即后世所称的孝庄太后。此事，也正是清初四大谜案之一——太后下嫁之谜。

孝庄太后下嫁的可能

民间之所以盛传太后下嫁的故事，就是因为根据当时的历史情况看，孝庄太后下嫁还是有原因和动机的。不过，后人经过多方分析，得出的结论也是说法不一。

有人说，孝庄太后有可能下嫁多尔衮，是因为她想报恩。这种说法多见于文人笔记：皇太极去世后，睿亲王多尔衮完全可以继任大统，因为他有足够的实力和条件。但是，他没这样做，而是将皇位让给了皇太极的第九子，年仅6岁的福临，自己则称摄政王。在他的影响下，诸王公大臣对福临的即位也就不敢多言，福临顺利地当上了皇帝。之后，多尔衮为了大清的江山，又亲率八旗劲旅，挥戈南下。经过艰苦的征战，多尔衮不但大败李自成军，还占领了北京城。

此时，多尔衮仍然有机会称帝，但是他还是没有这么做，北京局势一稳定，就立即迎请顺治帝移驾北京。福临成了清朝入关后的第一位天子。

孝庄太后像

多尔衮的苦心和忠诚不但让皇帝感动，也感动了大臣们，大臣们都认为多尔衮理应得到回报。久未得到孝庄太后的多尔衮认为，不如借此时机了了自己的心愿，于是，召来大学士范文程等，密谋迎娶孝庄皇太后之事。

第二天，百官上朝后，范文程上奏说："摄政王功高望重，谦抑自持。自入关以来，大权在握，却并不以帝位自居，尽心辅佐皇上。如此让位之德，亘古少有，又如何能够报答得了呢？正好，摄政王是皇上的叔父，今日让位的事，就跟皇父传位给自己的儿子一样。摄政王既然像对待太子一样对待皇上，皇上也应当像对待皇父一样对待摄政王，以此作为报答，诸位觉得如何？"众人连连称好。范文程紧接着提议道："近日闻说摄政王妃新亡，而我皇太后又盛年寡居。皇上既视摄政王如父，自然不可使父母异居两处。因此，伏请摄政王与皇太后同宫而居。"众人又都随声附和。于是，史官将此事记载于册曰："皇太后下嫁摄政王。群臣上贺表。"

小说中的演绎

有些演义小说中称太后与多尔衮早就有私情，太后下嫁是顺其自然。皇太极的庄妃，就是后来的孝庄太后，容貌姣好，冰清玉洁，故得名"大玉儿"。入宫之初，因为年纪尚小，并未引起皇太极的注意。她本是皇后的亲侄女，姑侄俩自会经常来往，久而久之，皇太极被大玉儿的容貌所打动，决定封大玉儿为妃。可是，当时的大玉儿情有所属，心中的情人就是多尔衮。大玉儿和多尔衮可谓青梅竹马，两小无猜，但是皇太极并不知道。皇命已下，实难违抗，结果，大玉儿嫁给了皇太极。她还凭借自己的智谋，帮助皇太极劝降了洪承畴，可谓功勋卓著，深得皇太极的宠爱。多尔衮知道已经与大玉儿无缘了，就娶了小玉儿。据说，小玉儿也是生得花容月貌，但是，因为多尔衮已经心有所属，对小玉儿自不会好到哪里去，于是，小玉儿对大玉儿因嫉生恨。

小说中还说大玉儿和多尔衮虽然各有所属，但是私下里仍然往来频繁，结果出于报复，小玉儿就把两人的私情，通过某王禀告给了正在同明军作战的皇太极。皇太极听后愤怒异常，当即离开战场回到沈阳皇宫，但回宫不到一日就暴病驾崩。

皇太极死后，多尔衮协助大玉儿让福临当上了皇帝，自己成了摄政王，大玉儿成了皇太后。从此，二人以商讨国家大事为名公开往来。小玉儿妃愤恨不平，与多尔衮争吵之后自尽而死。摄政王妃既死，大玉儿便名正言顺地下嫁了多尔衮。

孝庄太后的迫不得已

关于太后有可能下嫁的原因猜测还有第三种，那就是太后是为了保住儿子福临的皇位而被迫下嫁多尔衮的。此说还是基于庄妃与多尔衮的私情而起的。太宗驾崩后，庄妃借与多尔衮的私情，得到多尔衮的帮助，使得福临顺利地登上了皇位。庄妃本想垂帘听政，又怕宗室中人反对，就与多尔衮商议。最后，两人决定采用摄政制，由福临做皇帝，太后掌执内权，睿亲王多尔衮摄政。

清廷入关后，摄政王仗着自己的军功将大权独揽，还让王公大臣对他北面而朝。太后十分疑惧，但为了稳住摄政王，她故意下诏命诸臣以皇叔九千岁的礼仪进上，多尔衮并未怀疑，欣然接受。

可是，有一天，太后与多尔衮并辇而行，侍卫前来禀事，都是先太后，后才轮到摄政王。多尔衮大为不满，就耍起了脾气，不上朝，不进宫。太后得奏，心中懊丧，当时没有多尔衮还不行，可是多尔衮又如此专横，这可怎么办？如果不想办法，福临的皇位早晚会被他夺去。思来想去，只有一个办法，就是下嫁多尔衮。于是，太后命内大臣往摄政王府议下嫁之事，并命内三院拟太后下嫁及称尊皇父的典礼。

闻听此事，明朝旧臣陈之遴十分惊异，咋舌道：“这种礼也能议吗？”太后听说他的言论后，大怒，要不是有大臣在旁相劝“下嫁是大喜事，不宜用刑见血”，陈之遴必死无疑。陈之遴死罪虽免，仍被贬到吉林三姓城入军籍服役。

可见，太后下嫁实在是委曲求全，不得已而为之。

关于太后下嫁的说法还有许多，有些故事荒诞不经，有的如同淫秽小说，都令人难以置信。但是除了民间传说外，史学家也有太后下嫁的说法，大致与第三种说法相似，说是太后为了笼络多尔衮，巩固福临的帝位而下嫁。无论是出于什么原因，太后下嫁似乎已成定论，是否真的如此呢？

太后下嫁的证据

一桩策划周详的政治婚姻

相信太后下嫁的人提出了自己的论据，他们认为作为一桩政治婚姻，太后为了保全福临的皇位下嫁给多尔衮是完全可能的。试想，顺治登基时还只是个孩子，而孝庄太后也是一个30余岁的寡妇，在当时的那种情况下，仅凭他们母子怎么可能撑起整个大清江山？并且，当时多尔衮已经掌握全部军政大权，尤其是入关后他更是专横跋扈，说一不二，连皇帝都不放在眼里，作为福临的母亲，不委身下嫁，恐怕也没什么好法子了。至于是主动自愿，还是被逼迫，以及结婚的时间、地点，是否举行过大典，其实都是不重要的。因为，孝庄太后只要达到政治上的平衡，保住福临的皇位就达到目的了。事实上她也确实牵制住了多尔衮，所以，说两人确实有私情，也是不过分的。

历史上的信息

《清实录》中有记载：顺治七年（1650年）正月，多尔衮就将肃亲王豪格的福晋博尔济特氏娶来做自己的妃子。在教士汤若望留下的文字中也曾记载说顺治皇帝最宠爱的董鄂妃实际是自己的弟媳。

这样看来太后下嫁就没什么不好理解了。“皇嫂下嫁”成为避讳恐怕也是在满族汉化程度加深后才有的。

摄政王多尔衮留下的蛛丝马迹

从多尔衮“皇父摄政王”的称谓上，也能看出太后下嫁的事实。大概在清末民初时期，有人在顺治初年的科举考卷上发现“皇父摄政王”的字样曾与皇上并排单立为一行。后人对“皇父摄政王”进行考证后发现，福临对多尔衮的称谓是不断变化的——顺治元年（1644年）称“叔父摄政王”，顺治二年称“皇叔父摄政王”，顺治五年称“皇父摄政王”，因此，人们得出结论，多尔衮名讳变化过程实际上是太后与多尔衮的婚姻由隐秘到公开的一个反映，如果太后未曾下嫁，为什么福临要叫多尔衮为皇父？而且，这一点在朝鲜的《李朝实录·仁祖》卷五十上也有记载：顺治六年二月，清廷派使臣去朝鲜递交国书，朝鲜国王看见书中称多尔衮为“皇父摄政王”，便问：“清国咨文中有皇父摄政王之语，此何举措？”清朝来使回答到：“今则去叔字，朝贺之事，与皇帝一体云。”朝鲜国右议政郑太和说：“中虽无此语，似是已为太上矣。”国王也说：“然则二帝矣。”这说明，关于多尔衮的称谓，朝鲜君臣也表示怀疑过。既然外交文书上都这样写，外交使臣也作此解释，说明太后下嫁是真的。

顺治七年，多尔衮病死的第二年，朝廷历数了他的种种罪行，其中“自称皇父摄政王”和“亲到皇宫内院”就是他的两条大罪。这一事实，在清朝人蒋良骐的《东华录》中就有记载。从此可以看出，如果太后没有下嫁，多尔衮敢深入内院，并且把福临当成儿子吗？太后和皇室亲王贝勒能接受吗？

《建夷宫词》中的信息

在明朝遗臣张煌言的《建夷宫词》中，也有讽刺太后下嫁的诗句：“上寿觞为合卺尊，慈宁宫里烂盈门。春官昨进新仪注，大礼恭逢太后婚”，“掖庭又闻册阏氏，妙选孀姬是母仪。”尽管张煌言有借诗讽刺清廷的意思，但是，俗话说无风不起浪，如果没有这事，他怎么能说得有鼻子有眼的。

泄密的顺治诏书

顺治的一封诏书也很值得怀疑。顺治十七年（1660年）十二月二十四日，顺治降谕礼部，其中有这样几句话：“睿王摄政时，皇太后与朕分宫而居，每经累月方得一见，以致皇太后萦怀弥切。乳母竭尽心力，多方保护诱掖，皇太后眷念慈衷赖以宽慰。”顺治因乳母李氏病故而写的诏书，透露出了这样一个信息：因为多尔衮摄政，才使得顺治与母亲孝庄太后分宫而居，母子累月不能相见。为什么会这样？“每经累月方得一见”，“皇太后萦怀弥切”，皇太后为什么不与自己的幼子住在一起？顺治为什么不去看望自己的母亲？这中间难道没有别的因素在阻止他们母子相见吗？而这个因素，除了多尔衮之外，还有谁会有这么强的力量？顺推下去，我们很容易就能得出这样的结论，如果皇太后不是下嫁了，怎么会长期不在宫中？

难入风水墙的皇太后

孝庄太后去世后的墓葬也可以说明问题。清朝早期丧葬制度规定，皇后死后，都要与皇帝合葬，同陵同穴，哪怕在皇帝之后死去。可是，孝庄太后死后却没有遵守这一祖制，而是单独葬在了遵化的清东陵风水墙外，并且灵柩还在地面上停放了 38 年之久。这是为什么呢？

史料中虽记述孝庄太后生前曾叮嘱康熙帝："我身后之事特以嘱汝，太宗文皇帝梓宫安奉已久，卑不动尊，此时未便合葬。况我心恋汝父子，当于孝陵近地安厝，我心始无憾。"可这很有可能只是托词，因为顺治六年四月，皇太极的孝端文皇后死后就葬入了昭陵。究其原因，恐怕是随着汉化的深入，孝庄太后和康熙帝都感觉到了下嫁一事不是什么光彩事，尤其是孝庄太后更觉得在阴间无法面对太宗皇帝的缘故吧。至于为什么孝庄太后灵柩要在地面上停放那么久，可能是因为康熙帝感到不知如何是好，遵守太后遗嘱觉得对不起太后，不遵守太后遗嘱又觉得对不起太宗，所以迟迟不能定夺。

另外，清东陵的 5 个皇帝、14 个皇后、136 个旗妃，都葬在风水墙内，而只有孝庄太后葬在风水墙外，这又是为什么呢？野史上的解释是，因为下嫁一事对爱新觉罗皇族来说是一件丢脸的事，所以罚她在陵区大门之外永远为子孙后代看守陵门。这种说法虽然经不住推敲，但是不管怎样，孝庄太后被葬在清东陵外，确实有违情理，难免会让人联想到下嫁一事。

反对者的声音

政治婚姻中的漏洞

说孝庄太后和摄政王多尔衮之间有难以言说的恋情是可能的，但是说为了保住顺治帝的皇位，孝庄太后被迫接受政治婚姻，下嫁多尔衮，则是完全不可能的。首先，顺治的皇位是经过八旗之间剑拔弩张的斗争，最终作为权力平衡和斗争多方互相妥协的结果而最终确立的，并非多尔衮的个人因素决定的。其次，清军入关后，多尔衮确实曾大权独揽，对顺治帝构成了极大的威胁，然而并不是孝庄太后下嫁多尔衮，就能阻止他称帝野心的。而事实可能恰恰相反，下嫁多尔衮不是增加反而是削弱了孝庄太后牵制多尔衮的能力。因为，按照清初八旗制度的规定，两黄旗作为太宗皇太极的遗产，其合法继承人应该是继承帝位的福临。

孝庄太后只有作为太宗的遗孀和当今皇上的生母，才能与儿子共同享有继承权，才能被两黄旗承认为女主人。如果她下嫁了多尔衮，就不再是皇太后了，而成了摄政王妃，这样就理所当然不再被两黄旗认可了，而失去两黄旗的支持，孝庄太后将无所凭依，对多尔衮的制约将更加有限。所以，太后下嫁对维护儿子的帝位，不但无益，而且有害。并且从历史上看，孝庄太后一直是两黄旗的女主人，而这恰恰证明了她没有下嫁多尔衮。

没有必然联系的风俗

对于有人认为按照当时满族有兄死则弟娶其嫂的风俗，太后下嫁是可能的观点，反对者认为，这只是推测，不能作为太后下嫁的证据。事实上，清朝入关以后，婚姻观念发生了很大的变化，满族贵族内部也逐渐视“族内婚”为犯法。比如，顺治七年多尔衮强娶侄儿豪格的妻子，就引起了许多人的非议，据《汤若望传》记载“是为全国之所愤慨非难的一件事情了”。虽然当时人们迫于多尔衮的淫威，敢怒不敢言，但是他死后，这件事受到了很多人的抨击，成为了他的一大罪状。在这种情况下，多尔衮娶自己的皇嫂，无疑罪名会更大。以多尔衮和孝庄太后的英明，都不可能作出这种极不明智的选择。退一步说，就算当时有兄死弟娶其嫂的风俗，但也不能仅仅因此就证明多尔衮娶了皇嫂，这中间并没有必然的联系。

皇父之说的疑问

至于“皇父摄政王”的称谓，已故著名史学家孟森认为，清朝入关后，逐步接受了汉族的文化，“皇父”的称呼可能如同古代“尚父”“仲父”一样，都是皇帝对臣下的尊称。比如周文王称吕望（姜子牙）为尚父，意为可尊尚的父辈；齐桓公尊管仲为仲父，是事之如父的意思。虽然称呼中都有“父”字，其实并非真的成了父亲，而只是对功高重臣的一种尊称。顺治称多尔衮为“皇父”，也应该是如此。另外，满族本就有将亲属称谓与爵秩称号联系起来，以示宠幸的习惯。比如，多尔衮被称为“叔父摄政王”“皇叔父摄政王”就是这种称号（当然，孟森之说也只是一家之言，并非定论，胡适当年就对此提出了疑问，认为孟文“未能完全解释皇父之称的理由”，“终嫌皇父之称似不能视为仲父、尚父一例”）。

另外，对于史书所载：多尔衮“亲到皇宫内院”，想必是与太后一定有什么瓜葛的说法。反对太后下嫁的学者认为，这一点正是多尔衮去世后，济尔哈朗列举的多尔衮罪行之一。如果太后真的光明正大下嫁了，多尔衮完全可以自由出入宫禁，甚至天天住在皇宫内，“亲到皇宫内院”还算什么罪行呢？再说，如果多尔衮真的和太后有说不清的关系，济尔哈朗提出这条罪行，就不怕“投鼠忌器”，连太后也一起羞辱了吗？退一步说，多尔衮就是“亲到皇宫内院”，也可能是同太后商议国家大事，这有什么可说的；就算他有淫乱后宫的嫌疑，也有可能是与其他妃子、宫女等，不一定就是太后。况且，太后如果真的下嫁了，并且颁发诏书告知天下，必然会照会朝鲜，朝鲜使臣和国王不可能不知道这件事。而他们的疑问，恰巧证明了太后没有下嫁。所以称多尔衮为“皇父摄政王”，“亲到皇宫内院”不能作为太后下嫁的证据。

难以取信的《建夷宫词》

而张煌言的诗更是不足为凭的，因为他是故明旧臣，对清朝怀有敌意，所作诗句难免有诽谤之意。比如《建夷宫词》的题名，建指建州，不称为“后金”“清”，并且用“夷狄”的“夷”，本身就带着明显的民族偏见。并且据考证《建夷宫词》作于顺治七年，而《清会殿事例》上则记载：“顺治十年建慈宁宫于隆宗门之西。”也就是说孝庄太后最早于顺治十年才搬进慈宁宫的，那么说“慈宁宫里烂盈门”，在慈宁宫中大办婚事，必须在顺治十年之后，而事实上多尔衮早于顺治七年十二月病死，太后嫁给谁呢？另外，据《清实录》中记载，多尔衮在顺治七年正月娶自己的政敌、顺治的大哥豪格的妻子时，曾张灯结彩，铺张了一番。因此，张煌言很可能把多尔衮娶博尔济锦氏当成了“太后下嫁”，写进了《建夷宫词》。再说，张煌言作此诗时，身在江南，根本不在京城，很可能是道听途说，以讹传讹而来。并且诗可以夸张，可以比附，不能作为严肃的史料来用，所以正如20世纪30年代史学家孟森先生所考证的那样：“不能据此孤证为论定。”

关于顺治的诏书问题，有人认为可能是太后出外礼佛或者其他活动，并不能据此就认为是太后下嫁的证据。

风水墙外的风水

孝庄太后没有与皇太极合葬，而是葬于清东陵外，据他们分析主要源于以下原因：首先，满族入关以前，实行火葬；入关后，由于受到汉族文化的影响，他们也逐渐认为火化为不孝不仁，开始实行土葬。而孝庄太后知道自己死后肯定是要土葬的，可是这样一来，皇太极的墓必须经过改建，才能放下三个骨灰罐和一口大棺木，而且“卑不动尊”，这对死者是不恭敬的，鉴于此，才决定另行安葬；其次，说太后葬在风水墙外，是罚她为儿孙看陵园，纯属无稽之谈。试想，如果太后真的下嫁了，清廷后来认为是件大丑事，那么必定会严加封锁，讳莫如深，不可能对她如此公开惩罚，留人笑柄。太后之所以葬在“风水墙”外，主要是因为顺治帝的孝陵占据了东陵区的最佳位置（因为他是入关后去世的第一个皇帝，当然要选择至高无上的墓穴），当初也没有考虑孝庄太后会不入盛京昭陵，也就没有在清东陵为她留下一个好地方。由此，当孝庄太后要求葬在孝陵附近时，让康熙帝犯了大难，因为太后是顺治帝的母亲，身份最高贵，把她葬在陵区内的任何地方，位置都低于顺治帝的孝陵。而孝庄太后又遗言“一定要在孝陵附近为我找一块地方安葬”，只有把她葬在孝陵附近，但是又不能葬于陵园，否则就成了一个体系，无法区别。正因此，康熙帝不知如何是好，迟迟不能定夺，这也是太后灵柩迟迟不能安葬的原因。一直到雍正朝，雍正帝看到大清江山永固，康熙帝儿孙满堂，便认为多蒙太后庇佑，也说明太后“安厝”之地为风水宝地，便决定把她葬在了那里。

实际上，孝庄太后的陵墓被称为昭西陵，与孝陵近在咫尺，却独成体系，其名义上仍与沈阳皇太极的昭陵是一个体系。并且，按照清室拜祭皇陵的规定，拜谒时应从高辈分的人拜起，昭西陵处于清东陵门口，正好符合了这一要求。由此，太后葬于清东陵风水墙外，完全出于实际情况的需要，与太后是否下嫁没有关系。

《汤若望传》中的只字不提

另外，还有人分析，如果太后确实下嫁了，《汤若望传》中肯定要有所反映。《汤若望传》上面对清廷中的许多事情都直言不讳，汤若望与皇太后有义父女关系，太后下嫁作为一件大事，他不可能不知道。而他的笔记中没有记载这件事，也从一个侧面证明了太后不曾下嫁。上面提到的朱家先生在一篇涉及到太后下嫁的文章中，也认为太后下嫁是假的。他说，人们之所以众口一词，是因为他们都认准了太后下嫁多尔衮确有其事，只不过下嫁诏书在乾隆帝时被偷偷销毁了，所以后世就没了凭证。这只能说明人们不了解清朝制度。按清朝制度，太后下嫁这种大事，是要颁诏天下、让世人尽知的，所以，后世君臣即便想否定这件事，也必须发谕旨，否则，只偷偷销毁诏书是没用的。当然，这只是一家之言。

时至今日，太后是否下嫁仍是史学家颇有争议的论题。在没有出现新的强有力的论据之前，仍是一个历史悬案。

清兵入关

经略关外

在努尔哈赤执政时期，虽然他未必有逐鹿中原、一统天下的想法，但他却牢记两个字：进取。继萨尔浒大捷后，他率领八旗铁骑攻占辽沈，夺取辽西，并一直打到长城一带。而且，他数次迁都，统治中心逐渐南移，势力范围不停扩展，显然他并不安于现状。天启五年（1625 年）二月，努尔哈赤经过深思熟虑，准备把都城迁到沈阳，以便控制统治区域，进一步进攻明朝。此后，沈阳成了后金（清）攻打明朝、问鼎中原的基地。

但从总体上讲，由于天命时期（1616～1626 年）的后金经常受到侵扰，而且内乱不断，再加上明朝强有力的抵抗，所以入关只能是一种梦想。但等到皇太极即位后，他们夺取中原的愿望开始一步步地走向现实。

崇祯二年（1629 年，后金天聪三年），皇太极率兵从喜峰口突破长城沿线，夺取遵化，并进而攻打北京。不久，他带兵向东进发，并一举攻取永平、滦州、迁安等地，派重兵把守。他本人于第二年二月领兵返回关外。撤退之时他曾经说过："等我回去以后派军队夺取山海关，把都城迁到内地，以作长久的打算，你们不要认为我会一去不返。"从这段话可以看出，第一，皇太极即位不久便打算把都城迁到内地；第二，皇太极攻取京东四城，只是问鼎中原的开始，这些基地的建立，为以后的进攻作好了准备。

但事情的发展并没有他想象的那样一帆风顺。时隔不久，明军派兵攻打永平、遵化、迁安、滦州四城，负责守城的后金大将阿敏和硕托难以抵挡，被迫放弃四城，返回关外。这些情况说明，在阻挡后金军队入关方面，山海关起着极其重要的屏障作用。

继崇祯二年（1629 年）以后，皇太极又多次领兵入侵中原，以便打击明朝，壮大自己的力量，但每一次入关都以失败告终。

崇祯五年（1632 年），皇太极率兵讨伐蒙古察哈尔，并在回师之时大肆南侵掠夺明朝边境地区。

崇祯七年（1634 年），皇太极再次向西进军，攻打宣、大地区，并征讨察哈尔的残余部队。七月，大军抵达宣、大境外，大肆掠夺宣、大、朔、代等地（今山西北部、河北西北部）。

崇祯九年（1636 年）五月，皇太极称帝不久便派武英郡王阿济格与饶余贝勒阿巴泰率军入犯明边。清军在北京周围地区大肆烧杀抢掠，攻占许多州县，俘获人口 7 万多、牲畜 12 万多头。

崇德三年（1638 年）八月，皇太极命多尔衮统率左路军，岳托统率右路军，一起出兵攻打明朝。九月，两路军分别从蓟镇中、西协（蓟镇分为三协）进入明境，掠夺北京近郊地区，并一直向西攻打到山西。不久，又分路南下，攻打河北、河南、山东等地，占领 70 多座城池，俘获人口 47 万多。

皇太极一面对明朝进行不断的侵扰，一面把主要力量放在打通锦宁防线上。崇祯四年（1631 年），皇太极获悉明朝修筑大凌河城（今辽宁锦县东），并前移锦宁防线时，便准备发起进攻。七月，清军迅速出击攻打该城，祖大寿被迫投降。崇德元年（1636 年），在多尔衮、岳托进入明境之后，皇太极亲率多铎、济尔哈朗和孔有德等部军队，乘山海关明军奉命入援中原防备空虚之际，进攻山海关。结果，多铎在中后所（今辽宁绥中县城）被祖大寿打得大败。第二年二月，皇太极与代善再次领兵攻打山海关，围攻 20 多天，但由于明军顽强抵抗，没能攻占山海关。这件事说明攻打山海关需要长远规划，并非短期所能奏效。

皇太极在巩固了东北地区后，准备以全部力量攻打锦、宁。崇德六年（1641 年），皇太极在锦州城外挖掘数道长壕，隔断锦州与外界援军的联系。明朝派洪承畴率八镇 13 万大军增援锦州。皇太极亲自指挥作战，身先士卒，一举打败明军，洪承畴和祖大寿也投降了清军。通过松锦之战，明朝在北方的军队丧失殆尽。至此明朝在山海关外只剩下宁远、中前所（今辽宁绥中县前所）、中后所（今绥中县城）、前屯卫（今辽宁绥中县前卫）四城了。

松锦之战后，一些汉官建议乘胜追击，一鼓作气攻下山海关，进逼燕京。皇太极自有主张，他认为攻取燕京就像砍伐大树，只要持之以恒的从两旁砍削，到一定程度大树自然会倒下。因此，要占领山海关必须首先攻下关外四城。因为明朝的主力已被消灭，只要长期围困，随着力量的彼长此消得到燕京只是早晚的事情。

崇德七年（1642 年），皇太极决定从右侧“砍削”明朝这棵“大树”。他命贝勒阿巴泰为统帅，率八万大军从蓟镇界岭口、黄崖口入侵明朝边界，大掠京畿、山东等地，一直打到淮北宿迁一带，占领 88 座城堡，俘虏人口 36 万，掠获牲畜 55 万，大获全胜。正当皇太极准备从左侧“砍削”明关外四城的时候，突然间身染重病，旋即溘然去逝。不久，九皇子福临即位，济尔哈朗和多尔衮摄政。

崇德八年（1643 年）九月十一日，济尔哈朗、阿济格统率大军，攻取关外四城。清军借助红衣大炮，于九月底攻下了中后所，击毙明朝游击吴良弼，歼敌 4000 人，俘获 4000 余人。十月一日，攻克前屯卫（在中后所南），斩杀明总兵李赋，消灭李部官兵 4000 余人，俘虏 2000 人。明中前所守将获悉前屯卫失陷，大惊失色，弃城逃跑。清军也曾进攻宁远，但被吴三桂打败，无功而返。至此，关外四城除宁远一座孤城外，其余三城都被清军攻破。

吴三桂降清

随着形势的发展，清军更是加紧筹划，准备一举消灭明朝。清顺治元年（1644 年）三月，李自成领导的农民起义军兵临北京城下，京师危急。吴三桂接到诏书，只得放弃宁远，率兵去解京师之危。三月十六日，多尔衮获悉这一消息，喜出望外，便发布动员令："修整军器，储粮秣马，俟四月初旬，大举进讨。"四月四日，内秘书院大学士、清廷的重要谋臣范文程上书多尔衮，他认为：第一，大清虽然夺取的是明朝的江山，但目前必须首先对付的却是流寇；第二，要想一统中原，必须严明军纪，与民秋毫无犯；第三，我军或是直取燕京，或是相机攻取，必须在长城以西选择一座坚固的城池作为根据地，以免军队长途跋涉带来的不利。范文程的建议，为清军入关指明了一条较为正确的道路。

不久，李自成攻陷北京，明朝灭亡。多尔衮得知这一消息后，下令：男丁 70 岁以下，10 岁以上全部从军。经过几天的征兵之后，四月九日，多尔衮自任大将军，亲率二十四旗大部分军队，大举南侵。十四日，大军到达翁后（今辽宁阜新），十五日，吴三桂派使者求见，向多尔衮"泣血求助"。

松锦之战中，吴三桂大败而逃，被明廷降职三级，但仍然奉命驻守宁远。吴三桂鉴于以前的教训，重新招集失散的士卒，大力整顿，实力大为增强，他的部队成为当时极具战斗力的部队。崇德七年（1642 年），阿巴泰率军侵扰明朝边境，在其退往关外时，明朝将领只有吴三桂敢于追击，并屡立战功。崇德八年（1643 年），济尔哈朗等率兵攻打明朝的关外四城，只攻下了中后所、前屯卫、中前所三城，在进攻宁远时，却被吴三桂打败。由此可知，对于明廷来说吴三桂确实是不可多得的将才。清顺治元年（1644 年）春，李自成率领的农民军蓬勃发展，一直打到北京，对明朝的统治构成极大的威胁。三月初六，崇祯帝加封吴三桂为平西伯，命他放弃宁远，率兵支援京师。吴三桂接到命令以后，将宁远周围的50余万兵民，全部撤入关内，二十日到达丰润。这时，李自成已攻陷北京。吴三桂获悉这一消息后，便不再向北京进发。

这时吴三桂处境十分尴尬，进退两难，前有李自成大顺军，后有大清军队，大有一着走错、满盘皆输之势，因此吴三桂此时也犹疑不决。李自成进京以后，便先后几次派人去说服吴三桂。吴并不愿意降清，因为他与清军交战多年，曾多次拒绝清廷的招降，已成骑虎难下之势，万难改口再投降清军。他亲自领略了农民军的骁勇善战，而且农民军又带来了他急需的粮饷、银两等劳军物资，于是吴三桂也效法他的父亲吴襄、同事唐通，投降了李自成的农民军。事情发展到这一步似乎已经是完美的结局，然而实际情况并非如此。

本来，吴三桂的父亲吴襄已投降了农民军，但是不久，吴襄却被农民军殴打勒索，而且农民军的将领刘宗敏霸占了吴三桂的爱妾陈圆圆，吴三桂获悉这些消息后十分气愤，立即率领部属返回山海关，并发誓与农民军决一死战。但他毕竟力量弱小，无法与农民军相抗衡。所以他很快想到了和清兵联手共抗李自成。这里，吴三桂投降清朝具有必然的原因，他认为自己手握兵权尚且被人欺凌，假如一朝失势，受制于人，就更难以想象了。但是，相比之下，他的亲友、部将等投降清军后却受到极好的待遇。虽然说吴三桂背叛农民军的起因是父亲和爱妾受人欺侮，但深究其原因，恐怕吴三桂也是经过一番深思熟虑、反复掂量的，因为降清与降李自成待遇和前途毕竟相去甚远。

但是，多尔衮一时还难以弄清楚吴三桂的真假。他在召见了吴派来的两位信使之后，为求安全起见，便把其中一人扣留，另外派人同另外一人前往山海关探听虚实。同时，多尔衮改变了原来的作战方案（即从山海关以西蓟镇长城关口突入），命吴三桂军带红衣大炮随大军向山海关进发。四月十六日，多尔衮复信给吴三桂，要求他率众归降，并许诺封以故土，晋封藩王。四月二十日，清军到达连山（今辽宁锦西，在宁远北），吴三桂再次派人求见多尔衮，催促多尔衮速率大军直入山海关，共同对抗农民军。

而此时李自成已经亲自率领大军前来征讨吴三桂，并逼近山海关。原来李自成在获悉吴三桂背叛一事后，便于四月十三日率兵6万亲自东征。十七日来到永平，离山海关只有一百五十里左右。二十一日李自成抵达山海关，旋即下令攻城，与吴三桂军队展开激战。

多尔衮在接见吴三桂第二次派来的使者后，便指挥大军昼夜兼程，直奔山海关，一昼夜行军二百里，于二十一日晚到达山海关外，驻扎在山海关城东北十里左右的欢喜岭。多尔衮为人十分小心谨慎，为防吴三桂有诈，大军安营之后即派人前往吴营探听虚实，严密注意吴三桂动向。与此同时，吴三桂也连连派人敦请清兵入关，多尔衮到此时才完全相信吴三桂。二十二日，吴三桂亲自出关，迎接多尔衮，并投降清军。清吴双方约定：清兵帮助吴三桂打败李自成后，黄河以北归清，封吴三桂为王；黄河以南归明，立崇祯太子（或诸王）于南京。双方的约定，使吴三桂既得到了较大利益（封王），又多少在世人面前挽回了一些颜面。更为主要的是，双方的约定使多尔衮实现了世代以来的渴望，顺利进入山海关，为入主中原打开了门户。

李自成败归北京后，二十九日在武英殿即皇帝位，三十日被迫离京西撤。清军则自山海关一路穷追猛打，于五月初二兵临北京城下。当时，北京的官绅吏民由于已事先得知吴三桂的檄文，所以一些投降过李自成的明官，如骆养性、沈惟炳等人，一大早便在京城朝阳门外与官民备法驾、卤簿，准备迎接崇祯太子来京即位。不久，一队人马由远及近向西开来，人们还以为是崇祯太子驾到，忙着准备迎驾，可等对方走到近前却大惊失色，来的人既没有明朝太子，也没有吴三桂（吴已受命过卢沟桥西追李自成去了），而是大清军队。为首一人正是大清摄政王多尔衮。直到此时，人们才知道受了愚弄，但事情已无可挽回。就这样，多尔衮等人就被迎入了京城。多尔衮进入北京以后，根据范文程等人意见，颁行了许多拉拢人心的措施。五月三日，宣布故明官员一概录用。四日，多尔衮下令为崇祯帝发丧三日，谥为怀宗端皇帝。六日，宣布在京各衙门官员与满官一体办事。五月二十四日，暂停剃发令。七月，多尔衮下令，免除明末三饷加派，以明万历时赋额为准。

多尔衮的这些政策大有成效，不久便稳定了黄河以北、山西以东的中原大部分地区的局势。

九月，福临从沈阳迁到北京，十月一日，他在众人的陪同下于天坛举行祭天大典，即皇帝位，下诏“定鼎燕京”，入主中原的清王朝宣告建立。

山海关之战

顺治元年（1644 年）四月十三日晨，大顺军由北京出发攻打山海关。行至三河县吴三桂派人求见，并假意投降，请求暂缓行军。李自成被吴三桂骗过，他派明降官密云巡抚王则尧以兵政府尚书的官衔与吴三桂谈判，大军则缓慢推进。从北京到山海关大约五天可达，大顺军却用了八天的时间才到达。这时，李自成才获悉王则尧已经被扣留，吴三桂的军队在关内沿石河一线做好了作战准备，严阵以待，准备和大顺军决一死战。四月二十一日，山海关战役开始。为了全歼关外清兵，李自成把主力放在石河，另外派遣部队进攻山海关的东罗城、西罗城和北翼城。战争十分激烈，双方死伤惨重，到二十二日早晨吴三桂的军队已经难以抵挡，据守北翼城的吴军投降大顺军。吴三桂见形势不妙，亲自带领部分属官和乡绅冲出关门，到离关城仅二里远的威远拜见多尔衮，请求派兵支援。经过数日的观察，多尔衮十分清楚吴三桂此时的处境和心情，当即回答道："你们愿意为先帝报仇，十分难得。我特意领兵来成全你们的心愿。先帝时的仇杀，今天不用提，也不忍心再提。但昔日是敌人，如今却合为一家。我领兵入关，与百姓秋毫无犯，否则必以军法处死。你们可告知全城百姓，不用惊慌。"然后又对吴三桂说，"你回去以后，可让部下把白布系于户关作为信号。不然，都是汉族人，难以分辨，恐怕误杀。"说完，一面让吴三桂立即回关准备，一面下令清军从南水门、北水门、关中门三路进关。

清兵进关后，见大顺军从北山至海边排列成一字长蛇阵，多尔衮即令清军沿近海处依次排列，吴三桂排列于清军的右边，准备共同夹击大顺军。这时狂风骤起，尘土飞扬，事物难以辨别，于是清军得以从容布阵。不久风停，多尔衮下令出击，清军以逸待劳，势如潮水，尽管大顺军拼死抵挡，但难以挽回败局，阵容大乱，刘宗敏也负了伤。李自成立马在小冈阜上见难以取胜只得下令撤退。到达永平府范家店时，李自成下令杀死吴襄。二十六日，回到北京，又杀吴三桂家属 34 口，李自成对吴三桂的奴颜婢膝引清军入关深恶痛绝。而吴三桂却在山海关战役刚刚结束时就率领关城军民剃发降清，并被封为平西王。

多尔衮摄政

统一全国

顺治元年（1644 年）五月二十二日山海关一役之后，大顺军被清军击溃而散，逃出四十余里。随后，多尔衮封吴三桂为平西王，让他带领一万军队继续追剿农民军。五月二日多尔衮率少数军队入京，大军则由多铎、阿济格、吴三桂等率领，向西追击。李自成于四月三十日撤出北京，经河北向山西逃跑。他曾在真定（今河北正定）反抗，与吴三桂奋战了一天，仍然难以挽回失败的结局。不久，农民军由固关（今河北井陉西）撤入山西。清军追到固关后不再追了，就此返回退到北京。这样，山西以东、黄河以北的大部分地区归清朝所辖。五月十二日，多铎、阿济格、吴三桂回到北京。李自成率领大队人马向西安撤退，留下刘永福守住太原。

多尔衮一面于六月派固山额真叶臣进攻山西，一面出兵剿灭、安抚中原的地主武装和小股义军。清军从河北、河南进入山西南部。十月，叶臣打进固关，攻占太原，占领了山西。

十月，福临下诏定北京为都城。不久，多尔衮先后命令英亲王阿济格为靖远大将军，带兵追击大顺军；多铎为定国大将军，率军平定江南。

七月，李自成组织了反攻。十月，大顺军两万人攻入河南，多尔衮忙派多铎立即围攻西安。多铎闻命后领军由山东经河南逼近潼关。顺治二年（1645 年）正月，多铎占领潼关后，李自成被迫放弃西安向河南转移。阿济格从陕西进攻农民军遭到对方的反抗，二月中旬才进入西安，此时多铎已经领兵向东进发。五月四日，李自成在带兵转战的途中不幸被杀。

多尔衮像

多铎于顺治二年二月离开西安，三月接到了多尔衮命他带兵南下的命令。他率兵出了虎牢关，到达归德，分兵两路出发，一路指亳州，一路指徐州。很快，李成栋据守的徐州全城投降，并引清兵南下。四月十八日清军来到扬州城下，此时弘光政权还在内战不断。二十五日，清军攻破扬州。五月，清军不动一兵一卒地占领南京。弘光政权消亡。清军六月又攻下苏州和杭州。

闰六月，多尔衮命洪承畴为江南总督，住在南京，同时又派人前往南方各省招抚。东南、江南一带各层人士纷纷反抗清政权要求剃发辫的命令。隆武政权和鲁王政权在福州和绍兴相继建立。多尔衮认为，江阴、嘉定等地的抗清斗争由李成栋等降将足以应付，而鲁王政权、唐王政权必须另外派兵征伐。

十一月，清军进入湖南进攻李自成残余和隆武政权大将何腾蛟部。

虽然东南地区战事愈来愈明朗，多尔衮对四川的张献忠仍耿耿于怀。顺治三年（1646 年）正月，他命肃亲王豪格进击四川。后来张献忠被打败，其养子李定国、孙可望等退回到云南。

顺治三年（1646 年）二月，多尔衮命贝勒博洛平定闽、浙的唐王和鲁王政权。六月，清军渡过钱塘江，占领绍兴，鲁王政权结束。七月清军进入福建，郑芝龙投降，唐王政权灭亡。不久，唐王朱聿键在江西被清兵追上杀死。

九月，多尔衮命令军队分三路向南进发：西路在吴三桂、豪格带领下继续征定四川，中路由勒克德浑、孔有德率领，东路由李成栋带领，进入广东、江西。十一月五日，唐王朱聿键之弟朱聿𨮁在广州建立绍武政权，十八日，桂王朱由榔在肇庆建立永历政权。这两个政权建立伊始便遭到清军围攻。十二月十七日，李成栋占领广州后，杀死朱聿𨮁。桂王朱由榔由广东跑到湖南，由于孔有德已经带兵南下，他不得不又跑到广西。不久，孔有德等兼并湖广后进入广西。整个东南全在清军控制之中。

事情突然有了变化，多尔衮最不想看到的情况出现了，那便是李成栋、金声桓、姜瓖三员降将先后反清。金声桓原归左良玉所管，由于帮清廷占领江西，被授予副官。他对清廷的赏封非常失望，于是在顺治五年（1648 年）二月领兵反抗清廷。多尔衮派谭泰、何洛会带兵攻打。第二年正月，清军占领南昌，金声桓败亡。金兴兵之后，李成栋于顺治五年（1648 年）闰四月在广州发动叛乱，第二年二月被打败。姜瓖之叛虽然发生最晚，但影响最大。姜瓖本是明大同总兵，他先投降了李自成，后又投降了清廷。当时各种矛盾十分激烈，他疑虑重重，决定先声夺人。顺治五年（1648 年）十二月，姜瓖在大同起兵，陕、山部众立即呼应。多尔衮调兵遣将，几经周折才将叛乱平定下去。

在降清三将起事之际，南明军队在大顺军配合下开始反击，湖广等地区都被桂王政权控制。

此后，风云再变，孔有德占据湖南，最后又平定了湖广。顺治六年（1649 年）五月，多尔衮改封耿仲明为靖南王、孔有德为定南王、尚可喜为平南王。顺治七年（1650 年）十一月，尚可喜占据广州，十二月，孔有德占据桂林。湖广大部分地区基本上安定。

入关后，多尔衮在去世前指挥大军四处征剿，结束了江南江北的大部分叛乱，除川南、云贵、福建沿海等地之外，各地基本扫清了反清势力。

沿用明朝典制

顺治元年（1644 年）五月，多尔衮掌权后开始治理各项事务。摆在他面前的是亟待解决的重大难题，即怎样管理这一幅员辽阔、人口众多的泱泱大国。原来的清政权土地面积狭小，人口不多。入关后，满族人的数量和汉族人相比根本不值一提。显然原来的大清政权机构还无法有效地管理这个庞大的帝国。

这件事并没有难住这位能干的摄政王，他一边指挥大军平定天下，一边还草拟清政府的各项典制规章，建立健全各个机构。他采取了模仿明朝旧例的办法，仍然用汉族人管理汉族人。

顺治元年（1644 年）五月初三，进京第二天，多尔衮即公告天下，仍然使用原来各衙门的明朝旧官员。初六，他又下命令满官和明朝旧官一起办理公务，同心协力。六月初二，由于冯铨、洪承畴的建议，多尔衮照搬明朝旧有体制，由内三院行使内阁职权，但明代时内阁高于六部，到了多尔衮时期内阁职权已大大不如从前。同时，多尔衮还允许按照明律审查案件，问罪定刑。九月，编成《大清律》，基本上是照搬《大明律》而来。

顺治三年（1646 年），吏科给事中向玉轩对没有汉族人尚书十分不满，多尔衮听说后很气愤，处分了向玉轩。顺治五年（1648年）七月，多尔衮下令六部必须各设一个汉族人为尚书，这算是满汉复职制，其目的显然是要收买汉族人之心。

清朝的地方官制与明朝相差无几，此时的总督、巡抚等多是从东北随清入关的汉族人。

多尔衮在效仿明朝体制时始终牢记清祖的传统和满洲利益，并不是生搬硬套，全盘接受。议政王大臣会议显然是八大贝勒议政的残余，这时仍然是雄踞于各种机构之上。另外，不管多尔衮如何提倡“满汉一家”，他在处理国务中还是以“尊满”为首要原则。

多尔衮的策略非常成功，许多汉官和满洲贵族一样尽心尽力地为他效力，奋战沙场，为有清一代的繁荣兴盛奠定了扎实的基础。

兴利除弊

由于汉军旗人官员及汉官的上表，多尔衮开始一系列旨在聚合民心的改革，这些措施除改变抄掠蛮抢、为崇祯帝发丧之外，还有尊重明宗室、崇孔、开科取士和革除弊政。

顺治元年（1644 年）五月，多尔衮宣称明诸王只要来降，都不会剥夺他们的官位。其后，他又下令善待明朝皇宫子弟。这与以往入关之役中对明宗室的态度大不一样。

顺治二年（1645 年），汉官李若琳上表，请求称孔子为“大成至圣文宣王”。多尔衮让礼部再次审议后，定孔子为“大成至圣先师”。多尔衮按照明制，封孔子后人为衍圣公。

多尔衮在定都燕京之初已经宣布要开科取士，经过一个阶段的准备以后，顺治二年（1645 年）八月，全国许多地方举行了乡试。按照先例会试隔三年才有一次，但多尔衮为了平定士人的反清情绪，在摄政的 7 年里会试 3 次，取士 1100 人，全部任以官职。

导致明亡的重要因素之一是加派，即辽饷、剿饷、练饷——三饷加派。人民负担十分沉重，大大加速了明王朝的灭亡。多尔衮不想就此失去民心，走上明朝的老路。入关之初，京师户部只有明万历时的赋税册籍，李自成农民军烧毁了天启、崇祯时的赋税档案。当时有的清廷官员提出征求各省明末税册（指万历以后的）以方便征收赋税。范文程反对这种观点，他说：“即便按照万历时税额为标准仍然害怕民力不济，又怎么再求新册收取更多的赋税呢?”后来多尔衮按照范文程所说，决定按照万历期间的赋额，依惯例征收赋税。顺治元年（1644 年）七月，清摄政王多尔衮向全国宣布免除明末的召买米豆、三饷加派等负担。除了免掉超额加派的赋税，还要适当减免本年额内正赋，具体的原则是清军所过之处免征粮一半，未过之处只要全心向清，可免全年的 1/3。

如果说三饷加派仅仅出现在明末，那么宦官干政则是有明一代的弊政，兼之明末大臣朝三暮四，所以多尔衮对于宦官倾力提防。他一入京便阻止太监往收明代皇庄子粒。顺治二年（1645 年）十二月，他又听从礼部所言，不准宦官混入文武群臣朝参行列（自明熹宗时始，每逢大朝，宦官穿朝服与百官一齐朝贺）。顺治三年（1646 年）四月，多尔衮取消了织造太监一职。

多尔衮不但能痛革明代弊政，而且对清廷弊政也小有举动。顺治三年（1646 年）四月，他下令完全取消肉刑，认为耳、鼻是面目最重要的地方，贯穿耳鼻之刑应永行禁止。

加强个人集权

崇德八年（1643 年）十二月多尔衮与济尔哈朗开始被任为摄政王。同月，二位摄政王宣布，除了贝子公满达海、博洛外，贝勒、贝子、诸王等不再兼管政务，政务全部由尚书处理，从而削减诸王的权力，提高摄政王的职权。顺治元年（1644 年）正月，身为摄政王之一的济尔哈朗与多尔衮平起平坐，宣布今后国内如有什么事都必须先请示睿亲王。本来两王很难同时摄政，一天不容二日。济尔哈朗情知自己论能力、论实力或权术都比不上多尔衮，于是自愿退出较量。从此，多尔衮成为清最高决策人。他成为唯一的、真正的摄政王。

顺治元年（1644 年）十月一日，多尔衮拥立福临在燕京登基，并且诏告天下。十月九日，他被封为叔父摄政王。十月十三日，济尔哈朗被封为信义辅政叔王，与多尔衮的身份、地位根本无法相提并论。顺治二年（1645 年）五月，根据御史赵开心的建议，多尔衮被晋封为皇叔父摄政王。顺治四年（1647 年）十二月，听从满汉所有大臣的请求，允许多尔衮不对皇上跪拜。顺治五年（1648 年）十二月，晋升多尔衮为皇父摄政王。多尔衮在臣子中居前位，甚至超过了人臣，福临成了有名无实的皇帝。

多尔衮既不断提高自己的势力，又连续肃清政乱，打击异己势力。

肃亲王豪格和多尔衮原有旧仇，但慑于多尔衮翻云覆雨一手遮天的权势，他也是有怒不敢发，有言不敢出。虽然豪格为清入关屡建军功，但仍未能逃出多尔衮的魔爪。顺治五年（1648年）三月，多尔衮找茬将豪格囚禁起来。没多久，便传出豪格死去的消息，死因不明。不长时间以后，漂亮的肃亲王妃便被多尔衮娶到府中。

郑亲王济尔哈朗是多尔衮压制的另一对象。济尔哈朗虽手中没有权力，但权势越来越重的多尔衮却并不感到满足。多尔衮认为济尔哈朗只是表面上臣服，不可信任，因而不断地给这位老资格的王爷出难题。顺治四年（1647年），济尔哈朗的辅政之位也被多尔衮罢免了。顺治五年（1648年），多尔衮借济尔哈朗的几个侄子一起告发叔叔的罪状的机会将济尔哈朗贬为多罗郡王。后来济尔哈朗虽然又被恢复了亲王爵位，但地位已远不如昔，直到多尔衮死后他才得以翻身。

豪格和济尔哈朗这两位亲王一是反对派领袖，一是中间派代表。他们遭遇还如此悲惨，就更不用说其他人的遭遇了。没有人敢对多尔衮不言听计从！当然，多尔衮也很留心从八旗贵族中精挑一批年轻人对他们宠幸有加，形成自己的势力集团，以加强统治。

这样，多尔衮紧握朝中大权，小皇帝福临不过是个傀儡。

顺治七年（1650年）十二月初九日，多尔衮由于顽疾缠身回天乏术，在喀喇城（今河北承德市郊）离开了人世。

顺治初掌实权

福临亲政

当多尔衮的地位显赫至极之时，一场争夺权力的殊死斗争正在满洲贵族内部酝酿起来。福临业已长大，不可能长期忍受多尔衮如此干政。虽说“年长归政”是理所当然之事，可究竟什么时候以怎样的方式实现权力的转移，却是问题的关键所至，同时，也关系到清廷政局的稳定与否。

顺治七年（1650 年）十一月十三日，多尔衮带领王公大臣及八旗固山额真、官兵等去边外狩猎。十二月初九日摄政睿亲王多尔衮死于喀喇城，终年 39 岁。当时外国传教士猜测“八成是打猎跌伤致死的”，谈迁《北游录》有记载说是多尔衮当时膝盖有伤，由于用错了药，导致死亡。总之，在权力斗争一触即发之际，一位如此关键的大人物突然死去，确有几分神秘色彩。多尔衮一死，英亲王阿济格与大学士刚林便展开了斗争。多尔衮曾在临死前单独召见过阿济格，阿济格立即派遣三百精骑火速赶往京城，却被大学士刚林抢先。刚林关闭城门，严加防犯，阿济格则在自己的精骑入京之时被郑亲王济尔哈朗派重兵监视起来。

福临对多尔衮专权朝政十分怨恨，但听到多尔衮的死讯，还是诏告天下，令臣民易服举丧。柩车至京，他率诸文武百官穿上丧衣，出迎到东直门外五里处，跪奠三爵，大哭不止。二十日下诏颂扬多尔衮平定中原之功，谦让之德，而且“中外丧仪，合依帝礼”。二十五日追尊多尔衮为懋德修道广业定功安民立政诚敬义皇帝，庙号成宗。多尔衮死后也备享殊荣。与此同时，福临第二天下令，命大学士刚林等把多尔衮王府中的所有信符一律收贮内库，又命吏部侍郎索洪等把赏功册收回大内。接下来以不尊多尔衮的罪名清除其亲信英亲王阿济格。

顺治八年（1651 年）正月十二日，福临在太和殿宣布亲政，时年 14 岁。由于多尔衮野心勃勃，凡国家大事都不与福临商议，又阻止词臣朝夕进讲，所以年仅 14 岁的福临既缺乏亲政的实际经验，又缺乏这方面的理论知识。但从多尔衮死后他和满洲贵族的争权斗争中，我们能看出他机智善谋、老练果断、临危不乱等优秀的政治品质。他自知年幼，不能知人善任，也不可能事必躬亲，应该主次分明，独揽大权。就在多尔衮死后半个多月，他便传谕议政大臣等说：“国家政务，悉以奏朕，朕年尚幼，未能周知人之贤否。”“遇紧要重大事情，可即奏朕，其诸细务令理政三王理之。”谭泰等人奏曰：“议推大臣，恐不免稍迟。”顺治帝说：“迟而得当，何伤。但速而不得其人，是所忧也。”他首先认为吏刑户三部事务重大，于是依照诸位大臣商议的结果，各设尚书二员。规定这三部遇以下事务必须上奏：官员升转迁除，官员过犯及大辟等罪，钱粮库物出入，此外的事务要酌情启奏。而他则得以依事之轻重缓急，统领全局。一个年仅 14 岁的少年，对政事措置有度，从容不迫，确实非常难得。多尔衮猝死，福临提前亲政，这一突发事件，并未引起大的动荡。虽有斗争，却也只限于宫廷之内，并未影响整个社会的稳定和前线的战事，权力的转接基本上顺利实现了。

福临的母亲，孝庄皇太后在他亲政期间，起到了不小的作用，她告谕顺治皇帝说："为天子者处于至尊，诚为不易，上承祖宗功德，益廓鸿图；下能兢兢业业，经国理民，斯可为天下主。"目的是要顺治皇帝唯才是举，亲贤臣，远小人，赏罚分明、公正，提倡节俭，戒骄戒躁，努力学习，不耻下问。其中最主要的是教导顺治帝如何用人，并能一语中的，指出清初政事得失的关键，从而显示了孝庄皇太后的政治才能及其对福临亲政的特殊作用。从顺治亲政后的行为举措上看，他是谨遵母亲的教诲的。

清除多尔衮势力

顺治八年（1651 年）二月二十二日，顺治列举多尔衮罪状 14 条之多，成 800 多字的诏书，昭示全国。第一，太宗死时，诸王、贝勒、大臣等以死盟誓，扶立皇上，根本就没想立摄政王，只有他弟弟多铎一个人劝说他摄政。第二，与他同为辅政大臣的还有多铎与济尔哈朗，但多尔衮擅自专权，根本不让济尔哈朗参予朝政，却任他的弟弟多铎为辅政叔王。第三，背弃誓言，肆意妄为，打着皇父摄政王的招牌，把扶立皇上的功劳，全部据为己有。又将在太宗文皇帝平日里恩遇下的将军们出生入死立下的赫赫战功归在自己头上，只字不提朝廷的恩典。第四，使用只有皇上才享有的仪仗、音乐、侍卫，建造与皇宫相同的宫殿。第五，擅自使用府库中的财物，包括银两珍宝，织造缎匹等，相当奢靡，且从不贡献给皇上。第六，网罗皇上侍臣，有伊而登、陈泰一族、刚林一族、巴尔泰一族等。第七，亲自来皇宫院内，认为太宗文皇帝的皇位是夺来的，并以此要挟辖制皇上的侍臣。第八，以莫须有的罪名逼死肃亲王，又纳其妃，将官兵户口财产等项，给了皇上之后又擅自收回，以饱私囊。第九，欲抢走皇上侍臣额尔克戴青。第十，一切政事及批票本章都用皇父摄政王旨，而不用皇上之旨。第十一，把自己的母亲供奉在太庙有悖常理。第十二，全凭他个人好恶给人加官晋级，而且还私自加封自己的妻子。第十三，不令诸王、贝勒、贝子、公等侍候皇上，竟然把自己尊为圣上，让他们去府前问候。第十四，私造帝服，藏匿御用珠宝。诏书最后说："朕闻之，即令诸王大臣，详细审问，逐件皆实……据此事迹看来，谋篡之事果真。谨告天地宗庙社稷，将伊母子并妻，罢追封，撤庙享，停其恩赦，布告天下，咸使闻知。顺治八年（1651 年）二月二十二日。"最后根据诏书，罢除多尔衮的母亲和妻子的封号，并把她们的灵位撤出庙享，对多尔衮掘墓鞭尸。

如果把诏书与八年前多尔衮加封"叔父摄政王"时所颁的册文，两相比较，功与罪，判若天壤。册文颂多尔衮硕德丰功，"高于周公"，甚至有些是"周公所未有，而叔父过之"。颂功与伐罪，均夸大其辞；元勋与罪魁，变在旦夕，这是权力斗争中常见的现象。

福临亲政后，为多尔衮摄政期间被无故杀害的豪格平反，并且对他表示沉痛的悼念，又加封他的儿子为和硕显亲王。经各部商议，遏必隆、希尔良、希福、祖泽润、雅赖、纳穆海、噶达浑、敦拜、觉善、马喇希、法喀等被认为是为多尔衮所害，于是分别恢复世职。因何洛会诬告而连坐的杨善、罗硕等，也各复原职。

班首范文程、刚林、祁充格都是多尔衮执政时的文臣，刚林以辅助多尔衮的罪名，被处死并没收家产。祁充格因为与刚林同谋叛逆而被处死，家产全部没收。范文程虽受多尔衮重用，可一直与多尔衮保持着相当距离，他一开始被革职留任，但很快又官复原职。

福临亲政后，确实想建立自己的功业。他把多尔衮的一系列罪状公之于众；清除了多尔衮的亲信；起用了被多尔衮罢免的大臣；平反并追复了遭多尔衮迫害的亲王、郡王的爵位；下令坚决废弃多尔衮当年执行的扰民政策和奢华工程，并酌情进行了适度改革；以身作则，努力学习儒学，尤其是其中的政治理论；重视任用汉官，倡导汉化，倡导以文教德化治理国家。

接着，福临解除了济尔哈朗辅政大臣一职，以避免权臣专政，并在顺治九年（1652 年）正月三十日谕内三院：“以后一应奏章悉进朕览，不必启和硕郑亲王。”随后，为了表示抚慰，又赐金册金宝加封济尔哈朗为叔和硕郑亲王。

在这场激烈而尖锐的政治斗争中，福临大获全胜。他卓越的政治才能和从容不迫的气度在其中表现得淋漓尽致。可见，虽然当时他年龄很小，却并不乏独断朝纲的智慧和勇气。

一百多年后，清乾隆皇帝决定为多尔衮平反伸冤。乾隆三十四年（1769 年），他下令让内务府修缮多尔衮墓地和住宅。乾隆四十三年（1778 年），他发布诏谕，认为多尔衮于大清功不可没，毕生忠于朝廷，功绩卓著，没有什么大的过失。因而正式宣布恢复多尔衮睿亲王封号。几天后，又依据大臣们的主张，让多尔博的四世孙承袭王爵。多尔博是多铎之子，曾过继给多尔衮为嗣。

至此，曾为清朝立下过汗马功劳，又扶持福临主持朝政的摄政王多尔衮，终于又得到了清政府的认可。

巩固皇权

对于已经成为真正皇帝的顺治来说，接下来要做的事是进一步加强皇权，巩固实力。顺治继承了其父手下亲掌的镶黄、正黄两旗，恢复了被多尔衮打击的两黄旗贵族的地位，提升两红旗的满达海、瓦克达、杰书、罗可铎等，又把原来多尔衮手下实力最雄厚的正白旗收归己属。至此，顺治皇帝独有三旗，实力大大加强。同时，他谕令两黄旗和正白旗合称上三旗，体制高贵，直接为皇帝亲辖；诸王贝勒统辖的其他五旗称为下五旗，改由皇帝任命。八旗中这种等级的区别从此成为定制，它们无论在体制上还是在实力上，都无法像在关外时那样再与朝廷相抗衡了。顺治对八旗的这一改革，为皇权的进一步加强提供了军事上的保障。

另外，为了笼络人心，进一步集中自己手中的权力，顺治一面对八旗大臣普施皇恩，大加赏赐；一面竭力栽培扶植擢升忠于朝廷之臣，扩大议政王大臣会议的成员和权限。早在努尔哈赤时，便实行八和硕贝勒共议制；皇太极登位后，又增设八大臣与三大贝勒等偕坐共议政事，后设立专任议政大臣。由此便形成皇帝之下最高议政机构——“议政王大臣会议”，又叫“议政王贝勒大臣会议”。它是君权上升王权下降的产物，也是皇太极抑制身为旗主的亲王郡王的产物和重要手段。顺治初年，由于多尔衮独掌大权，议政王大臣会议的作用不很明显，权势显著下降。顺治帝继承和发扬先皇制度，增加议政人员，扩大其职权和影响。顺治八年十月，他先后多次下谕，将对自己忠心的鳌拜、瓦克达、巴图鲁詹、布丹、杜尔德等人授为议政大臣。并且取消了多尔衮设置的理事三王，委任诸王管理六部事务。这样，顺治既拉拢了八旗王公和忠于自己的亲信，巩固了自身统治，增强了实力，提高了威望，又防范了少数亲王权力过大，分散皇权。

但是随着功劳渐多，议政王大臣会议的权力越来越大，这又使顺治十分担忧。为了分散议政王大臣会议的权力，加强皇权，顺治就仿明制设立了内阁。内阁在明朝是辅佐皇帝办理国家政务的机关。清王朝在关外时虽然没有设内阁，但也建立了相似的机构——文馆，利用降清的明朝官吏翻译汉文书籍，记注时政得失。天聪十年三月，皇太极改文馆为内三院——内国史院（掌管记注诏令、编纂史书、撰拟表章等）、内秘书院（负责撰写与国外来往书信、撰拟敕谕、祭文等）、内弘文院（负责注释历代行事善恶、御前进讲、颁行制度等）。顺治十五年（1658 年）正式称内阁，设官有大学士、学士、侍读学士、侍读、典籍、中书、中书舍人等，大学士皆冠以殿阁之名，称为中和殿（乾隆十三年裁，增体仁阁）大学士、保和殿大学士、文华殿大学士、武英殿大学士、文渊阁大学士、东阁大学士等，常设满、汉各二人，正一品。其权之重在于“掌钧国政，赞诏命，厘宪典，议大礼、大政，裁酌可否入告”。尤其是进呈章奏和代拟批旨，就是所谓“票拟”，关系更大，所以内阁大学士是事实上的宰相。

在对八旗内部进行调整的同时，顺治也对内宫宦官制度进行了一番改革。顺治于十年六月下谕仿明制设立太监机构十三衙门，首为乾清宫执事官，次为司礼监、御用监、内官监、司设监、尚膳监、尚衣监、尚宝监、御马监、惜薪司、钟鼓司、宣殿局、兵仗局。在此之前，皇上的衣食住行各种事务，皆系内务府承办，太监只听从差使，未设衙门。设十三衙门，内务府所管之事就大为减少，十一年内务府竟被裁掉，皇上诸事悉由十三衙门经管承办。这种做法，违背了满洲旧制，招致满汉大臣的共同反对。但是顺治以“分设衙门，使各司其事，庶无专擅欺蒙之患”为由拒绝撤销十三衙门。但鉴于明朝宦官专权、祸国殃民的教训，规定“寺人（太监）不过四品，凡系内员，非逢差遣，不许擅出皇城；职司之外，不许（太监）干涉一事，不许招引外人，不许交结外官”，“如有内外勾结”，“审实一并正法”。并在宫门立十三衙门铁牌，上刻敕谕严禁太监干预政事的条文，如有“犯法干政，窃权纳贿，嘱托内外衙门，交结满汉官员”等事“即行凌迟处死”。这在一定程度上也保障了皇权的集中。不过由于顺治对太监实际上的宠幸，上述措施没有彻底执行，太监们对限制他们的政令逐渐熟视无睹，权力也逐渐增大，以致顺治十五年三月，发生了外官陈之遴、吴惟华、陈维新、胡名远、王回子等人与太监吴良辅勾结、行贿受贿之事。事情败露后，陈之遴等人被罢官、流放。但是顺治对宠爱的吴良辅，却是百般庇护，一直留在宫中。

巩固皇权的活动在顺治的筹划下，紧锣密鼓地进行着，同时吏治问题也开始纳入顺治的重视范围。清初对吏治败坏之祸国殃民认识很深，多尔衮就一直强调严惩贪官，严令“但有枉法授赃及逼取民财者，俱计赃论罪，重者处死”。顺治亲政后，继承和发展了此方针，并屡下严谕。八年（1651 年）闰二月初七，顺治指出：国家纪纲，首重廉吏，下谕都察院，“治国安民首在严惩贪官”，“欲严惩贪官，必在审实论罪”，“大贪官员问罪至应死者，遇赦不宥”。十二年，又下谕加重惩处：“内外大小官员，凡受赃至十两以上者，除依律定罪外，不分枉法不枉法，俱籍其家产入官。”十六年，他下令，把“贪官赃至十两者，免其籍没，责四十板流席北。其犯赃罪应杖责者，不准折赎”。从顺治八年到十七年，他严惩贪官40余人，分别处以降级、革职、处死等惩治。

针对贪污成习，举荐冒滥的现象，顺治在严惩贪官的同时，亦谕令督抚对属官“严加甄别，有德有才兼通文史者保奏”，那些“不堪为民牧者立行参劾，不得姑留地方害民”。为了及时发现并惩处为祸一方的官员，他加强对内外官员的监督，尤为重视都察院和御史的作用，向各地派出大量御史，作为皇帝的“耳目”以“简任巡方”、“察吏安民”。他还下令满汉官员互参，即互相监督，“如汉官玩误，满官据实奏闻；如满官执延，汉官亦据实奏闻”。顺治非常欣赏与佩服朱元璋诛戮大臣，以重法治世的经验。他惩贪决心坚定，无奈事与愿违，贪官问题屡禁不止，惩贪与澄清吏治的其他问题一样，终顺治一朝，都未能解决好。

惩治了有问题的官员，还要提拔一些好的官员为自己办事。他认为“知府乃吏民之本，若尽得其人，天下何患不治”，而全国百余府中有三十府最为重要。为选好知府，他于十二年正月下令“在京各衙门满汉堂官三品以上及在外督抚，各举才行兼优堪任知府者一人，详开履历事迹具奏，吏部再加察议，奏请定夺，以备前三十处知府之用”。有时他将随时发现的人才越级提升。一日他微行入翰林院，见庶常胡兆龙独自学习清书（满文），他当即传旨“超升学士三级为侍读”。

顺治还很重视官员的考核，顺治十年正月与十六年正月先后以大计考核全国地方官员，根据官员的不同表现做出留任或降职等不同处理。十年的考核，有969名地方官受到革、降、调的处理。除考核外官外，他又于九年五月确定以京察考核京官，六年一次，定为制度。十年四月初五，京察付诸实施。吏部侍郎、学士、詹事等官由顺治帝亲行考核，六部、通政使司、大理寺、太常寺、太仆寺等衙门均参加考核。为了锻炼官员，他还实行官员内升外转的办法。十年四月他谕吏部说："国家官员内外互用。在内者习知纪纲法度，则内可外；在外者谙练土俗民情，则外亦可内。内外扬历，方见真才。"

恢复社会生产

在改善吏治的同时，顺治认识到"兵饥则叛，民穷则盗"的道理，因此采取了一定的经济措施，帮助百姓摆脱饥饿、穷困，从而使社会发展，民心稳定。

顺治一再下令不允许八旗子弟圈占土地。满族是游牧民族，一度争相圈占土地。清初入关后，更是把京畿地区大量土地划分给八旗，以维护其利益。但恶果很快就显露出来：圈地使社会生产力遭到极大的破坏，社会秩序也动荡不安。有些耕地变成牧场，致使良田荒芜，土地萧条。失去土地的农民背井离乡，四处流浪，不时起来进行反抗。而且当时的汉族地主因土地也被圈占，与清廷的关系变得紧张。顺治四年多尔衮曾下令禁止圈地，大规模的圈地被停止，但仍有零散圈地在进行。顺治亲政后，下令户部迅速行文地方官吏，"将前圈土地尽数退还原主"。第二年又强调，"民地被圈者，该管官即照数拨补，勿令失业。以后仍遵前旨，永不许圈占民间房地"。这样，既稳定了民心，又扩大了耕地使用面积。

顺治认为，农业生产的好坏，直接影响着封建社会的统治，而农业生产的发展和可耕地面积的多少有着直接的联系。为使大量荒芜的土地得到开垦和耕种，顺治于十年以后推行屯田垦荒政策，以扩大辖区，增加正额田赋盐科和关税。受战争破坏严重的四川及北方各省，由政府发给牛具种子，招民开垦，实行三年免税。十四年夏，他还颁布了劝惩条例，以垦荒的多寡作为考核和奖惩官吏的标准。

对隐匿无主荒地者，顺治采取宽大政策，下令："有隐漏田粮以熟作荒者，许自行出首，尽行免罪，其出首地亩，即以当年起科，以前隐漏钱粮概不追究。"这一政策公布后，出首报垦者开始大量增加。对"为豪强侵占，以熟作荒"散在各地的原明代王田，顺治令地方官彻底清查后，实行"房屋应行变价，地土照旧招佃"的办法，因而做到"粮租兼收"。

这些土地政策的推行取得了一些成效。清入关之初，虽然公布以明朝会计录征收赋税，但由于连年征战，弊政累累，地荒丁逃，赋无所出。再加上兵饷、官俸、王禄、大工、赈济、宫费等等大量开支，使国库如洗，入不敷出，财政严重困难。五大弊政的实行，使得百姓流离，田园荒芜，社会动荡，百业凋敝，经济停滞。经过几年的努力，全国土地和人口数量都有了增长，顺治十八年民田增至 549 万余顷，比 10 年前增加了将近一倍，对困弊不堪的社会经济起了一些复苏的作用。

然而，既要改善百姓生活，又要稳定国库收入，那么仅仅调整土地政策是不够的，还要实施一些其他措施。对于朝廷内部，顺治采取的措施有减少军费、节约公费，主要是裁减冗兵、冗官、冗费及不急之需。顺治九年四月，户部上奏，建议江宁、杭州、西安、汉中驻防满洲汉军兵丁，除草料口粮照例支出，每年多支米石应裁。十一年六月，户部又上奏建议将州县官员衙役及各省兵马道之官员钱粮酌量裁减。十三年六月，顺治下旨“裁汰”各部“文职冗员”。十三年九月，议政王达成遵旨会议裁减地方存留银两。

由于清初战乱，户口、土地册籍荡然无存，征粮无据，贪官污吏趁机上下其手，大肆敲诈，额外勒索，百姓苦不堪言。为了规范赋税，减轻百姓负担，顺治帝于十二年四月命户部左侍郎王弘祚编成《赋役全书》，以规范收税、降低赋税，限制苛敛。顺治常能体会到民力艰难，他决定永远不再向江南征收橘子，以示不因“口腹之微”而骚扰百姓；他永免江西进贡龙碗、四川进贡扇柄等，不以皇家所需“苦累小民”；他决定修造宫殿就地取材，不再用山东临清烧造的城砖，以减轻百姓的运输之苦。顺治还一再蠲免受灾地区的钱粮，以保证有足够的时间休养生息。另外，顺治更是一再通过亲政大典、上圣母尊号等大喜时日，颁发恩诏，大赦天下，蠲免积欠钱粮和部分州县额赋，或革除某些非法科派。

顺治的这些措施，虽然不能从根本上扭转民困至极的恶劣局面，但也可略苏其困，为减轻黎民痛苦改善艰窘处境，促进社会生产的恢复与发展，提供了一些条件，起到了一定作用。

顺治为改革清初的弊政做了一些努力，但是很不够。譬如防止奴仆逃走的逃人法（即禁止旗下包衣逃亡及对窝藏逃人之窝主的惩罪律例），在他亲政后虽然做过一些调整，但是不仅没有废除，反而对窝主处罚得越来越严。满洲汗、贝勒、台吉、大臣、官将及富裕之家，一向是役使包衣（亦称“庄丁”）耕种己田，收取租谷租银，摊派各种差役。包衣就是奴仆，家主可以打骂、买卖、赠送和遗传与子女，但不能无故处死，可以说“满洲籍家仆资生”。由于家主的任情拷打和严重剥削，包衣无法忍受，不断地大批逃亡。为了禁止包衣逃走，保证庄园劳动人手，维护封建庄园，顺治继承祖、父的政策，并批准设立督捕衙门；顺治十一年九月批准“逃人法”，严惩窝主，“隐匿逃人者正法，家产入官”；惩处逃人，“初逃、二逃者，鞭一百，归还本主；第三次逃者，正法。”对建议修改逃人法的汉官李裀、魏琯等处以革职、流放。但是，因包衣主对包衣“任情困辱”，“非刑拷打”，包衣仍然不断逃亡，这在很大程度上影响了清初的经济发展和社会稳定。

肃清抗清势力

由于摄政王多尔衮推行民族压迫政策，顺治亲政之时社会很不安宁，全国爆发了大规模的抗清斗争。清军的征剿及血腥屠杀，更激起了各民族人民的反抗，7年来清廷虽先后派遣十几员大将军分赴各地剿杀，但战争一直未停止。其中南明永历政权得到大西农民军余部孙可望、李定国等的支持，在云、贵、两广一带活动；郑成功率部坚持在闽浙沿海一带斗争，这两股最大的抗清势力，不断威胁着清朝的统治。

面对此种形势，顺治调整政策，锐意进取，进行改革。

在政治上，他积极推行宽松和安抚政策以缓和矛盾，对各地出现的反清斗争不主张一概坚决镇压。他亲政的第二个月即谕兵部，“各处土寇本皆吾民，或为饥寒所迫，或为贪酷官吏所驱”，下令

"不得轻动大兵"。三月谕户部，允许原清兵入关时俘获的汉人奴隶回乡探亲。七月又谕户部，"数年以来投充汉人生事害民，民不能堪，甚至有为盗、窝盗者，朕闻之不胜痛恨"，下令"今后各该地方官如遇投充之人犯罪，与属民一体从公究治"。这对当时造成社会极度恐慌混乱的逃人法、投充法来说，虽然不能根本改变，但多少对激烈的民族、阶级矛盾起了一定的缓和作用。

在军事上，对各地的抗清势力和抗清活动他坚持"剿抚并施"的方针，并采取先西南后东南的顺序。顺治七年十一月，尚可喜、耿继茂攻广州；八年，吴三桂进征四川；九年，敬谨亲王尼堪进攻楚、粤；十年五月，洪承畴经略湖广、广西、云南、贵州，总督军务，兼理粮饷；十二月，陈泰统帅大军驻镇湖南，对付孙可望；十一年十二月，济度征剿郑成功；十四年十二月，吴三桂等入贵州；十六年正月，入云南。十七年七月，罗托率军征剿郑成功。

"剿抚并用"的方针很有成效。西南方面，顺治十四年末，孙可望因同李定国争权斗争失败投降清朝，被封为义王。

孙可望和李定国都是张献忠的义子。张献忠被豪格射死后，他们率大西军余部进入云南贵州一带，队伍又日益壮大，建立了以昆明为中心的政权。

李定国算得上是一位军事奇才，他 10 岁从军，在张献忠手下时功勋卓著，才 24 岁便成了张献忠"大西"政权的第三号人物，地位仅次于孙可望。他随孙可望到云贵开疆拓土，功劳要比孙可望显著多了，因而声望日隆。孙可望对此十分妒忌。

顺治九年（1652 年），李定国请缨出击南下清军，率军出全州，在桂林外围大败清定南王孔有德，在围攻桂林城中，又逼得孔有德自杀身亡。接着北进湖南，占领衡阳，进逼长沙。李定国出师半年，拓地千里，势如破竹，清廷为之震撼，特派敬谨亲王尼堪为定远大将军，统领精锐部队15万人，救援湖南。李定国采取透敌深入的策略，诈败撤离长沙，伏兵于衡阳城北，以逸待劳，与尼堪亲王决战。李定国军在激战中斩杀尼堪，大获全胜。

此时，李自成和张献忠遗留下来的军事力量与第三个南明朝形成联合抗清阵线。李定国节节胜利，又连杀清廷两大名王，国人振奋，深受鼓舞，迎来了第二次抗清斗争高潮。在此形势下，清廷曾一度打算放弃湖南、江西、四川、广东、广西、云南、贵州七省，与南明划地议和。

然而其时作为南明实权人物的孙可望，不但不配合李定国继续收复国土，还令冯双礼部偷袭李定国。李定国击败并收服冯双礼后，他与孙可望的矛盾更为激化。

顺治十四年（1657年），已处于守势的大西军正受到清军步步进逼的时候，孙可望为了一官半爵之争，竟然合兵14万进攻李定国。逆人心而为的孙可望很快大败于李定国。众叛亲离之际，孙可望只得投进了清军的怀抱，充当了清军扫平云贵的带路人。

这次内耗使得大西军元气大伤，从此一蹶不振。

李定国抗清形势急转直下。顺治十六年正月清军三路会师，进军云南，攻陷昆明。永历帝朱由榔逃往缅甸。十八年吴三桂进入缅甸，永历帝被俘，处死军前，明朝统绪就此断绝。

东南方面，顺治十年五月，顺治以“海澄公”的封爵引诱郑成功投降，受到郑成功的拒绝，但其部将施琅、黄梧和其他80多名官员陆续投降，黄梧还献海禁之策，断绝沿海居民对郑成功的接济，给郑成功抗清造成很大困难，于是郑成功退回厦门，并于顺治十八年（1661年）收复台湾，作为抗清基地。这样，除了郑成功割据一方外，顺治去世前清王朝基本上统一了大陆中国，统治趋于归一。

但是，在平定全国的过程中，顺治重用汉将平西王吴三桂、平南王尚可喜、靖南王耿继茂，对其过分倚重和放纵，任其长期驻扎云南、广东、福建三省，尤其是让吴三桂兼掌云南军政大权，为了一时省钱省粮，不派八旗军留守驻防，导致三藩势大，尾大不掉，最后到康熙年间爆发了几乎危及大清江山的“三藩之乱”。

缓和民族矛盾

“满汉一家”的政策

清朝入关后，各种矛盾错综复杂，而民族矛盾尤为激烈。虽然可以倚仗满洲八旗的力量来稳固皇权，但是欲统治整个中国，消除广大汉族人民对清统治者心理上的隔阂和抵触，缓和民族矛盾，争取汉族地主阶级的支持，就要实行“满汉一家”的政策。

顺治生活的紫禁城虽弥漫满族文化，却在汉族文化的大氛围之中。他倾心仰慕汉文化，虚心学习汉文化。多尔衮摄政期间，有意疏忽对顺治的教育，不给他延师典学，想让他做一个无知无学的傻皇帝，以便于自己揽权，再加上少年天子贪玩嬉耍的天性，顺治 14 岁亲政时，竟然“阅读诸臣奏章茫然不解”。但是顺治并不是一个懒惰的皇帝，他勤奋好学，励精图治，为了治国理政，亲政的 10 年间，“发愤读书。每晨牌至午理军国大事外，即读书至晚，然顽心尚在，多不能记。逮五更起读，天宇空明，始能背诵。计前后读书，读了九年，曾经呕血。”他曾在座右自书“莫待老来方学道，孤坟尽是少年人”，以警策自励。短短9年中，他遍览群书，博古通今，熟谙经史子集、诗文曲赋，通晓治乱兴衰古今历史，且书画双妙，诗文皆工，精通儒释真谛，成为了中国历史上罕有的饱学之君。他尤善于思索，常以致用。大量的汉文典籍对他影响极深，在研读中，他对孔子、朱元璋以及朱由检（崇祯）发生极大兴趣。从这几位人物的思想活动中，悟得了治国安民的道理，形成了他“文教治天下”的治国思想，甚至竭力以尊孔和提倡封建礼教来完善和巩固清朝统治。

顺治深知儒家思想对汉族的影响巨大，因此经常通过号召臣民尊孔读经、提倡忠孝节义，来树立清朝传统道德捍卫者的形象，以拉拢汉人，稳定社会。他亲政后的第二个月，即遣官赴孔子故乡阙里祀孔子。九年九月他亲率诸王大臣等到太学隆重祭奠孔子，亲行两跪六叩礼。顺治还命内院诸臣翻译五经，号召全国读经。十二年(1655年）春，他传谕“直省学臣训督士子，凡六经诸史有关于道德经济者，必务研求通贯，明体达用。”另外，他大力提倡忠孝节义，一再下令旌表各省的“忠孝节烈”之人，并注重实行满汉一致。他还特为“身殉社稷”的崇祯帝朱由检立碑，赞扬他“励精图治”，追谥为“庄烈愍皇帝”。对“从君殉节”的明司礼监太监王承恩，更是赞扬备至，特为立碑致祭赐谥为“忠”，以“使尽忠者以为劝，不忠者以为戒”。

为了能够使更多的汉族人解除顾虑，心服口服地参与国事，顺治帝实行开科取士，用八股文章，考儒家经典。他亲政10年内，共举行了4次会试，即顺治九年、十二年、十五年、十六年，其中十六年为恩试加科，共取中进士1500名。中进士者，皆入翰林。

顺治还决心改变“各衙门奏事，但有满臣未见汉臣”的现象，于十年（1653年）正月谕内三院：“嗣后凡奏进本章”，要“满汉侍郎、卿以上参酌公同来奏”，以达到满汉的“一心一德”。在顺治十年前后，他身边最为亲信的范文程、洪承畴、陈名夏等都是汉人。十六年十月，他谕吏部：“向来各衙门印务，俱系满官掌管，以后各部尚书、侍郎及院寺堂官受事在先者，即著掌印，不必分别满汉。尔部即传谕各衙门一体遵行。”这是破天荒的决定，不论实际执行情况如何，汉官权力地位有了明显提高。他还一再要求满汉官员和衷共事，“凡会议政事，原应满汉公同商榷，斟酌事理，归于至当”，“不拘满汉皆可具稿”，不许“满汉两议”的现象再出现。他多次增加大学士中汉人的数量，并经常驾临内阁，和大学士（主要是汉大学士）们讨论前朝政事得失，评论帝王，从中记取经验教训，探讨治国之道。

顺治提高汉官的地位，这在一定程度上促进了满汉的融合，但也在一定程度上危害了满清贵族的利益。他对汉官的信任政策，确实反映了他的勇气与魄力，但他始终也未改变清朝“首崇满洲”的既定国策，一到关键问题上他又总是袒护满人。顺治十年二月，他将主张部院大臣专用汉人不用满人的少詹事李呈祥革职、流放东北，甚至于十一年四月下令将主张“留发复衣冠”的内翰林院大学士陈名夏处绞。正因为这种政治上的偏袒，使他对不少重大问题不了了之，造成政治失明。

联合蒙古

为了缓和民族矛盾，只顾拉拢汉族是不够的，还要照顾到其他势力较大的民族和地区。满洲一直很重视与蒙古之间的关系，定下了满蒙联盟的基本国策，并通过封官晋爵、保留特权、设立盟旗、厚赐联姻（如科尔沁部就出了四个皇后，包括顺治的母亲孝庄太后和两位皇后）等，与蒙古尤其是漠南蒙古各部建立了坚实的关系。漠南早在皇太极时就归附后金，还曾多次入关协助清军作战。顺治继承并发展了此基本国策，还努力改善与漠北蒙古部落之间时有摩擦的不良局面，边战边和，到顺治十四年，漠北各部也相继与清廷确定了臣属关系，岁贡马驼。顺治还和漠西蒙古也建立了联系，其中有些部落曾派兵助战镇压甘肃农民军。这些对促进全国统一事业、保障北方地区安宁，都起了很大作用，并为20年以后爱子清圣祖玄烨顺利进行平定三藩之乱、三征噶尔丹等战争，创造了历史条件。

在外交上，顺治与朝鲜、日本、越南等国，保持了友好的关系，并开始与俄罗斯有了接触，一方面，多次友善接待沙俄使团；另一方面，又对侵略入境的沙俄侵军予以痛击，将其赶出国境，保卫了东北地区的安定。

钟情董鄂妃

身世坎坷，千古谜团

民间一直流传着顺治帝不爱江山爱美人的故事，这位美人就是董鄂妃。不过董鄂妃究竟是谁，她的身世是怎样的，在历史上，却有三种说法。

第一种是官书里的说法，据《清史稿·后妃传》中记述，说董鄂氏是内大臣鄂硕的女儿，她十八岁入宫，颇得顺治帝的宠爱，先是立为妃，后又晋封为皇贵妃，在册立皇贵妃时大赦天下。然而，在清代官方的记载中，对董鄂氏入宫前的身世一直讳莫如深，完全没有提到。

第二种是说董鄂氏就是江南的名妓董小宛。这种说法是最不能让人信服的，董小宛死时二十八岁，此时顺治帝刚十四岁，董鄂妃入宫十八岁，顺治帝十九岁，所以，根据年龄的排比和其他史料的记载，董小宛不可能是董鄂妃。

第三个说法，董鄂氏是顺治弟弟博穆博果尔的妻子。德国传教士汤若望在他的回忆录中记载，顺治皇帝对一位满籍军人的夫人，起了一种火热的爱恋。当这位军人因此申斥他的夫人时，竟被天子亲手打了一个极其怪异的耳光。这位军人于是愤恨至死，或许竟是自杀而死。皇帝遂将这位军人的未亡人收入宫中，封为贵妃。后来，这位贵妃产下一子，但是数星期之后，夭折了。其母经受不住丧子之痛的打击，不久也病故。这里说的“满籍军人”，很可能就是顺治皇帝的异母弟，皇太极第十一子，和硕襄亲王博穆博果尔。他在顺治十三年七月突然死去，一个月后，董鄂氏进宫，封为贤妃。

国色天香，温柔贤淑

董鄂氏从小在江南长大，因父亲曾在江南为官，她就跟随父亲身边生活多年。江南的风雨不但滋润了董鄂氏的美貌，也培养了这位满族少女的才情。她的生活方式和服饰打扮，和当时一般北国的满蒙女子大不相同，看起来风韵万种，不仅受到满族女子的艳慕，就是汉族女子对其也是十分羡慕。

董鄂氏不仅有着倾国倾城的外貌，性格温柔，对人体贴，善解人意，她还是一位有着极深内涵的女子，不仅饱读《四书》、《五经》等古书，而且还多才多艺，写得一手漂亮的书法。另外，她对禅学的领悟也已经到了登峰造极的程度，很有自己的见解。这与顺治在文化和精神上都志趣相投，两个人在一起，彼此之间总是有说不尽的话题。

对于顺治来说，后宫佳丽虽多，但不是来自蒙古草原就是来自满洲世家，几乎个个目不识丁，别说能畅谈人生和理想，就连平时普通的交谈都是问题，常常话不相投。

熟读经史子集的少年天子，能够寻觅到知音，实在是满心欢喜，顺治不由得暗自庆幸，此生无憾啊！平心而论，董鄂氏比起那些汉族才女还相差甚远，但对于生活在文化荒漠中的顺治，却是难得的红颜知己。

董鄂氏正式入宫后，对顺治的饮食起居照顾得周详备至；对太后及皇后也十分恭顺，尤其对太后，更能承欢膝下。董鄂氏平日里生活节俭，不喜粉饰，不戴珠翠；虽不参与政事，但她主张宽以待人，垂怜生灵，为人深明大义，常常忧念父兄恃宠而骄横跋扈。当然，她对顺治更是情深意笃，始终如一。

作为一国之君，后宫佳丽三千是件稀松平常的事情。但是，令顺治帝如痴如醉，爱之疯狂的董鄂氏出现之后，他的心中再也容不下别人。顺治一直想给董鄂氏一个名分，于是决定废后，改立她为皇后。但董鄂氏并不看重名分和虚荣之物，待人处世都相当低调，所以，她一再恳请顺治，废后不是一件小事，必定会引起朝臣和民众的非议，有碍政务。同时，孝庄皇太后也坚决抵制，顺治的废后之念才没有实现。

转眼间，董鄂氏入宫已四年有余。在这段时间里，顺治大有“只羡鸳鸯不羡仙”之感，在“江山”与“美人”面前，他宁愿选取后者，整日陪在爱妃的身边。顺治帝炽热而又持久的爱，不仅在后宫，也在董鄂氏的心头荡激起了巨涛。

一代名妃，香消玉殒

董鄂氏就这样，一方面品尝着挚爱，另一方面又要提防着后宫中妒忌的陷阱，对自己的一言一行都慎之又慎。

不久，董鄂氏怀孕了，然而，十月怀胎分娩的喜悦还没有完全退却，小皇子就早夭了。经受丧子的打击，董鄂氏身体极度虚弱，已经难以再承受重负。尽管如此，她每天还要在太后和顺治面前强颜欢笑，没过多长时间，心力交瘁的董鄂氏再也支撑不住，终于病倒了。

1660 年，董鄂氏辞世，享年二十一岁。

为了避免失去理智的顺治做出过激的举动，孝庄皇太后被迫同意追封董鄂氏为“端敬皇后”。顺治心里十分明白，董鄂氏既不是从大清门抬进来的，也不是母以子贵熬上来的，虽然自己贵为天子，但对森严的封建礼数也无可奈何。

正如那首被称为出自顺治手笔的诗中所言：“朕乃河山大地主”，“十八年来不自由”！顺治失去董鄂妃后情绪变得失控，做事情也开始极端，这都远远超过了他的父亲皇太极。

董鄂氏去世后，她的堂妹贞妃董鄂氏陷入深深的恐惧中，为了避免引起更多的麻烦，为了避免董鄂氏家族受到牵连，当顺治帝死后，以为顺治殉葬来换取皇太后的宽恕，才二十出头的她也从容地走了。

生死相随，忠贞不渝

董鄂妃的玉殒香消，让顺治的精神几乎崩溃，他寻死觅活，不顾一切，人们不得不昼夜看守着，唯恐他想不开自杀。

在董鄂氏死后第三天，顺治悲恸欲绝，他以超常的丧礼来表达对爱妃的哀悼，下令全国服丧，官员一月，百姓三日。

董鄂氏的梓宫移到景山以后，顺治为她建了大规模的水陆道场，有一百零八名僧人诵经。整天烧纸，香烟缭绕，纸灰飞扬，经声不断，还将宫中太监与宫女三十人赐死，让他们在阴间侍奉自己的爱妃。

在“三七”日（第二十一天），将董鄂妃的尸体连同梓宫一同火化，由茆溪森和尚秉炬举火。火化后，将骨灰装入“宝宫”（骨灰罐）。

清制中，皇帝平时批奏章用朱笔，遇有国丧改用蓝笔，过二十七天后，再用朱笔。而董鄂妃之丧，顺治用蓝笔批奏章，从八月到十二月，竟长达四个月之久。为了彰显董鄂氏的贤德、美言、嘉行，顺治命大学士金之俊撰写董鄂氏传，又令内阁学士胡兆龙、王熙编写董鄂氏语录。顺治还亲自动笔，饱含深情地撰写了《孝献皇后行状》，以大量追悼董鄂妃的《御制哀册》、《御制行状》的具体实例，展现了董鄂氏的美言、嘉行和贤德，整篇洋洋达四千字，内容十分丰富。

董鄂妃病逝后，顺治心灰意冷，看破红尘，无所依恋，便舍弃江山，执意要到五台山出家为僧，并让和尚为他剃了发。后来，因为佛法师父玉林琇想法刺激，才逼得顺治打消了出家的念头。

董鄂妃辞世，留给了顺治皇帝无尽的哀思，本来就体弱多病的他，身心遭到了极大的伤害，董鄂妃死后仅半年，就得了当时的不治之症——天花。当时正值寒冬时节，在钦定皇三子玄烨即位，口述了遗诏后，顺治皇帝于正月初七半夜崩于养心殿，追随爱妃而去，时年二十四岁。

顺治皇帝死后，尸体被火化，于康熙二年与孝康章皇后佟佳氏（康熙帝生母）、孝献皇后董鄂氏合葬入清东陵中的孝陵。

福临之崩

年轻帝王撒手人寰

顺治十八年（1661 年）正月初六，人们还依然沉浸在“年”的喜悦中时，孝庄太后却在经历她这一生中最难熬的一个春节，因为她年仅 24 岁的儿子福临即将永远地离开她、离开那个龙椅、离开这个世界。顺治帝的突然死亡也给世人留下了诸多谜团。因为之前从来就没有顺治帝有病在身的说法，身为帝王不比寻常百姓家，一向都是养尊处优的，怎么就能如此易折了呢？而且是伤心黯然毫无留恋地离开。这些可以在顺治帝临死时留下的遗诏中看出。遗诏中除了对大清以及母后的愧疚之外，就是即将要得到解放的解脱之情。

据史书记载，顺治十八年（1661 年）正月初二福临患病，正月初七驾崩于养心殿。《清世祖实录》对顺治帝患病的经过、去世前的活动、死亡情况等是这样记载的：

“顺治十八年，辛丑，春正月，辛亥朔，上不视朝。免诸王文武群臣行庆贺礼。孟春时享太庙，遣都统穆理玛行礼。壬子，上不豫。……丙辰，谕礼部：‘大享殿合祀大典，朕本欲亲诣行礼，用展诚敬。兹朕躬偶尔违和，未能亲诣，应遣官恭代。著开列应遣官职名具奏。’尔部即遵谕行。上大渐，遣内大臣苏克萨哈传谕：‘京城内，除十恶死罪外，其余死罪，及各项罪犯，悉行释放。’丁巳，夜，子刻，上崩于养心殿。”

顺治死因的疑点

从《清实录》中的详细记载可以看到，顺治帝患病是在初二日，而到初六日已经“大渐”，就是病情急剧加重而且很危险，到初七日凌晨就去世了。而对死亡情况的记述却仅有 11 个字：“丁巳夜子刻，上崩于养心殿”，并未对其病因提及半字。

正是基于《清实录》所载，顺治帝病发突然，死因不明，后人不免产生了怀疑：为什么关乎皇帝生死的大事，只以寥寥数字敷衍了事，并且对死因只字未提？顺治帝正当人生盛年，并没有听说患什么病，怎么突然就撒手人寰了呢？

另外，顺治帝的遗诏也引起了人们的怀疑。

顺治十八年，正月初六，年仅 24 岁的顺治皇帝爱新觉罗·福临撒手人寰。辞世前一天，他召礼部侍郎兼翰林院掌院学士王熙入养心殿面谕遗诏。遗诏云：

朕自弱龄即遇皇考太宗皇帝上宾，教训抚养，惟圣母皇太后慈育是依，大恩罔极，高厚莫酬，惟朝夕趋承，冀尽孝养，今不幸子道不终，诚悃未遂，是朕之罪一也。

皇考宾天时，朕止六岁，不能衰绖行三年丧，终天抱恨，帷事奉皇太后，顺志承颜，且冀万年之后，庶尽子职，少抒前憾，今永违膝下，反上廑圣母哀痛，是朕之罪一也。

宗皇诸王贝勒等，皆系太祖、太宗子孙，为国藩翰，理应优遇，以示展亲。朕于诸王贝勒等，晋接既正东，恩惠复鲜，以致情谊睽隔，友爱之道未周，是朕之罪一也。

满洲诸臣，或历世竭忠，或累年效力，宣加倚托，尽厥猷为，朕不能信任，有才莫展。且明季失国，多由偏用文臣，朕不以为戒，反委任汉官，即部院印信，间亦令汉官掌管，以致满臣无心任事，精力懈弛，是朕之罪一也。

朕夙性好高，不能虚己延纳，于用人之际，务求其德于己相侔，未能随材器使，以致每叹乏人。若舍短录长，则人有微技，亦获见用，岂遂至于举世无材，是朕之罪一也。

设官分职，惟德是用，进退黜陟不可忽视，朕于廷臣中，有明知其不肖，刀不即行罢斥，仍复优容姑息，如刘正宗者，偏私躁忌，朕已洞悉于心，乃容其久任政地，诚可谓见贤而不能举，见不肖而不能退，是朕之罪一也。

国用浩繁，兵饷不足，然金花钱粮，尽给宫中之费，未常节省发施，及度支告匮，每令会议，即诸王大臣会议，岂能别有奇策，只得议及裁减俸禄，以赡军需，厚己薄人，益上损下，是朕之罪一也。

经营殿宇，造作器具，务极精工，求为前代后人所不及，无益之地，糜费甚多，乃不自省察，罔体民艰，是朕之罪一也。

端敬皇后于皇太后克尽孝道，辅佐朕躬，内政聿修，朕仰奉慈纶，追念贤淑，丧祭典礼概从优厚，然不能以礼止情，诸事太过，岂滥不经，是朕之罪一也。

祖宗创业，未尝任用中官。且明朝亡国，亦因委用宦寺。朕明知其弊，不以为戒。设立内十三衙门，委用任使，与明无异。致营私作弊，更逾往时，是朕之罪一也。

朕性闲静，常图安逸，燕处深宫，御朝绝少，以致与廷臣接见稀疏，上下情谊否塞，是朕之罪一也。

人之们事，孰能无过，在朕日御万几，自然多有违错，惟肯听言纳谏，则有过必知。朕每自恃聪明，不能听言纳谏。古云，良贾深藏若虚，君子盛德，容貌若愚。朕于斯言，大相违背，以致臣士缄然，不肯进言，是朕之罪一也。

朕既知过，每自尅责生悔，乃徒尚虚文，未能者改，以致过端日积，愆戾逾多，是朕之罪一也。

太祖、太宗创垂基业，所关至重，元良储嗣，不可久虚，朕子玄烨，佟氏妃所生也，年八岁，岐嶷颖慧，克承宗祧，兹立为皇太子，即遵典制，持服二十七日，释服，即皇帝位。特命内大臣索尼、苏克萨哈、遏必隆、鳌拜为辅臣，伊等皆勋旧重臣，朕以腹心寄托，其勉天忠尽，保翊冲主，佐理政务，而告中外，咸使闻知。

在这份遗诏中，顺治帝列举了自己平生的 14 条罪行，比如对自己渐习汉俗、早逝无法尽孝、与亲友隔阂等，均充满了自责之语。为什么顺治帝会对自己所作所为如此内疚自责？这样的自责似乎很不符合一代少年天子离开人世时的最后心情。因此有人怀疑这份遗诏并非出自顺治帝本人，而是出自顺治帝的母亲孝庄皇太后之手，因为自责的内容，多是皇太后对顺治帝的不满之处。这自然加深了人们对顺治帝之死的更深一层的怀疑。

天花要了少年天子的命

顺治帝之死和遗诏的可疑，引起了后人的各种猜测。清史学者孟森先生经过详细考证，发现顺治帝是死于天花，而不是离宫出家，这一点见于他的《清初三大疑案考实》之二《世宗出家事实考》。孟森的论据来源于顺治时的礼部侍郎兼翰林院掌院学士王熙所撰的《年谱》。该《年谱》详细记载了顺治十八年正月初一至初八这几日顺治帝及其本人的活动：

“辛丑三十四岁，元旦因不行庆贺礼，黎明入内，恭请圣安，吾入养心殿，赐坐、赐茶而退。翌日，入内请安，晚始出。初三日，召入养心殿，上坐御榻，圣躬少安，命至御榻前讲论移时。初六日，三鼓，奉诏入养心殿，谕：‘朕患痘势将不起，尔可详听朕言，速撰诏书，即就榻前书写’……遂勉强拭泪吞声，就御榻前书就诏书首段。随奏明恐过劳圣体，容臣奉过面谕，详细拟就进呈。遂出至乾清门下西园屏内撰拟。凡三次进览，三蒙钦定，日入时始完。至夜，圣驾宾天，血泣哀恸。”

《年谱》上明确记载顺治帝对他说：“朕患痘势将不起，尔可详听朕言，速撰诏书。”由此，孟森先生认为王熙作为顺治帝的宠臣，且在顺治帝病亡之前一直侍奉其左右，其《年谱》并非官方史书，没有必要避讳隐瞒，其上所言可信。他还进一步发现，当时的兵部督捕主事张宸在所撰的《青集》中也提到了这一点："辛丑正月，世祖章皇帝宾天，予守制禁中二十七日，先是初二日，上幸悯忠寺，观内吴良庸祝发。初四日，九卿大臣问安，始知上不豫。初五日，又问安，见宫殿各门所悬神对联尽出。一中贵问各大臣耳语，甚仓惶。初七日，释刑狱诸囚一空。传谕民间勿炒豆，毋燃灯，毋泼水，始知上疾为出痘。"张宸与王熙一样，都是顺治帝病逝前后的亲身经历者、目睹人，都说顺治帝是死于天花，这些事实似乎都确凿无疑地证明顺治帝确实死于宫中。

至于史书上没有明确记载顺治帝患天花而死的原因，孟森先生认为，由于当时人们谈"天花"而色变，为了稳定人心，避免引起朝野恐慌，才对这一病因秘而不宣。后来的史学者出于避讳，也没有在史书上说明。

有关专家还分析认为，从顺治帝的感情基础和思维方式分析，遗诏中的自责并非不合情理。入主中原后，顺治帝所面临的环境是完全不同于他的先祖们的，可以说是相当陌生的，他不但要尽力去熟悉与适应新情况，有时还要背离满族原有的习俗，这难免会使他陷入一种困惑与矛盾之中。另外，顺治帝曾经一度笃信基督教，也可能会形成感恩所得、自我忏悔的性格。在这种情况下，顺治帝因自己不能很好地解决新问题而自责是完全可能的。事实也是这样，他在位期间曾屡次下诏自责，并要求各种文书不能称自己为"圣"，甚至还常把各种灾害或者动乱归于自己的"政教不修，经纶无术"。在《清世祖实录》中还有一些记载：顺治十六年（1659 年）正月，讨平李定国后，顺治帝认为这些成就并不是自己的德行所能实现的，拒绝贺礼；顺治十七年（1660 年），在祭告天地、宗庙时，他对自己在位的 17 年作过简单的总结，通篇是自谴自责之词，并且下令暂时终止官员上给自己的庆贺表章。所以说，这《遗诏》中自我责备也是符合顺治帝的性格的。

退一步来说，就算这份诏书有伪造的嫌疑，也可能是顺治帝在病重期间，神志不清，无法口授遗诏，而根据太后之意由大臣们草拟而成。再说，据记载，顺治帝临终还遗命："祖制火浴，朕今留心禅理，须得秉炬法语。如善果、隆安法喜有素，可胜此任；若森和尚不日能至，法次长於两寺，可转命也。"最终于四月十七日，由赶到京城的茚溪森和尚主持，在景山寿皇殿为顺治帝遗体秉炬火化。这件事在茚溪森死后，由他的徒弟们编纂的《敕赐圆照茚溪森禅师语录》中有记载，足以证此事不假。

《清圣祖实录》卷一中还记载有：安放顺治帝遗体的梓宫（棺材），在顺治十八年（1661 年）二月初二日被移放到景山寿皇殿。其后，继位的康熙皇帝在所有应该致祭的日期都前往致祭。卷二中又记载，在四月十七日这一天，康熙皇帝来到安放着顺治帝梓宫的景山寿皇殿，在举行了百日致祭礼以后，将顺治帝的神位奉入了乾清宫，以等待选择吉日奉入太庙。二十一日，则举行了"奉安宝宫礼"。"宝宫"二字的意思，是骨灰罐，这说明，二十一日时顺治帝已经被火化。所以说，顺治帝驾崩于养心殿是顺治十八年正月初七日的子刻，病因可能是天花。据《清圣祖实录》卷九记载，该"宝宫"在康熙二年（1663 年）四月二十四日黎明，被起程移奉孝陵，在六月初六日的戌时，同孝康皇后和端敬皇后的宝宫一起，被安放在地宫的石床上，并掩上了石门。

从上面的分析看，顺治帝患天花而死，似乎是最接近历史真相的答案。但是也有学者并不认同这一说法，并提出了质疑。首先，据医书记载，人患天花后，痘疮成浆之时精神倦怠，神思昏沉，不省人事，呼之不应，自语呢喃，如邪祟状。从医理上看，患天花的人死前根本不可能神志清醒，就是皇帝也不例外，还怎么可能口授遗诏？因而，《年谱》中记载的关于顺治之死的一些内容是不太真实的。再说，史料上对于顺治帝得病的时间也是自相矛盾的：《清世祖实录》记载，初二那天顺治感到身体不适；《青集》却说初二顺治到悯忠寺看太监吴良辅剃度；《年谱》记载王熙初一到初三连续三天进宫请安，都没有说顺治生病。《年谱》是最让人怀疑的：如果顺治真的染上了天花，他不可能在初二发病初期冒着高烧到悯忠寺看太监吴良辅剃度，更不可能在初三那天还和王熙讨论事情。而且让人们感到费解的是，王熙最后讨论的内容，用了“俱不敢载”四个字简单带过。如果没有什么别的原因或苦衷的话，王熙为什么要在顺治帝驾崩这一问题上遮遮掩掩呢？顺治患病去世应该属于正常死亡，为什么清宫档案对他的死因只字未提，讳莫如深？

对于此，民间广为流传着另一种说法，称顺治帝根本没有死于天花，而是到五台山出家当了和尚。孝庄太后为了顾及大清的声名，只好对外宣布顺治帝驾崩，由顺治帝八岁的皇子玄烨即位，即康熙帝。那么事实究竟如何呢？顺治帝真的出家当和尚了吗？他又为何要出家当和尚呢？

五台山上的僧人

笃信佛法的皇帝

要探究顺治帝是否出家，这要从他迷恋佛法说起。清朝统治者本来就推崇藏传佛教喇嘛教，早在清太祖努尔哈赤的时候，他的脖子上就挂有念珠，并在清朝的第一个都城赫图阿拉修有佛寺、皇寺。皇太极把都城迁到盛京沈阳后，更是修了专门崇奉喇嘛教的实胜寺。加之，顺治帝的母亲孝庄太后是蒙古族人，自幼就受到佛教的熏陶，又年轻寡居，就以虔诚信佛排解心中的苦闷。

正是由于种种历史和家庭的影响以及个人的特殊因素，顺治帝自小就与佛教结下了不解之缘，稍长就信奉起佛教来，他的一生更与佛教有着“剪不断、理还乱”的关系。

据记载，顺治帝 14 岁那年，在遵化打猎的时候认识了一位法师。当时，这位法师正在山洞内静修，两人相见后，交谈甚欢。从这以后，顺治帝更加迷恋佛法。顺治十四年，在太监的精心安排下，顺治帝还亲自到高僧憨璞聪居住的海会寺，与他促膝长谈。回宫后，他又把这个和尚接到宫城西侧西苑（也就是现在中南海）的万善殿，继续论佛谈法。顺治帝还与当时著名高僧玉林、木陈、茆溪森等过往甚密。一次，顺治帝在与茆溪森和尚谈话时，还自称是他的弟子，这在历代帝王中也实为少见。顺治帝还请玉林为他起法名，“要用丑些字样”，他自己选择了“痴”字，于是取法名“行痴”，法号“痴道人”。玉林还称赞顺治帝是“佛心天子”，顺治帝在这些和尚面前则自称弟子。据记载，顺治帝还作了出家偈，全篇充满了佛家禅悟的情怀以及对出家为僧的向往，更包含着生在帝王之家的辛酸和不幸：

天下丛林饭似山，钵盂到处任君餐。黄金白玉非为贵，惟有袈裟披最难！

朕为大地山河主，忧国忧民事转烦。百年三万六千日，不及僧家半日闲。

来时糊涂去时迷，空在人间走一回。未曾生我谁是我？生我之时我是谁？

长大成人方是我，合眼朦胧又是谁？不如不来亦不去，也无欢喜也无悲。

悲欢离合多劳意，何日清闲谁得知？世间难比出家人，无牵无挂得安闲。

口中吃得清和味，身上常穿百衲衣。五湖四海为上客，逍遥佛殿任君嘻。

莫道僧家容易做，皆因屡世种菩提。虽然不是真罗汉，也搭如来三顶衣。

兔走乌飞东复西，为人切莫用心机。百年世事三更梦，万里江山一局棋！

禹尊九洲汤伐夏，秦吞六国汉登基。古来多少英雄汉，南北山头卧土泥！

黄袍换却紫袈裟，只为当初一念差。我本西方一衲子，缘何落在帝皇家！

十八年来不自由，南征北战几时休？朕今撒手归西去，管你万代与千秋。

顺治帝与高僧的谈话中更是多次流露出遁隐空门的思想倾向。比如，一次，福临与佛教大师玉林谈起自己的身体不好，食不甘味，寝不安枕，随后说道："朕想前身的确是僧，今每到寺院，见僧家明窗净几，辄低回不能去。"还说道"财宝妻，人生最贪恋摆拔不下底。朕于财宝固然不在意中，即妻亦觉风云聚散，没甚关情。若非皇太后一人挂念，便可随老和尚出家去"。玉林闻言大为吃惊，极力劝谏福临身为国君，是要"保持国土，护卫生民"的，如果只图自己清静无为，忘却这件大事，凭你如何修行，"也达不到诸佛田地"。所以"出家修行，愿我皇万勿萌此念头"。这才劝住了顺治帝。

作为一位年少有为的君主，万人仰慕的少年天子，顺治帝如此迷恋佛法，多次萌生遁隐空门的想法，确实非同寻常，令人费解。

除了受周围人群的影响，他本人所处的环境以及遭遇是否也是一个原因呢？的确如此。首先，我们知道顺治帝是在清太宗皇太极去世后，在多种政治势力复杂斗争和互相妥协的情况下，侥幸当上皇帝的。而他在位的 18 年，前 8 年主要由摄政王多尔衮发号施令，他根本就是一个政治傀儡。多尔衮后来更是独揽大权，逐步分化了支持顺治帝的各种力量，顺治五年，更是被尊奉为"皇父摄政王"，成了名义上的"太上皇"，实际上的皇帝。顺治帝的处境危如累卵，只有仰人鼻息，任人摆布。由此可以想到，顺治帝前期一直生活在摄政王多尔衮的阴影里，处境危险，经常担惊受怕。这些因素对顺治帝性格的形成，以及后来一心向佛有一定的影响。另外，从史料分析，顺治帝与自己的母后孝庄太后的关系也并非多么融洽。《清史稿·后妃传》中对于顺治帝与母后的关系记载十分简略，仅仅 60 个字，而且所记内容也多是例行公事的一些事情。在这种环境下，形成了顺治帝高傲自尊，而又任性敏感的个性。加之多情善感，身体羸弱，他常常在苦闷和忧郁中度日。特别是作为大清国承前启后的一代君主，他肩负着太多的使命，亲政后，更是日理万机，每天都要处理大量的事务，年仅 10 多岁的少年天子，不胜重负，该会有多累多烦？据说，有一次他曾对木陈说："我睡觉时只能单人独室，不能与人同床。临睡前，必须让所有的人都出去，若听到一丝气息，就一夜睡不着。睡早了也不行，必须熬过半夜，困极了，才能一觉睡着。"从中也可看出顺治帝的苦闷，甚至患有脑神经衰弱的疾病。而佛教的出现正好慰藉了他疲惫的灵魂，给他打开了一个逃避现实、回归轻闲自我的全新世界。

从以上分析来看，顺治帝确实与佛教有着割舍不断的情缘。在这种情况下，当宠爱的董鄂妃不幸去世后，一下子失去了精神寄托的顺治帝，万念俱灰，产生遁入空门的念头也就不足为怪了，难怪会有传说顺治帝出家与他宠爱的董鄂妃的去世有着直接的关系。

遁入空门的帝王

董鄂妃的逝世使少年天子彻底崩溃了。他痛不欲生，亲自为她守灵，并且不顾皇帝的尊严，大哭大闹，"寻死觅活，不顾一切，人们不得不昼夜看守着他，使他不得自杀"。在董鄂妃逝世的当天，他又下令"亲王以下，四品官员以上，并公主、王妃以下命妇，俱于景运门外，齐集哭临，辍朝五日"。如此，他还嫌不够，又破例追封董鄂妃为皇后，并加谥号“孝献庄和至德宣仁温敬皇后”，谕下礼部。闻者颇感惊讶：“不过一个贵妃罢了，又何至于如此。”顺治帝在第五日，还在爱妃生前居住的承乾宫举行了隆重的追封典礼，以自己的名义撰写了《董鄂妃行状》的祭文，全文数千言，极尽才情和哀伤，历数了董鄂妃的嘉言懿行，兰心蕙质。顺治帝还命大学士金之俊写了《孝贤皇后传》。尽管顺治帝已经做得够多了，然而仍然难以平复内心的痛苦，他又下令将承乾宫内大小太监、宫女等 30 余人全部赐死，为贵妃殉葬，造成了清宫罕见的一大惨案。

不仅如此，几近失去理智的顺治帝，再无心政事，还大吵大闹着要出家，两个月内先后 38 次到高僧馆舍，谈佛论禅，完全沉迷于佛的世界。据《大觉普济能仁国师年谱》《敕赐圆照茆溪森禅师语录》《北游集》《续指月录》等僧侣书籍的记载：顺治帝曾经在十七年（1660 年）十月中旬，也就是贵妃去世两个月后，决定舍弃皇位，身披袈裟，孑身修道。他命令茆溪森和尚为其举行了净发仪式。起初，茆溪森百般劝阻，他都不听，没有办法只好为他进行了剃度。而这一举动急坏了皇太后，她火速派人把茆溪森的师父、报恩寺主持玉林招回京城。玉林到京城后对弟子茆溪森的行为极为恼火，当即命人架起柴堆，要烧死他。玉林还对顺治帝进行了规劝，而顺治帝一心皈依佛门，并提出佛祖释迦牟尼和禅祖达摩不都是舍弃王位出家了吗？玉林说，他们是在过去世悟立佛禅，而现在从出世法来看，最需要您在世间护持佛法正义，护持一切菩萨的寄身处所，所以您应该继续做皇帝。正是在玉林的规劝和要烧死茆溪森的压力下，顺治帝才回心转意，蓄发还俗了。

虽然这一件事不为清朝正史所载，但这些高僧的普遍记述，似乎证明了它的真实性。就是说顺治帝在爱妃去世后不久，确确实实削发为僧了，后在众人的一再劝阻下，不得已只好蓄发还俗了。茆溪森和尚的塔铭上就有这样几句话：“人人道你大清国里度天子，金銮殿上说禅道，哈哈，总是一场好笑”，也印证了这件事。

事后不久，顺治帝接受玉林的建议，在阜成门外八里庄慈寿寺从玉林受菩萨戒，并加封他为“大觉普济能仁国师”。顺治成为清朝历史上唯一公开归依禅门的皇帝。

或许正是因为顺治对董鄂妃和佛法的痴迷程度超出了寻常，民间才自然而然地流传开了顺治帝并未死去，而是到五台山为僧的观点。

五台山上的特殊僧人

对于顺治帝是否出家当了和尚，现在存在着两种针锋相对的观点。

支持这一说法的人认为，据《起居注》记载，康熙帝即位后不久，孝庄皇太后曾多次带着他上五台山礼佛。这一活动本来完全可以在北京举行，他们为什么舍近求远，不远千里去五台山呢？这一异常之举，有人怀疑可能是孝庄皇太后和康熙帝以礼佛之名，行前去探望顺治帝之实。民间更是传说，康熙帝一生 5 次巡游五台山，实际上都是为了寻找父皇，但尘缘已了的顺治帝根本不与他相认。无奈的康熙帝曾在寺庙墙壁上题写了“文殊色相在，惟愿鬼神知”的诗句，表达了这种父子不能相认的苦闷心情。

另外，有人说从当时江南著名才子吴伟业的《清凉山赞佛诗》诗中也能看出顺治帝出家的意思来：“陛下寿万年，妾命如尘埃。愿共南山椁，长奉西宫杯。”在当时的江南广泛流传着顺治皇帝与董鄂妃的故事，不过那里的人们多认为董鄂妃就是江南名妓董小宛。于是，人们见到吴伟业的诗后，就认为陛下就是顺治皇帝，而诗中的“千里草”和妾无疑就是董小宛。

还有“八极何茫茫，日往清凉山”一句，也很不容易让人理解。据吴伟业笔记记载，诗中的清凉山，指的就是佛教圣地五台山，顺治帝生前从未到过五台山，为何诗中会说顺治帝“日往清凉山”？据说，有一次顺治帝在梦中见到董爱妃到了五台山，因此也决意到五台山修行。由于吴伟业的诗素有“史诗”之称，人们也对这种说法十分笃信。在五台山也确实流传着各种各样有关顺治帝到此出家的故事和传说，并且都生动形象。晚清时，庚子之变后，慈禧太后西逃到山西，当地官员为接待她，从五台山借了一些用具。据说这些用具跟宫廷用具相似，很可能是在此出家的顺治帝当年用过的。

《清朝野史大观》《顺治演义》《顺治与康熙》等野史和文学作品中，更是把顺治帝出家的过程描绘得具体、生动，合情合理。比如《清朝野史大观》中记载：“世祖（顺治）之于董贵妃，所谓君非姬氏，居不安，食不饱者也。乃红颜短命，世祖对之，忽忽不乐，未数月，遂弃天下，遁入五台山，削发披缁，皈依佛土……满洲族人，虽百方劝解，卒不能回。由是于十八年正月，谬谓世祖病殁，而以十四罪自责之遗诏下矣。”蔡东藩在《清史演义》中也写道：“顺治帝经此惨事，亦看破世情，遂于次年正月，脱离尘世，只留重诏一张，传出宫中。”从以上分析来看，顺治帝当年似乎真有到五台山出家的可能。

艺术与现实的差距

但是反对者则认为顺治帝是死于天花，并没有出家。除了前面所叙述的顺治帝极可能死于天花的观点外，他们认为拿吴伟业的《清凉山赞佛诗》来说明顺治帝出家一事，是十分荒唐的。顺治帝有没有出家，其周围的大臣们都不知道，怎么偏偏吴伟业就知道了？还有人认为，其中“可怜千里草，萎落无颜色”的“千里草”指的是董小宛，可是实际上顺治帝与江南名妓董小宛年龄相差16岁，并且董小宛的丈夫冒辟疆在所著的《影梅庵忆语》中明确证明她在顺治八年时就已去世，不可能得到顺治帝宠爱。在当时信息不发达的情况下，人们把董鄂妃误认为是董小宛，以讹传讹，从而把两个完全不同的人附会在了一起，这也证明了这种说法的荒谬。再说，《清凉山赞佛诗》只是一首诗，作者很可能尊重了艺术的真实，而忽略了历史的真实。

至于说孝庄皇太后和康熙帝后来几次到五台山是为了寻找顺治帝的说法，也显牵强。孝庄皇太后本人就笃信佛教，五台山又是佛教名山，到五台山许愿拜佛是很正常的事情，并无可疑。五台山所流传的顺治帝到此出家的故事以及在那里找到了与宫中相似的器具等说法，很可能是五台山为了提高自己的知名度编造出来的，并不是历史事实。

两种观点截然相反，各有各的理。顺治帝到底是死了，还是出家为僧了，孰是孰非，恐怕也不好说得清楚。

附：顺治帝大事年表

⊙**崇德八年**（1643年　癸未　明崇祯十六年）

八月，太宗坐逝于寝宫清宁宫。及诸王文武群臣拥立太宗第九子福临为嗣皇帝，以郑亲王济尔哈朗、睿亲王多尔衮辅政，明年改元顺治。

⊙顺治元年（1644 年　甲申）

三月，李自成攻陷北京。明崇祯帝自缢。四月，顺治帝命多尔衮为奉命大将军，赐敕印便宜行事。李自成称帝，大顺军撤离北京，焚毁宫殿。明吴三桂降清，封为平西王。五月，多尔衮率军抵达燕京，明文武诸臣士庶郊迎清军入城。明福王朱由崧即位于江南，改元弘光。六月，迁都燕京。十二月，假冒故明太子案发，诛杀相关人员 15 人。入关后第一次大规模圈地。

⊙顺治二年（1645 年　乙酉）

二月，豫亲王多铎移师定江南，英亲王阿济格征讨李自成。四月，豫亲王多铎率师至扬州，谕南明史可法投降，史可法拒降被杀。五月，命内三院大学士冯铨、洪承畴、李建泰、范文程、刚林、祁充格等纂修《明史》。六月，再次强制推行剃发令。十月，在江南举行乡试，笼络汉人。册封孔子为“大成至圣文宣先师”，多尔衮亲自谒拜孔子庙。闰六月，李自成逃亡湖北九宫山，自缢而死。明唐王朱聿键在福州建隆武政权，鲁王朱以海在绍兴建鲁王监国政权。

⊙顺治三年（1646 年　丙戌）

正月，以肃亲王豪格为靖远大将军，率师西征四川。十一月，明唐王朱聿䉤在广州建立绍武政权。明桂王朱由榔在广东肇庆建永历政权。

⊙顺治四年（1647 年　丁亥）

七月，加封和硕德豫亲王多铎为辅政叔德豫亲王。建射殿（即箭亭）于左翼门外。多尔衮罢郑亲王听政，只令豫亲王参与。顺治帝幸边外阅武。是年，在京畿大规模圈地。

⊙顺治五年（1648 年　戊子）

三月，和硕郑亲王济尔哈朗因罪降为多罗郡王。和硕肃亲王豪格有罪论死，顺治帝以不忍置之于法，幽禁之，死于禁所。七月，设六部汉尚书、都察院左都御史。定诸王、贝勒、贝子、公主、和硕格格等应用金器数目。

⊙顺治六年（1649 年　己丑）

三月，政和硕德豫亲王多铎薨，摄政王多尔衮师次居庸，还京临丧。

⊙顺治七年（1650 年　庚寅）

正月，多尔衮纳肃亲王豪格妻。五月，多尔衮至连山亲迎朝鲜国之女，是日成婚。七月，顺治帝幸摄政王多尔衮府邸。十二月初九日，摄政王多尔衮逝于喀喇城。顺治帝亲自祭奠于郊外，臣民为其服制。收摄政王信符，贮藏内库。尊摄政王为懋德修道广业定功安民立政诚敬义皇帝，庙号成宗。议英王阿济格罪。顺治帝亲政。

⊙顺治八年（1651 年　辛卯）

正月，硕英亲王阿济格谋乱，幽禁之。十七日，聘科尔沁部卓礼克图亲王吴克善女。追尊多尔衮为成宗义皇帝，祔于太庙。二十三日，定皇太后、皇后及诸妃衣冠制度。二月，苏克萨哈、詹岱、穆齐伦首告摄政王多尔衮逆节皆实，籍其家，诛杀其党羽；追罪多尔衮，削其尊号及其母妻追封，撤庙享。九月，定朝仪。改承天门为天安门。建朝日坛于朝阳门外，夕月坛于阜成门外。

⊙顺治九年（1652 年　壬辰）

二月，颁布六谕碑文于天下。加封郑亲王济尔哈朗为叔和硕郑亲王。七月，定名皇城北门为地安门。十二月，顺治帝于南苑召见五世达赖喇嘛。

⊙顺治十年（1653 年　癸巳）

三月，赐太常卿汤若望号通玄教师。六月，增置内三院汉大学士，院各二人。设立十三衙门，谕戒宦官干政，所设太监级不过四品。

⊙**顺治十一年**（1654年　甲午）

二月，定每年仲春亥日行耕藉礼。三月，皇三子玄烨（即康熙皇帝）生。四月，以皇太后命，停命妇更番入侍后妃旧例。

⊙**顺治十二年**（1655年　乙未）

五月，郑亲王济尔哈朗逝。六月封博果铎为和硕庄亲王。命名宫禁为紫禁城，后山为景山，西苑南台为瀛台。命内十三衙门立铁牌，严禁内监干政。

⊙**顺治十四年**（1657年　丁酉）

正月，谕令停止八旗举行乡会两试。

⊙**顺治十七年**（1660年　庚子）

下诏，本年正月祭告天地、太庙、社稷，抒忱引责，自今而后，元旦、冬至、寿令节庆停止所上表章，并颁恩赦。八月，十九日，皇贵妃董鄂妃薨，辍朝五日，以宫女多人殉葬，丧礼逾制。二十一日，追封董鄂妃氏为皇后。九月，火化董鄂妃。十月，觉禅师玉林琇劝阻顺治帝削发为僧。

⊙**顺治十八年**（1661年　辛丑）

正月初二日，顺治帝患痘，病危。初七日，逝于养心殿。三月，顺治帝上尊谥“章皇帝”，庙号“世祖”。四月，一等阿达哈哈番侍卫傅达理随葬顺治帝，予祭葬，谥忠烈。郑成功收复台湾。十二月，西王吴三桂率大军入缅，缅甸人执明永历帝朱由榔以献。

雄才大略的盛世君王

——清圣祖康熙帝

雄才开盛世，伟绩铸丰碑

帝王档案

⊙姓名：爱新觉罗·玄烨

⊙属相：马（1654 年）

⊙年号：康熙

⊙在位：1661～1722 年

⊙享年：68 岁（1654～1722 年）

⊙庙号：圣祖

⊙谥号：合天弘运文武睿哲恭俭宽裕孝敬诚信功德大成仁皇帝

⊙陵寝：景陵（清东陵）

⊙配偶：40 人，皇后赫舍里氏

⊙子女：35 子，16 女

⊙继位人：胤禛（雍正）

帝王小传

清圣祖仁皇帝康熙（1654～1722年），名爱新觉罗·玄烨，顺治帝第三子，生于顺治十一年三月十八日（1654年5月4日），卒于康熙六十一年十一月十三日（1722年12月20日）。顺治帝死前通过与满洲亲贵和皇太后博尔济吉特氏商议后决定让玄烨继位。顺治十八年正月初七，顺治帝病死养心殿，玄烨即位，年号康熙：康，安康，康宁；熙，熙攘，熙盛，兴旺，意思是国家安康和平、天下黎民熙盛兴旺。康熙是清朝第四位皇帝，是清定都北京后的第二位皇帝。他8岁继位，14岁亲政，在位61年，享年69岁，是中国历史上有文字记载以来在位时间最长的君主。康熙自幼好学不倦，16岁就除掉辅政大臣鳌拜，削弱八旗旗主权势，20岁即迎战以吴三桂为首的三藩，历经8年平定三藩之乱。康熙是我国封建社会后期一位具有雄才大略和远见卓识的出色的政治家和军事家，中国历史上最卓越的帝王之一。他文武兼备，较好地处理了民族之间的关系，促进了清朝初年社会经济的发展和稳定，奠定了中国多民族统一国家的疆域，为开创康乾盛世作出了卓越的贡献。

康熙帝葬河北景陵（遵化县昌瑞山），庙号圣祖，谥“合天弘运文武睿哲恭俭宽裕孝敬诚信功德大成仁皇帝”。

青史语录

“圣祖仁孝性成，智勇天锡。早承大业，勤政爱民。经文纬武，寰宇一统，虽曰守成，实同开创焉。”

——《清史稿·圣祖本纪》

八岁登基

顺治十一年三月十八日，玄烨出生在北京紫禁城内景仁宫。母亲佟佳氏，为汉军旗人图山额真佟图赖之女，是顺治的一个连封号都没有的小妃子。玄烨6岁出痘被送出宫外，与母亲分离了很长时间，没有享受到多少母爱。而顺治全心扑在董鄂妃身上，心无旁骛，佟妃并不得宠，而玄烨也没有得到父亲的关爱。玄烨好不容易回到亲人身边，却在8岁时丧父，11岁时丧母，所以童年生活并不幸福。值得庆幸的是，他终于平安地出了痘，仅在脸部留下几个细小的麻点。这使他对当时这种最可怕的疾病有了终身免疫力，而出过痘竟成了他继登帝位的一个有利因素。

玄烨的成长，更主要的还是得力于祖母孝庄皇太后的特殊钟爱和培育。在教育儿子方面，至少在顺治婚姻问题上，孝庄并不是一个成功者。也许正因为如此，她把更多的精力投入到年幼的皇孙身上，一手承担起对其教育的责任。康熙幼年，五官端正，双目有神，口齿清楚，举止庄重，孝庄认为这个孩子一定会有出息，倾注了很多心血，她教玄烨如何做人、怎样为政。正如玄烨自己所说：“朕自幼会学步能言时，即奉圣祖母慈训。”祖母对玄烨既慈爱备至，也处处从严要求。凡饮食，一言一行，玄烨都得照规矩和礼仪而行，稍有疏忽，就受到责备。尤其是在政务方面，祖母时时给予指点，授以方略，使他学会处理各种复杂的问题。这位贤德的祖母给予玄烨的思想以重大的影响，帮助和推动他去完成一代伟大的事业。

玄烨自幼聪颖好学，5 岁时依清制，随众上朝，“站班当差”，并入书房读书。他读书十分认真，勤学好问，每每读书至深夜，而不知倦怠。成年后的康熙知识渊博，通古知今，举凡“帝王政治，圣贤心学，六经要旨，无不融会贯通”，这都得之于他日积月累的刻苦学习。

玄烨一方面如饥似渴地学习文化知识，一方面又接受严格的军事训练。骑马、射箭是训练的主要科目，他练就了一身过硬的骑射功夫。至盛年时，他能挽弓十五钧，发十三把箭，能左右开弓，每矢无不中的。宫中的严格要求和他自己不间断的刻苦磨练，迅速把他培养成一个多才多艺、文武兼备的难得人才。

康熙的汉文水平很高，中国历史知识丰富。“城高千仞卫山川，虎踞龙盘王气全。车马往来云雾里，民生休戚在当前。”他的这首《登高诗》被誉为帝王诗。康熙六巡江南题词很多，如为济南趵突泉题“激湍”、“源清流洁”，为珍珠泉题“清漪”、“润物”，为镇江金山龙禅寺题“江天一览”，为济南省城书院题“学宗洙泗”，为钱塘江龙王庙题“恬波利济”，为陆秀夫祠堂题“忠节不磨”，为米芾海狱庵题“宝晋遗踪”。题词充分表明康熙高深的汉文水平和丰富的中国历史知识，题词的书法也很好。

康熙善算学。宣城梅成、泰州陈厚耀入值南书房，康熙教过他们算学。

康熙善射。他晚年对近御侍卫说：“我自幼至老，用鸟枪弓箭射死老虎135只，熊20只，豹25只，猞猁狲10只，麋鹿14只，狼96只，野猪132只，吹哨引来而射死的鹿几百只。射获其余的野善不计其数。曾一天之内射兔318只。”

康熙有丰富的水利知识。他六巡江南视察河工，对每项水利工程都能作出具体指示。他最后一次南巡（康熙四十六年一至三月）是亲自考察泗州西溜淮套是否可以开河才去的。经过实地考察，他正确地予以否决。

因此，康熙是中国历史上善于治国的为数不多的伟大封建政治家，还是多才多艺的学者。他一生勤奋好学，博览群书。自然科学方面的数学、天文、历法、物理、地理、农学、医学、工程技术，人文科学方面的经、史、子、集，艺术方面的声律、书法、诗画，他几乎都有所研究。他写出了八九十篇关于自然科学方面的论著，他亲自审定了多种历史方面的书籍，他还精通多种民族语言。

玄烨幼年时已显示出与一般孩子不同。6岁那年被送出宫之前，有一次，他同诸兄弟向父亲问安。顺治想试试他们的各自志向，就问他们将来都想干什么。老二福全说：“我将来愿当个贤王。”老五常宁才3岁，还不懂父亲的意思。问到玄烨，他朗朗答道：“待长而效法皇父，黾勉尽力!”可见玄烨自幼就有远大的志向。

2年后，这个人小而志大的孩子，终于如愿以偿。

顺治十八年（1661年）正月初七日凌晨，顺治帝病逝。临终前顺治帝接受汤若望等人的规劝和母后的意见，立三子玄烨继位。按照顺治遗诏，玄烨应“持服二十七日，释服即皇帝位”。但辅政大臣却以“神器既已攸归，天位不宜久旷”为由，坚持要皇太子及时即位。于是在顺治死后的第三天，即正月初九，8 岁的玄烨在祖母孝庄亲自主持下，亲御太和殿登极，成为清入关后第二位皇帝。清廷颁诏天下，改次年为康熙元年。“康熙”，意为安定太平。从此，清朝缓缓拉开了以康熙为起始的“康乾盛世”的序幕。

康熙即位后，在宫里继续由祖母太皇太后鞠育教诲。幼时祖母对康熙严格的教育，为其以后成为一个有所作为的君主，奠定了良好的基础。康熙刚即位，祖母孝庄太皇太后就问他，当了皇帝以后，想有什么作为。他回答说：“惟愿天下乂安，生民乐业，共享太平之福而已。”

当时的中国，云贵、两广、福建三藩势力不断膨胀，农民军余部仍活动于川鄂，东南有郑成功，漠西、漠北蒙古尚须进一步加强管理。另外，经过连年征战，经济萧条，百业待兴，虽顺治帝已尽力改善，但未达到富国民强的程度。再加上沙俄侵军不断骚扰东北边境，葡萄牙（侵占澳门）、荷兰（入侵台湾）、西班牙、英、法等殖民者也开始向我东南沿海地区渗透。欲实现太平、安定之理想并非易事，新继位的幼主康熙任重而道远。

智除权臣鳌拜

四大臣辅政

正当顺治皇帝欲图大展抱负之时，他所钟爱的董鄂妃去世了，他因悲伤过度而于顺治十八年正月初七日病逝于养心殿，时年二十四岁。由于他生前崇信佛教，与高僧来往密切，并取法名“行痴”，遂有清世祖遁迹空门而非崩于帝位的传说。顺治帝死后，年仅八岁的玄烨即皇帝位，以内大臣索尼、苏克萨哈、遏必隆、鳌拜辅政。

顺治遗诏虽由他人写成，但经过皇太后博尔济吉特氏的认可，与皇帝的诏书具有同等效力。遗诏宣称：“特命内大臣索尼、苏克萨哈、遏必隆、鳌拜为辅臣。伊等皆勋旧重臣，朕以腹心寄托，其勉矢忠荩，保翊冲主，佐理政务，布告中外，咸使闻知。”这四人都出自皇帝直接掌握的上三旗中的元老重臣。在多尔衮摄政时他们有的受到打击与迫害，有的则最早揭发多尔衮，被认为是最可靠、最值得信赖的。但这四人都不是宗室贵胄。这种四大臣辅政体制，一反“从来国家政务，惟宗室协理”的祖宗成规，是一个新的尝试。但辅政大臣体制顺利实现，而没有引起争议，是因为人们对多尔衮以宗室亲王的身份摄政时的弊端记忆犹新。为了避免历史重演，满洲贵族们接受了由非宗室大臣辅政的现实。

这是政治体制上的重大变革。四大臣的地位只是“辅佐政务”，皇帝仍然掌握着决定一切的国家最高权力，不像旧体制那样，以长辈“代天摄政，赏罚拟于朝廷”。

在祖母孝庄太皇太后亲自主持下，玄烨宣读遗诏，即皇帝位，年号康熙。四大臣深感受命辅政，责任重大，担心诸王不服，便以“国家政务从来由宗室协理”为由，向皇上请求与诸王、贝勒共同辅政。但遗诏写得明明白白，诸王谁敢干预？于是四大臣便奏明太皇太后，并祭告皇天上帝及顺治帝之灵，宣誓不私自与诸王、贝勒府第往来，不结党羽，不受贿赂，表示了辅佐幼主、维护皇权的决心。正月十四，安亲王岳乐、康亲王杰书以下及大臣官员等，在西安门内南侧的大光明殿，向皇天上帝及先帝灵位设誓，表示要同心协力，辅佐幼主。这样，清廷便形成了以太后为中心，以异姓勋臣辅政，而亲王、贝勒加以监督的新的统治核心。

鳌拜早年南征北战，屡建奇功，是功臣也是忠臣；可他在康熙初年辅政时期，飞扬跋扈，把持朝政，恶迹颇多，最后败在少年康熙手中，成为中国历史上强悍不驯的权臣。

四大臣辅政在形式和内容上，都是一全新的模式，它与摄政王体制相比，具有几个明显的不同点。

地位不同：摄政诸王都是最近的皇室宗亲，他们是皇帝之长辈，本身又是一旗之主，权力极大，很容易侵夺皇权。如多尔衮不仅是皇帝叔父，而且是正白旗旗主，加上其同父同母兄弟多铎、阿济格手中的镶白旗，实际手握两白旗，足以和皇帝之两黄旗相抗。甚至两黄旗大臣对多尔衮也溜须拍马。至于辅政大臣，虽然其地位与功劳都很显赫，但毕竟是异姓臣子。他们与太后及皇帝之间除君臣关系之外，还存在一旗之内严格的主仆隶属关系。四大臣也公开承认太皇太后和皇帝是他们的女主和幼主。因此，相对而言，辅政大臣不敢轻视太皇太后和皇帝而将大权揽于手中。

与皇帝的利害关系上有区别：下五旗诸王尽管都是皇室宗亲，但他们对本旗力量的发展及个人权势的增长给予了更多的关心，而不大关心朝廷的利益和皇帝的地位。辅政大臣则不同，他们既是皇帝的臣子，又是上三旗的旗员，同皇帝的关系，既是君臣，又是主仆，利害荣辱，息息相关，一旦皇帝帝位不稳，他们也会随着倒霉。所以，他们虽是异姓臣子，但对皇帝却比诸王更加忠心。

职权不同：“摄”有代理之意，摄政即代君听政，代行皇权，摄政王可以根据个人意愿料理国家大事。因此，摄政期间的皇帝谕旨，实际反映的是摄政王的意志，而不是皇帝的命令。辅政大臣则无法做到这一点，其职能仅为佐理政务，协助幼主处理国家大事。而且，为防止个人专断，在四大臣之间达成了协商一致的原则，它规定：“凡欲奏事，共同启奏”。即不许单独谒见皇帝或太皇太后，也不能个人擅自处理政务，必共同协商，请示皇帝或太皇太后，然后以皇帝或太皇太后的名义发布谕旨。因此，辅政时期的皇帝谕旨，虽然也反映了辅政大臣的意见，但这都是在太皇太后和皇帝同意的基础上才能出现的，它在根本上还是反映着太皇太后与皇帝的意志。

总之，摄政王位贵权重，它排斥太皇太后和年幼的皇帝；而辅政大臣则可以有效地防止诸王干政，维护皇权，并使太后能实际上参与到国家大政方针的决策中去。可见，四大臣辅政体制与亲王摄政比较起来，更加适合太皇太后辅助幼孙登基之需要。

鳌拜擅权

世祖去世时，清朝范围内仍存着两个互相声援的抗清战场，一是郑成功领导的东南战场，一是以李定国为首的西南战场。康熙元年（1662 年），李定国拥立的南明永历政权被清军消灭，永历帝也在昆明被杀，李定国悲痛万分，不久死去，其部下也相继被清军讨平。康熙三年（1664 年），清军又镇压了活动在湖北茅麓山的大顺军余部，农民军将领李来亨牺牲。至此，清朝才最终将大陆上的反抗势力扑灭，进入了百年相对稳定发展的阶段。在长期的征服战争中社会生产遭到巨大破坏。华北地区，满目荒凉的景象，江南一带，到处瓦砾一片。面对这一状况，清朝政府鼓励垦荒，减免赋税，赈济灾民，以解除农民的痛苦。康熙四年（1665年），对遭战争破坏最大的湖广地区“给牛种，听其开垦，三年后起科”。并责令地方官对流亡四川的湖广之人，登记造册，照人数多寡提供帮助，奖励垦殖。对无度牒的僧道，勒令还俗，让其垦荒。经过儿年努力，全国田地、山荡、畦地数字有了很大提高，为后来清王朝社会经济的繁荣奠定了坚实的基础。

四大臣还对顺治年间的行政机构作了改革。努尔哈赤时期和皇太极初年，辅佐汗的秘书机构是文馆，又称书房。崇德元年（1636年），皇太极称帝，始改文馆为内三院即内秘书院、内国史院、内弘文院，并设内务府管理宫内事务，内务府大臣则由皇帝的包衣奴才担任。顺治十一年（1654年）清廷仿明代制度，改置宦官十三衙门总管宫内事务。顺治十五年（1658年），参照明代制度将内三院改为内阁，同时设立翰林院。鉴于宦官在明代的祸国殃民的罪行，四大臣辅政伊始，即于二月革除十三衙门，恢复内务府，仅留少数太监以供驱使，对防止宦官干政起到了积极的作用。六月，又以世祖章皇帝遗诏发布谕旨，废除内阁及翰林院，重新恢复内三院。这时，清帝取消了大学士入值和票拟之权，由辅臣代为执行；辅臣必须共同商议票签内容，然后向太后请示，并代幼帝朱批御笔。但代皇帝朱批御笔也为辅臣提供了专权乱政的可能。

辅政初期，四大臣还能忠心耿耿地辅佐幼帝。然而随着时间的推移，辅臣鳌拜自恃功高，渐渐跋扈起来，对爵秩低于自己、而班次却高于自己的苏克萨哈心怀不满，遂利用黄白两旗的旧有矛盾，寻找机会，打击苏克萨哈。

康熙五年（1666年）鳌拜唆使八旗以土地不堪为由，提出更换的要求，送交户部。户部尚书苏纳海认为土地分配已久，且康熙三年（1664年）已有民间土地不许再圈的旨意，遂上疏反对圈换土地，并请将移文驳回。鳌拜假借世祖章皇帝有旨，凡事俱尊太祖、太宗例执行，于四月命镶黄旗从右翼之末移回左翼之首，并为镶黄旗在北京东北的顺义、怀柔、密云、平谷四县圈拨土地，造成既成事实。秋天，户部尚书苏纳海、侍郎雷虎等率人出发丈量准备圈换的正白旗土地，数千旗民极力声言换地的骚扰之苦，要求立即停止换地。同年十一月，直隶、山东、河南总督朱昌祚，直隶巡抚王登联同时上疏，指出旗民对重新更换圈地极为不满。接到命令后，旗民的土地等着调换，而民地则等着被圈，两下里都闲置不种，造成土地大量荒芜，恳请停止圈地。苏纳海等在丈量圈换土地时，由于镶黄旗章京不肯接受新圈换的土地，正白旗包衣佐领下人又不肯指出地界，他们只得将主持两旗换地的官员撤回。鳌拜仰仗其在辅臣中的优势，命吏、兵二部将苏、朱、王等革职锁拿，并交刑部议处。康熙五年（1666年）十二月，鳌拜以苏等人不愿迁移、结党抗旨、妄行具奏等罪，将苏纳海、朱昌祚、王登联三人矫旨处以绞刑，家产籍没，并将蓟州、遵化、迁安三地的正白旗土地强行加以圈换。旗员及人民深受其害，有数十万人失业。

圈地事件打破了四大臣协调一致的原则，朝内百官惴惴不安，纷纷上书要求皇帝亲政。康熙六年（1667年），索尼去世，鳌拜乘机打算提高自己的地位与职权，代替已故的索尼，获取启奏与批理奏疏之权。康熙见鳌拜愈加跋扈，四大臣辅政体制已无法发挥作用，遂以辅臣屡行陈奏为由，奏请太皇太后允许，私下里拟好了诏旨，于七月初七那天颁布，并举行亲政大典。此时鳌拜党羽已经形成，其势力在上三旗中占有绝对优势，鳌拜已控制了镶黄旗，正黄旗随声附和。正白旗大臣苏克萨哈凭一己之力无法与鳌拜竞争，遂于七月十二请求辞职。鳌拜乘机以不愿归政、妄蓄异心等罪名，打算处死苏克萨哈。康熙知鳌拜等怨苏克萨哈经常与其争论是非，仇恨甚深，欲置之于死地，遂坚持不允所请。鳌拜竟攘臂上前，连续几日来向康熙帝奏请，最后仍将苏克萨哈处以绞刑。

鳌拜在除掉苏克萨哈后，朝中已无人敢反对他，于是更加跋扈。如有人自行启奏，他必加斥骂；于皇上面前，凡事不以理进奏，多以旧时疏稿呈览，逼勒依允；甚至对皇帝的旨意也公然反抗，拒绝履行。鳌拜党羽马迩赛死后康熙明令不准赐谥，而鳌拜却根本不听，仍行赐谥。在鳌拜支持下，其党羽亦敢怠慢皇上，皇权受到严重威胁。

自取灭亡

鳌拜结党妄行，专擅朝政，不仅威胁到皇权，而且也损害了百官的利益，引起君臣的强烈愤慨。康熙七年（1668 年）九月，内秘书院尚书熊赐履上疏，以天下治乱系宰相一语，暗指鳌拜擅政，国家前途堪忧。康熙认为，鳌拜身居要职，且党羽遍布内外，如果直接发布谕旨，捉拿鳌拜，恐怕会引起事变。于是康熙从侍卫及拜唐阿中选出忠实而又有力者，以练习“扑击之戏”为名义，让他们组成善扑营。同时康熙采取各种手段削弱鳌拜势力，他的党羽巴哈、苏尔马、绰克托、济世等人被派往外地。在做了精心准备之后，康熙召鳌拜进宫，命令善扑营将鳌拜擒下，与鳌拜一起被捉的有遏必隆及一等侍卫阿南达等。

铲除鳌拜集团牵涉到中央权力更迭的大事，这中间的关系极为复杂。而康熙帝仅用10天，即宣布了对鳌拜等人的处置，表明康熙帝对铲除鳌拜做了精心准备。谕旨里也没有任何报复的内容，法外施仁，区别对待，体现了极高的政策水平：第一，对立有不少战功的鳌拜处以拘禁，其兄赵布太、子那摩佛亦从宽免死拘禁；第二，遏必隆系开国勋臣额亦都与和硕公主之子，因而“免其重罪”，数月之后，又“特为宽宥，仍以公爵，宿卫内廷”；第三，对鳌拜罪应加诛的死党，除谕旨中所列已处死之班布尔善等7人之外，九月，又将工部尚书都统济世及内秘书院学士吴格塞处以绞刑。仅这9人被处死，较原议大大减少；第四，本为同党，宽宥免死，从轻发落。如吹捧鳌拜为“圣人”的一等侍卫阿南达，仅处以革职、鞭一百。另外还有免罪仍留原任者，如山陕总督莫洛、山西巡抚阿塔、陕西巡抚白清额；第五，内外满汉文武官员，因惧鳌拜权势或想从中谋利而党附鳌拜的人，都免于处罚，而且言而有信。鳌拜家人供出，总督白秉真、原任巡抚张自德、尚书龚鼎孳等，都曾嘱托他向鳌拜行贿。康熙帝于六月初七谕旨指出：“此等嘱托行贿者尚多，非止伊等。朕已有谕旨，将内外各官苟图幸进作弊者，俱从宽免。今供出各官，亦俱从宽免罪。”康熙缩小处罚面，制止了无限制的牵连，有利于稳定朝中政局。此外，为受鳌拜迫害致死、革职、降级者平反昭雪。已故之苏克萨哈等人，由其后人承袭其爵位与世职。此案的处理，很能收买人心，表明年轻的康熙帝日趋成熟。

康熙帝铲除鳌拜之后，将大权独揽，开始了他的“乾纲独断”的统治。从此之后，皇帝亲自批阅奏折，从不假手他人代为书谕。

康熙年老之后，仍坚持这一原则，右手患病不能写字，宁可用左手执笔批旨，亦“断不假手于人”。从鳌拜专权事件中康熙得出一个教训：“自亲政以来，断不许人怀挟私仇，互相陷害，是以三四十年间，无大臣互相攻击之事”。鳌拜专政柄之时，曾把持议政王大臣会议，所议之事尚未起奏，结果即为外人所知，出现不断泄露的事情。康熙亲政后，对议政王大臣会议严加整顿。他规定：“其诸王贝勒之长史、闲散议政大臣，俱著停其议政；以后凡会议时，诸王、贝勒、大臣，务须慎密，勿致泄漏。”康熙还针对鳌拜当权时形成的“交通在内近侍、使令人员妄行干求，或潜为援引，或畏威趋奉”等不正之风，郑重宣布：“朕处理事务的宗旨是对那些奸诈阴险谗媚之人严加惩处，选拔任用那些忠诚而有才德之人。以后如有不遵禁例，仍前干求趋奉者，定行从重治罪，决不饶恕。”这里当然包括禁止私通太皇太后身边近侍，妄图通过太后以干涉朝中大事者。

康熙帝在短短十余天里，便不动声色地将把持朝政数年、为恶多端的鳌拜势力迅速铲除，并在处理这一问题上显得有节有度，充分显示了他的聪明才干和大智大勇。他以异乎寻常的政治才能将局面控制在自己的手中。鳌拜集团的垮台使人们心头的忧虑一扫而去。人们在这一重大政治事件中，真切地感受到了年轻的康熙在政治上的成熟与处理政务的老练。

在处理了鳌拜及其党羽后，康熙立即发出诏旨，为苏克萨哈平反昭雪，发还其家产，恢复其爵位，由其幼子继承。对于已成事实的黄白两旗的换地一案，不再做调整。但由此而掀起的圈占民田狂潮，如不加制止，只会加剧社会的动荡和不安定。康熙帝于六月便下令：“自后圈占民间房地，永行停止。其今年所以圈者，悉令给还。”“至于旗民无地亦难资生，以古北口等边外空地，拨给耕种。”

清入关后持续了 26 年之久的圈地弊政寿终正寝了。随后在七月“圈换”案中被冤杀的苏纳海、朱昌祚、王登联三人也被昭雪，分别追谥并荫其子入国子监。在此案中牵连受处分的其他官员也都撤消了对他们的处罚，并官复原职。

平反积案时，康熙帝也十分留心处理朝中事务。但他毕竟年轻，取消大臣辅政，使得康熙帝事无大小都得亲自处理，这无疑使他的压力大增。设立一个协调的辅政机构，辅佐自己处理好朝内外国家大事已成为必需。

清朝入关初年，满洲的宗室贵族、八旗大臣在决定国家重大事务方面仍具有不小的权力。这是清入关前近 30 年，由努尔哈赤、皇太极执政时期逐渐形成的议政王大臣会议制度，一直在发挥作用的结果；当然也与顺治帝、康熙帝两代君主都是冲龄继位而不能处理政事有关系。不属常设的制度性机构的议政王大臣会议制度，不可避免地限制了君主对大权的独揽，因此，顺治十五年（1658 年）十月，顺治帝将原有职掌逐渐扩大的内三院参照明朝制度改为内阁，在内阁办事的官员都称为大学士，内阁便具有了国家政权最高中枢机构的功能。但顺治帝一死，四辅臣立即又把内阁改为内三院。因此，直到鳌拜集团被铲除，辅佐帝王行之有效地处理国家政务的中枢机构在清王朝一直未能建立起来。它极大地影响了专制帝王的独裁统治。

康熙九年（1670 年）八月，康熙帝下令把内三院重又改成内阁，并依顺治十五年例，大学士分兼殿（中和殿、保和殿、文华殿、武英殿）、阁（文渊阁、东阁）衔，并兼各部尚书，学士都兼侍郎。从此，内阁便逐渐发展成为清王朝的权力中枢，但并不完善。满汉大学士、学士、侍读学士、侍读等官同阁办事，帮助皇帝处理日常政务。

除此而外，鳌拜专权时对汉族人及汉官的歧视与迫害政策被废去，放纵贪官污吏、政府中玩忽职守、互相推诿等弊端也一一开始整顿。大清国开始了由乱入治的新时期。

平定三藩

三藩专制

康熙亲政后，将处置“三藩”看成是治国安邦的头等大事。所谓“三藩”，即顺治年间清廷派驻云南、广东和福建三地的平西王吴三桂、平南王尚可喜、靖南王耿继茂（后由其子精忠袭爵）。当时他们率清军南下，对于击败农民军及南明政权，作出过不小的贡献。但他们的权势也随之恶性膨胀，至康熙初年，三藩已成为事实上的割据势力，严重危害着国家的统一。

诸藩势力的发展，与清初政治形势是密切关连的。当时清朝统治者为统一中原，需要厚待投降的汉族将领。孔有德、耿仲明（继茂之父）、尚可喜，原为辽东人，于天命六年（1621 年）三月清太祖努尔哈赤攻占辽东后，陆续去皮岛投靠总兵毛文龙。天聪二年（1628 年）六月，明蓟辽总督袁崇焕杀死毛文龙，东江大乱，明军自相残杀。孔、耿、尚等在走投无路情况下，先后于天聪七、八年（1633、1634 年）投降后金。清太宗皇太极出城十里相迎，隆重接待，封孔有德为都元帅、耿仲明为总兵官，命他们驻守辽阳，号“天助兵”；任尚可喜为总兵官，命他驻守海州。崇德元年（1636年）六月，皇太极改国号为清，封孔有德为恭顺王、耿仲明为怀顺王、尚可喜为智顺王，极示宠信之意。这时出现直属皇帝的三位汉族人藩王，不仅于中央集权无害，反而会牵制满洲诸王的势力，维护皇帝的地位和权势。崇德七年（1642 年）八月，皇太极析汉军四旗为八旗，命有德、仲明、可喜分隶正红、正黄、镶蓝旗。

吴三桂，江苏高邮人，明原任锦州总兵吴襄之子、锦州总兵祖大寿之甥，历任游击、副将等职。吴襄因罪下狱，吴三桂升任总兵官，带兵驻守宁远城。明崇祯十五年（1642 年）二月，松锦会战中明十三万军队损失大半，蓟辽总督洪承畴降清，吴三桂收集残兵败卒逃回宁远，手下兵丁增至三四万人，为明廷所依重。清占关外各城，唯独宁远尚在明军手中。崇祯十七年（1644 年）三月初六，李自成农民军已入山西，昌平兵变，京师戒严。崇祯帝封吴三桂为平西伯，命他放弃宁远，火速率兵入援京师，并起用吴襄提督京营。吴三桂接朝廷命令后，行动迟缓，每日只行数十里。宁远至山海关仅两日路程，十六日才到，二十日至丰润，在那里吴三桂获悉农民军已攻入北京，于是他率手下军队退返山海关。清朝曾多次遗书招降吴三桂，正欲率兵进关的摄政王多尔衮向吴三桂许诺：“伯若率众来归，必封以故土，晋爵藩王”。李自成亦曾派人招抚吴三桂，但因农民军的“割富济贫”“追赃助饷”政策触犯了地主阶级的利益，所以吴三桂最终还是向清朝投降。同年四月，山海关一战，李自成在清军及吴三桂的联合夹击下惨遭失败。多尔衮即日“承制进三桂爵平西王”。至此，清廷所封汉族人藩王，已有 4 名。

顺治六年（1649 年）五月，清廷封孔有德为定南王，令其率兵二万征广西；改封耿仲明为靖南王，尚可喜为平南王，令各率兵一万征广东。不久，耿仲明因隐匿逃人惧罪自杀，由其子耿继茂继承靖南王之爵。年底，孔有德占据桂林。顺治七年（1650 年）冬，尚可喜攻克广州，南明桂王逃往梧州。时大西军余部李定国与桂王合作，进攻四川，吴三桂奉清廷之命进行征讨。吴军势力较强，李定国不敌转而争夺广西。顺治九年（1652 年）七月吴军攻克桂林，孔有德阵亡，其子亦亡，爵除，四藩成为三藩。顺治帝为协调西南五省力量，于十四年（1657 年）部署三路进兵贵州。

顺治十五年（1658 年）正月，清军攻占贵州，顺治命多罗信郡王多尼为安远靖寇大将军，代替宁南靖寇大将军宗室罗托，与其他两路乘胜进攻云南。顺治十六年（1659 年）正月，三路大军攻入云南省城，南明永历帝等败走永昌府，后逃入缅甸，两广、云贵基本平定。同年三月，顺治帝根据洪承畴建议，“命平西王驻镇云南，平南王驻镇广东，靖南王驻镇四川（次年七月，改驻福建）”。“三藩”分守一方对巩固清王朝的统治起到了积极的作用。吴三桂于顺治十八年（1661 年）十二月率兵入缅，擒获永历帝及其随从，并另遣总兵追击、招降巩昌王白文选。不久晋王李定国亦死，云南彻底平定。耿、尚分守闽、粤，亦曾有效地抵御郑成功的进扰。

随之而来的是“三藩”拥兵自重，势力极大。云南每年耗饷最多时达 900 余万，平时亦不下数百万。所以说：“天下财赋，半耗于三藩。”而且三藩各据一方，手握重兵，形同割据，对中央集权构成了极大的危害。吴三桂以功晋封亲王，总管云南、贵州二省一切事务。顺治帝谕：“凡该省文武官贤否甄别举劾，民间利弊因革兴除，及兵马钱粮一切事务，俱暂著该藩总管，奏请施行。内外各该衙门不得掣肘。”应吴三桂之请，顺治帝在给云贵督抚的上谕中，意让他们一切听凭吴三桂节制。不仅如此，吴三桂还委派部下亲信到其他地方任职，称为“西选”，“西选之官几满天下”。吴三桂还用大量钱财来结交士人，让他们为其效力。在云南的十余年时间里，吴三桂天天操练军队，制造武器。在重要的地方都派亲信驻守，而各省的提镇等官员，大多是吴三桂的心腹，为他所收买。吴三桂的儿子是清廷驸马，朝中的任何动向吴三桂都能及时地得到汇报。他向朝廷谎报说蒙古人进攻丽江、中甸等地，清廷派大军前去支援后，吴三桂又报称蒙古人已败退，挟边防以自重。耿精忠、尚继茂也跋扈异常，为害一方。

三藩之乱

顺治十六年（1659 年）正月，兵科给事中杨雍建上疏反映耿、尚二藩为害广东，要求把一藩调走，另驻他处，以缓解广东的压力。他虽然从“两藩并镇”角度提出问题，但也反映了藩镇与中央的矛盾。吏部议复此疏时认为藩王损害商民利益，应加以切责。顺治帝于是便把耿精忠调往福建。但三藩与中央的矛盾并未解决。顺治十八年（1661 年）以后，三藩的危害进一步体现，清廷与三藩的矛盾在激化，因此康熙继位之后，中央即开始逐步削减三藩的权势，作撤藩的准备。

清廷的第一个措施是收缴大将军印。按清制规定，大将军拥有极大权力，都是临时性差遣，在任务完成之后将解去将军职务，将印信交还朝廷。可是吴三桂驻镇云南数载，拒不交回大将军印信。康熙二年（1663 年）清廷遣内大臣，对住于京师的吴三桂子额驸吴应熊说：“过去永历帝潜逃缅甸，因边境不安，才授予你父大将军印信，这是增加其权力的需要。但现在天下早已平定，你父为何还不将大将军印交还?”吴应熊将朝廷的意思转告了吴三桂。吴三桂迫不得已，上缴了大将军印，但他心里十分不高兴。

第二，裁汰兵力。早在顺治十七年（1660 年），为节约兵饷，有人就建议将云南的绿营兵裁去五分之二。吴三桂借口边疆未靖，裁撤兵丁恐怕不好，于是“倡缅甸水西各役以自固”。康熙四年（1665 年），各地战斗均已告结束，于是“奏裁云南省绿旗兵五千有奇”。康熙六年（1667 年），左都御史王熙又奏请裁饷，疏言：天下钱粮的大半用于支出云、贵、闽、广的兵饷。云贵地区，每年官兵的饷粮需三百万两，本省的赋税钱粮不及其所需的十分之一，这势必难以长久维持下去。臣以为现在云贵均已平定，绿营兵额应裁减，即便是吴三桂藩下的兵丁也应分散派遣到他处垦屯，这样一来既可分散、削弱吴的势力，也可使兵饷得以保证。此疏一上，康熙帝即命下部议，令平西王吴三桂及云贵的督、抚、提、镇裁减兵员，“此举节省饷粮上百万两”。

第三，严禁欺行霸市、借势扰民。康熙四年（1665 年）即因兵丁严重扰民，曾密谕尚可喜：“以后将所属官兵严加约束，勿仍纵容属员，以为事发伊自受过，与己无涉，草草从事。如此久之，倘有大事，岂能尽委属员?”康熙六年（1667 年），王熙又上疏说：“闽、广、江西、湖广等省官员，自置货物卖给所属兵民，或指称藩下挟势横行，放债取利，省会要区遍置官商占据盘剥，致小民以贸易为生者失业。请敕部详议王公将军督抚提镇大小官员，有持己资与民争利及奸商借藩王势力横行者，严加治罪。”有旨下部，“申严禁例”。

第四，解除藩王对云贵两省事务的总管。康熙六年（1667 年）

五月，吴三桂以目疾请求辞去云贵两省事务。朝廷立即批准，决定“将该藩所管各项事务，照各省例，责令该督抚管理”。其大小文官，亦照各省例，由吏部任命。同年九月，吴三桂同党云贵总督卞三元及云南提督张国柱、贵州提督李本深一齐上疏请求让吴三桂总管云贵事务，并以“目前边疆叵测可虑”，威胁朝廷“收回成命”。朝廷态度非常坚定，降旨答复：“该藩以精力日为销减奏请，故照所请允行。今地方已平，若令王复理事务，恐其过劳，以致精力大损。如边疆地方遇有军机，王自应料理。”并规定，藩王下属人员不得任督抚。第二年冬，卞三元见三桂与朝廷矛盾日益尖锐，便寻找脱身之计，遂托言母病乞求归家奉养，朝廷准其离任“回旗养母”，另派汉军正蓝旗人甘文焜任云贵总督。甘文焜把督府驻在贵阳，他操练手下官兵，对云贵地区的山川形势详加察访，其意在牵制吴三桂，最终能取代吴三桂。

康熙十二年（1673 年），平南王尚可喜年届七十，他向朝廷请示回辽东养老，同时请令其子尚之信袭封王爵，继续驻守广东。康熙见撤藩时机已到，便以广东已经平定为由，准许尚可喜全藩撤离，所属官兵仍留广州府，令广东提督管辖。康熙决定撤藩，极大地震动了吴三桂与耿精忠，他们分别于七月三日、九日提出撤藩申请，意在试探朝廷态度。康熙命议政王大臣商议，大学士索额图以兵丁往返、民驿苦累为由，主张吴三桂继续镇守云南，其实是怕吴三桂造反。康熙斟酌再三，认为吴三桂早已有谋反之心，今天撤藩他也反，不撤藩他照样要反，不如先发制人，于是康熙坚持将三藩一块撤去。同年八月，康熙分别派礼部右侍郎折尔肯、翰林院学士傅达礼前往云南，户部尚书梁清标赴广东，吏部右侍郎陈一炳往福建，会同总督、巡抚、提督，办理撤藩事宜。吴三桂见永镇云南的幻想已破灭，于是写信给平南、靖南二藩及台湾郑经，相约共同反清。十一月二十一日，吴三桂杀害拒绝叛乱的云南巡抚朱国治，扣留朝廷使臣折尔肯、傅达礼，自称“天下都招讨兵马大元帅”，蓄发易冠，打起复兴明室的旗号，起兵反清。并命马保等率军从贵州进攻湖广，王屏藩等率军由四川进窥陕西。吴三桂发动叛乱，本是统治阶级内部权力分配矛盾激化的结果，但自清兵入关以来，西南地区南明势力还有一定基础，民族矛盾还比较尖锐，吴三桂打出反清复明的旗号，客观上利用了这种情绪。因此，吴三桂揭起反旗后，滇、黔、湘、蜀等省纷纷响应。据统计，共有 26 名总督、巡抚、提督、总兵等地方大员参加了叛乱。其中明朝降清之武将即达 20 名。此外吴三桂还从云、贵土司那里征调了数万人，为他卖命。同时清自入关以来，忙于征战，尚未顾及吏治之整饬，某些地区民族矛盾和阶级矛盾比较尖锐，为叛乱者利用，大大壮大了吴三桂等的力量。因此，吴三桂造反以来，来势甚猛，滇、黔、湘、蜀纷纷响应，“东南西北，在在鼎沸”。吴军主力东侵黔湘，兵力迅速增加到 14 万；侧翼北攻川陕，亦不下数万人。

清廷举行议政王大臣会议、部院大臣会议，紧急商讨应对之策。许多官员已被南方叛乱的惊人发展而吓得不知所措，他们极力主张应严惩主张撤藩者，对三藩进行安抚。大学士索额图坚决主张“前议三藩当迁者，皆宜正以国法”。在人们争论不下之际，众人把目光投向了康熙帝，希望他能作出决断。

康熙帝很清楚当前的形势有多危急，但他意识到，撤藩是正确的。吴三桂等人早蓄有异志，他们图谋造反已有很长一段时间了。这时绝不能妥协，如果立场软下来，将再也控制不了吴三桂，人们也会轻视他及满清政权。在此关头，任何妥协都将带来更为严重的后果。汉景帝杀掉主张撤藩的大臣晁错，吴王刘濞发动“七国之乱”，气焰反而更加嚣张。撤藩是皇帝的独断。因此康熙帝冷静地对群臣说道：“此出自朕意，他人何罪?”“朕自少时，以三藩势焰日炽，不可不撤，岂因吴三桂反叛遂诿过于人耶?”康熙如此坚定，不仅令主张撤藩的米思翰、明珠等人摆脱指责与惶恐，也使所有在廷诸臣人人敬服。康熙在如此危急的局势面前仍保持了那份惊人的冷静。他镇定自若，详细规划了对吴三桂等的作战方略。

十二月一日，吴三桂挥兵进攻贵州。贵州巡抚李本深、云南提督张国柱响应吴三桂，也扯起了叛旗。云贵总督甘文焜措手不及，无法备兵抵抗，全家自杀，贵阳陷落。在不到一个月的时间里，吴三桂兵不血刃，占据了贵州全境。他四处联系，鼓动耿精忠及尚可喜两藩反叛，还向镇守广西的孔有德的女婿孙延龄、盘踞台湾的郑经和原来自己安插在湖南、四川、陕西等地的心腹策动反叛。一时之间，南方及西北各省响应吴三桂的叛乱不断。“东南西北，在在鼎沸”。叛军气焰嚣张，声势甚大，并很快向湖南、四川派兵。响应吴三桂的叛乱不断。

康熙部署平叛

初十清晨，康熙帝升座太和殿，安排征讨吴三桂之事。大学士图海、索额图手捧“宁南靖冠大将军印”，授予多罗顺承郡王勒尔锦、多罗贝勒索尼，命二人指挥清军征讨云贵的叛乱。再由学士郭思海、额库礼手捧“镇守陕西安西将军、副将军”印给都统赫叶、护军统领胡礼布。康熙帝走下御座，率领在场的全体王公大臣及武将往堂子行礼。然后康熙帝亲自送出征将士出西长安门。

按康熙帝的构想，战事将被限制在云南、贵州、湖广三省展开，所以他派出两路兵马，一路赶赴荆州，一路由汉中进入四川，堵住叛军的道路，控制住战局的发展。同时下诏，将梁清标和陈一炳的部队调回，并撤除对耿、尚的撤藩令，以稳住二人，不使局势恶化。同时派人到广西授予孙延龄为“抚蛮将军”，孔有德旧将钱国安为都统，让他们固守广西，以阻止吴三桂军队对广西的攻击。当时吴三桂原来的部下在各处为官，为稳住这些人，康熙帝发下谕旨，表示继续信任他们，让他们安心工作。为表明平叛决心，康熙帝一听到吴三桂已反的消息，他第一时间里命逮捕吴应熊，还下诏革去吴三桂的平西王爵位，声讨吴三桂叛国的罪行。

然而，尽管康熙帝作了全面的布置，可形势的发展变化却完全出乎他的意料。三藩之乱花了八年时间才彻底平定下去，事后他每一想到，仍“觉悚然可惧”。

康熙帝时刻关注着南方的战局，不断地向前方调兵遣将。康熙帝命都统尼雅翰为镇南将军，率原驻沧州、顺义等十余地的满洲八旗兵驻防德州；又派兵奔赴南昌、安庆、江宁；又向四川、荆州、襄阳和江西等地增兵。然而南方的叛乱战火却越燃越烈，它的范围也越来越大。

吴三桂不到一个月便占据了贵州，这使他目空一切。他嘴上说拥奉“朱三太子”，但到康熙十三年（1674 年）的元旦，吴三桂扯下了“复明”的帽子，自称“周王”，改年号为“利用”。随后，吴三桂挥军进攻湖南，一路长驱直入，进逼长沙。守城的巡抚卢震弃城而逃，湖南其他地方的清军官吏也都是闻风而逃。吴三桂又是兵不血刃夺得了湖南。这时，湖北、四川有不少守将为吴三桂声势所慑，投降了吴三桂。三月十五日，襄阳总兵杨来嘉在谷城叛降；十九日，郧阳副将洪福率兵反叛，被提督佟国瑶击败。康熙帝派往增援四川的军队还在途中时，四川提督郑蛟麟、川北总兵谭弘、巡抚罗森、总兵吴之茂先后反叛，四川全省落入了吴三桂的掌握之中。叛军兵锋开始威胁陕西和湖北两地。

四川的陷落完全打乱了康熙帝的部署。在东部，康熙原指望"额附"孙延龄能守住广西，阻止吴三桂东进，但没想到吴三桂竟先于他控制了孙延龄，广西也加入了叛乱队伍中。孙延龄反叛的原因在于康熙批评他贪财横暴，残害百姓。二月二十八日，孙延龄发动兵变，将曾参劾过自己的部将都统王永年、副都统孟一茂等三十余人杀死，并将广西巡抚马雄镇逮捕，然后与吴三桂联兵夹击抵抗者。驻柳州的广西提督马雄、广西都统钱国安先后投降。广西全省又落入叛军之手。三月十六日，康熙又接到耿精忠反叛于福建的消息。

耿精忠是耿继茂的长子，顺治帝为笼络耿氏一家，将他的亲侄女、肃亲王豪格之女嫁给耿精忠。两年前，耿继茂死后，耿精忠承袭了王爵。当他知道康熙帝已批准撤藩的"请求"后，便开始密谋反叛。尽管他又收到了康熙帝不撤藩的上谕，但他并不信任康熙，他认为那是安抚他的手段，以使他不站到吴三桂的一边。一旦吴三桂失败，自己的命运仍是被撤迁。与其坐等被撤，不如随吴三桂一起与清王朝拼个你死我活。三月十五日，他于福州发动兵变，囚禁了福建总督范承漠，率部众剪掉发辫，改易汉服，自称"总统天下兵马上将军"。他派出军队四出攻掠，响应吴三桂。

到此，江南及沿海一线，只剩广东、江西和浙江三省还处在清廷的控制之下，而云南、贵州、四川、广西、湖南、福建六省均全部落入叛藩之手。康熙帝此时只能尽最大努力去争取镇住广东的尚可喜和拼死保住江西，使云贵、广西与福建叛军无法联手。他下诏革去耿精忠的王爵。同时任命康亲王杰书为奉命大将军、贝子傅喇塔为宁海将军，由浙江向福建发动攻击。命贝勒尚善为安远靖寇大将军，协助勒尔锦由荆州入湖南攻击岳州；命安亲王岳乐为定远平寇大将军，率军进入江西；以简亲王喇布为扬威大将军，统师镇江南；以贝勒洞鄂为定西大将军，指挥清军从陕西攻击四川；命尚可喜和总督金光祖由广东击广西。并迅速整顿驿递，以使情报和命令能在四五天里即可到达西安、浙江，直接指挥着各地的防务。

几个月中，为应付不断扩大的叛乱局势，康熙忙得焦头烂额，但在朝堂上他表现得极为冷静与沉着。祖母对孙儿特别关注，她鼓励康熙帝，并帮他出谋划策。康熙帝为安慰祖母，时常到慈宁宫请安。二月初一，太皇太后甚至拿出自己长年节俭积攒下来的银两与缎匹交给康熙帝，让他赏赐在前方征战的将士。二月十九日，康熙帝升座太和殿，举行了经筵大典。在繁忙的军政事务中，康熙帝仍念念不忘黄河的修治，叮嘱上任的地方官员要爱惜百姓，民心稳定才能平定叛乱。康熙帝坚定信心，全力指挥着这场平叛战争。

尚可喜像

康熙十三年（1674年）四月初，吴三桂放还朝廷使臣礼部侍郎折尔肯、翰林院学士博达礼，此后不久，吴三桂欲以清廷对等的身份与清廷对话，迫使康熙承认既成事实。但是康熙帝义无反顾，坚定地认为对于反叛之徒必须予以消灭，不能作任何退让。为彻底粉碎吴三桂的幻想，康熙采纳诸王的建议，决定于四月十三日处死孙世霖及吴三桂子吴应熊。谕旨宣称："朕思乱臣贼子，孽由自作，刑章俱在，众论佥同，朕亦不得而曲贷之也""通行晓谕内外军民人等，俾咸悉朕意"。处死吴应熊，确实起到了"以寒老贼之胆，以绝群奸之望，以激励三军之心"的作用。吴三桂起初以为东南半壁江山大半已落入自己手中，儿子又是皇帝亲戚，朝廷肯定不会杀他，而将留作以后招抚之用。及闻应熊死，"惊悖气夺，遂底于亡"。

康熙帝最大的目标是尽快在军事上占据优势，平息叛乱。他统观全局，发现清军在各个战场上都处于劣势，仅能与敌对峙，难以进取。除荆州有大将军勒尔锦统辖外，其他各地的军队互不相属，难以统一行动，不能抓住战机。吴三桂于岳州屯集重兵，随时可以北上、东进。于是，从六月至九月，康熙又陆续向岳州、浙江、四川、江南、广州各路增派大将军。六月十三日，以多罗贝勒尚善为安远靖寇大将军，同固山贝子彰泰、镇国公兰布率兵进攻岳州，将军尼雅翰、都统朱满、巴尔布、护军统领额司泰仍参赞军务。同时，派固山贝子准塔率兵往荆州增援勒尔锦。六月二十五日，康熙帝授和硕康亲王杰书为奉命大将军，与固山贝子傅喇塔一起率兵赴浙江，将军赖塔、副都统喇哈、纪尔他布参赞军务。同时，任命多罗贝勒董额为定西大将军，同固山贝子都统温齐、辅国公绰克托率兵进攻四川，将军赫业、瓦尔喀、护军统领胡里布、署前锋统领穆占、副都统佛尼勒参赞军务。康熙将江南、江西置于特别重要的地位。九月十八日，康熙任命和硕简亲王喇布为扬威大将军，率兵保固江南，兼管江西，将军阿密达、额楚、华善、王之鼎、总督阿席熙等为参赞。九月二十四日，任命安亲王岳乐为定远平寇大将军，率兵到广东，令都统觉罗画特、署护军统领伯郎肃、副都统吉图咯、朱喇禅、辅国将军瓦山等一同前往。至此，康熙又向战场派出了六名将军，仅江浙就派了三位将军，且全是亲王。可见，争夺江西、浙江、江南已成为战争胜负的决定因素。正如康熙诗所云："临轩重简亲藩出，军威万里风雷疾。"各路大将军的任命和出征，使清廷的力量大为增强。大将军不仅携带八旗前锋、护军、骁骑等劲旅，亲王、贝勒、贝子、旗下包衣佐领甲士及所部人众披甲者，而且可以全权统一指挥、调动其辖区将军、都统、总督、提镇等所领满洲、蒙古、汉军及绿营兵丁。玄烨昭示："所以遣王等者，非谓诸将才能不足，念诸王贝勒皆朕懿亲，指挥高度无可牵掣，守御征剿足增威重。"这一部署，大大提高了稳定战局和应付意外事变的能力，并为向叛军发起反攻和收复失地大大增加了可能性。

吴三桂叛乱，不仅带来了军事上的震动与失利，而且在人心方面也带来了极大的变动。康熙十二年（1673 年）底，吴三桂反叛消息传到京城，北京城一夜之间发生数起失火事件，杨起隆假称朱三太子，发动起义。十三年（1674 年），八旗劲旅大量派出之后，十四年（1675 年）春，察哈尔蒙古和硕亲王布尔尼发动了叛乱。这些事件很快被平定下去。但康熙帝的心情极为沉重。他时刻惦念前方的战事，加之军务繁忙，日夜不得安闲。然而康熙明白自己身为一国之主，必须沉着冷静，"外则示以暇豫，每日出游景山骑射"。"经筵""日讲"在暂停数月之后，亦照常举行，再无间断。当时有人以为皇帝毕竟年轻，在如此紧张时期竟还游山玩水，曾投帖于景山路旁："今三孽及察哈尔叛乱，诸路征讨，当此危殆之时，何心每日出游景山?”康熙看后，置之不理，依然有节奏地工作和生活。皇帝此举，果然于稳定民心有益。事后，他才说明此中用意：“当时朕若稍有疑惧之意，则人心摇动，或致意外，未可知也。”

“剿抚并用”政策

康熙在刚开始平叛时，即有“剿抚并用”之意。王辅臣叛降吴三桂，康熙即曾连降专敕招抚，但初期军事上处于劣势，招抚难以奏效。后来清军将王辅臣围困在平凉、固原等地，王辅臣见处境不妙，主动乞降，康熙怀疑这是王辅臣的缓兵之计，完全不予理会，双方僵持将近一年。最后，康熙见强攻不下，又转而采用招抚策略，收降王辅臣，底定三边，并因而从中总结出一条经验：“剿抚并用”。他给图海的谕旨中说：“大将军图海恭承简命，秉钺临边，即宣布恩威，剿抚并用，平凉一带，旬月绥平。”此后，康熙在各个战场上大力推行“剿抚并用”的策略，令对“叛变之人”，只要有“悔罪输诚之心”，皆可容受。

继陕西之后，康熙把福建定为另一个剿抚重点目标。康熙一向把耿精忠与吴三桂区别开来，认为他“必系一时无知，堕人狡计，与吴三桂不同。故将吴三桂子孙正法；精忠在京诸弟照旧宽容，所属官兵并未加罪”。“且吴三桂乃本身投诚之人，背恩反叛，自取灭亡；精忠祖父以来，三世受恩，四十余年，非素蓄逆谋首倡叛乱者比”。因此，在耿精忠刚叛乱之时，康熙马上遣工部郎中周襄绪偕精忠护卫陈嘉猷，带着朝廷敕令赶赴闽，传谕精忠：“果能追念累朝恩德及伊父忠荩遗言，革心悔祸投诚自首，将侵犯内地海贼速剿图功，即行赦免前罪，视之如初。”后来虽然派出大将军康亲王杰书至浙闽前线，加强对福建的军事进攻，仍不忘时常派人前往招抚。

康熙十五年（1676 年）六月，因郑经占据漳州、泉州等七府，耿精忠与郑经发生矛盾，加以耿军内部军饷匮乏，士兵不断逃亡，困难很大。因此，耿精忠被迫从建昌府新城等地撤兵。清军乘机于八月二十日攻占仙霞岭，进占浦城县，建宁、延平等府不日即可攻下，福建的大局已定。康熙为尽快解除“福建问题”，谕康亲王：“以时势晓谕耿精忠早降，以副朕安辑民生至意。”九月，康亲王大军收复建宁、延平等府，耿精忠无力再战，派其子耿显祚迎康亲王军队入福州。十月初四，耿精忠亲自出城迎接康亲王杰书进入福州。康熙命耿精忠仍留靖南王爵，率领所属官兵随大军征剿叛逆，以将功补过。此后，清军又在居乡守制之侍读学士李光地协助下，在泉州击败郑经的军队。各地叛军纷纷投诚，福建、浙江相继平定。

福建的形势对广东影响很大。原来驻守广东的平南王尚可喜，自吴三桂叛乱以来，一直忠于清朝。康熙为表示嘉奖，提高尚可喜的职权，令他节制广东一省的督抚提镇，文武官员听任其选补，并晋封尚可喜为平南亲王。至康熙十五年（1676 年）初，广东形势急转直下，尚可喜染病，长子尚之信暂代理事；平南大将军尚之孝在潮州被郑经军击败，退守惠州；高州总兵祖泽清、藩属水师副将赵天元、总兵孙楷宗相继叛降三桂。在这种情况下，尚之信于二月二十一日，守其父府第，发动叛乱，接受吴三桂招讨大将军伪职，并将其父的谋士多光杀死，削夺了其弟之孝手中的兵权。两广总督金光祖与巡抚佟养钜也向吴三桂投降。康熙对广东问题有一定的思想准备。他一点也不担心尚之信的叛乱，因为他知道吴三桂不会信任他，而且其内部矛盾重重。只要顺利解决福建问题，尚之信就会投降。于是，他一面令安亲王岳乐猛攻长沙牵制吴军主力，令简亲王喇布迅速攻占吉安，既保岳乐后路，又可进剿广东，另一方面，对福建的耿精忠加紧招抚。十月，尚可喜去世。广东地方官员站在清廷一边，对尚之信的叛乱进行了坚决抵制。同月，福建耿精忠降清。而吴三桂对尚之信极不信任，虽封以亲王伪号，但又命总督董建民、巡抚冯璠加以牵制。在这种形势下，尚之信向简亲王喇布请降。喇布奏闻，康熙于十二月九日降旨免其罪，令其“相机剿贼，立功自效”。同时，命莽依图为镇南将军，率兵进入广东接受尚之信的投降。十六年（1677 年）四月二十九日，莽依图到达韶州，尚之信于五月初四率省城文武官员及兵民等剃发投降。康熙命尚之信袭封平南亲王，下属将领都官复原职。同时，康亲王杰书派遣将军喇哈达、都统赖塔从福建率兵进至潮州。原潮州总兵官刘进忠、原高雷总兵官祖泽清等人也先后投诚。原两广总督金光祖发动士兵生擒董重民等，然后他向清廷上疏请求投诚，广东全部平定。康熙令将被捉住的吴三桂的伪总督董重民及其他官员，解至京师，一律释放。他对大学士等说：叛乱之罪在吴三桂，“与胁从之人无涉”“彼所部人员，如能悔罪投诚，概行宽免”。因此，“将董重民免死释放，一同押解来京的罪人，亦俱宽释”，并交与兵部，以作相应安排。

康熙十五年（1676 年）五月至十六年（1677 年）五月，康熙帝运用“剿抚并用”的政策在战场上取得了重大的胜利。陕西、福建、广东都相继收复，清廷从与敌相持状态开始转入反攻阶段。虽然仍有不少困难，但胜利即将到来了。

康熙十五年（1676 年）九月，康熙赏给广西提督马雄之子马承先、马承霄游击头衔，命他们到广西“招抚马雄”。次年初，康熙获悉孙延龄妻孔四贞仍然时刻怀念太皇太后的养育之恩，有意归降朝廷时，又派督捕理事官麻勒吉到简亲王军中，专门负责广西招抚事宜。但广西情况复杂，孙延龄与孔四贞及马雄之间均不和，与吴三桂也有一定矛盾。彼此戒备，都无力左右全局。至康熙十六年（1677 年）冬，吴三桂见湖南形势吃紧，派其孙吴世琮及悍将马宝进兵桂林，诱杀孙延龄以巩固后方。康熙得知孙延龄被杀、马雄病死的消息后，下诏招抚他们的部众，令麻勒吉等："仍同简亲王军偕行，以朕赦罪免死之意概行晓示。其被胁从贼之人，有悔罪投诚者，即行招抚。"在康熙的指示下，麻勒吉成功地招抚孙延龄部将刘彦明、徐洪镇、徐上远、线国安之子线成仁、马雄之子马承荫等，为广西的平定奠定了基础。

康熙十六年（1677 年）六月十六日，康熙下令敕谕各省王、贝勒、大将军、将军、总督、巡抚、提督等，在湖南、四川、云南、贵州等省全面推行"剿抚并行"的策略。其中进一步具体申明招抚政策："今特颁敕谕，概示招徕。凡吴三桂叛军中的文武官员兵民人等，悔改投诚一律不加追究，并给他们以恩赏。或有擒杀贼首，投献军前，及以城池兵马来归者，仍论功优叙，尔等即宣布晓谕，以体现朕宽仁矜全之意。"此后，每当战事进展到关键时刻，康熙帝都发布招降敕书，由专门从事招抚的人员掌管，随时发送。

随着形势的发展，剿抚并用策略在内容上发生了新的变化。首先，对投诚官兵的安排上有了变化。初为优升职级，以原班人马投入战斗；后随着投降的人数的增多，以及战事的减少，一般尽量避免聚集一处，投降的士兵有的归乡为农，有的则被编入绿营兵。其官员则必须进京陛见，或者对其提拔任用，或者让其补缺候用。另外，后期招降的对象也发生了变化。后期集中在吴三桂手下胡国柱、夏国相、马国贵、吴应麟、郭壮图、马宝等人身上，他们是吴三桂的骨干分子。这些人是吴三桂的党羽，不是被胁从者，因而康熙帝专门降敕，让他们当中的投诚者返回南方，一为保护家小，二来可作内应。其实是招抚计与反间计相结合，使叛贼间相互怀疑，扩大他们间的矛盾，以便各个击破。再次，对降而复叛者从严处理。如：广东高州总兵官祖泽清降后又于十七年（1678 年）三月复叛。康熙谕兵部："祖泽清父子兄弟向受国家恩养甚厚，以前叛变，以为他是被胁从，不得已而从贼，及既降复叛，他甘心依附贼人由此可知。罪情重大，国法难容，不许招抚，亦不许其投诚，尔部即密谕各部大将军、将军、督抚提镇等遵行。"八月，官兵大肆搜捕，将祖泽清及其子良彧擒获。次年二月，"俱凌迟处死，诸子、家口籍没入官"。根据具体情况，灵活运用剿抚并用策略，表明了康熙的高度原则精神和求实态度。由于他亲自布置与指挥平叛战争，能及时地把握敌情，又极为勤勉，从失误中吸取教训，从成功中总结经验，所以清王朝在康熙帝的指挥下正在迈向平叛成功之路。

平定湖南

康熙认定，平叛战争中的最主要敌人是吴三桂，湖南是主要战场。他曾说其他战场报捷"朕不为喜""吴三桂乃贼渠，惟破岳州、澧州方可喜耳"。因此，自战争爆发以来，康熙帝一直把主要精力投入湖南战场。

康熙始终在思考如何夺回湖南这一问题。为此他确定了一项新的作战方案，以迂回包围的策略代替在湖南战场发动正面进攻的方法。康熙认为，吴三桂长期占据岳、澧等地，主要军粮来自于长沙、衡州，只有攻下长沙，断绝吴三桂叛军的粮道，才能最终打败吴三桂。他在给岳乐的谕旨中指出了攻取长沙的重要意义："一以断贼饷道；一以分贼兵势；一以扼广西咽喉；一以固江西门户。”而且，由于陕西发生叛乱，“川贼必通杨来嘉、洪福二贼，窥我郧襄，扰我南邓，侵我荆州后路，揆其大势，进兵湖南，断不容缓”。因此，康熙于十四年（1675 年）正月二十九日命岳乐“将江西要地速行整理，稍有就绪进兵湖南”。同年九月，湖广总督蔡毓荣也提出与此相同的一套作战方案，他上疏说：“若楚省大兵由荆、岳各路前进，而江西我军亦由袁州诸路会期进攻，使贼三面受敌，首尾不能相顾，则我兵之势合而贼兵之势分，一举而战功立奏也。”而这时康熙帝的作战谕旨早已发下，且详细得多。

正如康熙所料，吴三桂企图利用王辅臣在陕西的动作，举兵进攻荆州、襄阳等地。他在长沙、醴陵、萍乡等地驻守七万大军，以挡岳乐江西之师；又分兵七万守岳、澧诸水口，扼荆、岳大兵咽喉，以抗拒江北之师；又暗地里派出兵马占据彝陵（湖北宜昌）东北之镇荆山，纠王会、杨来嘉、洪福等袭击谷城、郧城、均州、南漳，以逼襄阳，并企图与西北的叛军相会。而他亲赴荆州上游之松滋，居中调度。康熙四处调兵，坚守荆襄，并命简亲王喇布带兵进驻江西，急命岳乐从江西进兵湖南。岳乐于康熙十五年（1676 年）二月攻占袁州后，又收复萍乡县，开始向湖南发起进攻。至此，康熙已将六名大将军中的三名投入湖南战场。吴三桂明白此情，急忙调集 18 名将军、10 余万兵力，死守长沙。康熙料到吴三桂将亲援长沙，而这样就会减少他在岳、澧等地的力量，所以曾命荆、岳大将军王、贝勒等“饬勒兵马，时加侦探，乘机进剿”。然而，尚善与勒尔锦分别于三月初九和三月十八日渡江之后，进展非常缓慢。勒尔锦于三月二十九日再次进攻太平街又告失败，便“退兵荆州”。因而使康熙皇帝失去一次收复失地的大好时机，迂回包围计划一时未能实现。

康熙事后惋惜地说：“若大兵数路并进，吴逆断无如许伪将贼兵随处备设壕桩，以与大兵相抗，其灭亡可翘足而待矣。”

诸王贝勒踟蹰不前，丧失了稍纵即逝的战机，严重影响了对湖南的收复。为了改变这种被动局面，康熙在平定王辅臣之后，破例任命署前锋统领穆占为实授都统，佩征南将军印，出征湖南。穆占，满洲正黄旗人，姓纳喇氏，是叶赫贝勒金台石的后代，初任侍卫兼佐领，后以功升授满洲副都统、署前锋统领。自进入陕西与叛军作战以来，每与敌战，他都是身先士卒、勇往直前。康熙帝因而对他委以重任，并从陕西、河南、荆州等地调来精兵供他驱使，其所统之兵与安亲王岳乐的大军在数量上不相上下。这是一支机动部队，无防守之责，专门担负进攻任务，“其应设镇守官兵调遣机宜，与各将军、总督、提督等议行”。康熙对穆占寄予最大希望，出征前，特召来京，面授机宜。

穆占并没有让康熙帝失望，他排除各种干扰，统率大军奋勇杀敌。康熙十六年（1677 年）二月初三，穆占率兵进抵长沙外围地区，作了将近一个月的准备工作。三月初一，穆占率所部向长沙发起猛攻。前锋部队经浴血奋战，已攻到长沙城下，后续部队也进抵长沙城下，收复长沙已指日可待。恰在这时，安亲王的军队，不成队形，以武力干扰穆占军后路，不仅使穆占无法攻城，而且造成重大伤亡。吴三桂为摆脱在湖南三面被围的困境，于四月率众往衡州，派遣三万大军至湖南南部的宜章，企图向广东东昌发动攻击，并分兵侵犯江西南安州（大余），窥视两粤。康熙一面命令将军莽依图、觉罗舒恕分别守韶州（今广东韶关市）、南安，协助湖南战场；另一方面令穆占会合简亲王喇布举兵攻打衡州、永兴，“遏贼后路，如此则可减缓粤东的压力，而粤西欲降者亦可乘间来归”。穆占领命，在击败郭应辅等、收复茶陵州及攸县之后，乘胜南取郴州、桂阳，召降桂东、兴宁、宜章、临武、兰山、嘉禾、永兴等城，吴三桂进攻广东的阴谋被打破。随着平叛战争不断地取得胜利，新收复之地增多，但简亲王一再讨价还价，只防守江西咽喉的茶陵、攸县、安仁等地，不愿分派部队驻守他处。穆占不得不把自己的兵力分散于新收复之地，自己在郴州设营，以都统宜里布驻永兴。四月，敌人进攻永兴，他遣护军统领哈克三、前锋统领硕岱赴援。六月，吴三桂集中马宝、王绪、胡国柱等优势兵力强攻永兴，战斗惨烈异常。都统宜里布、护军统领哈克山等战死，前锋统领硕岱率兵入城死守，浴血奋战，情况十分危急。康熙帝为此忧虑不安，“现于词色”。直到敌人得知吴三桂的死讯而撤去，战局才转危为安。

简亲王和穆占均不敢丢下驻地驰援永兴，事后双方相互指责。康熙则居中调解，劝他们“彼此和衷”，并对永兴失利一事进行了总结，指出：敌人大举进攻永兴，“有必死之形”，清军“兵势太分，以致失利”。他进一步概括说：“凡摧寇破城，必审量己力，可击则击之，如贼众我寡，即宜调集诸路合为一军，壮其声势，以图攻剿。倘株守新复城池，以已经驻镇，惮于旋师，迟留疑畏，于大事殊无所济。”七月初二，康熙再次重申了集中兵力作战的重要性，说：“满兵之势贵聚，聚则处处攻战始克不利”“满兵关系重大，利战则战，利守则守，宜合全力以破贼众。若将所复贼弃之空城固执分守，似乎不可”。对于穆占的内疚心情，康熙帝极为了解，并鼓励他：不要因为永兴失利“冒昧妄动”，要“鼓舞人心，振扬军威，以图克济”。如果破贼成功，“前罪自当涣释”。

康熙重视广西的郁林、湖南的郴州、永兴等地，他说“今赖皇天之眷佑，祖宗之威福，群臣尽力，将士用命，前后恢复闽海、两粤，以至湖南岳阳诸处，擒斩巨魁殆尽，望风归正不可胜数，剩余之敌势如破竹，解吾民之倒悬，行有日矣”。于是，他令各路大将军、王、贝勒等：“剿抚兼施，贼有悔过投诚者，免罪叙述录用，将此恩意，概行晓谕。”正、二月间，湖南战场上出现了节节胜利的大好形势。吴三桂在长沙的部队偷偷地逃掉了，岳乐立即率部入城，并乘胜南下，恢复湘潭。察尼指挥大军进攻湘阴，湖广提督桑峨、固山贝子彰泰攻占华容、石首二县。勒尔锦派兵渡江，收复宜都、澧州、常德府等地。简亲王喇布派前锋统领希佛乘夜袭取了衡州，随后又攻占了耒阳。吴三桂的手下纷纷率众投降。

湖南既已恢复，康熙着手进兵四川、云南、贵州。他对各路大军的方位与任务作了重新部署。命勒尔锦回驻荆州，调度荆、岳、彝陵（宜昌）、襄阳等处军务，进兵湖北归州（秭归）、巴东等地，扑灭山贼，收复兴安，以配合陕西军队进占四川；察尼向辰州、沅州方向发动攻击，调度澧州以南军务，并攻占进黔要路辰龙关；岳乐向宝庆府、武冈州一线发起攻击，攻取另一进黔门户枫木岭；喇布与穆占合兵收复永州等地，并调拨精兵每佐领三、四名，在希佛率领下奔赴将军莽依图军前，前去支援广西，以开辟新的入滇路线。岳乐进攻武冈枫木岭，因广西巡抚傅宏烈切断了敌人的粮道，进展顺利，八月，清军收复武冈。攻取辰州辰龙关之战较为激烈，康熙十九年（1680 年）三月，清军方才攻克辰龙关，守关叛军逃窜，陈州伪知府、伪将军等率众投降。进军川、云、贵的条件成熟。

收复广西、四川

康熙十八年（1679 年）初，岳州被清军收复，湖南大局已定，清廷便决议进攻四川。以大将军图海为首的驻陕满族将领，被上次的保宁之战吓怕了，不敢出战，汉族将领宁夏提督赵良栋勇猛有谋略，毅然要求进兵四川。他于四月上疏说："今湖南既定，宜取汉中、兴安，规四川。臣愿精选所部步骑五千，独当一路。"康熙帝览奏大喜，命令图海等人就此疏再作商议，希望图海能出兵四川。不料图海等仍取消极拖延态度，先是强调"栈道、益门镇各口，逆贼来犯，据险为营"，不能进兵；后又借口"贼毁偏桥，无路可通，竟尔却还"。康熙对此极为气愤，他质问图海："如此懦怯易退，何时乃得破贼?"又经一再督促，图海于八月起草一个九月初八四路进兵收复汉中、兴安的方案，亦因将领意见不一，未能贯彻执行。康熙帝面对此情此景，决定以绿旗营兵将为主，平定汉中、兴安，收复四川。

同年十月初十，康熙遣内阁学士禧佛、郎中倭黑带着皇上的敕令赴陕西，向将军张勇、王进宝、提督赵良栋、孙思克宣读皇上旨意："各率所属绿旗兵平定汉中、兴安，恢复四川。""尔等官兵前进，则满洲大兵，亦即相继进剿，接运粮饷，不至匮之。"龙安府（四川平武）伪总兵投降。赵良栋率绿营兵从龙安南下，于康熙十九年（1680年）正月十一日进抵成都二十里铺，伪巡抚率众迎降，成都克复。康熙奖其功，提升赵良栋为云贵总督，加兵部尚书，仍领将军。赵良栋分遣游击冶国用等收复雅州府、象岭、建昌诸卫，又向东攻占叙州，平定纳溪、永宁诸县。与此同时，王进宝于正月十三日经过激战占领了保宁府（四川阆中），敌守将王屏藩自杀，伪将军吴之茂被擒获。正月十八日，又收复顺庆府（南充市）。在赵、王胜利进军中，康熙派建威将军吴丹、将军鄂克济哈率领满兵，作王进宝、赵良栋的后续部队，"转饷源源不绝，相随而行"。汉将自成一军，仅用三个月时间就收复了四川绝大部分地区。

在四川战场上，康熙帝之所以重用绿营汉兵，实在是与满军将领不得力、无法打开局面有重大关系，并非根本改变“满汉合兵”制。因此，在进兵云贵前夕，他又按“满汉合兵”制作了军事部署。康熙十九年（1680 年）二月初一，为迅速收复云贵，康熙帝重新安排四川战守，将五路进兵合为一路，命“将军吴丹、鄂克济哈与赵良栋等同进取吴丹、鄂克济哈于顺承郡王军中，简精名马兵，将之前行”。在四川战场上吴丹实际上成为了主帅，赵良栋反而退居第二位，王进宝以“疾病”为理由请罢。康熙命王进宝回固原治病，由其子王用予暂时统率其部队，驻扎保宁，进剿云贵时随军前进。

康熙二十年（1681 年）正月初一，在平定两广之后，赖塔从广西最西部的西隆州出发，击败何继祖，攻占石门坎隘口，恢复安隆所。二月初二在贵州西南的黄草坝，赖塔又击败詹养的两万部队，打通了进入云南的门户。二月十二日，赖塔收复云南曲靖府。十五日，从曲靖府起行，相继收复马龙州、易龙所。十六日，收复杨林城、嵩明州，进抵云南首府昆明。这条从广西出发经黄草坝的进滇路线，正巧是当年清军追赶南明永历帝所走过的道路。赖塔谨遵谕旨，取得辉煌的战功，康熙对此极为满意，曾说：“平定云南，赖塔之功最大。”继赖塔之后，一直观望不前的贝子彰泰，也率部向昆明挺进。两路大军在归化寺安营，于二月十一日大败出城作战的吴军万余人，然后进围昆明。云南、贵州的少数民族痛恨吴三桂的暴政，对康熙帝优待少数民族的政策极为欢迎，大力支援清军，协助解决军饷，推动了胜利的早日到来。康熙特嘱大将军贝子彰泰，奖励各族，“毋致有误军饷”。

在四川方面，康熙重新起用王进宝，命他“驰赴保宁，兼守汉中”，以平息谭弘父子的骚扰。并将满洲将军吴丹和鄂克济哈调离，代之以署西安将军佛尼勒为建威将军，调遣永宁一路；以都统觉罗纪哈里为宣威将军，调遣建昌一路。康熙令其驰赴赵良栋军前“会商剿贼”，力争将吴军伪将马宝、胡国柱、夏国相等就地消灭，防其归援云南。当康熙得知胡国柱等逃遁消息之后，于三日二十日急令将军佛尼勒、赵良栋等：“于接到命令之日起，即各统官兵速行蹑击，勿令得援云南。”赵良栋从三月起“追剿胡国柱于观音崖”，五月，收复泸州、叙州（宜宾市）、永宁（叙永）。七月，攻占西昌，乘胜渡金沙江，进入云南武定州继续追剿。胡国柱一路逃窜，在无路可逃的情况下自杀。马宝逃至姚安，向清军投降。夏国相逃至广南，也因无路可逃而投降。赵良栋完成追剿任务之后，于九月率宁夏兵进抵昆明。至此，广西、贵州、四川三路进滇之势已成。

平定云南

十月初八，彰泰等遵照康熙帝的指示进抵昆明城下驻扎下来，随后开始了全力攻城。二十日，会议令赵良栋破南坝之贼，取双塔。赵良栋于二十二日夜指挥军队，亲冒矢石，攻占南坝，夺取玉皇阁，进逼新桥。敌人死守新桥。赵良栋伏马兵于南坝两岸，分步兵为三队，营壕墙外，持大刀督阵。二十五日夜二鼓，攻桥，双方展开了殊死搏斗。伪国公郭壮图亲搏战，三进壕墙，而清军伏兵也三次冲出击杀敌人，贼败走，赵良栋夺桥追至三市街。贼兵见清兵猛勇，人心始乱。这时，彰泰令诸军悉进，在桂花寺大败吴军。二十八日夜，吴三桂的孙子吴世璠、郭壮图及其子郭宗汾自杀。二十九日，伪将军线昇等率众出城投降。

至此，为时八载的平叛战争胜利宣告结束。康熙帝接到捷报后，激动不已，挥笔写下《滇平》诗，以“回思几载焦劳意，此日方同万国欢”之句，抒发他长期辛劳获胜后的喜悦心情。

八年平叛战争，是清朝统治阶级内部分配权力的斗争，是中央政府与地方割据势力之间的殊死斗争。在平叛过程中，康熙帝进行了正确的指挥。为了及时了解前方情况，康熙帝特别命令兵部于原有的驿站之外，特设笔帖式驰报军情，每四百里设笔贴式一员，拨什库一名，担任汇报军情工作，有了笔帖式，清廷的前线战况及皇帝的谕旨均可在一昼夜里送达千里以外的地方，发挥了使用畜力交通的最高效能。另外，为平叛，康熙帝还提高了绿营兵的地位，提拔重用汉族人将领。如果没有汉兵参加，平定三藩是不可能的。相反，吴三桂虽然打着反清复明的旗号，但由于他与其他藩王对境内人民残酷剥削和压迫遭到人民反对。吴三桂迎清兵入关追杀永历帝早已遭到汉族人的唾弃，之后又出尔反尔，所以根本得不到任何同情，加上内部矛盾重重，军纪败坏，失败是不可避免的。

康熙平定三藩之乱，是清朝前期的重大事件。三藩平定，康熙将官吏选任大权收归中央，划一军队编制，原来各自独立的吴、耿、尚、孔等部队，除吴部调往边境驻防外，其他均编入八旗，同时于荆州、福州、广州增设八旗驻防，广西、云南派驻绿营兵。清朝中央统治的权力得以集中和加强，清王朝进一步实现了国家的统一。另外，将三藩财产没收归官，充作军饷，清除滇、粤、闽等地方积弊，为清朝整顿边区，巩固疆域创造了有利条件，并为社会经济的恢复奠定了基础。

收复台湾

施琅首次出兵台湾

康熙帝即位同年——顺治十八年（1661 年）的二月至十二月，郑成功命其子郑经留守金门、厦门等地，他亲自指挥大军进攻台湾，赶走了荷兰殖民者，收复了台湾，是为中国在历史上立下不朽的功勋的人。但由于郑氏政权坚持抗清立场，遂成为清王朝的心腹大患。康熙继位以来，一直以收复台湾为己任，为此，他采取了种种措施。其策略总的来说是剿抚并用，但前后期有所不同：康熙二十年（1681 年）六月以前，以抚为主；以后则以剿为主。

清对郑氏采取以抚为主策略，是由多种因素决定。首先从清朝自身看，陆军强大而水师薄弱。到顺治十八年（1661 年）底，清廷依靠强悍的八旗兵和为数众多的绿营兵，统一了大陆，平定了中原，但对盘踞于海岛的郑氏则一直无能为力。顺治年间，连年征战，军费支出浩大，国家财政极为困难。大陆初步实现统一之后，迫切需要休养生息，发展水师一时还提不上日程；并且清廷不信任那些脱离郑氏集团而向清廷投诚者，所以也无意充分发挥他们的作用。清廷对郑氏的战略基点不是主动进击，而是消极防御。

顺治十七年（1660 年）九月，顺治帝批准福建总督李玄泰建议，开始了迁海政策。次年六月，海澄公黄梧又献消灭郑氏集团的五条策略。其中第一、二两条即是迁界、禁海，议将“山东、江、浙、闽、粤沿海居民尽徙入内地，设立边界，布置防守”，以防沿海百姓与郑氏集团接触勾结；“将所有沿海船只悉行烧毁，寸板不许下。凡溪河，竖桩栅。货物不许越界，时刻佺望，违者死无赦。如此半载，海贼船只无可修葺，自然朽烂；贼人马众多，如果没有充足的粮草供应，其势力自然会瓦解。此所谓不用战而坐看其死也”。清廷立即采纳，从七、八月开始，清廷在江、浙、闽、粤等省进行了大规模的迁界与禁海，分别下令将各省沿海居民内迁三、五十里，设界防守，不许人民越界下海。

迁界和禁海，目的在于割断郑氏与大陆之联系，使其失去接济，出现暂时的困难，但它除了使一部分人产生动摇而投降清朝外，并无太大作用，并未如黄梧所料，半年之内即可致敌人于死地。而清廷因迁界、禁海也蒙受了巨大的损失：沿海各省大片良田荒芜，国家税收减少，对外贸易停顿，百姓背井离乡。将沿海岛屿迁空，正好使郑氏船只自由出没，买通守边士兵后，他们照样可以得到所需的物资。因此，迁界禁海是清廷在不得已情况下采取的防御措施，而且未达到预期目的。

稍后，郑氏内部出现矛盾，为清廷推行剿抚策略提供了有利的机会。康熙元年（1662 年）五月初八日，郑成功于台湾病逝。台湾事务暂由其弟郑世袭管理，郑世袭因受人挑拔，想掌握整个郑氏集团。而郑成功死后，其子郑经即在厦门即承父位，从此叔侄二人势同水火，诸将互相猜疑，人心动摇。清福建总督李率泰、靖南王耿继茂乘机于七、八月间遣效用总兵林忠等前往厦门，致书郑经，对其进行招抚，这是清廷对郑经的第一次招抚。郑经本无和谈诚意，只因其退路台湾已被其叔占据，如果断然拒绝清朝和议，“则指日加兵，内外受困，岂不危哉？不如暂借招抚为由，苟延岁月，俟余整旅东平，再作区处”。于是他假意与清谈判，并上缴明朝敕命、公伯爵印及所缴获的清朝各州县印和海上军民土地清册，以换取清朝信任。次年五月，在内部矛盾平息后，郑经“请如琉球、朝鲜例，不登岸、不剃发易衣冠”，拒绝招抚，和谈因而失败。康熙二年（1663年）十月，清军攻克厦门、金门，郑经退守铜山。清廷于是又派人去招抚郑经，郑经仍要求按照朝鲜藩国待遇，甚至表示：“若欲削发登岸，虽死不允。”

清廷并未因郑经对招抚的拒绝而动摇其政策。康熙二年（1663年）六月，郑经用计杀害支持郑世袭的郑泰，郑泰之弟建平侯郑鸣骏于是带领郑泰子永胜伯郑缵昌及大小文武官四百余员、船三百余号、众万余人，从金门驶入泉州港投降清朝。十月，清兵三路攻厦门、金门，开始时郑军获胜，但很快被击败。尽管泉州一路击杀了清军提督马得功，但因郑经派去防守高崎陆路的将领陈蟒秘密降清，使清海澄公黄梧、水师提督施琅得以从海澄顺利攻占厦门，郑经只得退守铜山。铜山郑军在清廷的招抚政策下土崩瓦解了，“各镇纷纷离叛，日报无宁晷”。康熙三年（1664年）三月初六，清兵进攻铜山之前，有“伪威远将军翁求多率兵民六万余人纳款”。在三月十四日，又有“伪永安侯黄廷、伪都督余宽等，率伪官兵并家属人等三万二千四百余名出降”，郑经仅率数十只战船，乘风逃到台湾，他安排断后的两员大将周敛武、黄廷也向清廷投降了。至此，郑氏沿海据点被清廷一一拔除。据管理福建安辑投诚事务户部郎中贲岱于康熙三年（1664年）七月疏报：“自康熙元年至三年（1662至1664年）止，合计投诚文武官三千九百八十五员，食粮兵四万九百六十二名，归农官弁兵民六万四千二百三十名口，眷属人役六万三千余名口，大小船九百余只。”此后，从台湾、澎湖两地逃奔大陆的不计其数。如：康熙三年（1664 年）十月，台湾商人兰英“带货物投诚”；康熙四年（1665 年）十月，台湾伪左都督朱英自澎湖率众投诚；康熙五年（1666 年）七月，台湾“伪都督李顺自澎湖来到浙江洋面，率伪官兵船进关投诚”。

对台湾投诚来的官兵，清廷给他们作了适当的安置，同来其余大小文武官亦分别授职。封周全斌承恩伯，黄廷慕恩伯，朱英被任命左都督；授其下属都督佥事翁贵等四人、总兵陈琦等三人并为都督佥事，其副将、参将、游击等，均仍任原职，“并给全俸，赏赉有差”。有的降者仍在前线领兵作战。如康熙五年（1666 年）十一月，向清廷投降的杨富被任命为浙江水师右路总兵官。投诚武官中有人适合并愿为文职，康熙应允兵部题请，并令地方督抚察明之后具题斟酌使用。郑氏亲族来降者，予以优待。郑成功亲弟左都督郑世袭降后，不仅授予精奇尼哈番世职，给全俸，而且还将郑芝龙已被没收的田产发还给他。

对于台湾问题，由于荷兰殖民者的贪婪与野心，清王朝决定自己去解决它。荷兰人自被郑成功从台湾驱逐后，并不甘心失败，欲借郑成功逝世、郑氏内部混乱之际与清廷联合夺取台湾，并取得与中国“自由贸易”特权。为达到此目的，在康熙元年、二年（1662、1663 年），荷兰殖民者一再派遣舰队，打着“支援大清国”的旗帜，抵达福建沿海。恰值清、郑第一次和谈破裂，清廷便想借助荷兰海军的力量，消灭郑氏沿海据点，于康熙二年（1663 年）十月清、荷组成联军，进攻厦门、金门。金、厦战后，清、荷双方产生严重分歧。清廷招抚铜山，同时也准备武力攻取，“邀荷兰船助剿”；荷兰人拒绝助剿铜山，主张立即进取台湾，企图将台湾据为己有，荷兰殖民者的狼子野心此时暴露了出来。靖南王耿继茂在奏疏中提醒说："外夷禀性贪利，察其来意，一则欲取台湾，二则以图通商。"因此，清廷赏赐给荷兰人缎匹、银两，并准其定期来华贸易，以此作为对其助攻金、厦的回报。但是，康熙对荷兰时刻保持警惕，当其推托不前时，便断然下令：规取厦门、金门，迅速扫平海寇，"不必专候荷兰舟师"。荷兰人见目的难以达到，便丧失了联合攻台的兴趣。从此，清、荷双方未再进行合作。

康熙三年（1664 年）七月，清廷收复铜山，欲乘胜一举收复台湾，于是任命福建提督水师总兵官施琅为靖海将军，以承恩伯周全斌、太子少师左都督杨富为副将，以左都督林顺、何义等为佐，命他们"统领水师，前往征剿"，并告诫部下说："凡事会议酌行，勿谓自知，罔听众言。"施琅，福建晋江人，原为明总兵郑芝龙部下左冲锋，顺治三年（1646 年）十一月，随郑芝龙降清，参与平定广东之役。因他拒绝抗清，其父大宣，弟显及子一、侄一皆被郑成功戕害。康熙元年（1662 年），施琅升任福建水师提督。他自幼生长海上，深悉水性及郑氏情形，一贯主张以武力消灭郑氏，攻取台湾。这次清廷第一次出兵台湾，主要将领均由郑氏集团投诚的人充任，并无荷兰人参加，这是一个突破。康熙三年（1664 年）十一月、四年（1665 年）三月和四月，施琅、周全斌等三次进攻，都因遭台风袭击而被迫中途返回。据档案记载，当时经过多方核实，确实遭遇台风。但实际上这次进兵受挫，主要并非由于天灾，而在人事。因为这些将领都有着丰富的海上经验，如果他们之间以及他们与清政府之间确实能精诚合作，台风是完全可以避开的。后来施琅提到这次征台失败原因时，主要强调"人谋亦未允臧"。因为"投诚官兵，眷口多在彼处"，所以，他投石忌器，不敢太过认真；并由于他们临时凑在一起，未经选拔和训练，各部“参差不一”，号令不一；且将领无决策之权，“奉有成命，勉应击楫”。可见这几次出兵，准备是很不充分的。在武力攻取条件不成熟情况下，或求助荷兰人，允许他们占有台湾，或与郑经对话，以求和平解决，二者必居其一。对于前者康熙帝断然拒绝予以考虑，选择后者，则体现了与民休息和排除外国干涉、独立处理国事的思想。

清廷招降失败

康熙六年（1667年）五月，清廷派遣福建招抚总兵官孔元章，携带郑经舅父亲笔书到达台湾，对郑经进行招抚，提出沿海地方与台湾通商，郑氏称臣纳贡，并遣子入京为质等三项要求。郑经厚待元章，但对招抚一事却严加拒绝。

孔元章于八月二十六日至十月二十五日再次赴台和谈，双方各执己见，仍未达成任何协议。

郑经的冥顽不化引起了福建水师提督施琅的不满。他于十一月二十四日上疏，建议“乘便进取，以杜后患”，并就选练士兵、筹集船饷、前线指挥、攻战机宜等重大问题提出看法和主张。翌年正月初十日，康熙降旨：“渡海进剿台湾逆贼，关系重大，不便遥定。著提督施琅作速来京，面行奏明自己的意见，以便定夺。”四月，施琅进京陛见，再上《尽陈所见疏》，对用武力统一台湾的必要性与可能性作了详细论述。后来历史证明，施琅这些意见都很正确，但因当时条件尚未成熟，暂时无法实行。主要是清、郑对峙以来，五省迁界，大量驻军，连年征战，东南地区生产完全遭到破坏，人民陷入水深火热之中。因此，自郑经东渡，大规模战事基本停止，广大人民迫切要求废除禁海令，裁去驻军，以减轻人民负担。对于撤军问题，清廷已在考虑，只是等待有利时机。早在康熙五年（1666 年）正月，福建总督李率泰即在遗奏中说：“闽海余氛，远窜台湾，奉旨撤兵，与民休息，洵为至计。惟是将众兵繁，若撤之太骤，不无惊惶；太迟，又恐贻患。”并且，朝廷仍寄很大希望于和平统一台湾，为防止干扰，促其早日实现，而宁愿将武力解决这一途径暂行搁置，以进一步推行以抚为主的方针。于是，清廷否定施琅建议，裁撤福建水师提督员缺，将水师战船全部焚毁，次第催拨海上投诚官兵到外省垦荒，授施琅为内大臣，编入汉军镶黄旗，留于京师。同时“严戍守界，不复以台湾为意”。

康熙八年（1669 年）六月，在铲除了鳌拜集团后，康熙帝命刑部尚书明珠、兵部侍郎蔡毓荣到福建，与靖南王耿继茂、总督祖泽沛齐集泉州府，商议招抚台湾办法，旋派太常寺卿慕天颜、都督佥事李𡎆，带着康熙诏书及明珠信件，往台湾招抚郑经。七月初六日，慕天颜等人到达台湾，郑经虽礼待二使，但不肯接诏。他表示：“苟能照朝鲜事例，不削发，称臣纳贡，尊事大之意，则可矣。”住十余日，双方仍未能达成一致。郑经派礼官叶亨、刑官柯平随慕天颜往泉州，继续谈判，试探“免剃发不登岸”“照朝鲜例入贡”的可能性。对郑经的态度，康熙帝于八月敕谕明珠、蔡毓荣等：“若郑经留恋台湾，不忍抛弃，亦可任从其便；至于，‘比朝鲜，不剃发，愿进贡投诚’之说，不便允从。朝鲜系从来未为中国所有的外国，郑经乃中国之人，若因住居台湾不行剃发，则其归顺的诚意何在？今命内弘文院学士多诺前往。尔等会同靖南王耿继茂及总督、巡抚、提督等，传谕郑经来使，再差官同往彼地宣示：果遵制剃发归顺，高爵厚禄朕不惜封赏，即台湾之地亦从彼意，允其居住。”至此，为实现台湾的和平统一，康熙帝作出了重大让步，表示了最大的诚意。

慕天颜等奉命再往台湾，指出称臣而不剃发于情理不通，劝郑经遵制削发。明珠等在信中写道：“夫称臣纳贡，既已遵国制，定君臣之义，就同父子一般。从无父子而异其衣冠，岂可君臣而别其章服！此剃发一事，所当一意仰从，无容犹豫者也。”慕天颜当面劝说：“今既欣然称臣，又欲别其衣冠制度，此古来所未曾有。”但郑经仍顽固坚持，“苟能如朝鲜例，则敢从议若欲削发，至死不易”。根据慕天颜的汇报，明珠知道郑经是依恃台湾有海峡作为屏障，拒不应招，遂同蔡毓荣进京复命。自康熙元年至八年（1662～1669年），清、郑共进行四次会谈。唯有这次是皇帝亲自降谕，委派重臣，指授方略，对郑经的谰言进行批驳，充分显示康熙机智、敏捷和处理国事的卓越才能。

康熙十二年（1673年）八月，耿精忠向康熙帝上疏奏请撤藩，康熙帝立即允准并派钦使到福州协助办理撤藩事宜。耿精忠一见同意其撤藩的上谕，便马上与亲信密谋叛乱。此时他想到了占据台湾的郑经，如果能说动郑经参与他的反叛活动，无疑会大大增加他的声势。

于是耿精忠派了一个叫黄镛的漳浦人给郑经送了书信一封，在信中，耿精忠大加奉承，并煽动郑经：“孤忠海外，奉正朔而存继述；奋威中原，举大义以应天人。速整征帆，同正今日疆土；仰冀会师，共成万世勋业。”郑经对此大喜过望，总算又有了重返大陆的机会了。他立即整船兴师。可耿精忠当时还在准备和观望，郑经只得在澎湖一带屯兵，静等局势的变化。吴三桂反叛后，康熙帝曾发上谕停撤耿、尚两藩，耿精忠又赶紧派黄镛二次到澎湖，让郑经停止进兵，恰逢岛内有事，郑经便又转回台湾了。康熙十三年（1674

年）三月，耿精忠揭起反叛大旗，于是派黄镛第三次到台湾，让郑经率领台闽全部水师，攻取江浙。

郑经统率几乎全部水军渡海到厦门。这时耿精忠已率主力北上争夺江西和浙江，沿海一带几乎没有兵丁布防，郑经趁机在广东、福建沿海抢占地盘，抢占了原属耿精忠的泉州、漳州、汀州、兴化、邵武等府和属尚可喜镇守的潮州、惠州二府及广州所属一些州县，并将抢掠所获不断运往台湾。此情形对耿精忠而言无异于引狼入室，他极为恼怒，多次与郑经发生冲突。耿精忠也不再北上了，郑经更没执行吴三桂让他率舟师攻南京或天津的指令。叛乱各部各怀鬼胎，勾心斗角，反而使得康熙帝抓住了机会，急命康亲王杰书赴浙江猛攻耿精忠，并指示当时的福建总督朗廷佐利用耿、郑之间的矛盾，仍招抚郑经。康熙十五年（1676 年）十月，当清军自浙江攻入福建，耿精忠两面受夹击，进退失据，他不得已投降清军，并与清军合兵一处来攻打郑经，结果只用几个月的时间，清军便收复福建各地，郑经只得又退守厦门等沿海岛屿。

如果说康熙帝在三藩乱前确实打算用和平手段统一海峡两岸，当三藩乱时他考虑更多的只能是如何对郑经加以安抚，使其不致增加麻烦。他的主要注意力是吴三桂，招抚任何反叛力量均是出于军事上的需要，是一种策略。康熙帝在康熙十六年（1677 年）时，更关注的是广西、广东和湖广方面合围吴三桂，福建方面已交给康亲王杰书镇守。杰书虽有心彻底击败郑经，但是满洲八旗不习水战，虽厦门等岛屿近在咫尺，杰书也徒唤奈何。五月，他派遣佥事道朱麟、庄庆祚到厦门招抚郑经。郑经仍然坚持说，只有照朝鲜例，才能同意，并在回信中说：准备率一旅之师“向中原共逐鹿”。杰书见到郑经的狂妄之语，不禁大怒，便下令各府州县，备造战船，准备进剿。就在此时，漳州人蔡寅诈称“朱三太子”，聚众造反，数万人向南靖、长泰、同安等县发起攻击，声势很大，杰书出海的计划搁浅了。

这年秋天，杰书再派泉州知府张仲举、兴化知府卞永誉等再往厦门，说郑经如果退出沿海各岛，可以照郑经期望的“以朝鲜事例称臣纳贡”向皇帝题请。郑经的手下冯锡范却无理提出：清廷要想息兵安民，各守海岛，必须以漳、泉、惠、潮四府作为台湾的粮饷基地。杰书擅作主张，以为如果申明利害，郑经有退回台湾的可能，于是再派监生吴公鸿去厦门送信：提醒郑经要审时度势，不要太狂妄，“要地请饷”。结果冯锡范仍坚持：“苟以生民为念，边所海岛悉为我有，资给粮饷，则罢兵息民。”康亲王杰书虽放宽了招抚的条件，郑经的要求反而更加离谱。康熙帝是否接受杰书的让步尚未可知。至此，郑经的意向已昭然若揭。康熙十七年（1678 年）正月，康亲王杰书向康熙帝报告说：“郑锦（即郑经）无降意。”康熙帝批示：“郑锦虽无降意，其附逆人民有革心向化者，大将军康亲王仍随宜招抚。”后来的事实证明，康熙帝的这一决策有很大的可行性，而推行这一策略的是杰书荐举的姚启圣，他后来成为福建总督。

姚启圣原为浙江会稽人，后隶籍汉军镶红旗。康熙二年（1663 年）以举人出任广东香山（今中山县）知县。因有人参劾平南王尚可喜而受牵连被革职。三藩叛乱后，他投充到康亲王杰书门下，为他出谋划策，深受杰书的倚重，不久被杰书推荐为署福建布政使。当杰书与郑经和谈失败后，郑经突然袭击清军，派手下大将刘国轩于康熙十七年（1678 年）二月初十率主力猛攻漳州，并围海澄（今龙海），清军措手不及，接连吃败仗。康亲王杰书认为时任总督的郎廷相指挥无能，便令郎廷相单骑入京，同时推荐姚启圣出任福建总督。康熙帝也以为郎廷相软弱无能而导致丧师失地，马上将其革职，批准了对姚启圣的提升。

五月初五日下午，九龙江口战船林立，鏖战近两个月的海澄攻防战激战正酣，外城正受到刘国轩军的猛烈攻击，姚启圣等清军满汉步卒却无能为力，只能在笔架山等处，扎下营寨固守。副都统穆赫林、陆路提督段应举自杀，海城总兵黄蓝下落不明。攻陷海澄后，刘国轩与另一郑军将领吴淑分兵北进，攻占同安，围泉州，并派部将先后攻占南安、安溪、惠安、永春、德化数县及长泰、漳平等地。

清军将领对福建形势的恶化和刘国轩的凶猛攻击都感到恐惧和不安，可姚启圣却暗暗高兴。他认为刘国轩不攻漳州，是“舍近图远，弃瑕攻坚”，他已无力攻下漳州了。当州县被攻占后，姚启圣更有了克敌的信心。他对部下说：“贼兵不过三万，虑其聚而势雄。今既得诸邑，必当分众把守。众分，则势弱；势弱，则破之易也。”果然，刘国轩很快就陷入困境。为了镇守各地，刘国轩在当地征兵驻防，但为防止这些士兵逃亡，他将新兵家属强行迁往台湾，结果惹得当地百姓怨声载道。加之泉州之久攻不下，郑军不停地向当地人民征派军需，人民的反抗情绪极浓。当康熙帝看到姚启圣的破敌之策后，他高兴地对群臣说：“闽督今得人，贼且平矣！”对他表示了充分的信任和支持。

至八月，泉州已被围近两个月，形势危急，姚启圣组织数路兵马增援泉州，刘国轩抵挡不住，二十三日撤围退往长泰死守，谁知耿精忠也指挥大军向郑军发起猛攻，郑军大败，奔逃到九龙江云英渡一带，因无船渡河，万余人被淹死。“旗帜盔甲，布幔辎重，弃满山野”。刘国轩在长泰失利后，率军队退到海澄一带，深壕高垒，坚守不出。姚启圣派人前往厦门招抚郑经，劝其“解甲释兵，纵数千万子弟尽还耕渔之乐；身享裂土分王之荣”。郑经表示他接受招抚的条件仍旧是驻守沿海岛屿，征饷四府，且“海澄为厦门门户，不肯让还”。姚启圣再派人议抚，郑经再度拒绝。姚启圣奏准康熙帝，于康熙十八年（1679 年）正月，将整个福建沿海的百姓再次内迁，或十里、或二十里，在近水险要之地添设炮台，稽查防范。

尽管如此，但郑军仍据着海澄，严重威胁着福建，这令姚启圣坐卧不安。这时一个投诚官员黄性震向他建议道：“倘能高位厚禄，收买人心，不用干戈，立可收其绩效。”姚启圣闻听之后大喜。因此，将漳州卫改为“修来馆”，由黄性震管理，招降郑军兵民、对来降的文武官员仍以原官职衔使用。兵民如头发全长者，每人赏银五十两；头发短者，每人赏银二十两。“愿入伍者，立拨在营，给以战饷；愿归农者，立送回籍，饬府县安插，不许豪强欺凌，宿怨报仇”。此政策推行后，由台湾等地来降的军民络绎不绝。仅康熙十七年（1678 年）下半年到十八年（1679 年）初，便招降郑军文武官员 1600 余名，士兵 23700 余人，郑经军中有不少的总兵级的高官都投降了清朝。这无疑使郑经对部下产生了不信任感，军中猜疑之风甚行，以致军心涣散，士气土崩瓦解。康熙十八年（1679 年）五月，清军进行小规模出击，被刘国轩击败。康亲王杰书又自作主张派人与郑经议和，他同意郑经可照朝鲜事例，不剃发。但冯锡范仍加两项条件：把海澄留为往来公所；每年给台湾提供饷银六万两。杰书对此打算接受，但考虑到事关重大，不敢自作主张，经福州顺路到漳州见姚启圣征求意见。姚启圣见郑经仍是老一套论调，当即回绝说：“寸土属王，谁敢将版图封疆，轻议作公所？”并指明康熙帝从未作出允许这样处理的决定。但姚启圣已深知郑经不会投降，便加紧了招抚和瓦解郑军的工作，一面加速建造舰船，选拔熟悉水战的得力将领，准备收复海澄、金门、厦门等所有沿海岛屿。

当时，福建水师提督空缺，姚启圣反复衡量后认为唯有施琅能当此大任，于是他便向康熙帝举荐施琅做福建水师提督。康熙帝却并未同意。康熙先是任命镇江将军王之鼎为福建水师提督，以为他曾任漳浦总兵，熟悉福建的情况。可王之鼎由于不知水战，到任后一再请求辞职。于是康熙帝只得将他改调为四川提督，同时升湖广岳州总兵万正色为福建水师提督。万正色到福建后加紧督造战船，训练水军，准备同郑经的军队作战。

在清军调兵遣将的同时，郑军投诚者日见增多，到康熙十八年（1679 年）十月，郑军中已是人心惶惶，“有识者知其将亡也”。十一月，郑军骁将吴淑在守城时，被城墙压死，郑经和刘国轩均认为这是不祥之兆。康熙十九年（1680 年）二月，郑军得到情报：万正色自福州率清军水师进攻郑军。

郑经派林升为水师提督，率江胜、朱天贵等将带领水军北上抵御万正色；刘国轩则在陆上布置防御，对付姚启圣所率满、汉各路大军的进攻。郑经以为可以稳操胜券，结果林升所率水军在海坛与万正色稍有接仗，便找不到地方停船，一直退往金门料罗湾。这一下使郑经大为恐慌，而与此同时，清军正从陆上向郑军扑杀过来。郑经连令刘国轩退军。刘国轩接到退军令，只得将海澄等陆上防兵撤回。清军迅速地占领了失去了防守的据点。从二十五到二十七日仅 3 天，清军便占领了郑军经营的 19 个营寨以及海澄城。二十七日中午，厦门“全岛人民鼎沸，携男挈女，各自逃窜，莫能禁遏”。郑经见势不妙，急令撤回台湾。在内乱中，几个欲投诚献功的水军官员差点将郑经擒住。“其百姓无船可渡者，遍满海滩。号啕之声，与澎湃相和焉！甚至惨遭掳掠，情极赴水者，难以指数”。第二天，姚启圣率领清兵登上厦门，安抚百姓。接着朱天贵率文武官员600余人、精锐水师两万余人、战舰300艘在铜山投降了清军。到此，沿海诸岛平定。

郑经等只带了千余人逃窜，他无颜回台湾，在澎湖居留数日后，才被儿子郑克塽接回。数年的闽海争夺，郑经以大败而归，损失了大量的军队。不久后，康熙帝终于平定三藩之乱，郑经不仅再也没有实力和机会反攻大陆，而且台湾岛内也发生了严重的危机，康熙帝收复台湾的日子已为时不远了。

重新启用施琅

由于郑经多次拒绝招降，康熙帝便积极进行武力攻取的准备。康熙十八年（1679年）正月，康熙恢复福建水师，调镇江将军伯王之鼎为福建水师提督。王之鼎以未经水战，海岛不熟，恐误封疆，有负朝廷为由，多次上疏请求朝廷免去其水师提督一职。因而，于同年四月改调王之鼎为四川提督，提升湖广岳州水师总兵官万正色为福建水师提督，统辖全闽水师营务，以专职掌。万正色，字中庵，福建晋江人，也系投诚之人，后改姓黄，驻防山东。由于在平叛战争中立有战功，任陕西云安镇左营游击。在朝天关一战中，击杀吴三桂叛军千余人。被困于盘龙山，万正色率众人杀出重围。敌人闻其勇猛而称他为“黄大刀”。出任山西平鲁卫参将时，他又改回万姓。后调任湖广岳州水师总兵官，在洞庭湖荡平贼寇，功劳颇大。康熙帝见湖广战场收复岳州后，水师并非急需，于是将万正色调往福建任水师提督，准带岳州全部鸟船和水手，并从江南、浙江“选战舰百艘携往”，以加强福建水师；又调拨1.4万人充实水师实力，令将湖广所有西洋炮 20 具调拨福建，“用资剿御”。

万正色到任后，即积极筹备攻取金、厦，至康熙十九年（1680年）二月，万正色见时机已到，立即发兵进攻金厦等地。姚启圣见无法阻拦，积极予以策应。于是，遣将渡海，先克海坛，随后又攻占金门、厦门，并在铜山招降朱天贵。康熙帝认为，进剿金、厦事宜，系提督万正色首先题请，“自当从优议叙”，但总督姚启圣对此全力支持，“可仍著议叙”。

克取金、厦，澄清沿海之后，康熙帝立即于十九年（1680 年）四月底派兵部侍郎温代前往福建，会同尚书介山、侍郎吴努春及总督、巡抚、提督等，就福建沿海设防及撤兵事宜进行商讨。经过反复商议，至八月初四，康熙决定在福建只留二千满洲兵，由将军喇哈达统辖，分别防守福州、漳州，其余 2400 余名全部撤回北京。福建留驻五千绿营兵，分设五营，抚标下辖 1500 名兵丁，分设二营。至通省防守兵，照原来的定制留 5.1 万余人，将其余的 1.9 万人全部裁撤。水师留 2 万人，裁撤 5000 人。提督驻镇海澄，其铜山、厦门诸处，分设总兵官、副将镇守。次日，康熙谕令兵部：“台湾、澎湖，暂停进兵。令总督、巡抚等招抚贼寇。如有进取机宜，仍令明晰具奏。”

裁撤部分军队和“暂停进兵”，并不意味着放弃了台湾。当时尚之信已死，耿精忠已调离到北京，围剿云南叛军的大部队正在围攻云南，叛乱指日可灭。“三藩”问题基本解决，台湾问题摆到了康熙帝面前。裁撤军队可以减轻百姓的负担，使社会安定，兵精饷足，更有利于进取。这时的康熙已经十分成熟老练，在战事上绝不贸然行事，而是积极准备，捕捉有利战机，再定决战。

康熙二十年（1681 年）四月，姚启圣先后接到台湾傅为霖、廖

施琅因平台有功，被康熙皇帝敕封为“靖海侯”。靖海侯府位于福建省晋江市龙湖镇衙口，现为施琅纪念馆。

康方的密报，正月二十八日，郑经病故，其长子在三十日被杀死，年仅 12 岁的次子郑克塽即位。傅于密信中指出：“主幼国虚，内乱必萌，内外交并，无不立溃，时乎不可失也。”廖于信中要求：“贼势必发生内乱，此时正有机可乘，速恳发兵，救民于水火。”姚启圣据此于五月十九日上疏要求，“会合水陆官兵，审机乘便直捣巢穴”。康熙于六月初七日与大学士等会议后，当即发布谕旨。

“郑锦（经）已死去，贼人必乱了阵脚，宜乘机规定澎湖、台湾。总督姚启圣、巡抚吴兴祚、提督诺迈、万正色等，其与将军喇哈达、侍郎吴努春，同心合力，将绿旗舟师分领前进，务期剿抚并用，底定海疆，毋误事机。”这是康熙帝发出的进兵收复台湾的命令。

康熙决定进攻台湾，引起了朝臣们的不同反应。水师提督万正色上奏：“台湾断不可取。”朝廷高级官员讨论“进剿方略”时，“咸谓海洋险远，风涛莫测，长驱制胜，难计万全”。闽海前线最高军事长官，镶黄旗满洲都统宁海将军喇哈达对进攻台湾也表示反对。支持以武力进剿台湾的，有内阁学士李光地、福建总督姚启圣、福建巡抚吴兴祚等人。李光地，福建安溪人。他深知不收复台湾，东南永无宁日，不用武力，平定无期。他们支持武力征剿台湾郑氏，反映了闽浙地主阶级、知识分子渴望消灭战乱，在沿海地区恢复和平与安定的社会秩序的愿望。

在康熙任命万正色担任福建水师提督前后，姚启圣曾一再上疏举荐施琅担任此职。但施琅因有长子施齐（化名王世泽）、族侄施亥（明良）都在郑氏集团供职，所以朝廷对他不甚信任，迟迟未予任用。后来姚启圣查实施齐、施亥因谋“擒郑逆献厦门以报本朝”，于十九年（1680 年）二月事泄被杀，两人满门灭口，从而解除怀疑，使清廷恢复了对施琅的信任。康熙二十年（1681 年）七月，李光地也推荐施琅：“他是海上世仇，其心可保，又熟悉海上情形。其人还有谋略，为海上所畏。”此时，万正色对康熙进取台湾的策略依然表示反对，但是康熙帝毅然采纳李光地的建议，任命施琅为福建水师提督，代替怯懦的万正色。他于七月二十八日向议政王大臣等宣布：

“今诸路逆贼俱已歼除，应以现在舟师破灭海贼。原任右都督施琅系海上投诚，且曾任福建水师提督，熟悉彼处地利、海寇情形，可仍以右都督充福建水师提督总兵官，加太子少保，前往福建。到日即与将军、总督、巡抚、提督商酌，祐期统领舟师进取澎湖、台湾。其万正色改为陆路提督，诺迈还京候补。”

对于启用施琅，那些不同意进攻台湾的朝臣们坚决反对，“以为不可遣，去必叛”。康熙则坚信：施琅不去，“台湾断不能定”。于是排除一切阻力，作出正确决择，表现了超人的胆略和见识。

严密部署

三藩之乱后期，康熙帝在稳操胜券的情况下，把注意力转向了台湾。康熙十九年（1680年）八月，在台湾问题上，他同意大学士明珠所奏，“闽疆新定，逋逃残寇应静等它消亡，再若梗化，进剿未晚”。但君臣这一问答，已提出了用武力统一台湾问题。

康熙二十年（1681年）六月，姚启圣向康熙帝奏报郑经已死，台湾出现内乱的情况，康熙帝认定时机成熟，谕督抚提商讨平定台湾一事，毋误事机。七月，他决策进攻台湾，迅速调整人事，根据学士李光地、总督姚启圣的推荐，他任命施琅为福建水师提督加太子少保，与将军督抚商议克期进取台、澎，原水师提督万正色改任陆路提督以配合水师收复台湾的工作。

当时，收复台湾问题引起了大臣们的争论，当康熙帝决定武力征讨后，“重臣宿将，至于道路之口，言海可平者百无一焉”。当康熙问及剿取方略时，廷臣就都推说海波难测，没有可以制胜的办法。陆路提督万正色是其中代表人物之一。他认为“台湾难攻，且不必攻”。比较起来，总督姚启圣对于进攻台湾最为支持。但他对清朝自己的水师信心不足，因而信奉“吾但以贼攻贼，贼亡无日矣”。在此情况下，他没有把精力放在训练水师之上，而是主张引荷兰殖民者参战，甚至提出派间谍、刺客去台湾的建议。大臣们的退缩不前，极不利于收复台湾的工作。

康熙作为最高决策者，他以坚定的决心与必胜的信心推动着整个事情向前顺利发展。

施琅自受命出任福建水师提督后，于康熙二十年（1681年）十月抵厦门视事，对于攻台一事，他采取了如下措施：

第一，整顿水师。选拔将领、训练水兵、修造海船、准备甲仗。施琅所挑选的将领有侍卫吴启爵、同安总兵吴英、兴化总兵林承、金门总兵陈龙、平阳总兵朱天贵、海坛总兵林贤等人。这项工作，施琅花了一年的时间才完成。

第二，再三申明进征台湾的必要性和取胜的必然性。康熙二十一年（1682年）夏，给事中孙蕙、坐塘笔帖式谭木哈图连续上疏，反对进攻台湾。七月，施琅上《决计进剿疏》，指出郑氏绝不会投降，内应又因无法得到及时的支援而不敢公然发难，只有进兵台湾才是唯一的破敌之法。

第三，要求清廷给以专征台湾的兵权。施琅作为加衔提督主持攻台事宜，仍要受督抚的节制，一旦双方意见出现分歧，便有可能被掣肘。当时福建督抚都决意进兵，平台建功，但施琅对此仍然有顾虑。从上任伊始，他就连续上疏，提出独任征剿的问题。这里反映出他与姚启圣等的矛盾。因他与总督意见不和，原定于二十年（1681年）五月的出兵计划落空了。事实证明，事权归一才能避免扯皮，能更加顺利地开展征剿工作。施琅在《决计进剿疏》中重申要求独任，而令督抚为他提供物质供应，攻台不要有出兵的时间限制，只要顺风，他将出师台湾，如果不能收复台湾就治他的罪。他终于得到议政王大臣会议、明珠、李光地的有力支持，康熙看出问题症结，同意由“施琅相机自行进剿”，施琅终于可以大展拳脚了。

第四，制定作战方案。清军水师经过近一年整顿，已有精兵二万余人、战船三百艘，与郑军在数量上不相上下，作战本领也大有提高，而且士气正旺，但海战经验不如郑军丰富，而且郑军是以逸待劳。因此，施琅提出南风盛发的五、六月出兵，首先攻取澎湖的作战方案："夫南风之信，风轻浪平，将士无晕眩之患，且居上风上流，势如破竹，岂不一鼓而收全胜!"在澎湖决战，一举歼灭郑军主力，可知明郑虚实，直取台湾，或"暂屯澎湖，扼其吭，拊其背，逼近巢穴，使其不战自溃，内谋自应"。总之，占据了澎湖就进可攻退可守，事半功倍。

准备过程每一步都异常地艰辛。总督姚启圣反对施琅的作战方案。姚启圣坚持乘九、十月北风起时两路出击，或先打台湾，后攻澎湖。在此方案被否定后，他又重弹"剿抚并用"老调，并派人渡过台湾海峡，对台湾进行招抚。施琅反对，抚局失败。

施琅全力准备征进。康熙二十二年（1683 年）四月，他向姚启圣要求调捐膳船兵。姚启圣顾全大局，抛弃前嫌，分拨平阳总兵朱天贵统捐膳兵 1100 名、船 61 艘随同施琅出征，兴化总兵吴英统捐膳兵和陆师驾船 43 艘出海策应。

在姚启圣的全力支持下，六月十四日，施琅在铜山港誓师，统水师 3 万余人、战船 300 余艘进攻澎湖。

施琅收复台湾

当时澎湖、鸡笼都有郑军重兵把守。康熙二十年（1681 年）冬，武平侯刘国轩出任总督守澎湖，左武卫何祐任北路总督守鸡笼，在那里修筑城池炮台，开沟浚濠，架设火炮，加强防御。澎湖是防守重点。刘国轩在此集中了官兵 2 万余人、战船 200 余艘，但与清军相比，澎湖守军在数量上处于明显劣势，而且粮饷不足，形势对郑军不利。但是郑军毕竟是一支久经战争考验的部队，其士兵英勇善战。右武卫林升、左虎卫江胜、宣毅左镇丘辉、戎旗二镇吴潜等都表示要死守。因此，清军能否攻下澎湖是关系到整个战争的关键。

施琅水师于十五日出发，直驶澎湖。刘国轩闻讯戒备，但他慑于清军兵威，放弃了主动进攻，只作死守，幻想康熙四年（1665年）施琅征台历史重演，等候台风起，以逸待劳，不战而胜。他由此而丧失了战机。刘国轩命令陆上和各岛要口、战船都严密警戒。丘辉建议先发制人，乘清军战船停泊未定之际，发起攻击，被刘国轩拒绝。当日傍晚，清军从容进泊郑军防守力量薄弱的八罩岛、猫屿、花屿。丘辉再次请战，提出乘晚上潮落时奇袭清军，又遭拒绝。刘国轩期望夜半风起，会把清军扫荡无遗。刘国轩最终失望了。

第二天清晨，清军水师开始进攻澎湖。刘国轩赶忙指挥各部迎战。清军因战船密集，互相挤靠在一起，不得施展。在船尾指挥作战的施琅被流炮击中，他为稳定军心，站起来继续指挥。蓝理见提督坐船被困，直冲过来，连续击沉几艘敌船，总算解围。激战中，蓝理中炮，血流不止，仍高喊督战，后又被炸伤左腿，施琅见攻击不利，便下令全军暂时退出战斗。

丘辉此时又提出要夜袭清军，刘国轩仍坚持扼险守隘，坐等风起。十八日，清军进取虎井、桶盘两屿，向郑军主力逼近。施琅亲自视察岛屿形势，准备与郑军决一死战。

二十二日，澎湖决战爆发。清军吸取了上次作战的教训，改变战术，主力分路进击：战船 50 艘从东路攻鸡笼屿，派 50 艘战舰从西路入牛心澳，以牵制敌人；56 艘均为八股，各作三叠，施琅领一股居中调度，总兵、游击等官分领其余七股直扑郑军大营，余船分股后援。刘国轩指挥迎战，一场血战开始了。清朱天贵喊话招降，中炮阵亡。林贤的战舰遭丘辉、江胜等的包围，林贤四面应战，身负重伤。清兵援舰到达，与林贤内外夹攻。炮火矢石交攻如雨，烟焰张天。清军东、西两路奋勇夹击。双方都奋不顾身，自辰至申，持续激战。清军 8 条船围攻丘辉，丘辉左足断右足伤，但他坚持督战，直到自己被炸牺牲。施琅在组织和使用力量方面，充分发挥数量上的长处，集中优势兵力，将郑军战船一只一只地消灭。他命令实行“五梅花”，即“遇贼船一只，即会数只合攻”，“以五船结一队，攻彼一只”。这一战术十分有效，基本歼灭了郑军的有生力量。郑军被击沉、焚毁战船百余艘，征北将军曾瑞、水师副都督左虎卫江钦等将领阵亡，江胜、吴潜等自杀，1.2 万名士兵阵亡，将军果毅中镇杨德等将领 165 人率余部 4800 余人投降。刘国轩仅带 30 只船逃回台湾。

澎湖大战以清军的胜利宣告结束，随后澎湖三十六岛皆降。清军官兵战死 329 人，伤 1800 人。几天来，施琅一面出告示安民，一面向总督姚启圣和康熙帝奏报澎湖大捷。

澎湖大战的胜利，基本上消灭了郑军的有生力量，无论和、战，台湾都已经是清军的囊中之物。

澎湖激战，郑军主力尽灭，为和平解决台湾问题奠定了基础。

清军取得海战的胜利有其必然性。清军在政治上以统一对割据，在军事上、经济上处于优势地位，这决定了其将取得最后的胜利。交战双方在战争指导思想和战术运用上，施琅的正确、刘国轩的错误导致了郑军的失败。这之间也有偶然性，施琅不可能拥有科学的气候预测手段，“稽古以来，六月时序，澎湖无五日和风，即骤起飓台，怒涛山高，变幻莫测，三军命悬，悉听于天”。在这点上他又有些冒险，他此次“抵澎旬余日，海不扬波”，刘国轩期待的台风竟没有到来，是偶然性帮助了清军成功。

澎湖失守后，冯锡范令台湾各港严加防备。但北路总督何祐等却秘密向清军通谋纳款，并将淡水港的守军撤走。郑氏内部发生了严重分裂。闰六月初，当郑克塽集议战守时，冯锡范等主张南走，而刘国轩力主投降。

施琅大军仍驻澎湖，一面因台湾港道深浅莫辨，到北风起时再进军，就有更大的把握。在这段时间里，施琅乘机做进军台湾的准备。一面派刘国轩旧部曾蜚乘胜去台招抚。郑克塽、刘国轩上表请降。

七月，台湾兵民剃发投降。八月，施琅抵台料理善后。九月，刘国轩等相继进京陛见。康熙帝授刘国轩天津卫总兵、郑克塽正黄旗汉军公、冯锡范正白旗汉军伯，赐郑、冯第宅居京师，并安置了其余投降的官兵。十一月，施琅将台湾交兴化总兵吴英把守，自己班师回福建。

康熙认为施琅收复台湾，立下了大功，于九月初十“加授靖海将军，封为靖海侯，世袭罔替，以示酬庸”。征台官兵，除照云南例加级、赏赉外，康熙考虑到出海作战难度更大，因而决定“在事官员著再各加一级，兵丁再赏一次，以示特加优渥至意”。康熙七年（1668 年）施琅上《边患宜靖》遭否定，并被撤去福建水师提督职，任内大臣，隶汉军镶黄旗，留住北京十余年。收复台湾后，他于是又“疏辞侯爵，乞如内大臣例赐花翎”。兵部认为无此先例，拒绝了施琅的要求。康熙真心体会施琅的心情，命毋辞侯爵，“并如其请，赐花翎”，仍享有内大臣的殊荣。

康熙二十三年（1684 年）十二月，郑克塽等奉旨到京。康熙肯定郑克塽等“纳土归诚”有功劳，授郑克塽公衔，刘国轩、冯锡范被封为伯，都被抬入旗籍，隶属上三旗汉军，命户部分别“拨给房屋田地”。其他投诚武职 1600 多人，文职 400 多人，兵 4 万余人，也都被妥善安置。刘国轩因主张降清而得到康熙帝的亲自召见，特实授直隶天津总兵官，还赏赐他白金二百两，表里 20 匹，内厩鞍马一匹，以示特殊恩宠。后康熙得知刘国轩“家口众多，栖息无所”，又特意赐给刘国轩宅第，“俾有宁居，以示优眷”。

在康熙统一台湾的过程中，如何使用“海上投诚人员”，成为了一个重大的政策问题。最初清廷并不信任“海上投诚”者，不授予他们官职，也无饷银，并把他们派到他省垦荒，另从外地向福建大量增兵；后来才开始信任和重用“海上投诚人员”，不仅没有向福建派兵，而且还裁兵，而平定海疆也正是依靠这些“海上投诚”者，最后完成统一大业。事过 20 年，对“投诚”者的功绩，康熙帝仍无法忘记，对臣下说道：“昔之海上投诚者，习于水战，今亦不可多得矣。”台湾问题的解决，关键在于康熙的知人善任，他既没有御驾亲征，也没有具体的作战方略作出指示，而是选用了几名得力官员。姚启圣、万正色、施琅三人，就其出身而论，是三种不同类型的人才。康熙把他们从众官将之中选拔出来，大胆使用，且用而不疑。他们得到皇帝支持，都为统一立下了汗马功劳。

永戍黑龙江

沙俄犯境

沙俄在 16 世纪以前还是个欧洲国家，与中国并不接壤。16 世纪下半叶，俄国人开始越过乌拉尔山向东疯狂扩张，于明万历四十七年（1619 年），在叶尼塞河中游建立叶尼塞斯克；接着一路征服，于明崇祯五年（1632 年）侵入勒拿河流域，建立雅库次克城。从此，俄国才与中国接壤。叶尼塞斯克、雅库次克也成为沙俄后来侵略我国黑龙江流域的两个主要据点。崇祯十六年（1643 年），雅库次克督军戈洛文派遣波雅科夫等人，沿勒拿河支流阿尔丹河，进入我国领土之内，吞食我黑龙江流域的土地，中俄边界由此产生纠纷。

黑龙江流域自古就是中国的神圣领土。满族人的祖先肃慎、挹娄、勿吉、楛砮、女真就一直在这片土地上生活。早在公元前 11 世纪，肃慎即向西周贡“靺矢石鞨”，与中原发生了政治联系。汉朝时，肃慎又名挹娄，臣属于汉属国夫余，他们广泛地分布于黑龙江中下游、乌苏里江流域，以至太平洋海岸，他们活动的地区，都是汉朝的疆域。北魏时，肃慎改称为勿吉，据《魏书》记载，从 471 年到 550 年，勿吉年年向北魏、东魏朝贡。到了隋朝，勿吉被称为靺鞨，其著名首领度地稽率领部族移居柳城（今辽宁省朝阳），被隋炀帝封为金紫光禄大夫、辽西太守。唐朝时，中央政府开始在黑龙江及乌苏里江流域建立行政管辖机构。当时靺鞨分为黑水、粟末两大部，唐朝政府即在黑水部设立黑水都督府，在粟末部设立渤海都督府。以后，辽、金、元等朝对东北地区都行使管辖权，中国对其拥有主权。明朝兴起后，进一步加强了对东北地区的管理。从 1403 年到 1409 年，明朝政府继续统治松花江、嫩江、鄂嫩江、黑龙江、精奇里江、格林河、京海河、乌弟河和乌苏里江流域，并在那里设置了 130 多个卫所。明政府因奴儿干位置重要，故在其地设置奴儿干都司，以康旺为都指挥同知，王肇舟为都指挥佥事，指挥机构设在特林，距黑龙江的入海口不远。明朝中央政府还先后十次派人视察该地，并在永宁寺竖立永乐、宣德两座石碑，石碑及其碑文明确显示了中国对这一地区拥有着无可辩驳的主权。

明朝末年，后金、清政权崛起于东北，经过努尔哈赤与皇太极的不断征战，黑龙江、乌苏里江流域各族先后归附，并向后金、清朝缴纳贡赋。索伦、萨哈尔察、虎尔哈、使鹿部、使犬部等，每年都要缴纳貂、狐、猞猁、海豹、水獭等毛皮，其中貂皮是最重要的进贡物品。后金及清政权对黑龙江、乌苏里江的居民有的编入八旗，平时生产，战时出战，或者以村屯或氏族为单位将他们编入户籍，分户管辖。顺治元年（1644 年），清军入关夺取全国政权后，设盛京总管管辖整个东北地区，包括外兴安岭一带。顺治三年（1646 年），改总管为昂邦章京。顺治十年（1653 年），清政府把盛京昂邦章京所辖的松花江、黑龙江、乌苏里江流域，包括库页岛和尼布楚等地，设置为单独的行政区，在原设的宁古塔副都统之上，增设宁古塔昂邦章京，以加强对这一地区的管辖。

明崇祯末年，沙俄派遣波雅科夫等人侵入我国黑龙江流域，我国东北的达斡尔族人民英勇地打击了入侵者，使他们的阴谋未能得逞。但沙俄殖民者并不死心，继波雅科夫之后，顺治七年（1650 年），又以哈巴罗夫、斯捷潘诺夫为首，再次侵入我国黑龙江流域。这年年初，沙俄哈巴罗夫匪帮侵入鄂尔河口达斡尔族首领拉夫凯管辖区，但他们由于兵少力单，不敢前进，于四月返回雅库次克。六月沙俄侵略者得到增援后，再次侵入达斡尔族居住区。秋天，侵略者攻占达斡族首领阿尔巴札住地雅克萨。顺治八年，继续在黑龙江流域侵扰，六、七月间侵占瑷珲，屠杀达斡尔族人民多人。顺治九年（1652 年）哈巴罗夫部沿黑龙江窜入朱舍里族和赫哲族居住地，大肆烧杀抢掠。赫哲人和朱舍里人奋起反抗，并向清朝驻宁古塔军队求援。四月三日，清宁古塔章京海色率600名清军在当地居民的配合下与沙俄入侵者在乌扎拉村激战，由于指挥失误，清军最后失败。但哈巴罗夫部也受到严重打击，向黑龙江上游撤退。

顺治十一年（1654年）初，沙俄叶尼塞斯克督军巴什科夫派兵侵入我贝加尔湖以东地区，占领尼布楚，由于当地蒙古族人、索伦人的奋起反击，被迫撤离，窜往黑龙江中游，与斯捷潘诺夫会合，在我黑龙江流域大肆烧杀。顺治十二年（1655年），清固山额真明安达礼率军与斯捷潘诺夫匪帮在黑龙江流域的呼玛城堡展开了激战，清军多次击败沙俄侵略者，但后来由于粮饷供应不上被迫撤退。顺治十五年（1658年），斯捷潘诺夫再率500人沿松花江而上，宁古塔昂邦章京沙尔虎达分乘船47艘，于松花江和牡丹江合流处包围俄军，击毙斯捷潘诺夫。同年，沙俄侵略者重占尼布楚。黑龙江流域各族人民和清朝驻军英勇奋战，于顺治十七年（1660年）全歼斯捷潘诺夫残部，肃清了黑龙江中下游地区的沙俄侵略者，但上游尼布楚仍被俄军侵占。康熙继位之后，俄国侵略军骚扰我边境。康熙四年（1665年），俄国向中国发起了新的侵略扩张活动。他们一股军队南下占领了喀尔喀蒙古管辖的楚库柏兴，另一股东犯雅克萨。而且，俄国侵略军逐渐改变了入侵方式。17世纪50年代，俄军在黑龙江上采取的是骚扰政策。然而这一次，俄侵略军继续为避免孤军深入，采取了建立侵略据点、逐渐推进的方式。除尼布楚、雅克萨、楚库柏兴三个最重要的据点外，他们建立的小的侵略据点遍布于黑龙江中下游地区。他们修筑工事，建起堡垒；从据点派兵四处推进，不断建立新据点。他们以据点为掩护，四处骚扰我国索伦、赫哲、费牙喀、奇勒尔等各族人民，“构乱不休”“子女参貂，抢据殆尽”。虽然中国军民拼力抗击，但无法阻止俄军的侵略活动。这样，17世纪60年代以后，俄侵略军从贝加尔湖到黑龙江流域，在中国的广大土地上建立了殖民统治。

康熙亲政后，正面临着这一严重的边患。他深深地意识到，这是一大祸患。此患不除，祖宗发祥地不安，而且侵略强盗得寸进尺，如不加制止，边疆将永无宁日，后果不堪设想。东北地区是清朝的发祥地，向来关内有事，从关外调兵，若不清除沙俄侵略者的威胁，这一机动作用恐怕将再也发挥不出来。因此，康熙把抗击俄国列为本朝大事。

康熙制策

康熙皇帝为彻底解决东北边疆问题，进行了认真的准备工作。其中为加强东北地区的边防力量，康熙帝组编了新满洲。新满洲是与旧满洲相对而言，一般是指清兵进关后编入旗籍的东北少数民族部众。清朝在统一东北过程中，将东北地区各部落和各族人民编入八旗，壮大了自己的军事力量。康熙沿用这一传统方式，编组新满洲。康熙十年（1671年），将居于珲春东部烟楚（岩杵）河以东沿海一带的库雅拉人等移来，编为十二佐领。康熙十二年（1673年），又将赫哲人内迁到宁古塔一带，编置四十佐领，成新满洲。到康熙十六年（1677年），由赫哲人和库雅拉人编组的新满洲共达七十八佐领。其中吉林与宁古塔四十佐领，盛京十七佐领，锦州五佐领，广宁三佐领，义州七佐领。另有六佐领入京为侍卫。

索伦部包括鄂温克人、达斡尔人及鄂伦春人，他们分布在黑龙江中上游地区，早在清入关之前已分编佐领。顺治年间，因俄国人侵入黑龙江流域，居住在黑龙江北的索伦部族先后移居到嫩江地区。

康熙早年，他们被重新编组，鄂温克的2314名壮丁，按姓氏编为二十九佐领，定期进京入贡。据记载：康熙四年（1665年）九月，“那恩地方二十九索伦佐领温察太、木朱虎等，入贡貂皮”。康熙六年（1667年），绰克托等人奉命将未编佐领的达斡尔1100余口编成十一佐领，设头目加以管理。在此基础上，设立索伦副都统品级官员实行统一管理，下设参领、骁骑校、拨什库等。因索伦人善于射猎，清廷向他们征收大量貂皮以为赋税。“无问官兵散户，岁纳貂皮一张”。康熙十二年（1673年），“索伦八旗”已有4524丁。康熙二十三年（1684年），“索伦副都统品级官员”升格为都统级，正式定名“索伦总管”，同时增设一名“达斡尔总管”。康熙三十年（1691年），增设“满洲总管”，并将总管衙门建于伊倭齐，对黑龙江中上游的居民实行统一管理。

康熙组建“新满洲”和“索伦八旗”，向他们提供房屋、土地、耕牛、种籽，令其“屯田耕种”，使各族从渔猎向农业转化，促进了社会经济的发展，并极大地充实和加强了东北的边防力量。顺治末年，东北边疆地区只有宁古塔一地驻有满洲八旗十八佐领。由于编组“新满洲”，东北的军事力量得到了极大的增强，并能源源不断地向关内提供兵源，以供讨伐吴三桂叛乱。康熙十五年（1676年），宁古塔将军移驻吉林，设四十六佐领；宁古塔设副都统驻防，设十二佐领。两地新旧满洲共达五十八佐领，比顺治末年增加两倍多。“新满洲”与“索伦八旗”成为戍守东北的主要力量。

俄国占领雅克萨之后，清政府采取了与俄军和平解决争端的办法，于康熙五年（1666年）遣使赴尼布楚。但由于俄方极端傲慢，将中国使者禁锢3个月之久。康熙八年（1669年），俄国商队来华，这时中俄因边境问题关系紧张、战争一触即发。但康熙还是亲自接见了该商队首领谢特库儿·阿布林。阿布林在中国出售俄国商品，同时收购中国的丝绸、棉布、宝石，清政府还赠送给阿布林一大批礼物。俄国政府在这次贸易中赚取了高额利润后，立即垄断对华贸易。同年冬天，清政府再一次争取和平解决争端，遣沙拉岱等 4 人去尼布楚，就俄方停止在边境的侵略与挑衅，归还逃人根特木儿等问题与俄殖民当局进行谈判。第二年，根据清政府的倡议，在北京双方开始了会谈。俄方提出一系列无理要求，比如：对俄国使节“放行无阻”；允许俄国商人在中国“自由经商”；对中国人民的反抗加以制止等。而对中国的要求，俄方却百般抵赖。当时康熙的态度十分明确，要求归还逃人，停止边衅，并以此作为维系两国友好关系、发展双方贸易的前提。

康熙十二年（1673 年），“三藩之乱”爆发，沙俄乘机加紧对我国的侵略。康熙十五年（1676 年），沙俄以尼布楚和雅克萨为据点，一路向东南精奇里江及其支流推进；一路向南，侵略到额尔古纳河一带。到康熙二十一年（1682 年）底，沙俄又在精奇里江一带建立了结雅斯克、西姆林斯克、多隆斯克伊等军事据点。康熙见侵略者气焰嚣张，决心在黑龙江（瑷珲）建城永戍，预备炮具船舰，自黑龙江到乌喇设置驿站，以传递消息，且由水陆两道陆续运粮，积贮黑龙江，积极作好战争的准备。康熙二十二年（1683 年），副都统萨布素率乌喇宁古塔兵一千人进驻额苏里，增派达斡尔兵力四五百与宁古塔所剩兵力五六百进驻瑷珲，两地共驻兵两千人，成为永戍黑龙江的主力。同年十月二十六日，清朝政府正式派设黑龙江将军，萨布素为首任，在黑龙江永久驻防，并在黑龙江建立军事基地，驻兵屯田，制止了驻雅克萨俄国侵略军向黑龙江中下游的侵略，为收复雅克萨奠定了基础。

康熙二十四年（1685 年）“三藩”平定，台湾统一，康熙得以腾出手来加强东北边疆实力，准备驱逐俄国侵略者。如此，便不可能不备战兵。吉林，旧名船厂，明初即成为我国重要造船基地之一。清初以来，为驱逐沙俄侵略者，造船之外兼以训练水师。顺治十八年（1661 年），始设吉林水师营，“以迁移人充水手”。康熙十三年（1674 年），水师营总管并至黑龙江，但仍保持一部分水师在吉林，派官管理，训练水军，制造船只。十五年（1676 年）春，吉林因处于水陆交通的要道上，具有重要的战略地位，康熙帝决定将宁古塔将军移驻于此，进一步加强其水陆军队的实力。史书上说：“建木为城，倚江而居。所统新旧满洲兵二千，并徙直隶各省流人数千户居此。修造战舰 40 余艘，双帆楼橹与京口战船相类。又有江船数十，亦具帆樯。日习水战，以备老羌。”此外，在吉林西北七十里的打牲乌喇设打牲乌喇总管衙门，隶内务府，为皇帝采捕东珠、蜂蜜、松子和鲟鳇鱼，其下有“额设捕珠大船 7 只，向由吉林水师营备领，独木船 399 只，内协领衙门 40 只”。这样，吉林与打牲乌喇两地及其间沿松花江的七十里水域，便成为修造船舰、训练水兵的重要战备基地。康熙帝亲临吉林，进行观兵。将军巴海集中所有大小数百船只和精锐官兵排列阵式，让皇帝检阅。

在吉林的 12 天里的系列活动，康熙帝达到了观兵讲武、备战驱俄的目的。那么，他为何说“我来问俗非观兵”呢？这是康熙表示对穷兵黩武的厌恶。但这句话也表明，在康熙的头脑里，问俗与观兵是同样重要的，二者是统一的。抗击外国侵略者军事必不可少，但必须也要“重民生”。只有关心军民疾苦，解决好内部问题，军民上下戮力同心，才能更好地发挥出军事上的优势，抗击外敌。为了更好“观兵”而“问俗”，是他此行活动的重要目的。故此次东行，他曾广泛“问俗”：一是赦免罪犯，免除钱粮。在盛京谒祭福陵、昭陵并谕户部、刑部：“山海关以外，及宁古塔等处地方，官吏军民人等，除十恶等真正死罪不赦外，其余已结未结一切死罪，都一律减轻处罚。军流徒杖等犯，一律赦免。”奉天、锦州二府属，康熙二十一年（1682 年）地丁正项钱粮，著全部免除。康熙东巡至乌喇地方，见“当地气候严寒”，考虑到由内地发配到此处的犯人会适应不了，深为不忍，因而谕令刑部：“以后免死减等人犯，俱著发往尚阳堡（辽宁开原东）。其应发尚阳堡人犯改发辽阳安插。”在反叛案内应发乌喇地方人犯，“只令其当差”，不必给人为奴。

康熙在松花江上观兵之后，兵部议复巡查采参官兵给赏定例，同意“视缉获多寡，分别议叙”。康熙则认为：“甚为允当”。但“恐非系采参之人，妄有拘执，夺其资财，俾孑身采捕他物者，无故罹害”。于是，令补议条款：“巡踪章京兵丁，诬拿无辜之人，将章京革职，兵丁枷号两个月鞭一百。”若趁机夺取财物者，章京不仅被革职，而且还要交到刑部问罪，兵丁再多枷号一个月。从而保证了打牲、采集等正常生产活动不受干扰。

二是优待汉族的知识分子。尚阳堡流犯王廷试之子王德麟向康熙申诉，说他的父亲因为窝藏逃犯而被流放该地，现在已年老体衰，请求将其父放回原籍，而他愿代替他父亲受罚。督捕衙门不同意他的要求，康熙则考虑其父子二人“情实可悯”，碰到向皇上直接陈述的机会也是千载难逢，“其父子又俱系读书人”，因此，康熙帝特批准王的请求，“著一并发回原籍，后不为例”。虽有“后不为例”谕旨在先，但从宽处理流放东北的汉族知识分子的先例已开，对后来的政策发生了很大的影响。事实上，此后流放犯人赦免回籍和随意入籍之事也逐渐增多。

三是改革官员补授办法。同年五月初四日，康熙为期 79 天的东巡结束。之后，对于在东北巡行中发现的种种问题，康熙立即着手解决。从前盛京看守陵寝及山海关等处城守章京员缺，都由其子弟补缺，后停止此例，改由京师补授。这次东巡发现，京师补授这类章京员缺的办法有许多不足之处，不仅新官阖家北迁，路途遥远，往返艰难，而且其前任章京所遗孤孀将房屋田地交给所补之员，就失去了生活的必要基础，陷入困顿之中。因此，康熙于五月初十谕户、兵、工三部："嗣后盛京看守陵寝及山海关等处城守章京员缺，不必从京师补授，著于伊等子弟内，令该将军选择贤能者，具题引见顶补，以免其往返迁移之苦。倘伊等子弟中没人适合担此任务，别有补授发往之员，可另外拨给他们土地与房屋，其前任章京田房仍行留给，不必掣出，令其孤孀得所。"不久，适值从北京所补的奉天副都统查库拒不赴任，康熙于是撤去查库的职务，提升刚从参领提为昭陵总管的佟宝为奉天副都统。后来佟宝又被提升为护军统领、黑龙江将军等高级职务。官员补授办法的改革，照顾了官员及其家属的利益，有助于培养选拔东北地方官员；由家属保留田庐产业，使国有旗地逐渐向私产演变，有利于驻防东北的八旗官兵在此世代驻守，建设东北。

四是革除兵丁无益差徭。康熙在东北巡行期间，见兵丁差役繁重，极为辛劳，回京之日，已降特旨纠正。五月十九日，再谕宁古塔将军巴海、副都统萨布素、瓦礼祜等，作出如下规定：第一，停止最妨农事、徒劳人力的搜捕鹰堌窝雏之役；第二，八月放鹰、寒冬寻觅山鸡，因徒增负担，亦行停止；第三，围猎讲武不可无时，并且必须关心贫人，将所获之物分与他们，不可时加责罚，不得被狂兽误伤；第四，停止打洳鳇差役。康熙还特别告诫将军以下各级官员，要体贴兵丁，多加爱惜他们，鼓励农业生产。他说："吉林乌喇田地米粮甚为紧要，农事有误，关系非细，宜劝勉之，使勤耕种。"

康熙二十二年（1683年）六月初九，康熙革去巴海的宁古塔将军之职，其主要原因有二：一是隐瞒粮食产量，"诳奏叟登（今吉林永吉搜登）等处田禾未收"；二是不爱惜士兵。同年九月初十，康熙告诫新上任的宁古塔将军殷图："尤宜爱养兵丁，令其得所。我兵逼近罗刹，须时加操练，以修武备。巴海暴戾贪污，不恤士卒，遂被革职。其新满洲皆求主来归，理应抚绥慰劳，施以教化，使他们安心生产与生活。"

综上可见，康熙的"问俗"涵盖了方方面面，包括关心兵民疾苦，革除官员恶习，调整官兵关系，缓和矛盾，发展农业生产，加强东北地区的建设。在当时，这样做的目的在于巩固与发展东北边疆的实力，使东北军民做好一切准备，以抗击沙俄，把侵略者驱逐出国境。

与此同时，沙俄也强化了他们在东西伯利亚的大小城堡的力量。侵略军以尼布楚和雅克萨为据点，继续向我国的领土扩张，一路向东南精奇里江及其各支流推进；一路向南，进到额尔古纳河一带。对于俄国人对我国的侵略扩张，康熙帝极为关注，他曾于二十年（1681年）与俄方交涉，宣称："尔等速撤回尔国人""如不徙，则边境起争，我以众力，必驱尔徙，彼时悔无及矣"。但俄方对中国的严正警告置之不理，除继续盘踞尼布楚、雅克萨及精奇里江、额尔古纳河流域之外，又向黑龙江下游疯狂扩张。康熙二十一年（1682年），俄军竟渡过朱满（布列亚河）、恒滚（阿姆贡河），窜到黑龙江下游赫哲、飞牙喀猎人的活动地四处烧杀抢劫。到同年底，从黑龙江下游直到海边的中国领土上，遍布着沙俄侵略者的军事据点。中国对俄和平交涉不见成效，反侵略战争势不可免。但采取何种战略方针？清廷发生了激烈的争论。

确立方针

顺治朝，俄军侵略黑龙江流域时，清政府在进行抗俄战争中由于路途遥远、粮饷难以供应等原由，最后中途停止。后消灭俄国斯捷潘诺夫匪帮，肃清黑龙江下游全境，取得了反侵略战争的巨大胜利，但没有派兵戍守边境。很快，俄军又重占了清军收复了的土地。康熙深深汲取了这一教训，事先做了充分准备，决心长期驻守边境地带。康熙二十一年（1682 年）九月，他命副都统郎谈、公彭春率人以捕鹿为名，到雅克萨刺探敌情，并对沿途水路交通做勘察。年底，郎谈等返回北京报告："罗刹久踞雅克萨，恃有木城。若发兵三千携红衣炮二十具，即可攻取。陆行，自兴安岭以往，林木丛杂，冬雪坚冰，夏雨泥淖，惟轻装可行。（水行），自雅克还至爱滹（瑷珲）城，于黑龙江顺流行船，仅须半月，逆流行船，约需三月，倍于陆行，但对于运粮饷、军器、辎重极为便利。"并建议等到明春天气转暖解冻之时，水陆刻期齐发，攻取雅克萨。然而，康熙认为现在攻取雅克萨的条件还不成熟，应再作准备。同时他有更深远的考虑，主张调兵永戍黑龙江，乘合适时机进取雅克萨。他对议政王大臣们说："第兵非善事，宜暂停攻取。调乌喇、宁古塔兵一千五百，并置造船舰，发红衣炮、鸟枪及演习的人，于黑龙江（旧瑷珲，今爱辉之南、江之东岸）、呼马尔（今呼玛县湖通镇）二处，建立木城，与之对垒，相机举行。"行军打仗必须解决军需供应问题，所以康熙指示：从科尔沁十旗、席北、乌喇等地的官屯等处取军粮一万二千石，可支三年。军队到达后立即实行屯田，军粮接续当不成问题。另外，在黑龙江城（旧瑷珲）与索伦村之间设一驿站。部队将至精奇里乌喇（结雅河）时，由索伦人供给牛羊。“如此，则罗刹不得纳我逋逃，而彼之逋逃者，且络绎来归，自不能久存矣。其命宁古塔将军巴海、副都统萨布素，统兵往驻黑龙江、呼马尔”。这是最初的戍守黑龙江的方案，实行中作过局部修改。

“永戍”不同于郎谈等建议的“攻取”。首先，康熙的目的在于建立军事基地，驻兵屯田，为战争做好准备。一旦时机成熟，必须开战，不必全部由内地运兵、输饷，黑龙江即能提供大量的兵源及给养，免蹈前朝因准备不周而致“粮饷不继”、半途而废的覆辙。其次，是稳步推进，步步为营，防止冒然进攻。第一步是制止沙俄在我国领土上的进一步扩张，然后逐步将已侵入国土之敌驱逐出去。再次，攻克之后，不再是放弃不守，而是长期戍守，将反侵略战争与巩固边防结合，避免“我进则彼退，我退则彼进，用兵不已，边民不安”的历史重演，把反侵略战争的胜利永远地巩固下来，永除边患。在当时，这是一项英明的战略决策，但它却招致了强烈的反对。清政府部分高级官员养尊处优，已失去了先辈纵横驰骋的英雄气概，既慑于俄国强大，又畏惧黑龙江的路遥天寒，对“征罗刹之举，诸臣咸谓地势最远。输饷最难，故皆不愿”。但康熙认为：征剿罗刹之役，“所关最巨”，故“不徇众见，决意命将出师，深入挞伐”。同样出于畏难情绪，有人主张速战速决，并反对驻守边境。前线统帅宁古塔将军巴海以“驻兵两地则势分道阻，难于防御”为由，反对在呼马尔驻军；又担心俄方听到消息后会大力支援雅克萨，使雅克萨更难攻取，因此主张：“宜乘其积储未备，速行征剿。俟船造毕，度七月初旬能抵雅克萨，即亲统大兵直薄城下，宣谕招抚。”许多大臣对巴海的主张竟大加赞赏，而不管它只是个一时的短识之举。康熙于二十二年（1683 年）四月初八降谕斥责说：“所议进征罗刹军务，殊为疏略。”并以“将军巴海及副都统官兵又彼此不合”为由，令巴海留守乌喇，另任萨布素、瓦礼祜为副都统，带兵前往黑龙江戍守。议政王大臣等见康熙皇帝主意已定，才不得不表示赞同。但康熙也采纳了一部分合理的意见，部分修改了戍守黑龙江的方案。有人建议不驻呼马尔，而驻额苏里。他们说：“勘得黑龙江、呼马尔之间额苏里地方可以藏船，且有田垄旧迹。即令大兵建立木城，于此驻扎。”康熙接受了这一建议。

与此相配合，康熙又与沙俄举行外交谈判，向俄方宣告大清帝国不惜一切代价收复国土的决心。二十二年（1683 年）七月二十九日，经康熙批准，理藩院照会俄方：“前遣孟额德等曾与尔约，各毋收纳逋逃，并以先年逸去根特木儿归我。乃背前约，入我边地，扰害打虎儿、索伦，焚劫飞牙喀、奇勒尔。今故命将出师，永驻额苏里。”

永戍边疆

康熙二十二年（1683 年），副都统萨布素率乌喇宁古塔兵 1000 人进驻额苏里。瑷珲、额苏里两地按原计划共驻军 1500 名，其中 1000 名去额苏里后，宁古塔就仅剩五六百人能去瑷珲了。康熙令增派打虎儿兵四五百，使派驻瑷珲的兵力亦达千人。这些士卒在第二年带着家眷出发了。两地共驻兵 2000 人，成为永戍黑龙江的主力。

康熙永戍黑龙江的具体部署是：“其在黑龙江（瑷珲）建城永

戍，预备炮具船舰。在呼马尔设斥堠。自黑龙江至乌喇置十驿，驿夫五十人，遇有紧急，乘蒙古马疾驰。由水路陆续运粮，积贮黑龙江。”如果沙俄船只沿黑龙江进犯，“我舟师尾击甚易”。况黑龙江地势辽阔，照内地设立10个驿站，又易于安置家口。这样，“则罗刹自穷蹙归诚矣”。这一年十月二十六日，清政府正式设黑龙江将军。康熙任命萨布素为首任黑龙江将军，礼部侍郎温岱、工部给事中雅齐纳为副都统，下设协领、佐领等。黑龙江将军的设立对抗击沙俄侵略者，加强边防有极大的军事上的意义，而且它还对东北一地的开发建设有深远的意义。它与盛京将军、宁古塔将军（后改称吉林将军）为后来东三省的置建奠定了基础。

萨布素等到黑龙江后最主要任务是建设瑷珲城。瑷珲，因瑷珲河（今芒嘎河）而得名，旧城原在江东，在明代瑷珲称胡里平寨。顺治九年（1652年），俄军焚毁该地。康熙十三年（1674年），清廷派人在此建木城，由吉林水师总管暂行戍守。但那时该城规模很小，必须扩建才能满足长期戍守的需要。萨布素请求增派筑城兵丁。康熙二十三年（1684年）初，康熙令副都统穆泰率盛京兵600人，去瑷珲协助建城。扩建后的瑷珲城为一方形，周长九百四十步，合四千七百尺，有五座城门。因该城地处江东，与内地联系很不方便，同年，又决定迁至下游右岸，在托尔加城旧址另建瑷珲新城。新城在规模上超过旧城，其内城与齐齐哈尔同，“排木为重垣，实以土，具雉堞之观，四门皆有楼橹。方一千三百步，高丈八尺”；为与地形相适应，新城与齐齐哈尔有别，“西南北三面，排木为外廓。方十里，南一门，西、北各二，东临江”。瑷珲建成后，清廷在那里驻兵屯粮，成为抗俄斗争的重要基地。

出兵东北，粮草供应极为关键，康熙为将大批粮草、军火和其他军需物资运往黑龙江，经过反复廷议，从康熙二十二年（1683年）三月起，建起了一条纵贯东三省的水陆联合运输线。它自南到北，共分四段：第一段，造船百艘，从巨流河渡口，溯辽河上游的等色屯（今吉林榆树县邓子村），在此二地修建大型粮仓，由奉天将军、大臣等监理，由盛京兵卫送；第二段，从等色屯至伊屯门（今吉林伊通县），此一段由蒙古族人负责，由他们用车运输粮食，并派兵护送；第三段，造船百艘，从伊屯门经伊屯河（今伊通河），沿松花江至与黑龙江交会处。留镇乌喇的副都统负责有关修建粮仓储粮以及运送粮食事宜；第四段，造船八十艘，溯黑龙江而上至瑷珲。疆界议定之后，康熙特派人从瀛台、通州间载米试运，又分别派人勘探辽河、伊通河，康熙帝直到得到最确切的情报，认为可以运粮，才同意去制造运输船只，分别发运。其运粮水手的待遇非常优厚，第一段水手全来自民间征派，每人月给银一两，皇帝还特批“运米时，著将地丁钱粮悉行蠲免”。第三、四段水手，由乌喇、宁古塔兵丁、多余的壮丁、流放犯人和“八家猎户”充当，有运粮任务的猎户，允其“停猎”。这条运输线全长四五千里，成为沟通东北三省直抵瑷珲的运输大动脉。清军沿运输线路驻防，建造粮仓，黑龙江驻防部队的军需供应得到了充足的保证。

除了从全国各地征调粮食、购买牲畜供黑龙江戍守军队之需外，在康熙“我兵一至，即行耕种”的指示下，瑷珲、额苏里的驻军还大力实行屯田。清政府派侍郎萨海前往监督耕种，后又派马喇“督理家务”。屯田士兵中有许多不长于从事农业的少数民族，“索伦、达呼尔（达斡尔）不谙农事。康熙间，特遣部员，指挥其耕种，尝以郎中博奇课耕有法，禾稼大收，奉旨褒美”。

康熙二十二年即1683年，清廷开始在东北地区建立驿站。康熙派户部郎中包奇、兵部郎中能特、理藩院郎中额尔塞等前往。出发前康熙叮嘱他们："此乃创立驿站之地，关系紧要。尔等会同彼处将军、副都统，询明熟识地方之人，详加确议安设。凡住驿人役及马匹牲畜需用之物并所食粮米，今岁耕种不及，须计及明年，多为储备。"康熙担心如果从雅克萨经额苏里再经黑龙江，一路传递情报恐怕会绕道而耽搁时间，令理藩院侍郎明爱率蒙古兵与索伦兵"酌自墨尔根（嫩江）至雅克萨设驿奏报军机，以免贻误"。后经反复勘测，确定情报传递路线为：从瑷珲西南翻越小兴安岭至墨尔根，由墨尔根沿嫩江到达齐齐哈尔再送至松花江北岸之茂兴，从茂兴过江即是吉林至京之驿站。一碰到紧急军情，可从茂兴出发，由蒙古驿马飞马入喜峰口送往北京。八月十三日，包奇等奏："自吉林乌喇城至黑龙江城，以五尺细丈，共一千三百四十里，应设十九驿。"康熙命令包奇等照此设驿站，并作了具体安排："每驿设壮丁并拨什库三十名，马二十四，牛三十头。壮丁自盛京、宁古塔所辖各驿、柳条边派出，马牛令盛京户部照数采买送往。"

为了保证东北戍守军队军需的供应，康熙帝采取了灵活多样的方式。康熙二十二年（1683 年）六月，他令理藩院官员于户部支银四千两，购买大量的储备物质，把它们运送到戍守的城池，与当地居民交换他们的牛羊粮食。这种用商品交换筹集军需的办法，方便了边区人民的生活，一举两得。康熙还令靠近黑龙江的内蒙科尔沁十旗将进贡给北京的牛羊等物品都转送给黑龙江的戍军，仍按数"照进贡例赏赉"。同时驻守部队还通过打猎活动，为自己提供了大量的肉食。第一次雅克萨战役之前，黑龙江驻兵缺乏肉类食品，恰逢数万只鹿下山觅食，"骑者驰射，步者攒击，及驾舟伐于江中，截获者计五千有余"，康熙闻讯十分高兴，认为是祥瑞的征兆。

永戍黑龙江，制止了驻雅克萨俄国侵略军向黑龙江中下游的扩张，为雅克萨等地区的收复奠定了基础。七月，由索伦族军官博克率领的清军先头部队刚到额苏里，就包围了一支沿江而下前来侵略的俄国船队，俄军部分人跳水逃脱，清军俘获了36名侵略者及6只战船。附近的俄国侵略军听说清军大部队到达的消息便纷纷从他们的据点里逃回到雅克萨等地。与此同时，黑龙江流域各族人民配合清军，纷纷袭击俄国侵略军。到二十三年（1684年）初，整个黑龙江中下游及其各条支流上的俄国侵略军据点都已被铲除。此时，康熙把目光投注到仍被俄国人侵占着的黑龙江上游的雅克萨和尼布楚。

决战雅克萨，订约尼布楚

雅克萨大捷

雅克萨位于今漠河以东呼玛西北黑龙江北岸，隔江与额木尔村相望。雅克萨在满语中是河流冲刷的河流之义。当时是我国达斡尔头人阿尔巴西的驻地。雅克萨是黑龙江上的交通枢纽，从贝加尔湖方向和雅库次克方向进入黑龙江，雅克萨均是必经之地。顺治七年（1650年），俄侵略军在哈巴罗夫率领下向雅克萨一地侵扰，阿尔巴西领导居民奋勇抗击侵略者，终因寡不敌众，美丽的雅克萨被俄军所占领。哈巴罗夫在雅克萨建阿尔巴金城堡，以此为进一步侵华的据点。后俄军被清军击败，其在雅克萨、黑龙江中下游的侵略势力被肃清。

康熙四年（1665 年），俄侵略军重新占领了雅克萨，雅克萨又成为俄侵略军在黑龙江上的最重要据点。

康熙帝永戍黑龙江的成功，使收复雅克萨彻底驱逐沙俄侵略者的时机已成熟。康熙二十四年（1685 年）正月二十三日，康熙决定以武力收复雅克萨。他向议政王大臣宣示：“向者罗刹，无故犯边，收我逋逃，后渐越界而来，扰害索伦、赫哲、飞牙喀、奇勒尔诸地，肆恶多端。是以屡遣人宣谕，复移文来使。罗刹竟不报命，反深入赫哲、飞牙喀一带，扰害益甚。应即剪灭。”早在一年前，康熙曾用满、蒙、俄三种文字致书雅克萨俄方，令其送还根特木儿，从中国撤兵，俄方对此置之不理。但此次康熙仍主张于出兵征伐之前，再致书俄方，若在“宣谕之后，罗刹果能遵旨即回，以雅库为界，我兵即驻扎于黑龙江，设斥堠于雅克萨，令疆圉帖然。如果仍行抗拒，则大兵相机而行”。议政王大臣详议后，对康熙帝的主张表示赞同。将军萨布素戍守黑龙江有功，但前一年康熙令其进兵雅克萨，“尽刈其田禾”，使俄人缺乏粮食，萨布素没有执行，而且所管“耕牛尽毙，农器损坏”。康熙认为萨布素若担当指挥以征讨，“定误军机”，故组建了新的前敌指挥班子，命都统彭春统兵，又派副都统班达尔善、护军统领佟宝、副都统马喇及銮仪使侯林兴珠等参赞军务，侍郎萨海仍令督耕。同时令萨布素将黑龙江将军印移交彭春掌管。达斡儿副头目倍勒尔奉命往雅克萨侦察敌情，生擒俄俘讯问，对雅克萨城的防守工事有了了解，并得知，守城俄国“兵众不满千人”。三月初，康熙得此情报，他收复雅克萨的决心更坚定了。

三月十七日，康熙再次派人致书俄国察罕汗，提出撤退雅克萨俄军、双方以雅库地方为界的建议。

四月二十八日，3000名清军奉命出发，分批前往雅克萨。五月中下旬，清军陆续抵达雅克萨。其中包括驻瑷珲的乌喇、宁古塔兵1500名，索伦、达斡尔兵500名、新调之京营八旗五六百名及康熙亲自选调的善用藤牌大刀的汉族官兵420名，在发起进攻之前，彭春派被俘俄人进城送信：一封是康熙帝写给沙皇的，内容同三月十七日信大致相似；另一封是彭春给雅克萨俄国督军托尔布津的咨文，其内容着重在于讲明清廷出兵之由，令俄人交还逃人，撤回雅库，“则我亦将尔投降之人员悉予遣回”。

俄军恃城防坚固，对彭春的信置之不理，清军决定发起强攻。五月二十四日，清军消灭了一批前来支援的沙俄侵略军，毙30余人，俘10余人。当晚，清军在城南建立档牌土垄，布置弓弩，佯作攻击之势，而暗地里在城的东西两翼架设了红衣大炮。二十五日黎明，攻城战开始，清军枪炮齐发，毙俄军百余人。城内无防火设备，清军炮火所及，烈焰熊熊，城内一片火海。俄方雅克萨督军托尔布津走投无路，决定投降。康熙对俄军战俘极为宽大，事先已遣亲随侍卫关保至军前传谕：“以我兵马精强，器械坚利，罗刹势不能敌，必献地归城，尔时勿杀一人，俾还故土。”彭春遵照康熙的指示，“宥其困而后降之”，在保证不再重犯条件下，俄军战俘被释放了。同时他们还带走了其财产与武器。俄军举行投降仪式之后，清军即将700余俄国人（包括少数妇女、儿童）送至额尔古纳河口，遣返俄国。另有巴西里等45人不愿归国，清廷把他们安插盛京。城内被俄军掳去作为人质和奴隶的160余名中国人，其中大多为索伦、达斡尔人，“仍各发回原地”，喀尔喀、厄鲁特人口，“俱察送到部，给发本主”。雅克萨之战，完全在康熙帝的掌握之中，他所设定的作战目标也实现了。不言而喻，皇帝、王公大臣、文武官员闻讯都沉浸在喜悦之中，康熙对彭春等迅速收复雅克萨甚是高兴，克复雅克萨，特予以嘉奖，命“在事人员，从优议叙”；萨布素以往的过失“亦概从宽免”。

早在正月二十三日，康熙帝即已在谕旨中对收复雅克萨之后的行动作了具体安排，他明确指出：“我兵即驻扎于黑龙江，设斥堠于雅克萨。”而且提请将领们注意：“若不如此周详区画，今纵克取雅克萨城，我进则彼退，我退则彼进，用兵不已，边民不安。”收复雅克萨后，康熙在六月十四日的谕旨中再次告诫：“至雅克萨城虽已克取，防御决不可疏。应于此地永驻官兵弹压，此时即当定议。著大学士勒德洪、学士麻勒吉、图纳、同郎谈、关保，与议政王大臣等会议具奏。”然而彭春等人收复雅克萨之后，一把火烧了城堡，没有割掉雅克萨周围的庄稼，哨所未立，在没有接到命令的情况下擅自撤兵回瑷珲、墨尔根等地，以至俄国人在两个月之后重新侵占了雅克萨。

康熙二十五年（1686 年）二月十三日，康熙在数月之后才得知俄军重新侵占雅克萨。他立即降谕部署第二次雅克萨之役：“今罗刹复回雅克萨筑城盘踞，若不速行捕剿，势必积粮坚守，图之不易”，“令将军萨布素等，始停迁移家口，如前所请，速修战舰，统领乌喇、宁古塔官兵驰赴黑龙江城。酌留盛京兵镇守，止率所部二千人，攻取雅克萨城”。四月底，又派副都统郎谈、班达尔善、马喇参赞军务。这一次康熙把收复雅克萨的艰巨任务交给了黑龙江本地驻守官兵去完成，而指挥的征途也交给黑龙江将军萨布素。

五月上旬，萨布素率所部两千人从瑷珲出发，月底逼近雅克萨城，清军于六月初从南北两个方向发起猛攻，俄军负隅顽抗。经数日激战，百余名俄军被击毙，其中包括俄国督军托尔布津，俄军被迫撤回城内固守。因城墙比较坚固，一时难于攻克，萨布素便于城周围筑垒挖壕，采取长期围困的办法。临近深秋，康熙见天气转寒，河流即将结冰，考虑到前方过冬准备问题，于八月二十五日谕萨布素："船舰若何收藏，马匹若何饲秣，敌兵来援，若何扑剿，勿令入城，尔等其详加筹划，密以奏闻。"萨布素遵旨上奏：已在雅克萨城的三面掘壕筑垒，壕外设置木桩鹿角，分汛防御；城西对江，另设一军；为了防备敌人从江上来援，已在江的东西两岸派驻了防御之兵；船泊已准备；离城六七里的上游有港而可以把船藏在那里，另设一江，一半发墨尔根，"令驻彼盛京官兵饲秣"。康熙基本同意他的安排，只是担心盛京官兵喂不好马，因而改令由索伦总管和黑龙江官兵承担。清军长期围困策略取得显著成效，至年底，800 多俄军大部死亡，仅剩 150 余人，粮食、弹药严重缺乏，雅克萨已完全在清军的掌握之中。

康熙二十五年（1686 年）九月二十八日，几名俄国使臣马不停蹄地赶到北京，向康熙帝递交了沙皇的信件，他向康熙帝表示，俄国政府愿意就两国边界问题举行谈判，请求中国赶快在雅克萨撤围。

签订条约

期望已久的谈判即将举行，康熙帝在耐心地等待着。他指示萨布素，可以接济雅克萨俄军一些粮食，准许其患病者医治和回国，以表明中国守土自卫，期望以和平谈判解决问题的最大诚意，尽管俄军仍占据着中国的雅克萨等地。

康熙二十五年（1686 年）正月初七，俄国沙皇正式任命费多尔·阿列克谢耶维奇·戈洛文为谈判使团的全权代表。除侍卫和翻译人员外，代表团还拥有一支 1938 人的装备齐全的军队。代表团里包括一支庞大的军队与和平谈判的精神是相违背的，却与戈洛文皮包中的沙皇训令相一致。沙皇政府虽然答应康熙帝谈判边界问题，却从来没想归

尼布楚城

还所侵占的中国领土。之所以答应康熙帝举行谈判，当然是中国的反击太坚决太凌厉了，雅克萨那些俄军士兵并不特别重要，重要的是雅克萨若被收复，清军的下一个目标就是尼布楚，甚至是色楞格斯克，那样的话再谈判就太迟了。另外，如果坚持对抗，沙俄也实在无力支撑，与瑞典和土耳奇争夺波罗的海和黑海控制权的战争仍在进行，哪有余力向东方派兵。况且政府中两个沙皇（兄伊凡、弟彼得于康熙二十一年同时被立为沙皇）勾心斗角，长公主索菲亚摄政，又想把整个大权揽于手中。这样，政府向东方的侵略扩张在清朝反击下当然难以实现，“和谈”只是迫不得已。通过谈判达到战场上所期望的目的，岂不是更好。正是有此如意算盘，沙皇政府授戈洛文为全权代表并带有一支庞大的军队，并下达了一份密令：力争以黑龙江为界，将黑龙江北岸所有地区都纳入沙皇的统治。如果这一目的不能达到，便争取以牛满河（今布列亚河）或精奇里江为界，将黑龙江中游的北岸地区据为己有。实在不行，则以雅克萨为界，但牛满河和精奇里江作为中俄两国共同的渔猎场。当然，军队随代表团而来，就是要确保这些目的实现，如谈判实现不了，便直接使用武力。

这年二月下旬，戈洛文到北京，提出把谈判地点放在色楞格斯克。这虽然对中国不利，但康熙帝为尽快解决两国争端，还是表示了同意。他任命索额图和佟国纲为谈判代表，随行有其他官员和八百名士兵组成的保护队伍。

同年五月初二，清政府谈判使团出发。出发前康熙帝向索额图等发布谕旨，康熙帝指出，中俄冲突是因俄国侵略我国，收纳庇护我逃人而引起的，错误完全在俄方。他着重阐述黑龙江流域自古以来即系中国领土，“环江左右均系我国属鄂伦春、奇勒尔、毕喇尔等人民及赫哲、飞牙喀所居之地，若不把它收复回来，我沿边居民将永远得不到安宁”。到最后，他郑重申明清政府的严正立场：“朕以为尼布楚、雅克萨、黑龙江上下及通此江之一河一溪，皆我所属之地，不可把一寸土地让与俄罗斯；我之逃人根特木儿等三佐领，悉应向彼索还。如俄罗斯遵谕而行，与之划定疆界，准其通使贸易。否则尔等即还，不便更与彼议和矣。”谕毕，索额图率领使团出发，行至喀匀喀蒙古地区，适值噶尔丹进攻喀尔喀土谢图汗，无法前往。康熙闻报立即遣人召回使团，另与俄使商定商谈地点。

康熙帝对北方蒙古地区局势的恶化深感忧虑，如不尽快与俄国达成和议，叛乱分子噶尔丹在俄国的支持下，会更加猖狂，局势也将更为危急。康熙二十八年（1689 年）四月初五，俄国信使洛吉诺夫到达北京，索额图与之谈判，确定了双方谈判的新地点为尼布楚。清政府立即组成新的谈判使团，其成员有：索额图、佟国纲、郎谈、班达尔善、萨布素、马喇、温达等，此次谈判代表团成员中增加了熟悉边情的重要将领郎谈、萨布素等人，翻译人员仍由传教士徐日升、张诚担任。同年四月二十六日，清朝使团出发。行前，康熙帝亲自交待索额图三种方案：以原属我国的里雅娜江（今勒拿河）与贝加尔湖为界；或以尼布楚为界；或以额尔古纳河为界。要根据谈判情况竭力争取不损失领土，不能对俄军作大的让步。

索额图一行四月二十六日出行，出古北口一路北行，历49天，行1500公里，于六月十五日到达尼布楚。而戈洛文还在乌的柏兴策划如何进攻与镇压蒙古人。在索额图的催促下，18天后，戈洛文才率俄国谈判使团抵达尼布楚。

戈洛文挑选了和谈场所，使它处于俄军在尼布楚城的炮火的射程之内。七月初八清晨会谈正式开始，首先，戈洛文装腔作势，表现出盛气凌人的架式。双方整整争辩了一天。戈洛文蛮横无礼，当天的和谈没有任何结果。次日的会议，戈洛文更是蛮横，他提出俄国的最低要求是牛满河为双方界河，决不退让。索额图为打破僵局，提出以尼布楚为界，并把尼布楚留给俄国。戈洛文仍不满足，他还想再从中捞取利益，于是态度更加强横。谈判接近破裂。

在此后13天中，双方正式会谈中止，只有双方译员在活动商谈。俄国传教士在此次谈判中扮演了不光彩的角色，他们刚到尼布楚便已向戈洛文表示："按自己信仰，有责任在一切力所能及的事务中，对基督教徒给予帮助。"因此在中国代表团准备停止谈判时，两传教士又帮戈洛文出谋划策：表示让出雅克萨的意思，争取中方进一步让步。戈洛文表示同意，但提出会谈内容不涉及喀尔喀蒙古地区。中方代表果然再次让步，提出了以流入石勒喀河的格尔必齐河为界，此举竟突破了康熙帝规定的底线。如果戈洛文不是担心尼布楚地区的我国各族人民的大规模的抗俄斗争会使俄国丧失它在整个外贝加尔地区的扩张利益，戈洛文恐怕还要继续讹诈中方代表团。

七月二十三日双方恢复正式会议，次日即康熙二十八年（1689年）七月二十四日双方达成协议，签订了《尼布楚条约》。

大清十二帝

真实地再现了大清十三朝十二帝三百余年的历史

李金龙／主编

辽海出版社

贰

雄才大略的盛世君王（续）

——清圣祖康熙帝

雄才开盛世，伟绩铸丰碑

三征噶尔丹

征讨噶尔丹

噶尔丹是漠西厄鲁特蒙古准噶尔部的首领。康熙九年（1670年），准噶尔部内部出现争权斗争，噶尔丹乘机从西藏回到该部，杀死侄儿，囚禁其叔，消灭竞争对手，夺取该部领导权。康熙十六年，噶尔丹出兵攻灭和硕特部，自称博硕克图汗，协迫各部听其驱从，成为厄鲁特各蒙古的盟主。康熙十七年（1678年），噶尔丹将天山南路叶尔羌等回部各城攻灭，势力日渐强大。此时喀尔喀蒙古内部出现了不和，噶尔丹想利用此机会，一统众蒙古，称霸北部，与清王朝一较长短。

漠北喀尔喀蒙古是元太祖成吉思汗十五世孙达延汗的后裔。达延汗死后，诸子大都内迁，只有幼子留居故地，将其部众分为七旗，号喀尔喀，到明末，喀尔喀又分成土谢图汗、札萨克图汗和车臣汗三大部。崇德三年（1638年），三部分别向清政府上表称臣，献“九白之贡”，从此确立了三部与清王朝的隶属关系。同年赛因诺颜部也遣使通贡，喀尔喀蒙古全部臣属于中央政府。清世祖顺治十二年（1655年），喀尔喀蒙古三汗及赛因诺颜部首领奉表派遣子弟向清王朝朝贡，清廷在其地设八札萨克，分左右翼。左翼有土谢图汗部、车臣汗部及赛音诺颜部，札萨克图汗部独成右翼。康熙元年（1662年）右翼札萨克图汗部发生内乱，札萨克图汗在乱中被杀死，其部属大都投向左翼土谢图汗，从此，左右两翼因属民问题长期不和。噶尔丹为达到控制喀尔喀蒙古三部的目的，企图利用喀尔喀蒙古左、右翼的矛盾。康熙为避免喀尔喀蒙古分裂和自相残杀，建议双方在库伦会盟，谕旨两翼和睦相处。噶尔丹借口喀尔喀蒙古宗教领袖哲布尊丹巴在会盟时对达赖喇嘛的使者礼数不敬，于康熙二十七年（1688年）悍然出兵入侵喀尔喀。沙俄侵略者也乘机从乌丁斯克出兵攻击土谢图汗部，与噶尔丹相呼应。在噶尔丹和沙俄侵略者的两面夹击下，喀尔喀蒙古处境极其危险。当时土谢图汗正率主力部队在北方与俄军作战。在噶尔丹的突然袭击下，土谢图汗部顿时乱了阵脚，哲布尊丹巴遂要求南迁，内附清王朝。九月，土谢图汗与哲布尊丹巴率部众进入清王朝境内，请求清廷保护，以后又有车臣汗和札萨克图汗所属来归，清廷一律大加优待，将喀尔喀部众分别安置在苏尼特、乌珠穆沁、乌喇特牧地游牧。

康熙二十九年（1690年）五月，噶尔丹发动了新的进攻。他借口讨伐喀尔喀蒙古，率军二万余人，沿索约尔济河南下，攻入内蒙古乌珠穆沁境内，“剥下守汛界者衣服，出言不逊”。六月十四日，进至乌尔会河东乌兰之地，在该地大肆烧杀抢劫，受害者“遍及四佐领之人”。

针对噶尔丹的进攻，康熙帝派理藩院尚书阿喇尼、兵部尚书纪尔他布领六千余各部蒙古兵驻守洮儿河上游，跟踪其后，侦察、奏报，待镶蓝旗满洲都统额赫纳军队、科尔沁达尔汉亲王班第军队、盛京乌喇满洲军队到达，再“同时击之”。可是，阿喇尼对噶尔丹的杀掠行径极为愤慨，竟违抗旨令贸然出战，于六月二十一日偷袭噶尔丹兵营于乌尔会河地方，结果失利，退驻鄂尔折伊图，“以俟诸军”。

噶尔丹气焰嚣张，进一步向内地深入。康熙帝对此极为恼怒，因为这不仅挫伤了清军的锐气，使噶尔丹更加嚣张，还使康熙帝担心因此打草惊蛇，使噶尔丹感到清政府准备大举讨伐他，而乘势溜掉。因此，康熙帝命大臣就此事商议。清廷中一些勋贵大臣认为蛮夷荒服，唯有驱逐防守而已，如果派出军队进行讨伐，未必能消灭噶尔丹。康熙认为，噶尔丹借机无端生事，举兵大举进犯，他的野心不小，如果不狠狠地打击他，恐怕后患无穷，且喀尔喀也不能长期借地游牧，于是决定御驾亲征。以裕亲王福全为抚远大将军，皇长子允禔副之，出古北口；以恭亲王常宁为安北大将军，简亲王喇布、信郡王鄂札副之，出喜峰口；内大臣舅佟国纲、佟国维，内大臣索额图、明珠、阿密达，都统苏努、喇克达、彭春、阿席坦等参赞军务。七月初六，清军主力在福全的率领下从北京出发，准备阻击南下噶尔丹军，七月十四日，康熙帝也离开北京，巡行边塞，打算亲临前线指挥，不料突患感冒，不得已只得取消亲征噶尔丹的计划，前线各路兵马听大将军调用。

噶尔丹气焰嚣张，于七月十五日向清廷宣战，大举进犯，屯于西巴尔台（今内蒙古克什克腾旗土河），此后逐步南下，于二十七日占据乌兰布通，仅距京师七百里。利用有利地形，噶尔丹布阵于山岗，在骆驼背上加上箱垛，并蒙上湿毡子，让它们环卧于大军阵前，士卒备钩钜，躲在骆驼后面，伺机放箭发炮，号曰“驼城”。八月初一，清军向乌兰布通推进，向噶尔丹大军发起猛攻。在清军攻击下，噶尔丹“驼城”被攻破，清军乘胜进击，大败叛军，噶尔丹乘夜遁去。乌兰布通之战虽然未能消灭噶尔丹的力量，但却沉重地打击了他的嚣张气焰，使其实力大大削弱。噶尔丹的军队在战斗中损失惨重，而且“归路遭罹瘟疫，得还科布多者，不过数千人耳”。其侄策妄阿拉布坦，在噶尔丹尚未进入漠北以前，即率5000人逃回伊犁河流域，这次乘其南侵之机，偷袭了噶尔丹的后方基地科布多，“尽收噶尔丹之妻子人民而去”。乌兰布通一役使噶尔丹认识到了清王朝强大的军事实力。因而此战之后，噶尔丹改变了他的傲慢态度，不仅不再坚持索要土谢图汗及哲布尊丹巴，而且还发誓称“自此不敢犯喀尔喀”。康熙遂于八月十八日遣人敕谕噶尔丹，历数其“率兵入我边汛，行劫乌珠穆素”之罪，并严正声明：“尔今率尔兵出界而居，不得擅犯我属下部喀尔喀一人一畜，亦不得有一人与众部落往来通使”；“若再违背誓言，发动攻击与劫掠之事，朕厉兵秣马，必务穷讨，断不中止”。这就不仅进一步肯定喀尔喀与清朝的臣属地位，为多伦会盟打下基础，而且警告了噶尔丹，如果噶尔丹胆敢再侵犯喀尔喀，清廷就必将大举征讨。

多伦会盟

我国的蒙古族在清初分裂为三大部：外藩蒙古、喀尔喀蒙古、厄鲁特蒙古。清太宗天聪年间（1627～1636年），清基本统一了内蒙古。崇德三年（1638 年），喀尔喀向清王朝俯首称臣，献“九白之贡”。崇德二年（1637 年），固始汗派使者向清纳贡，“阅岁乃至”，厄鲁特蒙古自此建立了与清王朝的臣属关系。

喀尔喀蒙古是元太祖成吉思汗十五世孙达延汗的后裔。达延汗死后，他的儿子大多数迁入内蒙古，按蒙古习惯，得由小儿子札赍尔浑台吉留守在原地，他统领的部被称为喀尔喀，所领万余人分为七旗，由札赍尔浑台吉的 7 个儿子分别统领。明朝末年，喀尔喀蒙古分裂为土谢图汗、札萨克图汗及车臣汗三大部，大致在东达额尔古纳河和呼伦贝尔，西抵阿尔泰山，南邻内蒙古，北面包括贝加尔湖直到石勒喀河的广大游牧地区。

清太宗崇德元年（1636 年）清政府统一内蒙古之后，采取了“因其教不易其俗”的策略，得到蒙古各部的支持与拥护。崇德三年（1638 年），喀尔喀汗也向清朝投表称臣，献“九白之贡”。

顺治三年（1646 年），清军入关，没有更多精力兼顾北疆。车臣汗乘这个机会，诱使内蒙古苏尼特部腾机思等叛清。清王朝封多铎为扬威大将军，与承泽郡王硕塞一起率兵镇压叛乱。顺治五年（1648 年），腾机思向清朝投降，车臣汗等亦上表请罪，叛乱平息，喀尔喀蒙古又派使者恢复与清王朝的朝贡关系。顺治十二年（1655 年），喀尔喀蒙古汗及赛因诺颜部各遣子弟来朝，清廷在其地设八札萨克，将喀尔喀蒙古各部分为左右两翼。土谢图汗、车臣汗、赛因诺颜部属左翼，札萨克图汗单独组成右翼。喀尔喀蒙古与清朝政府的关系更加密切。

康熙元年（1662 年），右翼札萨克图汗部发生自相残杀，札萨克图汗与罗布藏台吉额琳沁互相攻杀，札萨克图汗被杀。其兄绰墨尔根自立为汗，因未得到清王朝的同意，部众不服，大多投向左翼土谢图汗。康熙九年（1670 年），清政府下诏废掉绰墨尔根，另立札萨克图汗的弟弟成衮继承汗位。成衮死后，子沙喇继位，与左翼土谢图汗矛盾日深。西北地区的准噶尔部逐渐强大起来，准噶尔部是厄鲁特蒙古之一部，游牧于巴尔喀什湖以东、以南的广大地区。康熙九年，准噶尔部发生争权夺利的内乱，首领僧格被杀。僧格之同母弟噶尔丹在西藏当喇嘛，闻讯赶回，他以达赖喇嘛的名义提出要为僧格报仇。他驱逐了僧格的敌人车臣台吉，杀掉僧格的儿子索诺木阿拉布坦，并把叔父楚虎尔乌巴什囚禁起来，这样他便消灭了所有竞争的对手，控制了准噶尔部。康熙十六年，噶尔丹出兵攻灭已移居青海的和硕特部，杀其部长、自己的岳祖父鄂齐尔图车臣汗。噶尔丹灭和硕特之后，"自称博硕克图汗，威胁厄鲁特蒙古其他部奉他命令行事，成为厄鲁特蒙古消部的霸主"。康熙十七年（1678 年），噶尔丹乘维吾尔族地区内部教派之争，攻取天山南路叶尔羌诸部，西侵哈萨克、布鲁特等地，"尽执元裔诸汗"，迁居天山以北。噶尔丹还侵占哈密和吐鲁番，占据了河西走廊的西部，并对喀尔喀蒙古诸部的内部事务指手划脚。噶尔丹势力及其野心的增长，对清王朝的统一和边境安宁构成了极大的危害。

对准噶尔内部的事务，康熙并不干涉，他同意了噶尔丹的请求，允许他如其兄僧格旧例，"照常遣使进贡"，承认了噶尔丹在准噶尔部的领导地位。

但对于噶尔丹的吞并与攻掠行动，康熙表示了反对。他主张各部之间和睦相处，不要发生争端；若发生矛盾应向上禀报，由朝廷"遣使评其曲直，以免生民于涂炭"。

噶尔丹野心勃勃，欲一统蒙古各部。遂利用喀尔喀蒙古左右翼间矛盾，企图引诱喀尔喀蒙古右翼归降他。同时他还勾结沙俄侵略者，欲图消灭左翼，从而实现侵占喀尔喀蒙古的野心。战争已近在眼前了。为避免喀尔喀蒙古分裂和自杀残杀，康熙曾多方调解，最后建议双方会盟。康熙二十五年（1686年）康熙帝派理藩院尚书阿喇尼等，并邀达赖喇嘛使臣噶尔丹西勒图，到喀尔喀主持会盟事宜。同年八月十六日，阿喇尼召集喀尔喀蒙古互相对立的左、右两翼的汗、济农、台吉等，在库伦的伯勒奇尔举行会盟。阿喇尼向与会众蒙古首领宣示了康熙帝谕旨："尔等以兄弟之亲互相吞并，异日必致交恶生乱，朕心恻焉……尔汗、济农、台吉等，当仰体朕意及达赖喇嘛之心，尽释前怨，将兄弟人民各归本扎萨克，令其和协，照旧安居。"对康熙帝的谕旨，喀尔喀众蒙古首领等一致表示遵从，并一起在噶尔丹西勒图及喀尔喀宗教领袖哲布尊丹巴胡土克图面前立下誓言。阿喇尼等又令两翼将互相侵占的台吉人民各归本主；济农、台吉等亦立誓，今后永远和睦相处。在这次会盟中将原设八旗析为十四旗。

噶尔丹为达到自己的目的，蓄意破坏会盟。康熙二十六年（1687年），噶尔丹借口会盟中，哲布尊丹巴对使者不恭，率3万大军控制札萨克图汗部，唆使沙喇进攻土谢图汗，并命其弟多尔济札卜领兵掠夺右翼人畜。土谢图汗在愤怒之中，贸然出兵击杀沙喇和多尔济札卜。噶尔丹以此为口实，于康熙二十七年（1688年），大举进攻喀尔喀左翼，在特木尔大败土谢图汗，直逼库伦。与此同时，沙俄也与噶尔丹相呼应，从乌丁斯克出兵。

噶尔丹发动兼并喀尔喀蒙古的战争，是与沙俄对中国的侵略相呼应的。沙俄在17世纪60年代占领了我国喀尔喀蒙古地区贝加尔湖至石勒喀河的大片领土，并妄图侵入喀尔喀腹地。对众蒙古王公贵族，沙俄极力拉拢他们，妄图把他们变成俄国的臣民，把其属下的居民变成向俄国提供实物税的属民，吞并他们居住的土地。噶尔丹成为准噶尔的首脑后，沙俄企图利用他作为侵略工具，把势力伸入喀尔喀蒙古及漠西蒙古等地。噶尔丹为了实现其吞并众蒙古的野心，不惜勾结沙俄，引狼入室。从 17 世纪 70 年代起，噶尔丹几乎每年都遣使赴俄。当噶尔丹发动对喀尔喀蒙古的战争时，沙俄侵略军也从乌丁斯克出动。噶尔丹侵入克鲁伦河地区，打算顺河而下，直取科尔沁蒙古，这时，他扬言俄罗斯援兵将帮助他达到目的。

在噶尔丹与沙俄侵略者的两面夹击下，喀尔喀蒙古处境极其危险。当时土谢图汗正率主力部队在北方楚库柏兴（色楞格斯克）与俄军作战。而噶尔丹对其后方的大举进攻使土谢图汗阵脚大乱，部众溃散各处。俄方曾欲乘机收降喀尔喀难民。哲布尊丹巴胡土克图对济农、台吉等说："俄罗斯素不奉佛，俗尚不同我辈，异言异服，殊非久安之计。莫若全部内徙，投诚大皇帝（指康熙），可邀万年之福。"台吉及民众对这一正确主张表示赞同，于是漠北蒙古各部纷纷南下，投靠清王朝。

噶尔丹见哲布尊丹巴等投靠了清王朝，便于同年七月上疏，要求清廷对哲布尊丹巴等"或拒而不纳，或擒以付之"。并且他还拒绝康熙的调停建议，声称"尽力征讨五、六年，必灭喀尔喀，必擒哲布尊丹巴"。当时，清廷左右为难。康熙后来回忆说："其时若不允其内附，恩养得所，必皆沦入于厄鲁特"，无异于纵容噶尔丹的侵掠暴行，而且助长噶尔丹的嚣张气焰；"允其内附而恩养之，噶尔丹必假此衅端与我朝构难"。可是，康熙"经熟筹"，甘冒与噶尔丹决裂的风险，决定接纳受侵害来归的哲布尊丹巴等喀尔喀人。八月，土谢图汗在鄂罗会诺尔与噶尔丹进行最后决战，但遭到失败，于是他率众越瀚海，与哲布尊丹巴会合。九月初八，土谢图汗与哲布尊丹巴分别率领属下进入清朝境内，请求清廷保护。康熙立即批准他们的申请，派理藩院尚书阿喇尼前往讯界，安置来归的蒙古部落，以米粮赈济不能度日之人。此后又有车臣汗及札萨克图汗所属陆续来归，清廷一律收容他们，并作了妥善安排。康熙令将喀尔喀部众分别安置在苏尼特、乌珠穆沁、乌喇特诸部牧地内游牧。

清朝政府把喀尔喀部暂时安顿在讯界内外，目的在于让它收集逃散的部众，等平定噶尔丹之后，让他们重新回归故地。但喀尔喀内部并无法度，各部间常发生相互争夺之事，如不制定法律加以约束，则现在部众也会日益离散。因此，清朝政府决定，按照管理内蒙古四十九旗的办法，来管理喀尔喀蒙古各部。康熙二十八年（1689 年），清廷命内蒙古所属科尔沁土谢图亲王沙津、喀尔喀达尔汉亲王诺内、台吉多尔济思札卜等，率内蒙古各旗所选派的都统、副都统、长史等官员赴喀尔喀蒙古，分三路增设札萨克（旗长），将散落各处的部众集合起来，组成旗队，统一管理。在康熙二十五年（1686 年）库伦伯勒奇尔会盟的十四旗基础上，增设十二旗，共为二十六旗。

康熙二十九年（1690 年），清军与噶尔丹的部队于乌兰布通展开激战，噶尔丹败逃，清军取得辉煌胜利。失败后的噶尔丹实力大为削弱，于是他向清廷进表请罪，并发誓不再进攻喀尔喀各部。八月十八日，康熙帝派人告诉噶尔丹，再次申明了喀尔喀各蒙古与清王朝的臣属关系。同时，为加强喀尔喀蒙古各部的团结，使噶尔丹无机可乘，清廷决定在多伦诺尔举行喀尔喀蒙古各部的会盟大会。康熙二十九年（1690 年）三月，康熙帝决定喀尔喀蒙古三部举行大会盟，所有蒙古王公均要参加，时间定在七月份，地点待定，而且此次会盟由康熙帝亲自主持。这将是有史以来蒙古草原最重大的事件之一。虽然，这一计划因噶尔丹的入侵而被暂时搁置，但乌兰布通之战后，举行会盟不再有任何困难了，并成为康熙帝最紧要的事情。康熙三十年（1691 年）正月，刚过春节，康熙帝下令：组织各部于清明前后举行会盟，各部院加紧准备。到三月，决定会盟地点定在多伦诺尔。

四月三十日，康熙率领的上三旗和古北口绿营兵沿滦河而上，与经独石口和上都牧场而来的下五旗军队齐集多伦，在此安营扎寨。清廷命喀尔喀与内蒙古四十九旗帐幕在五十里外，共同环绕康熙行营屯列。五月初一，土谢图汗、哲布尊丹巴尊旨，为擅自出兵击杀札萨克图汗具疏请罪。五月初二，康熙召见蒙古贵族，因为土谢图汗头一天已将自己的过错呈叙并向皇上请罪，也因为他亲领部众归属大清，康熙不忍将其治罪就赦免了他，并将策妄札人的札萨克图汗之号封为汗。随后，清政府列仪仗，置乐队，理藩院官员引喀尔喀蒙古贵族列于右队，内蒙古四十九旗王公列于左队，分别朝拜康熙皇帝，通过与蒙古王公饮宴欢聚，清帝与蒙古各部之间的关系得到了进一步调整。

五月初三，颁赏封爵。分别赏赐给喀尔喀土谢图汗、哲布尊丹巴胡土克图、策妄札人、车臣汗每人千两白银，15 匹蟒缎、15 匹彩段，及银器、袍帽、茶布等其他物品。康熙还按照等级高低分别赏赐给济农、台吉等人银缎诸物若干。颁赏之后，康熙再次召见喀尔喀汗、济农、台吉等 35 名贵族，并赐宴。在宴席上，康熙命令他们不要过于拘束，每人可畅所欲言，“舒怀共语”。酒宴结束后，康熙又因策妄札人年幼而把皇子的衣服、数珠赐给他一些，使人觉得他们情同父子。

同日，康熙应喀尔喀汗、台吉等要求，宣布将喀尔喀与内蒙古四十九旗按同一体例编设，其名号“亦与四十九旗同”“照四十九旗”编为旗队，给地安插，共分三十六旗。土谢图汗、车臣汗名号仍旧存留；封策妄扎卜为和硕亲王，其余“去其济农、诺颜之名”，各按等级，授以多罗郡王、多罗贝勒、固山贝子、镇国公、台吉之衔。对其中那些最先提倡归属大清，奏请按照四十九旗一例编设，以及在镇压噶尔丹叛乱中功绩显著的有功人员，又加以特殊表彰，从优封授。最后康熙向他们申明法度的严肃性：“自今以往，尔等体朕爱养之恩，各守法度，力行恭顺。如此，则尔等生计渐蕃，福及子孙，世世被泽。”

五月初四，举行阅兵仪式。康熙走出行宫，穿上鲜亮的甲胄，乘上高头大马，“遍阅队伍”，喀尔喀部队及八旗官兵，肃立敬礼，接受皇帝检阅。之后，树侯校射，康熙帝首先弯弓劲射，十矢九中，蒙古王公赞为神武。康熙又率四十九旗王、贝勒、贝子、台吉及喀尔喀汗、王、台吉等一同“大阅军容”。满洲八旗官兵、汉军火器营官兵及总兵蔡元属下众官兵，都各依次序列阵，号角冲天，枪炮齐鸣，清军众将士齐声高呼前进，震天动地，显示了清军强大的威势。

五月初五，康熙到达喀尔喀蒙古驻地，对穷困的部众赏给他们银两与布匹等物。又赐给喀尔喀王、贝勒、贝子、公、台吉等大批牛羊。初六，遣原任尚书阿喇尼、侍郎布彦图、索诺和、文达、学士达虎等，“往编喀尔喀旗分佐领，拨给游牧地方”。五月初七，会盟完毕之后，康熙帝启程回京，一切未及处理之事由尚书马齐在此负责办理。四十九旗及喀尔喀汗、王、贝勒、贝子、公、台吉等，在道路两旁恭送康熙，“依恋不已，伏地流涕”，情景至为感人。

为纪念这一盛事，以及满足蒙古贵族的心愿，清廷在多伦兴建汇宗寺，“利用宗教，以一众志”。

本次会盟对于加强漠北蒙古各部间的团结、平息其内部长期的纠纷具有重大的作用。它密切了蒙古族与清廷的关系，重新在喀尔喀蒙古建立起封建秩序，使清廷对喀尔喀的控制与管理都得到了极大的加强，喀尔喀各部也成为戍守我国北部边疆的最主要力量之一。康熙对这方面的意义认识相当深刻。他在归途中对扈从诸臣说："昔秦兴土石之工，修筑长城。我朝施恩于喀尔喀，使他防备朔方，较长城更为坚固。"回京不久，正值工部议复古北口总兵蔡元请修古北口边墙一疏，康熙为此特别降谕。在谕旨中，康熙帝就得民心为治国安邦之本作了专门论述。他说："帝王治天下自有本原，不专恃险阻。秦筑长城以来，汉唐宋亦常修理，其时岂无边患……可见，守国之道惟在修德安民，民心悦则邦本得，而边境自固，所谓众志成城者是也。"

政治上的统一与安定，极大地推动了生产的发展。此后，喀尔喀蒙古开始重视农业生产。土谢图汗上疏："思得膏腴之地，竭力春耕，以资朝夕。"康熙对此极力支持，命理藩院遣官一员，于来年春"指授膏腴之地，令其种植"。还向蒙古各部落颁布历书，"照民历式样，全行翻译，将部落之名注于历内"。

会盟之后，喀尔喀蒙古重新恢复了声势，其散逃各地的部众也纷纷归来，清政府对前来投顺的蒙古部众大加欢迎，热情款待他们，妥善安置他们，并按人口、功次授予相应的爵位。如同年闰七月游牧于土拉等地方的喀尔喀西卜退哈滩巴图尔来降，清廷授予他辅国公；九月，喀尔喀达拉玛希里卓特巴来降，清廷封他为多罗贝勒。康熙三十三年（1694年）九月，游牧于色楞额的英格特布哈等地的根敦戴青亦率"所属七百余户、四台吉及千余弓箭手，共三千余口"归附，康熙在接见他时"加恩授为扎萨克多罗贝勒"。清廷的政策吸引了失散在国内各地的喀尔喀蒙古人，同时也对流亡国外的喀尔喀蒙古部落产生了强大的吸引力。有些过去流入俄国的蒙古族，陆续回归祖国。三十年（1691 年）车臣汗部车卜登属下千余户从俄国回归祖国，三十二年（1693 年），土谢图汗部车陵扎卜等八台吉率领部下六百余丁，摆脱沙俄控制，迁入克鲁伦河畔的巴颜乌兰草原，与西卜退哈滩巴图尔一起游牧，康熙授车陵扎卜为扎萨克一等台吉，把他的部众编为四佐领。由于喀尔喀重新统一，并加强了内部团结，其实力进一步发展，在巩固边疆及抗击外敌的斗争中地位日益重要。

康熙二度亲征

噶尔丹逃回科布多后，一面收集残余力量，发展势力，图谋东山再起，一面派人去莫斯科，向沙俄乞求支援。噶尔丹于康熙三十年（1691 年）起，多次派使者去沙俄活动。他给沙皇写信说：“我等与陛下一向是具有同一事业的兄弟，蒙古乃陛下我等之敌人，为了你我双方事业的成功，敬请陛下就兵员、火药、铅弹和大炮等一切作战之所需，给予至善的谕旨。”这一请求对沙俄来说求之不得，此后沙俄多次遣使会见噶尔丹，在沙皇俄国的支持下，噶尔丹的野心又迅速膨胀起来。与此同时，他给喀尔喀蒙古和内蒙古一些首领写信，大力煽动叛乱，挑拨各部与清朝的关系。为积蓄力量，恢复元气，噶尔丹在大草原上带兵到处抢劫，掠夺他部的牲畜及其他财产。他还杀害清王朝的官员，噶尔丹的行为与野心使大草原再次笼罩在战争的血腥气氛之中。

康熙三十一年（1692 年）八月，噶尔丹派人在哈密附近杀害了前往策妄阿拉布坦的清使马迪等官员。不久噶尔丹又重新提出索要土谢图汗和哲布尊丹巴，并要求康熙帝把喀尔喀蒙古各部内迁牧民送还故地。并密派使者在内蒙古到处散发书信，煽动当地人民叛乱。康熙三十四年（1695 年），噶尔丹率骑兵 3 万，沿克鲁伦而下，向漠南发起大举进攻，又燃叛乱战火。

康熙三十五年（1696 年），面对噶尔丹的疯狂进犯，康熙帝决定再次御驾亲征。他命黑龙江将军萨布素率盛京兵两千，宁古塔兵一千，科尔沁兵四千，沿克鲁伦河进击，这是东路兵；西路，由费扬古统率蒙古兵从归化出发进击噶尔丹，以切断他的退路；康熙帝则统率大军出中路，从独石口迎击噶尔丹大军。五月，康熙率军到达拖陵布喇克。他派人到噶尔丹军中宣布皇帝敕谕，向噶尔丹指出清廷三路大军已到，但皇上因不忍见生灵涂炭，故希望与噶尔丹会面，以划界分治。噶尔丹对此置之不理。五月初七，清军侦探到噶尔丹的位置，康熙立即率兵从枯库车尔地方迎击噶尔丹。他亲率前锋兵在前，诸军依次前进，“兵威之盛弥山遍野，不见边际，整齐严密，肃然无声”。是日，清军在西巴尔台驻下，噶尔丹“乞暂缓师”，康熙清楚他另有图谋，便以“此地乏水”为由，拒绝了噶尔丹。次日，直趋克鲁伦河。克鲁伦乃兵家必争之地，康熙亲“率数人登高执圆镜远望”，观察地形，然后部署兵力。他派遣科尔沁土谢图亲王沙津、达尔汉亲王班第、喀尔喀车臣汗等率军“往据西方巴尔代哈山麓高处，佯作全军从此经行之状”，以引诱敌人。同时康熙帝亲率大军“争先据河”。噶尔丹对康熙帝御驾亲征之事并不相信，说：“康熙皇帝不在中国安居逸乐，过此无水瀚海之地，宁能飞渡乎?”后从康熙放回的厄鲁特人口中得知皇帝确实亲自率军作战，他又到北方孟纳尔山遥望清军大兵队伍行列规模“不似乌兰布通时”，方大惊失色说：“是从天而降耶!”于是传令众人，放弃庐帐器械全军撤去。

康熙抵达克鲁伦，对各队领军大臣说："噶尔丹若据克鲁伦河，我兵夺河交战犹稍费力，今观其不于此拒战，而竟逃窜，是自开门户以与我也。审其情形，肯定是连夜逃跑而去，当轻骑急追。"自五月初八至十二日，康熙以"疾驰莫惮追奔力，须使穷禽入网罗"的决心，率领清军将士追赶了五天，经克勒河溯流到拖讷阿林（拖讷山）。此刻，由于进军太快，军粮不继，不得已决定，改由全部前锋军、满洲火器营兵及亲随护军，组成一支精悍部队，每人凑足二十日口粮，由刚授平北大将军的内大臣马思喀率领，继续追讨噶尔丹。康熙自出师以来，"不怀安逸，不恃尊崇，与军士同其菲食，日惟一餐，恒饮浊水，甘受劳苦"，一直挥军前进，有时因驻跸处条件不好，臣下们打算退几步重新设置皇帝的行幄，康熙也不答应。这次只因"西路兵及两路饷皆未如约而至"，不得不安排轻骑前进，自率大队回军迎粮。他料定噶尔丹此次难以逃脱，"捷音数日内即到"。中、西两路大军距敌主力越来越近，清军已形成了对噶尔丹的夹击之势。

西路两支军队一路克服了粮饷难继、马匹倒毙等无数的困难，为加快行军速度，不得不中途汰除羸弱疲病兵卒，集中精锐兵士和粮食日夜行进。当两支队伍会师翁金后，清军将士得知康熙帝也在前线时，更加快了行程。五月初四兵抵土拉河（今乌兰巴托西南）。当全军刚刚行抵昭莫多，他们便遭遇了噶尔丹的先头部队。费扬古来不及布阵，立即命令将士各据险要，一万四千余清军在昭莫多布下擒寇的网罗。

昭莫多，蒙古语大树林之义。此地依水临山，森林丛集，地理位置重要，是克鲁伦河至土拉河的必经之地。当噶尔丹在窜逃途中听说清军两路兵马正全力赶赴昭莫多地时，噶尔丹异常担心会被阻击在昭莫多一带，那将是灾难性的。于是他催促他的部卒拼命前进，抢占昭莫多一地，据险以遏清军。但他还是迟了一步，清军正在昭莫多等着他的到来。

清军刚进入阵地，噶尔丹军队便蜂拥而至，犹如一阵狂涛袭来。想逃命的叛军一次又一次地向清军阵地发起冲击，小山岗前人喊马嘶，山林摇动。清军凭借有利地势，枪炮齐发，噶尔丹的叛军被毙伤无数。双方枪铳互射，昭莫多被笼罩在浓浓的烟雾之中。夕阳西沉，双方仍在拼杀。噶尔丹的亲信将领中有不少人已丧身于清军的炮火之下，而清军也有不少伤亡，双方胜负未分。

噶尔丹眼见与清军激战一个下午，也无法突破清军的阵地，便想利用黑夜的掩护，偷偷溜掉。但他的行动被清军发现了。清军宁夏总兵殷化行向主帅费扬古建议，偷袭噶尔丹后路。于是，费扬古便派出一支精锐部队绕过阵前，突然间向噶尔丹的背部发动猛攻。噶尔丹部顿时陷入混乱当中，在清军的两面夹击下，腹背受敌的噶尔丹全线崩溃。噶尔丹的妻子阿奴在混战中被杀，部众被清军击毙无数。噶尔丹见此情景，心知大势已去，便在心腹的保护下，夺路逃命而去。清军大获全胜。

昭莫多战后，噶尔丹已无路可逃，流窜于塔米尔河流域。为了彻底消灭噶尔丹反叛势力，康熙采取收抚降众、遏绝噶尔丹外援的策略，彻底地孤立了噶尔丹。噶尔丹之侄策妄阿拉布坦此时也遣使入朝，接受清朝的册封，噶尔丹已处于四面楚歌的境地，但他顽固不化，拒不接受清廷招抚。

康熙三征噶尔丹

康熙在第二次亲自征伐噶尔丹还没结束时，就已经开始准备第三次征伐的工作。诸如：派户部尚书兼属理藩院事马齐到陕甘一带，通往宁夏，于“并阅大兵所行之路”设立驿站；派副统领阿南达调查从宁夏及嘉峪关西路出兵，至噶尔丹盘踞的萨克萨特呼里克的道里远近。康熙三十六年（1697 年）正月，大臣以及一些官员有些轻敌，劝说皇帝停止亲征。康熙觉察到形势的发展对自己有利，并且到处存在轻敌思想，所以，他多次说明亲征宁夏的原因和益处。他对大学士说，“览周士皇所奏，虽臣子之情当然，但周士皇未知其中之故”，正因噶尔丹“今穷困已极，故乘此机会，亲临塞外，酌量调度”。以前吴三桂的背叛，对之重视不够，没有迅速派遣充足的大兵，所以“吴三桂煽惑人心，遂至滋蔓”。后来“朕日夜绸缪，调遣大兵，几费心力，方得扑灭”。由此可见，如果不在噶尔丹处于不利形势之下及时征伐，以后必然会花费更多的物力、兵力，会有更多的困难。

康熙三十六年（1697 年）二月初六，康熙第三次亲自率兵征伐噶尔丹，从京城出发，通过了山西大同、陕北的府谷、神木、榆林等地，由边外前行，三月二十六日抵达宁夏。

这在西北蒙古诸部中引起巨大震动。那些立场不坚定的台吉们觉察到自己已无力抗争，于是纷纷上疏请罪，愿意归顺朝廷，更有甚者还愿意与朝廷共剿噶尔丹，这正合康熙之意。与此同时，康熙帝调派两路大军进剿。一路由大将军费扬古率兵三千出归化，由昭武将军马斯喀率兵二千出宁夏，在郭多哩处会合（今蒙古人民共和国达兰扎达加德附近），然后北进；另一路由孙思克、博霁率西安、甘肃兵二千前往肃州，再由阿南达率领出嘉峪关，取道哈密北进。在一个月之内，康熙皇帝安排好运粮和调遣各路大军的事务。闰三月十五日从宁夏北上，半个月后，到达了狼山的南面，亲自送行宁夏一路兵。四月初七，在河套一带离岸登舟，沿黄河顺流而下。

康熙帝踏上归途，可他的心惦念着在无水无草的沙碛中前进的将士。他坚信这一次必胜，不会再有像克鲁伦河回撤的那种担心。他知道噶尔丹已是死期将至，数日内当有佳音传来。四月十四日夜，有消息传来说噶尔丹已死。康熙皇帝不敢相信，十分激动，迅速上岸，连夜亲自迎接送信的使者。十五日早晨，一小船自上游急驶而来。散秩大臣布克韬登岸跪呈大将军费扬古奏章，上面清清楚楚地写着：闰三月十三日，噶尔丹在阿察阿穆塔台地方"清晨得病，其晚即死，不知何症"。丹济拉等"携噶尔丹尸骸及噶尔丹之女钟齐海，共率三百户来归"。

康熙帝拿着奏疏，心情久久不能平静。近20年来，西北、北部边疆动荡难安，人民流离失所，时刻威胁着内地的稳定，引起沙俄对领土的觊觎蚕食，噶尔丹之罪是死有余辜。而八年平叛，无数将士饱经风霜雨雪，忍受着酷暑严寒的折磨，饥渴难耐，尝够了艰辛，甚至葬身沙海和战场。康熙帝自己也没有贪图安逸享受，三次亲自率兵征伐，每日分兵派将，"筹划储备兵马钱粮，无晷刻之闲。在路也，晨则蒙雾露，昼则冒尘沙，口疲于诫诲，手胼于鞭辔，行数千里之外，以至于斯者，亦只以此孑遗之噶尔丹之故也"。心患已除掉，西北地区从此就稳定下来，"今紧要喜庆之大事，无有过于此者"，他当即给在京主政的皇太子胤礽写信，让天下所有的人都知道这一喜讯，与他共同分享胜利的喜悦。他激动万分，以致于"持笔不能成文”。

康熙帝在黄河岸边对天叩拜，随后全体文武官员及兵士举行了庆贺礼。他下令命费扬古率兵到丹济拉处，让那些出征的部队马上撤回，把投降的人押回来。

马上的康熙帝，按辔缓行，对身边的太监说：“噶尔丹已死，各部皆已归顺，大事已毕。朕两岁之间三出沙漠，栉风沐雨，并日而餐，不毛不水之地，黄沙无人之境，可谓苦而不言苦，人皆避而朕不避，千辛万苦之中立此大功。朕之一生，可谓乐矣，可谓至矣，可谓尽矣。”

五月十六日，康熙帝胜利归京。

对噶尔丹的征讨，在历史上意义深远。它扫除了漠北、西北地区一大不安定因素，社会秩序有所稳定，在不同程度上加强了清政府对喀尔喀蒙古、厄鲁特蒙古的统一管辖。不仅如此，其对加强边防、禁止他国入侵也作出了卓越的贡献。沙俄对我国蒙古族居住地区的侵略，寄希望于噶尔丹的配合，康熙平定噶尔丹叛乱，使沙俄失去了依靠力量，且团结众蒙古部落，使之成为抵御沙俄侵略的屏障。

蠲免赋税，巡视河防

南巡治水

清定鼎北京后，经过长期的征战，消灭了南明政权，镇压了各地的起义与反抗，讨平了吴三桂的反叛，收复台湾之后，清政府才得以巩固它在全国的统治。但连年战乱，造成了人口大量的减少，土地大片荒芜，许多地区异常萧条，而且社会上怀念明朝的势力依然存在，因此，战争结束之后的首要任务就是迅速地恢复和发展生产力，以此来争取民心。

清初黄河不断决口，给两岸人民带来了巨大的灾难，人民流离失所。淮河、睢水流入洪泽湖内，也在清河县泻入黄河。该地河流众多，情况复杂，河水经常泛滥，给沿岸人民带来巨大灾难，不但对黄河流域的经济发展起着破坏性的作用，还直接影响着清政府至关重要的漕粮运输。清王朝每年要从江南通过运河水道运四百万石粮食到京师，供皇室、京城官宦及驻京旗兵需用。一旦漕运受阻，京城就会一片混乱。因此康熙亲政后，即把河务与漕运列为与三藩同等重要的大事。恢复生产、安抚人心的关键所在是治理黄河。从康熙二十三年（1684 年）至康熙四十六年（1707 年），他六次南巡，亲自巡视黄河河工，赈济当地灾民，笼络汉族士绅，成为其治国安邦的一项重要措施。

康熙二十二年（1683 年），清政府收复台湾，国内大规模的战争局面结束了。当年春，翰林院编修曹禾、吏科给事中王承祖分别上疏，呈请皇帝仿古代帝王之巡狩，登泰山封禅，以告成功。康熙也想利用南巡考察河务、漕运，慰问灾民，观风问俗。于是于二十三年（1684 年）九月二十八，康熙皇帝率大批侍从离开北京，开始了他的南巡之旅。亲登泰山后，车驾驻于郯城红花铺，河道总督靳辅来朝。靳辅，字紫垣，汉军镶黄旗人。顺治九年（1652 年），以官学生考授国史馆编修，初涉政坛。此后，靳辅因其颇有才干，不断地升迁。顺治十五年（1658 年），改内阁中书，不久迁兵部员外郎。康熙初年，靳辅由郎中一职而升至内阁学士，连续升了四级。康熙十年（1671年），靳辅被任命为安徽巡抚，治绩优著。十五年（1676年），康熙对其实心办事给予嘉奖，“加兵部尚书衔”。不久以后，康熙帝将其擢升河道总督，康熙帝寄希望于靳辅能治理好黄河。

黄河筑堤图　清

靳辅对康熙的知遇之恩感谢不尽，他用他的实际行动来报答康熙帝。康熙十六年（1677年）三月接到任命后，四月初六即赶赴宿迁河工署就任。莅任之后，他除随时向幕宾陈潢请教之外，还“遍历河干，广谘博询”，对黄河进行了为期两个多月的实地考察。在考察期间及任上，不论是绅士、走卒以及工匠役夫，只要有参考价值，靳辅都会接受他们的意见。他研究了我国历代治河的利弊得失，主张继承明代河臣潘季驯“筑堤束水，以水攻沙”的理论，希望以此法治理黄河。他体会康熙帝“务为一劳永逸之计”的谕旨，在《河道敝坏已极疏》中，批驳了只知“保护漕运”而不求治黄的错误做法，提出了“将河道运道一体，彻首尾而合治之”的统筹全局指导方针，并将如何治理黄河写成《经理河工八疏》，同日呈交皇帝。其中主张，挑挖云梯关至海口一段河身，以此土筑堤，以加大黄河入海口；疏浚清口，使淮入黄；加固高家堰堤坝，堵塞决口等。康熙帝对靳辅的治河方策大加赞赏。康熙十七年（1678年）经过议政王大臣议复，批准实行。二月，又决定拨出正项钱粮250余万两，供治河使用，并限三年内完工。从此，清初大规模治河全面展开，并逐步取得成效。靳辅先派人在黄河河道两边各挖一条引河，以所挑之土，筑两岸之堤。南岸自白洋河至云梯关，北岸自清河县至云梯关，以引导黄河入海。至康熙二十一年（1682 年）五月，靳辅治河就已收到成效，海口大开，黄河下流疏通。为解决黄河水内灌运河问题，靳辅于康熙十七年（1678 年）十月奏请封闭清口，从文华寺开挖新的运河河道，以七里闸为新的运口，使新挖的一段运河在武家墩、烂泥浅与黄河汇合，运河又与黄河相合。明朝初年，南来漕船到清江浦天妃闸进入黄河。明万历年间，河臣潘季驯移运口于新庄闸（亦名天妃）以纳清而避黄，称为清口。靳辅改以七里闸为运口后，扬帆直上，减少了在黄河运输的路程，也减少了风险，收到了很好的成效。为以淮水敌黄，又加固高家堰，修复归仁堤。

高家堰是洪泽湖与高邮、宝应诸湖之间的堤堰。它的主要作用在于挽湖束水、捍淮敌黄，使洪泽湖的水能顺利地流出去，同时它也屏障着运河。康熙十五年（1676 年）大水，高家堰多处溃决，泛滥的洪水冲决了漕堤，下河七州县大部被淹。靳辅将诸决口全部堵塞，将清口与周桥间九十里的大堤又加厚增高，并于周桥至翟坝三十里旧无堤并已成河九道之处亦创建新堤。靳辅同时也保留了六处减水坝，以备旱时蓄水济运；洪涝之时排出洪水以保护大堤。靳辅并于堤外帮筑堤坡，坡长为堤高的 8 倍，同时靳辅还命令在坡上种树植草，勤加维护，收到了极好的效果。这项工程从十七年（1678 年）动工，到第二年七月全部竣工。山阳、宝应、高邮、江都四州县围出了大片的肥沃土地，可以招人进行开垦。“增赋足民”。归仁堤原是用来约束睢水以及邸家、白鹿等湖的湖水，使它们不致于冲入淮河，且令由小河口、白洋河二处入黄河，帮助黄河冲刷其携带的泥沙下海。清初，许多河臣认为归仁堤与运道无关，因此许多年没有修理，经常崩溃。靳辅认为归仁堤失修是黄河常年泛滥的原因之一，遂于康熙十八年动工修复。首先把旧堤加高培厚，随后靳辅又指挥开挖了一条引河，并用其土筑大坝一道，此外又筑滚水坝一座，防止黄水倒灌。修复后的归仁堤，成为抵御黄河泛滥的一道屏障。随后靳辅又实施了皂河工程。康熙初年，漕船入黄河，经一段路程后到达宿迁，由董口出黄河向北入运河。后董口淤塞，漕船便取道骆马湖，西北行四十里进入沟河，又二十余里漕船到达窑湾口而入泇河。“湖浅水面阔，纤缆无所施，舟泥泞不得前，挑掘舁送，宿邑骚然”。靳辅发现宿迁西北四十里皂河集有许多沟渠，还有已淤平的旧日河床，因而上疏要求，并于康熙十八年（1679 年）十月议准，用节省的河工钱粮，兴工挑挖新河浚通旧水，在骆马湖旁挖出了四十里的皂河，上接泇河，下达黄河，行驶安全，便于漕运。又自皂河迤东，历龙冈、岔路口至张家庄二十里，挑新河三千余丈，并且把运口也移到了张家庄，以防黄水倒灌。此项工程自康熙十九年（1680 年）初动工，中间又被大水冲淤，历时二年始告成功。

另外，为保护重要堤堰，靳辅还增筑一系列滚水坝与减水坝，康熙二十年（1681 年）六月经朝廷批准，靳辅又在徐州长樊大坝之外，“创筑月堤，长一千八百六十九丈”。经过靳辅的几年努力，黄淮的治理已初见成效。但遇有大水，仍会发生河道溃决之事。康熙此次南巡，便欲亲往其地，视察河工。

康熙二十三年（1684 年）十月初八，康熙帝继续南巡到达江南（今江苏）宿迁。十九日，到达桃源县众兴集，康熙亲自到黄河北堤岸巡视，指示靳辅要筹划精详，措施得当，使黄河之水顺势东下，不再有溃决之势。对于宿迁、桃源、清河等地日益增多的减水坝，康熙指出，此项措施对治理黄河只能起一时之利，如果遇到河水泛滥，减水坝决口，下游居民就要受到巨大损失，因命靳辅筹措一举两得之法，既使河道免梗塞之患，又使人民无生产之忧。十月二十二日，康熙乘船过高邮、宝应等处时，发现洪水将大量的土地房屋淹没，遂登岸步行十余里视察水势，召集当地生员耆老查问遭灾原因，众人指出这是因为黄河入海口被泥沙堵塞，水流下泄不畅，导致了良田被淹，此情况已长达二十年之久。康熙遂命江南江西总督王新筹划赈济。康熙帝在此次南巡中最远到达苏州。十月底自无锡、丹阳由陆路经句容，十一月初一到达江宁（今江苏南京）。十一月初二，康熙帝拜谒明太祖陵，表示要勤勉治国，吸取前代兴废的教训。十一月初十，经过清河县天妃闸，康熙登岸巡视高家堰堤工，指示靳辅：高家堰关系重大，必须年年加以防护，不可轻视。并命靳辅斟酌妥善之策，使黄河之水永不倒灌运河。巡河完毕后，康熙帝于归途中到曲阜孔庙朝拜孔子，亲书“万世师表”四字，悬挂于大成殿，大大抬高孔子的地位，同时免去曲阜县一年的地丁钱粮。十一月二十八日，康熙返回京城南苑，第一次南巡结束。

停止圈地令

清初的圈地主要是在京师附近地区推行的。顺治元年（1644年）十二月，多尔衮为解决满洲人入关后的生计问题，发布了圈地令。名义上说是把近京各州县“无主荒田”“分给东来诸王、勋臣、兵丁人等”，实际上北京附近地区的土地，不管有主还是无主，都统统地被圈占。“圈田所到，田主登时逐出，室内所有皆其有也。妻孥丑者携去，欲留者不敢携。其佃户无生者，反依之以耕种焉”。

顺治二年（1645年）九月，多尔衮第二次下达圈地令，圈地地区扩大到河间、滦州、遵化等府州县。他命令上述地区的地方官吏将无主田地尽数查明，交给八旗兵丁耕种。此外，还以“土贼窃发，民不聊生”为由，下令满洲八旗兵丁驻防直隶顺德府、山东济南府、德州、临清、江北徐州、山西潞安府、平阳府、蒲州，同时将各地的无主荒田交给满兵。

顺治四年（1647 年）正月，清廷又开始第三次圈地。清廷借口以前所圈土地“薄地甚多”，而“今年东来满洲又无地耕种”，下令近京各府、州县内所有土地，一部分拨换去年所圈薄地，一部分分给今年新来的满族人。土地被圈占的民人被安插到其他地方。这一次圈地涉及近京四十二州县，范围较广。

同年三月，由于入关的满洲人已基本安顿下来，所以多尔衮发布命令：自今以后，圈占田地永行禁止。此后，大规模的圈地停止了，但零星的圈地、换地仍时有发生。如顺治八年（1651 年），户部曾下令在文安、良乡、涿州等地圈地 13 处。

顺治十年（1653 年），清廷再次发出停止圈地的命令，但小规模的圈换土地之事仍未停止。

康熙八年（1669 年）六月，亲政后的康熙皇帝谕令户部：“自后圈占民间房地永行禁止，其今年已圈者，悉令给还。”至此，官方的圈地宣告停止。康熙二十四年（1685 年），清廷又下令：停止圈拨直隶各州县的民人田地。各处壮丁及新满洲应拨地亩，将于皇庄及八旗等土地内多余部分拨给。这样，起于顺治元年（1644 年）的圈地终于结束了。

清初圈地持续二三十年，名义上是圈占无主的土地，但实际上民人的土地大量被占。当时圈地是由户部主持的，这些人来到一个村庄之后，常常是跑马圈地，凡马跑过的地域内，不管是房屋还是其他的东西，一律圈占，在此范围内的民人一律迁往他处。原来田产的主人自然要被扫地出门。

受地的八旗贵族、官兵常常借口土地瘠薄，不断新圈拨换。仅顺治四年（1647 年）正月一次圈占的畿辅四十一县沃地就多达约 99 万垧。汉族官员以圈地上有害于国家的征税，下不利于人民生产，上疏力争，清廷每次下令圈占时都声称“以后无复再圈民地，庶满汉两便”。而这些话只不过是说说而已，圈地一直在断续地进行着。直到康熙二十四年（1685 年）发布了“嗣后永不许圈”的谕旨才告结束。

当时圈地的总数实在难以统计，不过可以从几个侧面略窥一二。在顺治二年至三年（1645～1646 年）的时间内，清统治者在近京四十二州县内一共圈占土地 5.4 万多顷。从一州一县的统计来看，所圈田地的比例是很大的。如密云，在圈地之后所余民田不过 1/6。在遵化，99％的民田都被圈占了。再从北直隶大多数州县圈地的总量来看，北直隶七十二州县有 20 多万顷土地被圈占，约占该地区田地总数的 70％左右。

由此可见，清初的圈地，不但数量庞大，而且比例惊人，各州县的民地被圈占了大半。

清廷圈占土地主要有三个目的：一部分授给八旗士兵作为份地。一部分分给满汉贵族和旗人官员，作为王庄和官僚庄田。另一部分则作为皇庄。庄丁、战俘、投充人等是这些田庄上的劳动者。这些人没有独立的经济和人身自由，处于农奴的地位。

清初在京畿地区的圈地造成了极大的破坏。

第一，圈地使许多民人背井离乡，最终被迫走上了反抗的道路。

第二，圈地导致“投充”和逃人问题更加严重。

第三，圈地也影响了社会经济的恢复。

圈地之外，又有所谓的“投充”。它既是满洲贵族奴役汉族的重要途径之一，又为进一步侵占汉民耕地房产大开方便之门。

通过圈地和接纳投充，满洲贵族及其八旗兵丁掠夺了数量惊人的土地。如遵化州经过圈占和投充后，剩下的民地不到原额的1%，蓟州不到原来的2%，东安县最为彻底，“尽行圈丈讫，并无余剩”。

满洲八旗人员用这种野蛮的掠夺方式，侵占了大片土地和劳动力，过着不劳而获的寄生虫般的生活。达官显贵所占耕地人口数量更大，一般都选用“汉族人悍猾者”充任庄头，有的庄头竟还被授予低等品级的官员顶戴。这样做既便于对庄园内的农奴进行管理，又可以对付州县官吏的箝束，借以保证源源不绝的剥削收入。

二次南巡

康熙首次南巡返京后，立即部署疏浚海口一事。他已亲身视察了治黄工程，深知永久地解除黄河水患还没有实现，以往的争论都已过去，重要的是真抓实干。每实施一项工程，他都要认真听取各方面的意见，他尤其重视靳辅的意见。康熙二十四年（1685年），经靳辅呈请，在徐州毛城铺、河南考城、仪封黄河两岸都进行了大规模的筑堤筑坝工程。高家堰也开始得到加固。然而康熙帝觉得应尽快将遭水灾的难民救出苦海，而且他认为靳辅治河只关注防堵，这些都不能使问题得到根本的解决。以他的想法，只要能将黄河来水及高邮、定应等地积水顺畅排出，一切问题都可迎刃而解，所以根本的方法就是开挖海口，如此才能一劳永逸。自康熙二十三年（1684年）年底，伊桑阿一行回京、并提出与康熙帝一样的下挖海口的意见后，康熙帝便决定开挖海口，并当即下令由安徽按察使于成龙主持此事，由靳辅相予支持，不得有误。

旨意下达，立即引起一场争论。

靳辅和于成龙先后上疏，可见解却完全相反。靳辅根据多年经验提出，海口不能轻易挖开。因为泛区有很多地方低于海平面，如海口一开，不仅难排积水，反倒会引起海水倒灌，只会带来更大的灾难。唯一可行的办法是筑堤束水，以击退海潮。而于成龙却坚持开浚海口，坚决执行皇上的主张。双方一时相持不下。康熙虽重治河，但并非行家，对靳辅的正确意见不能理解，加之开挖下河最初是康熙本人所提议，而靳辅此时又卷入被弹劾的明珠一案，遂偏袒于成龙，将靳辅罢官。康熙帝很想在平定噶尔丹叛乱之前，将治河问题基本解决，以免除后顾之忧。于是决定康熙二十八年（1689年）初再次南巡河工。

康熙二十八年（1689 年）正月初八，康熙帝亲率皇长子胤禔及扈从 300 余人，从北京出发，再次南巡，“躬历河道，兼欲观览民情，周知吏治”。正月十四，康熙到达山东平原县，晓谕山东巡抚钱珏，免除山东一年地丁正赋。正月二十三日抵达宿迁。康熙亲率随从大臣及江南总督傅拉塔、河道总督王新命、漕运总督马世济等阅视中河，指出河道关系漕运民生，对地形水性应加以研究，科学治河。同时又指出，中河邻近黄河，若遇上雨水丰沛之年，水势愈涨，万一黄堤溃决，无法加以拦阻，中河、黄河必将混而为一，应该筹划一妥善预防之法。正月二十五日，康熙帝免除了江南历年积欠，包括地丁钱粮、屯粮、芦银、米麦豆杂税等共二百二十余万两。二月十一日，康熙南巡抵达杭州，因江南、浙江士人极多，特诏入学额数应酌量增加，永昭弘奖。为安抚人心，特诏凡经过地方尚被监禁狱中的犯人，除十恶不赦及诏款所不赦等罪及官员犯贪赃罪外，其余自康熙二十八年（1689 年）二月十一以前死罪及军流徙罪以下，不管有没有完结，一律加以释放。此次南巡，康熙最远到达浙江绍兴府会稽山麓，亲往禹陵，拜祭大禹。三月初七，康熙于南巡归途中率随行诸臣到高家堰一带视察堤岸闸坝，重新肯定了高家堰减水坝的作用。对淮河存在的问题，除表示同意王新命将天长、盱眙、六合等处疏浚旧有河道以使雨水入长江而不入淮的建议外，还提出了自己的看法与见解。康熙说：必于淮水会合之处修置板闸，如淮水上涨，打开闸门以泄洪，淮黄均敌，则闭加不令旁溢。通过二次南巡的实地考察，康熙对靳辅有了新的认识，江南淮安民人皆称誉靳辅治河得当，于是恢复靳辅以前的官职。康熙二十八年（1689 年），靳辅奉旨写成《治河书》（即《治河方略》），疏表进呈。此后凡遇河工方面的问题，康熙都命令去询问靳辅。康熙二十九年（1690 年），准噶尔部噶尔丹北犯边疆加剧，康熙把他的注意力转到了北部边防上。康熙三十年（1691 年），有人揭发王新命勒取库银，康熙遂免去王新命治河总督之职，命靳辅复任河道总督，以保证漕运畅通。

康熙对靳辅抱有很大期望。但靳辅此时已年老体衰，在奉命向山西督运救灾漕粮时，因操劳过度在河南荥泽县病倒。皇帝闻讯，特命其子治豫前往探视，又命内大臣明珠往视，传谕留淮调理病情。但靳辅终因病情过重，于三十一年（1692 年）十一月去世。康熙降旨悼念，下部议恤，赐祭葬，谥文襄。靳辅卧病时，接连上疏“陈两河善后之策及河工守成事宜”几万言，又“请豁开河筑堤废田之粮，并清淤出成熟地亩之赋”。康熙高度重视靳辅的建议，对其一一加以研究。其中仅高家堰堤外另筑小堤和引黄水内灌使淤平洼地两项未用，其他如重视黄河险工、加筑中河遥堤、塞张庄运口、修骆马湖石闸及占用民地豁免钱粮，涸出腴地查出升科等，一一采纳，并逐项落实。

从康熙二十九年（1690年）到康熙三十六（1697年）年，康熙此时专注于边患，无暇亲临河工，只能依靠河督。康熙三十四年（1695年），于成龙因父丧回旗守制，康熙命漕运总督董安国继任总督。但此人"于河工不亲巡历"，凡事都交与手下人办理，毫无建树，而且他还别出心裁，竟在临近黄河海口的马家港筑拦黄大坝，堵塞黄河河水下流，河工日坏。面对这样的无能河臣，康熙更加思念靳辅。

治理黄淮

康熙三十六年（1697年）五月，征讨噶尔丹的战争胜利结束，天下没有大事，只有黄淮水患严重，经常决口，淹没了大量的土地和房屋，所以当时的主要任务就是治理黄淮。

康熙三十八年（1699年）正月，他决定第三次向南出巡，检查河道，制定策略。二月初三出发。三月，康熙南巡再经高家堰、归仁堤等处，亲自测量洪泽湖水位，发现清口、高家堰洪泽湖水低，黄河的水位较高，导致河水逆向流入湖中，湖水则无处可流，因此泛滥成灾，水淹兴化、盐城等七个州县。要从根本上治理，必须加深河底；而河直则流急，流急则沙自刷而河自深。因此康熙帝提出将清口西黄河弯曲处浚直，并将黄河南岸近淮之堤往东延长二三里，这样就可以使湖水斜行进入黄河，就不会使黄河的水发生倒灌现象。这是康熙经过实地考察并总结经验教训后提出的治河总设想，即筑坝与深挖河身共同实行。为解决下流入海问题，康熙命拆毁拦黄大坝。三月十一，康熙乘船从运河出发到了扬州，在新丰处停下来，叮嘱河臣增筑运河堤岸，并提出开挖芒稻河、人字河，引水归江的建议。这是康熙总结前人靳辅治河思想与经验，并有所补充和发展而提出来的。靳辅重视筑堤束水攻沙，康熙在此基础上采用了浚直河道急溜刷沙法。另外，靳辅只考虑上河，没有顾及下河，为了护堤保运，大量利用减水坝，以致下河七州县经常被淹；康熙则上河、下河兼顾，尽量少用减水坝或将其改成滚水坝，想尽办法减轻和防止下河灾情。至于改修清口，导黄稍北，也是康熙的新举措。后来康熙概括自己的治河思想是：闭六坝以束淮敌黄，通海口以引黄归海。

为安抚人心，康熙沿途还赈济灾民，大行恩蠲。康熙三十八年（1699 年）三月谕："蠲免江南、浙江各省州县康熙三十四、五、六年（1695～1697 年）民间拖欠钱粮及淮安、扬州地区康熙三十七年（1698 年）未完之地丁漕项等银十九万两，米麦十一万石。"由于淮扬一带长期有水灾之害，米价昂贵，很难维持生活，于是康熙又命户部截漕粮十万石，发往高邮、盐城、宿迁、桃源等重灾区，低价粜卖。康熙此次南巡，最远到达杭州。四月十三日返回途中路过江宁，亲自拜见明太祖陵，并命巡抚宋荦、江宁织造曹寅负责维修，康熙亲题"治隆唐宋"殿额。五月十七日，康熙返回京城。

康熙四十二年（1703 年）正月十六日至三月十五日，以淮黄告成，康熙进行第四次南巡，这次南巡主要是验收张鹏翮三年来所建河工项目。检验结果，康熙帝对其整体上还是满意，仅在微小地方作些补充和调整。如至桃源烟礽、龙窝等地，顶部十分危险，命增筑挑水坝，其中一些卑矮堤工也命增高；行至中河仲庄闸口，见其与清口相对，命改由杨家庄出口。康熙帝回銮时，仔细检查翟家坝、高家堰等处堤工，见王公堤单薄，命加帮高厚；高家堰大坝有一些残缺的工程，命即兴修；又命选职衔稍大、身家殷实者担任高家堰防险；行至清口，命将西坝加长数丈康熙帝。又赐张鹏翮御制《览淮黄成》和《河臣箴》诗。他在诗中写道："使清引浊须勤慎，分势开疏在不荒。虽奏安澜宽旰食，诫前善后奠金汤。"告诫他不要疏忽，要继续努力做好善后工作。康熙帝并赐张鹏翮父张禛鲐"神清养志松龄"匾额。回到京城第二天，他对大学士等说："向来黄河水高六尺，淮河水低六尺，不能敌黄，所以常患淤垫。今将六坝堵闭，洪泽湖水高，力能敌黄，则运河不致有倒灌之患，此河工所以能告成也。"三月十八日，康熙五十大寿，他以"四海奠安，生民富庶，而河工适又告成"，特颁诏天下，皇恩永在。

康熙的最后两次南巡

康熙于四十四年（1705 年）二月初九至闰四月二十八日进行第五次南巡。这次是为了亲自检查中河南口改建工程，准备善后之规，其他"有应加修防者，亦随宜指示，以图经久"；除此之外，上一次南巡正赶上山东灾害严重，经两年大力赈济，不知"民间生聚果否殷阜"，也需要看看。三月初八日，康熙阅视杨家庄新开中河闸口及附近堤岸、民居。回到行宫，他写了两首诗。其第二首写道："春雨初开弄柳丝，渔舟唱晚寸阴移。庙堂时注淮黄事，今日安澜天下知。"高兴之情，跃然纸上。

康熙以实事求是态度对待河工，认为河工虽然已告成，"善后方略更为紧要"，特别要注意如何防止清口一带黄水倒灌问题。由于河工很难解决的问题是黄河水不倒灌，所以河臣往往回避此事，即使倒灌，也不敢完全承认。康熙认为黄水暴涨暴落，不可避免会发生倒灌，不能因此说治河失败，而应防患于未然，积极主动采取对策。他对张鹏翮说："朕今亲临阅视，修建天妃闸甚当。倘黄水涨至五六尺，清水不涨，势弱不敌黄，黄水必然倒灌，亦必致之理，岂可因此即谓治河失策乎？若遇倒灌，即将天妃闸暂下板，蓄清水全力敌黄。不过数日，黄水即退。遇粮船过时，即起板开放，若黄水不灌，不必下板。"除此之外，他针对应修挑水坝、帮修卑薄堤坝等问题提出了建议，目的也是为了"蓄清敌黄"。他见高家堰石堤还没有最终完成，便批评张鹏翮说："尔等惟见清口之水流出即，不思防御，倘高家堰六坝之水泛溢，则清水力弱，而黄水必复致倒灌矣。高家堰所关紧要，宜谨识之，毋忽。"可以看出康熙第五次南巡时仍强调实事求是防治水患，这对于巩固治水的成果非常重要。

张鹏翮与两江总督阿山、漕运总督桑额，于康熙四十五年（1706年）视察洪泽湖西岸泗洲溜淮套一带地形与水情，为免洪泽湖水侵入泗洲、盱眙，提出在溜淮套一带另开河道，直接到达张福

康熙帝南巡图·出京　清

口，以分淮水之势，避免洪泽湖水异涨，确保高家堰之堤无险。但此项工程巨大，张鹏翮不敢独自做主，遂上疏康熙，恳请皇上躬临阅视。这时康熙年岁已高，不想亲自去，但是因大臣们再三要求，遂于康熙四十六年（1707 年）正月二十二日至五月二十日进行第六次南巡。

康熙四十六年（1707 年），康熙在清口上岸，在溜淮套一带查看地势和水情。他发现溜淮套地势甚高，即使挖成也不能直过清口，无助于泄出高家堰之涨水，而且挖开这条河要占去大量民田，毁坏坟冢。于是康熙立即对此建议加以否决，并对阿山、张鹏翮等大加斥责，命此河断不可开，同时命疏浚洪泽湖各口，加强排水，挑蒋家坝、天然坝一带旧河，以通粮船。二月二十二日，康熙把当地各官召在岸边跪成一排，指责张鹏翮身为河督，唯以虚文为事。张鹏翮害怕至极，于二十七日具疏请罪，康熙命将张鹏翮及联合请开溜淮套的督抚俱严加议处。康熙积累了一些治河的经验，认为治河之道“不可执一”。他说：“朕自甲子年（康熙二十三年即 1684 年）至今六次南巡，详观河形，一年异于一年。”这次南巡他担心的不是以前的黄水倒灌，而是“清水敌黄有余”。因而主张：“使淮水稍泄其流，乘水未长时预为绸缪，将来水虽大涨，必不致于危险”。他还强调：“应将大墩分水处西岸草坝再加宽大，使清水多出黄河一分，少入运河一分，则运河东堤不致受险；又于蒋家坝开河建闸，由人字河、芒稻河引水下江，由下河及庙湾等处入海，不惟洪泽湖之水可以宣泄，而盱眙、泗州积水田地，也可逐渐排出。水小，则下板蓄水敌黄；水大，则启板泄水，且便于商民舟楫往来。其祥符闸，口门甚窄，趁此黄水水位不是很高时，委干员将归仁、安仁、利仁三闸改宽泄水，则徐州一带民田可无淹没之虞矣。”把这些安排好了，他才回到北京。五月二十五日，康熙结束南巡回京后，立即革去阿山的尚书职务，并削掉张鹏翮太子太保之衔。

康熙治水比靳辅又有所进步。在治水理论上，他反对人顺水性之说，而坚持让水顺人意。在实践上，他果断关闭高家堰的唐埂六坝，以蓄清敌黄，解决积沙淤塞清口、黄水倒灌问题。在思想上，他为人民着想，终不开减水坝，以免淹没人民田宅。康熙三十八年(1699 年)，康熙第三次南巡的各项部署，是其治河方案的全面体现；后三次南巡，对这一方案进行了检查和补充。实践中，根据时宜，大胆创新，百折不挠，终于获得巨大成功。

康熙南巡六次，从背景、主要活动和所采取措施来看，都是为了进一步促进生产和巩固政权。据《淮安府志》记载：康熙南巡治河见成效后，黄河 20 年间无大水患，解决了土地被淹问题，耕地大量增加，加上清政府推行休养生息政策，使社会生产很快发展起来。社会安定，归根到底是人心的稳定。因此康熙在南巡中也采取了许多赈济灾民、蠲免赋税的措施，来安抚百姓，稳定社会秩序。康熙南巡所经东南沿海各省，特别是山东、江苏、浙江，一直是经济文化兴盛之地，文人荟萃，士绅集中，传统的道德观念在人们心中根深蒂固，人们眷恋故明王朝，以明为正统的思想一直比较强烈。直到康熙四十七年，浙江大岗山还出现过以“反清复明”为口号的农民起义，因此在江南地区有必要实行笼络汉族绅商士子的政策。所以康熙南巡时，不辞劳苦，屡谒明陵，拜祭孔子，进一步笼络汉族绅商，以赢得汉族地主及知识分子支持。

尊儒重道，笼络人心

修订明史

康熙年间，清廷开始组织纂修《明史》。

清朝定鼎北京的第二年便开始了编纂《明史》一事。清廷统治者任命了一些汉族知识分子主持此事，但那群人中有不少曾在明朝为官，现在又入仕清朝，对修《明史》他们不仅感到汗颜，而且担心《明史》修成会暴露出他们的种种劣迹。加上战乱频多，胜负难料，资料散在各地，一时无法收集齐全，所以完全没有什么进展。散居民间的有气节的汉族士大夫，有的不甘心清王朝取代明王朝的地位，为抗清排满而积极奔走，他们当然不愿意去做修《明史》之事。当清王朝已基本确立了对全国的统治之时，这些人见复明无望，为表达对故国的怀念，许多人开始埋头著述明史，以此来抒发对新王朝的不满。这是清初军事对抗结束后，最令清统治者头痛的问题。毕竟，纂修《明史》不仅能激发汉族士大夫们的民族情感，甚至有可能使已渐趋沉寂的思念故明之情和反清情绪重新抬头。康熙初年，四辅臣当政时发生的庄氏《明史》案正是对那些敢于借著书来诽谤新朝者的惩戒。

禁止私人修史的历史，可一直追溯到唐朝。也是从唐朝开始便形成了新兴王朝为前朝修史，由政府组织人员、设置史馆来进行的传统。顺治二年（1645年）下令编修明史即是此传统的继续，当然也是清政府希望以官修代替和禁止私修的重要举措。但是有强烈民族意识的汉族知识分子并没有被“文字狱”吓倒。就在康熙帝亲政前后的十余年间，大儒王夫之写成了《永历实录》、黄宗羲编著了《永历纪年》、张岱有《石匮书后集》，甚至牵连到《明史》案中的查继佐，仍不怕清廷的文网威胁，写成了数百万言的《罪惟录》。这些书都是关于明代历史的重要著作。许多人在极端艰苦的环境中搜集资料、考证史事，希望能写出一部流传后世的《明史》。他们抛弃一切杂念，决不仕清，不为利禄所动，不为生死所迫，专心著述，“穷年累月，矻矻不休”。然而，由于缺乏足够的财力支持，资料难以搜集，一己之力也难以应付繁重的工作，他们要达到目的是极为艰难的。

早在康熙四年（1665年），山东道御史顾如华上疏给康熙帝，向他提出修明史的建议，指出大量搜集资料很重要，但最关键的还是应选择博学之士，共同纂修编辑，“然后把修成的结果上交给满汉总裁，由他们决定书的内容的取舍保留与否，最终完成全书的纂修，并呈交给皇上御览，使它成为一代信史”，留传后世而不朽。修《明史》是清王朝立志完成的任务，而汉族士大夫又极为关注，把它当作怀念亡明的寄托；而这些汉族名士既不能以高官厚禄去诱惑，何不拿他们一直耿耿于怀的修《明史》一事来做契机，让这些名播天下的大儒出来为皇上效劳？这样既可以显示出清王朝的“德意”和皇上的宽大心胸，同时也提供了汉族知识分子走上与政府合作的一条途径。康熙帝后来采纳了此建议。他下令开“博学鸿词”科，并将所有取中之人全部任为史官，并亲自关注《明史》的纂修工作。与此同时，在修纂总裁官徐元文的推荐下，康熙帝又特旨召用著名学者李清、黄宗羲、黄虞稷及姜宸英等人。尽管黄宗羲以自己年老体衰以及老母在堂为由拒绝与清廷合作，但康熙帝也不怪罪他，还令地方官派人到他家中将他有关《明史》的著作抄录下来，以示对他的尊重。康熙帝这一政策在召用万斯同、刘献廷等人时取得了较大的成功。

万斯同是浙江宁波人，自幼博闻强记，后拜黄宗羲为师，“博通诸史，尤熟明代掌故”。此前一年，他被举荐参加博学鸿词科，但他坚守名节，严词拒绝。总裁徐元文也知道很难请动他。于是就请他的侄子万言去请他参与《明史》的纂修一事。万斯同尽管对康熙修《明史》的诚意如何不得而知，但他被写出传世《明史》的强烈愿望所支配，在得到老师的同意后，他与侄子一块儿来到北京。对万斯同的到来，徐元文真是喜出望外，立即请康熙帝授给他翰林院纂修官，但万斯同竟严辞拒绝，表示不入史馆，不受官衔，不要俸禄，只以布衣身份参与修史工作。此后他住在徐元文家中，《明史》草稿和史事分歧都由他审校裁定，他已成为《明史》事实上的总裁官。十余年后，徐元文罢官，继任总裁王鸿绪、陈廷敬仍旧请他于家中审定史稿。最后万斯同死于王鸿绪家中。誓死不与清朝合作的黄宗羲在送这个“布衣万某”的弟子北上时，告诫他“太平有道莫轻题”，万斯同严尊师教，直到他去世都保持着布衣百姓的身份。就在万斯同到北京后一年，黄宗羲也没能拒绝徐元文和另一总裁叶方蔼的邀请，他派自己的儿子黄百家北上参与修史。至此，可以说，康熙帝通过开馆修《明史》，起到了笼络人才、收服人心的目的。就在这期间，刘献廷也被万斯同邀请来参与纂修《明史》。他也是当时名满天下的大学者，与王夫之、顾培等为师友，交往密切。康熙二十六年（1687 年），康熙帝下令修《大清一统志》，刘献廷和著名地理学家顾祖禹、黄仪也都到总裁徐乾学府下参与其事。这些人虽然始终保持着明朝遗民身份，但事实上在他们的内心里已发生重大变化。

康熙帝的宽大与安抚政策确实使汉族士大夫及在野的遗民感触颇深。大儒顾炎武曾在全国范围内联络抗清，九死一生。他虽然坚决拒绝与清朝合作，但晚年在给在朝为高官的外甥徐乾学等的信中，不止一次地表达了他对朝政的关注。黄宗羲不仅让儿子入史馆修史，还在自己的著述中多次赞誉康熙帝为“圣天子”，希望“同学之士，共起讲堂，以赞右文之治”。在《明史》开馆后的十数年间，尽管康熙帝不可能借此将满汉矛盾完全化解，但自清朝开国以来严重的反抗已经销声匿迹了，即使是思想对立也极大地缓和下来。一些入仕为官者为康熙帝的礼遇所感动，不仅尽心尽力地为天下大治出谋划策，而且还对康熙帝的个人品格与治国功绩盛赞倍至、歌功颂德了。

其实，康熙帝确实并不是真的想用选入的博学鸿词者修《明史》，他的主要目的在于缓解民族矛盾。这些人在修明史中并没有发挥多大作用。对康熙帝及清王朝来说，这些人只要肯合作，他们便取得了胜利。至于做什么，这不是他们所关心的。更何况其中一些人虽满腹经纶，却并没有修史的才能。所以他才同意徐元文、叶方霭、王鸿绪等任总裁者以私人名义请那些名士修史。当然对于修《明史》，康熙并不是一点作用也没起。由于他想利用修《明史》的机会，把散布于民间的大量稗官野史和私人著作统统收缴上来，把那些不利于王朝统治、煽动民族对立情绪的书籍全部清理一番，因此，《明史》开馆后，康熙帝多次下令，对进呈书籍者给以奖励，并指令地方官员在地方访买求购。大量的图书资料源源不断地流入京城，客观上为修明史奠定了基础。

此外，康熙帝修《明史》并非仅出于笼络人心的考虑，也不仅专注于对私修史书的清理，他对修出一部好的《明史》也确实表现出了相当的热情。当时初召入史馆的各位史官和延揽的史才，心中都存有顾虑：在修纂过程中若是触犯清王朝的忌讳，恐怕会惹来杀身之祸。为此当时总裁叶方霭就曾含蓄地向康熙帝提出，为防止材料相左，意见不一的情况，还是请皇帝下指示，“时沛纶音，一加申诫”，以消除“偏畸之见”。康熙帝对此表示理解，因此，在重开史馆之后，康熙帝便接二连三发布上谕说：明朝“时代既近，则瞻徇易生，作史昭垂永久，关系甚大，务宜从公论断”。又指出修史一定要依据事实，持论公允，“不应胶执私见，为一偏之论”。“元人讥宋，明复讥元，朕并不似前人，辄讥亡国也，惟从公论耳”。康熙帝的上谕使众人思想上的压力减轻了许多。《明史》初稿大致在康熙末年才完成，后来雍正、乾隆帝时期又做了一些修改，除了对满族兴起等一些史实做了改动外，在作为正史的二十四史中，仍然称得上是上乘之作，这是康熙帝在文化上的一大功绩。

博学鸿词科

博学鸿词科的开设

清人关后，凭借其强大的武力确立起对整个中国的统治，同时实行剃发、圈地、逃人、迁海等民族高压政策，导致清初民族矛盾空前尖锐。康熙继位之后，南明最后一个政权永历政权也被清军消灭了，清王朝开始出现一统天下的政治局面。深受汉族传统文化影响的康熙皇帝，知道满洲贵族若想长治久安就绝不能单纯依赖武力，必须要赢得人民的支持，于是逐步修订“逃人”“圈地”“投充”等含有民族压迫内容的政策、法令，借以缓和民族矛盾。康熙四年到六年（1665到1667年），废除窝主刺字的规定，并减轻对窝主及左右邻居的处罚。康熙十一年（1672年），撤销督捕衙门，地方各省有关逃人案件，除宁古塔仍听该将军审理之外，其它各省均由各省督抚审理，而不再让王公、将军等满族人来处理。圈地是清入关之初，为重建农奴制庄园而采取的野蛮手段，农民的土地大量被圈占，许多人失去了赖以生存的土地，成为无业游民，社会生产力亦遭到严重破坏，引起广大汉族人民的强烈不满。康熙八年（1669年），清政府下令，永行禁止圈占土地民房。修订“逃人法”，停止圈地，使顺治年间一度非常尖锐的民族矛盾缓和了下来。

顺治年间，对汉官极为歧视。朝官中，同一官职，满官品级却高于汉官。如满洲大学士、尚书、左都御史等官居一品，而汉大学士只有五品，尚书、左都御史为二品。在其他职务中也都是这样。这种明显的歧视，打击了汉官在国家治理方面的积极性，使他们备感耻辱。他们不愿意为清王朝出力办事，不少汉族官员仅是应付差事，混日子而已。康熙帝亲政后，立即下令将满汉官员品级划一。尽管实际上在每个衙门中仍是满官作主，但形式上满汉官员则平等了。在康熙帝亲政前夕，他又下令“各省督抚，不论满洲、汉军、汉族人，应简选贤能推用。至于提督总兵官，系防守地方，亦应不论满洲、汉军、汉族人，简选贤能推用”。此旨一下，清初地方总督、巡抚多由满族人充任的局面才有所改变。当然，这不完全是民族歧视的结果。清初，满洲贵族刚取得汉族人的天下，民族矛盾尖锐，用满族人可以放心，但对协调缓和民族关系不利。所以在相当长的时间内，主要使用的是汉军旗人。康熙帝既然明确表示不问满汉，但选贤能，对缓和对立情绪还是有一定积极意义的。

康熙初年，清统治者基本上有效地控制了全国，清朝政权渐趋稳固。但在江南地区，汉族知识分子依然充满着反满思想。顺治初年，清军下江南时实行的“留发不留头”的民族压迫政策，引起了江南人民的极大反抗。“嘉定三屠”“扬州十日”的惨景依然历历在目；且南明小朝廷覆灭不久，许多明朝遗臣依然存在，他们强烈要求恢复汉族人的天下。康熙十二年（1673 年），清廷分封的三位汉族人藩王已经发展成为严重的地方割据势力，吴三桂打出“反清复明”的旗号，企图在感情上赢得明朝遗臣和汉族士庶的同情和支持。大批封疆大吏和统兵大将响应“反清复明”的口号，但他们中很多人不相信吴三桂。河北总兵蔡禄起而谋叛，危及京师；京师的杨起隆也诈称朱三太子，发动反清起义。在这种情况下，康熙进一步认识到，若想缓和满汉之间的民族矛盾，彻底平息汉族人的叛乱，只有取得汉族知识分子的支持。

自汉武帝罢黜百家、独尊儒术之后，孔子和儒家思想一直在中国占据了思想上的统治地位，广大汉族知识分子深受其影响。康熙自幼受汉族传统文化熏陶，对汉族传统文化抱有强烈而浓厚的兴趣，同时也深知欲使国家长治久安，必须依靠儒家思想。康熙八年（1669 年），他亲率诸王、百官拜谒孔子，由大成门步行至孔子牌位前，行二跪六叩头礼。康熙祀孔，目的在于利用孔子及儒家传统文化，笼络广大汉族官员，加强统治。康熙九年（1670 年）十月初九，颁布《圣谕十六条》，通行晓谕八旗并直隶各省府州县乡村人等，切实遵行，目的在于用儒家思想控制全国人民。康熙尊孔、以儒学治国的决心，笼络了广大的汉族官员，在一定程度上缓和了民族矛盾。

康熙十五年（1676 年）清廷在平“三藩之乱”的斗争中取得了

决定性的胜利。清廷在陕西、广东、江西等战场相继获胜，各路大军全力进攻湖南，围歼吴三桂之势已成，明朝遗臣复国梦最后破灭。康熙帝清楚，在大规模的战争结束之后，对立情绪肯定会逐渐缓和，因此，消除仇恨、表示诚意的合适办法是继续征召汉族知识分子到朝中为官。在平三藩之前的康熙九年（1670 年），康熙帝以“孝康皇后升祔礼成”为词，颁诏天下，“命有司举才品优长”的遗老，举“山林隐遗”之士，征聘到京，以便任用。但效果不明显，宁波故明翰林院编修葛世振，关中名儒李䕫一见征召，竟称病坚决不就。后几年三藩之乱爆发，康熙帝虽然忙于战事，但却没有忘记笼络人心的大计。当康熙十七年（1678 年）三藩被先后分化，叛乱即将被平定之时，一道谕旨由京城发往全国各地。为进一步笼络汉族地主和明朝遗臣，康熙十七年（1678 年），宣布特开博学鸿词科，规定凡有学行兼优、文词卓越之人，不论已仕、未仕，由在京三品以上及科道官员，在外省的总督、巡抚、布政使、按察使等官员举荐，皇帝亲试录取。

“博学鸿词科”是康熙皇帝在总结我国古代科举制度的基础上创立的特别科目，是唐玄宗时期的“博学鸿词科”的发展。我国古代科举制有一个逐步发展和演变的过程。汉代，荐举和考试相结合，设有贤良方正、直言取谏、文学异等诸科，由丞相、列侯、州郡推荐，皇帝亲自考试录取。到了隋唐之际，科目渐多。隋炀帝大业二年（606 年），设置进士科，“凭文取人，专主章句”，是考试科目中最难的一种。至唐玄宗开元十九年（731 年），又创博学鸿词科。宋代继之，在进士及第者中挑选学问渊博、文辞清丽的秀士，因为要求太高、难度极大，因而未能普及推广。元明时期，仍以进士科为主，并专测试八股文章。清顺治二年（1645 年），浙江总督张存仁首先向顺治帝献策，开科取士，以使从逆之念自息。顺治三年（1646年）首次举行会试，清朝科举成为定例。但八股取士，对于热衷于功名的年轻士子固然适宜，而对于那些眷恋明朝、拒绝与清廷合作的名士则不一定适合。因此，康熙皇帝决定一方面沿袭旧制网罗汉族士子，另一方面采取汉代荐举与考试相结合的办法，进一步笼络遵从儒家思想的名士，从感情上消弭汉族士子与满清贵族的矛盾，使之为清朝统治者服务。

开科取士

经各地荐举，共有170余名才学之士参加了“博学鸿词科”考试。

应该说在经过30余年的统治之后，即便是“三藩之乱”也无法撼动清王朝的地位，汉族士人“反清复明”的前景极为黯淡，广大人民对征杀与战乱早已厌倦，他们渴望有一个安定的社会环境。清定鼎中原后成长起来的一代人对作为“异族”的满清统治者已失去了父、祖辈那样炽烈的仇恨情绪。这一切是康熙帝施展策略的客观有利条件。但对于那些砥砺名节、抱有强烈民族情感的汉族知识分子，康熙帝的策略仍发生不了作用。如顾炎武，当时已经65岁高龄，当听说自己被征诏时，他当即表示宁死不从，如定要相逼，就只有一死，最后地方官也只得作罢。他的朋友，陕西李颙也被列入征召对象。尽管他以病为由加以拒绝，但却被连人带床一起抬到了省城，李颙绝食6天，并要自杀，才被放回家中。大儒傅山都被抬到京城外，却抵死不肯入城，大哭大闹，最后也被免征。其他如黄宗羲、魏禧等不是以自杀相胁对抗，便称病重。就是在名单中的应荐者，他们也并非都心甘情愿，许多不过是心存“走一遭”，以应付皇帝与地方官员而已。

但康熙帝对此已心满意足了，他要好好利用这一机会，表明自己尊崇儒家文化的诚意。尽管南方战火正炽，然而京城还是歌舞升平的境象。十一月，各地被荐名士陆续抵达。康熙帝不急于开考，他发下旨意说：北京冬天白天时间太短太冷，不利于各才学之士展示自己的才华，故决定将考试日期延后，等来年天气转暖之后再行考试。同时命令礼部妥善安置应试者的食宿，每月每人发给银三两、米三斗，使应试者免除后顾之忧。

康熙十八年（1679 年）三月初一，康熙帝一早先到堂子致祭，而后回宫登上太和殿。在一片礼乐和传呼声中，应试者排队进入太和门，在太和殿前聚集。对皇帝行罢九叩三跪大礼后，被引导至体仁阁下依次就座，准备应试。大学士捧来试题，试题是《璇玑玉衡赋》《省耕诗·五言排律二十韵》。上午十时，康熙帝又降旨赐宴体仁阁，大学士向试者宣布：从来会试、殿试、馆试状元、庶吉士，皇上都不赐宴，今天赐宴表明皇上对他们的礼遇与重视。然后由大学士、掌院学士等官员陪宴、赐茶。席间，学士们还向应试者透露说：本来大家都是满腹经纶的，用不着考试，但考试更能显示才学，这是皇帝表示敬重的意思。

赐宴结束之后，考试才正式开始。不过，应试者个个都明白，这场考试不过是一个形式，试题对他们来说毫无难度，而且又如此张罗赐宴，哪里是考试呀！几个小时后，吏部将考卷收齐后，这场张罗半年的“博学鸿词科”便结束了。

考试次日，康熙帝在朝官和侍卫的簇拥下，带着试卷一路由京城南行，心情愉快。在河北定兴附近的十里铺村一连住了 5 天，然后康熙帝一行人到达保定，十四日返回京城。在出巡的十几天中，康熙帝将试卷浏览了一遍，大致说来还算满意；但也有一些应试者故意敷衍。康熙帝并不以为意，与阅卷官大学士李霨、杜立德、冯溥和翰森院掌院学士叶方蔼等共同商量录取。对那些最有影响、名气极大者，康熙帝认为应一律录取。本着这一原则，最后取中彭孙遹等12人为一等，李来泰等30人为二等。其中朱彝尊、潘耒等人甚至诗句不通、不合韵，毛奇龄诗中甚至有违碍字样，而严沆孙竟借口眼睛不好，只写了一首《省耕诗》了事，但他们照样被录取，并全部被授给翰林之职。其中朱彝尊、潘耒、李因笃等人从未涉足官场，康熙帝特加优待，都授为翰林院检讨。尽管授官后，有的人认为这是一种“失节”行为，心中极为不快，如李因笃授官之后不久，便数请“终养”，康熙帝也并不勉强他，最终让他回家奉养老母了。这种对遗民的宽忍重用，不但使清朝堂中满汉官员的对立情绪得到了缓和，而且在社会上产生了很大的影响，使汉族知识分子减轻了他们对清王朝的敌视与仇恨，康熙帝收服人心之策取得了初步成功。

其实康熙帝早在举“博学鸿词”之前，便注意到，开科举设特科、延揽山林隐逸这些办法还有局限性。对读书人召用，固然可以发挥广泛影响，但汉族地主有财势者和科举落第者对人心的向背也有了很大的影响。因此，康熙十三年（1674年），康熙帝在“三藩之乱”发生不久，他下旨在全国实行捐纳制度。允许那些热衷于功名却屡试不第、仕进无望而有家财者，出钱即可捐得知府、知州、知县或者监生、生员出身。以此来增强新政权对他们的吸引力，既可减少参与叛乱的人，稳定地方，又可扩大清王朝的统治基础，使他们自己的利益与清朝统治者的利益统一起来。而且，当时清廷的财政极为紧张，兵饷支出困难，正好借此一举两得。这一办法很快便显出成效。江南大批家有余资的地主文士中，每年都有相当多的人捐官、捐出身。仅苏州府属长洲和吴县在三藩之乱平定前3年，捐文武生员的即达到了800余人，而全国在3年之中竟有500余人捐为知县，占全部知县的1/3。清政府每年仅捐纳一项就可收入白银达200多万两。这不仅大大缓解了军费的紧张，也对平定三藩之乱起到重大作用。此举在笼络人心方面比“博学鸿词”特科更加有效，且影响面也广泛得多。

那时，康熙皇帝尽管还年轻，但这些政策足以显示出他的成熟与老练。当他的目的达到后，他心中也很清楚，捐纳只是权宜之计，绝非拣选人才之法。那些花钱买官的人是不会白下本钱的，他们中的很多人一旦上任，便会疯狂地搜刮民脂民膏，鱼肉百姓，最终会导致吏治败坏，社会出现不稳定局面。他也多次下令禁止捐纳，指出那不过是一时权宜之计。不过他万万没有想到的是，其后代子孙也把这一弊政“发扬光大”，一再实施捐纳，最后使清朝的官场变成了市场，严重地损害和瓦解了清王朝的统治基础。

康熙创办博学鸿词科，进一步争取了汉族士大夫阶层和上层知识分子的合作，削弱了反清力量，使全国政局日益稳定。明清之际，江浙一带既是战乱之地，又是反满之士的荟萃之地，因而该地区受到了“博学鸿词科”的照顾。据统计，江南与荐者58人，浙江与荐者47人，两者合占总数的50%以上。经过应试，他们大多接受了清廷的官职，逐渐与清朝统治者走到了一起。另外，清政府以博学鸿词科录取人员纂修明史，在汉族知识分子中确立了正统地位，削弱了汉族人反满的思想意识。当年，庄廷鑨私修明史一书，因有不满清王朝的思想而遭镇压，株连极广，成为轰动一时的大案。现在清政府主持编修明代历史，继续了后一朝代修前朝历史的中国修史传统，把清王朝置于了正统王朝的地位，巩固了清王朝的统治。

初兴文字狱

明史案

《明史辑略》招致祸端

康熙二年（1663 年）五月，庄廷鑨因私修明史，颂扬明王朝，被清王朝以毁谤当朝的罪名，把庄、朱两家和参与该书编撰的人及其父兄弟子侄年 15 岁以上者 70 人斩决，近千人被牵连，这即是清初最有名的文字狱——明史案。

庄廷鑨，湖州吴兴人，其父庄允城为当地豪富。庄廷鑨 15 岁经考试入国子监学习，中拔贡，后因病双目失明，以盲史自居，欲著书立说，传于后世。庄家与明天启年间文渊阁大学士朱国祯家为邻，朱国祯一生写有大量著作，晚年编纂《明书》一部，书中没有志、表、帝纪、世家，只有列传，但没有刊刻发行。朱国祯死后，家道败落，其孙辈穷困潦倒，打算将《明史》的书稿出售。庄廷鑨闻讯，遂以银一千两购得，并聘请当时江浙名士茅元铭、吴之铭、吴之镕、张嶲、唐元楼、严云起、韦全祐、蒋麟征等十余人，对全书加以修改润色；对明崇祯朝一事，则采用茅瑞征《五芝纪事》《明末崇祯遗事》对照删补。书编成后遂取名《明史辑略》。

顺治十二年（1655 年）庄廷铣病死，其父庄允城为了却儿子心愿，邀请当时名士、崇祯十三年（1640 年）进士李令皙为该书写序，并将参与修纂此书的 18 人的姓名写入书中，由庄廷珑的岳父、大富豪朱佑明出资，在南浔镇北圆通庵召工匠刻印。顺治十七年（1660 年）冬，该书刊刻完成，开始流传于世。

庄允城在书中列出的编纂者都是一时名士，其中查继佐、陆圻、范骧三人名列其中，但并未征得这三人的同意，是庄允城久慕三人大名而擅自列入的。书刊行后，范骧旧友左布政使周亮工，发现书中所记明朝降表出自现任都察院左都御史龚鼎孳之手，怕龚因此恼羞成怒，追究起庄廷铣而使范骧等三人也受牵连，遂建议范骧等三人向官府检举，以此来脱离干系。顺治十八年（1661 年），三人遂将此事报告给浙江学道。浙江学道胡尚衡接到范骧等三人呈报，即命湖州府学调查此事。

湖州府学教授赵君宋在接到浙江学道的命令后，为抢功劳，即用银六两购买了一部《明史》，命本学廪生俞世祯、陈旦开为之检阅磨勘，从中检索出数十条有碍当朝的话语，在学门前张榜公布，并打算把它上报给省学道。庄允城获悉后，立即拜访湖州分守道张武烈，又买通前守道、现任通政司王之祚，将剩下的《明史》分送给通政司、礼部、都察院三衙门，并向李焕宁行贿赂。李因此上报朝廷说，此书已呈交给三衙门，不再是私刻史书。此事暂时平息下来。

但事情并未停止，赵君宋告发庄氏史事，在当地广为流传，因庄允城为当地富户，有不少人便想敲诈他。现任湖州知府陈永命的主考房师李廷枢，在听说此事后，立即买了一部《明史》去见陈永命，二人商定要敲诈庄允城，得利后二人平分。庄允城知道后，立即买通官员周国泰，要他送给陈永命数千两银子，陈永命得到贿赂后，即命将原书版毁掉。李廷枢送书本为勒索，但现在竟没得到一丝好处，他一怒之下，将交给陈永命的书要了回来，把它送给了亲家吴之荣。

吴之荣，曾是湖州归安县令，在任期间，由于贪赃枉法，为乡人告发入狱，在狱中与李廷枢结好，遇赦出狱后二人结为亲家。吴之荣从李廷枢那里得到书后，立即拿着书到庄家勒索银两，庄允城以知府陈永命为后台，没理会吴之荣。吴之荣不甘心，又持书告于浙江将军柯奎。柯奎是满洲八旗将军，庄家得罪不起，遂托诸生徐秩三请苏松提督梁化凤致书柯奎，同时向柯奎送重礼。柯奎受礼后，即将原书还给吴之荣，并以“我系武职衙门，不便与闻”作为托辞。吴之荣无奈之下，又到庄家，向庄家要些银两，以保住面子。庄家有柯奎作后台，遂向守道张武烈告发吴之荣，张武烈即下令将吴之荣赶出境。吴之荣两次三番敲诈庄氏不成，遂把目标转向庄氏亲家——当地富户朱佑明。

朱佑明乃湖州巨商。清军南下时，他屯积居奇，遂成富翁。他原住石桥浦，该地临近太湖，为防“盗寇”，便于南浔镇购得董氏大宅，并将朱国祯家一块堂匾买下，题名“清美”，落款为“朱老年亲台”，正好与朱姓巧合。吴之荣为敲诈朱佑明，便在此匾作文章，说他与明臣朱国祯有关系，至今还挂他的匾，并不断到朱、庄二家索银，两家男人回避，以妇女数百人出来对付吴之荣。守道派官兵衙役前来干预，朱、庄二家遂出银两，贿赂官兵衙役将吴之荣再次押送出境。

吴之荣勒索不成反被羞辱，他发誓要报仇雪恨。康熙元年（1662 年）六月，吴之荣将《明史》中指摘清朝、维护明王朝的“悖语”十数条抄下，以刻写逆书为名，并将书中印“朱史氏”下添刻“即朱佑明”四字，进京向刑部告发朱、庄二家。刑部接到告发，即于康熙元年（1662 年）十一月，派满洲官员罗多至湖州府，调查此事。由于书板已被前任知府陈永命毁去，罗多遂将庄、朱二人及其家人押解入京，打入刑部大狱。同年十二月，庄允城病死于狱中。

千人大案

本来，吴之荣因痛恨庄、荣二人羞辱他才向刑部告发，又与作序者李令晳交情很深，故在告发时已将书中序文及参订者数面撕毁，因此案发时，对作序及编纂者并没有多少关系。但在有关案犯押解至杭州时，朱佑明恰与原湖州府学教授赵君宋同在一处。朱佑明认为赵君宋首告有功，必得重赏，遂以家产一半相赠，要求赵君宋包庇他。赵君宋即在审讯时说湖州府学藏有《明史》原本一部，其书无朱史氏之下“即朱佑明”四字，督抚官员不敢怠慢，急忙令官员到湖州府学，搜出原庄氏《明史辑略》一部，这样，作序的李令晳和 10 余名编纂者都被牵连在内，案情扩大了。康熙二年（1663 年）正月二十日，湖州府城中文武官员率数百八旗兵，关闭城门，将书中所列之人的合家老小及仆役统统拿并归案，牵涉之人达到近千人。

康熙二年（1663 年），刑部将此案上报朝廷，时值四大臣辅政时期，四大臣获知后，恼怒万分，决定从严追查此事，以达到杀一儆百的目的。五月，刑部审讯完毕后，拟定罪名上报朝廷。四大臣称旨，以庄氏《明史辑略》中有毁谤当朝之语，实属大逆不道之极，着将庄、朱两家和参与该书编撰及其父兄弟子侄年十五以上者 70 人斩决，其中有 18 人被凌迟处死。因庄廷珑已于顺治十二年（1655 年）病死，清廷仍对其处以掘坟、劈棺、碎尸之刑，以示惩处；其父庄允城于康熙元年（1662 年）冬死于刑部狱中，亦被处以戮尸。

书中列出的18名编纂者中，除董二酉于决案前三年身死，查继佐、陆圻、范骧由于吴六奇为之说情而被释放外，其余全被凌迟处死。被凌迟处死的还有庄廷鑨之弟庄廷钺、庄廷鑨岳父朱佑明和为庄氏史作序的李令皙。

李令皙字霸回，归安县人，明崇祯进士，写得一手好文章。庄氏史书成时，因慕其名而请他作序。事发后，曾出资贿赂吴之荣，吴之荣遂将《明史》书中的序撕去，但等赵君宋举出其所藏原书后，李令皙也被捉拿归案，最后被凌迟处死，全家籍没，一家老小亦被斩决。

朱佑明，本只与朱国祯同姓而已，"朱史氏"也是朱国祯纂史时的自称，朱佑明与之毫无牵涉，但吴之荣痛恨朱佑明羞辱他，便拿"清美"匾与朱佑明对质。朱佑明因而也被凌迟处死，其三个儿子和侄子朱绎亦被处斩，全部家产籍没。

其他受牵连者，柯奎因满族人不识汉字，免予处死，但其将军之职被革去；原湖州知府陈永命因销毁书板之罪，自杀死于店中；刻工汤达甫、印刷匠李甫及卖书商等人，都被处以死刑。查、陆、范三名士在案发时即被抓获，但由于其没有参与修订，同时又最早向浙江学道揭发此事，加上查继佐旧友平南王手下广东提督吴六奇的开脱说情，康熙二年（1663年）三月，三人便回到浙江听侯审讯。浙江督抚上疏指出时，查、陆、范等三人在揭发中虽不及吴之荣坚决，但毕竟是首告，遂议不仅无罪，还应对此三人加以赏赐，最后释放。查等三人获释后，朝廷以其三家最先揭发有功，遂将庄、朱二家之家产，一半给告发人吴之荣，一半分给查、陆、范三家。陆圻谢而不受，庄、朱的家产全部为查、范及吴之荣所有。

吴之荣因揭发有功，名利双收，不仅得到了朝廷赐给他的朱佑明的家产，还加官晋级，至右佥都御史。但康熙三年（1664 年）夏，吴之荣患恶疾而死。

《明史》案牵连千人，有 70 余人被处死，数十家惨遭灭门之灾，是清初最大的一起文字狱。那么，庄氏所著《明史辑略》哪些地方触犯了清廷的忌讳呢？据《明史辑略》传钞残本三册及陈寅清《榴龛随笔》所记，书中犯忌的文字，大概有以下几类：

第一，不尊称爱新觉罗皇室祖先，直呼其名，是犯了大不敬之罪。

第二，对太祖努尔哈赤大加贬低和歪曲，并将清之龙兴说成“滋患”“贼”“夷”等。

第三，对明清交战态度，站在明朝一边，维护明朝。

第四，清入关后不用清朝年号，而奉南明政权为正统。

清廷为何抓住此事而大加牵连呢？甚而抄书匠、刻字工人、装订者及书商都要被处以死刑呢？这种镇压是满洲贵族为巩固统治、压制汉族士人中的反抗思潮而采取的措施。满洲人以少数民族问鼎中原，自然遭到受“夷复之防”思想影响的汉族人的强烈的反抗，而清入关后实施的民族高压政策进一步激化了汉族的反抗情绪。而江南又是汉族知识分子大量集中之地，他们把南明小朝廷奉为正统，对刚刚入关的满洲统治者抱有强烈的不满情绪和蔑视之情。他们或隐迹山林，或削发为僧，而不愿与清王朝合作。同时，士子社盟活动也逐渐发展起来。士子集社结盟，对清王朝构成了潜在的威胁。顺治十七年（1660 年）颁布的严禁盟令，即是出于对这一威胁的担心。《明史》案发生后，清王朝立即抓住此千载难逢的机会，向江南知识分子挥舞起屠刀，大肆杀戮士人，借此教训读书人的念旧厌新之情，打击他们心中存在的反清情绪，以巩固清王朝的统治。

《明史》案的惩处之严，株连之广，是以前的文字狱所无法相比的。它开创了有清一代文化禁锢的先河，对清人文化学术思想的发展产生了极恶劣的影响。

《南山集》案

从消弭民族矛盾、巩固清朝统治出发，康熙帝对于汉族士大夫始终采取以拉拢为主的手法，但是有些人的行动由于对其皇权有所威胁，因此他也坚决镇压。当时最使康熙帝不安的，就是汉族知识分子怀着民族感情，有复明的倾向。康熙五十年（1711 年）十月，都察院左都御史赵申乔上奏皇帝，弹劾现任翰林院编修戴名世私刻《南山集偶钞》，有很多有悖于清朝皇室的话语，于是请求严加处分，康熙看后立即派人严查。这样，戴名世被投入监狱，从而引出清初又一起文字狱案——《南山集》案。

《南山集》作者戴名世，江南桐城人，生于顺治十年（1653 年），自幼好学苦读，尤擅长古文（即散文），因家世零落，20 岁起即授徒养亲。康熙十九年（1680 年），戴入县学为诸生，二十六年（1687 年）以选贡生取补正蓝旗教习，又考授知县，但是放弃了。此后，他一直穿梭在京师、山东、江南、浙江和福建之间，为人充当幕宾，以卖文为生。康熙四十四年（1705 年），戴名世应顺天乡试，取为举人，四十八年（1709 年）又中进士，授翰林院编修。这时，他已是 57 岁的人了。戴名世在古文经学方面造诣颇深，主张振兴古文，改造时文（八股文），是桐城文派的先驱。出于对历史的兴趣，尤其因为一直非常注意明史，于是他便想仿照《史记》的形式，广泛搜集材料，决心写成一部有价值有意义的力著。

在戴名世搜集明史资料过程中，同乡中有个叫方孝标的，把他游历滇黔时候所看到的听到的，以及明季清初的“彼邦时事”，写了一本《滇黔纪闻》。戴看到了这本书，把所谈的南明历史并弘光、隆武、永历年号，引用到自己的著作里。正在这时，戴名世又听得前桂王宫中宦官犁支和其门人余石民谈及桂王政权的消息，因此急忙前去访问，可犁支已走，没有见到，戴名世遂请余石民将听到的情况写出寄给他。戴名世将此材料与方孝标《滇黔纪闻》对照后，遂于康熙二十二年（1683 年），再次给余石民写了书信，指出弘光、隆武、永历三个朝廷，方圆千里，共十七八年，应该有一部历史著作，并要求余石民为之联络，召来犁支与他谈论此事，这就是戴名世的《与余生书》。同年，戴名世参加乡试，被选拔为贡生，康熙二十五年（1686 年）入京师国子监。

在京城这一时期，是戴名世学术思想和品格发展的一个重要阶段，他结交当时名士朱书、方苞、王源、万斯同等，研讨古文，纵论当时政治，并写了很多杂文，猛烈抨击社会时弊。康熙三十九年（1700 年），戴名世受聘于浙江学政姜棣，于署中任职。康熙四十年（1701 年），其学生龙云鹗将平日藏抄戴名世一百多篇文章，刊刻出来，以戴名世故居南山冈命名，取名为《南山集偶钞》，《与余生书》一文也收在这里，并请方苞、朱书等人为之作序（其中龙云鹗序为戴名世自作），同时还成《孑遗录》一书，由王汪灏、方正玉为之作序。《南山集偶钞》一经发行，文人士子都想尽办法获读此书，其影响远远大于同类其他私家著作。

康熙四十一年（1702 年），戴从浙江回到家乡居住在南山冈。门生龙云鄂和方氏族人方正玉，把包括上述内容的文章、书信收集在一起，取名《南山集》，正式刊刻发行于世。康熙四十四年（1705

年)，戴名世从苏州回到京城，参加顺天乡试，中第59名举人，康熙四十八年（1709年），参加会试，中第一名贡士，殿试后获一甲第二名进士，于是被清廷授予翰林院编修，参编明史。

戴一向为人直率，喜欢结交朋友，但恃才傲物，放荡不羁，这在文坛、政坛上很容易得罪人。康熙五十年（1711年）十月，左都御史赵申乔根据《南山集》中的内容，对戴提出奏劾。康熙帝览疏后十分重视，立即指示刑部严察审明具奏。于是，开始了一场文字狱。刑部接旨后即提审戴名世，戴名世称《与余生书》内方学士即方孝标，其所写南明永历人物传记材料大多源于方孝标《滇黔纪闻》一书，于是由戴名世案引出方孝标《滇黔纪闻》一案，整个方氏家族由此受到牵连。

方孝标，安徽桐城人，原名玄成，字孝标，为避康熙帝之讳，改字为名，别号楼冈。顺治六年（1649年）中进士，授翰林院编修，顺治十二年（1655年）授经筵讲官。顺治十四年（1657年），江南科场案发，因其弟方章钺考试舞弊受牵连，一同流放到宁古塔，顺治十八年（1661年）释放，返回故乡。康熙九年（1670年），受平西王吴三桂之邀到云南。康熙十二年（1673年），清廷撤藩，吴三桂在云南造反，贵州巡抚曹申吉也相附叛乱，并把外籍在滇者全部扣留。方孝标装成疯子，趁防卫疏忽的机会逃开，削发为僧，名方空，间道奔湖南衡州，拜谒大将军顺承郡王，顺承郡王以其忠孝两全授以国书龙牌，因此方孝标才回到了故乡。

返回故里后，方孝标将其在云南、贵州所记的民间士民传说，特别是永历皇帝的死、南明忠臣义士、遗民政老旧闻掌故，以及大西农民军李定国北伐等史事，进行整理成篇，称为《滇黔纪闻》，收入所撰《钝斋文集》中刊行。戴名世立志修纂明史，遍访遗书。他在研究了《滇黔纪闻》后，认为其关于史事的记载准确、属实，于是在写传记、笔记的时候，凡是有关晚明史事，都采用了此种资料。

康熙五十一年（1712 年）正月，刑部审查戴名世案，以《南山集偶钞》删除本朝年号，尊称故明亡君等罪名，决定凌迟处死戴名世。方孝标因著《滇黔纪闻》中也有以上的话语，亦被弃其尸骸。二人之祖父子孙兄弟及伯叔父兄之子年 16 岁以上者都被判以立斩之罪；15 岁以下者及母女妻妾姊妹、子之妻妾，给功臣家为奴；方氏族人拟发往乌喇、宁古塔；所有为戴名世的书籍写序的人也都要处以斩刑。其实，《南山集偶钞》中并未直接毁谤和藐视清王朝，它只是在有关南明人物传记中使用了南明各朝年号，说明南明三朝在历史上是有一定的地位的。因此，康熙帝看到刑部奏议后，对书中承认南明一事并没有放在心上，却十分重视案内方姓族人。吴三桂反叛时，安徽歙州方光琛为其宰相，其子侄九人均被吴三桂授以要职，其子方学诗、方学礼最为著名。吴三桂病死后，方光琛辅助吴世璠与清廷对抗。“三藩之乱”平定后，方氏家族皆伏法，只有方学诗一人逃掉了。刑部在奏南山集案时，引用《南山集偶钞》原文，对方孝标只称方学士，但东北方言“士”与“诗”同音，翻译为满文为同一字。康熙帝审阅之后，以为方孝标就是方学诗，是方光琛的族人，因此批旨道：案内方姓人俱系恶乱之辈，伊等族人，不可留本处也。既然方氏族人曾任叛逆吴三桂所授之职，自然是与叛逆为伍，戴名世所著《南山集偶钞》中引用方孝标书籍，也就有与叛逆同谋之罪，罪不可赦，这样就使《南山集》案带有了政治问题的性质。

在赵申乔参劾戴名世的同时，在江南又出现了督抚互参案，《南山集》案越加复杂。江苏巡抚张伯行参劾两江总督噶礼揽卖举人，索取贿赂 50 万两。噶礼身为康熙乳母之子，又是皇太子胤礽党羽，势力强大，被张伯行所参并不甘心，遂发动其智囊搜罗张伯行7条罪状反加弹劾，包庇为《南山集偶钞》作序之方苞、致使此书在苏州私自印行3000余部，就是其中的一条，企图把张伯行打入戴名世、方苞一党。这样就使《南山集》案与朋党之争混在一起，更为复杂。

方苞，字灵皋，号望溪，为戴名世同乡，为《南山集偶钞》作了序，与方孝标是同一家族，是方孝标的孙子。其实康熙当时并没有把主要精力放在处理《南山集》案上，太子之间争夺皇位问题正使康熙焦头烂额。康熙四十七年（1708年），初废皇太子胤礽，各皇子随即展开激烈的角逐，皇八子胤禩最为积极。康熙四十八年（1709年），康熙被迫重新立胤礽为皇太子，让其他诸子死心。但胤礽复立后，不思悔改，仍拉帮结党，企图早日登基。《南山集偶钞》案既与朋党之争绞在一起，使康熙皇帝必须慎重处理此案。

康熙五十一年（1712年）十月，皇太子胤礽再次被废，同时，其党羽两江总督噶礼亦被革职。《南山集》案张伯行虽被牵涉，但因曾是康熙亲誉的“天下第一清官”，又与太子党人互为参劾，故康熙对张伯行特别偏袒，将他继续留任，令他将方苞押送刑部处理；《南山集偶钞》刻版在江宁起出，其余免议；明确表示张伯行与《南山集》案无关。

康熙五十二年（1713年）二月，《南山集》案有了结果。戴名世从宽免凌迟，即处斩，烧毁《南山集偶钞》《孑遗录》书板，其家人等均加恩宽免；由之而发的方孝标案，此时康熙已知方孝标并非方光琛族人，遂降旨将其子方登峰、方云旅、孙方世樵都从宽处理；为《南山集偶钞》作序的汪灏因在内廷纂修多年，职务被革，也从宽处理，但令家口入旗；免去了方苞的死罪，家口入旗，后因其笃于经学，对古文十分精通，康熙特命其入值南书房，以备文学顾问，康熙五十二年（1713年），又负责编校御制乐律算法诸书。

康熙五十二年（1713年）二月初十，处斩了戴名世，他的弟弟戴辅世把他的尸首葬在南山冈，《南山集》一案于是结束了。

乾隆年间对于修史时有关南明政权的称谓，进行了专门的规定。乾隆四年（1739年），诏修明史成，几年之后皇帝又专门下令：修明史的时候，可使用南明诸朝的年号，这方面的文字之祸从此结束。

九子夺嫡

皇太子的两废两立

太子被废

清圣祖康熙四十七年（1708年），康熙帝废掉已立为储君34年的皇太子胤礽，在清朝统治集团内部引起强烈反响，几位年长皇子拉帮结派，用尽了各种办法来争夺皇位。在竞争中隐蔽活动的皇四子胤禛后来居上，于康熙六十一年（1722年）君临天下，登上皇帝的宝座。

康熙初年，辅臣鳌拜专横跋扈，多次侵犯皇权，这就使康熙认识到皇权更换之际立皇子是何等重要，与其让一位不会治理朝政的皇子由上三旗大臣辅佐，不如事先亲手选择，培养接班人，以避免幼帝成年收回皇权时重走老路。且满族入关后受汉族传统制度影响较大，康熙深悉儒家经典，知道皇权的继续与巩固是头等大事。"三藩"之乱，吴三桂伪托"朱三太子"蛊惑人心，则是康熙从速立储的直接诱因。康熙十四年（1657年）十二月，按照汉族立嫡立长的原则，圣祖诏告天下，立其皇二子、嫡长子胤礽为皇太子。

皇太子宝印及印文　清

建立并实施正规的皇太子制度，在清代近300年的历史中，只有康熙一朝，而真正以"储君"身份长大成人的皇子也仅有一人，这就是清圣祖玄烨的皇二子胤礽。

康熙十三年（1656年）五月初三胤礽出生，母亲是位居正宫的赫舍里氏皇后。虽然他比哥哥胤禔小两岁，但因为生母地位高贵而成为"嫡长子"，根据传统宗法思想的继承制度，是嗣袭父位的第一人选。在他降生尚未满20个月之际，皇父便于康熙十四年（1657年）十二月在太和殿举行了隆重的册封大典，他变成了皇太子。

自幼受到中原传统封建文化熏陶的康熙皇帝，十分重视"早定国储"，因为它关系到清王朝的稳定，所以在自己年方22岁时，便选定了身后的继承人。另外一个原因，是胤礽之母在生他的当日离世，皇帝对她情义很深，并把思念转化为对亡妻之子的钟爱，早立他为太子也算是告慰皇后的在天之灵。

储位即定，康熙皇帝便用最大精力对胤礽进行培养，希望他能成为一代明君。在宣布立储之后，便恢复了顺治后期裁撤的管理太子宫内事务机构詹事府，配备满汉各级官员充任府事。长到6岁，胤礽正式入学读书，康熙皇帝选择张英、熊赐履、李光地、汤斌等名臣硕儒担任太子师傅。他自己也常在空暇之时亲自为太子讲解四书五经等儒家经典，传授治国方略，给他讲前代之丰功伟绩，教导太子应怎样管理国家、怎样用兵打仗，还结合授读经史书籍对历代的得失、人心向背加以评说。为使胤礽开阔眼界，增加才干，在他年龄稍长之后，出外巡幸的康熙帝经常命其随扈同行，并随时教诲，让他了解民情吏治，各地山川风土。总之，他对胤礽满怀期望，尽全力培养他，可谓用心良苦。

少年时期的胤礽勤奋好学，天资聪慧，精通满汉文字，熟读诗文经史，并且有一身娴熟的骑射技艺，令皇父颇为满意。在他20岁以后，玄烨便开始给他创造独立处理政事的机会，以期早日担当大任。

胤礽身为皇储，地位显赫，周围不可避免地就会有一批拥护他的势力，代表之一就是索额图。索额图是康熙朝已故辅政大臣索尼之子，胤礽生母孝诚仁皇后的叔父，官居大学士，领侍卫内大臣，受康熙重用他，势力很大，于是成了太子党的中心人物。随着众皇子的长大成人，朝中反对太子党的势力，也各拥戴一个皇子与太子党对抗，于是逐渐打破朝中平静的局面。大学士明珠，是康熙惠妃纳拉氏的哥哥，皇长子胤禔的舅父，为支持皇长子，与大学士余国柱、户部尚书佛伦、刑部尚书徐乾学等联合与太子党对立。康熙二十七年（1688年），御史郭琇上疏弹劾明珠、余国柱私结党羽，为维护太子地位，圣祖遂将明珠、余国柱等人职务全部罢免。

由于皇太子的势力不断加强，使胤礽与康熙之间的矛盾逐渐表现出来。康熙二十九年，（1690年）圣祖亲征噶尔丹，皇帝驻跸博洛河屯（今河北隆化），直接对战事加以指挥。没想到在两军交战的时候，康熙皇帝突然患病，失眠、高烧不退。随驾王公大臣十分担心，劝他回京师调治。他也只好依从，命皇太子和皇三子前来迎驾。但胤礽至行宫见到患病的父亲竟然没有一点担心之意，使康熙心里特别难过，感到自己多年精心抚育的太子并未表现出应有的至孝之情，于是讨厌之情油然而生，命他返回北京。这件事直至几十年后玄烨仍念念不忘，成为他转变对胤礽态度的一个重要因素。

此后，父子矛盾逐渐加深。康熙三十三年（1694 年），礼部拟定祭祀的仪式，将皇太子的拜褥放置在奉先殿槛内，康熙命令将其移到槛外。礼部尚书沙穆哈怕将来皇太子怪罪，请求将谕旨记档，康熙十分生气，于是革掉了沙穆哈的职务。康熙三十五年（1696 年），皇帝率兵讨伐噶尔丹，在出发之前命令太子在京城守住国家，代行郊祀大典并处理各部院奏章；如有大事发生，留守大臣共同商议后报请皇太子决定。这实际上也是康熙帝对胤礽治国才干的一次重要考验。

然而，四个月后康熙皇帝回銮至京，看见很多政务都没处理，这样对胤礽又增加了不满和怨恨。康熙三十六年（1697 年），圣祖将在皇太子处行走的膳房人花喇等秘密处死。康熙三十七年（1698 年），又大封各位皇子。皇长子胤禔封直郡王，皇三子胤祉封诚郡王，皇四子胤禛、皇五子胤祺、皇七子胤祐、皇八子胤禩分别封为贝勒，这表明康熙已觉察到太子党人的势力危及到皇权，因此想削弱他们的势力。诸皇子有了爵位，分别培植自己的亲信，争夺储位。以索额图为首的太子党人为图谋胤礽早日登基，更加紧活动。康熙四十二年（1703 年），圣祖开始准备打击太子党人的势力，以索额图“议论国事，结党妄行”，令宗人府将其拘禁，不久死于幽所。因长期储位东宫，胤礽地位特殊，进而骄傲狂妄，目中无人，等到康熙南巡时，勒索地方，并因一点小事就要处死地方官员。康熙为政注重宽仁，太子如此不仁不义，导致父子意见不合，矛盾加深。

康熙四十七年（1708 年），圣祖巡幸塞外，皇长子胤禔、皇太子胤礽及几位小皇子一同前行。返京途中，皇十八子胤祄病重，胤礽并不在意，康熙以兄友之义责备他，他却不承认过错反而怒气冲冲，且每夜在康熙住的帐篷周围活动，窥测其父行动，致使康熙昼夜戒慎不宁，觉得他有杀害自己的可能，好早日登基。因此康熙在保护好自己的同时，准备先发制人。九月初四，他于归途中召集诸王及副都统以上大臣，以皇太子不法祖德，不遵祖训，暴戾淫乱，宣布废掉太子，回到北京后即将废太子幽禁于咸安宫。

再次被废

太子初废，储位空缺，争夺储位的斗争在诸皇子之中开始活跃起来。

胤禔作为皇长子，得到了康熙帝的重用。他与胤禩相互倚重，同是反太子的核心人物。废了太子之后，胤禔马上图取储位，被康熙指责，于是他改变了办法，试探父亲是怎么想的。他甚至还毛遂自荐，奏称："今欲诛胤禔，不必出自皇父之手。"

胤禔明显是争夺储位，康熙帝对他产生极大反感，痛斥他是"乱臣贼子，天理国法皆所不容者"。随后胤禔令巴汉格隆"用术镇魇"胤礽的事件被康熙知道，于是胤禔被"革去王爵"，"幽禁于其府内"。

皇八子胤禩十分聪颖，善于与人交往，办事能力强，最初康熙很欣赏他，未满 18 岁即已成为贝勒。他反对太子，并极力扩大自己的影响和实力，在皇子及满汉大臣中声望很好。

康熙帝很早即对胤禩反太子的活动表示不满，胤禔保举他为太子，更增加了其父的警觉和厌恶，指出胤禩“妄蓄大志”“谋害胤礽”“乃胤禔之党”，将其“锁拿”“审理”，最后“革去贝勒，（降）为闲散宗室”。

除去胤禔、胤禩急于图谋储位之外，皇三子胤祉、皇四子胤禛、皇五子胤祺、皇十三子胤祥也曾一度受审查，但不久即“开释”。皇十四子胤禵因为力保胤禩并无“妄蓄大志”、“谋害胤礽”之心，令康熙十分生气，想要杀他，随即与皇九子胤禟一起被逐出乾清宫。以上这些散乱的记载，说明当时已有很多皇子在争夺储位。

康熙四十七年（1708 年）十月，令康熙帝最为震惊的是，当他已暗示有可能重新立胤礽为太子，并令群臣保举皇太子时，在大学士马齐及阿灵阿、鄂伦岱、揆叙、王鸿绪等人的带动下，大家竟然“独保（已被革爵的）胤禩”，而没有一个人举荐胤礽，这显示出当时清朝统治机构中大多数人在储位人选上的向背，也充分表明胤禩的声望和实力，这对皇权不能说不是个威胁。这种情况的出现，使康熙下决心重立胤礽。他在二废太子后回忆道：“朕前患病，诸大臣保奏八阿哥，朕甚无奈，将不可册立之胤礽放出。”可见，重立胤礽的背景应该是在当时人心不稳、政局明显有些混乱的情况下，康熙帝只有在胤礽、胤禩两人中选择一人为储君，才能有效地稳定局势，二者之中，他选中了已大失人心的胤礽。

康熙四十八年（1709 年）三月初九，胤礽被重新立为皇太子。次日，又分封诸子，皇三子胤祉、皇四子胤禛、皇五子胤祺晋封亲王，七子胤祐、十子胤䄉晋封郡王，九子胤禟、十二子胤祹、十四子胤禵俱封为贝子，皇八子胤禩在此之前复封为贝勒。

可见，康熙为不让其他皇子心中不平，冲突再起，对皇三子胤祉、皇四子胤禛等7个儿子也分别晋封和新封爵位，皇八子胤禩也复为贝勒。当时各皇子的情况为：皇长子胤禔因罪行严重仍被软禁，皇八子胤禩虽仍觊觎储位，但皇帝对他戒备森严，使他不敢有过分之举，其他个别皇子即使有争宠谋位之心，也只处于积蓄力量、窥伺时机的阶段，所以皇太子胤礽没有强大的对手，处境比较平稳。加之康熙皇帝对他重新寄托希望，不仅经常关心垂问，而且对其提出的建议基本上都予以采纳，使父子之间的关系较为融洽。

但是，胤礽并没能充分利用这些有利条件，进一步博得皇父的信任，处理好兄弟之情，把太子的地位巩固好。

太子复立，其党人也重新复聚。初废太子之前，朝廷内外许多人已感到皇太子有跃跃欲试、希践大位之意。胤礽本人在背后常说："古今天下，岂有四十年太子乎？"表现出想马上登皇位的心情。胤礽复为太子后，步军统领托合齐、兵部尚书耿额、刑部尚书齐世武、都统鄂缮和迓图、副都统悟礼等依附太子，重新结党营私。康熙五十一年（1712年），皇储矛盾又开始激化。九月三十日，康熙晓谕诸子，指斥胤礽复位以来，狂疾未除，丧失人心，着将胤礽拘执看守。十月初一，向诸王、贝勒、大臣宣告将胤礽再一次禁锢起来，复立三年的皇太子胤礽再次被废。康熙非常失望，于五十二年（1713年）确定"不立储贰"的方针。

太子复废，储位虚悬，诸皇子营求太子之争更加激烈。胤礽并不甘心于这种困境。康熙五十四年（1715年）十一月，清廷将出兵讨伐准噶尔部策妄阿拉布坦，他感到自己要抓住这个机会东山再起，于是委托为其妻治病的医生贺孟雄带出一封用白矾水写的亲笔密信，托正红旗满洲都统普齐在皇帝面前举荐自己为大将军率兵出征。但是此事被胤禩一伙得知告发，结果贺孟雄被杀，普齐被拘禁，胤礽的希望落空。康熙五十六年（1717 年），大学士王掞疏请再立胤礽为储，康熙置之不理。次年一月，翰林院检讨朱天保也奏请复立胤礽为太子，并警告康熙不要弄出汉武帝杀戾太子那样的事件，康熙皇帝十分生气，责备他希图侥幸，应处死。康熙六十年（1721 年），大学士王掞、御史陶彝两人再次奏请立太子，康熙认为其结成朋党，会越来越猖獗，于是严厉惩罚，胤礽复位已无可能。

皇长子和皇三子的美梦

大阿哥的一帘美梦

康熙一生有很多丰功伟绩，但他有一个最大的失败之处，就是没有做好皇位继承的工作，致使他的很多儿子遭遇不幸，也让其实为清朝作了很多贡献的雍正背了杀父篡逆的黑锅。

康熙不愁没有儿子继承大清的江山，因为他有很多儿子，成年之后有所作为且受册封的有 20 人，别说 20 个儿子，就是在 10 个之中也能选出个像样的人，何况有个康熙这样聪明睿智的父亲，儿子们的能力自然也差不到哪里。在康熙的儿子当中，有两位皇子有着与众不同的特别之处，表面上看，他们是想开了一般置自己于皇权之外，但实际上却也是想分得一份羹，他们就是大皇子胤禔和三皇子胤祉。

大阿哥爱新觉罗·胤禔其实并不是康熙的第一个儿子，他前面还有四个哥哥，因为前四子幼年夭折，故胤禔为皇长子。虽说是皇长子，但是在皇位的继承上并没有任何的优势，满洲皇族并不是像汉人那样规定长子继位，也许胤禔也曾自叹过生不逢时，不但生不逢时，母妃的娘家还没有深厚的实力背景，这在讲究关系背景的清廷，相比皇二子胤礽的生母皇后的身份高贵，在争夺皇位的战争中是很少有机会胜出的。所以，和很多皇子一样，胤禔的生命中大部分时间也是在期待、等待、失望、绝望中度过的。胤礽因是嫡出而被立为皇太子，而贵为皇长子的胤禔却没有得到康熙格外的赏识。胤禔表面上遵从父命，似乎对皇位并没有过多的非分之想，但内心里对太子的地位十分觊觎。

康熙本身是人中楚翘，胤禔自然也是比较聪明能干的，再加上仪表堂堂是个美男子，所以，早期的时候康熙是非常喜欢这个儿子的。由于他是大皇子，年纪比其他皇子大，所以最先开始为康熙办理朝中政事。边疆发生战乱时，胤禔更是亲自随军出征，每次都有立下战功，为康熙分了不少忧，也得到了康熙的器重。但是随着其他皇子的羽翼逐渐丰满起来之后，胤禔的风采便随之被掩盖。四皇子的铁血手段、八皇子的长袖善舞、十三皇子和十四皇子在军事上的过人天赋，再加上还有一个背景不容小窥的皇太子，胤禔的优势就变得不足为奇了。那么，难道他就真的心甘情愿地在将来当一个王爷了吗？

胤禔虽然不被康熙视为继承人，但并不妨碍他一心想夺嫡继大统，所以他努力地使自己在众皇子之中脱颖而出。在皇位之争中，二阿哥胤礽尤其是其他皇子的眼中钉、肉中刺，胤禔自然也不例外。皇子们超越了兄弟亲情这层关系，时刻注视着太子胤礽的一切动向，就等着捉他的小辫子。

从康熙二十九年（1690 年）开始，直至康熙四十七年（1708 年），这近二十年来皇帝和太子之间发生的一系列事件以及随之引起的关系变化，胤禔看在眼里，记在心上，认为对他谋取皇储之位创造了有利的条件与时机。

愚蠢的巫术终害己

眼看着康熙逐渐老去，而太子之位又总是不太稳固，使胤禔急切起来。由于他迷信“魇胜”巫术，无知地想以僧人巴汉格隆的匿术咒死皇太子胤礽，以便增加自己的胜算而取而代之。此等招数其实荒谬至极，但在当时的紧迫形势下，都被用作了夺取皇位的一种手段，可谓是到了无所不用其极的地步。而太子却也真的整日精神涣散，尽做出些匪夷所思的举动，最后阴错阳差的如胤禔所愿，在康熙塞外行围时被废，他一时间少了一个强有力的竞争对手，而且康熙还亲自授权他来监视胤礽，这令胤禔十分得意，甚至到了得意忘形的程度。胤禔以为，康熙已经恨胤礽入骨，但是为了社会舆论又不能杀他，所以自以为是地贴心地想要为父皇充当武器去除掉废太子，还大言不惭地说，为祖宗江山、为康熙，即使背上这个杀害兄弟的骂名也无怨无悔，无耻之心昭然若揭，说是为了康熙分忧，其实暴露的只是自己想要取兄弟性命的残暴心事。

由此可以看出，胤禔还是不够了解康熙的性格。所谓虎毒不食子，何况是人呢？此举势必引起了康熙强烈的失望与反感。让胤禔的如意算盘彻底落空的是皇三子胤祉，胤祉将胤禔使用魇术魇废皇太子之事的告发，彻底让胤禔在皇位争夺中出局。

康熙皇帝对胤禔不顾亲情的所作所为极为气愤，称他为“乱臣贼子”，下令彻底剥夺他的一切职位，严加看守起来，胤禔就没有他二弟那般的幸运了，被关押之后还能阴错阳差的转危为安放出来，他这一押就押了 26 年，直至雍正十二年十一月初一日被幽死，终年

63岁。

学业优秀的三阿哥

有人欢喜有人愁，大阿哥彻底落败，而在这期间，三阿哥胤祉算是出了不小的力。

胤祉出生于康熙十六年（1677年）。与胤禔的母亲一样，胤祉的母亲地位也不高。在这点上，老大和老三似乎有着同样的命运。

康熙的这么多儿子，有一点还是非常能令他欣慰的，就是各个都十分聪颖好学。或许是因为从小就生在帝王之家，即使自己没有紧迫感，母亲们也会每天耳提面命动之以情晓之以理地为其分析利害关系，所以康熙的儿子们或文或武都练就了一身的真本事，胤祉亦然，尤其在文学、书法上更是多次得到康熙的称赞。也许在胤祉心中，康熙似乎有意传位于自己，所以一直以来走的都是保守道路——与世无争，温文尔雅。但是，对于胤祉的优秀之处，康熙似乎也有自己的一番定论：学业优秀未必就能做皇帝，就像会读书未必能做官一样，这其中的关键还是取决于个人的性格，毕竟能够很好的统治一个国家的话，仅仅凭借着琴棋书画是远远不够的。

但胤祉就真的想靠着琴棋书画过一辈子了吗？事实并非如此。

打错了的如意算盘

太子落马之后，因为大阿哥胤禔向康熙进言说由他来将废太子胤礽处死，惹得病中的康熙暴跳如雷，胤祉觉得表现的机会已经来了，便及时地向康熙告发了胤禔使用“魇胜”巫术谋害太子胤礽的事情，一举结束了胤禔的政治生涯。为什么只有胤祉知道大皇子的秘密，这可能也与他平时表面上并没有意图争夺皇位的表象有关，容易让人疏于防范。而胤祉决定在这个时候出马，也是考虑到康熙病重，当时因为大阿哥胤禔和老二胤礽都被圈禁，这样他自己便成了家中长子，群龙无首的时候，长子的地位还是有那么一点优势，他打的也正是这个如意算盘。

只是没有想到的是，如意算盘也有不如意的时候。在第二年，也就是康熙四十八年，出乎所有人的预料，康熙决定复立胤礽为太子，显然没有其他皇子什么事，胤祉也没能如愿以偿。他自视文化素质高，满腹经纶、出口成章、文武双全，但从后来的事态发展看来，康熙自始至终都似乎不看好他在政治上的前途。在康熙的眼里，胤祉虽然聪明，但似乎缺乏一种政治家的魄力。

八阿哥，最有力竞争者

出类拔萃的八贤王

康熙帝第八子，人称“八贤王”的胤禩，在这场激烈的帝位争夺上可谓是一个主要角色，但归根结底也是一个悲剧人物。

胤禩的母亲出身卑微，没有资格亲自抚养皇子，所以胤禩是在大阿哥胤禔的母亲惠妃身边长大的，也正因为如此，他与惠妃感情甚亲。没有强硬的家族背景，就意味着要比别人付出更多的努力，胤禩深知此道，所以从小便忍辱负重，加倍地学习文武知识，以此希望引起康熙的注意力。

好在努力终有回报，在康熙的众多皇子中，胤禩可以说是非常出类拔萃的。

可能他的出身使他在众兄弟子侄间并不得贵重，甚至颇受冷遇，也给了他一定的紧迫感，让他从小就发奋图强。因没有诸如二阿哥那样实力雄厚的背景，也使他少了一些与生俱来的傲气和飞扬跋扈，反之是一种自然的随和好脾气。诸臣奏称其贤，就连康熙的哥哥裕亲王也在皇帝面前夸他“心性好，不务矜夸”。

康熙本就是一个宽宏大量、心性随和的皇帝，自然也愿意看到自己的儿子能像自己一样待人为宽。所以，在容忍之量上，胤禩深得康熙喜爱。于是，在受到康熙封赏的皇子中，胤禩往往都是最小的一个皇子。虽然年纪甚小，但是和哥哥们同样得到了父皇的重视，对于从小就颇受冷遇的胤禩来说绝对是一个好机会，毕竟皇位所带来的权利是永无止境的。

胤禩是何等聪明之人，且甚晓世故，深知既然母亲这边没有什么人能够依赖之人，就一切要靠自己了。他潜心研究康熙的脾气秉性，并一切行为准则均以其为准则。加之本来就没有身为阿哥的骄纵之气，又故意与朝中大臣处好关系，可谓是有求必应，深得众意。因此广有善缘。不仅在众兄弟中与皇九子、皇十子、皇十四子交情非比寻常，与众多王公朝臣亦相交甚欢，朝廷之中一旦有什么风吹草动，这些王公大臣们往往会第一时间去八王府那里打探消息，可见他们对胤禩的逢迎之情、追随之意。就算是同位竞争对手的大皇子，在自知自己没有希望的前提下，都会把手中的一票投给这个八弟，可见，胤禩在为人处事上是何等高明。虽和四皇子胤禛实力相当，但是在人缘方面，这个四哥也真真要自叹不如了。

聪明反被聪明误

康熙以为废黜了皇太子之后，诸皇子之间的矛盾可以缓和，但是恰恰相反，诸皇子争夺储位的斗争，反而愈加严重。在这个时候以皇八子为核心的八阿哥党积极钻研，精心谋划，想取得皇太子的地位。胤禩的精明之处在于借他人之口诉心中之事，从来不会直接地表达自己想如何做，他会引导对他亦步亦趋的追随者们在康熙面前说尽自己的好话，也确实如此，自己说十句也抵不住别人说一句。所以，他更加地极力拉拢朝中重臣，渐渐地就形成了“八爷党”。

无奈，身为皇帝最忌讳的就是在自己的身边发生的党派之争。眼看太子党被废除，可以安宁一时，没想到又出了个八阿哥党，甚至比太子党还要嚣张，招数更是花样百出。王公大臣们纷纷举荐不说，还安排算命之人从中妖言惑众、蛊惑人心，说八阿哥有帝王之相，在朝中引起轩然大波。

大臣们以为皇位已定，此起彼伏地涌入八王府巴结逢迎，好为自己加官进爵。康熙怒不可遏，盛怒之下，把支持党争的全部处死，甚至动用了无比残忍的刑法，而那些曾经参加过党羽之争，后来已经去世的也没有放过，杀鸡儆猴地把他的尸体挖出来给剐了，然后焚烧。可见康熙对皇子之间争夺储位的斗争是深恶痛绝。康熙的大开杀戒也让胤禩看出来自己在皇位争夺中并没有占据太多的优势，还得再接再厉啊。

康熙一天天老去，眼看太子位还没有人选，哪怕有点希望的皇子们都使尽了浑身解数，以求博得康熙的青睐。其中最有竞争力的便是胤禩、胤禛和十四皇子胤祯。

相对于胤禛倾尽全力为康熙办事以争取父亲的青睐，八阿哥胤禩却更加注重人心的取得，虽然之前康熙的严惩还历历在目，但是他并没有放弃这步棋，反而更加地广积善德，以借他人之口说出自己想说之事。

在积德行善方面，不管是真是假，总之，胤禩的表面功夫是真的做到家了，只要看见谁需要帮助了，就会毫无条件地对其伸出援助之手。不管你想要什么，只要和胤禩说一句，要官位有官位、要银子有银子。人心毕竟都是肉长的，时间长了，自然而然地会有人视他为“活菩萨”，走到哪里都是前呼后拥，一时间胤禩的名声更是响彻天下。

美名在外的胤禩很快就飘飘然了，过去，在还没有“行善积德”的时候哪会有这么多人对自己前呼后拥啊！花点银子又算得了什么呢！他觉得他此时所拥有的荣耀万金难买，他倾心陶醉在他亲手缔造的“仁义之邦”之中，不能自拔的同时也悄然等待着康熙的青睐，也在用舆论与康熙作着抗争。

如果胤禩真的像所传的那样亲善祥和，或许当上太子还是很有希望的。不过，假的终究是假的。胤禩的“仁义”说到底也是虚伪的，只不过是为了实现他政治追求的手段。

胤禩虽然聪明，但是其实并没有彻底了解康熙的心意，康熙是老了，但是还没有傻。

效仿康熙，只见其表不见其内

康熙四十七年，太子胤礽被废的时候，胤禩被康熙授权全权处理、审讯有关涉嫌之人。之所以追究到底，是因为康熙一方面是想打击朋党之人，另一方面也是因为要找个倒霉蛋来为自己的二儿子背黑锅。儿子终究是儿子，做父母的始终不忍心自己的儿子丢掉性命。所以，努力在给胤礽找一条退路留着。可见，事到如此康熙还是非常顾及自己的儿子的。所以，要狠整太子党羽，迁怒于他们没有能好好地辅助太子，使得太子有被废的下场。

可胤禩倒好，平时学康熙学得还不够透彻，仁义道德也只是表面而已。哥哥们相继落马，胤禩平时的仁慈荡然无存，心狠手辣的一面完全暴露了出来。看到当了几十年的太子终于下马了，而这次主审人还是自己，千载难逢的机会到手，下定决心要让这个昔日的太子彻底没有翻身之地。办起案来手下是毫不留情。他虽有一颗七窍玲珑心，却真正低估了康熙对自己儿子的爱。太子是再也没有翻身之地了，可他自己多年的仁义形象也在康熙的心中彻底崩塌。

眼看康熙的身体愈见衰败，时间不等人，胤禩决定主动出击来进一步制造康熙最为看中的宽容、仁义的形象。私下聘用了张明德这个相士，让他大肆吹捧，说什么胤禩“白气贯顶”，乃明君之相。没想到康熙得知后大发雷霆。

聪明反被聪明误。胤禩的本意是想利用朝野舆论给康熙以压力，从而迫使其就范顺从众意立自己为太子，孰不知此举已是形同对抗，大大地触动了康熙的龙须，让康熙痛不可耐，也必会招致康熙的强烈抵触。

这招不成又出下招，胤禩虽然与十四皇子胤禵交好，但是一旦涉及到皇位就完全不念兄弟之情了。在康熙的寿辰之时，暗中掉包换掉了胤祯送给康熙的礼物，变礼物为一只死鹰，气得老父心脏病发作。从这就可以彻底看出胤禩平时的孝心、善心是何等虚伪。

康熙何等圣明，早已看透了胤禩的心思，对这位“仁义”的皇儿已经彻底失望。康熙临终前也曾对他的儿子们作了一个短短的总结，给胤禩的评价就是：处处学朕，又处处学不像。

康熙六十一年（1722 年）十一月初三日，康熙终于寿终正寝，病逝于畅春园。做了一辈子八贤王的胤禩到后来也没有如愿登上皇位。心有不甘，最后还是败在了胤禛的手下。

胤禛谋得皇位

康熙五十一年（1712 年），胤礽复废，诸皇子争夺太子之位又日趋激烈。康熙五十三年（1714 年），胤禩亲向康熙试探，请示以后应该怎么处理，希望自己被举荐，康熙看明他的心思，告诉他不要有非分之想，因此父子之间矛盾加深。同年冬，康熙出塞狩猎，胤禩因其母两周年忌辰，没有随行，及至康熙回程，胤禩自身并不迎驾，却把两只要死的鹰送给康熙，康熙十分气愤，大骂他不孝不义。因胤禩党羽众多，在朝中势力较大，康熙怕其政变篡权，故加紧打击胤禩集团。康熙五十四年（1715 年）正月，康熙帝以胤禩行为卑污，凡应行走时俱懒惰不赴为由，停发他及属下护卫官员俸银俸米。同年十一月，革除胤禩门客何焯的翰林院编修、进士、举人之名，罪名之一是他把当今文章与万历末年的文字相比较，侮辱圣朝，并以此作为胤禩的罪证。至康熙五十五年（1716 年），父子感情更加恶化，胤禩得了伤寒病，有离开人世之状，而康熙也置之不理。

胤禩受挫，皇十四子胤禵开始谋求皇位。胤禵，康熙二十七年（1688 年）生，母孝恭仁皇后，与皇四子胤禛同母，但一向依附胤禩。初废太子时，康熙下令锁拿胤禩，胤禵为胤禩说情，激怒了康熙，拔刀要杀胤禵，被皇五子劝止，后来胤禵被康熙逐出宫。太子复立之后，胤禵晋为贝子。康熙五十四年（1715 年），西北战事吃紧，康熙年迈多病，不能亲自征伐，所派大将指挥军事又毫无进展，于是想派皇子出征。康熙五十七年（1718 年），命胤禵为抚远大将军，征伐西北，并让胤禵使用正黄旗旗纛，采用亲王规格，掌有军权。胤禵出征，被胤禩集团看成是康熙帝属意于胤禵将立其为太子的表示，因而十四皇子党又活跃起来。胤禵把谋求储位看成十分重要之事。出征之前，胤禵一再要求胤禟报告康熙信息，如果皇父离世而去，一定马上报告。康熙五十八年（1719 年），胤禵在西宁把临洮张凯叫去算命，张说其有九五之尊，将来必定大贵。胤禵听了非常高兴，觉得说得很对。胤禵出征大有代父出征的味道，因此许多人把它看作胤禵向皇太子的过渡。但其他皇子并没因此而放弃储位角逐。皇三子胤祉在胤禔、胤礽出事后，年龄最大而且又受封王爵，在诸兄弟中有很大的优势，并倚仗其文才出众，且又与皇父感情较好，也在谋求东宫印绶。皇四子胤禛则秘密活动，不露声色，私下里作好了夺取皇位的整体计划。

胤禛，康熙十七年（1678 年）生，母孝恭仁皇后，康熙三十七年（1698 年）被封为贝勒。在太子刚刚被废的时候，康熙命胤禛与胤禔共同监视胤礽，胤礽说其从没想过杀害父亲，取得皇位，请胤禔、胤禛代为转奏，胤禔不应，胤禛认为此话非同一般，即使自己因此获罪，也要替他转奏。康熙听后，遂将胤礽项上锁链取下。初废太子后，康熙受到沉重的打击，身体非常不好。胤禛屡劝康熙治病，保重身体，康熙遂称其殷情恳切，可谓诚孝。康熙四十八年（1709 年），他被晋封雍亲王。

再废太子后，胤禛把全部的精力都投入了争夺皇位上。康熙五十二年（1713 年），胤禛集团成员戴铎为胤禛制订了夺取储位的全面的计划。第一，依靠诚孝博得康熙的信任和宠爱；第二，要以废太子凌虐昆季为戒，把兄弟之间的关系处理好；第三，联络百官，特别是康熙的亲信重臣，以影响皇帝，使其考虑继承人时对胤禛有利；第四，大力培植雍邸旧人，为建立江山打下基础。与此同时，胤禛大规模地搜寻各种人物以形成自己的集团，其中有皇十三子胤祥、康熙近臣贵戚隆科多、大学士马齐、川陕总督年羹尧等。隆科多为佟国维之子，康熙孝懿仁皇后之弟，胤禛的舅父，任理藩院尚书、步军统领，手中握有兵权，对胤禛争储非常有利。他负责京师九门、畅春园及宫禁警卫，地位至关重要。年羹尧，多年效力于胤禛，其妹为胤禛侧福晋。年羹尧于康熙四十八年（1709 年）出任四川巡抚，康熙五十七年（1718 年）升任四川总督，康熙六十年（1721 年）又晋升川陕总督，是胤禛在外的重要军事力量。这一派力量虽十分强大，但表面看来却不像胤禩一派气势那么大，而是谨小慎微地活动，不露锋芒，所以康熙对此没有过怀疑和指责。

胤禛明白康熙的心理，嘘寒问暖，非常殷勤，得到康熙的好感。康熙称赞他“诚孝”。他对众兄弟，虽暗中对立，但在父皇面前一点都没有表现出来，相反，常“为诸阿哥陈奏”，以致感动了康熙，谓之“性量过人，深知大义”，“似此居心行事，洵是伟人”。胤禛对康熙并非真心真意，这样做的目的就是他了解父亲喜欢什么，讨厌什么，因此他极力讨好父亲。他深知谁为太子，决定权全在皇父，皇父的好感就是他的资本。他用他的行动来证明给父亲看。从这一点看，他的心计超过众兄弟，手腕也很高明。到康熙死前一刻为止，有可能继承皇位的皇子绝不只胤禛一人。与父亲之间的感情密切是胤禛最大的优势，他做事谨慎也博得了父亲对他的好感。康熙曾说过胤禛“幼年时，微觉喜怒不定”。这本是已经过去了的小毛病，康熙偶尔提起，“无非益加勉励之意”，并没有责备的意思。但胤禛特别注意澄清，竭力扭转皇父的形象，上奏说：以前皇父曾批评喜怒不定之处，十多年来都没有提起，是因为臣在皇父教育下已经改正。“今臣年逾三十，居心行事，大概已定，喜怒不定四字，关系臣之生平，仰恳圣慈，将谕旨内此四字恩免记载”。其实康熙并没有打算把此事写进谕旨。康熙晚年，立储事不顺心，尤其需要安慰，当时只有胤禛、胤祉经常陪伴他散心。第一次废太子之后，康熙四十七年（1708年）十一月初，康熙病情加重后，胤禛奉召到皇父跟前，泪流满面提议选医调药治疗。康熙接受了他的建议，令他同胤祉、胤祺、胤禩等几位稍知药性的皇子照顾他，很快病情好转。他恳求侍奉左右，康熙因令其恭代南郊大礼，未留身边。但胤禛每天派人请安，有时一天三次。在康熙的最后时刻胤禛给予父皇无微不至的关怀，胤禛的孝敬理所当然地深深刻在皇帝的心上。

胤禛在康熙末年日益受到重视。康熙五十一年（1712年），圣祖命其参加对胤礽党人步军统领托合齐的审判。康熙五十四年（1715年），西北战事兴起，康熙召见胤禛、胤祉，征求意见，胤禛主张大力讨伐。康熙五十六年（1717年），因有人盗窃明朝陵寝，康熙命胤禛、胤祉等皇子查处，并令他们到各陵祭奠。同年，皇太后丧，胤禛与胤祉等传达康熙的命令，让有关衙门和官员执行。次年，皇太后梓宫安放地宫，康熙因病不能亲往，命胤禛去陵前读文祭告。康熙六十年（1721年），圣祖登极六十年大庆，典礼中盛京三陵大祭最为重要，因年迈康熙不能亲往，遂命胤禛、胤祹及世子弘晟前往致祭。回京后，遇三月十八日万寿节，又命胤禛祭祀太庙后殿。同年冬至节，又命胤禛祭天于圜丘。对祭祀，特别是祭天，康熙历来看作是国家大事而加以重视，只要身体好，他就亲自去祭祀。康熙在晚年任用胤禛代替他祭祀，表明了胤禛在康熙心中已有很高的地位。

两次废皇太子和诸子争储使康熙身体衰弱，精力衰竭。康熙六十一年（1722年）十月二十一日，圣祖南苑行围，十一月初七生病，回到畅春园。初九，因冬至将临，命皇四子胤禛到天坛斋戒，以便代行祭天仪式。初十、十一日、十二日，胤禛先后派遣护卫、太监至畅春园请安，康熙均谕“朕体稍愈”。十三日丑刻，康熙病情严重，命从斋所召皇四子胤禛立即回来，接着召皇三子诚亲王胤祉、皇七子淳亲王胤祐、皇八子贝勒胤禩、皇九子贝勒胤禟、皇十子敦郡王胤䄉、皇十二子贝子胤裪、皇十三子胤祥、理藩院尚书隆科多来到病床前，交待他的遗命，戌刻便去世了。隆科多即向胤禛宣布康熙最后的命令。今存遗诏曰：“皇四子胤禛人品贵重，深肖朕躬，必能克承大统，著继朕登皇帝位。”当天夜里，用銮舆载运康熙遗体，回大内乾清宫。在隆科多保护下，胤禛先回大内迎驾。第二天传出大行皇帝任命胤禛继位遗言。胤禛任命总理事务大臣，封胤禩、胤祥为亲王，把胤禵召回京城，关闭京城九门。十六日颁布遗诏，十九日遣官祭告天地、太庙、社稷坛，京城开禁。二十日，胤禛御太和殿登极，接受百官朝贺，正式继皇帝位，改元雍正，这就是历史上的雍正皇帝。10 年未决的皇位问题终于有了结果。

夫妻情深

姻缘天定，辅臣之女

顺治十年（1653 年）冬天，一个大雪纷飞的季节里，京城辅政大臣索尼的府中降生了一个小小的女婴，这就是索尼长子噶喇布的女儿赫舍里氏。赫舍里氏一生转折与际遇都与她身后的庞大家族有着极其密切的关系。

1661年，顺治皇帝突然去世，年仅八岁的皇三子玄烨即位，是为康熙皇帝。按照大清王朝的传统，皇帝年幼的时候，国家的政务应该由一两位宗室的亲王摄政，但由于顺治皇帝在位初年睿亲王多尔衮擅权对皇权构成极大威胁的前车之鉴，顺治皇帝和孝庄皇太后决定不依旧制，而是改由异姓大臣来共同辅政，于是确立了四辅臣制。

这样，在同多尔衮斗争中有功的重臣元老索尼、苏克萨哈、遏必隆、鳌拜成为辅政大臣，其中索尼为首辅大臣。四大臣共同辅佐幼主，最初相安无事。然而，随着四辅政大臣内部势力的变化，本来位居末位的鳌拜的势力日益扩大，他专横跋扈，根本不把年幼的康熙皇帝和其他辅政大臣放在眼里。

眼看鳌拜势力极速扩张，孝庄太皇太后为了遏制这一状况，转而笼络索尼父子，册立索尼的孙女赫舍里氏为皇后。此举改变了太宗、世祖两朝均在蒙古科尔沁部博尔济吉特氏家族中选择皇后的传统。

赫舍里氏虽出身名门，但她善良贤淑，睿智坚强，没有丝毫的娇纵与刁蛮。

刚满十二岁的赫舍里氏与康熙成婚，但实际上，他们还是天真的孩子，慢慢地，两人成为了形影不离的玩伴，情投意合。少年初成的康熙皇帝和情窦初开的赫舍里氏，懵懵懂懂中，这对小夫妻的生活恩爱甜蜜，非常和谐，感情颇深。

两个人共同度过了鳌拜专权的日日夜夜。在他们共同生活的岁月里，赫舍里氏以自己"宫闱式化，淑德彰闻"的得力辅佐，把后宫治理得井井有条，使得康熙皇帝无后顾之忧，能够集中精力料理国政，顺利度过了他即位的早期阶段，为日后建立康雍乾盛世打下了坚实的基础。赫舍里氏成为了康熙皇帝的贤内助。

皇宫是一个人事复杂的地方，在这里生存，不但需要聪慧的头脑、灵活的技巧和细腻的心思，还要有上天保佑的好运气。所幸的是，赫舍里氏刚好全都具备了。

长子夭折，难产离世

1670年，赫舍里皇后生下了一个聪明乖巧、活泼可爱的小皇子承祜。这一年，康熙十五岁，赫舍里十六岁。

有了心爱的孩子，赫舍里显得十分满足。年轻的赫舍里用自己最大的热情和精力实践着一个皇后应尽的职责与义务，为了适应国家的经济状况，她紧紧跟随皇帝的意愿，以皇后之尊倡行节俭，成了康熙的名副其实的贤内助。而过去受到过良好教育的赫舍里氏，修养极高，优雅与从容使得她即使是周旋在纷繁复杂的人事关系中，也能得心应手，游刃有余。

快乐的日子总是不能长久，康熙十一年，当玄烨陪着祖母在赤城汤泉休养的时候，年仅四岁的承祜在紫禁城里夭折了。一直以来，康熙就是赫舍里的依靠，只要他在身边，她就可以坚强地面对一切挫折。而如今，他却远在千里之外，只剩下自己一个人，面对病危的儿子，孤助无措地欲哭无泪。

赫舍里氏眼看着心爱的孩子在自己面前一点点地枯萎消逝，却无能为力，这是比自己的死亡还彻骨的痛苦。在别人的眼里，不满二十岁的赫舍里氏有着与她年龄并不相符的成熟，她就像一尊寺庙里的神像，尊贵而端庄，而只有在玄烨的面前，只有在他们独处的时候，赫舍里氏才会暂时卸下所有金碧辉煌的外衣，回归到一个女人的角色。而如今，玄烨又在哪里呢？

承祜的离开带走了赫舍里氏真心的笑容，尽管她为了不让大家，尤其是康熙担心而尽力维持原样，但触及到内心的伤痛却久久不能释怀。赫舍里氏的身体渐渐变得越来越孱弱了，秋天到了，康熙再一次陪同孝庄去到遵化疗养。康熙的离去使得赫舍里氏不需要再假装开心，一直提着的一口气终于吐掉了，赫舍里氏也病倒了。

归途中的康熙得知了皇后的病情，焦急万分的他却无法抛下祖母赶回北京，甚至不能完全表露出自己的担心。但终究纸包不住火，御医不顾康熙的警告向孝庄透露了真相。果然，孝庄一听到这个消息，立刻命令爱孙速赶回宫里。

当康熙奔到赫舍里氏的病榻前，她正在昏睡，朦胧中却仿佛看到了玄烨的身影。也许赫舍里氏并没有将他当作是现实，虽然此刻无助的她是如此热切地盼望康熙能够在她的身边，就像半年前失去儿子的时候一样。但是她却也十分了解康熙的性情，抛下病未愈的祖母回京探望自己，如此有违孝道的事情，赫舍里氏从不敢奢望他能够做到。但是最终，她却惊喜地发现，坐在床边，紧紧握着她冰冷双手的那个人，就是她的丈夫，就是她深深眷恋、朝朝期盼着，却又不敢让人知晓的人。

就这样，康熙在赫舍里氏身边陪伴了整整一天，皇后的病情开始有所改观，夫妇二人的感情便在此时又一次得到了见证与升华。

第二年的秋天，赫舍里氏不但恢复了身体，并且再一次怀上了她和丈夫爱情的结晶。这个时候，发自心底的幸福笑容又一次出现在了赫舍里的脸上。

1674年，二十一岁的赫舍里氏在坤宁宫生下了她的第二个儿子，取名胤礽。然而，躺在床榻上的赫舍里氏却没有多少力气享受母亲的欢乐，生产的过程已经耗尽了她所有的心血，此刻的赫舍里氏感觉自己就像是一片羽毛，轻飘飘、昏沉沉地在半空中翻转，找不到落脚的地方，也找不到可以依靠的肩膀，一阵风吹来，更是彻骨寒冷。

从得到儿子的无比快乐到失去妻子的巨大痛苦，短短两个时辰里，康熙却经历了人生的大喜大悲。而此刻，他却还没来得及跟与他相濡以沫近十年的爱妻说上最后一句话，哪怕是嘱托与道别。

就这样，赫舍里氏离开了，仓促地走完了她短暂的一生。赫舍里氏的离去给了康熙巨大的震撼，他了解为什么皇后会难产，至少他自己始终是这么认为。除了失去她的痛苦，康熙的心里更多了一份难以排解的愧疚与自责。

赫舍里氏与康熙少年夫妻，相濡以沫。她经历了盛世来临前最艰难的岁月，却最终永远地留在了黎明前的时刻。

至爱情深，寄情于子

面对爱妻的突然离去，年轻的康熙一时难以抑制自己的情绪，悲痛地大哭失声。一向理智的康熙，这一次却一反常态。他在一系列的悼念活动中，尽情地释放着自己的悲伤与痛苦。在赫舍里氏去世三天后，将她的梓宫安放在了紫禁城西，此后，康熙几乎每一天都要去梓宫前举哀，一直坚持了将近一个月。随后，他亲自把赫舍里氏送到了京城北郊沙河地区的巩华城。在梓宫安放处，玄烨又独自默哀许久，直到晚上才起驾返宫。

然而，回到皇宫的康熙却仍旧放不下巩华城里的赫舍里氏，一天后，他又一次来到赫舍里氏的身边，静静地陪伴着她。据《康熙起居注》统计，康熙十三年至十六年，玄烨共去巩华城八十余次。

在这几年中，即使是有了第二位皇后，康熙也依然如故地冒着风霜严寒前去。不仅如此，赫舍里氏去世三周年祭日时，康熙于前一天上午便来到巩华城，一直陪伴赫舍里氏直到第二天才返宫。

对于皇后用生命为代价孕育的皇子胤礽，康熙宠爱极深，他亲自抚养胤礽，把对妻子的全部感情倾注到了儿子身上。康熙十四年，康熙便拟诏欲立刚满周岁的胤礽为皇太子，当年十二月，一岁半的胤礽正式受册宝，当上了皇太子。

康熙四十七年，废皇太子，康熙哭骂太子“生而克母”，并于当晚梦到已去世三十四年的皇后，念念不忘发妻。

附：康熙帝大事年表

⊙**顺治十八年**（1661 年　辛丑）

正月初七日，顺治帝逝于养心殿。初九日，玄烨即皇帝位。

⊙**康熙元年**（1662 年　壬寅）

二月，郑成功接受荷兰人揆一投降。四月，吴三桂杀南明永历帝父子于昆明。郑成功逝。

⊙**康熙二年**（1663 年　癸卯）

三月，庄廷鑨《明史辑略》案发生。

⊙**康熙四年**（1665 年　乙巳）

七月，以太皇太后懿旨，聘辅臣索尼孙女、内大臣噶布喇之女赫舍里氏为皇后，行纳采礼。九月，册立皇后。

⊙**康熙五年**（1666 年　丙午）

正月，辅臣鳌拜与苏克萨哈因换地相争，自此鳌拜专权。十二月，鳌拜矫旨杀苏纳海、朱昌祚、王登连。

⊙**康熙八年**（1669 年　己酉）

五月，诏逮捕鳌拜交廷鞫，以其屡立战功，免死拘禁，其党班布尔善等伏诛。夺遏必隆太师、一等公。诏永停圈地，已圈者给还。

⊙**康熙十二年**（1673 年　癸丑）

三月，平南王尚可喜请老，许之，以其子之信嗣封镇粤，不许，令其撤藩还驻辽东。十二月，吴三桂反对撤藩叛乱，讯传京师。执其子额驸吴应熊下狱。诏削吴三桂爵，宣示中外。京师民杨起隆伪称朱三太子以图起事，事发，杨起隆逃逸，其党被诛。此为“朱三太子案”。

⊙**康熙十四年**（1675 年　乙卯）

十二月，立皇子胤礽为太子，遣官告祭天地太庙社稷，颁诏中外，加恩肆赦。

⊙**康熙十七年**（1678 年　戊午）

二月，皇后钮祜禄氏崩于坤宁宫，辍朝五日，谥曰孝昭皇后。三月，吴三桂在衡州（今湖南省衡阳市）称帝，年号昭武。十月，皇四子胤禛生，母为乌雅氏。

⊙**康熙十八年**（1679 年　己未）

正月，平定三藩之乱已取得阶段性胜利，康熙帝御午门宣捷。

⊙**康熙二十年**（1681 年　辛酉）

十一月，定远平寇大将军等率军入云南，吴世璠自杀，三藩之乱彻底平定。十二月，康熙帝诏见直隶巡抚于成龙，称其为“清官第一”。

⊙**康熙二十一年**（1682年　壬戌）

七月，清廷以郑氏降将施琅为福建水师提督，准备攻台。

⊙**康熙二十二年**（1683年　癸亥）

二月，康熙帝初次幸五台山。十一月，以收复台湾，告祭孝陵。

⊙**康熙二十四年**（1685年　乙丑）

五月，彭春等攻雅克萨城（今俄罗斯阿尔巴津诺），俄军势穷约降，退居尼布楚（今俄罗斯涅尔琴斯克）。

⊙**康熙二十六年**（1687年　丁卯）

十二月，太皇太后逝。康熙帝割辫服衰，居慈宁宫庐次。

⊙**康熙二十八年**（1689年　己巳）

正月，康熙帝第二次南巡，临阅河工。七月，初九日册立贵妃佟氏为皇后。次日皇后崩，谥孝懿。派索额图与俄国使臣会谈于尼布楚，签订《中俄尼布楚条约》，确定中俄东段边界。

⊙**康熙二十九年**（1690年　庚午）

八月，清军与噶尔丹激战乌兰布通，获胜。噶尔丹遣喇嘛济隆来请和，福全未即进师。康熙帝切责之。

⊙**康熙三十五年**（1696年　丙子）

正月，下诏亲征噶尔丹。五月，侦知噶尔丹所在，康熙帝率前锋先发，诸军张两翼而进。前哨中书阿必达探报噶尔丹闻知皇上亲率大军而来，惊惧逃遁。康熙帝率轻骑追击。抚远大将军费扬古大败噶尔丹于昭莫多（今蒙古人民共和国乌兰巴托东南），噶尔丹以数骑逃遁。

⊙**康熙三十六年**（1697年　丁丑）

二月，康熙帝再次亲征噶尔丹于宁夏，命皇太子留守京师。遣官祭黄河之神。四月，康熙帝回銮。费扬古疏报闰三月十三日噶尔丹仰药死。

⊙康熙三十七年（1698年　戊寅）

正月，康熙帝巡幸五台山。命皇长子胤禔、大学士伊桑阿祭金太祖、世宗陵。

⊙康熙三十九年（1700年　庚辰）

正月，阅视永定河工程。二月，亲自指示修永定河方略。十月，阅永定河。

⊙康熙四十四年（1705年　乙酉）

是年，康熙帝与罗马教廷发生冲突，倾向禁教。

⊙康熙四十七年（1708年　戊子）

四月，获明崇祯帝后裔，年已七旬的朱三及其子，斩于市。十月，议政大臣会议，议皇八子胤禩谋求储位罪，削其贝勒爵。十一月，皇三子胤祉告皇长子胤禔咒魇皇太子，削其直郡王爵，幽之。

⊙康熙四十八年（1709年　己丑）

三月，立胤礽为太子，昭告宗庙，颁诏天下。十月，封皇三子胤祉诚亲王，皇四子胤禛雍亲王，皇五子胤祺恒亲王，皇七子胤祐淳郡王，皇十子胤䄉敦郡王，皇九子胤禟、皇十二子胤祹、皇十四子胤禵俱为贝勒。于京西畅春园之北建圆明园，赐予皇四子胤禛居住。

⊙康熙四十九年（1710年　庚寅）

二月，幸五台山。三月，编纂《字典》，即后来所称的《康熙字典》。十月，诏，自康熙五十年开始，普免天下钱粮，三年而遍。直隶、奉天、浙江、福建、广东、广西、四川、云南、贵州九省地丁钱粮，察明全免。

⊙**康熙五十年**（1711年　辛卯）

八月，四子胤禛第四子弘历（即乾隆皇帝）出生，母为四品典仪凌柱女钮祜禄氏。

⊙**康熙五十四年**（1715年　乙未）

十月，谕大学士："朕右手病不能写字，用左手执笔批答奏折，期于不泄漏也。"

⊙**康熙五十七年**（1718年　戊戌）

十月，皇十四子胤禵为抚远大将军，进军青海。命翰林、科道官入值。命皇七子胤祐、皇十子胤䄉、皇十二子胤祹分理正黄、正白、正蓝满蒙汉三旗事务。

⊙**康熙五十九年**（1720年　庚子）

二月，封新胡必尔汗为六世达赖喇嘛，结束五世达赖喇嘛之后的西藏宗教领袖不定的局面。十月，诏抚远大将军胤禵会议明年师期。皇三子胤祉之子弘晟被封为世子，皇五子胤祺之子弘升为世子。

⊙**康熙六十年**（1721年　辛丑）

三月，大学士王掞先密疏复储，后御史陶彝等十三人疏请建储，康熙帝不许，王掞、陶彝等被治罪，遣往军前效力。十月，抚远大将军胤禵来京。

⊙**康熙六十一年**（1722年　壬寅）

三月，在皇四子胤禛邸园饮酒赏花，命将其子弘历养育宫中。十月，雍亲王胤禛等视察仓储。命皇四子胤禛恭代祀天。十一月，逝。雍正即位。

铁腕下的千古骂名

——清世宗雍正

师先帝再接再厉，屡革新雷厉风行

帝王档案

⊙姓名：爱新觉罗·胤禛

⊙属相：马（1678年）

⊙年号：雍正

⊙在位：1722～1735年

⊙享年：58岁（1678～1735年）

⊙庙号：世宗

⊙谥号：敬天昌运建中表正文武英明宽仁信毅睿圣大孝至诚宪皇帝

⊙陵寝：泰陵（清西陵）

⊙配偶：16人，皇后乌拉那拉氏

⊙子女：16子，8女

⊙继位人：弘历（乾隆）

帝王小传

雍正皇帝，即清世宗（1678～1735年），爱新觉罗·胤禛，清圣祖康熙的第四子，康熙六十一年（1722年），45岁的胤禛继承帝位，在位13年，死于圆明园，庙号世宗。胤禛是在康熙末年社会经济出现停滞的形势下登上历史舞台的。复杂的社会矛盾，为胤禛提供了施展抱负和才干的机会。他高瞻远瞩，又宵衣旰食，励精图治，有步骤地进行了多项重大改革，13年中取得了卓有成效的业绩，使清朝各方面在康熙时期的基础上更上一层楼，为后代的乾隆打下了扎实雄厚的基础，为“康乾盛世”的创建做出了巨大贡献。雍正一朝，整顿吏治，继续完善“密折”制度；设立军机处，夺内阁与五大臣的重权，加强中央集权；设立驻藏大臣，加强对西藏的管辖，划定中俄中段边界；摊丁入地，废除贱籍，并且建立了秘密选储制度，使皇位继承问题制度化。在位期间，勤于政事，自诩“以勤先天下”。同时，他削弱下五旗，严禁僚属朋党，大兴文字狱，禁锢文化。

雍正的历史地位，同乃父康熙和乃子乾隆相比，毫不逊色。尽管他猜忌多疑，刻薄寡恩，统治严酷，但比起他的业绩来，毕竟是次要的。

青史语录

“圣祖政尚宽仁，世宗以严明继之。论者比于汉之文、景。”

——《清史稿·世宗本纪》

即位之谜

登基九五

当康熙爷在畅春园驾崩的消息传出时，大多数人惊愕地发现，最终登上大清王朝第五任皇帝宝座的，居然是之前一直相当低调的皇四子胤禛。

事实上，由于这一历史事实即使在当时也无人见证，因此无论是居庙堂之高的皇亲国戚王公大臣，还是处江湖之远的平头百姓荒野村夫，对事情的真相都无从得知；再加上牵涉到政治利益的得失，最终生发出形形色色关于雍正篡位的说法来。在这些传说中，雍正是踩着他的亲弟弟——皇十四子胤禵的肩头，通过篡改诏书的手段达到其目的的。

康熙五十七年十二月的一天，皇城附近军乐震耳，锣鼓喧天，紫禁城内呈现出一片庄严肃穆。一支威风凛凛全副武装的大清精兵肃立在太和殿前，队伍前有人高举着正黄旗纛，上写“抚远大将军王”六个斗大的字，随后是一众旗帜，清道旗、飞虎旗、飞龙旗、飞凤旗；再后面是全副执事，金瓜、金斧、金天镫、金兵拳。在队伍的正中间，是一员罩袍束带，顶盔贯甲，手提马鞭，腰悬宝剑的大将，在马上端坐，昂然而行，好不威风！在他的后面，是随他出征的王公大臣，均全副戎装，不苟言笑，鱼贯而行。而朝中各亲王郡王、贝勒贝子、国公乃至二品以上大臣，均盛装朝服，站立队伍两侧，敛手肃立。这支军队打天安门出紫禁城，自德胜门一路向西，迤逦而去。

这位大将军是谁？正是康熙皇帝敕封的抚远大将军，由固山贝子一跃而为王爵，皇十四子胤禵。这一年，他只有30岁。

说起来，胤禵和皇四子胤禛都是德妃乌雅氏所出，乃是一母同胞的嫡亲兄弟。不过，由于胤禛从小被佟贵妃收养，而兄弟两人年纪也相差十岁，更兼胤禛自小禀性淡薄，因此兄弟两人反而不甚相得。胤禵倒是同八阿哥胤禩关系不错。在康熙末年的夺嫡斗争中，八阿哥一度是入主东宫的热门人选，围绕着他自然就形成了一个包括皇亲国戚和朝中大臣的所谓“八爷党”，而胤禵，自然也是这个党羽中的一员。

和胞兄胤禛相反，胤禵自小脾气火暴，是个直性子人，颇讲义气。康熙四十七年，胤禩由于谋夺太子之位被康熙厉声斥责，20岁的热血青年胤禵挺身而出，抗命为之辩解。康熙勃然大怒，险些挥剑要斩了这个儿子。这件事让胤禵挨了20板子，打得皮开肉绽。而自此之后，父子关系一直平平，似乎康熙并没有想要重用这个儿子。

不过朝堂之上的事情瞬息万变，自从八阿哥失势之后，“八爷党”迅速将重心转向了胤禵，试图通过他东山再起，谋取康熙的欢心，进而重登大宝。在八阿哥的造势下，朝野舆论逐渐转向了胤禵，胤禵也顺应时势，收起火暴的脾气，摆出礼贤下士、敬老尊贤的姿态。于是当时的清议对胤禵颇多好感之词。这些言语或多或少，会传到康熙的耳朵里。于是，胤禵的机会来了。

康熙末年，策妄阿拉布坦在西北地区屡屡兴兵作乱，清廷久战不克。于是康熙决定派遣皇子统兵出征，打算一举克敌。在康熙的子嗣中，习武出色，能担当此一大任者有二人，十三阿哥胤祥与十四阿哥胤禵。无奈当时胤祥不知何故，早已被康熙高墙圈禁起来；于是这项任务就似乎是顺理成章地落在了胤禵身上。

从史料中对此时的记载中，可以看出康熙对于此事极其重视，因而给予了胤禵超乎规格的待遇。胤禵在太和殿亲自接受敕封和大将军印，策马扬鞭西征。这就是前文提到的威武雄壮的一幕。

经过四个多月的行军，第二年三月，胤禵率军到达西宁。在当地服从清廷号令的蒙古各部的配合之下，胤禵分兵两路，分别由青海和川滇两路进入西藏。战事进行得非常顺利。到这一年的八月，清军已经占领了拉萨。胤禵随即延请七世达赖喇嘛入藏并举行坐床仪式。策妄阿拉布坦的叛乱至此可以说是告一段落，胤禵的威名也传及西北各地。

应该说，康熙皇帝能够让胤禵率兵打这一场震动全国的战役，也说明了此时胤禵在康熙心目中的地位甚高。胤禵甫一抵达西宁，康熙便降旨给青海蒙古部首领，夸奖胤禵“确系良将……有带兵才能”，并叮嘱蒙古各部要听从胤禵的调遣。为了庆祝这场战役的胜利，康熙甚至起草御制碑文，勒石纪念。凡此种种，都说明康熙对胤禵的信任和欣赏。

其实胤禵也意识到了，历史在他面前展现了一个千载难逢的机会。他知道这次出征立功，是自己获得康熙青睐，争取荣登大宝的最佳方法。

康熙六十年十一月，胤禵返回北京，向康熙帝面禀军情。他在北京待了将近半年的时间，于第二年的三月又返回军前。他恐怕没有想到，这是他最后一次见到他的父皇。仅仅半年以后，康熙就驾崩了，而他远离北京，只能眼睁睁看着雍正登上皇位。早知如此，他一定不会贸然离开北京的。

清代的野史对所谓的雍正改诏一事，有多种说法：有一种说法是康熙帝遗诏原文为“朕十四皇子，即缵承大统。”而胤禛预先知道了遗诏的内容和存放地址，便暗中进入畅春园，将“十”字改为“第”字，并且进而弑父，从而登上皇位。为了避免此类事情再行发生，雍正即位后下令，“以后凡宫中文牍，遇数目字，饬必大写，亦其挈矩之一端也。”

另一种说法则提到了隆科多与雍正勾结的内情：据说康熙的遗诏原文为“传位十四子”，并将这一遗诏交由隆科多保管，隆科多将“十”字改为“于”字，并隐匿了康熙病重时召胤禵来京的圣旨，于是雍正顺利即位。

还有一种说法提到，由于胤禵原名为胤祯，“祯”的繁体为“禎”，与胤禛的“禛”发音相同，字形也极其类似，因此雍正在宗人府保存的玉牒上动了手脚，很轻易地把胤禵的名字改成了自己的名字，于是取而代之做了皇上。

经不起推敲的传说

其实，这三种说法稍稍细加推敲，便可知都有问题，并不足以作为雍正改诏的铁证。

第一种说法的来源是清末反清志士的反满著作，其来源就甚为可疑；而且要将“十”字改为“第”字，又不使看出涂改的痕迹，很难想到世上有人能做到这一点。故而不予讨论。

第二种说法是流传最广的一种，但其内情也非常可疑。理由有三：首先，按照当时官方的正式称呼，应称为“皇某子某某”；所以，“传位于四子”的正式写法应该是“传位于皇四子”——想要在诏书中加一个字，这恐怕是不可能的；其次，“于”的繁体字写法为“於”，在如此重要的文件中，没有道理使用日常的通俗文字，因此，改“十”为“於”就近乎不可能完成的任务了；第三，退一万步讲，就算真的有人真的手眼通天可以将汉字改过，但清代统治者是满族，按例诏书要同时以满汉两种文字书写，满文的字符和文法与汉语不同，因此这改正起来便绝非可能之事了。

第三种说法似乎有一定的道理，但其实也有破绽。玉牒上胤禵的名字确实有涂改的痕迹，但这恐怕并不是雍正暗地为之。其实在雍正即位后便发下谕旨，要求其他皇子将名字中的“胤”改为“允”，而胤禵也被改名为“允禵”。这是因为在传统社会，有所谓避讳的讲究，即皇帝的姓名所用的字，不可以被他人使用，甚至是相近的字音字形也不可。因此胤禵的改名确有其事，但却无法作为改诏的确实证据。

当然，还有一种说法，就是康熙遗诏干脆就是雍正自己编造的，全文从头到尾根本就没一句真话。那么现在放在故宫博物院的《康熙遗诏》中有一句话“皇四子胤禛，人品贵重，深肖朕躬，必能克承大统，著继朕登基，即皇帝位”，就是雍正事后加在遗诏上的。这一点，现在确实还无法加以证实或者证伪，只能留待历史学家的继续研究了。

总之，雍正皇帝即位了，但这个消息对远在西宁的胤禵——现在应该叫他允禵了——来说，却不啻是劈开八块顶门骨，浇下一盆雪水来。

雍正也深知手握重兵的允禵对他仍然构成威胁，因此刚刚即位，就立即下旨一道：

西路军务，大将军职任重大，但于皇考大事若不来京，恐于心不安，速行文大将军王驰驿来京。

虽说将在外君命有所不受，但被父亲猝死的噩耗打击的允禵，稀里糊涂地被召回北京。然而一转眼，允禵立刻被削除了兵权，被勒令留在康熙的墓地守灵。

雍正元年五月，雍正下旨一道，把允禵好一通骂，接着轻描淡写地将他"进为郡王"——完全无视先帝爷赐予他大将军王的荣耀。雍正三年，又被降为贝子。到了雍正四年，干脆被禁锢在康熙陵寝，一并被监禁的，还有他的儿子。从此允禵在那里度过了10年的孤独岁月。直到乾隆即位，快50岁的允禵才被释放，从此担任些闲散职务。20年之后，他离开了人世。死后被谥为恂勤郡王。

康熙相中了自己的孙子

关于雍正登基之谜，还有一种说法。传说之中，康熙帝看上的不是自己的四皇子，而是四皇子的四阿哥——爱新觉罗·弘历。

据说康熙在为立嗣问题大伤脑筋之时，武英殿修书总裁方苞曾给康熙出了个主意：看皇孙，有一个好皇孙，可保大清三代盛世。康熙便想起了弘历。

那一年是康熙六十一年，康熙帝跟自己11岁的孙子乾隆在圆明园“偶遇”了，其实这一偶遇并没有看起来那么纯粹。乾隆的父亲雍亲王胤禛并非等闲之辈，他看出自己的儿子弘历跟别的孩子不一样，就趁一次闲聊装作无意地跟康熙提起：“您还有两个孙子从生下来都还没有机会一睹他们爷爷的圣颜呢。”康熙听儿子这样说，没有想太多，况且只是跟自己的孙子见面而已。事实上，老康熙并非看不出雍亲王要引荐两个孩子的意图，只是眼前自己的这个儿子也非平庸之辈，就算临时布置给他的任务，从来都能很好地完成，想必他想推荐的人定有值得一见之处。更何况，一享天伦对于此时的康熙也算一件欢喜之事，所以便欣然应允。于是便约定了时间、地点见见自己的孙子。

三月十二日傍晚，皇帝驾临牡丹台，品酒赏景。刚看到这两个孩子，康熙便不觉放下了手中的酒杯。弟弟弘昼倒没是给他留下太深的印象，但哥哥弘历却让康熙过目难忘。当时的弘历身材颀长，容貌清秀，眉宇间充满了灵气与淡定，相貌上就显示出与众不同。所以在行礼的时候，皇帝也特别注意了他，弘历行为敏捷得体，一点也没有这个年纪的孩子常有的紧张和局促，与跟在他身后的弘昼形成了鲜明的对比。

丰富的阅人经验告诉康熙，这个孩子绝对能成就一番大事。他慈爱地招招手，让弘历站到自己面前，开始询问他的功课。弘历便大方地背了几段经书，并全部清楚地讲解了一遍。这让康熙更加高兴，确定这是他见过的孙子当中，最出色的一个。但康熙毕竟是一朝明君，不能依靠所谓的感觉行事。清朝是一个封建的王朝，比较迷信生辰八字，康熙更是对此深信不疑，甚至还专门有一个比较认可的“罗瞎子”。所以牡丹亭见过弘历几日后，便命雍亲王写下弘历的八字给自己审阅。

批算的结果正如康熙所料，这孩子的八字果然与众不同。

所以又过了几天，康熙又一次驾临圆明园，一顿饭后，宣布了一个影响历史的决定：将弘历带回宫中养育。此前，康熙仅见过这个小孙子一次，但因为弘历给他的印象与众不同，处事不惊慌，不争夺，容貌清秀，充满灵气，加上弘历与众不同，或者说具有帝王之象的八字，促使他最终作出了这样的决定。而雍正，也便“父因子贵”，顺理成章地登上了皇位。当然这只是一个传说，事实究竟是怎样的，也只能是一个谜了。

皇位的巩固

变革八旗

成功地当了皇帝之后，为避名讳，雍正下令，将众兄弟们的名字的头一个字“胤”改为“允”。为了坐稳皇帝的宝座，雍正采取了一系列雷厉风行的措施。首先，他认为，七弟允祐、十弟允䄉、十二弟允祹的权力过大，应及时削夺。因为他们是八旗旗主，管理着旗务。

八旗制度是满族的社会组织形式，也是清王朝的重要政治制度。各旗旗主是一个旗的首长，拥有很高的权力。即使是皇帝要调用旗下民众，也必须得到旗主的同意。换一种说法，就是旗下有两个主人，一个是旗主，一个是皇帝。就实质来说，八旗旗主的这种特权是和传统的封建中央集权相冲突的。随着清朝统治的巩固，皇帝要直接掌管旗民，加强皇权；然而旗主要维持对旗下的所有权，这就导致旗主的特权与皇权的矛盾日益尖锐。在雍正帝执政以前，清政府就有过削弱旗主权力的行为。康熙帝统治后期，皇子胤祐、胤䄉、胤祹被派管理八旗旗务，兼任都统，意在削弱该旗王公之权，使该旗进一步直属皇帝统辖。

雍正帝即位后，又对这种局面进行了大刀阔斧的改革。在他看来，这些兄弟们受皇考之命管旗，与自己又是兄弟辈分，如果长期延续，必然会被认为是新的旗主，这样一来就会对维护专制皇权极端不利，必须改变现状。

因此雍正即位第十天，就全面撤换了正黄旗满洲、蒙古、汉军三旗都统，以后又陆续撤换了正蓝旗、正白旗，甚至镶黄旗的三旗都统。直到雍正元年五月，允䄉、允祐、允祹所管的旗务全部撤换。

为了彻底削弱八旗旗主的权力，雍正还从意识形态上革除旗主的痕迹。八旗都统，清文为“固山额真”，“额真”满语意为“主”。雍正元年，给事中硕塞奏称：八旗都统在满语中称固山额真，“额真二字，关系重大，非臣下所可滥用，请予修改，以定名分。”雍正帝采纳了这个建议，下令将固山额真改为“固山昂邦”。“昂邦”是满语“臣”的意思，“固山昂邦”即“旗的大臣”，这样一改，就明确了君臣主仆名分，只有皇帝一人可以称为“主”，即使是一旗之主，和皇帝的关系也是臣子和君王的关系。各旗虽各有旗主，各旗之人只知有君上，不知有旗主。

剪除兄弟

除了允䄉、允祐、允祹，雍正还有兄弟多人，雍正把他们中的绝大多数当作劲敌，予以坚决打击。在剥夺旗主特权不久，雍正帝又谋划着对其他兄弟下手。

雍正的第一个目标是允禩，雍正帝明白：允禩有心机、有才识，在众位兄弟和满朝文武大臣中有很高的声望，是威胁雍正帝皇位的最主要人物。按常理，雍正帝即位后，应该立即处置允禩，但出人意料的是，雍正帝非但没有处置他，反而任用了允禩以及他的追随者。康熙帝驾崩后的第二天，他就任命贝勒允禩、十三阿哥允祥、大学士马齐、尚书隆科多四人为总理事务大臣。雍正帝不但优待允禩，优待他的跟随者，同时也优待他的亲属。允禩的儿子弘旺被封为贝勒，在诸皇侄中地位和荣誉为最高，是除允礽之子弘晳外仅有的一个。雍正帝这样做，真的想重用允禩吗？当然不是，这只不过是他深谋远虑的一种斗争手段。

事实上，最先被雍正打倒的是十四阿哥允禵，他曾经是与胤禛竞争皇位最主要的对手之一，他不但得到了康熙帝的宠信，而且得到了诸多皇兄皇弟以及大臣们的支持。雍正帝即位之际，允禵正在西北用兵，掌握着兵权，于是雍正在颁发委任四总理事务王大臣上谕的同时，又下达了一条命允禵回京奔丧的上谕："西路军务，大将军职任重大，十四阿哥允禵势难暂离。但遇皇考大事，伊若不来，恐于心不安。著速行文大将军王，令与弘曙二人驰驿来京。军前事务，甚属紧要，公延信著驰驿赴甘州，管理大将军印务。并行文总督年羹尧，于西路军务粮饷及地方诸事，俱同延信管理。"这真是一条万全之策，既轻易地解除了允禵手中的兵权，又博得了体恤兄弟的美名。

允禵回到京城，赴康熙帝灵柩前哭拜，当时，雍正也在那里。看见哥哥当了皇帝，允禵万分愤慨，本来自己大有希望坐江山，想不到今日却屈为臣下。但毕竟君臣有礼，允禵勉强地远远地给自己的对头哥哥叩了头，但不向新皇帝表示祝贺。雍正帝为了表示自己气度宽宏，大度能忍，于是便向前去迁就他，但他还是不动弹。蒙古侍卫拉锡眼见如此下去兄弟势将反目，连忙上前拉住允禵，想让允禵拜见雍正帝，然而允禵并不领情，还在雍正帝面前告状：我是皇上亲弟，拉锡是掳获来的下贱之人，如果我有什么不是之处，求皇上处分；我如果没有不是之处，请皇上速将无礼拉锡正法，以正国体。从表面上看，允禵是在攻击拉锡，实际上是把矛头指向了雍正帝。雍正帝看到允禵无理取闹，便当面指责他心高气傲，决心打击他的气焰，削去了他的王爵，只保留贝子身份。雍正元年（1723）三月，雍正帝送康熙帝灵柩至遵化县景陵享殿，并于此时传旨训诫允禵，允禵仍不服气。允禩生怕把事情闹大了，就命他跪下接旨，允禵这才接受了。遵化的事情完毕后，雍正帝返驾回京，而留下允禵看守景陵，并谕令副将李如柏，若允禵要去陵寝，除有重大的事情外，都不准他去，这实际上就是把他软禁起来了。

如果说雍正处理允禵没费多少功夫，那么对允禩的打击，可是经过了精心的策划。康熙刚一去世，雍正就任命允禩为总理事务大臣，和允祥、马齐、隆科多一起组成看守内阁，旋即将其越级从贝勒晋封为亲王，兼管理藩院和工部。允禩的儿子弘旺被封为贝勒，在诸皇侄中，地位之高，仅次于废太子允礽之子弘皙（爵位为郡王）。允禩的母舅噶达浑，也被削去贱籍，升格为旗民，赐世袭佐领职务。允禩的党羽苏努、佛格、阿尔阿松（阿灵阿之子）、满都护、佟吉图等，也都加官晋爵，弹冠相庆。可以说，允禵、允禟遭受打击的时候，允禩及其追随者却青云直上，红得发紫。

这种策略，只要是玩政治的人，没有不懂的。允禩当然心里明白，而且想得更深。他认为这是欲抑先扬之法：先把你捧得高高的，再狠狠地摔在地上，那才是爬得高跌得痛。允禩封王，妻族来贺，他的福晋（正妻）乌雅氏说，有什么可喜可贺的，不知道哪一天要掉脑袋呢！允禩自己也对朝中大臣说："皇上今日加恩，焉知未伏明日诛戮之意？"阿尔阿松甚至不敢接受刑部尚书的任命。因为刑部是个是非之地，阿尔阿松害怕雍正是想用这个职务来杀害自己。所以，雍正再封官赐爵，他们也不领情。

事实上雍正也一直在找允禩的碴儿。比如元年十一月，雍正在讲居丧不用过奢时，便捎带着指责允禩昔日为母妃出丧时过于奢靡，是"伪孝矫情"。讲丧事从简是对的，但拿一个亲王、总理大臣来做反面教员，就让允禩在朝臣中很没有面子，实际上是拿他开涮，故意叫他丢脸。更让允禩感到寒心和伤心的，是在九月份。雍正借口太庙更衣帐房油味煮蒸，竟然罚主管工部的允禩在太庙前跪了一个昼夜。这种小事，顶多罚到一个科长，何至于体罚王爷？显然是雍正阴毒忌刻的心理在作怪。不难想见，跪在太庙前的允禩，一定是打落了的牙齿和着眼泪往肚里咽，说不出的酸楚，说不出的委屈，说不出的悲愤交加，说不出的怨天尤人。的确，他没法想通，为什么像他这样众人拥戴的"贤王"不能当皇帝，还非得让他去伺候这么个心胸狭窄的主子？

允禩当然不能坐以待毙。他利用职务之便，给雍正帝制造了各种各样的麻烦。"诸凡事务不实心办理，有意隳废"。主持康熙葬礼时提出，为节省开销，可缩减运送康熙梓宫夫役人数，同时改在陵寝当地采办建陵红土；制作大典所需的乘舆法物，则用断钉薄板，敷衍塞责，致使祖宗神牌漆流字漫，欲陷雍正“以不敬之名耳”。同时，允禩继续进行结党营私活动。工部侍郎岳周拖欠了应缴的钱粮，允禩立即慷慨解囊，代为完纳，布下人情。

允禩的忠实追随者允禟不仅在允禩后面亦步亦趋，为允禩和其他同党提供丰厚的经济援助，而且还与允禩的另一个忠实追随者允密信往来。雍正帝早已将这些事记在心中，解决了允禩的心腹允禵后，就向允禩集团发动了猛烈的进攻。之前，雍正早已借故将允禩的追随者之一允䄉撤掉旗务，后来更以其推托不去喀尔喀而被革去王爵，调回京师，交宗人府永远监禁。

雍正四年正月初五，雍正召见群臣，声称“廉亲王允禩狂逆已极，朕若再为隐忍，有实不可以仰对圣祖仁皇帝在天之灵者”。至于罪恶的具体内容，则很空洞。二月，降允禩为民王，圈禁高墙。三月，下令允禩改名阿其那，意思是狗。五月，下令允禩改名为塞思黑，意思是猪。同时，向内外臣工、八旗军民人等宣布允禩、允禟、允禵的罪状。允禩被从西北押至保定，雍正命直隶总督李绂就地“圈住”。李绂给允禩的待遇真正做到了“猪狗不如”，以致允禩常常在酷暑中晕死。八月二十四日，允禩死在看守所。九月初一，允禟也死于禁所。兄弟俩的死亡，相距不过 6 天。

打击朋党

雍正即位伊始，在着手处置自己兄弟的同时，对那些与诸皇子结成朋党，互相倾轧的宗室大臣，他也正面表明态度：“朋党最为恶习。明季各立门户，互相陷害，此风至今未息。……尔诸大臣内，不无立党营私者，即宗室中，亦或有之。……此朋党之习，尔诸大臣有则痛改前非，无则永以为戒……若仍怙恶不悛，朕虽欲勉强仰体皇考圣衷，力为宽宥，岂可得乎?”雍正要让全体大臣知道，自己对由来已久的朋党深恶痛绝，绝不会像康熙那样姑息纵容，如不改悔，就不要怪我没提前告诉你了!

为消除朝臣的疑虑，避免社会舆论对己不利，雍正以攻为守，再次向朝臣阐述自己的看法，同时雍正二年七月颁发了一篇御制短文《朋党论》发给诸王和要员。文中谈古论今，旁征博引，列数朋党之害，强调臣子要与君王同好恶。雍正三年三月，通令八旗严禁家人结党，否则交由步军统领处置。五城官员凡是大臣的家人，如有婚嫁办筵席宴请亲友等事，必须先行报知，然后才能举行。如果有私自结党、结拜兄弟，彼此宴请，借机钻营托情的，立即严加惩治。

雍正的宠臣田文镜当河南巡抚时，曾上奏章诬陷部下黄振国、邵言纶、汪诚、关瞰等人。直隶总督李绂路过河南时，当面斥责田文镜存心整读书人。田文镜马上给雍正递密折说：李绂与黄振国是同榜进士，他们要结党，为被自己弹劾的官吏们翻案，并且要报复自己。不久，李绂果然当着雍正的面，替黄振国等人分辩。

离开雍正后，李绂又一连上奏章替黄振国等人申冤。雍正因为早看过田文镜密折，先入为主，所以要处分李绂。这时，谢济世公开弹劾田文镜，列出 10 大罪状，攻击他贪污，在弹劾田文镜的同时，谢济世在奏章中还提到黄振国等人是被田文镜冤枉了。雍正看过谢济世的奏章很不高兴，说：“田文镜是有名的能干的大臣，我正在倚重他，你不要听信谣言诬蔑他!”说完，就把奏章扔给谢济世了。谢济世跪在地上不肯站起来，极力说田文镜贪污不法。雍正特别生气，命令九卿科道诸臣齐集刑部，审讯谢济世是如何与李绂勾结在一起的。谢济世说："田文镜的劣行，朝廷内外人人皆知。我谢济世熟读孔孟之书，粗通大义，不忍心眼看奸臣欺骗皇上，所以冒死给皇上奏章。如果一定要追查我的后台，那我的后台就是孔子和孟子！"尚书励杜讷说："对谢济世应该用刑拷问。"御史陈学海也在场，忽然他站起身走到院子里，脸朝北大声说："同谢济世勾结的人是我！"参加审讯的大臣们都愕然了，要将此事报告皇上，请求皇上批准连御史陈学海一同审讯。还没等上报，雍正忽然派人来传达指示，不要审讯谢济世了，将他革职，发配到阿尔泰的部队中当差效力。

谢济世弹劾田文镜，雍正认为是李绂与蔡珽指使的，于是将他们逮捕治罪。当时朝臣们认为他俩冤枉，但是因为田文镜特别得到雍正的信任，没人敢替他俩说话。他俩受制于田文镜，几乎丢了性命。

雍正先后铲除了皇室及臣僚中的几个盘根错节、力大势雄的集团，诸如允禩等足以危及雍正宝座的人，一个接一个被诛除殆尽。而朝臣中拉帮结伙之人，虽然不足以危及雍正的皇帝宝座，但毕竟不利于雍正独断专行，因此也随时随地被处置了。

善待十三弟

十三阿哥的身世

虽然胤禛猜忌多疑，刻薄寡恩，统治严酷，但还是不能妨碍他在兄弟犹如陌生人的皇室结交到既是兄弟又胜似兄弟的胤祥。

在康熙的众多儿子中，被康熙称为最有侠义心肠的就属十三阿哥胤祥了。他也是和胤禛关系是最铁的兄弟。兄弟那么多，为什么偏偏只有胤祥能入得了雍正的眼呢？要从胤祥的幼年谈起。

胤祥生于1686年，在胤祥14岁的时候，其生母章佳氏去世。此后的胤祥由德妃代为照料。从这以后，胤祥就逐渐地与德妃的长子胤禛十分要好了。正如1730年怡亲王胤祥去世时雍正皇帝在祭文中写的那样：

> 忆昔幼龄，趋侍庭闱，晨夕聚处。比长，遵奉皇考之命，授弟算学，日事讨论。每岁塞外扈从，形影相依。

雍正皇帝继位后，将胤祥视为心腹，是以他们儿时就结下的情谊为基础的。如果他们对皇太子胤礽的看法与立场相左，或在康熙朝晚年的储位之争中未曾达成默契，这一基础势必发生动摇，情况就是两样了。也就是说，他们如果结党，应该是很早的事情。

难以解说的囚禁之谜

少年时代即失去母爱的胤祥生性淳诚，谨度循礼，在诸兄弟中虽算不得出类拔萃，但文才武艺都不后于人，又特别讲义气重情义，虽然贵为皇子，却一点都不蛮横娇纵，康熙皇帝将他视为最省心的儿子，在他12岁时便命随驾前往盛京谒祭祖陵，此后巡幸江南、避暑塞外、视察河工等都曾携他同往。但是，在他22岁那一年，却卷进了使父皇最为恼火的诸皇子党争旋涡中，与大哥胤禔，二哥胤礽同被拘禁。

以后胤礽获释复立。诸兄弟被加封爵位，但他仍没有获得宽释，十几年间默默无闻，以至在康熙的前 14 个皇子中，除幼年早殇者外，只有他一人终康熙之世没有得到过任何封爵。有人认为，这并不是康熙多么地厌恶于十三子，而是处心积虑地为雍正布置的一个棋子，表面上是把胤祥拘禁了，实际上是保护他，担心他冲动的脾气会被卷入是非之中落人把柄遭受陷害，以便为雍正在关键时刻所用。不知道这是否真的是康熙的良苦用心，但是最后的效果真的是显著的。雍正的顺利继位离不开刚刚被释放就加入战场的胤祥的功劳。这也更为加固了兄弟的情谊。

步步相随，十三阿哥的忠诚

在康熙皇帝去世的第二天，继承皇位的胤禛便任命胤祥为总理事务大臣，同日又将他从闲散皇子破格晋升为和硕怡亲王。当时这位新皇帝刚刚从与对手的激烈角逐中争得宝座，尚立足未稳，争夺中的失败者允禩、允禟、允禵等人心怀怨忿，虎视眈眈，形势十分严峻。受任为总理事务大臣的四人中，允禩虽为雍正的弟弟外加重臣，但是，他做事的准则却都以和雍正对立为敌为标尺，位列胤禛的政敌之首，可以说雍正执政时期的大半烦恼都是出自于自己的八弟之手。虽然雍正铁面无情，但考虑到稳定人心，再加上父亲的临终遗言不许伤害自家兄弟，所以才没有处理八爷党。政敌动不了，提拔自己的人却是无可厚非的，所以，允祥作为与胤禛情深谊重的兄弟，被特殊提拔、安插在佐理朝政的核心位置，显然是重臣之中最受倚重的一个。他在十几年含辛茹苦、遭受冷落之后，得到四哥如此厚待自然感恩不尽，竭全力报效，以偿知遇之恩。

雍正初年，面临康熙后期遗留的国库空虚、钱粮匮乏的财政状况，要想稳定时局，强国富民，扭转财政亏空的局面是当务之急。胤禛把这副重担交给了允祥。

事实证明，允祥也确实不是只会享乐的草包皇子，在工作中展现了十足的智慧。首次清理康熙王朝时的遗留旧案，由于数量颇大，允祥决定打破以往常规，采取规定限期和奖励勤勉相结合的办法，数十日内即将几千宗旧案都理出头绪。为雍正长了脸面，被处分的人当中也少不了牵连到八爷党的人，即使有八爷撑腰，也没能幸免，着实打击了八爷党的气焰。雍正初年清政府新设会考府，允祥负责审核财政出纳，办理清查亏空、收缴积欠的事务。雍正对此要求很严格，谕示允祥：此事必须办好，不能虎头蛇尾、半途而废。允祥深知此事至关重要，遂尽职尽责，认真办理。在不到三年的时间里稽核、驳回不符合规定的奏销项目近百起，有效地防止了营私舞弊的浪费现象。同时，又查出户部亏空银 250 万两，经奏请皇帝，采取令有关官员赔缴和逐年偿补的办法加以解决。对一些与造成财政亏空有直接关系的王公亲贵也毫不留情，连敦郡王允䄉、履郡王允祹等人都被勒令变卖家产清还亏欠。允祥不怕被人指骂，心甘情愿地扮黑脸、做实事，有人因此责怪允祥过于苛刻无情，然而也正是凭着这种不徇情姑息的认真态度，他才较好地贯彻了雍正皇帝旨意，使亏补欠还，整顿财政取得显著成效，令雍正的皇位日渐稳固。

治河患、兴水利，是历代皇帝都十分重视同时也十分头痛的国家大计之一。康熙非常注重水利的修建，允祥青少年时期也曾多次随父皇巡视河工，对此并不陌生。雍正王朝也同样没有得到上天的更多眷顾，水灾同样泛滥成灾，损失十分严重，解决水利问题成为了雍正首要解决的头等大事。在治理水利的人选上，允祥自然当仁不让，受命总理水利营田事务，主管营田水利府和下辖的四个营田局，首要任务便是在直隶地区修治河道，开垦水田，变水害为水利。允祥领命后“建议兴修、疏浚河渠，筑堤置闸，区分疆亩，经画沟塍，躬亲巡视，往返辄经旬月，栉风沐雨，寒暑靡间，务成万世永赖之利”。允祥开拓创新，在实地勘察的基础上亲自绘制出水域图进呈御览，雍正帝颇感满意，称赞允祥等人亲至水患地区，不畏劳苦艰辛，无论大河巨川还是小渠细流，都作出详细调查，细心筹画，大大造福了人民。

雍正几乎将难办之事都交给了心腹允祥去办理，只有允祥出马，雍正才放心。

从上述内容可以看出，允祥并没有被自己的功绩冲昏了头脑，也并不是冲着赏赐才肯为雍正全心全意地办事，其中的原因只是出于和雍正二人的兄弟情谊。也能看出允祥其人颇为聪明，懂得身为“臣弟”怎样使君王感到满意和放心。不贪恋某些过分例外的恩赐，以免引起猜疑嫉妒而不利于已，这样也就能在宠极人臣之际确保平安，又能更多、更久地博得恩遇。

雍正也并没有卸磨杀驴，虽然此人多疑成性，但是对允祥却也真正是百分之百的信任，做到了真正的“用人不疑”。

雍正自己是在康熙王朝中的皇权争夺之中经历过来的，皇子与大臣官员私结党羽，互相倾轧，甚至觊觎皇位、威胁君权的戏码，胤禛也曾亲眼所见，深知其危害。在他继位后，严禁王公官员结党，并御制《朋党论》以申其害。但对于十三弟则多有例外。

允祥最终死于肺病，但也不排除劳累过度所致。他死后，雍正悲痛万分，食不下咽、寝不安睡。还因为三阿哥没有表现出悲痛之意而治他的罪，可见四哥对十三弟的情谊是何等深厚！

整顿吏治，高薪养廉

清查亏空

由于康熙在位 61 年，作为一个久掌大权的皇帝，康熙非常佩服汉文帝施惠于民、尽量不扰民的统治方针。于是，晚年的康熙不免要恩泽天下，来博得为政宽仁的美名。但社会的发展并不依赖个人的想法，一味地宽容，给社会带来了很多负面影响，在此方针指导下，康熙末年的社会积弊十分多。

社会吏治日益败坏，官吏贪污成风；在“反正不是自己的”心理支配之下，政府高官们、皇子们大量地从国库中借支，造成国家钱粮空虚，国库不足；地方绅衿鱼肉百姓，贫富差距十分大；从战略角度考虑，按照康熙末年的财政状况，如果国家发生灾荒，或者是边疆告急引发战争的话，那么国家财政严重不足，国库空虚到无银用兵赈灾的地步，用雍正的话就是“关系匪浅”了，后果让人担心。

此外，地方绅衿扩张势力，对欲集中皇权的雍正来说，无异是眼中之钉。

雍正十分清楚各种状况。雍正掌权后的一个月，就给户部下达了全面清查钱粮亏空的总动员令，细致而具体地部署了各地清查的方针，政策和注意事项：

“各省督抚将所属钱粮严行稽查，凡有亏空，无论已经参出及未参出者，三年之内务期如数补足，毋得苛派民间，毋得借端遮饰，如限期不完，定行从重治罪。三年补完之后，若再有亏空，决不宽贷……”

就是说：你们各省的总督、巡抚要严格检查辖区内的钱粮亏空问题。一旦发现亏空，不管是否报告给中央，都必须在 3 年之内，把亏空的数目补齐。在补亏过程中，不得以补亏为借口，再向民间增加苛捐杂税。比如山东省，以前查明亏空数十万两，虽然现在名义上使用官员的俸禄补足了，朝廷对其中的巧取豪夺乱收费、乱摊派十分清楚，其他省大概也是如此。另外，也不得乘机掩饰亏空，或者寻找借口不全力执行。没有补完亏空，朝中会加以严罚。在 3 年补完亏空以后，如果再发生亏空的事，朝廷也不会饶恕你们。

雍正还规定了如果地方官员贪污挪移钱粮，而督府为其包庇隐瞒，要对督抚治“连坐”之法。假如有谁在清查中徇私舞弊，包庇纵容，一旦被查访到或被监察官员举报后证实的，将连同该省的总督，巡抚一同处罚。

雍正这个办法使诸官心惊肉跳，再也不敢怠慢。

雍正即位时已是 45 岁，面临着一个难以收拾的烂摊子局面：吏治腐败、国库空虚、税收短缺。雍正对这些是有着清醒认识的。在即位之后雍正说：“历年户部库银亏空数百万两，朕在藩邸，知之甚悉。”意思是说，当我还是皇子的时候，就知道历年中央的户部有数百万银两亏空，底下的府厅州县亏欠的数量就更不知有多少了。我十分清楚，怎能骗得了我。各地出现亏空钱粮问题的，一定是受到上司勒索，不得不从国库中拿来上供，要不就是自己贪污侵渔、中饱私囊了。无论哪种情况，都是非法的。

长期当皇子辅助执政的经历，使雍正积累了充分的行政经验。加上他即位前就曾协助康熙在户部清理亏空，曾遇到过一些麻烦。因此对中央及地方的财政十分明白；对下面官僚的贪污手段、心理状况十分清楚。

雍正上台，首先指向的是吏治，实在是因为吏治腐败是康熙晚年最大的弊政之一。整顿吏治的最好突破口就是清查亏空。

全国大小官吏那么多，对于新君还不熟悉。雍正除了隆科多、年羹尧等几个可信任的人外，无所依靠。正好可以借助清查亏空这个运动，撒下大网，借势观人，激浊扬清，杀一儆百。用这个运动来打击异己势力树立威望。正如前述，康熙末年的储位之争十分激烈，雍正的登基即位又难于辩解，使人心不服，基础不稳。雍正发动清查，正可以借机名正言顺地打击诸王的朋党势力，进一步加强自己的地位和权力。

清查亏空的第三个好处是有助于对家底更加清楚，真正掌握财政状况。

雍正在清查亏空过程中，经常派遣特派员来解决一些难于应付的问题。

雍正四年（1726 年），大规模清查江西省的钱粮亏空。当时的巡抚裴倖度明明知道各府州县仓谷亏空很多，他却不上报，极力包庇下面的贪官污吏，雍正对此十分愤怒。

雍正命把已调任的裴倖度留于任所，将前任布政使张楷、陈安策派往江西审讯。雍正又觉得现任巡抚都督，他们太软弱，只是喜欢自己的官名而已，不能完成清查亏空这么重大的任务。因此决定特派吏部侍郎迈柱到江西，真正检查全省钱粮多年的亏空问题。与此同时，雍正命令从别的州县挑选出几十名官吏，迅速前往江西。一旦发现有亏空问题的官员，迅速查办，让候补官员作好顶替的准备。

迈柱到任后，清查积极认真，但是受到江西按察使积善的反对，雍正坚决支持迈柱，称赞他“到任以来，不避嫌怨，为地方生民计，实心效力”。清理的结果一出来，雍正立即命令裴倖度及历任藩司补偿仓谷的亏空。

特派官员到其他地方清查亏空情况，让他们相互监督，这是雍正常用的一种办法，十分有用。

雍正五年（1727年），福建布政使沈延玉报告说，福建省的仓谷出现亏空。雍正认定是巡抚毛文铨隐瞒上面欺压百姓造成的，马上特派广东巡抚杨文乾和许容为钦差大臣前往清查。

上次清查江西钱粮，雍正调动了大批的候补官员，让他们为上岗作好准备。这次清查福建的仓谷亏空，与候补官员调动同时进行。此外他还作了舆论的准备。

雍正发布公告告诫福建的老百姓：因为马上就要进行清查，有些贪官们可能已知道此事，会临时借调有钱人家的粮食来充实库存。如果你们有人把粮食出借给他们的话，那出借的粮食就归官府所有，发觉后也不再归还。

上谕还说：我已经选拔了一批候补府州县官员和钦差一起到福建，如果“现任府州县内之钱粮稍有不清者，即令更换”。

摆出候补官员，查出问题立即换人，这破釜沉舟的姿态，表明了雍正彻底清查的决心。

地方清查亏空的责任落实到总督巡抚，限期为3年。北京等盘根错节之地，展开清查工作十分艰难，因此他更注重清查技巧，加大力度清查。

设立会考府

雍正元年（1723 年）正月十四日，雍正下令设立了一个独立的清查机构——会考府，主要对中央各部、院的钱粮奏销（就是各省每年将钱粮征收解拨的实数报部奏闻）工作稽查核实。

本来，各部院的钱粮运用、收入支出，都是由各部院自行奏销，因此官员营私舞弊、账目混乱的现象十分多。

为了从制度上解决这个问题，雍正规定会考府负责稽查审计各部门的收支，凡是钱粮的奏销，不管来自于哪个部门，都应该由新设立的会考府清厘“出入之数”，这样就把奏销大权由原先的各部院收归中央。

这样，官员即使想做手脚也难了，政府也有希望能补上奏销这个大窟窿。

雍正说，当日康熙对其中的弊端也十分清楚，只不过不欲深究罢了，“朕今不能如皇考宽容”——我决不会像父皇那样宽容——雍正说到这点。

雍正显然十分了解下情。他说，钱粮奏销中有大的弊病，主要是看有无“部费”（即所谓好处），假使没有部费，就是正常开支，计算也清楚，但也就不准户部奏销，要是有部费的话，即便是浪费百万的也可以奏销。

雍正委任他的兄弟怡亲王允祥、舅舅隆科多、大学士白潢、尚书朱轼等四人共同负责，提高会考府的权力，并谕令允祥说：你如果不能清查，我再派人，实在不行我亲自去。可见雍正决心很大。

会考府成立了两年多，办理了各部院奏销事件550余件，其中被驳回的就有96件，效果十分显著。

清查中涉及到贵族和高级官僚，决不放宽。在这一次清查亏空的行动中，一大批达官显贵、王公贵族都牵涉进去了。比如雍正的十二弟履郡王允祹因为曾主管过内务府事务，在追索亏空中，被逼无奈将家中的器物当街变卖。雍正的十弟允䄉也因此赔银数万两，数量还是不够，最后被雍正抄家罚没。

其中户部库存白银查出亏空250万两，雍正责令户部历任的尚书、侍郎、郎中、主事等官吏均摊赔偿共150万两，另外100万两由户部一年一年地偿还。

按照常规，清查亏空，应当先抓贪污腐败，然后解决挪移问题。而雍正帝正好相反。他规定在清查中，无论是侵欺还是挪移都要据实清查，而在追补赔偿之中，不管哪种在前，都要把挪移的那部分补足，然后再赔偿。

先抓挪移，看似在抓次要矛盾，实则是避实击虚的方法。

这只是非常情况下的非常策略，事实上，在雍正后期打击贪官清查亏空的工作取得显著的成绩之后，就逐渐恢复了往日先查侵欺再追挪移的成法了。

亏空一旦被清查出来，赃官就被革职拘禁。雍正迫使他们吐出赃银，保证如数归还国库，严厉抄家就是通常的手段之一。

抄家罢官

雍正元年（1723年）八月，通政司右通政钱以锴提出一套查抄补追的方法，主要原则是：凡亏空官员被查验核实之后，一方面严格搜查办公地点，一方面发文件到他原籍的地方官，命令当地查封其家产，控制其家人。而后再追回各种财物，杜绝赃银有转移藏匿的可能。

雍正对此建议非常赞同，并明确表示：查没来的财产，将用于公事及查没中的有功人员。

重赏严罚，同时实行。

雍正元年（1723年）六月，原山西巡抚苏克济被山西潞州知府加璋揭发：在任职期间敲诈各府州厅县银两，共计450万两。

雍正查验核实之后，籍没他的家产，并责令其家人赵七赔偿20万两。

这一年官员下台并被抄家者层出不穷。如湖广布政使张圣弼，粮储道许大完，江苏巡抚吴存礼，布政使李世仁，江南粮道王舜，前江南粮道李玉堂，湖南按察使张安世，原直隶巡道宋师曾，广西按察使李继谟等。

大小官员对抄家恐惧不安，有人悄悄地送了雍正一个外号：抄家皇帝。

雍正为贪官们所憎恨的理由，即雍正惩治贪污成果显著的重要原因，是把贪官及其家属“捆绑”起来查没，用株连的办法来对付贪官。

历史传说中雍正狠毒的恶名，大多由此而来。据说，当时官员们在一起打牌时，把其中的私牌也戏称为“抄家私”，可见雍正反腐败是有一定力度的。

倒霉的赃官们于是无路可走。即使如年羹尧之狡诈多端，见事不妙，开始向各地转移藏匿财物，也被雍正访了个清清楚楚，抄了个一干二净。

雍正对于那些畏罪自杀的官员也不放过，从中更可以看出他严厉之极。雍正四年（1726年），广东巡抚杨文乾参劾本省一个道员李滨贪污受贿，亏空钱粮。李滨得知此事吓得自杀了。

闽浙总督高其倬、福建巡抚毛文铨参劾兴泉道道员陶范，撤了他的职。还没有追查，陶范也自杀了。雍正对此说：这些贪官估计官职和家财都难保了，便想一死了之，妄想牺牲自己的性命保住财产，留给子孙后代们享用，哪有这种好事？

他下令督抚，遇到这样的情况，一定要拘禁这些赃官的家属和亲信的家人，严行审讯，把所有赃款全部追回，还要补偿。

雍正大约是深得其中的三昧：不放过死人。因为这可以使百官感到害怕。这样的“抄家皇帝”，确实让人有些害怕。此外，雍正还三令五申，严禁下属和当地士民代替赃官赔偿或者垫付，把板子直接打到赃官身上。

雍正的理由是，如果允许代赔或垫付的话，会出现不法绅衿与贪官狼狈勾结，以求留任的情况。或者，这些祸害又会趁机搜刮百姓。

雍正对官僚们的心理十分清楚。

雍正专门相应地变革了官吏任用制度——即实行大罢官。确保不出现贪官为弥补亏空把负担转嫁给老百姓的情况。看来仅仅抄家是不够的！雍正注意到让官员留任以弥补亏空，还会使老百姓受其苦。与其留下后患，不如干脆不做，因此凡是贪官，一旦被人告发，就革职离任。

雍正元年（1723年）二月，雍正指示吏部：凡是官员在任内出现亏空钱粮的，都不可再留任；如果是亏空已经清还完毕，还可以继续为官的，一定由吏部再奏请，复任视情况而定。

此政策一出来，被罢官的人不可胜数。3 年以后，湖南巡抚魏延珍上奏说，湖南省内的官员遭到弹劾的大有人在，并表示说，如果还有舞弊贪污的，还会继续参劾，绝不留情。10 年之后，当时的直隶总督李卫上奏说，通省府厅州县各级官僚，没有几个人能连任 3 年。

如此大规模频繁更换官员，原因在于大部分官吏被人告发而被撤职查办。长久以来，罢官的政策一直实行。

河南巡抚田文镜被雍正视为“模范督抚”，在短短的一年之内，共参奏属员二十几人，雍正对田文镜毫不留情雷厉风行的作风非常佩服、欣赏。

雍正的高明之处是，除了以抄家、罢官作为威胁外，他还专门建立了耗羡归公和养廉银制度。高薪养廉的行政思想，突破历来的低薪制。作为制度化来尝试，雍正是第一人。

耗羡归公

耗羡，实际上就像是搭车收费，其中有政府许可的，也有非法收取的。它是在正常征收钱粮的基础上，由地方官员再征收一定数额的银两。数额多少，各个地方都不一样，轻重都有。

康熙末年，耗羡越来越重，加上地方巧立名目，擅自加派差役徭役，人民承担不起。雍正对此十分痛恨，说这是“竭小民衣食之资，供官司奴隶之用”。

雍正初年，地方官员又用征来的耗羡作清欠之用，来补充财政上的不足，雍正就更应想想办法来清除它的弊端了。

曾有地方官员在康熙年间建议用增加火耗来弥补钱粮亏空，没有得到康熙的允许。雍正经常以这个例子来告诫百官说，耗羡断不可以再增加了。

康熙年间就有人对耗羡过重的问题，提出把部分耗羡归公的设想，但由于担心有“加派赋税”的之名，没有得到康熙的同意，没有实行。

耗羡归公就是把各州县征收的原先本是由州县支配的开支用银全部交到省里，再由省里按一定比例发回地方。虽然这样做有很多麻烦，但是可以避免地方官擅自扣留耗羡。

把所有的耗羡都交上来以后，州县官们知道多征对自己也没有什么好处，也就不再滥征。老百姓的负担有所减轻。用现在的话讲，耗羡归公就像是费改税。把原先各个部门，各种名义的收费改为正式的统一的税收，由省里或中央来统一支配。这样一方面加强了中央的控制能力，另一方面减轻了老百姓的负担，于国于民，都是好事。

针对耗羡归公问题，康熙六十一年（1722 年），川陕总督年羹尧、巡抚噶什图上奏说，陕西藩库钱粮入不敷出的现象十分严重，而本省之中加派火耗的有每两银子加到二三钱甚至四五钱的；可以提留其中的一部分归公处理，剩下的则可以弥补钱粮亏空的漏洞。对此，康熙认为决不可行，他的理由就是自己不能承受加派之名。实际上，康熙对州县官员加派火耗睁一只眼闭一只眼，而他对加派之名又不敢予以公开承认，正是他这种矛盾心理，对全国产生了两个不利结果：一是未能限制火耗，各级官吏将火耗层层瓜分，这使弥补国库亏空化为泡影；二是未能革除弊政，一直到他死之后，才可能解决耗羡归公问题和建立养廉制度。

雍正元年（1723 年）五月，湖广总督杨宗仁向雍正建议，从各州县耗羡银内提留二成交给藩库，作为办公的费用，不许再加派额外的损税。雍正帝马上接受了这一建议。同年五月十二日，山西巡抚诺岷上任之后，进行了实地调查，明查暗访之后，决定统一把全省的火耗率限制在二成内，收取火耗银共 50 万两，除了给各级官吏的办公费用 30 万两外，用剩下的 20 万两弥补藩库亏空。实际上，除了当年许多官吏亏空的 5 万多两和老百姓还未交的一万多的之外，收了 43 万余两耗银。

诺岷在奏疏里说，由于山西的耗羡问题十分突出，流弊众多，因此建议把山西全省每年所收耗羡银，统统交由省里的布政司库管理，一部分用来弥补亏空，一部分用作养廉银。

全面实行火耗归公，这种方法比杨宗仁的建议更进一步。雍正十分高兴，批准诺岷在山西实行这一办法。接着，河南开始实行。

雍正想把诺岷在山西的办法推广开来，可当下又没有什么头绪；同时也想征求一下各位大臣的意见。于是他命令九卿会议讨论这一问题，再呈上讨论的结果。最后，讨论的结果是，大多数官员们不赞同，理由主要有三：其一，地方官员应该得到耗羡，上级干涉不得，也不该收走全部耗羡。其二，火耗并非正税，现在改为正税，会让人觉得这是在加派赋税。其三，征收火耗合法化之后，督抚公开允许州县官征收耗羡，这种办法好像是在鼓励下属贪婪，不是正道。这些理由听起来很有道理，可其实都是这些官员在为自己盘算。

山西布政使高成龄对此反对，他认为州县官员俸禄的缺少，可以通过他们征火耗来弥补。但是，他们的上司却不能这样，办公时又不能只靠那些微薄的俸禄。因此，这就不可避免地出现上级接受下属赠送的现象，索贿受贿也就产生了。而最后吃亏的还是老百姓，要是这样，还不如集中征收火耗，然后全部归公处理，发给各官员养廉银。他还说，这样上司也不能向下属勒索，州县官员再也不会以各种借口向百姓征收苛捐杂税了。而且，实行耗羡归公，地方上不能支配多征的部分，这样火耗不但不会增加，反倒要比原来总共征收的数目还要少。为了处理意见公正起见，雍正又让总理事务大臣及九卿翰詹科道各级官员讨论这个问题。雍正放心不下，再三要求他们在讨论时要平心静气，公正处理，然后再将讨论的结果上奏。而且，雍正还告诫他们，倘若有谁胆敢心怀不轨或者一意孤行，那么他就会在这件事上受到惩罚。

这样，雍正的姿态无疑是支持高成龄。但是，持反对意见的官僚还是很多，因为这件事牵扯的面太广，事关所有官僚的切身利益，又与看重美名的政治传统不相一致。

各级官僚心里都很清楚，改革一但实行，将会对官僚整体利益造成损失，他们轻易不肯妥协。即便是在改革贯彻得最为彻底的山西省，巡抚诺岷、布政使高成龄也颇感省内压力巨大。针对这种形势，雍正及时调走反对诺岷改革的山西御史刘灿，革去其弟的举人头衔，以保护支持改革者的利益，避免反对派在山西妨碍耗羡归公的实行。

雍正帝认为，诺岷见解独到，可以在全国推广山西的经验。他顶着王公大臣和内阁的反对之声，于雍正二年（1724 年）七月初六作出定论：第一，总理事务大臣及九卿科道等人，内藏私心成见，目光短浅，所以才会怀疑和反对诺岷的做法。诺岷等人上报国家，下安黎庶，不避嫌隙，任劳任怨，量力行事；如果天下的督抚都跟诺岷等人一样，那耗羡归公和养廉银制度就能够实现。第二，行政立法要根据不同的时间和地点有所不同，不能墨守成规，强求一致，各省可因地制宜，灵活处理，全国各省可分不同时期进行。第三，没有长久而不会有弊病的方法，耗羡归公与养廉银也是如此，所以，这也只是暂时应急的措施罢了。当今之计，先承认耗羡合法，并限制耗羡提成；一旦弥补了亏空，国库得到充实，官吏变得廉洁，就逐渐减少耗羡提成，到最后全部取消。第四，每个省的州县有大小之分，钱粮就有多有少，事情就有繁琐和简单之分，官吏也各不相同，情形不同，所以不能定死耗羡的提成。但总的原则是要尽量减轻耗羡提成，符合当地的实际要求。第五，必须把耗羡全部提解藩库，不准在州县扣存。

耗羡改革的结果是，在很多地区，耗羡都比州县私征时有所下降。这对老百姓当然很有好处。从此，康熙后期地方官员狂征乱派的局面被扭转了。

雍正对于耗羡的改革，不仅澄清了吏治，更为重要的是改善了中央的财政状况。耗羡总的数目庞大，由地方支配，中央一文未得。而现在国库亏空，急需银两来弥补。耗羡归公以后，也就将中央财政完全扭转。实施耗羡归公之后，用在了三个地方：一是发给官员养廉银，二是弥补地方钱粮亏空，三是作为地方公共事业或办公费用。

养廉银制度

顾名思义，养廉银就是各省从每年所收取的耗羡中，按一定的比例，拿出一定的银两，来补助官员生活、办公等。

当时的官员，或通过科举，或通过捐纳（就是向官府捐一大笔钱，然后给你个官做），或通过恩荫（就是因为你的爷爷或爸爸当了大官，朝廷会照顾你，等他们退休之后，让你也当个官，可以说是

“接班”）来出仕。

当时当官，最重要的往往是赚钱，再高尚也不可能自己贴钱来当官。俸银又这么少，人还要维持生活，填饱肚子，也就只能自己想办法另开财路了。封建官僚制度和低俸制度结合在一起，使得官吏贪赃枉法、循私营私也就自然而然。本该是官员的分内之事，现在却成了官员们牟取私利的手段。耗羡的征收弹性很大，掌握在一帮官僚手中，使他们有机可乘，产生严重后果。集体腐败即由这种政权体制的原因所造成。

雍正认为，收支适当，不会影响所谓的廉洁。让官员们都空着肚子办公，谁也做不到。看来，问题的关键就是官员们的经济实力是否与他们的身份相适应。如果这二者不相适应，也就是说，他们的经济实力与身份严重失衡的话，那官员们贪污腐败、胡作非为也就不可避免了——肃清吏治也就只是口头上的罢了。

因此，雍正决定把收取的耗羡拿出来一部分用来提高官员的生活标准，按照其职位高低，定期向他们发放一定数目的养廉银，以求根本解决官员腐败问题。

据统计，雍正年间，大致说来，总督每年有养廉银为 2 万两上下，巡抚有 1.5 万两上下，布政使有 1 万两上下，州县一级官员有大约一二千两。与少得可怜的俸禄相比，养廉银确实肥得流油。

发放养廉银的范围，从总督巡抚到知县巡检的各级官吏，往下就不发放了。像基层胥吏这样的人是不会被发放养廉银的。

养廉银数目总的来说要根据官员职位高低而定，但各个省之间由于政务有繁有简、赋税有多有少，所以数目也不尽相同。

一般说来，养廉银的数额比官员的俸禄要高出十几倍、几十倍，甚至一百倍。如山西巡抚诺岷每年的养廉银高达 3.17 万两，是他原俸禄的204.5倍！河南巡抚田文镜的养廉银也有2.89万余两，是他原俸禄的186.5倍！

实施养廉银制度之后，地方大小官员的俸禄明显增长。这对于促进官员们的积极性和主动性，澄清吏治，稳固中央的财政收入，都有着重要的实际意义。雍正的此项改革极大地调整了自清以来所推行的官员低俸制，前所未有。

山西在实行耗羡归公时最早规定，耗羡银可以用作地方办公费用。随后，各省也纷纷实行，逐渐将办公费用固定下来。

各衙门的办公费用，根据各地政务繁简和事务多少的实际需要而固定下来。所以上下没有多少浮动，一般变化不大。由此，地方政府可以比较固定地使用自己的收入。这样，不但加强了计划因素，还使收支基本趋于平衡。可见，定办公费用不仅可防止贪污、制止腐化，更为重要的是，它具有重大历史意义，那就是从固定办公费用开始，萌芽出一种数字化的精确的政府管理理念。

与以往粗放型的政府管理相比，办公费用固定化不仅促进了政府财政管理，同时也促进了地方行政管理。

清扫陋习

刚即位时，雍正就发布上谕，禁止钦差大臣接受地方官员馈赠，督抚也不准以钦差大臣驾到作为借口向州县摊派。从最易受污染的钦差开始改革这一风气。

在这一点上，河南巡抚表现极为突出，革除了一切节礼、寿礼以及常规性礼节。特别是田文镜在任时，对地方官向上级递交礼品一概禁止，自己也做榜样，对下级官员馈赠的任何礼品绝对不收。

并不是所有的官员都像田文镜那样亲做楷模，听从皇上的命令。雍正五年（1727 年），巡察御史博济视察江南，根据以前的定规，向驿站伸手索要了礼物。不想有人向雍正告发，雍正马上把他革职，让当地对他进行审讯。

河南巡抚田文镜说："要想禁止各州县增加羡耗和摊派，必须先对上司约束，想约束上司，必须要先清扫陋习。"这就指出了避免地方州县横征暴敛的最佳办法：一是必须从上抓起，因为上梁不正则下梁歪，要擒贼先擒王；另一个就是改变日常不良的社会风气，也就是清除陋习。

为在全国范围内严禁打点费用，雍正颁布命令：官员凡是接受礼物的，一律处以重罚；同时还对其上级督抚予以追究。

纵观雍正的改革措施，可以看出雍正的改革思路：先改革赋役，吏治败坏的根本就在于此。为改革赋役，又先清查亏空，以此为契机，清除根本问题。

对出现问题的官员毫不手软。通过对一批怙恶不悛、身居要职的贪官污吏进行坚决打击，雍正的改革取得显著成效。

在此基础上，出于长治久安的目的，采取新的手段对官吏进行管理。如养廉银制度、定办公费制度、士民一体当差纳粮制度等，这些都有利于改革成果的巩固。

改革吏治取得初步成功后，再改革经济制度，其基本目的是对一部分绅衿进行打击，以缩小贫富差距，防止贫富悬殊拉大，减轻百姓负担，增加中央政府的收入。随后，其他类的配套改革也开始推行。

雍正改革的最终目标是为了国富民强，只要国库富足了，什么都好办。许多封建社会的改革家都有这样的幻想，无论他是改革大臣还是改革皇帝，都是如此。

对雍正来说，他追求的目的是国库充实、澄清吏治、社会稳定，其他都是次要的。就这一点来说，既不同于一些皇帝的统治思想，也与其父康熙藏富于民的思想很是不同。

对中国历史的历次改革进行考察就会发现，只要是由政府发起，一项不可缺少的内容就是对吏治进行整顿，这是改革当中最为关键和艰难的一环，但整个改革的核心就在于此。

谁都知道，完成改革是不可能依靠旧的官僚体系的，它们本身就是改革的对象，这会使改革陷入困境。再者，改革措施的具体实施由人来操作，而官僚阶层最具有惰性，他们是不会完成自我改造的。

“摊丁入亩”

雍正元年（1723年）九月，直隶巡抚李维钧的建议得到了朝廷的批准，决定从第二年起在全国实行摊丁入亩政策。摊丁入亩，又称“地丁合一”“丁随地起”，是雍正朝开始向全国推行的一种赋役制度，目的在于改变丁税的征收方法，即将丁银摊入地亩一起征收。

早在明朝时期，有的官员十分清楚徭役制的弊病，在自己控制地区进行改革。明末，陕西户县实行并丁于粮的措施，即把丁银归入田粮征收，不再按人丁完纳。崇祯八年（1635年），汉中府城固县也实现“丁随粮行”新法，顺治十三年（1656年），南郑县也推行此种措施。

康熙年间，农民以运动的方式反对以丁派役。浙江宁波府农民提出“随地派丁”的主张，富户纷纷反对，争执不休。杭州府人王之臣报告生产的东西少，丁役较多，负担不起。钱塘、仁和两县，把有产业的称为“乡丁”，无产业的称为“市丁”，或曰“门面光丁”，外来流民称“赤脚光丁”，各自承担丁役，光丁无产应役，承受不起，要求“从田起丁，人不纳丁”。布政使赵申乔不答应，贫民的愿望落空，斗争仍在继续。

这种情况下，一些官僚较为深刻地认识到丁役问题的严重性，主张改变役法。曾王孙主张丁随粮行，这样可以除掉3个弊端，收到3个好处。他说实行丁差，应该不停地编审，即使如此，也得不到人丁的实情，老人为丁，强壮为黄小的弊病不断出现；人丁本应人死除名，但官吏舞弊，使人多之家不任丁役，贫苦人无丁而有丁徭；穷人负担不起，有的逃亡，有的拖欠，官府什么好处都得不到，还害得里甲赔累，官员被惩责。他认为实行丁随粮办有三个好处：买田的人增加田赋随着增添丁役，则卖田的粮去丁也去，没有包赔的痛苦；以粮派丁，官吏不能放去富户，只差遣贫户，使吏治澄清；无税粮的人口不再受丁银的拖累而四处逃窜，可以免去担心在乡从业。学官盛枫明确提出丁课均入田税的意见，他说：把一县的丁银平均分摊到全县田亩中，每一亩增加的有限，不是大毛病，而贫民则免除供输，会使国课有保障，官员考成无问题，这是“穷变通久之道”。对丁随粮办持反对意见的官僚也十分多。邱家穗讲出两条理由：一是丁併于粮，将使游手之人无所管羁，二是穷人富人都是人，都应有役，并丁入粮，使贫者躲过，让富人代赔他们的丁银，也是不公平。他为富人着想，坚持丁、粮分担。

康熙实行滋生人丁永不加赋的政策以后，丁役的问题更突出了。

康熙宣布按照康熙五十年（1711 年）的人丁数为标准征收丁银，以后不管增添多少人丁，也只收那些丁银，不再加税。这项举措是我国赋役史上的重大改变，它固定了人口税，对于后世日益增加的人丁讲，减少了丁银负担量，有利于劳动力的增殖。可是当初的丁、粮分别征发，丁役不均的不良现象并没改变，而且出现征收方法的新问题。人口总在不断变化，有的户有死亡，有的户有增添，这项政策实行后，在具体的民户中如何开除旧的丁银额、增添新的丁银额就复杂得多了。死亡和新增人丁数目绝不会相等，往往新增的多，这就不能用某一个新丁替代已死人丁的差徭。不仅仅如此，随着人丁的增加，也要减少原有人丁的负担，这就要求必须重新计算个人的丁银数量，还需要随着人丁的变化不断地计算，而这也很难。所以随同滋生人丁永不加赋政策的实行，应该寻求落实人丁丁银的具体办法。御史董之燧在康熙五十二年（1713 年）已注意到这个问题，从而建议把丁银总数统计清楚，平均摊入到田亩中，按亩征收。户部对他的建议进行商讨，认为那样改变丁、粮分别征收的老办法，变化很大，不能实行，但是他提出的问题又必须处理，就让广东和四川两省试行。因此在四川实行“以粮载丁”，于征粮赋中带收丁银，广东丁银按地亩分摊。在这时，河南的太康、汝阳等十一州县可能也实行了“丁随地派”。浙江常山知县张德纯曾实行“均丁于地”，达到了“民困以苏”的效果。

这种时候，反对的人还是很多，福州人李光坡可算代表了。该地官员议论实行按田派丁，李极不支持，他除具有邱家穗的观点，又认为滋生人丁永不加派政策固定丁银，官吏不能放富差贫了，如果根据田地亩数派人丁，而各地田数不同，不能平均，若依田粮派丁，则税粮有轻重不同，又不能不出现偏差。他还认为丁并于粮，长时间实行，有的人会认为有粮赋而没有丁银，会添设丁课，形成加赋的大毛病。抛开他的顽固态度不讲，他提出了实行丁并于粮可能会随时遇到的问题。

到康熙之世，改变役法与维护旧法的两种主张不停地争论，把事情拖了下来，雍正继位就面临着这个问题。

第一个触及这个问题的是山东巡抚黄炳。他在雍正元年六月奏请按地摊丁，来缓解人民的困苦。他与曾王孙、盛枫等人不一样，身任封疆大吏，更认识到丁、粮分征下贫民逃亡问题的严重。他认为有地则纳丁银，无地则去丁银，平均贫富负担，才是良好的政治气象，因此他主张丁银入亩征收。雍正认为“摊丁之议，关系甚重”，不是可以容易决定的，不但没有采纳他的建议，反而责备他“冒昧渎陈”，告诉他把一省的刑名钱谷办理好是正事，这时谈改革不合时宜。真是臣下兴致盎然，主子漠然相待。一个月后，直隶巡抚李维钧认为实行此策对贫民有利，奏请摊丁入亩，他深知有力之家不同意这种做法，可能会出现反对，而户部只知墨守陈规，也不会同意，因此要求雍正乾纲独断，批准他推行。雍正对待他不像对黄炳那样，把他的奏章交户部讨论，同时指出：“此事尚可稍缓，更张成例，似宜于丰年暇豫民安物阜之时，以便熟筹利弊，期尽善尽美之效。”他把丁归田粮看成是一件重要的事情，主张谨慎处理，筹谋善策，倒不是反对改革。九月，户部议复，同意李维钧的主张。雍正还是有些担心，命九卿詹事科道共议。诸臣提出几个问题，一是与李光坡有着同样的看法，亩有大小，按亩分摊，并不平均；二是有人卖田，必然会首先卖掉好田，留下次田，那么完成丁银的征收不免就有些困难；三是有人卖田而代买主纳钱粮，这就还要代纳丁银。雍正命李维钧针对这些问题详细研究，一定做到无损税收，对百姓有益，让人挑不出毛病来。李维钧回称准备把地亩分为上中下三等，丁银按地亩等级摊入，这样就能做到平均。雍正称赞他“筹度极当”，同意他于雍正二年（1724年）开始实行。但是李维钧担心雍正反悔，于十一月又奏称他遭到“权势嫌怨”，感到孤立。雍正明白此意，告诉他：“蓦直做去，坦然勿虑，若信不得自己，即信不得朕矣。朕之耳目岂易为人荧惑耶！”丁归田粮的问题，从黄炳六月提出，到十一月雍正决心实施，经历了半年。这一场纷争，从康熙年间发起到现在终于有了一个决断。就雍正态度看，他从消极转变到积极，变化迅速。之所以这样，是因为他有着为政务实的精神，采纳臣僚的正确意见，作出果断的决定。以此而论，丁归田粮制度的建立和实行，决策人物雍正起了积极的作用。

摊丁入亩，使有土地的人增加了赋税，而“贫者免役”“贫民无厘毫之费”，这是一项利于穷人有损富人的举措。对这一点，雍正当然清楚，他说“丁银摊入地亩一事，于穷民有益，而于绅衿富户不便”。大臣们也十分清楚，所以李维钧讲权势不喜欢他，福建布政使沈廷正也说“丁银归并地亩，于穷黎有益”。可见，雍正君臣实行摊丁入亩，有意地压制富户，扶助贫穷之人，改变过去丁役不均，放富差贫的情况。

但是，更重要的是丁、粮合并征收，这样就保证了清政府的丁银收入，因为纳粮人完成丁银的能力，大大超过无地的农民。使丁银的征收得到了保障，这才是雍正的真正目的。

无论从哪个角度讲，丁归粮办，是损富益贫利国的政策。

摊丁入亩后，清代有人说从此“无丁赋矣”，还有人说“生斯世者，几不识丁徭之名”。其实，把丁银合并到田赋之中去，从清朝政府讲还在收人头税，只是收税途径改变了，不能说没有丁徭了，取消了人口税。但就具体人来讲，并不因个人的存在要交纳人头税，从这个意义上也可以说没有人口税了。这是一个进步，从此清朝政府减弱了对人民的封建人身束缚。

摊丁入亩制度的确立，是中国赋役制度史上的一次创举，是值得重视的历史大事。

年、隆之狱

备受恩宠

年羹尧，字亮工，号双峰，汉军镶黄旗人，清代名将，具有出色的军事指挥才能。年羹尧的父亲年遐龄曾在康熙年间担任工部侍郎、湖广巡抚等职务，后因为生病告退。兄长年希尧曾担任过广东巡抚，得到康熙、雍正的宠信。康熙三十九年（1700 年）年羹尧考中进士，后改庶吉士，被任命为四川广东乡试考官，后来做到内阁学士的官职。他从小聪颖无比，刚毅决断，涉猎广泛，长于记忆，能文能武。康熙四十八年（1709 年）二月被任命为四川巡抚，后又担任四川总督、平西将军。康熙六十年（1721 年）担任川陕总督，既是封疆大吏，又是抚远大将军胤禵手下握有重兵、掌有实权的征西主将。年羹尧是雍正的心腹，他早就投靠雍亲王府，把他妹妹嫁给了雍正。在康熙五十四年（1715 年）生下了一女，雍正元年（1723 年）五月又生下了皇子福惠，非常受雍正喜爱。年羹尧到四川、陕西担任巡抚、总督之后，曾在四川给雍亲王（当时雍正的爵位）写信说："现在不辜负皇上，就是将来也不辜负王爷您。"这是在向雍正表示忠心。隆科多是康熙、雍正最亲的国戚。他是满洲镶黄旗人，康熙的生身之母孝康章皇后，是隆科多的祖父佟图赖的妻侄女，康熙的妻子、雍正生身之母孝懿仁皇后是隆科多的父亲佟国维的女儿，佟氏成为康熙、雍正两朝的至亲。佟国维在康熙时是一等公，他被康熙称作"舅舅佟国维"。康熙晚年，佟国维因为是太后的兄弟又是皇后的父亲，位高权重。但佟国维亲近胤禩一派，常劝康熙废掉太子，使康熙很是不满。佟氏家族中，只有隆科多亲近胤禛（雍正）。所以，在雍正登基前后，隆科多是支持雍正的皇室内部最亲近、权势也最高的大臣。

年羹尧的功劳很大。他在担任四川巡抚、四川总督、川陕总督、平西将军时，做了很多有利于稳定地方统治、平定叛乱活动的工作；还任用、提拔了许精明能干、政绩突出的官员，如雍正、康熙年间的文官史贻直、武将岳钟琪，都受到过年羹尧的赏识推荐。康熙任命胤禵为抚远大将军后，年羹尧作为手握重兵的封疆重臣，是胤禵最为重要的协助者。在清军平定青海叛乱、进入西藏和新疆时，功劳都很大。在雍正正式登基前后巩固自己的地位的斗争中，无论是在争夺太子之位还是巩固皇权之时，年羹尧作为雍正的心腹重臣，手握重兵，对于稳定国内局势起到重要作用。同时他还替雍正密切注意允禵和允禟在西部的举动。雍正登基之后把允禵召回京，剥夺其兵权，就命年羹尧掌管大将军印。雍正元年三月，年羹尧加太保衔，被封为三等公，同年十月年羹尧又被提升为抚远大将军。当时青海蒙古和硕特部头子罗卜藏丹津反叛朝廷，扰乱西宁，雍正命令年羹尧率军平定叛乱。年羹尧初战即告胜利，随后他接受了岳钟琪的建议，让岳带领五千精锐骑兵突袭罗卜藏丹津的老巢，结果大败叛军，平定了青海。当年羹尧、岳钟琪胜利班师还朝时，雍正非常高兴，去外面亲自迎接，公卿们都在广安门外跪着，年羹尧和雍正并马而行，受到百官拜贺。年羹尧由于这次大功，被加封为太保、一等公。除有军功之外，年羹尧对安定边疆、治理青海也作出过贡献。如青海索罗木西面郭罗克部总是出来进行劫掠，康熙曾命当时身为川陕总督的年羹尧探察敌情，以对其进行讨伐。在年羹尧的率领之下，岳钟琪领兵打败了郭罗克部，攻下 40 多个番塞，活捉了郭部的首领，使其部众降服，为雍正初年平定青海叛乱的胜利创造了有利条件。平定青海叛乱之后，年羹尧又向雍正上疏奏请 13 条善后事宜，事关在青海各处设防、设兵，各项措施周密稳妥，符合当地实际，雍正听从了他的建议。年羹尧还是一位著名的将领，军事才能突出，善于发现敌情，使用计谋，出奇制胜，所以能攻无不克，战无不胜。

隆科多虽然不像年羹尧有战功、军事才能突出，但他作为康熙、雍正两朝最亲的国戚，在雍正为藩王时支持雍正争夺太子之位；康熙驾崩后又是隆科多率先和许多皇子接受康熙遗诏，立雍正为帝，并且是隆科多向雍正宣读遗诏之后，雍正才得以即位，因此隆科多在受遗诏立新帝、使雍正顺利即位中起到了不可替代的特殊作用。雍正刚刚登上皇位，允禩、允禟、允禵等皇子表示不服，明里暗里总在抗拒，朝政一时混乱。当时在北京的朝鲜人就认为清廷不预先立太子，肯定会有皇子争位的情况，而康熙死后，局势不稳，也在所难免。作为掌握京师禁军的步军统领，隆科多坚定按雍正的旨意行事，将京城一度封锁，这对稳定局势、巩固雍正的皇位起到至关重要的作用。雍正登上皇位后，隆科多被任命为总理事务大臣之一，承袭其父的一等公爵位，随后隆科多被封为吏部尚书兼步军统领。雍正元年三月，隆科多与年羹尧同时加“太保”衔，二年六月，隆科多又兼管理藩院事务并且纂修康熙帝时的史事，他被雍正尊称为“舅舅隆科多”。自康熙晚年起，年羹尧和隆科多一个握有边疆重兵，一个掌握京师禁军，京师内外的局势也就得以控制。

雍正即位之后，十分亲信隆科多和年羹尧。在雍正给他们的谕旨和他们给雍正的奏折中，他们之间的感情比亲兄弟还要亲，没有了君臣的界限。年羹尧总是向雍正表示忠心，在恳请陛见折中说：“我受皇上的恩宠最深，而我对皇上一直忠心。皇上天性至孝，是古往今来其他帝王所不能比的，这一点我平日里就清楚得很。”当时年羹尧瞧不起隆科多，曾对雍正说隆科多是非常平庸的人，两人的关系很不融洽。雍正力图和解他们，就对年羹尧介绍隆科多说：“舅舅隆科多，我和你以前不太了解他，真是大错特错了！他忠于先帝，又是朕的功臣，是现在少有的出类拔萃的大臣。”雍正和隆科多是亲戚，和年羹尧也是亲戚，就让年羹尧和隆科多结亲，要年羹尧把自己的大儿子年熙过继给隆科多做儿子。隆科多是雍正的舅舅，而年羹尧和雍正辈份相同，比雍正年龄还小，把年的儿子过继给隆科多做儿子实际上是不合辈份的，雍正在这里起了重要作用。年羹尧于雍正二年（1724 年）元月十五日写了请赐诗扇折，雍正在上面朱批，告诉年羹尧自己做主把年熙过继给隆科多，语句亲切胜过兄弟，其程度常人是想不到的，这和其与亲兄弟允禩、允禟谈话时的言论相比，不知道要差多少。得知雍正谕令把年熙过继给自己，隆科多十分高兴，向雍正表示自己一定要和年羹尧抛去嫌隙、共同为皇上效忠：“我们两个人如果还是与先前一样当作两人看，那就是有负皇上了。”经过雍正的协调，年、隆二人作为雍正初年的功臣、权臣，成为雍正初年雍正巩固皇位最得力的助手。对于他们，雍正给过无数封赏，进行过高度评价，给他们以极重的威权。如有一次雍正赏给年羹尧鲜荔枝，由京城到西安的驿站传递只用了6天，以便保持荔枝的新鲜，防止变坏。雍正二年十月年羹尧进京，雍正命礼部准备迎接大将军，年到达京城时，郊迎的王公以下的官员都是跪着迎接，年羹尧很是傲气，一眼都不看，只有他的同年史贻直作长揖没有跪拜，年看见后下马把自己座下的马让史贻直坐，自己又换了一匹马和他一起入城；王公们下马向他问候，他也只是微微一笑，点点头罢了。在京师短暂的时间里，雍正让年羹尧与马齐、隆科多等总理事务大臣一起宣布上谕。雍正向大臣们说，年羹尧是我原来的老朋友，记忆力好，文笔又好，能很好表达自己的意思，所以才让他传达旨意，宣布上谕。雍正又宣谕各王公大臣，说自己之所以那么看重年羹尧，就是因为年羹尧为国出力报效，劳苦功高，不但自己敬重他，就连自己的后代子孙和天下臣民也应该敬重他。这样，在雍正的恩宠下，年羹尧和隆科多逐渐变得恃宠妄为。

从僭越妄为到被迫自杀

随着年羹尧、隆科多的权势愈来愈大，任权恣行的事愈来愈多。雍正即位之后，年羹尧在平定西部时任命私人，只要向吏部通报，不用向皇帝请示，称为年选。实际上，他那欺上压下、擅权横行的不法行为早就滋生起来了，任四川巡抚时，由于他本性贪婪，任权独断，加上军费开支很多，经常在四川加派赋税，使当地人民很是不满。当时江津县知县余田生对他额外急征的命令予以断然拒绝，年羹尧派使者拿了他盖印的文书去催征，使者到达县衙后，从早晨到中午，余田生不接见他。使者在堂上大闹，余田生命人把他捆起来，实行杖责。这时，江津几千百姓聚集在堂外，让几十位老人进堂，对余田生恳求道："您敢得罪年羹尧，最多辞官不做；可您走了之后，我们没了依靠，日子就苦了。还是饶了使者吧!"由此可见，四川百姓对年羹尧加派赋税无可奈何。雍正登基后，年羹尧越来越放肆，很多大臣都向雍正弹劾年羹尧，揭发他种种罪名，结果反倒遭到雍正的训斥。雍正之所以这样对年羹尧和隆科多恩宠有加，除了因为年羹尧平定青海、隆科多传康熙遗诏之外，主要是年、隆二人作为雍正的长期心腹之臣，在支持自己即位、稳定即位后的局势、压制反对派等方面，起了至关重要的作用。雍正必须凭借他们，拉拢多数官员，使自己政权的核心力量得以建立。雍正这样做是颇为必要的，但是雍正对他们的恩宠肯定会使年、隆认为有这样亲近的皇帝为自己撑腰，自己可以毫无顾忌地擅权专断，从而形成与皇权相抗衡的权力中心，使皇帝主宰一切的中央专制主义集权的局面遭到破坏。当雍正发现年、隆的势力已经开始威胁自己的权威、破坏国家统一，甚至危及自己的统治时，他对年、隆二人的态度马上转变，抛弃自己对他们说过的所有亲切的言语，到处搜集他们的罪证，鼓励大臣们揭发。此时，雍正已下决心将他们二人置于死地，以树立自己的绝对权威。年、隆二人，特别是年羹尧，的确罪无可赦，不处死不足以维护封建法律的尊严，封建统治也不能得以巩固，对他们绳之以法极为必要，可雍正对这种局势的形成也负有不可推卸的责任。他对年、隆的感情由十分热烈到极其冷酷，是一个一百八十度的大转弯，这和康熙过去批评他喜怒无常大概也有一定的关系。

雍正对年羹尧态度的变化，从雍正二年（1724 年）冬，即年羹尧第二次进京时开始。当年十一月十三日，雍正在李维钧的奏折上批示说："近来年羹尧上奏言事，朕怀疑他居心叵测，很是有擅政专权的意思。"十二月十一日，雍正在年羹尧折上进行批示，说身为臣子的，有为国立功之心，容易立功，但要持守功劳是不易的，而君王也很难持守对臣子的恩宠。如果臣子有恃功妄为的，必会失去君主恩宠而受到惩罚。在这里就显示出雍正要对年羹尧下手了。从雍正三年（1725年）春开始，雍正对年羹尧的错误和罪行，不断进行指责，对年属下的川陕两省官员进行大批调整，鼓励臣下揭发检举年羹尧，对年羹尧连连罢官。当年一月，曾由年羹尧提拔、深得其赏识的甘肃巡抚胡期恒向雍正上奏弹劾陕西驿道金南瑛，雍正反而指责年、胡搞朋党，没有批准。年羹尧曾上奏弹劾蔡珽将属下官员逼死，刑部奏请斩首蔡珽，雍正反而接见蔡珽，蔡上奏弹劾年羹尧贪暴，雍正不但不问蔡珽之罪，还任命他为左都御史。二月，因为出现的天象怪异，雍正和很多非常迷信的人认为这是祥兆，大臣们纷纷上表祝贺，而年羹尧在三月所写的贺表上将"朝乾夕惕"这个称赞雍正的字眼写得颠倒了，而且字迹不清楚。雍正认为这是大不敬，下诏指责年羹尧并不是因为粗心，而是擅权之心显露无疑。不久，雍正又对年羹尧虐待青海残部、重罪逃入准噶尔之人表示斥责。据传说在雍正改变态度开始斥责年羹尧时，曾有人劝年羹尧谋反，赶走雍正自己称帝。当时年羹尧有个叫孙剑才的门客，投靠年羹尧很长时间了。年羹尧扩建住宅，术士们都说百年之内都可兴旺，而孙剑才却说一会儿就要完了。年羹尧勃然大怒，要杀了他。孙剑才对年羹尧说："大将军就要大祸临头了，我也不怕死。"年羹尧马上细问为什么。孙剑才说："您劳苦功高，声名远扬，圣上怀疑您，而其他人陷害您，这并不是好事，而且张广泗、岳钟琪领兵西征，是在牵制您。如果派人刺杀张、岳二人，您自己亲率大军谋取中原，进攻京师，何愁大事不成呢!”年羹尧说：“成败未卜，再说我手中也有重兵。”孙剑才被放，后来改名换姓逃走了。后年羹尧果然大祸临头。可以说，即使年羹尧当初真的听信孙剑才的话谋反，他也不会成功。

在雍正的不断恩宠之下，年羹尧得意忘形，擅权存私，任意对地方文武官员进行举荐，形成前面所说的“年选”局面。这样，在年羹尧周围聚集起来一批人，形成了新的宗派。此外，他还仿效胤禩，经常向将军、督抚擅自发布命令；对于皇帝派往军中的御前侍卫像奴隶一样使唤；甚至在进京时还让额驸扎萨克郡王阿宝在他面前下跪，令人难以容忍。还要提一下的是，年羹尧贪赃枉法的情况也十分严重。

年羹尧的行为自然会使雍正无法再容忍下去，不过他还是有充分把握，随时可以将年羹尧绳之以法。所以在年羹尧第二次陛见后，有人提出不要让他回到陕西时，雍正很是不在乎，以为这是非常可笑的。正如他所说的那样：“年羹尧之所以不叛乱，不是不愿意，而是他没有足够的能力；朕不提防他，是没有这个必要。”

康熙初年清朝统一全国后不久，吴三桂等人控制将近半个天下，以这样的力量发动三藩之乱，都还被康熙平定。现在清朝统一全国已 80 年，国家的富足稳定、皇权的巩固远胜康熙初年，如果年羹尧真的凭借川、陕两省来谋反，只能破坏国家统一和社会生产，给人民的生命财产造成极大损失，历史决不会宽恕他。年羹尧不会谋反，因为他深知这不可能取得成功，而他又自恃有军功，而且手握重兵，雍正也会讲些情面，不会将他怎样。当时京城的确有人担心年羹尧会发动叛乱，建议雍正不要过分责备和处罚年羹尧。雍正很是坦然，说：“考察一下目前的形势，对年羹尧的实力很是了解，他不会有所作为。”雍正独揽天下大权，政权稳固，实力雄厚，不怕年羹尧谋反，故而敢于彻查年羹尧的罪行。这是雍正的高明之处。当年四月，雍正下令削夺年羹尧的军权，其权力交由岳钟琪暂时办理，命他去浙江就任杭州将军。年羹尧接旨后 3 天才交出大将军印，不得不离开了他管辖了十几年、指挥过十万大军、建立过重大功勋的川陕，带着少数随从赶往浙江，任由雍正控制。为了防止年羹尧在途中有什么不轨行为，雍正命令所经地方官员，密切注意他的动向。在去浙江途中，年羹尧还在幻想雍正能原谅他，竟上疏说自己不想去杭州赴任，这等于抗旨不遵，使雍正更为不满，命他即刻上任。朝廷大臣们看到雍正决心已下，纷纷上奏揭发检举年羹尧。直隶总督李维钧三次上疏，说年羹尧利用权势作威作福，贪赃枉法，排除异己，侵吞国库，滥杀无辜，残害百姓。雍正将这些奏折一一给年羹尧观看，要他回奏。随后，雍正严惩年的心腹和党羽，一一处理。同年七月，雍正免去年羹尧杭州将军职务，授以闲散章京将其安置在杭州，又令地方官员对如何处理年羹尧发表自己的意见，为处死年羹尧作舆论准备。于是广西巡抚李绂、河南巡抚田文镜等纷纷递上奏章，要求将年羹尧处死。雍正表示接受，于九月将年羹尧的官职头衔尽数革除，下令立即逮捕他。十一月，年羹尧被装进囚车送往京城。十二月，议政大臣奉雍正旨意历数了年羹尧九十二款罪行，请求处死年羹尧。这时年羹尧在狱中还希望雍正念自己有功能免一死，上书哀求雍正说：“我已经知罪了。希望主子能开天恩，可怜我，饶了我吧。我现在还不算老，还能给主子效犬马之劳。”但雍正不为所动，决心已下，认为在年羹尧的九十二款罪行中该判极刑和斩立决的就有 30 多条，但表示开恩，允许年羹尧自杀。在给年羹尧最后的谕旨中，雍正说：“你也是读书人，纵观历史，像你这样不法悖逆之人还有比得上的吗？自古悖逆之臣也大有人在，可在败露前还进行掩饰，而你却毫无顾忌，任意妄为，从古以来有这样的吗？”接到自杀的命令，年羹尧不愿动手，雍正就让他的死对头蔡珽担任监刑官，年羹尧只好上吊自杀了。年羹尧的父亲年遐龄、兄长年希尧因为没有参与年羹尧的罪行，被免去官职而没有被刑罚，年羹尧的儿子年富被斩首，其他15岁以上的儿子被发配到广西、云南、贵州等边远烟瘴之地充军，嫡亲子孙将来长到15岁时，一个个地发配，永不赦免。但雍正五年（1727年）正月，雍正还是将年羹尧戍边的儿子赦免了。

隆科多大狱

处死年羹尧后，雍正着手消灭隆科多势力。隆科多担任总理事务大臣并主管吏部后，经他操办的铨选，人们称之为“佟选”，这样，他独揽了用人大权。隆科多虽然是雍正的亲信，在雍正登基时起了重大的作用，但他深知雍正不能容人，担心自己的地位不能长久保持，很早就把私产分藏到各位亲友家和西山寺庙中。雍正得知后认为他不守臣子之道。隆科多又主动辞去步军统领的职务，雍正马上想让巩泰来代替他，不让隆科多再对这一重要职务有什么影响。隆科多还经常与允禩一党的人秘密往来；年羹尧案发后，隆科多又包庇纵容年羹尧的罪行。雍正愤怒无比，认为隆科多与年羹尧结为朋党，还想让允禩党人加入自己的集团。这样，雍正在谴责年羹尧的谕旨中，就把隆科多跟年羹尧相提并论了。

雍正三年（1725年）六月，在处理年羹尧之子年富时，雍正又免去了隆科多的二儿子玉柱的乾清门头等侍卫、总理侍卫事、銮仪卫使等职务。雍正下令吏部议处年羹尧妄参金南瑛之罪，隆科多主持的吏部前后提出两个不同处理意见，雍正认为前者过轻，后者过重，这是隆科多有意这样做，命令都察院严肃处理，结果隆科多被免去太保一职，到阿兰善山修城垦地。年羹尧被处死后，雍正四年（1726年）一月隆科多被削去职务，但雍正还是命令隆科多先去阿尔泰山主持准噶尔和喀尔喀蒙古游牧地的划分疆界事宜，后来又派隆科多代表中国政府与俄国使臣举行会议划定中俄中段国界。雍正说："这件事只有隆科多才能胜任，他要尽心竭力的话，朕会宽恕他；如果他心存叵测，不能办好定边大事，朕一定要治他的罪。"隆科多认真贯彻雍正的旨意，在执行自己的使命时尽心尽力，作出了贡献。特别要说的是，在中俄边界会谈时，隆科多坚持维护中国领土完整和国家主权的严正立场，强烈要求俄国归还它所侵占的中国蒙古族地区。尽管隆科多尽心竭力，雍正却违背自己诺言，不肯宽恕隆科多，他清除隆科多的决心已经确定。正当隆科多为维护国家主权与俄国使臣紧张谈判时，雍正以追查隆科多私藏玉牒底本为借口，突然召回隆科多，命策凌等人接替隆科多，策凌等在谈判中没有坚持维护国家主权，却接连向俄方让步，在当年七月签订了中俄《布连斯奇条约》。隆科多回京后，诸王大臣历数隆科多罪行四十一款。其中有大不敬之罪五，如私抄玉牒收藏在家，将康熙钦赐御书贴在厢房里视为玩具，"妄拟诸葛亮，奏称白帝城受命之日，即是死期已至之时"等；欺罔之罪四，如"圣祖仁皇帝升遐之日，隆科多并未在御前，亦未派出近御之人，乃诡称伊身带匕首，以防不测"等；紊乱朝政之罪三，如"皇上谒陵之日，妄奏诸王心变"，"妄奏调取年羹尧来京必生事端"等；奸党之罪六，如"交结阿灵阿，邀结人心"等；不法之罪七，如"任吏部尚书时所办铨选，官员皆自称为佟选”、“纵容家人勒索财物，包揽招摇，肆行无忌”等；贪婪之罪十六，如索诈安图银38万两，收赵世显银1.2万两等。隆科多的四十一款罪行，有的和年羹尧的罪行类似，但隆科多的罪过是不能与年羹尧相比的，要轻得多，雍正处治他虽不为过，但隆科多还不像年羹尧那样肆无忌惮，还是有所收敛的。而且，在犯罪后异常艰难的情况下，还受命与俄国使臣谈判边界问题，维护国家的领土完整和国家主权，作出了应有的贡献，难能可贵。年、隆结党又结亲，本来是雍正自己促成的，想要他们两人成为巩固自己统治的主要力量。年羹尧死后，隆科多已势单力孤，其实对雍正皇权已形不成什么威胁。如果雍正全面考虑一下，对隆科多降级免官就能达到他的目的。但是，雍正五年（1727年），隆科多还是被囚禁在畅春园附近。雍正六年（1728年）六月，隆科多最后死在被囚禁地。

改土归流

土司肆意横行

我国少数民族分布最多的当属西南地区，在这里居住着二十多个少数民族，而且历史悠久。但由于与内地相比生产力水平低下，再加上特殊的自然地理条件和特殊的生活方式，历代封建王朝都对这里相继采取特殊的方式加以统治，其行政体制和内地差异很大。秦朝时候，就在这里设置官吏。到了汉武帝时，设置都尉县属。唐宋时期，实行羁縻州制，设置州县，其中大的作为都督府，由其部落首领担任，而且世袭，这就是土司制度的雏形。元朝没有平定中原前，先攻下西南，但由于少数民族强烈反抗他们的统治，不仅很难委任官吏进行管理，而且不能腾出手来进攻中原。因此，蒙古统治者实行安抚政策，任用当地各个豪门大姓的首领以及部落酋长担任不同等级的官吏，让他们管理当地事务，而且可以世袭，于是享有与普通官吏不同的特权。土司制度也就由此开始了。明朝沿用元制，对于前来归附的西南少数民族部落，仍旧让他们的首领担任原来官职，并且陆陆续续地制定了有关土司的承袭、贡赋、征调、奖惩的一系列法规，使得土司制度比元代更为完备。清沿用明制，继续实行这一制度。

顺治元年（1644 年），清朝入主中原，为稳固新政权，对西南少数民族地区暂时沿用以前的制度，对以前的土司一律承认，想等到天下大定之后，再对他们进行约束。但土司们的要求不仅仅只是空名号，于是就在大批土司归顺后，武装反叛也随之发生。但这时清政府正忙于巩固新政权，稳定中原局势，因此对于土司问题的出现，尽可能实行怀柔政策，并在一些地方实行改土归流。但从当时全国的形势看，土司问题还不是主要矛盾，清政府也没有力量进行大规模地改土归流。

康熙中后期，四海平定，国力渐强，西南地区与内地进一步加强了联系。由于内地人民南迁，使西南地区的民族成份变化很大，各族人民杂居在一起，互通有无，进行贸易往来，而且在不同民族间还有通婚，这都促进了民族的融合。到雍正时期，湖广的民、苗通婚现象已经比较流行，这种民族间的通婚，更加强烈地要求打破少数民族地区和内地的界限。与此同时，西南地区和内地人民在经济上进行贸易往来，也已成为各族人民生活中不可或缺的一个方面。但由于存在土司制度，极大地限制了各族人民在经济上的互通有无和贸易往来，有些土司甚至对富足的民、苗进行偷盗劫杀，往来商旅也不能幸免，这使多民族国家的发展受到严重阻碍。雍正登位后，更加暴露出土司制度的弊端，土司对其所管辖的属民任意驱使，肆意掳掠，为所欲为，人民苦不堪言。

第一，土司反叛和相互间的争斗。土司制度本身具有浓厚的割据色彩。这种制度的实行，使土司的势力发展很快。明清时期，出现了许多像云南丽江木氏、车里刀氏，贵州水西安氏，四川乌蒙禄氏，湖广永顺彭氏、容美田氏，广西泗城岑氏等颇具实力的大土司。这些土司管辖的范围有百里甚至千里之多，统领兵众数万以至数十万，凭此骄横跋扈，恣意妄为，割据一方。他们除了拥有自己的世袭领地和大量土兵之外，还自设官吏、监狱和法庭。他们名义上虽归朝廷管辖，实际却是当地的土皇上。

土司势力无节制地发展，而且愈演愈烈，使得他们和中央政权之间的矛盾日渐突出。许多土司不仅违背朝廷、不服政令，甚至公然发动叛乱。虽然清朝土司反叛的规模与明朝相比要小，但还是颇为严重。如康熙四年（1665 年），云南迤东土司禄昌贤、王耀祖发动叛乱，带领数万人马，一连攻下临安、蒙自、嵋峨、宁州、石屏、宜良及六诏山区各个城邑，震动了整个云南。除了不断发动叛乱外，土司之间或一个土司之内，经常为了争夺土地和世袭地位互相残杀或自相残杀。他们动不动就出兵数千甚至数万，甚至与若干土司联合缔约，结成盟好，以对付其他土司，在更大范围内互相残杀和烧杀掳掠。

如雍正三年（1725 年），湖广容美土司田旻如与桑植土司向国栋联合进攻保靖土司，焚毁六十多处村砦，掠走一千多人口，卖到施南与四川酉阳等地。而且这种互相残杀，往往是一旦结仇，永无休止。土司的反叛和相互间的争斗，不仅使人民的生命财产遭受重大损失，而且使清王朝在这些地方的统治受到直接威胁。清王朝统治者是不能忍受的。

第二，农奴制的残酷压迫和剥削。土司制度是一种落后的世袭分封制度。土司在其管辖区域内有绝对权力，他把土民看作牲口一般，对他们任意买卖转让，或者用他们来祭祀鬼神和祖先。土民的所有财产都归土司所有，他可以任意占有他们的牛马，甚至他们的子女也归其所有。土民生孩子后要向上报，记入名册，长大后为土司做事，不许读书，即使有的地方允许读书，也不许参加应试，以免因为考上而脱离户籍。土司一旦为自己的儿子娶媳妇，那么土民们三年都不敢谈婚论嫁。如果有谁胆敢违犯土司的意志，不听调遣，就会抄没家产，本人及其家属就会被卖到各地去做奴隶，再严重的就会被残酷刑罚处死，如挖眼、折骨、剥皮等。在这里，土民只知土司的法，而不知道还有什么国法。在这样的环境下生活，怎不令人毛骨悚然？

同政治上的压迫一样，经济上的剥削也相当残酷。按照规定，各土司区向封建官府上交的赋税，应该根据土司区大小、人口多少和自然条件好坏而定，数量比内地一般要轻。但各地土司都以向上交纳赋税为借口，从中勒索，进行盘剥，人民的实际负担因此增加了多少倍。而土司们乱派滥收的各种名目，令人瞠目结舌。

除了占有大量世袭领地外，土司还对农民的土地进行贪婪而疯狂的掠夺和抢占。雍正三年（1725 年），云贵总督高其倬上奏汇报云南姚安府土同知抢占民地的情况说："姚安府大姚县苴却、十马等地，方圆三百多里，农户很多，土地丰饶，现在的土同知高厚德的祖父高奋映为吴逆川东道时就开始侵占，到了高厚德又贿赂流官自己管理当地，征收当地钱粮。康熙四十七年（1708年）以进京费为名加派苴却、十马五千银两。百姓们无钱可以凑齐，他就带人强迫百姓写下卖地的契文。百姓们忍气吞声，只好答应。”湖广土司抢占土地的现象也十分严重。他们抢占的土地不仅有少数民族的，而且还包括很多汉族农民的。如容美土司田氏，所抢占的土地遍布石门、澧州、宜都、枝江等州县。雍正年间，在抢占长阳县民田时，等有人告到县里，田氏不但不予理睬，反倒抓走了好几十人。保靖土司彭氏，他抢占的民田钱财竟然有八百两，而且还让原来田地的主人交纳。由于土司疯狂抢占土地，使得许多良田落到他们手中。而土司又以守险抗敌为借口，不许开垦荒地。这样，广大农民真是走投无路了。

可见，雍正时期的土司制度不仅使地方经济文化的发展遭到破坏，不利于社会稳定，更重要的是使清朝政府的中央政令得不到有效的贯彻执行，也影响了地方吏治。看到土司制度存在的弊端和危害，封建统治集团内部一些人忧心忡忡，纷纷要求改土归流。康熙末年，云南永北人刘彬写出《永昌土司论》，指出了土司制度的危害，建议改土归流。雍正二年，幕客兰鼎元也提出削夺土司的办法：根据土司犯罪轻重，削减他的村落里数，如果罪行非常严重，不便改土归流，就除掉当地为恶的土司，把他的领地分给其子弟，以分化他的势力。

推行改土归流

随着土司制度对封建统治的危害进一步加深，雍正逐步认识到推行改土归流的必要性。雍正二年（1724 年）五月，他说：“现在天下同享安乐，而土民们却在受苦，朕实在余心不忍。”但这时他还是犹豫不决，并没有马上实行改土归流。同年十二月，他在广西巡抚李绂的奏折上批示说：“土司制度由来已久，一旦实行改土归流，将一些土司的袭位削去，肯定会使人心恐慌。”他还是怕万一考虑得不全面，将会生出乱子。直到鄂尔泰任云贵总督后，雍正才下决心在西南推行改土归流。

鄂尔泰，满洲镶蓝旗人，世代因袭贵族头衔，20 岁中举人，21 岁做了御前侍卫。但是因为他为人忠正不阿，不会逢场作戏、阿谀奉承，也不参与康熙末年诸位皇子争夺皇位的斗争，所以在官场很不得志。

康熙五十五年（1716 年），鄂尔泰 37 岁，这才做到内务府员外郎。而和他同龄的年羹尧，则因为和雍正关系密切，又有雍正暗中相助，替他说话，所以 30 岁就是四川巡抚，40 岁当了川陕总督。与春风得意的年羹尧相比，鄂尔泰的仕途无比艰难。后来，他曾作诗说：“揽镜人将老，开门草未生。”这就是说自己年龄已经很大，而地位还是如此。可见他当时心情的忧郁。

也就是在这时，还是亲王的雍正就想把鄂尔泰拉拢过来，让人带话给他，求他办事，谁成想鄂尔泰竟严辞拒绝。他说现在皇上还健在，并多次下令不准臣下和皇子们来往，所以，不能答应雍亲王的事情。

从那以后，雍正不但没有对鄂尔泰怀恨在心，反而更加敬佩他，说现在能忠于康熙皇帝的人，将来一定能够忠于自己。所以雍正即位后，不计前嫌，对鄂尔泰破格任用，先把他调往云南督学，几个月后又升为江苏布政使。3 年后升为广西巡抚，鄂尔泰还在赴任的途中，又因为云南土司事务刻不容缓，改调云南巡抚兼署理云贵总督的事务。在短短不到3年的时间里，鄂尔泰就由一个小小的郎官，被雍正提拔为封疆大臣。由此可见雍正对他是多么器重。

雍正四年（1726年）春，广顺土舍气焰异常嚣张，将清军营房烧毁，在这种紧急形势下，鄂尔泰主张对他们用兵，以警戒其他土司，使他们不敢再来侵犯。当时雍正刚将政敌剪除，政权得以巩固，而鄂尔泰德才兼备，就同意他用兵。四月事情平定之后，鄂尔泰到贵州长寨等地巡视，设立了长寨厅。长寨用兵，标志着雍正时期大规模改土归流的开始。

鄂尔泰在长寨用兵时，对土司、土舍的蹈袭阵法很是头痛，因为用兵的时候他们就会逃跑或者假装投降，等军队一走，他们又恢复原样，因此必须想个根本解决的办法。雍正四年（1726年）九月，鄂尔泰正式建议改土归流，并对其必要性、指导思想以及具体措施作了分析和说明，提出“计擒为上，兵剿为下”，雍正皇帝接受了他的建议。同年十月，雍正实授鄂尔泰为云贵总督，并兼兵部尚书，好让他更好地推行改土归流。

前述镇源土知府刁瀚及沾益土知州安于蕃，势力很大，占地很广，抢占土地，横征暴敛，作恶多端。雍正四年（1726年）六月，鄂尔泰发兵活捉刁瀚、安于蕃，在其地分别设镇原州（今云南省镇沅县）、沾益州（今云南省沾益县）。同年冬，乌蒙土知府禄万钟对东川攻杀劫掠，镇雄土知府陇庆侯与他狼狈为奸，鄂尔泰命令游击哈元生率军进行征讨，在四川军队的协助下大获全胜，随后清政府就在其地改设乌蒙府（后改称昭通府）和镇雄州（今云南省镇雄县）。雍正五年（1727年），广西泗城土知府岑映宸势力较大，经常领兵四千在南盘江以北地区来往，耀武扬威；等乌蒙改土归流之后，他撤去军队，收敛起来。鄂尔泰到贵州南部巡视，准备派兵对他进行讨伐，岑映宸由于害怕就投降了。鄂尔泰便把南盘江以北划归贵州省，设立永丰州（后改为贞丰州，今贵州省贞丰县），又把泗城改为府（管理今贵州省凌云县）。这时梧州、柳州、庄远等地土民，因为土舍暴虐残忍、任意妄为，争相准备粮食请朝廷派兵，因此广西的改土归流和设官建制开展得很是顺利。

雍正六年（1728 年）鄂尔泰开始着手处理贵州东南的土民问题。鄂尔泰认为清理贵州东南土民问题的关键在都匀府，其次是黎平府，再次是镇远，因此主张分清主次，逐个解决。于是鄂尔泰命贵州按察使张广泗领兵进入黎平府古州（今贵州省榕江县）地区的古州江流域、都匀府丹江（今贵州省雷山县）地区的小丹江（九股河上游）流域和八寨（今贵州省丹寨县）流域，镇压顽固土舍势力，在此基础上设厅，由同知管理当地百姓。

云贵、广西的改土归流，极大地影响了与之交界的湖南、湖北、四川等省。这些地方的土司，比较接近内地，势力不大，与地方政府的联系比较紧密，土、汉民经常交往。在云贵、广西等地轰轰烈烈的改流建制声势中，土民们纷纷逃向官府，请求改流建官。面对这样的形势，土司们被迫相继呈请交出世袭的印信，将自己的领地让出，表示真心归附。雍正六年（1728 年），湖南永顺土司彭肇槐主动提出改土归流，雍正答应他的请求，封为参将，赐给拖沙喇哈番的世袭职务，还赏给一万两银子，允许他在祖籍江西置办产业、买房买地。雍正七年（1729 年），在其地设立永顺府，并设桑植、保靖二县，由该府管辖。

在四川，经总督岳钟琪、巡抚宪德、总督黄廷桂等人的努力，大部分地区都推行了改土归流。雍正七年（1729 年），天全土司改为天全州，土汉民杂居的黎大所改为清溪县，原来管辖这些地方的雅州直隶州改为雅州府。

经过几年不懈努力，改土归流在西南各省大部分地区实行。雍正八年（1730年），鄂尔泰筑桥于云、贵边界，因为这一年是庚戌年，雍正就把它命名为庚戌桥，来纪念鄂尔泰推行改土归流的功劳。因为云贵是改土归流的主要地区，所以，这一年可以看作是改土归流取得基本成功的一年。在改土归流的过程中，鄂尔泰先对实行改革的地方用兵，进行镇吓，然后再进行安抚，软硬兼施，政策得当，使得云南、贵州、广西、四川、湖南、湖北六省的改土归流成功推行。

改土归流后，清朝政府变革改流地区的赋役方法，将原来土司的征收制度废除，按照原来正常的赋税额，由各家申报田产，然后按亩征收银两，使无田的土民不必交纳赋税，并取消了原来土司的土贡。这样，土民在改土归流后，在一定程度上减轻了所受剥削。为减轻土民的赋税负担，清朝政府也采取了一些措施，如没收土司、土舍的田产，分给兵士，每人三十亩，实行军屯，所给土地为军田，允许兵士按民田价格进行买卖。对于土司强行购买的土地，土民可以按价赎回。在有些地方，甚至允许土民占有原来土司的部分土地。但是，耕地不足的问题没有根本解决。

改土归流后，清政府在原来土司地方，取消土司世袭制度，设置厅、州、县等地方政权，派遣可以调换的流官进行一定时期的治理，这样就使原来土司、土舍地区与内地的政治经济联系进一步加强了，从而也促进了文化的发展。雍正十二年（1734年），署理湖南巡抚钟保认为自从永顺设府以来，文雅的风气日渐兴盛，上奏请求在府县设立学校，招收12名文武童生，在保靖等县设立训导，招收八名童生，并且在府城设立考棚，雍正表示同意。雍正十三年（1735 年），四川学政隋人鹏认为土民与汉民交往频繁，应当鼓励土民读书，让土民与汉民文武童生一起参加，雍正也同意了。

改土归流，将数百年以来的土司制度废除，必然会招致敌对势力的反抗。雍正十二年（1734 年），贵州古州、台拱地方设官后，原来土舍势力还是比较大，总是想恢复原来的局面。雍正十三年（1735 年），古州发生叛乱，雍正就任命贵州提督哈元生为扬威将军，湖广提督董芳为副将军，领兵进行讨伐，务必斩草除根，彻底解决叛乱，并任命刑部尚书张照为抚定苗疆大臣，到贵州处理苗疆事务。在贵州，董芳与哈元生二人不和，张照支持董芳，他们认为，从前改土归流存在失误，现在应该实行招安优抚，恢复旧日格局。因为意见不统一，将领失和，没有取得讨伐的成功。八月，雍正驾崩，乾隆继位，将张照召回，命张广泗为七省经略，进行平叛，第二年成功。

雍正时期的改土归流，是清王朝为巩固自己的封建统治，打击地方土司势力的一系列措施之一，但有清一代，并没有将土司制度彻底废除。就在雍正年间大规模改土归流运动进行的同时，清政府又设置了许多新土司。清代的土司总数和职衔比明代多，但制度也比明代完备得多，在西南和西北少数民族地区，一直实行这一制度，在政治、经济、文化等各方面无不对当地产生了重要影响。

雍正时期大规模的改土归流运动，沉重打击了土司割据势力，促进了当地的稳定，中央政府对边疆地区的统治大为增强，在一定程度上减轻了土司、土舍凌虐属民的现象；整顿赋役，兴办学校，使少数民族地区的社会经济、文化有所发展；由于政体统一，上下一致，使得民族杂居地战争的因素减小，社会秩序也趋向安定，有利于民族间的联系。因此，可以说雍正时期的改土归流，巩固了我国多民族国家的统一，促进了经济文化的发展。

签订《恰克图条约》

雍正四年（1726 年），清政府命原理藩院尚书一等公隆科多察看喀尔喀边境，准备与俄国代表谈判，并派喀尔喀郡王、额驸策凌、散秩大臣四格等人协助谈判。同年夏，隆科多、四格与萨瓦在恰克图附近的布尔河会谈。萨瓦要求带商队与库尔齐茨基主教一起入京面见雍正，但隆科多却只允许萨瓦自己进京面见雍正，其他人留在原地，等谈判完后再决定是否可以去。十一月，萨瓦到达北京，朝贺雍正并与中国政府进行谈判，中方派吏部尚书察毕那、理藩院尚书特古忒、兵部侍郎图理琛等人参加谈判。这次谈判双方没有签署什么协议，只是就一般原则性问题进行了讨论。但萨瓦在北京期间，四处活动，收买了中国官员马齐，把中国谈判代表团的底牌搞到手，知道中方希望和平安定，就准备用武力相威胁，增兵边境，为沙皇攫取更多的利益。半年后，萨瓦回到布尔河，与隆科多、策凌、四格、图理琛继续谈判。隆科多坚决要求俄国将它所侵占的喀尔喀土地归还清政府，萨瓦竟要求中国放弃领土要求，并以武力相威胁。此时，隆科多因为私藏玉牒底本，被雍正从谈判代表团召回治罪，让策凌、四格、图理琛等与俄国继续谈判。隆科多走后，中国代表团没有坚持严正立场、坚决维护国家主权，于雍正五年（1727 年）七月，在布尔河畔与俄国签订《中俄布连斯奇条约》，让给俄国恰克图以北的大片领土。之后，在这个条约和此前在北京达成的原则性协议的基础之上，拟定出总条约草案。雍正六年（1728年）五月，中俄双方代表在恰克图正式签字，条约也就开始生效。这就是历史上的《中俄恰克图条约》，其主要内容有：

第一，划定中俄喀尔喀地区边界，把恰克图作为分界点，东起额尔古纳河，西至沙毕纳依岭（沙宾达巴哈，位于唐努乌梁海地区的西北端）作为界线，线以南为中国，以北为俄国。第二，处理越境犯人，对以往逃犯不再追究，对越境者双方不再收容，并严加查拿，交由双方的边防人员处置。第三，双方贸易还按康熙时期的老办法，俄国商人3年至北京一次，每次不超过二百人，中国对其免收商税，零星贸易只能在尼布楚、色楞格二地选择进行。第四，规定宗教职能和留学生人数。规定在北京的传教士可增加到3人，中国允许俄国学童4人，来北京学习满文和汉文，并同意帮助俄国在北京建立一所教堂。雍正十年（1732年），新教堂落成。此后，俄国可以按期向中国派遣传教士团和留学生。

《恰克图条约》签署后，清朝政府即开始两路进军，征讨西北部的噶尔丹策凌。派出军队后，雍正就命满泰、阿里海到土尔扈特，利用它和准噶尔部的嫌隙，拉拢土尔扈特，使准噶尔陷于孤立的地位，同时又派使者到俄国，通告清政府征讨准噶尔一事，希望俄国不要支持噶尔丹策凌，不要企图利用中国内乱来分裂中国。《恰克图条约》规定了中俄喀尔喀地区的边界，而俄国人如果不想违约的话，就不要公开大规模地支持准噶尔叛乱。同时，清政府也在喀尔喀地区加强了军事防务，设立59个卡伦（边防哨所），黑龙江将军统辖东边12个，喀尔喀内部管理西边47个。因此，《恰克图条约》的签订，为抵御俄国封建沙皇势力的入侵、保卫喀尔喀地区领土、平定准噶尔叛乱、防止俄国对中国内政进行干涉起到了一定的促进作用。但清政府在贸易、宗教方面也对俄国作出了巨大让步，兴建教堂就是一例。在领土上，中国也是作了很大让步。在贸易方面，俄国在恰克图建立贸易市场，中国则在它的对面建立买卖城，成为中俄双方互相买卖的场所。《恰克图条约》签订后，俄国商人不再经由尼布楚、黑龙江到达北京，而是由买卖城经张家口抵达北京，不需要再向东绕一圈。此后买卖城一线成了俄国商队的主要道路，给俄国带来了很多实惠，这些都是其他西方殖民者无可比拟的。

设立军机处

军机处推演历程

雍正元年（1723 年）八月，青海的和硕特蒙古部落首领罗卜藏丹津率部叛乱，叛军攻打西宁，形势危急，于是雍正命令川陕总督年羹尧出兵平定这场叛乱。经过激烈的交战，10 万余名叛军投降清军，叛军首领罗卜藏丹津逃往柴达木。雍正二年（1724 年），清廷封四川提督岳钟琪为奋威将军，再次率兵追杀逃往柴达木的叛军余部，经过化装的罗卜藏丹津再次逃到了准噶尔部。准噶尔部本来就与清廷为仇作对，在康熙年间就曾爆发过叛乱，在被康熙亲征平定后，准噶尔首领噶尔丹的侄子策妄阿拉布坦又率领部下侵入了西藏。康熙五十七年（1718 年）康熙命皇十四子胤禵为抚远大将军，指挥大军进藏平叛。康熙五十九年（1720年），清军重创准噶尔叛军。康熙六十年（1721年），抚远大将军胤禵驻扎到甘州（张掖），对准噶尔叛军采取进攻态势，双方处于相持状态。罗卜藏丹津逃到准噶尔后，清廷给准噶尔部写信要求送还罗卜藏丹津，策妄阿拉布坦拒绝交出。这时雍正刚即位，地位还不稳固，政府也没有充足的财力。这样，清朝暂时没有发兵主动进攻，采取了守势，但是清廷一刻也没放松对准噶尔同西藏关系及准噶尔对喀尔喀蒙古侵扰的注意。雍正五年（1727年），策妄阿拉布坦死，其子噶尔丹策凌继位，雍正认为时机成熟，开始筹划用兵事宜，计划讨伐准噶尔，以免去国家心腹之患。

军机处值房

军机处位于紫禁城内，乾清门的外西侧，离皇帝寝宫养心殿很近，便于处理紧急机密之事。

雍正七年（1729年）二月，一切准备就绪，雍正发布了上谕，在上谕中他罗列了准噶尔的罪行，大举发兵进攻准噶尔。可路途太遥远了，一切军需粮草供应，急切需要有一个机构专门办理，而且军报很多很紧急，也需要快速的处理，更需要谨慎周密。为了战事的顺利进行，雍正在雍正七年（1729年）六月发出一道上谕，设立军机房，并命怡亲王允祥、大学士张廷玉、蒋廷锡主持办理军需一应事宜，办公地点在隆宗门内、乾清门外偏西的小平房内。雍正八年（1730年），改名为办理军机处。雍正十年（1732年）春，雍正皇帝下令大学士们商议确定军机处的印信。三月初三，大学士们遵照圣旨商议后上奏请求用“办理军机处印信”的字样，雍正立即下令交给礼部去进行铸造，并决定把大印保存在军机处，委派专职官员负责管理，同时将大印的样式通知各省和西北的两路军营。从这以后，军机处成为正式的固定机构。

军机处设立之初，主要办理与战争有关的事务。雍正九年（1731 年），世宗认为山东登州是滨海重镇，所辖地方太大，只有六千兵丁，怕不够用，遂命军机大臣详细讨论，是否适当增加兵士的数量。雍正十年（1732 年），西路军大本营要移驻穆垒，雍正皇帝经过慎重选择，定六月初四为移营的开始行动日期，在四月十三日命令军机大臣将日期通知岳钟琪，并要求务必将一切事宜提前留意准备完毕，但一定注意要谨慎周密，以防泄漏机密。随着时间的推移，军机处的办事范围扩大到所有的机要政事。

雍正每天召见军机大臣。寅时（3～5 点）军机大臣、章京进入值房，辰时（7～9 点）皇帝召见，如果有紧急事务，提前召见，每天召见一次，有时一天几次。军机大臣在接受皇帝召见后退回到军机处，按照皇帝面授的旨意，书写文件，基本内容是告诫臣工，指示用兵方略，检查核对政事，指责查问量刑处罚是否得当。撰批抄写完毕后，密封发出，叫作“寄信上谕”，因由内廷直接寄出，故又称“廷寄”。后经张廷玉规划，形成一套完善的制度。凡给经略大将军、钦差大臣、参赞大臣、都统、副都统、办事领队大臣、总督、巡抚、学政的，叫“军机大臣字寄”；凡给盐政、关差、布政使、按察使的，叫“军机大臣传谕”。字寄、传谕的封函表面都注明“某处某官开拆”，封口处盖有军机处印信，保密程度较高，且传递速度快捷。当面接受皇帝的口头旨意，起草抄写，发送上谕和圣旨是军机处的主要任务。军机处根据函件内容决定递送速度，函件封好口后交给兵部，由驿站来传递送达。凡是在信皮上标着“马上飞递”字样的，每天要走三百里；如果碰到紧急情况，则另外在信封上标有每天要走的路程里数，或者是四五百里，最快的是八百里。这种方式确保了中央政府指令的严格执行，传递的速度又比其他公文要快得多，提高了清朝政府行政机构的办事效率。另外，官员上奏的折子，皇帝亲自阅览批示后，在每天的寅、卯两个时刻发到军机处抄写副本进行存档。

军机处的规章制度大多数是由大学士张廷玉按照皇帝的意思草拟制定的，以后才逐渐完善起来。

军机处体制特殊，有官职没有官员，所有官员都是兼任的，没有专职官员。主管军机处的官员叫作军机大臣，具体办事的官员叫作军机章京。军机大臣俗称大军机，或者叫枢臣，从满、汉大学士、尚书、侍郎、京堂（即院、寺等衙门的堂官）内专门选定，或者是由军机章机提拔充当，没有确定的人数，一般三至十人。凡被皇帝特简到军机处兼军机大臣的官员，称为“军机大臣上行走”或“军机处行走”，资历浅的军机大臣称“军机处学习行走”或“军机大臣上学习行走”，待一二年熟悉业务后，再去掉“学习”二字。满汉军机大臣各以一个官员为首领，称领袖、领班、揆首、揆席、首席。军机章京开始时由军机大臣在内阁中书和六部司员内挑选任用，没有确定的官员。嘉庆四年（1799 年）后，改由内阁、六部、理藩院保送中书、郎中、员外郎、主事、笔帖式等官，经军机处考取引见后，记录下名字等待递补，确定满族人、汉族人章京名额各为 16 人，后来又增加了额外的汉族人章京一到 20 名。兼军机章京的官员称“军机处司员上行走”或“军机处司员”，乾隆四十五年（1780 年）后，一律改称“章京上行走”。军机章京分两班轮流当值，每班满、汉各八人，由军机大臣委派资深章京二员为每班的领班和帮领班。

军机大臣的任用，主要取决于他同皇帝私人关系的亲疏，不问出身，只用皇帝自己认为亲近可靠的人。雍正年间，担当过军机大臣的有怡亲王允祥、大学士张廷玉、蒋廷锡、鄂尔泰、马尔赛、平郡王福彭、贵州提督哈元生、领侍卫内大臣马兰泰、兵部尚书性桂、内阁学士双喜、理藩院侍郎班弟、銮仪使讷亲、都统莽鹄立、丰盛额等。他们的官职，由正一品至从四品，地位相差悬殊，但他们都是深得雍正信任的宠臣。军机大臣中，经常以官员品级高的、资历深的做“领班”，被称作首席、首揆、揆席，实际上军机处并没有正式的首长，军机大臣间也没有隶属关系，各自办理皇帝交办的事宜并单独向皇帝负责。军机处办公地点在皇宫之内，就在皇帝寝宫的旁边，替皇帝办理各种国家军政重要的事务，地位非常特殊。为了防范军机处权力过大危胁到皇帝的权力，军机处没有正式的官员，军机大臣、军机章京均为各衙门官员临时调来兼任，他们人虽在军机处，但编制和归属仍旧归属原来衙门。他们之间虽有上下级关系，但后者不是前者的绝对下属，很难结成死党，而且如果有专权或者超越自身权限的举动，随时都有可能被皇帝撤去军机大臣的职务。所以这些军机大臣只有绝对听从皇帝的命令。同时军机大臣奉皇帝的旨意撰写、草拟机要政务和用兵的重大军事命令，进一步削弱了内阁的权力，这样内阁就只是草拟一般平常事务的文件了。内阁的职责权限也被大大降低了。军机处从一开始就是为办理军务而设，雍正在任命满族人军机章京时又多是从议政处调来，因此使清初以来成立的专门负责处理军务的议政处也逐渐名存实亡。可见，军机处的设立，大大加强了君主专制的集权。

军机处的内部机构在史书上没有确切的记载，只是知道军机大臣办公处称军机堂，满、汉军机章京办公处称满屋、汉屋，对外行文时叫作满军机处、汉军机处。在宫内，军机堂对面的左、右两边，是满屋和汉屋，而军机堂在隆宗门内靠北、乾清门外西侧。此外，军机处还有两个附属机构：一个是方略馆，开始设立于康熙二十六年（1687年），是为编写《平定三逆方略》而专门设立的，书写完后就被撤掉了。乾隆十四年（1749年），在编写了《平定金川方略》后，就成了固定设置的机构。方略馆由军机大臣一人任总裁，内部下设文移处、纂修处、校对处，誊录处、纸库、书库、档案库等机构，由满、汉纂修官、提调官、收掌官、校对官等分工负责。另一个附属机构是内翻书房，最早设置于雍正、乾隆年间，由军机大臣一人兼内翻书房的管理大臣，下设提调、协办提调、收掌、掌档、翻译等官共数十名，专门负责管理皇帝的上谕、圣旨、日常生活的记录、诗词文章、书论、经论，以及对册文、敕文、祝文、碑文、经史、讲章等进行满文、汉文的翻译工作。

雍正死后，乾隆继位。守丧期间，曾经把军机处改为总理处，到乾隆二年（1737年）又设立了军机处。乾隆初年军机大臣傅恒开创了一个人不单独接受皇帝的旨意，一个人不单独写谕旨，改原来军机大臣“单独觐见”皇帝为“一起朝见”的作风，更加强了封建君主的绝对权力。

清代军机处，是清王朝最高统治者在无意之中发现的军机房这一临时机构的基础上，有意识地进行加强而发展起来的，最终使它成了清代所特有的政治机构。它直接接受皇帝的旨意，经手办理一切重大政务，从而把军机处变为中央的主要政府机关之一，实际上是皇帝内廷的办公厅或机要室。随着军机处的确立，整个国家的施政渠道做了彻底的改变。官员向皇帝上报事情，按照原来的制度分为题本、奏本两个途径，“公事”使用“题本”，“个人私事”使用奏本，都由内阁接受办理。军机处设立后，皇帝亲自书谕或面授谕旨，军机处密寄各处，扩大奏折的使用范围，使题本成为例行公事的赘文。到了光绪二十七年（1901 年）把题本也改为奏本，彻底取消了题本这种方式。

由于军机处的办公地点就在皇宫大内，就在皇帝寝宫的旁边，它的一切活动都在皇帝的直接指示和严密的监视之下进行，因而更方便了皇帝权力的行使。因此军机处这个机构一旦建立起来，就受到雍正及其后的历代皇帝的重视，一直沿用没有废除，并逐步地完善了它的保密措施，成了即使是王公大臣要不是奉了皇帝的专门旨意，也不得随便出入的场所。皇帝召见军机大臣，太监不能站在旁边；王公大臣如果有人接到皇帝的特别旨意要到军机处听宣读上谕或圣旨，读皇帝朱笔批阅的文件或各地的奏折，只能在军机处帘堂内侧身而立，其他的官员一律不准私自进入；军机处挂的帘子外，窗户外，台阶下也不许不相关的人偷看，军机处章京的值房也是这样。承担撰写上谕圣旨的任务，必须在军机处写，而且必须当天写完，而其他的事务都不允许在军机处办理。都察院派出满汉御史各一名，每天在军机处值房处巡察。军机处的印信也特别注意严加防范。钥匙均为领班之军机大臣佩带，如果有事需要使用军机处的大印，值日的章京就向奏事处提出请示，并用金牌作为证明。金牌宽五分，厚一分，长约二寸，上面刻着“军机处”字样。在这种严密监视之下，军机大臣只能兢兢业业、小心翼翼地完全听命于皇帝。这种君主极权专制的局面使封建皇帝非常满意，嘉庆年间，御史何元烺以“军务经久告蒇”为由，请求更改军机处的名称，遭到嘉庆皇帝的严厉训斥。即使在清末大改官制的高潮中，军机处也在不被考虑的行列，这成了清朝的制度。

设立军机处的意义

军机处的建立，具有重大的历史意义。

首先，军机处的建立，促进了康乾盛世的巩固和发展。

康熙皇帝到了晚年，施政的缺点是过于仁慈宽厚，面对着皇子们争当太子的争斗，官员腐败之风盛行，财政出现危机，西北战事不断，朝中官员朋党林立这些难题，康熙皇帝早已是力不从心了，他认为“增加一处利处的同时就会产生一处弊端”，“多一事不如少一事”。

雍正帝登基之前已在藩邸40余年，“对于这些事情的好坏，事情处理的得与失，没有不了解的”，并对怎样解决这些弊端已经有了“深刻的了解和认识”。针对康熙帝晚年“治理天下一定要以宽厚仁慈为目标”的片面思想，雍正帝提出治天下“一定要看它所处的时期，仔细审视这件事的具体情况，应该宽就宽，应该严就严”，只有“宽厚和严厉相互补充”，才能治好天下。

由于雍正帝改革的思想明确，态度坚定，措施得当，10年左右的时间就产生了显著的效果，不仅使康熙时期的积极成果得到巩固和发展，而且为乾隆时期的鼎盛奠定了良好的基础。所以说，雍正的改革，对于康乾盛世起到了承上启下的巨大作用。而雍正的改革之所以能够贯彻到全国各个方面，初期的改革成果之所以能在后期得到巩固和发展，很重要的一个原因，就是军机处的建立使皇权得到高度的集中和有效的使用。

其次，军机处的建立，标志着中国封建君主集权专制已发展到了顶峰。

自秦始皇建立专制主义中央集权制度以来，皇帝的权力与宰相的权力之间的矛盾就产生了。皇帝的权力是至高无上的，但他自己不能亲自去处理那么繁多的政务，他必须依靠辅佐他处理政事的机构来实现他的统治。辅政机构的代表人物就是宰相，所以把辅政制度也叫作宰相制度，把皇帝与宰相的关系叫作君权与相权的关系。就辅政体制来说，在秦汉魏晋南北朝时，实行的是开府施政的宰相辅政制度；隋唐五代宋时期，实行的是参议辅政机构制；明朝实行内阁辅政制；清朝实行内阁、军机处辅政制。

明清两代，君权与相权的矛盾更加尖锐。明太祖朱元璋对秦汉以来的宰相制度持否定态度。他说："宰相权力过重，曾出现了赵高指鹿为马的现象。自秦朝以来，每一个君临天下的人，都不能借鉴秦朝设置宰相所带来的祸患，按照秦朝的惯例设置了宰相。"于是下令永远废除丞相制度，撤掉中书省，由 4 个辅官辅佐朝政。在四辅官辅政的形式破产后，朱元璋又采取了内阁大学士辅佐朝政的形式。大学士来自翰林院的学士、编修等五六品官员，官职不高地位轻微，只能做些文书工作。但自明成祖朱棣开始，内阁大学士的职权逐渐变大了。尤其是明英宗朱祁镇以后，实际上，内阁已取代了明初的中书省，大学士"已经和汉朝、唐朝的宰相的权位差不多了，只不过不叫丞相的名称罢了"。夏言、严嵩、徐阶、高拱、张居正等人，就是明朝权相。为了分散内阁职权，皇帝又重用宦官王振、汪直、刘瑾、魏忠贤等人，实行内阁大学士与司礼监宦官平行双轨辅政制。在整个明朝，尽管辅政体制变化不已，影响了政局的稳定，但仍没有找到更为理想的方案。

清朝仍实行双轨辅政制。顺治时，改内三院为内阁，"机要政务的处理都交给内阁办理，军事事务交给议政王大臣商议奏处”。康熙时，臣下奏章的处理由内阁主持，军事、国家的机要事务由议政处负责处理，如果是特别颁发的诏旨，由南书房的翰林起草。雍正创立军机处后，“本章由内阁处理，机要事务和用兵事务都由军机大臣接受旨意办理”。

雍正帝之所以不把军事交给议政处处理，是因为那些议政王大臣既没有什么高明的见解，又经常泄露机密，成事不足，败事有余。雍正帝之所以将机务从内阁中划分出来，是因为“内阁的地点在太和门以外，来来往往的人很多，考虑到会泄漏重要政务的机密”，并且内阁权重而效率低，“如果任用人时偶尔考虑不周，一定会出现专权的大臣”，于皇权不利。“军机处是内阁的一个分支机构，……所处理的机要政务和用兵方面的事务都是由军机大臣当面接受皇帝的指示，皇帝没有一天不与军机大臣们会面，而太监是不能参与的，即使是这些得到皇帝面授机宜的各位大臣也只是传达、转述、缮写皇帝的旨意，不能在这中间夹杂任何自己的意见”。故能使清朝的“各位皇帝互相继接，大权独揽……任用官员处理政事，命令一下就能得到执行，权力从来没有落入别人手中”。

雍正皇帝开始设立了军机处这个机构，并使它渐渐取代了内阁的作用，这是行政制度上的重大改革。军机处架空了议政处，也夺走了内阁的权力，但军机大臣的权力也有限，只是按照皇帝表达的意思去办事，既没有议政处的商讨决定权，也没有内阁的代皇帝起草圣旨的权力，因为这些权力都被皇帝拿走了。这次行政机构的变革是增强了皇权，削弱了原来赋予满洲贵族和满汉大臣的“相权”。军机处设立的与奏折制度的确立相辅相成，雍正皇帝亲自批阅、答复臣下的奏折，向军机大臣当面下达指示，天下的一切事务都由他一个人处理。雍正的专制集权与明朝的朱元璋相同，但是又有不同。朱元璋日理万机，忙不过来，找几个学士给他做顾问，然而不是固定的班子在皇帝指导下处理政事，因此皇权得到加强，行政效率却没有提高。而雍正建立军机处，加强皇权的同时，还提高了行政效率，使得皇权能够真正充分地实现，所以他的权力实际上比朱元璋还要集中，他以前的其他帝王对他的这种集权就更是望尘莫及了。

密折政治

实行密折制度

到了清圣祖康熙当政的中期，天下太平，国力强盛，为了加强对各级官员的控制，及时了解地方情况，康熙帝特别命令他的亲信官员用密折方式奏报情况，开始出现了清代特有的奏折制度。它是由皇帝特别指定的官员，将上奏事件亲手书写密封，直接派人送到御前再由皇帝启封、批示（后来或与军机大臣等批阅）后，再直接发与具奏者执行。这种制度，简化了明代以来繁琐的文书处理制度，提高了清朝政府的行政效率。

中国王朝自古以来，臣工报告的方式很多，如章、奏、表、议、疏、启、书、记、封事等。以奏折为正式公文的名称，始于清代的顺治年间。在康熙朝，密折作为一种实际的政治工具有了进一步的发展。不过，密折形成一套完整的制度运作，还得从雍正朝开始算起。

清代君臣之间的“言路系统”大致是这样的：臣子们上的主要是“题本”和“奏本”，后来又添上了“密折”。

题本：凡是弹劾、钱粮、兵马、捕盗、刑名这些事情，均用题本，上面加盖公印，才算有效。

奏本：凡是到任、升迁、转任、代属官谢恩、讲述本身私事的，都用奏本，上面不盖印。

题本有两个不利于君臣沟通的缺点：

第一，手续很繁琐。

第二，题本要由通政司这个机构来转送内阁，最终才上呈天子，过目的人多，也容易泄密。

奏本比题本稍好些，虽然没有那么繁琐的手续，但也得过通政司浏览这一关，所以保密性还是不强。

密折就不一样了：它不拘格式，可以自由书写，也不用做裱褙、提要、副本这些纯属形式上没有任何实际作用的事情，当然快捷很多。而且它直接交到皇帝那里，不用通过通政司、内阁，由皇帝亲自来拆阅，保密度十分高。这一条君臣互动的快速通道，对中国历经多个朝代形成的形式繁杂的文官言事制度，是一个具有强烈震动性的改革。

康熙处理密折的方式很小心，他曾经说：凡是朱笔批阅的御旨，都是朕亲手所写，没有代笔的人。这次出巡，朕因为右手生了病不能写字，就用左手拿笔写字，绝不会让别人代替写。所以所有一切上奏的事情，只有朕和原上奏的人知道。

不过康熙为人坦诚，他对于经过批阅的密折，在批阅后就发还本人，因此官员们“都有朕亲手写的证据在他们手中，而没有在朕这里”。因此臣子不必担心写给皇帝的密折被曝光，或在某些时候变成挨整引用的材料。

但雍正的作风和他的父亲不同。康熙驾崩第十四天，刚刚继位的雍正就定下上缴朱批的规定。谕文写得十分严厉：“所有先皇康熙爷朱笔批阅的御旨，全部认真恭敬地封起来呈上来。如果有人敢抄写私下留放，收藏起来不交，焚烧丢弃的，以后被发现，一定不会宽恕，一定要从严处置。”

雍正规定，不但前朝的奏折要收回宫中，今后本朝的朱批在本人捧读后，也要缴呈，不能自己私下保留，如果违反就要追究责任。

在康熙统治的 61 年里，给皇帝写密折的总共只有 100 多人。而在雍正统治的短短 13 年中，写密折的人竟有 1100 多人。雍正对密折政治的热心由此可见一斑。

雍正元年（1723 年），雍正就下令各省督抚密上奏折，于是封疆大吏都有了这个权利，只是如果在这些人中有人遭到处分，那么他上密折的权利也就被停止了。

以后，雍正又把上密折的权利扩大到提督、总兵官、布政使和学政等上层官员。

另外，一些小官如知府、同知也得到了雍正的特许，可以直接上密折。

总之，通过对上密折特许权的认可，雍正在从高层到低层的官员间都安插了他的心腹，撒开了一张个人的信息网。而这些耳目除了上奏密折外没有其他特权，也没有特定组织，所以很难为非作歹，也很难形成明代的厂卫那样危害国家的政治毒瘤。

雍正大力实施的这种前所未有的“密折政治”，并不只是一种单纯的控制臣下的手段，虽然这是十分重要的一项内容。从雍正的密折政治里，我们还发现，君臣之间商讨军国大事，仍是其最重要的内容。

在推行一项重大的改革政策之前，在密折里，君臣之间对这些政策进行商讨研究，不草率的贸然行事，这种谨慎地行政做法在历史上也具有进步意义。

往往对待一件具体的政事，决策者和执行者都有各自的顾虑和隐衷，在一般的公文里很难进行说明。这样既不利于保持上级决策行为的正确性，也不利于下级的全力贯彻执行。密折的上递及批复则使上下两方面都公开观点，经过充分交流再付诸决策实施，使政策出台前有了一定的缓冲。

“密折制度”表面看来是加强君主专制的做法，是历史的退步，但在一定程度上它却推动了君臣间在政务上的交流协商，使出台的措施更符合实际，更具有可操作性，减小了实施中的阻力，提高了行政的效率，推动了雍正初期改革的进行。

密折制度的应用

雍正一朝的许多重大改革，都先通过“密折”讨论过。

如摊丁入亩、改土归流、疏浚运河等重大政策，就是雍正同官员通过密折反复协商斟酌才定下的。

凡推行改革政策，都应该雷厉风行，讲求高效。奏折制度使大臣官员们的奏事很快就送到了皇帝面前，这就省去了中间环节。奏折送到勤于政事的雍正皇帝手中，他马上抓紧时间阅读批示，该执行的立即付诸实施，因此大大提高了行政效率，促进了政治改革的实现。

治水是中国各个朝代存在的最大问题，它甚至成为老百姓鉴别统治者是否符合天命的标志，这就是人们常说的“如果世间出了圣明的君主，黄河水就会变清”。

但河清又是十分难盼来的，所以又有“等河水变清，人的年龄都不知会等到多么大”的感叹。

对待治水，雍正也曾通过河臣的奏折进行研究。

雍正二年（1724 年），大臣李绂曾向雍正当面提出疏通淮扬运河的建议，雍正觉得有道理，就命他与河道总督齐苏勒商议，齐苏勒认为疏通淮扬运河的工程量非常大，不能轻易作决定，他准备先进行实地考察，再提出具体意见。

齐苏勒的奏折上呈后，雍正有这样的一番朱批：“朕命令李绂到你那里传谕旨，只是让你知道有这么一种建议，可以仔仔细细地加以思考，并不是认为他所奏的建议就一定能够实行。一般来说，管理江河的官员都希望有工程上马，可你的下属官员又多数不能让人信服。更何况这种事关系很大，不能草率行事，如果白白地浪费人力物力却没有收到好处，并产生了害处，不但白白地耗费了钱财、粮食，还可能成为历史上流传的笑话。但如果确实对国家百姓的生活有利，也不要因为害怕困难就中途停止，总需要你详细周密地计划妥切，将最终的利益全部搞清楚，准备详细地一件件上报给我。这件事不是眼前急需要办的事情，尤其不是轻举妄动的事。”

这番话通情达理，将事情的正反面、利弊都进行了剖析，指出治水关系非同小可，官员们一方面好大喜功，一方面畏缩怕难，要根本消除这两方面，就要根据实际的整体情况来作决定。

说这一番话的目的并不是为了事成功归自己，事败过属他人做铺垫，而是要求大家谨慎地进行思考论证，他则从中协调。这样就不会让臣下带着成见想问题，为了揣摩迎和上司的意思而妨碍正确的决策，把“治水”搞成了“乱水”，劳民伤财又遗害无穷。这种施政思想才是成熟的政治家处理问题时应把握好的。

雍正四年（1726 年），有一位官员上奏折，指出在治水工程中准备材料时所存在的弊病，雍正隐去上折人的姓名，把它下发给了河道总督齐苏勒，让他“尽心尽力地进行准备计划”。

齐苏勒针对皇帝转下的折子中的说法，具体解释了事情的原委。

雍正阅览后，对齐苏勒的解释十分满意，批道：“你所陈述的事实非常恰当，朕本来就不很同意他的说法，但既然有这种议论，其中或许会有些可以汲取的借鉴之处，所以向你打听一下，就是这个意思。现在看了你的汇报，朕彻底明白了。”

河工是十分复杂的事情，一般如果不是专家是承担不了这件任务的。又因为治河工程资金耗费巨大，往往被贪官污吏利用来发财，这使治河工程不但有治水的困难，还兼有了管理官员不贪污的困难。

由此可见雍正对治水的复杂性是看得非常清楚的，所以很少轻易发表先入为主的意见，而是多方考察、多方听取不同说法；而密折正是他进行考虑判断的材料。

由于这些臣下的密折多是个人的意见总结，因此可以反映对一些政策的不同看法，从而了解到一些事情的实际情况，而对这些个人见解加以汇总，就能比较全面地认识到存在的各种矛盾，对事务有一个较全方位的认识。

聪明的决策者之所以聪明，不在于他事先有特别好的主张，而在于他善于倾听多种意见并给出恰如其分的总结。在强制推行“改土归流”这件事上，雍正表现出了一个明智的决策者的风范。开始时他不持用武力解决的主张，他认为“应该慢慢地想办法，教育引导这些人”，但他也没有把这种方式作为不可变更的确定了的大政方针，他要求大臣们“不要勉强地去遵命执行”，应该“慢慢地反复思考，在详细协商后再具体上奏”。这就是说要再协商再考虑。在君臣间商量了几年后，雍正也对苗疆的事务从不熟悉、拿不定主意到逐渐熟悉，掌握了实际情况，形成了完善的政策，这就是一个充分吸收不同意见的结果。

广博的密折内容

雍正年间的天文地理、风土民俗，都在密折中有十分丰富的反映。

雍正帝在宁夏道鄂昌上奏叩谢“允许他上奏折汇报情况”的折子后面写了一段很长的上谕，很详细地讲明了他的目的，这一段话很能表现雍正要独揽天下事的雄心大志。他写道：“现在允许你们这些下级官员也能上密折言事，只不过是想扩大耳目所能得到的消息。在你的职责之外，一切地方上存在的利与弊，全省官员们是否勤于职守，上司谁公正谁徇私，下属官员谁优秀谁不合格，军备是否整治，雨水是否充足，百姓的生活怎么样，风土人情是否淳朴，即使是邻近的省份，或是京城内外，凡是令人惊奇的事，不必一定有什么深刻的见解，都可以告诉朕。只要在奏折中将有没有确切的根据，或者仅仅是道听途说，将这些地方都加以分析说明，便于朕进一步查访，能够得到实际情况就行。这些事既然不是你们职责所管辖的范围，即使想从中得到真知灼见也不可能得到，所以即使在奏报中有错误不切实际的地方，也不会加以责备。”

从这段话里，可以看出雍正要了解的事情很多。有地方政事的好坏；有地方官的勤惰优劣；有上司待属员的公正与否；有军队的训练和纪律情况；有水旱和农业生产的情况；有百姓的生活和风俗等。这些内容，事无大小，均可在密折中上报。为了提高官员们递密折的积极性和胆量，雍正不强求所报的事情每一件必须属实，即使事情不太确定，只要详细注明出处、能够加以调查就行。雍正还要求地方官，不但可以汇报本地发生和听说的事情，就是风闻到的外省、京城内外的消息不论真伪都可上报。

就这样，雍正形成了一张包罗一切、不分远近、没有界限的情报网！

对地方官吏的考察审核，是雍正密折政治中另一重要内容，而指示考察的方式、内容、角度则变化多端。

当年的争立太子斗争延续到雍正初年，这使雍正对官员和百姓的动向很重视。奏折制度的一个目的就是让官僚在职责范围以外，互相告密，互相监督，互相戒备，不敢擅自专权，对雍正更是心存畏惧。雍正可以从奏折中观察、分析臣下的思想动态、心术及隐衷，然后分别按照情况予以鼓励、开导，这样通过多方联络，上下互通情况，从而更好地控制臣下。

当李卫任云南盐驿道时，雍正在云南永北镇总兵马会伯的奏折上批道：

"最近听说李卫行为放纵张狂，操守也不大如以前好了，确实是这样吗？一点也不要顾及谁的面子，也不要有报答恩惠或报复积怨的心理，按照实际情况汇报。"

这是调查李卫的品质。

李卫任浙江巡抚时，雍正在他的奏折上批示说，对新会黄岩镇总兵董一隆的品行优劣了解不多，叫李卫"仔细地加以观察寻访，秘密地汇报上来”。这又是叫李卫去调查他人。

雍正派大理寺卿性桂去浙江清点调查地方国库里的钱粮情况，并让他到浙江听到什么情况就上密折汇报。性桂到浙江后，马上就汇报说杭州将军鄂弥达和李卫之间有一定的隔阂。

田文镜曾密奏，李卫是一个非常难得的当代贤良的官员，但他“管理下属官员的标准不免稍微宽松了点，整顿吏治不够，对于一个地方大员来讲是一个缺点，对皇上任用他的意图不能全面实施”。

看来，李卫虽是雍正年间的“模范督抚”，而雍正也要时时派人探听他的动向，决不轻易相信。

雍正高高在上，却能通过各方视角，不断洞察着所有方面。

考察吏治

在距北京千里之外的广东，雍正也通过那里官员的相互监督，牢牢地控制着那里的封疆大吏的每一个行动。

广东提督王绍绪是雍正的宠臣鄂尔泰举荐的，雍正觉得王思路敏捷，办事可靠，但好像爱搞小恩小惠，作风也有些拖泥带水，因此在给广东将军（王的上司）石礼哈的密折中朱批指示他注意观察打听，然后根据实情汇报。

石后来密奏说：王绍绪为官做事虽然稍嫌琐细，但是对皇上很忠心，而且他不贪污受贿，工作上也很勤勉。雍正还是不放心，又秘密询问两广总督孙毓珣对王绍绪的评价，还密令广东巡抚傅泰直接到基层调查王的行为。

傅泰向雍正汇报说：王绍绪品行十分端正，也不贪污受贿，只是办事不够果断，显然是性格上的懦弱造成的。这些都验证了雍正对王绍绪的第一印象。

傅泰不但监视王绍绪，还同时受命监视同僚广东布政使王士俊、按察使楼俨。他密报王士俊有办事才能，也很勤于政事，是个称职的官员，但在他的言行中透露着一些自鸣得意和骄傲自满的情绪。他说楼俨对审案判案不十分在行，而且年龄较大，身体不好，精力不济，做起事来也难以周到全面。

但是，傅泰监视着众人，同样也在雍正的监控下。

广东布政使王士俊就是受命反过来监视傅泰的人。王士俊向雍正报告说，傅泰心里没有什么固定的原则，也根本看不出一个封疆大吏的智慧来，偶尔发一番议论，也没有任何出色之处。近来还听说，广东海关有 5 个文书职员，这五个人都被傅泰各勒索了三百两银子，才得了这个职位。所以傅泰的人品，十分值得怀疑。雍正看了王士俊的密报，觉得很有道理，就严厉地申斥了傅泰，并把他降级调回京城任职。

在现在的清宫密折档案中，人们可以发现，雍正对官员的考察，精细到了何种程度！

雍正曾要重庆总兵任国荣留心文武官员的“声名”。任于七年（1729 年）六月上奏：

四川学政宋在诗“公正而且廉明，有很好的声名”。

川东道陆赐书“办事谨慎小心，还过得去”。

永宁道刘嵩龄“是个明白人，就是身体太弱”。

永宁协副将张英“声名一般”。

漳腊营游击张朝良“为官清廉，很熟悉行军打仗的事务，就是没文化”。

就连下属小官们的健康状况、文化程度都反映上去，这简直可以说是一份十分细致的人才档案了！

雍正看完，给这五个人分别做了如下评价：

“小心以自保，只是具有点小才能。”

“办事老练，没有什么出色的才气。”

“看他的外表很精干，在引见他时不像有病，怎么能这样呢？”

“原来就是很平常的人，而且有莽撞、好生事的缺点。”

“这个人的好坏，以前不知道。”

由此可以看出，从大小官员的政绩到品质，事无巨细，雍正都十分关注，而且对很小的细节也不放过，这是从古到今所罕见的。

关于地方上的士绅百姓的情况如何，雍正也十分关心，他希望从奏折中得到一些真实情况。

雍正六年（1728年）三月，苏州织造李秉忠奏折苏州春雨调和，油菜、小麦长势良好，物价平稳，百姓安居乐业。雍正批道：“看到这些风调雨顺的情况我深感宽心，凡是这样的奏报，一定要一件一件如实禀报，不要有一点隐瞒伪装。苏州地处交通要道，是四方交通汇集的地方，在那里来往的官员和来往的商人，如果碰到有关系的事，也要留心察访明白，用密折汇报给朕。”

一折之中，既要求官员注意天气、农业，又要求官员注意民情。同年，雍正在广西学政卫昌绩的奏折上批示：“你在地方上所看见的，所听到的，为什么不顺便上奏给朕听呢？”

卫昌绩随即应诏上奏说粤西民风凶恶，土豪劣绅很多！卫昌绩还列举民谣“官如河水流，绅衿石头在”，指出当地人民怕官员，更怕这些土豪劣绅！

凭着对这些密折的细致批阅，雍正对各地方的民风习俗、生产生活和吏治情况有了非常及时、准确的把握。

曾静、吕留良案

拦路投书

雍正六年（1728 年）九月二十六日中午，川陕总督岳钟琪在打道回府的路上，收到一封信。

岳钟琪让随从把信拿到车里。他把信接过来一看封皮，见上面把自己叫作“天吏元帅”，就感觉到气味有些不对头，他立即命令手下把送书的人交给巡捕看押起来，自己急忙又赶回衙门，把信拆开仔细观看。把信细细读完，岳钟琪不禁大惊失色，浑身直冒冷汗。

这封信署名“南海无主游民夏靓遣徒张倬上书”。所谓“无主游民”，就是不臣服于当局，不承认清帝的统治，那么，这信的内容可想而知！

从后来雍正皇帝编纂的《大义觉迷录》和有关上谕中可看到一些片断。信的第一方面内容，即指出雍正“失德”，是个暴君！

信中指出了雍正的十大罪状，这就是“谋父”“逼母”“弑兄”“屠弟”“贪财”“好杀”“酗酒”“淫色”“怀疑诛忠”和“好谀任佞”。

谋父当然指的是康熙被雍正毒死的传说，信中认为新皇帝处处与老皇帝“为仇作对，故意过不去”；逼母是指仁奉皇太后之死是受新皇帝逼迫而自杀；弑兄是指因被囚的允礽死于雍正二年，怀疑是雍正蓄谋杀害；屠弟是指允禩、允禟的被杀一事；淫色是传说雍正将废太子的“妃嫔收了做老婆”；诛忠是指年羹尧、隆科多的案子；酗酒，则是社会上传说皇帝喜欢喝酒，带着大臣在圆明园不分白天黑夜地饮酒寻欢作乐，不理政事；贪财的内容更多，如说雍正派人把从四川买来的米，运到江南苏州去卖以赚钱。

这十条罪名，包括了雍正继位及在最初五六年的所有重大政治事件，也可以说是社会上流传的对雍正进行攻击的观点的总归纳，把雍正描绘成谋朝篡位的伪皇帝、不讲人伦的败类，凶恶残忍，不行仁政。如果所说属实，那雍正当然是暴君。

这封信的第二方面内容是主张“汉族与其他民族统治的区分，比君臣的伦理纲常更重要”，反对满族统治汉族。

按照封建伦常，臣民对君主应该绝对效忠顺从。但是，如果依照一部分汉族人的“夷夏之大防”的思想，对非本族的皇帝进行的统治又要坚决反抗。

信里反对清朝入关统治中国，认为它的统治给中原带来了巨大的灾难。之所以如此，主要是他认为区分汉民族与异族的统治比君臣大义要重要的多。

那位夏靓，也就是曾静，曾在《知新录》中就孔子对管仲的态度作了说明，说“管仲抛弃了自己的主人（国君）去为仇人办事，为什么孔子不但宽恕了他，还称赞他这是仁义的行为呢？就是因为汉族和其他民族统治的区分比君臣的伦理纲常还要重要，这是天下第一重要的‘义’，因此孔圣人称赞管仲的功绩”。因此曾静认为对于已经号令全国的少数民族统治者，应当被赶走杀掉。

“满族侵占中国，属于圣人所讲的必须讨伐而不能宽恕的事情之列，只有杀掉他们才能罢休，只能砍死他们才能罢休。”这就是要挑起民族战争的血雨腥风了。

信中第三方面内容说道：雍正统治以来，“冬夏季节改变了次序，粮食也减少了收成”，旱灾和水灾都很多，湖南、湖北的许多地方，连续几年发生了大水灾。江苏、湖北、四川、广东更是不时传来旱灾、水灾的消息，山体崩塌，河水枯竭，天昏地暗，堆起来的尸体把道路都截断了，老百姓已无法生活下去，“湖南、湖北、江西、广东、云南、贵州六省，我们举旗一呼就可以决定局面”，反清的时机成熟了！

看到这样一封信，使一向对朝廷忠心耿耿且权高位重的岳钟琪惊恐万分。

岳钟琪，字东美，四川成都人。开始时通过捐钱的形式被任命为同知，后来改任武官，被任命为四川永宁协副将。康熙五十八年（1719年），准噶尔部侵犯西藏，岳钟琪跟随都统法喇率军队进攻打箭炉，平定了里塘、巴塘等地。第二年攻打拉萨，打败了策凌敦多布的部队，平定了西藏，岳钟琪因此被提升为四川提督。雍正元年（1723年），出兵征服青海的时候。岳钟琪率领6000人平定了上、下寺东策卜的各个部落，围剿平定了呈库、活尔贾等两个部落。雍正二年（1724年）被封为奋威将军，率领军队进攻叛乱的罗卜藏丹津，仅15天，就杀了38万多人，被封为三等公，任命为甘肃提督。第二年，担任了川陕总督。

川陕总督是个权高位重的职位，因为这里位置险要，向南控制云贵湖，向北影响着冀豫京，是清王朝西北边最后一道屏障，同时也是联络藏疆陇青等地的咽喉之地。

岳钟琪之所以被推向川陕总督的高位，除了岳本人已经做了多年的封疆大吏，文武全才，屡建奇功，不加入科甲朋党一流以外，还有很大的戏剧性。那就是雍正帝认为年羹尧的势力已经恶性膨胀到足以威胁皇权的地步。于是他采取果断措施，将年羹尧及其亲信一举铲除，而把这个位子让岳钟琪来接。

伴君如伴虎，岳钟琪深知他必须对雍正无限忠诚，小心翼翼为清廷卖命，才能保住这来之不易的高官厚禄，他的前任年羹尧就是前车之鉴。

那么，民间的反清力量又为什么会把岳钟琪定为目标，要请他出马当反满的领头人呢？这是因为川陕总督手里握有重兵，具有重要的地位，所以担任川陕总督的岳钟琪也就成了当时受众人瞩目的焦点人物。清朝统治集团内部认为他是汉族人，所以不能予以很深的信任，甚至有人认为岳钟琪是岳飞的后代，要为汉族人报仇，反对清朝对汉族人的统治。民间也流传着岳钟琪与清朝廷关系不和谐的传说，认为他作为抗金名将岳飞的后人，会反对清朝皇帝的残酷统治。曾静给他写信就是出于相信了这种传言。

被民间误当作一面反清旗帜，已成为岳钟琪的一块去不掉的心病。所以，这封策反信令岳钟琪大怒不已，他决心亲自来审问上书人张熙。

诱出真相

在岳钟琪严刑逼供下，张熙几次昏死过去，但他也不肯说出实情，只称现在他们的势力遍布六省，只要听到一个命令，大家就会闻风而动，起来响应，推翻清廷。这番话听得岳钟琪浑身冒冷汗，他更觉得这件事非同小可，不是擅自做主可以处置的。

万般无奈下的岳钟琪，上了道密折，请求把这个上书人押往北京，让皇帝亲自来审这个案子。

也许是要考验岳钟琪是否对清廷忠心不二，也许是要通过让岳钟琪处理这件案子公开摆明自身的立场，雍正作出批示，要岳钟琪亲自审定此案。

雍正指示岳钟琪：不要直接重刑逼问他来自何方，“应该采取各种方法慢慢地诱导他说出来”。一定要彻底把这件事搞清楚。

岳钟琪和陕西巡抚西琳、按察司硕色三人商量了一番对策，终于想出了一条妙计。

九月二十日，岳钟琪偷偷将张熙放了出来，并夸奖他是条硬汉子，拿来好酒好肉，把他当作上宾一样招待。

岳说自己早有反意啦，只不过暗中监视自己的人很多，处境也十分危险，不得已才对他用了刑，目的是为了考验他是不是皇帝派来试探的。

岳钟琪痛哭流涕地把自己的诚意表白了一番之后，又与张对天“盟誓”。并表示要迎聘他的老师，共举义旗，推翻清室，光复汉族人的江山。

张熙相信了岳钟琪做戏表演的这一切，完全解除了戒备之心。他激动地把老师的姓名、住所，以及平常交往、志趣相投的人，全部不剩地告诉了岳钟琪。

秘密一说出，岳钟琪立刻露出朝廷大员的真实面目来，把他重新押回牢中，把案情上报雍正邀功请赏。

雍正帝也为岳钟琪这种勇于“自我牺牲”的做法很感动。他称赞岳钟琪是“朕股肱心膂之大臣”“爱卿的这一片忠心，上天和祖宗都能明白的”。

事情就这样被弄明白了。

送信的人叫张熙，字敬卿。指使他的老师“夏靓”即曾静，是湖南永兴人，生于康熙十八年（1679年），当时年近50岁，被人称作“蒲潭先生”。其人不过是个屡次参加科举考试而没有考中的乡村老读书人，家境贫寒，平时以授徒勉强糊口。

张熙25岁就跟着曾静读书，因为住在偏僻的乡村，没有什么书供他读，雍正五年（1727年），曾静叫他到外面去购买书籍。当时，理学大儒吕留良评选的20余种八股书，在社会上广泛流行，图科举进身的读书人无不奉为经典。

吕留良（1629～1683年），字用晦，号晚村，浙江崇德（康熙六年改石门县，在今桐乡西南余杭东北）人，生于明崇祯二年（1629年），清军入关时，家道开始败落。顺治十年（1653年）参加科举考试，很快得到了很高的声誉，后结识黄宗羲、黄宗炎、张履祥等人，思想逐步发生变化。康熙五年（1666年），找借口没有参加科举考试，被除名。后来致力于研究学术、收授门徒，产生了很大的影响，被人们称作“东海夫子”。康熙十七年（1678年），清朝开博学鸿词科，他坚决拒绝浙江省官员的举荐。康熙十九年（1680年），浙江的地方官想以隐居乡里的贤士向朝廷举荐他，被他严辞拒绝，并剃度做了和尚。他死于康熙二十二年（1683年）。吕留良生前大讲华夷之分大于君臣之义，其门徒严鸿逵、再传弟子沈再宽等接受了他的思想，并加以传播。由于吕留良的观点大都写于他的日记、诗词、文集中，并没有公开流传，所以在曾静案发生之前，并未被清朝统治者发现。

曾静当然也一向对吕留良极为佩服。所以张熙到了浙江，就往吕家求取吕留良的遗著。他得到了吕留良的门人、子孙后代们的热情接待。吕留良的儿子把父亲遗著《钱墓松歌》及《题如此江山图》

等饱含民族情绪的文字送给了他。

回到湖南，曾静一见这些书，“开始感到奇怪，接着变为怀疑，再后来相信它是正确的”，终于完全信服。从此曾静开始思考一系列“华夷之辨”的问题，他得出的结论是：只有推翻异族统治，贫苦汉族人才有出头之日。

根据当时的社会传闻和自己的一介书生之见，曾静认定只有川陕总督岳钟琪最有可能使自己的抱负得到实现，便决心去策反他。雍正六年（1728 年）五月，曾静吩咐张熙、张勘（张熙的堂叔）去做这件在他们看来惊天动地的事情。曾静和张熙都为此事作了必死的准备。

在他们的诗里有“但有虹贯日，竟无轲入秦”的句子，他们以战国时刺杀秦王的荆轲来勉励自己。曾静还在身穿的大褂上，写上“曾静死于此”。

张熙当掉了本来就很微薄的全部家产，作为路费，孤注一掷，全力以赴，以完成这一事业。他们一路风尘仆仆，经贵州到四川，在打听到岳钟琪已驻扎陕西后，又由四川辗转来到陕西，于九月十三日抵达西安。

到西安后，二张打听到，岳钟琪其实是当今最受皇上重用的封疆大吏，他对皇帝也忠心耿耿。二人一听，简直感到从头上凉到脚跟。张勘丢下张熙，独自一个人跑回家去了。而张熙却想反正把家产都已卖完了，退路被截断了，不如豁出性命一试，说不定有可能说服岳钟琪，于是才有了西安拦路上书的那个举动。

事情原来就是这么简单。

而所谓的“六省势力”仅仅是张熙自己吹出的一张经不住一戳的破牛皮。这样看来整个事件不过是几个穷苦失意的汉族读书人头脑的一时简单冲动，是没有任何力量支持的反叛企图。按理说，事情可以很快解决。可是事情很快被复杂化了，它衍化成一个“轰天大案”，并在雍正帝手里，得到了一种最令人不可思议的处理方式！

诱供出张熙的秘密后，岳钟琪立即将曾静一案涉及到的湖南、浙江等地十余个“同伙”的住址及吕留良家藏反书等情况，密报雍正。

鼓动掌军封疆大吏造反，当然算得上是一大案。

自从登基以来，每天雍正都处于有人可能要推翻他的紧张气氛之中。以前他挖空心思地用年羹尧取代皇十四弟，现在用岳钟琪取代年羹尧，目的都是为了使作为军事重地的西北边疆牢牢控制在自己亲信手里。所以雍正的首要步骤是安抚岳钟琪，以防他内心有所顾虑，被“逼上梁山”。另一方面，十月间雍正派副都统海兰、十一月初派刑部左侍郎杭奕禄作为钦差急赴湖南，协同巡抚王国栋，扣押了一批乡村读书人。

他们是曾静、刘之珩（原永兴县教谕，曾静好友）、陈立安（刘之珩的学生）、陈达（陈立安之子）、张新华（张熙之父）、张照（张熙之兄）、张勘（曾静的学生、张熙的堂叔）、谯中翼（华容县学诸生，与曾静一样崇拜吕留良）、谯大谷（谯中翼之子）、曹珏、廖易（都是曾静的学生）等人。陕西宝鸡县贡生毛仪，因张熙在去陕西时路经他家，也被拿下。雍正同时还让浙江总督李卫去查抄已死了的吕留良的家，将吕留良之子吕毅中、吕黄中、长孙吕懿历及其一些学生一干人等捉获。经过反复刑讯拷问，证实这不是一个有计划、有步骤的谋反集团，也不存在什么六省“在我一呼可定”的安排和可能。雍正帝心里悬着的一块石头终于落了地，这才下命将各犯解送北京，关押在刑部大牢进一步审查。

处置曾静案

曾、吕两案一出，立即受到清朝统治者的高度重视。由于曾静曾指出雍正有篡位、杀兄、屠弟、贪财、好色等十大罪状，当时社会上也盛传雍正是通过假造诏书得到皇位的。因此，雍正遂想利用曾静一案找出这种传言的根源。湖南巡抚赵弘恩按照皇帝的命令，想尽一切办法进行追查。终于查明，阿其那（允禩）等人在被发配去戍地的路上，沿途宣传自己是冤枉的，散布胤禛（即雍正帝）谋父、逼母、弑兄、屠弟等流言，这样雍正就找到允禩集团是“矫诏得位”舆论的散播者。为此，雍正一面再次宣布允禩等人的罪过，一面就曾静所指摘他的十大罪状逐条进行批驳澄清，发布了许多上谕，又命主持审理此案的官员杭奕禄对曾静进行“多方劝导”，曾静承认其反清是错误的，并写出了表示忏悔的《归仁录》一书。至雍正七年（1729 年）九月，世宗下令将论述这个案子的上谕编辑在一起，在后面附上曾静的口供和忏悔的《归仁录》，集成《大义觉迷录》一书，刻版刊行，颁布于全国各府州县学，使读书士子都通读知晓这件事。如果不知此书，一经发现，就将该省学政、该州县教官从重治罪。同年七月，对此案作出最终裁决。因曾静投书，才使清廷得以查出雍正“矫诏得位”的舆论根源，使百姓得知事情的真相。因此，雍正命将曾静、张熙免罪释放，并命刑部侍郎杭奕禄带领曾静到江南江宁、苏州、浙江杭州等地宣讲《大义觉迷录》，然后秘密押送到湖南，在观风整俗使衙门听用。张熙则由尚书史贻直带往陕西，在各地宣讲《大义觉迷录》，宣讲完后送回原籍，在家候旨，以便随传随到。

重惩吕系

雍正对曾静师徒展示了令人不可思议的仁慈，而对吕留良一案的家人师生却采取了极其残酷的处理方式。

雍正九年（1731 年），正式决定：将吕留良及其子吕葆中、严鸿逵三个已经去世的人掘墓，劈棺戮尸，枭首示众；斩另一子吕毅中、严氏之徒沈在宽二人；吕和严的众孙辈全部发配宁古塔给披甲人做奴隶；吕家财产全部没收充官，作为浙江工程费用。已死的黄补庵的妻妾子女给功臣家为奴，父母祖孙兄弟被流放二千里；吕氏著作的刻书人车鼎臣、车鼎贲、与吕留良交往的孙克用、收藏吕留良书籍的周敬舆均判斩首，秋后处决；吕氏门人房明畴、金子尚被革去生员的功名；陈祖陶、沈允怀等 11 人革去教谕；吕留良的同乡朱振基在任广东连州知州时，曾供奉吕留良牌位，吕案发生时，被革职严审，后死于狱中。

吕家悲惨的遭遇，受到很多人的同情，后来民间就编出了吕留良的孙女吕四娘为亲人报仇、刺杀雍正的传说！但是，对于吕氏著作，雍正也采取了一个很“特别”的处理办法：同年十二月，雍正帝下令内阁不要禁毁吕氏著作。

雍正认为，书无论怎么毁，都不可能做到“彻底不被留传给天下后代人”。所以倒不如像把曾静当“反面教员”一样，把吕氏著作当成是“反面教材”，“来讨论其道德学问的真假”。这样，吕留良的著作除了未刊刻之《备忘录》《日记》、抄藏残稿、信札等外，都没有被焚烧查禁。

同时雍正帝还命令大学士朱轼等人，将吕书《四书讲义》《语录》等进行逐条摘驳，编辑成书，刊印颁发各地学官，与《大义觉迷录》一起向读书人宣讲。

吕氏学派不走运，遭到屠戮，但曾静、张熙师徒也只走运了几年，两颗被雍正暂保下来的头还是被新继位的乾隆皇帝砍了下来。

雍正十三年（1735年），雍正帝驾崩，乾隆帝继位。25岁的新皇帝乾隆目睹了从曾静谋反案到吕留良文字狱的全过程，但很明显他与父亲对这件案子的认识并不一致。雍正帝死后仅仅一个多月，他不顾先皇雍正保留曾、张二人性命的叮嘱，下令湖广督抚将曾静、张熙拿解京城，凌迟处死，并将与这两案有关的材料《大义觉迷录》和吕氏著作等书籍一概收回，严禁流传。这样《大义觉迷录》就成了清朝最神秘的书。

密健皇储

清朝皇帝的继承人问题，康熙以前没有制度化。清太祖死后，因皇位继承演出大妃生殉的悲剧，害得多尔衮从小失去母亲；清太宗死后，尚未入殓，几乎演出兵戎相见的惨剧；清世祖死后，仓促让一位8岁的孩童继位，大清出现一位英明的君主实属幸运；清圣祖死前储位未定，演出了雍正兄弟骨肉相残的闹剧。大清皇朝，是家天下，用什么办法在家族内确立接班人，是清朝建立100多年都没有解决的问题。用嫡长制？虽可以避免兄弟之争，但不能保证选优。明亡教训，已有前车之鉴。用太子制？康熙为建储之事伤透了脑筋，皇太子废了又立，立了又废，其他皇子们又分成几派展开激烈斗争，势如水火。康熙帝失败的教训，雍正已经亲历切肤之痛。雍正即位后，吸取以前的经验教训，结合自己争夺皇位时的亲身体会，始创了“秘密立储”制度。

雍正元年八月十七日，他在乾清宫西暖阁召见总理事务大臣、九卿等朝中要员，讲了一桩关系百年大计的问题：

> 我圣祖仁皇帝为宗社臣民计……于去年十一月十三日仓卒之间，一言而定大计。……今躬膺圣祖付托神器之重，安可怠忽，不为长久之虑乎？当日圣祖因二阿哥之事，身心忧悴，不可殚述。今朕诸子尚幼，建储一事，必须详慎，此时安可举行？然圣祖既将大事付托于朕，朕身为宗社之主，不得不预为之计。今朕特将此事亲写密封，藏于匣内，置之乾清宫正中世祖帝皇帝御书“正大光明”匾额之后，乃宫中最高之处，以备不虞。诸王大臣咸宜知之。或收藏数十年，亦来可定。（《世宗实录》）

既预立皇位继承人，又不公开宣布，这就是秘密立储。雍正将一份亲书的继位书当众装入匣中，搁置在乾清宫正殿悬挂的“正大光明”匾后，另一份随身携带，明令死后才可取出，两份相对无误，才能对外公布，迎立新君。从此，“正大光明”匾便成了让皇子们仰视和惦念的地方了。

雍正七年冬，雍正染病，寒热时发，饮食不常，夜不能熟寝。八年六月，召见允禄、弘历、弘昼和大学士、内大臣数人，“面谕遗诏大意”（《清高宗诗文集》初集卷15《圣德神功碑》）。九月，又将立储密诏示知张廷玉，十年正月，再次密示鄂尔泰、张廷玉，“此时圣谕曰，汝二人外，再无一人知之”（张廷玉《澄怀园主人自订年谱》卷 8)。

由于皇帝预立的皇太子是何人，除皇帝外人人不知，这样就避免了皇子们争夺储位，相对地保证了皇位继承的平稳过渡。而且皇太子已经册立，其名字放置在“正大光明”匾之后，这是满朝文武乃至全国百姓人人皆知的事情，一定程度上起到了安定人心的政治效果。由于别人并不知道谁是太子，皇帝还可以封太子一定的爵位，按照满洲骑马民族的传统，使暗中指定的皇太子和其他皇子得到一定的锻炼。然后皇帝根据对各位皇子的考察情况，必要时能够以强换弱，更换太子人选，在有限的范围内好中选优。皇子要想让自己的名字进入“正大光明”匾之后的密诏中，必须竭尽全力表现自己，从而防止公开册立可能造成的皇太子骄纵不法。

从实践来看，这种方法的确起到了一定作用。自从秘密建储以后，各朝均未发生像清初那样结党营私、争夺储位的现象。一直没有出现皇子觊觎储位以致形成争夺储位的现象，可以说秘密建储的形式在一定意义上起到了一些作用。

雍正选中的人正是传闻中为康熙看好的皇四子弘历。弘历本人在几个弟兄当中，不论在才华上或政治上都处于优越地位，其父死时，他 25 岁，有较好的文化基础，有一定的统治才能和几年参与军事机务的经验，所以极为顺利地掌握了政权。乾隆君临天下 60 年，开创出中国皇朝史上最后的“黄金时代”——“康乾盛世”。应当说，雍正有眼力，有见识，看准并决定要乾隆继承、光大他的事业，确是选对了接班人。

雍正驾崩之谜

吕四娘刺杀雍正帝

暴死圆明园

雍正帝无疑是清朝260余年历史上，争议最大、留下疑案最多的皇帝，除了众说纷纭的继位之谜，他的死也同样备受关注。据记载，雍正十三年（1735年）阴历八月二十三日凌晨，雍正帝突然暴死于圆明园中。雍正帝平时身体十分健康，又不是年老衰亡（年仅58岁），怎么突然死亡呢？由于雍正帝残暴多疑的性格，生前对诸兄弟和功臣们的残酷迫害以及难以自圆其说的继位之谜，使他长期以来就形象不佳，最后突然暴死的结局，引来后人的众多猜测。尤其是到了现代，小说、影视作品中对雍正帝之死的演义和附会愈来愈多，使这一本来就众说纷纭的历史悬案，更加扑朔迷离。

吕四娘的传奇故事

在关于雍正帝之死的各种传说中，以吕四娘刺杀雍正帝的说法流传最广，《清宫十三朝》、《清宫遗闻》等书都有记载。

雍正八年，发生了吕留良一案，死难者共达100余人，吕留良和他的长子吕葆中虽然已死，仍被开棺戮尸，枭首示众；次子吕毅中被斩首；孙辈男女全部被发配到关外宁古塔为披甲人当奴隶；吕留良所著的文集、诗集、日记全部烧毁。此案还株连甚广，吕的学生严鸿逵被凌迟处死，沈在宽被斩首；其他吕氏门生以及刊刻、贩卖、私藏吕氏著作之人，或斩首，或充军发配，或杖责，下场都极为凄惨。

这是雍正朝一起极为残酷的“文字狱”，在社会上造成了极恶劣的影响。

就因为这件事，雍正帝死后不久社会上便流传开了雍正帝是被吕留良的孙女吕四娘刺杀的传说。据说，雍正帝大兴文字狱，大肆株连时，吕留良的孙女吕四娘因不在家中，幸免于难。年仅 13 岁的吕四娘得知家中祖孙三代惨遭杀戮、迫害，义愤填膺。秉性刚强的她咬破手指书“不杀雍正帝，死不瞑目”九字。从此隐姓埋名，潜伏民间，拜师学艺，勤学苦练，练就了一身奇高的剑术，成为了当时有名的女侠。

雍正十三年八月，吕四娘乔装打扮，混入宫内。此后，她找到合适的机会，乘机砍掉了雍正帝的脑袋。雍正帝被杀后，清廷为了掩盖事实真相，制造了雍正帝病死的假象，因雍正帝头被吕四娘带走，清廷秘密造了一颗金头下葬。

鱼娘协助吕四娘

与这一传说相近的，还有各种说法。比如，吕四娘的师傅是一僧人，为雍正帝当年的武林十二好友之一，武功盖世，剑术奇高，且有一项秘不外传的绝技。后来因看不惯雍正帝的阴险狡诈，不愿助纣为虐，愤然离去，遁隐山林。哪料，雍正帝深知其手段高超，怕他威胁自己的统治，派出御内高手四处寻找欲置他于死地而后快。

最终这些人找到了高僧的藏身之所，并布下层层精兵。高僧见状，哈哈大笑，对雍正帝派来的人说："我今天死了，你们的主人也不可能逃。一个月后，自然会有人为我报仇，你们等着瞧罢。"说罢，自刎而死。雍正帝得报后，深知这位昔日好友的厉害，心中不免有点恐慌，遂布置大内高手小心提防。想不到一个月后仍被高僧的得意女弟子吕四娘用飞刀绝技削掉了脑袋；还有传说吕四娘刺杀雍正帝，得到了一个名叫鱼娘的女子的鼎力相助。吕四娘利用朝廷在全国选秀女的机会，以美貌混如宫女之列。一次，她和雍正帝的另一名侍女鱼娘一起侍奉雍正帝寝宿，鱼娘早已看出了吕四娘的用心，便帮她望风，协助四娘刺死了雍正帝。但鱼娘究竟是谁，为何如此却不知。

吕四娘刺死雍正帝的说法，在民间流传极广，随着时间的推移，情节也越来越奇特，各种野史都有记载。近代以来，这一传说更是被拍成了电影、电视剧，情节渲染得惊险刺激、引人入胜。

1981 年，考古工作者发掘泰陵雍正帝地宫，虽因故最终未能打开便停止了，但是不久民间却传说雍正帝地宫被打开，雍正帝有尸身没有头的说法。这自然不可信。

不过，历史上是否确有吕四娘其人，雍正帝是否真的被她砍掉了脑袋呢?

查无实据，事出有因

有学者认为这种说法之所以广为流传，却也"事出有因"。首先，雍正八年雍正帝在给自己的亲信大臣、浙江总督李卫的奏折中有这样的批示："近闻有吕氏孤儿漏网之说，此事与卿关系非浅，尚须严为查办。"由此看来，吕氏有孤儿漏网的说法，早在雍正帝在世的时候就已经传入宫中。雍正帝让李卫深入调查，严加查办，看得出他本人也感到了一种深深的隐忧。这无疑成为这种说法的有力佐证。其次，雍正皇帝的猝死确实也有许多异常之处，例如，雍正帝平时身体十分健康，怎么会突然就驾崩了呢？并且据说鄂尔泰是雍正帝临终受命大臣之一，在袁枚为他所撰的《武英殿大学士太傅文端公行略》中，曾有这样一段描绘鄂尔泰驰入紫禁城传雍正帝遗诏的描写："（鄂尔泰）捧着诏书从圆明园赶往紫禁城。深夜无马，只好骑着骡子奔入宫里，宣旨弘历（乾隆）登基。这时，人们很惊讶地发现鄂尔泰左腿鲜血直流，才知道太仓促，被骡子给磨伤了。鄂尔泰竟没有察觉。"这难免让人生疑，如果雍正帝是正常死亡，鄂尔泰何至于如此惊惶？并且，乾隆皇帝在父皇死后的第二天，颁布了一道奇怪的上谕："朕受皇考鞠育……今忽遭大故，龙驭上宾。""忽遭大故"之语是何等语气！这种措词一般不会用来说皇帝死因，用在这里既可理解为暴病而死，也可理解为身遭仇杀，死于非命。由此种种疑点来看，雍正帝之死确实充满蹊跷，为吕四娘所杀的说法也非空穴来风。

子虚乌有的传闻

不过，对于这样的说法，史学界普遍认为吕四娘刺杀雍正帝完全是子虚乌有的传闻，历史上根本不可能有这种事情。第一，吕留良之案，吕氏一门不大可能有漏网者。雍正八年，问过"吕氏孤儿"一事后，当年七月，李卫回复说，吕氏一门，不论男女老幼均已严加看管，连吕家的墓地也已严密监视起来。李卫是雍正帝的亲信，以擅长缉捕盗贼而著称，不可能对雍正帝敷衍塞责。并且他曾为吕家题过匾，吕案发生后雍正帝没有责备他，他心怀畏惧，更是戴罪立功，尽全力搜查相关人员，不可能使疑犯逃脱。因此，如果真有吕四娘其人，逃脱的可能性也是微乎其微。第二，清朝选秀女的条件是十分严格的，这从清宫《钦定宫中现行则例》中就可以看出。在这种情况下，就算吕四娘成了漏网之人，也不可能有混入皇宫的机会。第三，雍正帝死于圆明园，而这里自雍正初年就设有护军营，戒备森严，昼夜巡逻，绝非电影、小说中所虚构的那样，一个飞檐走壁的女侠就可以轻易潜入，砍下皇帝的脑袋。另外，根据《雍正帝起居注册》记载，雍正帝临死的前两日直至临终都很清醒，对诸事安排得井井有条，如果真被刺杀了，不可能在病危期间召集诸王和重臣前来寝宫，并亲自“授受遗诏”。

而民间之所以会流传吕四娘刺死雍正帝的传说，究其原因无外乎以下几点：首先，清廷始终难以消除汉人的反抗之心，特别是吕留良案，杀人太多，引起了汉人的极大愤慨，希望能有吕氏后人手刃暴君。由此，吕四娘刺死雍正帝的说法，很可能是民间一些文人根据有关传说附会而来，包含着汉人强烈的民族情绪，也隐含着人们“恶有恶报”的因果报应观。其次，雍正帝在争夺皇位的斗争中，树敌甚多，这些人或其余党，也都痛恨雍正帝，使有关雍正帝的谣言越传越复杂。再者，民间对神秘的宫廷，一向充满了好奇，稍有风吹草动，便会听风就是雨，以讹传讹。而史书上有关雍正帝之死的记载十分简略，完全没记载病情，并且从发病至死亡仅三天时间，联系社会上的种种传说，难免产生各种附会。

丹药中毒致死

异人贾士芳，从宠臣到罪臣

最早提及雍正帝之死与服食丹药有关的，是清末民初清朝宗室子孙金梁著的《清帝外传》一书，上面曾有“世宗之崩，相传修炼饵丹所致，或出有因”的记载。不少清史专家，正是围绕这一说法进行了充分的论证。据考证，雍正帝在登基之前身体还是相当好的，根本看不到有关生病的记载，这也是他能够在激烈的储位之争中长期准备，最后赢得胜利的基本条件。继承皇位后，雍正帝勤于政务和处理政争，精神和体力必定耗费甚巨。登基之初，他的身体状况尚好，这可从他给大臣们奏折上回复的“朕安”、“朕躬甚安”等朱批中看出。但自雍正六年以后，随着皇位巩固，政局稳定，他的私生活开始放松，整日沉溺女色，加之年过五十，身体渐渐不好。到了雍正七年（1729年）冬天，他得了一场大病，雍正八年三四月份稍重，五月曾有好转，至六月曾一度病危，甚至连后事都做了安排。不过到了雍正九年夏他的病完全康复。就是在这场大病期间，雍正帝曾向心腹密臣发出谕旨，要他们推荐好医生、道士等。

他在大臣田文镜的一件奏折上曾批道：“可留下访问有内外科好医生与深达修身养命之人，或道士，或讲道之儒士、俗家……一面奏闻，一面着人优待送至京城，朕有用处。”后来田文镜很快将“异人”贾士芳送到了北京。雍正帝经过贾的治疗后，颇有效果，后来几乎天天与其见面，听他讲长生不老之术。雍正帝在给鄂尔泰的一封信中，也曾说：“朕躬违和，适得异人贾士芳调治有效。”贾士芳俨然成了雍正帝的宠臣，“异能”之士，身价陡增。

然而伴君如伴虎，两个月后雍正帝处死了贾士芳，据清廷档案解密，可能是因为贾士芳能够控制雍正帝的病情，让他能好能坏，贵为天子的雍正帝哪能如此受人摆布，因而借故杀了他。但雍正帝并没有因此失去对道士的信任，甚至更加热烈。贾士芳死后不久，他又召正一派道士娄近垣进宫，娄近垣既提倡修养，也主张炼丹。他小心谨慎侍奉雍正帝，深得雍正帝赏识。这次大病康复，可能多少与这些道士有点关系，此后他更加笃信道家长生不老之术。

他继续密令，地方官员为其推荐名医方士，高价悬赏长生不老之药。他还让川陕总督岳钟琪察访名为狗皮仙的道士，据说此人藏有防衰的秘方。岳报告说，那人类似疯子，又无德行，万不可信，他只好作罢。四川巡抚察访到一位“龚仙人”，据说有长生之术，86 岁了还有生育能力，90 多岁了还像年轻人一样。雍正帝立即谕令召进宫来，可就在这时，那个龚仙人升天死去了，为此，他感到极为惋惜。不过各地还是送来大批道士，雍正帝都养在宫中。

雍正帝在与道士们打得火热的同时，也开始了大规模的炼丹活动。早在做皇子的时候，雍正帝就对道士们炼的“功兼内外”的仙丹推崇备至，深信可以延年益寿。甚至还作了一首《烧丹》诗，称赞仙丹有“光芒冲斗耀，灵异卫龙蟠”的功效。

愈演愈烈的炼丹活动

雍正帝的炼丹活动愈演愈烈。他专门在皇宫禁苑中开辟场所，并提供炼丹所需的资金、原料、杂役人员配合炼丹活动。雍正八年的《活计档》中记载，他先后命人往圆明园中运入了 4000 余斤木柴煤炭和大量矿银等物，开始了大规模炼丹活动。经有关学者查证，从雍正九年到十三年（1731～1735 年），雍正帝炼丹的记载越来越多。而自雍正八年十一月至雍正十三年八月，在这 5 年间，雍正帝下旨向圆明园运送炼丹所需物品 157 次，平均每个月都有两三次。累计算来，共有黑煤 192 吨，木炭 42 吨，此外还有大量的铁、铜、铅制器皿，以及矿银、红铜、黑铅、硫磺等矿产品，并有大量的杉木架黄纸牌位、糊黄绢木盘、黄布（绢）桌围、黄布（绢）空单等物件。所有这些物品，都是炼丹的必需之物。

雍正帝《御制文集》中的一些诗句也透露出他对炼丹的着迷和热衷。比如“铅砂和药物，松柏绕云坛”“自觉仙胎热，天符降紫鸾”等等。在圆明园为雍正帝炼丹的道士，主要有张太虚、王定乾等，这些人都会一套“修炼养生”方术，对“炼火之说”更有一番研究。在这期间更没有辜负雍正帝的期望，不断炼出了一炉又一炉的“金丹灵药”。

从一些资料看，雍正帝吃了丹药感觉良好，还拿出一些赏给自己的心腹大臣和出征打仗的将帅服用。比如，他曾赐“既济丹”给鄂尔泰服用，后听鄂尔泰说“大有功效”，雍正帝高兴之余，还特别告诉他：“旧服药方，有人参鹿茸，无金鱼鳔，今仍以参汤送之，亦与药方无碍。”不少大臣和将军都收到过他专门派人送去的“平安丸”，还声称这是“难得之妙药”。还有一次，他把一种叫作“太乙紫金锭”的药赐给田文镜作为寿礼，并且还特别作出了说明：“有人新进朕此一方，朕观之甚和平通顺，服之似大有裨益，与卿高年人必有相宜处……卿虽近七旬，朕尚望卿得子。此进药人言，此方可以广嗣，屡经应验云云。”

雍正皇帝沉迷于这些命名为“丹”“丸”之类的药物的同时，他也忽略了一件事情，那就是炼丹所用的铅、汞、硫、砷等矿物质都是含有毒素的，对人脑五脏侵害相当大。可能正是这些丹药中的毒素日积月累，渐渐在雍正帝体内积聚、侵蚀，而最终要了他的命。

据《活计档》记载，就在雍正帝死前的八月初九日，总管太监陈久卿、首领太监王守贵一同传话，圆明园二所用牛舌头黑铅200斤。当天，这200斤黑铅便运入园子。黑铅是炼丹常用原料，更是一种有毒金属，过量服食可使人致死。雍正帝就是在服用这种丹药12天后在园内暴亡的。这不能说是偶然的巧合。

乾隆，驱逐炼丹道士的继承者

新皇帝乾隆帝登基后，对宫中炼丹道士的处理也颇有嫌疑之处。首先，雍正帝死后的第二天，乾隆帝就迫不及待地下令驱逐炼丹道士张太虚、王定乾等各归本籍，并要他们对宫中及先帝的一言一行，不准在外谈起，如有违者绝不宽贷。这不禁让人怀疑，如果不是他们惹下了什么弥天大祸，乾隆帝何至于在万事待理之际对这些道士大动肝火，并专门发布一道上谕呢？有人分析，可能因雍正帝死于丹药，乾隆帝迁怒于道士们，但又不能动杀机，因为那样不免有揭父之短的嫌疑，因此，只好将他们驱逐出去。再有，乾隆帝在谕旨中说："皇考（雍正）万岁余暇，闻外间有炉火修炼之说。圣心深知其非，聊欲试观其术，以为游戏消闲之具……圣心观之，如俳优人等耳，未尝听其一言，未曾用其一药。"这无疑是为父皇雍正帝辩解，尤其是"未尝听其一言，未曾用其一药"之说，难免有点不打自招，"此地无银三百两"之嫌。

此事发生后，乾隆帝郑重告诫宫内一干人等不许乱说乱传，以免生出"闲话"让皇太后不高兴。这就让人产生疑问了，"闲话"指的是什么？什么样的闲话会让皇太后不高兴？难道雍正帝真的死于丹药中毒，具体地说就是死于炼丹道士之手吗？

近年来，雍正帝服丹药致死的说法越来越引起史学家的关注和认同。美国学者 A. W. 恒慕义在 20 世纪 40 年代即指出："胤禛相信道教关于长生不老的说法，所以他服用各种各样的药物。正是这些药物，导致他的死亡。"海外学者杨启樵也推断雍正帝是"服饵丹药中毒而亡的"。冯尔康先生认为，雍正帝"死于丹药中毒，此说颇有合于情理处"。杨乃济先生则提出"雍正帝死于丹药中毒说旁证"。并且，随着雍正帝炼丹档案的进一步发掘，人们发现雍正帝的确有服丹致死的可能。不过，这也仅仅是一种推测，并非定论，事实真相是否如此仍有待论证。

附：雍正帝大事年表

⊙**康熙六十一年**（1722 年　壬寅）

十一月，康熙帝病逝。雍正帝即位。

⊙**雍正元年**（1723 年　癸卯）

正月，颁诏训饬督、抚、提、镇，文吏至于守、令，武官至于参、游，凡十一道。二月，训饬贝勒允禟。以皇十六弟允禄出嗣庄亲王博果铎，袭其爵。三月，加隆科多、马齐、年羹尧太保，封年羹尧三等公。七月，命隆科多、王顼龄监修《明史》，徐元梦、张廷玉为总裁。八月，定秘密立储制度。十月，授年羹尧为抚远大将军。

⊙**雍正三年**（1725 年　乙巳）

二月，诏廷臣宣示允禟罪状，并及允禩、允禵。三月，因年羹尧表贺将"朝乾夕惕"误写为"夕惕朝乾"而训斥之。四月，调年羹尧为杭州将军。七月，贝子允禟有罪削爵。八月，削隆科多太保，命往阿兰善山修城。罢黜年羹尧为闲散旗员。幽禁允禟。

九月，逮系年羹尧下刑部狱。

⊙**雍正四年**（1726年　丙午）

正月，宣诏皇九弟允禟罪状。集廷臣宣诏皇八弟允禩罪状，易亲王为民王，褫黄带，绝属籍，革其妇乌雅氏福晋逐回母家，敕令易名曰阿其那，名其子弘旺曰菩萨保。削隆科多职，仍令赴俄罗斯议界。二月，革允禩民王，拘禁宗人府高墙。五月，禁锢皇十四弟允禵及其子白起于寿皇殿。改允禟名为塞斯黑，拘于保定。封皇十五弟允禑为贝子。

⊙**雍正五年**（1727年　丁未）

七月，与俄签订《布连斯奇条约》，划定中俄中段边界。是年，设立驻藏大臣制度。

⊙**雍正七年**（1729年　己酉）

三月，命傅尔丹、岳钟琪率军从北、西两路征讨噶尔丹。五月，岳钟琪书疏言有湖南人张熙投递逆书。曾静、吕留良案发。是年，刊刻《大义觉迷录》，颁发各州县学。

⊙**雍正十年**（1732年　壬子）

六月，清军于光显寺御底击败噶尔丹策凌叛乱。十二月，治吕留良罪，命将吕留良、严鸿逵、吕葆中俱开棺戮尸，斩吕毅中、沈在宽。赐皇四子弘历长春居士号，皇五子弘昼旭日居士号。

⊙**雍正十二年**（1734年　甲寅）

五月，命弘历、弘昼入值办理苗疆事务。

⊙**雍正十三年**（1735年　乙卯）

八月，雍正帝于圆明园病危，诏庄亲王允禄、果亲王允礼，大学士鄂尔泰、张廷玉，领侍卫内大臣丰盛额、讷亲，内大臣户部侍郎海望入内受命，宣旨传位皇四子宝亲王弘历。九月初三日，弘历即位于太和殿，以明年为乾隆元年。严禁太监传播宫内外消息，驱逐内廷行走僧人及炼丹道士。十月，乾隆帝命治曾静、张熙罪，将《大义觉迷录》永行收回。复允禩、允禟宗籍，赏子孙红带子，收入《玉牒》。十二月斩曾静、张熙于市。

盛世巅峰的诗人皇帝

——清高宗乾隆帝

全面建功达盛世，骄奢淫逸转衰微

帝王档案

⊙姓名：爱新觉罗·弘历

⊙属相：兔（1711 年）

⊙年号：乾隆

⊙在位：1735～1795 年

⊙享年：89 岁（1711～1799 年）

⊙庙号：高宗

⊙谥号：法天隆运至诚先觉体元立极敷文奋武钦明孝慈神圣纯皇帝

⊙陵寝：裕陵（清东陵）

⊙配偶：29 人，皇后富察氏

⊙子女：16 子，8 女

⊙继位人：颙琰（嘉庆）

帝王小传

乾隆皇帝，即清高宗（1711～1799年），爱新觉罗·弘历，他是清世宗雍正的第四子，1735至1795年在位。乾隆在位60年，退位后又当了3年太上皇，终年89岁。他25岁登基，继位后，实行宽猛互济的政策，务实足国，重视农桑，鼓励垦荒，停止捐纳，先后讨平西北、西南，抗击廓尔喀入侵，拒绝英使马戛尔尼的无理要求；颁布禁书令，迭兴文字狱，开四库全书馆，编纂《续三通》、《皇朝三通》等。晚年，自号十全老人，向慕风雅，笔墨留于大江南北，并是一个有名的文物收藏家。乾隆为人重奢靡，晚年时国库财用耗竭，并重用贪官和绅。农民起义在其晚年层出不穷，成为清王朝从强盛走向衰败的标志。

清朝皇帝中，可以作为英杰人物来论说的只有四位皇帝——清太祖天命汗努尔哈赤、清太宗崇德帝皇太极、清圣祖康熙大帝玄烨和清高宗乾隆大帝弘历。

乾隆帝是中国皇帝中寿命最长的，活了89岁。当政60年后，他禅位于嘉庆帝，因为他祖父在位61年，崇拜祖父康熙的乾隆帝有意少当了1年皇帝。此后他当太上皇，仍然视事。嘉庆四年（1799年）正月初三，乾隆帝去世。上谥“法天隆运至诚先觉体元立极敷文奋武钦明孝慈神圣纯皇帝”，庙号高宗，葬河北遵化马兰峪裕陵。

青史语录

“高宗运际郅隆，励精图治，开疆拓宇，四征不庭，揆文奋武，于斯为盛。享祚之久，同符圣祖，而寿考则逾之。自三代以后，未尝有也。”

——《清史稿·高宗本纪》

身世之谜

乾隆帝生于何地

尴尬的十全老人

清高宗乾隆帝弘历，是中国有史以来最长寿的皇帝，也是历史上实际执政时间最长的皇帝。他在继承康熙帝、雍正帝两朝文治武功的基础上，继续致力于国家的大一统和多民族国家的巩固和发展。历史上著名的“康乾盛世”，就是在他的统治下达到了顶峰。乾隆帝一生南巡北狩，赋诗作词，御笔文墨遍布全国；并且娴熟武事，善喜用兵，夸耀“十全武功”，自称“十全老人”。然而，这位生前风光无限的封建帝王，死后却因为身世问题让人议论纷纷。生在何处？生母是谁？这些对于一般人来说一清二楚的事情，在乾隆帝这儿却离奇得真假难辨，这不能不说是这位“古稀天子”“十全老人”最为尴尬和无奈的事情了。

生于雍和宫之说

按常理说，一个人生在何处，应该是一清二楚的事情，不应该有什么含糊。可这事儿在乾隆皇帝这里，却偏偏说不清、道不明，尽管他贵为龙子龙孙。

乾隆帝是雍正帝的第四个儿子，史书明确记载他出生于康熙五十年（1711 年）八月十三日，可是关于他的出生地点却颇有争议，有人说他生在北京雍和宫，有人说他生在承德避暑山庄。乾隆帝本人一直认定自己出生在雍和宫。

位于北京城安定门内的雍和宫，在康熙帝时候，四皇子（雍正）的府第当时并不叫雍和宫。改名“雍和宫”是雍正帝登基后的事。乾隆帝继位后，把父亲雍正帝的画像供奉于雍和宫的神御殿，派喇嘛每天念经。因此，雍和宫还被称为喇嘛庙。

乾隆帝对雍和宫可谓是情有独钟，不但每年正月初七日都要到雍和宫瞻礼，就是平时路过这里也要进去小驻片刻。他还多次作诗或诗注表明雍和宫就是自己的生身之地：乾隆四十三年（1778 年）新春，在《新正诣雍和宫礼佛即景志感》诗中，有“到斯每忆我生初”的诗句；乾隆四十四年（1779 年），在《新正雍和宫瞻礼》的诗句中说“斋阁东厢胥孰路，忆亲唯念我初生”；乾隆四十七年（1782 年）正月初七日，作《人日雍和宫瞻礼》诗注云“余实康熙辛卯年生于是宫也”；乾隆五十年（1785 年）正月，曾作有“来瞻值人日，吾亦念初生”的诗句。

从以上诗句和注释来看，乾隆帝一直认为自己出生于雍和宫，并且还特别指出了是雍和宫的东厢房。

既然乾隆帝本人都这么说了，按道理是不应该有什么怀疑的，可是，却有人在乾隆帝在位时就提出了他出生于承德避暑山庄的说法。

生于避暑山庄之说

乾隆四十三年（1778 年），军机章京管世铭在随乾隆帝到承德山庄打猎的过程中，先后写下了 34 首诗，其中的第四首写道："庆善祥开华渚虹，降生犹忆旧时宫。年年讳日行香去，狮子园边感圣衷。"管世铭在这首绝句的后面还加了注解："狮子园为皇上降生之地，常于宪庙忌辰临驻。"就是说，狮子园是乾隆皇帝的降生之地，因此乾隆帝常常在先帝雍正帝驾崩的忌日到那里小住几天。狮子园是承德避暑山庄外的一座园林，因为它的背后有一座形状像狮子一样的山峰而得名。康熙帝到热河避暑时，雍正帝作为皇子经常随驾前往，狮子园便是雍亲王一家当时在热河的固定住处。

那么，管世铭所言究竟有几分可信呢？据考证，管世铭虽然官职不高，但任军机章京多年，并且还和朝中的一些官员往来频繁，比如与当朝元老阿桂就关系非常。因此，他是完全可能了解一些宫廷掌故和秘闻的。作为军机章京，他随乾隆帝驻跸山庄、进哨木兰，对皇帝在避暑山庄的行动起居是比较了解的。再说，如果没有把握，他也断不敢把"降生犹忆旧时宫"以及"狮子园为皇上降生之地"的意思写入诗内，而且该诗集在当时就已刻板行世。由此来看，管世铭对这种说法是相当自信和有把握的。

大概是乾隆帝在晚年也听到了有关自己出生地的不同之音，因而才于四十七年在所写的诗注中，特别写道："余实康熙辛卯年生于是宫也”，就是说我确实是在康熙辛卯年出生在雍和宫的。这句话十足地包含着澄清事实的意味，显然是针对外面谣言而发的。

乾隆五十四年（1789 年）正月初七，乾隆帝又作《新正雍和宫瞻礼》诗云“岂期莅政忽焉老，尚忆生初于是孩”，其下自注云：“予以康熙辛卯生于是宫，至十二岁始蒙皇祖（康熙帝）养育宫中。”又一次强调自己确实生于雍和宫。

拿不定主意的儿子

然而令人生疑的是，乾隆帝的继承人，他的儿子嘉庆帝也认为乾隆帝生于承德避暑山庄。嘉庆元年（1796 年）八月，乾隆帝 86 岁大寿，以太上皇身份到避暑山庄过生日。跟随到此的嘉庆皇帝写诗庆贺，诗的开头两句是：“肇建山庄辛卯年，寿同无量庆因缘。”嘉庆帝在这两句诗文的后面注释说：“康熙辛卯肇建山庄，皇父以是年诞生都福之庭……此中因缘不可思议。”意思是说，辛卯年（1711 年），康熙帝亲题“避暑山庄”匾额，御制《避暑山庄三十六景诗》，山庄肇建，皇父乾隆帝恰好于这一年诞生在这诸福齐聚之地，这其中的缘由确实“不可思议”；嘉庆二年，乾隆帝又到避暑山庄过生日，嘉庆帝再次写诗祝寿，在诗文的注释中嘉庆帝把乾隆帝的出生地说得更明确了：“敬惟皇父以辛卯岁诞生于山庄都福之庭。”嘉庆帝这两次写的诗和注释无意间都明确指明，“皇父”乾隆帝毫无疑问是生于承德避暑山庄的。

但是，十几年后，嘉庆帝却又放弃了这一看法，认同了“皇父”生在雍和宫一说。这是怎么回事呢？原来，清朝每一位皇帝登基以后，都要为先帝纂修《实录》（记载一生经历、言行和功业）和《圣训》（皇帝的训谕）。嘉庆十二年（1807 年），朝臣编修乾隆帝的

《实录》和《圣训》，嘉庆帝在审阅时发现，在这两部非同小可的典籍中，编修官们都把“皇父”的出生地写成了雍和宫。嘉庆帝当即命令编修大臣认真核查。此后，翰林出身的文华殿大学士刘凤诰把乾隆帝当年的诗找出来，凡是乾隆帝自己说生在雍和宫的地方都夹上纸条，然后呈送嘉庆帝御览。面对皇父御制诗及注释，嘉庆帝开始感到问题的严重性。在这样一个事关皇父降生地的重大问题上，他总不能违背皇父本人的意见吧！于是，嘉庆帝断然放弃了皇父生于承德避暑山庄狮子园的说法，把乾隆帝的出生地写为雍和宫。这样，在撰修成书的《清高宗实录》中就成了这样的记载：“高宗……纯皇帝，讳弘历。世宗（雍正）……宪皇帝第四子也。……以康熙五十年辛卯八月十三日子时，诞上于雍和宫邸。”这段故事很有意味，它表明直到刘凤诰拿出乾隆帝白纸黑字的御制诗之前，嘉庆皇帝一直都是坚信父皇是出生在承德避暑山庄的。其实，嘉庆帝接受这一说法也是很勉强的。

欲盖弥彰的道光帝

虽然嘉庆皇帝勉强接受了，但是乾隆帝的出生地之争，在嘉庆帝死时又出现了争议。嘉庆二十五年（1820 年）七月二十五日，嘉庆帝突然在避暑山庄驾崩。御前军机大臣、内务府大臣马上撰写嘉庆帝遗诏，但是在遗诏中却再次提到乾隆帝的诞生地就是避暑山庄。当时遗诏是这样写的：皇父乾隆帝当年就生在避暑山庄，所以我死在这里也没有什么遗憾的了。

一看就知道，遗诏是以嘉庆帝的口气写的。可是，新继位的道光皇帝看过之后，却立即下令追回发往天下的遗诏。为什么呢？因为道光帝发现了问题，就是关于乾隆帝出生地问题。当时道光帝的谕旨是这样说的："昨内阁缮呈遗诏副本，以备宫中时阅，朕恭读之下，末有皇祖（即指乾隆帝）'降生避暑山庄'之语，因请出皇祖《实录》跪读，始知皇祖于康熙辛卯八月十三日子时诞生于雍和宫邸。"道光帝进而解释说，嘉庆帝突然驾崩，"彼时军机大臣敬拟遗诏，朕在居丧之中，哀恸迫切，未经看出错误之处，朕亦不能辞咎"。

从他的谕旨中我们不难发现，道光帝一直弄不准祖父究竟出生在什么地方，是专门"跪读"《实录》之后"始知"祖父生于雍和宫的，要不然怎会犯这样的低级错误。

被追回修改后的遗诏很牵强地说成乾隆帝的画像挂在山庄：

遗诏原本："古天子终于狩所，盖有之矣。况滦阳行宫为每岁临幸之地，我皇考即降生避暑山庄，予复何憾？"

遗诏修改本："古天子终于狩所，盖有之矣。况滦阳行宫为每岁临幸之地，我祖、考神御（即画像）在焉，予复何憾？"

遗诏把乾隆帝降生在山庄，改为画像挂在山庄，与"予复何憾"相接，实在有些牵强，难以成为嘉庆帝死在山庄而无所抱憾的理由。

此后，道光帝为了把皇祖乾隆帝生在北京雍和宫的说法作为定论确定下来，还做了一项根本性的举措，就是把嘉庆帝当年说乾隆帝生在避暑山庄的御制诗作都做了修改。不过，这一招确有点弄巧成拙，由于嘉庆帝的诗早已公开刊刻流行天下，这样大张旗鼓地修改诗文注释，结果是欲盖弥彰，反倒使乾隆帝的出生地更加令人疑窦丛生。

通过对这些大量异常情况的分析，我们发现乾隆帝出生于承德避暑山庄的可能性更大，否则管世铭怎么会提出这种说法？嘉庆帝和军机大臣们又怎么可能接连犯这种低级性错误呢？可以推断，乾隆帝出生于避暑山庄的说法早就盛行。不过，这也只是一种推断，乾隆帝到底生于北京雍和宫，还是承德避暑山庄，学术界至今还没有取得一致意见，仍是一桩历史疑案。

海宁换子是真事儿吗

海宁陈阁老之子

关于乾隆帝身世的问题，还有一个让人震惊的传说，即他是海宁陈阁老之子。

浙江海宁，在清朝时属杭州府，是滨临海边的一个小县。海宁地方虽小，却因为在这里能观看到气势磅礴的海潮而闻名于世。相传，康熙年间，皇四子胤禛与朝中大臣、来自海宁的陈大倌，也称陈阁老，关系很好，两家往来密切。那一年恰好雍亲王的王妃钮祜禄氏和陈阁老的夫人分别生了个孩子，而且是同年同月同日。不过，陈夫人遂愿生了个白胖小子，王妃却生下了个女儿。某日，雍亲王让陈家把孩子抱入王府看看。可是，当孩子送出来时，陈家的白胖小子竟变成了小丫头，陈家上下个个目瞪口呆。陈阁老知道是被掉了包，但素知雍亲王的手段，知道此事性命攸关，不敢前去理论，劝全家忍气吞声算了。

雍亲王之所以换陈家的孩子，是因他在争夺皇位中与诸兄弟势均力敌，但是当时自己只有一子，且懦弱无用，不为皇父所爱。因此他觉得自己在这一点上处了下风，有必要弥补这一缺憾，这才有换子之举。

而那个被雍亲王掉包的胖小子，据说就是乾隆皇帝。这种说法不知产生于何时，但在民间流传相当广泛，并且故事越说越真。还传说雍正帝登基后，特别擢升陈氏宗族数人，礼遇深厚，就与此有关。而乾隆帝当上皇帝后六下江南，竟有四次在陈阁老的私家园邸停驾暂住，目的就是到海宁探望亲生父母。

海宁民间更是盛传，陈家有乾隆帝亲笔题写的两块堂匾，一块是“爱日堂”，一块是“春晖堂”。“爱日”也好，“春晖”也罢，用的都是唐朝孟郊《游子吟》一诗中“谁言寸草心，报得三春晖”句子。乾隆帝若不是陈家之子，谈得上报答父母如春晖一般的深恩吗？

用女换男的奇闻

还有一种说法，说当年雍正帝所生为女，雍正帝自己并不知道，是王妃为了提高自己在诸妃中的地位，而暗中调换的。

当时还有人写了一首诗说此事：“钜族盐官高渤海，异闻百代每传疑。冕旒汉制终难复，曾向安澜驻翠蕤。”诗中的高渤海指的是陈氏祖上原为渤海高氏，“冕旒”显然指身为皇帝的乾隆帝。所谓的恢复汉制和“安澜驻翠蕤”，指的就是穿汉服和南巡住在海宁陈家的事。

对于所谓的雍正帝或王妃换出去的那个女儿，在江浙一带的传闻中也有“交待”。据传，这位皇家的金枝玉叶，长大后嫁给了大学士蒋廷锡之子蒋溥。蒋家专门为她建造了一座楼，世称“公主楼”。

海宁换子的说法在民间产生于何时不得而知，不过，从有关资料来看，这种说法最早见诸于文字，是晚清天嘏所著的《清代外史》一书。这本书中有一个醒目的标题就是《弘历非满洲种》，文中说乾隆帝知道自己不是满族人，因此在宫中常常穿汉服，还问身边的宠臣自己是否像个汉人。从标题就能看出，当时这一说法带有强烈的反满情绪，对清朝皇帝的诋毁，带有浓厚的政治色彩。

随后，名噪一时的许啸天在所撰的《清宫十三朝演义》中，又对这种说法进行了淋漓尽致的发挥：乾隆帝原是陈阁老的儿子，被雍正帝妻子用掉包计换了来，乾隆帝长大后，从乳母嘴里得知隐情，便借南巡之名，去海宁探望亲生父母，但这时陈阁老夫妇早已去世，乾隆帝只能到墓前，用黄幔遮着，行了做儿子的大礼。许啸天自然生动、形象真切的描述，十分符合广大市民的胃口。随着《清宫十三朝演义》的风靡，这种说法愈加深入人心。

《书剑恩仇录》的推波助澜

近些年来，有关乾隆帝是海宁陈家之子的传闻更是接连不断地闯入文艺作品，愈演愈烈，其中影响最大的便是武侠小说大家金庸的《书剑恩仇录》。金庸先生是浙江海宁人，从小就听到了有关乾隆帝的种种传闻，所以他的第一部武侠小说《书剑恩仇录》也就紧紧围绕乾隆帝的身世之谜展开。书中写道，当时江湖最大的帮会——红花会的总舵主于万亭夜潜皇宫，将乾隆帝生母陈世倌夫人的一封信亲手交给乾隆帝，信中详述当年经过，又说他左腿有朱记一块为证。待于万亭走后，乾隆帝便把自己的乳母廖氏传来，秘密询问，知道了自己的身世。当年陈世倌的小孩被抱进雍亲王府，“哪知抱进去的是儿子，抱出来的却是女儿。陈世倌知是四皇子掉了包，大骇之下，一句都不敢泄漏出去”。金庸还在书中写了陈世倌的三公子、乾隆帝的亲弟弟陈家洛，继于万亭之后成为红花会会主后，期望激发哥哥乾隆帝的汉族意识，共同成就恢复汉家天下的宏业等情节，读来引人入胜，也使乾隆帝是海宁陈家之子的说法更加妇孺皆知。

传说这么多，传闻这么广，真有点“假作真时真亦假”的感觉，那么乾隆帝究竟是不是海宁陈阁老的儿子呢？

如果事实确实如此，乾隆帝便是海宁陈世倌的儿子，他完全是一个汉人皇帝！那么事实究竟如何呢？有人对这种说法产生的前前后后进行了考证，发现了一些问题。

没有必要的“狸猫换太子”

从雍正帝方面看，根据清室家谱玉牒记载，弘历诞生以前，雍正帝虽然长子、次子早殇，但第三子已经8岁，另一个王妃过了三个月又添了一个儿子。因此，根本没有必要偷换他人之子。再说当时雍正帝年仅34岁，还有生育能力（后来还有孩子诞生），也没有这个必要。退一步说，那时的雍正帝自己能不能登上皇位还在两可之间，他又凭什么知道陈家的儿子就是个大富大贵之人，就能讨得父皇欢心呢？再说，假设就是为了争夺帝位，偷换了一个汉人之子，以雍正帝的心机，也断不会把皇位传给他，让他稳坐大清江山，这种说法无疑把历史简单化了。

说雍正帝不知内情，是王妃擅作主张把女儿换成了男孩，也是不可能的。因为清代对皇子皇孙的诞生有一套严格的记录制度。皇孙诞生，会马上派遣本府太监报奏内务府奏事官，再有宗人府专折奏闻皇上，以备命名，根本不可能数月或数日之后才报告。况且生孩子时稳婆环列，御医侍候，还有不少宫女跑前跑后，是男是女众人皆知，岂能轻易掉包？

绝后的陈家无子可换

从陈家这方面看，更无这种可能。据考证，当时陈大倌并不在京城任官，即使夫人生下了一个孩子也不可能被雍正帝掉包。在这种情况下，人们又把怀疑的目光转到了海宁陈家另一个在京做官的人陈元龙身上。但是这也是不可能的。据《海宁渤海陈氏宗谱第五修》查知，陈元龙育有一子二女，其子于康熙三十三年（1694 年）早亡，17 年后乾隆帝才出世，陈家二女也早于乾隆帝 20 多年出生，根本就没有孩子可换。

至于那两块匾额，也与乾隆帝的身世毫无关系。据史学家孟森考证，清国史编撰的《陈元龙传》中说：康熙三十九年（1700 年）四月，康熙帝在便殿召见群臣，说："你们家中各有堂名，不妨当场写给我，我写出来赐给你们。"陈元龙奏称，父亲年逾八十，故拟"爱日堂"三字。《海宁州志》还提到，康熙五十四年（1715 年）六月，因陈元龙胞弟陈维坤的妻子黄氏守寡 41 年，康熙帝便御书"节孝"两字赐之，又赐以"春晖堂"匾额。这就是说，两方匾额的题词都是康熙帝根据臣下的请示书写的，与孝敬父母的意思根本没有任何联系。

正常的君臣关系

其实，乾隆帝与陈阁老属于正常的君臣关系，根本没有传说的那么神乎其神。事实上陈阁老在乾隆六年（1741 年）担任内阁大学士后不久，就因为起草谕旨差错被革了职，当时乾隆帝当面痛斥他："无参赞之能，多卑烦之节，纶扉重地，实不称职。"如此不留情面，哪有半点父子之情？

据档案记载，乾隆帝南巡到海宁，主要是为了视察耗资巨大的钱塘江海塘工程。作为农业立国的封建王朝，清朝的统治者对修造和维护水利工程十分重视，康熙帝时期就对黄河水患进行了大规模的治理，雍正帝以后水利建设的重点移到了东南海塘（沿海大堤）

上。到乾隆帝时，海潮北趋，海宁一带潮患告急，而海宁大堤一旦冲破，苏州、杭州、嘉兴、湖州这一带全国最富庶的地区势必被淹，到那时将会严重影响国家的税收和漕粮的征收。因此，为了亲自视察海塘工程情况，乾隆帝仿效其祖父的做法，六下江南，四次亲临海宁，检查海塘工程，当时建造的某些工程，至今仍起着挡潮防患的作用。当年乾隆帝巡视时，作为偏僻的小县海宁的唯一名门望族，由陈家接驾是理所当然的。乾隆帝前后共在陈家住过四次，从未召见过陈家子孙，那么传说中的"升堂垂询家世"之事也就更加无从说起了。

至于蒋氏娶雍正帝公主之事，据考证，蒋溥先后有过三位夫人，其中第二位是个陈姓女子，但并非陈大倌或者陈元龙的女儿，只是陈家的远亲，更与雍正帝毫不相干。对于所谓的"公主楼"，史学家孟森曾专门前往当地进行了调查，结果当地人都说家乡没有什么"公主楼"。

"解铃还需系铃人"，我们看看把乾隆帝是海宁陈家之子的故事写得最深入人心，影响最大的金庸先生是怎么说的。金庸先生曾坦诚地告诉读者：《书剑恩仇录》中所谓的乾隆帝的弟弟"陈家洛这人物是我的杜撰"，他还明确声明："历史学家孟森作过考据，认为乾隆帝是海宁陈家后人的传说靠不住。"后金庸还俏皮地说："历史学家当然不喜欢传说，但写小说的人喜欢。"无可厚非，作为一位武侠小说大家，金庸更重视艺术的真实，而不是历史的真实。

虽然金庸作了如此说法，但毕竟历史已经离我们越来越远，真相如何恐怕谁也不好下个定论。

不过，此说法之所以会在民间如此盛行，原因倒是可以说个二三。首先，海宁陈家当时确实十分显赫，曾经"位居宰相者三"；康熙朝更有陈家三人同榜的荣耀，如此簪缨之族、显贵之家自然格外引人注意，也难免为好事者所热议。其次，乾隆帝六下江南，曾四次驾幸海宁陈家，在封建社会这是何等荣耀，也自然惹人遐想。其三，主要还在于早先这种说法迎合了汉族士大夫对清廷的仇视以及丑化的心理，与民间反满情绪的高涨密切相关，比如最早提出这一说法的时间正是晚清末年。最后，文人们的著书立说，对这种说法的传播更是起到了推波助澜的作用，这些也从一个侧面见证了民间俗文化的厉害。不过，至今海宁换子说仍旧深入人心，也仍被许多人所津津乐道。

乾隆生母到底是谁

大内秘档的暗示

据《清高宗实录》记载："高宗……纯皇帝，讳弘历，世宗……母孝圣……宪皇后钮祜禄氏，原任四品典仪官加封一等承恩公凌柱之女，仁慈淑慎，恭俭宽和，事世宗宪皇帝，……以康熙五十年辛卯八月十三日子时诞上于雍和宫邸。"清宫玉牒中也记载：乾隆帝"母孝圣……熹妃钮祜禄氏，系原任四品典仪官加封一等承恩公凌柱之女。"这大内秘档似乎可以证实，乾隆帝的母亲不是山庄宫女，而是熹妃钮祜禄氏。

钮祜禄氏，系满洲镶黄旗人，虽然姓氏高贵，实则出身寒微，父亲只是个四品典仪（后才加封一等承恩公）。康熙四十三年（1704年），年仅13岁的钮祜禄氏只是被赐给胤禛当侍女。当时胤禛已有三位福晋，其中嫡福晋更是出身名门的乌拉那拉氏。

钮祜禄氏出身寒微，只是个侍女，人长得也不漂亮，原本没有被雍亲王宠幸的可能，只因康熙四十九年（1710 年）夏天，雍亲王得了一种传染病，福晋们都不愿去身边伺候，钮祜禄氏奉命接近胤禛，专心侍奉他。一连五六十天，她白天黑夜地侍奉病中的雍亲王，无微不至，十分体贴。雍亲王病好后，心存感激，“遂得留侍，生高宗”。

据史料记载，乾隆皇帝对母亲钮祜禄氏十分孝顺，他曾侍奉母亲三游五台，三上泰山，四下江南，并多次到塞外避暑山庄。乾隆帝的诗文中也有不少称颂钮祜禄氏养育之恩的诗句。如乾隆四十二年（1777 年）正月初八，67 岁的乾隆帝陪侍 85 岁的皇太后赏灯后作诗说：“家宴观灯例节前，清晖阁里列长筵。申祺介寿那崇信，宝炬瑶檠总斗妍。五世曾元胥绕侍，高年母子益相怜。扶掖软榻平升座，步履虽康养合然。”“高年母子益相怜”，这饱含深情的诗句，道出了乾隆帝母慈子孝的情怀。

钮祜禄氏去世后，乾隆帝怀念母亲，还别出心裁，命令宫中巧匠用 3000 多两黄金精心制做了一个金塔，专门用来存放太后生前梳头时掉下来的头发，所以叫“金发塔”。乾隆帝母子感情如此之深，也可从一个侧面证明了钮祜禄氏应该就是其亲生母亲。

难以自圆其说的观点

然而，从有关文献来看，有关乾隆帝生母的记载确实存在难以自圆其说的疑点。乾隆十七年（1752 年），清人萧奭所著的《永宪录》卷二记载：“雍正元年十二月丁卯（二十二日），午刻，上御太和殿。遣使册立中宫那拉氏为皇后。诏告天下，恩赦有差。封年氏为贵妃，李氏为齐妃，钱氏为熹妃，宋氏为裕嫔，耿氏为懋嫔。”萧奭还在书中提出："齐妃或云即今之崇庆皇太后（钮祜禄氏）。俟考。"就是说，在当时就有人对乾隆帝生母是谁提出了疑问，并且当时册封的王妃中，根本就没有钮祜禄氏，有的人认为齐妃李氏可能是乾隆帝生母，但有待考证。高阳先生在《清朝的皇帝》一书中，更是大胆认为：萧奭《永宪录》中，"这'俟考'二字，是一种暗示，是一隐笔兼曲笔的巧妙暗示；齐妃非高宗生母，而故意这样写，是曲笔；齐妃李氏，暗示高宗生母姓李，此为隐笔。"

互相矛盾的官方记载

另外，清宫档案的记载也大有问题。清朝的《雍正朝汉文谕旨汇编》雍正元年（1723 年）二月十四日记载："雍正元年二月十四日奉上谕：遵太后圣母谕旨，侧福晋年氏封为贵妃，侧福晋李氏封为齐妃，格格钱氏封为熹妃，格格宋氏封为裕嫔，格格耿氏封为懋嫔。该部知道。"

同一件事，成书于乾隆六年的《清世宗实录》卷四却在熹妃的记述上有了差异。其中写道："甲子（二月十四日），谕礼部：奉皇太后圣母懿旨，侧妃年氏封为贵妃，侧妃李氏封为齐妃，格格钮祜禄氏封为熹妃，格格宋氏封为懋嫔，格格耿氏封为裕嫔。"

通过这两则资料的对比可以发现，等到乾隆帝登基后，档案上才有了钮祜禄氏的记载，而先前的"格格钱氏"莫名其妙地变成了"钮祜禄氏"。

这两份清廷档案，对同一件事迥然不同的记载应如何解释呢？有人认为：格格钱氏与格格钮祜禄氏应该是一个人，因为都是同一天，奉太后懿旨受封为熹妃的，不可能是两个人。但这是说不通的，如果是一个人，怎么会写成两个人的名字。于是有人推理：由于雍正朝实行的是秘密立储的制度，起先并不知道谁是太子，因而也就没有注意到子以母贵的问题。可能是乾隆帝登基后，他的母亲总要一个高贵的出身吧，因此才将熹妃钱氏篡改为了钮祜禄氏。有的学者更有创意性地猜想是“四品典仪凌柱”将钱氏认作了干女儿，从而使钱氏有了一个高贵的姓氏和出身，这样也就解决了身份与形式的难题。

出身贫寒的生母

与这种猜想近似，乾隆帝生母还有另一种说法。这种说法是由晚清一位著名的学者、诗人王运提出的。王运是曾国藩的幕友，做过大学士萧顺的家庭教师，了解到不少清廷掌故。他指出，乾隆帝的生母虽然是钮祜禄氏，但的确与避暑山庄有关。在所著《湘绮楼文集》里说：乾隆帝之母钮祜禄氏家居承德城中，家里很穷，雇不起仆人。七八岁的时候，她就跟着家里人到了市面上卖豆浆、酒以及各种饭食等谋生。后来开个小饭铺，因为为人热情，经营比较好，生意异常红火。到十三四岁的时候，钮祜禄氏到了北京，正好赶上选秀女，她就混到里头参加了选秀，结果就被选上了，再后来被分到雍亲王府做了粗使丫头。接着所说的雍亲王得病，她精心侍奉，后为雍亲王宠幸，生下了弘历的说法与前面所述一样。

这些说法都表明乾隆帝生母钮祜禄氏确实出身低微，并非多么显赫的大家闺秀。但是，清末民初的清朝遗老金梁等人写文章认为，清宫选秀女是相当严格的，不可能让承德这么一个女孩子混到里头选了秀女，于是对这种说法持否定态度。

乾隆帝诞生于何处，生母究竟是谁确实充满了疑窦。野史传闻虽然不可信，但是按正史记载，《雍正朝汉文谕旨汇编》与《清世宗实录》上关于熹妃钱氏与钮祜禄氏记载上的矛盾，至今仍不能自圆其说。其他的各种说法，虽然也有许多漏洞，但也并非全不可信。总之，乾隆帝的身世之谜，注定还要被继续争论下去。

乾隆登位

仓促登极，稳定大局

雍正十三年（1735年）八月二十三日子时，年仅58岁的雍正皇帝突然驾崩于圆明园，内宫一片哭声，群臣一片慌乱。

鄂尔泰、张廷玉还算镇定，赶忙跟允禄和允礼两个人说："因传位大事，（雍正）亲书密旨，曾示我二人，外此无有知者。此旨收藏宫中，应急请出，以正大统"（张廷玉《澄怀园主人自订年谱》卷8）。不久，总管太监捧出黄封一函，内藏雍正十年藏于圆明园的朱笔亲书传位弘历诏。张廷玉于灯下宣读，弘历跪拜受命之后宣布，"遵皇考遗旨，著庄亲王、果亲王、大学士鄂尔泰、张廷玉辅政。"然后，雍正遗体夤夜运回宫中，当时朝廷一行的匆忙、皇亲及百官的狼狈不用细说，只从"仓卒中得宫厩驽马乘之，几至蹶踣"便可见一斑。

八月二十四日，弘历颁布数道谕旨。其中一道是谕内外大臣旨，宣布自己将继续处理先帝未竟之业，维护政策连续性，要求朝中大臣必须效忠自己，各级地方官处理事务应一如既往，不得欺慢。

还有一道是谕示总理事务王大臣庄亲王允禄等人的，内容是关于鄂尔泰、张廷玉配享太庙问题。配享太庙对于封建官僚来说，是至高无上的荣誉。弘历宣布要将此事写入皇考遗诏，等于以雍正遗诏作为最权威的兑现保证。这种超出常格的作法，目的在于拉拢这两位满汉大臣的领袖人物，并通过他们争取整个官僚队伍对自己效忠。鄂、张二人故作姿态，“屡行固辟”，谦让一番，最后还是感激涕零地接受了。两天后，鄂、张二人上奏，“不敢当辅政之名，请照例称总理事务”。弘历同意，降旨“凡宫门一切陈奏，先告知总理事务王大臣，再行进呈”（张廷玉《澄怀园主人自订年谱》卷8）。

稳住大臣，弘历又注意到了稳定内宫问题。八月二十五日，他对太监颁谕说，国家政策关系重大，不许妄行传说。皇太后仁慈，抚爱朕躬，凡有所知，岂有不告之理？但市井传说，多有舛误。今后凡外间传闻，无故向廷传说者，即为背法，查出定行正法。“若太监略有放纵，许内务府总管先拿后奏。”这一谕旨是为了防止太监向内宫走递朝廷信息，播弄是非，干扰政局。二十三年（1758年），乾隆帝将泄露朱批的太监高云从处以磔刑。

弘历还降谕都统莽鹄立，命令他把炼丹道士张太虚、王定乾等人赶出西苑。上谕从为亲者尊者讳角度出发，轻描淡写地说他父亲视张太虚等炼丹术为“游戏消闲之具”，也知道这批人是“市井无赖之徒”，从未用过一药。这位年青皇帝对炼丹术的鄙视与厌恶，表明他具有反对愚昧的可贵精神。

九月三日黎明，大驾卤簿全设。弘历先着素服向雍正帝梓宫行九拜礼。然后更换礼服，奉皇太后到永寿宫，亦行九拜礼。接着，至中和殿受内大臣和执事官行拜，再到太和殿即皇帝位，受亲王以及文武百官、朝鲜等国使臣朝拜，颁诏天下，以明年为乾隆元年。

乾隆初政

以宽代严

雍正帝刚刚去世，乾隆就建立起了以他为核心，以鄂尔泰、张廷玉为辅佐的最高统治集团。当月即发布了雍正帝的一份遗诏，大意是说，施政的宽与严，要根据时代的不同而变化。从前人心浅薄，官吏营私，不得不惩治整理，以戒将来。现在皆知儆戒了，这样，过去严敬的条例就可改得宽松一些。当初由宽改严者，也只是一时之计，待诸弊革除之后，仍可酌情恢复从前的约章。这份遗诏，实际上是在乾隆皇帝的指导下后来起草的，目的是阐述他的治国指导思想。随后，乾隆帝不断以自己的名义，发布其治政思想和主张。

雍正十三年（1735 年）十月初九，这位登上帝座才 30 多天的新君，便下谕给庄亲王允禄、果亲王允礼、大学士鄂尔泰与张廷玉等总理事务王大臣，讲述以宽代严之事。

在这道谕旨中，乾隆帝主要讲了 3 个方面的问题。一是肯定了皇祖康熙帝以宽治国方针的正确，认为这项方针使得国家太平，人民安居乐业，举国上下一片欢乐景象。二是说明皇父雍正帝主严是出于形势的需要，怕因为政策过宽而出现弊政，因而整饬纲纪，澄清吏治，目的还是为了“惠爱”赤子。究其用心，与康熙帝的宽大方针并不矛盾。第三点最为重要，是下达这一谕旨的主要目的之所在，即正式宣布以宽治国，详细论证现在主宽的必要性，说主宽是因时制定，是以柔济刚，相辅相成，与先皇之政并不冲突，要求总理事务王大臣认真体会其“宽大居心”和“用宽之意”，严明振作，使其能“常用其宽，而收宽之效”。

他认为康熙、雍正两朝统治政策宽严不一。康熙朝以宽大为治，宽有余而严不足，造成朝臣奉行不力，人们心性乖张，官吏不知公事，奸人不畏法度。雍正朝严猛为尚，严有余而宽不足，致使政令繁苛，人们遇事紧张，每一件事都严令苛责，官吏人人自危，政治空气极为紧张。有鉴于此，乾隆皇帝提出了他的治政指导思想，即以“执中两用”为准则，“宽严互济，交相为用”。他认为，为政之道，要不拘束于常法，应根据具体情况制定政策，即所谓“损益随时”；要恩威并施，柔中有刚，刚柔相济，即所谓“宽猛两用”。

乾隆上台之后，面临着的是皇父雍正帝留下的因苛政而导致的紧张政治局面，为了缓和这种极不正常的时局，乾隆对雍正的政策作了较大幅度的改变和调整，首先是全面纠正前朝弊政，清理政治积案。

雍正生前，信奉佛道，热衷于巫术，特别是到了晚年，对佛道的信仰已经到了难以自拔的地步，在宫内豢养了一大批道士，跟随其左右，并责成专人为他炼长生不老的金丹妙药。乾隆则认为这些道士都是骗子，十分痛恨，他即位之后，第一件事就是把这些道士巫师们驱逐出宫，遣回原籍，痛骂为雍正帝烧炼丹药的道士张太虚、王定乾等人“不安本分，狂妄乖张，惑世欺民”，实为“市井无赖之徒”。并警告被驱逐出宫的道士们，不许在外随意议论、传播宫中事情，如有发现“定严行拿究，立即正法，决不宽贷”。

对全国各地的僧道，乾隆也加以全面限制。下令严格审查僧人身份，毁禁僧人著述，禁止各地擅造寺院等。乾隆的举措得到了朝野上下的一片赞同，特别是在宫中，反应尤其强烈，因为那些道士因雍正帝的宠信而飞扬拔扈，胡作非为，以宗教迷信干扰政务，宫中大员们敢怒而不敢言，早已对这些道士恨之入骨。

清除僧道之后，乾隆即刻着手解决宗室内部的纷争问题。雍正帝继位，是经过与其众多兄弟进行一番勾心斗角、尔虞我诈的激烈角逐，使用各种手段而得到的。他在争夺皇位过程中和继承皇位之后，对他的竞争对手——皇兄皇弟及宗室异己，进行了无情的排斥和严厉的打击，或终身监禁，或削爵夺藩，或抄家流放，兄弟反目，家庭惨变，宗室内部矛盾重重。如何处理好皇族家政，对乾隆来说也是一次严峻考验。他在即位一个多月之后，接连下达了数道关于处理宗室内部问题的谕旨。十月初八，在第一道谕旨中就提出允禩、允禟已获罪而死，但将他们的子孙摒弃于宗牒之外，处理过重。初十，下令宗人府查清因罪而革退的宗室，分赐红带、紫带，载入玉牒。事过两天，许多被禁锢的王公宗室被释放，不久又将侥幸活了下来的两个最重要的政治犯皇十子允䄉、皇十四子允禵宽释回家，并赐给他们爵位。在如此短的时间里，乾隆结束了这场十几年来悬而未决的公案，紧密地团结了宗室力量，增强了皇族内部的向心力，彻底解除了皇帝的“内顾”之忧。

在处理雍正遗案中，除曾静、张熙投书案进行了从严从重处理，其余大多数进行了宽大的处置。

雍正在位时间虽只有短短的十几年，但就是在这十几年里，政治斗争接连不断，大案要案接踵而至。在历次斗争的风浪里，无辜的受害者大有人在。为此，乾隆帝从纠正政治冤狱入手，以便树立自己新的形象和威信，争取社会上各种政治势力的支持，缩小敌对阵营。对那些在年羹尧冒滥军功案内被革职的知县、守备以上的文武官员视情况进行起用，释放在各起文字狱案中的涉嫌人员等。即使是一些非冤假错案，乾隆帝也采取了宽大的办法予以处理，如释放因贻误军机而被判死刑的名将傅尔丹、岳钟琪；赦免因诽谤程朱而发配军台的御史谢济世；还有许多亏空钱粮、侵吞公款的官员，也多被免予追赔或处分。他的这些举措，同雍正的刻苛严厉形成了鲜明的对照，在世人面前树立了一个宽厚仁君的良好形象。

在团结了宗室、减少了敌对势力、皇帝大权基本掌握在手之后，乾隆帝便以充沛的精力和大干事业的雄心壮志，开始了新政策的实施，这时全面处理国家政务摆到了乾隆皇帝的议事日程上来。

勤于朝政

乾隆帝在处理完雍正的后事之后，便全身心地投入到了对全国政务的处理上。他常常五更上朝，召见大臣，批阅奏章，详细了解从中央到地方的政治、经济、军事、文化、外交等大小事情。他在勤政殿房间亲书《尚书·无逸》一篇用来经常提醒和督促自己。

在选用人才的同时，乾隆皇帝对已有的官僚体系进行整肃，雷厉风行地惩办了一批贪污腐化、欺压百姓、滥用权力、不干实事的贪官污吏，使清初的吏治开始向好的方面转化。

为了进一步对各级官员加强了解与控制，乾隆元年开始陆续调各地提镇、各省藩臬来京引见，乾隆三年（1738 年）下半年以后，引见范围又扩大到了副将、参将、道府官员及部分知县。通过这些方式，乾隆帝很快掌握了全国文武官员的基本情况。

乾隆皇帝下达了许多表明自己爱抚百姓的谕旨，宣布自己即位以来，便“以爱养百姓为心”，为了“加意培养元元”“爱养黎元”“加惠元元”“爱养民生”，而日夜操劳，励精图治，革弊兴利。乾隆皇帝为什么要如此地“爱养百姓”，这是夸夸其谈的陈词滥调，抑或是一种实情的反映？仔细分析他的一道重要谕旨，便可了解清楚。

雍正十三年（1735年）九月二十五日，刚即帝位22天的乾隆皇帝，给庄亲王允禄、果亲王允礼、大学士鄂尔泰与张廷玉等总理事务王大臣，下了一道类似政纲的十分重要的长谕。

在这道诏谕中，乾隆谈到了四个问题。第一，“本固邦宁”。他着重指出，自己日理万机，夜以继日，兢兢业业，“时廑本固邦宁之至虑”，时时刻刻考虑本固邦宁之事。

第二，“恒产恒心”。乾隆帝认为，要想作到“本固邦宁”，就必须使人民进行稳定的生产，因为恒产与“恒心”是“相为维系”的，有了恒产，才能产生恒心，百姓不愁吃穿，“饱食暖衣”，仓有余粮，才能“知礼义”“民生优裕”“民质自驯”，这样，民心顺，四海宁，“太平有象”，反之如果民贫如洗，饥寒交迫，哪怕酷刑滥杀，民亦将起而反抗，天下就很难太平了。

第三，“生齿日繁”“民用难充”。乾隆帝非常清醒地分析了当前形势，认为民间现状非常严峻，在谕中着重指出，满汉人民“生齿日繁”“地不加广”，人多地少，因而“民用难充”“民产难制”。

第四，“勤政爱民”。乾隆帝认为，要想解决困难，使民有恒产恒心，达到“本固邦宁”，君主必须勤理国政，为民兴利，内外官员必须善体帝心，实现君之志愿，讲求利民富民之法，不得欺压百姓盘剥人民，“朘民生以厚己生”。

这道谕旨，是乾隆执政期间的重要施政纲领，在相当长的时间里，他的确在努力这样做，勤理国政，“爱养百姓”，兴利除弊，以图达到民有恒产恒心，本固邦宁。他在乾隆四年（1739年）四月十二日谕告群臣说：“朕自即位四年以来，朝乾夕惕，无非以爱养民生为念，凡有利民之政，无不兴举，害民之事，靡不革除，痌瘝焦劳，惟恐一夫不获其所。”这可以说是他对自己登基四年来施政的自我总结，在以后的执政时间里，他也是这样自勉自责和努力的。

乾隆帝还视具体情况，选择恰当的时期和地方，不定期、不定量地进行积欠的蠲免和赈恤灾民。乾隆帝登位之初即谕令：将雍正十二年（1734 年）以前各省民欠钱粮全部豁免，同时又豁免了雍正十二年（1734 年）以前，旗退地亩租银及入官地亩租银租粮等。对于各地发生的水旱虫灾，乾隆帝还多次向老百姓发放粮款予以赈济，并采取有效措施减轻人民群众因灾造成生活困难的程度，如在灾区推行以工代赈、免除灾区商人米粮、开仓平粜、设立粥厂、兴办普济堂、育婴堂等慈善机构。

农业是国家之根本，以乾隆的观点来看，国富有赖于农业经济的发展，民安有赖于农民生活的稳定。乾隆登基以后，推行的一系列农业政策是深得民心的，特别是广大的农民得到了不少好处。

乾隆在当上皇帝的初期施政的短短几年里，其治政指导思想非常明确，所采取的政策措施既符合实际，具有较大的可行性，又深得民心。他一上台便以“与民休息”“为政务实”的精神，从中央到地方，从宗室到民间，全方位地对各种政务进行了综合治理，取得了辉煌的政绩，为乾隆盛世的到来，打下了坚实的物质基础。

苗疆风云

古州叛乱

雍正去世后，遗留给乾隆最棘手的问题，莫过于西南和西北的民族问题。他说：“目前紧要之事，无有过于西北两路及苗疆用兵”。

西南民族问题，即“苗疆用兵”，指的是贵州古州台拱一带苗族原土司发生叛乱。

改土归流削弱了少数民族地区割据势力，是加快社会政治经济发展的进步政策。但它触犯了土司利益，必然引起土司的强烈反对。鄂尔泰以武力作为后盾，剿抚结合，在少数民族地区加以推行。雍正四年（1726 年）五月，他首先出兵荡平广顺州长寨后，建营驻兵，分兵把守险要关隘，“易服雉发，立保甲，稽田户”，并乘胜招服黔边东西南的定番、镇宁、永丰等 2000 多个苗寨。古州（今贵州榕江县）的改土归流直到雍正七年（1729 年）才着手。此处“自恃地险峻，出没靡宁，扰害居民，劫夺行旅”，成了地方良善的心腹大患，是“自古未归王化之地”。又有人传播说“改流升科，额将岁倍”，所以当地土司顽固地抵制改土归流。当年三月，鄂尔泰平定古州，雍正立即嘉奖鄂尔泰及协助鄂尔泰执行改土归流政策的贵州巡抚张广泗。

雍正九年（1731 年），鄂尔泰返回京城。古州苗族头人“伺公已北上，文武官弁又不善防范，致复作乱”。雍正十二年（1734 年）古州地区传闻纷起，说是“出有苗王”。雍正十三年（1735 年）二月，所属八妹、高表等寨“为谣言所蛊惑”，聚众发动叛乱。叛乱以古州、台拱为中心迅速蔓延，攻掠所至，达凯里、施秉、黄平州、清平、余庆、镇远、思州，震动省城。五月，雍正派二万名湖广、广西、云南、四川官兵进行围剿，命贵州提督哈元生为扬威将军，统一调遣，湖广提督董芳任副职。雍正还任命皇四子弘历、皇五子弘昼、大学士鄂尔泰、张廷玉和工部尚书徐本等为办理苗疆事务王大臣，令刑部尚书张照和副都御史德希寿立即赶到贵州，指挥征剿。

张照是鄂尔泰的政敌。古州发生叛乱，鄂尔泰引咎辞去伯爵。张照到达贵州后，并没有集中全力征剿，而是绞尽脑汁考虑如何进一步攻击鄂尔泰。他一方面上疏密奏“改土归流非策”，另一方面鼓动哈元生也上疏弹劾鄂尔泰。哈元生是鄂尔泰一手提拔起来的，自然不愿与张照合作。张照转而支持董芳，在前方专主招抚。“当是时中外畏事者争咎前此苗疆之不当辟，目前苗疆之不可守，前功几尽失，前局几尽变”。西南改土归流面临着失败的危险局面。

乾隆用兵

正在这关键时刻，雍正驾崩西归。年轻的乾隆皇帝面对群情激愤，弃苗疆之论充斥朝野而毫不动摇。他坚持用兵，果断地采取三项措施，力挽危局。

首先，迅速调离前方主帅。雍正十三年（1735 年）八月二十四日，乾隆执政第二天，降旨调张照返京，以张广泗总理苗疆事务，谕令速往办理。乾隆用张广泗代替张照，可以说是明智的。张广泗，汉军镶红旗人，以监生入赀授知府。雍正四年（1726 年），协助鄂尔泰在云贵搞改土归流，次年提升贵州按察使，雍正六年（1728 年）率兵讨平都匀、黎平、镇远、清平叛乱，因战功卓著授巡抚。十年（1732 年），以副将军之衔，随宁远大将军岳钟琪出兵西路，讨伐准噶尔部叛乱。他在出任苗疆总理事务大臣之前，是湖广总督。

其次，指示前方剿抚相结合，禁止滥杀无辜的暴虐行为。清军纪律败坏，侵扰百姓，一贯胡作非为。如八寨协副将冯茂，“杀诱降苗六百余，及其头目三十余冒功，于是逃归播告党徒，结盟益坚，多手刃妻女而后出抗官兵，蔓延不可招抚”。不论好坏，一概屠杀，不利于分化瓦解敌人。乾隆对这种凶残的做法极不赞同。他在九月二十四日颁布谕旨："凶顽之寨及首恶之人，定应剿洗擒获，务尽根株。其余附和迫胁之苗，分别料理，必令尽缴器械，方许投诚"。区别已抚与凶顽，分清首恶和协从，针对不同的敌人采取不同政策，必然减少阻力，有利于战争胜利。

最后，对"弃置"论进行严厉驳斥，坚持改土归流的政策。黔东西南苗族聚居地，属中国境内之领土，所谓"弃置"，绝不是等于让它从中国分裂出去，而是对少数民族上层分子割据势力采取放任自流的办法，放弃中央政府对它的行政管辖，从改土归流倒退到土司制度之前的牵制政策，这显然不利于维护国家的统一和各民族之间经济文化的交往。雍正目睹苗疆叛乱，后悔改土归流，"以为从前原不应料理"，叛乱平定之后可以考虑"弃置"问题，纯属因噎废食之论，张照"弃置"论即来源于此。乾隆对张照"弃置"论的批驳，表明他维护国家和民族统一的决心，甚至比雍正更坚定。

乾隆帝采取的另一重要措施是更换将领，惩办失职官将。他一登上帝位就将张照撤下来，委任湖广总督张广泗为经略，"统领军务"，自扬威将军哈元生、副将军董芳以下，全部都要听从张"节制调遣"。他多次降谕，慰抚张广泗，寄以厚望，授与大权。言及苗疆用兵事关重大，历时日久，虽发誓尽全力平苗报恩，却仍无任何头绪。乾隆帝也多次下谕，指责张照扰乱军务，副都御史德希寿附合跟随，贵州巡抚元展成抚绥不当，玩忽职守，轻视民命，文武不和，扬威将军、贵州提督哈元生事先不能作防范，用兵时又犹疑观望，筹谋无术，调度失宜，贻误军务，副将军、湖广提督董芳仗恃张照之势，与哈元生狼狈为奸，仅以招抚为事，皆令革职拿解至京，严审定罪。乾隆的这一举措，赏罚严明，对保证平定苗疆起了很大作用。

乾隆帝对剿抚之间的关系，作了明确的规定，禁止滥杀，力图以“德”济“威”。他于九月二十一日谕总理事务王大臣和办理苗疆事务王大臣，多次指责官兵不该烧毁被迫胁从的苗寨，屠杀老幼，因为“若将胁从之苗寨概行焚毁，并诛其老弱子女，则益坚其抗拒之心，于剿抚机宜，殊为未协”，但若过分宽纵，“使逆苗并不畏威，兼不怀德，则亦非一劳永逸之计”。他于十一月十八日再谕总理事务王大臣和办理苗疆事务王大臣，下令赦免投诚苗众之罪，让他们传谕经略张广泗，令其知晓圣谕：“除怙恶不悛者定行剿除，以彰国法，其余若能闻诏投戈，输诚悔过，当悉贳其罪，予以自新，务使边宇安宁，百姓乐业，以副朕乂安海内，一视同仁之意。”这对劝说苗民降顺，减缓限制官军的滥杀，具有较大的影响。

在乾隆帝积极整顿军务的正确方针指导下，经过张广泗认真总结前面八九个月战争的利弊得失和经验教训，认为过去之失利，除了政治上文武不和、剿抚未定等因素外，军事上最大的失策是“合生苗、熟苗为一”“分战兵、守兵为二”，在战场上用于征剿之兵太少，六省官兵数万名，绝大多数用于“大路沿途密布”，“而用以攻剿之师，不过一二千人”，以致“东西奔救，顾此失彼”。他建议集中兵力，分化生苗熟苗，“直捣巢穴，歼渠魁，溃心腹”“涣其党羽”“暂抚熟苗，责令缴凶缴械，以分生苗之势”，而以“大兵三路同捣生苗逆巢”，使其无法互相救援，“则我力专而彼力分，以整击散，一举可灭”，然后再攻“从逆各熟苗”，这样就可以取得战争的彻底胜利了。

乾隆帝非常信任张广泗，对他的奏请，完全批准，大力支持。张广泗拥有军政大权，号令统一，率领六省官兵，集中力量进行征剿，先分兵三路，攻上九股、下九股和清江下流各寨，所向披靡。乾隆元年（1736 年）春，继续分兵八路，剿灭抗拒苗寨，“罔不焚荡铲削”，随即进攻牛皮大箐。此箐位于苗寨之中，长达百余里，北至丹江，西为都匀、八寨，东系清江、台拱，“危岩切云，老樾蔽天，雾雨冥冥，泥潦蛇虺所国”，虽附近的苗徭，“亦无能悉其幽邃穷其荒阻者”，所以各处苗寨被攻下以后，苗人纷纷逃据其中，以为官兵绝对不可能到此，他们企图待军退后再出活动。张广泗檄令诸军分扼箐口，重重合围，逐渐近逼，从四月至五月，官兵“犯瘴疠，冒榛莽，靡奥不搜，靡险不剔”，又许苗人自相斩捕除罪，因此，生苗“渠魁”全部被擒被杀，“俘馘万计”，“其饥饿颠陨死岩谷间者，不可计数”。六月，张广泗再次乘胜搜剿从乱熟苗，分首、次、胁从三等，直到秋天，先后毁除 1200 余寨，赦免 388 寨，斩 1.7 万余人，俘 2.5 万余人，尽数铲平苗寨叛乱，原来黄平等州县逃到邻近省份居住的汉民，陆续回到旧地。战火纷飞，兵荒马乱，连续折腾了一年多的苗疆，终于平定下来了。

治理苗疆

对苗疆地区的迅速平乱是乾隆帝即位以后的一大政绩。乾隆帝对此当然感到十分高兴，重赏有功官兵，厚赐银米，晋张广泗为贵州总督兼领贵州巡抚，授三等阿达哈哈番世职，并每年赏给养廉银 1.5 万两。但是，他并没有被眼前的胜利冲昏头脑，而是在积极着手进行更为艰巨的工作。

征剿苗变，固非易举，未必能稳操胜券，但是，以全国之力制一隅之地，遣派六省官军对付数万没有任何训练的苗民，只要调度有方，总还是能够办得到的。可是要治理苗疆，使其今后不发生或少发生变乱，则是一件有长远意义的大事，因而变得尤其艰难。雍正四年（1726 年）起，为在苗区改土归流，用兵五六载，刚刚收兵，即遍设州县，委派官员，筹建兵营，征收赋税，台拱上下九股数百苗寨即于雍正十年起事，围攻大营，持续将近一年，才将其镇压下去，不久又发生了这次大的变乱。这两次苗变表明，清廷必须采取正确措施，才能真正稳定苗疆，减少动乱。

乾隆同时采取的另一重要政策是尊重苗民在当地的习俗。他在上述永除苗赋的圣谕中同时又讲道，苗民风俗，与内地百姓全然不同，因此规定，今后生苗疆中一切内部矛盾，都依照苗民自身惯例处理，没有必要依清朝廷官法进行处置。至于生苗与汉族兵民及熟苗争执的案件，则属于文官应办者，归文臣办理，属武将处理的范围，则由武官办理，有关官员必须“秉公酌理，毋得生事扰累”。

乾隆帝实行的第三项重要政策是在苗疆地区实行屯田，但这一项不像免赋那样一谕定局，而是经过了许多曲折往复。乾隆元年（1736 年）十一月二十二日，他在审阅总督张广泗陈奏的苗疆善后事宜时，谕告总理事务王大臣，指出张总督奏请将“逆苗绝户田产”分给汉民领种的办法非常不妥，因为苗人秉性反复无常，现在虽然降服，但难保今后安定，若将“所有逆产招集汉民耕种”，万一苗变再起，汉民将受其害。因此，叛乱的苗寨中因为获罪不能耕种，而并入官府的耕地，可用来设屯军，令兵丁耕种，这样，无事可尽力务农，万一出现紧急情况，“就近即可抵御”，所收粮谷，“又可少佐兵食”，以省内地的转运，且使苗疆驻兵有所增多而又能节省添兵的费用。乾隆帝令王大臣将他的这一圣谕转告张广泗。

有些大臣对乾隆这一做法不赞同。协办吏部尚书事务顾琮奏称，于深山幽谷招募屯田，是“尽夺生苗衣食之地”，甚为不妥。可是，总督张广泗积极执行皇上谕旨，积极筹办屯田的各项事务。乾隆二年（1737年）八月二十九日，张广泗上奏：遵照圣意办理了苗疆事务，已将“叛苗绝户田产，安设屯军”，原来计算绝户田地，约可安屯军五六千户，现据各州县报告，清江县可安屯军2600余户，八寨可安八百余户，丹江900余户，古州、台拱、凯里、黄平、施秉、胜秉、清平等地可安六七千户，共计能设一万多户屯军，所以需设屯堡一百余处，这些地区都是形势险要之地，对保证苗疆长治久安，能起到万全作用。乾隆帝对此加以赞许，并经总理事务王大臣核议奏准，令张广泗照此方案办理。不料，云南总督尹继善来京见驾，乾隆向他询及苗疆事务，尹继善详细论述安设屯军的不妥。这可使皇上困惑了。这个尹继善，并非等闲之辈。其父尹泰，原来只是一个微不足道的佐领，因受世宗雍正赏识，晋升至大学士兼兵部尚书。尹继善亦被世宗宠信，历任署广东布政使、江苏巡抚、署河道总督、署两江总督、协办江宁将军、云贵总督，乾隆元年因贵州别设总督始专任云南总督。尹继善于雍正十一年（1733年）指挥官兵平定了台拱苗变，雍正十二年（1734年）泰定新辟苗疆诸事，雍正十三年（1735年）又发云南兵并征调湖广、广西兵策应，协助张广泗平定了古州苗变。这样一位长期担任封疆大吏而且亲自处理过苗民变乱的云南总督，建言屯田之不可设，其说服力是很强的。因此，乾隆帝于乾隆二年（1737年）闰九月十二日下谕，停止贵州古州苗田屯军。他谕告总理事务王大臣：尹继善奏称“分布屯军之举，尚未妥协”。实际上，苗民不愿开设屯田，若将“逆苗”之田“收之于官”，则将招苗人反感，轻重缓急不可倒置，不能与经理苗疆之意不合。令即将此旨驰告张广泗，命其立即停办屯田。他又专降一旨谕古州等处苗民说：督臣奏请将“逆苗绝户叛产”分给屯军，考虑到此等“绝田”“未必尽系无主之产”“不忍以尔等自有之业，强令归官”，因此特颁谕旨，令经理大臣“停止屯军之事”。那些受到如此厚恩的苗民，一定会从此安分守法，成为天朝帝国的良民。

贵州总督张广泗接旨后，继续坚持要设立屯军，为此特地上奏疏力争，并以身家性命相保。乾隆帝阅过奏折经过再三考虑后，同意张的建议，降旨批示说：“卿既熟悉苗情，又屡经筹度，且以身家相保，朕自然听卿料理。”在苗疆设立军屯之事又得以继续进行。

但是，争论并没有宣告结束，乾隆三年（1738 年）四月二十九日，两广总督鄂弥达特上长疏，力陈兴办屯田的危害。他的主要根据有二：首先苗人全靠“刀耕火种”，无其他营生之业，过去地亩宽余，才能世代繁衍，维持生活，如将田收归屯丁，则今后地少人多，必“不能仰事俯育”，致使苗人生怨。二为屯丁不能自耕，仍需招苗人耕佃，苗民“以世代田产，供他人之倍收”，又为兵丁佃户，“久之视同奴隶”，既没有赖以生存的田地，又要被人役使鞭笞，这样下去，他们活得不痛快，也就更加不怕死了，恐怕不出十五年，“古州之事复见矣”。乾隆帝阅读后，又犹豫不决起来，降旨批示说：“此奏识见甚正”，朕对于军屯一事亦不以为然，曾经在去年特地颁下谕旨命令停设军屯，但张广泗坚持要办，“伊系封疆大臣，又首尾承办此事，不得不照彼所请，然朕则以为终非长策也”。现在又看此奏，交军机大臣详议。不久谕令张广泗回奏。

尽管圣谕威严，同僚奏章又来势逼人，古州之变再生的警告，更容易让人心生胆怯，但张广泗仍坚持己见，于乾隆三年（1738 年）七月十五日遵旨议奏，详言安设军屯是“实有必应如此办理之势”，并具体对鄂弥达提出的论据进行了辩驳，澄清了疑问。他强调指出，用来安设屯军之田，是“逆苗内之绝户田产”，其人户未绝者，田地仍归己有，并未没收入官开设屯田。屯军必须自耕，不准请人或雇佣佃户耕种。苗疆未垦之地甚多，即使以后“苗民生齿日繁，亦不至无以资生”。所设屯田，凡与苗田相邻者，皆已标明界址，防止屯军越界侵占苗地，并拟定章程，不许官兵欺压苗民。乾隆帝看后，最终决定设屯，批示说：“既经卿详悉敷陈，知道了”。至于何处安设屯军，何处仍系苗田，绘图进呈，“朕将览焉”。张广泗随即具体规划，奏准增设官兵，安设屯堡，严格稽察屯军，违规者依法严处，严禁典卖屯田，规定屯粮数额，上田一亩纳米一斗，中田八升，下田六升，每斗加鼠耗三合，屯军按期操练，各方面的问题，筹划十分详细具体，确属完全可行，苗疆安设屯军之事，终于顺利办成。

乾隆帝又于十二月十六日下谕，下令慎重挑苗疆守令，责令今后委任廉静朴质的官吏，要他们视苗民如同赤子，“勤加抚恤”，“使之各长其妻孥，安其田里，俯仰优游，一无扰累”，这样，苗民也就安分守法了。

乾隆帝的以上几种措施产生了巨大的影响，尽管偶尔还发生一些小争执和小规模的武力事件，但从此贵州苗疆基本上是安定下来了，正如魏源在《圣武记》卷七中所说，“自是南夷遂不反”。这对贵州特别是苗疆的发展，起了积极的促进作用。仅以军屯而论，乾隆四年（1739 年）十一月二十九日贵州古州镇总兵韩勋奏称：过去“新疆地方”，小麦、高粱、小米、黄豆、脂（芝）麻、菽麦等种，从来没有种植生产过，自安设屯军以后，地方文武官吏大力推广，劝种杂粮，今年获得了一定的产量。无论是军屯还是苗民的田地，早晚稻都获得了丰收。现正督令屯军于堡内及山上空地，多栽茶、桐、蜡等树。苗疆过去没有市场，“近年兴立场市，各寨苗民、商贩按期交易称便”。韩勋讲述的这些有关军、苗安居乐业的事例，是具有很强说服力的。

四大贪案

大张旗鼓

乾隆六年（1741 年）三月，在这仅仅一个月内，发现了四桩贪污案件，当事者全部受到乾隆帝的严厉惩罚，两员大臣被勒令自杀，另外两位官员被判处绞刑，监候待决。

乾隆六年（1741 年）三月初七，山西巡抚喀尔吉善向乾隆皇帝呈送了弹劾山西布政史萨哈谅的奏疏。喀尔吉善疏称：山西布政使萨哈谅“收况钱粮，加平入己，擅作威福，吓诈司书，纵容家人，宣淫部民，婪赃不法，给领饭食银两，恣意克扣，请旨革职”。乾隆帝马上批示：萨哈谅著革职，其他各项条款，及本内有名人犯，该抚一并严审具奏。

第二天，三月初八，喀尔吉善参劾山西学政喀尔钦的奏疏又来了。喀尔吉善奏称：喀尔钦“贿卖文武生员，赃证昭彰，并买有夫之妇为妾，声名狼藉，廉耻荡然，请旨革职”。乾隆帝批示：喀尔钦著革职，“其败检淫逸等情”，及本内有名人犯，著侍郎杨嗣璟前往会同该抚严审定拟具奏。

乾隆帝看过这两份奏章后，心里非常气愤，于三月初八下谕痛斥这两员贪官。

乾隆帝在这道谕旨中，着重强调了四个方面的问题。第一，官员不该贪污。乾隆帝并没有笼统地、抽象地从理论上讲大臣不应贪赃枉法，而是采取了直截了当的手法，从物质条件上来数落墨吏之谬误，从欺君忘恩的高度来斥责贪官。他说他对群臣一直都是“增加俸禄，厚给养廉，恩施优渥”。这并非虚夸之词，而是确有其事。姑且不谈位列二品的布政使的年薪和乾隆帝即位以来的多次赏赐，单就养廉而言，从雍正帝创立养廉银制度起，到乾隆下达此谕时，清朝官员，尤其是各省大吏，收入确实相当可观。按规定，山西学政一年的“养廉银”为四千两白银，约可购米四千石，如果按亩租一石计算，相当于四千亩田的地租收入。山西布政使的养廉银更多，一年高达八千两。拥有如此大量的固定收入，布政使、学政全家完全可以过上富足的生活，还可以年年购买田地，添置田产，根本不需勒索民财来养家。这四千两、八千两足够学政、布政使“养廉”了。蒙受皇上如此厚恩，还要贪赃枉法，搜括民财，这些贪官真是有负圣上，愧对皇恩。

第二，要对贪官进行严厉的惩处。不重治贪官污吏，不仅百姓遭殃，受其盘剥勒索，国赋难以收齐，帑银库谷被其吞没，而且将使国法名存实亡，雍正帝十几年“旋转乾坤”、辛苦整顿吏治的成果荡然无存，到那时，法纪废弛，贪污盛行，后果将不堪设想。乾隆帝专门列举了俞鸿图的案例。俞鸿图是河南学政，雍正十二年（1734 年）三月，因为受贿营私罪被刑部议处斩立决。雍正帝降旨说：“俞鸿图著即处斩。学政科场，乃国家与贤育才之要政，关系重大。”“今观俞鸿图赃私累万，则各省学政之果否澄清，朕皆不敢深信矣。”督抚与学政同在省会，应该非常了解学政的优劣行为，仅因“督抚有所请托分润”，故代学政隐瞒，嗣后如各省学政有考试不公徇情纳贿之弊，将督抚按溺职例严加处分。乾隆帝谕令依照此例惩治喀尔钦。

第三，积弊需要清理。官官相护是清廷官场上的多年积弊。总督、巡抚、布政使、按察使、学政、知府、知州、知县等官员，平时倚势横行，各显神通，吞没国赋，侵盗库银，榨取民财，听到一点风声，便互相通风报信，而且相互保密，彼此包庇；实在遇到紧急情况，难保身家性命之时，那些封疆大吏就找出一些知县之类的小官员做替死鬼，应付一下，自己和同僚便逃之夭夭，脱漏于法网之外，照旧腰横玉带，身着蟒袍，头戴乌纱帽，照旧做他的制台大人、抚台大人、藩台大人、臬台大人、知府大人。即使是奉旨来查的钦差大臣，也常因为受京中宰辅、九卿或亲友嘱托，或为地方官员厚礼所诱惑，或胆小怕事或碍于情面，从而避重就轻，含糊其辞，不了了之。刚过而立之年的乾隆皇帝，深知此弊，严厉训诫吏部侍郎杨嗣璟，不能故意替他们开脱罪名，否则性命难保；而且还强调，这还是皇帝私下访闻在先，巡抚参奏在后，令将巡抚喀尔吉善交刑部严肃处理，并警告各省总督、巡抚力戒此弊，不然，将重惩玩法徇私之人。

第四，当今天子“并非无能而可欺之主”。乾隆帝即位以来，尽力革除昔日皇父雍正帝苛刻过严之弊，主张宽厚行事，待臣以诚，优遇文武官员，不料萨哈谅、喀尔钦竟认为乾隆帝是无能可欺之辈，违法负恩，督抚又以为他崇尚宽容，所以大肆包庇大的贪官污吏，取悦于众。因此他非常生气，予以严厉斥责，表示决心要重惩作奸犯科之徒，革除互为包庇的积弊。

三月初九，即下谕后的第二天，乾隆帝又对九卿下达了一道长谕，进一步申述了惩贪尚廉之事。

乾隆帝将廉洁作为对官员的基本要求，把洁身自好注重操守作为各官必须具备的条件，提倡廉洁奉公，正身爱民，鄙视赃员，严惩贪官。

为处理萨哈谅、喀尔钦贪污案件，乾隆帝连续下谕。五月十七日，他下谕说："喀尔钦在任山西学政时贿卖文武生员之事，今经审查完全属实，萨哈谅于布政使任内滥行酷虐贪婪之处，亦已审实。朕对萨哈谅、喀尔钦如此器重，授为藩司学政，而二人不图报恩，却贿卖文武生员，纵容家人营私舞弊，滥行酷虐贪婪，若不将二人"从重治罪，抄没家产，则国法无以伸，后人无以为戒"，着将二人家产严查充公。第二天，他又派乾清门侍卫巴尔聘往山西将喀尔钦押解来京候审。

又隔了一天，五月十九日，钦差吏部右侍郎杨嗣璟等人的奏折到京，奏称：奉旨查审萨哈谅"贪婪不法，款迹确凿"，照律计赃拟罪。乾隆帝降旨：萨哈谅前任广东布政使，声名狼藉，且趋奉鄂弥达，故将其左迁山西按察使，继因山西布政使缺出，一时不得其人，将其补授，以观后效。今杨嗣璟等人的本内谈到，萨哈谅在臬司任内，已有种种劣迹，及升任藩司，贪赃尤多，共计一千六百余两，且实系科派属员，重收尾封，赃私入已，并非公项余银应报不报者可比。当时库吏以前无旧例为由，力行禀阻，而萨哈谅斥其胆小，悍然不顾，"则其始终狡诈，藐法负恩，罪实难逭"，着"三法司从重定拟，以昭炯戒"。

刑部等衙门遵旨议奏，请将喀尔钦拟斩立决，判萨哈谅拟斩监候秋后处决，乾隆帝批准此议，喀尔钦解到刑部后，当即正法。

乾隆帝借此“东风”，于五月二十八日连下两道命令，狠煞贪风，整顿吏治。他在第一道谕旨中，列举山西官员贪赃枉法苛索民财等弊端，责令他们痛改前非。

第二道谕旨是训饬科道官员纠参贪官污吏。乾隆帝说，科道职司言路，为朝廷耳目，凡有关于民生利弊之事，皆当留心访察，如实上报朝廷。

在乾隆帝严厉训饬下，山西巡抚喀尔吉善上疏劾奏贪赃枉法之知州、知府章廷珪、童绂、车敏来、卢叡、龚振等五人。乾隆帝批示：这五人皆革退，其婪赃不法等情，着喀尔吉善严审具奏。“山西吏治，甚属废弛”，乾隆下令九卿保举贤员前往，担任知府，直隶州知州。乾隆帝又将原山西巡抚石麟以不行访察题参萨哈谅为由给予革职。

风波再起

乾隆六年（1741 年）三月十四日，即山西巡抚喀尔吉善弹劾学政喀尔钦的奏折到京后的第七天，左都御史刘吴龙上疏弹劾浙江巡抚卢焯贪赃枉法。乾隆帝读后既恨卢焯之贪，又感到十分高兴，降旨嘉奖刘吴龙说：“此奏，卿其秉公察奏。朕以至诚待臣下，不意大臣中竟尚有如此者，亦朕之诚不能感格众人耳，曷胜愧愤。近日萨哈谅、喀尔钦之事，想卿亦知之矣，此事若虚则可，若实亦惟执法而已矣。朕知卿必不附会此奏，以枉入人罪，亦必不姑息养奸而违道干誉也。卿其勉之。若有实据，一面奏闻，一面具体严参。”

乾隆帝在看到左都御史刘吴龙的奏章 3 个多月后，才于乾隆六年（1741 年）六月十六日下谕说：浙江巡抚卢焯著卸职，所有参奏情节，令总督德沛、副都统旺扎勒逐一查审具奏。13天以后，六月二十九日闽浙总督德沛参劾卢焯"营私受贿各款迹"的奏折才送到京师，乾隆帝批示命令德沛、旺扎勒严审定拟具奏。

又过了五天，七月初五，福州将军署闽浙总督策楞到京。策楞奏：原任总督郝玉麟、调任巡抚卢焯，任职期间，"并无政声，簠簋不饬"，却都在福建省内大肆设置自己的肖像牌位，还供了多处生祠，郝玉麟还专门修建生祠书院一所，违犯定例，且恐流传日久，贤劣难辨，于朝廷激扬之道两相违背。乾隆帝批示：此奏甚是，有旨谕部。郝玉麟在闽督任内，办事极不尽心，与卢焯结党营私，闽省吏治废弛，此皆郝卢二人之罪过。可察其在任内有无私弊或工程钱粮不清之处，若有可参之处，具折奏来。

同一天，他又就生祠一事发下谕旨：外省官员，在任之时，不许建立生祠，有案可察。若去任之后，"实有功德在人"，当地官民建祠"以志思去者"，准予留存，此外一概不准。由于此等生祠之建，多系出于下属谄媚奉承，及地方绅缙与出入公门包揽词讼之辈，倡议纠合，假公敛费，上以结交官长，下以中饱私囊，并非出于舆论之同懿德之好也。最近访闻外省发现此风尚未尽革，郝玉麟、卢焯在闽省建立生祠书院，肖像置牌，妄行崇奉。闽省如此，其他各省亦恐相同，令各省督抚秉公察核，以定各类生祠之去留存拆。

八月二十七日，奉旨负责审理卢焯之案的闽浙总督德沛、副都统旺扎勒的奏折到京，上奏说"卢焯狡饰支吾，供词闪烁，请革职刑讯"。乾隆帝批准其请。于是此案的审理发生了急剧变化。在此之前，卢焯虽被左都御史刘吴龙和闽浙总督德沛弹劾，奉旨被审，但仍官居巡抚要职，仍系从二品封疆大臣，而且因其筑尖山坝等事有利于民，深受绅民爱戴，因此，卢焯尚存侥幸之心，企图敷衍了事，审案者也碍于其系二品大员，不便严究，故历时二月，一方是“狡饰支吾”，另一方是难压钦犯，审理进展极为缓慢。现在，形势发生了急剧变化，皇上谕令革卢焯之职，用刑拷问，这便很明确地表明了乾隆帝对此案的态度和对卢焯的看法，已钦定其为贪官，钦差大臣就可放手行事，卢焯的希望也就破灭，只好考虑认罪服法之事了。

闽浙总督德沛、副都统旺扎勒严厉审问卢焯、升任山西布政使的原嘉湖道吕守曾、嘉兴府知府杨景震及其他有关人员，并且动用大刑，但进展仍旧很慢，德沛又对卢焯家有所安抚。乾隆帝甚为不满，屡次降旨申饬德沛、旺扎勒。十一月初，浙江布政使安宁就此上奏说：浙省审理参革巡抚卢焯等人之案，“可以结而不结，不当严而过严，督臣、钦差不能和衷共济”。乾隆帝于十一月二十九日批示：“若此据实陈奏，朕实嘉悦览之。朕早闻其如是，亦已降旨矣。”同一天，他谕告大学士：德沛、旺扎勒两人受命审理卢焯婪赃一案，“种种不协之处，已屡降旨训谕矣”。最近听说山西布政使吕守曾已经自缢身亡，此固本人畏罪所致，亦因承审官办理不善之故。又闻，初审时，甚为苛严，案外牵连了不少人，案内要犯监毙数人，“且有严刑笞夹，腿骨已碎，尚未招认者”。既如此严刻，而德沛又将皮棉衣服数十件送与卢焯家，究竟有何意图？卢焯一案，历时已久，该地审办情由，朕皆得知，但德沛为什么不上奏呢？况卢焯等自有应得之罪，早应定案，为何迟至今日仍不得结束？

第二天，即十一月三十日，德沛、旺扎勒的两份奏折一齐送到，提到吕守曾畏罪自尽，会审卢焯之案时，“有百姓数百人，喧言求释卢巡抚，推倒副都统衙门鼓亭栅门”。吕星垣记载此次越民闹事之情说：“越民呼呶罢市，竟篡夺公，舁置吴山神庙，供铺糗如墙，求保留者数万人，走督辕击鼓，公呵不散，乃夜逃归颂系所。”袁枚在书中也提到了此事："狱两月不具，浙之氓呼呶罢市，篡公于颂系所，舁至吴山神庙中，供铺粮菜，盛者如墙而进，所过处，妇女呼冤躅足，数万人赴制府军门，击鼓保留。"

乾隆帝对德沛之奏批示：吕守曾自尽，百姓闹事，都是由于"汝等办理不妥所致"，不必去追求为首的人，以免又生出一些麻烦事，但刁蛮之风气也不可助长，因此，必须尽快了结卢焯之案，乾隆还勒令旺扎勒进京。

乾隆七年（1742 年）四月二十八日，刑部等衙门会题卢焯营私受贿一案。据调任闽浙总督德沛、钦差副都统旺扎勒奏称，经过对涉嫌人员的逐一审讯，分别按拟，除追回卢焯事后受财、求索借贷等轻罪不议外，应如德沛、旺扎勒所题，"卢焯、杨景震俱依不枉法赃律，拟绞监候秋后处决"。吕守曾亦应拟绞，已缢死，勿庸再议，但其身任监司，婪赃逾贯，论罪当处斩，自然不可因其身死而对其他罪名免于追究，仍着其嫡属勒追入官。帝从其议。

按赃银数量而言，卢焯所贪之款项超过萨哈谅、鄂善数十倍，可卢却仅以绞监候结案，轻于鄂善（被勒令自尽），但乾隆帝因其有才和筑尖山坝有功，减轻了判罪程度。第二年帝以卢焯完赃减其罪，戍军台，乾隆十六年（1751 年）召还，乾隆二十年（1755 年）起用，署陕西巡抚，乾隆二十一年（1756 年）授湖北巡抚，乾隆二十二年（1757 年）又因为他在办理入贡方物时偷工减料等过失而被革职，戍边于巴里坤，乾隆二十六年（1761 年）召还。乾隆三十二年（1767 年）卢焯去世。

乾隆六年（1741 年）三月十九日，也就是山西布政使萨哈谅被弹劾后的第十二天，乾隆帝下了一道令人奇怪的谕旨，令王大臣查审原九门提督今兵部满尚书鄂善受贿之案。最初他说，据御史仲永檀参奏：原提督鄂善在办理张鸣钧发掘银两案时，受俞长庚之妻父孟鲁瞻银一万两，孟托范毓馪向提督求情，希望他给予适当照顾。侍郎吴家驹亦得俞姓银二千五百两。由于这些都为传闻，故乾隆谕令“据实密奏，以备访查”。谕令说，鄂善是朝中之大臣，非新用小臣可比，仲永檀“欲朕访奏”，不知应委何等之人？若委之亲近小臣，岂大臣不可信而小臣转可信乎”？若委之大臣，又岂能保其必无恩怨乎？况命人暗中访查而不公开查访，藏于胸臆间，是先以不诚待大臣。此事关系重大，若不明晰办理，判其黑白，那么皇上凭什么任用大臣，而大臣们怎么能担负起国家大事呢？着怡亲王弘晓、和亲王弘昼、大学士鄂尔泰、张廷玉、徐本、尚书讷亲与来保公正办理此案，使其事水落石出，“则鄂善罪不容辞”，如果纯属捏造，则仲永檀自有应得之罪，王大臣必无所偏徇于其间也。“朕所以广开言路，原欲明目达聪，以除壅蔽，若言官自谓风闻言事，不问虚实，纷纷渎陈，徒乱人意，于国事何益！”所以此案必须彻底清查，不可含糊归结，“亦正人心风俗之大端也”。

此旨之奇在于，他对言官非常不满，颇有怪罪之意。弹劾贪官是科道的主要职责之一，“风闻言事”更是朝廷赋予言官的权利，何况就在下达此旨的前10天，皇上还因言官没有参劾墨吏萨哈谅、喀尔钦而下谕予以指责，可是，是什么原因使乾隆帝针对仲永檀的劾疏，而要抓住其“访查”之辞而大做文章？他一则说鄂善是“朕所倚用之大臣”，非小臣可比，显然是暗示鄂善不会做出这种贪赃枉法的勾当，不是贪官，联系到10天前他对满尚书的操守打包票的谕旨，此意更为明显。另外他说不应“访查”，用近身小臣查，不可；用大臣查，亦不行，恐其有个人恩怨；暗中访查，仍旧不行，是以不诚对待大臣，如此说来，则大臣所做违法之事，是不能查了，是不该查了，只要是大臣，就可为所欲为，他人不能有半点不同意见，如此不讲道理的逻辑怎能行得通呢？三则他又怒冲冲地宣布，必将此事明晰办理，否则难以任用大臣，大臣无法胜任国家之事，几乎成了对言官的明显威胁了。四则又指责言官凭仗“风闻言事”，而不问虚实，扰乱人意，于国无益，此话更是荒唐之至了。简而言之，乾隆帝之所以讲了这样一大堆不合情理以势压人的话，不过是警告群臣，自己对仲永檀之劾奏鄂善，感到非常不满，他将对其加以惩处。

尘埃落定

按照官场旧习气，臣僚对皇上的脾气、做法是长于揣测的，能够透过表面，从洋洋万言的谕旨中，揣测到皇上的真正想法。奉旨查审此案的王大臣不会不了解此旨的要害所在和皇上意欲达到的目的，应说他们极有可能会按照帝意去审理此案，加罪言者。谁知，大大出人意料的是，鄂善被证实确系受贿，并据实上奏。

此举令人无比惊讶，但乾隆帝此时毕竟不愧英明君主，他并未坚持错误观点，将错就错，而是承认事实，知错便改。三月二十五日，即其颁降奇谕后的第六天，他给王大臣下了长达一千余字的上谕，详述此案始末及勒令鄂善自尽的理由。乾隆帝一共讲了 4 个问题。第一，本意欲罪言官。御史仲永檀参奏鄂善收取俞长庚贿银一案，“朕初以为必无此事，仲永檀身恃言官，而诬陷大臣，此风断不可长”，欲加其罪，但又因事未查明，难治仲之罪，故派王大臣七人秉公查审。第二，鄂善受贿是实。怡亲王弘晓等 7 位军国重臣屡经研讯，鄂善的家人及其侍从全都承认此事属实，鄂善收了俞长庚送纳的贿银。帝又特召和亲王弘昼、大学士鄂尔泰、吏部尚书讷亲、刑部尚书来保同鄂善进见，经过当面讯问。鄂善初犹抵饰。帝谕告其人说："此事家人及过付之人，皆已应承"，如果没有这种事当然最好了，如果有，也不妨如实告知，将谕诸大臣从轻审问，将此事的责任全都归到家人身上。第三，令其自尽，鄂善翻供。鄂善已经自认，"毫无疑窦"，而负恩如此，国法断不可恕。如果对他宽大放纵，则无以令其他官员信服，也无法治理好国家。乾隆因垂泪谕告鄂善："尔罪按律应绞，念尔曾为大臣，不忍明正典刑，然汝亦何颜复立人世乎?"令其自行处置。又恐如此处理过于苛刻，命和亲王等四人会同大学士张廷玉、福敏、徐本、尚书海望、侍郎舒赫德等再加详议。王大臣等奏称：鄂善"婪赃负国，法所不容，人心共愤"，蒙恩令其自尽，并不过分。鄂善得知将被赐死后，马上推翻前面的供词，妄称系因顾全皇上的体面，皇上曾屡次降旨担保满尚书的操守，今已被劾，"恐皇上办理为难，是以一时应承"，实未收纳赃银。其四，斥其欺罔，交部严审。乾隆帝见鄂善改口，非常恼怒，斥其"无耻丧心，至于此极"，原本欲待其诚心悔过，恳切哀求，或可免其一死，监候待决，今因其欺罔之罪，法当立斩，将鄂善拿解刑部，命刑部等衙门会同九卿科道严审。

此谕虽说最后交刑部等衙门会同九卿科道再次进行审理，但圣谕意思十分清楚，乾隆帝定了鄂善纳贿、欺君的大罪，本应正法，但加恩改为立即自尽，之所以要叫刑部、九卿、科道再审，不过是一种形式而已，想显示其公正郑重之意罢了，刑部等衙门官员怎能不按帝意断案呢?

乾隆帝又失算了一次，刑部等衙门会同九卿科道审理的结果，竟将鄂善按照"受贿婪赃"之律治罪，把王大臣原拟的绞立决改为绞监候，未论其欺君之罪。乾隆帝感到非常不满，于四月十五日下谕痛斥刑部等衙门办事之谬，说：此案情节，从前所降谕旨，甚为明晰。鄂善婪赃受贿，供认不讳，因“欲以礼待大臣而全国体”，不忍明正典刑，加恩改为令其自处，乃鄂善竟然翻供，“肆行抵赖”，此乃“欺罔”“大不敬”之大罪，王大臣将其拟绞立决，“实属情罪相符”。今九卿科道等官忽改为绞监候，仅以其婪赃轻罪论处，而置欺君、大不敬之大罪不论，实系“错谬已极”，“着大学士传旨严行申饬”，命人前往刑部，带鄂善至其家，“令其自尽”。

乾隆帝以上处理萨哈谅、喀尔钦、卢焯、鄂善四人的贪污受贿案，虽有不尽完美之处，但他下定决心惩治贪官，革除官官相护的积弊，扫除只治七品芝麻官不罪二三品大员的恶习，不管是乾隆“所倚用之大臣”、手握兵权的从一品满兵部尚书鄂善，还是由知县升至巡抚曾蒙帝嘉奖的能臣卢焯，一旦知其苛索民财、欺压百姓、收纳贿银，即遣钦差大臣严审治罪，援引此例，告诫群臣，使贪污之风有所收敛，于民于国，都有极大的好处，为后来乾隆盛世的出现，起了积极的推动作用。

一征金川

土司相争

乾隆时期，聚居在大渡河上游大小金川两支流沿岸的藏族群众有数万人。其中大金川地区纵约二三百里，横约数十里，人口不足万人。大小金川地处青藏高原，崇山峻岭，峡谷幽深，羊肠小道蜿蜒曲折，交通极不便利，沿河地方以竹索为桥，皮船作渡。藏族群众垒石为房，号“住碉”，布于半山腰或山顶。

大小金川土司都是明金川寺演化禅师的后代。顺治七年（1650年），清朝授小金川头人卜尔吉细为土司。康熙五年（1666年），大金川头人嘉勒巴归顺清朝，清授予演化禅师印，各司其事。雍正元年（1723年），嘉勒巴庶孙莎罗奔以土舍将兵跟随将军岳钟琪入藏平叛有功，清正式授予大金川安抚司印。从此，大小金川土司分立，小金川土司势力削弱。莎罗奔并非人名，据当时本地人说：“莎罗奔、扎勒达克皆非人名。他们称出家为莎罗奔，掌管印信为扎勒达克。”又说“莎罗奔为诸酋之长”。由此可见，莎罗奔是土司头人的称号。雍正末至乾隆初，任大金川莎罗奔的，名曰色勒奔。

与大小金川接壤的，有杂谷、瓦寺、沃日、木坪、明正、革布什咱、巴底、巴旺、绰斯甲布等土司。这些地方阴寒湿冷，只有青稞、荞麦等物产，藏族群众生活艰苦。为了争夺土地与权力，各土司之间常互相攻杀。清朝作为中央政府，负有维护地方稳定的职责。乾隆在鄂弥达奏疏上批道：“卿其相机料理。总之，待此等人，必使之畏天朝兵威，但不可仅以兵威压服，须修德以化之也。”这道谕批，虽然反映了乾隆对藏族群众的歧视，但他并不是把维护地方安定，单方面寄托在“兵威”之上，而是希望以“修德”化之，即要求以较温和的手段，从政治上感召藏族群众。这不失为明智的政策。

乾隆七年（1742年），大金川土司色勒奔病故，第二年十一月，清朝任命色勒奔细袭职，这位新任莎罗奔野心勃勃，为控制小金川，把侄女阿扣嫁给小金川土司泽旺。泽旺性格非常懦弱，遇事完全由妻子拿主意。阿扣私通泽旺弟土舍良尔吉。乾隆十年（1745年），莎罗奔勾结良尔吉，袭取小金川，生擒泽旺，小金川的政权落到了良尔吉的手中。

此时，清政府对川西瞻对的战争刚刚结束，正需喘一口气，对大小金川的矛盾与斗争，川陕总督庆复和四川巡抚纪山都无意派兵介入，仅檄谕和息。庆复甚至向乾隆上奏："因地势极险，运粮无路，且伊自在土司内相扰，并非干犯内地"，建议采取"以番御番之法"，不派兵加以干预。乾隆十分赞成他的意见，批道："瞻对甫完功，佳兵不祥，卿所见极是。"

莎罗奔虽迫于清廷压力，释放泽旺，并交还土司印信，但他扩张野心不死。乾隆十二年（1747年）正月，他发兵攻打革布什咱土司的正地寨，二月又发兵攻打明正土司的鲁密、章谷，藏族群众纷纷躲避，坐汛把总李进廷抵抗失败，退保吕里。这时，乾隆仍未考虑出兵。至三月，当乾隆得知大金川攻占鲁密、章谷，李进廷退保吕里的消息，就一反过去不发兵的立场。三月二十一日，他连降二道谕旨。第一道谕旨是调庆复回京，任命张广泗为川陕总督。第二道谕旨宣布派兵进剿大金川。

乾隆把大金川土司的扩张侵扰行为，与瞻对首领班滚潜逃联系在一起。

三月十九日，乾隆又接到奏报，说莎罗奔纠集手下，攻围霍耳、章谷，杀千总向朝选，进攻到了打箭炉附近的毛牛地方，伤清军游击罗于朝。乾隆再也沉不住气了，降谕张广泗即速赴川，与庆复、纪山"一同商酌进兵，迅速剿灭"。

乾隆引以为傲、自夸于世的"十大武功"中第一功——金川之役，就这样拉开了序幕。

初战受挫

乾隆对张广泗在贵州处理苗疆事务所获的成功，一直非常赞赏：“西南保障，实卿堪当。”

乾隆十二年（1747 年）四月下旬，奉命入川的张广泗，确实精神抖擞，指望自己能够再立战功，凯旋而归。他随即向乾隆报告，现有汉、土官兵 2 万余，但土兵心思不齐，非逡巡观望，即逃匿潜藏；而官兵懦弱，攻守难以支持，请于近省再调兵 2000 名。乾隆同意。张广泗入川之初，军事上取得了一些进展。他收复了毛牛、马桑等地。小金川土司泽旺更是急忙倒戈投降。张广泗自以为稳操胜券，乾隆也认为战争可以很快取得胜利。他说，“从来兵贵神速。名将折冲，未有不以师劳重费为戒者”。要求张广泗“指期克捷”。但不论张广泗还是乾隆，对战局的估计都严重脱离了实际，表现过于乐观。

大金川最主要据点有两个：一是勒乌围，又叫勒歪，由莎罗奔亲自把守；另一是刮耳崖，由莎罗奔侄儿郎卡父子把守。这两个据点都在大金川河以东，相距一百二十余里。为了攻打这两个据点，张广泗分兵两路。其中西路军又作四小路：第一路由松潘总兵宋宗璋率领土汉官兵 4500 名，从党坝攻打勒歪；第二路由参将郎建业等率土官兵 3500 名，从曾头沟、卡里攻勒歪；第三路由威茂协副将马良柱率领汉土官兵 3500 名，从僧格宗进攻刮耳崖；第四路由参将买国良、游击高得禄率兵 3000 名，从党坝进攻刮耳崖。南路军由建昌镇总兵许应虎统率，分为三小路：参将蔡允甫率众由革布什咱进攻正地、古交，然后与西路宋宗璋、郎建业碰头，夹攻勒乌围；泰宁协副将张兴、游击陈礼率部由巴底、娘尽前进，与西路军马良柱、买国良会合攻打刮耳崖。另一路派游击罗于朝，会同土司汪结率领由绰斯甲布进发，攻取河西各寨。西南二路七军人数总共约 3 万余名。张广泗自己也从杂谷闹移驻小金川美诺寨调度指挥。七月末，西路军打到距刮耳崖仅二十里地；南路军得大金川守卡三处，金川兵退守独松碉寨。到八月，面对大金川构筑的战碉，清军无计可施了。

此外，据四川巡抚纪山报告，进入九月份，大金川地方已是“冰雪严凝”。乾隆考虑到官兵难以取胜，又传谕张广泗，要他酌情行事，暂且将军队转移到向阳平坦的地方，稍作休息调整，待到春天，天气暖和时再战。但是，张广泗建功心切。他重新制定作战方案，向乾隆报告：“查有昔岭山梁可以俯瞰勒乌围，直下刮耳崖。拟于九月中亲往督率指示进攻，务于九月和十月内进取贼巢。”那时，莎罗奔及其兄就吉日父子面对着强大的清军阵容，心里无底，于是多次派人请降，都被张广泗拒绝。乾隆得悉张广泗新的作战方案和莎罗奔求和消息，态度也重新变得强硬起来，下谕说：“况此番官兵云集，正当犁庭扫穴，痛绝根株，一劳永逸，断无以纳款受降，草率了局之理。著传谕张广泗，务将莎罗奔擒获，明正典刑。”

这时，前方形势却发生了急剧变化。九月初九，本已接受安抚的土目恩错复叛，带领大金川兵抢占游击陈礼驻兵所在地马邦山梁，阻断清兵粮道。十一月底，大金川兵围攻副将张兴营盘。十二月十八日，张兴所部粮尽，被大金川兵诱至右山梁沟底。包括张兴、陈礼在内五六百名官兵全部被杀。张兴部队溃败之后，驻劄河东及其山梁的郎建业失去犄角之势。乾隆十三年（1748 年）正月初二，大金川兵又攻占江岸噶固碉卡，七日再夺取郎建业所立的卡伦七处，第二天杀游击孟臣。二十日，面对大金川兵的穷追猛打，参将郎建业率部众退至巴底，而总兵马良柱所部也撤退至纳贝山下喇布碉内居住。张广泗损兵折将，进攻计划遭到彻底失败。

这次军事失利，张广泗负有不可推卸的责任。当大金川兵攻打马邦时，马良柱等请张广泗调兵支援，皆被张广泗斥之为悖谬。自十二月初七至十三日，张兴部队绝粮七日，以饥饿困疲之卒，迎击强悍之敌，当然不可能有取胜之机。可是，事后张广泗向乾隆报告中，全部委过于张兴“昏懦无能”，仅假惺惺承担所谓“不能早为觉察”之罪，请求乾隆将他“勅部严加议处”。与此同时，他又要求增兵一万名，增炮100位，增饷100万两，并向乾隆保证将在夏秋之间结束战争。

乾隆十三年（1748年）春，乾隆帝对张广泗还没有全部失去信心，但对他的指挥战争的才能已有所怀疑，一方面批准张广泗增兵添炮拨饷的要求，同时又说：“为此大兵云集，各部进剿头绪繁多，虽张广泗才猷素著，而独力支持恐难。”他开始考虑如何加强前方的指挥力量。

起用岳钟琪

此时，兵部尚书班第正奉命筹运粮食，查勘进入川西的粮道。二月，班第根据所了解情况，密奏乾隆：“张广泗自去年冬天失事后，非常愤懑，亟图进攻。他对敌情不太熟悉，而且士气非常低落。”班第认为增兵不如选将，建议乾隆起用历任四川提督的岳钟琪。但是，岳钟琪在征噶尔丹策凌时，就是因为张广泗等人的弹劾被捕下狱，直至乾隆二年（1737年）才被释放，他与张广泗有宿怨。乾隆对此颇有顾虑，在批复班第奏疏中说：“此见亦可，但不知张广泗与彼和否？若二人不和，又于事无益。”尽管如此，乾隆仍然倾向于起用岳钟琪。

张广泗不想任用岳钟琪，但又不敢违抗圣旨，因此在复疏中对岳钟琪极尽贬低，反对任命岳钟琪为大将军，仅同意用以提督。

乾隆不得不顾及张广泗的态度，而且乾隆并不真正了解岳钟琪的才能，因此降旨岳钟琪以提督衔赴军前效力。此外，还降谕班第，暂停查勘粮道，留驻军中佐助张广泗。乾隆要班第留军协助张广泗，是基于更深远的考虑。原来，他曾计划平定金川后，将金川划归西藏王子朱尔默特那木札勒管辖。班第在雍正年间曾办理过西藏事务，对西藏了如指掌。可是，班第自量无论识见与物望都难以影响张广泗。因此他又建议遣一员“能谙练机宜，识见在张广泗之上”的重臣赴军前料理。乾隆经过一番考虑之后，决定派领班首席军机大臣果毅公讷亲为经略，前往川西指挥战事。岳钟琪在雍正年间进攻西藏时，曾指挥过金川兵，在金川有很高的威信。乾隆起用岳钟琪是正确的，但任讷亲为经略，却是重大失误。讷亲，姓钮祜禄氏，满洲镶黄旗人，清开国元勋弘毅公额亦都的曾孙，祖父遏必隆是康熙四辅臣之一。雍正五年（1727 年），讷亲沿袭公爵之位，当年十一月入军机处，雍正十三年（1735 年）授镶白旗都统，很快晋升为一等公。乾隆元年（1736 年），迁镶黄旗都统。第二年任兵部尚书、军机大臣，乾隆三年（1738 年）迁吏部尚书，乾隆四年（1739 年）加太子太保。乾隆九年（1744 年），衔命巡视河南、江南、山东各省营伍，并负责勘察海塘、河工，乾隆十一年（1746 年）授保和殿大学士，鄂尔泰去世后，任首席军机大臣。讷亲在官场上声誉较好，作为行政长官十分称职。乾隆也正是看中讷亲这些长处，才委之以经略重任的。乾隆认为，“惟讷亲前往经略，相机调度，控制全师，其威略足以慑服张广泗，而军中将士亦必转而归向，上下一心，从前被玩之习，可以改观，成克期进攻之效”。此时此刻，乾隆把平定金川的希望寄托在讷亲身上。可惜乾隆打错了算盘。作为文官，讷亲缺乏指挥战争的军事经验，又因为勋戚后裔自年少即登高位，不免有些骄纵，而且还有些娇气。

五月二十日，讷亲到成都，次日出发赴川西，六月初三到达张广泗驻扎的小金川美诺地方。讷亲到达的第二天，张广泗就离开美诺前往卡撒。二人并未共同探讨御敌对策。史称讷亲“自恃其才，蔑视广泗”，看来这种说法比较可信。初六，讷亲也赶到卡撒美沟军营。初九，他会同张广泗察看腊岭等处山势之后，就决定集中万余兵力从色尔力山梁进攻，“限二日克刮耳崖，将士有谏者，动以军法从事，三军震惧”。这种军事上的急躁行为，乃战争之大忌。六月十四日，署总兵任举、副将唐开中、参将买国良分兵三路进攻腊岭。买国良率众上岭抵木城左右，金川兵一齐出击，城内矢石如雨，枪炮交加，买国良阵亡。第二天，任举、唐开中攻石城东面，哈攀龙攻南面。十六日，任举遇伏兵阵亡，唐开中身负重伤。战斗失利，讷亲的傲气也跑掉了。他立刻改攻碉为筑碉，要效仿敌方的方法，以碉逼碉：“贼番因险据碉，故能以少御众。今我兵既逼贼碉，自当亦令筑碉与之共验，兼示以筑室反耕之意。”

乾隆接到讷亲奏报，马上意识到此策不妥，批谕中仔细分析了筑碉之策不宜，内容可以概括为三点：第一，违反了攻守异用原则。“彼之筑碉以为自守也，我自宜决策前进，奋力攻取”。第二，兵力财力不允许。“今因彼守险，我亦筑碉，徒特劳费加倍，且我兵已深入贼境，地利、气候素不相习，而守碉势须留兵，多则馈运难继，少则单弱可虑”。第三，后患无穷。“且将来大金川扑灭之后，此地不过仍归之番，是今劳师动众，反为助番建碉之举，恐贻灾于国，予治于番部矣。”最后，乾隆还加上一句“昨批此折，即以为不妥。今思之一夜，终非善策，不如速罢之为宜”。

对讷亲以碉逼碉的方法，张广泗不置可否。乾隆在批谕中指出：“可见彼有推诿之意，尤添朕忧，讷亲不可不知也。”

讷亲在筑碉战术被否定之后，一筹莫展。从此，他不敢自出一令，临战则避于帐房之中，遥为指示。如此主帅，自然遭人耻笑，军威日损。尚书班第、内大臣傅尔丹、提督岳钟琪都是“未发一谋，未出一策”。御史王显绪提出“以番制番”之策。乾隆便说王显绪父子熟悉金川情形，便着令王显绪向其父亲王柔征求破敌之计。王柔竟到军营向讷亲建议请终南山道士用五雷法术以击贼碉。这荒谬透顶的计策，反映清朝上下对金川战碉无计可施。闰七月，乾隆接到讷亲、张广泗奏疏，二人分歧甚大。张广泗认为：“（大金川）目下已日食不继，将来必定更加无以为生，可以坐待其毙，……今冬明春不难扫穴。”

讷亲以为：“我兵果能争夺数处，贼必内溃。然贼巢食用果否匮乏，究难臆揣，而我兵攻剿无可乘之机。至冬寒春冷，恐益不扬。冬间似应减撤久役兵丁，令留驻官兵时用炮击碉卡，俟明岁加调精锐三万，于四月进剿，足以成功，最迟亦不逾秋令。”

两位主帅对敌情的估计不一，所以对战略选择和战争进程的看法也都不同。更令人诧异的是讷亲提出上述增兵建议后，旋即又在另一奏疏中否定了自己的方案。

讷亲前后所奏不一，可见阵脚已乱，心无对策。在奏疏中，讷亲还状告张广泗，说他回护贵州籍将领，“好恶不公”，而且兵虽4

万，分路太多，势单力薄。闰七月下旬，讷亲、张广泗为摆脱窘境，迎合皇上，组织了一次军事行动。二十三日，进攻康八达。二十七日因卡撒屡攻不下，改攻喇底二道山梁。清兵分左右二路进兵，右路军到达沟口，数十名金川兵从山梁上呐喊压下，三千余清兵四散逃窜，拥挤逃命之中，损伤了不少兵力。八月十七日，清军失败的战报到北京，乾隆批道："即不能以一当十，亦何至三千之众，不能敌贼数十人，而至闻声远遁，自相蹂躏，此事实出情理之外，闻之骇听。"他对讷亲、张广泗彻底失望了。九月初十，谕讷亲、张广泗驰驿来京，面议机宜，川陕总督印由傅尔丹暂行护理，所有进讨事宜，会同岳钟琪见机而行。继而，又命令尚书班第即赴军营同办军务。九月十九日，乾隆又接到讷亲、张广泗报告，说八月二十四日大金川兵二三十人夜袭杂谷营卡，趁土汉官兵夜晚歇息之时，偷袭营垒，杀伤兵士，夺去炮位。乾隆阅后气愤地指出："则其平日毫无纪律，视同儿戏可知。大金川自用事以来，大约失之严者少，失之懈弛者多，总由军纪不明，以致无一人合宜，殊非朕本意所及料也。"从乾隆十一年（1746 年）六月以来，金川用兵时间长达两年有余，花费了近 2000 万两白银，却连一个小小的土司都对付不了，乾隆勃然大怒。他决定处罚讷亲、张广泗。九月二十九日，乾隆以"玩兵养寇，贻误军机"罪名将张广泗革职，拿交刑部审理，令侍卫富成押解至京。十二月初七，乾隆亲赴瀛台召见了张广泗。五天后，以"狡诈欺妄，有心误国，情恶重大"，立斩张广泗。乾隆十四年（1749 年）正月，乾隆下令将讷亲缚赴军营，以乃祖遏必隆之刀斩首于军前。

傅恒到任

罢撤讷亲、张广泗之后，乾隆将平定金川的重任交给傅恒。

这一天，乾隆帝令傅恒暂时掌管川陕总督印，前赴军营办事。第二天，授经略，命其统领一切军务。十月初六，傅恒又从协办大学士升为大学士，初九定为保和殿大学士兼户部尚书。

傅恒，字春和，姓富察氏，满洲镶黄旗人。乃祖米思翰在康熙时曾任户部尚书，平定三藩之乱有功。傅恒的姐姐是乾隆的妻子孝贤皇后。傅恒作为皇帝妻舅，一直备受宠信。乾隆十年（1745年）被授命军机处行走，两年后授户部尚书。傅恒受命任经略金川军务时，还是一位不满27岁的血气方刚的青年。

为了配合傅恒出征，乾隆决定同意增兵添炮拨饷，以增强军事力量。他降谕从陕甘、云南、湖北、湖南、西安、四川以及京师、东北增派3.5万满汉官兵，加上原有之兵共计6万人。除了在金川军营铸造重二千余斤的铜炮多位之外，乾隆还命人从京师运去威力较大的冲天炮、九节炮、威远炮等。十月，乾隆命令从广储司运银10万两给傅恒带往军营犒赏官兵外，又从户部库银和各省拨银四百万两以供军需。乾隆还降旨整修从京师至成都的48处驿站，以及从成都至军营的马步二十四塘，以保证交通顺畅，利于迅速运兵和传递军情。

十月初九，乾隆给前方将士颁下谕旨，指出“金川用兵将近二载，尚未成功”，原因是讷亲、张广泗“措置乖方，毫无谋略，不身亲督阵，畏缩不前，且号令不明，赏罚不当”。两年以来，士卒重罹锋镝饥寒之苦，兵不用命虽为法律所不容许，但“咎归主帅。现经略大学士傅恒赍往内帑银两，分别赏予汉土军士，以示投醪实惠，鼓励士心，务令踊跃向前，锐师攻入，迅奏肤功”。乾隆颁这道旨令，目的在于重振士兵锐气，增强前方战斗信心。

十月初十，乾隆接到岳钟琪有关战况的奏报，说九月十二日他指挥清兵巧克康八达山寨，击毁大战碉 2 座，小战碉 3 座，平房 40 间，木石卡各 10 座，石洞 2 座，焚粮仓 12 座。十四日，又攻取石洞 1 座。十八日夜再度攻克葛布基大碉 8 间，小平房 6 间，木城 1 座，石卡 4 处，砍破大皮船 4 只，前后杀敌甚众。乾隆大为振奋，说“岳钟琪调度得宜，是以有此克获”，希望他乘胜进剿，并说如果能在经略到达之前，“自行出力奏捷”“岂不更于颜面有光耶!”

十一月初二，乾隆在重华宫赐宴傅恒。初三，傅恒出师。乾隆亲自到堂子举行祭告礼，在堂子大门处亲祭吉尔丹纛、八旗护军纛后，又来到东长安门处幄次，亲赐傅恒酒，命傅恒在御幄前上马。皇子及大学士来保送傅恒至良乡。傅恒受此殊荣，心中十分感激，在途中即上疏抒怀，“此番必须成功。若不能殄灭贼人，臣实无颜以见众人”。他快马扬鞭，日夜兼程，有时日行达三百多里，“带星就道，薄暮尚未解鞍”。从成都到达军营，途经天赦山，道路险峻，且又遭遇冰雪，路面极其光滑难行，有十数匹马坠入山涧。傅恒下骑与官兵一齐步行七十里。十二月十八日，到达金川军营。

傅恒入川后，下令诛杀良尔吉、阿扣和王秋，终于消除了隐患。十二月二十一日，他到达卡撒军营，视察地形，并立刻向乾隆上报放弃战碉不理而专门攻打贼巢的作战方略。

此作战方案，具体来讲，即从卡撒出发，避开战碉，深捣刮耳崖。乾隆不同意这一作战方案，谕旨说：“卡撒一路，尤属险要……不如由党坝一路，避奇险之坚碉，乘可用之兵力，尚可连获胜阵，歼丑执馘，以为纳降奏凯之地。”

乾隆的态度很明显是受岳钟琪影响。岳钟琪曾向乾隆状告张广泗选定刮耳崖为进攻对象的决策错误。他担心傅恒重蹈张广泗覆辙。更主要的是，当傅恒到达川西军营之时，正是乾隆考虑对金川的战略进行重大转变的关键时刻。

乾隆十三年（1748年）十二月，乾隆已认识到金川战事的艰难程度。乾隆于十二月十七日，接前任四川布政使高越报告，现有驻军营官兵夫役，每月需米21000万余石，今添满汉官兵，加上运夫等，每月约添2万石，累计从现在起至明年五月止需米25万石，加上其他一切费用，约需要银800余万两。乾隆看了高越奏折后清醒地估计到，战争给四川省造成“物力虚耗”的现实情况，否则高越是不敢全部如实奏报的。他从成都米价昂贵，联想到了其时江南各地粮价上涨和此起彼伏的抢米风潮。为了金川小小的蛮荒之地，耗费如此庞大物力与人力，又影响了国家稳定，而战争胜利希望却是那样难以预料。乾隆对打这场战争深感悔意。接到高越奏折的当天，他就说：“朕若早知如此，并此番调遣，皆可不必。此皆讷亲、张广泗贻误，不据实入告之咎也。目下既已有为山九仞之势，则一篑之势难于中止。”十八日又说：“金川小丑，最初不曾料到糜费如此物力。两年之间，所用几及二千万。”二十二日，在下令杀讷亲的同时，说“假如命令讷亲、张广泗早行奏闻，朕必加以裁酌，不至多此一番劳费矣。今朕于此事颇为追悔。但事已至此，无中止之势。即此而论，讷亲、张广泗误国之罪可胜诛耶”！二十三日，当他阅到傅恒奏折中说“此番必其成功，若不能殄灭丑类，臣实无颜以见众人等语”之后，“辗转反侧，竟至彻夜不寐”，这位帝王此时已感到心力交瘁，无可奈何了。因此，他对自己内弟立意要建功成名的勃勃雄心，以皇太后名义加以劝导：“经略大学士此行，原为国家出力，非为一己成名。如为成名起见，岂有费如许帑项，如许生命，专供一己成名之理。”

受降班师

乾隆十四年（1749 年）正月初一，乾隆降旨：“今朕已洞悉形势，决定收局。”接着，又连续降谕，要求傅恒在四月底五月初班师还朝，并说：“或得一二阵连胜，俾贼酋穷蹙乞命，即可因势纳降。”为了促使傅恒回师，正月十五日，因傅恒的姐姐孝贤皇后丧服将次“小祥”，即第二年的这一天，乾隆又借皇太后的名义，以大学士理当奔赴行礼为由，令傅恒于二月上旬起程返京。乾隆还在谕旨中说：“朕于今年正月初三始定撤兵之计，今日皇太后圣母慈谕，此即朕新运顺畅之机”。十六日，乾隆还非常诚恳地对傅恒降谕说：“是贼据地利，万无可望成功之理。朕思之甚熟，看之甚透。上年办理实属错误，及早收局，信泰来之机。朕改过不吝，经略大学士当恢宏见识，为国家远大计。”为劝导傅恒班师回京，乾隆可谓费尽心思。十八日，他正式下令，召傅恒班师还朝，“其纳降善后事宜交四川总督策楞办理”。

此时，大金川在清军围困之下，坚持了一年又八个月，已到弹尽粮绝、兵力困乏的困境，无力把战争持续下去。莎罗奔屡次在战场上请降。正月十二日，他又遣人到军营具禀求降。十五日，再次派人来军营恳切请降。傅恒却执意要莎罗奔和郎卡叔侄“亲缚赴辕”，实际上企图趁这二人求降之时，将其逮捕，“还朝献俘”。乾隆坚决反对傅恒的这一意图，他要傅恒“不若昭布殊恩，网开三面”，如果“必加诛戮，岂朕覆载包容之量所能忍出耶”！

傅恒是很不情愿撤兵的，多次上疏要求延期还朝。但是，皇帝不断催促，圣命不可违抗。在这种情况下，他同意莎罗奔乞降。正月二十日，莎罗奔遣人呈献求降甘结六款：永不侵扰诸番；供役比各司勤勉；尽还所谅诸番土地；擒献以往“误犯天兵”元凶；送还以前侵夺的人民马匹；照数献出枪炮军器。可是，傅恒以“元凶未经面缚”为理由，拒绝受降。莎罗奔通过绰斯甲布土司，求岳钟琪出面代为求情，傅恒表示同意。经傅恒批准，岳钟琪带随从四五十人进勒乌围。莎罗奔迎接态度非常恭顺。夜里，岳钟琪解衣酣寝，莎罗奔完全放心了。第二天，岳钟琪至经堂，要莎罗奔、郎卡于佛前礼誓。岳钟琪向莎罗奔保证将情况全部禀告傅恒。二月初五，莎罗奔、郎卡于寨门外除道设坛，带领头目多人，焚香顶戴鼓乐来到傅恒军营投降。傅恒宣布皇帝圣旨，“示以德威，宥以不死”。莎罗奔感激欢欣，永誓不再违犯，并呈献佛一尊，银万两。傅恒纳佛却银，受降成功。这一天，远近土司观者如堵，人们以息战和平而欢呼雀跃，衷心庆贺。

乾隆自诩为“十大武功”的第一武功金川之役，就这样匆匆忙忙地收兵结束了。战争虽然以大金川投降告终，而清军在战场上并未真正取胜。但是，好大喜功的乾隆却御制平定金川文勒石太学。他甚至进行论功行赏，一等忠勇公傅恒，已晋公爵，“更无殊典”，赐四团龙补褂，宝石帽顶，著于朝贺典礼之处时常服用，还另赐豹尾枪二杆，亲军二名，又赐建宗祠，春秋致祭。岳钟琪复三等公爵，赐号威信，授予兵部尚书衔。由于以前西征准噶尔时，岳钟琪获罪令罚赔补银 70 万两，现在全部豁免。莎罗奔出于感恩，要进童男童女各十名给乾隆，并在刮耳崖建祠供傅恒长生禄位。乾隆允许建祠供长生禄位，但拒收童男童女。乾隆还批准岳钟琪请求，不再将剩余的军粮运返内地，以七千石半补给小金川士兵，半为恩赈，又以一千石救济小金川穷苦百姓。

三月，四川总督策楞上奏金川善后12条：在巴底、巴旺各立土千户，责令革布什咱管辖；扎什诺尔布从军有功，由他承袭革布什咱土司，给予号纸；金川既还以前侵占诸土司地，杂谷、革布什咱、沃日、小金川等土司应联为一气，息事宁人；小金川土司泽旺与沃日女土司泽尔吉联姻；泽尔吉仍护理沃日土司印务；小金川被毁碉房宜督修；小金川副土司大小郎素宜分别安插；郎卡异母弟土舍汪尔吉，先前投诚清军，今事竣不能回寨，应交其母舅扎什诺尔安插；加衔奖励梭磨、竹克基、党坝等土司；各部土司请加级以示鼓励；严禁汉奸出入番地；赎回夷民所典买汉地，嗣后禁止汉族人将土地私售与番民。这12条规定，乾隆一一批准了。

主动投降的大金川，并没有遭受清军重创，战斗实力依然保存着，在各土司中，大金川的势力仍最强。不几年之后，大金川故态复萌，与各土司之间不断挑起争斗，战乱经常发生。面对这种局面，吸收前面征剿大金川的教训，清政府仍然采取只要没有发生大规模的争斗，清政府便不再直接介入的策略。

阿睦尔撒纳附清

争夺汗位

乾隆十八年（1753年）十月，清定边左副将军、蒙古喀尔喀赛音诺颜部札萨克、和硕亲王成衮扎布，在塔密勻军营里接到哨探禀报，杜尔伯特大台吉车凌、车凌乌巴什、车凌孟克（通称三车凌）遣使巴颜克什克等前来，呈述准部内乱，征战不断，要求归顺，部众 3000 余户在额克阿喇勒待命。成衮扎布立即派人前往侦探情况。因准部首领一向诡计多端，他怀疑车凌之来有诈，担心他们趁此机会率兵入侵，便调遣军营的喀尔喀士卒，严加防范，并派使者飞速上奏朝廷。

乾隆皇帝阅完报告后，于十一月二十三日谕告军机大臣。

乾隆帝的这道谕旨十分重要，是清政府改变对待准噶尔部政策的一个重要标志，对西北地区形势的剧变起到了非常重大的影响。乾隆帝讲的一番话，概括起来，可以分为下述三个方面的内容。首先，他敏锐地察觉到准部大变，准确地把握住准部内乱这一至关重要的实质问题。谕中提到“达瓦齐与讷默库济尔噶尔用兵不已”，对准部长期纷争内战不停的混乱局面进行了归纳。乾隆帝虽然在即位后积极争取与准部议和，双方建立起朝贡的和平关系，关系一直都很正常，但他并未把它置之脑后漠不关心，而是密切注视着准部形势的变化。乾隆十年（1745 年）三月，西藏郡王颇罗鼐遵旨派人前往准部刺探消息后，向清政府报告，准部人员“出痘死者甚众”，噶尔丹策凌连续对属下台吉及邻近部落用兵。十一月，乾隆帝得知噶尔丹策凌于九月病故，“恐伊部落内，彼此心离，易生变乱，或潜至边境，偷盗牲畜”，谕令西北两路将军“固守边疆，严谨卡伦”，预先进行防范。

乾隆十六年（1751 年）九月，达瓦齐率众降清大受阻挠，不得不暂时避居哈萨克，由于达尔扎穷追不放，哈萨克阿布赉汗不敢久留他们，他们只好重新回到过去的旧游牧地。面临生死存亡的挑战，达瓦齐情绪变得非常消沉沮丧，“计无所出，日夜涕泣而已”。他的盟友阿睦尔撒纳鼓励达瓦齐振作起来，与其束手待擒，不如铤而走险。达瓦齐采纳阿睦尔撒纳的冒险计划果然成功。他们仅用一千五百多名士卒偷袭伊犁，就成功地扭转了当时的危险局势。

阿睦尔撒纳的才能、胆识远在达瓦齐之辈之上，但居然把唾手可得的汗位宝座拱手让给别人。乾隆十九年（1754 年）以前，他不仅对达瓦齐应该登汗位没有异议，而且想方设法帮助达瓦齐夺位，把达瓦齐的敌人看作是自己的敌人。但是，根据阿睦尔撒纳的为人及当时复杂社会背景来判断，事情并非那么简单。阿睦尔撒纳不能自立，是因为他有自己的难处。

第一，在重门第出身的准噶尔社会中，他的出身地位较低微，身份不如达瓦齐。

第二，达瓦齐所拥有的支持者及其军事实力明显超过阿睦尔撒纳。

第三，哈萨克阿布赉汗及沙皇俄国对达瓦齐的共同支持，又在阿睦尔撒纳心理上增加了一层压力。

毫无疑问，当时的形势无论内部还是外部都对达瓦齐有利，阿睦尔撒纳只好暂时将夺权的野心收敛。

胜利后最重要的事情，就是分配共同得来的利益。过去在攻打达尔扎时，达瓦齐曾许诺事成之后，将伊犁以北地区让阿睦尔撒纳来管理，卜罗塔拉以南由他自己管理，乾隆十八年（1753 年）十月，阿睦尔撒纳派人要求达瓦齐兑现诺言，“因达瓦齐不允”，双方发生争执，矛盾公开化。

矛盾公开

一方面达瓦齐忌恨阿睦尔撒纳，担心他的权势超过自己使自己无法控制局面，但另一方面他又离不开阿睦尔撒纳，“每遇急难，必邀阿逆至，与之调停”。由于以上种种原因，二人关系一直都是貌合神离，达瓦齐也只能在私下里与人大发牢骚：“彼虽才能，终为我之臣仆，何敢以臣凌君，而忘其已为所立也。”

面对达瓦齐的反复无常，阿睦尔撒纳不得不考虑自己的退路。在下决心与达瓦齐反目之前，他派人试探哈萨克阿布赉汗的态度，请求提供4000匹马和骆驼、一万只绵羊，结果非常顺利，于是阿睦尔撒纳进一步邀请哈萨克出兵帮助他袭击达瓦齐的牙帐，也未遭拒绝。对于阿睦尔撒纳这样一个政治赌徒而言，哈萨克方面的态度使他下定了孤注一掷的决心。而这时，达瓦齐似乎也预感到一场解决双方争端的最后决斗不可避免，于是他对部众说：“不诛阿某，祸终未艾。”

乾隆十九年（1754年）六月，达瓦齐带精兵3万直奔额尔齐斯，又命骁将玛木特带乌梁海兵八千东西左右夹攻。阿睦尔撒纳虽然早有防备，却没想到达瓦齐来势如此迅猛，只得率部向内地迁移，沿途且战且退。七月抵喀尔喀蒙古境内，在获得清政府同意之后，于八月进入卡伦，其属下兵丁、妇女人众计约2.5万余名。乾隆先后命贝子扎拉丰阿、散秩大臣萨喇尔、员外郎唐喀禄、侍郎玉保等对其进行赏赐及具体安排驻扎等事宜。

乾隆对准部事务的了解主要通过边疆大臣的奏报，并不十分清楚其真实的情况。乾隆十五年（1750年）九月，原达什达瓦旧部宰桑萨喇尔因不满达尔扎的残暴，愤然率部千余户内投，乾隆立即召见并详细询问有关准部近期以来的局势变化。萨喇尔坦诚地分析了当时的形势。

但乾隆这时并不是很想对西北用兵。十八年（1753年）八月，他曾对军机大臣们说：“达瓦齐本系别支，胆敢作乱弑君，自为台吉。若系属国，尚当兴师问罪，但我大国无乘乱兴师之理。”

同年十二月，他再谕军机处，重申“堂堂天朝”“不肯乘衅发兵攻取”的立场，同时下令边关将士做好两件事：一是接纳“穷蹙来降之人”，二是严密注视边卡动静，“以逸待劳”。但是，时隔数月，当阿睦尔撒纳来降的消息传入京师时，他开始有些动心了。乾隆十九年（1754年）五月初四，乾隆对廷臣宣布：“朕意机不可失，明岁拟欲两路进兵，直抵伊犁。”他选择这个时机表达戡定准部的意向并非偶然。

西北准噶尔部众，生性不畏劳苦，非常勇猛，在天山以南、葱岭以西及阿尔泰山以东各部众中素有威名，每闻其至，无不四散逃走。于是从噶尔丹开始，准噶尔部每每进行内外兼并，横行于厄鲁特各部及回疆、唐努乌梁海、青海、西藏、哈萨克、喀尔喀蒙古各地，俨然成为西域霸主。清朝西北地区的安定与否，关键之处就是能否遏制准部割据势力的膨胀，所以康、雍两朝多次用兵，然各有胜负，问题始终未能彻底解决。乾隆一直在寻找机会，以完成祖上“积年未成之功”。但光有这种心愿还不够，既然是康、雍两朝都未能完成的大事，其难度肯定不小，所以他要有足够的耐心。噶尔丹策凌之死引起准部汗位之争，西北边陲大乱，乾隆认为戡定西北的大好时机来了。另一方面，准部对其他蒙古诸部的侵扰，使得内附的人口日益增多。如何妥善安置越来越多的西北内附人众的问题，也变得日益突出。乾隆历来以“天下共主”自居，对周边内附来者不拒。乾隆十五年（1750 年），萨喇尔归附，安插在察哈尔一带。乾隆十八年（1753 年）杜尔伯特部三车凌举族内徙，朝廷为此颇费心思，派人往黑龙江等处勘地安插。乾隆十九年（1754 年）三月，阿睦尔撒纳要来的消息传来，又是一个安插问题接踵而至。乾隆此时没有第二条路可走，最明智的选择是出兵西北，以求一劳永逸。用他自己的话说：“朕以天下大君，焉有求生而来者不为收养之理，转致被达瓦齐戕害。夫收之则必养之，若令附入喀尔喀游牧，非惟喀尔喀等生计窘迫，数年后必有起畔逃避之事，则喀尔喀等转受其累矣。况达瓦齐作乱之人，今即收其数万众，虽目前不敢妄举，而日久力足，必又蠢动，侵我边围，与其费力于将来，不若乘机一举，平定夷疆，将车凌、阿睦尔撒纳安置原游牧处，使边境永远宁谧之为得也。”

尽管乾隆自认为西征准部机会难得，朝中却没有几个大臣敢于冒险支持，唯大学士傅恒不“牵于浮论”，赞同出兵。应该说，不赞成出兵准部者，也自有道理。达瓦齐对清朝并无恶意，对改善与中央政府关系的态度非常积极。乾隆十八年（1753 年）八月，舒赫德建议派使臣与达瓦齐修好，结果遭乾隆训斥。次年，达瓦齐主动派贡使到北京，极力表现谦恭的态度，希望获清政府谅解，受到和平时代噶尔丹策凌同样待遇，允许赴藏熬茶等。乾隆说，“堂堂大清，中外一统，而夷部乱臣，妄思视同与国”，断然拒绝。达瓦齐的谦恭态度在某种程度上引发了部分清朝大臣的支持。他们希望边疆安定，没有冲突，要求维护与准噶尔部的和议。但在乾隆心目中，达瓦齐已失人心。准部内讧正炽，这正是勘定西北边陲的大好时机，岂能放手。因而他对一切要求维持和平局面的建议，一律予以拒绝。

从乾隆十九年（1754 年）五月开始，清朝加紧备战。乾隆指示，由阿尔泰山与巴里坤分西、北二路进兵，其中北路军 3 万名、西路军 2 万名，分别从京城满洲兵、黑龙江兵、索伦巴尔虎兵、绥远城右卫兵、西安满洲兵、西安绿营兵、宁夏兵、察哈尔兵、新降厄鲁特兵、宣化大同绿营兵、甘肃各营兵等兵营中征调。备战需战马 15 万匹，另外，乾隆还谕令各地等筹集粮饷，踏勘进兵路线。他还接连赏赐、欢宴蒙古各部王公、台吉、宰桑，特别是刚刚率部内附的杜尔伯特部台吉车凌、车凌乌巴什和车凌孟克等，以争取他们齐心协力征讨达瓦齐。

乾隆认定阿睦尔撒纳是此次征战达瓦齐的重要人物，他暂时根本无暇考虑阿睦尔撒纳降清是不是迫于形势。乾隆十九年（1754 年）七月，他对前去办理边务的大臣策楞说："阿睦尔撒纳乃最要之人，伊若来降，明年进兵大有裨益。"对阿睦尔撒纳较为了解的前准部宰桑萨喇尔也及时进言指出："其为部众所畏服，正可资以前驱，迅扫残孽。"是年十二月，乾隆匆忙移驾热河，急召阿睦尔撒纳一行到行辕陛见，探讨进军大事。十二日，降清者在避暑山庄御行殿受到庄严、隆重的接待。乾隆命王公大臣皆往陪宴，热情安抚，"并赐上驷舆之乘，亲与其分较马射，并以蒙古语询其变乱始末，赐宴而退"。清朝皇帝的雍容气派和威严，让众降清者大开眼界。

对阿睦尔撒纳降清的诚意，清朝中有人持怀疑态度。办理北路军务的户部尚书舍赫德及定边左副将军策楞，向乾隆提出两条处理意见：一是不宜将阿睦尔撒纳的部众留居乌里雅苏台附近，因为"军营粮饷军器马匹牲畜，俱在周围附近，又系通准噶尔大路，恐将明年进兵之事，向准夷泄漏"。二是"将阿睦尔撒纳等大台吉，一并留在军营候旨，其老少子女，俱令携带接济口粮，移至所指地方"。

乾隆对他们进行了驳斥，指责他们见解错误，他说："远方归顺之人，尚未知内地作何安插，乃甫经归命，即将其父母妻子发遣，留伊本身于军营，伊心岂有不生疑惧？"

当然，乾隆此番言论并不能证明他对阿睦尔撒纳真的如此信任。实际上早在本年五月，他就谈过阿睦尔撒纳为人"诡诈反复，全不可信"。但乾隆早已胸有成竹，他对阿睦尔撒纳与其说是信任，毋宁说是从策略上对其加以利用，阿睦尔撒纳可以作为清军征战准部的引路人。

进攻达瓦齐

乾隆十九年（1754年）八月，清政府修改并制订原派兵计划，喀尔喀兵由6000改为2500，以新降阿睦尔撒纳、讷默库等所率2300名厄鲁特兵替补。另外，绿营兵丁原定一万名裁至六千，宣大两镇炮手一千名减去。同年十一月，闽浙总督喀尔吉善主动请命，酌派精悍灵巧的福建藤牌兵随征，遭到乾隆帝拒绝。乾隆此时的指导思想相当明确，"即满洲兵丁亦不多用，仍以新归顺之厄鲁特攻厄鲁特"。围绕"以准制准"的原则，乾隆还决定两路先锋均由准部降人担任。阿睦尔撒纳任定边左副将军，率所部出北路；萨喇尔为定边右副将军，率所部出西路。乾隆尤其赞赏阿睦尔撒纳沿用昔日旧旗的请求，以使"彼处人众，易于识认"。此年年底，阿睦尔撒纳提出，原定二十年（1755年）秋季出兵不妥，应该提前："塞外秋初时，我马肥彼马亦肥，不如春月乘其未备，且不能远遁，可一战擒之，无后患。又准部东境以额尔齐斯河与中国交界，本杜尔伯特原屯地，接近阿尔泰山，可屯田备饷，宜先遣兵万人据形势，而大兵二万整队继进”。

乾隆最后采纳这个主张，定于乾隆二十年（1755 年）二月大军开拔。

清政府一方面积极备战，另一方面对准部发起政治攻势，以分裂达瓦齐的部属。乾隆十九年（1754 年）十一月，乾隆亲拟诏书宣示准部。其诏书措词冠冕堂皇，语气软硬兼施，既阐明清政府出兵准部的原因和目的，又暗示清政府对准部的政策立场。

清军一切准备就绪，北路定于乾隆二十年（1755 年）二月十五日由乌里雅苏台拔营。因哈萨克人先行抢掠达瓦齐辖区，阿睦尔撒纳奉命提前三天于二月十二日动身，参赞大臣额驸色布腾巴尔勒珠尔、郡王品级青滚杂卜、内大臣玛木特、奉天将军阿兰泰等随后。二十四日抵达库卜克尔，三月初一到齐齐克淖尔。将军班第紧随其后，于三月初三带大队人马经过库卜克尔，与先头部队的行程仅为九天之隔。十九日，当后续官兵抵额尔齐斯河之西喇托辉地方时，前后之师已相距很近。这时乾隆反而顾虑阿睦尔撒纳的作用能否得以充分发挥，“一则阿睦尔撒纳，系准噶尔人众知名之人，令伊带哨探兵前行，人多认识，于收服准夷人众较易。再前队既有哨探，复有将军随后带兵继进，声势联络，军威益振。如将军副将军合并一处，则众人惟知有将军，不复更知有副将军，转置阿睦尔撒纳于无用之地，不足以展其所长，殊于军行无益”。乾隆对阿睦尔撒纳的利用，于这番话中可窥其全部。

阿睦尔撒纳的前锋进展顺利，所向披靡，几乎没有遭到任何有力抵抗。第一批请降是达瓦齐手下的大宰桑阿巴噶斯、乌斯木济、哈丹等人，乾隆特别吩咐要另行办理安插事宜。四月初九，额米尔河集赛宰桑齐巴汗在路上迎接清军，向其请降，十七日，噶克布集赛宰桑达什车凌率 2000 户望风归顺。二十一日，阿睦尔撒纳听说达瓦齐驻兵察布齐雅勒地方，遂轻骑突进，二十八日，抵达尼楚滚，正好与西路前锋萨喇尔相为呼应。

西路军虽比北路晚十三天起程，沿途进展速度也比较快。萨喇尔于三月初七抵准部边界扎哈沁游牧地，木齐巴哈曼集率所属 300 户迎降。初九，宰桑敦多克以 1200 余户来归，初十，阿尔噶斯旧宰桑德济特之弟普尔普及子衮布带 60 余户叩迎。十二日，准部最有势力的大台吉之一噶勒藏多尔济投降清军，乾隆感到十分欣慰，封他为绰罗斯汗。十三日，布鲁特之得木齐巴拉、诺海奇齐等三十余台吉，辉特台吉托博勒登族弟巴朗、噶勒杂特得木齐博勒坤、车凌们绰克全部陆续归附。十四日，巴尔玛得木齐伯克勒特、收楞额库鲁克等率旧宰桑噶齐拜之子图尔塔默特属户归顺。二十九日，萨喇尔途次罗克伦，新降噶勒藏多尔济请求随营效力。四月五日，招抚吐鲁番回民一千户。二十七日，西路军尾随达瓦齐踪迹，驻登努勒台地方，与阿睦尔撒纳军营仅隔二十余里。清军自进入达瓦齐辖地，两路直插准部腹地，如入无人之境，几乎每天都可以不战而胜，连乾隆都没有料到进展居然会如此顺利。

达瓦齐没料到清军会提前行动。等清军进入准部，其部下不战而降乱了他的阵脚。为了摆脱西、北两路锋线的压力，不得不转移伊犁西北格登山地区。四月三十日，阿睦尔撒纳、萨喇尔齐头并进，“沿途厄鲁特等，牵羊携酒，迎叩马前”。五月初五，渡过伊犁河，迫使达瓦齐退守格登山。达瓦齐此时虽拥众万余，但武器不齐备，马力困乏，军心涣散，只是凭借地势险要作最后的挣扎。十四日夜，阿睦尔撒纳派翼领喀喇巴图鲁阿玉锡、厄鲁特章京巴图济尔噶勒、新降宰桑察哈什等带兵 20 余名前往敌营刺探军情。阿玉锡出敌不意，左冲右突，达瓦齐惊慌失措，以为清军发起总攻，率2000余人遁去，剩下的武器装备及部下皆为阿睦尔撒纳所获。格登山告捷，证实乾隆用人恰当，指挥无误，所以他自己也为此万分得意，事后高兴赋诗：

> 敉宁西极用偏军，天马人归敬受欣。
> 每至夜分遥檄问，所希日继喜相闻。
> 有征已是天交战，率附常称不变芸。

达瓦齐逃出格登山，翻越奎鲁克岭，南逃时，只有百余骑随其左右。六月初八，因为乌什城阿奇木伯克霍集斯以前与他交好而来投奔，结果误入圈套。十四日，班第派人提解达瓦齐，二十五日，遣哈达哈押送他入京。同年十月十七日献俘京师。论功行赏，傅恒以襄赞之力，加封一等公，班第封一等诚勇公，萨喇尔封一等超勇公，阿睦尔撒纳晋双亲王食双俸。达瓦齐因对清廷并无恶意，免死加恩封亲王，入旗籍，赐第京师，得善终，这一系列赏赐充分显示了乾隆的怀柔手段。随后，乾隆御制平定准噶尔告成太学碑，以永昭后世，此即为第一次平定准噶尔之役。

入京朝会

乾隆虑及准部强盛，准部又曾对抗清朝数世，故平准之后，欲“众建而分其力”，重新整顿厄鲁特四部的统治秩序。当达瓦齐手下大宰桑噶勒藏多尔济来降时，即被封为绰罗斯汗，另外又以策凌为杜尔伯特汗，阿睦尔撒纳为辉特汗，班珠尔为和硕特汗。乾隆作如是安排根本满足不了阿睦尔撒纳的野心。他的目标是统辖准部全境，以为在征达瓦齐战役中屡立战功，清朝会“以己为珲（浑）台吉，总管四卫拉特”。他对班第说：“但我四卫拉特，与喀尔喀不同，若无总统领，恐人心不一，不能外御诸敌，又生变乱。”他还指使手下散布流言，四处宣称说乾隆必封阿睦尔撒纳为总汗，又仿效噶尔丹策凌时期行文俱以专用小红钤记，扔掉清廷分给的副将军印信，不用乾隆所赏黄带孔雀翎，私自占有达瓦齐拥有的马驼牛羊，擅自杀害投诚台吉宰桑，强迫不听他指使的宰桑远离伊犁。乾隆二十年（1755 年）五月，乾隆降谕，待擒获达瓦齐，阿睦尔撒纳赴热河面圣，再行加恩。得到班第、萨喇尔进呈的关于阿睦尔撒纳不法行为的密折后，遂以阿睦尔撒纳负恩狂悖、叛逆昭彰，决定先发制人。六月，乾隆催促阿睦尔撒纳驰赴热河，同时密令班第，如果阿睦尔撒纳不肯动身，就以会同防范哈萨克的罪名，诏萨喇尔、鄂容安设计将他一举擒获，就地处决。班第以兵力单薄，不敢轻易下手。乾隆又密令阿桂等带兵赶往塔尔巴哈台地方将阿睦尔撒纳的妻子及亲信捉拿解京。

六月二十九日，阿睦尔撒纳在扎萨克亲王额琳沁多尔济陪同下，动身入京朝会。尽管他本人并不清楚乾隆的真正用意，却早有心理准备。六月中旬，被派往监视阿睦尔撒纳的额驸色布腾巴尔勒珠尔奉诏先回皇宫。阿睦尔撒纳与额驸言语相通，甚是投机，故私下以总统厄鲁特四部之意请其代为奏报，并约定若得皇上允许，便于七月下旬往见。事实上，阿睦尔撒纳对入觐没有任何兴趣，他关心的是，托付色布腾巴尔勒珠尔的事情能否被批准。因有约在先，所以在与额淋沁多尔济同行时，非常谨慎，一路上故意拖延慢行。八月，阿睦尔撒纳到乌隆古，仍未得到额驸消息，便对将要发生的情况有所预料。乌隆古邻近阿睦尔撒纳旧游牧地区。于是他便留下乾隆所给定边左副将军印，不辞而别。

阿睦尔撒纳逃走，引起准噶尔地区的再次骚动，许多不甘失败的宰桑及其旧人闻风附和，攻击进入准部地区的清军。八月二十三日，伊犁宰桑克什木、都噶尔、巴苏泰等率兵攻掠伊犁，班第、鄂容安等不敌，于次日带守军朝崆吉斯方向撤退，二十九日，被围于乌兰库图勒。班第、鄂容安战败自杀，副将军萨喇尔虽然冲出包围圈，但马上被乌鲁特宰桑锡克锡尔格擒送阿睦尔撒纳处。当时定西将军永常拥兵五千驻穆堡，听说伊犁失守，本可派兵接应北路幸存官兵，但他担心遭阿睦尔撒纳暗算，疑惧不前，从而造成严重后果。乾隆降旨究其失职怕事之罪，拿押来京，病死于途中。刘统勋以协理总督转运军储驻巴里坤，因轻信传闻，退守哈密，坐失救人机会，乾隆念其一介书生，军旅之事非他所长，不加究责，仅作诗嘲讽：

集赛伊犁历一过，珠崖请弃竟如何？
我非勤远惟观火，卿误养奸作止戈。
究胜寒蝉原所谅，堪称老马无可讹。
犎牛骑进阳关矣，只恨难为叩解歌。

准部得而复失，清军西、北两路损兵折将，于是乾隆开始重新调整人事安排，加封额驸策楞为定西将军，富德、玉保、达瓦党阿为参赞大臣，又命兆惠驻巴里坤办事。乾隆二十一年（1756 年）正月，玉保担任先锋，跟踪阿睦尔撒纳的踪迹，一路上进展较为顺利。一日，清军抵特克勒河，距阿睦尔撒纳营地不远，玉保正待下令追击，侍卫福昭突然来报，说台吉塔尔布、固尔班和卓、伯什阿噶什、巴图尔乌巴什等已将阿擒获。这事实上是一个有待证实的传闻，玉保却信以为真，驰报策楞。策楞亦急于立功，不加深思，飞章京师告捷。事实上，这是阿睦尔撒纳玩弄的一个政治攻势，借此迷惑清军，赢得脱身时间，率残部越库陇癸岭，逃往哈萨克。二月十三日，乾隆在动身赴孔林前，获此消息，十分激动，立刻改行程，去泰陵感谢祖先的“默垂庥佑”，并降谕封策楞为一等公，玉保为三等男。二十六日乾隆又获策楞奏折说，前报擒阿逆，“事属子虚”。乾隆勃然大怒，降旨将玉保、策楞革职，解京治罪。同年五月，乾隆任命达瓦党阿接替策楞定西将军之职，富德为副职，巴里坤办事大臣兆惠以定边右副将军衔协助军务。

达瓦党阿奉命出西路，哈达哈出北路。阿睦尔撒纳与西路清军相遇，败北后逃入哈萨克人的军营。这时他故伎重演，遣哈萨克人前往达瓦党阿军营，诡称阿睦尔撒纳“即欲擒献，但需汗至，乞暂缓师待”，结果又一次金蝉脱壳。与此同时，北路出击的哈达哈遇阿布赉汗哈萨克兵千余，也无心追剿，任其而去，两路清军遂无功而返。

逃遁而亡

阿睦尔撒纳逍遥遁去，使准部形势进一步陷入了复杂的局面。喀尔喀亲王额琳沁多尔济因阿睦尔撒纳逃走，被乾隆赐自尽，当地人众对此十分反感。郡王青滚杂卜乘乱起哄，擅自撤回所守台站卡座，使清政府北路台站从第十台到二十六台处于瘫痪状态，联络中断。受清朝册封的准噶尔绰罗斯汗、辉特汗、杜尔伯特汗皆因家属被留在热河，实际上成为人质，心里十分不满，陆续发生变乱。阿睦尔撒纳一看各地台吉宰桑纷纷构乱，便从哈萨克出山，与他们会盟于十罗塔拉河畔，开始自立为其思谋已久的四部总台吉。

乾隆二十一年（1756 年）九月，定边右副将军兆惠曾奉乾隆之命驻扎伊犁。及阿睦尔撒纳复叛，伊犁力量薄弱，乾隆唯恐兆惠有失，密令他火速退回巴里坤，同时调拨察哈尔、吉林兵各一千、索伦兵二千，阿拉善兵五百，前往巴里坤待命进行接应和支援。十一月二十五日，兆惠从济尔哈朗东行，经鄂桑、库图齐、达革奇等地，于次年正月初五抵乌鲁木齐，遭噶尔藏多尔济、扎那噶布尔、尼玛、哈萨克锡喇等叛乱宰桑联合攻击。二十二日，劳累过度的官兵在特讷格结营自保，以期待救援。三十日，自巴里坤间道接应兆惠的侍卫图伦楚及时赶来解围。二月二十三日，清军返抵巴里坤。

兆惠未回之前，乾隆就调兵遣将集结巴里坤，着手反扑。成衮扎布因熟悉蒙古事务，授定边将军，其弟车布登扎布才精干练，暂署定边左副将军印务。舒赫德、富德、鄂实为参赞大臣，色布腾巴尔勒珠尔、阿里衮、明瑞、额勒登额、侍卫什布图铠、巴图鲁奇彻布等着在领队大臣行走。三月，将军成衮扎布出北路，右副将军兆惠出西路。

依照乾隆指示，清军作好了打恶战的准备。但在进军途中，情况又发生了很大变化。原来准部地区这时发生了两件重要的事情：一是叛乱的台吉噶尔藏多尔济被他侄子扎那噶尔布袭杀，而宰桑尼玛接着又密谋擒杀扎那噶尔布；二是厄鲁特各地痘疫流行，许多士兵染上了疾疫，幸存者伺机四散逃命，叛军不战而溃。兆惠进入厄鲁特地区的首要任务，就是打探阿睦尔撒纳的行踪。五月初一，他派奇彻布、达礼善、努三、爱阿隆、图伦楚等带兵去额布克特地方侦察，终于从游牧人口中得知阿睦尔撒纳已潜逃巴雅尔。六月，哈萨克阿布赉汗请降，遣使纳贡，且发誓要帮助擒获阿逆。这样一来，阿睦尔撒纳唯一能保命藏身的处所就只有偷越边境逃往俄罗斯。

清军在境内搜捕阿睦尔撒纳不见其踪迹，兆惠等也估计到他可能已进入俄罗斯，于六月中旬，遣顺德讷前往俄罗斯铿格尔图喇，会见俄方官员。俄方一口否认阿睦尔撒纳的到来。二十七日，驻扎在阿尔察图的阿布赉汗派人告称，本月十九日阿睦尔撒纳来投，阿布赉“告以明早相见，因先散其马匹牲只”。阿睦尔撒纳察知情况已发生变化，偕同数人步行逃跑。兆惠等据此更加确信阿睦尔撒纳藏身俄境。俄方为敷衍清政府，谎称阿睦尔撒纳已淹死于额尔齐斯河。顺德讷一行便沿河打捞十几日，最后揭穿了俄方的谎言。八月十五日，顺德讷往见西伯利亚总督玛玉尔，提醒俄方必须遵守双方约定，引渡逃犯。俄方再次予以否认，但兆惠、富德已从俘虏的口供中证实阿睦尔撒纳在俄罗斯。

乾隆获知阿睦尔撒纳已逃到俄罗斯，缉拿叛匪的态度仍非常坚决，说“是逆贼一日不获，西路之事一日不能告竣”。他谕令理藩院行文萨纳特衙，要俄方“遵照原定不匿逃犯之条，将阿睦尔撒纳送来”。但沙皇俄国仍置中国政府的正当要求于不顾，拒绝交出叛匪。

沙皇俄国之所以庇护叛匪，是企图以阿睦尔撒纳作为分裂中国、染指西北的工具。但是，乾隆二十二年（1757 年）九月，阿睦尔撒纳因患痘疫暴死他乡，沙俄再也不愿为一具僵尸而与清朝闹翻。十一月初一，西伯利亚总督将阿睦尔撒纳的尸体运到恰克图。次年正月，俄罗斯毕尔噶底尔差图勒玛齐、毕什拉等到中俄边界请清朝派人验尸。经乾隆派人前往验看，断定阿睦尔撒纳确死无疑。乾隆遂放心地说：“俄罗斯将阿睦尔撒纳之尸解送与否，均可不必深论。”

阿睦尔撒纳死后，准噶尔部所乘残余叛军处于群龙无首状态。

乾隆二十三年（1758年）春，四千清兵继续对残余叛军进行围剿，严密搜捕，残余叛军见大势已去，或束手就擒，或主动投降，至此，准噶尔部割据势力的叛乱被彻底平息。

议政王大臣会议

设立

从努尔哈赤时期到乾隆当政时期，清政权中曾有过一个重要的行政机构——议政王大臣会议，其成员主要由满族王公、八旗高级官员组成，职责是负责商讨国家重大机要事务。这一机构的产生与发展，伴随着后金及清王朝的崛起与壮大，经历了清兵入关、建立对全国的统治以及平定藩乱、绥定边疆，直至清王朝强盛，长达170多年，在清前期的历史发展中起过重要作用。

早在努尔哈赤创建八旗之时，即设置了“议政王大臣”，商讨军国事务。参预议政的除了代善、阿敏、莽古尔泰、皇太极这“四大贝勒”外，还有“从王大臣”济尔哈朗、杜度、岳托、德格类、硕托等贝勒、台吉。这些贝勒、台吉全部是努尔哈赤的子、侄、孙，属于宗室贵族，他们在努尔哈赤主持下，每五日集会一次，协议国政。

天命十一年（1626年）九月皇太极继汗位以后，又实行八和硕贝勒“共议国政”制，议政的宗室贵族除了上述四大贝勒，还有

“议政十贝勒”，这十个贝勒是阿巴泰、德格类、济尔哈朗、阿济格、多尔衮、多铎、杜度、岳托、萨哈廉、豪格等，宗室贵族中凡被封为贝勒者全部成了议政成员。八旗固山额真是“兼议政大臣”，与诸贝勒一起商议政事。按照努尔哈赤生前的规定，后金军国事务必须由分主八旗的八和硕贝勒共同商讨，八旗联合议决。天命、天聪时期这种由宗室贵族——旗主贝勒、贝勒与八旗中的五大臣、固山额真组成的议政机构，是后来议政王大臣会议的早期形态，而诸贝勒王大臣议政时期，是它的产生时期，至天命十一年（1626 年）九月后逐渐正规与完善。当时后金还没有设置其他权力机关，军国政务均决于此，因此，它也是管理后金政务的最高权力机构。这种议政形式，呈现明显的联旗合议与“八分”议政的特点，即八旗每一旗都是以独立的政治单位参与议政，其成员除了各旗旗主八和硕贝勒及“入八分议政贝勒”外，八旗固山额真中，每旗一人兼议政大臣，以后再添设议政成员，也是各旗平均。这种联旗合议制，使各旗基本处于同等并列的地位。

崇德元年（1636 年），皇太极称帝，改国号为清，并将原旗主贝勒全部封为亲王。崇德二年（1637 年）四月，皇太极鉴于当时军务繁多，议政大臣（指八固山额真）有的带兵在外，有的在家，有事时咨商人员甚少，故每旗又设议政大臣三员，这样作为正式职衔的议政大臣开始出现了。此后，宗室贵族中的王与八旗固山额真（兼议政大臣）、议政大臣共同议政的形式，即称为议政王大臣会议。因参与议政的宗室贵族还有贝勒、贝子等，故又有“议政王贝勒大臣会议”等名称。

发展沿革

崇德年间的议政王大臣会议虽然还保持着后金政权时期最高权力机构的地位，但其权限已明显缩小，这主要是因为天聪五年（1631年）设置六部后，诸凡八旗官员在各机关的任免与调动，旗下差役之征发，财物之分拨，科举之举行，战俘之处置，各旗案件之审理，殿、堡、山陵工程之兴修等政务，已由各部分别处理。只有在各部不能决断时，才由议政王大臣会议议决。其议处的内容多为满洲王公大臣刑案的审理，另外是军务，即所谓“凡遇出师，必先议定而行”，所以主要是兵、刑二务。

另外，经过天聪一朝皇太极同与其汗权抗衡的三大贝勒的斗争，身为皇帝的皇太极，至崇德建元已基本树立起了皇权专制的尊威，凌驾于“共议国政”机构之上，掌握了宗室贵族议政人员的任免权。天聪初，宗室诸贝勒，尤其是充当旗主的和硕贝勒是作为当然议政者干预朝政的，崇德后，皇帝逐渐取消了这种当然议政的资格。为了加强议政职能，皇太极开始将宗室中一部分较低级的贵族——贝子、公等提拔起来参与议政。从行政程序上看，各部重要政务必须先上奏皇帝，皇帝认为有必要共同议决的，才交由议政王大臣会议讨论，但议政者也只能“候旨齐集”，听从皇帝的临时传旨。这就是说，皇帝的意志决定了议政王大臣会议的职能的发挥。在崇德年间清政权的君主专制集权体制下，皇帝已将议政王大臣会议成员的任用、职掌的行使等权力控制在皇权的范围之内。

清兵入关，定都燕京，多尔衮以摄政王的身份执掌朝中大权。由于在皇太极暴逝之后，满洲王公曾展开过一场激烈的争夺皇位的斗争，两白旗王多尔衮、多铎、阿济格，与正蓝旗、两黄旗王大臣矛盾尖锐，与镶蓝旗王济尔哈朗等人也是貌合神离，所以多尔衮摄政之初（入关前），即借口诸王贝勒商讨国政是“盈廷聚讼、纷纭不决，反误国家政务”，限制他们参与朝政，禁止诸王公贝勒贝子等入朝办事。另外也由于入关初王公大臣领兵在外，所以这一时期诸王贝勒大臣很少共议大政。

顺治七年（1650 年）至康熙十二年（1673 年）左右，是议政王大臣会议职掌最广泛，权限达到其顶峰的时期。其中前十二年即顺治七年（1650 年）至顺治朝终，又是议政王大臣会议的成员迅速扩充、成分复杂化的时期。

顺治七年（1650 年）以后，尤其是在清世祖福临亲政后，议政王大臣会议的组成规模急剧扩大。首先是，一大批宗室贵族如亲王多尼、顺承郡王勒克德浑，贝子务达海、锡翰，公汉岱，承泽亲王硕塞、谦郡王瓦克达，济尔哈朗之子世子济度（后袭父和硕亲王爵，号简）及敏郡王勒都、安郡王岳乐，贝勒尚善、杜尔祜、杜兰，显亲王富绶等，在顺治七至九年（1650～1652 年）的三年中，纷纷开始议政。若加上诸王之首郑亲王济尔哈朗及理政三王巽亲王满达海、端重亲王博洛、敬谨亲王尼堪，议政的宗室贵族人数几乎达 20 人。另外，议政大臣也在人数上大大增加，仅顺治八年至十二年（1651～1655 年）所任命的议政大臣就多达 30 人。而且成分非常复杂，其中八旗蒙古固山额真开始被任命为议政大臣，六部满蒙尚书全都是议政大臣。顺治九年至十三年（1652～1656 年）几年间，内院大学士满洲旗人希福、额色黑，汉军旗人范文程、宁完我也一度参与议政。其他人甚至连皇帝的侍从——内大臣、侍卫，以及在王府中掌管事务的长史、无职的旗下闲散也被任命为议政大臣。以上宗室贵族全部手握权力，掌政统兵，是清廷军政大权的核心；议政大臣中，八旗满蒙固山额真、六部满蒙尚书是清廷军政要员。因此，这阶段的议政王大臣会议，实际是清廷所有掌握军政大权的宗室贵族及八旗满蒙旗人大员的联合会议。人员数量的增加，成分的复杂化，表明它比入关前的崇德朝大大发展了。值得强调的是，这一议政机构虽然成员多达几十人，但在实际议政时并没有这么多，因为当时清廷多处用兵打仗，有些人出兵在外。扩大议政成员，一部分原因也是为了保证在战时中央有足够的议政成员。

其职权范围的显著扩大，远非入关前可比。政务的纷繁，也促使议政的形式复杂化，除了有宗室贵族组成的议政王会议和满蒙人员的议政王贝勒大臣会议，还有上述成员与大学士九卿翰詹科道等满汉官员的联合会议。后一种形式中，议政王大臣充当的角色仍然为主持者和决策者，所以可称作是扩大的议政王大臣会议。所议处的政务主要有如下几项：

第一，谳断刑狱，议处宗室王公及满汉大僚，复审重大刑名案件。

第二，商议宗室王公、满洲大臣对爵职的承袭。

第三，商讨军务，议定对策及出兵方略。

第四，对汉藩王及其属下的处理。

第五，议决少数民族问题。

第六，调处满汉矛盾，维护满族统治者的经济利益。

第七，奉旨议选重要官员。

第八，惩治渎职官员，整饬吏治。

第九，议定典制，改革、完善行政制度。

以上所列，仅是选择其较有影响的事项，作一简要介绍。由所有掌军政大权的宗室贵族、满蒙军政要员联合组成的议政王大臣会议所议处的上述九项事务，基本占据了这一时期全部政务的主要方面，仅凭这几点就可了解到，议政王大臣会议是当时清廷的最高权力机构，这一机构入关后从成员到职掌、权限的扩大与发展，是满汉官僚联合统治的政体建立后，满族上层统治集团占据核心和主导地位的集中保证。另外，由于当时满汉民族矛盾日趋尖锐化，满族统治者虽然在中央各机关中起用了许多汉族官员，实行满汉复职制，但他并未放松对这些汉官的警惕性，因而那些机要政务及重大政事，需要专门由本民族人员组成的机构商议处理。从这方面讲，议政王大臣会议又是在满汉矛盾的情况下，对满汉复职制进行的一种非常必要的行政补充，它保证了满族建立全国统治的顺利进行，维护了满族贵族的政治、经济利益，发挥了入关前所不能起到的作用，这是它在这一历史时期的主要职能所在，也是这一机构职掌扩大与发展的主要原因。

职权弱化

康熙十二年（1673 年）以后至雍正朝军机处设立，是议政王大臣会议组成人员的成分较为单纯、职掌范围缩小并较为固定的时期。顺治十八年（1661 年）南明最后一个政权——永历桂王政权的覆灭，基本结束了清王朝统一全国的战争，清廷也随之对议政王大臣会议进行精简。康熙元年至十一年（1662～1672 年），对议政成员实行了三次裁减。一次是康熙元年（1662 年），吏部因正白旗议政大臣名额太少，奏请补齐。圣旨下，以“满洲蒙古都统及尚书俱系议政大臣”，不但未补缺额，反而将其他旗所设平均员数的议政大臣悉数裁撤。一次为康熙八年（1669 年），又因议政人员复杂泄漏了机密，停止王府长史及闲散议政大臣议政。经过这两次大裁减，议政大臣基本上只剩下在中央机关中任职的满蒙都统（即原固山额真）、大学士、尚书及皇帝的御前扈从人员——内大臣。此后，议政大臣主要由这几种官员充任。康熙十一年（1672 年），又对议政王大臣进行了裁撤。三藩之乱发生的时候，议政王、贝勒、贝子仅杰书、岳乐、福全、勒尔锦、察尼、董额（或作洞鄂）、尚善、温齐、苏努等数人。这些王、贝勒、贝子之所以能够参与议政，主要是皇帝根据他们的行政能力，而不是根据其爵级和地位。旗主、入八分王公等八旗贵族议政资格的彻底取消，八旗平均员额的议政大臣的取缔，标志着八旗各自作为独立的政治单位参与议政的时代宣告结束，八旗联旗议政制彻底瓦解。此后的议政王大臣会议是完全处于皇帝控制下的、由中央各机构官员组成的旗人会议机构。议政的王、贝勒、贝子等被皇帝或任、或免于议政，根据需要又随时撤裁或恢复之事，也常有发生。康熙三十六年至六十一年（1697～1722 年）这二十几年中，这一机构中已无王、贝勒参与议政，因而文献上仅仅将其称为“议政大臣会议”。雍正、乾隆两朝初年，任命宗王总理政务，宗王再次参与议政，但他们已不称议政王，类似以前的低级宗室，只是被授以议政大臣，目的是为了缩小他们与其他议政官员的地位差距，便于地位较低的官员发表意见，这对议政机构职能的发挥非常有利。将王贬为大臣，也是皇权有意削弱宗王权势的一种措施。

康熙十二年（1673 年）至雍正朝设立军机处这 50 多年中，议政王大臣会议所处理的政务除了官员服饰、八旗重要旗务、王公及功臣爵职之承袭、重大丧礼等一般性事务外，主要有以下四项：其一，议处军务。其二，有关蒙古各部、西藏等少数民族事务的处理。其三，处理与沙俄边界问题。其四，谳审重大刑案，平定三藩之后，凡跟随吴三桂叛上作乱被拿获，或败后又降清者，如耿精忠、马宝、彭时亨、谭天秘等 20 多人，皆由议政王大臣审讯，全部处以凌迟、立斩枭示的极刑。并对触犯军法的带兵宗室贵族、官员审察议定，或削爵，或免死革职、籍家。

康熙后期的储位之争，及雍正初清世宗与皇子党、擅权重臣的矛盾，成为皇帝在行政中需要重点解决的问题，议政王大臣会议审拟狱案这一专职，又一次发挥了它的作用，在皇帝的操纵下，打击清除了威胁皇权的政治势力，维护了皇帝的专制集权。

逐渐消亡

军机处设立之后至乾隆五十六年（1791 年）这 60 余年，是议政王大臣会议的成员有所缩减、职掌显著减少、渐趋名存实亡、直至最终消亡的阶段。

自雍正中设军机处后，对准部用兵的军务及其相关的少数民族事务，就已全部归到军机处进行处理。此后至雍正朝终，议政王大臣会议的职掌明显减少。

作为处理机要政务的重要机构，议政王大臣会议对其成员的要求理当为数量上的精简与质量上的干练。但充任议政大臣者“半皆贵胄世爵”，即出身于满族贵族、勋旧世家者居多。到了康熙后期，他们也已经丧失了其祖辈们在开国立基时期那种勇武淳朴之风，仰赖祖宗的荫庇而养尊处优，“不谙世务”者相当多。至于宗室贵族，不仅行政能力很低，而且以其尊贵身份高居于其他议政大臣之上，导致这一机构的职能不能正常发挥。另外按旧制，满蒙都统、尚书等大多兼议政大臣，人员数量较多，且很繁杂，康熙虽采取排斥宗室贵族及裁汰冗员的办法以提高其行政效能、防止泄密，如康熙二十四年（1685年）三月，以满蒙都统人员多，且“不晓达事务者甚多”，而废除其议政资格，只令商议兵事时参与。康熙三十六年（1697年）以后，基本不再任用下五旗王、贝勒、贝子议政。但对于这个落后的贵族性议政祖制，康熙却缺少根本废除的勇气，无法从根本上触及这个陈旧祖制的弊端。勇于改革，施政严猛的雍正，则已不顾及于此，最终还是采取巧妙的釜底抽薪的方式，设军机处于易于保密的近御之处，排除宗室贵族和众多的议政大臣，“设立军机大臣，择阁臣及六部卿熟谙政体者兼摄其事……然后机务慎毖，议政之弊始革”。在对机要事物进行处理的过程中，这些从众大臣中特选的少而精的军机大臣，则成为皇帝得心应手的合适的人选。更主要的原因还在于，经过康熙一朝，满汉统治者基本融为一体。所以这一满汉大臣共同参与的处理军机要务的军机处才会出现。

乾隆初，议政王大臣会议的职掌在一定程度上又有所恢复。这是由于乾隆帝出于对皇父雍正帝之严苛政治有所缓和的目的，本着“法祖”的原则，在典制改革方面所作的一系列调整。因而议政王大臣会议得以按照落后的祖制延续存在。满蒙官员在他们被任为大学士、尚书、左都御史等职务后，仍按照旧例，兼授议政大臣的职衔，但他们所议事务除了某些军务外，更多的是琐碎政务，如出师告捷、祭堂子典礼之类。勘审宗室王公等重刑案，则已由宗人府宗令等人负责。军务及重要的少数民族事务，主要由军机处处理。既然如此，议政王大臣会议已不必也不应该继续存在下去了。大约在乾隆二十几年以后，议政大臣一职已经没有了实权，只是作为满洲大臣的一种荣誉头衔。就像乾隆帝在上谕中所说："国初以来，设立议政王大臣……自雍正年间设立军机处之后，国事皆系军机大臣每日召对承旨遵办，而满洲大学士、尚书仍旧俱兼议政虚衔，但无应办之事，纯属名不符实。"议政王大臣会议在乾隆五十六年（1791 年）终于被宣布取消，至此，它在延续了一百多年后最终走完了其全部政治旅程。

大兴文字狱

伪孙嘉淦奏稿案

乾隆十六年（1751 年）前后，在社会上流传着一份伪托工部尚书孙嘉淦名义的奏稿。奏稿长达万余言，主要内容是指责乾隆皇帝有"五不解、十大过"，对乾隆皇帝本人和他执行的政策及朝廷权贵重臣进行尖锐的抨击和无情的弹劾，特别是指责乾隆南巡和冤杀名将张广泗，成为当时世人瞩目的重大政治事件。

孙嘉淦在康、雍、乾三朝为官，历任侍郎、尚书、督抚，最高官职为协办大学士。为官期间，以正直能干、敢于直言而闻名，到了晚年在官民中具有相当高的声望。于是出现了以他的名义指责朝政的奏稿。

乾隆十六年（1751 年）六月，这份伪奏稿首先出现于贵州。七月初二，云贵总督硕色将情况密报乾隆皇帝，说发现"密禀一纸，词殊不经”，系到云南的过客抄录传播。其所抄传播之词是假托廷臣名目，甚至伪造朱批，大胆诽谤朝廷，内容极为荒诞不经，并将传抄的伪稿一齐呈送给乾隆帝。

乾隆帝闻奏之后，认为这份伪奏稿假托廷臣名目，捏造皇帝批语，纯系大逆恶徒“逞其狂悖”。但是，乾隆皇帝又不愿对这种直接把矛头对准他本人的激烈的指责言辞，公开地进行追查。又因伪奏稿在其他处尚未发现，故追查也完全没必要全面铺开，遂责令步兵统领舒赫德、直隶、山东、山西、河南、湖北、湖南、贵州等省的督抚秘密缉访，勿使有关人等“得有漏网”。

此时，各省表面似乎非常平静，但暗地里在各督抚的部署下正紧锣密鼓地进行明查暗访。先是山西巡抚阿思哈上奏，说流寓山西介休县的直隶民人王肇基呈联献诗，毁谤圣贤，狂妄悖逆。乾隆皇帝立刻命阿思哈仔细追查，王肇基是否为伪奏稿案的“党羽”。后来，阿思哈查明王肇基进献诗联的目的是为了逢迎皇帝，要求皇上任用他，与伪稿无关。乾隆帝命将王肇基“立毙杖下，俾愚民共知儆戒”。接着，又揭发出山东巡抚准泰拖延追究伪奏稿一事，即本年四月间，山东按察使和其衷发现有署名孙嘉淦奏稿一纸在民间广泛流传，经查寻得知其来源于江南水利废员官贵震，于是禀请巡抚准泰将此事奏闻，准泰把和其衷禀文勾掉发还，责令他将报告中伪稿来源改为在途中偶然拾得。迨至八月经硕色举发，奉旨缉拿伪稿逆犯，准泰又嘱令和其衷不必牵涉四月间官贵震一案。和其衷因此案关系重大，丝毫不敢有半点欺瞒，遂密折据实陈奏。乾隆皇帝将准泰革职拿问，调河南巡抚鄂容安接替其职，又指示尹继善将官贵震秘密缉拿归案进行严审。

以上两件事，对乾隆皇帝触动很大，前者虽然王肇基与伪稿无关，但伪稿流传甚广，肯定其“党羽”不少；后者，地方官员在办理此案时，故意推诿、拖延的情况也确实存在。故八月二十八日，乾隆皇帝命军机大臣传谕各督抚，提出所有首先诬捏撰写、发散传播之犯为首恶渠魁；传抄之犯中，凡借以蛊惑人心，为之注释，及仿效词句，私自记载者，均当从严办理。又向各督抚提出警告，倘若养虎为患，唯恐株连多人，思欲苟且了事，不实心查办，准泰可作前车之鉴。

在乾隆皇帝的督责之下，各省督抚全力缉查，不敢怠慢，九到十二月之中，各省先后查出有关传抄伪稿的线索，如在云南查出伪稿是由江西传入；四川查出伪稿有注释评语的情况；浙江鄞县知县伍鉽、巡检郑承基、千总雷壎曾传阅伪稿；甘肃也查出了一些抄传伪稿的人，甚至在西南的土司境内的土官家也有传抄的。一时间各省查出伪稿抄传的奏报像雪片一样飞送京师，面对此种情况，乾隆皇帝也叹道：“此等逆恶之词蔓延各省，甚竟传入土司内，其流传之广，一至于此！”到该年的年底，各省已查获了不少案件，缉拿了不少的人犯，其中以湖广、江西为最多，而四川一省就捕获了280余人。在这种情况下，秘密查访已经不可能了，从乾隆十七年（1752年）以后，不得不由某些省的秘密缉访转而进行全国性的公开严查。

乾隆十七年（1752年）初，在已有的各条线索中，有几处重要线索，乾隆皇帝降谕要严加追究：一是江西巡抚鄂昌查出的广饶九南道施廷翰之子施奕度传抄伪稿；一是来往贵州的湖南人龙乾惕曾携带伪稿。乾隆皇帝认为，伪稿内容说到张广泗为官有功，张广泗乃贵州总督，从龙乾惕身上严加根究，或许可以追查出一些有关伪稿来源的线索；再有就是浙江提督衙门书吏包琳供出的，伪稿系从提督衙内传出；还有江西省城抄报房章锦传抄伪稿，乾隆帝对这一条线索十分重视，认为“似为近可根寻”。但是，追查的结果，令乾隆皇帝及诸督抚们非常失望，这样查来查去，涉嫌者、传抄之人，或者互相指控，或者将责任推向已故之人，有的在严刑逼供下，“套夹则甘认罪，松刑又复呼冤”，案情变得毫无头绪，陷入复杂境地，年终整个案情仍很混乱，办案人员对此也感到万分头痛，乾隆皇帝也甚是着急。六月二十九日，他命令军机大臣将历次奏报各案逐一分析查奏，除已追究出来的，应并案办理外，其余未抓获归案以及尚未查清者，将清单分寄各省，按清单所开各案，迅速查办。

六月份之后，各省遵照乾隆皇帝的指示，根据中央列出的清单继续追查，其中有一条线索，成为当时追查的热点，即年初的时候，江西巡抚鄂昌等查出该省道员施廷翰之子施奕度传抄伪稿。于是，乾隆皇帝命鄂昌、尹继善带同承审官赴京与舒赫德、刘统勋同审此案。到七月份，舒赫德等人审讯出施氏伪稿来自江西提塘刘士禄处，刘士禄供出伪稿又是从在京城居住的汤赐联处得来。派人前去查拿，但并无汤赐联其人。后刘士禄推翻前供，施奕度也否认伪稿得自刘士禄，而得自其叔施廷皋次子。九月份，乾隆皇帝命舒赫德等，留心“施氏是否与张广泗有亲”，后查寻施氏与张广泗并无关涉。此条线索，上下折腾了一段时间，最终又没有了下文。

十月十九日，乾隆皇帝以各省办理伪稿不善，再次通饬各督抚，谕称：查办伪稿至今已一载有余，却如大海捞针般渺茫，毫无头绪，此皆因各督抚等一切委之属员，唯据详索供词，敷衍塞责，并未实心研究，实力查办，致使线索迷乱，首犯仍逍遥法外，不知去处。乾隆皇帝深知，此案进展缓慢，与各省督抚互相推诿有很大关系，而承办之员怕担当责任，往往将案情线索转向其他省份，致使隔省隔属，循环往复，拖延了时日。十一月二十三日，乾隆皇帝下令将他认为追查不力的两江总督尹继善、江西巡抚鄂昌等解任候旨，并宣称其他省督抚如有此种情况者均照此办理。

伪稿一案追查不力，乾隆皇帝迁怒于督抚属员。事关封疆大吏，部分朝臣企图劝谏。十二月十九日，御史书成奏称："伪稿一案株连波累，恳请将现在人犯一律宽释。"遭到乾隆皇帝斥责，乾隆说书成系满洲奴仆，似此丧心病狂之言，如诅咒彼父祖者，竟然可以视之为漠然！遂革其职交武备院执伞苦差处服役。之后，又有乡居在籍侍郎钱陈群奏言，其意也是不必追查伪稿，同样遭到乾隆皇帝的痛责。到此无人再敢劝阻。继而乾隆皇帝又下令，追查既已延及数省，迟至经年，绝无骤然中止之理。从乾隆的话语中，虽然可以看出其不会轻易放弃对伪稿的追查，但也可看出此时的乾隆处于非常尴尬的境地。

在乾隆皇帝进退两难的时候，军机大臣们在京审出伪稿的又一重要线索：由江西巡抚鄂容安查获的传抄伪稿的长淮千总卢鲁生父子，经军机大臣审讯，供出其稿来自南昌守备刘时达。据刘时达称，乾隆十五年（1750 年）七月间，其子刘守朴任浙江金华县典史时，遣家人王玉琳送寄家信，信内附有孙嘉淦稿一张。乾隆皇帝认为刘守朴传递之伪稿与其他伪稿案相比，时间应该是最早的，遂命江浙两省承办此案的周承勃、钱度速往金华秘密查访，又指示两广总督阿里衮：刘守朴系"第一紧要之犯"，即由驿递飞速解京。

卢鲁生、刘时达父子押到北京之后，乾隆皇帝责成军机处对其进行审讯。在乾隆看来，伪稿一案好像找到了头绪，根源似乎就要找到，如不出意外，伪稿必定为卢鲁生及刘氏父子伪造。但案情并没有像乾隆皇帝所想象的那样，又有刘守朴的幕友孔则明供出，封寄伪稿给刘时达系他代为经手，孔则明伪稿乃得自苏州。这样一来，案情另生枝节，又回复到了先前毫无头绪的困境中。

此时的乾隆皇帝，当接到军机处审讯的结果之后，对能否彻底查清此案已全失了把握和信心，一年来，全国上下大张齐鼓追查伪稿，花费了不少人力财力，也不知牵连了多少人，在他看来，即使伪稿查不出真正的捏造者，但经过这一番清查，对政治上的异己力量及不满情绪，也起到了震慑作用，于是他开始考虑如何将此案即行收场的问题。而摆在他面前的卢、刘二犯，正可作为结束这场无法继续追查下去的无头案的替罪羔羊。

经过一番秘密策划之后，乾隆十八年（1753 年）二月，军机大臣向乾隆皇帝奏报：经审，孔则明代书寄稿家信，全属捏造之事；卢鲁生经“反复开导”，也承认了与刘时达共同捏造伪稿的“实情”。以上所谓军机大臣的覆审及奏报，全部是在乾隆皇帝授意之下产生的。

当月，乾隆皇帝迫不及待地宣布，伪稿一案已“全行昭著”，命令将“主犯”卢鲁生押赴市曹凌迟处死，同时宣谕中外，伪稿正犯已得，所有传抄各犯全部恩免宽赦。对于传抄伪稿的官员，则照例治罪。另外对审查不力的官员如江西巡抚鄂昌、按察使丁廷让等全部革职拿问，交刑部治罪。两江总督尹继善、闽浙总督喀尔吉善以失察罪而交部严议。至此，历时一年七个月，蔓延京师、直隶、山东、山西、江西、江苏、安徽、浙江、福建、湖南、湖北、云南、贵州、广东、广西以及边远土司等地区的、轰动全国的清查伪孙嘉淦奏稿案，因乾隆皇帝无法再继续追查下去而结案。

胡中藻诗案

乾隆统治初期，以先帝雍正最为倚重的两位大臣——鄂尔泰

（满族）、张廷玉（汉族）为辅政大臣。俗话说“一山不容二虎”，鄂张二人权势甚高又不分上下，遂互相攻讦，门户之争应势而起。二人之下各有门生故吏无数，他们攀援门户，结为朋党，党同伐异，大有水火不容之势。

但是，二虎相争，触犯了真龙天子的利益，乾隆皇帝决意铲除党派，以强化专制皇权。乾隆五年（1740 年）四月，他下达了一道耐人寻味的谕旨，说从来臣工之弊，莫大于逢迎揣度。大学士鄂尔泰、张廷玉乃皇考任用之大臣，为朕所倚重，自当思所以保全之。众臣工们想必不敢有互相包庇、结党营私的念头。而无知之辈，妄行揣摩，如满族人则思依附鄂尔泰，汉族人则思依附张廷玉，不仅九品小官如此，官大至侍郎、尚书者也多如此。他的谕旨表面上是在指责那些依附鄂、张的大小官员，实际上是在警告鄂、张二人。但门户之争由来已久，一时不能彻底清除，攀援庇护之风也无法扼止，乾隆皇帝决定先向张廷玉及其党羽下手。自乾隆六年（1741 年）以后的十几年中，对张廷玉及其家族势力的发展进行了严厉的扼制，如改组军机处，以满族人为首席军机大臣，以近臣进入军机处等；一度罢除了张廷玉死后配享太庙的殊荣（后来又恢复）；查封和没收了他在京城的一些住房和财物等。另外全面清洗了张廷玉势力，如对他的门生姻亲汪由敦、朱荃严、严瑞龙等人，或撤职或抄家或治罪，到乾隆三十六年（1771 年）时，张廷玉除有一子名列仕籍之外，家族其他成员已无一人置身仕途。

在打击张廷玉势力的同时，乾隆皇帝对鄂尔泰本人及其党羽也进行了一定的限制，但鄂尔泰于乾隆十年（1745 年）去世，其党羽言行大为收敛，乾隆皇帝对鄂党遂没有进行深究。

鄂尔泰去世，张廷玉退休回家，张、鄂两党势力表面上已经铲除，但两派的明争暗斗尚未终止。对此，乾隆皇帝早有察觉，如何进一步消除这种隐藏在暗处的两派之争，乾隆皇帝似乎已有了解决办法。

以鄂尔泰的高足自居的湖南学政胡中藻与鄂尔泰的侄子江西巡抚鄂昌来往密切，相互唱和，甚为猖狂。因此，乾隆皇帝便决定拿胡中藻开刀。

胡中藻著有一部《坚磨生诗钞》的集子。乾隆皇帝先是秘密责成曾在军机处行走的蒋溥，从《坚磨生诗钞》的字里行间找问题。到乾隆二十年（1755 年）二月，罗织胡中藻罪状的准备工作已经就绪，乾隆帝命令广西巡抚卫哲治速奏胡中藻任广西学政时所出试题及与他人唱和的诗文等一切恶迹言行。卫哲治接旨之后，急忙严密搜查，将胡中藻于乾隆十三年（1748 年）二月任广西学政一年半时间内所出试题及唱和诗文等，派专人送往北京。不久，胡中藻被逮捕押往京师，同时乾隆又命令陕甘总督刘统勋赴甘肃巡抚鄂昌处搜查胡中藻与之往来应酬诗文、书信等。接着还指示对曾为《坚磨生诗钞》作序，并出资帮其刊刻传播的礼部侍郎张泰开进行审讯。当上述种种布置和行动安排就绪后，乾隆皇帝遂召集大学士、九卿、翰林、詹事、科道等廷臣，宣布胡中藻的种种罪状。他先是指责胡中藻出身科班、名列清华，而鬼蜮为心，于语言吟咏之间，以大逆不道之词，肆意诋讪，“实非人类中所应有”。尔后，便从《坚磨生诗钞》中摘取诗句，历述胡中藻的条条罪证。

最后，又对站在他面前的众大臣们说道，胡中藻有以上如此之罪状，但多年来，竟没有一人参奏他，可见互相袒护之风已牢不可破，对此不得不申国法、正嚣风，仿效先皇之诛查嗣庭，惩治胡中藻。遂下令众大臣对胡中藻案情严加审议，提出处置意见。众大臣们见乾隆皇帝对胡中藻如此之愤恨，严惩胡中藻已不容置疑，遂秉承乾隆旨意，纷纷提出将胡中藻按“大逆罪”凌迟处死，其嫡属男16岁以上者皆处斩。

乾隆皇帝治罪于胡中藻，其用意是司马昭之心——路人皆知，对胡中藻的指责及在处理全案过程中的种种议论，都可以看出他是针对张、鄂各结党羽、党派相争这种恶习的。但当大臣们提出凌迟处死胡中藻的时候，他却强调说：“朕御极以来，从未尝以语言文字罪人”，只是胡中藻所刻《坚磨生诗钞》连篇累牍地谤讪诋毁，才不得不“申明宪典”，重治其罪。以此来表明他治罪胡中藻是有着充分理由的，是没有冤枉他的，为了表示宽厚大度，乾隆皇帝特意对胡中藻的处置，由“凌迟”改为“处斩”。乾隆二十年（1755年）四月十一日胡中藻被斩决。

与胡中藻同案治罪的还有鄂昌、史贻直等人。因鄂昌与胡中藻平日来往密切，于是指责他见胡中藻悖逆诗词，不但不知愤恨，反而与之往复唱和，实是罪不可恕。在抄他的家时，又发现了他所作的一首《塞上吟》，称蒙古为“胡儿”，乾隆又指责说这是“自加诋毁（鄂为满族人），非忘本而何”，说鄂昌“纯属满洲败类”。在处死胡中藻的一个多月后，乾隆皇帝遂赐令鄂昌自尽，并警告满族官员说：“今后如有与汉族人互相唱和，较论同年行辈往来者，一律照鄂昌，严惩不贷!”在鄂昌被处死之后，乾隆又下令将已死10多年的鄂尔泰以结党罪撤出贤良祠，以此告诫大臣切勿植党。

胡中藻一案就此了结。乾隆皇帝达到了他的预期目的，进一步强化了专制皇权。

彭家屏藏书案

彭家屏是清朝政府的一个官僚。康熙六十年（1721 年）中进士，后来当过刑部司员，乾隆时期担任江苏布政使。

雍正末年，彭家屏与深得雍正帝信任的封疆大吏李卫交往深厚。因李卫与鄂尔泰等人素有矛盾，彭家屏也因此常常对鄂及其党羽进行攻讦，无意中卷入了党派之争。乾隆皇帝对结党营私之恶习深为痛恨，而彭家屏作为未依附这两大党的另一小股政治势力，也引起了乾隆皇帝的注意。在发动了胡中藻诗狱案之后，乾隆遂把打击的目标又移向彭家屏。乾隆二十年（1755 年），以召彭家屏进京面询政事为名，派人替补了他的遗缺，不费吹灰之力便剥夺了他的江苏布政使的官职。从此，彭家屏以养病为由回到了家乡河南夏邑县。但是，彭家屏并未因闲置在家而不理政事，乾隆皇帝也未因彭家屏告病还乡而放松对他的警惕。

乾隆二十一年（1756 年），河南西部水灾严重，灾民无家可归，四处逃荒、衣不蔽体、卖儿鬻女的情况随处可见，灾区一片荒凉。而此时的地方官员们正忙于准备乾隆皇帝南巡的迎驾工作，他们不但不采取措施帮助灾民们度荒，反而还逼迫百姓出资出力迎接圣驾。对此，深居在家的彭家屏忍无可忍。他的家乡夏邑县也是重灾区之一，他亲眼看到了百姓的悲惨遭遇及地方官员不顾百姓死活的罪恶行径。他决心将这一切情况如实地上报乾隆皇帝。

乾隆二十二年（1757 年）一月下旬，乾隆帝南巡来到山东，彭家屏前往接驾。当乾隆皇帝问到地方情形时，彭家屏详细地报告了河南灾情及灾民的真实情况，并指责河南巡抚图勒炳阿讳灾不报，责任重大，指出灾民因走投无路而有铤而走险的势头。但是，图勒炳阿在奏报地方情形时，却矢口否认灾区受灾的严重程度。为此，乾隆皇帝责成图、彭二人一起返回河南，调查灾情，办理赈务。

乾隆皇帝一行继续在山东巡视，途中，一些地方官员也奏报了鲁、豫受灾及夏邑受灾独重的情况，他开始相信彭家屏的汇报是属实的，而图勒炳阿在说假话。所以，二月初，图勒炳阿把调查的结果奏报乾隆皇帝，说虽雨水过多，但高粱仍有收成，谷豆有一定程度的减产，但不必赈济，建议开仓平粜即可。乾隆皇帝知道他是在说谎，但又不想治罪于他，只是将其责备一番，然后令他查明被水淹没地亩情况，并给了一个月的赈济之粮，命他前去发放。

但是，图勒炳阿办赈不力，散赈大多没有得到落实，对受灾之户口，或造报遗漏，或任意删除，加上地方官员层层为奸，侵蚀肥己，广大灾区人民的灾情没有丝毫缓解。彭家屏此前与图勒炳阿调查灾情，见图勒炳阿不如实奏报而乾隆皇帝明知其谎报灾情又不治其罪，决定利用灾民对图勒炳阿办赈不力产生的不满情绪，建议灾民到乾隆皇帝前控告办赈官吏的舞弊行为。

四月初七、初九两天，接连有夏邑县人张钦、艾鹤年和刘元德前来告御状，控告本县县令孙默赈灾不力，其他官员因缘为奸，侵吞赈灾粮食，要求乾隆皇帝明察此事。

乾隆皇帝于是下令革了图勒炳阿的职，发往乌里雅苏台军营效力。但是指控之人皆来自夏邑，这又使他陷入深思，前有彭家屏指责巡抚，后有这些人指责县令，两者之间有没有什么联系？想到这里，乾隆决定将张钦、刘元德等交侍卫成林进行审讯，并嘱咐说：张、刘背后必定有刁徒从中主使，一定要严加惩究。

成林将张、刘押解到夏邑县，会同知县孙默立刻对其二人进行严刑拷问，二人被迫招出是受夏邑县生员段昌绪、刘东震的指使。成林、孙默又立刻传讯段昌绪、刘东震。但段昌绪拒不到官，孙默遂带衙役到段家搜查，无意中在他的卧室里抄出了吴三桂叛乱时发布的反清檄文。孙默将段昌绪押到县衙，经刑讯逼供，段昌绪和刘东震二人供出了受彭家屏指使的真实情况。

成林、孙默感到了事态的严重，立即将审讯结果奏报乾隆皇帝。乾隆皇帝得报之后，对彭家屏是主谋一事并不觉奇怪，惊奇的是吴三桂叛乱失败已 80 余年，竟然还有人保存其檄文，而且段昌绪在檄文中圈点批注，“赞赏称快”。这显然是一起极为严重的政治事件。

案件发生了重大变化，对下一步的行动乾隆皇帝作了如下安排：此前查办图勒炳阿等，是基于彭家屏及所谓夏邑“县民”的民生考虑的，现在查出彭家屏与“县民”串通一气，虽非陷害，亦为蓄谋，故撤销图勒炳阿革职令，仍留河南巡抚之任；命令直隶总督方观承前往河南，会同图勒炳阿追查段昌绪私藏檄文一案。彭家屏与段昌绪素有来往，又在吴三桂藩地云南任职多年，想必其家中也藏有类似文字，故同时命令方、图前往彭家查抄。

四月二十六日，乾隆皇帝结束第二次南巡，回到北京，未及休息就着手办理彭家屏一案。先是召集廷臣将所发生的事情叙述一遍，然后当着众大臣的面，传讯彭家屏，在指斥彭家屏唆使县民告御状之后，又质问彭家屏家中是否也藏有“伪檄”之类的逆文。彭家屏回奏从未藏过对清帝国不利的只字片语，更没有见过“伪檄”之类的东西。乾隆皇帝见彭家屏回答得甚是坚决，站在皇帝及众大臣面前，又表现出不服罪的样子，很是生气，故以更严厉的态度责问彭。彭家屏见此只得说出家中藏有《潞河纪闻》《日本乞师记》《豫变纪略》《酌中志》《南迁录》以及抄本天启、崇祯年间政事等明末野史数种，在彭家屏看来这些书并非违禁之书。但是乾隆皇帝认为，这些书中难免有“诋毁悖逆”之字句，而彭家屏也可能在书上作些评论清朝的“批阅评注”。乾隆皇帝再次使出“欲加之罪，何患无辞”的伎俩，欲治罪于彭家屏。但因证据不足，遂派方观承率人到彭家屏处严加抄检。在清抄彭家时，发现了其所刻族谱，取名为《大彭统记》，乾隆皇帝说族谱取名“大彭”与历朝国号有什么区别？谓彭姓于黄帝，以帝王后裔自居，是何用意？族谱中凡遇明神宗万历年号，一律没有避讳，目无君上，其心实不可问！为此，乾隆皇帝下谕，令已经革职拿问的彭家屏自尽，家产全部籍没。段昌绪等也被处以极刑。

至此，乾隆皇帝又清除了他所认为的一小股政治势力。同时，在处理此案的过程中，无意中清查出来的“伪檄”及私藏明末遗书，使他大为震动，他决定借此再次对异端及不满情绪予以打击，这也促使他进一步思考今后如何更进一步强化思想及文化专制统治的问题。可以说，彭家屏一案对乾隆皇帝加强皇权与专制起着非常重要的作用。一方面，随着彭家屏等人的清除，排除政治异己势力的斗争告一段落；另一方面，“伪檄”“禁书”的发现将打击社会上存在的反清思想的任务提到了议事日程上。

两降廓尔喀

驱逐廓尔喀出藏

18 世纪以前，尼泊尔由关系较为松散的 24 个部落组成。有一个叫廓尔喀的部落较为强大，它位于尼泊尔的政治、文化中心加德满都的西北。

清王朝建立之后，尼泊尔 24 个部落中的雅木布、叶楞、库库木三部与清政府建立了较为密切的关系。雍正十年（1732 年），三部落汗向清政府遣使请安，进贡方物。而此时逐渐强大的廓尔喀部开始向周围部落蚕食扩张。乾隆三十四年（1769 年），廓尔喀汗博赤纳喇趁尼泊尔诸部发生内讧之机，发兵向各部征战，武力统一了尼泊尔，建立了新王朝，博赤纳喇自称为国王，定都加德满都。

博赤纳喇死后，他的儿子西噶布尔达尔巴克继承了王位。乾隆四十年（1775 年）左右，西噶布尔达尔巴克把王位传给年仅 4 岁的第五个儿子兰巴哈都尔，因其年幼，由他的叔父巴都尔萨摄政。野心很大的巴都尔萨，在摄政期间极力推行对外扩张政策，邻近尼泊尔的西藏就成了侵略扩张的主要目标。

清朝建立以后，对西藏的控制一直较弱。雍正时在西藏设立驻藏大臣，统治虽较以前有所加强，但西藏政务仍处于较为松弛和混乱的状态中，西藏上层内部纷争时有发生。乾隆中叶，廓尔喀不断袭扰西藏边界，而此时西藏内部因争夺遗产发生内乱，这就为廓尔喀的入侵提供了契机。

廓尔喀第一次侵扰西藏，与沙玛尔巴唆使有关。乾隆四十五年（1780 年）五月，为给乾隆帝祝寿，贝当益喜进京，乾隆帝备加礼遇，厚予赏赐，并颁给金册玉印。

贝当益喜东来期间，乾隆帝的赏赐，加上在京王公，蒙古诸部的奉献，达数十万金，宝冠、璎珞、念珠、晶玉钵、镂金袈裟不计其数。这些宝物运回西藏后，均由其胞兄仲巴胡图克图保管。仲巴胡图克图将这些财物据为己有，一点也没有分给他的弟弟沙玛尔巴胡图克图。沙玛尔巴当时居住在廓尔喀，他怀恨在心，便唆使廓尔喀以“商税增额，食盐糅土”为词，派兵侵入后藏。

廓尔喀入侵西藏的主要原因是贸易纠纷。尼泊尔与藏毗邻，“彼此通商，相安已久”，因此尼泊尔货币在西藏流通。廓尔喀征服尼泊尔以后，新币一枚当旧币二枚用，直接损害了西藏的经济利益。格桑嘉措曾提请尼泊尔禁止这种行为，但是廓尔喀不但拒绝，还以西藏官员“妄增税课”“盐掺杂质”为由，于乾隆五十三年（1788 年）六月，派手下头领素喇巴尔达布率军三千，突然进攻西藏，占领了边境上的重地聂拉木、济咙，而后又攻陷了宗喀、萨额等地。驻藏大臣庆麟得知，急忙调集汉藏官兵近五千人予以迎击。乾隆皇帝又先后任命四川总督鄂辉为将军，提督成德为参赞，理藩院侍郎、御前侍卫巴忠为钦差大臣，前往西藏直接指挥前线军务。而此时的西藏地方政府并不想以武力抗击廓尔喀，以萨迦呼图克图和仲巴呼图克图为首的少数西藏贵族，不顾西藏人民的利益，私下与廓尔喀联系，商量议和之事。当年十二月，巴忠到达西藏之后，对议和一事也采取了支持与纵容的态度，并擅自同意了拟定的议和条件：廓尔喀人入藏贸易，税收减免一半；宗喀、济咙、聂拉木等三处为廓尔喀人往来门户；每年送给廓尔喀岁币一万五千金，以换回被其侵占的聂拉木三处的中国领土。和约议定之后，廓尔喀军退出了中国境内。巴忠奏闻乾隆皇帝：西藏前线之事已了结，而对与廓尔喀私下议和之事却只字未提。

第二次抵抗廓尔喀

乾隆五十六年（1791 年），廓尔喀第二次入侵后藏，出兵抢占聂拉木。随后，廓尔喀又出兵占据济咙。此时，沙玛尔巴再次唆使廓尔喀抢掠寺庙，作为藏内违约的补偿。廓尔喀分两路进犯，一路由济咙进口，围攻宗喀；一路由乌咙前进，滋扰定结。八月，乌咙一路廓尔喀兵占领定日，攻宗喀不克，向济咙败退；济咙一路则未遇大的抵抗，很快占据了萨迦庙。廓尔喀兵向日喀则进发，驻防汉兵一百余名坚守十七昼夜。廓尔喀兵占领了扎什伦布寺。九月，扎什伦布寺内供奉器具等被廓尔喀兵抢劫一空，始退往聂拉木、济咙一带。西藏人民遭受了巨大灾难，无数牛羊被劫掠。

乾隆五十六年（1791 年）十月，乾隆帝听到廓尔喀兵再次侵入西藏的消息，下令对廓尔喀贼匪严加惩戒。他命四川总督鄂辉带兵入藏，但鄂辉心存推诿，办事极为不力。十一月，乾隆帝改派福康安为大将军，海兰察、奎林为参赞大臣，率领索伦兵 2000 余名从西宁出口进藏，以后又陆续调川兵、藏兵约 1.5 万名开赴前线；并命四川总督孙士毅、驻藏大臣和琳等负责粮草转运；将鄂辉、成德革职，仍命军前效力。十二月，福康安首先派成德领兵向聂拉木进发，作为偏师。成德带同穆克登额领兵攻克柏甲岭，五十七年（1792 年）正月收复聂拉木，将廓尔喀大头人呢吗叭噶斯击毙。三月，福康安亲自带兵进剿敌匪，还传谕布鲁克巴、哲孟雄、甲噶尔等王出兵助战。四月，福康安大军自第里浪古起程，五月初七收复擦木，初十克复济咙，十五日攻占热索桥。至此为止，清军将廓尔喀人占领的西藏地方全部收复。

遵照乾隆帝谕示，福康安率领大军继续前进，很快深入廓尔喀境内，先后攻克布鲁克玛、协布钱以及扎木等地，临近噶多地方。清军分作三路，自六月初三发起进攻，经过激战，初九即已抵达雍雅地方。七月，清军发起对噶勒拉山区的进攻。经过噶革拉、堆补木、特帕朗古桥、甲拉古拉、集木集等处七百余里多次战斗，清军虽然最终获胜，但伤亡十分严重，都统台斐英阿、副都统阿满泰、御前侍卫墨尔根、保和、英贵等重要将领均阵亡。经过这一场血战，清军逼近廓尔喀首都加德满都，廓尔喀国王遂遣使求和。

廓尔喀国王喇特纳巴都尔最开始听到清军赴藏进讨廓尔喀兵的消息后，曾向清政府请求罢兵，理所当然地遭到拒绝。乾隆五十七年（1792 年）三月，在福康安统兵进剿前夕，喇特纳巴都尔又呈递福康安禀帖一封及金花缎布匹、千里镜等物件，建议停止进兵，福康安以“诈妄之言，更不足信”而予以批驳。喇特纳巴都尔还曾遣使前往印度，请求孟加拉东印度公司以武力支援，未有成功。在外援断绝、清军已进抵边界的情况下，廓尔喀始向清政府请罪求和。五月二十八日，喇特纳巴都尔命将上年在聂拉木所掳的汉兵遣送回藏，并呈递福康安及官兵呈帖各一件，请求允准派遣大头人谢罪请降，福康安再次加以拒绝。六月初九，喇特纳巴都尔又将丹津班珠尔及内地兵丁、藏族群众 20 余人送回清军大营。十八日，还派大头目四人，到清军大营递禀乞降。福康安提出，廓尔喀必须将抢走的扎什伦布寺的所有东西归还，廓尔喀国王及其叔父来清军大营叩头认罪，从前在济咙边界所立大小合同两份一并交出查销等议和条件。七月初八，在清军逼近加德满都的情况下，喇特纳巴都尔派人表示愿意接受福康安所提各项条件。十七日，廓尔喀交出大小合同两份，送出沙玛尔巴骨殖、抢掠扎什伦布的贵重物品以及沙玛尔巴妻女等。

考虑到秋季已临近，若大雪封山，大军难以返回，道路险远、伤耗日增、粮饷不易接济等原因，福康安在乾隆帝授意下决定接受廓尔喀国王乞降。八月初八，喇特纳巴都尔派遣办事大头目噶箕第乌达特塔巴等四人恭赍表文准备前去北京，并备乐工、驯象、番马等物品29种，随表进呈，表示此后永远不敢侵犯边界。十三日，喇特纳巴都尔又派人给清军大营送来水牛、猪羊、食米、果品、酒等慰劳官兵。二十一日，福康安等自帕郎古领兵从廓尔喀境内撤回济咙；九月初三，派遣乾清门侍卫珠尔格阿等人护送廓尔喀贡使自济咙起身前往北京。

英使来华

入朝觐见

清王朝实行闭关锁国政策，认为自己是天朝大国，只有他国对自己有所求，而自己则对外无任何需求。由于这种思想，清政府对外的政策都是以政治需要为先导，随政治形势的变化而变更的。

清初，郑成功占据台湾，在福建、浙江沿海一带进行武装抗清斗争，清政府为切断其与大陆上的联系，实行了严密的海禁政策，下令封锁海域，不准船只入海，又将近海居民向内地迁移。海禁政策的实施，限制了沿海居民，特别是以打鱼为生的渔民的自由，中外之间的贸易往来也受到极大影响。荷兰、葡萄牙等殖民主义国家在顺治、康熙初年都曾派使节到北京请求开放通商，遭到了强硬拒绝。

康熙二十二年（1683年）台湾统一后，清政府于转年开放了海禁，允许中国商民出海贸易，又指定广州、漳州、宁波、云台山四处为对外贸易的通商口岸。但实际上受水陆交通等条件限制，对外的贸易基本上都集中在广州一处。

17世纪中叶以后，资本主义的生产关系已开始在西方国家确立，为扩大原料来源、寻求商品市场，资本主义开始向东方扩张。特别是已夺得海上霸权的英国，国内资本主义迅速崛起，东进的欲望更为强烈，先是侵入印度，在印度设立东印度公司，作为侵略东方的基地，紧接着就派武装商船来到中国的澳门，并驶往广州，企图以武力敲开中国闭关着的大门。

康熙二十八年（1689年），英国商船“防御号”来到广州，这是清朝开放海禁之后英国对华贸易的开始。英国后来又在广州设立了商馆，英对华贸易额逐步上升，到18世纪末，英对华贸易值分别占欧美国家输入、输出值的90％和70％左右。清政府有限的对外开放，远远满足不了西方列强的要求。到了乾隆年间，清政府的对外政策又有重大变化。乾隆二十二年（1757年），鉴于西方商人来华贸易出现的违法行为，也出于国内政治安定的需要，清政府明令取消其他几个口岸，只许在广州一口通商。为限制外商，又强化了广州的公行制度。公行行商实际上是双方的全权代表，一方面是受官方任命，向外商征收租课，另一方面又受外商委托，办理纳税事宜。公行制度极大限制了外商在华贸易活动。地方官对外商来华贸易，也多持消极态度。乾隆二十四年（1759年）十二月，两广总督李侍尧就向乾隆皇帝上奏“防夷五事”，主要内容就是禁止外商在华过冬、役使华人、雇华人传递信息及对外商、外商船停泊处严加管束稽查等。

为确保英商在华利益及顺利进行商品输出、资源掠夺等活动，英国决定派一个正式的外交使团，与清政府进行官方交涉。

乾隆五十七年（1792 年），英国组成了一个以富有外交经验的马戛尔尼勋爵为首的访华使团。使团除设有正副使之外，还有包括秘书、翻译、医生和精通天文、化学的航海技术的专家及武装卫兵等在内的几百人随行。

九月二十六日，使团从朴次茅斯港出发，经英吉利海峡朝中国方向航行而来。清政府知道英使访华的消息后，以为他们是为乾隆皇帝祝寿而来，下令各地方官做好接待工作。

马戛尔尼使团于乾隆五十八年（1793 年）五月十五日到达澳门，六月十八日抵达天津的大沽，长芦盐政徵瑞前往大沽迎接，直隶总督梁肯堂在天津宴请了使团。使团在天津逗留数日，由徵瑞陪同前往北京。七月二十九日，使团主要成员赴热河承德避暑山庄谒见乾隆皇帝。临行前，双方就觐见乾隆皇帝的礼节问题进行了较为激烈的争论。清方代表徵瑞提出马戛尔尼见皇帝时要行跪拜礼，而马戛尔尼执意不肯。争执未果，双方不欢而散。使团到达承德之后，继续商议礼节问题，最后双方商妥了一个折中的办法，即马戛尔尼以见英王之礼觐见乾隆皇帝，以单膝下跪，但免去了吻皇帝手的礼节。

八月初十清晨，乾隆帝在王公大臣的陪同下，在避暑山庄的万树园接见了马戛尔尼及副使斯当东等人。马戛尔尼以一膝屈拜，然后将所带礼品及英王书信进呈给乾隆帝，乾隆帝接受礼品及马戛尔尼的问候之后，设宴招待使团主要成员。会见之后，乾隆帝责成和珅等人陪同使团成员在避暑山庄游览观光。八月十三日，使团成员参加了为乾隆帝举行的盛大生日庆典。

真实意图

乾隆帝在承德庆祝完生日后，清政府认为英使团来华任务已经完成，便让他们准备回国事宜。马戛尔尼见此，便在回到北京的不久，立刻向清政府正式提出了英方的要求，主要有以下几项：

第一，准许英国派员居住在北京，照管本国的商务；

第二，同意英商到宁波、舟山及天津进行商贸活动；

第三，英国商人应仿俄罗斯例，在京师设立一商馆，作为贮存、发卖货物之用；

第四，在舟山附近择一小海岛处，作为英商留居、收贮货物之地；

第五，在广东省城附近拨出一小地方，让英商居住，并同意英商自由出入澳门经商；

第六，要求货物由广东至澳门在内河行走时，不上税或少上税。

对英方提出的种种要求，清政府官员向乾隆皇帝作了汇报。乾隆皇帝考虑再三，决定亲自给英国女王写一封回信。

乾隆皇帝对英方提出的要求，丝毫不妥协和让步，以严厉的措辞，有理有据地加以驳回，而对于身负重任的马戛尔尼来说，此次中国之行他是希望而来，失望而回。乾隆五十八年（1793 年）九月初三，英国使团离开北京。此前，马戛尔尼曾向清政府提出再逗留二日，企图再做一次说服清政府的努力，但乾隆皇帝限令使团务于三日离京。使团只好乘船沿运河南下，十二月到达广州，尔后便乘船回国，于转年八月返抵伦敦。

马戛尔尼使团没有完成英国政府交给他们的使命，英国欲从清帝国获得外交和商贸特权的目的自然没有达到。但通过中国之行的所见所闻，经过与清政府上层人物的接触，对当时清帝国的政治、经济、军事、文化、山川河流、风土人情有了一个全面的了解。斯当东在回英国后在《英使谒见乾隆纪实》一书中写道："特使及全体随员在将近两年的期内为国家完成了一项新奇而微妙的使命"。他们所接触到和观察到的在头脑中所留下的印象是"前所未有和不可磨灭的"。马戛尔尼说："清帝国好比是一艘破烂不堪的头等战舰。它之所以在过去150多年中没有沉没，仅仅是由于有幸运的、能干而警觉的军官们的支撑，而它胜过其邻船的地方只在于它的体积和外表。"使团回国后对清帝国的全面介绍，使英国政府看到了清王朝已经处于不堪一击的状态中，这正是英国向中国展开攻势的大好时机。

嘉庆二十一年（1816年），英国再一次派遣以阿美士德为首的使团来中国，出使的目的同当年马戛尔尼出使的目的一样。使团于六月到达天津，清政府派工部尚书苏楞额、长芦盐政广惠接待使团。双方又在觐见嘉庆皇帝的礼节问题上发生激烈争执。嘉庆皇帝态度坚决，英使必须行三跪九叩之礼。阿美士德以各种借口拒绝觐见，嘉庆皇帝一怒之下，令英使团立刻回国。

英使两次来华，均未达到预期目的，清政府以坚决的态度、果断的行动回击了英帝国打开中国闭关自守大门的企图。虽然在这个回击中反映了清帝国固步自封，但同时作为一个主权国家，为捍卫和维护国家的独立，清政府的回绝也体现着正义和尊严，使英帝国侵略扩张的企图成为泡影。但他们的侵略本性不会改变，道光二十年（1840年），英国悍然对清帝国发动了鸦片战争，终于以武力入侵的方式打开了中国的大门。

盛世修文

乾隆帝积极笼络汉族知识分子。乾隆元年就模仿康熙举行了一次博学鸿词科考试，南巡时更利用机会接见汉族知识分子。乾隆巡幸12次，途中召试士子，试以一诗一赋，一论一策。进入高等的，授予进士、举人，马上任为中书；若是生员，就赏给举人，准予会试。

乾隆帝汉文水平很高，能诗善画，精于骑射。清朝皇帝中对文化事业的重视和功绩当以他为最。在他统治期间，各种官修书籍达100余种，完成了顺治朝开始编撰的《明史》和康熙下令开始编写的《大清一统志》，他又令臣下编成《续文献通考》、《皇朝文献通考》、《大清会典》。除了这些历史、制度方面的著作外，其他类别的著作，著名的有文字音韵《清文鉴》、文学《唐宋诗醇》、地理《大清一统志》、农家《授时统考》、医学《医宗金鉴》、天文历法《历象考成后编》等重要文献。

乾隆在图书编纂方面的最大成就是亲自倡导并编成了大型文献丛书《四库全书》，收经史子集书3000多种，保存了大量古典文献。由于乾隆帝对文化事业的热心，汉学从乾隆朝愈益兴盛，至嘉庆朝，形成了著名的“乾嘉学派”。

乾隆六年（1741年），乾隆帝亲自下令搜集古今图书。他说：“从古右文之治，务访遗编。目今内府藏书已称大备，但近世以来，著作日繁。如元、明诸贤以及国朝儒学研究六经阐明性理，潜心正学，醇粹无疵者，当不乏人，虽业在名山，而未登天府。著直省督抚学政留心采访，不拘刻本抄本，随时进呈，以广石渠天禄之备。”（《清高宗实录》卷 134）从这份谕旨来看，搜集图书的范围限于元、明、清三朝图书，目的是充实皇家藏书。各省督抚学政仅把这个任务当作一般事务来办，因此没有什么收效，乾隆也没有过问落实情况，这次搜集古今图书与编纂《四库全书》关系不大。

30 多年后，乾隆再次下令各省督抚学政搜集古今图书，则与编纂《四库全书》有直接关系了。乾隆三十七年（1772 年）正月，为丰富宫廷藏书，乾隆颁发了一道征书诏令，访求天下遗书。但开始进行得并不顺利，各地官员敷衍塞责，征书诏令如同泥牛入海，10 个月后收集到的藏书寥寥无几，令乾隆非常恼火。恰在这时，安徽学政朱筠上书提了四条征书的建议，最重要的一条是借征书的机会辑校宫廷所藏的《永乐大典》。《永乐大典》是明朝永乐年间编修的一部丛书，在《四库全书》之前是规模最大的一部。

乾隆不仅采纳了朱筠的意见，更推进了一步，认为《永乐大典》的体例、规模不尽如人意，应该在辑校《永乐大典》的基础上，汇集宫廷藏书和民间藏书，编成一部卷帙浩繁、超越前人的丛书。于是，征书变成了修书，编修《四库全书》的计划由此产生了。

乾隆再次下严令后，征书活动进入了高潮。至乾隆三十九年（1774 年）八月，共征书不下万种，尤以文化发达的江浙等省为多。

江浙地区文化发达，藏书丰富，乾隆把该地区作为采访书籍的重点。他对江浙一带的藏书情况很熟悉，一些官僚富商的藏书楼都叫得出名字。他举例说，江浙地区藏书最多的人家，有昆山徐氏的传是楼，常熟钱氏的述古堂，嘉兴项氏的天籁阁、朱氏的曝书亭，杭州赵氏的小山堂，宁波范氏的天一阁，“皆其著名者”。乾隆说，他不仅知道这些藏书大家的书房名字，还清楚他们的藏书目录。除此而外，他对江浙书籍贩卖商人也了如指掌，认为这些人对采访书籍用处颇大。如山塘地方有一姓金的书贩，“乃专门世业于古书存佚原委，颇能谙悉”。“又湖州向多贾客书船，平时在各处州县兑卖书籍，与藏书家往来最熟。”（《清高宗实录》）乾隆要求江浙地方官，可以向这些书商了解本地藏书情况，采取借抄的办法搜书，抄完书还给被借之人，一定会收到大批图书。乾隆又一次声明，即使发现书中有忌讳字样，绝不加罪于藏书人。若确有“诞妄”字句，不应保存者，不过将该书烧毁，转告藏书人不得再收藏而已。若由督抚转呈政府，则不予过问。乾隆要求两江总督高晋、浙江巡抚三宝和江苏巡抚萨载务必切实负责，把这件事办好。

乾隆采取行政命令的办法，确实大见成效，自确定以半年为期之后，各省督抚闻风而动。两淮盐政李质颖从商人马裕处借出图书195种，将书目先送往北京，然后把部分图书送苏州书局校勘，部分送往扬州抄录。浙江士绅鲍士恭向巡抚三宝表示，愿将家藏图书共1900多种献给政府。浙江全省报告共采访书目有两千七八百种，江苏省也有1000多种，“并有称藏书家愿将所有旧书呈献”。这种情况表明，各省督抚为了完成乾隆所规定的任务，采取了强制的行政手段，不是向藏书家借出书来抄，而是干脆命令他们向官府献书。乾隆只好亲自出面干预，凡各地方所献之书，“俟校办完竣日，仍行给还原献人家”。他要求各省地方官，使用官印加盖于采访图书封面，并注明藏书人姓名和负责送书的官员名，书送到北京后，再盖上翰林院印，记录存档，以后返回各省，由督抚负责还给原主。

各地进献的书籍堆积如山，整理和编辑的工程非常浩大，为此专门成立了《四库全书》馆，总揽《四库全书》的编修。

乾隆指令，凡个人进书100种以上，选择其中精本送他本人亲自阅览点评题咏。然后，由四库馆优先抄录，即将原书发还，“俾收藏之人益增荣幸”。献书最多的是浙江鲍士恭、范懋柱、汪启淑和江苏马裕四人。他们各献书500至700多种，合计就有2000多种。乾隆下令由政府奖给鲍、范、汪、马四人各《古今图书集成》一部，“以为好古之勤”。献书100种以上者，江苏有周厚堉、蒋曾蓥，浙江有吴王墀、孙仰曾、汪汝瑮，朝中大臣有黄登贤、纪昀、励守谦、汪如藻等人，各赏给刚刊印的《佩文韵府》一部。

乾隆三十九年（1774年）八月，各省运送到北京的图书已超过了上万种，四库馆里的工作开始大规模铺开。《四库全书》馆在乾隆三十八年（1773年）二月开馆，有总纂官、总裁官、校勘官、监造官等共360名，囊括了众多著名的专家学者，如经学家戴震、文学家桐城派散文代表人物姚鼐、史学家邵晋涵、文字学家王念孙等，都是清代学术史上的大家，总纂官纪昀也是一代通儒，其他状元、榜眼、探花还有多名，学术阵容强大。

四库馆臣的职责主要是鉴别书籍优劣，既有政治上的鉴别，就是审查书中有没有触犯禁忌的内容，也有学术价值上的评判。经过四库馆臣的甄别，这万余种图书分为应抄、应存目和禁毁三类。应抄的书3461种，就是《四库全书》所收录的全部书籍，其中又有一小部分最有价值而且版本珍贵的书，用活字排印成《武英殿聚珍版丛书》刊行。第二类书是应禁毁的书，这类书或者有反清的内容，或者与程朱理学正统思想相抵触，共3000余种，与《四库全书》收录的书籍数量相当。第三类介于二者之间，虽无犯忌的内容，但也没有垂范后世的价值，所以只著录书名，撰写提要，而不收录全文，这类书有6793种，比前两类都多。

宠信和珅

和珅得宠

乾隆皇帝即位以后，励精图治，重视农桑，整肃吏治，惩治贪官，清王朝达到全盛时期。但是随着盛世的到来，乾隆皇帝骄横傲慢、贪图享乐的思想也开始滋长起来，晚年完全丧失了勤勉谨慎的作风，宠用善于阿谀逢迎的奸臣和珅。和珅把持朝纲大权，营私舞弊，贪污纳贿，一时朝野一片狼藉，乌烟瘴气，清帝国由盛转衰。

和珅生于乾隆十五年（1750 年），为满洲正红旗人，出身于中等官僚家庭。和珅童年时期接受了私塾启蒙教育，少年时期被选入咸安宫官学读书，这是一所为八旗及内务府优秀子弟接受教育而设的官方学校。和珅 20 岁的时候，承袭了三等轻车都尉世职，23 岁时，被授予三等侍卫，又被挑补粘竿处，负责皇帝出巡等仪仗事宜，不久又被调任到銮仪卫充当侍卫。

乾隆三十九年（1774 年）六月的一天，皇帝又来圆明园游玩，开始的时候天气阴沉，后来太阳出来了，天气变得十分炎热。乾隆皇帝斥责忘了带御盖的侍卫，这时充当銮仪卫差役的和珅说："典守者不得辞其责任。"乾隆皇帝见和珅面貌英俊，口齿伶俐，十分喜爱，从此乾隆皇帝便命其跟随左右。和珅聪明敏捷，最善于察言观色，揣摩皇帝的意思，这使乾隆帝龙心大悦，不久命他得宫中总管。

和珅愈得宠信，乾隆竟日夜少不得他。

乾隆皇帝很喜爱游山玩水，有一次想去江南，但又顾虑过于劳民伤财。和珅曲意奉迎说：圣祖皇帝六次南巡，臣民们都称颂圣祖功德，现在国库充盈，出去游览有什么不可以的呢？乾隆很高兴，于是降旨预备南巡。和珅讨差，督造龙舟，赶修行宫，极尽奢华，把康雍两朝省下的库储任意挥霍，如流水一般。和珅也从中得到很多好处，乾隆帝升他做了侍郎。

权倾朝野

和珅蒙帝赏识，从此便飞黄腾达。乾隆四十一年（1776 年）正月，授户部右侍卫。三月命在军机大臣行走，四月授内务府部管大臣，乾隆四十三年（1778 年）又兼步军统领，和珅更加春风得意。他对皇帝的起居体贴入微，“皇帝若有咳唾之时，和珅以溺器进之”，这时他已是红顶花翎的大臣。四十五年（1780 年），乾隆派和珅查办云南总督李侍尧贪污案，和珅顺利完成任务，乾隆十分高兴，立即升和珅任户部尚书、议政大臣。这一年五月二十日，乾隆帝又特意下谕旨，赐和珅之子名为丰绅殷德，并将自己十分喜爱的十公主指婚给他，还赏他戴红绒结顶、双眼孔雀翎，穿金线花褂。

一人得道，鸡犬升天。和珅的弟弟封了公爵，儿子成了额驸，连仆人都家财万贯。和珅拉拢党羽，排除异己，他与大学士傅恒的儿子福康安勾结在一起，把福康安弄进了军机处做自己的帮手，还把姻亲苏凌阿这个只认钱的无耻之徒提为大学士。他以前的老师们也都身居高官。

当阿桂任首席军机大臣时，和珅还有所顾忌，阿桂死后，他升任首辅，便专宠弄权，独掌军机大事。以前朝臣奏章要直达御前，由皇帝亲自拆开。和珅却下令以后奏章需缮写两份，副本要交军机处。从此上奏的渠道也就被他一手控制了。

和珅不但具有政治野心，而且对金钱、财货更为贪婪。他公开向属员索要贿赂，甚至连宫廷进物都划归己有，“四方进贡之物，上者悉入珅等，次者始入宫也”。

乾隆四十七年（1782 年），御史钱沣奏劾和珅的党羽——山东巡抚国泰受贿、侵蚀公帑的罪行。和珅急忙通风报信，让国泰想办法掩盖。但是，钱沣机智地发现官库银锭规格杂乱、不合统一标准，终于抓获了国泰的真赃，使国泰伏法，而钱沣从此不得升迁，抱憾终身。

乾隆五十一年（1786 年），陕西道监察御史曹锡宝上疏，弹劾和珅家奴刘全。上疏说：和珅家奴叫刘秃子的本来是个车夫，在家里干活，却衣着华丽，用具完美，如果不是欺上瞒下，克扣银两，或者是借主人之名行骗，仗势欺人，又怎么会这样呢？可是由于有人泄露了机密，被和珅得知，马上指使刘全藏赃，连夜毁屋重造。调查失败后，曹锡宝反被乾隆帝谴责，革职留任。

宠幸愈加

进入乾隆五十年以后，和珅的权势极度扩张，他的一个女儿、一个侄女，分别被选为康熙皇帝的曾孙及乾隆帝的皇孙的妻室，与皇家的关系更加密切。他还在中央和地方上的各重要岗位安插亲信党羽，培植自己的私人势力，排除异己。首席军机大臣于敏中，乾隆帝十分看重他，后来因收受贿赂受到训斥，和珅借机鼓动乾隆皇帝没收于敏中二百余万家产，削夺于敏中之妾张氏的夫人诰命，使于敏中及其亲信党羽名声大败，权势大减。首席军机大臣阿桂，也时常受到和珅的排斥。和珅的弟弟和琳做了工部尚书；其同党、孝贤皇后的侄子福长安做了户部尚书；大学士永贵的儿子伊江阿做了山东巡抚；其党羽苏凌阿、国泰、景安、明保等人，也都先后身居高官，形成了“内而公卿，外而藩阃，多出其门”的局面。

在皇帝的宠信下，和珅肆无忌惮，广植党羽，把军事、政治、财政、文化、外交大权集于一身，权倾朝野，一人之下，万人之上。

和珅擅权柄政的过程，同时也是他贪污聚敛的过程。他利用掌管财政大权之便，举凡朝廷蠲赈、河工奏销、盐政税务甚至军费开支和各地进贡，都成了他抢夺、榨取的对象。又利用负责主持皇帝私人活动，如皇帝生日庆寿、外地巡游、皇室成员的婚丧嫁娶等，借机贪污勒索，以皇帝及朝廷的名义索要钱财，其中有许多纳入私人腰包。

和珅的发迹之谜

和珅是乾隆转世嫔妃的传说

和珅的快速升迁让很多人惊异不已，一个问题也就随之而来。乾隆为什么如此看重和珅呢？据说，雍正年间，弘历还是宝亲王的时候，有一次进宫办事，遇到雍正的王妃马佳氏，二人情投意合。

但是此事却被乾隆生母，雍正帝的孝圣宪皇后发觉了。皇后认为是马佳氏勾引弘历，盛怒之下，赐马佳氏自尽于月华门，乾隆虽然伤心欲绝，但迫于母命，无可奈何，只得与马佳氏约定来世再见，并咬破手指，滴血在马佳氏额头为记。巧合的是，和珅额头上正有这样一块红记，因此乾隆认定他就是马佳氏的后身，于是自然对他万般宠爱。甚至有的野史中记载二人是同性恋关系，这一论点还被国外的汉学家所引用。而据说和珅自尽时的绝命诗也是此事的有力佐证。

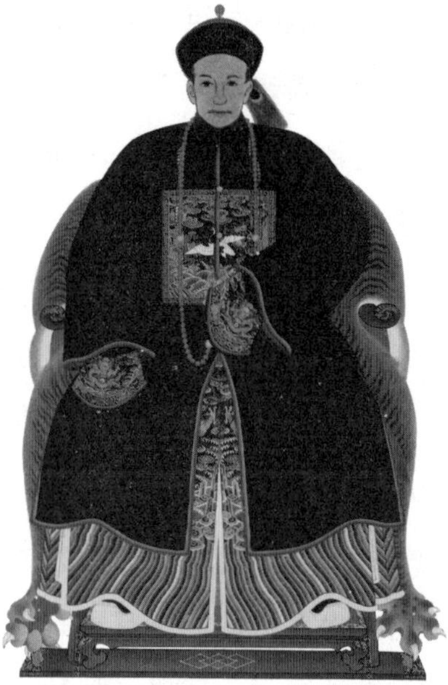

和珅像

不过齐东野语并不可信。平心而论，乾隆对和珅的任用并不是没有道理的。由于旗人较汉人来讲有很多优惠政策，衣食无忧，前程不愁，因此曾经是马背民族的八旗子弟逐渐腐化，每日无所事事，吃喝玩乐，既不能文，也不能武。对于清朝入关以后的历代皇帝来说，满人的逐渐衰退一直是他们感到头疼的问题。从康熙、雍正到乾隆，“整顿旗务”一直都是皇帝想做而做不到的事情。而汉人借助深厚文化的优势，逐渐取得了优势地位，尽管清政府的制度规定了满族官员与汉族官员的比例，但事实上到乾隆时期，汉员的数量和质量都要高于满员，特别是军机处更是如此。乾隆对这一格局并不满意，然而又迫于无人可用的窘况。在这种情况下，和珅的出现自然让乾隆喜出望外。家庭贫寒，勤奋刻苦，深通文化，所有这些都足以使和珅成为满人中的旗帜性人物，因此乾隆对和珅加意的拔擢，其中不仅是为了扶持满人，平衡满汉势力，也希望能够树立一个道德楷模与榜样。

投君所好的投机家

另外，乾隆性格比较刚愎自用，比较好大喜功，这一点从自封为“十全老人”、立下“十全武功”这些行为就看得出来。而和珅出现在乾隆面前时，乾隆已经65岁了。作为一个老年人，乾隆的性格中的这些不良习性都会变本加厉，他需要所有的人都为他服务，伏低做小，以自己之是非为是非，以自己之好恶为好恶。而和珅恰恰准确地把握住了乾隆的这一心理，因此对乾隆着意奉承。据史书记载，乾隆年纪大了，难免咳嗽吐痰会多一些，每当这个时候，和珅就亲自捧着痰盂侍奉，即使是担任要职之后也是如此。这也难怪乾隆会对他如此溺爱了。

和珅对乾隆的揣摩远远不止如此，他在许多方面都对乾隆投其所好。例如乾隆有作诗的爱好，因此和珅便在诗上暗暗下了功夫，不仅学诗，写诗，而且专门研究乾隆的诗，对其所用的语言文字和修辞方式都烂熟于心，然后在乾隆面前流露出对诗的爱好。当乾隆赋诗时，和珅也能像模像样地和上几首，由于他刻意模仿乾隆的诗格，乾隆自然对之大加赞赏。久而久之，很多时候乾隆索性就让和珅替自己赋诗。据说，现存于故宫崇敬殿的御制诗匾，其实乃是和珅的手笔。由此可以看出，和珅不但能作诗，而且书法也刻意模仿乾隆笔体。此外，清代皇家都与藏传佛教关系密切，因此和珅也虔信藏传佛教，与乾隆的共同话题就更多了。和珅如此逢迎，老小孩儿乾隆皇帝自然大为开心，觉得与和珅极其投缘。

对于和珅的一番苦心，乾隆报之以超规格的荣宠。例如乾隆四十一年（1776 年）十二月，乾隆赐予和珅紫禁城内骑马的待遇。按清朝成例，这一制度是为了照顾年老体弱，行动不便的重臣，一般超过 65 岁的官员先由个人提出申请，再由皇帝批准才可享受这一待遇，对臣子来说是极高的荣誉。而此时的和珅只有 26 岁，又是乾隆主动赐予，真可称之为绝无仅有的殊荣。据统计，和珅共升迁 47 次，大大小小兼任过 60 余个官职，乾隆对他的信任可见一斑。

罪有应得

多行不义必自毙。靠着乾隆的宠信，和珅享尽荣华，位极人臣。乾隆六十年（1795 年），85 岁的乾隆把帝位禅让给嗣子，改元嘉庆，自己当上了太上皇。和珅仍旧肆无忌惮，为所欲为。嘉庆四年（1799 年）正月初三，乾隆病故。乾隆死后第四天，嘉庆帝命人逮捕和珅，揭其罪行，令其自尽。从和珅府中抄出家产总值达 8 亿多两。

和珅是乾隆皇帝晚期政治舞台上一位非常显赫的人物，在 20 余年的政治生涯中，他由一个普通的三等侍卫升为权倾一时的军机首辅，由一个穷官学生变成富可敌国的大贪官，成为令人痛恨的奸佞角色，从他的身上人们可以看出中国封建社会专制制度下政治的黑暗、吏治的败坏和统治阶级生活的腐朽。

大清十二帝

真实地再现了大清十三朝十二帝三百余年的历史

李金龙／主编

辽海出版社

叁

盛世巅峰的诗人皇帝（续）

——清高宗乾隆帝

全面建功达盛世，骄奢淫逸转衰微

六下江南

首次下江南

乾隆一心想把清帝国推向一个全盛的时代。他认为江浙等南方诸省在政治、经济、文化诸方面处于全国举足轻重的地位，对于他建立起强盛的帝国至关重要。他的祖父康熙皇帝在位期间，也曾六次南下。因此他决定要到南方去，以“循其旧例”为由，也要六巡江南。就在乾隆十四年（1749 年）十月，乾隆以督察河务海防、考察官方戎政、了解民间疾苦以及陪母游览为由，决定首巡江浙。

乾隆十六年（1751 年）正月十三日，乾隆皇帝开始了第一次南巡。这次南巡大约做了两年多的准备工作，同行的有王公大臣、侍卫官员、兵丁仆役等共两千多人，使用船只一千多艘，其行程的路线是：从京师出发，经直隶、山东到江苏，沿运河南下，经扬州、镇江、丹阳、常州、苏州抵浙江，再经嘉兴、石门到达杭州。返程时，沿运河北上，在顺河集登岸，由陆路经泰安，五月初四回到北京。

从北京出发的时候，为了表示他对所要巡视地区的关怀，乾隆诏令将直隶、山东、江苏、浙江所过州县当年应征额赋蠲免3/10，其中受灾歉收地区蠲免5/10；把皇帝巡行驻跸之地江宁、苏州、杭州及附近诸县当年应征的地丁银全部免除。同时他还命令增加江苏、浙江、安徽三个省的学额，由学政代为选拔推荐有才学之人，授以功名或予以录用。二月份，乾隆一行到达江苏的清口（今清江市）后，渡过黄河，阅视了天妃闸和高家堰。渡黄河的时候，当他看到汹涌的黄河水时，不停地询问随从官员和专家历年治理黄河的情况，然后根据他得知的情况，不断提出治理黄河的意见。经过淮安时看到城北一带都是水，只建有土堤，便下令改建成石堤以增强抗洪能力。归途中，在天然坝、蒋家坝阅视堤工。指示河臣在洪泽湖原有三座坝的基础上，再兴建两座，以缓解和减少湖水的流速、流量，保证下游河道的安全，减少下游居民的受灾程度。乾隆皇帝到苏州、杭州时，看到这里人文荟萃，充满文化氛围，便命内阁选拔有真才实学的人加以录用，表现了他对人才的重视和对汉文化的浓厚兴趣。到南京时，乾隆以隆重的仪式拜谒了明太祖陵，意在笼络人心，树立威信。四月，乾隆在回程经山东时，到泰山的岱庙焚香，于五月初四回到北京圆明园。

后五次南巡

乾隆二十二年（1757年）正月十一日开始，乾隆皇帝开始了第二次南巡。这次的行程与第一次南巡相同。行前照例免除江、浙、皖三省民欠及经过直隶、山东、江南等地方额赋的3/10。在苏州，乾隆皇帝和皇太后亲临织造机房了解生产情况。在路上，乾隆皇帝特别留意了各地驻防军队的情况，为了整饬军纪、强化军队战斗力，每到一处，都告诫官兵们要向当年满洲八旗兵丁那样，提倡尚武精神，力戒武备松弛。当看到有的军官外出乘轿子，乾隆下令军官外出不许坐轿，只能骑马，否则予以治罪。在杭州他还检阅了水师操练，看到接驾的汉族绿营兵有演奏乐器的，乾隆提出士兵应以骑射勇力为主，此种陋习以后要禁止。他还在回程中视察了徐州的河务情况，在徐州的一段黄河，河身狭窄，一遇涨水便有堤溃之患，他亲自勘察之后，指示对北面护城的石堤“应加帮以培其势”，没有石堤的地方“应接筑以重其防”。当他经过徐州附近桃源、宿迁等州县时，见灾民很多，下令地方官给以赈济，并提出让这些灾民去修坝筑堤，以工代赈，既解决了河工所需劳动力，又解决了灾民的衣食问题。接着，乾隆沿陆路到山东曲阜祭奠孔林，四月二十六日回到圆明园。

乾隆于二十七年（1762年）正月十二日开始了第三次南巡。从京师出发到达江苏清江后，坐船巡视河堤，详细察看了上次南巡时下令修建的洪泽湖一带的堤坝情况。过长江后，乾隆在焦山再次检阅水师操练。三月到苏州后，他先到文庙行礼，之后会见了前来接驾的数学家梅珏成及江浙著名文人沈德潜、钱陈群等人，乾隆帝亲自写诗赠给他们，以示慰勉。在苏州和杭州，乾隆又命内阁对善写诗文之人进行考试，考中者赐给举人，予以录用。四月，乾隆一行来到浙江的海宁，在这里他着手进行了海塘工程的筹划和决策。乾隆皇帝考虑再三，决定改进、修筑柴塘以顾及目前，同时每年接涨沙坚，稳固塘根，再改长石塘，以图长远。四月，南巡队伍分成两路，开始回程，庄亲王允禄陪皇太后行水路，乾隆本人行陆路。他再次到徐州，巡查前次部署河防工程完成情况，又针对黄河淤沙堆积经常暴涨，而坝闸控制不当使下游受淹的情况，命各督办河臣详定水位标志，严格按水涨落情况，开放或堵塞堤坝。进山东境内后，巡视了峄山湖，去邹县孟庙拜谒，到曲阜孔庙行礼，五月初四回到北京。

第四次南巡，开始于乾隆三十年（1765 年）正月十六日。出发前，宣布了江、浙、皖三省因灾而积欠的额赋银两“加恩悉行蠲免”。在这次南巡中，皇帝对江苏省内周代的泰伯，吴国的季扎，宋代的宗泽、范仲淹，清代已故大学士张玉书，江宁府境内晋代的卞壶，宋代的曹彬，明代的李文忠、徐达，清代的于成龙和浙江省境内的海神庙、禹陵等，皆派官员前往焚香或读文致祭，以示对历史名人的崇敬与纪念。当他来到海宁的时候，提出海塘工程应将绕城的塘全部筑成三层挡水，使城塘受到有效保护。他还要求严格施工，注意质量。视察海塘后，乾隆一行抵达杭州，又一次对进献诗文者进行考试。回程时绕道江宁，进行了阅兵活动并临视了织造机房。四月，到达德州驻跸数日，命简亲王丰讷亨奉皇太后由水路回返，乾隆由陆路于四月二十一日返回北京。

第五次南巡，于乾隆四十五年（1780 年）正月十五日开始。皇帝渡过黄河到清口阅视堤工，在浙江乘船到海宁观潮后，来到海门石塘。当他看到经多年潮汐冲刷的石塘，活土浮沙坍塌、底柱腐烂、裂缝显露的情况，决定以两浙商人为修筑河工捐纳的 60 万两白银，将老盐仓一带四千二百余丈的石塘改建为鱼鳞石塘，以垂永久。同时提出对原有的柴塘要严加维修、保护。他还指示对江浙等省除情罪较大的重犯不予宽大处理之外，其余军流遣犯都可以一体缓减，或改为杖一百徒三年，或改为杖一百；已经到配所的徒犯可即行释放；中途逃跑的免于缉拿；应脸上刺字的免于刺字等。乾隆一行到杭州、江宁又举行了阅兵和祭明太祖陵等活动。北上渡黄河后，到武家墩阅视高家堰堤工，之后乘船至德州，从陆路于五月初九回到北京。

乾隆四十九年（1784年）正月二十一日，乾隆开始了他的第六次南巡。此次南巡再次谕令除对江苏、浙江、安徽三省犯人继续予以减刑发落外，减刑地区又增加了直隶、山东两省。二月，乾隆一行抵达山东泰安，到岱庙行礼、谒少昊陵，在曲阜到孔庙瞻礼，释奠孔子。三月，渡黄河后沿运河南下至浙江，提出海塘工程在旧有柴塘基础上，一体添筑石塘，将沟槽填实并遍植柳树，又为此拨银五百万两，限三年内完工。到杭州后又一次检阅了福州水师，回程时在江宁祭奠了明太祖陵之后，沿运河北上至德州登陆，于四月二十三日回到北京圆明园。

乾隆六次南巡基本上达到了他最初设想的目的，政治上加强了满汉的联合，巩固了封建统治；经济上推动了对河工、海塘工程的治理，在南巡的过程中，大力提倡“奖励农桑”、“重农务本”思想和亲临织造机房，也推动了农业和手工业生产的发展；文化上提倡汉学并选用了一批具有真才实学的文人学者。

乾隆的六次南巡每次都兴师动众，耗费了大量的人力物力财力。每次随同的有王公大臣、侍卫弁从二三千余人，花费帑银数百万两，修建历次驻跸行宫三四十处。在整个南巡过程中，铺张浪费也是惊人的。乾隆虽谕令各级官员南巡时要“力戒纷饰增华”，但其随从和地方官为逢迎皇帝，讨皇帝欢心，仍是极尽奢华，而乾隆皇帝对此也未加以严禁，致使南巡铺张奢靡之势有增无减，且愈演愈烈。凡皇帝所过之处，地方官极力搜刮、滥用民力，乘机中饱私囊，人民则怨声载道。

风流天子的后与妃

皇后富察氏

名门淑女，中宫贤后

富察氏是满洲镶黄旗人，满洲镶黄旗为上三旗中的首旗，由皇帝亲统，地位很高，在清代皇后中，真正出身于满洲镶黄旗的并不多。富察氏不仅旗籍高，而且出身于名门宦家，她的祖父在康熙年间任议政大臣，当过七年的户部尚书，掌管国家的财政大权，曾经大力支持康熙帝的撤藩政策，深受康熙帝的器重，后被追赠为一等承恩公。她的父亲李荣保是祖父的第四子，官至察哈尔总管。她的伯父马齐在康、雍、乾三朝任保和殿大学士达二十三年之久，时间之长，在有清一代是罕见的。她的另一位伯父马武任过都统、领侍卫内大臣，官居一品，位极人臣，多年报效朝廷，深受皇帝的倚重。

富察氏出身于这样一个累世高官的家庭，从小就接受良好的正统教育，娴于礼法，深明大义，并有一定的文化修养，加之天生的端庄文静，可以说是一位标准的名门淑女，大家闺秀。

1727年，在一次选秀女中，十六岁的富察氏一眼就被雍正帝选中，决定将这位名门之女指配给早已秘定为皇储的皇四子弘历为嫡福晋。

婚后，这对小夫妻相敬如宾，感情笃挚，十分恩爱。富察氏不仅聪明美丽，还非常温柔贤惠，她尽心尽意孝敬公婆，每日殷勤地问安侍膳，恪尽儿媳本分，与公婆的关系十分融洽，深受公婆的喜爱。婚后第二年，富察氏生下皇长女，然而这个公主命薄，两岁时就夭折了。婚后第四年，富察氏又生下了皇二子，雍正亲自为这个孩子命名为“永琏”。婚后第五年，富察氏又生下皇三女和敬公主。乾隆即位后，立富察氏为皇后。

富察氏虽然是大家闺秀，却从来不爱在自己的脸上精耕细作，也厌恶金银珠宝之类的华丽恶俗，成为皇后后仍然如此。《清史稿》说，皇后母仪天下十三载，平居恭俭，不过以通草绒花为饰，不御珠翠。

有一次，富察氏随同乾隆在塞外行围，皇帝无意间和皇后聊起，祖上刚刚创建帝业的时候，生活条件比较艰苦，非常节俭，衣物的装饰都是用鹿尾绒毛搓成线缝在袖口，而不是像现在皇宫中那样用金线银线精工细绣而成。皇帝顺口说了这么几句话，但孝贤皇后却将乾隆的一席话深深记在心里，回京后，特意亲手做了一个用鹿尾毛缘边的放火石的小囊送给皇上，以示与皇帝相互勉励，不忘俭朴本色。乾隆非常珍爱，一直带在身边。孝贤皇后的节俭之风和不忘本色之心，深受乾隆的敬佩和尊重。

富察氏为人大度，处事公平，办事有条有理。庞大的后宫，被她处理得安宁静谧，上上下下的宫人对皇后都心悦诚服。

最能体现富察氏贤慧的，要数她对待皇太后的态度了。众所周知，老太后出身不高，一开始不过是个粗使丫头，年纪虽长，仍然终日大说大笑，不改本色。而皇后出身名门，知书识礼，一举一动，都透出骨子里的高雅。这娘俩气质风度迥异，按理说相处起来有点难度。可是皇后从心里把婆婆当成妈妈，关心照顾无微不至。正因为太后出身低微，所以她在太后面前特别注重礼貌，遇到太后吃饭更衣，她都亲自照顾，不让别的宫女伸手。太后微有不适，她彻夜不眠，在跟前伺候。想不到大家闺秀出身的皇后能吃得了这份苦，后宫上下对此都十分佩服。因此，婆媳关系处得非常融洽，老太太甚至一日也离不了媳妇在跟前。对于以孝为天的乾隆，这一点确实给了他极大的安慰。

乾隆在当皇子时，就已经娶了福晋、侧福晋、格格等十人。做了皇帝之后，又纳了不少妃嫔。在乾隆的众多后妃中，皇后富察氏是和乾隆感情最好的，备受乾隆的宠爱。在富察氏容貌一点点褪色的时候，她的魅力，随着时间的流逝却日益增加，如同一坛芬芳的酒，年岁越久，就越醇香。夫妻共同生活时间越久，他们相处得也越和谐，对方的每一个细微的表情和动作，都能读懂，知道彼此的内心需要。正是因为有富察氏在身旁，乾隆才能精力充沛地处理国务，把大清推到了一个前所未有的强盛时期。

宽和仁慈，独擅专宠

富察氏办事很有条理，主持后宫不偏不妒，对待太监宫女宽和仁慈，还把乾隆各位妃子所生的子女都视如己出，因而深得其他妃嫔的敬重，后宫上下都盛赞她的美德。有这样的贤后与和谐的宫闱环境，乾隆毫无内顾之忧，可以专心地处理国家政务。乾隆认为这一切都是皇后富察氏的功劳，对她十分地感激，把富察氏视为自己的贤内助和知已。

富察氏绝非一个平凡的女子，她是草丛中的玫瑰，鸡群中的凤凰，她的出类拔萃一目了然。正像八字所说，“占得妻星最贤最能”，乾隆确实是古往今来难得的幸运之人。

作为一个有深度的男人，乾隆对女人的要求当然不仅是外表，他更在乎的是内涵和性格。在门第、外表和性格这三大因素中，富察氏最为突出的就是性格。富察氏是一位既聪明透顶，又天真烂漫，既精明过人，又大气温柔，既识大体，又重小节，既善解人意，又有原则，是个既含蓄婉约，又可以笑唾檀郎的女人。在他忙于事业时，富察氏以自己的精明协调管理后宫，安排照顾皇子的生活和教育，让他不致分心。在他遇到困扰情绪烦躁之际，富察氏如同一朵解语花，迅速读懂他的内心，恰到好处地轻轻握手触摸，亲手递过来的一片小吃，都能给他极大的安慰，让他的心境迅速走出阴郁。当乾隆心情极佳，精力无处发泄时，富察氏又能陪他纵情玩嬉，陪他在围场纵马奔驰，甚至偶尔也一试挽弓射箭。

由于乾隆对富察氏的宠爱，她的家人也受到了前所未有的恩赐，甚至超出了常制，傅恒与福康安是清代少有的非宗室王，时人记载，福康安“生平所受恩宠，亦复空前旷后，冠绝百僚”。

身在天堂，魂系夫君

1748 年，为了能让富察氏开心，淡化痛失爱子的痛苦，乾隆帝奉皇太后南巡山东之际，决定带富察皇后随驾出巡。既然皇太后也来了，虽然富察氏贵为中宫皇后，但也是儿媳妇，所以鞍前马后地照料老太太也是分内之事，可这也苦了富察氏。来回奔波加上痛失爱子还要强作欢笑，免不了疲劳伤身，加上车马劳顿，刚刚行进到泰山行宫的时候，富察氏就病倒了，大病一场及至气息奄奄，甚至昏厥了好几次。乾隆帝慌了手脚，忙下令回京，但是刚走到德州就不行了。皇太后来看她，她只模模糊糊说了“谢恩”两个字。不久，就病逝了。

结发二十二年，乾隆和富察氏如同两棵相互依靠交织成长的大树，彼此早已长成了对方的一部分。皇后离去的半年里，皇帝表面上仍然在全力处理国务，然而悲悼之情像潮水一样经常突然袭上他的心头，悲痛的巨流频频卷起，让他什么也无法专心地做不下去。一连数月，皇帝都睡不踏实，动不动就觉得皇后还在身边，频频惊醒。太监注意到，一向严谨精明的皇帝变得迟钝了，无目的的活动增多，工作没什么效率，常常走到一处，却忘了自己是要寻找哪个奏折。有时刚说过的话，立刻就忘得一干二净，还不时莫名其妙地大发脾气，后宫上下都提心吊胆。

乾隆帝在皇后丧满之日，饱含热泪，十分悲痛地写下了历史上著名的《述悲赋》，表达了自己对爱妻的浓浓真情。

深爱的皇后已经离去，自己再也无法享受她的温存和体贴了，伤感的乾隆对此有着太多的不甘心。他无法阻止爱妻离去的脚步，就只能保留她活着时使用的一些物品，企望以物代人，使自己的哀思有寄托之处，企望让她的影子永远留在自己的身边。

长春宫是富察氏生前的寝宫，为了能使自己时常回到与爱妻在一起的回忆中，乾隆帝下令保留长春宫富察氏居住时的原来陈设，凡是她使用过的器具、衣物等，全都保留，一切按原样摆放，并将孝贤皇后生前用的东珠顶冠和东珠朝珠供奉在长春宫，还将孝贤皇后及已去世的皇贵妃的画像也供在那里。这种陈设和做法保留了四十多年，直到乾隆六十年（1795 年）才下令撤掉，允许其他后妃们居住。

乾隆帝还将富察氏在德州病逝时所乘的御舟运到京师保存。因为船只太大，城门洞狭窄，不能进城，乾隆帝甚至想把城门楼拆掉。当时任礼部尚书的海望想出了一个运船进城的方法，即搭木架从城墙垛口通过。木架上设有木轨，木轨上满铺鲜菜叶，使之润滑。千余名人工推扶拉拽，将御舟顺利运进了城内，从而保住了城楼，节省了大量人力和财力。此举虽然是乾隆极度悲哀之下的不明智举动，但确实也体现了他对失去爱妻的痛惜和以及对妻子的深厚感情。

在富察氏去世之后，后位不能久虚。在太后的多次催促之下，乾隆十五年，皇帝册立了另一位妃子乌拉那拉氏为皇后。

然而，对于那拉皇后，乾隆一直谈不上喜欢，二人间也没有过多的感情互动。她与富察氏一样在乾隆登基前就成了他的妃子，虽也称得上端庄秀美，性情贤淑，且乾隆也很难确切地指出她有什么不好。但不知为何，在乾隆的心里再也找不出一丝的爱意。

虽然乾隆一再调动自己的感情，无耐真情不能勉强，新皇后始终有名无实。乾隆三十年，一直备受冷落而心情抑郁的那拉皇后终于与皇帝发生了冲突，被打入冷宫。从此，乾隆再也没有立过皇后。

乾隆三十年，皇帝第四次南巡，又一次路过山东。与前三次一样，他没有进济南城。后来，他赋诗一首，说明自己不进济南城的原因：

> 四度济南不入城，恐防一入百悲生。
> 春三月莫分偏剧，十七年过恨未平。

为了避免触景伤情，乾隆在以后的南巡中再也没有进入过济南城。时光在流逝，乾隆对富察氏的怀念却从来没有变淡，持续了整整一生。

乾隆五十五年，八十岁的老皇帝暗自对地下的妻子说，我的年龄越来越大，唯一的安慰是可以早日见到你。自己不想活到一百岁，与你相会之期最长不会超过二十年了！八十岁的老人，如此的深情，天地有知，也当感动。

1799年，时为太上皇的乾隆皇帝在养心殿驾崩，享年八十九岁，在与在富察氏阴阳阻隔五十年后，这对恩爱夫妻，终于在地下团聚了。

备受宠爱的香妃

在乾隆帝的后宫中有一位特殊的妃子，她体有异香，不需薰沐，人称“香妃”。据史学工作者考证，这位香妃就是容妃，出生于西域的和卓氏家族。

香妃戎装像

容妃一入宫就跨越了“常在”和“答应”两级阶梯而直接被封为“贵人”，这说明了她在乾隆帝心中的地位。做贵人时，她每年得到赏银一百五十两，封嫔妃以后，每年赏银是三百两；为了庆祝她的四十寿辰和五十寿辰，乾隆帝两次都赏了她大量珍玩宝物和重达四百五十两的银元宝；她先后九次随侍乾隆帝前往风景秀丽的热河行宫避暑，并被带往木兰围场，观赏围猎时的壮阔场面；乾隆三十年，乾隆帝第四次南巡，容妃是随行的六位后妃之一。南达苏州、杭州，饱览了江南园林之美和湖山之胜；乾隆三十六年，她又随乾隆帝东巡，游历了东岳泰山，拜谒了曲阜孔庙；乾隆四十三年，乾隆帝拜谒满洲的龙兴之地——盛京，而后容妃已列为随行六位妃嫔的第二位。这次她参加了福陵、昭陵祭祀清朝缔造者努尔哈赤和皇太极的隆重典礼，并在盛京故宫的凤凰楼和崇政殿，与皇帝一起接受了诸王大臣的叩拜。

容妃五十岁之后就很少露面。乾隆五十二年的宫廷档案里有她服用“平安丸”的记载。乾隆五十三年四月十九日，五十五岁的容妃离开了人世。当年的九月二十五日，她的灵柩被送往河北遵化的清代帝后陵园中安葬。

关于香妃的死亡，有两种说法。一种是被皇太后赐死，另一种是自然病死。前一种说法最具代表性的就是1914年古物陈列所在展出的所谓香妃戎装像下写的文字说明：

香妃者，美姿色，生而体有异香，不假熏沐，国人号之曰香妃。或有称其美于中土者，清高宗闻之。两师之役，嘱将军兆惠一穷其异。回疆既平，兆惠果生得香妃，致之京师。帝命于西内建宝月楼（即今之新华门）居之。楼外建回营，毳幕韦鞴，具如西域式武英殿浴德堂浴室穹隆顶，又武英殿西之浴德堂，相传亦为香妃沐浴之所。盖帝欲藉种种以取悦其意，而稍杀其思乡之念也。讵妃虽被殊眷，终不释然，尝出白刃袖中，示人曰：“国破家亡，死志久决，然决不肯效儿女汶汶徒死，必得一当以报故主。”闻者大惊。但帝虽知其不可辱而卒不忍舍也。如是者数年。皇太后微有所闻，屡戒帝弗往，不听。会帝宿斋宫，急召妃入，赐缢死。……

皇太后即乾隆帝的生母孝圣宪皇后，死于乾隆四十二年（1777年），而香妃（容妃）死于乾隆五十三年（1788年），比皇太后晚死11年，所以不可能是被皇太后赐死的。

乾隆传位

在古代众多的帝王中，在其生前传位的皇帝为数甚少。其中除极个别的是有意模仿古人、沽名钓誉之外，绝大多数是被迫的。乾隆皇帝是一个特例，他统治清朝60年，使社会达到极盛；85岁高龄之时，又主动举行了传位大典，当上了太上皇。3年以后，方才寿终正寝。

乾隆很早就有了传位思想。早在雍正十三年（1735年）九月举行即位大典之时，他即焚香告天："昔皇祖御极六十一年，予不敢相比，若邀穹苍眷佑，至乾隆六十年乙卯，予寿跻八十有五，即当传位皇子，归政退闲。"他的这种念头，部分原因是受儒家禅让和企图沽名思想影响，主要的目的是祈求长寿。康熙年幼便继承皇位，统治长达61年，到驾崩之时已69岁，这在清朝初年的几位帝王中已属于高寿了。而乾隆25岁才得以登基继位，60年后，将至85岁的耄耋之年。因而，尽管他在口头上表示自己不敢超过皇祖康熙在位61年之数，但就其本意而言，则是希望自己比康熙在位更久一些。可以说，登极时乾隆就已萌发这种传位思想。

秘密建储制度，对于强化皇权、稳定政局、巩固统治起了非常重要的作用。但在乾隆刚刚即位的时候，由于受传统建储观念的影响，加之缺乏政治经验，他对秘密建储制度的认识与他的父亲雍正皇帝相背甚远。在他看来，秘密建储仅仅是一种“酌权济经之道，非谓后世子孙皆当奉此以为法则也”。对于储君人选标准，他也拘泥于以前立嫡立长之旧规，并且下定决心，“必欲以嫡子承统，行先人所未行之事，邀先人所不能获之福”。因而，乾隆元年（1736 年）七月刚刚实行秘密建储，他毫不犹豫地把富察氏皇后所生的皇二子永琏内定为储君。但非常不幸，乾隆三年（1738 年）十月，永琏病殁，此后不久他又想内定皇后所生之皇七子永琮为储君。然而，事与愿违，就在他一门心思想着立嫡子的时候，将要被立为储君的永琮以及皇后富察氏却先后于乾隆十二年（1747 年）底和乾隆十三年（1748 年）初死去，乾隆皇帝企图以嫡子为储君之立储计划成为泡影了。与此同时，皇长子永璜和皇三子永璋不但“全无哀慕之忱”，甚至还有幸灾乐祸之意。乾隆皇帝对此极为不满，非常愤怒，立即严加训斥并对他们觊觎储位的非分之想予以严厉警告：“此二人断不可入继大统”“伊等若敢于朕前微露端倪，朕必照今日之旨，显揭其不孝之罪，即行正法”。经过这一事件的打击之后，乾隆吸取了教训，并且较为清醒地认识到“建储一事，亦如井田封建，固不可行于近世也”。为了防止重演前朝争储夺嫡造成的悲剧，乾隆皇帝对皇子们的控制非常严厉。

乾隆三十八年（1773 年），乾隆已经 63 岁了，建储一事不能再拖下去了。乾隆皇帝经过反复慎重考虑，决心再次秘密建储。乾隆皇帝在位已近 40 年，已有相当丰富的各种政治经验，因而，这次建储，是在秘密中进行的。在确定储君之前，乾隆皇帝没有与任何人商量建储时机和储君人选，即使建储密旨书写完并将之藏于乾清宫“正大光明”匾额之后，他也没有向诸王文武大臣宣示。一切办妥之后，时机成熟了，才将此事谕知军机大臣。建储之后，乾隆皇帝一方面利用20多年的时间长期考察储君的品质和才能，一方面又恩威并举，进一步加强对其他皇子的控制。就施恩方面而言，乾隆的诸子在乾隆四十四年（1779年）后陆续得到了亲王、郡王、贝勒等爵位的晋封，乾隆还经常驾临各子府邸，来联络感情；就施威方面而言，继续严格禁止诸子与外廷官员来往，一旦发觉，则必然对涉及人员严惩不贷。为了保证自己的建储大计顺利实施，不受传统建储观念的破坏和影响，乾隆皇帝还利用一切机会深刻地揭露和批判传统建储理论及其带来的弊病。他认为，“秦汉预立太子，其后争夺废立，祸乱相寻，不可枚举”。之所以这样，在于“有太子然后有门户”“盖一立太子，众见神器有属，幻起百端，弟兄既多所猜嫌，宵小且从而揣测，其懦者献媚逢迎以陷于非，其强者设机媒孽以诬其过，往往酿成祸变，遂至父子之间，慈孝双亏，家国大计，转滋罅隙”。他还不遗余力地大力批驳嫡长子继承的传统建储原则，“至于立嫡立长之说，尤非确论”“纣以嫡立而丧商，若立微子之庶，商未必亡也”。据此，他断言“建储册立，非国家之福，召乱起衅，多由于此”。为能够让广大臣民尤其是让诸皇子吸取这些历史教训并引以为戒，乾隆四十八年（1783年）十月，他特命诸皇子、军机大臣、尚书房总师傅等将历代册立太子有关借鉴惩戒的事迹编成《古今储贰金鉴》一书。此外，为了使广大臣民进一步深入了解秘密建储制度的重要意义，他全面论述了秘密建储的动机和效果。关于推行这一制度的动机方面，他认为，“盖不肯显露端倪，使群情有所窥伺，此正朕善于维持爱护之深心也”。立于秘密建储的效果，他则称康熙皇帝临终时“一言而定大计”，以致雍正皇帝即位后“内外帖然”；他还以自己借建储密旨即位后“人情亦甚辑宁”为例，指出，“此即不建储之益，固天下臣民所共见共闻者也”。据此，他得出结论，“不可不立储，而尤不可显立储，最为良法美意”。为了让后世子孙牢记并且坚持这一重要制度，乾隆后期，他一再宣称，秘密建储是本朝重要“家法”，并要求“世世子孙，所当遵守而弗变”。他进一步断言，如果后世子孙不实行这一制度，恢复古制，必然会“酿成大祸”。正是由于他对秘密建储制度的反复阐述，才使得这一制度较为普遍地被统治集团中的各阶层所理解和接受。因而，尽管其皇子甚多，而且其中不少人都有觊觎储位的野心，但是一直到他退位的这十几年时间里，却始终没有发生像康、雍之际皇室内部为了争夺皇位发生骨肉相残的情况，从而也巩固了乾隆皇帝的最高统治地位，最终乾隆一朝没有受到威胁。就是在这样的情况下，乾隆皇帝 85 岁高龄之际，举行了传位大典，过起了太上皇的生活。

乾隆六十年（1795 年），他的健康情况每况愈下。当年九月初三，他向全国臣民宣布了乾隆三十八年（1773 年）写的建储密旨，立皇十五子颙琰为皇太子并决定在次年新正举行传位大典。嘉庆元年（1796 年）正月元日，上至内外王公贵族下至文武百官与外藩使臣咸集太和殿，按班序列，恭候乾隆乘舆至殿内升坐。这时，鼓乐齐鸣，宣表官员跪宣传位诏书，皇太子以下所有官员皆跪伏殿内恭听。而后，大学士二人引导皇太子至乾隆皇帝御坐前俯伏跪地，让乾隆皇帝亲授“皇帝之宝”。最后，嗣皇帝率领群臣再向乾隆皇帝行九叩大礼，恭送已经成为太上皇的乾隆皇帝起驾还宫，嘉庆皇帝则御殿登极，接受文武百官朝驾。至此，传位大典完成，乾隆皇帝的太上皇生活开始了。

雍正皇帝所实行的秘密建储制度，虽在一定程度上抑制了宫廷内部斗争，但被指定的嗣君能不能在皇帝去世之后顺利即位，却仍需视其托付是否得人。也就是说，大臣在很大程度上仍然决定着嗣君之废立，建储中仍然存在着漏洞。乾隆生前自行传位，使得秘密建储制度得到重要补充和发展，它一方面使得自己的建储计划能够顺利实现，另一方面在传位过程中“明颁诏旨，亲御殿廷，付托神器”，也有效地把大臣、女宠和宦官这些能够借机怙宠擅权以影响建储的权力集团排除在决定储君的决策圈之外，在维护社会安定方面也起到了重要作用。在当时的历史条件下，通过传位这种方式来实现最高权力过渡还是比较可取的。

秦汉以后，称为太上皇者虽不乏其人，且位置也非常显赫，但再也没有临政治民之实权。乾隆皇帝殚思竭虑地经营了 60 年，在宣布传位的时候，即决定“军国大事及用人行政诸大端”这些权中之权，“岂能置之不问”，只是把各种祭祀和礼仪这些无关大局的活动交给嗣皇帝办理，而且他自己也年事已高，没有精力做这些事情了。军机大臣根据他的命令拟定的传位事宜中，太上皇帝所享有的礼仪规格和所拥有的实际权力都远远地超出嗣皇帝之上，太上皇帝还是自称为“朕”，太上皇帝谕旨仍称为“敕旨”，题奏行文遇太上皇帝字样，高三格抬写，嗣皇帝则只能高二格抬写；太上皇帝生辰称万万寿，嗣皇帝生辰称万寿；文武大员进京陛见以及新授道府以上官员离京赴任，皆须具折恭请太上皇帝恩训。而嗣皇帝拥有的权力少得可怜，不过是按期举行祭祀以及经筵、耕籍、大阅、传胪等礼仪活动而已，即使这些活动还要向太上皇帝奏闻，然后才能举行。乾隆自己曾说：“朕虽归政，大事还是我办。”可见乾隆传位并非退位，只是形式变了，变亲政为“训政”而已。

在筹备传位事宜的过程中，尽管乾隆已为自己保留了极大的权力，然而大典举行后的实际活动中，又推翻了传位时所作出的许多承诺。其一，早在乾隆三十七年（1772年）时，他就下令修葺宁寿宫，并想把其作为他退位后颐养天年的地方，然而大典之后他却背弃所作出的承诺，不愿搬出养心殿，“子皇帝初登大宝，用人理政，尚当时加训诲，何忍即移居宁寿宫，效宋高之自图安逸耶”。这样，已经即位的嘉庆只好仍在毓庆宫。其二，嘉庆改元，全国上下都应该统一使用新历，但是，大臣纷纷以“一体循用新朝，于心实有所未安”为理由，而呈请在宫内还是实行乾隆纪年时，他却立即同意，并将臣下恭进之乾隆六十一年新历“颁赏内廷皇子、皇孙及曾、玄辈并亲近王大臣等，俾得遂其爱戴之忱”。即使到太上皇去世，宫中仍然使用乾隆年号。其三，嘉庆改元，京中宝泉、宝源二局以及各省铸钱机构自当改铸嘉庆通宝，但是，为了表示对乾隆的尊重，“乾隆、嘉庆年号各半分铸”。对此，乾隆竟也一概表示赞同。其四，传位之际，乾隆曾经承诺让嗣皇帝处理各部衙门和各省题奏本章，但是归政后，除了把一些不关紧要的题本让嘉庆批答之外，批答奏折、任免官员的大权一直牢牢攥在手里。嘉庆元年（1796年）时，乾隆说：“自揣精神强固，又曷敢自耽逸豫，遂自谓闲人。是以至今每日披览章奏，于察吏勤民之事，随时训示子皇帝。”他死前数月，虽然已经眼力大不如前，“然披阅章奏及一切文字未尝稍懈”。

不过，和训政前比，由于大部分礼仪活动已让嘉庆举行，乾隆肩上的担子还是大有减轻。处理要务之后，有较多的空闲时间。乾隆有时独自一人长时间静坐沉思，经常回忆起自己的童年生活：如何一字不遗地在父亲面前背诵经书，祖父如何开枪打死正向自己疯狂扑来的大熊，又是如何夸奖自己和自己的母亲，一切都像在昨天一样，难以忘怀。

乘凉每爱倚长松，无碍翻来天籁重。
坐久不知时与刻，梵楼遥报午时钟。
寅岁随来侍宴辰，分明一瞬七旬浚。
命皇妣领圣母觐，恩谕曾称有福人。

除了常常回忆童年生活外，他偶尔也会想一想将来。嘉庆三年（1798年）春，乾隆玄孙载锡成婚。乾隆非常希望他来年生子，好使自己在玄孙之外再见来孙。此外，乾隆已经是88岁高龄，他也很希望还能活上12年，这样在年龄上就能超过历代的任何帝王，开创一个新记录。嘉庆三年（1798年）八月，他写了一首诗，表明自己的这种心绪：

仰望如霄上，俯临欣目前。
一身亲七代，百岁待旬年。
愿谓无者勉，喜瞻来者连。
自谓不知足，又愿庶应然。

除此之外，他还对后事作了一些安排。首先是修葺陵寝，选址于东陵水峪。乾隆初年（1736年），他的陵寝就基本上建造完毕。传位之后，再次下令重新加以修葺。同时考虑到清陵分散在易州、遵化两地，自己建陵遵化，西陵将因此而致冷落。鉴于这种情况，特别规定，后世子孙建造陵寝时，应“各依昭穆次序叠分东西，一脉相联，不致递推递远”。其次，关于丧礼，他明确要求只须依照历代帝王先例，以日易月，二十七日除服和百日之内不剃发，而不得仿行古礼，行三年之丧。关于身后谥典，他规定只能谥之为“宗”，而不得谥之为“祖”。总之，在他当上太上皇的三年时间里，凡是官员任免、军务布置、政治举措、河工建设、蠲赈事宜，乾隆皇帝无不亲自操办。

康乾二帝的比较

乾隆极其崇拜祖父康熙帝，为政处处效法。因此将乾隆与康熙相比，会发现很多相似的地方：康熙帝举行博学鸿词科考试，乾隆也举行博学鸿词科考试；康熙帝南巡 6 次，乾隆帝也是南巡 6 次；康熙帝搞文字狱，乾隆也搞文字狱；康熙帝与民同乐，举办千叟宴，乾隆帝也举办千叟宴……二帝在位时间也差不多：乾隆在位时间比康熙仅少一年，康熙是 61 年，乾隆是 60 年。本来乾隆帝还可以干几年，他之所以内禅，是出于对祖父的尊敬，在位时间不敢与他相等。

然而，两人是存在区别的。

武功，乾隆不如康熙。康熙平定三藩、统一台湾，大败俄侵略军于雅克萨，三征噶尔丹，这些功绩，件件都有重大历史意义和价值。乾隆夸耀“十全武功”：两攻准部、一攻回部、两攻金川、镇压台湾林爽文起义一次，出征安南、缅甸各一次，抗击廓尔喀侵略两次。这些武功，有些值得称道，如攻准部、回部，抗击廓尔喀侵略；攻打金川，也有道理，但是损失很大。其他就不值得称道了，攻缅甸、安南之役就是不义之举。

文治，乾隆更胜一筹。康熙、乾隆两帝都注重发展文化事业，在世时出了很多著名学者，编辑了很多有价值的书籍。康熙朝编有《康熙字典》、《历象考成》、《佩文韵府》、《数理精蕴》、《子史精华》、《全唐诗》，还开始编辑规模仅次于《永乐大典》的《古今图书集成》。乾隆帝时期则完成了《大清一统志》、《续文献通考》、《皇朝文献通考》、《大清会典》，尤其值得一提的是《四库全书》。乾隆时期，乾嘉学派开始形成。通过比较，可以看出，乾隆帝在文治上的成就比康熙突出。然而，乾隆毁书多，则是他的一大罪过。

对外关系方面，康熙帝比乾隆帝开放得多。康熙初年还执行海禁政策，但统一台湾之后，康熙帝便开了海禁，鼓励人们出海贸易，开放了澳门、漳州、宁波、云台山作贸易港口。只是到五十五年因海盗猖獗又恢复了海禁，终止了同南洋吕宋、噶喇巴的贸易，禁止卖船给国外，禁止运米出境，但与东洋的贸易照旧，外国商船可来中国。乾隆帝即位后严格限制对外贸易。乾隆二十二年，只许广州一处通商，设立十三行，约束外商活动，限制商民出海。他致英王信中说："天朝物产丰盈，无所不有，原不假外夷货物以通有无。"显得十分虚妄。

作风方面，乾隆比康熙就差之远矣。康熙帝崇实尚简，自觉减少宫中费用。他说："户部帑金，非用师赈饥，未敢妄费，谓此皆小民脂膏故也。所有巡狩行宫，不施彩绘，每处所费，不过一二万金。较之河工岁费三百余万，尚不及百分之一。"乾隆则好大喜功，耗费国家钱财毫不可惜，人称为"散财童子"。他几次给他母亲做寿都大肆铺张（详见《国母寿庆》）。他大造皇家园林，计有清漪园、静宜园、乾隆花园，此外他还扩建了圆明园。

二帝都曾6巡江南。康熙帝6次南巡是为解决治河问题，轻车简从，仅建了少数行宫，大部分地方住在地方官员的衙署里。他的亲信李煦、曹寅各捐银2万两修建行宫，康熙还认为捐银过多。乾隆南巡时，一个官员捐修苏州御道，就费银30万两，奢侈的程度可见一斑。御舟名安福舻、翔凤艇，共有5艘，由仓场衙门制造，提前送往江南，仅御舟拉纤的河兵就需3600人。其余人员需用船只由江南备办，需船1000余艘。这样豪华庞大的船队行进在运河上，首尾相接，旌旗蔽空，蔚为壮观。途中，不仅沿途地方官要进献山珍海味，还要从全国各地运来许多食品，连饮水都是从北京、济南、镇江等地远道运去的著名泉水。

乾隆爱表现自己，戏弄臣下，“每一诗出，令儒臣注释，不得原委者，许归家涉猎。然多有翻撷万卷莫能解者，然后上举其出处，以博一笑，诸臣莫不佩服。”他为博取“十全老人”称誉，在缅甸数攻不下的情况下，竟重赂缅甸君长，使贡象数匹。

性格方面二帝差距也大。康熙帝稳重，乾隆易于感情用事。乾隆十三年，皇后富察氏死了，乾隆帝十分悲伤。在盛怒之下，乾隆帝因芝麻小事，处分大员100多人。而他在此以前的13年中只处分1人——提督鄂善。康熙晚年，皇子争位，也闹得他够伤心的，但他就没有这样感情用事。

知识和技能方面，总的来说康熙也比乾隆强。关于语言，乾隆帝懂满、藏、汉文，康熙帝除懂满、汉文外，精于蒙文、梵文，还懂一些拉丁文。康熙帝在数学、天文、物理、历法、地理、农学、医学上都有很高的造诣，并支持科技事业。他通过测验，为受冤屈致死的汤若望昭雪，打击了诬陷他的杨光先。他支持西方数学知识百科全书《数理精蕴》编译成册，支持地图绘测而成《皇舆全览图》。乾隆帝在科技知识方面的才能不见记载。

二帝都能诗，而康熙帝诗作远没乾隆多。乾隆一生作诗 4 万余首。然而他们的诗作技巧差不多。他们的作品没有一篇收入沈德潜选编的《清诗别裁集》，在今人游国恩等主编的《中国文学史》和戚世隽等主编的《明清文学史》中，没有一首被提及。

附：乾隆帝大事年表

⊙乾隆元年（1736 年　丙辰）

二月，定世宗山陵名为泰陵，设西陵总管大臣，由泰宁镇总兵兼任。制定清厘僧道之法，发度牒，妇女须四十以上方许出家。

⊙乾隆二年（1737 年　丁巳）

八月，用嵇曾筠议，命筑浙江鱼鳞大石海塘。闰九月，马兰峪陵（即乾隆帝裕陵）工竣。十一月，命仍设军机处，以大学士鄂尔泰、张廷玉，尚书讷亲、海望，侍郎纳延泰、班第为军机大臣。

⊙乾隆九年（1744 年　甲子）

正月，于西苑瀛台赐宴准噶尔特使。二月，谕令张照、梁诗正、励宗万等编宫中所藏绘画目录《石渠宝笈》。是年，以雍亲王府为喇嘛庙。申斥科场弊端，顺天府乡试稽查严密，不敢入场者达 2800 余人。

⊙乾隆十年（1745 年　乙丑）

七月，于香山旧行宫基址建静宜园。九月，遣官祭明陵。修明愍帝陵。

⊙乾隆十一年（1746 年　丙寅）

九月，奉皇太后谒泰陵，后巡幸五台山。

⊙**乾隆十二年**（1747年　丁卯）

六月，派张广泗率军开始平定大小金川叛乱。

⊙**乾隆十三年**（1748年　戊辰）

二月，奉皇太后率妃嫔东巡山东，驻曲阜，诣阙里，谒孔林，祭少昊、周公。三月，皇后富察氏逝于山东德州舟次，乾隆帝哀痛至极，兼程还京师，殡皇后于长春宫。

⊙**乾隆十四年**（1749年　己巳）

二月，大金川之役无功而罢，乾隆帝决定撤兵。四月，御太和殿，行册封娴贵妃乌拉那拉氏为皇贵妃，晋嘉妃为贵妃，舒嫔为舒妃，令嫔为令妃，贵人陈氏为婉嫔。

⊙**乾隆十五年**（1750年　庚午）

正月，乾隆帝幸西苑紫光阁，赐宴准噶尔使尼玛宴。二月，奉皇太后西巡五台山。阅视永定河堤工程。是年，为给皇太后祝寿，于瓮山建大报恩延寿寺，更山名为万寿山，易西湖名为昆明湖。

⊙**乾隆十六年**（1751年　辛未）

正月，命更定圜丘大享殿为祈年殿。

⊙**乾隆二十年**（1755年　乙亥）

九月，蒙古准噶尔部阿睦尔撒纳入觐途中反叛。十月，达瓦齐等被解至京师，行献俘礼，乾隆帝御午门受俘。是年，谕八旗力戒效法汉人习气，并不准与汉人唱和往来。

⊙**乾隆二十二年**（1757年　丁丑）

正月，奉皇太后第二次南巡江浙。三月，清军再攻准噶尔部，最后彻底平定该部。六月，拒绝英人赴浙贸易，规定与西洋贸易仅以广州一处通商。

⊙**乾隆二十三年**（1758年　戊寅）

是年，派兵进军天山两路，平定大小和卓木叛乱。

⊙乾隆二十五年（1760 年　庚辰）

十月，皇十五子颙琰（即嘉庆帝）生于圆明园天地一家春，母为令贵妃魏佳氏。

⊙乾隆二十七年（1762 年　壬午）

正月，奉皇太后第三次南巡江浙，于海宁阅视海塘。五月，封贵人和卓氏为容嫔。十月，设立伊犁将军，统辖天山南北路。

⊙乾隆三十年（1765 年　乙酉）

正月，奉皇太后第四次南巡江浙。皇后乌拉纳拉氏忤乾隆帝意，又自剪发辫，命其先返京城。是年，准八旗大臣子弟一体参加科举考试，毋庸奏明请旨。滇缅间诸土司屡与缅人冲突，缅甸之役开始。

⊙乾隆三十三年（1768 年　戊子）

八月，恢复俄罗斯于恰克图通商。十月，晋庆妃为庆贵妃，容嫔为容妃，贵人钮祜禄氏为顺嫔。

⊙乾隆三十五年（1770 年　庚寅）

正月，因六十寿辰，明年皇太后八十圣寿，下诏普免全国额征地丁钱粮。

⊙乾隆三十七年（1772 年　壬辰）

正月，诏开四库馆，网罗天下遗书。

⊙乾隆三十八年（1773 年　癸巳）

十一月，再次秘密建储，以皇十五子颙琰为储君。

⊙乾隆四十二年（1777 年　丁酉）

正月，御阅武楼阅兵，命诸王大臣、外藩蒙古及回部、库车、哈萨克使臣、金川土司等从观。

⊙乾隆四十三年（1778 年　戊戌）

正月，追复多尔衮、多铎、代善、济尔哈朗、豪格、岳托原爵，配享太庙。以世宗晚年有谕为由，复允禩、允禟原名，收入玉牒，并配享太庙。

⊙乾隆四十七年（1782年　壬寅）

正月，第一部《四库全书》缮写完成。建盛京文溯阁。八月，皇十五子颙琰第二子旻宁（即道光皇帝）生于紫禁城撷芳殿，母为喜塔腊氏。

⊙乾隆四十九年（1784年　甲辰）

正月，乾隆帝第六次南巡江浙。是年，第一艘美国商船中国皇后号抵广州。

⊙乾隆五十一年（1786年　丙午）

三月，巡五台山。十二月，清兵在台湾搜捕天地会会众，并以焚烧村庄相威胁，彰化林爽文率众起义。

⊙乾隆五十三年（1788年　戊申）

二月，晋和珅三等伯爵。林爽文与另一起义领袖庄大田均被俘，起义失败。六月，南阮氏打败黎氏，国王黎维祁出走。清廷以黎氏守藩奉贡甚谨，欲恢复黎朝统治，遂派两广总督孙士毅统兵征讨，安南之役开始。

⊙乾隆五十四年（1789年　己酉）

六月清廷鉴于阮氏遣使求和，赦其罪，允其纳贡，改封阮光平为安南国王。

⊙乾隆五十五年（1790年　庚戌）

正月，免全国各直省钱粮。三月，巡山东登泰山，谒孔庙、孔林。是年，大徽班进京。

⊙乾隆五十七年（1792年　壬子）

十月，退廓尔喀入侵，颁布《钦定西藏章程》。乾隆帝撰《十全武功记》。

⊙**乾隆五十八年**（1793年　癸丑）

四月，谕设金奔巴瓶于前藏大昭寺及京师雍和宫，共同掣报出灵童，以除王公子弟私作灵童陋习。七月，御避暑山庄万树园召见英国来使马戛尔尼等人。

⊙**乾隆六十年**（1795年　乙卯）

正月，贵州苗民石柳邓等起义。九月，御勤政殿，召皇子、皇孙、王大臣等，宣示立皇十五子颙琰为太子，明年为嗣皇帝元年。十一月，皇太子居毓庆宫。十二月，谕："朕于明年归政后，凡有缮奏事件，俱书太上皇。"以传位皇太子祭告天、地、太庙、社稷。

谨守祖业的守成之君

——清仁宗嘉庆帝

镇压起义不遗余力，狂澜既倒徒唤奈何

帝王档案

⊙姓名：爱新觉罗·颙琰

⊙属相：龙（1760年）

⊙年号：嘉庆

⊙在位：1796～1820年

⊙享年：61岁（1760～1820年）

⊙庙号：仁宗

⊙谥号：受天兴运敷化绥猷崇文经武孝恭勤俭端敏英哲睿皇帝

⊙陵寝：昌陵（清西陵）

⊙配偶：15人，皇后喜塔腊氏

⊙子女：5子、9女

⊙继位人：旻宁（道光）

帝王小传

嘉庆帝（1760～1820 年），全名爱新觉罗·颙琰，原名为永琰，乾隆帝十五子，生于乾隆二十五年（1760 年）。乾隆五十四年封嘉亲王，六十年九月册立为皇太子，以第二年为嘉庆元年。嘉庆元年（1796 年）正月初一日，在太和殿举行乾隆禅位、嘉庆登极大典。嘉庆是清朝第七位皇帝、入关后的第五位皇帝，登极时 36 岁。乾隆皇帝归政之后，以太上皇名义训政。当时有两个年号：宫内皇历仍用“乾隆”年号，各省改用“嘉庆”年号。

嘉庆四年，乾隆帝去世，嘉庆帝才开始亲政。嘉庆帝是守成皇帝。他恪守祖制，为维护清朝统治，镇压了两次农民起义；为了维护国家领土主权完整，他坚决赶走入侵澳门的英国兵船。他像先王那样注意治河，赈济灾民，继续以往的闭关自守政策。他有挽救颓风大志，不事奢华，严惩贪污，崇奖清廉，他告诫大臣不要因循怠玩。然而，清朝的颓势已成，腐败的吏治依然故我，财政状况没有得到改善。总结他的一生，可以概括为：谨勤守成竭尽心力，狂澜既倒无可奈何！

嘉庆二十五年（1820 年）七月，嘉庆帝病逝于避暑山庄，享年 61 岁。

青史语录

“迨躬莅万几，锄奸登善。削平逋寇，捕治海盗，力握要枢，崇俭勤事，辟地移民，皆为治之大原也。”

——《清史稿·仁宗本纪》

皇上与太上皇的权利之争

乾隆遗诏及功过评述

从嘉庆三年（1798 年）开始，太上皇身体每况愈下，史书上记载他“心体焦劳，因勤政导致积劳成疾”，身体稍好一些，又“训政不倦，召见臣工如往常一样”。到了嘉庆四年（1799 年），在太上皇身边的臣仆都很清楚：太上皇要驾崩升天了。正月初一，新年第一天总算还没有什么事情。次日晨，乾隆还盼望着捷报从前方传来，并写下了生平最后一首诗：

三年师旅开，实数不应猜。
邪教轻由误，官军剿复该。
领兵数观望，残赤不胜裁。
执讯速获丑，都同逆首来。

当天晚上，乾隆病危，正月初三的凌晨离开了人世。

乾隆帝临终面谕“万年以后，当以称‘宗’为是”，嘉庆帝据此为太上皇上庙号，称为“高宗”。

乾隆病逝的这天，他的遗诏在全国范围内发布，对自己的一生作了评价。

乾隆帝的遗诏应该说还是有一定的合理成份，至少在乾隆五十年（1785 年）以前，国内局势还是比较平和的，从二征廓尔喀来说，也可以说乾隆对自己的评价还算公允。在乾隆朝前中期，确实整个清朝达到了极盛，国库丰殷，民富国强。但到了乾隆晚年，则形势便大有变化了，奸相和珅以受乾隆宠幸为契机，手握大权，一手遮天，专权乱政，吏治极为腐败，贪官污吏横行，鱼肉乡里，民多“蹙额兴叹”。乾隆写的最后一首诗《望捷诗》以及遗诏都对白莲教起义进行了总结和评述，但与实际情况多有出入。其实并不是他认为的已经擒获了“起事首逆紧要各犯”的那样，实际情况是镇压围剿工作已进行长达 3 年的时间，耗费了 7000 多万两军饷，但还没有明显的效果，且起义有星火燎原、正逐渐向各省蔓延之势。由此不难看出，乾隆在遗诏中对自己的评价有公允的一面，也有讳过扬功的一面。

嘉庆四年（1799 年）九月，创造整个清朝乃至整个古代史的“全盛之势”的乾隆帝，葬于河北遵化马兰峪裕陵。

乾隆七年（1742 年）他便开始为自己营造陵墓，最初打算他死后和父亲雍正安葬在一个地方，选定河北易县西永宁山下的西陵作为墓址，并已选好了穴位。后来，为使东、西两陵“香火并续”同时延续下去，又改选了东陵。建陵时，当时清王朝国库丰殷，国力强盛，财富积累颇多，所以整个工程耗银多达200余万两。其中地宫规模极为浩大，耗费了巨大的财力、物力和人力，仅用在汉白玉雕刻上就达8万个工。裕陵地宫是九券四门无梁柱的拱券式石结构建筑，四大金刚、五方佛、五欲供雕刻于券顶和四壁之上。内壁上刻有3万多字的梵文和番文经咒。地宫有四道石门，共八扇门，每扇门上各雕刻着四大天王座像。乾隆的主要墓室是地宫最后的部分，正中宝床上停放他的金棺，东侧为两位皇后（孝贤皇后和嘉庆帝的母亲孝仪皇后）的灵棺，3位皇贵妃的棺木位居两侧。

退而不让的太上皇

天无二日，国无二主。嘉庆即位后，乾隆帝宣布退位为太上皇帝。虽然退了位，但是他仍用“朕”为自称，谕旨称为“敕旨”。按照道理来讲，“太上皇”是不应该过多干预政事的，但是乾隆帝规定，“寻常事件”由嘉庆自行处理，一旦有军国要事和涉及到官员任免的事宜，则仍由他亲自指导，甚至是亲自进行处理，凡是新授府道以上官员，叩谢完皇上之后，还要前往太上皇那里磕头谢恩。此外，乾隆每天还对嘉庆进行“训谕”。《朝鲜正宗实录》就记载，乾隆曾对宠臣和珅说：“朕虽然归政，大事还是我办。”和珅拟写政令奏请嘉庆批复，嘉庆也说：“惟皇爷处分，朕何敢与焉。”由此可见，乾隆虽然号称归政于嘉庆，实则仍然掌握大权，嘉庆当时不过是个牵线木偶。

本来嘉庆即位改元后，全国上下、紫禁城内外，都应该统一使用嘉庆纪元，可宫廷中还是用乾隆年号。嘉庆帝即位后，钱币应该改铸“嘉庆通宝”。可乾隆龙驭上殡之前的那几年，乾隆、嘉庆两个年号的通宝各铸一半，同时流通。

据相关史料记载，退位后的乾隆帝，本应住在宁寿宫，把养心殿腾出来给新皇帝住，但他拒绝从象征着国家最高权力的养心殿中迁出，把嘉庆赶到毓庆宫去住，赐名“继德堂”。

每逢早朝，太上皇乾隆经常仍然端坐于御座之上接受百官朝贺，皇帝嘉庆则在一旁陪侍。朝鲜有使臣朝见大清皇帝，根据目击记述道：（嘉庆）侍坐太上皇，上喜则亦喜，笑则亦笑……（赐宴时，嘉庆）侍坐上皇之侧，只视上皇之动静，而一不转瞩。赵尔巽编写的《清史稿·仁宗本纪》也记载：“（嘉庆）初逢训政，恭谨无违。”

乾隆虽然禅位，但仍把持大权，并且权利欲极重。嘉庆即位后，为了表示对儿子的祝贺和信任，乾隆本来打算召嘉庆的老师——时任广东巡抚的朱珪回京任大学士。朱珪为官素有清誉，当年在朝中就经常与恃宠弄权的和珅发生冲突。和珅认为朱珪一旦回京，将对自己构成极大的威胁。因此，他想方设法获得了嘉庆为朱珪而作的尚未写完的贺诗，拿给乾隆，声称嘉庆正迫不及待地培植自己的势力。乾隆深以为然，大为恼火，当即很不高兴地问身旁的军机大臣董诰如何处理。幸亏董诰是忠正之人，当即表示：嘉庆帝作的诗无非是向老师表示祝贺。身为学生，向即将得到升迁的老师表示祝贺，这是学生的本分，并无不当。乾隆这才不予追究，但也搁置了对朱珪的升迁。可见，乾隆皇帝对于身边臣子的信任已然超过嘉庆皇帝，嘉庆帝的一言一行都在太上皇的控制之内。

乾隆皇帝即位之初发誓不敢与康熙在位年数相同，在当时倒也是诚心诚意。但随着逐渐成为乾坤独断的一代帝王，长期说一不二的乾隆已经迷恋上了掌权的感觉，舍不得放手了。因此，此时的乾隆实际是“退而不休”，坚持“发挥余热”，希望在有生之年继续风光无限地把朝政把握在自己的手中。

其实，乾隆对于自己的长寿早有预感，因此在选择接班人的时候也以对他言听计从为标准。乾隆之所以如此谨慎，也是吸取了历史的教训。

话说嘉庆

嘉庆帝颙琰系清朝的第七代君主、入关后的第五位皇帝，在他执政二十五年（1796～1820 年）期间，正值拿破仑活跃于法国的政治舞台，带领士兵征战驰骋欧洲战场。但是他非但无法与西半球的拿破仑相比，即使与清朝前期的几位很有作为的皇帝相较，也相去甚远。他所处的时代盛极而衰，道德败坏，纲纪废弃，内乱蜂起，各级官吏只知敷衍塞责，诸般政事，因循守旧，懒惰懈怠，带兵的大臣与将领更是厚颜无耻，营私舞弊，中饱私囊。这样，兵不可以战，民不聊生，腐败不堪的清朝犹如黄河决堤，一发不可收拾，险象环生。嘉庆在如此困难的条件下开始执政，其艰难可想而知，时代维艰，他很难在政治方面有大的作为。

乾隆二十五年（1760 年）十月初六，嘉庆出生。按照清朝的祖宗之法，嘉庆皇帝一生下来就应分府居住，但他却有幸一直在深宫中成长，并且能够陪同在乾隆左右。嘉庆元年（1796 年），乾隆帝禅位，在传位诏书中称："皇太子仁孝端醇，克肩重器，宗祐有托，朕用嘉焉。"从颙琰的前后表现看，他也的确是嗣皇帝的最佳人选。清朝政府历来都十分注重对皇子的教育和培养，史称嘉庆帝自六龄就傅，拜兵部侍郎奉宽为师，年十三，通五经，学今体诗于侍郎谢墉，学古文、古体诗于侍讲学士朱珪。嘉庆帝无疑是在严格的宫廷教育下成长起来的。另一方面，清王朝一代一代的皇子贵胄生于深宫，长于妇人之手，聪明才智和社会阅历的缺乏极大限制了他们，致使他们的知识结构极不完善，过于褊狭，嘉庆帝连蝗虫都不认识，便是一例：嘉庆九年（1804年）六月，嘉庆帝初秋时候去太庙祭祖，斋戒三日。当时风闻北京附近蝗虫飞集。嘉庆帝即下令直隶总督颜检查明此事，并核实具奏。颜检却敷衍塞责，谎称已经全部扑灭蝗虫，居然大胆妄称蝗虫不吃庄稼，唯食青草。此时，嘉庆帝早已过不惑之年，然而他不知道蝗虫的模样，以什么为食。官吏企图蒙混过关，孰料老天有眼，一只蝗虫竟然飞进斋宫，堂而皇之地停留在御案上，惊动了正在批阅奏章的嘉庆帝。他没有见过蝗虫，只能命人捉住，召集军机大臣们辨认。几位军机大臣经过一番推敲辨认，一致认定确实是蝗虫。随即太监又在宫内连抓十余只。嘉庆帝认为是上天恩赐，才使自己有幸一睹蝗虫，十分感叹，赋《见蝗叹》诗一首，并将捕捉的蝗虫与诗稿一并送交直隶总督颜检，严令其立即招集人员捕灭蝗虫。

其实嘉庆并不乏聪明才智，也很勤政，而且他从未像乾隆帝那样畋游无度，更不曾声势浩大劳师糜费地南巡。他曾经偶尔回忆起和父亲一起到南方巡游，不免对江南美好风光流露出留恋之情，苏州籍大臣吴熊光马上上书极力劝谏："苏州惟虎丘称名胜，实一坟堆之大者！城中河道逼仄，粪船拥挤，何足言风景？"对吴熊光这番"坟堆""粪船"之言，满朝文武都噤若寒蝉，可是嘉庆帝却不以为忤，虚怀纳谏，此后也再未起南游之念。

当年的朝鲜使臣对嘉庆帝的印象是："沉默持重，喜怒不形""引接不倦，虚己听受"，还说他"状貌则肉多骨少，而颇有和气。政令则凭之传说，虽未可详知，然大抵以勤俭见称"。确实是这样，嘉庆帝停止了对行宫的修葺工作，禁在内城演戏，提倡节俭，当了二十五年的皇帝，只举行过十次秋狝大典。

嘉庆九年（1804 年），江南大吏奏请在江南各书院颁发《御制诗文集》，嘉庆帝以“朕之政治即文章，何必以文字炫长耶”为由拒绝，可见他政治上并不是没有主见。更为难得的是，他非常清醒地认识到其父贬下褒上的秕政和自己亲政之后“因循怠玩”的官场恶习的极大危害性，曾表示要厉行节俭，实行休养生息的政策。他深知最大的弊端在于官吏不思进取“因循怠玩”。嘉庆十八年（1813 年），京师发生禁门之变，嘉庆帝痛心疾首，痛定思痛，对川楚白莲教起义、滑县天理教的反乱以及禁门之变这种危及社稷的肘腋之乱的大事进行了深刻反省。嘉庆帝对“因循怠玩”的这种官场恶习深恶痛绝，并多次指出其危害性，告诫群臣。他更深知“因循怠玩”导致政府行政能力低下。鉴于这种局面，嘉庆决定发动一场整饬吏治的运动，奈何他彻底变革的决心不够坚定，驾驭群臣的手腕不够娴熟，反而求全责备有胆有识敢于变革的大臣，这样使得大臣的优点无从发挥，更坐失了彻底整顿吏治的良机。翰林院编修洪亮吉曾上书军机王大臣，针贬时弊，如果能够顺应形势，加以引导，未尝不可以对贪官污吏进行一定程度的肃清，但嘉庆帝反而认为其书有讥讽之言，反以“洪亮吉平日耽酒狂纵，放荡礼法之外”相责难。嘉庆帝自从乾隆帝手中接过皇位，便有一种很深危机感，也意欲改变现状，但又不能摆脱“朕缵承统绪，夙夜勿报遑，以皇考之心为心，以皇考之政为政”的既定国策的限制，无法大胆变革彻底整顿，加上内乱纷扰，终日惶恐不安，在秕政与改革之间犹豫不决，欲进不能，欲罢不忍，让改革的机会一次又一次从手边逝去，颇为遗憾。

诛杀和珅

除和珅

乾隆去世，嘉庆亲政。他立即动手铲除和珅集团。

乾隆晚年，和珅窃取了很大的权力，越发肆无忌惮。他的党羽吴省兰、李潢、李光云等都为部院侍郎、卿等；身居要职，把持枢廷，拥有决策权力。他可以擅自撤换军机处记名人员。嘉庆二年（1797年），首席军机大臣阿桂病死，和珅接替此职，更加嚣张。他“乘高宗昏耄，颇有挟太上皇以号令皇帝之势”。和珅甚至擅自修改成章，并用印文传示各部院衙门及各直省督抚，即使给皇帝的奏折，也必须另缮写一份，封送军机处以便自己览阅。军机大臣王杰、董诰虽受乾隆器重，但因不肯趋炎附势巴结和珅，受到排挤。嘉庆三年（1798年），董诰回到京城，和珅“遏不上闻”，致使乾隆多次责问“董诰何时来”，直至乾隆一次偶然出宫，见董诰跪于道旁，才明白这位军机大臣早已回京。和珅一手遮天，竟至于此。他甚至敢以腿疾为借口，骑马直进皇宫左门，过正大光明殿，“乘坐大椅轿抬入大门，肩舆出入神武门”。乾隆所批谕旨，和珅可以“因字迹不甚识，将折尾裁下，另拟进呈”。和珅位尊名赫得意忘形，全然不顾君臣尊卑之别。当然，和珅也非常清楚，乾隆已经年迈昏聩，能否与新皇帝搞好关系，直接关系到他的命运。乾隆六十年（1795年）九月初二，当他得知皇帝要立颙琰为太子时，抢先给颙琰“先递如意，漏泄机密”，以讨好新主子。但他还是不太放心嘉庆，力阻嘉庆提升安插亲信。传位大典举行过后，乾隆本打算调颙琰的老师、两广总督朱珪入阁。颙琰作诗向老师祝贺，却被和珅知道事情经过，他密告乾隆：“嗣皇帝欲市恩他师傅”。乾隆于是放弃了征召朱珪的想法。和珅还把心腹吴省兰安插在嘉庆身边，“与之录诗草，觇其动静”，实际上是监视嘉庆的一举一动。三年（1798 年）春，嘉庆颁谕将于冬季举行大阅之典，和珅竟力劝乾隆降勅，“现在川东教匪虽将次剿除完竣，但健锐营、火器营官兵尚未撤回，本年大阅着停止”，公然违背天子的意志。

对于和珅骄横跋扈侵权越职的行为，嘉庆内心非常愤怒，但是表面上却十分恭谨，“凡于政令，惟和珅是听，以示亲信，俾不生疑惧”，甚至扬言自己将来治理天下，也要依靠和珅。嘉庆的韬光养晦、隐忍不发的策略，麻痹了和珅，使和珅相信即使嘉庆亲政，也不会威胁自己的地位。因此，他把乾隆病危消息，只是当作新闻根本没有当一回事，“出向外廷人员叙说，谈笑如常”，他做梦也没想到，乾隆去世之日，也是自己的末日来临之时。

乾隆去世当天，嘉庆就把和珅强行软禁起来，表面上任命和珅与成亲王永瑆、大学士王杰、尚书福长安等负责办理丧仪，但实际上要求和珅、福长安“昼夜守直殡殿，不得任其出入”。正月初四，下诏力责征剿白莲教不力，嘉庆把矛头直接指向军机大臣，“内而军机大臣，外而领兵诸将，同为不忠之辈”，首席军机大臣和珅明显是其指责对象。初五，嘉庆宣布御门听政，决定“于用人行政一切事宜，皆得封章密奏”，重新把政治大权收回手中。他还同时表示要效法先帝，“以求言为急务”，不能仅听“一二人之言”。嘉庆这些举措，明显是向内外廷臣宣布铲除的信号。于是御史广兴、郑葆鸿，给事中广泰、王念孙等，纷纷上奏弹劾和珅。初八，嘉庆下令逮捕和珅、福长安，并宣布嗣后一切陈奏事件，“俱应直达朕前，俱不许另有副封关会军机处。各部院文武大臣亦不得将所奏之事，预先告知军机大臣”。同时，王杰被任为首席军机大臣，成亲王永瑆、前任大学士刑部尚书董诰、兵部尚书庆桂等为军机处行走，仪亲王永璇总理吏部，成亲王永瑆总理户部，调兵部尚书郭庆桂为刑部尚书。驰驿安徽，调巡抚朱珪入京直尚书房。山东巡抚伊江阿知道乾隆去世，迅速派人赶赴京师递送奏折，被嘉庆派人截获。伊江阿奏折内有书信，是给和珅的，劝和珅“节哀”，而于嘉庆“无一字提及”。嘉庆非常愤怒，将伊江阿发配伊犁。嘉庆又开始剪除和珅集团的重要势力，把和珅集团中主要人物左都御史吴省兰革职回籍，侍郎李潢降为编修，太仆寺卿李光云以原品休致，大学士苏凌阿罢官去看守乾隆陵墓裕陵。十五日，嘉庆宣布和珅22条大罪，十八日赐和珅自尽，福长安斩监候被押往和珅监所，跪视和珅自尽后，再押回狱，秋后处决。嘉庆还查抄了和珅“累至数十百万”的家产。

嘉庆帝颙琰在几次谕旨中，定了和珅22条大罪，从中可以看出和珅独掌大权及其祸国殃民之情。总的来说，主要有以下这些：第一，于乾隆六十年（1795年）九月初三册立皇子之前一天，和珅向颙琰“先递如意，泄漏机密，居然以拥戴为功”。第二，遇见皇帝，居然骑马昂首进圆明园左门，过正大光明殿，至寿山口，“无父无君，莫此为甚”。第三，以腿疾为借口，乘坐椅轿进入大内，肩舆出入神武门。第四，把出宫女子娶为次妻。第五，欺蒙皇帝，谎报或不报军情，致征剿白莲教之军务日久未竣。第六，乾隆帝病重时，其“谈笑如常，丧心病狂”。第七，太上皇抱病批阅奏折，偶因年迈字迹无法辨认，其竟然说不如撕掉，然后另行擅自批写谕旨。第八，一人把持户部事务，并将其变成不变之例法，不许部臣参议一字。第九，对于抢夺商人的强人隐匿不惩办。第十，不批准蒙古王公来京祭悼皇父。第十一，极力安插自己的亲信大学士，苏凌阿老迈难堪，因系其姻亲，竟隐匿不奏，侍郎吴省兰、李潢、太仆寺卿李光云皆曾在其家教读，“并保列卿阶，兼任学政”。第十二，独揽大权，竟然任意撤换军机处记名人员，“种种专擅，不可枚举”。第十三，其家所盖楠木房屋，“僭侈逾制。其多宝阁及隔段式样，皆仿照宁寿宫制度。其园寓点缀，竟与圆明园、蓬岛、瑶台无异”。第十四，在其蓟州所造的坟墓中竟然设立享殿，还开设隧道，“附近居民有和陵之称”。第十五，家内所藏珍宝数不胜数，其拥有珍珠手串居然比大内多数倍，有 2 万余串。第十六，藏有真宝石顶数 10 个，整块宝石不计其数，且有内府所无者。第十七，家内银两及衣服超过千万。第十八，藏金 2.6 万余两于夹墙，藏金六千余两于私库，埋银百余万两于地窖内。第十九，以首辅大臣的身份和街头小民为蝇头小利而争得面红耳赤，附近通州、蓟州地方均有当铺钱庄。第二十，其仆人居然有多达 20 多万的家产，且有大珠及珍珠手串，“若非（和珅）纵令需索，何得如此丰饶”。第二十一，其私自收藏正珠朝珠一挂，而这些只能是皇上才能服用，“往往于灯下无人时私自悬挂，临镜徘徊，对影谈笑”。第二十二，在京师步军统领衙门及巡捕五营借职的一部分兵丁，“在和珅宅内供私役者，竟有千余名之多”。

大丧之日杀和珅，嘉庆帝为了钱还是为了人

不得不死的和珅

绣衣成巷接公衙，弯弯曲曲路不差。

莫笑此间街道窄，有门到达相公家。

——清·无名氏《咏补子胡同》

此诗意为，和珅和中堂每天入朝之时，文武百官夹道迎送，简直就形成了一个用人墙搭起来的胡同。和珅的位高权重，可见一斑。

和珅正式崛起于1776年，也就是乾隆四十一年，此后专权长达20多年。在此期间他外结封疆大吏、领兵大员，内掌吏部、户部、兵部，对刑部、工部、礼部等部门也颇具影响力，真正是权倾朝野，不可一世。在此期间，他疯狂搜刮民脂民膏，胆大妄为，已经到了不可饶恕的地步。

到乾隆驾崩之前，和珅身兼数个要职，影响着六部，堪称是百官之首，二人（乾隆和嘉庆）之下万人之上。在清王朝历史上，作为一个大臣，和珅曾经拥有的地位空前绝后，从清太祖努尔哈赤到末代皇帝宣统，是绝无仅有的。

尤其值得一提的是，就像祖父雍正一样，作为帝王中最节俭皇帝之一的嘉庆，最恨贪污。他认为朝廷许多矛盾的根源就在于官吏的贪腐。嘉庆所接手的是一个财政赤字严重的乱摊子，而据他所知，和珅却肥得流油。

不仅位高权重，而且贪婪成性。身具这两大为帝王所忌惮之特点的和珅自然是嘉庆要清洗的首要对象。

无论是替晚年腐败荒淫的乾隆给世人一个说法，还是为自己贪得无厌的官宦生涯做一个交代，或是为新皇帝的登基铺路，和珅都不能不死。

嘉庆帝幕后的高手

嘉庆对于除掉和珅是蓄谋已久的，因此，乾隆一死，锄奸行动就立即展开。和珅虽然预感到大事不妙，但对嘉庆的计划却一无所知。他对乾隆的心思揣摩得不可谓不透彻，但对新皇帝嘉庆就知之甚少了。他根本不知道，在嘉庆的安排下，被他视为眼中钉肉中刺的朱珪已经悄悄到了京城，在靠紫禁城较近的东华门的一套小院藏身，指点和协助嘉庆的锄奸行动。

早在乾隆驾崩之时，嘉庆即令和珅守灵，把和珅软禁在乾隆的灵堂上。这样就切断了和珅同外面的所有联系，即使一生兵权在握，此时也无法调兵。很快，嘉庆就开始来处置和珅。他首先颁布了一道上谕：将南方白莲教战事责任归咎于和珅，紧接着，一个叫王念孙的人向朝廷上了奏章，列举和珅的种种罪状。嘉庆借机就免去了和珅大学士等重要职务，并把他软禁。在议定对和珅的处置时，直隶总督胡季堂首先表态说，和珅是罪大恶极，应当处置。他一带头，各地官员也纷纷表态，嘉庆就此得到舆论的支持。

得到臣子们的支持后，嘉庆命人查抄了和府，查获金银财物、房产、产业无数，据说总价值约 9 亿两白银，相当于乾隆年间两年半的税收，其中不乏各地进贡给皇上却被和珅私自窃取的贡品。嘉庆勃然大怒，当即宣布了和珅二十大罪状，谴责和珅辜负了先皇信任，愧对先皇的恩宠。因此，在大丧期间处置这位先皇的宠臣也就成了安慰先皇在天之灵的理所当然的事了。正月十八日，在京文武大臣奏请嘉庆帝将和珅立即正法，处以凌迟之刑。对和珅，嘉庆是非杀不可。但也还是要故作姿态，表示一下自己对先皇的尊敬、对大臣的恩典，也要顾及朝廷的脸面。因此，在让和珅多活了几个月后，嘉庆宣布：和珅虽然犯下种种罪行，但念其在先帝驾前多少有那么一点功劳，而且又是朝廷大员，新晋的公爵，朕不忍心让他遭受凌迟之苦，就赐他自尽吧！免于凌迟。和珅的同党福长安一直以来阿附和珅，此时也被削夺了职爵，判了斩监侯，也就是死缓。嘉庆特别命人将福长安押到和珅所在的牢房，跪在那看着和珅自尽。

和珅之死为何没有造成局势的动荡

在朱珪的指点下，嘉庆对和珅的处置显示出了极高明的政治手腕。和珅为官多年，党羽众多，阿附者甚众，甚至连传说中与和珅斗智斗勇的纪晓岚实际上都与和珅有较为密切的往来。因此，对和派如果连根拔起，不免让朝局动荡，政务瘫痪。因此，嘉庆虽然迅速处死和珅，却没有将事态扩大，也没有株连九族。和珅的弟弟当时早已经死了；和珅的儿子丰绅殷德因为是额驸，也就是驸马，也没有杀。嘉庆还留了一点房产让他们维持生活；乾隆朝重臣傅恒的儿子福长安本是和珅的死党，虽然判了斩监侯，但最终还是没有杀，并予以任用；和珅府里养了一个先生，也是和珅的同党，常为和珅出谋划策，最终也只给了一个处分了事；其他经和珅推荐而得以任用的官员，没有因和珅倒台而被诛连，仍任原职。因此，虽然权势极大的和珅被除掉了，当时的清廷就仿佛只是下了一场短促的骤雨，保持了稳定。

当然，和珅之死没有造成清朝政局的巨大动荡，与和珅本人的为人也有关。和珅虽然贪得无厌，但也不像嘉庆宣布其罪状中所说的那样有不臣之心。他从未脱离过乾隆帝的控制，不过是靠着乾隆的信任而为自己敛财罢了。在他掌权期间，清王朝虽然不可避免地盛极而衰，开始走下坡路，但总体上还算是四平八稳。而清王朝之所以走下坡路，有封建王朝的必然性，也有乾隆皇帝好大喜功、奢侈荒淫的因素。

作为封建时代中国历史上数一数二的巨贪，和珅为官一生搜括无数，最终确为他人作嫁衣裳，解决了正发愁国库空虚的嘉庆帝的燃眉之急。还搭上了自己的一条性命。正所谓“和珅跌倒，嘉庆吃饱”。清王朝财政的支出有了着落，一时间真是皆大欢喜。

白莲教起义

白莲教重新起兵

乾隆朝是清王朝的盛世时期，乾隆晚期，夕阳西下的没落之势开始出现。随着社会经济的发展，土地集中的速度大大加快了，土地兼并越来越严重，一边是拥有数以万计的田地的大地主，一方是十之八九在富户家租佃耕种的穷苦农民，形成了“不只倍蓰”的巨大贫富差距。封建统治者还以各种名义加派加征各种苛捐杂税，维持不断膨胀的官僚行政机构和连年征战的战争费用。这时的政治也极为腐败黑暗，突出表现在贪污极盛、吏治败坏、政务废弛、讼案山积。和珅控制了政、军、财的大权，为所欲为，是当时全国最大的贪官。在他当政的 20 年里，其接受贿赂、营私舞弊、贪污聚敛的财产，除 80 万亩田地之外，折合白银竟达 8 亿两，这是清政府一年财政收入的 10 倍。从朝廷到地方各级官吏也是无官不贪，因循怠惰，对上阿谀奉承，对下横征暴敛，政务无人过问，讼案无人审理，人民怨声载道。当时人就有这样的议论：今天下之官虽多，但真正能够替民办事的却很少，横征暴敛，朘民膏而殃民命者随处可见。

广大劳动人民遭受着经济上的剥削，政治上的高压，加之连年天灾人祸，生活在水深火热之中。不断激化的尖锐阶级矛盾，使得反抗清王朝的斗争一触即发。

四川、湖北、陕西等省，一种秘密的宗教正在传播，在人民群众中组织和发动武装反抗斗争。特别是在川、楚、陕三省交界处，人称巴山和南山老林的山区，因大量的失去土地而背井离乡的无业游民聚集在这里，秘密宗教活动更为活跃，其中白莲教影响最大。

清政府一向采取严禁、取缔的政策来对待民间宗教。清朝政权刚刚建立的时候，就下令都察院陆军五城御史、巡捕衙门及在各省的督抚等官，如发现各种教门，坚决予以取缔镇压，毫不姑息，严厉搜捕和惩办各教教徒。白莲教作为当时最有影响、活动最为频繁的秘密宗教之一，清政府更是严密关注其一举一动，将其作为重点的防范对象。白莲教在元、明两代，就已经多次组织反抗斗争。明末徐鸿儒打着白莲教的旗号，组织了山东农民起义，沉重打击了明王朝的统治，起义遭到残酷镇压之后，白莲教不得不转入了低潮。到清中期，白莲教又开始活跃起来，传教活动由地下转向公开，由以前单纯的传教布道转向组织群众斗争，提出了“红阳劫尽，白阳当兴”（红阳指现在，白阳指未来）的口号明显，具有了反对清朝统治的意思，这极大地激起了已无法忍受清王朝黑暗统治的广大人民群众的积极性，白莲教很快流传开来。与此同时，封建统治者对白莲教禁止措施更加严厉，防范更加周密。乾隆年间，清政府逮捕和杀害了大批白莲教教首、教徒。乾隆四十年（1775 年），白莲教主要首领刘松在河南鹿邑传教，由于事情败露被捕获，被遣往甘肃。其他教首刘之协、宋之清等人在川、楚、陕等地继续进行传教活动。白莲教在清朝日渐衰败中不断发展壮大。乾隆五十八年（1793 年），白莲教宣传教徒王氏的儿子王发生为明裔朱姓，借以煽动反清复明情绪，被地方官发觉，刘之协等人被捕，被发配到新疆。路上，刘之协设法逃出。清政府下令全力搜捕，各省官吏名为缉拿教徒，实际上借搜捕之机，肆无忌惮地勒索地方民众。在湖北荆州宜都一带，武昌府同知常丹葵带领的官兵搜索白莲教徒时，使数千之人无辜连累至死，“使富家破，贫陷死者无数”。清政府严禁私自经营盐业、私铸，又使大批以此谋生的贫民陷入绝境，不得不走上反抗的道路。先是湖北荆州、襄阳，四川达州等地民众不堪忍受，揭竿而起，举起反抗斗争的大旗，而后，流落到巴山、南山老林的贫民一呼百应，应者云集，成为反抗斗争的主体力量。

乾隆六十年（1795 年），各地的白莲教首领聚会于湖北，对当时的形势经过一番讨论分析之后，一致认定起义的时机已经到来了，遂商定于嘉庆元年（1796 年）四月十七日各地同时发动起义。但由于湖北宜都、枝江的白莲教徒，对清军的滥杀无辜、肆意追捕已经忍无可忍，于嘉庆元年（1796 年）正月，张正谟、聂杰人率领众多穷苦百姓提前举行了起义，长阳、长乐、东湖、当阳等地的白莲教徒一呼百应。三月，王聪儿、姚之富、王廷诏等聚众万人，在襄阳地区也举行了声势浩大的起义，并力克竹山、保康、来国等地。继湖北首先扛起反清大旗、擂响反清战鼓后，四川的白莲教也把起义的大旗高高扛起，徐天德在达州带领白莲教徒，杀死当地的贪官污吏，宣布起义之后，十几天之内就有一万多人聚集在他的旗下供其指挥。随后，东乡（今宣汉）的冷天禄、巴州（今巴中）的罗其清、大平（今万源）的龙绍周、大宁（今巫溪）的陈崇德等，都相继率白莲教徒和当地人民群众揭竿而起。起义虽然比约定的时间提早进行，但当时各地民众已经忍无可忍，不堪忍受清王朝的奴役，对贪官污吏恨之入骨，因此起义大旗刚一举起，各地老百姓立即群起响应，使反抗斗争如燎原之火迅速扩散。

起义军的壮大

此时，乾隆皇帝已经当上了太上皇，在得到南方诸省起义造反的奏报后，立即制定剿灭计划，进行军事部署：命令都统永保，侍卫舒亮、鄂辉，集结陕西、广西、山东五千兵力，进行围剿。但起义的熊熊烈火愈扑愈炽，此起彼伏，清军遂采取分兵合围的办法，由永保、恒瑞对付竹山、保康义军；毕沅、舒亮包围当阳、远安、东湖义军；惠龄、富志那围剿枝江、宜都义军；鄂辉盯住襄阳、榖城、均州、光化义军；四川总督孙士毅剿杀酉阳、来凤义军。

在各地起义军中，襄阳义军声势最为浩大，王聪儿、姚之富、刘之协等人便成了四方义军的领袖人物。因此，他们几个人成了清政府的特别关注对象。清军屯集重兵，企图进剿襄阳义军。乾隆皇帝下令明亮、鄂辉赶赴襄阳，命直隶提督庆成、山西总兵德龄各率二千兵丁来汇合，又把在湖广、河南的蒙古窃马谪犯，补充到清军中去，以加强清军的力量。

清军大队人马逼近襄阳，来势汹汹，王聪儿、姚之富等率义军在人民群众的密切配合下，使得清军的围攻破产了。五月，起义军分两路，向孝感进发，六月，起义军设埋伏于孝感，袭击清军，杀死参将傅成明。七月，他们又在钟祥冲破清军的围堵，分兵攻枣阳。十一月，王聪儿又率领义军渡过刘农河，逼近谷城、光化，在邓县魏家集围困了前来镇压义军的河南巡抚景安，清军溃不成军。各路义军配合调动，清兵疲于奔命，清政府想以重兵一举歼灭湖北义军的企图宣告破产。

在四川，清政府派总督英善、成都将军勒礼善前去镇压达州、东乡义军。英善分派游击尚维岳、都司清福等在娘娘庙和东乡天星桥扎营。达州的徐天德率领白莲教先分兵攻打天星桥，后亲自率领主力夜袭娘娘庙，清军被全部歼灭。到十月份，达州起义军的势力已蔓延到了东乡、太平、新宁等州县，一次又一次打败了为清军助阵的地主武装，沉重打击了清军的士气。后来一支陕西的清军前来救援，两部合驻在老营湾。在这里，清军用树木、竹条等编成围墙，又挖了一道壕沟于墙外，准备死守。起义军经过一番商议后，决定火攻老营湾，发起攻击之后，向敌营内投掷火球，然后用长绳飞钩扒倒竹木墙，这样清军城破，一番激战之后，全歼了由总兵袁国璜、何元卿率领的守敌。嘉庆二年（1797 年）正月，徐天德、冷天禄、王三槐等攻陷东乡。在南坎场、金峨寺两次激战中使清军遭到重创。不久，达州和东乡两支起义军汇集到一起，掀起了四川白莲教起义的高潮。

为了同四川起义军互相配合、协同作战，湖北襄阳义军决定向四川挺进。嘉庆二年（1797 年）初，王聪儿等率领义军，分中、西、北三路进入河南。入河南后，采取迂回战术，敌进我退，不与清军正面接触，忽分忽合，牵制清军。不久，三路义军在汉阴会师，又通过紫阳，夺船渡过汉水，瓦解了敌军的堵截，于六月份进入四川。当时徐天德率领的达州义军在东乡附近的白秀山遭德楞泰率领的清军和地主武装的围攻，刚刚进入到四川的襄阳义军及时赶到救援。他们分成黄、白、蓝三队，前面是步兵，后面是骑兵，突然出现在山梁，山上达州义军得到援助，士气大振，山上山下夹击，清军腹背受敌，被迫撤退。两支起义主力胜利会师。

会师之后，各地领导人对义军进行整编。以地区为单位统一分编为黄、蓝、青、白等号，设营于各号，作为基本的战斗单位。还设有掌柜、元帅、先锋、总兵等各级指挥人员。整编大大增强了军队的战斗力，也密切了各支起义队伍之间的联系。

起义失败

起义军会师东乡，势力大为增强。清朝统治者得知后，极为恐惧，立即召集大队军马，从三个方向进逼，企图围困起义军于东秀。王聪儿、姚之富为了避开敌人的锐气，决定转移各部义军。嘉庆三年以后，由王聪儿等率领的襄阳义军在川、陕等地展开游击战。但清军在川、陕机动作战能力较强，义军不但没有给清军造成任何威胁，反而遭到清军围堵，多次战败。义军受挫之后，且战且走，准备退到湖北。王聪儿率义军行至湖北的三岔河，两边被险峻的山沟所阻，清兵从后边追赶上来，前面又被地方乡勇堵住，义军在前有阻截、后有追兵的情况下，只得退向两边的山梁，清兵与乡勇蜂拥而上，义军拼死奋战，终因敌人势众，大部分将士战死，只剩王聪儿、姚之富等十几人。最后他们不愿意做俘虏，便登上山顶，跳崖自尽。

嘉庆四年（1799 年），乾隆帝去世，嘉庆帝终于开始亲政。他采取一系列措施，改革弊端，整顿吏治。首先，罢黜了奸相和珅，并铲除了他的势力。这样，和珅及其亲信控制、指挥镇压白莲教起义军务的局面打破了。其次，任用勒保为经略大臣，节制川楚陕豫甘五省军务，撤换了无能的将领，惩办了贪官。在军事上，推行“坚壁清野”与“剿抚兼施”的策略。

起义军方面也吸取了前一段时间固守山寨从而始终被动挨打的教训，采用流动作战的战略，与清军迂回作战，并在战斗中逐渐恢复元气。一批新的将领在战斗中逐渐成长起来，增加了起义军的战斗力。

嘉庆四年（1799年）上半年，起义军主要在川东、川北和陕楚边境三个战场与清军进行战斗。他们流动作战，飘忽不定，被动挨打的局面逐渐扭转过来，而清军方面则毫无办法。嘉庆皇帝大为恼火，迁怒于勒保，下令革去勒保五省经略大臣之职，由额勒登保继任，以德楞泰为参赞大臣。

额勒登保上任后，主要采取了两项打击起义军的策略。一是引诱起义军主动出老林地区，再围堵到川北，集中加以消灭；二是加紧推行坚壁清野，截断起义军的粮食供给与人员补充。这两项策略在嘉庆五年（1800年）明显起到了作用，极大地打击了起义军的力量。

从嘉庆五年（1800年）下半年起，白莲教起义由盛转衰逐渐败亡下去。

嘉庆六年（1801年）下半年以后，残存的起义军只有龙绍周、苟文明、王国贤、戴仕杰、曾芝秀、辛聪、冉学胜等股，寨堡较少的万山老林成了他们唯一的活动范围，人数大为减少，只有2.4万余人。

嘉庆七年（1802年）以后，形势对起义军越发不利。虽然年初曾经几次小胜清军，但衰败的局势已无法逆转。六月樊人杰兵败于湖北竹山、房县一带，在马鹿坪，被清军从三面围困，加上大雨不断，山洪暴泄，最后力竭，全部溺水牺牲。七月，苟文明被围困于陕西宁陕厅花石岩，拼力作战，最后力竭跳崖牺牲。九月，襄阳蓝号戴仕杰战死于湖北兴山县施家沟。同月，东乡白号汤思蛟在四川东乡县芝包口被俘。十二月，清军统帅额勒登保等向朝廷上奏称“大功戡定”。嘉庆帝闻奏下诏曰：“三省荡平，上终先帝髦期未竟之志，祭告裕陵，宣示中外”，“从此海寓敉宁，升平永庆”。

嘉庆八年（1803 年）七月，额勒登保、德楞泰等再次上奏报称“三省肃清，官兵凯旋”，并先后都回京庆祝剿乱成功，同时裁撤了大量协助清军作战的乡勇。“每人以银五钱缴刀矛，银二两资回籍”。乡勇们无家可归，“多勃郁山泽间”，被起义军拉拢过来，加入到与清军作战的行列中来。起义军将领苟文润就曾率领一支由遗散乡勇组成的队伍，并汇合了巴山老林中剩余的起义部队，在西乡将清军副将朱槐击毙。

起义军余部尽管人数很少，又是分散作战，以致清政府在三省一直“不得解严”。起义军余部，一直与清军坚持战斗，直到嘉庆九年，苟文润、苟朝九战死，清朝政府才算最终镇压下去了这场声势浩大、轰轰烈烈的白莲教大起义。

嘉庆元年（1796 年）爆发的白莲教大起义，前后与清军作战九年，四川、陕西、湖北、甘肃、河南五省都卷入到这场起义中来。清廷为了镇压这次起义，从全国 16 个省抽调了大批兵力。九年中，起义军击毙的提督、总兵以下军官四百多人，其中 20 多人都是提、镇大员，耗用军费 2 亿两之巨，与当时清朝政府四年的全部财政收入不相上下，尽管起义最终失败了，但也使清王朝从此由盛转衰，逐渐败亡。

嘉庆皇帝遇刺案

清廷入关后统治中国260余年，自顺治至宣统，先后共10位皇帝，其中，有两位皇帝遭遇到刺客的刺杀，那就是雍正帝和嘉庆帝。如果说，雍正遇刺，究竟有没有发生过，属不属实，证据不足，很难判断，已成疑案的话，那么，嘉庆帝遇刺则是千真万确，铁案如山，嘉庆帝尽管并未受伤，然而，从当时奏章档案看，嘉庆帝遇刺原因，仍是一团迷雾，难以分清。

嘉庆八年（1803年）闰二月二十日，嘉庆帝从圆明园上马，带着随从、侍卫，进入了神武门（今故宫博物院门）后下马换乘御轿，一切都显得很平静，没有任何征兆，加上此处已是皇宫禁地，跟班侍卫们都未提防。突然，从神武门西厢房南墙冲出一条大汉，朝嘉庆帝所乘御轿直扑过来。事出仓促，侍卫及近驾的人们都没注意到这位大汉。一时间，那人已奔至近前，皇帝的随从及侍卫这才注意到，大汉手里握着一把短刀，面露杀机。跟在嘉庆轿旁的定亲王绵恩立即感到事情不妙，迎面上前阻拦。岂知，那人来势极为凶猛，举刀便刺，绵恩衣袖被扎破，未能拦住那人。

从那人的来势及出手的招式中，人们已经看出，此人武功根基颇为扎实。这时，紧随皇帝的固伦额驸亲王拉旺多尔济、御前侍卫丹巴多尔济等5人，急忙一齐奔出，拦住来者去路，展开搏斗。这些跟班侍卫，都是皇家精选的大内高手，颇有功力，但那刺客身手极为敏捷，将侍卫丹巴多尔济身上扎伤三处。但卫士们经过长期训练，配合默契，各携兵器，以五敌一。除非是绝顶武林高手，否则是无法长久抵挡的。果然，卫士们以多打少，不出几个回合，已夺下刺客短刀，将其生擒。嘉庆帝事后虽然声称自己在轿内，对当时发生的事情毫不知情，但相距一箭之地，搏斗之声及迎驾、护驾者的惊恐之声，应当是听见了的。这是他登上皇位以后首次遇到刺客，可以想象当时他的惊恐之状。

皇宫生变，大内遇刺，刺伤侍卫，扎破亲王衣服，刺客距嘉庆御轿已经很近，皇帝虽有惊无险，但此事在朝廷内外引起极大的震动，成为当时一桩大案。

事变发生的当天，嘉庆帝先下令军机大臣会同刑部审讯要犯，但毫无结果。又下旨：此案着派满汉大学士、各部尚书并原派之军机大臣，会同刑部严审定罪。在刑讯逼供之下，刺客终于开口。

据供，刺客姓陈名德，47 岁，北京人。陈德父母是镶黄旗人松年的家奴。因主家迁往山东，陈德自幼便和父母一起到了山东，成年后亦以给富豪人家当差为生。父母死后，陈德于乾隆末年到北京投靠亲戚，先后给五户人家当差为奴。案发前，陈德跟上了粤海关回京的王姓官僚的家人孟明，充当厨子，在孟家当差 5 年。不幸，陈德妻子病死，80 岁的瘫痪岳母、两个未成年的儿子都需要他来照顾，维持生计，日子越发艰难。至本年二月，孟家因嫌陈德吃饭人多，能干活的人少，将他一家赶出。

据陈德供称，一家被赶出后，生活没有着落，只有投亲靠友，受人接济，几次搬家，无奈连个差事也找不到，因此产生了寻死的念头。本月十八日，将 15 岁的长子禄儿从雇处叫回，团聚一两天，然后准备自寻短见。但转念一想，自去寻死，“无人知道，岂不枉自死了”。于是，想去行刺皇帝，这样死也死得轰轰烈烈，惊天动地。

二十日晨，陈德带着长子禄儿出门。次子对儿问他父亲去哪儿，他随口便回答说，去替他也找个做工的人家。他怀揣短刀，先去酒店喝了两碗酒，然后带着禄儿从紫禁城东华门混进了皇宫。路上，禄儿问父亲要去找什么人，陈德不答，又说自己一会儿就要死了，让他千万不要认尸。禄儿一再追问原因，陈德只回答说，一会儿你就知道了，你不要管。父子从宫内夹道来到了神武门，夹在迎驾的人内。随后，就发生了行刺皇帝未遂之案。禄儿见势不好，马上逃走，不久亦被抓获。

嘉庆皇帝和会审各大臣明显不满意陈德的供词。一个失业厨子，生活固然艰难，但仅凭死得更壮烈、更轰动的念头就行刺皇帝，而且没人主使，也没有帮凶和同谋，实在是不可理解。而且，皇帝行动时间他为什么会如此清楚，皇宫守卫极为森严，他又是如何混进去的呢？于是，嘉庆帝命令大臣们加紧严审逼供，把陈德供词中提到的所有人员逮捕和传唤来。

不料，陈德的两个儿子、借住房主之保甲黄五福在被审讯时，均称并不知晓陈德行刺事，只说陈德最近几天都出去找当差的事做，很晚才回家。为了查清为何陈德如此熟悉宫中的情况，传讯了陈德过去的雇主、内务府包衣达常索。据称，达常索过去在宫中侍候过诚妃娘娘，让陈德陪同其进宫送过碗盏杂物。陈德当时还与太监杨进喜一起办过车辆事宜，这已经过去几年了。又传讯太监杨进喜，据称已有数年未见过陈德。

至二十一日，陈德好友王四、次子对儿等被提审，但仍然毫无进展。又严加审讯陈德，拷问其皇上昨日还宫消息及在御花园外换乘御轿之事是如何得知的。据陈德口供，他正想要自寻短见，又犹豫再三，寻思这样死去很不值得，正在这时，街上垫土铺路的人说起二十日皇上还宫的消息，被他偶然听到，这才有了行刺皇帝的想法。原来，从圆明园到皇宫，其间有些路段为泥土路，皇帝御驾经过之前，一般都会先派人铺垫打扫，陈德据此知道了皇帝的还宫时间。至于皇帝从何门入宫，在何处换轿，他声称并不知晓，是进了东华门之后，向宫内下人们打听才得知的。陈德还供称，自己只想到如果惊了圣驾，肯定当时会被乱刀砍杀，死也死得痛快。

审讯大臣对陈德的供词半信半疑，再次刑讯逼供，陈德反复交待，但仍然是所供的那些内容，又不敢动用重刑，人犯若死，干系甚大。只能多次提审陈德过去的几家主人、朋友、两个儿子等，并继续刑讯陈德。二十二日刑审了一天，方才得到了一些新的情况，即案犯陈德最近一段时间没有找到差事，情绪一直不好，一次在酒店与人口角，曾经动刀，扬言要杀人，经人劝解，才未酿成大祸。至于受何人指使入宫行刺皇帝，仍说不出所以然来。

二十三日，嘉庆帝下令加派九卿科道官员会审此案。二十三、二十四两天，加紧刑讯陈德及有关人员。所有相关人均称不知道陈德行刺过皇上，原因更是一无所知。而陈德在酷刑拷问之下，供称自己多次做过好梦，梦见要发大财，并且有黄龙袍加身，又抽到好签，想到自己如此一身好武功，如能入宫惊了圣驾，自然会得好处。至于主使及同谋，陈德始终坚持没有，并说不敢胡乱攀扯。

连续几天，增派会审大员越来越多，施用的刑罚也越用越严，然而案情却一筹莫展。但宫廷内外，均已知道二十日皇上遇刺之事，一时流言纷传，甚至有人开始胡乱推断，陈德的主谋、同党会是朝中哪些大臣，说得有板有眼。审案的官员们也很担心：不用严刑，害怕皇帝怪罪自己不认真办案；用刑过重，人犯若死，就断了线索，也难免不获罪；更可怕的是，如果严刑逼问之下，那陈德随意说出几个在朝大臣来，很可能会引起一场政治上的混乱。何况陈德曾在许多官员、富豪家中当差为奴，很可能是知道了一些官员的情况。审案大臣真是骑虎难下，不知道如何办是好。而朝野上下也议论纷纷，一些过去被嘉庆帝整治过的官员也惶惶不可终日，万一皇上怀疑自己，如何是好。

朝野上下这种议论，嘉庆帝也听到了一些风声。他感到，这宗案子应马上结案，拖下去极为不利了。如果案犯坚持不招供，参与审案的一大批官员将受到办案不力的谴责；如其随便指出一些朝中大员是主使人，势将引起政治动荡。于是，嘉庆帝断然下令停止审讯，立即结案，以稳定局势。

二十四日当天，内阁明发嘉庆帝圣旨：陈德行刺皇帝一案，审办诸大臣已经劳心费力了，对其主使、同谋及党羽穷究不舍，一片赤诚之心，忠君为国，必应如此。朕即位已有八年，虽然没有实行太多的仁政，却也从不妄行杀戮，朝野上下，非朕之臣民即朕之兄弟子侄，朕不忍心无端猜忌任何一人。至陈德行凶，有如狂犬伤人、鸱枭食母，主使不一定必有，同谋也不会太多，如果一味穷究不舍，恐怕牵连无辜，酿成大乱。即使朕不究问，终是疑案，如是，则损失甚大。现令将陈德及其子定罪，并对护驾有功人员进行奖赏，迅速结案。

谕旨由内阁明发，朝廷大臣才定下心来。同日，参与审案的军机大臣、各部尚书、刑部官员及九卿、科道官，列衔共同拟定结案奏疏，立即得到批准。陈德被凌迟处死，其子禄儿、对儿均被处以绞刑，其岳母年过八十，不再追究。所有护驾有功的定亲王绵恩等，均加封晋爵或受上赏，按责任轻重处罚守宫门不严的护卫、巡查不力的有关人员。今后，皇宫各门加强保卫稽查，御驾出入，严密护卫。

这场轰动朝廷内外的谋刺皇帝的大案到此就基本完结了。

阿美士德使团访华

自从马戛尔尼使团乾隆五十八年（1793 年）访华以来，中英关系非但没有缓和，反而继续向恶化发展。为了改变清政府对英国的态度和政策，一支大型外交使团——阿美士德使团受英国政府派遣，于 1816 年出访中国。英国外交大臣的训令指出，这支使团的主要使命是向清政府要求：使英国商人免受广州当局的“不公正”待遇，为英商在广州争取更大的权益；英商享有与当地商人自由交易的权利；中国官吏不得任意进入东印度公司商馆，英国人可以自由雇佣中国仆人；商馆人员被允许以中文向中国政府交涉等。

清政府吸取了前朝接待马戛尔尼使团的教训，从一开始就防范有加，杜绝了英国使节提出任何要求的可能。嘉庆二十一年（1816 年）六月初五，嘉庆帝谕令直隶总督：“该国遣使远涉重洋，以纳贡为名，恐尚有干求事件。该督一闻贡船抵津之信，即行驰往照料，如该贡使向该督言及有恳请赏给口岸贸易，如上次请于宁波互市等事，该督即先行正词驳斥，以天朝法度森严不敢冒昧陈奏，绝其妄念。”

使团到达中国后，要不要向中国皇帝行叩头礼成了第一个难题。阿美士德本人对此并没有什么固执的意见，副使乔治·斯当东则坚持反对阿美士德行叩头礼。嘉庆帝大为恼火。他不仅拒绝接见这个使团，还派遣大臣给使团送去了一份给英王的绝交性敕谕：“尔国距中华过远，遣使远来，良非易事。且来使于中国礼仪不能谙习，重劳唇舌，非所乐闻。天朝不宝远物，凡尔国奇巧之器，亦不视为珍异……嗣后毋庸遣使远来，徒烦跋涉。”他还谕令两广总督，“倘一二年后该国又遣人奉表谢罪纳贡……不可令其再来京师，以省烦渎”。不仅如此，嘉庆帝还想从此将中英贸易彻底禁止。他要求两广总督查明：“英吉利一国每年计约收税银若干两，如将英吉利国停止贸易是否可行?”当时的粤督蒋攸铦已逐渐认识到英国人嗜商如命的本质，复奏皇帝说，粤海关每年征收税银一百二三十万两，英吉利一国约收税 90 余万两。

嘉庆帝听从粤督的建议，不再试图停止中英贸易。但他又记起马戛尔尼使团来华时曾请求开辟宁波口岸，于是又谕令两广总督，“此次该国贡船来往经过浙洋，并未寄碇，其意似专欲来天津贸易，以遂其垄断之谋。该总督等设法将伊国来京之意，严行杜绝，使之不萌此念，即来亦不能径达，方为妥善”。这样，英国方面就没能与中国政府直接谈判，改变广州贸易制度的愿望也泡汤了。广州单口通商制度被执拗地再次肯定。

英国侵华的加剧

图居澳门事件

英国多年以来一直苦于在对华贸易中没有立足之地，希望在中国沿海获取一个据点。马戛尔尼使团来华时就曾正式提出：在舟山附近指定一个未经设防的小岛给英国商人使用，以便英国商船停泊，存放货物，并允许英国商人在那里居住。这一无理要求严重侵犯中国主权，具有侵略性，当然遭到乾隆帝的严辞拒绝。但英国方面并未善罢甘休，他们又打起被葡萄牙人窃据多年的澳门的主意。嘉庆七年（1802 年），英国兵船借口防止法国海军侵占澳门，来到伶仃洋面，准备随时上岸。两广总督吉庆“当即饬谕英吉利夷船回国，毋许登岸”。由于这次英国兵船没有异动，并且全部从中国海域离开，双方冲突没有触发。

嘉庆十二年（1807 年），法国入侵并占领葡萄牙。英国担心法军侵占澳门，于是，海军少将度路利受英印总督派遣率兵三百到中国来。度路利到达中国海域后，不顾清政府尚未同意，葡萄牙人又极力反对，度路利擅自率领部队在澳登陆，并侵占了 3 座炮台，并“总以保护西洋人为词，迁延不去”。这分明是“阳借保护之名，徐图占据”。广州当局屡次劝导英人撤兵，英方均置之不理。在这种情况下，两广总督企图用停止贸易的办法逼英国人顺从，下了封舱令。然而度路利毫不示弱，摆出强硬对抗的姿态。无视清政府规定军舰不得进入黄埔，率 3 只兵舰驶入虎门，在黄埔停泊下来。与此同时，英印总督先后共派出 13 艘兵舰，登陆士兵达 760 名作为增援。不久度路利又率领兵弁水手 200 多人，驾舢板艇 30 多只，由黄埔驶至广州城外 13 行停泊，求见两广总督，“声称恳请总督奏明大皇帝，如蒙允准，在澳寓住”。几天后，英国人的数十只舢板又前来，想从十三行运些伙食。清军开炮将其吓退。这时嘉庆皇帝已经向吴熊光传出谕旨，命令他晓谕英人迅速撤兵，不可停留，“倘有不遵，统兵剿办”。吴熊光接旨后立即开始部署反击，度路利见势不妙，被迫宣称

"情愿撤兵"。英船随后全数驶往澳门，并于次年撤离澳门。此后，由于英国陷于欧洲事务，只得把中国的事情撇在一边，才没有扩大事端。

刑事纠纷

鸦片战争以前，中英双方因英国人殴打杀害华人屡屡发生刑事纠纷。在这类纠纷中，中国作为主权国家，毋庸置疑拥有根据本国法律约束境内外国人的权力。然而，英国人罔视中国法律，一味袒护本国罪犯，制造了一系列中英冲突事件，主要有：

"天佑号"事件。嘉庆五年（1800 年）正月，英国船只"天佑号"驶至黄埔。十八日夜间，一只中国小船在其船头抛锚多时，该船值班官员向其喊话，只因为小船没有回音，值班官员便命令哨兵开枪，船上的中国人一名被打伤，一名落水。事后，中国官员向英国大班要求交出开枪人，遭到英方拒绝。二月十八日，英国船长偕同证人来到广州城，接受广州知府、南海县令等中国官员的审讯。英方坚持说因为该中国船只有偷窃嫌疑，英方才开枪，竭力洗脱凶手的罪名。10 天后，清朝官员不知出于什么原因，态度忽然转变，取消了审讯，承认落水者系"自行失足落水"。英国人只受到口头警告，以后不得随意开枪。这个案件就此草草结案。

"海王星"号事件。嘉庆十二年（1807 年）一月，英国船只"海王星"号上的一群船员酒后斗殴，数名华人被打伤，一人被打死。粤海关监督获悉此事后，命令不许英船出港，并追令英方交出凶手。不久查定杀人主犯是英人爱德华·申恩。英国方面极力袒护凶犯，仅同意以罚金论处，并且还得将其监禁在英国船上。该船离开广州时，其船长拒绝了清朝官员把申恩留下的要求。凶犯被英国人带回澳门圈禁起来。一年以后就被释放，只交了四镑罚金。

商欠纠纷

商欠案是指中国行商与外国商人的债务纠纷，即因中国行商无力及时偿还预借英国商人的债款而引起的涉外商务案件。从18世纪中期以后，商欠作为一个国际商务问题，日益变得严重，直到鸦片战争爆发，也没能妥善解决。虽然清政府早已明文规定禁止行商向外国商人借钱和拖欠款项，但在缺乏近代金融信贷制度的中国封建社会里，一些行商资本薄弱，缺乏必要的周转资金，有时为解燃眉之急，不得不向外商，尤其是英国商人借贷。然而，英国商人所发放的借款不是普通的商业借款，而是用复利滚进的高利贷借款。行商借款恰如自掘坟墓，一旦英商感到债务人资不抵债，他们就会诉诸清政府，请求政府出面解决商欠问题。清政府对于揭露出来的这类案件，虽然能够以行政命令限期厘清商欠，却不能从根本上消除商欠存在的根源。

嘉庆年间，时有商欠案发生。嘉庆十四年（1809年）有因万成行行商沐士芳拖欠番夷货价24万余两而起的沐士芳案。同年还有会隆行行商郑崇谦负债近百万两和达成行行商倪秉发负债40余万两两个大案。嘉庆十五年（1810年）有七行案，查出11家行号中7家欠债，欠债共百余万两。对于商欠案，清朝政府的处理办法一般是以财产变抵，不足之数分年摊还。道光之前，商欠案尚未引起中英双方太大的争执和冲突。

私雕假印案

雍正一朝及乾隆即位之初，君明政通，各级官吏很少朋比为奸。乾隆晚期，国家经历长期的太平盛世，官员日益腐化，吏制也跟着败坏下去。和珅专权更使政局变得暗无天日。嘉庆皇帝即位后，希望以诛戮和珅来整肃吏制。但这时国家已经无可挽回地颓败下去了。

清朝从顺治年间起，地方官自知县知府到督抚藩臬，往往招聘一些称为“幕宾”的文人帮着出谋划策，这些幕宾有的由学者名流担任，有的由退休失意官吏或亲朋好友充任。他们替官僚们执掌刑名钱谷，批签文件。乾隆中叶以后，官僚们贪图安逸之风大炽，行政权力渐渐暗中转移到幕宾之类的人物手中，时人评论：“今日吏治，但三种人为之。三种人者：幕宾、长随、书吏是也！”这些人依恃官僚们的宠信，暗中操作，上下其手，特别是利用“大员谈笑会饮时，将稿文雁行斜进，诸大员不复寓目，仰视屋梁，手画大诺而已。更有请幕友代画者”，于是这些贪胥奸吏得以为非作歹，接连不断的发生铸假印、写假名、私征钱粮、冒领国帑之事。

嘉庆十一年（1807 年）八月，直隶布政使庆格向嘉庆皇帝奏报，发现了一起司书即书吏私雕假印、勾结幕宾串通舞弊的案子。这一年，庆格发现司库历年出入银数错乱不清，疑点甚多，便将司书召来进行盘问，司书狡黠支吾，破绽频出，遂即提取粮册档案，仔细审查，终于查出历年地粮耗羡以及杂税银两，虚收款项非常普遍。尔后，他又把各州县奉到司发批收，一一核查，发现有将司发库收小数改大数、将领款抵解钱粮又蒙混给发、串通银匠给与假印批收等舞弊情状，共虚收近20个州县地粮正耗杂税等银28万余两。

庆格见此案事关重大，立刻派人将承办司书王丽南等人逮捕起来。嘉庆皇帝得到庆格的奏报，遂命协办大学士费淳、尚书长麟对王丽南等进行审讯。同年九月，审讯得出了结果，查明自嘉庆元年起至本年止，地丁羡耗杂款项下，俱有虚收虚抵重领冒支等，计有二十四州县，共侵盗银31万多两。其内竟有与州县讲明，每虚收重抵冒支银一万两，司书及说事人便分得使费银二三千两不等。除此之外，尚有幕友长随知情分赃、州县借领应解之款贿书吏将案卷销毁，或诓印库收挖改数字等情况。

嘉庆皇帝得知此案详情，大为愤慨，认为司书敢于私雕藩司及库官印信，串通舞弊，实属胆大妄为，古今未闻，下令处死书吏王丽南、州县官陈锡钰、徐承动等20余人，家产充公。对失察的督抚藩司，如颜检、胡季堂、梁肯堂、陈大文、熊枚、瞻柱、郑制锦、同兴等人，按照其各自任内虚收数目分别予以治罪。

在外省类似于这样的案子，也时有发生，就在王丽南一案尘埃甫落之时，在湖北又揭发出武昌五县节年解司地丁正耗银两，亦有任意侵欺、私自洗改库收照票之事。即使在中央各部，此类事也风影偶现。

嘉庆十四年（1809年），工部书吏王书常等通过私造假印的手段冒领库银，或于岁修工程，捏造大员姓名，向内府户部重复支领；或移咨户部，经户部凭文办札，交领三库银两物料，这种舞弊行为居然反复发生了14次，涉及上万两款项。按清朝定例，河吏支领库银，必须先经过司空鉴押，然后通知户部，最后还须度支大员再次核查，一番手续之后，才能发帑。但类似王书常等书吏人员，常常趁那些度支大员谈笑会饮时贪赃舞弊，这种时候呈送签文，度支大员根本顾不上详细审阅，随手便签字通过，因此被书吏等从中钻了空子。王书常一案后来由于一个工头首告，才东窗事发。王书常处以死刑，户部尚书侍郎禄康、德瑛、戴衢亨、赵秉冲、刘镮之，工部尚书侍郎英和、常福、和世泰、费淳、万承风、曹振镛、成书、蒋予蒲等均不同程度地被降职或罢黜。

私描串票、私雕假印、冒领国帑、虚收虚抵，历代未有之事，在乾末嘉初已司空见惯，一省大小官吏，通同舞弊，罔上行私，相护恶习，贪污的数目，州县已达数万，省司更是逾数十万。整个清政府的官僚队伍，贪污盛行，被深深地腐化下去，政治的黑暗程度也因之加深，清王朝走向衰败已不可避免。

江西天地会起义

嘉庆八年（1803 年）十月，天地会起义在江西广昌、宁都、石城一带也爆发了。起义首领是李凌魁。嘉庆八年（1803 年）二月，李凌魁看到人马已经壮大，便决心竖起义旗。他自称系“后唐天子转世”，还编了四句歌诀以示天意：“天空降下一柱香，一半阴来一半阳。若得阴阳归一处，寅卯时中坐朝堂。”并宣称子丑年间（嘉庆十年，即 1805 年）同教有难，可以借此机会发动起义。嘉庆八年（1803 年）七月，李凌魁在福建被捕遇害，其徒廖干周等得知后，准备筹划起义，替李凌魁讨还血债。当时有个江西贵溪人王添组以弥勒佛转世自称，“闭目打坐，能知过去未来”。他还说人们有灾有难，只要入教吃斋，就能获得拯救。廖干周至贵溪县恳请王添组帮助，答应将来起义成功之后把他封为教主。王添组答应了，就开始和廖干周秘密策划起义事项。让廖干周在起义大旗上书“唐天子”三个大字，表示是为了给李凌魁报仇，又把“瑞忠法中皇”五个小字，即王添组的名号写在旗上，作为暗中相助的暗示。

廖干周回至广昌一带后，与赖达忠等放出言论，嘉庆八年（1803年）十月十二日亥时，系“癸亥癸亥癸亥”，乃是“万水朝宗之日”，便决定在那个时候打出“唐天子”旗号，并制造如意图章，盖于号票之上，分给会众，再发散到众人手中。又决定用有朱色图案的白色布做包头，作为起义者的标记。到时候，由廖干周、李步高、赖达忠等于广昌、宁都、石城及与福建连界之姚坊地方，同时竖旗起义。由李奇天等人在各自所在村庄竖旗招人，作为接应力量。先攻广昌驿前堡，作为起义军的据点。众人都同意了，共聚众1500余人。廖干周自称大总管，李步高、赖达忠、李奇天、胡仪书、王定珍等为大头目，约定十月十三日同时举义。不料自十月初八以后，连降大雨，李奇天、胡仪书、王定珍等所率徒众被大雨耽误了行程，错过了会合的时间，仅有廖干周、李步高、赖达忠等率领400余人，来至姚坊地方聚集。十月十二日亥时，廖干周率领众人在姚姓祠堂祭旗，突然旗杆被大风吹折，众人都把这看作是不祥的征兆，便暂时散去，打算另外选个吉日再起义。当地乡绅探闻廖干周等人密谋举事之讯报告官府。官府密令乡绅把乡勇集合起来，对起义严密防范，并且率领官兵去搜捕起义者。十三日清晨兵丁、乡勇猝至，廖干周等不及防，抵敌不住，很快溃败。赖达忠等57人被当场杀害，赖汉魁等100余人被捕，余众皆乘着战乱四散逃亡。这次起义遂告胎死腹中。

嘉道年间的天地会，尚未壮大，主要还是处于秘密流传、发展组织、积蓄力量的阶段。所进行的武装反抗大多还缺乏经验和实力，往往在举行之前，就被侦觉破坏。

天理教起义

天理教

天理教又名八卦教，由白莲教分支衍变而来。主要以河北、山东、山西、河南一带为传播区域。信奉“真空家乡，无生父母”八字真诀，教徒们把这八字书写白绢上，供于暗室，日夜拜诵。所诵经卷有《三佛应劫书》等，主要宣传的是过去、现在、未来三际思想。其教徒主要是贫苦农民、雇工、小贩、各种杂差役人等下层人民。

林清像

天理教教首是在嘉庆十一年（1806年）入会的林清。他的祖籍是浙江绍兴，后移居河北大兴县（今北京大兴）的黄村。林清在年轻的时候做过药店学徒，后来又先后做过直隶大兴巡检衙门书吏、江南粮道和丹阳县衙门长随。林清以为人豪侠爽直、办事公正著称，组织能力又强，入教后不久便在众教徒的信任和拥戴下，做了八卦教中坎卦的教主。天理教的主要首领河南的李文成、冯克善也是入教之后迅速崛起的，李文成掌管着八卦教中的震卦，并统领着坎卦之外的七卦，但这七卦在坎卦的节制之下，故林清、李文成两位领导人便成了天理教的领导核心。

清代，人民群众常常以秘密宗教的形式组织和发动反抗斗争。因为宗教的教义能够表达人们对当时社会的不满及对美好未来的憧憬，容易为在社会底层挣扎的人民所接受，也就使得组织更具有吸引力。天理教在它创立之始及吸收教徒的时候，就是针对清代中叶大地主、大官僚聚敛土地，贫苦的农民被从田地上赶走，社会上形成富者田连阡陌，贫者无立锥之地，两极分化到了极点，贫富已呈天渊之别的状况，提出了凡是加入教会的教民，要缴纳一种“根基钱”（或叫“种福钱”），事成之后，就可获得10倍的补偿，凡缴纳百钱者可得到土地一顷。这一颇具号召力的主张提出之后，渴望得到土地的人们纷纷前来入会，而天理教又常常从事各种扶危济贫的事业，愈加得到人们的信赖。

起义的爆发

嘉庆十六年（1811年）以后，在林清、李文成、冯克善等主持下，京畿一带荣华会即白阳教与直、鲁、豫等省八卦教的统一工作陆续完成，一个新的秘密宗教天理教形成了。武装起义、夺取政权的准备工作随即展开。

嘉庆十七年（1812年），林清从于克敬处获得《三教应劫统观通书》，解释书中有“二八子明道”一语，宣称：“现在姓李的应世，李文成当做人王。”当时河南一带传有民谣：“若要红花开，须待严霜来”，李文成遂自称“严霜十八子”，系“李自成转世”。林清回到大兴后，也在京畿一带利用童谣，制造声势：“单等北水师汉帝，大地乾坤只一传。”林清自称刘姓转世，名刘真空、刘林，号双木。汉帝即刘姓，指的就是林清本人。

嘉庆十八年（1813 年）八月，林清来到河南道口，说“该明道了”，与李文成、牛亮臣、于克敬等商议起义的日程。林清根据《三教应劫统观通书》上有：“八月中秋，中秋八月，黄花满地开放”一语，提出嘉庆十八年（1813 年）该闰八月，九月十五日便是第二个中秋，“合该应运”。于是议定于是年九月十五日在直隶、山东、河南三省同时举事，并决定起义时，一律使用白旗互相识别，以白布裹头系腰作为部众标记，以“奉天开道”为明号，以“容易”、“得胜”为暗号，即“河南人说容易，我们说得胜”，并且“私买战马，蓄养士卒，铸造甲仗，颁分旗号”。

当时官府已经侦知牛亮臣率领数百人在滑县大伾山东坡打造军械，李文成在谢家庄宣传鼓动。滑县知县强克捷一面向巡抚高杞报告，请求派兵镇压，一面于九月初二派差役逮捕李文成、牛亮臣等。审讯时李文成坚决不承认实情，被严刑拷打，以致“两股顿烂”，足胫也被夹断。牛亮臣也被打得“血流遍体”。首领宋元成等见势不妙，决定把起义时间提前。嘉庆十八年（1813 年）九月初七，5000 余名教徒在宋元成率领下将滑县县城一举攻克，把李文成、牛亮臣等人救出大牢，将知县强克捷和巡检刘斌处死。李文成在县署内“设羽帐”，“帐后树大纛，书大明天顺李真主”。牛亮臣做军师，宋元成为大元帅，各卦主被封为卦王，各首领 90 余人为宫伯、卦伯、先锋、总管等。接着又攻占了滑县附近的军事据点和屯粮要地道口镇，并包围俊县。

在滑县天理教起义爆发前一天，直隶长垣知县赵纶率领兵役在与滑县交界处搜捕“习教之人”，教徒将其包围并扎伤致死，长垣天理教便就此起义，占领了春亭集。九月初九，定陶的天理教徒二三千人，占据县城，释放囚犯，将知县、典史等官吏处死。九月初十，山东曹县教首马朝栋率领数百人闯入县署，杀死知县姚国旃，“劫狱开库”。同日，定陶县城亦落入起义军掌握。至此，滑县、长垣、定陶、曹县的起义军已“联为一气”。

天理教起义的消息传到北京后，清军立即兵分三路，北面直隶总督温承惠为钦差大臣，会同河北镇总兵色克通阿包抄，东面山东巡抚同兴堵截，河南巡抚高杞“紧防西南”。不久，山西大同镇总兵张绩“前往山外扼要处所驻扎”。两江总督百龄带兵驻扎徐州，阻断起义军逃往江南的道路。九月十七日，陕甘总督那彦成又调任钦差大臣“总统军务”。固原提督杨遇春也奉命率兵至河南，前来镇压的总兵力达 2.3 万余人。

正当清廷大规模围捕直隶、山东、河南一带的天理教起义军的时候，九月十五日，林清指挥京畿一带的天理教徒，按照预定计划，打入皇宫，企图直接夺取最高政权，推翻清廷统治，史称“癸酉之变”。

由于未能及时收到滑县等地提前起义的消息，在大兴的林清仍按原定计划准备进行起义。原来打算在宋家庄与桑垡两处集合 100 多人，攻击在燕郊围场行猎的嘉庆皇帝。后因围场官兵众多，恐怕难以得手，决定于九月十五日“祗往京中闹事，官兵们措手不及，必能得手。我们据了京师，就好说了”。林清在大兴县宋家庄等处对教徒进行组织动员，他对教徒们说：“事成后大家做官，如若不去，就要被天雷打死。”最后，200 多人被动员起来，于十四日晚间分散潜入北京城，李兰、熊五等人扮成小贩，把短刀等器械暗藏在柿子筐内，约定十五日清晨到东华门、西华门附近会合。因有人害怕逃跑了，剩下 70 余人，分成两队。一队 30 多人，以陈爽为首，由太监高得财、刘金引路，进东华门；一队 40 多人，以陈文魁为首，由太监高泰、高广福引路，进西华门。太监王福禄、阎进喜居中策应。

司阍官兵很快发觉了进东华门的一支，将宫门关闭，仅有五六个人进入，很快不是被杀死，就是被擒拿。进西华门的一支受到的阻碍不多。他们先攻尚衣监文颖馆，夺得门卫的弓箭，聚集在隆宗门强攻。一部分起义者翻墙进入宫中，挥舞写有“顺天保民”与“顺天开道”的布旗。

天理教攻打皇宫的时候，嘉庆皇帝正在热河行宫避暑。从丫髻山起銮行至白涧行宫，途中，接到皇子旻宁等人的飞报，得知京城发生事变，大惊失色，匆忙于十六日回到北京，善后事宜还没处理完，就于次日写了一份“罪己诏”昭示天下，他在《罪己诏》中称：在继承皇位的 18 年中，兢兢业业，不敢暇豫。此次事变，虽然是突发事件，但冰冻三尺非一日之寒，就是因为长期以来大臣们置他的告诫于耳后，玩忽职守，因循不敏，以致酿成汉唐宋明未有之事。这名为“罪己”，实为开脱。下完罪己诏，他便着手处理善后事宜，处林清等几位主要首领及内应太监刘得财七人以凌迟极刑，一些可疑的太监或被关押或被放逐。封击败起义军有功的皇子旻宁为智亲王，绵课赏加郡王衔，其余诸王大臣不同程度地封赏晋级。

镇压义军

扑灭林清的河北起义军之后，清政府转而全力镇压李文成领导的滑县起义军。

起初温承惠统领清军围剿滑县义军，行至正定，听说京城出了事，复率兵回到保定观望。嘉庆皇帝见温承惠优柔寡断，未能带兵及时开赴滑县，又责备他身为直隶总督，却丝毫察觉不到林清聚众造反的事情，便革去他的职务，改命陕甘总督那彦成督师，统领山东、河南各路清兵，命工部侍郎、护军统领庆祥率健锐、火器营，陕西提督杨遇春率陕兵，西安将军穆克登布率一千清兵，副都统富僧德率马队一千，徐州总兵徐洪率兵数千协同作战，围剿起义军。

嘉庆十八年（1813 年）九月二十六日，那彦成出陕西潼关，在孟津渡过黄河，十月初八来到河南的卫辉。但这时河南义军已有三万之众占据道口，他不敢贸然向义军进兵，奏请增调山西兵一千、甘肃兵二千。嘉庆帝斥责那彦成举动拖沓，不马上开往滑县，反而托辞兵力不足，其实是胆怯畏战，故意拖延，任“贼盘踞蹂躏”而不肯出手相救，等于为虎作伥，纵“贼”殃民，并且严厉警告，若那彦成再怀有玩忽职守，拖延不前的心理，耽误了军国大事，必定要治他的罪。那彦成虽然挨了骂，但仍不敢在各路人马到齐之前进攻起义军。十一月初。杨遇春率领的关西兵赶到，会合温承惠、高杞、马瑜等人统领的吉林、黑龙江等清兵劲旅，开始进攻道口，先攻占了附近的周潭村、连庄等地。义军被压缩在道口，企图在此固守，拼死抵抗。

那彦成率清军主力赶到道口之后，见义军已在道口周围掘壕灌水，构筑起坚固的工事，便把各路清军调集起来分成七路，又部署总兵音登额用大炮从西面进行轰击，高、杨分兵攻击，杨遇春迎头剿杀，庆祥率马队三面冲突，那彦成本人率兵四路截杀。清军发起进攻之后，遭到坚守在道口的 2 万余义军顽强的抵抗。但清军成功阻截了滑县起义军派来的 2000 余名援军，使道口孤立无助。经过一天的战斗，义军终于在清军强大的攻势下溃败了，道口失守。

道口是河南起义军重要据点——滑县城的屏障，它的失守，使滑县县城暴露在清军的锋芒之下，起义的形势急转直下，义军陷入被动的局面。而在此时，其他各处的义军也被清军一一扑灭。在直隶，尚书托津统领的吉林、索伦兵镇压了开州的义军；在山东，盐运使刘清协同副都统苏尔慎，镇压了曹州的义军。这样，只剩下河南义军，固守着滑县县城一个据点。

清军攻占道口之后，立即向滑县县城施压。那彦成先以 1.3 万余清兵将县城三个城门围住，因兵力不足，把正北门和西北门空出，为防义军突围，又急忙奏请援兵。桃源义军首领刘国明见滑县被围，遂从北门率八百义军冲入滑县城内，把李文成用轻车救出，随后又聚合 4000 余名义军，攻下辉县山内的司寨，突围成功。

清军见李文成等突围而出，立即重新布置，四面包围滑县县城，派出一支清军，杨芳率领，尾追李文成至司寨前。司寨背山临川，沟深墙固，杨芳见难以强攻，遂采取诱歼的策略。十八日杨芳以步骑兵各 600 人分两翼，在白土冈山沟埋伏，次日清晨，派侍卫苏伦保等率兵来到司寨，义军见来犯清军甚少，不知有诈，便派出 3000 名义军杀出司寨，苏伦保假装战败，率队后撤，义军紧追不舍，到白土冈，遭清军伏击，义军退至南首山。清军仰攻山梁，义军登高而战，以巨石投向清军，清军人仰马翻，纷纷退下山来。杨芳在山下督阵，逼迫清兵继续攻山，同时派出一路人马抄后路，绕到山后，对山上义军进行两面夹击，义军大败。

清军调过头来，重重围住司寨。义军白土冈一战失利，司寨内兵力益显捉襟见肘。二十日，清军开始攻寨，义军奋力与清军短兵相接，展开巷战，义军众将士占据寨内几百座民房，利用地势向外施发枪炮，弹药用尽则用石块掷向清军，清军死亡无数。一直打到晚上，不分胜负，杨芳气急败坏下令火攻，同时枪炮齐发，猛攻民房。义军藏无可藏，弹尽粮绝，被清军枪杀殆尽。李文成、刘国明等义军将领最后退到一座碉楼内，也被清军包围，杨芳下令喊话“有能擒李文成来献者，受上赏；文成若投出，余贼皆免死”。义军将士在碉楼内却大呼：“李文成在此，欲杀即杀，断不肯降。”杨芳见义军宁死不屈，遂指挥官兵攻入碉楼，李文成与仅剩的十余义军将士一起点火自焚牺牲。

司寨为清军攻占后，滑县成了清军最后要攻取的目标。该地“城坚厚，外砖内土中沙，火炮攻之，遇沙而止”，起义军凭借这些有利条件，顽强地进行了抵抗，使清军“围之数旬不克”。不料清军暗挖地道，内埋炸药，将城墙炸塌二十余丈，趁势涌入。双方在城内巷战。牛亮臣、徐安国劝李文成的妻子张氏妆扮成难民出城，张氏坚定地表示：“城亡与亡，不死非英雄”，并“挥刀巷战，击杀数人”，然后“阖户自缢”。起义军首领宁元成、王道瀼、刘宗顺、冯相林等全部死于战斗中，牛亮臣、徐安国等被俘后械送京师被杀害。天理教起义被清军镇压下去。

嘉庆帝整饬吏治

限制进贡

统治阶级过分聚敛财富而激化社会危机是清朝中衰的根源，对此嘉庆帝深有体会，因此他一开始亲政，便从自身做起，下诏限制进贡，希望老百姓能够以此避免官吏的额外剥夺。

嘉庆四年（1799年）正月十五日，嘉庆帝亲政伊始，就总结太上皇禁止进贡珍宝古玩的禁令未得贯彻的原因，认为“只因和珅揽权纳贿”，终造成“屡经禁止，仍未杜绝”的局面，故下诏重申：“试思外省备办玉铜瓷书画插屏挂屏等件，岂皆出自己资。必下而取之州县，而州县又必取之百姓，稍不足数，敲扑随之。以闾阎有限之脂膏，供官吏无穷之朘削，民何以堪。况此等古玩，饥不可食，寒不可衣，直粪土之不若，而以奇货视之可乎？国家百数十年来，升平昌阜，财赋丰盈，内府所存陈设物件，充牣骈罗，现在几于无可收贮之处。且所贡之物，断不胜于大内所藏。即或较胜，朕视之直若粪土也。朕之所宝者，惟在时和年丰，民物康阜，得贤才以分理庶政，方为国家至宝耳。”再有“年节王公大臣督抚等所进如意，取兆吉祥，殊觉无谓。诸臣以为如意，而朕观之转不如意也，亦著一并禁上”。嘉庆帝的三令五申在朝野上下却没有引起什么反响。就在当年的八月，福州将军庆霖置禁令于不顾，仍然依照旧例进贡。嘉庆帝十分恼火，斥责官场上这种阳奉阴违的习气，多年积累之下已经难以冲破，认为这种机巧逢迎，钻营附势实在祸国害民。他在宣谕中再次进行剖白：“朕如此披诚训谕，而内外臣工，多有不能深信朕者，必欲陷朕好货之名，快其私愤，便其私图，虽系以小人之心，度君子之腹，不足与较，然朕之苦衷，亦不可不宣也。”庆霖被革职留任，作为后人教训。然而，嘉庆五年（1800年），皇三子上学，肃亲王永锡不识鉴诫，仍预备玉器陈设等物，派肃王府太监，私下转交皇后馆房太监递进。嘉庆帝得悉，下旨严责，令将进呈之物，当面掷还永锡。

嘉庆四年（1799 年）正月十九日，嘉庆帝又禁止役使新疆叶尔羌民众采玉，革除了乾隆末年的另一弊政，命令就地抛弃已采玉石，采玉民众首领赏给缎匹，百姓赏给银两。上谕传至叶尔羌，采玉民众兴高采烈，内地的玉价却备受打击，骤降十之七八。

下诏求言

下诏求言是嘉庆帝整饬吏治的又一措施。嘉庆帝亲政之后，即晓谕九卿科道、内外臣工，以及庶民布衣奏事言政，以便疏民隐，理庶政，监督吏治。这种做法值得称道的地方就在于广开言路，放开了对批评的箝制。尹壮图曾因忤逆乾隆帝而遭遣，嘉庆四年(1799 年)，嘉庆帝将其召回北京，希望直言参政。尹壮图将回到京城，旋即上书奏称："现今所急者川省军务，尤莫急于各省吏治。吏治见澄清，贼匪自然消灭。贼匪不过癣疥之疾，而吏治实为腹心之患也。以今日外省陋习相沿，几有积重难返之势，惟在亟宜剔刷，破格调剂，庶乎有益，似非徒仗雷霆训谕所能耸其听也。臣以为除弊者不能搜其作弊之由，则弊终不可除。治病者不治其受病之根，则病终无由治。伏查乾隆三十年（1765 年）以前，各省属员未尝不奉承上司，上司未尝不取资属员，第觉彼时州县俱有为官之乐，闾阎咸享乐利之福，良由风气淳朴，州县于廉俸之外，各有陋规，尽足敷公私应酬之用。近年以来，风气日趋浮华，人心习成狡诈。属员以夤缘为能，上司以逢迎为喜，踵事增华，夸多斗靡，百弊丛生，科敛竟溢陋规之外，上下通同一气，势不容不交结权贵以作护身之符。此督抚所以竭力趋奉和珅，而官民受困之原委也。"尹壮图官场潦倒，在地方上蛰居了 10 年，再没有指摘最高统治者的锐气。但是他对问题看得很透彻，视吏治败坏为心腹大患和社会败坏的根源，值得赞赏。大学士王杰可以说是朝廷中头脑最清醒，最奉公守法的大员，他也上疏表达了与尹壮图大体相同的见解，奏请皇帝“追溯旧章”“博访众论”“思至当之方”改革流弊，肃清驿站，“以杜亏空”“以挽积重之势”。

王杰与尹壮图等在上疏中说的，裁陋规，倡节简，讲求爱民之术，奖擢清廉之员，都是以维护统治阶级的根本利益为宗旨，以保清王朝江山永固为目标的，与嘉庆帝整饬吏治的初衷相统一，故得到褒扬鼓励。翰林院编修洪亮吉上书军机王大臣直言政事，就没有这么好的运气了，洪亮吉奋笔从“风俗则日趋卑下，赏罚则仍不严明，言路则似通未通，吏治则欲肃而未肃”四方面，对嘉庆帝整饬吏治“当一法祖宗初政之勤，而尚未尽法。用人行政，当一改权臣当国之时，而尚未尽改”加以批评。他明说自嘉庆帝四年“三四月以来，视朝稍晏”，而“退朝之后，俳优近习之人，荧惑圣听者不少”，身边唯一没有的就是敢于直言提出意见和建议的人，坦率地陈说，“犯颜极谏，虽非亲臣大臣之事，然不可使国家无严惮之人”，认为现今办事缺乏效率，“处事太缓”，“千百中无一二能上达者，即能上达，未必即能见之施行”，况“以圣天子赫然独断”欲了结一事尚属不易，“事事不得平者，不知凡几”。因此提出“设官以待贤能”，凡召见“必询问人材，询问利弊”，提倡“集思广益之法”，因为即便圣明如“尧舜之主，亦必询四岳，询群牧。盖恐一人之聪明有限，必博收众采，庶无失事”。这一疏稿，浩浩荡荡，针砭时政，切中肯綮，精辟入理，在清代谏章中也属凤毛麟角。但疏稿中“视朝稍晏”、“荧惑圣听”之语，以及重新起用“严惮之人”“犯颜极谏”的建议，被视为“指斥乘舆”，忤逆犯上，部议照大不敬律准备判处他斩决。嘉庆帝虽怒其语戆，仍放其一条生路，将其发配伊犁充军。洪亮吉一心报国，将身家性命置之度外，终因上疏而被惩处。而嘉庆帝亲政之初，大张旗鼓地“诏求直言，下至末吏平民，皆得封章上达”，到头来则自己缺乏贯彻的度量，始倡终弃，自然与预期相去甚远，就连他自己也发现“罪亮吉后，言事者日少”，特别是“于君德民隐休戚相关之实，绝无言者”。

言路虽然“似通而未通”，嘉庆帝下诏求言之举毕竟撬松了清朝由来甚久的思想钳制政策。后来的知识分子更由此找到呼吸的缝隙，“相与指天划地，规天下大计”，清朝万马齐喑的沉闷得以改观。

整饬失败

嘉庆帝整饬吏治的结果，恰似他广开言路的努力，可谓靡不有始，鲜克有终。因此，嘉庆朝的吏治与乾隆末叶相比，好不到哪儿去。官吏串通舞弊，贿赂公行，肆无忌惮。嘉庆十四年（1809 年）淮安府报灾办赈，江南总督派候补知县李毓昌查赈。当时，查赈官大多敷衍了事，甚至更敲诈索贿，上下相蒙，亟亟营私。但李毓昌却是个办事认真的人，查出山阳县知县王伸汉捏报户口，浮冒赈款 3 万两。王伸汉急忙用重金去贿赂李毓昌，遭到拒绝。王又忙请知府王毂出面说情，再次被拒。王伸汉做贼心虚，恐丑事外扬，就买通李毓昌的仆人，夜进毒酒，再用布带将李毓昌勒死。次日，知府王毂收受王伸汉白银一千两，草草验尸，以李毓昌自缢上报完结此事。李毓昌的叔父见死者身有血迹，疑点很多，便赴京告状。这一山阳县杀官灭口案真相大白后，嘉庆帝命斩王伸汉，绞王毂，恶仆受极刑。一波方平，一波又起，这年冬天，京城又发生一起大案。三个工部书吏私雕假印，捏造事由向户部三库及内务府广储司领取银两。帑银领取的手续相当严密，先要工部尚书签押，然后通知户部，经过户部大员复查之后，才能领得帑银。但是朝廷大员因循怠玩全不以政务为重，书吏们便串通一气巧为谋划，专趁朝廷大员宴饮谈笑之时，送上文稿。大员随手画押，有时甚至由幕友代画。这些书吏用这种办法先后领取总计达上千万两之巨的白银。事情败露后，为首 3 人当即处斩，从者 2 人秋后处决，余犯 7 人发往黑龙江为奴。工部、户部尚书因为玩忽职守被降职处分。嘉庆二十四年（1819 年），更有兵部失印大案。

自嘉庆帝决心整饬吏治，严格规章制度起，历时 20 余年，至嘉庆二十五年（1820 年），他仍在慨叹“怠惰玩公，积习甚为可恶”，足见求治与整肃根本没有效果。

整治河防与漕运

整顿河防

河防日坏，河患益烈，这是乾隆皇帝扔给嘉庆帝的又一大难题。乾隆晚年，出任河督者大多出于和珅门下，河督一职成了一项肥缺，甚至是先纳贿才得以委任。任职的官员，其精力和着眼点，只是死死地盯着那一笔笔河工巨款，而对治河能否有成效却全不在意，甚至是乐闻水患，借以增加侵吞中饱的机会。

嘉庆元年（1796 年）六月，河决丰汛，冲开南运河佘家庄堤，由丰、沛北注金乡、鱼台，漾入微山、昭阳各湖，穿入运河，漫溢两岸，江苏山阳、清河等多处被淹。南河总督兰第锡拟导水入蔺家山坝，引河分达宿迁诸湖，泄水仍入河下注，于漫口西南挑挖旧河，引溜东趋入正河，并绘图上奏。这是嘉庆即位后所接触的第一桩重大河工案，所以特别重视，他指示说："朕阅图内漫口处所系属东南，而漫水系敷余回溜，转向西北冲开大堤，看来大溜并未掣动，而奏折及图内俱未声说，朕意何不于高家庄坐弯处所，向东开挖引河，引水东注，归入正河。其西北圈堰，仍一面堵闭，使漫水不致淹及金乡、鱼台一带，岂不较易为力。著交苏凌阿、兰第锡将是否如此办理之处，详悉覆奏。"与此同时，嘉庆了解到山东布政使康基田经理河务有年，治河成绩尚著，便派康基田"前赴工所会勘筹办"。

从嘉庆这些指示中可以看出，嘉庆对于治理河务从一即位就非常重视，并非高高在上，闻而不问，而且也多少能看出点门道，还能提出一些自己的意见。更可贵的是嘉庆对于这类关乎国计民生的大事，并不自以为是，个人说了算，而是持虚心的征询态度，对兰第锡如此，对康基田亦如此，很有点乃祖康熙的遗风。

嘉庆之所以如此重视治理河务，其基本出发点是为了"安民"，尽可能地减少社会不安定的因素，如果臣下违背了这一宗旨，嘉庆的态度是非常严厉的。四年六月，新任东河总督吴璥就因此碰了钉子。他上任未久，即奏请增河工料价，归地粮摊征。嘉庆一看到奏章，就气不打一处来，虽然知道吴璥"熟谙河务"，专业素质较好，也没有因此对他偏袒，而是当即严旨切责说："河工需用物料价值，例有正项开销，岂容轻议加增?！乃该督等以筹备帮价为词，于地粮内按年摊征银十四五万两，使豫省群黎均受其累，为民上者岂忍出此?！虽所称酌添运费，每秸一斤只系五毫，而一经州县吏胥之手，则层层加派，所征必不只此数，且议加之后，不能复减，非暂时借资民力，竟永远累及闾阎矣。”结果，刚上台的吴璥因为违背了“安民”的宗旨，触怒龙颜，很快被交部议处，受到了“革职留任”的处分。

嘉庆八年（1803 年）九月十三日，河决豫省封丘衡家楼，这可以说是嘉庆期间河工的一件大事。这次决口来得十分突然，因当时“已过霜降，水落归槽，方期各工巩固”，水势来得非常凶猛，“南岸滩咀逼溜北趋，以致堤根刷陷”，开始时过水 30 余丈，数日间塌宽竟至 500 余丈，“势如建瓴，以致掣动大溜，甚为浩瀚”。东北由范县一直到张秋，穿运河东趋盐河，经利津入海。直隶长垣、东平、开州等地都是洪水泛滥成灾。当嘉庆帝接得署东河总督嵇承志的飞报后，非常重视，立即采取了特急措施，委派吏部尚书刘权之、兵部右侍郎那彦成驰赴河南勘办，于一切有关溜势、抢筑、堵口、灾情以及蠲赈的奏报，均破例许以五百里奏闻。事实证明，决口之所以能顺利合龙，与嘉庆帝亲自部署抢修关系重大。在这段时间里，嘉庆帝几乎全力以赴，监督饬令抢险救灾的相关事宜。他指示山东巡抚铁保亲往查勘运道，一面注意进行抚恤；为确保漕运预为筹划，又指示直隶总督颜检查明河溜所经州县救灾情况，“据实奏闻”；同时指示东河总督嵇承志“相度情形，速备工料，上紧堵筑”，并叮嘱说：“衡工培筑工程，需料繁多，一省今年间有旱蝗，一时难于采买；畿辅地方，秋收丰稔，购办较易。该督当预饬邻近之正定、顺德、广平、大名等属多为预备，一俟豫省需用协济，即可照数解往，著嵇承志、马慧裕通盘核计，随时具奏。”嘉庆帝曾自称是“宵旰系怀，无时或释”，难怪他的部署安排，考虑得如此细致具体。

治理漕运

在认真治理黄河的同时，嘉庆帝还对漕务之弊进行了认真的处理，这主要是围绕漕粮浮收问题展开的。乾隆中期以后，漕政日趋腐败，勒索陋规的问题严重，漕务之弊：一是对农民的敲榨，如收粮时用大斛克扣外，又有如“淋尖”、“踢斛”、“捉猪”、“样盘米”、“贴米”、“水脚费”、“花户费”、“验米费”、“灰印费”、“筛费”、“廒差费”等诸多名目的勒索，“总须二石五六斗当一石”。二是漕务官员肆意贪污，勒索漕规，“每办一漕，额多之州县官立可富有数十万之巨资。”因此人民所受额外剥削极为繁重。

至嘉庆初年，漕粮浮收问题更加严重，有“每石加至数斗及倍收者，所收未至三分之一本色已足，则变而收折色。小民不肯遂交折色，则稽留以花消其食用，呈验以狼藉其颗粒，使之不得不委曲听从。虑上司之参劾也，则馈送之；又屡地方讼棍之控告也，则分饱之”。又承办采买之弊，上司发价既克减于前，纳仓又浮收于后，美其名为出陈易新，核其实则倍出倍入。上司知其然也，领价则多方扣之；吏胥利其然也，交价又从中侵之。当时，“利归州县十二三，利归丁胥差役十七八。每办一漕，以中数言之，门丁、漕书各得万金，书伙以十数，共二三万金，粮差正副三五十人，人二三百金。又一二万金粮书二三百人，人一二百金，又三四万金受规上下诸色人等在外，民膏安得不竭，国课安得不亏！”因此，漕粮浮收问题成为引起江南社会矛盾激化的一个重要原因。

在白莲教大起义的打击下，嘉庆认识到整理势在必行，因而在亲政之初就多次降旨，剔除漕政积弊，令有漕地方督抚“务须督饬所属，留心查察，勿使州县藉端勒索，朘削累民，倘有前项情弊，即行据实严参办理，”“仍敢复蹈前辙，一经发觉，朕惟有执法从事，决不宽贷。”表达了整顿漕政的决心，并在随后采取了多种措施和实际行动。

嘉庆二十年九月，陶澍奉旨巡视江南漕务。陶澍离京后，沿途明察暗访。一个月后，他抵达江苏清江浦。一听说巡漕大臣来了，办理漕政的官吏大都前去拜访送礼。陶澍以旅途劳累为由，一个也不接见，但将礼物全部收下了。10 天后，陶澍已掌握了漕官的清廉或贪贿状况，宣布接见所有办漕官吏。升堂后，师爷宣读了送礼官员名单和礼品礼金后，贪官们满头大汗，不敢抬头。宣读完毕后，陶澍一拍惊堂木，针对送礼的官员说：“尔等凭俸禄哪有上千银两送礼，分明是敲诈勒索、贪赃肥己。今日暂不治尔等之罪，但所送财礼全部没收，发回地方作为修建书院经费。”然后，他对全体漕官说：“各处所欠漕粮，限一月之内交割清楚，违者从严惩办。”

一个月后，陶澍再次升堂议事，宣布将所有官员分为三等：凡漕粮任务如期完成，又未送礼的，定为上等，申报朝廷，官升一级；漕粮任务完成好，但送了礼的，记过一次，定为中等，不奖不罚；对两名自认为有后台、称病不理漕务、又有贪贿行为的官员，定为下等，革除官职，强令变卖家产，赔偿历年贪污亏欠的漕银。这样一来，漕务大有起色。据记载，陶澍巡漕“仅半载而办五百万石之米，为前后十余年所未有”。特别是漕官不敢再贪污勒索，这大大减轻了老百姓的负担。

但漕粮浮收之弊最终没有得到根本性解决，失败的原因是多方面的。尽管嘉庆的出发点很好，采取的措施应该说也系统全面，之所以仍不能杜绝漕粮浮收问题，自然有其制度方面的根本缺陷，这就是漕运制度的不完善或违背价值规律所致。

加强海防，查禁鸦片

防范侵略

嘉庆帝在当政的20多年中，除了着力于内政的整饬和全力扑灭农民起义而外，由于西方资本主义势力的东侵，他也不得不处理棘手的同资本主义国家的关系问题。

嘉庆十年（1805年），英国有4只护货兵船来到了广州，同时还给大清皇帝带来一封英王书信，信中表示英国愿意出兵帮助大清剿除起义军。嘉庆帝对英国的这个举措表现了高度的警惕，对英王文书中的出兵意向，他明智地加以拒绝，表示："海洋地面，番舶往来，原应内地官兵实力查缉，焉有借助外藩消除奸匪之理?"同时，嘉庆还谕令粤督倭什布严密防范："护货兵船向来必有湾泊处所，总当循照旧规，勿令任意越进为要。"然后又对即将到任的粤督那彦成，"修明武备，整顿营伍……以慑外夷而靖海疆"。

嘉庆十三年九月，英国又借口帮助澳门葡人抵御法国，将带有炮械火药的兵船4只停泊在香山县属鸡颈洋面。随后这些兵船的300名英国士兵，公然在澳门登陆，占领了澳门东西炮台。后来，英舰见广州毫无准备，竟将兵船驶进澳门，停在黄埔，有一些士兵驾坐着三板船至省城外，总兵黄飞鹏一看有外国士兵乘船靠近，便向那几条船开炮示警，轰毙英兵 1 名，伤 3 名，英军被迫陆续撤退。嘉庆帝接到澳门传来的奏报十分重视。为此，他严正声明，葡人与法人互相争杀，是他们之间的事，只要不妨碍我大清国，我们并不过问。但是，无论是中国与外藩都各自有一定疆界，我大清的兵船可从来没远涉外洋，到你们那屯兵驻扎。而你们英国兵船竟敢驶进澳门登岸居住，未免太冒昧了！他还一针见血地说：帮护葡人也好，效力“天朝”也好，统统不过是他们的借口，究其真实动机不过是找机会霸占澳门。他严正警告英国侵略者：“即速撤兵开帆”，“若再有延挨，不遵法度，则不但目前停止开舱，一而即当封禁进澳水路”，“并当调集大兵前来围捕”。同时，他又以五百里特急谕令，命令粤督吴熊光：“边疆重地，外夷竟敢心存觊觎，饰词尝试，不可稍示以弱。”“当密速调派得力将弁，统领水陆官兵，整顿豫备，一有不遵，竟当统兵剿办，不可畏葸姑息，此事于边务夷情，大有关系。”然而粤督吴熊光、粤抚孙玉庭只顾惦记着税收一事，并没把边防重视起来。嘉庆非常生气，传谕申斥粤督吴熊光、粤抚孙玉庭“懦弱不知大体”。他认为，一个国家的边防重地“任令外夷带兵阑入，占据炮台，视为无关紧要，不知有何事大于此事者?”嘉庆帝将严重失职的吴熊光革职，并于十四年三月将其遣戍伊犁，孙玉庭革职罢归。英国侵略者面对戒备森严的广东海防，只好“开帆远去”。

十四年，贸易季节来临时，嘉庆帝指示新任粤督百龄：英吉利“素性强横诡诈”，“于本年该国货船到时，先期留心侦探，如再敢多带夷兵欲图进口，即行调集官兵相机堵剿。”

以上情况表明，嘉庆帝对来自西方的侵略者保持了高度的警惕，实行了坚定明确的抵御政策。

这件事过后，英国护货兵船并没有把嘉庆的警告当回事，仍不遵定制，不仅不停泊外洋，有时甚至将兵船驶至虎门。十九年二月，嘉庆帝令现任粤督蒋攸铦：如果英船再违定制，就向他们开炮。同年，他批准了蒋廷铦提出的防备方案，采取“坚壁清野”的措施，对中外贸易交往作了以下规定：严禁民人私为夷人服役；洋行不得搭盖夷式房屋；铺户不得用夷字店号；清查商欠不得滥保身家浅薄之人承充洋商；不准内地民人私往夷馆。在加强广东方面防备的同时，对居住京师的外国人也加强了管理。当时，在京师充当钦天监监正、监副，以及在内阁充当翻译的外国人计 11 人。十六年，嘉庆帝饬令其中 4 人回国，对仍居留京师的 7 人，采取措施对他们的行动加以限制。这些措施都是在英国兵船屡犯广东之后采取的，因而具有正当的防卫性质。

查禁鸦片

对于外敌入侵，嘉庆帝一直态度鲜明：人不犯我，我不犯人；人若犯我，我必犯人。对于从乾隆朝以来已逐渐成为社会公害的西洋鸦片流毒，嘉庆帝更是主张严加禁止。他对鸦片流毒造成的危害有清醒的认识。嘉庆十五年（1810 年），广宁门巡役查获身藏鸦片烟 6 盒入城的杨姓烟贩，嘉庆帝严谕指出：“鸦片烟性最酷烈，食此者能骤长精神，恣其所欲，久之遂致戕贼躯命，大为风俗人心之害，本干例禁。该犯杨姓，胆敢携带进城，实属藐法，著即交刑部严审办理”，并要求各部门及粤海关严行稽查。他根据当时“嗜食者颇多，奸商牟利贩卖接踵而来”的严重情况，采取一系列严厉措施加以禁止。

嘉庆十五年三月，为严断鸦片流入京城，除令崇文门税务机构于所属口岸稽查外，他又令“步军统领五城御史于各门禁严密访查，一有缉获，即当按律惩治，并将其烟物毁弃”。为杜弊清源，他命闽、粤督抚“关差查禁”，“毋得视为具文，任其偷漏”。

十六年三月，因湖北巡抚钱楷上疏力陈烟害，嘉庆帝再次指出：“鸦片烟一项，流毒无穷，无赖匪类沉迷癖嗜，刻不可离，至不惜以衣食之资恣为邪癖，非特自甘鸠毒，伐性戕生，而类聚朋从，其踪迹殆不可问，大为人心风俗之害。”并要求各海关严加禁遏，一旦案发，“失察卖放之监督及委员吏役人等一并惩办不贷”。

十八年七月，他“申禁私贩鸦片烟，定官民服食者罪”。

二十年春天，两广总督蒋攸铦和广东巡抚董教增联合建议制定《查禁鸦片烟条规》：西洋商船到港待检查确无鸦片后，始准卸货；减免官员以往失察的处分，以免瞻顾；该管官查获邻境兴贩首犯及鸦片烟应按量议叙，200 斤纪录一次，1000 斤加一级，5000 斤以上准送部引见，军民人等查获 100 斤以上赏银 10 两，以次递加，赏银由失察地方官赔交；有徇情故纵者立即拿问，兵差诬拿者以诬良治罪。嘉庆批准了这一章程，并降谕旨指出：“鸦片烟流毒甚炽，当向该夷人等明白晓谕，断不准销售。嗣后夷船到澳，均须逐船查验，如一船带有鸦片，即将此一船货物全行驳回，不准贸易；若各船皆带有鸦片，亦必将各船货物全行驳回，俱不准其贸易，原船即逐回本国。”此后在禁烟杜源方面有较大的进展，粤省陆续查获一些烟案。

嘉庆帝对鸦片的严厉禁止，在当时对抑制鸦片的泛滥起到了一定的作用，对道光朝的禁烟运动也产生了深远的影响。可惜的是，大批朝臣官员们在吸食鸦片中欺上瞒下，一边禁毒一边吸毒，禁烟运动就成为“贼喊捉贼”的官场游戏。

除禁烟外，嘉庆对外商偷运白银出洋问题亦高度重视。十九年，苏勒额奏称：洋商每年将内地足色银两私运出洋，复将低潮洋钱运进中国，任意欺蒙商贾，以致内地银两渐形短绌，请严加禁止白银出洋。嘉庆帝认识到，若将内地银两每年偷运出洋百数十万，岁积月累，于国计民生均有关系，命令粤督立即查明每年洋商偷运白银出洋的实数，订立章程，严密禁止。

嘉庆朝的保守政策

严行矿禁

中国自古东临太平洋，北接荒芜人烟的西伯利亚，西北是塔克拉玛干大沙漠，西南为喜马拉雅山，在这样一个封闭的环境之内生存，养成了国人含蓄内敛、保守中庸、消极忍耐的农耕性格。故历朝封建政府皆重农抑商，重伦理文采，轻科技实用，拒绝蓬勃的商业发展。

嘉庆自然也不例外。他对待开矿，一开始就摆出了极其严峻的态势，因为他害怕“滋生事端”。嘉庆亲政后第一次接触有关矿业问题是在嘉庆四年（1799 年）三月，两广总督吉庆针对民间私采生铜一事上奏疏称：“广东采挖黎地石碌铜斤，试办一年，额已短缺，且该处滨海临洋，多人前采，恐致滋生事端，似应亟行停止。其省局鼓铸，仍请运用滇铜。”他立即批复说：“所办甚妥，所见极是。仍用滇铜，不必开采。”嘉庆批复的文字虽然不多，但观点鲜明，态度也很坚决。广东省在乾隆初年获得开发矿业的权利，原本来之不易，因为这是当时两广总督鄂弥达会同巡抚杨永斌，带头向顽固守旧的禁矿派发起了猛烈冲击的结果，这在我国矿业史上有“鄂氏三疏”之称，从而使广东成为继云南之后经廷议获准全面开发矿业的省份。可是嘉庆刚亲政，便将这一可喜的势头压下去了。自此以后，嘉庆便在矿业政策上不断倒退，变得愈来愈顽固和僵化。

嘉庆十四年八月，直隶提督薛大烈等查获民人路成章私运大批生铜，据称系购自八沟那个地方，本来打算运到京城里去卖掉的。此事居然也惊动了日理万机的嘉庆，竟将此列为要案，亲自进行处理。他立即指示薛大烈即日赶赴八沟，尽快查明该地是否确有铜矿，是否有人违禁私挖，抑或是贩自别地。薛大烈倒也聪明，他很快就联想到嘉庆六年平泉州四道沟曾呈请开采铜矿而未获准之事，随即查实这批私运生铜确实是从四道沟私挖之矿所得。薛大烈马上又跑到四道沟，将私采铜砂的徐振等人拿获归案。嘉庆听说薛大烈查明白了，竟像打了胜仗一样高兴，一面赞扬薛大烈“能于多年旧案记忆明确，办理不致费手，尚属能事”，命交部议叙，参与查缉有功的李学周等人，亦命优先升补；另一方面对缉获各“犯”，命解赴热河，交军机大臣会同行在刑部审拟具奏，对在逃各犯，著热河道等严缉归案审办。此案从发现至审结，嘉庆一抓到底，突出地体现了一个“严”字。

另外，嘉庆不仅对金、银、铜、铅等金属矿禁得很严，就连日常生活及鼓铸冶炼所必需的煤矿，也屡谕禁采，即使是小规模的开采，亦不予允准。嘉庆十一年（1806 年）十一月，科布多参赞大臣恒伯奏称：洪果尔托洛海山产煤甚旺，民人内有情愿前往挖取者，请旨限以30人前往开采。嘉庆则立即批驳说：“所奏非是。口外蒙古地方，向无开挖煤窑之例。洪果尔托洛海山在扎哈沁牧界以北，伊等平日虽不在彼住牧，如准民人挖煤，相沿日久，民人积众，难免不滋生事端。所奏不准行，并著申饬。”对于旗人申请采煤，嘉庆从宽裕旗人生计出发，虽曾网开一面，有所宽容，但仍有诸多限制。

嘉庆推行这种消极倒退的禁矿政策，在廷臣中并非无人反对，只不过是人数较少，又不敢与他正面冲突罢了。

禁止流民出关

嘉庆的关外垦荒政策，与他的禁矿政策一样消极和僵化。虽然他很重视农业，但他只许百姓在关内耕地，而禁止流民到关外垦荒。嘉庆十三年（1808年）九月，为了进一步严格控制内地民人出关耕垦，由盛京将军富俊负责制定了新的章程，规定关内民人出山海关至奉天所属各地，除得有原籍发给的关照一张，填注姓名及所往处所，到关验明放行外，还应有随身护票一张备查。若出山海关至威远堡法库边门外，则应有原籍关照两张，一照山海关存留，一照边门存留。经户部议复，准予施行。至于章程规定，从嘉庆十四年（1809年）正月开始，将各该处民人户口、地亩，责成通判、巡检、地保等分别立限详报，以防续有流民前往籍户诡添情弊。户部则认为是项规定尚不严密，应饬令该将军按每一季度派员清查一次，将有无增添之处，具结报部备查。嘉庆立即批准了户部议复的章程，同时指出：“盛京地方设立边门，原所以稽查出入，用昭慎重，若听任流民纷纷出口，并不力为拦阻，殊非严密关禁之道。嗣后著照该部奏定章程，交该将军严饬守口员弁，实力巡查，并出示晓谕各处无业贫民，毋得偷越出口私垦，致干例禁。”这在嘉庆一朝禁止流民出关私垦诸章程中，属内容最为详尽、措施最为严密的一个。

限制对外通商

如果禁止开矿、禁止关外垦荒等政策只是嘉庆重农抑商或防止流民作乱的手段，那么限制货物出口和进口则是闭关自守政策的继续，它保护了封建经济，隔绝了人民与外界的往来和交流。但这种保守、消极的对外贸易政策，既不利于社会经济的发展，也不利于国力的增强。当然，这并非嘉庆的首创，而是乾隆以来所实行的“闭关政策”的延续，而自给自足的自然经济，就是这种保守政策的牢固基础。

嘉庆嗣位后，严守乾隆所定下的一口通商的僵硬政策，丝毫没有松动的余地。即使在广州港，也并非实行完全的自由贸易，除了由公行实行垄断外，还有诸多的清规戒律，一般是规定外国商船于每年五六月间抵粤，泊黄埔换货，限于当年九十月间回航返国，即使账目未清，亦须在澳门住冬结算。所以当时的广州港，充其量也不过是一个季节性的贸易市场而已。并且广州港的贸易对象，虽无明文规定，但实际上主要是对欧美商人开放，至于像北方的俄国等，则显然是被排除在外的。

嘉庆十年（1805 年）十月，俄罗斯两艘商船，经海道南航，先后驶抵广州港。这些不速之客的到来，给粤海关及当地官员出了一道难题。当时即将卸任的粤海关监督延丰，虽然知道“该国向在恰克图地方通市”，但鉴于船货已到，而且俄国商人的意图只在“省费图利”。恰好当时即将卸任的两广总督那彦成，远在潮惠一带巡视，不在省城，而新任粤海关监督阿克当阿又已到任，即将进行交接，延丰为避“意存推诿”之嫌，遂在征得广东巡抚孙玉庭的同意后，特意给予通融，在委派员弁的弹压稽查下，准令俄商在黄埔卸货。延丰觉得自己这样处理是尽职尽责的，又是合情合理的，只是对于以后如何处理类似事件，心中还没有多大的把握，于是上折奏闻，恳请嘉庆给予训示。可是他万万没有想到，嘉庆看到奏折后，大发雷霆，斥责延丰“专擅乖谬”，“所办粗率之至”，下令对此事严加追究。他认为“外夷通商，自有一定地界，不准逾越”，“此等交涉外夷之事，自当慎重办理”。甚至连俄国商船所载究系何项皮张，共带若干银两，欲转贩何项货物，该船经由几国，其导引者又系何国，该商货物是自办牟利、抑系该国王遣令贸易等等，嘉庆也谕令新任粤督吴熊光逐一查明，以递速四百里奏闻。

没过几天，嘉庆又急谕吴熊光：“该商船如尚未卸货，即令停止纳税”，并晓该商，现奉有大皇帝谕旨，通市贸易，本有一定地界，不可轻易旧章，着即将船只货物驶回本国，不许在广逗留，亦不许转往别处港口通市。可是吴熊光和阿克当阿刚一接手，便同样犯了类似延丰的“错误”。因其时俄国商船已卸货完毕，称该国“地处极北，若遇风汛，遂致阻滞一年，叩请早给牌放关开行”。吴熊光等见他们“情词极为恳切”，又念及“该商等远赴重洋贸易，海洋风爪靡常，若俟奉到谕旨方准放行，设至船只阻隔经年，既非体恤远夷之道，并恐该国心生疑畏，亦多来便”，便会同孙玉庭、阿克当阿“再四筹商”，一致认为“抚恤外夷，自应示之以信，既经准其卸货，似又未便久阻归期，致失怀柔远人之意”。于是在查明该船“所贩货物系茶叶、瓷器，并无违禁物件”后，准其开船离港返国。这自然免不了受到嘉庆的严厉申斥，此事最后处理的结果：延丰受到革职，吴熊光、孙玉庭、阿克当阿以“办理未协，不能无咎”，均交部议处。嘉庆还再次申饬嗣后遇有该国商船来广贸易者，惟当严行驳回，毋得擅准起卸货物，以昭定制。

这一事件若从表面上看，好像是延丰等人没有遵守制度的问题，但其实质却是反映了清政府对通商口岸规定过窄，限制太死，缺乏必要的灵活性。嘉庆所背的“处处防夷”的思想包袱极重，以至于疑神疑鬼，把一些在普通商业贸易中所出现的问题，也作为对外的政治问题去处理，致使君臣之间的处理意见严重脱节。因此，过错并不在于粤省地方官员，而在于嘉庆的指导思想过于保守。类似这样的事，在嘉庆一朝屡见不鲜。这足以说明嘉庆在死守“定制”方面，思想已趋于僵化了。

十六年十二月，嘉庆帝颁布了《御制守成论》，中称：“后世子孙，当谨循法则，诚求守成至理，以祖宗之心为心，以祖宗之政为政，率由旧章。”嘉庆帝谨守他父亲的闭关自守政策，虽然有利于封建专制主义的维护和巩固，但对于中国社会的发展起着严重的阻碍作用，影响了中国学习世界先进的思想文化与发达的科学技术，致使中国在世界前进的行列中逐渐落伍，处于被动挨打的地位。嘉庆二十一年，英国以阿美士德为首的使团来华，因为没有向他三拜九跪就把人家撵走了，还写信给英王说，不懂礼仪就不要再派使团来，他不稀罕奇巧礼物。嘉庆帝在位时期正是18世纪末19世纪初，当时英国的工业革命已经进行几十年了，但嘉庆帝对此一无所知，继续严守先君之制，重本抑末，闭关自守，压制各地工矿业，清朝只能沿着衰微的道路继续走下去。

嘉庆二十五年（1820年）七月，嘉庆帝在西部边陲不断传来的张格尔叛乱的报警声中，病逝于避暑山庄，享年 61 岁。

嘉庆帝死亡之谜

暴死避暑山庄的嘉庆帝

嘉庆帝虽然没有什么才能，但是他从小苦读，精通四书五经，继位之后，也算勤政。但是，一人之力总难力挽狂澜。朝政的繁杂，官员的腐败，宫廷内部的斗争，种种纷繁扰攘之事弄得嘉庆皇帝是焦头烂额，疲于应付。特别是他的同母弟庆亲王去世之后，嘉庆皇帝变得更为忧郁。

1820 年，嘉庆二十五年七月，年过花甲的嘉庆皇帝，率领着大队人马第 16 次来承德避暑山庄避暑。嘉庆此次出巡，一路顺利。路上，好久没有骑马的皇帝，虽然已经 61 岁，体态肥胖，但仍颇有兴致地纵马奔驰过了广仁岭，尽管是剧烈运动，嘉庆丝毫没有疲倦和病态。按原定计划，嘉庆要在避暑山庄度过整个夏天，一直住到中秋后，然后到木兰围场举行秋狝大典后，再从避暑山庄返京。

抵达避暑山庄当天，嘉庆到永佑寺中祭拜了康熙、雍正和乾隆，然后回到烟波致爽殿，又处理了两件并不算紧急的公务，也就休息了。

次日上午，嘉庆突然感到痰气上涌，说话困难，头脑发胀。他身旁的皇子慌忙去请御医，并召大臣赛冲阿、托津等入室。谁知没过多久，嘉庆皇帝就不会说话了。太医们没有见过如此怪病，都感到束手无策。到了晚上八九点钟，天空中突然雷电交加，并有闪电击中嘉庆皇帝所在的烟波致爽殿。一阵电闪雷鸣过后，嘉庆皇帝被发现已死在龙床之上。嘉庆皇帝死后，热河行宫立即封锁了消息，避暑山庄大门紧闭，限制人员出入。嘉庆帝死得如此突然以至于连棺材都没有预备好，随行的王公大臣只好让人将北京宫中预备的寿棺连夜运到承德。嘉庆皇帝临死之前不会说话，也没有安排后事，他死了之后，人们在正大光明匾后面也没有发现装有继位诏书的小金盒。嘉庆随身携带的那个盒子也不知道放在哪了。无奈之下，在总管内务府大臣禧恩和皇太后的支持之下，只好宣布由皇二子旻宁继承皇位。由于这其中的种种变故，道光皇帝到了八月初二，才公开发布嘉庆驾崩的消息。嘉庆皇帝离开北京时还好好的，如此突然驾崩，驾崩之后又迟了这么久才对外公布消息。人们开始对嘉庆皇帝死因议论纷纷，难道这其中真的有不可告人的内幕？

嘉庆一生没有得过大病的记录。鉴于康熙、乾隆的高寿，以及自己身体状况的良好，嘉庆深信自己也是长寿之人，活个八九十岁是大有希望的。因此，在批评大臣操办嘉庆六十寿辰庆典太过破费的上谕中，嘉庆还表示他的七十、八十、九十寿辰都要从简办理。由此可见，嘉庆对自己的寿命是很乐观的。包括他本人在内，谁都没有想到身体好好的嘉庆居然暴病而亡，还不知道是得了什么病。

心脑血管疾病致死

据一些随行人员传闻，嘉庆皇帝可能是遭雷击而死。据说嘉庆帝一行人到了避暑山庄之后，稍事歇息，就率领大臣和侍卫们前往木兰围场围猎。结果回来的路上遇上了大雨，被困在荒郊野外，一时间雷电交加，大地震撼。忽然一道光亮之后嘉庆皇帝被雷电击落马下，当场身亡。还有人说，嘉庆皇帝不是死在野外，而是在避暑山庄内遭到雷击，触电身亡。

嘉庆被雷电烧得面目全非，已经无法收殓入棺。皇二子旻宁为维护皇家颜面，决定暂时封锁消息。并秘密地将一名与嘉庆皇帝相貌体材差不多的太监绞死，假扮嘉庆收殓棺中，而将皇帝的骸骨收在棺材底部，以掩人耳目。

当然，被雷劈死只是一些传说。在宫廷正史之上都没有相关的记载，不过即使嘉庆皇帝真的是遭雷击而死，官方的记载也不敢提及此事。因为皇帝遭雷击而死，就等于是大逆不道，遭到天谴。谁写了这样的事情都会犯大忌讳。对于嘉庆皇帝的死因，官方的记载上都说是病死的。后人根据嘉庆皇帝临死前的状况推测，嘉庆皇帝可能是在年高体胖的情况之下过度忧虑疲劳，再加上天气炎热，猝发心脑血管疾病而死。

但是，不管嘉庆皇帝是不是正常死亡的，由于他在避暑山庄西暖阁暴死，此后避暑山庄便开始闲置，亲历父亲暴亡的道光皇帝从这之后一次也没来过。

附：嘉庆帝大事年表

⊙**乾隆六十年**（1796 年　乙卯）

正月，贵州苗民石柳邓等起义。九月，乾隆帝御勤政殿，召皇子、皇孙、王大臣等，宣示立皇十五子颙琰为太子，明年为嗣皇帝元年。十二月，谕：“朕于明年归政后，凡有缮奏事件，俱书太上皇。”

⊙**嘉庆元年**（1796 年　丙辰）

正月，太上皇御太和殿，授玺，颙琰即皇帝位，太上皇训政。

⊙**嘉庆二年**（1797 年　丁巳）

正月，贵州苗民再次起义。二月，皇后喜塔腊氏逝，上谥号为“孝淑”。

⊙**嘉庆四年**（1799 年　己未）

正月，太上皇逝。嘉庆帝亲政。大学士和珅及尚书福长安皆获罪下狱。和珅赐死于狱，福长安论斩。追赠纠劾和珅家臣刘全之御史曹锡宝。三月，籍没和珅花园府邸，花园赐皇十一兄永瑆，府邸赐皇十七弟永璘。

⊙**嘉庆七年**（1802 年　壬戌）

十二月，川、楚白莲教起义大部分被镇压。

⊙**嘉庆八年**（1803 年　癸亥）

闰二月，嘉庆帝由圆明园还宫，入贞顺门，陈德行刺，不成被俘。陈德及其二子伏诛。严申宫门之禁。

⊙**嘉庆九年**（1804 年　甲子）

五月，清廷彻底镇压了白莲教起义余部，此战事迁延九年，清廷耗军费白银二亿两。

⊙**嘉庆十年**（1805 年　乙丑）

四月，查禁西洋人刻书传教。

⊙**嘉庆十三年**（1808 年　戊辰）

九月，英国兵船进泊香山洋面，派兵据澳门炮台，以防御法国保护贸易为借口。

⊙**嘉庆十五年**（1810 年　庚戌）

二月，诏以鸦片烟戕生，逼饬督抚断其来源。

⊙嘉庆十六年（1811 年　辛未）

三月，谒西陵，巡五台山。七月禁西洋人潜居内地，并禁民人习天主教。

⊙嘉庆十八年（1813 年　癸酉）

七月，申严贩运鸦片烟律，定食者并罪。九月，天理教起义，其中首领林清联络宫中太监，分别从东、西华门冲入宫中，与官兵交战，全部被歼。嘉庆帝为此下“罪己诏”。皇二子旻宁于此次突变中表现英勇，功封为智亲王。

⊙嘉庆二十年（1815 年　乙亥）

三月，两广总督蒋攸铦疏陈查禁鸦片烟章程，得旨：“洋船到澳门，按船查验，杜绝来源。官吏卖放及民人私贩者，分别治罪。”

⊙嘉庆二十一年（1816 年　丙子）

七月，英国使臣到京，因礼仪之争未觐见嘉庆帝而去，并企图把天津作为新的贸易口岸，带领英使的大臣和世泰等受到黜降。

⊙嘉庆二十二年（1817 年　丁丑）

三月，增设天津水师营总兵官，专辖水师两营。

⊙嘉庆二十五年（1820 年　庚辰）

三月，谒东陵。庆亲王永璘逝，嘉庆帝亲临其府邸祭奠。七月，御前大臣赛冲阿、军机大臣托津、总管内务府大臣禧恩启建储秘匣，宣示嘉庆四年御书秘旨，立皇二子旻宁为皇太子。即日，皇太子奉大行皇帝梓宫回京，尊母后钮祜禄氏为皇太后。八月，旻宁即位太和殿，颁诏天下，以明年为道光元年。

崇俭倡廉的平庸皇帝

——清宣宗道光帝

勤俭守成帝，忍辱第一君

帝王档案

⊙姓名：爱新觉罗·旻宁

⊙属相：虎（1782 年）

⊙年号：道光

⊙在位：1820～1850 年

⊙享年：69 岁（1782～1850 年）

⊙庙号：宣宗

⊙谥号：效天符运立中体正至文圣武智勇仁慈俭勤孝敏成皇帝

⊙陵寝：慕陵（清西陵）

⊙配偶：20 人，皇后钮祜禄氏

⊙子女：9 子，10 女

⊙继位人：奕詝（咸丰）

帝王小传

清宣宗道光帝（1782～1850年），全名爱新觉罗·旻宁，嘉庆帝次子。旻宁初名绵宁，乾隆四十七年（1782年）生。嘉庆十四年（1809年），嘉庆帝按照家法确定旻宁为嗣君。二十五年，嘉庆帝去世，39岁的旻宁继位为帝，年号道光，在位30年。

道光皇帝自幼饱读诗书兼善骑射，深得乾隆、嘉庆的宠爱。登极后，道光效仿先辈，勤力朝政，意图振兴祖业。他关心治河，蠲免钱粮，赈济灾民，疏浚河道。道光本人生活简朴，热河避暑，木兰秋狝，过去帝王这些耗费巨资的习惯，他都没有。但是，大清已由盛转衰，官吏贪腐，欺压良善，内地与边疆的百姓不堪重负，纷纷揭竿而起。外国列强乘虚而入，以鸦片为先导，对中国进行侵略。他也曾振衰起弊，派林则徐赴广州查禁鸦片，但鸦片战争中，举棋不定，时战时和，最后派耆英、伊里布向英军投降，签订丧权辱国的《南京条约》。

1850年，道光病故于圆明园的慎德堂，享年69岁。

青史语录

"宣宗恭俭之德，宽仁之量，守成之令辟也。"

——《清史稿·宣宗本纪》

道光即位

嘉庆为何选中了旻宁

弹弓打下来的皇位

自乾隆中后期起，阶级矛盾越来越尖锐，尽管乾嘉年间的白莲教大起义已被扑灭，但残余势力并没有被肃清，他们继续变换着名目在北方活动，寻找时机反击。打着反清复明旗号的天理教就是其中的一支。他们在京城活动十分活跃，主要目标就是伺机攻打紫禁城。活动的首领之一名为林清，经推算，确定嘉庆十八年九月十五为起事吉日，恰逢嘉庆皇帝去了承德，京城人心浮动，防守空虚。林清自感机不可失，便如期举事。

到了九月十五中午，近百名天理教徒分别突袭紫禁城的东华门和西华门。他们之前就买通了几个信奉天理教的太监做内应，得以顺利混入紫禁城中。但因为不慎，这些起义军在东华门暴露了身份，而从西华门而入的另外 50 多人则在前来接应的小太监的引领下顺利闯进宫门。但由于路上耽搁了时间，等他们冲到隆宗门时，清宫守门侍卫已经闻讯关闭了大门。

此时，皇子旻宁恰好在上书房读书。时年 32 岁的旻宁是嘉庆次子，原本陪着嘉庆一同去了承德，后来提前回京，正赶上这场事变。

当时，宫内人心惶惶，后妃们吓得哭成一团，太监们四处逃窜，侍卫们不知所措，闻讯赶来的王公大臣也不知如何是好。在此紧要关头，旻宁挺身而出，命令各门戒严，并派人调集援军，自己站在养心殿前观察局势。

隆宗门紧闭，天理教徒分出一拨人撞门，又派五六人爬上养心殿对面御膳房的房顶，准备跳进去杀人开门。旻宁瞧见，当即举枪射击，一名教徒中弹坠墙而亡。当时都是火药枪，放完一枪需要重新装填。旻宁乍逢大事，心中也十分紧张，一时找不到弹丸，索性扯掉胸前的金扣子，装进枪膛再次射击，将另一名在屋顶上手持白旗的天理教小头目打落。其他教徒见状连忙退了回去。此时，增援的禁军也赶来了，射出羽箭，将教徒全部杀死。旻宁见危机稍缓，立即命禁军继续搜杀残余天理教徒，自己则到储秀宫安慰母后，同时命令西长街布置警戒，以防再出巨变。

嘉庆接到奏报后，对旻宁临变之时处变不惊的处置大加赞扬，夸赞自己的二儿子有胆有识，忠孝兼备，当即加封旻宁为智亲王，加俸银一万二千两，所用的火铳也被赐名为“威烈”。旻宁立了大功，却不张扬，表示自己当时心里也很害怕，有许多处置也不太恰当，请父皇恕罪。旻宁的这番表现让嘉庆更加满意。

代父祭祖，心知肚明的大臣们

嘉庆二十四年（1819 年）正月，嘉庆皇帝让旻宁代表他到太庙祭祖，这一举动使朝廷上下更有充分理由认定旻宁从嘉庆皇帝手里接过政权应该是势在必得。

旻宁自小文武双全。深得皇祖父和皇父喜爱。嘉庆皇帝共有四子，长子已夭折，旻宁排行第二，顺理成章被视为长子。并且，经过紫禁城平定天理教事件，立下大功，被封为智亲王，在三个兄弟中，爵位也是最高的。从这几个方面也能看出，旻宁继承大统的志在必得，顺理成章。

众人的支持

嘉庆二十五年（1820 年）七月二十五日，嘉庆皇帝驾崩。事出突然，群臣毫无准备。国不可一日无君，嘉庆暴亡，必须马上议定新君。

嘉庆因为是猝死，没有机会留下立储遗诏。他一共生有四子，选谁来继承皇位，关系到不同政治集团的利益，是一个重大问题。按照惯例，应该是长子继位。嘉庆的长子两岁时即暴病身亡，皇族宗室因此建议由二皇子旻宁来继位。孝和睿皇太后虽非旻宁生母，但非常赞成这个建议。

禧恩和孝和睿太后支持旻宁继承皇位的理由中，都提到了旻宁在紫禁城事件中的功劳，可见，此次事件不但使嘉庆皇帝对旻宁大为赞赏，也同样令群臣和后宫对旻宁这个文武双全的皇子刮目相看。这在他继承皇位的过程中起着至关重要的作用。

有宗室的支持，又有太后的懿旨，而且后来军机大臣托津、戴均元称在承德避暑山庄找到了嘉庆帝立储遗诏，称立皇次子旻宁继承皇位。这样一来，旻宁板上钉钉，成为清朝的第八位皇帝，年号道光，史称道光皇帝。

黜华崇实

道光帝在位三十年（1820～1850 年），是清朝入关后的第六位皇帝。就个人方面而言，道光与清朝历代其他皇帝相比的优点是他的节俭。他的青少年时代正是乾隆末期，他目睹了乾隆帝奢华排场的恶习，严重影响了朝野上下的作风，聆听了嘉庆帝“朕子惠元元，深念损上益下之义”的教诲。因此道光帝继位后，尽力清除这个垢病，实施废弃奢华，崇尚朴实的政策，希冀挽回国运，重图振兴。嘉庆二十五年（1820 年）十月，道光帝继位仅两个月，就正式宣告，“任何人不许崇尚浮华之风，以辜负朕务本求实的美意”。从此，道光帝在上谕中用各种字眼强调“去奢华、尚朴实”的政策，还为此亲自撰文《御制声色货利论》《御制慎德堂记》《重修圆明园三殿成御制记》。

提倡“黜华崇实”是道光帝贯彻始终的政治口号。难能可贵的是，他不但教育后代们和众大臣们这样做，而他自己也作出表率。据说，道光帝在衣食用度方面非常节俭。

道光帝的日常用度也力求节俭。如他继位之初，内务府循例预备了御用砚四十方。他觉得自己用不了这么多，而闲置起来更可惜，就下令把砚台赏给大臣们。皇帝的御用毛笔，向来都是选最硬的紫毫制成，笔杆多刻“天章”“云汉”等字样。他又觉得笔杆刻字的旧规几近虚饰，下令改刻即可。

对于政治礼仪上的繁文缛节，道光帝不仅讨厌，也不喜欢虚张声势，故于道光九年（1829 年）下旨革除由圆明园进城时设仪仗作乐接驾的旧规。

道光帝在吃穿用度方面虽然是比较节俭，但受其阶级性局限，他的节俭毕竟是有限的，从他修陵墓这点就可看出他的局限。中国数千年来一向盛行“厚葬”制度，历代帝王们一登基，就为自己死后寻找宝地，修建陵墓更是不惜工本。由于帝王陵寝占地广阔，耗资巨万，因此几乎不逊色于生前居住的宫阙。道光帝登位之初，即遵国家定制，选择东陵宝华峪为“万年吉地”。建陵初始，道光帝特意下旨，说：“修陵墓应以地利精致为标准，而不是修建华美宫殿让人观赏，所以一切工程务必力求朴实无华。”他还明确指示，“像宝城内月台碑亭这样的工程应适量削减，而且不用琉璃黄砖修脊梁，还要裁撤金券内经文佛像和两个柱门，那些石像比例也应缩小，至于井上的石栏就不用修亭、座了”。后来，因发现地宫浸水，于是就决定重建一座帝陵于西陵。从清西陵龙泉峪的慕陵——道光帝的陵墓看，不论和东陵还是和西陵的任何帝陵相比，慕陵都是规模最小的，并且地宫之上只有石圈，大体上达到了道光帝的本意，因此慕陵倒也显得较为朴实。不过，皇帝的崇节尚俭，自有皇帝的标准，因此他的节俭也只是比前面几个清帝强点罢了。道光帝之修慕陵，虽缩减了部分工程项目，节省了许多银两，可他有些方面甚至比别的皇帝还做得过分。如道光帝认为东陵始修之地宫浸水，一定是龙们钻出洞来吐水，假若把那些龙挪到天花板上，就不会在地宫中吐水了。因此在西陵修慕陵时，就雕了许多金丝楠木做的龙遍布在天花藻井上，而成“万龙聚会，龙口喷香”之景观。而慕陵的隆恩殿别出心裁，不但每一个带龙的方格都被雕到天花板上，而且梁坊雀替、门窗扇，全为楠木雕成的蟠龙或游龙。这些不施彩绘的龙张口鼓腮，向外吐着香雾，又保持原木本色，因此整个殿中弥漫着楠木香气。由此可见，道光帝的节俭是有其明鲜的阶级局限性的。

新帝登极三把火

调整军机处

嘉庆二十五年七月，嘉庆帝病逝后，经过一番周折，近侍找到了藏在大行皇帝身边的鐍匣御书。八月十二日，嘉庆帝的灵柩从避暑山庄启运回京。八月二十七日，旻宁正式即位于太和殿，颁诏天下，改明年为道光元年。

即位之初，道光就利用文字疏漏，动手收拾前朝勋旧权臣，调整军机大臣班子。道光抓住机会先收拾了托津和戴均元。军机大臣托津和戴均元二人是嘉庆遗诏的撰拟者，又是公启鐍匣者。他们在热河所拟的遗诏中，有乾隆帝生于避暑山庄之语。此说与《清高宗实录》所载乾隆帝生于雍和宫不同，却与民间逸闻合拍。事发之后，道光龙颜大怒，令军机大臣明白回奏。军机大臣声言是根据嘉庆《御制诗文初集》的诗注撰写的。诗注称乾隆帝于辛卯岁诞生于“山庄都福之庭”。道光断然否定这种解释，他说，其语意“系泛言山庄为都福之庭，并无诞降山庄之句”，当日拟注者系误会诗意。于是，原来的军机大臣一律交部严议，托津、戴均元都受到处分，罢军机大臣、降四级留任。另两位军机大臣卢荫溥和文孚虽然留任，亦受到“降五级，六年无过，方可开缺”的处分。

经此事件后，经常出入宫廷、从事文字事务的臣子们见旻宁如此注意文字，均为之震惊。曹振镛是一个“历事三朝，凡为学政者三、典颖会试者各四”，“殿廷御试，必预校阅，严于疵累忌讳”的人，此时他提出“抽阅数本，见有点画谬误者，用朱管描出”的办法来抽查控制臣僚思想，这自然很容易被旻宁接受，继而形成风气。这是旻宁即位后处理的第一件大事，然而却是一个不好的开头。

镇压张格尔叛乱

道光帝即位后第二桩大事是镇压张格尔叛乱。嘉庆时，随着吏治的日益腐败，清廷派往新疆地区的办事大臣、领队大臣及侍卫、章京人等，“或意存见小，子女玉帛，嗜欲纷营，又役使回人自恣威福”。这些满族大员，还与当地伯克相勾结，“敛派回户，日增月盛”，“赋外之赋，需索称是，皆章京、伯克分肥，而以十之二奉办事大臣”。清廷驻新疆各级官员和维族上层分子的倒行逆施，横征暴敛，激起维族人民的强烈憎恨，他们反抗贪官污吏的事件不断发生。张格尔（准确音译应为“江罕尕尔”）系乾隆时因叛乱被诛的大和卓木波罗尼都之孙。他起初匿居于浩罕，后在喀布尔。在英国殖民者的支持下，他长期以来即在南疆进行活动，“以诵经祈福传食部落”。

张格尔向浩罕汗国的玛达里汗透露，说他祖父波罗尼都当年撤离喀什噶尔时，曾在城西的“古勒巴格要塞”的地底下埋藏了无数的金银珠宝，企图以此引诱浩罕出兵助他复辟。“古勒巴格”原是波罗尼都在喀什噶尔城西郊的私人庄园，波罗尼都在逃跑时将财宝埋在花园地下，也未尝不可能。但浩罕当局远不是那一点儿私人窖藏就能喂饱的，况且玛达里汗认为出兵清朝的时机也不成熟；为了不引起清朝的怀疑，便佯作姿态将张格尔扣押起来。但不久，却又听任张格尔“逃出”浩罕首府。

张格尔等不及了。玛达里汗对他明擒实纵，是对他行动的默许和支持。他立即着手网罗党羽，窜入帕米尔的深山老林之中。嘉庆二十五年（1820 年）九月，张格尔利用南路参赞大臣斌静荒淫无度、回部离心的机会，纠众数百，袭击清朝卡伦（边防站）。清军有少量伤亡。

当时，喀什噶尔边境山区的柯尔克孜首领苏兰奇出于爱国之心，向喀什噶尔参赞大臣报告了这一敌情。参赞大臣斌静是个昏庸的贪官，听了之后并不在意。等到清军卡伦守军再次向他报警后，他这才感到事态严重，急忙派人火速飞报伊犁将军。

此时，张格尔已率领数百人顺利进抵图休克塔什卡伦，距喀什噶尔西北不过百余里，在山区村落烧杀虏掠，清军副护军参领音德布已英勇战死。

伊犁将军庆祥闻报后，日夜兼程亲自奔赴喀什噶尔。同时，喀什噶尔帮办大臣色普征额也率兵火速开赴边境御敌，与张格尔匪帮遭遇后，迅即获胜。张格尔仅率20余骑逃回浩罕。

道光四年秋至五年夏，张格尔伙同其弟巴布顶，集结200多人，自边界阿赖岭入境，进入乌鲁克仍伦（在今英吉沙县西依格孜叶）抢劫，伤清军官兵30余人，侍卫花三布阵亡。面对危局，清军游击刘发恒率卡伦守军奋力拒敌，张格尔与巴布顶抵挡不住，又退往边境山区。

道光五年九月，领队大臣色彦图，以兵200出塞400里追剿，无所获。色彦图竟纵杀无辜的游牧布鲁特妻子百余而还，部落头目汰劣克愤极，率所部2000，追击官兵于山谷。张格尔叛乱势力益发猖獗。

道光六年七月的一个深夜，张格尔又领着党徒200余人和浩罕汗国革职军官艾沙所带的60余名安集延士兵，第三次入卡作乱。他们自开齐山入境，以最快的速度绕过清军卡伦，占领了喀什噶尔以北40余公里的阿图什。在喀拉汗王朝索图克·布格拉汗的陵旁，张格尔向民众宣布，他此行的目的只是要到喀什噶尔阿帕克霍加麻扎去，以祭拜先祖在天之灵。消息一传开，有不少白山派信徒信以为真，先后赶到阿图什参拜张格尔。

与此同时，喀什噶尔参赞大臣庆祥也已闻报，火速命令帮办大臣舒尔哈善与领队大臣乌凌阿等，率兵直奔阿图什围剿。张格尔忙带着由引诱哄骗而扩充为千余人的部队迎战。这些未经训练的叛军一战即溃。张格尔马上掉头就跑，先往东退往伽师，再向西悄悄迂回到喀什噶尔城东 5 公里处，占领了阿帕克霍加陵园。

庆祥闻讯，又派千余清兵前往包围了阿帕克霍加陵园。此时张格尔已派人混入喀什噶尔城内，串通内应发动了变乱，叛匪冲出东门，在清军外围又形成一道包围圈。清军受内外夹击，处于明显劣势。在一个雷雨交加的夜里，张格尔顺利突围。

短短的几天，张格尔疯狂地煽动宗教情绪与民族仇视，不断招兵买马加强攻势。喀什噶尔附近清军防线已无力再维持，舒尔哈善、乌凌阿等将领，甚至原先的代理喀什噶尔参赞大臣穆克登布等，都先后英勇牺牲。清军残部由庆祥带领退守喀什噶尔汉城（即徕宁城，其址在今喀什地区公安处驻地）。此后，英吉沙尔、叶尔羌、和阗等地清军，也相继被张格尔叛军包围。闻知张格尔已得手，浩罕汗国也应邀派出 3900 侵略军赶来，企图与张格尔分享战利。两股强盗合兵，把塔里木盆地西南缘一带陷入一片硝烟战火之中。

张格尔探得喀什噶尔清军力量单薄，乃悔背前约。浩罕首领愤其背约，遂与张格尔叛军火并。这年八月，张格尔率部连续攻陷喀什噶尔、叶尔羌、英吉沙尔、和阗，西四城全陷敌手。张格尔叛乱，使回部城镇沦于战火，人民的生命财产遭受战火的浩劫，也危及了清王朝在新疆的统治，道光帝决定遣军入疆平叛。他任命伊犁将军长龄为扬威将军，着手部署征剿张格尔事宜。

总指挥官扬威将军长龄调乌鲁木齐提督达凌阿、伊犁领队大臣祥云保分统满汉官兵各数千，又封陕甘总督杨遇春为钦差大臣率兵 5000，再调山东巡抚武隆阿统吉林、黑龙江马队 3000 骑一齐出关，在阿克苏集结兵力共 3.6 万余，开始向喀什噶尔挺进。然后，清军仅用5个月的时间，即收复了张格尔盘踞的西四城，基本上粉碎了张格尔的叛乱。清政府平叛的迅速胜利，除了由于张格尔“须索科派，人心离散”，“暴虐已极，众心怨恨”的客观原因外，与道光帝的正确调度，也有密切的关系。

清朝此次发兵喀什噶尔，旨在全歼叛匪、活捉张格尔。然而敌军虽已瓦解，祸首张格尔却漏了网。为此，清朝责令长龄等人限期擒拿张格尔归案。

张格尔逃出喀什噶尔后，流亡于木吉、阿赖、拉克沙、达尔瓦斯等帕米尔深处山区，后来又纠集了200余人逃窜到柯尔克孜牧区萨克雅部落的托古斯托罗一带，伺机卷土重来。

道光八年春节前夕，喀什噶尔代理参赞大臣杨芳派遣细作至边境，放风说清军已全部撤离喀什噶尔，此地防务空虚。张格尔果然中计，带500余骑兵，于大年三十除夕夜偷越边境，连夜抵达阿图什，想乘清军过年无备，袭击喀什噶尔。

喀什噶尔一带百姓饱受张格尔战乱之苦，不仅当地黑山派信徒恨之如骨，就连素被张格尔视为依靠力量的白山派信徒们也不再追随他。各族人民主动向清军通风报信，组织民军沿途袭击堵截。加以扬威将军长龄与杨芳早率6000余清军设伏以待，张格尔见势头不对，未及一战，就掉头回逃。

长龄命杨芳与库车固山贝子鄂对之孙伊萨克等，率兵星夜追击至喀尔铁盖山，终于堵住张格尔。经过一场激战，张格尔余党被斩杀殆尽。张格尔仅带30余亲信弃马登山，妄图隐没在群山沟壑之中。杨芳手下副将胡超、都司段永福二将，率部全力追击，几乎未经格斗，就将张格尔生擒。至此，张格尔叛乱才算彻底平息。

道光八年五月庚戌（1828年6月22日），喀什噶尔六品伯克迈玛特和库车五品伯克斯迪克及部分清军押解张格尔到北京城，献俘于紫禁城午门之外，张格尔被判处死刑。

张格尔死后，道光帝综合臣下建议，实行了一系列善后政策，他谕令要“重抚绥”，力图妥善地解决各回城伯克自治问题，明文制定了各回城补放伯克章程。规定各城三品至五品伯克缺出，由本城大臣照内地体制，造具四柱清册，一劳绩，二资格，三人才，四家世，出具切实考语，将应升应补之人开列四五员咨送参赞大臣验看。为杜绝边吏和伯克等对回民的需索贪求，道光八年，照那彦成等所议，道光帝令将过去边吏伯克等扰累之事勒石永远革除，一勒各城大臣衙门，一勒各城阿奇木衙门，同时通行刷印，分贴各回庄明白晓谕，明文规定，此后各城大臣或受已禁陋规或改易名目，仍有侵削，即照乾隆年间规定的办法，立行正法，所有滥应中饱之阿奇木等亦予正法。道光帝实行的这一系列善后之策，为西部边陲的安宁巩固提供了条件。

平瑶民之乱

边疆之乱甫定，民族之乱又起。在嘉庆统治时期，蓬勃、迅猛发展的全国各族人民起义的浪潮被残酷地镇压下去了，然而，封建社会内部的矛盾仍然在不断激化，道光年间，各族人民反封建的起义时有发生。其中规模较大的是湖南、广东、广西瑶族人民的起义。湖南衡、永、郴、桂四州郡，界广东连州、广西全州，踞五岭之脊，是汉、瑶人民共居杂处之地。汉族地主阶级欺压瑶族人民，“掠攘侵侮”，而官府则“右奸民以朘瑶”。瑶族人民不堪封建统治者的欺压盘剥，奋而举起反抗的旗帜。

道光十一年（1831 年）十一月，湖南永州江华县锦田乡瑶民联合广东瑶民六七百人，在赵金龙领导下，于两河口起义，迅速攻克两河口地区。道光十二年正月，江华知县林先樑、永州镇左营游击王俊“带兵往捕”，为起义军所败。王俊滥杀无辜以泄愤，激起瑶民更激烈的反抗。起义军迅速发展，各寨响应起义的达 1000 多人，聚集于长塘夹冲，皆以红布裹首为号。永州镇总兵鲍友智调兵 700，永州知府李铭绅、桂阳知州王元凤各募乡勇数百合力进剿。赵金龙率军突围而出，至蓝山之王水瑶。起义军发展到二三千人，乘胜进至宁远地区。道光帝调遣总督卢坤、湖北提督罗思举赴剿，并令两广总督李鸿宾、广西提督苏兆熊各防边界。李鸿宾遣提督海凌阿率军进剿，海凌阿率宝庆协副将王韬以兵 500 余由宁远之下灌进攻。义军早有准备，一部分人扮成清军模样，混入军中，“伪充夫役，为官兵舁枪械”，大批义军则设伏于山沟陡狭之“池塘墟”。海凌阿率军至，义军四出冲杀，“乘高下突”，清军立即陷于混乱，王韬“披枪阵亡”，海凌阿亦被当场击毙。起义军声威大振。道光帝增调“久历戎行，身经百战”的贵州提督余步云至湖南，又布置各地实行“坚壁清野”，并令各瑶寨“自相团练”，使起义军“无食可掠，无人可裹”。官兵残酷征剿，到四月才镇压了赵金龙起义。但广西贺县、连州瑶民又分别起义，连败官军，清廷费了很大力气，才将义军镇压下去。

积重难返的政治腐败

捐纳和署职

清朝从雍正年间到嘉庆道光年间，平均每年的财政收入只有4000万两，刚够正常年景开销。每遇军需、河工、营田、赈灾不时之需，就没钱支付了，就只好用捐纳等手段来筹措款项。捐纳即官吏捐加级、封典，平民捐职衔，秀才捐纳做贡生、监生，其实质就是用卖官来换钱。嘉庆时期国家财政入不敷出，朝廷就靠捐纳来作为国家开支的补充，捐纳在户部收入的比重迅速上升。如川楚之役开捐，至嘉庆六年（1801年）就达3000万两白银，自此捐纳之风开始盛行，以致一发不可收拾。到了道光时期，捐纳更成为国家重要的财政收入。官场上到处充斥着靠钱买官之辈，如贵州一省，自嘉庆五年（1800年）至道光二年（1822年）六月，便收捐纳银28.6万余两。而道光三年（1823年）七月，不过一个月就有23人纳资捐监，国家也得到了2300多两的银子的收入。有人统计，在道光帝统治的30年里，捐监者达31万余人，捐银达3300余万两。虽然正途官员未必不贪赃枉法，虽然不可否认也有一些贤达之才捐资做官，但大多数人用钱买官的目的就是捞钱。捐官泛滥成灾，不仅有悖于清朝前期皇帝的初衷，而且还使各级机构冗官繁杂，办事效率低下，且良莠不齐，流品复杂。仕途拥塞不堪，得官越发不易，那些捐官者为了捞钱，当然变本加厉地聚敛钱财、损公肥私，而且更加败坏吏治。道光帝作为封建王朝的最高统治者，并非昏愦庸碌，也深知捐纳带来的负面作用，但也没有可行之法取而代之。

朝廷的官职本有定限，捐纳却使仕途人满为患，因此署职现象产生了。据说，道光年间，北京六部中候补的人选比比皆是，甚至有人 20 年都上不了任。内阁翰林人数亦 3 倍于前，往往 10 年不得一差。同样，各省中候补上任的人数不胜数。因官吏拥塞，无法委任，只好暂时署任州、县等地方官，而署任者心下明白，心知不能实授，因此就尽量捞钱，就像市井中的商人一样，以至出现计算哪种职务肥沃与贫瘠、哪个年长与日短，看人给职务，每年都按情况调换的事情。而有的地方，署理之员一年一换，有的地方则半年一换，并视之为定例。每当遇到有关命案盗案时，因为自知任职不会长，就故意借口证据不足，压着不办。行凶肇事的人，出逃在外一年后，就逃脱了追究。那些犯法的还专瞅着该换新官了，马上出来和新官讨价还价，开脱罪责。还有一些更不像话的州县官，在将要卸任时，把国家征收的钱粮，契税折半收取，以此捞取外快，这称之为“放炮”。有的地方放一次炮，就能得到上万两银子，少的也有六七千两。还有的官天天放出谣言，说自己将要离任，因此用降低税额以达到催税的目的。而实际上他没有离任，放的是“太平炮”。还有的新官刚上任，也有减价催税的方法，被称为“倒炮”。地方官利用催税所得用来肥己，其做法无异于白要民财。捐官太多，不容易上任，而捐纳却成风，日渐兴盛。道光末年，署任的情况几近泛滥成灾，如浙江县官署缺者即呈过半局面。

贪污攘窃

当时贪纵营私之风弥漫上下，即使如京师在天子辇毂之下，且嘉、道二帝又屡倡节俭，而猥亵贪冒、作威作福之事，依然风行无忌。京官中枢直是最为华丽显要的，而两书房也只是清静文华罢了。嘉庆道光时的机要大臣们，也无非只是给手下地方官员提供信息、提供靠山而已，每年得到的馈遗居然达数万之多。即使如一般翰林也日渐丰裕，讲究起生活享受，衣食住行，为之一变。京官上下左右只知财贿纳赂，如陕西按察使张集馨改任四川按察使，到北京辞谢，孝敬给每位军机大臣白银四百两；上下两班章京每位十六两；另外给交情深厚的或通信办折的人一百、八十两不等；六部尚书、总宪百两；侍郎、大九卿五十两，这还不包括给同乡、同年及年家世好的那些盘费，总共用别敬 1.5 万余两。只有军机大臣赛尚阿一人未收张集馨的别敬，在京官宦中也属罕见。

地方官中拥有巨万收入的，并不罕见。出任外官的官员当中，上起督抚，下到州县，都因循陋俗，收入颇为丰厚。

那些直接关系国计民生的漕运、盐政、河工衙门更是以权谋私，中饱私囊。如盐商运盐，自产地到销地，必须要给大小官吏赠送礼物，有节礼、寿礼、贺仪、程仪、重支、预支和使费等繁多名目，因而各个官员们收入也自然随着名目而增多。据熟悉盐、漕、河务的金安清所见，做了 10 多年两淮盐政的阿克当阿家资巨万，人送外号阿财神。据说他收藏的书籍字画值 30 万两银，珠玉宝玩值二三十万两，花瓶食器值几十万，衣装，车马超过 20 万，奴仆数百人，宾客几十名，每次吃饭应有尽有。盐税本为国家的主要财政收入之一，阿克当阿身为盐臣，却假公济私，私肥自己。上行下效，以盐务秕政为衣食，溜须拍马，营私舞弊者为数众多，很多人的身份是衙门中书役、奴仆、幕友。如一俗称张大麻子者，原系寒士，50 多岁始补通州运判，就因为屡次被任命审理盐商巨案，纵横捭合，用 10 年的时间就积攒了上百万。当时扬州园林素有甲天下之誉，而扬州园林最为华丽缜密者，即是张大麻子发迹后所购之宅。他的花园占地几十亩，里边有三层楼，可以俯瞰大江，想要赏梅、荷、桂、菊都各有去处。唱戏之舞台建筑结构犹如皇家。另外还有 30 多间套房，曲折蜿蜒，金碧辉煌犹如迷宫一般。鸡鸭鱼肉供应也无所不有。张大麻子在园中藏美姬 12 人，安寝之处床都相通，晚上还在这儿睡，第二天清晨就已经在别处了，豪侈淫纵，以至于此。

政务废弛和道德沦丧

嘉道朝各级政府机构臃肿，办事拖拉推诿，蒙混成风，官员们只知道敷衍了事，因循守旧，根本不把政务放在心上。当时众官员开会，只有一两个人主持，剩下的人就坐在那儿应承着。衙中官吏，或空发宏议，或与名流唱和，或终日奔走应酬不暇，或衣帽鲜艳出入于茶馆戏院，因此有“小官大做，热官冷做，俗官雅做，闲官忙做，男官女做”之谣。道光帝亦曾指责“官员相护的恶习，积垢难除”、“因循守旧，得过且过，尸位素餐，明哲保身”的现象。

各级地方政府政务废弛，比京师更为严重。道光朝曾署两江总督的梁章钜说：“这些天来，有人作了一首十字令：一是红，二是圆融，三是路路通，四是认认古董，五是不怕大亏空，六是用棋马钓中中，七是梨园子弟能勤奉，八是衣服整齐，言语从容，九是主恩宪德，满口常称颂，十是座上客常满，樽中酒不空。”无谓的应酬成为地方官的第一要务，而各级衙门却百务废弛，讼案山积。如四川庆符县关押一名无罪犯人长达35年之久，县令不闻不问，听任差役贿供，道光帝得悉此事，惊叹地说：“竟有此事发生！我估计别的省也好不到哪儿去。”

这些官吏不以政务为重，不但众人聚在一起不谈种田植桑，甚至连封建政治的所谓“教化”也不以为意，就连口头上也不再提及了。营私舞弊，得过且过，贪图享乐，不仅使传统道德败坏，还诱使他们中的某些人以官经商。屈大均在《广东新语》中说，广东几乎无官不贾，官吏依仗权势，放高利贷经商的人中，民间的人占3/10，而官方的人占7/10，至道光朝，官员比清初则更有过之而无不及，福建汀漳地区有一陋规，郡里妓女院赌场名声闻于全省，都是受衙门保护的。衙门每月收取300元的保护费，并且他们的家人也能得到十几元、几十元的好处，这真正是地方陋习。衙署差役坐地分赃，其长官操守可知。地方官员营私舞弊，广泛从商，使封建道统和封建规范遭到破坏，而人人私欲膨胀，一心只向钱看。在造成道德沦丧的同时，更加速了社会风气的败坏。

八旗兵和绿营兵的衰微

徒有虚名的八旗兵

清朝兵制的状况，集中地体现了清王朝在政治上的衰败。清朝统治者所以能入主中原，与八旗制的优越大有关系。八旗军入关以后开始腐化，到了乾隆年间时更是不可收拾。嘉庆帝论及此事，曾在上谕中指出：“我朝初期时，八旗军精锐骁勇，所向披靡，兵士们作战时也是奋勇争先，勇往无敌。而如今的八旗军，衰落得连绿营都比不上了，以致于没有人愿意再带他们。”的确，这时的八旗兵已成为徒有其名、不能打仗的老爷兵了。

八旗将领多是皇亲国戚或勋臣后裔，作为军事贵族，他们是和清朝朝廷荣辱与共的。可是，嘉庆时期的川楚军前却是另一番景象：八旗将领虚报功级，侵吞军饷，索取贿赂，花天酒地。有个将领刚到军队时，居然一次收受某地方官珍珠三斛，蜀锦一万匹，以及许多其他物品。前线将领发国难财，京师八旗贵族亦羡慕眼红。嘉庆帝亲政之初，曾痛斥前线将领玩寇养患的恶劣行径。

在嘉庆年间时，八旗兵丁也大不如以前了。他们不事生产，游手好闲，已养成无所事事的恶习。川楚军前，打仗时把乡勇排在最前头，把绿营兵排在第二层，把吉林的满洲索伦兵排在第三层，最后才是自己。于是贼寇们也相机行事，把难民放在最前面，真正的恶匪却排在后面。这样最前排的乡勇和难民遭遇，难怪别人说“贼兵不相逢”呢。八旗军中最精锐的健锐营、火器营亦不中用。八旗士兵战斗力下降，与八旗军内部阶级分化亦直接有关。前线将领们克扣士兵军饷，使士兵们无衣无食。嘉庆帝在上谕中多次提及前线士兵无衣无食，甚至把牛衣作为裹足之物。“士兵们衣服褴褛到如乞丐一般了。”“士兵们没有军服而穿着布衣，朕看了真是难过啊。”如此士兵，焉能振作精神奋身报国立功？

道光初年，八旗军更加松懈涣散。八旗将领更不把整顿军队当成一回事，相反他们却在应酬上大比拼，模仿文人雅士，以沉溺文墨为时尚。道光年间任台湾道的姚莹以他防守海疆的亲身经历，指陈时弊，称："现在的武官们，都假充斯文，扔掉武器讲求应酬，用顺服温柔来使上级高兴，深得文人学士喜爱。唉，不可行阵，不讲技艺，一听到炮声就争相逃窜，就算是有百万支箭，又能把敌人怎么样呢?"道光帝深明此弊于国家武备不利，曾明确降旨："这些年来，各省的武将们略懂文艺，并喜爱笔墨，以致于营务废弛，现特命各地方大员偕各级营员随时巡察，一定要把恶习除掉，把操练抓起来。"

八旗将领荒废武艺转而装斯文学究。八旗兵丁无人管束，终日横行，有时成为骚扰驻地治安的祸端。如驻防太原的八旗兵肆无忌惮地窝藏盗贼，被城中居民称为梁山泊，连地方官也对之奈何不得。道光十八年（1838 年），太原的八旗兵违犯宵禁令，打伤守栏更役，地方官不敢得罪满营，只得受屈辱杖责更役了事。不料，旗兵仍不满意，几天过后，旗兵竟诬蔑查夜的审案县令为强奸犯，还大打出手。当地州县官吏或被旗兵辱骂，或被在当街打破轿窗，但也束手无策。

绿营兵的日趋衰败

绿营兵在嘉庆道光时期也日渐衰落。清朝初期时皇帝大多英明强干，他们对于绿营将领具有出于本能的戒备心理，时时处处对之加以防范，就怕汉族人掌握兵权。于是就下令绿营将领 3 年任期满后就升官转调别处，使武将不得久任一地。由于将领们定期定点任职太短，许多长远规划还没来得及实施，即使用心整饬营务，亦难见成效。嘉庆时期绿营兵已军纪败坏，将控制不了兵，兵不服将的状况已持续了很久了。嘉庆帝指斥绿营积弊，曾追忆当年随乾隆南巡，目睹杭州受阅的绿营射箭不中靶、骑马人落地的可笑现象。

绿营兵偶然操练，不过虚应故事。平日里兵丁已成为长官衙门、家府中的勤务员，并且日渐成为风气。权臣和珅家役使步军统领衙门及巡捕五营的步甲兵丁，居然多达千余名。就连两翼步军协尉，甚至司员笔帖式这样的小官，也能招呼十几名兵丁使用。各地驻防军绿营将领，甚至强令士兵们在私宅内充任工匠轿夫。这种役使随着乾嘉时期吏治的败坏而加剧，局部的兵变事件屡屡发生。这种额外役使不仅激化了绿营官兵之间的矛盾，而且更使军队日渐一日地变得腐化。绿营兵丁在长官衙邸伺候应酬，终日耳闻目睹，都变成阿谀谄媚之徒，吃喝偷赌、坑蒙拐骗的积垢已很深了。

绿营的另一积弊为将领吃空额，克扣军饷。道光时，在福建龙溪，绿营名册上的1200名兵丁纯属子虚乌有。所发军饷，都落进长官的腰包。而且同时清政府财政入不敷出，有时拖欠军饷，士兵生活十分困苦。如川楚军前提督七十五所率之四川绿营兵由于士兵缺粮少饷，无衣无食，就在无奈之下以打家劫舍为生。当地民间有这样的歌谣："宁遇白莲教匪之贼，不遇七大人叫化之兵。"前线士兵待遇如此菲薄，便以骚扰百姓勉强度日。而后方士兵往往自谋生财之道，如陕西榆林镇的士兵穷得犹如乞丐，军械早被卖掉用以糊口。台湾甚至出现长官偷偷命令士兵到大陆做买卖，并按月收取银钱的事件。即便那些不出营的士兵，也在当地设赌开娼，贩私卖盐，镇将们按月收取银钱，操练一年也不见一次。

八旗兵和绿营兵的衰败标志着清朝政治、军事的衰落，进而不得不依靠地方实力派及地方武装来维持统治，这下可给了地主阶级实力派扩充势力的机会，他们也日渐成为朝廷潜在的威胁。而这个日益衰败的清廷，已难以对付内乱和外患了。

日益紧张的中英关系

商欠纠纷的继续

道光年间，商欠案有增无减。道光四年（1824 年），丽泉行拖欠各国商人“货银十七万二千二百零七元”，外国人很不满，纷纷上告。道光六年（1826 年），西城行行商黎光远，共欠在港花旗银行的外国商人的银两达 47.7216 万两。道光七年（1827 年），福隆行商关成发拖欠英商银款百万元以上。同年，同泰行倒闭。道光八年（1828 年），福隆行倒闭。两行都背负了沉重的债务。

道光九年（1829 年），由于东生行拖欠外商债款过多，行商章官逃回老家。东生行的危机触发了英国商人长久以来在商欠问题上的不满情绪。英国商人决定强行要回拖欠的债款，于是中、英间一次较大的冲突就这样产生了。

道光九年（1829 年）九月，英国大班采取强硬手段，令英国货船全部停泊在澳门外洋，要求把进口交易中止。九月初九，英方向两广总督提出了 8 条要求：第一，章官行不许倒闭，章官一定得拿钱回来。如果该行倒闭，外国人将要求立即偿清全部欠款。第二，成立新的行号。以后不论成立多少银行，都不需要承担破产的中外商人的债务。每个商人只承担自己的责任，别人的债务一概不管。

第三，新体制开始运行后，旧行号就和它们原先的任何债务脱离干系，现在他们必须清偿债务或申明目前负债的数额。第四，现已破产的老行号的债务，在对每一笔进出口贸易的总量稍作调整之后，加以偿还。第五，中国方面必须每天征收进出口货物税，5天之内，总税款必须由中国政府送交英国政府。第六，允许外国人租借货栈。第七，行商不必为外国船只作保，把买办取消，由船长自由挑选他们中意的商人做交易。第八，减少进口规费的征收额，规费应按船只大小征收。

对这份请求书，两广总督李鸿宾并没觉得怎么样。他在给道光帝的奏折中说，英国人所递禀帖文义不明，而且一般来说，洋行长期倒闭歇业，拖欠洋人银子，因而洋人才要求清朝朝廷出面整顿秩序。他认为，英国人的绝大部分要求都有悖于“向定章程”，而且华人与洋人结交，不好处理事端，万不可行。只有区分船只大小征收进口规银一项，似乎可以酌情变通，以示天朝上国宽大之怀。他按照这个意思答复了英人。李鸿宾的作法后来得到道光帝的充分肯定。

李鸿宾的回复并没有让东印度公司的特派委员会感到满足。他们决定直接向清帝递交请愿书，并说直到皇帝答复了请愿书，他们才把船只从马尼拉返回。道光九年（1829年）十二月十七日，特派委员会致信英印总督，向他通报了“令人不满”的事态，请求他派出军舰来广州进行威胁。另外，委员会还建议英印总督亲自写信给中国皇帝，该信或由信使经尼泊尔进入中国呈交，或者由两艘战舰到天津交送，得到答复后，战舰才能离开天津港。然而，特派委员会内部意见并不统一，由于委员会主席部楼东和东印度公司伦敦董事会不主张采取过激的做法，同时清政府也答应只收80%的进口银，这才使濒临恶化的事态平息下来。

道光九年（1829年）的风波虽然过去了，然而中英商欠之争不仅没有解决，反而更加严重。在鸦片战争前几十年间，中英之间冲突的一个重要方面始终体现在商欠纠纷中。这个问题直到鸦片战争后签订《南京条约》才得到最后解决。其中战前积累的三百万元商欠包含在《南京条约》所规定的二千一百万赔款中。

“阿美士德”号事件

道光十二年（1832年），“阿美士德”号英船奉东印度公司之命，在中国沿海进行了长达六个月的侦查活动。该公司派出“阿美士德”号的最初目的是促进贸易往来，获取中国沿海各地何处能够辟为通商口岸的情报。另外，还可以及时了解当地人民和官府的对外态度和意图。东印度公司伦敦董事会指出，获取中国的军事情报也是该船这次航行的一个重要使命。

由于清朝政府严格禁止英国人进入广州以外的任何港口，因此该船不敢暴露真实身份和目标，故假装是从印度孟加拉开出前往日本进行贸易的。该船船长叫礼士，另外，东印度公司广州商馆职员林德赛，翻译兼医生郭士立也在船上。

道光十二年（1832年）一月二十五日，满载纺织品、钟表、望远镜的“阿美士德”号从澳门出发，途经南澳岛、厦门、福州、宁波、上海和威海卫等地后，又返回到朝鲜、琉球，并于同年八月初十返回澳门。礼士在航行途中专管测量沿海与海道的水深，绘制了航海地图。主持侦察活动的胡夏米，每到一处，就四处散发名为《英吉利人品国事略说》的小册子。郭士立则以替人治病为名，趁机在沿途调查和传教。“阿美士德”号的航行引起了清廷的震动。朝廷接连下令给沿海各省官员，对英船要严加防范，不许停泊，不许英人上岸。事实上，“阿美士德”船仍照样进港停泊，登陆察访，并在当地和百姓交易来往。为了试探官府的态度，英国人还向所到之地的官府投递禀帖。英方通过这次航行获得了中国大量的军事、经济情报。

胡夏米等人经过这次侦察后，极为蔑视中国的军事力量，并向东印度公司正式建议，一定要强迫清朝开放福州。他说：“我敢肯定，想俘虏这些中国战船只须四只印度商船和一艘战船即可。然后我们直接到闽安通知中国政府，让他考虑敌与友、贸易与战争孰轻孰重。那么用不到流血和浪费金钱，英国在福州的贸易就可以永久建立起来了。”郭士立通过这次航行也产生了这样一种信念：“只要英国政府不懈努力，中国东北部也是可以向英国开放的。但是不威吓那个衰弱和可鄙的政府，反倒与他们商议，是达不到目的的。”总之，通过这次间谍航行，英国既下决心要打开中国这个大市场，又摸清了腐朽的清政府的底，这就为英国政府确立对华炮舰政策提供了现实的依据。

英国对华“炮舰政策”

道光十四年（1834 年），广州中英贸易进入了一个新阶段。东印度公司也不再垄断对华贸易，大批“自由商人”加入到对华贸易中来。那时英国国内有两部分人与对华贸易有直接利害关系：一是鸦片贸易者，二是曼彻斯特、格拉斯哥等新兴城市中与对华贸易有关的工业资本家、航运资本家、进出口商人和银行家等。向中国推销制造品和贩卖中国丝茶是后者的主要利润来源，也是他们成为真正近代资产阶级的标志，他们最迫切需要的是向中国推销英国产品，为英国工业品开辟中国市场。带着许多幻想，他们中的一些人希望将美产棉花，经过曼彻斯特加工成衣后，全部穿到中国人的身上，并想着打破东印度公司的茶叶垄断权之后，英国人的茶叶消费量会增加一倍。可是，令他们想不到的是，英商对华贸易之路并非坦途。由于英国行号从道光十三年（1833 年）的 66 家增加到道光十七年（1837 年）的 156 家，英商把大量的茶丝和其他中国货运出去，以致货价大幅度提高；与此同时，英商的大量出口物品却降了价。最令英商不高兴的是英国棉布出口一直很不稳定，只有走私到广州和其他地方的棉布才不会亏本。

早在贸易开放之前，东印度公司就指出，中商开办的“公行”是中英贸易的最大障碍。如果英国商人以私人贸易形式进行自由竞争，则更有利于行商对市场的垄断，中国商品的价格将提得更高，或者是质量变劣，而价格依旧。而英国制造品却从中得不到任何好处，英国商品不能畅销于中国。由于只有广州作为通商口岸，因而货物进口时被课以重税。尤其是北方需要毛棉纺织品的区域，英商想进行贸易，却一点机会都没有。所以，英国要进行自由贸易，必须把中国的“行商制”取消，同时，要建立贸易的基础，即与中国签订一项通商条约。然而，这一切都不是中国人所愿意做的。

贸易开放后的中英贸易状况，使英国工业资产阶级和“自由商人”认为，英国工业品不能进入中国市场，都应归咎于中国政府只开一口，并且设制了过分严格的要求。他们把对华贸易所遇到的种种矛盾都归因于清政府的贸易限制政策，认为要想打开中国市场，必须摧毁这种政策。于是，包括鸦片贩子在内的各利益集团，纷纷上书吁请英国政府动用武力，把对华贸易的障碍彻底清除掉。于是，这样就引发了英国炮舰政策的出台。

道光十四年（1834 年）十一月，64 名旅华英商上书英国国王，建议挑选一位合适的人选做全权大使，偕同一支相当规模的武装力量，封锁中国全部沿海贸易，再逼迫中国政府满足他们的要求。

道光十五年（1835 年），从事过间谍航行的胡夏米把自己的侦探“成果”呈送外交大臣巴麦尊，建议道：“我有两个方法，一个是用武力来换回过去的损失，以保障将来贸易的进行；第二，取消一切政治关系，撤回一切代表。我们采取了许多次不彻底恐吓行动，因而中国人势必将在单纯谈判中拒绝一切让步，这是毫无疑问的。这就逼我们不得不动武了。”胡夏米还进一步提出一整套武装进攻中国的作战方案：“依我看，恰当的策略加上有力的行动，只要一支小小的海军舰队，就完全可以达到目的。我觉得最好从英国派一个大使来，去和印度舰队的海军司令联合行动。武装力量可以包括一艘主力舰，两艘巡洋舰，6 艘三等军舰，34 艘武装轮船，并载 600 人登陆，其中以炮兵为主力，并辅之以必要的陆上活动就足够了……敌对行动开始时，只对沿海进行封锁，在广州、厦门、上海、天津四个主要港口附近，利用小型舰队来驻扎……这些行动的结果，肯定会使中国海军的颜面扫地，并把数千只当地商船置于我们的掌握之中。”鸦片战争时，胡夏米的方案被当作英国侵华计划的蓝本。

在与对华贸易有关的各利益集团的共同呼吁下，为了英国资产阶级的利益，英国政府下定决心要为推进英国在中国的利益承担起责任。它觉得中英关系的格局只有用大炮和军舰才能改变，英国决定在地广人众的中国为英国资产阶级开辟一个前所未有的广阔市场。

马他仑事件

道光十八年（1838年）六月初一，英印舰队司令马他仑按既定计划率军舰闯入中国海域，这立即引起清政府官员的警觉。两广总督邓廷桢接到奏报后认为，英国已有领事在广东负责经营贸易，却为何又派马他仑来查办？这里头一定有文章。他当即催令马他仑等迅速回国。但是，英国方面并不理会中国政府的要求。义律想用军舰来压迫广州当局以达到直接联系的目的。澳门同知写信给义律，因封面标有“谕”字，该信被义律原样退回。同时，他还照样拒收了两广总督发去的谕令。

六月初九，义律派人在广州城外投递封面无“禀”字字样的公函给两广总督，通报当地政府关于马他仑来华的事宜，但邓廷桢拒收这封信。正当双方僵持时，英国人借“孟买号”事件挑起了新的衅端，致使事态一触即发。六月初八，英船“孟买号”从香港驶往广州，并且不理睬清政府对它作出的要它升旗的信号。于是，中国方面开枪示警并对“孟买号”进行检查。

六月十五日，由“威里士厘号”“拉尼号”“阿吉林号”和义律的小艇“路易莎号”组成的英国舰队驶往虎门，非要清政府书面解释“孟买号”事件。邓廷桢早就因为英国军舰的突然到来而感到不安，为了化解事态，广州当局派遣副将李贤、署守备卢大钺来到英国指挥舰上，作了文书一封，声明“孟买号”事件并不是官方命令所为，实际上是当地人因言语不当而引起。日后如有类似的事发生，必定加以查办。马他仑借此机会蛮横地正式通知广州当局，照看英国臣民是他来华的目的，由于东印度公司不再控制广州贸易，所以英国有必要派出军舰经常到中国海域巡弋。在得知这一消息后，清朝官员马上让马他仑阻止广州英人做不法之事。自称来维持秩序的马他仑却回答说，他是个海军司令，管辖商船不是他自己的事，而是商务监督的事。六月十七日，英国舰队离开虎门，回到铜鼓湾停泊。直到八月十七日，马他仑才率舰队离开中国。

从此，中英关系之紧张状况陷入白热化境地。第二年，林则徐领导的禁烟运动在广东轰轰烈烈地展开，英国政府也马上借口保护英国居民人身财产安全，向清政府宣战。酝酿已久的第一次鸦片战争终于爆发，中国历史也从此进入了苦难多端和斗争不断的近代史。

严行禁烟

禁烟争议

历朝禁烟令

鸦片作为药材进入中国已很长时间了，但鸦片吸食成为一个严重的社会问题则发生在一种吸食新法传入之后，这种吸食新法诱惑力极强，容易使人上瘾，而且难于戒绝。它自 17 世纪末传入中国后，没有几年就在各省流行开来，一系列的社会问题随之诞生。不久便引起了清朝当局的注意。雍正七年（1729 年），清廷颁发禁令，规定吸食鸦片者发边充军；私开烟馆，引诱良家子弟的，照邪教惑众的法律，绞监侯；随从人员，杖一百，流放三千里；船户、地保、邻近之人，都杖一百，流徙三年；兵役人等借口享取，按照相应的法律治罪；失察官员，都交部严加惩处。当时鸦片年进口量不超过200箱。乾隆四十五年（1780年），乾隆帝又重申了禁令。嘉庆元年（1796年），嘉庆皇帝一登基便下令停止征收鸦片税，禁止鸦片进口。嘉庆五年（1800年）又重申禁烟令，并禁止内地种植罂粟。从这时开始，清政府的禁烟谕令可以说是从未间断过，据统计，自乾隆四十五年至道光十九年（1780～1839年）的60年间，清政府无论是朝廷，还是督抚衙门，先后发过四五十道严禁贩运、吸食鸦片的谕旨、文告。其中道光朝为最。

道光二年（1822年），严禁海口守巡人员贩卖鸦片和偷漏银两；三年（1823年），重申偷漏卖放禁令，并制定了失察鸦片而获罪的条例；九年（1829年），批准《查禁官银出洋及私货入口》章程，命令广东各海口严加查处私运烟银；十年（1830年），批准查禁鸦片分销章程，再申查禁内地种植罂粟的命令；十一年（1831年），制定加重买食鸦片治罪条例；十二年（1832年），再申查禁洋面私卖鸦片，快艇走私令；十四年（1834年），令广东水师驱逐洋面鸦片趸船……从大体上来看，清政府的禁烟态度一次严过一次，治罪一次重过一次，查禁办法也越来越周全细致。从具体措施看，对外，清政府要求行商必须保证，外商船不得夹带任何鸦片，否则不准进口贸易；如果英商进行要挟，不惜断绝贸易。对内则一再加重买食鸦片者的罪名，并规定职官及在官人员如果吸食鸦片要罪加一等。外禁加上内禁，法律严密，惩处严格。然而，时至19世纪30年代，鸦片烟毒仍在蔓延，十分嚣张，禁烟令未达到预期效果。这种严峻的局势迫使清政府拿出更有效地禁烟措施，同时清政府内部在禁烟问题上出现了弛禁论和严禁论两种言论，两派为禁烟一事争论不休。

弛禁论

道光十三年（1833 年），身为广东按察使的许乃济听到一种新的言论，对此言论十分欣赏。许乃济的同乡何太青向他进言说，要改变鸦片进口，白银外流这一现状，必须“先罢例禁，听民间得自种罂粟，内产既盛，食者转利值廉，销流自广。洋人没有获利，让他来他也不会来了，来了就放松关禁，加重他的税收，责令洋商必须买卖，不然罪加一等。不出二十年，将不禁自绝”。许乃济听后大为所动，并将这一观点流布到一些广东士绅中。当时的两广总督卢坤也持相同的观点，并于道光十四年（1834 年）十月把这种弛禁主张上奏道光帝。

卢坤在历数堵截鸦片进口的种种难处之后说：“形势一旦形成，很难挽回。有人说应恢复以前规定，准许贩运鸦片入关，征收税银使洋人不能利用无税的走私品售卖获得纹银。有人说应当放松内地禁止栽种罂粟的命令，使吸烟者买食鸦片，洋人不能专利，纹银仍然可以在内地流转，这种说法不无所见，却与禁烟令相悖，很难实行。”道光帝对此没有表态，只是命令沿袭旧的禁烟令而已。

道光十六年（1836 年）三月，湖广道监察御史王玥上了一个奏折，提出吸食鸦片烟者都是社会闲散人员，不用严加管束，死了也不可惜，朝廷只须对兵丁严加约束就可以了。同年四月，太常寺少卿许乃济将自己思虑已久的看法呈奏道光帝，即《鸦片烟例禁愈严，流弊愈大，亟请变通办理折》。奏折全面阐发了弛禁主张，是集弛禁论之大成者，首先提出了鸦片贸易的严重危害在于“以中原易尽之藏，填海外无穷之壑”。并且对各种禁烟方法提出质疑：针对“绝夷人之互市”以拔本塞源的观点，许乃济提出贩鸦片的人只有英吉利人，不能因为与英绝交而与其他各国都断交。濒海的众生有数十万，都依赖通商生活，又将怎么办，况且洋船在大洋外，随时可以择岛而居，内地洋人商船都来此，又从何杜绝呢？而且，“虽绝粤海之互市，而不能止私货之不来”。有的司法官员查禁不力，致使鸦片源源不断，日益增多，针对这一观点许乃济又指出：“法愈峻则胥役之贿赂愈丰，棍徒之计谋愈巧……盖凡民之畏法不如其骛利，鬼域伎俩，法令法律有时候都无法施展威力。更有内河匪徒冒充官差，以搜查鸦片为名，乘机抢劫。臣前在广东臬司任内，报案纷纷。至栽赃讹诈之案，尤其很多，老百姓受害至深，不能计算。此等流弊皆起自严禁以后。”

林则徐画像

在闭关政策下，严禁也不能起到禁烟的作用，许乃济遂提出了弛禁之法。他的弛禁主张有三方面的内容。一是入口弛禁，即“仍用旧例，准令夷商将鸦片照药材纳税，入关交行后，只准以货易货。不得用银购买”。二是吸食弛禁。许乃济认为食鸦片者“率皆游惰无志不足轻重之辈，亦有年逾耆艾而食此者，不尽促人寿命”。只有“文武员弁、士子、兵丁等，或效职以公，或储材备用，不得任令沾染恶习”即可，“民间贩卖吸食者，一概勿论”。三是内地种植罂粟弛禁。按许乃济的意思，正是由于清政府禁止种烟，夷人才“益得居奇。而利薮全归于外洋”。应该“宽内地民人栽种罂粟之禁”，则

“内地之种日多，夷人之利日减，迨至无利可牟，外洋之来者自不禁自绝”。

许乃济的奏折引起了道光帝的重视。道光十六年（1836 年）四月二十九日，道光帝谕令两广总督、广东巡抚和粤海关监督商讨许乃济的奏折。七月二十七日，两广总督邓廷桢等复奏皇帝，响应弛禁论，认为如果“实行弛禁政策，对国计民生都有好处”。邓廷桢等人为推行弛禁措施还拟订了 9 条章程。这个章程使弛禁政策更加具体化。

严禁论

许乃济的弛禁主张虽然受到粤督等人的好评，但除此之外，朝廷上下没有支持者。相反，遭到了一批官员的反对。例如，内阁学士兼礼部侍郎朱樽和兵科给事中许球分别向道光帝上了《申严例禁以彰国法而除民害折》和《洋夷牟利愈奸，内地财源日耗敬陈管见折》，对许乃济等人的弛禁论加以驳斥。

朱樽的看法是，一些违法犯科只是偶然现象，并不能作为反对这些法律的理由。许氏建议以鸦片交换茶叶，以禁止白银出口，既然能够防止装运白银，鸦片进口为何不能防止？至于建议放宽内地种烟之禁，则不能遏制鸦片的流入。因为当时国内生产的鸦片数量并不少，可是白银却在继续出口。朱樽认为重要的不是鸦片对商务的影响，而是鸦片使人民衰弱，这才是应予反对的主要原因。吸食鸦片摧残军队的战斗力，不进行全面查禁，无法挽救士兵。在这方面，官吏和士子们也无法逃脱噩运的“垂青”。由于一般百姓道德水平低下，钤束一旦取消，他们一定会放荡不羁，鸦片将会成为他们的家常便饭。

许球的奏折则指出："弛鸦片之禁，既不禁其售卖，又岂能禁人吸食？若只能禁官与兵，而官与兵皆从士民中出，又何以预为之地？况明知为毒人之物，而听其流行，复征其课税，堂堂天朝，无此政体。"

许球认为，与其纷纷更改旧的法制，把藩篱屏障全部撤离，不如遵守旧的规章，严加整顿。他说内外情况不同，必须采取不同的措施。对内"必先严定治罪条例，将贩卖之奸民、说合之行商、包卖之窑口、护送之蟹艇、贿纵之兵役，严密查拿，尽法惩治"；对外，则将"坐地夷人，先择其分住各洋行，著名奸猾者，查拿拘守，告以定例、勒其具限。使寄泊伶仃洋金星门之趸船，尽行回国。并令寄信该国王，鸦片流毒内地，戕害民生，天朝已将内地贩卖奸民，从重究治，所有坐地夷人，念系外洋，不忍加诛。如鸦片趸船不再入中国，即行宽释，仍准照常互行；倘仍前私贩，潜来勾诱，定将坐地夷人正法，一面停止互市"。

此外，江南道御史袁玉麟也是反对弛禁论的一员，他的《奏议开鸦片禁例有妨国计民生折》认为，"弛禁之议，戾于是非者有三，暗于利害者有六"，逐一驳斥了许乃济的论点。

禁烟运动的新开端

朝廷内部有弛禁和严禁两种言论，两派争论不休，面对这种情况，道光帝一开始并未作出明确的决定。道光十六年（1836 年）八月初九，他在上谕中说：鸦片烟来源于外洋，流散到中国内地，屡次禁止。近来言论不统一，有的请求变通一下，有的请求严加禁止，必须详细考察情形，统筹安排，能长期实行而没有弊端，方为妥善。

如邓廷桢折子中所说的，那些从事贩卖的奸民、行商、包买、蟹艇、兵丁，一定要严密查办，据实上奏。同年十一月二十日，邓廷桢等人在奏折中筹议杜绝鸦片流弊，认为“朱樽所陈议论，极为正大”，并明确提出，现在关于弛禁的议论，并没有明确奉旨，虽然朝廷外部未必毫无知觉，但终究没看到明文规定，那么禁烟的条款，仍然要遵守。对此，道光帝采取了默认的态度。邓廷桢等人在奏折中还提出，鸦片流传内地，以致纹银日渐消耗，今欲力塞弊源，唯杜绝纹银出洋，是最为重要的，若能于从出之地，必出之途，实力稽查，俾汉奸夷人，估计没有什么伎俩可施，自可渐塞漏卮。道光十六年（1836 年）十二月二十日，道光帝批复说：各位都督所奏很有见地，一定要同心协力，认真巡察，严厉惩处与外商勾结的奸民，杜绝外商的贪欲。做到白银不外流，行之有效，一定不要空谈禁烟，一定要名副其实。这个谕旨标志着喧嚣一时的弛禁论的失败，清政府的禁烟运动翻开新的一页。

道光帝的谕令到达广州后，邓廷桢立刻遵奉谕旨精神在广东各地查禁鸦片，禁止纹银出洋，并勒令许球奏折中列举的鸦片贩子离开广州。英国鸦片商受到了前所未有的沉重打击。道光十六年（1836 年）十二月底，义律向伦敦报告说，最近两个月来，广州的禁烟运动已取得显著成就。

十七年（1837 年）六月十二日，道光帝又谕令驱逐鸦片趸船，责成各位都督，严厉整饬洋商，传谕各国在当地的洋人，命令他们尽快回国，不允许借故逗留寄泊船只。并且一定搜查窑口巢穴，依次按察治理，不要姑息。七月十八日，道光帝又命令邓廷桢缉办鸦片私贩。

邓廷桢接到谕旨后，按照谕旨命令，要求义律尽快撤走趸船，并多次重申，而义律置若罔闻。道光十七年（1837 年）岁末，义律报告说，到达广州后，中国官方商人就不断地催促我遣散鸦片趸船。由于义律负隅顽抗，于是为驱逐趸船，邓廷桢下令铲除名叫快蟹的小船，以此断绝趸船的接济。到道光十八年（1838 年）秋，快蟹已基本消灭。鸦片趸船虽然还能依靠其他快艇来维持局面，但情形已今非昔比。除此之外，邓廷桢还在查拿国内鸦片贩子方面取得了一定进展。

但是，应该看到，道光十七年至十八年（1837～1838 年）间，在邓廷桢的领导下广东的禁烟活动虽有成效，鸦片进口量却仍然没有减少。在这种严峻形势下，道光十八年（1838 年）闰四月，鸿胪寺卿黄爵滋上疏痛陈禁烟要害，这就是著名的《请严塞漏卮以培国本折》，禁烟运动又掀起新的高潮。

黄爵滋认为，鸦片屡禁不止的关键是没有好方法。他指出："耗银之多，由于吸烟之盛。贩烟之盛，由于食烟之众。无吸者，自无兴贩；无兴贩，则外夷之烟自不来矣。"根据这种情况，黄爵滋提出了"重治吸食"的办法。那就是采用严惩的办法，比如死刑，来对付吸食者，其具体内容是，"准给一年期限戒烟，虽至大之瘾，未有不能断绝。若一年以后，仍然吸食，是不奉法之乱民，置之重刑，无不平允。查旧例，吸食鸦片者罪仅枷杖，其不指出兴贩者，罪杖一百，徒三年，然皆系活罪……若罪以死论，是临刑之惨急，更苦于断瘾之苟延，臣知其情愿断瘾而死于家，必不愿受刑而死于市"。这是中国首次有人提出用死刑严惩吸食鸦片者。

黄爵滋的奏折引起了道光帝高度重视。道光帝当即谕令"盛京、吉林、黑龙江将军、直省各督抚，各抒所见，妥议章程，迅速具奏"。不久，各督抚大吏先后上折表述自己的观点，只有贵州巡抚贺长龄看法独特，他认为，银贵钱贱的原因在于铜钱是由官府铸造的，年年都有增加，而银子却供给不上。其他督抚大员都认为银贵钱贱的根源在于纹银流出海外，纹银外流，是由鸦片造成的后果，因此都同意严禁鸦片，只是在禁烟措施和打击重点等方面，意见有所分歧。基本拥护黄爵滋观点的有湖广总督林则徐、两江总督陶澍、湖南巡抚桂良、护理湖北巡抚张岳嵩、安徽巡抚卜星额，其余的人则认为以死刑治吸食者过于严厉。他们各抒己见，对于严惩的对象表白不一，有的主张应严惩贩烟和开设烟馆之人；有的主张应严禁烟船入口及查逐趸船；有的主张首先应严海口之禁，次加兴贩开馆之罪；有的则主张必先重惩海口接引奸商；还有的主张必须先严惩官吏中的吸烟人犯。应该说，这些督抚大吏各有见地。因为黄爵滋提出的以死刑重治吸食的主张固然十分必要，但是应该看到烟毒泛滥的严重程度，因此必须从惩治走私、入口、贩运、囤积、海口接引、开设烟馆等多方面全面治理，只有这样，才能达到预期的效果。可以说，这些不同意见是对黄爵滋主张的补充和完善。

在地方大吏回奏中，林则徐的看法卓尔不群。林则徐不仅完全赞同黄爵滋的主张，而且还酌拟了禁烟章程六条，拟定了重治吸食的具体措施。没过多久，他又向道光帝奏报了自己在湖广辖境内严行禁烟的成果，指出民间情形不是不畏惧法律，习俗完全可以改变，只要法令森严就可达到禁烟目的。林则徐让道光帝看到了现实，也让道光帝看到了希望所在。林则徐同时还呈上了《钱票无甚关碍宜重禁吃烟以杜弊源片》，这份附片进一步阐述了鸦片贸易的危害，警告说："当鸦片未盛行之时，吸食者不过害及自身，故杖徒已足蔽辜。迨流毒天下，则为害甚巨，法当从严。若犹泄泄视之，是使数十年后中原几无可以御敌之兵，且无可以充饷之银。"

综观道光十八年（1838 年）清政府内部有关禁烟问题的大讨论，其焦点不在于弛禁或严禁，而在于如何严禁。无论“死刑论”是否能够通行，朝廷厉行禁烟的决心已经昭然若揭。十八年（1838 年）七月以后，因吸鸦片而被治罪的皇亲国戚、政府要员有很多，比如辅国公溥喜、伯爵贵明、男爵特克慎等。各直省大员也担负起查拿烟土的重任，直隶、山东、江苏、湖北、湖南、福建、浙江、江苏等地都有多起烟土案被查获。与此同时，两广总督邓廷桢依然在广州推行他的禁烟措施。

道光十八年（1838 年）十月，估计有二千多名鸦片贩子、掮客、吸食者被捕，有一些人因为罪重而被处以死刑。十二月中旬，鸦片商见大势已去，纷纷逃亡，一箱鸦片都卖不出去。在东海岸，鸦片烟船与军队的冲突在加剧，鸦片销量有限。道光十八年（1838 年）十一月，《广州价格时报》已无法报道鸦片的具体价格，因为鸦片贸易已不存在了。由此可见，邓廷桢在广东地区的禁烟行动给了英国商人以很大打击。

在全国禁烟浪潮中，道光帝把工作重点作了转移，那就是杜绝鸦片进口。他在上谕中说：“鸦片烟传染日深，锢蔽日久，如果不清查来源，那么这个患祸到什么时候为止呀?”十八年（1838 年）九月二十三日，道光帝谕召林则徐进京，于十一月十五日，任命他为钦差大臣，前往广东“查办海口事件”。3 天后，道光帝又谕令两广总督邓廷桢和广东巡抚怡良全面支持林则徐，完成禁烟任务。道光帝对此寄予厚望，希望他能为中国铲除一大祸患。道光十九年（1839 年）一月，林则徐到达广州，开始采用前所未有的严酷手段清除烟祸，轰轰烈烈的禁烟运动自此掀开了又一个新篇章。

吏治整顿

道光帝求治

清查陋规

道光帝颁布的第一道上谕，就是接受大学士英和的谏议，令各省督抚率领藩司逐一清查陋规，认为陋规非一日而成，陋规导致民不聊生，国家疲弊，一定要加以整治才能长久。这道上谕在道光元年（1820年）九月十一日发出后，道光帝亦担心地方官滥奏塞责，又于五日后再发谕旨，强调各省督抚不要掩耳盗铃，听之任之，漠然视之，一定要秉公执法，妥善治理。道光帝一再下旨，态度很坚决，实际上，他要整顿吏治陋习，不过是要明确规定陋规限额，抑止官吏漫无边际地剥削百姓的贪心。这虽不彻底，但即使这样，也不免要触动整个官僚集团的既得利益，引起朝廷内外的强烈反对。朝中的反对派以上书房总师傅、礼部尚书汪廷珍和内阁学士汤金钊为首，地方大吏则以两江总督孙玉廷和四川总督蒋攸铦带头。他们找借口来阻挠限制陋规，并且振振有词："法是死的，人是活的，只能依赖督抚的公正严明，而立法是限制不了的。"

道光帝连遭朝野上下强烈反对，便不再坚持前议，反而以自己甫奉嘉庆帝梓宫回京，因心绪烦乱，又是刚刚亲政，对于天下吏治民生的情况不太熟悉，表达了自己的清白与自责。继而他又表彰反对查陋规的孙玉廷、汪廷珍、蒋攸铦、汤金钊等官员，对他们大力提拔，予以重用。

整饬吏治

作为清王朝的最高统治者，道光帝为了庞大的清政府能够长治久安，亟需整饬吏治。他曾叹息，我的好地方，怎能听凭人们任意践踏呢？但另一方面，他无法也不敢与那些大大小小的既得利益者对着干。面对积弊丛生的腐败吏治，道光帝转而采取迂回曲折的方式，并取得了一些进展。他撰写《御制人臣儆心录》，指斥地方官到位时先不问地方的利弊，却先问油水多少，一切公事先委派给幕友、书役，营私舞弊，积习已久，不足为训。因此他要求各大员多加劝导，振奋精神，使知道羞愧的人勉力，自然可以挽回损失。道光帝在委托张集馨查看四川、西藏之间的驿站时说："四川界接西藏，文报尤为要紧，近来驿站马匹，多不足额，汝在省办事，固不能无故出省，即路过点查，亦恐查验不出。文气一点儿地说，州县一闻验马，早已挹彼注兹；俗气一点儿地说，早已东挪西掩。汝即委员抽空查看，委员回省也是欺饰。我倒有一定主见：你们没有必要查点，如果遇到文报迟延时就参奏一二员，他们自然会有害怕的。"显然，道光帝洞晓下有对策，上下相蒙，积重难返，无奈之余也只好退而求其次，警告一下，使官吏们有所收敛而已。

道光帝的政绩之一是裁减冗员。道光十一年（1831 年），道光帝已当政十余年，具备了丰富的应变能力和统治经验。这时发生了徐寅第案，他曾收受贿赂二千四百两纹银的寿礼。道光帝得知后，决定严办此案。因兵部尚书松筠曾任直隶总督，且为徐寅第的顶头上司，又与其案有牵连，故道光帝在下旨追查、严办徐寅第的同时，将松筠罢职，并宣谕裁减冗员。许多官员滥竽充数，在任期间无事可办，一切公用都是从民间搜刮得来，如果多设一个官职，老百姓反而要受这个官的牵累。因徐寅第案事实俱在，道光帝以此为借口，令裁冗员，众人无异议，结果，直隶自通判以下裁去二十余员，广东、江南、陕甘、江西、云贵、湖南、浙江、福建各省皆规模不等地裁汰冗员。虽然此外尚有力不能达到的地方，但毕竟触动了全国并获得了相当的成功。

支持陶澍

道光帝鉴于清朝国运衰微，下诏求治与改革，他的见解是同当时的社会思潮有关系的。当时，朝野上下，许多有识之士都意识到变通的迫切性，要求改革成为了一种迫切的呼声，道光帝亦受到社会思潮的影响。道光十五年（1835 年）他曾叮嘱新选翰林张集馨：你在家应当读一些经世之书。文酒之会，是翰林中的陋习，应当检点。可见，他对经世之说持赞许态度。道光帝在求治过程中，陶澍最受宠爱。陶澍是道光初年在政治上脱颖而出的封疆大臣。当时安徽库款亏空严重，账目混乱不堪，清查五次，都未得到明确的答案，陶澍在道光元年（1821 年）任安徽布政使，钩核档案，分别应劾、应偿、应豁等项一一开列，将 30 年的糊涂账，一一澄清。道光帝对陶澍的这一政绩十分满意，陶澍自此平步青云，并在道光三年（1823 年）被提升为安徽巡抚。次年，漕运受阻，道光帝命两江总督、漕运总督，江苏、浙江巡抚等议海运。不料，这些官员拘泥于陈规陋习，借口海运“窒碍难行”，却花费 120 万两帑款疏通旧运道，结果毫无成效。道光帝勃然大怒，降调处分了两江总督等四位封疆大吏，改派琦善为两江总督，陶澍为江苏巡抚，再次商议海运办法。陶澍在道光五年（1825 年）五月到任，新官上任三把火，立即投入到筹划海运中。加之朝廷上主持政务的协办大学士、户部尚书英和积极支持陶澍改革海运。因此，当年底，海运计划就由道光帝正式批准，并于道光六年（1826 年）一举而获成功。道光帝极为宽慰，发布谕旨褒奖陶澍，称：去年因河务阻滞，于是各位大臣要求试行海运，因为是首创，办理困难，办事大臣竭诚用力，所以赏陶澍戴花翎。道光十年（1830 年），又提升陶澍为两江总督。年底，陶澍开始从事盐务治理。道光帝派户部尚书王鼎到江苏视察，王鼎亦支持陶澍的主张，提出裁两淮盐政，盐务归总督管理，以便事权归一。道光帝批准了王鼎的建议与陶澍的改革方案，于是陶澍大权在握。此后，淮北开始改行盐票，并取得试行成功。道光十一年（1831 年）正月，道光帝下旨鼓励陶澍：该臣身受重恩，应任劳任怨。朕期望盐务有所好转，所以加以勉力，希望能够成功。从此，凡陶澍提出的有关盐务的建议，道光帝无不立即照准实行。陶澍在淮北实行盐务改革时，损害了一些不法分子的利益，一些被裁革的不法总商对盐政改革进行破坏，制造流言蜚语，唆使朝中御史弹劾陶澍。扬州还有人在当地印制的纸牌上绘一桃树，另绘一个人作砍伐桃树状，通过这种卑鄙的方式加害侮辱陶澍。陶澍将此事上奏朝

陶澍画像

廷，同时提出“恐误全局，请易专管为兼管，以顺物情”。道光帝没有受流言左右，反而明确支持陶澍在淮北改盐票的举措。针对陶澍上奏之事，道光帝发布上谕，称：这些人的举动令人发指，然而为国家为天下出力的大臣，可以弃之不顾，尽心报国，不要有什么后顾之忧，那些人会绳之以法的。并再次称赞陶澍于淮北试行票盐制的优越性，说：该臣要振作精神，在万般困苦中，勉力为之。盐务已渐有起色，要尽心报国，不要迷惑于那些流言蜚语。道光十四年（1834 年）正月，3 年考绩之后，道光帝表扬的八位大臣中，又有两江总督陶澍，称他办事十分用心，两淮盐务渐渐有了起色。十五年（1835 年）正月，陶澍入觐，道光帝特地赐御书“印心石屋”匾额。此次，陶澍迫于物议，又提出设盐政以专责成，道光帝不依，仍旧表示支持、信赖陶澍改革盐务，降旨道：陶澍德才兼备，任劳任怨，对盐务大加整顿，精心治理，终于使盐务有了起色，不愧为国家的栋梁之材。从此“倚畀愈专”，放心地将两江重地交与陶澍治理。陶澍不负重任，为清廷的事业鞠躬尽瘁，死而后已。道光帝追念陶澍“实心任事，不避嫌怨”，谥文毅，晋太子太保。

清朝自乾隆后期至嘉庆、道光年间，庸俗之辈占据高位，加上政治腐败，士林凋芜，自然人才萎靡。相比之下陶澍应该算是比较出色的了，他筹海运，改盐票，都获得极大成功，并且还曾致力于治理运河河道工程，为清王朝的国计民生立下了汗马功劳。陶澍之所以能取得一定的成功，除个人因素外，外部环境也为他提供了难得的机遇，如嘉、道二帝都深切感受到改革的迫切性，特别是道光帝对他始终如一地信任与重用；当时朝廷上下笼罩在经世致用的氛围中，陶澍与身边集聚的有志于革故鼎新的重要人物及思想家，如贺长龄、魏源等，互相激励，益己益人，成为一个具有勃勃生机的团体。

陶澍的改革及其成就，虽然只限于江南一地，但陶澍，以及贺长龄、魏源等面向现实，励精图治，兢兢业业，研究关涉国计民生的实际问题，重视变革，志在匡时救国，所造成的影响，为积习已久沉闷腐败的清朝社会带来一些清新的风气。此后，进步的思想家、先进的知识分子不断汇聚于“经世致用”旗帜之下，这种研究实际问题，经世致用的风气，具有强大的生命力、号召力，在中国历史上举足轻重。

嘉道年间的三大政务

漕运

漕粮是清政府向地方上征收的实物田赋，每年大约有四百万石经由运河输送京师。清朝统治者把漕粮看成是天朝生存的支柱，既不得任意减少征收的数额，更不得任意改变运输的办法。然而，天下无百年不弊之法，漕运中的消耗大得惊人，百弊丛生。首先，是运河依赖黄河接济，而黄河积弊已深，运河反受其累，嘉庆朝既已不可收拾。当时朝中大臣里就有人认识到：近年来运河变浅受阻，主要是由屡次漫口造成的，而漫口是由黄水倒灌造成的，倒灌又是由黄河垫高造成的，所以说运河不是造成积病的原因，而是受害之地。其次，腐败的吏治严重地危害着漕运。当时已有人指出漕运中的贪污腐败，开始于乾隆中期，嘉庆年间更加严重，道光时已非常难治了。漕米来自南方数省，从征集到运输，至最后由京师通州仓库人员验收，自始至终必须给各个层次各个方面各个部门的人员不断打点。如在征收漕粮时，便有各州县“私收折色，及刁生劣监收揽包交”，又有“仓蠹作奸，搀和滋弊”。而各州县也有很多客观上的问题，比如粮仓少而粮多，难以保管，难免造成米色不纯。运军借口粮不纯，趁机勒索州县，“逐船挑剔，不肯收兑，致粮户无厫输纳，因之滋事。运军乘机恣索，或所索未遂，船竟开行，累州县以随帮交兑之苦”。运丁和运弁的头目即尖丁，尖丁长年混迹于各江各海，都是一些流氓无赖。及至“漕米兑竣，运弁应给通关。通关出自尖丁……尖丁索费州县，不遂其欲，则勒关不与，使州县枉罹迟延处分。运军运弁狼狈为奸，州县惟恐误兑，势不得不浮收勒折以供其求”。州县太多贪官污吏，米色很难精心选择，漕运之败坏，难以根治。百姓交纳漕粮苦于被勒索，办漕人员又苦于运军运弁的刁难。运军运弁也有难言之苦衷，他们运粮、交粮要经历一道又一道难关，“如漕船到通，仓院、粮厅、户部云南司等处投文，每船需费十金，由保家包送，保家另索三金。又有走部，代之聚敛。至于过坝，则有委员旧规，伍长常例，上斛下荡等费，每船又需十余金。交仓，则有仓官常例，并收粮衙署官办书吏种种需索，又费数十金。此抵通之苦也。逮漕船过淮，又有积歇摊派吏书陋规，投文过堂种种费用。总计每帮漕要花费五六百金或高达上千金不等。此过淮之苦也。”运军运弁固然在受兑前后刁制州县办漕人员，遭百姓切齿，但他们同样处在重重压迫之中，不过日久自有应付之策而已。运军在开运时，多带南货（后来甚至明文规定可带货物的数量），到通州后售卖，并且在回运时偷贩私盐借以牟利。可惜，没有持续多久，乾隆五十年（1785 年）后，黄河屡次泛滥，运河河床愈益淤浅，“漕臣虑船重难行，严禁运丁多带货物，于是各丁谋生之计日绌矣。运道既浅，反增添夫拨浅之费，每过紧要闸坝，牵挽动须数百人，道途漫长，限期急迫，丁力又有诸多不利因素，实由于此”。正因为漕运关系到京师供应和军粮开销，一向被朝廷视为头等大事，但时间一长，不免又会生出许多弊端，及至嘉道年间，更成为清朝一个令人头痛的隐患，同时，也被强调实务、关心国计民生的封建官员和知识分子所关注。嘉庆朝，就曾因洪泽湖决口，运河水位下降而导致浅涸无法行船，故有人建议改从海上运输，但并未付诸实施。道光四年（1824 年），南河黄水突然上涨，漫出堤堰，从高邮、宝应到清江浦，河道变浅受阻，运输艰难，又有人提出改海运的建议。道光帝命两江总督、漕运总督就所辖地方筹议。地方大员惮于更张，仍旧坚持引黄济运和盘坝接运的老办法，致使白白花费了 120 万两帑银，无济于事。道光帝十分焦虑，降调处分了两江总督等多人，派琦善为两江总督，陶澍为江苏巡抚，再次议海运办法。

这时，协办大学士、户部尚书英和也主张实行海运。他提出“治道久则穷，穷则必变。河道既阻，重运中停，河漕不能兼顾，惟有暂停河运以治河，雇募海船以利运，虽一时之权宜，实目前之急务”。英和的建议受到道光帝的嘉许，于是，朝廷和地方共同筹划海运。

陶澍等人在上海设立海运总局，由江苏布政使贺长龄亲驻海口筹备监督。天津也有分局，由理藩院尚书穆彰阿率领仓场侍郎驻天津，验收漕米，并进行监督，以免有人趁机勒索。

道光六年（1826 年）正月，漕米依次运抵上海受兑，之后交由沙船千余艘，分批开行，不到十天就到达天津。穆彰阿等负责验收米色，莹洁远过漕运。此次海运共运正耗各色米 163.3 余石，当年六月便全部结束。曾参预筹划和实施海运的魏源曾经评价这次海运的情况，他说："是役也，其优于元代海运者有三因：曰因海用海，因商用商，因舟用舟。""其优于河运者有四利：利国、利民、利官、利商""国便、民便、商便、河便、漕便，于古未有"。

海运虽然颇有成效，但这种违反祖制的行为毕竟不易被接受。道光七年（1837 年），运河畅通，朝廷又下令恢复了漕运。

盐政

盐政事关国课，一向为统治者所看重。嘉道以来，盐政败坏，官私费用繁多，麇集于盐务机构的大小官吏及窝商胥役中饱私囊，造成盐价昂贵，官盐滞销，私盐畅行，盐课收入明显减少。本来，两淮每年应行盐纲 160 余万引，而道光十年（1830 年），淮南仅销 50 万引，累计亏盐税 5700 万两白银。淮北销 20 万引，累计亏盐税 600 万两。陶澍上疏，称两淮盐务，一直以来凋弊腐败，已经呈现出决裂的势头，整顿盐政显然是必须提到日程上来了。

整顿盐政由两淮大盐贩黄玉林案所触发。道光十年（1830 年），有人向道光帝密陈黄玉林横行不法。黄玉林是福建人，为淮盐走私巨枭。据举报人称，黄玉林目中无人，十分嚣张，他以仪征老虎颈水次为汇聚运筹的根据地，以湖北阳逻、江西兰溪为屯私发卖的场所，干起贩盐勾当，"大者沙船载数千石，三两连樯，由海入江。小者猫船载百石，百十成帮，由场河入瓜口，器械林立，舳舻转动，长江千里呼吸相通"。他还贿赂各处关隘巡役，在大小衙门俱有耳目，随意出入长江各口岸，俨然为当地一霸。另外，黄玉林对于他的党徒，立有约束，只准私贩，不许劫盗客商，以此换取人心。道光帝接此密报，惊呼“江南为腹心之地，此等巨枭，肆行无忌，地方官竟毫无闻见。若恐查拿激变，不及早翦除，相率容隐，是不第为害盐务，且日久养疽贻患，必致酿成它患”。命令两江总督蒋攸铦“不动声色，密速掩捕。”不料，蒋攸铦竟以黄玉林“赴官自首，情愿效力赎罪”上报朝廷。道光帝因蒋攸铦处理不当，借口身患疾病撤了他的职，提升陶澍署两江总督。道光帝勉励陶澍说：看你为人爽直、勇敢，所以提拔你为两江总督，你应当肩负起重任，不负众望，不要避嫌，不要害怕吃苦，其他就不多说了。又嘱陶澍“河工盐务，均系兼辖，尤当实力讲求，破除一切积习，渐复旧规。曰：怎样做才能达到那种效果呢。曰：在得人。毋忽！毋忽！”

陶澍上任后，雷厉风行，整顿盐政，他先遵道光帝旨意处决了黄玉林，并陈奏了两淮盐枭的真实情况，有“回匪”“侉匪”和“非匪而暗地夹私者”“而盐枭麇集”“其弊一由成本渐积成多，一由藉官行私过甚，惟有大减浮费，节止流摊，听商散售，庶销畅价平，私盐自靖”。

道光帝很重视陶澍的陈奏，派大学士王鼎前往两江地区，与陶澍共同筹划盐务政事。陶澍和王鼎共同拟定了 15 条章程向道光帝报告。王鼎又提出裁撤两淮盐政，将盐务划归两江总督管理，以减少机构重叠，政出多门的弊端。道光帝同意王鼎的建议。

从此，陶澍整顿漕粮海运之后，又实际领导了道光时期的又一次重大改革。陶澍的改革盐政即为改行盐票。改行盐票分两步走，第一步为肃清盐政。陶澍认为售盐的国家专利被地方盐商窃取，利权由上转移到下，恐怕豪强之徒据此得利，患祸比私枭还严重。他率先作出“缴还盐政养廉五千两，裁减衙门陋规十六万两有余”，又将“淮南之窝价，淮北之坝杠，两淮之岸费，分别减除，岁计数百万两，分别设立两库，内库和外库，有着不同的用途，正款贮内库，杂项贮外库，杜绝挪垫，革总商以除把持，散轮规以免淹滞，禁粮船回空带芦盐及商船借官行私。令行禁止，弊肃风清”。第二步，陶澍认识到盐在流通中有一定的规律，拟定盐票法，先在淮北一些地区试行。盐票上有斤数、运地的注明，盐商持票贩盐，先按规定赴场买盐，分销指定口岸，此举裁去了种种需索陋规。陶澍还在紧要关卡设置人员进行检察，查禁干扰正常贸易的地痞流氓。

盐票法试行后，盐的成本降低了，盐的质量也能保持纯净了，私贩无利可图，便改领盐票。这样，国家财政收入有了好转，盐枭也受到了很大打击。不久，整个淮北地区都改行盐票法。自从淮北改行盐票之后，盐政有了很大改观。道光十年至道光十七年（1830～1837 年），两淮完成盐课 4640 万两，库贮实存 300 余万两。

陶澍晚年又在淮南推广盐票法，不幸中途病故，盐票法未能坚持推广下去，“然天下皆知盐票减价敌私，为正本清源之计”，各地纷纷效仿。后来，由于连年战乱，盐票法一度中止。至曾国藩整顿江南财政，盛称“淮北盐票立法本善”，并参照陶澍旧规，重申盐票制度，立《淮盐西岸认运章程》。可见，盐票法直至晚清，仍然有可取之处。

河工

清代治理黄河沿用以保漕为主的办法，即所谓的“束水攻沙”。淮扬运道的咽喉地带清口上下河段，处在要害地段，是沿河的中心问题，需要全力修治。康、雍、乾三朝黄河虽然不断决口，但旋决旋堵，两岸堤坝渐趋完整，中国传统的治河理论和技术亦有所发展。乾隆后期，黄河泥沙淤积，河底连年垫高，旧方法已不能解决问题，黄河形势渐趋恶化。嘉道时期，黄河日趋梗阻，河防日渐松弛，连年决口，泛滥成灾。嘉庆帝为此焦虑不堪，在御园旁修建河祠，岁时祈祷，末年又加河神金龙四大王、黄大王、朱大王封号。及至道光帝，已认识到要想根治黄河，必须另外寻找新的方法，他说："朕思黄河受病已久，当此极弊之时，仅拘成法，加高堤堰，一时断难遽收成效，自应改弦更张，因势利导……所谓穷则变，变则通矣。"而这种认识，是很多人的共识，时任东河总督的张井即说："今日治河，可谓穷矣，即使不以人力变之，河亦必将自变。"道光帝的想法与臣下不谋而合。但是，治河又不同于改海运与行盐票，可以在局部地区专责成，试举行。黄河横贯中国大陆，穿越九省，稍有更张，便如同牵一发而动全身，必须顾全大局。嘉道两帝固非昏庸之君，但他们的个人气质、魄力，以及清朝当时的国情及其地主阶级务实派的能力，都决定了当时根本不具备统筹安排、全面治理黄河的可能性。

嘉庆年间，清廷关于治河的策略，众说纷纭，朝廷上下没有一个统一的看法。治河的关键何在？人们的认识很不一致。嘉庆十年(1805年)，两江总督铁保曾说："河防之病，有谓海口不利者，有谓洪湖淤垫者，有谓河身高仰者。这三种说法先不要考虑，惟宜专力于清口，大修各闸坝，借湖水刷沙而河治。"仅据铁保的这段议论，就有4种不同的认识：有的人认为海口是治河的关键，主张在黄河入海口筑堤束水，人工改道。有的人认为黄河泛滥的主要原因在于洪泽湖淤垫，主张挑挖清口与洪泽湖之间的引河。有的人认为治理黄河关键在于整治河身高仰的问题，主张以堤束水，以水攻沙。

有的人认为清口是关键，主张保守五坝，蓄清刷黄。

这些主张各执一端，虽有一定道理，但也有局限性。庙堂之上争论不休，导致治河政策变更不已，始终提不出系统的治理方案，亦无法采取有效的治理措施。

朝廷河政混乱，亦表现在官员更换快、在任时间短上。自雍正七年（1729 年），治河官员实行分段治理的形式，江苏境内黄河由江南河道总督（简称南河总督）负责，河南、山东境内黄河由河南山东河道总督（简称东河总督）负责。这样做，意在加强管理，却导致黄河治理处于分散状态，没有统一领导，组织松懈。而嘉道时期河道总督交替频仍，则是另一弊病。嘉庆朝共 25 年，南河总督便换了 12 任，东河总督换了 18 任，河道总督每一两年更换一次，有时甚至一年三易其人。朝廷政令朝出夕改，河臣走马灯般的更换，河政败坏，一天比一天严重。

道光时期，河政更加衰败。河工素称舞弊的渊薮。河务人员视河工为升官发财之阶，不但不担心黄河泛滥，反而希望黄河出事。当时，河工有岁修、抢修、另案。所谓岁修，就是每年例行的修葺。所谓抢修，就是由于河工出现险情，必须进行抢救修补的工程。所谓另案，就是始料未及的新情况，必须另案提请办理的工程。因为抢修时，物料大多抛在水里，被水冲走，难以稽核，可以任意报销，又可以邀功请赏，故河员多以抢修另案为幸事。所以当时的情况是，政治、河工、灾情形成连锁反应。而有识之士改革黄河秕政的任何主张，都会受到人为的抵制和破坏。魏源曾经评价此事，说："南河东河数百十冗员，数百万冗费，数百年巢窟，一朝扫荡，故簧鼓箕张、恐喝挟制，使人口耆而不敢议。"关系国家利害，需要治理的不只是这一条河，而应当治理而没有治理的，也不只是这一条河。

道光朝，治河还未找到切实可行的办法。其治河方法仍然是加固南河两岸大堤，堤为石筑，高出盛涨水痕四五尺，堤顶宽一丈五尺至二丈，险要处还要设法拓宽。固堤工程于道光三年（1823 年）五月完成，第二年十二月黄河发水，冲毁石堤 11000 万余丈，两江总督及南河总督均因此受到严惩。事后，东河总督张井总结道："自来当秋伏大汛，河员皆仓皇奔走，救护不遑。及至水落，则以现在可保无虞，不再探求疏通河身的良策，渐至清水不能畅出，河底日高，堤身递增，城廓居民，尽在水底之下，惟仗岁积金钱，抬河于最高之处。"然而，张井也没有合适的措施和方法。山东巡抚琦善提出"改海口以减黄，抛护石坡以蓄清"。朝廷以为改海口是大事，应当长远考虑，不能只顾眼前，因此，治河仍然遵循旧制，以增培堤堰坝戗为主。这些方法只能治标，不能治本，不能解决黄河河身不断增高的问题，黄河问题依然没有得到彻底解决。

黄河旋决旋堵，旋堵旋决，朝廷无计可施。有时举措又大不利，如治河所用防御洪水冲击的物料，从汉朝起就有石、木、竹、草等多种，可到了清朝中期，却习惯用粱秸和谷子杆等，草料易腐，要年年加壤，又由于材料脆弱不坚固，多需抢修。嘉庆末年，南河河道总督黎世序用碎石坦坡，却受到有些人的恶意中伤。又如道光十五年（1835 年），东河总督栗毓美改用抛砖法，于黄河一条支河险要处抛砖成坝，不久风雨大至，支河首尾决口数十丈，而抛砖堤坝却安然如故。后来，栗毓美经多方验证，达到良好的效果。当时，每方石价可购两方砖，于是，河工改用抛砖，令沿河居民设窑烧砖，于公于私都比较方便。这一方法实行数年，节省帑金 300 万，并有效地加强了河堤防御洪水冲刷的能力。没想到，这一颇有成效的做法却引来一些人的反对。朝廷竟惑于浮言，以溜深直则砖不可持，下令停止抛砖法。栗毓美据亲身实践，深知抛砖法优越，坚持己见，并于道光十九年（1839 年）以砖工得力省费上奏朝廷。没想到最高统治者对抛砖法也不抱很大信任，仅同意在北岸、南岸各两处堤坝购砖备用。栗毓美任河道总督 5 年，黄河南段 5 年无大灾。他还利用有限的时间编成了《栗恭勤公砖坝成案》一书，详细记载了创用砖工的经过及具体办法。后来道光帝发现栗毓美实在是一个在治河方面不可多得的人才，遂特谕河南巡抚遇事不要横加阻拦。可惜，这时栗毓美病重，不能再为河工出力，不久便病逝了。魏源曾论及此事，称“若黎襄勤之石工，栗恭勤之砖工，即已有‘靡费罪小，节省罪大’之谤”。他感叹黎世序、栗毓美之治河，河员担心得不到利益，纷纷阻碍，害怕大事的大臣不愿承担责任，一定会究小节，纷纷阻碍。一人倡议，众人反对，还未兴天下大利，自身就犯下了天下大忌，治河怎么能获得成功呢？

道光时另一治河的大臣是王鼎。然而他的突出业绩也仅限于堵口抢险。道光二十一年（1841 年），黄河在祥符决口，朝廷命王鼎以大学士身份兼河道总督，负责堵口抢险事务。他亲临现场，监督夫役日夜施工，花费帑金 600 万，至第二年二月将决口堵上。可是，这时的黄河已是堵住南边，不能保证北边不溃堤，堵住下部，不能保证上部不溃堤，今年堵住了，不能保证第二年不溃堤。下游河道更是愈决愈淤，愈淤愈决。几个月后，黄河又在桃源决口，溜穿运河下注，正河断流。可见，道光朝的治河已经是心有余而力不足了。

在道光年间三大重要政务中，漕运和盐务改革，因上有道光帝支持，下有能干的官吏支持，原有的管理衙门或被主事大臣直接越过（如另组班子搞海运），或经过整顿（如淮北行盐票时权事归一之举），改革因此能够顺利实施。而河务却因障碍重重，积弊至深，终究没有好的结果。

漕运和盐务改革，主观上是为了强化清朝的统治，客观上却有利于社会的发展。但是，由于地主阶级既得利益者的阻挠，道光帝与朝中务实大臣的改革本身又有局限性，因此改革的范围和深度都不免带有时代和阶级的局限性。

《大清一统志》的纂修

首次修志

早在康熙八年（1669 年），康熙帝在剪除鳌拜、掌握实权之后，即诏令天下各府州县纂修志书，“复命儒臣纂修《大清一统志》”。编修地方志的工作在全国普遍展开，这也是皇帝诏修《大清一统志》的开始。

为引起地方官的重视，康熙皇帝反复下诏，督促地方修志。康熙十年到十三年（1671～1674 年），康熙帝多次下诏天下郡县纂修方志，供修一统志所需。其中康熙十一年（1672 年）对各省修通志作了更为具体的规定：“敕下直省各督抚聘集夙儒名贤接古续今，纂辑成书，总发翰林院汇为《大清一统志》。”清统治者把修通志作为修《大清一统志》的一个重要的中心环节，为《大清一统志》的纂修提供了强有力的保障。

在此之后，从康熙七年到康熙二十四年（1668～1685 年），康熙皇帝多次下诏纂修地方志。康熙二十四年（1685 年），徐乾学擢内阁大学士，充任《大清一统志》副总裁。后徐乾学回籍时，皇帝准假，并让徐乾学像司马光当年一样，书局自随。次年三月，朝廷正式设立“一统志”馆，设总裁 7 人，副总裁 6 人，纂修官 20 人。这次编修，蒋廷锡只是一个名誉上的总管，实际由陈廷敬、徐乾学总领其事，顾祖禹、阎若璩、齐召南等著名学者预修。

康熙二十五年（1686 年），皇帝还赐匾给徐乾学，御书四个大字“光焰万丈”，可以想见康熙皇帝对这位著名学者的敬重和对纂修一统志的重视。到康熙三十三年（1694 年），康熙皇帝想知道进度如何，特意下令徐乾学等到京修书。康熙皇帝还爱屋及乌，命徐乾学之弟徐秉义也到京修书。可惜徐乾学过早去世，遗疏呈进所纂修“一统志”。

值得注意的是，徐乾学没有辜负康熙帝的厚望，修成《大清一统志》，遗憾的是没有刊印过。徐乾学之孙曾写道：“先大父司寇公曾奉旨纂修‘一统志’告竣，屡蒙圣祖仁皇帝（即康熙帝）御书宠赐、覃恩褒奖。”而阿琳在序《耒阳志》时也提到：皇上在位二十九年时，下诏命大臣修“一统志”，逐渐大告成功。无论如何，徐乾学的去世，给《大清一统志》的后期编修工作造成极大的损失。而康熙皇帝因皇室内部争斗，无心顾及《大清一统志》。否则，一部康熙年间的《大清一统志》就会顺利问世。

雍正元年（1723 年），雍正帝登基之始，即诏令儒臣董其事、周学健主持纂修《大清一统志》。雍正三年（1725 年），雍正帝又以《大清一统志》耗时太长为由，下诏命令慎重选拔贤臣，高效率地完成这项编修工作。之后，从雍正六年到雍正十一年（1728～1733 年），各地已陆续编修成通志，此时雍正先后任命蒋廷锡、兰枝、邓钟岳、方苞为《大清一统志》总裁，直接负责纂修《大清一统志》。

雍正皇帝对《大清一统志》的纂修如先帝一样重视，每每亲自检看各省所上通志。在雍正六年（1728 年）的上谕中，皇帝对广西巡抚李绂所修《广西通志》十分不满，下令重新编修。“一统志”总裁官蒋廷锡等曾上奏，提出清代初期志书对名宦人物的选录、撰写有过多失误之处，希望修志必须详查核实，只有现在核查清楚，才能安心留传于后，请皇帝下令各省督抚将本省名宦、乡贤、孝子、节妇详细查核，于一年之内，保送到“一统志”馆。雍正皇帝马上诏令各省督抚将本省通志重加修辑，务必考据详明，采摭精当，在一年内完成上奏；如果有意外情况完不成者，可延长到二三年内完成。在朝廷的一再督令下，各省纷纷设立志局，重新修志，雍正年间，为纂修《大清一统志》，各地修志情况渐渐有了起色，各省通志陆续上奏。

尽管雍正皇帝不久后去世，但他发动起来的修志事业并未随他的生命的停止而停止。乾隆八年（1743 年），《大清一统志》完成，共三百四十二卷，于次年颁行。其书体例为：每省都先立统部，冠以图表。分列为分野、建置沿革、形势、职官、户口、田赋、名宦。而各府及直隶州又各列一表，所属诸县附录入内，又分为分野、建置沿革、形势、风俗、城池、学校、户口、田赋、山川、古迹、关隘、津梁、堤堰、陵墓、寺观、名宦、人物、流寓、烈女、仙释、土产，各分为二十一门。这是清代编修刊印的第一部《大清一统志》。

二次修志

乾隆时期，清廷陆续平定准噶尔部等叛乱，西南土司相继归附，疆域不断拓展，统一的多民族国家得到进一步巩固与发展；而内地各直省户口繁衍，田赋日增，物土人文之盛与前相比有了很大改观；与此同时，新置的厅、监不断增加，府、州、县时有并改，政区变化亦大，第一部《大清一统志》已显得内容陈旧，不符合现时情况。因而有必要新修一部“一统志”来代替它。再者，第一部“一统志”在记载、体例、征引、详略等方面有很多失误之处，需要更改变动。于是，清朝统治者决定重修《大清一统志》。

第二次编修“一统志”始于乾隆二十九年（1764 年），乾隆皇帝对“一统志”馆馆臣说，以前“一统志”成书总是要待各直省通志修完后再纂辑而成，耗时太长，难以集书，因而这一次只是把已纂成的直省通志加以核实，而新增加的如新疆则可根据《西域图志》和《同文志》诸书为蓝本排撰，效率有很大提高。他又晓谕馆臣“随缮随进”，对廷臣上呈的稿本由他亲自过目，认真审定。

乾隆二十九年（1764 年）、三十年（1765 年）、三十一年（1766 年），乾隆帝屡次下诏重修《大清一统志》，下诏命将各省通志汇集京师。乾隆四十二年（1777 年），乾隆帝令袁守侗、和珅等责成《西域图志》《热河志》定限速纂并进行核查。次年，乾隆帝命刑部右侍郎钱汝诚负责校订《大清一统志》。

乾隆四十七年（1782 年）二月，奉命承办“一统志”的户部尚书和珅、兵部左侍郎曹文植上奏道，自乾隆二十九年（1764 年）开馆以来，已陆续上呈十五省通志，共 280 卷，另有江苏、安徽、江西、浙江四省及外藩一门还未完成。

在纂修“一统志”的过程中，还出现了一个大规模的文化典籍整理活动，即《四库全书》的修纂。当然还包含了其他一些事情，比如一部分被认为不利于清朝统治的志书被销毁，光军机处“奏准全毁书目”和“抽毁书目”所著录志书就达几十部。乾隆四十四年(1779年)，皇帝还特意下了一条谕令，凡各省志及府州县志要认真核实清楚，其中如有应禁诗文而志书内容录有严禁书籍的，均应删削，不要草率从事而致有疏漏。但由于修方志而起的文字狱发生了多起，如乾隆三十一年（1766年）《遂安县志》案，乾隆四十六年(1781年)《海澄县志》案，乾隆四十七年（1782年）《沧浪县志》案，还有《清凉山志》案等，许多修志人员因此受到牵连，这一切都影响到“一统志”的顺利编修。

当然，另一方面皇帝亲自审查志稿，并提出不少修改方案和建议，又有利于《大清一统志》的纂修。《大清会典事例》记载了乾隆四十七年（1782年）的一条上谕，其中记载了下列内容，对所呈进的“一统志”内，松江府的人物，只载有王顼龄、王鸿绪等人，而名士张照因从前办理贵州苗疆事务不利而被判罪，因而将其删削。乾隆皇帝对此十分不满，认为张照的文采风流不下于董其昌，若不登志乘，致使一代文人学士数十年泯灭，是不行的。张照聪明好学，尤其是书法堪称一绝，实为海内所推重，“瑕瑜不掩，公论自在”。皇帝让馆臣将张照事迹一并载入。如其他省志有类似情况的，也一并载入，公布于天下。这对《大清一统志》的纂修起到了促进作用。

乾隆四十九年（1784年），重修的《大清一统志》成书，乾隆皇帝亲自作序。

重修的《大清一统志》主要体现了乾隆帝的政绩，增加了边疆一些地区。由于馆臣为让乾隆皇帝生前看到重修的《大清一统志》，故书内依然有许多失误、错漏之处存在。龚自珍任校对官时，曾指出了二修的《大清一统志》的问题有18处，细枝末节尚不在内。

大体上来看，重修《大清一统志》增加了许多新的内容，由342

卷增加到500卷，质量也较第一部有较大提高。

续修“一统志”

嘉庆六年（1801年），嘉庆帝在亲政两年之后，就下诏修“一统志”，命令征集有用的材料，包括各府州县志还有近年增加的各条目，开馆编纂。

嘉庆十六年（1811年）正月，清廷方略馆奏请攒办《大清一统志》，由大学士庆桂等负责此事，嘉庆皇帝谕允。于是《大清一统志》的三修工作又大规模地开始了。同时嘉庆皇帝命令各儒臣到各地征集志书。

嘉庆二十二年（1817年），嘉庆皇帝再次重申纂修《大清一统志》，外省督抚行文各府、州、县将各地志书汇集方志馆。

到嘉庆二十五年（1820年），三修《大清一统志》未能完成，而嘉庆皇帝就驾崩了。

道光八年（1828年），道光帝下诏重修《大清一统志》，以完成嘉庆帝未了之心愿。道光十一年（1831年），道光帝又命儒臣续辑“一统志”，并征收天下舆图。

道光二十二年（1842年），三修《大清一统志》大功告成。道光帝亦亲自作序。因重修大多发生在嘉庆统治年间，所辑资料又以嘉庆二十五年（1820年）为多，故名《嘉庆重修一统志》。

《嘉庆重修一统志》按省、府州、县三级叙述，每省下设统部，综述一省之建置沿革、户口田赋、职官名宦。各省府皆绘地图，列建置沿革表。府州列门增至二十七门，有图、表、疆域、分野、建置沿革、形势、风俗、城池、学校、户口、田赋、税课、职官、山川、古迹、关隘、津梁、堤堰、陵墓、祠庙、寺观、名宦、人物、流寓、烈女、仙释、土产等项。

三修馆臣在各地资料的基础上，并根据《八旗通志》《日下旧闻考》《热河志》《盛京通志》《平定准噶尔方略》《西域同文志》《西域图志》《平定金川方略》《天下舆地全图》等书，旁征博引，详细核对，与前两部《大清一统志》相比，更进了一步。

其一，门类齐全，内容丰富。《嘉庆重修一统志》以嘉庆二十五年（1820 年）为限，增补了四方面内容：新建或新葺的城池、学校、山岳江河神庙、河工海塘事宜、陵墓、寺观等；充实了各府州的入学名额；增加了西南土司承袭裁汰事项；增加“税课”门，补载盐课和关税。以地区而论，增补情况多少不均，内地各省增加甚微，边疆地区增加明显。由于门类比以往齐全了许多，内容丰富了不少，所以全书总卷数从一修的 342 卷和二修的 500 卷，上升到三修的 560 卷。

其二，体例更完备。一修、二修的体例未妥之外，三修时进一步加以完善。如统一以东、东南、南、西南、西、西北、北为序记四正，从而使条理分明，排列科学。

其三，查漏补缺。对一修、二修未作辨析的错误，三修皆作了考辨。一修、二修脱漏之处，三修也作了增补，如瑷珲将军萨布素为黑龙江名将，一修、二修均未载，三修始收入黑龙江“名宦”。

经过第三次修订，《嘉庆重修一统志》有了大大改进，质量提高了不少。

《嘉庆重修一统志》以嘉庆二十五年（1820 年）版图为据，首叙京师，次叙直隶、盛京、江苏、安徽、山西、山东、河南、陕西、甘肃、浙江、江西、湖北、湖南、四川、福建、广东、广西、云南、贵州、新疆、乌里雅苏台、蒙古二十二统部以及青海、西藏等地区。最后附“外域朝贡诸国”。对于京师及盛京统部还设有二十七目之外的“坛庙”“宫殿”“行宫”“苑囿”“宫署”等项，与其他地区略有区别。青海、西藏不称统部，无总图、总表、总叙诸项内容，直接记述各部情况。

《嘉庆重修一统志》内容全面，除侧重叙述疆域政区和建置沿革外，还包含了许多人文地理和自然地理的材料。

在人文地理方面，记载了城池、风俗、学校、古迹、户口、田赋、土产、关隘、津梁、堤堰、陵墓、寺观、驿站等项内容，每一项之下又分为若干细目，如“古迹”一项，设有故城、里、乡、村、垒、亭、台、楼、阁、馆、坛、街巷、园、苑、宫、圃、殿、堂、宅、碑、废卫、废所、废路、旧地等。

在自然地理方面，记载了各地区的地形大势：山、岭、冈、峪、坡、石、嶂、洞、洲、滩、岛、屿、礁、矶；江、湖、河、海、溪、涧、浦、港、湾、茆、沟、渎、潭、泽、池、圹、泊、泉、井，以及沙漠、矿藏、气候和土壤等。其中，关于各地水体的记载，尤为系统全面，它述及的水体之多，范围之广，是任何水利专书和地方志都无法与之相比的。

当然，《嘉庆重修一统志》并不十全十美，也有错误或不妥之处。但在编纂水平和学术价值方面，能与其相提并论的地方志少之又少，在以后的100多年里，没有出现一部取代它的地方志，便是一个最好的证明。

到清代同治时期，又有“一统志”续修之令：“同治六年（1867年），京师将续修‘一统志’，上谕通敕各直省督抚臣广征所属郡县新旧志书，增加省志，汇集京师，以备采择。”这是《大清一统志》

纂修的最后一次，但由于内忧外患，最终不了了之。

《大清一统志》的纂修始于康熙八年（1669 年），止于同治六年（1867 年），经历两个世纪，包括康熙、雍正、乾隆、嘉庆、道光、咸丰、同治七世，几乎贯穿有清一代。

由于《大清一统志》的纂修，首先必须征集各省通志；而纂修各省通志，又必须先征集各属府志；纂修府志必先征集所属州、县之志。而州县属于清代基本而又重要的行政单位，因而《大清一统志》的纂修，实际上起到了纂修地方志总号召、总动员、提纲挈领的作用，从而促进了清代地方志编修的进展，把清代方志学推向了兴盛时期。

虎门销烟

林则徐受命

道光十九年（1839 年）一月初八，林则徐离开北京的那天，发出“传牌”一道，晓谕自良乡县至广东省城沿途各州、县、驿站的官吏：这次出差，他自备轿、车，自带役夫，自付工价，沿途供应不许铺张，随行丁役不准向地方需索，地方官吏不许私送规费，如有犯者，严惩不贷。这道传牌造成了一种严肃的气氛，使人们感觉到林则徐的认真与负责。特别是广东方面的英国毒贩已意识到情况不妙。驱逐了一年多而不肯离开广州的老毒贩查顿慌忙逃去，伶仃洋面的鸦片趸船也开始移动。一月十一日，林则徐又在途中密札广东布政使、按察使查拿汉奸 61 名，包括“包买之窑口，说合之行儃，兴贩各路之奸商，护送快艇之头目”。他们都是外国毒贩的忠实走狗，逮捕他们，是对外国毒贩的严重警告。

一月二十五日，林则徐到达广州。翌日，林则徐在行馆门首张贴告示：严禁打点关说，慎密关防，所有随从工作人员不准擅离左右，藉端出入。这个告示再一次表示了林则徐禁烟的决心和认真的态度，使鸦片贩子无机可乘。

林则徐决定禁烟分两步走，第一个步骤是了解鸦片流毒的情况。除了和邓廷桢会晤之外，他把有关的行商散商集中在行馆附近，日夜传询；他与士大夫共同探讨时事，又借举行“观风试”的名义，召集书院肄业生数百人，要他们开列贩卖鸦片的所在地和贩卖者的姓名，要他们报告水师舞弊的情况。没过多久，林则徐已充分掌握了广州方面鸦片走私和鸦片经营的情况。于是，他一面着手整顿水师，一面进行第二个步骤：缴烟。

二月初四，林则徐召集贩卖鸦片的行商，宣布谕贴，限他们 3 天之内让所有外商保证永不夹带鸦片。谕贴历数过去行商欺饰隐匿、袒护外国毒贩之事，并警告说：“如此事先不能办，则平日串通奸夷，私心外向，不问可知。本大臣立即恭请王命，将该商择尤正法一二，抄产入官，以昭炯戒!”同时又将另一谕贴交行商送往外商公司，义正辞严地指出外国毒贩贩卖鸦片是骗财害命，是“人心所共愤，天理所难容”的。林则徐宣布了“必尽除之而后已”的意图之后，命令所有外商在 3 天内将鸦片造具清册，等候收缴，并用汉文和外文立下字据，声明“‘嗣后来船永不夹带鸦片，如有带来，一经查出，货尽没官，人即正法，情甘服罪’字样。”林则徐立下誓言：

鸦片一日不绝，本大臣一日不回，誓与此事相始终，一定不中止禁烟行动！

一百年来，中国政府和官吏一直委曲求全，从没采取过如此严厉的方针。外国毒贩虽有畏惧之心，但在英侵略者代表义律和英国老毒贩颠地的唆使与阻挠之下，还抱着观望态度，希望有机可乘。

林则徐早已预料到毒贩们不会就此罢休的。在发表缴烟的次日——二月初五，就命令粤海关禁止外人离开广州，以为防备。二月初八，三天期限满了。毒贩们企图蒙混过关，只肯呈缴一千余箱鸦片，当即为林则徐所拒绝。于是林则徐下令逮捕颠地，理由是颠地为“钦交”烟犯，在中国居住已久，凡纹银出洋、烟土入口，都由他统一负责，在此次缴烟中，颠地因所带烟土最多，乃屡加阻挠，意图免缴。但颠地实为外国毒贩首恶，断难姑息纵容。逮捕令又说：其他毒贩有首先呈缴者，必加奖赏。英侵略者代表义律本在澳门，当他得知要逮捕颠地时，乃于初十日赶到广州，想掩护颠地逃离。与此同时，林则徐宣布如外商违抗政令，即将停泊黄埔各国商船先行封舱，不准上下货物进行贸易。同时下令人民不准将船只、房屋租赁给外商，所有外商公司所雇佣的中国人员一概撤出。而且又派兵包围了外商洋行。初十日下午起，275名外商完全被隔离了，不论是通讯，还是饮食供应都与外界隔绝。

外国毒贩没有想到林则徐比他们技高一筹，行动会这样迅速。他们以为鸦片趸船隐藏得很深，在波涛汹涌的伶仃洋上，清朝政府的水师力量单薄，不敢把他们怎么样，万一没有出路时，还可逃回澳门或逃下船去。但万没想到林则徐会如此冷静缜密，采取了强有力的措施和方案。

毒贩的诡计没能得逞，“隔离”使他们有机会认识林则徐执行法令的坚决态度。二月十二日，林则徐一面派员指出义律指使大鸦片贩子颠地逃跑，并阻止英商呈缴鸦片的罪行，一面发出《示谕夷从速缴鸦片烟土四条》，从天理、国法、人情、事势四点晓之以理，动之以情。

二月十三日，义律终于作出了让步，禀呈林则徐表示服从清政府的决定。次日又具禀说，英商共有鸦片 2 万余箱，等待查收。同月二十一日，林则徐派人同义律的代表到澳门商讨缴烟事宜。二十八日，林则徐和邓廷桢亲自到虎门监视，次日开始收缴，至四月初九，全部收缴完毕。英国毒贩在缴烟过程中，曾屡次节外生枝，企图反悔，但由于林则徐的态度坚决和对英商的阴谋有所防范，使毒贩无计可施。

道光十九年（1839 年）二到三月，林则徐除了同外国毒贩进行斗争外，同时也加紧了对内部的清查工作。他在进入广东境内之初，就发现奸徒们对于禁令还抱有侥幸心理，以为官禁未必长久，到处打听罪名重轻与新例是否颁行。所以林则徐断定对这些奸徒只有以生死相胁，才足以使他们生震恐之心，他要求清朝政府从速定颁严例。在充分掌握毒贩奸徒贩卖、毒害民众的资料、捕拿大小烟贩的同时，林则徐根据先晓之以情理、后惩之以严法的原则颁布严例。在二月初，他通令全省士、商、军、民人等速戒鸦片；限定广州一地自二月底到三月底止，各府州县到二月底以内，各家呈缴烟枪、烟斗等烟具，由所在地方有司负责；责令各学堂教官清查生员有无吸食鸦片与贩卖情况；颁布查禁营兵吸食鸦片条规和编查保甲以断绝吸食兴贩的条规。在各种命令和条规中，林则徐决不放过广东绅士、官吏、将弁、兵丁等过去的徇私、舞弊行为。

广东虽然是鸦片烟毒的渊源地，但民众对于烟毒是深恶痛绝的，因此，林则徐有计划有步骤的禁烟措施，受到广东人民的拥护与支持。禁烟运动由广东扩展到各省。

虎门销烟

林则徐在鸦片收缴完毕后，呈请清朝政府如何处置。道光帝复命就地销毁，让沿海居民及居住在广州的洋人亲眼目睹，以示朝廷的威严以及禁绝之决心。

过去销毁鸦片的方法是用桐油搅拌，以火焚烧。但烧过之后，部分鸦片渗入地下，如果掘取泥土再加煎熬，还可获得相当数量的烟膏。林则徐认为这种旧方法不能彻底烧毁鸦片。经过再三研究，决定用盐卤和石灰来浸化。于是在虎门海滩高处开挖两个大池，长阔各十五丈，池底平铺石板，四周则栏椿、钉板，池前开一涵洞，池后通一水沟。浸化的过程是：先从水沟车水入池，加入食盐使成浓卤，然后将烟土切碎抛入，浸泡半日之后，再将整块烧透的石灰投入，使其分解。在石灰盐卤浸蚀鸦片之际，另派人用铁锄木耙反复翻戳，让烟土颗粒尽化，到潮退去时，打开涵洞，让池内经过腐蚀分解的鸦片浆流入大洋；并用清水刷洗池底，不让烟土有涓滴存留。如果第一天甲池尚未清洗，第二天便使用乙池。焚烟手续周密而科学。

道光十九年（1839 年）四月二十日，从这一天起，林则徐开始在虎门海滩用上面说的方法销毁英国毒贩所缴呈的鸦片。销毁时，布置防备颇为慎重严密。钦差大臣林则徐、两广总督邓廷桢、广东提督关天培事必躬亲，粤海关监督经常在虎门照料销毁事宜，而广东巡抚、布政使、按察使、盐运使、粮道则分班到场查视，广东将军、左右驻防都统则轮流稽查弹压。在现场上，池岸周围树立栅栏，外人禁止入内，工作人员出入均经查核。

鸦片浸化程序繁琐，耗时太长，开始每天只能烧毁三四百箱，后增加至八九百箱。到五月十五日鸦片全部销毁完毕，共计237.6万余斤，值时价2400万元。

从四月二十二日开始的虎门销烟，是整个禁烟运动的高潮，从这一天开始，中国人民第一次向全世界，特别是向英国帝国主义者表示了纯洁的道德思想和憎恶非正义行为的坚决性，展现了中国人民反抗外国侵略的坚强决心。

鸦片战争

第一次鸦片战争爆发

道光十九年（1839年）三月，当义律被软禁于广州商馆，被迫呈缴鸦片时，就致函英国政府和英驻印度总督，要求采用军事手段，重新调整中英政治、商务关系。与此同时，交出鸦片的英国商人，亦以每箱一元的标准集资，由大鸦片商查顿等人在英国运动政府要求赔偿所交鸦片的款项。当中英贸易关系中断的消息传到英国，棉纺业资本家集团立刻作出了反应，四处奔走。曼彻斯特、伦敦、利兹、利物浦等城市的三百余家与棉纺业有关并在广州有代理商的商行，先后请求英国政府出面干涉。一些鸦片商还向政府提出了侵华作战计划和所需军队、装备数量等具体建议。由此，英国内阁于八月二十四日决定以武力解决问题，派遣一支舰队前往中国。外相巴麦尊先后秘密训令义律，告以英国政府的决定和作战方针，令其早做准备。道光二十年（1840 年）正月，巴麦尊在致远征军总司令兼全权代表懿律的训令中，明确表示封锁广州及中国沿海口岸、占领舟山、要求赔偿、割让岛屿、订立条约等侵华作战和外交方针，并下发了《巴麦尊致中国宰相书》，向中国提出了以上各种无礼要求。三月，英国下院辩论对华战争军费案和广州英商损失赔偿案，经过三天的辩论，以 271∶262 票的微弱多数，决定发动对华战争。五月二十二日起，英国“东方远征军”陆续到达广州珠江口外，共有军舰 16 艘，武装轮船 4 艘，运输船 27 艘，载运地面部队 4000 人。在西方殖民史上，这支军队应该算是规模比较大的了。

与紧锣密鼓依次启动战争机器的英国相反，清王朝毫无战争准备。虎门销烟之后，道光帝认为禁烟运动可以就此结束了，只需了结善后事务即可，令林则徐早日结束。道光十九年（1839 年）十二月初一，他任命林则徐为两广总督，依例卸去林的钦差大臣一职，希望恢复平时状态。次日，他下令永远停止中英贸易的举动，正是以之为不计较“区区关税”，“驱逐”英国商船，不想再与英国交往的一劳永逸之计。至此，道光帝认为，中英交涉已经基本结束，对此不再注重。

负责中英交涉事务的林则徐等人，也错误判断了敌情。他们虽料到英国不会善罢甘休，必然会相应而动，但以为义律等人只能私下调动二三艘军舰来华，如道光十四年（1834 年）律劳卑来华和道光十八年（1838 年）马他仑来华那样，绝不会用侵略其他国家的策略来对付中国。为此，他们在广东的虎门、九龙尖沙咀一带加强防御，以静制动，等待时机。他们还认为，广东禁绝鸦片之后，英国船会纷纷北上，几次要求各地加强戒备，以防这些鸦片船。直至五月中旬，英军到达前夕，林则徐等人还认为，英国近来的船只，装有大量军械，其实仍然在运输鸦片。如此这般的敌情判断，使清王朝在毫无军事、财政以及心理准备的情势下，卷入这场战争。

英国首批侵略军到达广东珠江口外后，即据巴麦尊的训令，封锁广州海口，北上浙江定海（今舟山市）。后来英军分批到达，依次北上。六月初四，英舰一艘至厦门，投递《巴麦尊致中国宰相书》，这种方式不符合清朝体制，自然为当地清朝官员所拒，炮战打响了。同日，英舰五艘驶至定海，当地军民此时还不了解英军的意图，以为“来售货物”，或“风吹误至”。而英军却要求当地驻军交出县城及全岛，被拒绝。初七，英军进攻定海，经过九分钟的炮战，击溃港口一带的清军防御，次日占领县城。此后，英军以定海为据点，进逼镇海，向浙江当局递交《巴麦尊致中国宰相书》，遭到当地官员的拒绝。英军遂封锁宁波、厦门、长江口，兵犯乍浦，主力北上天津海口。至此，英军的第一步计划，即占领舟山、封锁海口的任务，基本上已经实现。注重海外贸易的英国，认为此举十分重要，实际上对以自给自足的农业经济为主的清王朝，并没有构成很大压力。岛屿被占，海外贸易中断，并不能成为清王朝在外交谈判上态度软弱的原由。英国对中国的认识也存在局限。

由于当时通讯条件差，清廷接到信息的次序也是颠倒的。六月二十二日，道光帝收到定海沦陷的奏报，七月初四，得知林则徐的上报——来华英舰船有十一艘，初五，收到乍浦、厦门军事冲突的报告。在此情况下，道光帝的最初反应，只不过是“英夷售烟图利”，因广东断其贸易而“分窜各路，肆行扰害”而已。他认为，小打小闹，不足挂齿，立即下令浙江清军予以反击，并命各地加强防范。此后得到的信息，使他感到了事情的严重性，于是于初九任命两江总督伊里布为钦差大臣，前往浙江“专办军务”。十二日，道光帝虽然认为可“即日翦除”英国的“内犯”，但不明英国的意图，于是破例，下令直隶总督琦善，“倘有投递禀帖情事，无论夷字汉字，即将原禀进呈”；并命伊里布，“密行查访，或拿获夷匪，讯取生供，或侦探贼情，得其实据”，查明英国“致寇根由”。十四日，英军抵达天津海河口外。十八日，琦善奉旨接收英国文件，即《巴麦尊致中国宰相书》。直至此时，清廷对英国的意图才恍然大悟。然而，这种因体制造成的讯息隔绝，道光帝后来竟把气出在地方官员身上。他下令将浙江巡抚革职拿问解京，罪名是拒收英方文件，“以致该夷船驶往各处，纷纷投诉，实属昏聩谬妄，致误机宜”。

当时，清廷朝野意见一致，若是海上交锋，清军不敌英军之“船坚炮利”，是以己之短击彼之长；若陆上对阵，则是以己之长击彼之短，击刺步伐，非其所娴，且腰硬腿直，一扑不能起。由此，清军虽可能在陆路取胜，但只能局限在陆上，无法“扫庭犁穴”；而沿海七省皆须有备，战端不知何时能了；况且国家经济条件不足以支撑长期战争。当英军南下，北方的险情消除之后，道光帝对自己的决策颇为满意。他在一奏折中朱批：好在他们只是为了贸易，又说是诉冤，这是我办理得手的时机，难道不是片言只语远远胜过了十万之师了吗？

道光二十年（1840年）八月二十一，道光帝任命琦善为钦差大臣，前往广东，主持中英谈判。九月初三，借口办理不善，将林则徐、邓廷桢交部严加议处（后革职）。初四，下令沿海各省撤退调防军队，以节省军费。先前奉命进剿定海英军的钦差大臣伊里布，至浙江后，由于英军战斗力强，便借词没有时机，延宕时日，结果得到了道光帝的褒扬。伊里布遂与定海英军谈判，十月，英军宣布浙江停战。

琦善进京请训后南下，于十一月抵达广州，与义律进行谈判。琦善本以为，撤了林则徐的职，满足了英人的要求，恢复断绝一年之久的中英贸易，再适当应允若干无伤天朝体制的“乞恩”之后，英军就会满意而归，中英关系就会恢复到禁烟之前的局面。在谈判中，他允诺赔偿英国 600 万银元，并打算除广州外，另辟厦门为通商口岸。但是，这些不远万里前来的“英夷”远非琦善所想象的那样，他们的胃口越来越大，义律坚持以巴麦尊所提的各项要求为谈判基础，并以战争相威胁。

广东虽在战前已作战备，主要战场虎门地区，设防亦有规模，但其防御工事等，只是按照抵御西方二三艘军舰来犯的规模而设计的。琦善到任后，对广东的防务十分鄙视，无意于大力筹防。当谈判无法再继续下去时，他曾增兵虎门，但只是为了“虚张声势，让洋人知道我们有备而来”，以便“备文向其详加开导”。十二月十五日，英军为胁迫琦善屈服，以军舰 7 艘、轮船 4 艘、登陆部队约 1400 人，攻破虎门第一重门户——沙角、大角炮台。

远在北京的道光帝几次接到琦善的奏折，奏折上说英国很难对付，十分轻视中国官员，大为震怒，决定采取作战的方式对付英军，令琦善、伊里布准备攻剿。沙角、大角战败的消息传京，道光帝决计主“剿”，向广东调派援军 1.2 万余名，任命皇侄领侍卫内大臣奕山为靖逆将军，湖南提督杨芳等为参赞大臣，前往广东，围剿英军，并令沿海各省加强防御。由此，沿海各省疆臣都支持道光帝的决定，准备在海岸扼要之地，构筑炮台工事，以对抗英军的舰船进攻。而在前线的琦善和伊里布，对英军的实力，了解得更为确切，没有加入主“剿”的大合唱。

此时尚未接到开战谕旨的琦善，虽在沙角、大角战败后，调兵增防各处要地，但在谈判中还没有争取到主动。英方提出索要尖沙咀（九龙）和香港两处地方，以交还其占领的沙角、大角，他同意可由英方选择一处“寄寓泊船”并要义律早作选择，以便奏报道光帝批准。而义律在复照中却作了错误的理解，称将接收香港岛，并私请释放商人两名。琦善再次复照，含糊其词，不作正面答复，仅称“现在诸事既经说定，所请释放港脚哪嚓及法兰西人啴哑呢二人，本爵阁部堂（即琦善）即饬去员，带交贵公使释放可也”。很容易就可以看出，该照会仅是对义律请求放人的回复。义律捉住各种事情已经说定一语，照会琦善，称英军交出沙角、大角，撤往香港；同时单方面发布文告，公布了与琦善达成的协定的内容：割让香港、赔款 600 万银元、中英交往平等，中英即将恢复贸易，此即所谓《穿鼻草约》。道光二十一年（1841 年）正月初四，英方在没有取得清政府允许的情况下，正式占领香港。与此同时，定海英军也开始南撤。

英军占领香港后，琦善与义律两次会谈，都没有解决实际问题。正月二十二日，义律送致所拟《条约草案》七条。二十五日，又照会称五天之内若不盖印了结，将再次开战。琦善此时收到道光帝选将派兵、决计主“剿”的谕旨，了解到道光帝的态度有变，立即谎称患病，对中英谈判采用拖延战术。而义律亦得到了道光帝主战的情报，知道谈判不能解决任何问题。二十七日起，英军舰队驶往虎门一带集结。二月初三，英军进攻虎门主阵地侧后的三门水道。初六，攻破虎门第二重门户横挡一线各炮台，广东水师提督关天培以身殉国。随后，英军上溯珠江，沿江而上，一路进攻，连陷乌涌、琶洲、猎德二沙尾等处炮台。二十六日，英军陷广州城南珠江上的海珠等炮台，兵临城下。

由此，琦善在外交处于劣势。二月初六，正当虎门鏖战之时，道光帝收到广东巡抚怡良弹劾琦善私许香港的奏折，大怒之下，将琦善革职锁拿解京治罪，使他落得个身败名裂的下场。

广州的战局与骗局

就在英军逼临广州之际，参赞大臣杨芳于二月十三日首先赶到广州。杨芳是清军的名将，道光初年用兵西北时，他战功卓著，擒敌酋张格尔，封侯爵。道光帝命其出征，正是因其昔日的风光。可是，十年河东、十年河西，如今的敌手，已不再是浩罕、张格尔之类的传统样式。杨芳初至，面对一盘散沙的局面，广东清军已被击溃，各省援军尚未到达，不得不以广州知府余保纯出面与义律商议停战。与此同时，他向道光帝隐瞒了广州城外各炮台沦陷的实情，虚张广州清军的战备部署，并捏称清军在珠江上获得小胜。道光帝十分高兴，对杨芳温旨慰加，并令交部优加议叙。

中英自禁烟运动起，已有两年没有进行贸易往来了。不仅印度等地所产的鸦片不能行销中国，而且英国所需的茶叶也无法装运出口。英国政府每年从茶叶进口中征税三百万镑，相当其税收的1/10，数字是相当惊人的。于是，义律在英军攻至广州时，便下令停止进攻，要求恢复中英贸易，意图是暂时停战。二月二十八日，义律与杨芳达成恢复通商的停战协议。这样，道光帝的主“剿”谕旨，在杨芳的操作下，又变成了主“抚”。杨芳在尔后的奏折中，谎称英军因广东戒备森严，畏惧而退，义律又立下字据，不为别的，只要照章办事就可以了，杨芳在“兵机”上考虑，准备“以纵为擒”。道光帝得奏后认为，此时各省援军尚未达到，开战还不是时机，便令杨芳“设法羁縻”，以吸引英军，不让其远遁大洋，致使将来攻剿费力。杨芳奉旨后，又再次上奏，称已允英国通商。道光帝不免大怒，朱批道：如果以贸易了事，又何必出兵，又何必逼迫琦善呢？并下令将杨芳严加议处。

然而，相对于后来发生的事情，杨芳的这一骗局，只不过是小巫见大巫。

三月二十三日，靖逆将军奕山等人到达广州。由于道光帝坚持对英作战，奕山、杨芳等只得筹备战事。广州在停战一个月后，局势再度紧张起来，英军舰队亦重入珠江。闰三月二十九日，奕山等令清军以师船火筏夜袭泊于珠江上的英军舰船，却未能成功。四月初一，英军击毁清方船筏 75 只，截留商船盐船 140 余艘。初三，义律发出通告，限奕山等于 12 小时内将清军撤出广州，遭到奕山的拒绝。初四，英军右纵队约 360 人攻占广州城西南的商馆，左纵队约 2400 人，避开清军防守较严的城东和城南，在城西的缯步一带登陆。初五日，登陆英军攻占城北观音山（今越秀山）诸炮台，使广州城完全暴露在英军的炮火之下。次日，奕山等就竖立白旗，派广州知府余保纯出面乞和。义律提出如果要停战，必须答应如下几个条件：奕山等在 6 天内率军出城至二百里外；7 天内交赎城费 600 万元；7 天内赔偿被焚商馆等处的损失。奕山同意了义律的条件。

清军彻彻底底地打了个大败仗，但奕山等人在奏折中完全隐瞒了真相。他虚虚实实地描绘了城北战事后，又生造了一个英军“乞和”的场景。道光帝被蒙蔽了。

相比之下，中英军事实力，绝非如道光帝和清朝一般官员所想象。英军不仅“船坚炮利”，在海上的实力大大超过中国，而且其陆军在装备、训练、战术等方面都胜于清军。定海、虎门、广州等处作战，英军采取避实就虚的方针，制定相应的谋略。蒙在鼓里的道光帝，沉浸在大兵“分路兜剿，务使逆夷片帆不归”的幻想中。这种骗局不仅使朝廷未能尽早看清形势，改变对策，仅仅从军事角度而言，也使其他各省不能吸取广东作战的教训，以致重蹈覆辙，一败再败。

就在中英广州停战的次日，发生了广州北郊三元里人民反抗英军的事件。先是林则徐、杨芳、奕山等人，在广东珠江下游一带倡办团练，当地士绅负责调集民力组成队伍，原先就有的“社学”等民间组织也大力活动，使广州北郊一带的民众结成规模可观的抗英网络。四月初九，英军在三元里一带抢掠，引起广大人民的强烈不满。次日，三元里等处一百零三乡的民众，包围观音山一带英军营盘。英军出击，被引自牛栏冈一带，被歼五人，伤 23 人。十一日，数以万计的民众再一次冲进英军营地。英军以攻城威胁清方官员，广州知府余保纯出面遣散民众。在清军已无招架之力时，三元里等地的民众反抗，曾燃起许多中国人心中的希望之光。英军的伤亡虽不为多，却大大超过了虎门、厦门、定海等处的正规作战。用民众之力战胜侵略者，关键在于有力的领导。清政府的阶级局限性决定了他们绝不可能真正领导民众，进行一场轰轰烈烈的全民战争。

四月十一日，广州清军撤往城外。次日，清方的赎城费也大体交清。英军根据停战协定，开始从广州城北撤退。至十八日，英军交还各炮台，退往香港。奕山等人再次上奏，谎称广东省对外事务已解决了，要求撤退外省援兵。道光帝接到这份假报告，于六月十二日批准广东援军“凯撤”，并谕令其他沿海省份的将军督抚：现在广东的外商船只，经过奕山等人多次冲击，现在已退出了虎门，“所有各省调防官兵”可以适当撤离。

在谎言的掩饰下，天下似乎太平了，战争似乎终止了，奕山等人相安无事。然而，就在各省准备撤防之际，更大规模的战争却又到来了。

东南沿海的溃败

道光二十一年（1841年）春，英国外相巴麦尊得到了《穿鼻草约》的消息，野心未能满足，认为所获权益太少，决定召回义律，改派璞鼎查全权负责。六月二十四日，璞鼎查在清朝沿海的一片撤兵声浪中，到达澳门。璞鼎查认为，要把清朝变为殖民地，必须发动更大规模的战争，把战火引向北方。他于七月初五命英军一部留守香港，自率主力（军舰9艘、轮船4艘、运输船22艘，陆军2500人）北上，直逼厦门。

最先提醒道光帝英军北上可能性的又是来自浙江。琦善解职后，负责浙江军务的伊里布亦被罢免。新任两江总督、钦差大臣裕谦，

英舰进攻定海图

是清代名臣的后裔。他信心百倍地部署江浙两省的防务。当时有人谣传英军可能北上浙江，他于是奏请缓撤江浙两省的防兵。道光帝却于七月初一，令其照旧撤兵，不要被谣言蒙骗，以致于挠乱军心。

闽浙总督颜伯焘是一位主战派，他虽不信广东的骗局，但在道光帝的谕旨下，只好作出撤兵的命令。但其撤兵行动刚开始启动，英军的舰队就于七月初九到达厦门口外。初十英军向厦门守军发出最后通牒，要求交出厦门，未得到任何答复。当日下午，英军全力发动进攻，至次日清晨，占领厦门。颜伯焘与守军5000人大部溃逃。二十日，英军留下部分军队据守鼓浪屿岛，其余力量全部北上。

直至七月二十一日，道光帝才知璞鼎查北上的消息。二十八日，得知厦门失守，道光帝才连忙下令沿海各省停止撤兵，加强防御。在颜伯焘的奏折中，道光帝有了新发现：英军竟然也会陆战。他原以为，英军习于海战，如诱之登岸，便不足为患，故只需坚守海岸，无需虑及其登陆与之陆战。英军在厦门登陆后胡作非为，他十分不理解，连忙下令各地防御须水陆交严。可是，清朝各地布防海口的格局此时已无可改变，当这道谕旨到达时，浙江战局已无法收拾了。

八月十二日，英军至定海，几天下来，侦察守军防御设施，并在定海港当面的五奎山岛上，建立火炮支援阵地。定海清军不明英军的意图，成为惊弓之鸟，结果战战兢兢，毫无战功。十七日，英军发动进攻，突破清军的防御阵地，当日占领定海。守将葛云飞、王锡朋、郑国鸿三总兵战死。二十六日，英军转攻镇海，清军仍然无招架之力，钦差大臣裕谦在兵败后投水身死，浙江提督余步云临阵脱逃，二十八日，英军未遇抵抗，进据宁波。此时，英军的初步计划已基本实现，并受到兵力、季风等方面的限制，便停止进攻。

裕谦强烈要求主战，浙江定海、镇海两处是裕谦悉心讲究防卫的地区。道光帝对裕谦极为信任，而裕谦夸大其词的奏折，又使他恢复了作战的信心。但后来却是丢城失地、大将折亡。愤恨之至的道光帝，于九月初四下令授奕经为扬威将军，组织大军与英军决一死战。

扬威将军，曾是道光初年平定张格尔叛乱中采用过的统帅名号；奕经是道光帝的堂侄，时任协办大学士、吏部尚书，内廷还兼有御前大臣。名号和人选，都可以看出道光帝用心良苦；昔日西北边陲的荣耀将在东南沿海再度辉煌。可是这么一位身负重任的将军，自九月十五日出京，直到道光二十二年（1842 年）正月初一，方至杭州。沿途 3 个半月，虚张声势，号称率 13 万大军来浙，以震骇英军。正月二十二日，他进抵前线慈溪，手中已握有一万名从各地调来的援军和大量雇勇，认为马上就可以收复失地，便下令于二十九日四更时分，即所谓“四寅佳期”，清兵勇分三路反攻宁波、镇海、宁海的英军。反攻是临时决定的，因此准备不足，结果是三路皆败。英军乘势于二月初四进攻慈溪长溪岭一带的清军营盘，清军再次败北而归，奕经等逃往杭州。

此时，清军在军事上已经无计可施。鸦片战争开战未久即调任浙江巡抚的刘韵珂，见此局势，从先前的主战、倡用林则徐对敌的态度上转变过来，上了有名的“十可虑”奏折，道光帝看后亦深感所奏属实。刘韵珂在折中虽未提议和，但在夹片中却推荐因主和而被革职发往军台的伊里布。道光帝的主“剿”意志，开始发生了动摇。二月十七日，他调盛京将军耆英署理杭州将军，将伊里布派往浙江军营任职。

此时，道光帝几经挫折之后才终于明白，自己所面临的“区区岛夷”，竟是清王朝前所未遇的悍敌。他也突然发现，自己对于这个敌手，一点儿也不知情。泱泱大国的大皇帝历来是不屑于过问有关“夷”人的知识的。三月二十一日，他收到了奕经的奏折，得知可以审讯英国战俘，便提出了种种疑问，要奕经讯明上奏。

清政府求和

道光帝的态度转变，并不意味着打算立即向英国求和，也并不意味着向英国妥协。他只是企图在一定限度内作妥协，也就是“羁縻”政策。他特别希望在军事上获得一次胜利，哪怕是一次小小的胜利，作为与英国谈判的后盾，使之“就我范围”，即所谓“先威后德”“控驭外夷”之道。他作出了两手准备，一手派耆英、伊里布主持和议，一面又责令奕经等竭力攻剿。他不想让耆英、伊里布做得太明显，也向各统兵大员隐匿了耆英等人的真正使命。但是，奕经在溃败之后，仅剩下一些溃兵败将，早已没有招架之力了，根本不可能实现道光帝梦寐以求的军事胜利。他的奏折中的种种攻剿方案部署，不过是哄骗道光帝的小伎俩罢了。

道光二十二年（1842 年）二月二十七日，道光帝任耆英为钦差大臣。三月初五，耆英、伊里布出京。二十九日，耆英到达杭州，着手按照道光帝的预想筹备军务。而与此同时，英军又在实施新的作战计划。

英军在浙江度过了一个冬季之后，准备发动长江战役，攻占位于长江和大运河之交的镇江，中断清政府的漕运，强迫清政府投降。此时，英军的兵力分散驻扎于香港、鼓浪屿、定海、镇海、宁波等处，印度等地的援军尚未到达，兵力不足。只好不顾宁波、镇海，以集中兵力。奕经却谎称英军害怕清军威力，已经四散逃亡了。但是，奕经并没有像奕山那么幸运，其谎言没过几天不攻自破。四月初九，英军进攻位于杭州湾北侧的乍浦。守军虽然顽强抵抗，但最终还是兵败城破，副都统长喜伤重而亡，乍浦失陷。

就在英军进攻乍浦之时，耆英让伊里布出面请和，同时上奏道光帝，直言没有良计对付洋人。英军对清方的这一举动，并不认真对待，傲慢地要求清政府接受他们所有苛刻的要求，方可停战；并提出释放全部英国战俘，须由“全权大员”出面谈判。伊里布随即同意释放英俘 16 名。然英军无心与清政府多费口舌，照其原定计划，放弃乍浦，继续北上。

四月三十日，英军到达长江口外，沿长江顺江而上，逼近清军重兵设防的吴淞口。五月初八，英军突破吴淞防御阵地，攻陷宝山。江南提督陈化成战死，两江总督牛鉴不敌英军，慌忙逃窜。接着，英军未遇抵抗，又进占上海。此时，从印度等地前来支援的军队陆续到达，英国在华武装力量达到军舰 25 艘，辅助船 24 艘、运输船 60 艘，陆军约 1.2 万人。二十八日，英军放弃上海，调集大量兵力进攻，其中舰船 72 艘，陆军 7000 人，声势强大，溯长江西进。六月十四日，以 6000 余人进攻镇江。守军拼死抵抗，副都统海龄殉难。英军在付出重大伤亡后，攻陷镇江。至此，清军精心筹防的地区，已全部被英军攻破，到了谈虎色变的地步。

自英军从乍浦北上之后，耆英、伊里布认定，只有求和这一条路可走，便由浙入苏，尾追英军，屡屡照会要求和谈。璞鼎查不达目的决不罢休，便以耆英等未有“全权”任命为由，不予谈判。身居京师的道光帝，除了“愤懑”“痛恨”之外，束手无策，于四月十六日明发了一道洋洋千余字的上谕，历诉自己自禁烟以来种种为国为民的良苦用心，要求将帅疆臣“激发天良”，希望士民百姓全力以赴，以能“翦除夷孽，扫荡海氛”。对于耆英等人要求议和的奏折，因与其“羁縻”手段互不协调，他本不想同意，也久未松口。然而，清朝的国情已与以前不能同日而语了。

一年前道光帝罢斥琦善、伊里布，实行军事行动时，曾得到了整个统治阶层的拥护。统兵大员和沿海疆臣，纷纷表示作战的决心和信心，痛陈“剿灭逆夷”的重要性和迫切性。他们的这种决心和信心，并非建立在充分了解敌情、把握克敌制胜的战略战术之上，而是出于“天朝上国”的自尊和对“区区岛夷”的鄙视。一年来英军连战连胜的事实，使他们一一转了向，从轻敌到恐敌。他们早先不敢明言上奏主和，仅仅是害怕激起圣怒，加罪于身，只好是假意敷衍，得过且过，到了此时，蒙骗无法再继续下去，只得明言实情，上奏主和了。战事激烈的江浙两省，官员纷纷求和，两江总督牛鉴的奏折中，竟言危机重重，迫在眉捷，请求皇上早日作决定，来拯救人民的安危。而战事平静的闽粤两省，官员们听之任之，任凭道光帝几次下令进攻香港、鼓浪屿，就是按兵不动，以免战败。道光帝此时得不到主战派的支撑，即便他愿意开战，前敌将帅也无一愿战。清兵及其将领成了惊弓之鸟。失败主义情绪弥漫于整个清朝统治阶层。

六月十九日，道光帝接到镇江防守不支的奏报，密谕耆英，保持大国的威严，对洋人的要求作一下变通，同意答应中英平等交往、割让香港、闽浙沿海开放通商口岸三项要求。次日，他得知镇江失守，授权耆英、伊里布根据具体情况作出相应的措施。二十八日起，英军舰队继续驶抵南京城下，勒索赎城费。一心想与英军议和的耆英、伊里布，也一路追随到南京，以“钦差大臣便宜行事”的身份，与英人开始谈判。

此后进行的中英谈判，不过是英国单方面的要挟。近在咫尺的南京城，成了英军手中的抵押物。道光帝虽有再商讨之意，但议事大臣们却没有那个胆色了。耆英等人的奏折，名为请旨，实为婉转传达英国的最后通牒。道光帝虽有“何至受此逼迫，急恨难言”之叹，但除签字画押之外，别无选择。他在给耆英的上谕中称：我只有自恨自愧的份了，为什么事情闹到这种地步呢？万般无奈，一切只能答应他们的要求了，数百万人民生命攸关，且不止是江浙两省，所以各条款都按照商议的办理吧。他不敢再要求其他，只求英军能“全数退出大江”。道光二十二年（1842 年）七月二十四日，清钦差大臣耆英、伊里布登上泊于南京附近江面上的英军旗船“皋华丽”号，与英国全权代表璞鼎查签订了《中英南京条约》，又接连丧失了一系列主权和利益。

中英鸦片战争，是西方资本主义入侵中国打开中国大门的重要步骤，是他们将中国纳入世界殖民体系之中的重要步骤。

全皇后之死

生长姑苏，聪慧佳人

孝全皇后钮祜禄氏出身名门，曾祖和祖父都是清朝声名显赫的将领，父亲颐龄当时是乾清门的侍卫，世袭男爵。幼年时，颐龄被派往苏州府任职，举家搬迁，钮祜禄氏就随父母在苏州长大成人。明清时期的苏州是全国最大的工商业城市和经济中心，富甲天下，号称“海内繁华、江南佳丽”之地，故苏州女子多聪慧娴淑。

钮祜禄氏从小就长得漂亮，且聪明伶俐，再加上江南名城苏州水土文风的滋养和熏陶，平添了几分灵气，养成了江南女子的纤巧秀慧。平日里，除了刺绣和诗书，钮祜禄氏还学会了苏州女子雅好的七巧板拼字游戏，她在这方面还格外出色，入宫后，曾仿世间常见的七巧板样式，将木片削为若干方，排成吉祥语“六合同春”四个字，难度很大。除此之外，在随父游历中，钮祜禄氏还开阔了眼界，遇事都很有主见和谋划，这更是与寻常女子不同。

因自小生长在苏州的缘故，她除了“明慧”以外，还有江南女儿的温柔，这与其他八旗格格的开朗爽健是大相迥异的，所以在后来能够受到道光帝的宠爱，甚至独宠专房。不仅如此，据说，清宫节庆中的苏造糕、苏造酱等物，都是钮祜禄氏亲自仿制苏州的苏式糕点、酱菜而得名的。此说真实与否，尚待考证，但钮祜禄氏的“才华超群”是有目共睹的，这从她入宫后道光帝对她的宠爱程度和晋升速度就可以略知一二了。

入宫为后，幸得偏宠

道光初年，十三岁的钮祜禄氏被选入宫。明慧温柔、才智过人的她立刻就被道光帝看中，随即留在了宫中，被封为贵人。因她才、智、貌样样都全，特赐徽号“全”字。

全贵人既年轻又聪明，很快就得到了道光帝的偏爱。入宫仅一年多，晋封为全嫔，三个月后，全嫔又晋为全妃，时年十五岁。钮祜禄氏入宫不到两年，就从贵人晋升为嫔再晋升为妃，名位得到如此迅速的提升，也足以证明她几乎已经得到了道光帝的专宠。

道光四年（1824年）初夏，全妃怀孕，十月怀胎生下了第一个孩子即皇三女（十一岁夭折），虽是女儿，但道光帝仍然大喜，尤其对比之前祥嫔所生的皇二女，待遇差距极大，全妃再晋升为全贵妃。就在当年夏天，全贵妃再次怀孕。

道光六年（1826年），全贵妃生下第二个女儿即皇四女（后封寿安固伦公主）。宫中称为“四公主”，尽管仍是女儿，依然丝毫没有影响道光对全贵妃的感情，相反，作为道光长大成人的实际上的长女，又是爱妻所出，道光朝唯一的嫡女，四公主是道光皇帝最重视、最宠爱的女儿，日后，为其所选的驸马也是道光女婿中出身最为显赫之人。

道光十一年（1831年），全贵妃生下皇四子奕訢，即后来的咸丰帝，母以子贵，她的地位越来越尊贵。

道光十三年（1833年），道光帝的第二位嫡妻，即位后所立的第一位皇后佟佳氏去世，六宫无主，作为理所当然的继后人选，当年，道光帝以孝和皇太后的名义晋升全贵妃为皇贵妃，摄六宫事，实为后宫之主。

婆媳大战，短命皇后

1840年，孝全皇后钮祜禄氏去世，时年三十三岁。葬清西陵之龙泉峪。

钮祜禄氏可谓是一位春风得意的皇后，升迁神速，按理说，她已母仪天下，坐上了这“万凰之王”的位置，应该养尊处优，延年益寿。然而，她却只做了六年皇后，这不禁让人对她的死亡疑虑重重，联想起孝全成皇后生前与孝和皇太后的冷淡关系和孝和皇太后一些反常的迹象，大家纷纷把矛头指向了孝和皇太后。说法大致分为两种。

鱼毒奕䜣说

奕䜣是道光帝的静贵妃所生，文武双全，而且聪明过人，后来更支持洋务运动，和西方人接近，有“鬼子六”之称；而孝全皇后所生的奕詝则软弱无能，一副老好人模样，难堪大任，道光帝原先最中意奕䜣，有意立他为嗣。孝全皇后为确保自己的儿子能够继承皇位，遂摆下毒鱼宴，企图毒死奕䜣。一天，奕䜣正好来孝全皇后和奕詝所住的钟粹宫找奕詝玩，皇后便派人通知奕䜣之母静贵妃，说让奕䜣在自己寝宫里吃饭。临近开宴，皇后偷偷叫来儿子奕詝，让他不要吃桌上的鱼，并把图谋告诉了他。奕詝生性忠厚，且与奕䜣关系最好，所以在吃饭时，当奕䜣要夹鱼吃时，他狠命地踩了奕䜣一脚，如此数次，聪明的奕䜣自然明白了，便再也没有要吃鱼。皇后的图谋没有得逞。这时，皇后宫中的一只猫在桌底下吃了奕䜣吃掉下来的鱼骨头，但吃完没多久，就倒地而死。奕䜣大惊，回家告诉了母亲静贵妃，静贵妃也大吃一惊，忙去告诉孝和皇太后。太后大怒，便命令道光帝赐死皇后。道光帝虽然不舍得皇后，但母命难违。孝全皇后为了自己的儿子能够保全，只好自尽。

恼羞成怒说

相传，孝和皇太后六十岁大寿时，道光帝为讨太后欢心，亲自制作皇太后六旬寿颂十章，在太后寝宫寿康宫颂读贺寿。而皇后为了讨得皇帝和太后欢心，也来凑热闹，且她诗词文章无一不精，当下一挥而就，写成“恭和御诗十章”，献给太后。过了几天，道光帝去向太后请安时，随便聊起皇后赋诗祝贺一事。太后却说："皇后敏慧过人，未免可惜。"此后，太后又跟身边的宫女们说了些闲言碎语，还说孝全成皇后没有福气。后来，这些话传到了皇后的耳朵里，她听完后有些不高兴，心想："我乃一国之母，生下皇子，又是皇长子，将来免不了身登大位，我便是皇太后的命，难道能说我没有福分吗?"觉得太后有意损她。才色俱佳的皇后，因道光帝的宠爱，更生骄娇之气，太后小看她，心里很不乐，表面上也就流露出来。有时去给太后请安，言语中时常带着讥讽之意。最后，太后无法忍受，婆媳两人越来越生分了，再加上宫女嫔妃们从中搬弄是非，关系更加不和。道光十九年（1839 年）冬，皇后偶然受了些风寒，太后亲自驾临皇后寝宫探视，态度十分慈祥，皇后不免有些愧疚。转眼过了元旦，皇后的病已有起色，便坐上凤辇去寿康宫叩头谢恩，婆媳两人聊得很开心，关系似乎好转。过了几天，太后派人送了一瓶酒给皇后，皇后喝过后当天就暴崩了。

道光选储

身患残疾的咸丰帝

文宗体弱，骑术亦娴，为皇子时，从猎南苑，驰逐群兽之际，坠马伤股。经上驷院正骨医治之，故终身行路不甚便……

——民国·赵尔巽《清史稿·文宗本纪》

据上述史料记载，四皇子奕詝，也就是后来的咸丰皇帝，在登基之前，一次狩猎时从马上摔了下来，经过太医的精心治疗，骨病虽然好了，却落下残疾，成了跛子。奕詝的这个身体缺陷本来是不为黎民百姓甚至是朝廷官员所知的。于是，为了掩盖他身体上的缺陷，奕詝刚一登基，便下了一道旨令，意思是说每次退朝后，文武大臣先退，皇帝后走，以免让文武大臣看到自己的跛脚。可是，在一次朝堂议事过后，由于过度气愤，他竟然忘记了自己曾经颁发过的这道圣旨，愤愤而去，比群臣先走。此刻，满朝官员才了解到自己侍奉的主子原来是个残疾人，后来这一秘密才被世人所知。奕詝还得过天花，脸上还有麻子。

那么，这么一个身有残疾的皇子是怎样赢得道光的宠信而登上大统之位成为天下之主的呢？

二选一的结果

皇四子奕詝出生时间为丑时，排行第四。他的父亲道光帝有 9 个儿子，当道光帝 65 岁时，也就是道光二十六年，大阿哥奕纬，二阿哥奕纲，三阿哥奕继此时都已死去，皇四子也就实居皇长子之位。道光考虑到自己年岁已大，身体又不好，立储之事成了当务之急。要知道，在皇朝政治中，确立皇储，是无可争议的头等大事。道光的儿子虽然只有六个，但想要在其中选出一个可以延续大清后世的继任者，并非易事。平常人家有一群孩子，可以把家产分了，哪怕一堆孩子中只有一个争气的，也可以光耀门楣。但皇太子却不能这么分配，毕竟皇位只有一个。一旦成为了下一位君临天下的帝王，无论是什么样的人，都无可挽回。这就需要指定继承人的皇帝有一种非凡的识人能力。

当时，道光的五阿哥奕誴已经过继给了惇亲王绵恺为子，失去了继承大统的权利。六阿哥就是后来人称鬼子六的奕䜣。这一年，四阿哥奕詝 16 岁，奕䜣 15 岁，老七、老八、老九三子均不满 10 岁，无须考虑在内。所以能够考虑皇太子人选，实际上只有奕詝和奕䜣。

还有一点特殊的地方就是，奕詝的母亲在他十岁时就已经去世，一直是由静贵妃，也就是奕䜣的母亲来照顾他，所以奕詝视静贵妃如同生母，视奕䜣如同胞弟。奕詝和奕䜣关系从小就一直都很好，这就更增加了道光选择皇储的困难。

奕詝和奕䜣，这两个儿子之间到底选择哪个来继承祖宗的江山，道光帝犹豫不定。他举棋不定，难下决心。兹事体大！

那么怎么立的呢？奕詝和奕䜣因为只差一岁，都在上书房读书，但是，却不如奕䜣好，奕䜣不仅相貌出众，功课优异，刀枪骑射样样出众，能文能武，道光怎么选择？不仅是在当时，即便是在今天看来，道光帝确实是立错了储君。

诚然，即使是奕詝样样不如奕䜣，只要道光的谕旨一定，那就是铁定的事实，没有任何回旋和改变的理由，因为道光是皇上，立一个残疾人当储君尽管要考虑诸多因素，但最终还是按他的意志来定。也就是会所在封建皇权专制的社会中，立储之事只能出自圣裁。臣下的建言本已逾规，后宫干政更是不能容许的。若言而不中更有危险。

试看古今，多少多少皇子为了大位之争而反目成仇，你死我活。密建制度在一定程度上避免了众皇子为争夺皇位的纷争，避免了内外大臣互相勾结为拥立所亲近的皇子的纷争。到底谁是他们的新主子，在皇帝未死之前是绝对的秘密。因此，皇子欲被选为皇太子，只能靠自己的表现而赢得父皇的心。

“藏拙示仁”的妙计

立储不是儿戏，于是，道光帝便开始考察四阿哥和六阿哥的能力。首先，道光帝想考考这两位皇子的骑射功底。皇四子之师傅为杜受田，皇六子之师傅为卓秉恬。他们的老师都分别给自己的弟子出了主意。奕䜣的箭法当然是在阿哥中是最好的，他捕获的猎物自然也是最多的。道光一看很是高兴，心想奕䜣确实是很有本事。而皇四子奕詝肯定是不如自己的六弟。这就显示了杜受田的政治智慧，他教奕詝索性一箭不发，自然也就没有任何收获了。道光看到奕詝如此无能，当然很是生气。奕詝却说：“父皇恕罪，儿臣以为眼前春回大地，万物萌生之际，正是禽兽生息繁衍之期，儿臣实在是不忍心杀生，恐违上天的好生之德。”

这就是“藏拙示仁”的妙计，他猜中了道光在乎的，猜中了道光的心思，赢得了一块巨大的筹码。把自己的短处藏起来，来表示自己仁爱，道光觉得奕詝很符合儒家这个“仁”的思想。心中便暗暗的肯定了奕詝。

据史料记载，为了最终确定自己的选择，道光帝在一次病重时，召奕詝和奕䜣二皇子入对，将藉以决定储位：二皇子各请命于其师。卓教恭王，以上（指皇上）如有所垂询，当知无不言，言无不尽。杜则谓咸丰帝曰：“阿哥（清代称未成年皇子为阿哥）如条陈时政，智识万不敌六爷。惟有一策，皇上若自言老病，将不久于此位，阿哥惟伏地流涕，以表孺慕之诚而已。”如其言，帝大悦，谓“皇四子仁孝”，储位遂定。

这便是藏拙示孝的典故，可以说，奕詝能登上皇位，与恩师杜受田的政治智慧是分不开的。“藏拙示仁”，又“藏拙示孝”，在“仁”和“孝”这两个字上表现得比较突出，所以道光就选择奕詝即便是奕做皇太子。可见，道光在选皇太子的时候，德才两个条件，没有考虑德才兼备，只考虑到了德而没考虑才，实际上咸丰后来在德的问题上做的也是很不够的。杜受田的政治智慧让道光帝选择了一位没有治世才能的平庸皇子继承了大统。

即便是奕詝是个残疾人，无论是形貌表象，文才武功皆不如奕䜣，与奕䜣比起来，奕䜣更适合做一个皇帝，对社会，对国家民族都是一件好事，然而历史不容假设，他们的父亲是皇上，一言九鼎。正大光明牌匾后写的是奕詝的名字，奕詝就是正大光明的天下之主，九五之尊。

附：道光帝大事年表

⊙**嘉庆二十五年**（1820 年　庚辰）

七月，秋狝木兰，嘉庆帝逝于避暑山庄。八月，为大行皇帝上谥号“仁宗”，庙号睿皇帝。为避讳，改皇帝御名绵宁为旻宁。旻宁即位太和殿，颁诏天下，以明年为道光元年。

⊙**道光元年**（1821 年　辛巳）

八月，英国要求在新疆贸易买马，未允。

⊙**道光二年**（1822 年　壬午）

是年，命广东禁止洋船偷漏银两，并查缉鸦片。

⊙**道光三年**（1823 年　癸未）

是年，定失察鸦片烟条例，内容包括禁种罂粟，禁开烟馆等项。

⊙道光八年（1828年　戊子）

五月，平定回疆张格尔，行午门献俘礼。

⊙道光九年（1829年　己丑）

是年，命广东查禁洋商套取银两。御史姜梅奏陈书吏役满后潜留京城，往往串通舞弊，撞骗讹诈等，重申役满后饬令回籍之令。

⊙道光十年（1830年　庚寅）

是年，两淮盐务日坏，私贩者众，裁两淮盐政，改归总督管理。定查禁内地鸦片烟章程。

⊙道光十一年（1831年　辛卯）

二月，申禁各省种、贩鸦片。是年，江苏巡抚、署两江总督陶澍赴两淮查办盐务，率先实行“票盐法”。

⊙道光十二年（1832年　壬辰）

是年，英商船至闽、浙、苏、鲁海面，希望在广州以外，另开口岸。

⊙道光十四年（1834年　甲午）

六月，英国第一任驻华商务监督律劳卑抵达广州，在要求与两广总督会见直接磋商贸易事务被拒绝后，率军舰炮击虎门。

⊙道光十五年（1835年　乙未）

四月，两广总督卢坤、水师提督关天培奏请增修广州炮台，广东定《防范洋人贸易章程》。

⊙道光十八年（1838年　戊戌）

四月，鸿胪寺卿黄爵滋疏陈鸦片为害之烈，主张严禁。八月，以林则徐等奏查获烟贩，收缴烟具情形，谕嘉之。十一月，命林则徐为钦差大臣，查办广东海口事件，节制该省水师。

⊙**道光十九年**（1839 年　己亥）

四月，命林则徐以禁贩鸦片檄谕英国及各国在粤洋商，于虎门销烟。五月，英水手杀村民林维喜，英领事义律拒交凶犯，侵犯中国法律主权，史称林维喜事件。九月，英舰在虎门外穿鼻洋挑衅，水师提督关天培率部迎击。十二月，停止与英人贸易，以林则徐为两广总督。

⊙**道光二十年**（1840 年　庚子）

五月，英舰队在广东海面集结，第一次鸦片战争爆发，林则徐严密设防，英军无隙可乘。六月，英军北犯定海，疯狂屠杀，占领定海。七月，英军直抵天津，直隶总督琦善与义律在大沽口会谈，琦善向英人妥协。道光帝迫于英军气焰，竟将林则徐、邓廷桢交军机处严加议处。九月，林则徐、邓廷桢被革职，以琦善署两广总督。十二月，琦善擅自与义律订定《穿鼻草约》，私许割让香港，开放广州，赔偿烟价。

⊙**道光二十一年**（1841 年　辛丑）

正月，英军攻陷虎门沙角、大角炮台，道光帝被迫下诏向英军宣战。派奕山为靖逆将军，赴广东主持战事。二月，英军进犯广东虎门，引起虎门海战，关天培力战殉职。因与英人交涉中妥协退让，夺琦善大学士职，逮问，籍其家。五月，《广州和约》的签订，激起广州人民义愤填膺。广州三元里人民奋起抗英。

⊙**道光二十二年**（1842 年　壬寅）

五月，英军攻陷长江吴淞炮台，江南提督陈化成力战牺牲，上海失陷。七月，英军舰侵入南京江面，钦差大臣耆英与英驻华全权公使璞鼎查在南京江面英舰上谈判，答应英国一方提出的全部条款。道光帝批准中英《江宁条约》（即《南京条约》），答应割地、赔款、五口通商。

⊙**道光二十三年**（1843年　癸卯）

三月，英女王颁布香港皇家殖民地宪章（即《英王制诰》），以璞鼎查为首任总督兼驻港英军总司令。八月，耆英与璞鼎查在虎门签订《五口通商章程》。九月，上海开埠。

⊙**道光二十四年**（1844年　甲辰）

五月，耆英与美国代表顾盛签订不平等的《中美望厦条约》。九月，耆英与法国代表签订不平等的《中法黄埔条约》。

⊙**道光二十五年**（1845年　乙巳）

六月，耆英照会比利时来华谈判专使兰纳，准许比利时按五口通商章程办法通商。十一月，上海道台宫慕久公布了与英国驻上海总领事巴富尔签订的《上海地皮章程》，开启租界地之先河。十二月，广州人民反对英人入城，数千人众冲入府署。

⊙**道光二十六年**（1846年　丙午）

十一月，容闳等随马礼逊学堂校长赴美留学，开启近代留学先河。

⊙**道光二十七年**（1847年　丁未）

二月，耆英与瑞典、挪威签订《五口通商章程》。

⊙**道光二十八年**（1848年　戊申）

正月，重申不准法人擅入内地传教。二月，青浦教案发生。五月，拒绝俄罗斯在新疆通商贸易。十二月英驻沪领事阿利国上书香港总督文翰，建议对中国再次发动战争，以便获得更多利益。

⊙**道光二十九年**（1849年　己酉）

二月，葡萄牙澳门总管亚马勒非法宣布澳门为自由港，停征关税，并下令封闭粤海关衙门。

⊙道光三十年（1850 年　庚戌）

正月，道光帝病重，召载铨、载垣、端华、僧格林沁、穆彰阿、赛尚阿、文庆等，公启秘匣，宣示御书“皇四子立为皇太子，封皇六子奕为恭亲王”。道光帝逝。皇太子奕詝即皇帝位，以明年为咸丰元年。七月，沙俄强占中国黑龙江口庙街，易名为尼古拉也夫斯克。十二月，洪秀全于广西金田起义。

内忧外困的苦命天子

——清文宗咸丰帝

承教嗣帝位，两难苦咸丰

帝王档案

⊙姓名：爱新觉罗·奕詝

⊙属相：兔（1831年）

⊙年号：咸丰

⊙在位：1850～1861年

⊙享年：31岁（1831～1861年）

⊙庙号：文宗

⊙谥号：协天翊运执中垂谟懋德振武圣孝渊恭端仁宽敏显皇帝

⊙陵寝：定陵（清东陵）

⊙配偶：16人，皇后钮祜禄氏等

⊙子女：2子，1女

⊙继位人：载淳（同治）

帝王小传

清文宗咸丰皇帝爱新觉罗·奕詝(1831～1861 年)，道光帝四子。奕詝是清朝入关后第 7 位皇帝，也是清朝最后一位通过秘密立储继位的皇帝。道光皇帝于三十年（1851 年）二月二十九日病故，奕詝继承皇位，是为咸丰帝。他 20 岁登极，在位 11 年，享年 31 岁。年号咸丰，“咸”是所有普遍的意思，“丰”是丰盈充足的意思，“咸丰”是天下所有人都丰衣足食的意思。但是他在位期间，内忧外患接踵而至，天灾人祸不断发生，没有过一天安稳的日子，人称苦命天子。

咸丰帝任贤去邪，企图重振纲纪，重用汉族官僚曾国藩，依靠其训练指挥的汉族地主武装镇压太平天国和捻军起义。提拔敢于任事的肃顺，支持肃顺等革除弊政。同时，罢斥道光朝任军机大臣 20 余年、贪位妨贤的穆彰阿，处决第一次鸦片战争中主持和局的投降派官员耆英。他还依靠湘军，抑制住了太平天国起义进一步的扩张。但是，在咸丰六年（1856 年），英法对中国发动了第二次鸦片战争，咸丰皇帝时而令军队抵抗，时而令军队撤退，时而主战，时而主和，优柔寡断，先后签订了一系列不平等条约，使中国进一步陷入了半殖民地半封建社会的深渊。

咸丰十一年（1861 年）七月，咸丰皇帝病死于热河。

青史语录

“文宗遭阳九之运，躬明夷之会。外强要盟，内孽竞作，奄忽一纪，遂无一日之安。而能任贤擢材，洞观肆应。”

——《清史稿·文宗本纪》

奕詝即位

处心积虑得皇位

道光皇帝对于他的继承人考虑慎重，多年以来始终内心犹豫，举棋不定。鸦片战争结束那年，他已经过了60岁。国事的操劳，洋人的骚扰已经使他精疲力尽。他认为选择皇位继承人问题应该提到议事日程了。道光帝有9个儿子。由于长子奕纬23岁已经死了，皇二子奕纲和皇三子奕继幼年就死了，立储只有在皇四子奕詝、五子奕誴、六子奕、皇七子奕譞之间选择。

道光二十六年正月初五日，正当传统的新春佳节余兴未消的时候，65岁的道光皇帝突然降旨，宣布将皇五子奕誴过继给惇亲王绵恺为嗣子。这个决定，等于取消了他的皇位继承权。原来，道光认为皇五子奕誴言行浮躁不能担大事，不能考虑做继承人。从年龄来看，奕誴比奕詝的生日只差6天，同是16岁。这是接近成年的年龄。在这个关键时刻宣布奕退出建储圈之外，无疑对他是个不小的政治打击。后来，奕誴一生愤世，嘲弄朝廷，放言无忌与此事不能说没有关系。

当时，皇七子奕譞方 7 岁。他的两个同母弟奕詥 3 岁、奕譓 2 岁，不仅在年龄上不占优势，而且他们的母亲庄顺皇贵妃地位较低，由常在进琳贵人，又进琳贵妃。她与奕詝的母亲孝全皇后，奕的母亲静皇贵妃相比较，占不了上风。奕譞兄弟三人在竞争中自然处于劣势。

继承人只能在皇四子奕詝和皇六子奕两人中选择。诸位皇子中，奕詝与奕从小在一起读书习武，关系最为密切。兄弟俩不仅成长为熟读经史、兼通诗文、擅长骑射的少年才俊，还共同研创出枪法二十八式，刀法十八式，这使得道光皇帝十分欣慰，特意将枪法赐名为“棣华协力”，刀法赐名为“宝锷宣威”，比喻兄弟二人协力同心。

奕詝 10 岁时，他的生母孝全成皇后突然死去，他便由奕的生母静贵妃抚养，兄弟两人感情更深一层，如同一母同胞。兄弟俩感情很好，但是，皇帝既称“寡人”，皇位只有一个，究竟谁能成为皇位的继承人呢?

从实际情况看，奕的条件比较优越。奕的生母静皇贵妃在道光皇帝的后妃中居第二位，仅次于皇后。而且，当时孝全皇后已去世，静皇贵妃摄六宫事，又担起抚育奕詝的担子，很得道光皇帝信赖。这对于奕来说是“得天独厚”了。奕的劣势也十分明显。他不是皇后的儿子，在正统观念占主导的时代里，嫡庶之别是严格的界限，突破传统观念困难很大，道光皇帝不能不有所顾忌。奕在年龄上又比奕詝小一岁。他虽然善于骑射，但少功于心计，不如奕詝。其实奕詝的心计不是自己的本事，而是老师杜受田的主意。

在道光晚年的一个春天，他命皇子们随驾到南苑围猎。围猎是清朝推崇尚武传统的活动，通常也是检验皇子骑射才干的考试。奕果然武艺超群，在围猎中获得猎物最多。而奕詝却只是站在一旁，不发一箭。原来，奕詝知道自己骑射不如奕，于是事前请他的老师杜受田给他出了个高招。杜受田告诫奕詝说：阿哥到了围场，千万别发一枪一箭，而且要约束手下人不得捕捉一只动物。皇上如果问及原因，你便说现在正值春天鸟兽万物孕育的时候，不忍心伤害它们，也不愿用这样的方式与弟弟们竞争。奕詝照计而行，果然，道光皇帝听后非常高兴，赞叹道：这真是具有帝王心胸的人说的话啊！开始有了把皇位传给他的打算。

又有一次，道光皇帝传旨召奕詝和奕入对问策，就是要问问他们对国事政务的看法。二人接旨后分别请教自己的老师。奕的老师卓秉恬有才气，少年得志，办事认真，为人耿直，他告诉奕：皇上如果问你的话，“当知无不言，言无不尽。”而杜受田却告诫奕詝：如果谈国事政务，阿哥是比不过六爷奕的。这时只有一条计策，只要皇上说自己快死了，不等他问国家交给你该怎么办时，你就只管趴在地上哭。奕詝对老师言听计从，他的一番表现，使道光皇帝深感这个孩子仁孝，铁心让奕詝做皇位继承人。

道光三十年，被内忧外患困扰多年的道光皇帝终于走到了生命的尽头，奕詝和奕的皇位之争也有了结果。正月十四日，道光帝病危，急召宗人府令载铨，御前大臣载垣、端华、僧格林沁，军机大臣穆彰阿、赛尚阿、何汝霖、陈孚恩、季芝昌，总管内务府大臣文庆，公启鐍匣，宣示建储朱谕：“皇四子奕詝著立为皇太子。皇六子奕封为亲王。道光二十六年六月十六日。”同时宣示了两份交代身后应办事项的遗旨。一份包封上写有“御前大臣军机大臣公同手启”，并贴有封条，上有签名。另一份包封上贴有封条，盖有“道光之宝”戳记和“封”字。此外，匣中还有朱谕一份：“皇四子奕詝著立为皇太子，尔王大臣等何待朕言，其同心赞辅总以国计民生为重，无恤其他。”这份朱谕是道光三十年正月十四日道光帝临死前在圆明园慎德堂亲笔书写的，字写得很潦草。

道光皇帝的一纸朱谕，决定了奕讠和奕的地位，从此奕讠黄袍加身，成为咸丰皇帝，而奕䜣作为亲王俯首称臣。兄弟俩的地位改变了，但斗争却并未结束。

借母丧治政敌

奕讠当上皇帝以后，恭亲王奕小心谨慎，曾一度得到咸丰皇帝的信任，出任领班军机大臣。但是到了咸丰五年，因奕多次请求为其生母孝静皇贵太妃封后，惹得咸丰皇帝大为不快。

到了咸丰五年（1855 年），孝静皇贵太妃病重了，她在弥留之际的时候，咸丰皇帝去看望这位抚养自己有功的皇贵太妃，当他走到她寝宫门口的时候，恰巧碰见奕从门里面走出来，兄弟俩在那碰了一个照面。

咸丰皇帝随口问道：额娘病得怎么样了？奕答道：“已笃！意似等待晋封号方能瞑目。”仓促间咸丰皇帝不置可否，仅仅“哦、哦”了两声。没想到奕听后立即到军机处传达咸丰旨意，礼部随后就上了一个奏折，请尊封皇贵太妃为康慈皇太后。

为此咸丰皇帝非常生气，但苦于已经给人答应出去的印象了，不得已批准了。9 天后，七月初十康慈皇太后病逝。咸丰发泄心中怨气的时候到了，七月二十一日咸丰皇帝便以“办理丧事有疏忽”的罪名将奕赶出军机处，并罢免了他的其他重要职务，从此再不重用他。

同时，咸丰还降低了养母康慈皇太后丧礼的等级，创造了清代皇后丧礼的特例。这位太后的陵墓慕东陵也很特殊，它没有与皇帝的陵墓在一起，而是与16个妃子的园寝在一起。但是，中间还是用墙与妃子们的墓分隔开，用了黄瓦，以示区别。

这种既有别于皇后又有别于妃子的处理，隐隐地透出了咸丰的用心：他要让弟弟知道，皇帝的亲生母亲和养母，就是有区别的。咸丰警告弟弟：别再想打皇帝宝座的主意。

就这样，奕詝终于战胜奕坐稳了皇位。

治吏选才

咸丰即位以后，展现在他面前的清王朝是政治混乱、财政匮乏、军队窳败、民不聊生的萧条景象。年少气盛，血气方刚的咸丰，颇有点进取的精神。他采取了一系列措施，调整对内对外的政策。咸丰知道，腐朽的官场习气大大降低了政府的功用，不利于自己的统治，必须改变这种状况。为此，咸丰帝首先向军机大臣穆彰阿开刀。穆彰阿，满洲镶蓝旗人，历任内务府大臣、步兵统领、兵部尚书、吏部尚书、大学士等职，深得道光帝的信任和宠幸，任军机大臣20余年。他结党营私，排斥异己，压制群僚，无恶不作。咸丰即位10个月后，即亲笔朱谕，历述穆彰阿的罪状后，给予革职永不叙用的处分。对另一个大学士，曾任广州将军、签订《南京条约》的耆英，也因与穆彰阿狼狈为奸，先被贬官，后予处死。

与此同时，咸丰也选拔了一批他认为有才能的人。由于杜受田帮助自己登上皇位，咸丰自然对他感激涕零。甫即位，就任杜受田太傅兼署吏部尚书，不久又调任刑部尚书、协办大学士。杜受田死后赠太师大学士，入祀贤良祠，赐金5000两治丧，儿子升官，由检讨（翰林院史官，位次编修）升为庶子（太子属官）。在此前后，咸丰又分别擢升了穆荫、肃顺、匡源及怡亲王载恒、郑亲王端华等。尤其是肃顺，在清朝中算是出类拔萃。咸丰还用严刑整顿朝纲，打击贪官污吏，力图挽救腐败的世风，虽然也取得了一些成效，但并没有从根本上解决社会矛盾，因此农民起义一直在迅速发展。

金田起义

拜上帝会与起义的酝酿

洪秀全为广东花县客家人，生于清嘉庆十九年（1814 年）一月。幼时聪明异常，所读之书能一目了然，但因家庭贫穷，只能一面读书，一面务农、放牛。18 岁时他应聘为本村塾师，以后，他一边读书，一面参加科举考试。几次科考却屡次失利，但因偶然的机遇与基督教结下了不解之缘。道光十六年（1836 年）洪秀全到广州应试时，得到一部基督教徒梁发所编的《劝世良言》，那是一本浅显易懂的基督教布道书，但当时洪秀全并没有理会，翻了几下便丢进书箱。这次应试仍未被录取，胸怀大志、文才出众的洪秀全更加愤世嫉俗。第二年，应试再次失败，洪秀全大病四十天，据说他在病中写出了一首诗：

手握乾坤杀伐权，斩邪留正解民悬。

眼过西北江山外，声震东南日月边。

道光二十三年（1843 年），洪秀全最后一次赴广州应试，结果仍未被录取，这次他最终放弃了科举入仕的道路，激愤地说："不考清朝试，不穿清朝服，要自己来开科取士。"当他再拿起《劝世良言》细细品读的时候，发现其中一些基督教义很对农民的胃口，于是，在六月间便开始向亲友宣讲教义。洪秀全同好友冯云山、族弟洪仁畲共同研究《劝世良言》，提出独拜真神"皇上帝"，不拜邪神偶像，不行恶事，戒绝饮酒、抽烟、邪淫等恶习。他们将洪秀全在道光十六年（1836 年）应试失败后，因病所做异梦描述一番，说洪秀全神游天上，遇到一位高居宝座的老人，赐给他一把宝剑，让他代表天父上帝到人间斩除妖魔。这位老人就是天父上帝，同他一道追杀妖魔的就是天兄耶稣。随后，洪秀全请铁匠"打铁罗"铸了一把"斩妖剑"，随身佩带，以天父次子的身份斩诛妖魔，并写出一首《吟剑诗》："手持三尺定山河，四海为家共饮和。擒尽妖邪归地网，收残奸宄落天罗。东南西北敦皇极，日月星辰奏凯歌。虎啸龙吟光世界，太平一统乐如何！"

在这之后洪秀全三人开始积极传教，扩大组织，招收信徒。开始他劝信徒信奉上帝、耶稣、天堂、地狱，后来便逐渐产生了反清的思想。在他们的积极活动下，吸收了一些信徒，但引起了朝廷官员的注意。他们砸毁了私塾中孔子的牌位，无法在家乡继续待下去。在这种情况下，他们准备出游天下。

道光二十四年（1844 年）四月初，洪秀全、冯云山、冯瑞嵩、冯瑞珍开始远游他方，由南而北，历经广州、顺德、南海、番禺、增城、从化、清远、曲江、阳山、连山等地，一路上宣传教义，发展信徒。并逐渐开拓领域，为日后太平天国根据地的创立打下了基础。

在云游途中，一些人中途折回，而冯云山表示愿意与洪秀全“遍游天下，艰苦甘心”。五月二十一日，他们到达广西贵县赐谷村，在洪秀全表兄王盛均家住下。从此，洪秀全一边教书，一边宣传教义。很快，赐谷、长排、大横等地成了他们传教的重点地区，入教者达百余人，在此基础上形成了广西第一个“拜上帝会”。赐谷村北面十几里的六乌山口有一座六乌庙，地主、族长常在这里处理族务，欺侮乡人，洪秀全带人捣毁了六乌庙，在贫困乡人中树立了威望，震惊了当地。

这一年九月和十一月，冯云山和洪秀全分别前往桂平和花县，各自宣传教义，发展信徒。冯云山历尽千辛万苦，终于在十一月到达桂平新圩，一边拾粪、挑担、割禾、打谷和在砖窑里做苦工来维持生计，一边设法传教，冯云山克服人地生疏的困难，跋山涉水，往来于紫荆、金田地区。在平凡的劳动中逐渐接近下层民众。生活虽苦，但他心中充满远大的志向，并作诗云：

孤寒到此把身藏，举目无亲也着忙。

拾粪生涯来度日，他年得志姓名扬。

后来，他又来到紫荆山大冲曾玉珍家教书。据百姓传闻，他还到过坎泽和紫荆山区西南的瑶区鹏隘教过书。冯云山在紫荆山地区开展艰苦的宣传、组织活动。经过两年多的努力建立起一个被称为“拜上帝会”的组织。

紫荆、金田、江口等地，在清代都属桂平县，居民多数以耕地、烧炭为业，受苦很深，这里时有起义发生。早在明代，便有著名的侯大苟所领导的大藤峡瑶、壮族农民起义，前后绵延了数百年，留下许多感人的斗争传说。鸦片战争前，紫荆山里又爆发了一次农民暴动，参加者五六百人。这里，天地会的势力也有很强的基础，在道光十五年至十六年（1835～1836 年）间曾领导了一次起义。当时天地会领导的水上“艇军”，沿西江在两广各地活动，江口为其据点之一。

“三多”充分说明了金田村的贫困：无耕田的人多；卖儿卖女的人也多；逃荒要饭的人多。金田附近一带住的全是汉、壮两族的贫苦农民。金田村背面即是紫荆山，这是一个总面积达二百多平方公里的大山区，四面高山环绕，中间丘陵起伏，沟壑纵横。紫荆山区住的是壮、瑶、客家（汉）几族人民，大多以种山烧炭为业，生活很是艰难。冯云山正是利用这一有利形势，团结贫困民众，因此，入会者十分踊跃。冯云山便在这里积极酝酿并成立了“拜上帝会”。

拜上帝会提倡人人都是上帝的子女，大家都是同胞，应该彼此平等，休戚与共，有福同享。这种教义对于苦难深重的农民有着极大的吸引力和号召力，因此，在桂平、贵县、博白、陆川的客家人，以及紫荆、金田的壮族农民和紫荆山区、平南鹏化山区的瑶族人民，有许多都加入了拜上帝会，组成了浩浩荡荡的拜上帝会众。紫荆山区 300 余家的烧炭佬和龙山矿工是拜上帝会积极争取的对象。他们生活困苦，性情急猛，后来太平天国的核心人物杨秀清、萧朝贵便出自此。

与此同时，洪秀全在广东老家花县一边教书，一边解析拜上帝会的教义。从道光二十五年（1845 年）起，洪秀全接连写了《原道救世歌》《原道醒世训》《原道觉世训》《百正歌》《改邪归正》等数篇文章与诗歌，对宗教理论加以阐释，宣传上帝创造一切、主宰一切，要人们信奉唯一真神——上帝。书中还表露了洪秀全的反清思想。这些文章编入了后来南京印行的《太平诏书》。

洪秀全在广西积极传教，并将他的同学冯云山和族弟洪仁玕首先施行洗礼。洪秀全把自己的思想秘密及对统治者的仇恨全都告诉了洪仁玕，说：“上帝划分世界，让大家各自掌管好自己应得的那一份，但是满洲人却抢走了我们所应该得到的家产。”又说：“上帝帮助我们恢复祖国，让我们保管好自己的财产，但不要侵害别人，互相帮助，以礼相待，我们将同拜同一天父，共同崇敬同一天兄及世界救主之真道，这就是自从我的灵魂上天以后心中的一大愿望。”洪秀全在这时又做了一个奇怪的梦，梦见红日放在手中，醒后便吟成一诗云：

五百年临真日出，那般焰火敢争光。
高悬碧落烟云捲，远照尘寰鬼域藏。
东北西南群丑曝，蛮夷戎狄尽倾阳。
重轮赫赫遮星月，独擅贞明耀万方。

洪秀全与罗孝全结识是在道光二十六年（1846 年）下半年，当时罗孝全正在广州传教。洪秀全便与洪仁玕决意去广州一趟。罗孝全也想与洪秀全结识，便让助手朱道兴邀洪秀全去广州讨论教义，洪秀全便赴广州，与罗牧师研究真道。但因有教中其他人的阻挠而未能受洗礼，二人因此失望地离开广东转赴广西，去寻找挚友冯云山。

道光二十七年（1847 年）六月，洪秀全历尽艰苦，第二次前往广西，因囊中羞涩，只能徒步前往。但不幸的是，在路上又被盗贼偷窃得一干二净。先到县衙，得到授赠四百枚铜钱，又在西行船上受到船友捐赠六百枚钱，省吃俭用，终于到达了广西贵县王姓亲戚家中。当他得知冯云山已有很多信徒，开辟了紫荆山根据地后，非常高兴。八月，洪秀全欣喜地到大冲去会见冯云山，一同巩固和发展拜上帝会。

紫荆山拜上帝会教徒迅速增加，其中有卢新泽（谐音）、卢六、曾亚顺、石达开、杨秀清、萧朝贵等人，他们以后成为了太平军的重要领导人物。他们的活动不可避免地带有一些神秘色彩，萧妻名杨云娇，自己说在丁酉年曾患一场大病，错迷中灵魂向天上飞去，遇见一圣人指导她加入拜上帝会，让她真心实意地跟随上帝，她就是这样加入拜上帝会的。当时人经常说，男学冯云山，女学杨云娇。以后拜上帝会的教义从紫荆山迅速传播至广西数县，如象州、浔州（今桂平）、郁州及平南、武堂、贵县、博白等地，许多有家业、有势力、有功名的人及其家族均入会，如有势力者韦昌辉、举人胡某等一体入会，拜上帝会的影响越来越大。

十月，洪秀全和冯云山为更快地扩充力量，便离开大冲，来到高坑冲，在卢六家里设立拜上帝会的总机关，又制订了“拜上帝会”的各种条规，一面又派人四处活动，在两广的汉、壮、瑶等各族人民有许多都加入了拜上帝会。

当时，在广西象州府一带有著名偶像甘王爷，为当地人所共同信仰。传说甘王爷本为象州居民，他极信风水，曾求一风水先生为他择一好穴，又杀母，逼姐与一浪荡子通奸，并且让州县官员赏一袭龙袍加身。他死后，象州人士都惧怕甘王爷显灵，所以户户供奉，企求平安。洪秀全听会众报告甘王爷事后，不由得怒火中烧，于是与冯云山、王为正等赶往甘王庙。两个人后面到达，只见洪秀全手持木棍，痛殴偶像，并历数甘王爷十大罪状：第一罪，杀母；第二罪，蔑视上帝；第三罪，恐吓上帝子女；第四罪，贪图上帝子女的食物；第五罪，逼其姐与浪荡子通奸；第六罪，爱听男女淫词荡曲；第七罪，妄自尊大；第八罪，榨取民财；第九罪，向州官强求龙袍；第十罪，如邪鬼常行恶事。有这样十罪，实属十恶不赦，必杀无疑。于是，三人共同捣毁了甘王庙，洪秀全还亲自写了一首诗怒骂甘王爷：

题诗草檄斥甘妖，该灭该诛罪不饶。
打死母亲干国法，欺瞒上帝犯天条。
迷缠妇女雷当劈，割累人民火定烧。
作速潜藏归地狱，腥身岂得挂龙袍。

捣毁甘王庙的活动大大鼓舞了群众斗争的勇气，树立了拜上帝会的威信。此后，洪秀全也更加为人信服，信徒增加更速。后洪、冯又捣毁了紫荆山庄的雷庙。雷庙位于花雷、田心两江的合水口处，是富绅王作新父子筹建的。这一下引来了当地豪绅的反对，王作新向桂平衙门控告洪、冯以拜上帝为名，到处毁坏神坛庙宇，实为反叛之徒。道光二十八年（1848 年）一月县官遂逮捕了冯云山及卢六，在审讯过程中，冯云山针锋相对进行斗争。听到冯云山入狱的消息，洪秀全曾打算向时任广东总督的耆英申诉，但因耆英调走而没能成功。

这个时候，广西拜上帝会的会众自愿筹集巨金援救冯、卢，求县官秉公审理。这时县官转而认为拜上帝会教徒原非叛逆，便有意释放二人。再加上冯云山在狱中写的申辩信，叙述王作新的险恶用心，申辩自己冤情，证明人人当拜上帝，并不违反法律。这时卢六已死于狱中，于是县官派差役二人将冯押解到广东原籍释放。但行至几里路外，在冯的侃侃而谈下，二位差役在路上就将冯云山释放了，并加入拜上帝会，没过多久，二人便受洗礼成为教徒。

冯云山回到紫荆山，才知道洪秀全为救自己回到了广东，于是又转头回广东花县。这时洪秀全又折返回桂，得知冯已出狱，又东折回花县。道光二十八年（1848 年），二人终于在花县见面。冯云山家乡在洪秀全家乡的北面约五六里，是一个多山的地带，两人经常借牧牛机会相见、攀谈。洪秀全还借此机会传经布道，劝告人们信仰上帝。二人在家乡逗留到次年六月，用友人筹集的路费，再次离粤入桂，谁也没有想到，他们再也没有机会回到家乡。

道光二十九年（1849 年）十月初九，洪秀全长子出世，当时正是太阳初升之际，成百上千的鸟翱翔天际，随后落于洪秀全屋后一月之久，村里人认为这是新王降世的征兆，洪仁玕派专人送信前往广西洪秀全处，报告这个喜讯。

洪秀全与冯云山回到紫荆山，受到拜上帝会众的热烈欢迎，并有兄弟告知，当他们离开紫荆山时，为了安定信徒，杨秀清以“天父上帝”下凡附体，萧朝贵以天兄身份传言群众，安定民心。

杨秀清生于广西桂平县紫荆山区的一个村庄，出身贫苦，富有谋略与组织能力。传说，有一天，当众人下跪祈祷时，他突然倒在地上，全身出汗，一会儿似有神附体，口中念念有词，或责骂，或预说未来之事。言语有时模糊，有时为韵语。有人便记录下来，拿给洪秀全审察，认为这些话出自上帝。萧朝贵为广西武宣县人，也是贫苦农民出身，为人勇敢刚强，公平正直。他也是在一次偶然的机会里，取得了代天兄传言的资格。二人在洪秀全、冯云山去广东时以天父、天兄资格代言，稳定了广西拜上帝会众的情绪与组织，颇受会众信赖与爱戴。但同时也种下洪秀全、杨秀清矛盾的隐患。

道光二十九年（1849 年）的广西，遍地是民众武装起义的烈火。全省十一府一直隶州，从一二千人到七八千人的起义队伍就有 20 多支。天灾人祸迫使成千上万的贫苦农民流离失所，丧失了一切生活依据，除了造反，没有别的出路。在这种情况下，各种民间秘密组织异常活跃。以桂平为中心，东到平南、藤县，西到桂县，北到武宣、象州，南到陆川、博白以及广东的信宜、高州、化州、廉江和清远等地，都能找到拜上帝会组织的影子，拜上帝会领导民众与地主团练进行斗争。洪秀全、冯云山回到广西见到这种形势，认为起义的时机已经到来。

在不断的斗争发展中，拜上帝会逐渐形成了以洪秀全为首的核心，冯云山、杨秀清、萧朝贵、韦昌辉、石达开为核心成员。他们大多数是两广地区的贫苦人民，韦昌辉和石达开除外。韦昌辉为广西桂平金田村人，是地主兼典当商；石达开为广西贵县那帮村人，也是地主出身，因其为客家人，颇受当地地主排挤，故加入拜上帝会。这个领导核心领导了著名的金田起义，推动了太平天国前期的蓬勃发展，但也埋下了后来裂变的祸根。

拜上帝会积极准备武装起义，并选拔了一批内行的会员，分别去桂平的金田村、紫荆山的溋田村、平南花州的林长坳（现为上帝坪），以及陆川的陆茵村等地，开炉制造武器。有的以打制农具为掩护来打造起义用的刀枪，其中金田村规模最大，冶炼炉就开了 12 座，打好的武器秘密投进西边的犀牛潭中储藏起来。

与此同时，拜上帝会还将会众农民训练成有军事知识、有组织的半军事人员。在洪秀全的直接组织下，在紫荆山地区成立了 4 个大馆，平南花洲地区也成立了 3 个大馆，由胡以晃主持训练，其他如贵县、陆川等地也建立了大馆。

团营起义

经过一段时间有计划的准备，举义的条件已经基本具备。道光三十年（1850 年），洪秀全、冯云山命令各地会众在十一月初四前到金田村“团营”，整编队伍，准备武装起义。

获得消息后，各地会众扶老携幼，陆续到金田会合。成千上万的贫苦农民群起响应，他们烧毁了茅草屋，变卖所有的物产，手持器械，途中不断阻击前来拦截的清军、团练，从四面八方向桂平县的金田村进军，一场大的风暴就要到来了。

清道光三十年（1850 年）十二月初十，这一天正是洪秀全 38 岁生日，二万多贫民在洪秀全的带领下，拿起自制的武器，汇集到金田村西边的犀牛岭营盘周围，举行誓师起义，当时旌旗蔽天，欢天动地，真是“万民响应，四方乐从”，同呼“杀妖!”震天动地。男军和女军分营排列，雪亮的刀矛在空中晃动，闪闪发光。不持武器的妇女儿童，有的挥舞彩旗，有的敲锣打鼓。一首民谣唱道：“天国旗号飘得远，四方兄弟到金田。兄弟姐妹都来到，降魔斩妖声震天。”

洪秀全登上营盘中央的高台，率众庄严宣告起义，随即颁布军纪五条：

第一，遵条命（遵守天条和命令）；第二，别男行女行（男女分营）；第三，秋毫莫犯；第四，公心和傩，各遵头目约束；第五，同心合力，不得临阵退缩。

团营起义后，会众以红布包头，蓄发易服，定名为“太平军”。这五条纪律，加强了太平军的团结，赢得了广大群众的拥护，为日后取得一系列胜利奠定了坚实的基础。

道光三十年（1850 年）十二月十四日，洪秀全率师东进二十里，此时，遭到了清军的围攻，太平军英勇奋战，在大湟江口大破清军。江口为浔江、大湟江和鹏化水的汇合处，无论在经济上或军事上都占有十分重要的地位。上通桂平、贵县，下达平南、苍梧，是天地会武装的主要活动区。洪秀全在此设立大营，与天地会武装联系，以承认拜上帝会教义原则、遵守太平军纪律为条件，接受了罗大纲、苏三娘等部二千多人加入太平军，罗大纲、苏三娘后来成为太平军著名的男女将领。张钊、田芳等先加入太平军，后因不愿服从太平军的纪律，而叛变投敌，洪秀全及时地驱逐平定了他们。人们将洪秀全呼作“太平王”，到处传颂“金田起义出大王”。

面对这种局势，清军也不能坐视不理，再也不能将他们作为“乌合之众”了，由主要镇压天地会转而镇压太平军。十二月十七日，清朝派李星沅为钦差大臣从桂林赶到柳州，向荣从横州（今横县）带兵到桂平，共同策划围剿太平军。咸丰元年（1851 年）二月，向荣指挥一万余名官兵分东西两路向江口进军围剿太平军。而太平军只动用了三千兵力，在冯云山、杨秀清、萧朝贵、罗大纲的带领下，以逸待劳，奋勇杀敌，几个冲锋便把清军杀得弃甲丢戈；太平军继用刀矛作战，一下子打死打伤好几百清兵，战胜了五倍以上的清军。此次战役，太平军以少胜多，显示了威力。三月，起义军主动撤出江口，转而进攻紫荆山区的武宣，并进行扎营整顿工作。

太平军攻无不克，战无不胜，将清军向荣、周天爵的兵马杀得损兵折将，太平军人心振奋，决定稍稍整顿，占领武宣后，再进行新的更大规模的作战。三月二十三日，洪秀全在武宣东乡正式称天王；杨秀清为左辅正军师，领中军主将；萧朝贵为右弼又正军师，领前军主将；冯云山为前导副军师，领后军主将；韦昌辉为后护又副军师，领右军主将；石达开为左军主将。这就是著名的东乡称王，武宣建制，太平天国前期的五军主将制度初步建立。

三月底四月初，清政府针对与太平军作战连连失败的情况，为了扭转局面，从广州、四川、安徽、贵州增援 4000 余人，由国库拨银300万两，又由四川运米5000石备用，准备进行更大的“平叛”行动。五月十五日晚，太平军主动撤离东乡，突破清军防线，前往象州，直指庙旺。一路上连克庙旺、古城、寺村、中平、百丈、新寨和大乐圩等地，势如破竹，乘胜前进，接着洪秀全在新寨立大营，指挥全局。

攻克永安

咸丰元年（1851年）五月底六月初，太平军在马鞍山、独鳌岭、梁山村大败清军乌云泰部，斩杀清军官员十五人，士兵近三百人，清军全线崩溃。当时，老百姓编出一首民谣，对官军进行嘲讽，说：“象州官府带兵多，打起仗来乱鸡窝。天兵山头一声喊，狗官尽找乌龟壳。”

不久，太平军又撤离象州，一路上经过新圩、平南，与清军进行了多次血战，在取得官村大捷后，然后又声东击西，攻克永安。官村大捷后，太平军在与清军的斗争中初步取得了主动权，先在八峒山区的大旺扎营立寨。然后洪秀全把将士分为水陆两路合攻永安。陆路由大旺火速东行，出滕县大黎，屯扎5天。这5天内，大黎人给予了太平军很大的支持，他们不畏山高路远，踊跃参加太平军，太平天国后期将领英王陈玉成，就是大黎人，当时他才14岁，却容貌俊秀，行动机敏。紧接着罗大纲率领一部分太平军，翻越龙头界，经樟村进入永安黄村，穿古眉峡，到水窦村，九月二十四日黎明，罗大纲率队直逼永安城郊，占据东山头，进驻南门外长寿圩。次日猛攻县城，经过几回合的战斗，杀死团练头子苏保德，使州官吴江投井自杀，军正丁履吉在学署上吊自杀，消灭了清军的大部分，太平军乘胜一举攻克了永安城。这是太平军自从金田起义后第一次占领城池，因此士气十分饱满。

攻克永安后第七天，天王洪秀全从容地进入永安城，威风凛凛，甚是尊严。进城后，洪秀全立即以天王的名义发布诏令："各军营战士军将，一定要全力为公，不可产生私心杂念，要一条心，紧跟天父、天兄和朕，从今以后，命令各军将：在斩杀妖魔占领城市以后，取得的一切金银财富，不得私自隐藏，全都归天朝圣库所有，违者严加惩处。"太平军的最高指挥机构设在州署，洪秀全在这里听取诸臣奏事，指挥作战。

太平军攻克永安城后，清政府极为震惊，第二天，急令乌兰泰部从平南赶到永安，进驻附近佛子村，与太平军展开对峙局面。太平军以逸待劳，十月十五日才出兵与清乌兰泰、刘长清、李能臣、李瑞、张敬修等部接战，大败清军。从咸丰元年到二年（1851～1852年）四月，清廷采取加大兵力的办法，调兵勇5万余人，配备100多尊大炮，耗银近1000万两，依靠优势装备，围攻永安城，双方僵持半年多，但并未阻止住太平军的发展势头。

太平军与天王洪秀全进驻永安之后，一方面指挥太平军与清军作战，一方面进行休整补充，制定颁布了各种制度，首先改州衙门为天朝，让手下各位将领随时奏事，并颁布太平天国年号，开创新朝。咸丰元年（1851年）十二月，洪秀全发布封王诏令，将五军主将制度加以发展，分封诸王，其中：左辅正军师杨秀清为东王，右弼又正军师萧朝贵为西王，前导副军师冯云山为南王，后护又副军师韦昌辉为北王，石达开为翼王。西王以下，俱受东王节制。这样，杨秀清实际掌握了太平天国的各项大权。建朝后，太平天国在太平军中开始建立赏罚登记制度，颁布了著名的天历。将南王冯云山在道光二十八年（1848 年）于桂平狱中草创的天历稍加改定，规定一年为三百六十六日，单月三十一日，双月三十日，沿用干支纪年、月、日的古法，并改地支中丑为“好”、亥为“开”、卯为“荣”。天历于咸丰元年（1851 年）冬公布，定是年为太平天国辛开元年。太平军的这些休整称为永安建制，一方面除旧，另一方面布新，以示新朝，加强了中央政权组织的建立，对以后的发展有重要意义。

太平军在永安停留了半年多的时间，清军逐渐增加兵力达三万多人，包围了永安城，城中粮、盐、弹药极其缺乏，根据这种情况，太平军决定突围。咸丰二年（1852 年）四月初五，太平军突破清军围困北上，使清军遭到重创，突显了腐朽的清王朝军队的各种弊端，在永安、昭平间之大山中，又杀死清军总兵以下官兵五千人左右。八月十九日，开始围攻桂林，清军将领乌兰泰身负重伤，滚下崖涧，没过多久，乌兰泰死于阳朔。但桂林是广西省会，清军主力均在这里，太平军围攻一个月，未能攻克，于是在五月二十一日，太平军主动撤离桂林，第二天占领兴安县城。六月初三，太平军攻破全州城。初十，在向湖南进军途中在水塘湾与敌人伏兵发生激战，南王冯云山不幸中炮，身负重伤，不久在蓑衣渡去世。十二日，太平军自广西进入湖南，占领道州，在道州扩充队伍，铸造大炮，这期间湖南会党群起响应，清军望风而逃。但在七月底太平军攻打长沙的战斗中，西王萧朝贵中炮受伤，沿至八月下旬去世。年底，太平军攻克武汉三镇。咸丰三年（1853 年）三月十九日，太平军攻克江苏南京，并以此作为太平天国都城。

太平天国从组织酝酿到团营起义、永安建制、打出广西、进军江南、攻克南京，历经近 10 年时间。它动摇了清朝的统治，也给了外国帝国主义极大的震动。

湘军的组建

湖南的历史和现状

湖南有近一半以上的地区为山区，崎岖不平，是多民族杂居的地方，先进的中原文化虽然很早就进入湖南地区，但由于山区多，交通不便，所以发展速度很慢，迟至明代方深入普及。明清之际，这里又发生了多次战乱，吴三桂叛乱平定后，“从辰州到龙阳，遭受巨大的灾难，数百里人烟断绝，战乱后二十年，陆陆续续回来的十个人中仅有二三人罢了”。人民生活十分困苦，这使湖南经济文化就不能不陷于先天不足、后天失调的落后境地。如清初著名学者刘献廷把湖南看作是“荒陋之区”“无半人堪对语”之地。同期的长沙知府更视此地为还没有开化的地方，有赖进一步进行德化，他说：“湖南地邻苗崗，罔识礼义纲常，幸赖天朝德化。”康熙帝也有类似说法。正因为这样，清初仍因袭明制，直至雍正初年，省的建制才最终定下来。

不过，经过康、雍、乾三朝百多年的努力，湖南取得了很大的发展。农林方面，如稻米，洞庭湖沿湖地区，每年有巨额数量外销，甚至祁阳那样的丘陵县，每年外销也多达 10 余万石。木材茶叶也同样如此，仅安化一县，据左宗棠估计，道光时茶叶每年的收入可达百万，可见经济得到了巨大的发展。工矿业方面，湖南也有他的特色，如湘南桂阳州之砂铜、渣铜和铅年生产量也各近40万斤，在内地各省实为罕见。其他如煤铁也大量销往外省。在经济发展的同时，湖南地区也逐渐成为人文荟萃的地方。如进士中额，乾隆朝六十年（1736～1795年）共二十七榜，每榜平均二三人，嘉道五十五年（1796～1850年），也是二十七榜，每榜平均多至八人，增加十分显著。学者作家也多了，正如王闿运所说，“从嘉庆道光以后，湖南人才辈出，蛮风逐渐被洗涤”。

湖南邻省贵州、广西以及广东与湖南相邻的州县，都是全国著名的多民族聚居区，汉族以外，也居住着苗、瑶、土家等族；同时，湖北、两广、江西，也是各种秘密宗教盛行的地方，如白莲教、天地会在这些地区都有很大的势力。康熙以后，湖南与邻省的少数民族就在不断进行斗争，天地会、白莲教也组织了一些起义。乾隆末年，贵州石柳邓等首先起义，湘西石三保等立即响应，后来，起义大多发生在湘西地区。这次大起义虽在嘉庆初年被镇压，但小规模斗争仍此伏彼起。十一年（1806年），永绥厅石宗四起义，这次起义的规模达到了数千人。湘南也在举行各种形式的斗争，历次起义，斗争使当地汉族地主非常头痛。至道光中期，更爆发波及六七县的大起义，那就是著名的赵金龙起义，起义军杀死湖南提督。虽不久被镇压，但两广地区接着又举行了几场起义，声言要为赵复仇。

白莲教传入湖南的时间虽不可考证，但已有很长的时间。在嘉庆早期的三省白莲教大起义中，湖南与湖北州县紧邻，义军还一度攻入龙山；起义扩展到龙山、芷江、永定等地，如龙山“邑人多附从者”“土寇乘而起”；就连控制极严的首府长沙也出现动荡，有三县发生大规模饥民斗争。进入道光年，白莲教的秘密传播更广，在新宁、武冈等地，信徒到处都是。“衡、永、宝三府，郴、桂两州，以及长沙府之安化、湘潭、浏阳等县，教匪充斥”。天地会经过长期渗透，至道光时，在湘南已经根深叶茂，湘籍御史在上奏中称：“湖南之永、郴、桂，江西之南、赣与两广接壤处所，会匪充斥，结党成群。”鸦片战争后，天地会更加速发展，宁远入会者遍布各乡，其头目称大哥，一有起义，会众从四面八方前来云集。

湖南可以称得上是白莲教、天地会和少数民族三大反清力量的交汇区。因此，在湖南境内经常发生起义，让清朝统治者非常头痛，道光中、晚期先后发生10次武装起义，平均不到两年就有一次，而且大多数都以攻城杀官为目标，最多时达数千人。有的还蓄发变服，称王改元。这样短的时间内就有这样规模的武装斗争，在全国除了广西以外，只有湖南了。正是因为湖南有上述特点，也促进了湖南地方士绅的崛起。这时的湖南士绅，主要有以下三个方面的特点：

首先，是政治地位大为提高。

其次，阶级斗争能力大为增强。

再次，有固守理学兼讲经世学的传统。

这样的思想传统和阶级斗争实践，再加上清政府面临内忧外患的局面，而不得不开始重用汉族官僚来对付太平军，所以使得汉族地主阶级的政治地位上升，湖南士人对经世之学的讲究也日益强烈起来。早在镇压三省白莲教和苗民大起义中，就不断有人向福康安等领兵大员上书，提供情报和建议，阐发他们对时局的看法，重要的是如何对付那些起义。其中最突出的是严如熤，他不仅把对苗族民情的研究心得和资料编写成《苗防备览》等著作，因此得到了迅速的升迁，由一个贡生一直做到陕西按察使，还先后出版《三省边防备览》和《洋防辑要》等著作，成为清代最著名的研究多事地区的专家，当然他写这些书的目的是为了帮助清政府镇压、平息起义。

陶澍、贺长龄等人对严大加吹捧，让百姓都要以严为榜样。在统治者的大力提倡下，至道光时，湖南经世学更风靡一时，出版了一系列的经世致用的篇章。这30年，不仅出版了由贺长龄主持、魏源编辑的经世学百科全书的巨编《皇朝经世文编》，以及汤鹏的《浮邱子》、陈启书的《南言》和魏源的《海国图志》等著作，而且，还涌现出一批经世致用的地方实力派，如曾国藩、胡林翼、江忠源、左宗棠、罗泽南等人。他们对地理、水利、盐政、河务、吏治以及军事学都有所研究，并积极帮助清朝官员筹办地方事务，涌现许多近代史上著名的时务人才。如左宗棠，既讲河盐二务，又精通时务，“胸罗古今地图兵法”。罗泽南除讲究水利苗防外，还著有舆地之书，多论兵家形要。这反映他们已经预感到大清的江山已经摇摇欲坠，随时都有倒塌的危险。事实上，左宗棠、胡林翼、郭嵩焘、刘蓉等，在鸦片战争后不久，就担心一遇大的天灾，就会有大规模的起义爆发。他们在寻找着避乱的方法。当时士大夫中，固然有人看到社会矛盾尖锐，但像他们那样有紧迫感的却不多见。正是在这种紧迫感驱使下，他们感到仅靠清廷的力量是不行的，于是他们纷纷组织地方团练。

曾国藩像

曾国藩建立的湘军，成为与太平军作战的主力之一，他镇压太平天国起义手段残酷，被称为“曾剃头”。由于平叛有功，他一跃成为清统治集团中的实权人物。

这种形势也造就了一批中小地主的崛起，他们自身和先辈一般既无显赫功名，又无巨额财产，在全省并无号召力。他们只能在本县，甚至本乡，各自为战，自保身家；斗争的需要使他们逐渐团结联合起来，形成一支强大的力量，一些在当地较有影响的人物担当了领袖的职责，在他们的领导下将分散的力量结合起来。曾国藩正是这时候崛起的地方武装力量的领袖。

曾国藩（1811～1872 年），湖南湘乡人，号涤生。他家至其祖父，虽已四代为地主，但财产不多，又无秀才一类功名，至道光十八年（1838 年）他中进士，成了穆彰阿的门生，才开始有了较大的改变。后来受到穆彰阿的赏识保荐，他个人连连超升，二十九年（1849 年）就官升至礼部侍郎；同时，因先后与唐鉴、倭仁等讲习程朱理学，与梅曾亮等研讨为文之法，成为当时重要的理学家、古文家。咸丰帝即位后，在一系列奏折中，他对时事有清楚的认识，所上奏疏大都能切中要害，表现了非凡的才识和敢于犯颜进谏的精神。这一切使曾国藩自然成了众心悦服的领袖。士人们称颂他“兼经师人师之望”，说他道德文章都堪称一代楷模。江忠源、陈士杰更拜他为师，刘蓉、郭嵩焘、罗泽南等也是他的好友。咸丰二年（1852 年）八月，曾国藩因母丧回籍，当时正值太平天国发展之际，正在办团练的士绅刘蓉、王鑫等便立即向他请教；十二月，咸丰皇帝命他去长沙帮助湖南巡抚办理团练，于是一支不同于八旗、绿营的军队就要产生了。

组建湘军

咸丰二年（1852 年）十二月二十一日曾国藩至长沙，出任团练大臣，次日即上了一个奏折，指出绿营腐败不可用，要“改弦更张”建新军。在此之前，罗泽南、王鑫等人就曾上书咸丰帝，请求选练新军，对付太平军的进攻。咸丰三年（1853 年）一月，张亮基至武昌，接任湖广总督，左宗棠随同北去，曾国藩一人开始主持筹建练兵事宜。曾国藩的到来无疑给湖南士绅以极大的鼓舞，他们不仅有了曾国藩这样的领袖，而且找到了将分散的力量团结起来的最佳组织形式——组建湘军。但清廷对汉族官僚还是有疑忌的，一开始仅允许曾国藩帮办团练，其他无权过问。

四月骆秉章回任巡抚后，太平军开始西征，太平军势力逐渐达到高潮，湖北吃紧，南昌被围，曾国藩率领曾国葆、储玖躬、周凤山等营，并应江南大营帮办江忠源之请，招募宝勇湘勇 3000 余人；同时，着手整顿绿营军，裁汰冗员，亲督绿营与湘军一同操练，提拔善于作战的塔齐布为将领，将塔齐布率领的部队扩编为两营，归入湘军建制。

经过 8 个月的整顿，曾国藩建军成绩虽不算大，但经验教训却不小。所招各营，分为两类。一类如王鑫营，在镇压衡山、桂东、郴州等处群众起义和防堵广东天地会军战斗中，每次战斗奋勇争先，战功突出；较好地与其他地方军配合，完成清乡任务，有效地稳定各地封建秩序。罗泽南营更在本省及江西各次战斗中，表现突出。另一类，虽作战勇敢，但暴露出来的问题也很严重。这一部分大多是应江忠源的请求招募的宝勇、湘勇，如江忠淑所带之宝勇，就不听指挥。出发东援南昌前，曾国藩鉴于"楚军尚剽锐"，当面嘱咐江忠淑，让他谨慎行事，到瑞州后等湘军会合，然后再作打算；但江"心笑曾公怯"，结果中途溃散了。南昌解围后，又争饷闹事，杀伤江忠源家丁，第二天，又有一千余人，自行散归湖南。湘勇也在南昌城下遭到挫败，且其中两营，或争饷闹事，或一哄而散。针对第二类军队的情形，江西战事结束后，这批宝勇湘勇就被裁撤。

两种军队在作战中的不同表现，可谓天壤之别，使曾国藩首先想到的是训练。王、罗诸营之所以有战斗力，是经他严格训练的结果，而援江西各营，从招募到开拔只约两个月，来不及认真训练。除训练之外，在各种规制方面，两类军队也有很大的不同。王、罗诸营按规定招募土著农民，而江氏所带的军队一向“营制疏略”，所招募的乡勇，“名为新宁，实则贵州、四川、衡、永、郴、桂无所不有”。众多的外籍乡勇，自然不是来自田间的朴实农民，而大多是流浪的兵痞游民。两类军队另一点不同在于将领方面。江家军成军早，战功卓著，自成系统，所以江忠淑对曾国藩表面上虽尊重，实则并不心服，比较松散，不听调遣。

与此同时，曾国藩遇到的另一问题是节制绿营问题。定制绿营只归总督提督节制，巡抚除抚标外，也无权过问；曾越权整顿绿营，与省中大吏矛盾日益尖锐，在提督纵容下，绿营兵有的执旗吹号，与湘军开仗，或到曾的行辕闹事，杀伤门丁。巡抚两司，也借此对曾国藩进行刁难，对曾国藩提走已经解送府县衙门的犯人，甚至擅杀府县衙门的吏役，极为不满。为避免与文武大吏矛盾进一步尖锐，再加湘南天地会斗争日益频繁，需要亲临镇压，曾国藩遂离开省城，前往衡州主持战事，八月末到达驻地。

曾国藩至衡州后不久，天地会在何贱苟的领导下，先后攻占常宁、嘉禾，转战蓝山、道州等地。这支起义军并非孤立作战，其不但与正在湖北活动的太平军有往来，且与遍布湘南各县的天地会，实为一体，人数非常多。如其在湘南站稳脚跟，两广的天地会和太平军就会趁机进入湖南。正在组建的湘军不用说也会夭折，甚至会对整个战局产生重大影响。正因为此，曾国藩随即调兵遣将，以湘军为骨干，加上一部分团练，连续作战，终于在年底将起义军消灭。与此同时，曾国藩吸取前述经验教训，制定营制营规，形成严格的封建隶属关系，强化个人对部队的控制，以三纲五常为核心来教育士兵。

道光三十年（1850 年），王鑫当时还是湘乡一个青年秀才，就已在当地闻名，好抱打不平。咸丰元年（1851 年），他不仅是本县办团练的骨干人员，为湘军最初的 3 个营官之一，且在衡山、桂东等处抗击农民军时，表现凶狠狡诈，声誉大起。曾国藩移驻衡州后，派他回湘乡招募新营，王鑫借此机会擅自扩大数额，招至 3000 人，并与省中大吏直接挂钩，不听曾的指挥。曾国藩断然将王部逐出湘军，又写信给湖广总督吴文镕大加攻击，使王失去调援湖北、获得进一步发展的机会。从此，王鑫便自成一军，先投湘抚骆秉章幕下，听从左宗棠指挥，后逐步扩大至 4000 人，以战功显赫名噪一时，人们称之为老湘军。

建立水师的倡议，据说是由郭嵩焘提出来的，但江忠源在咸丰三年（1853 年）二月以来不断议及此事，且吸取张亮基仓促拼凑的湖北水师、九月覆灭于田家镇的教训，十月又致书曾国藩："现在贼（太平军）正占据长江天险，只有大造船只，训练水勇，先将江面肃清，才能保江南、江西、安徽、湖南、湖北各省的安全。"这就把水师的战略意义，及自造、自制、自练、自统四项建军大纲一一指明了。这样，建立水师的重任又落到了曾国藩的头上，能领水师作战的，也只有他和罗、王等湘军将领。同月，曾国藩决心创立水师，并先后在衡州、湘潭设厂造船，派人到广州采买洋炮，命杨载福、彭玉麟等为营官，招募水勇。

到咸丰四年（1854 年）初，以曾国藩为首的湖南士绅，初步稳定了省内封建秩序，境内武装起义和群众斗争暂时缓解，陆军大小 13 营已经建成 5000 余人，水师十营共 5000 人，加上各种夫役，全军多达1.7万人，船舰近500艘（快蟹、长龙、舢板等大中小战舰300余艘，载运物资的民船百多艘）。此外，还有不属于湘军的罗泽南、李续宾两营，归湘抚节制的王鑫一军，共3000人。

建军措施

咸丰三年（1853年），曾国藩用一年的时间以绿营为殷鉴，又不断总结建军过程中的经验教训，及时采取措施，逐渐完善了各项制度，使湘军全新的面貌得以确立。这归纳起来，有以下五个方面：

曾国藩特别重视选拔将领，特别是营官。他用了几个月的时间考虑人选问题，入选者除了应有才干和不怕死、不怕苦、不急功近利外，更须有“忠义血性”。也就是说，他认为人的才德是最为重要的，官阶资历倒在其次；同时，他又认为绿营腐败，已“深入膏肓，牢不可破”，为了杜绝绿营军恶习对湘军的腐蚀，又强调必须“赤地新立”，硬性规定必须全都招募新人，不收一名绿营军，将官更要严加选择。根据以上两点，两年内，被录用的军政骨干人员79人，绿营武弁只有13人，占总数16%。这些人都是平时能吃苦，临阵奋勇，声名较好之人。就籍贯而言湘军具有浓厚地方色彩，除不明者5人外，非湘籍只有15人，占总数19%，湘籍59人，占总数74%。而且，不但将领大多是湖南人，还多为湖南地主士人，湘籍中家庭为地主者44人，个人为士人者40人，分别占湘籍总数74%和68%。

在水师将领中，外籍人口占有一定比例，体现了任人为贤的标准。其中有5人为水师专门人才，如陈辉龙就为实缺水师总兵，其余10人除个别人外，都为在当地有一定的影响、深为士绅赞许的小官吏。如李翰章为知县，官声好，又是曾国藩好朋友的儿子。林源恩为平江知县，官声很好，办团积极，又主动要求参加湘军。罗泽南、王鑫等只有生员一类功名，甚至还有不少白丁，同样被委任为营官。与林源恩、王鑫、陈辉龙等人毫无差别，这种破格用人的做法，以后其他湘军将也竞相仿行，逐渐形成了湘军特有的用人制度。这种制度“只论事寄轻重，不在品秩尊卑”。所以，有的做到了提镇的官，却仍然当哨官、什长；有的到了副、参、游等职，但仍兼做普通散勇；或是身兼统领与营官。这样，既有利于选拔人才，又有利于将帅以个人亲疏恩怨取舍人员；为他们培养亲信，控制部队，创造了条件。

慎募勇弁。湘军最初三营是湘乡团勇，全是本乡本土农民。后来成立新营，曾国藩先委派营官，再让他们自行招募士兵，每营士兵只服从营官一人，所以战斗力极强，湘军初建时也便于管理。也有例外，如褚汝航在湘潭监造船舰，便是由别人代募，结果所招虽为湘乡农民，却仍不服褚汝航等管束，甚至闹事。于是曾国藩规定了如下的募勇方式，即第一，所募勇弁必须是农民；第二，必须营官自招；第三，营官与勇弁必须有某种同乡关系。这样，随着湘军的发展，便形成逐层递选制度，先由曾国藩选择将，然后由将选择营官，再由营官选择百长（哨官），以下百长与什长、什长与散勇依次递选。为了保证勇丁必是合格的农民，曾国藩又在《营规》中明确规定：“须择善于耕稼，年轻力壮，朴实而有农夫土气者为上；其油头滑面，有市井气者，有衙门气者，概不收用”；同时，还须有人作保，登记本人的府县、里居、父母、兄弟、妻子、名姓、箕斗，存档备查。

完善营制。湘军初时以 360 人为一营，后来曾国藩探讨武器配备，认为热兵器小枪抬枪为军中利器，不断予以加强，改善抬枪方法。每哨添加热兵器两队，一营四哨，每哨 8 队，冷热兵器各 4 队，另有亲兵 6 队，合计全营共 500 人，外加营官 1 人，哨官 4 人，实为 505 人。以后随时有小的改动。另外，各营官有帮办和其他办事人员若干，不在编制之内，其经费开支，由营官在公费银内自行支出。曾国藩非常重视各种武器的配置，刀矛利肉搏，而近、中、远程则可分别用小枪、抬枪和劈山炮，这种配置非常有利于作战。同时，还规定每营有长夫 180 人，长夫的职责为行军时运输物资武器，扎营后则筑墙挖壕，实为现代辎重兵、工兵的雏形。这样就省去了征用民夫的麻烦，且有利于其他将士休息，可以称得上中国军事史上的一个创造。

水师的配置如下：初时每营 500 人，其中大型快蟹一船多至 45 人，中型长龙 24 人，舢板 14 人。后来经过实战不断调整大中小各型战舰的比例、人员的配置，如发现内河水系，湖河港汊复杂，大型船笨重，不利灵活作战，终于形成去大减中增小的方针，至咸丰六年，每营长龙 8 艘，舢板 22 艘；人数也相应减少。后来又根据实际情况减少了长龙数目。咸丰九年（1859 年），继陆、水军之后，湘军又正式建立骑兵，并建立相应的马队营制。各大支湘军骑兵多少无定制，至同治元年（1862 年），曾国荃军见于奏报者，就有 7 营之多。

曾国藩又制定各种条规，对士兵严加控制，要求各营从凌晨到晚间二更，站墙子、看操、点名各两次，每月营官亲自点名看操四五次；同时，还严禁赌博、鸦片、奸淫，对散布谣言，离散军心，擅自结盟，鼓动士兵骚乱的，轻则严究，重则斩首。

厚给粮饷。当时各将帅所招勇营，粮饷充足，正勇月饷有多达五两二钱者。曾国藩认为这样太高，每人减少一两正勇月饷，亲兵护勇稍稍多点。营官月饷五十两，外给公费银一百五十两，用于帮办等人月薪，置办旗帜号衣等费用。剩余的部分自然归入营官私囊。水师营官、舱长、炮手分别与陆营营官、什长、正勇相同。营官以上之统领，按统营大小分为几等，3000人以上者，每月加银百两；5000人以上者，加二百两。经过这次调整，虽有所减少，但仍然远远高于绿营兵，正勇月饷高于绿营马兵一倍，高于战兵守兵三四倍，农民年收入，更是无法相比。这样，农民入伍的积极性非常高，有不少人甚至出钱贿买入伍，如杨某“冒充官长，在平江招勇数百，不惟不给日食，且先索应募之勇每名钱三百文，始准入册”。

自办后勤。清廷的后勤制度是兵饷分离，统兵将帅只管带兵，至于粮饷，平时由户部按定制拨发，出征则另派大臣主持粮台，办理各种后勤工作。太平军起义后，形势发生了变化，国库空虚，有时无款可拨，粮饷发生问题，只好听任将帅自筹。一般将帅虽不少人自筹军饷，但缺乏通盘考虑，曾国藩一开始依靠抚藩拨款，但不久，特别是到衡州后，决定自己解决粮饷问题，制定相应规章，派人设局劝捐；同时，又自行设厂造船，制造军火武器，甚至还雇用大批民船，与水师同进止，储运部队各种作战和生活物资。这一套自筹军饷，自办后勤的措施，虽然实际情况并不很理想，但却证明曾国藩见识广博，深知当时条件下，像湘军这样的军队，不筹军饷，一味依赖清廷，就不能自立，更不能发展。有了这样的认识，确立了这样的方针，至于具体措施，就可以在实践中逐步探索。

以上这五个方面相互配套，贯彻了曾国藩一开始就提出来的“改弦更张”方针，建立起与绿营完全不同的军队。绿营兵实行世代相袭的制度，往往是父子相继；各级将领，或由军功保荐，或由武科举人进士录用，均按定制，逐级升擢；还有一点就是兵将分离，将领调任，所部兵勇不得随往。即兵有长期驻地，将无长期不变的任所。这样就造成了兵与将的相对分离，不易造成反叛力量。士兵所得种种恩惠被认为是皇上的天恩，而非大帅的私惠。与之相反，湘军之勇为招募制，应募入伍则为勇，出伍仍为民，各级将领都由他的上一级亲自挑选，层层隶属。这就使湘军上自将、下至弁勇视选拔他们的各级头目为恩主，把优厚的粮饷视为恩主的私惠。正如曾国藩所说："口粮虽然由公家拨给，但兵士却感谢营官将他们挑入军营，就好像是受了营官私人的恩惠一样。"各将领对曾国藩更是严格服从，因为他们多由微官或白丁被破格提拔，甚至多次保荐，而得高官厚禄。此外，曾国藩等大帅还提倡师生、戚友、同族、兄弟同入湘军，同在一军，甚至同在一营的现象非常普遍，如曾国藩之弟弟国葆、国华、国荃，江忠源亲弟忠浚、忠济、忠淑，族弟忠义、忠珀、忠信、忠朝，王鑫兄勋，族弟开化、开琳、开来，族叔文瑞等，以及肖启江、启淮，张运兰、桂兰，李续宾、续宜等，都是兄弟同入湘军，同在一军。罗泽南的门生李续宾兄弟、王鑫、蒋益澧等 10 余人，均为湘军营官，且不少为他的部将。还有一些人，入军后通过拜师，结金兰，也成了师生和异姓兄弟。以上种种私人关系，在湘军极为普遍，正是通过这种关系，加强了湘军内部的团结，这也是湘军的一大特点。

曾国藩及其手下各级将领精心维护这种种私人关系，形成层层相属的等级关系。如鲍超最初是被曾国藩提拔，后来得到胡林翼更大的提拔，成为著名的大将；当鲍超因故再回到曾国藩的麾下，而不乐意时，胡林翼立即告诫："不要有什么不乐意的想法"，要鲍超不要忘了曾国藩最初提拔的恩情，告诫他一定要谨慎侍奉曾国藩。

对于那些敢萌“他念”，背离恩主，另找靠山的人，他们则给以毫不留情的打击。如曾国藩就曾毫不留情地开除了王鑫。曾国藩对李元度的严厉奏参也同样如此。又如鲍超部个别将领，不愿长期屈居营官，自行投靠河南巡抚，另成一军为分统，曾国藩就加以干涉，并给予处分。

在这样制度下选拔出来的湘军将领，就是依靠这种封建情谊而相互维系的，再加上曾国藩、胡林翼、左宗棠等大帅，权势愈来愈大，他们自然要紧紧依附，争做曾、胡所期望的“义士”，对之忠心不二，以求取得更高的升迁。如咸丰七、八年间（1857～1858 年），曾国藩丁忧回籍，李续宾、彭玉麟等不仅向他报告军情，听取指示；还要求胡林翼奏请他速出领军，称湘楚各军就象婴儿盼望慈母一样企盼曾国藩。鲍超不仅在曾、胡生前对之忠心耿耿，甚至在他们死后，每年还要定期祭奠。总之，经过曾国藩的苦心经营，在军队等级森严，制约性极强的上下级关系之下，还有一层淡淡的情谊关系笼照着湘军，那就是同乡、师生、戚友、家族和恩主交叉重叠的私人关系网。湘军的这种特制关系网，最高一层就是曾国藩，整个湘军都服从曾国藩一人，他自然也就成了种种关系和感情的凝聚点。

具备这两套系统的湘军，与绿营完全不相同，排他性很强，惟曾国藩、胡林翼、左宗棠之命是听，他人无法指挥，是兵为将有的军队。咸丰七年（1857 年），奉清廷命来江西督办军务的西安将军福兴（旗员），官位虽高于曾国藩，但湘军各级将领对他的指挥不以为然，而得到曾国藩的一片纸，就丝毫不敢耽误。对此不满的福兴在奏报中，虽有所埋怨，但清廷不仅无法增强其权威，反而在胡林翼奏参之后，不得不将福兴调走，起用曾国藩。可见，清廷对这种情况也无可奈何，湘军几乎成了曾国藩的私人军队。这对于高度重视军权的满族贵族，自然是痛苦的，但也是没有办法的；对于军队向由朝廷严密控制的中央集权制度，更是带有根本性的变动。

湘军集团的壮大

调整与清廷的关系

咸丰三年（1853年）夏，随着太平军的北伐，清朝都城北京受到极大的威胁；与此同时，太平军西征部队攻克安庆，先围南昌，后图武昌；再加上附近地区的争夺，全国内战就出现北西东三大战区的局面。清廷最重视的自然是直接关系切身安危的北京，因此对太平军的北伐尤为注意，不仅以最亲信的蒙古族大贵族僧格林沁和旗员胜保为前敌总指挥，调集京畿八旗绿营，以及关外满蒙部队，甚至还从东战区抽调部队，前来增援。东战区，则是清政府财赋收入的主要地区，且天京是太平天国的中枢所在。为此，清廷调集全国绿营主力数万人，设立两个钦差大臣分别统帅江南、江北大营。对西战区，清政府虽想集中兵力对付西征军，但心有余而力不足，只有湖广总督吴文镕的绿营兵勇万余人在此作战，钦差大臣也未委派，因此湘军在抗击太平军的西征方面起了重大的作用。九月以后，随着武昌不断告急，清廷就不断命湘军出境北援。可见，这时湘军已成了仅次于吴文镕军的西战区主力。身为西战区统帅的吴文镕在致曾国藩信中对曾国藩的湘军寄予了很大的希望，将西战区大局的维持交付曾国藩。这样叮嘱，是因为吴文镕当时迫于旗员巡抚崇纶的中伤，绿营军兵力不足，而不得不依靠湘军来应敌；更为主要的是，他深知不仅所部绿营不可恃，而且在西战区，除湘军外，再无可以御敌的部队。果然，咸丰四年一月，黄州一战，吴文镕即兵溃身死，其他军也相继溃败，太平军的势力发展到包括武汉在内的大半个湖北地区。

这样，在咸丰四年（1854 年）一开始，北战区主要是僧格林沁军，东战区主要是江南、江北大营，湘军则活动于西战区，湘军成为鼎足而立的三大主力军之一。与战略地位大为提高相互辉映，湘军又连败太平军，肃清两湖，一举攻夺全国名城武昌。与西战区相比，其他两战区就显得有些逊色了，北战区太平军虽遭到严重挫折，但仍在顽强抵抗，东战区更处于相持状态。咸丰帝对湘军的重大胜利喜出望外，但却听信某军机大臣的进言，对曾国藩及其湘军不信任，并制定既使用又限制的方针。数月之后，获悉这一内情的曾国藩，自然是疑惧交加。常在夕（几）阳亭前叹息良久，担心自己将遭到东汉太尉杨震为权贵所逼、于几阳亭自杀那样的迫害。这样的悲剧虽未发生，但他以空头侍郎领军，受制于地方大吏的境遇，却长期改变不了。湘军与清廷之间处于一种微妙的关系之中。如咸丰五年（1855 年）在江西，巡抚陈启迈不仅多方加以刁难，甚至加以监视，曾国藩与省中的文武官僚交往、谈话常常被陈启迈无端怀疑。曾国藩愤而奏参，陈虽被革职，继任的满族贵族文俊，也有所收敛，但根本状况依然如故。对这种情况深为不满的曾国藩，于咸丰七年（1857 年）春，趁父丧离军回籍，且在守制期内，又在奏折中历诉自己以空头侍郎领军所碰到的种种困难，提示清廷，如要他再出领军，就要给他地方政权，否则无法治理好军队，更对付不了太平军，这不仅仅是他个人的，也是整个湘军的要求。李续宾、杨载福和彭玉麟这些在前线领军作战的湘军大将，也积极响应曾国藩的上奏，并为此致书胡林翼，要求请曾国藩重掌军权。胡也在奏折中委婉提出相同要求。但是，咸丰帝一概置之不理。八年（1858 年），曾国藩服父丧期满，仍不得不以侍郎衔再出领军。

但是，也有相当一部分满汉官员力主重用曾国藩、胡林翼等人，其中文庆尤为突出。早在道光朝，文庆在与胡林翼分为江南正副乡试主考官时，就对胡林翼的才干特别赞赏。咸丰三年、四年（1853 年、1854 年），更极力保荐。胡林翼与曾国藩虽是同乡关系，但胡入翰林院更早于曾；胡这时远在贵州为道员，与曾国藩不可能有很深的交往，这样，从历史上看，胡不可能是曾的心腹党羽；同时，重用胡，抬高胡在湘军中的地位，既可以产生分而治之的作用，又有利于发挥湘军的作用。于是经过再三衡量，咸丰帝终于在五年（1855 年）三月命胡林翼为湖北巡抚。但咸丰并不放心，开始在西战区设钦差大臣来牵制胡林翼，先以西凌阿为钦差大臣，接着又命官文继任。西凌阿与官文都是咸丰帝的亲信大员，又是旗员，官文更是在道光末与咸丰初时，以头等侍卫外任广州、荆州驻防八旗副都统，再升荆州将军、湖广总督。二人兼任权位高于巡抚的要职，其目的显然在监督胡林翼。

官文与胡林翼一开始共事，就关系紧张。他们往往在征兵调饷等各方面事务上，意见相左，僚吏也相应分成两派，官文事事都要插手，胡遂愤而单衔奏参绿营将领，详细陈奏湖北军事。这实际上既揭了官文的短，又越了官文的权。对此，咸丰帝自然不允许。担心官、胡磨擦会给湖北带来不利的士绅，也不断进行劝和，劝胡林翼要息事宁人，要忍耐不要败坏了大事。

在各方面压力和劝解下，胡林翼终于认识到不能与官文对抗，更不能动摇他的地位，于是转而采取比较柔和的态度，即所谓的“专从里子切实讲求，而不占人面子”。也就是说遇到重大的事情，既要自己拿主意，又要争取官文领衔上奏；遇到攻克城池一类可以邀赏的事，则推功于官文；此外，在经济上适当照顾其私欲，在私人关系上力求亲密。而官文，正如曾国藩所说，“城府甚深”，当然知道胡前倨后恭的用意，但也深知在军事方面确实不如胡林翼，没有胡林翼他们就不能抵御太平军。因之，他拒绝参奏胡的建议，现在胡顿改前态，自然顺水推舟，乐于合作，“事无大小，推贤让能，多由抚署主政”，这虽有点夸大，但大体上符合事实。这样，胡林翼与官文的矛盾得以解决，清廷甚至将他们视为解决满族贵族与汉族地方大员矛盾的榜样。

与此同时，湖南士绅也通过特殊的合作形式，达到官绅联合掌权的目的。通过这样融洽紧密全面的合作，湖南就进入官绅联合掌权的新阶段，从而也就在事实上，冲破清廷不给湘军集团地方政权，力图加以限制的方针，湘军也得以顺利的发展。

两湖政权的取得，特别是胡林翼与官文成功的合作，对湘军集团的发展，以至整个清廷与太平军的战局，都有着巨大而深刻的影响。在政治上，清政府逐渐放松了对汉族官僚的限制，湘军集团就得以一手掌握西战区军权，一手掌握两湖政权，在对抗太平军中迅速崛起，雄踞长江中游，成为举足轻重的军政集团；同时，胡是仅次于曾的集团首领，满洲贵族对胡的信任，就不能不具有超越胡个人功名利禄的作用，也具有典范的作用，为今后大规模合作，提供了经验，树立了先声。在军事上，更为湘军建立稳定的战略后方基地，提供了良好的条件，从而也就为湘军今后获得大量物力、人力，提供了良好的环境。

获得两湖政权后，湘军集团在前线与太平军殊死战斗，同时，积极巩固、创建两湖后方基地。

经过曾、左、胡等人的苦心经营，两湖的治安、吏治、财政、军事，乃至地主阶级内部关系等，都有了很大的改善，为湘军提供了大量人力物力，成为湘军后方基地。在两湖基地强有力的支持下，十年（1860 年）初，湘军总兵力增至 10 多万人，比初时多 10 余倍，在镇压太平天国运动中发挥了重要作用。湘军继收复湖北、江西之后，又出兵安徽、广西、贵州、四川，不仅成为西战区主力，且进一步成为全国清军的主力。

发展模式

湘军集团是以军队起家，进而取得两湖政权；然后利用政权，集中力量进一步扩充军队，取得更大军权。这种以军权为第一动力，继而取得政权，再以政权扩大军权，二权相辅相成为发展模式的湘军，由于清廷既使用，又限制方针的阻挠，故长期停滞不前。十年（1860 年），在对内对外战争连次大败，又面临着巨大的政治经济危机的压力下，咸丰帝终于不得不忍痛，接受肃顺的建议，先任命曾国藩为两江总督、钦差大臣，后又任命湘军集团二人为巡抚，一人为钦差大臣。这使湘军集团军政二权相互促进的发展过程进入新的阶段。

在这之后，湘军的发展其规模之大，速度之快，与过去不可同日而语。继以上任命之后，十一年（1861 年）咸丰帝病死、肃顺掌权的二个多月，又有 4 个湘军集团人员被任命为督抚。慈禧太后掌权后一个多月，又命曾国藩在其辖区3个省之外，再节制浙江军务。此后，不仅对曾、左和李续宜所奏一切计划措施都表示赞同，言听计从，还特命曾国藩推荐地方大吏人选。凡是需要的人才，都是以其一句话决定升降。这就使同治前三年（1862～1864年），湘军集团人员为督抚者分别多至6人和8人，外加钦差大臣1人，连同咸丰最后两年此项人数，总计4年共达21人。而咸丰三年至九年（1853～1859年）的7年中，湘军集团只有5人任巡抚，且其中曾国藩未到职即被免去，江忠源只3个月就战败而死。前后两期就速度、人数而言，相比十分悬殊。

湘军集团中的许多成员后来都成为清廷的要员，特别是作为封疆大吏督抚予以重用。如咸丰元年（1851年）七月，为总督者有曾国藩（两江）和骆秉章（四川）两人，为巡抚者有四人，他们是李续宜（安徽）、严树森（河南）、胡林翼（湖北）和刘长佑（广西）。同治二年（1863年）七月，为总督者除曾国藩、骆秉章外，再加上刘长佑（直隶）、左宗棠（闽浙）和毛鸿宾（两广），共5人。李鸿章、唐训方、阎敬铭、曾国荃、沈葆桢、严树森、恽世临、郭嵩焘、刘蓉等人，也分别出任江苏、安徽、山东、浙江、江西、湖北、湖南、广东、陕西九省巡抚。湘军集团为督抚者，在同治二年（1863年）竟分别占5/8和3/5，超过半数。再加上其他汉族人督抚，督抚中满汉比例就更加悬殊了。三年（1864年）五月，总督只有一个旗人，巡抚一个也没有。

湘军集团的迅速膨胀对其自身来说是有双向作用的。这一大批督抚官位，权位相当，又各有地盘，所处的情况，所面临的问题，各有不同，势必因各有利害，各行其是，自为中心，这就势必产生一些矛盾。在强大的太平军压力下，这种矛盾似乎并不严重。而利用手中掌握的地方政权去扩充军队，却是迫切的现实需要。事实上，他们接任督抚后，大多实行了类似两湖的措施，整顿吏治、税政、治安，起用士绅，使各种渠道不渗漏、不阻塞，大力积攒、开发财力、人力、物力，加强防务和军队的建设。这就使这次扩军不仅规模大，且以多中心、多渠道的形式，在约占全国一半的省内展开。湘军集团总兵力已与过去清朝常备军绿营相当。军权与政权相互结合，这是湘军集团成长发展壮大的根本途径。

太平军北伐

长驱北上

咸丰三年（1853 年）三月底，天官副丞相林凤祥和地官正丞相李开芳率军从扬州出发（扬州防务交由曾立昌负责），四月初六，会合自天京出发的春官副丞相吉文元、检点朱锡琨所部，由浦口北上，开始了大规模的北伐。北伐军共有 9 个军的番号，约 2 万余人。临行前，洪秀全命令各军迅速攻打，直逼北京，不要贪恋于攻打城池。洪秀全等还决定，待北伐军进抵天津后，再派兵增援。

北伐军没有自扬州沿运河北上，而是经由皖北迂回前进，以迷惑清军。清廷对太平军的北进意图一时判断不清，不知北伐军是牵制和吸引进攻扬州的清军兵力，还是挺进黄河以北。咸丰帝只得调兵前堵后追，阻止太平军北上，并把苏皖地区的作战行动交给琦善统筹。

林凤祥等率北伐军自浦口出发，在乌衣镇一带击败察哈尔都统西凌阿率领的黑龙江马队后，一路连破州县，经安徽滁州、临淮关、凤阳、怀远、蒙城，于五月初四到达亳州（今安徽省亳县），并与当地义军配合作战。北伐军路过各地时，吸收了许多劳苦群众参军，扩大了自己的队伍。五月初六，北伐军放弃亳州，又在河南归德府城（今河南省商丘）大败清军，缴获火药 4 万余斤以及大量铁炮。之后，便北上刘家口（归德北），原定由此北渡黄河，取道山东北上。但由于山东防范极严，巡抚李德沿河布防，并将大小船只一律集中北岸，太平军无法北渡，只得沿河西走，连下宁陵、睢州、杞县、陈留，于五月十三日进逼开封，因没能攻下，便撤往中牟县之朱仙镇。林凤祥等在此发给北王韦昌辉一份禀报，告以归德战况及未能渡河的原因，告知北伐军现在谷米缺乏，交通不便。这时，北伐军由于沿途大量吸收捻党和淮北各地群众参军，声势更大。

由于清军前线将领开始时对北伐军的兵力和行动企图判断不清，以为不过二三千人，意在牵制扬州外围的清军，所以清廷并没有调集重兵，阻击北上太平军，这就为北伐军的北进提供了有利条件。等到北伐军进抵蒙亳地区，北伐军已成蔓延之势时，清廷才如梦初醒，便陆续令各路清军驰援河南：急调江宁将军托明阿率兵 2000 余人由江苏清江浦北上，并由都统西凌阿率滁州的残兵败将尾追；同时命令山东直隶督抚配合清军，防止太平军北上，又急忙调山西、陕甘等地兵八千开赴河南协防；命直隶布政使张集馨率兵一部驻扎临赞关（今河北省永年），等待机会南下；命江北大营帮办军务胜保带兵 1900 名北上追击，胜保迟迟未动，到五月十二日才出发，而此时北伐军早已攻破归德，正沿黄河西进。

北伐军于五月十七日撤离朱仙镇，经中牟、郑州、荥阳，十九日到汜水、巩县地区。北伐军决定利用民船渡过黄河，从二十二日起开始抢渡黄河。五月二十五日，托明阿率盛京、吉林马队数千赶到汜水。北伐军一面阻击敌人，一面继续抢渡。五月二十八日，北伐军主力全部渡过黄河。由于清军力量过于强大，尚未渡河的北伐军无法继续渡河，后又在河南、湖北、安徽，遇到清兵，损失严重，最后于七月中旬攻下安徽太湖，东向与西征军胡以晃会合。

北伐军渡过黄河后，于五月二十六日攻破河南温县，六月初二进围怀庆府。当时城内清军力量薄弱，由怀庆知府余炳焘等督率，死守待援。林凤祥原以为怀庆清军单薄，可以迅速攻克，然后等后援物资到达后继续北上，没想到屡次进攻都没有攻下，于是将怀庆城团团围住，在城外建营立寨，加筑木城，挖掘深壕，双方互相僵持着。

太平军北渡黄河，这直接威胁着北京，六月初八，清政府急忙派直隶总督讷尔经额为钦差大臣，以理藩院尚书恩华和江宁将军托明阿帮办军务，统帅黄河南北各路清军，对抗太平军。六月中旬，托明阿率部 6000 人、胜保率部 1900 人、恩华率部 5000 余人，先后赶到怀庆外围。驻扎在彰德（今河南省安阳）的讷尔经额也移营怀庆东北的清华镇指挥。

北伐军在怀庆遇到了很大的阻力，增援的清军却越来越多，为了摆脱被动，不得不于七月二十八日主动撤围西进。北伐军在怀庆滞留了两个月，在这段时间里，清廷调兵遣将在黄河以北纠集兵力，加紧布防，这样北伐军进军京津地区就更困难了。

北伐军撤围后，便绕道济源，翻山越岭入山西，一路顺利通过垣曲、绛县、曲沃，于八月中旬进至平阳（今山西省临汾）、洪洞一带，受到清军的围追阻截。清廷命讷尔经额调兵控制正定、井陉等要塞，妄图把北伐军消灭于山西南部地区。北伐军因在山西受到严重拦截，无法前进，转向河南，经屯留、潞城、黎城，复入河南，攻破涉县、武安。八月二十七日，北伐军由山间小路突袭河南、直隶交界的临洺关，一举攻克军事重镇临洺关，讷尔经额所部清军（由怀庆回防直隶）万余人被击溃。接着，连下直隶沙河、任县、隆平（今隆尧）、柏乡、赵州（今赵县）、栾城、晋州（今晋县）、深州（今深县）。

北伐军进入直隶，直接威胁京城的安危，使清廷满朝震动。北京城内的官僚豪绅纷纷逃散。咸丰帝立即将讷尔经额革职，以胜保为钦差大臣，随后又任命惠亲王绵愉为奉命大将军、科尔沁郡王僧格林沁为参赞大臣，会同胜保调集军队阻挡北伐军。九月十三日，僧格林沁率领京营禁兵、蒙古马步军共4500名屯驻涿州，阻止北伐军向京师进军，并策应胜保军，企图在滹沱河南合击和消灭北伐军。

林凤祥、李开芳率领的北伐军经深州、献县、沧州，于二十七日占领天津西南的静海县城和独流镇，前锋进至杨柳青，进逼天津，从而使清王朝围歼太平军于滹沱河南的计划又告落空。

驻止待援

北伐军并没有像预想的那样得到休整。当时，天津守军虽然很少，但天津城内的官僚豪绅立即组织团练武装，决定破坏运河堤岸，引水环城，阻碍太平军的行动；与此同时，胜保率军赶到，僧格林沁也移营于天津西北之杨村（今武清），而且时已秋冬，北伐军粮尽衣缺，因此，北伐军占领天津的计划未能实现。

静海县城和独流镇均位于子牙河以东的运河线上，两地相距十八里。北伐军撤天津之围后，便退出杨柳青，在静海、独流两地驻扎下来，派人回天京求援，随后他们在这里筑木城、挖堑壕、建望台、埋地雷、竖木桩，坚守待援。

北伐军自咸丰三年（1853年）四月初从浦口出发，到十月二十七日占领静海、独流。近半年中，北伐军一直长驱北上，直逼京津，掌握着作战的主动权，队伍也迅速扩大。但到达静海、独流后，在远离后方接应的情况下驻扎下来，等待援兵，从而陷入重围，被迫转入防御。直捣北京的目标更是无法实现。

屯居静海、独流以后，一方面由于北伐军将士多为南方人，对北方的气候不适应，另一方面，又受到胜保、西凌阿、僧格林沁的团团围困，形势非常不利。

最初，北伐军还是有力地抵挡了清军的进攻，胜保军虽然凭借优势的武器和充足的给养，多次进行围攻，但屡受重创，以致束手无策。北伐军也抓住有利时机，对清军实施反击，并击毙了率领火器营的副都统佟鉴和天津壮勇统领谢子澄等。由于久攻不下，胜保被清廷严加训斥，并派僧格林沁移营前线，与之合力围攻。

北伐军在静海、独流一带整整坚持了一百天，充分表现出坚韧顽强的战斗精神。但终因孤军深入，远离根据地，粮食、弹药均感困难，得不到后方的有力支援，又得不到当地群众的支持，不得已于咸丰四年（1854年）正月初八突围南走。

北伐军自静海、独流突围后，经大城县，于正月初九到达河间府之束城镇，并占据附近的桃园、西成、辛庄等六七个村庄，在这里稍作停顿。

僧格林沁和胜保当天就追到束城。不久，大队清军赶到，对北伐军继续实行包围。清军在四周挖掘深壕，设置鹿砦、木栅，防止太平军突围，并不时发起进攻。太平军在这里与清军艰苦作战，曾大量杀伤敌人。

北伐军在河间府束城镇驻守一个月后，因处于清军包围之中，粮弹给养又供不上，遂决定突围，于二月初九乘着大雾突破清军防守，离开束城镇，途经献县，于十一日抵达阜城。

阜城也是一个小邑，隶属于直隶。太平军除据有全城外，还占领城北的连村、对村、杜家场和城西南的塔露头村、红叶屯等村落，太平军就地取材，修筑防御工事、建造土垒，准备坚守。

北伐军进入阜城后，抗击着三万清军的不断围攻。不久，城北各村落入敌手。二月二十七日的战斗中，吉文元受伤牺牲，北伐军的处境更加严酷。幸好这时北伐军援军已过黄河北上，清廷即命胜保带领万余清军，赶往山东防堵，阻止援军的到来。这就减轻了对阜城的压力，使北伐军得以在此坚守两个月之久。

本来，援军在北伐军抵达天津后就应该北上。但由于天京外围及西征战场的形势均较紧张，援军未能预先筹组和即时派出，这就使得北伐军陷于被动局面，在万不得已的情况下，天京方面决定放弃扬州。但扬州被江北大营清军所困，守军曾立昌部难以撤出，于是由天京派出夏官副丞相赖汉英率部前往扬州外围接应。在十分艰苦的条件下，北援军由曾立昌带领北上支援。

北伐援军共15个军，7500人，由夏官又副丞相曾立昌、冬官副丞相许宗杨、夏官副丞相陈仕保等率领，但由于南方战事也吃紧，到咸丰四年（1854年）正月初七，才从安庆出发，经桐城、舒城、六安、正阳关、颍上，于二月初三到达蒙城。二月上旬，北伐援军入河南永城、夏邑，中旬转至江苏萧县西北的包家楼、蔡家庄一带，并占领丰县，二月二十一日入山东境。但担任掩护任务的二三千人未能渡河，退回河南永城，尔后转入安徽六安一带活动。鲁西地区兵力空虚，故北伐援军进入山东后，如入无人之境，连下金乡、巨野、郓城、阳谷、莘县、冠县，于三月初三直逼距阜城仅二百余里的漕运咽喉要地临清城下。援军一路上吸收了大批义军和游民，队伍迅速扩大，这时已扩充至三四万人。

奉命阻击北伐援军的胜保率部自阜城出发后，经故城入山东，于三月初七占据了临清城的有利地位。北伐援军一面阻击南下的胜保军，一面猛攻临清城。三月十五日，用地雷轰塌西南城墙两处，攻入城内，但城内粮秣弹药已被清军全部焚毁，仅得一座空城。临清之战，消耗了太平军大量的兵力，也给了清廷调兵遣将的时间，他们很快集结兵力一万六七千人（内有马队4000余名），加上团练等约有二三万人。援军到达后，清军随即对临清形成合围，在清军的猛烈进攻下，援军屡战不利，不得不于三月二十六日放弃临清，南退至李官庄、清水镇一带，部队伤亡逃散者万余人。

北伐援军的到来使清廷甚为恐慌，咸丰帝惊呼“将毙，又添双翼”。但援军在临清作战失利后，领导层中对下一步的行动发生了激烈争论。曾立昌主张前往救援北伐军，解阜城之围，但许宗杨和陈仕保等置北伐军数万将士的安危于不顾，说援军人心动摇，北行恐多逃亡，不如南行。双方争论不休，最后南返的主张占了上风。四月初一，援军南退冠县，在清军的追击和地主武装的袭击下，被杀二三千人，沿途归附的义军和游民纷纷溃散。曾立昌渡黄河时淹死（一说自杀）；陈仕保渡河后在安徽凤台县境内阵亡。许宗杨只身逃回天京，杨秀清将其投入大牢。

咸丰四年（1854年）三月，天京方面又决定派燕王秦日纲再次组织增援，但秦日纲不愿北行。天京当局终因金陵、庐州（今安徽省合肥市）以及湖南方面战事十分紧张，无力抽兵而作罢。此后，北伐军只好孤军奋战了。

最后失败

咸丰四年（1854 年）四月初九，北伐军由阜城突围东走，辗转占据了连镇等待援军。连镇隶属东光县，横跨运河，分东西两镇，分别由林凤祥、李开芳率部据守。当天，僧格林沁的追兵将北伐军紧紧包围。北伐军为了另择一处牵制清军，便商定由李开芳率领经过挑选的 600 余人骑马突围南下。五月初二，李开芳率队自东连镇突围成功，过吴桥，入山东境，三日袭占高唐。但清军胜保部步步紧逼，北伐军扼守高唐州非常困难。

此时，北伐军被清军分成两截，力量变得更加弱小，留守连镇的太平军仅有六七千人，而僧格林沁则拥军二三万人。清军在连镇四周挖掘深壕、构筑土城，壕深宽各二丈余，土城高一丈五六尺，厚八九尺，上安抬枪、火炮。每隔一丈支帐蓬一座，设兵 10 名，严密围堵，企图将太平军困死。围攻数月，太平军进行了坚决的还击，使清军损兵折将，士气越来越低，以致僧格林沁不断受到清廷指责。但太平军毕竟久据连镇，粮食匮乏，仅以黑豆充饥，没有供给地，只能坐吃山空。于是，僧格林沁一面加紧军事进攻，一面开展诱降活动，北伐军前后出降者达 3000 余人。咸丰五年（1855 年）正月初一，太平军放弃西连镇，集中力量防守东连镇。林凤祥利用僧格林沁的诱降阴谋，于正月初二，派萧凤山（原系清朝县丞）等 90 余人诈降清军，借机设法突围，打破清军的围困。但这项计划被清军识破，诈降的90余人全部被害。正月十九日，清军对东连镇发起总攻，集中炮火轰击木城。林凤祥在督战时身受重伤，士气大受影响。孤军奋战的太平军最终寡不敌众，清军攻破太平军的防线，太平军伤亡惨重。林凤祥受伤后藏于地道深处，后被清军搜获，解送北京，慷慨就义。

与此同时，扼守高唐州的太平军也正与清军进行着激烈的战争，胜保率马队300名先行到达，不久大批清军聚集高唐城外，使这支太平军又陷入重围。李开芳得知援军溃败，早已退出临清，而高唐城高池深，粮草充足，于是组织居民在城外立栅筑垒，开掘壕沟，并在城内挖掘地道多处，直通城外，准备依城固守。这时，胜保拥兵万余，先后用云梯、吕公车攻城，都被太平军击退，又用重炮轰击。太平军利用壕沟地道作为掩护，保存自己，并于黑夜抢修被敌人轰塌的城墙。以后，清军又采取挖地道、埋地雷的办法，也未能破城。太平军凭借坚固的防御工事，利用夜暗袭击敌营，前后30余次，毙伤不少清军。

在争夺高唐的战役中，太平军尽最大的努力坚守城池，给清军重大打击，胜保先后受到拔去花翎和革职留任的处分。留守连镇的北伐军被歼灭后，清廷便将胜保调回京城问罪，命僧格林沁调军进攻高唐。

僧格林沁于一月二十三日选精兵8000余名，抵达高唐外围，使围城清军信心大增。此时，李开芳得知林凤祥部已覆没，决定放弃高唐，僧格林沁从俘获的太平军人员口中得到李开芳等急欲突围的情报后，便于一月二十九日夜，密令南面清军分开队伍，假装疏于防范，诱使太平军由此突围。李开芳没有识破敌人的诡计，于当日午夜率军南下。僧格林沁以马队500余名衔尾紧追，李开芳率军退到离高唐约五十里的茌平县冯官屯。

二月初一，僧格林沁率马队赶到，首先占据西边二村，然后在四面安放大炮，向冯官屯轰击，将房屋尽行轰塌。但是，仍然无法进入屯内。最后，僧格林沁决定采用水灌法，让大批民工挖一条全长一百二十余里的水渠（历时月余），引运河水至冯官屯。同时，僧格林沁一面用大炮轰，一面对太平军展开诱降活动。北伐军多次突围都未能成功。李开芳率 80 余人突围，被清军俘获，后解送北京，于四月二十七日遇害。

至此，北伐最后失败。北伐军在两年内横扫六省，转战五千里，但由于孤军奋战，后援不继，最终没有达到战略目的，但给了清政府以沉重的打击。

太平军西征

西征的主要目的，是控制长江中游地区，确保天京屏障和供给基地，发展在中国南部的势力。西征作战充分利用了水师的作战特点，并采取了攻城据守、设官安民等与北伐截然不同的做法。

咸丰三年（1853 年）四月二十七日，夏官副丞相赖汉英率领首批西征军近万人，乘千余号船离开天京西上。五月初六克安庆。之后继续溯江西上，前往攻打江西省会南昌。十八日占南康府，当地群众将清朝府县官员捆绑交给太平军，并积极进贡钱米等物。二十日，到达南昌城下，开始攻城。同时组织船队，征集粮食运往天京。然而由于主帅赖汉英过分轻敌，又不善捕捉战机，南昌久攻不克。

国宗石祥祯、国宗韦俊等率军增援。但清方针对太平军的猛烈攻势，派湖北按察使江忠源督带的楚勇，会同向荣从江南大营抽调兵力前往救援，以卫护江西粮饷基地。西征军攻城历时93天不果，被迫于八月二十日撤围。赖汉英被召回革职。

紧接着，天王派翼王石达开于八月赴安庆一带安民并主持西征全局。南昌撤围的西征军退返长江后，沿江返回安庆，以加强安徽方面的兵力。一路于八月二十六日克九江，留殿右八指挥林启容镇守；其余军队继续前进，攻打湖北田家镇。大败清湖北防军和来援的江忠源和楚勇水、陆军后，西征军乘势于九月中旬占领了黄州和汉口、汉阳。十月初石达开命西征军东撤，以部分兵力退保黄州、蕲州一带，而以主力运载车辆辎重，返回安徽，与春官正丞相胡以晃、秋官正丞相曾天养等攻夺皖北。十月，连克桐城、舒城，进逼庐州。清督办安徽团练、工部侍郎吕贤基兵败自杀。清廷又命江忠源为安徽巡抚，赶往庐州防守。石达开于十一月初被召回天京，燕王秦日纲前往安庆代理。胡以晃主持皖北事务。十二月初十，太平军集中优势兵力，攻克庐州，江忠源投水自杀。太平天国在安徽20多个州县建立了自己的政权。

皖北得手后，太平军将目标转到对湖北的攻击。黄州前线兵力增至4万余人。咸丰四年（1854年）正月十五日，在黄州大破清军。清湖广总督吴文洺等殒命。十三日，太平军三占汉口、汉阳。随即兵分三路。韦俊与国宗石凤魁等率一万余人进围武昌。五月二十一日，由陈玉成率五百勇士攀城而上，再克武昌。陈玉成从此威名大震。老将曾天养分兵一万西取荆宜，攻占宜都、枝江、宜昌；少数人员甚至潜入四川，清兵又赶往巫山，将巫山封锁。分兵南下湖南的是春官副丞相林绍璋等人。他的主要对手就是曾国藩精心编练的战斗力极强的湘军。曾国藩为在籍侍郎，奉命帮办湖南团练，但他却全力编练一支不同于绿营的新式军队——湘军。四年（1854年）正月，湘军已练成陆营十三营，水师十营，并随即出动，迎战太平军。三月，太平军虽先在岳州、后在靖港两次击败湘军，使曾国藩愤欲自杀，但林绍璋率领的军队在湘潭被湘军包围，几乎全军覆灭。六月，败退岳州的太平军见湘军大举北犯，遂又命令进占常德、华容、龙阳各军（宜昌一带太平军先已南下与之会师）东撤以待敌。但大战结果，太平军又连续失利，十九日再弃岳州。这时，太平军的有力将领曾天养在城陵矶不幸战死，太平军被迫退出湖南。太平军在湖南战场上的失利，一方面是由于主帅林绍璋指挥无能，但也与太平军战线拉得太长，造成兵力分散有关，同时，武器装备落后于湘军也是一个非常重要的原因。正如曾国藩所说："湘潭、岳州两次大胜，实赖洋炮之力。"林绍璋以覆军罪被革职。

岳州既失，武汉就有被湘军攻破的危险。七月，石祥祯、韦俊等战将又被东王调回天京。守卫武昌的石凤魁与地官副丞相黄再兴拥兵2万，只是消极抵抗而已。湘军借此机会先扫荡城外太平军营垒，然后又廓清江面太平军水师船只。石、黄无力应敌，心存畏惧，战至第三天，即九月初九清晨，仓皇撤离武昌，汉阳守军也跟着弃城撤出。杨秀清对武汉弃守极为震怒。石、黄二人被押回天京问斩。奉旨在湖北一带稽查的燕王秦日纲，赶紧加强防守以求保住田家镇，十月十五日起，在半壁山与湘军发生激战。十八日，韦俊等亦自芜湖率援军赶到，次日投入反攻。然而太平军敌不过气势正盛的湘军，各路俱败。国宗石镇镕、国宗韦以德等千余官兵阵亡。二十七日，湘军突破拦江铁链，田家镇失守。湘军乘胜东进九江。太平军在两湖地区连连受挫，这是太平天国金田起义以来最为严重的军事失败。

其中万余船只被毁，使太平军水师基本覆灭，丧失了长江江面的控制权。秦日纲因田家镇之败被革除王爵。

这时，天王再次命令石达开驰援西征军，石达开亲赴湖口部署防御。护天豫（由豫王削爵改封）胡以晃、冬官正丞相罗大纲等亦奉命率军前往助守。十二月初四，湘军主力 1.5 万人进围九江。初九起，太平军受到了湘军的多次进攻。九江守将殿右十二检点林启容沉着应战，不为所动。湘军屡攻不胜，转攻湖口。十二月二十四日，湘军水师长龙、舢板一百二十余号冲入鄱阳湖。石达开率军将湘军水师分成两截。当晚石达开下令以小艇围攻多为笨重大船的湘军外江水师，焚其战船。太平军终于取得了自湘潭覆军以来的第一次胜仗。与此同时，罗大纲在咸丰四年（1854 年）十二月二十五日，攻克北岸小池口。当夜，太平军再次发动进攻，烧毁湘军战船十余只，并掳获了曾国藩的座船，曾国藩狼狈而逃。湖口、九江两次战役中痛歼湘军水师，沉重打击了湘军。石达开乃令林启容继续坚守九江，而以秦日纲等向湖北发动大规模反攻。

太平军又乘胜西进，咸丰五年（1855 年）除夕，攻占广济，清湖广总督杨霈统带兵勇 5000 人不战而溃。咸丰五年正月初七，秦日纲、陈玉成等部第四次占领汉口、汉阳。韦俊占领兴国后，与秦日纲等会攻武昌。罗大纲部则经江西饶州折返皖南。湘军主力被迫分散于几处战场，它的攻势被瓦解了。

正月十七日，太平军第三次克武昌，清湖北巡抚陶恩培等战死。胡林翼接替陶恩培署理湖北巡抚。在湖南湘军的支援下，胡林翼部军势复振，与太平军多次作战，至九月，武昌形势再度紧张起来。石达开率军增援，策划反击。十月，令韦俊固守，而亲自领军由湖北入江西。十二月，石达开在广东天地会起义军的配合下，在江西境内连败清军。咸丰六年（1856年）正月，攻下吉安。二月，又在樟树镇大败湘军周凤山部。江西十三府竟有八府四十多州县都落入了太平军手中。曾国藩困守南昌，处在太平军的包围之中，呼救无人，急向两湖求援。就在南昌城孤立无援之时，杨秀清一个调令将石达开调走去攻江南大营。曾国藩得到了喘息的机会。

攻破江南、江北大营

在开展北伐、西征后，太平天国领导集团又在天京外围组织了一场激烈的破围战，攻破清军江南、江北两个大营的箝制，解了天京之围。

咸丰三年（1853年）十一月，扬州弃守。咸丰四年（1854年），太平军在江北仅存瓜洲一孤立据点，由镇江守将殿左五检点吴如孝统一督理水陆军务。清廷在镇压了上海小刀会起义后，令江苏巡抚吉尔杭阿移师会同江南大营余万清部往攻镇江。这场破围战就从保卫镇江拉开了序幕。解镇江之围，就可以彻底解除江南、江北两个大营对天京的严重威胁，秦日纲（已复燕王爵）、石达开等奉杨秀清命令率部从上游赴援。咸丰五年（1855年）末，秦日纲等部二万余人进至栖霞、龙潭一带，与围攻镇江的清军对峙。决定由冬官正丞相陈玉成乘小船冲破清水师防线，进入镇江与吴如孝会合。咸丰六年（1856年）二月二十七日两军内外夹击，给予了清军沉重的打击。太平军两军会师，随即调集船只乘胜渡江。次日拂晓又向扬州方向发动攻击，踏破江北大营大小营盘120余座，大败清将托明阿，连克扬州、浦口。接着集中兵力扫荡镇江外围之敌，大破清营七八十座，江苏巡抚吉尔杭阿被击毙。接着，太平军乘胜追击，五月初一，再破九华山营垒。清军败退丹阳。五月初七，秦日纲等得胜之师回驻天京观音门、燕子矶一带。最初，燕王秦日纲不想攻打向荣的军营，同杨秀清商量，东王大怒，表示“不奉令者斩”。于是太平军各将方下定决心做决战准备。此时翼王石达开率主力二三万人已由皖南芜湖、金柱关赶到，进抵天京北郊，与秦日纲所率太平军相连。五月十七日，两路大军约五万人会攻江南大营。次日，天京守军亦出城投入战斗。在优势太平军的夹击下，向荣率残军逃到丹阳。咸丰六年（1856 年）七月初九，向荣于丹阳病故。

太平军击溃江北、江南大营，解除了威胁天京三年之久的军事压力。

天京事变

领导集团的内讧

建都南京（天京）、西征的胜利以及天京地区的辉煌战绩，使太平天国在军事上达到了全盛时期。革命形势对太平天国的发展十分有利，但是太平天国的领导人却被胜利冲昏了头脑，尤其是身为主要领导人的洪秀全和杨秀清，抛弃了起义初期那种质朴的思想作风，代之而起的则是对权利名位和奢侈生活的追求。定都南京不久，他们就立即大兴土木，拆毁大批民房，动用成千上万的男女劳力建造豪华壮丽的天王府和东王府。天王府城周十余里，墙高数丈，内外两重，宫殿林苑，侈丽无匹，就连后花园也是雕琢精巧，金碧辉煌。杨秀清为了营建东王府，不惜大批毁坏附近的民房、商店以开拓地基。东王府虽逊于天王府，但也是周围数里，墙高数仞，穷极工巧，骋心悦目，土木工程的构建在天京首屈一指。天王从民间大肆挑选嫔妃，不断选取民间秀女入宫，此例一开，其他各王纷纷效仿，这就给民间带来了极大的痛苦和灾难。

身为东王的杨秀清也过着豪华奢侈、排场十足的生活。他每次出行时，天京全城大放礼炮，行人回避，甚至还要跪在街头，高呼千岁，否则就要受到严厉惩处。他出行时常常大摆仪仗、鼓乐，仪仗队常常多达数千人，以至排成二三里的长队。

太平天国因袭了封建君主制度，颁布了等级森严的礼制，对诸王及其妻子儿女、亲戚和各级官员的称呼，都作了严格的、繁琐的规定，不得乱称。例如，天王洪秀全得称万岁，凡上言皆呼万岁、万岁、万万岁！其子称幼主，亦称万岁，但不三呼。洪秀全的女儿被称为天金。东王杨秀清称九千岁，其属下上言呼九千岁、千岁、千岁、千千岁！其子为世子，称殿下，亦呼千岁。杨秀清的女儿被称为东金。对丞相至军师皆称大人；师帅至两司马皆称善人，如此等，不一而足。他们的服饰、仪仗、卫队、舆马等也都有严格的规定。例如天王的轿夫 64 人，东王的轿夫 48 人，连最下级的两司马也有轿夫 4 人。太平天国的领袖们沉湎于声色犬马的繁华生活之中，养尊处优，骄奢自大，关系逐渐疏远，原来的同吃同睡、情同骨肉已不复存在，而是变为彼此不合，猜忌日生。对权利名位和奢侈生活的追求逐渐发展成为相互之间的争夺权利。在太平天国的领导集团中，逐渐形成洪杨矛盾与杨韦矛盾两组错综复杂的矛盾。

洪秀全和杨秀清之间的矛盾，主要是由杨秀清骄傲专横，而使天王大权旁落引起的。杨秀清有出色的政治和军事才能，从金田到南京，他是实际上的军政指挥者。太平天国起义前期能够取得那样巨大的发展，是和他的领导分不开的。他总理天国的军政要务，辅佐天王，深孚众望。但是，建都南京以后，杨秀清的个人权势的不断上升使他权欲熏心，野心膨胀，威风张扬，不知自忌。随着军事上的一连串胜利，杨秀清自恃功高，一切专擅，骄傲专横的倾向日益严重地表现出来。洪秀全徒存其名。凡天国的军政要务都先在东王府商议好之后，才转奏天王，而天王所能做的就是不得不下旨批准东王的奏议。杨秀清每诈称天父下凡附体，命令洪秀全跪在自己面前，甚至历数洪秀全的罪过，用杖责打他以示惩戒。从定都南京到天京内讧的前夕，杨秀清扮演天父下凡的次数不算多，但却有3次是针对洪秀全的。杨秀清权欲熏心，抓住一切时机与洪秀全争权，凡事都与天王对着干：例如凡是天王认为可行的事，他一概认为不可行；凡是天王认为应该杀的人，他都说不能杀，以此来表明权力掌握在自己手中。而性情暴烈的洪秀全也不是好惹的，他不甘心让大权落入杨秀清之手，处处与自己过不去，因此洪、杨二人的矛盾越来越尖锐。

杨秀清与韦昌辉之间的矛盾也很尖锐。韦昌辉是金田起义的发起人之一，他虽出身于地主家庭，但加入拜上帝会后却很坚决地变卖全部家产，所得全都用来制造武器，为起义做准备。而他全家族的人在他的带动下，几乎全都参加了拜上帝会和太平军。当冯云山、萧朝贵相继牺牲后，他的地位仅次于杨秀清，经常在外统兵打仗，拥有重要兵权，这对于杨秀清不能不构成一种威胁。韦昌辉曾读过书，小有才气，为杨秀清所忌恨，加上杨秀清自恃功盖诸王，骄傲专横，不把别人放在眼里，对韦昌辉极不尊重，常因小事而任意挫辱。韦昌辉屡受其辱，早就对杨秀清怀有不满情绪。但他表面上却对杨秀清阿谀逢迎，唯命是从，常在杨秀清面前装出尚有惊恐之心、不敢十分多言的样子。只要杨秀清的轿子一到，就三两步地跑出来毕恭毕敬扶轿迎接。他与杨秀清讨论问题的时候，还没说到三四句话，必会跪下向杨秀清称谢，并说："若不是四哥您教导，小弟才疏学浅，怎会知道这些?"有一次韦昌辉的哥哥与杨秀清的妾兄争夺住宅，杨秀清徇私枉法，袒护妾兄，要杀韦昌辉之兄，又偏偏叫韦昌辉给其兄定罪。韦昌辉心中对杨秀清的做法极为愤恨，但表面上仍是迎合杨秀清，甚至要给自己的哥哥处以五马分尸的酷刑，并说只有这样做，才能起到警示众人的作用。韦昌辉表面上迎合杨秀清，暗地里却寻找机会准备夺他的权。

杨秀清对他周围的将领和士兵更是严刑峻法，随意加以杖责甚至处死，引起人们的普遍不满。

咸丰六年（1856 年）取得军事胜利后，杨秀清居功自傲，打算乘机进一步扩大个人权势，企图取得"万岁"的称呼，将洪秀全取而代之。同年六、七月间，他借天父下凡附体，召天王洪秀全到东王府听令。洪秀全来到东王府，杨秀清以天父的口气责问道："你和东王都是我的儿子，东王有天大的功劳，他的封号何止是九千岁?"洪秀全回答说："东王打下了大片江山，也应该将他封为万岁。"杨秀清又说："东王的世子岂能只是千岁?"洪秀全回答说："东王既然是万岁，东王的世子也就是万岁，而且世世代代都是万岁!"

权力受到严重威胁的洪秀全虽然答应了杨秀清"逼封万岁"的要求，但立即密令在江西督师的韦昌辉、在湖北督师的石达开以及在丹阳督师的秦日纲等火速返回天京诛杀杨秀清。韦昌辉得令后急如星火，率心腹部队 2000 人赶回天京。在天京附近遇到燕王秦日纲，便劝秦回京诛杨。秦日纲平日对杨秀清也极为不满，便随北王韦昌辉于八月初三深夜回到天京，封锁天京的交通要道，包围了东王府。四日凌晨，韦昌辉冲进东王府，将杨秀清和他的全家老小全都杀死，杨秀清的许多部下也被杀害。天亮时，东王府内外尸首积塞，秦淮河的水都被血染成了红色。

石达开听到变乱的消息后，急忙从武汉洪山驻地赶回天京。他见杀人太多，很不满意，责备韦昌辉不该滥杀。韦昌辉见石达开不满，顿起歹心，又企图杀死石达开。石达开闻讯后，连夜缒城逃出天京城。杀红了眼的韦昌辉却把留在天京的石达开一家老小全部杀害。石达开逃至安庆，起兵讨韦，并要求洪秀全交出韦昌辉的人头，否则就攻下天京。但是洪秀全为了斩草除根，不理会石达开的要求，默允韦昌辉继续搜杀东王的部属。

后来，洪秀全见事态发展难以控制，便下令制止韦昌辉滥杀。但韦昌辉接到天王的诏书后，大怒说："我为他除去杨秀清这个大祸害，现在他反而责怪我，是想为自己沽名钓誉吗?"并立即派兵进攻天王府，双方对峙数十天。韦昌辉的滥杀无辜和专横残暴，激起了天京广大将士的愤怒和人民的不满。十月初，石达开讨韦大军逼近天京，天王洪秀全接受了将士们的要求，将韦昌辉处死，被捕杀的还有秦日纲及其同伙 200 多人。韦昌辉对天京历时约两个月的恐怖统治结束。事后，洪秀全派人将韦昌辉等人的首级送安徽宁国府交石达开验看。石达开见韦昌辉已被处死，起兵靖难的目的已经达到，家仇也已得报，于是答应洪秀全回天京辅政。

十月底，石达开率军回到天京，洪秀全命他提理政务，天京军民欢天喜地。石达开自幼读书，胸怀大志，且为人平和，重义气，讲究实际，善驭部下，要文有文，要武有武，是太平天国一位不可多得的统帅。天京变乱时，石达开斥责韦昌辉滥杀无辜劝其住手的行为是正义的，后来遭到迫害，深得人民同情。他起兵讨韦也是符合情理的。如果没有石达开的强大的军事压力，韦昌辉不可能迅速被惩办。因此，石达开得到朝中百官的支持和拥护。全朝文武向天王保举石达开总理朝政，辅佐天王治理天国。但是，内讧的阴云依然笼罩着天京。洪秀全长期居住深宫，几乎不与外界接触，日益脱离群众，也不了解当时的实际，加上他的生活纸醉金迷，身边都是善于阿谀奉迎、挑弄是非的小人，这使他的思想变得保守、狭隘，疑心重重。杨韦事变对他的打击很大，使他几乎对所有的有功之臣都心存疑忌，除了信用洪氏本家之外，对外姓大臣不肯放心地委以重任。所以，他对颇受军民爱戴的石达开也疑心重重，不肯重用，反而把自己的两个昏庸无能的哥哥洪仁发、洪仁达封为安王和福王，干预朝政，以牵制石达开。石达开对天王的这些做法非常伤心和不满，满朝文武对此也深表反感。石达开的心腹谋士张遂谋乘机蛊惑视听，劝石达开说："翼王您很得军心，为什么要受人压制而苦闷不乐？中原之地不容易占领，您何不效刘玄德进入四川成就鼎足天下的一番事业呢？"石达开小心谨慎地在天京待了半年多，生怕遭到洪氏兄弟的暗算，使自己落得第二个杨秀清的下场，于是决定出走天京。

石达开出走

咸丰七年（1857 年）五月，石达开带领部下离京出走，并在所经之地张贴告示，说明自己出走的原因并非是对天王不忠，而是天王对自己疑忌过重，他日难免被天王加害，既然天王怀疑自己的一片忠心，为求自保只得离京远征，但自己对上帝和天王的忠心是永远不变的。

石达开出走时，带走了太平军中的10多万精锐之师，天京仅剩下一些老弱残兵。太平军的领导集团分裂之后，天国的军政因一时无人主持而出现危局，天王洪秀全也差点成了孤家寡人。这种局面使洪秀全坐卧不安，头痛万分，于是下令让朝中百官想方设法将石达开迎接回来，但石达开宁死也不返回，而在安庆驻扎将近半年之久。如果他以安庆为中心，与天京互为犄角互相声援，对太平天国革命还是有利的，可惜他脱离天京后，下定决心率军远征，并打算攻下四川，自立一国，与太平天国分道扬镳。但石达开毕竟是孤军作战，没有建立根据地，粮食、武器等补给困难，军心逐渐涣散，分离、叛降的情况不断出现，从而削弱了实力。咸丰七年（1857 年）八月，石达开自皖南入江西，后在浙、闽流动，多次被清军打败。咸丰八年（1858 年）九月，再次经过江西进入湖南，第二年退回广西。此时石达开及其部下普遍产生悲观失望的情绪，部下纷纷脱离石达开投奔到江西李秀成领导的太平军

天京失陷

由于天京事变破坏了太平天国内部团结，削弱了军队战斗力，加速了太平天国灭亡的进程。1864 年 7 月，天京失陷。太平天国运动历时 14 年，战火烧及 10 多个省，大大影响了后人的反清斗争。

中。同治二年（1863年）三月二十七日，石达开率领的三四万大军到达大渡河边的紫打地，准备渡河直取成都。但是夜间河水陡涨数丈，大军无法渡过。石达开打算等水势减去再行强渡，不料清军赶来，和当地土司的队伍相配合，石达开的军队被团团包围，形势极为不利：北面是大渡河，对岸有清军总兵唐友耕严密把守，西面松林河有土司王应元把守，东面马鞍山有土司承恩岭把守，南面山高路险被承恩岭砍倒千年古树堵塞，并有清军参将杨应刚把守。石达开陷入重围。四面八方都有敌军严密把守，他亲自指挥军队制造船只和小筏子，为抢渡大渡河做准备。但几次抢渡，均被清军打退。石达开屡战失利，伤亡惨重，已陷入绝境。而四月十七日的全军突围又以抢渡失败而告终。石部兵马死伤大半，且又弹尽粮绝，将士将战马杀掉来吃，战马被杀光之后，又吃桑叶来充饥，甚至还有将人杀死而吃人肉的。四月二十三日，清军攻陷紫打地石部大本营。石达开率余部七八千人奔到老鸦漩，再次被清军挡住去路，武器等物资全已失掉，走投无路。石达开自知没有生路，其妻妾五人，抱持幼子二人，携手投河，石达开正想投河时，突然想到如果真心向清军投诚，也许侥幸会得到一条生路。此时，清军高悬"投诚免死"的大字标幅，设计诱降石达开，动摇石部军心。于是石达开在敌人的诱惑下，给四川总督骆秉章写了一封求降信，用箭射入清营。信中表示：怕死求荣，身事两个君主，这是忠臣不会做的事；然而如果能舍掉一个人的性命来保全三军，正义之人必定会挺身而出。他在信中提出了投降条件：如果骆秉章能够答应他的条件，不计前嫌，宽容为怀，赦免他的部下，也不要欺辱他的部下，而且能对其部下按官授职，量才擢用，或者遵从他们的意愿让他们愿意当兵的继续当兵，愿意当平民百姓的就当平民百姓，并对他们恩德并施的话，那么他宁愿自己一人自刎或被杀来保全自己的部下，这显然是不切实际的幻想。清军乘势施展阴谋诡计，派杨应刚等亲赴石营劝降。杨应刚等先送信给石达开，在信中发誓要放石达开军队一条生路。见面后又指着青天白日发誓，表示会说到做到。石达开信以为真，便与之订盟。第二天，石达开带5岁的儿子石定忠、宰辅曾仕和等至清营谈判投降条件，希望以停止最后的抵抗来换取保全残部，结果受骗被俘，押至成都。石达开被俘后，不亢不卑，不出摇尾乞怜之语，连敌人也承认他是被迫投诚，并非真心归顺。五月初十，石达开在成都被凌迟处死，时年仅33岁。他的部下数千人被清军于一夜之间屠杀殆尽，5岁的爱子也被处死了。

天京事变，是太平天国由盛到衰的重大转折点，带来了极其严重的后果。它大大削弱了太平天国的力量，造成朝中无将、国中无人和天京空虚的严重局面，给清军纠集一切力量进行反扑创造了有利时机。清军从上游重整旗鼓，顺长江东下，全力反攻太平军。咸丰六年（1856年）清军攻陷武汉，围九江。江北大营和江南大营也趁机得以重建，天京再度被包围。太平天国形势急转直下。咸丰七年（1857年）十月，清军攻陷镇江。咸丰八年（1858年）四月陷九江。太平军在江西的大部分地盘重陷敌手。

第二次鸦片战争

亚罗战争

咸丰六年（1856年）九月初十，清广东水师在广州江面上检查了一艘名为“亚罗号”的船，逮捕了船上12名涉嫌水手。这纯系中国内政，与英国毫不相干，但英驻广州领事巴夏礼闻讯后，遵照英国政府的指示，以“亚罗号”曾在香港登记，属英国船为由，要求释放全部被捕水手，被水师官员拒绝。于是，巴夏礼一面向公使包令报告，捏造水师官兵在逮捕水手时扯下了船上的英国国旗，污辱了英国的尊严；一面致函两广总督叶名琛，要求赔礼道歉，释放被捕人员，并保证今后不发生此类事件。这就是“亚罗号”事件的大致内容。

“亚罗号”是一艘划艇，咸丰四年（1854年）在内地造成。它的设计者是中国人苏亚成，该划艇综合了中西合璧的样式。后卖给居住在香港的中国人方亚明。咸丰五年（1855年）八月十七日，该船在香港殖民政府注册，取得了为期一年的执照，并雇佣一名爱尔兰人为船长，但水手全都是中国人。到“亚罗号”事件发生时，其执照已过期12天，按法理，已不再受香港政府保护，但英国官员却对清政府隐瞒了实情。更为重要的是，“亚罗号”是一条海盗船，也是一条走私船。多次在海上进行抢劫、走私活动。澳门政府曾经发现这条船的海盗活动，并想把它扣留下来，但它却侥幸逃脱了。清水师官兵正是得到了几天前在海上被劫商人的举报，才检查并扣押这条船的。被捕的12人中，有两名是臭名昭著的海匪。

按照英国的航海惯例，船舶进港停靠后，须降下国旗，等到离港时再升起。当清朝水师官兵上船搜查时，该船的船长正在另一条船上用早餐，该船也未做任何开航前的准备。也就是说，此时船上若升起国旗，那只能是意味着水手们反叛船长，准备潜逃了。清水师官兵说搜查这条船时并没有见到船上升有国旗，但该船船长一口咬定他在远处看见了扯下国旗的全过程。作为海盗船的船长，他的证词又疑问丛生，破绽百出。

退一步来讲，即使“亚罗号”的执照尚未过期，即使“亚罗号”从事的不是走私和海盗活动，即使清水师官员扯下了英国国旗，中英之间的如此微小的纠纷，通过协商也是很容易解决的。但巴夏礼、包令却一味扩大事态，乘机讹诈，用包令自己的话来说，就是“希望能在混水中摸一些鱼”。九月十二日，即事件发生的两天之后，叶名琛答应释放水手九人，并将获犯送到英领事馆，但巴夏礼百般挑剔，拒不接受。十四日，巴夏礼根据包令的训令，提出两天内释放人犯、赔礼道歉的无理要求。叶名琛拒绝。十八日，包令照会叶名琛：如果你们不尽快答应我们的条件，弥补你们的错误，那么休怪我们命令我国水师攻城，将和约中没有答应的入城、租地等事项变成事实。此处所谓“和约缺陷”，就是中英长期交涉的入城、租地等事项。二十三日，巴夏礼限叶名琛 24 小时内承认其条件，否则攻城。叶名琛答应释放水手 10 人。次日，叶名琛答应释放全部水手，但因本国水师并未将船上的英国国旗扯下，所以不答应赔礼道歉一项。于是，包令即将事务移交英驻东印度及中国区舰队司令西马縻各厘手中，令其进攻广州。亚罗战争，即第二次鸦片战争开始了。

九月二十五日，西马縻各厘率英舰三艘，突然闯入珠江，越过虎门，攻占广州东郊的猎德等炮台。叶名琛此时正在阅看武乡试，闻讯后说：“肯定不会有事的，傍晚时他们自会离开。”下令水师战船后撤，并不准放炮还击入侵的英国军舰，言毕继续阅看骑马射箭。二十六日，英军攻占南郊凤凰冈等处炮台，叶名琛仍不动声色，继续阅看武乡试。二十七日，英军占领海珠炮台、商馆等处，兵临广州城下，叶名琛这才下令中断中外贸易，企图以此制裁英国。二十九日，西马縻各厘照会叶名琛，提出入城要求，叶名琛没有给他答复。恼羞成怒的西马縻各厘下令于当日下午炮轰两广总督衙署。署内兵役逃匿一空，而叶名琛端坐二堂，毫无惧色，发布告示：要求广州军民齐心协力、痛加剿捕，不论是谁，杀死一名英军可以得到30元赏银。三十日，英军炮轰新城城墙，到傍晚的时候，城墙就轰塌一缺口，叶名琛仍不为所动。十月初一下午，100多名英军攻入新城。叶名琛于当日上午因去文庙烧香，听到新城被英军攻入的消息后，暂时躲避在新城的巡抚衙署。当日晚，西马縻各厘因兵力不足，无法占据广州，不得不从城内撤兵。此后，英军连续炮击广州，并三次照会叶名琛，仍旧提出道歉、入城等无理要求，叶名琛在三次回复中照样加以拒绝。初九，西马縻各厘照会叶名琛，表示断绝两国友好关系，并于十三日攻毁猎德炮台，十五、十六日攻占虎门各炮台。二十日，英国公使包令前往广州，要求进城与叶名琛会见，被叶名琛一口拒绝。

与前一次战争相比，叶名琛这次的举动可以说是擅权自专。其中最重要、最突出的表现是，他不但很少向咸丰帝请示，甚至不及时报告广州所发生的重大情况。远在京城的咸丰帝，当时并不知道广州发生了什么事情，仍把注重力集中在到上海谈判修约的美国公使身上。迟至十一月十七日，也就是“亚罗号”事件发生两个多月后，咸丰帝才收到叶名琛关于“亚罗号”事件的奏折。叶名琛和当年鸦片战争时的杨芳、奕山一样，在奏折中隐瞒吃了败仗，只说是自己这一方打胜了。他谎称击退英军进攻，毙伤英军400余名，并称：调集两万多名水陆兵勇就足够堵截剿灭英军了。在此错误情报的影响下，咸丰帝自然无法作出正确的决策，他命令叶名琛：如果英国连吃败仗之后，自己知道不该惹祸而前来要求停止战事的话，你只要想方设法控制他们的行动，消除争端就行了。如果他们仍然任意胡作非为，你万万不可迁就他们，和他们议和，不要像耆英等人那样做出迁就议和的误国的下策，以致开启他们向朝廷要求权利的祸端。咸丰帝认为叶名琛熟悉英国的情况，一定有驾驭他们的办法，下令让他相机行事。当年在鸦片战争中因弹劾琦善私许香港而名噪一时的怡良，此时任两江总督，他通过上海这一窗口了解了广东战争，但困叶名琛为咸丰帝宠臣，不敢说明实际情况，只是将广东战况委婉地在奏折中说明。咸丰帝全然不信，让怡良不要被眼前情况所迷惑。

叶名琛如此办理，一方面是因为遍及半个中国的太平天国运动浪潮，使朝廷忙得没有喘息之机，无兵无饷又无主见，地方官上奏往往不能奏效，反会获罪，隐藏实情不报或谎报军情已成为地方官的常情；另一方面是因为叶名琛自以为抓住了英军的老底，只不过是借“亚罗号”事件来进入广州城，英军的进攻只不过是道光二十七年（1847年）英军行动的重演。反对入城是叶名琛起家的根本，他绝不可能轻易让英军进入广州城。于是，他采用道光二十九年（1849年）的老方法，以断绝通商、兴办团练来对付英国，使自己不致重蹈二十七年耆英在英国兵威下屈服的覆辙。他认为，包令、巴夏礼不过是虚张声势，恫吓一下而已。西马縻各厘的几艘军舰能量有限，只要清军能够坚持到底，英方必无计可施，自然会撤退。因此，尽管英方的炮弹和照会纷纷交过来，叶名琛仍不为所动。“镇静”成为他对时局的态度和对策了。

广州附近的水陆战事，虽是英军常占上风，然而英国由于兵力不足，无法长期作战，所以常处在打打停停的状态。西马縻各厘于十二月先从商馆把军队撤到南郊凤凰冈，又从凤凰冈再退出珠江。叶名琛以为其“镇静”的计策产生了作用，得意洋洋，于七年

(1857年）正月上奏，说在水陆战中都打了胜仗，现在英军的情况处于不利地位。咸丰帝对此深信不疑，谕令叶名琛：如果英军首领自知理亏，对所犯的罪行表示悔恨，要求议和并不再提起进城的事的话，你只可答应他们的请求，消除兵端，但不可迁就他们，以免他们故态复萌，肆意要挟我大清国答应他们的过分要求。战场上受挫的清王朝，此时竟幻想并等待着英国的求和！朝廷的决策与广东的实际，完全南辕北辙。而咸丰帝不准“迁就”的谕旨，也使叶名琛只能硬着头皮撑到底。三月，叶名琛第三次向咸丰帝谎报胜利。此后，他干脆连报都不报了。咸丰帝在北京等得心焦，于五月下旨，令叶名琛将近况详细并全部奏报上来，以便令他放心。而在此时，一百艘广东水师船和雇来的红单船在珠江上被17艘英舰打得大败，广州外围炮台纷纷被英军占领，广州城实际上已经处于内江无战船、外围无炮台、孤城困守的局面，而叶名琛的第四次奏折，仍然不据实报告。主管对外事务的钦差大臣叶名琛，正是用欺瞒蒙蔽咸丰帝的办法，成为清政府对外政策的决策人，使清王朝在完全不知情之中，再次卷入于大规模的战争。

亚罗战争，是第二次鸦片战争的开始。严格来说，它还不是中英两国之间的全面战争，而只是广东清军与香港英军的较大规模的军事冲突。但是随着冲突的升级，全面战争也随之爆发了。

英法联军攻陷广州

“亚罗号”事件的消息传到伦敦之后，英国政府全力支持包令、巴夏礼的战争行动，并准备调遣军队，扩大战争。此时的英国首相，正是鸦片战争时期任外相的巴麦尊。他一直主张武装侵略中国，扩大英国在华利益。但是英国议会中许多人有不同的意见。咸丰七年（1857 年）二月，上院一议员提出一项议案，谴责英国在华官员擅用武力，经过辩论，这项议案以 110 票比 146 票被上院否决。巴麦尊政府以 36 票的优势获胜。此时，下院一议员也提出了类似的议案，表决时以 263 票比 247 票得以通过。根据英国的政治制度，政府的重大决策被下院否决后，或者是政府总理辞职另组政府，或者是解散下院重新大选。巴麦尊在下院议案通过后的第二天，宣布解散下院。结果，巴麦尊一派在重新选举中获得大胜。二月底，英国政府派额尔金伯爵为办理对华交涉的高级专使，准备对华正式用兵，并与法国、美国频频联络，准备联合行动。

"亚罗号"事件发生前，法国传教士马赖非法潜入未开放的广西西林县传教，在咸丰六年（1856 年）正月被当地官员处死。这就是"马神甫事件"，又称"西林教案"。事件发生后，法国驻华官员多次要求赔偿、道歉。叶名琛或者置之不理，或者给予拒绝。八月，法国政府在其驻华官员的要求下，准备向中国派遣军队，并且和英国驻法公使商量联合用兵的事情。此时，得到英国政府的请求，法国与其历来在欧洲或殖民地事务上格格不入的英国，结成同盟。咸丰七年（1857 年）三月，法国政府委派葛罗为办理对华交涉的高级专使，率兵来到中国。

"亚罗号"事件发生后，正在上海交涉修约的美国驻华委员伯驾闻讯赶回香港，准备参与行动。咸丰六年十月，美舰两艘由珠江驶向广东，被清军误击，美国军舰紧接着攻克了 5 座清军的炮台。事后，叶名琛对误击事件道歉，美军退出所占炮台。尽管伯驾等美国在华官员一再要求武力侵华，建议占领台湾、舟山等处，然而美国对外用兵权归于国会，国内又南北对立，势如水火。因此，美国政府仍坚持用“和平”的方法达到修约的目的，婉拒英国结为同盟的要求，但在修约问题上却答应同英法一致行动。咸丰七年（1857年）三月，美国政府派列卫廉为驻华公使。

此外，还有俄国。俄国由于侵华方式和目的与英、法、美有所不同，所以俄国的侵略对中国造成的损害最大。

这样，当时世界上最强大的四个国家——英、法、美、俄联手对付清王朝，其中英、法是主凶，美、俄是帮凶。而此时的清王朝正处于国内普遍反叛的困境。太平天国、天地会和各少数民族纷纷竖起义旗，关内十八行省中，已有十三省卷入于战争，其余直隶、山西、甘肃、陕西、四川等省，也不时爆发一些颇有规模的聚众抗官事件。这种清朝自建立以来从未遇见的混乱局面，使清王朝陷于立国以来前所未有的危险境地。因此，尽管咸丰帝内心仍坚持对外强硬的主张，但在叶名琛一再奏报“胜利”之后，仍然害怕英国会再次报复，引起战争，谕令叶名琛尽早了结中英争端。至于停止对外贸易，历来是清王朝“驾驭外夷”的重要手段，但此时国内战争的规模，使清政府财政空前紧张，粤海关每年数百万两的关税已成为清王朝坚持战争的重要饷源。原来一直是外国人要求恢复通商，而现在却变成了清朝皇帝要求恢复通商，并在给叶名琛的谕令中多次提出。

叶名琛早已得知额尔金来华的情报，但他认为，这是因为英国政府不满意包令等人与中国挑衅，因而另外派人来广东订约。七年闰五月，额尔金到达香港，想要联合法、美进行交涉，但法、美新使未到；想要进攻广州，兵力又不足。此时，印度爆发了士兵起义，使得原来想要调往中国的英军不能如期前往。额尔金见此时留在香港毫无意义，便返回印度，并将已调往香港或尚在途中的英军撤回印度，用以镇压士兵起义。叶名琛却把额尔金的行动误认为是英国无能的表现，认为他的“以静制动”方略取得很大效果。

九月，列卫廉和俄国公使普提雅廷先后抵达香港；十月，额尔金返回香港。此时，英国已基本控制了印度的局势，将兵力转移到中国。英在香港、广州一带有军舰 43 艘，舰上官兵 5500 余人，香港还有陆军 4000 余人。法国在香港、澳门一带也有军舰 10 艘。兵力已集结完毕，四国使节在商议后，于二十七日让额尔金、葛罗分别照会叶名琛，提出三项要求：第一，入城；第二，赔偿英国自“亚罗号”事件以来的损失，为马神甫事件向法国道歉、赔偿；第三，清朝派“平仪大臣”与英、法进行修约谈判。这个照会限定叶名琛十日之内答应前两项，否则“令水陆军重为力攻省垣”。这无疑是最后通牒。

但是，叶名琛却不这么认为。中英争端以来，他在香港等处派有大量探子收集情报，但他仍用陈旧的观念去分析情报。他所感兴趣的是，额尔金在印度兵败逃至海边，正好得到法国军舰相救，才逃过这一劫难，英国女王“国书”刚刚送到香港，令“中国事宜务使好释嫌疑”，“毋得任仗威力，恃强行事”等此类子虚乌有之事。根据他的分析，额尔金新到任，如果将以前英方提出的要求置之不理，害怕国内的舆论对他不利，因而这次的照会不过是试一下而已，另外，印度士兵起义后，英军没有饷银来源，如果能像道光二十一年（1841 年）奕山似的给予银两 600 万，也能解燃眉之急。于是，叶名琛得出结论，额尔金的照会是英国在无计可施之后的“求和”行动。叶名琛还据错误的情报认为，葛罗的这次照会是英国从旁怂恿的结果，不是法国自己的要求，而且在美国的大肆嘲笑后，已感到惭愧。根据以上分析，叶名琛于十月二十九日复照额尔金、葛罗，拒绝了英、法的要求。

三十日，英法联军占领广州珠江对岸的河南。十一月初九，10天期限已经到了，英、法专使通知叶名琛，他们已经把事务移交给军事当局。同一天，英法陆海军司令也照会叶名琛等大吏，限二日内，广州清军退出九十里之外。叶名琛无视这些行动，仍拒绝接受英、法要求。两日过去了，英法联军还没有行动。叶名琛以为英、法不过是恫吓而已，再加上叶名琛好扶乩，此时谶语都是吉祥的预告，使其增强了这种认识。广东著名行商伍崇曜，看到这种情形想要出面向英、法贿赂以求和，托人向他进言，遭到痛斥。十二日，他上了一道长达七千言的奏折，声称“英夷现已求和，计日准可通商”，表示要“乘此罪恶贯盈之际，适遇计穷力竭之余”，将英方的历次要求“一律斩断葛藤，以为一劳永逸之计”。咸丰帝接到此奏折，心中悬虑已久的中英争端，竟能得到如此圆满的解决，总算放下心来。谕令中称：“叶名琛既窥破底蕴，该夷伎俩已穷，俟续有照会，大局即可粗定。”他指示叶名琛，“务将进城、赔货及更换条约各节，斩断葛藤”。

咸丰七年（1857年）十一月十三日，即叶名琛上奏的次日，英法联军以战舰20余艘、地面部队5700余人向广州发起进攻。炮弹落到总督衙署，兵士们又一次一轰而逃，而叶名琛仍然独自在府内寻拾文件，声称“只有此一阵，过去便无事”。十四日，英法联军攻入城内，广州城陷，叶名琛等大吏仍居城中，并不逃跑躲避。广东巡抚柏贵请行商伍崇曜等人出面与英法议和，伍崇曜进见叶名琛，叶仍然坚持不许英国人入城会见。二十日，他还再次重复过25天就没事了，各士绅说和就可以了，万万不可允许英法入城之类的昏话。二十一日，英法联军搜寻广州各衙署，捕走叶名琛，送上英舰。他仍保持钦差大臣的威仪，准备与英法专使谈判，然而额尔金、葛罗根本不见他。第二年，他被送往印度，仍以“海上苏武”自居，囚死异域。叶名琛的所作所为，当时人们曾讥讽为：“不战不和不守，不死不降不走，相臣度量，疆臣抱负，古之所无，今亦罕有。”

《天津条约》的签订

咸丰八年（1858 年）正月，英、法、美三国驻上海领事向清政府递交照会，并重申他们修约的要求，并要求清政府派钦差大臣前往上海谈判。二月，英、法、美、俄四国使节到达上海，当他们得知清政府拒绝在上海谈判，并命令他们回广东谈判的消息后，决定北上，直接与清廷交涉。三月初，四国使节先后到达天津海河口外。十一日，四国使节要求清廷六日内派大员前往大沽谈判，否则将会采取必要手段。

咸丰帝此时极不愿开战，认为“现在中原未靖，又行海运，一经骚动，诸多掣肘，不得不思柔远之方，为羁縻之计”。他派直隶总督谭廷襄出面与各国谈判，并命令他尽量瓦解四国的联合，对俄表示和好，对美设法羁縻，对法进行劝导，对英严词诘问，先孤立英国，然后由俄、美出面说合。谭廷襄奉旨行事，结果处处失败。英、法两国专使或者以照会格式不对的名义，拒绝接受，或者因为谭廷襄没有“钦差全权”的头衔，不同他会晤。谭廷襄所能打交道的，只有以“伪善”面目出现的美、俄公使。6 天过去了，期限也到了，由于额尔金与英海军司令西马縻各厘的矛盾，英军兵力尚未集结，尤其是能在海河内行驶的浅水炮艇不足，英法联军推迟了进攻。

此后的交涉中，咸丰帝对四国的要求一概拒绝，只同意可酌减关税，但又不准谭廷襄同四国决裂开战。这一决策难倒了承办官员。由于英、法专使始终拒绝会晤，谭廷襄等人只能求俄、美从中说合，而俄、美又提出了谭廷襄不敢答应、咸丰帝也不会答应的要求。谭在交涉中看出俄、美与英、法沆瀣一气，认为俄、美“外托恭顺之名，内挟要求之术”，假借说合之名，“非真能抑其强而为我说合”。于是，在此一筹莫展之际，他提出全国规模的“制敌之策”：上海、宁波、福州、厦门等通商口岸，定期闭关，停止贸易；两广总督尽快想法收复广州，使英、法等国有所顾忌受到威慑；然后由他出面“开导”，使各国适可而止，及时撤兵。咸丰帝则认为，“此时海运在途，激之生变”，黄宗汉还没有到任，柏贵已被挟制，“若虚张声势”克复广州，被英法等国“窥破”，只能使形势更加恶劣。因此，他仍让谭廷襄对四国的要求进行驳斥，并布置了驳斥的理由。而对于谭廷襄自以为大沽军备完整、不惜一战的思想，则警告说：“切不可因兵勇足恃，先启兵端。”这样，退兵的办法，仅剩下谭廷襄的两张嘴皮子。但英、法专使又不见谭廷襄，谭廷襄即便浑身是嘴也无处说去。

四月初六，英、法专使及其海陆军司令商量后，决定以武力攻占大沽，前往天津。初八，英、法专使要求，其可以在海河内行驶船只，限清军二小时内交出大沽。大沽位于海河出海口，是京、津的门户，战略地位极为重要。该处设有炮台 4 座。英法联军占领广州后，咸丰帝听说英、法等国即将北上，遂下令加强该处的防守，派援军 6000 余人。此时大沽一带共有清军约万名，其中驻守炮台 3000 余名，其余驻扎炮台后路各村镇，作为增援部队。当英、法的无理要求被拒绝后，英法联军遂以炮艇 12 艘，登陆部队约 1200 人进攻大沽南北炮台。经过两个多小时的激战，守军不敌而败，驻守炮台后路的清军更是闻炮即逃。十四日，英法联军未遇抵抗，占领天津。十八日，四国使节要求清政府派出“全权便宜行事”大臣，前往天津谈判，否则将进军北京。

大沽炮台的失陷，极大地震动了清王朝。上一次战争因为已是很久之前之事，他们也只剩下一些模糊的记忆，未想到精心设防号称北方海口最强大的大沽，竟会如此轻易地落于敌手。战前对防卫颇具自信的谭廷襄，言词大变，称“统观事务，细察夷情，有不能战，不易守，而不得不抚者”，要求咸丰帝议和。大沽、天津不同于广州，距北京近在百里，感到皇位基座微微颤摇的咸丰帝，于二十日派出大学士桂良、吏部尚书花沙纳为“便宜行事”大臣，前往天津，与各国谈判。第二天，他又根据惠亲王等人的保奏，起用曾在登基之初被降为五品员外郎的耆英，以侍郎衔赴天津办理交涉。他想利用耆英当年与英国等国的交情，在谈判中能得到点便宜。

二十一日，桂良、花沙纳到达天津，先后会晤四国使节。英、法、美态度强硬，俄国使节却声称若同意应允俄国的条件，他们可以替清廷向英、法说合。对咸丰帝寄予厚望的耆英，英、法专使却拒绝会晤，只派出两名译员接见。自从英法联军攻陷广州之后，劫掠了两广总督衙署的档案，对耆英当年阳为柔顺、实欲箝制的底蕴，了解得一清二楚。耆英与英、法代表会面时，英国译员手里拿着档案，对着耆英讥笑怒骂，大肆凌辱。耆英此时已年近七旬，政坛上被冷落了8年，本来对于这次复出喜出望外，自以为凭自己当年与英、法等国的老交情，必定能有所收获，自己也可以东山再起。可没想到受到这等羞辱，不堪忍受，两天后便从天津返回北京。桂良、花沙纳没有兵权，面对英、法的嚣张气焰，忍气吞声，只能开展“磨难”功夫。他们多次请求态度相对温顺的俄、美出面说合。俄、美乘机借调停之名而最先获利。五月初三《中俄天津条约》签订。

初八《中美天津条约》签订。

清政府与俄、美签订条约之后，原以为俄、美“受恩深重”，理应知恩图报，帮助清政府说合。但是俄、美只是表面上敷衍清政府，实际上却希望英、法勒索越多越好，那么他们就可以凭借最惠国条款“均沾”利益。十二日，英方发出照会，声称如果清廷仍不作出决定，英军就要进军北京。十五日，英方提交和约草案五十六款，“非特无可商量，即一定字亦不容更易”。咸丰皇帝听到这个消息，准备再次开战，而桂良等人知道开战必败，于是在五月十六日，与英方签订了《中英天津条约》，又在第二天与法方签订了《中法天津条约》。条约签订之后，桂良才上奏咸丰帝，极力陈述不可再次开战的原因，“只好姑为应允，催其速退兵船，以安人心，以全大局”。炮口下的谈判，结果肯定是这样的。咸丰帝非常恼火，只能把气撒在替罪羊身上。十九日，他命令耆英自尽，罪名是“擅自回京”。

条约签订之后，侵略者要求照《中英南京条约》的例子，由皇帝朱批“依议”后才肯撤兵。二十三日，咸丰帝批准中英、中法《天津条约》。二十八日，英法联军撤离天津，到六月初七，退出大沽口外。

挽救危局

调整辅佐班底

新登大位的咸丰帝（1831～1861 年），人虽聪明，又受过较好的儒学教育，文才更居清代诸帝前列；但毕竟还不到20岁，又是生长于深宫之中，对于民情军政，既缺乏了解，更无经验，这就使辅佐班子显得特别重要。自从设立军机处以来，皇帝辅佐班子主要是军机处，领班军机大臣尤为重要。

一般情况下，新皇帝对上一代倚任的大臣，特别是军机大臣，都要按自己的标准，有所变动，如果上一代有重大的、又引起社会广泛不满的错误，这种变动就更大，甚至采取激烈手段，如嘉庆帝处死和珅。这既可以开脱上一代皇帝的责任，又起到除旧布新、树立新帝励精图治形象的作用。长达30年的道光朝，虽然有许多值得肯定的地方，但军、财、吏诸政的积弊却愈来愈严重，鸦片战争的丧权辱国更是空前的奇耻大辱。社会舆论的谴责也多集中在这两个方面，特别是后者，林则徐、穆彰阿更成了人们议论中正反两面的代表人物。穆彰阿道光七年（1827年）就进入军机处，从道光十七年（1837年）开始又一直为领班军机大臣，为人虽不大贪污，也喜欢提拔依附他的年轻人，但因循守旧，希望得到皇上宠幸，故迎合奉承道光帝晚年不愿奋发图强、只图安静的老年人心态，因而他对鸦片战争中的屈膝求和，乃至对林则徐等人的迫害，都起到了推波助澜的作用。对此早已耳闻熟知的咸丰帝，自然要拿他作为替罪羊；那些善于观察风向的老官僚潘世恩等人，也纷纷上奏要求起用林则徐，这实际上也是把矛头指向穆彰阿。道光三十年（1850年）九、十月间，咸丰帝不仅起用林为督办广西军务的钦差大臣，将穆革职永不叙用，将耆英（文渊阁大学士）降为五品顶带，以员外郎候补，而且，还在长达八百余言的珅谕中，斥责穆“保位贪荣，妨贤病国……揣摩以迎逢主意，从前夷务之兴，穆彰阿倾排异己……耆英之无耻丧良，同恶相济……潘世恩等保林则徐，则伊屡言林则徐柔弱病躯，不堪录用；及朕派林则徐驻往粤西……又屡言林则徐未知能去否”。咸丰帝这样披露穆倾排异己，以及自己不顾穆的一再拦阻，毅然起用林的过程，不仅是为了证实社会上广为流传的有关议论，使人们深信穆对鸦片战争的失败、对林则徐等人的受迫害，乃至腐败风气的日益严重负有责任，从而对他父亲的责任多少进行了开脱，更为主要的是，这样，再加上林死后，咸丰皇帝又任命李星沅继任，就显示了他重视汉族官僚、不偏袒旗员、满汉一体的新姿态。

穆彰阿的被革职，以及在这之前不久，陈孚恩的自行请退回籍，揭开了军机处改组的序幕。穆被革职的当天，咸丰帝命军机大臣、蒙古八旗贵族赛尚阿为协办大学士，领班军机大臣。咸丰元年（1851 年）正月，又把他升为殿阁最高的文华殿大学士。但由于赛不久就被任命为钦差大臣离开北京，体仁阁大学士、汉族官僚祁寯藻就成了军机处官位最高资历最深的人，自然就继赛之后成为领班军机大臣。自从设立军机处以来，汉族人担任这一职位的加上祁也才只有三个人。同时，又先后任命徐广缙、陆建瀛、向荣等人为督办军务的钦差大臣，再加上林、李两人，咸丰帝即位的前四年中共有五个汉族官僚享此殊荣，与同时期的旗员钦差大臣人数恰好相同。这自然更是清代空前未有的事。这一切都证明，在嘉庆，特别道光时，在满族贵族的民族成见有所减弱的基础上，咸丰帝在生死存亡之际，又对汉族地主做了较多的权力开放，以便发挥他们的才能，使满汉统治者风雨同舟，共同对抗革命高潮的惊涛骇浪。

祁寯藻虽然多次担任学政、主考官，“提倡朴学，延纳寒素，士林归之”，被誉为“儒宗”，在士大夫中享有很高的声望，但他长期沉溺于传统儒学，又饱受曹振镛、穆彰阿等人因循习气的熏陶，遇事力求平稳，不知“其远者大者”。这样的人，在平时应付日常政事还勉强可以，非常时期就会因为没有胆识，而不能圆满解决问题。在咸丰三年（1853 年）九月太平天国北伐军占静海、京津危急时，这一点就显得更加突出，也使咸丰帝认识到不改组不行。十月，咸丰帝命奕䜣进入军机处。四年（1854 年），又命奕䜣为领班军机大臣。在这种情况下，祁寯藻只好称病引退。在此之前，道光时连任下来的陈孚恩、赛尚阿、季芝昌、何汝霖四人，已先后请退。与此同时，各部中道光时任命的满汉尚书，也更多进行了更换，到这一年，吏、兵、户三部汉尚书，又分别由翁心存、朱凤标和周祖培接任。这时候，军机处和各部尚书中，道光时连任下来的人已完全没有了。

从道光三十年（1850 年），到咸丰四年（1854 年），经过长达 5 年的时间，人事上的新旧交接虽然完成了，但并不稳定，军机处尤为突出。奕䜣更首当其冲。为防止宗室近支亲贵擅权生事，自从设立了军机处，就只有个别亲贵进入任职，而且严禁各个亲王同大臣们私下交往，咸丰元年（1851 年）又重申这个禁令。奕䜣同咸丰皇帝都受到道光皇帝的钟爱，又都是皇位继承的竞争者，互相心存芥蒂，根本没有进入军机处的希望。但咸丰执政 3 年来的险恶形势，却迫使咸丰帝打破常规，先是任命他的叔叔惠亲王绵愉为奉命大将军，表兄弟科尔沁郡王僧格林沁为参赞大臣，主持京畿防卫战，很快又下令奕䜣进入军机处。僧是科尔沁旗人，在关外蒙古贵族中有很高的号召力。选择这样的人为参赞大臣，实际上就是吸引关外蒙古贵族来共同镇压革命。经过一年多战斗，太平天国北伐军最终在咸丰五年（1855 年）四月全军覆灭。这样，亲贵统军秉政的外部条件已不复存在，而雍正帝兄弟争权的血腥斗争又再次出现于咸丰帝的心中。在绵愉缴还大将任命后，七月，咸丰帝突然以奕䜣在康慈太后丧事中“礼仪疏略”的罪名，把他赶出军机处，惩罚他仍回上书房读书。这是莫须有的，康慈太后为奕䜣生母，哪里会有什么“礼仪疏略”之事！

在奕䜣被赶出军机处的当天，咸丰帝即命文庆入值，接替其位。文庆，满洲镶红旗人，姓费莫，是“满洲八大姓”之一，他的族人中“代有传人，四世凡有大学士数人”。早在道光时文庆就多次担任各部侍郎、尚书、内务府大臣，并两度为军机大臣。除了家世显赫、资历深、经验丰富外，尤为可贵的是文庆有才干、有见识，能破除种族成见，力主重用湘军集团。咸丰四年（1854 年）湘军一举攻下武昌，大喜过望的咸丰帝，立即任命曾国藩为湖北巡抚，让他兼握军机大权。但有个军机大臣却说曾“以侍郎在籍，犹匹夫耳”，竟然迅速组建湘军，这“恐非国家之福”。即位以来，咸丰帝对汉族地主阶级虽作出不少新姿态，但成见却远远没有消除，就在咸丰四年（1854 年），还有人上奏要求“一满汉以示大公”。曾不仅是汉族人，而且还牢牢地掌握着湘军，这不能不使咸丰帝联想历代以军队起家、割据一方、进而问鼎的许多事例，于是就断然收回命令曾署鄂抚的成命，让他仍然以侍郎的衔位，率军进行东征。这样，曾就不能利用他掌握着一省的政权，搜括军饷物资，扩充湘军；为了维持现有部队，反而要仰仗清廷，甚至于地方大吏的支持，达到咸丰帝既使用又限制的双重目的。

同这些观点不同的是，文庆认为，“欲办天下大事，当重用汉族人，彼皆从田间来，知民疾苦，熟谙情伪，岂若吾辈未出国门一步，懵然于大计者乎”。出身满洲世家名门的大官僚，能如此剖析旗籍贵族和汉族官僚，其“深识伟量”和勇气，在当时旗人中，的确是出类拔萃。根据这一认识，文庆“密请”咸丰帝，“破除满汉藩篱，不拘资格以用人”，要求重用湘军首领曾国藩、胡林翼。咸丰五年，西战区湘军和湖广总督统带的绿营屡次大败，武昌第三次失守。文庆趁机力言，咸丰帝也迫于形势，不得不对既使用又限制的方针有所松动，破格提拔胡林翼，二月将他由湖北按察使升为布政使，三月，又任命他为湖北巡抚。有了这块地盘，再加上湖南，就为湘军集团经营两湖后方基地，并使它初步发展壮大创造了条件。

文庆这样有门第、有资历、有见识、有才干，且自然也就有威望的老政治家出任领班军机大臣，不仅为“八旗王公所敬信”，而且深为咸丰帝所信任，一年多时间，先后升为协办大学士、文渊阁和武英殿大学士。但这样理想的人选，却在职只有一年多，就由于年老多病于咸丰六年（1856 年）死去。咸丰朝前半期的七年（从道光三十年算起）中，军机大臣除赛尚阿、祁寯藻等五个道光时连任下来的，在前五年相继请退外，咸丰帝自己选任的彭蕴章、穆荫、杜翰、舒兴阿、邵燦、麟魁、瑞麟、奕䜣、文庆共 9 人，除前 3 人一直留任外，其他 6 人，短的只有几个月，长的也不到两年。领班军机大臣赛、祁、奕、文先后 4 人，平均在任也不到二年。这就是说，咸丰帝在前 7 年没能建立起稳定的、称职的辅佐班子。

文庆死后，咸丰帝命彭蕴章继任领班军机大臣，又命蒙古八旗官僚户部尚书柏葰进入军机处。彭居官治学，平庸无能，甚至于对湘军集团的态度，都与祁寯藻相似，谨言慎行上更是有过之而无不及。柏则较有风骨，即所谓“素持正”，进入军机处后很快就升为协办大学士，后又升为文渊阁大学士，再加上柏又为旗员，就使柏成为军机处中权位几与彭（武英殿大学士）相等之人。这样安排，不仅可以通过两人，进一步团结汉蒙统治者，而且能以柏补充彭的不足。但柏因咸丰八年的科场案被处死后，军机处在彭的平庸领导下，就更加无所作为，并带来严重后果。咸丰帝辅佐班子，由军机处向以怡亲王载垣、郑亲王端华及其异母弟肃顺三人为核心的亲贵集团转移。同时，载垣为咸丰帝子侄辈，虽为近支宗室，但已出五服，端华更是远支宗室。他们在一般情况下，都没有篡位的资格，远不如奕䜣那样具有潜在威胁，因而容易取得咸丰帝的信任。二人虽然在道光时就承袭爵位，又同被道光任为顾命大臣，在亲贵中有较高的声望，但既无才干，更无胆识，不得不借助肃顺的力量，并一再力保之。

肃顺长期作为闲散宗室，终日无所事事，在外游逛，这些虽然不利于他学习书本知识，但却有利于接触各类人和事，再加上为人聪明、善于记忆，“接人一面，终身能道其形貌；治一案牍，经年能举其词”，使他对社会有较多了解。当他被推荐去管理司法时，凭借他的“治狱频破奸”，因而引人注目，接连几次被提拔。咸丰帝召见时，他又及时进言：“请严禁令，重法纪，锄奸宄。”这自然得到了正为官僚因循守旧、敷衍了事烦恼的咸丰帝的赏识。到咸丰四年（1854 年）三月，他由乾清门侍卫升为御前侍卫，四月，又升工部侍郎。咸丰五年、六年（1855 年、1856 年）又担任礼、户部侍郎，咸丰七年、八年（1857 年、1858 年），先升为左都御史，再升为理藩院、礼部、户部尚书，咸丰十年（1860 年）升到协办大学士，终于形成“独被信任”，怡、郑二王反而“听命而已”的特殊地位。如此迅速飞黄腾达，一向未受道光官场习气熏陶的肃顺，不仅遇事率性而为，张扬骄恣，甚至对彭蕴章等所拟诏旨任意删改。肃顺被宠信，再加上对十年江南大营覆灭所造成的危局没有提出对策，所保之两江总督何桂清又严重丧师失地，彭蕴章自然不安于位，而不得不告病请退。他所担任的领班军机大臣之位，就由资历官位仅次于彭的穆荫继任。而穆及杜翰、匡源早已依附于肃顺，焦佑瀛更是他的亲信，文祥虽不大依附，但资历低，只能唯唯诺诺。这就是说，肃顺等三人亲贵集团，终于完全把持了军机处。

挽救军事危机

在嘉庆时期与白莲教的战役中，清军的腐败已有十分明显的暴露。此后，许多清兵又开始吸食鸦片，腐败变本加厉，以致在对抗太平军的战争中，竟然几乎不堪一击，连吃败仗。针对暴露出来的问题，清廷不断采取措施，力图加以补救；一些士大夫也在不断地思考对策，并付诸于行动。这就使军事方面的危机与反危机，呈现极为复杂的局面。

首先，更换将帅，加强军纪。继林则徐为钦差大臣的李星沅，于道光三十年（1850 年）十二月赶到广西，但眼前的情况却让这位钦差大臣头疼不已。一是兵力只有八千人，且战斗力差。二是与巡抚周天爵因产生意见分歧而大闹矛盾，又由于他妄自尊大，对仪节要求非常严苛，一般将士也对他产生了离心倾向，不服从调遣。三是他与一般科甲出身的大官僚一样，没有学习过军事，也没有领兵打仗的经验，几个月实战，李星沅就忧心忡忡，丧失信心。正如其幕僚所记：钦差大人被太平军闹得忧虑不堪，不能好好地睡觉吃饭，常说："这不是我眼前这些人所能镇服的。"不久病死军中。接任的赛尚阿除官职比较高外，一无所长，甚至比前任更无能。在宣布任命后月余，就有人把二人相提并论，"今赛尚阿、李星沅一日不撤，则军心一日不定，迁延愈久，败坏愈甚"。事实上，赛尚阿不仅不懂军事谋略，领兵打仗更不是专长，且偏信以"狡诈贪鄙"著称的士魁等所带随员，使他们得以“传说播弄”，“高下其手”，克扣军饷，大肆贪污，仅一年多，就广置房屋，大造花园，最终落个兵败名裂的下场。

以后随着战争向长江中下游及黄河以北蔓延，清廷又相继任命徐广缙、陆建瀛、纳尔经额、琦善、向荣、胜保、托明阿、和春、官文等人为钦差大臣。其中除官文情况特殊外，其他诸人，徐广缙、陆建瀛、纳尔经额分别为现任两广、两江、直隶总督，琦善在道、咸年间也屡任总督，都有能臣的名声。但除琦善曾与战争有所接触外，其他的人都与李星沅、赛尚阿一样，对军事，特别是指挥作战是外行。陆建瀛初时虽主动请缨，意气风发，每次对属下谈起来都慷慨激昂，以为很快就可以制服太平军。但当他从江宁率军队沿长江向西堵截时，一见太平军船队黑压压地占有数十里的江面，当即惶惑不安，不知如何是好，匆匆忙忙登上一条小船，逃回到江宁。徐广缙和陆建瀛一样昏庸无能，软弱胆小，太平军围长沙，他安居湘潭；太平军围武汉，他远在湖南，并说武昌之围可解，但数天之后，武昌即告失守。咸丰帝说他：“这样预料贼情，实在可叹。”纳尔经额的昏庸更有过之而无不及，他要山西兵由平定州入援，竟按照平时的老规矩，上奏请求，连咸丰帝都责问他何不直接发公文给山西。最为荒唐的是，直隶筹防近3个月，当太平军由山西突入时，部分清军竟无武器，以致赤手空拳和太平军打了起来。琦善好像比这三个人略知节制军队，但畏敌怯战则相同。太平军由武昌东下，琦善奉命由河南东援，他却借口招募人来扛运军用物资只怕人多嘴杂，泄漏了军情，而骡马又不易征集，遂节节逗留。这是明显的托词，咸丰帝责问：“招募来的人不可靠，必须用骡子来驮运，那么赶骡子的人都可靠吗?”其余四人，胜保出任钦差大臣不久，就有人专折奏参，后来更成为臭名昭著胡作妄为的大帅。向荣、和春、托明阿是道光朝出身行伍或旗籍的将领，虽有战斗经验，人也勇敢，但对军事学问却知之不深。战役指挥尚可勉力以赴，但就大帅必备之才来说，就难以胜任。向荣又年老体弱，行动不便，应付紧张激烈多变的战局，更是力不从心。

其次是矛盾丛生。比如琦善与慧成、舒兴阿与和春、向荣与福兴，吴文涛与崇纶，僧格林沁与胜保，都互相不服，不甘居下。比如其中前二人，咸丰三年（1853 年）一起进攻扬州，却各发各的奏报，甚至在战场上各顾各，败不相救。一般将领也同样如此，如咸丰四年冬长江下游水师统领吴全美与叶长春，因意见不和，互相猜疑，而互相观望，拖延不相救；向荣在派员调解督催无效后，最后只好将叶调走，另派李某接任。一般兵弁之间，不仅兵与勇由于待遇、生活经历等多方面的差异，经常有矛盾，且经制兵，由于来自不同省县的营汛，也往往有很大矛盾。即所谓“兵与勇不和，楚兵与黔兵不和”，甚至同为湖南的“镇筸兵又与常德兵不和”。这种不和常常导致平时械斗、临阵不能一致对敌，“此军大败奔北，流血成渊，彼军袖手旁观，哆口而微笑”。

再次是纪律败坏。如浙江咸丰四年、五年（1854 年、1855 年）间之台勇，在皖南“肆行抢掠，以至郡城（徽州）又为之一空”；在本省“处处台勇皆闹事，甚至动百姓公忿，齐心杀之”，“前在上海者尤与盗贼无异，子女玉帛满载而归”。当时人们公认，为害甚大、甚广的兵士的兽行罄竹难书。八旗绿营经制兵也同他们差不多。比如胜保、僧格林沁两军纪律败坏，被村民抓住责打，胜保竟令大员带骑兵三百前去报复，焚烧房屋，抢掳衣物。有些卫道士也不得不承认：“官军尾贼之后，随路淫掠，民之走避者，畏官军，非畏贼也。”面对如此种种暴行，清军所到之处，人们纷纷逃走躲避；有的被迫反抗，则招致清军更肆无忌惮的抢掠屠杀；有的更愤而加入反叛者的行列。比如咸丰四年湖广总督吴文箪军在黄州堵城，将“把数十里内的房屋全部毁坏，于是“民镕兵勇之毁其庐舍也，群起助贼为大围，死伤甚众，吴公薨于行阵”。

清廷对以上严重情况，虽然采取种种措施，加以挽救，但这些措施无一不是头痛医头式简单应急反应。比如在将帅方面，将领临阵退缩。咸丰帝或者是特赐赛尚阿遏必隆刀，准许他对副将及其以下将弁就地处置，或者是命令徐广缙严加惩处。但徐却以人数太多，不能全部都上奏皇帝为理由回奏，赛也没有杀一个逃将，自言“不忍杀人”。这除了是因为赛、徐没有战争经历，以及庸懦不愿被人埋怨外，他们还不能不考虑，“宽纵既久，一旦驭之以严，难期帖服”。鉴于李星沅时将帅不和，号令难行，咸丰帝特命赛尚阿督师，以为这样就可以“事权归一自必节制严明，信赏必罚，力矫前此恶习”。但结果，除了赛因权位太高，没有人敢同他公开对抗之外，其他矛盾依旧。向荣与乌兰泰更闹到几乎水火不相容。对不断出现的失地丧师将帅，咸丰帝也只知道不断地更换钦差大臣，先以文职大员为钦差大臣，他们相继被罢斥拿问之后，又转而任命向荣、托明阿、和春等武职大员，但他们也支持不长时间，便一样败下阵来。

清廷的第二个措施就是募调兵勇，大办团练。兵勇方面的问题，既表现在战斗力不强，也表现在兵力不足。八旗虽有 20 万，但早已没有战斗力，特别是野战或攻坚。绿营总共有兵士 60 万，由于吃空额等弊端，实际名额已大为减少，且其中还有老弱病残。咸丰帝在三年（1853 年）三月宣布，已征调了 20 余万兵士，再加上各地尚须留兵镇守的兵士，能续调的人不会超过 10 万人。为了补充兵力不足，清廷一是调东北和察哈尔等处满蒙兵（这不在关内八旗编制之内）入关作战。到咸丰七年（1857 年）夏天，黑龙江兵入关兵额已达 1.3 万人。但不仅汉员周天爵、王茂荫对他们的战斗力持怀疑态度，或者要求他们撤走，或者不允许他们入关；旗员英桂也多次诉说他们水土不服，以及他们的马匹大量地死亡，走失。再加上这种兵的数量有限，因而在质与量两方面都存在严重的局限性，对全局起不了多大作用。

关于募勇。早在永安围城战斗中，仅乡勇就已达 2 万余人。咸丰三年（1853 年）八月，当时有人估计各省总共招募的乡勇多达 30 多万。有的战区，已是勇多于兵。但是将帅募勇一般是救急，匆忙之中，调兵会耽误时间，募勇却可以立即获得。他们还有另一种考虑，即认为“多募一勇，即少添一贼”。在这样认识指导下，自然来者不拒，以致“应募者大抵市井负贩之徒，乞丐无籍之辈，甚且盗魁恃为逋薮，奸民藉以寄食”。有的在奖赏多的情况下，虽然非常勇敢，但临阵不听号令，平时恣意抢掠，军中情形不好时就一哄而散。有的甚至与太平军暗中往来。所以有的将帅们主张不募或少募勇，或因屡次出问题而裁勇。如向荣在咸丰三年统帅八千乡勇，裁去七千。可是，在兵少不足用这一基本情况下，又不得不再去招募，以致形成这里裁勇、那里募勇，今年裁勇、明年募勇的局面。这就是说，募勇这一补救办法，也同样陷入无效又不能弃用的怪圈之中。

关于办团练。清廷委派现任官员回籍，更多的是委任赋闲在籍的官员，担任各省团练大臣。如山东就委派前山西巡抚萼涵等十余人，江苏委派前闽浙总督季芝昌等十余人，湖南委派前兵部侍郎曾国藩，并规定“或筑寨浚壕，联村为堡；或严守险隘，密拿奸宄。无事则各安生业，有事则互卫身家。一切经费均归绅耆掌管，不假吏胥之手。所有团练壮丁，亦不得远行征调”。这就使团练起不了战略作用。更何况只有少数地方，如皖北的六安、合肥、桐城，皖南宣城的金宝圩，湖北的随州、麻城，浙江诸暨的包村，认真举办，并对太平军进行了顽固抵抗，除此以外，一般都“苟且涂饰，未经实力讲求，或募勇以充数，徒取外观；或藉端以营私，转成欲壑。无事则恃以为威，吓扰乡间；有警则首先遁逃，流为盗贼”。不少地方团练甚至拒不交粮，如山西、河南“因粤寇之乱，兴联庄会，凡山西接壤州县，均藉以抗粮”。其实山东、直隶也存在拒不交粮。比如时任山东布政使的吴某就说：“自钦使督办团练，尽侵官权，酿成骄横，民不知有上，抗漕抗粮，几于比比皆是。”其他各省也有藉团闹事，与官府对抗的事。比如皖北的苗沛霖刚开始时拥众观望，后来就发展到公开对抗，成为皖豫一带清廷的大祸害。团练大臣与督抚不和，互相掣肘，互相参劾，因而妨碍大局者，也时有所闻。如浙江团练大臣邵啣与大吏不和，被参了一本遭到革职；继任的王履谦不仅与大吏互相参劾，而且团勇与官府兵勇也因此发生矛盾，甚至冲突，致使绍兴轻易被太平军攻占。

以上的传统措施，对解决兵力不足固然起了较大的作用，但带来的问题也十分严重，可以说是得不偿失。而且清军不仅量不足，更主要的是素质太差，战斗力低下。上面的这些措施不仅没有触及到这一难题，而且因为新募勇营素质太差，而加重了它的严重性和复杂性。与此不同的是，曾国藩认为照搬老办法于事无补，问题关键在于“今日营伍之习气，与今日调遣之成法，虽圣者不能使之一心一气。自非别树一帜，改弦更张，断不能办此贼”。这就是说，当时绿营的腐败，是长期形成的，已严重到无可挽救的地步。同时，制度上也存在严重问题。如绿营平时分散驻扎各地，遇到战事就成百成千地从各地抽调来聚合成军。这样，就会因为素不相识，语言不通，造成士兵之间以及兵将之间不能同心同德。积弊如此之深，又是临时拼凑成的军队，当然不能团结对敌，勇敢赴战。正因为从历史上、制度上看到绿营已病入膏肓，所以曾国藩就断然同它彻底决裂，组建了同它完全不同的湘军，并且取得愈来愈多的战功，从而找到了解决危机的根本对策。而清廷却在祖宗之法不容怀疑、不予变更的传统禁锢下，看不到这个趋势，就势必不能解决这个问题。

整顿吏治

吏治败坏，到乾隆帝时已日趋严重，但当时对不法官吏的打击也很严厉，曾因兵败、贪污等罪，处死不少官员。比如甘肃捐赈的案子，就处死督抚及其以下官员 20 余人。而嘉道 50 多年中，除和珅一案外，一二品大员因不法而被处死的大案，几乎没有听说过。官官相护、姑息养奸的风气，愈来愈严重。有的虽被揭发，但很快就被掩盖，从轻处置了事。比如道光二十八年（1848 年），前山西巡抚梁萼涵被人告发收受王姓贿银 5 万两，后来虽然经查复说没有此事，但又以梁萼涵没有发现他弟弟行骗之事，被发配军营。第二年，现任巡抚王兆琛的案子与此类似。至于说到因循守旧，敷衍了事，上下相蒙蔽，经过曹振镛等人的示范，也变本加厉。正如道光帝在朱批中所说："当今之弊，总在蒙蔽不实，处处皆然。"士大夫中的有志者对此很是忧虑，道光末年官至汀漳龙道的桂某就说："余莅任闽南不两年而引疾归，何以疾，忧也；何以忧，忧吏治民风不能变易，不知何所终极。"

金田起义后，这样严重腐败的吏治自然成了十分尖锐的问题。

“当兹时而求安民殄寇，拨乱返治之方，舍察吏选将之外，无可期必效者”。有的更认为军事镇压是治标，整顿吏治才是治本。咸丰帝也说官吏腐败风气能否扭转，关系到清王朝的生死存亡。正是基于这一认识，咸丰帝在有关诏旨中，反复告诫。同时，又针对一些弊端，提出具体要求。比如长期以来，大的官吏在任命下属时，大多收受贿赂，使得州县官多一年一换，甚至数月一换，以致“司牧之官，视职守为传舍，置地方利弊于不问”。为了杜绝这类事情，咸丰帝严禁频繁更换，如“抚驭有方，著有实效”，还应延长任期，奖给高的衔位，“数年之后，政成报最，朕必破格施恩”。

但所有这一切，大官吏都无视它们的存在。如七年江苏州县“缺出，而府委随之，道委随之，司又委随之，有数月而三易牧令者矣”。而新上任州县官，不仅遇事敷衍，将事情推委给后任，而且既快又多地大肆贪污。比如山西，“下吏引疾，府经奉檄而来，仅四十余日，而攫四千金去。民间怨恨之声，至不忍闻，且有聚众闹堂之事”。这就是说官吏勒索，引起新的动乱，这类事在整个咸丰朝可以说是屡见不鲜。比如在四川，由于贿赂成风，百姓们对此深恶痛绝，因而聚合起来同官府抵抗，广安、达县、营山、东乡、南江、巴州等州县相继爆发“围城大哄，数日始解”的严重事件。州县官这么贪污敛财，很大程度是由于大吏向他们进行种种勒索。四川学政何某曾向州县作过调查，他们“无不以上司到任及节寿陋规为苦”，送得多的县令“年送一万数千，中下者依次递减”。前面所引资料的作者龙汝霖也说：山西各县这种陋规，每年每个月至少万金。其实收受陋规相沿已久，并不是太出格的贪污。

其他通过各种渠道的勒索的名目还很多。总之，靠贿赂谋得官位，这种情况自然要严重影响政令的贯彻。如当时为了筹集军饷，解决财政困难，普遍推行捐输、厘金、乃至发行大钱票钞，但经办的人却趁机贪污。如山西有富裕的想捐五百两的人，一定会强令他捐一千两；而一旦他捐了一千两，则又会让他只写五百两，其他的五百两就中饱私囊。又如河南、直隶、顺天府，征收田赋，只收现银，上交税款，却以大钱票钞上缴。在这种改变之中，就能利用大钱钞票严重贬值，而大发其财；而大钱票钞的流通更加困难，“故近京百里以外，大钱不能行使”，“外省钱票不甚通行”。而那样的强令捐钱，也会严重干扰捐输的推行。这样军饷筹措就不能不更加困难。

吏治败坏到如此程度，固然是由于积习已深，但也有当时的特殊原因。客观上，当时盛行的军功保举和捐官，使仕途更加拥挤难走。咸丰四年（1854 年）年底，四川就出现“现在牧令中，由科甲出身者，不及一半”的情况。由这两个途径进入官场的人除一部分确有军功外，其他大部分人是为赚钱而来，其中捐官的人尤其严重。如“历任贪鄙，声名甚劣”的王某，先通过捐钱谋得广西知府的职务，后来又通过捐钱升到道员。到陕西后，百般取巧钻营，竟然谋得担任布政使，不仅“终日吸食洋烟，邀同亲友演唱昆曲”，还同他所辖范围内盐道韩某勾结，大肆贪污，“一切支发高下其手”。而这个韩某原来是成都知府，“贪婪成性”，被勒令病休后，又捐钱升到了道员，到陕西就与王一拍即合，“成为川陕著名劣员”。主观上，咸丰帝虽然反复告诫，言语恳切，但是对那些对于他的告诫不以为然的官员，特别是大官僚，却不能严厉地惩罚。前七年中，不仅未揭露一件贪污大案，甚至对丧师失地的大员，也只处死湖北巡抚一人，其他除战死、病死外，如赛尚阿、徐广缙、纳尔经额、胜保、托明阿、西凌阿和杨霈（湖广总督），虽然被革职，甚至判为斩监候，但不久都开释，过了几年，又进入了官场，还有的甚至又重新升为高官。皇帝如此，官僚们自然相率仿效，谁也不愿发难作恶人。这说明，咸丰帝和一部分士大夫，虽然认识到问题的严重性，但新登大位的年轻皇帝不愿也不敢对大臣采取严厉措施，而辅佐的军机大臣祁寯藻等又是平庸之辈。这样，自然不可能改变清廷从嘉庆、道光年间相沿下来的纵容官吏的情形，不能对吏治进行强有力的整顿。

咸丰八年（1858年）英法联军直逼天津，桂良、花沙纳奉命奔赴天津议和，自告奋勇的耆英也随同前往。原定“如果桂良、花沙纳答应的条件，英法联军还不满意的话，就由耆英再适量地答应几条，即桂良等人作出第一次答复，而把耆英留在后面，作为完成此事的人”。但被寄于如此厚望的耆英，却擅自离开职守，回到通州。绵愉等立即奏请，将耆英立即处死。咸丰帝批示：耆英如此，“实属自速其死”。奕䜣等人复议后，将耆英定为绞监候，一般说这不仅不会处死，还可能开释。肃顺不同意，以个人名义上奏要求“即行正法”，否则，今后如果众人都竞相仿效，胆小逃跑，这成什么体统？3天后，咸丰帝最后裁决，令耆英“自尽”，并在长达千言的朱谕中，剖析其罪行，批评奕䜣“声叙获咎之由，殊非诛心之论”，肃顺“亦未为是”，更不应以“盗案内断语”，加于耆英。可见，对于此案，咸丰帝始终自有主见。肃顺的迎合，则反映其敢作敢为又不学粗疏的特点。

同年顺天乡试发榜后不久，御史就上奏揭发新中举人平龄考卷显然有作弊行为，咸丰皇帝马上命令载垣、端华等人查办。结果，不仅在平龄之外又查出有弊端的卷子达55本之多，而且还追究出主考官大学士柏葰听从家人央求，更换试卷，将罗鸿绎取中，副考官左副都御史程庭桂、兵部尚书陈孚恩、工部侍郎潘曾莹、前刑部侍郎李清凤等大员之子，参与舞弊。在定罪过程中，咸丰帝鉴于柏葰“早正揆席，勤慎无咎”，而不忍处他死刑，经“夙憾于柏葰”的肃顺力争，才定下来。咸丰九年（1859 年）先后两次，斩决柏葰等五人（另有二人死于狱中）。程庭桂免除死刑，发配军营，副考官户部尚书朱凤标及同考官等 7 人革职，陈孚恩等也因失察子弟犯法，降一级调用，这个案子总共惩处了 91 人。

顺天乡试案还没有结束，九年（1859 年），又发生了户部钞票局案。清廷为支付日益庞大的军费，在加强税收、铸造大钱的同时，还印行 5 种面值的户部官票和 8 种面值的大清宝钞，并招商设立乾字官号 4 个，宇字官号 5 个。官僚于是趁机与商人勾结，采取各种手法，大肆贪污。咸丰七年御史张某就指出：“宇字官号，积弊丛生。”接任户部尚书不久的肃顺，也觉察到“宇字五号欠款与官钱总局存档不符，奏请究治”。结果查出贪污巨额赃款，先后抄没官吏商人各数十家，株连数百人，其中还有仓场侍郎崇纶这样的大官僚。

八年、九年（1858 年、1859 年）中，连续发生三大案，前两案严惩包括两个大学士在内的大小官僚，后一案虽只有个别大官僚受到惩处，但涉及的人又非常多。这对长期腐败又被姑息的官僚，甚至于对于一般士大夫，不能不是极大的震动。赞赏拥护者当然有许多人，但认为太严的人，害怕出现第四、第五……大案，因而力图加以阻止者更大有人在。御史朱梦元就上奏说：“陛下求治太锐，不免操之已蹙；除弊太急，不无过为已甚。”咸丰帝立即反驳：“朕执两用中，毫无偏倚。”近来诸事苟且，即如现办户部钞票局一案，如对大官僚副主考程庭桂，咸丰帝因其子在同案被处死，就免死发军台。更没有株连柏葰等人家属，抄没其家产。同顺治帝时此类案件相比，惩罚是较轻的。

议论纷起的另一原因是肃顺在三案中的作用及其为人。当时，以至于到清末，发表议论的人夸大肃顺的作用，有的甚至说柏葰被判了死刑，“上意犹未决，肃顺即夺朱笔代书之”，这是有违当时常理的编造。在三大案中，特别是前两案中，肃顺不过是在迎合皇帝。但肃顺不仅并不廉谨守法，在科举考试中也有舞弊行为，而且，确有借案树威、打击同僚的私心。他因与柏葰有隙，一定要置之死地的传闻，虽然缺乏证据，但对翁心存一而再、再而三地紧追不放，却有据可查。肃顺由于以亲贵骤掌大权，再加上粗疏不学，遇事不免张扬，“恶常熟（翁心存）之异己，至众诟于署庭”。其实他对彭蕴章、周祖培也有类似情况，甚至对参加殿试的士人，也如对待奴婢般颐指气使。

翁、彭、周三人是咸丰后期位高望重的大臣，其中彭为会试正考官两次，周则早在道光二十五（1845 年）年就为会试副考官，咸丰二年（1852 年）又为主考官，所谓“衡文最久，门生遍天下”。翁试差虽不及二人，但声望并不逊色，“尤粹然儒者，进退可观”，有众心所归的“人望”。而肃顺竟施以连续露骨的打击，这不能不引起官僚的不安和议论，把本来有利于封建统治的吏治整顿，变为统治集团争夺权力的斗争，从而使咸丰帝心情更糟。同时，这样的整顿，虽然对吏治有所补救，如惩处柏葰等人之后，科举考试舞弊现象就大为减少。但由于起步较晚，咸丰十年（1860 年）有英法联军入侵的干扰，吏治的整顿既没有能在京内坚持下去，更没有能在全国大力推行，以致咸丰末年的吏治，除了湘军集团大员为督抚的两湖、四川、安徽等有较大好转外，其他各省依然如故。

火烧圆明园

咸丰十年（1860 年），清王朝内忧外患，危机不断。

从三月起，太平天国一路攻克杭州，回援天京，捣毁江南大营，接着又东征常州、苏州，至五月又占领了松江府城，随时准备进攻上海。各地反清起义也接连不断。

国际方面，英法联军陆续抵达中国沿海，其中英军有军舰 79 艘，陆军约 2 万余人，雇运输船 126 艘；法军有军舰 40 艘，陆军 7600 余人。在西方殖民主义扩张史上，集中如此庞大规模的兵力亦属罕见。英、法公使及海陆军司令在上海制订了详细的军事行动计划，侵略军先后占领舟山、大连、芝罘，并霸占上海、舟山为转运兵站；他们以大连、芝罘为前进的根据地，对渤海湾进行封锁。至五月，英法联军集结完毕：英军把 700 艘军舰开入渤海，在大连驻扎陆军 1.1 万余人；法国军舰已大部进入渤海，在芝罘驻扎 6700 余名陆军。初八，英、法两国政府向欧美各国发出通告，宣布开始对中国宣战。

英法联军强大的阵营吓坏了清政府。管理对外事务的钦差大臣、两江总督何桂清，于是坚持反对对外开战，多次上奏请和。太平军进常州时，他吓得赶紧逃往上海，并联络英、法等国，欲借英法联军兵力帮助围剿太平军。他上奏称：如今东南要害均被太平军占据，苏省无一兵一卒，全境空虚。要求咸丰帝赶快和英、法签订和议，以借他们的兵力平定叛乱。尽管何桂清因兵败而被革职，何桂清的请求亦被咸丰帝驳回，但其继任者薛焕仍奉行何桂清的政策，苏淞太道吴煦更是多方打探，进行求和求援。在这批官员的要求下，英、法公使抛开与清政府开战的事实，竟单方面宣布保卫上海，维护商业，并从部队中抽调英军1030人、法军600余人，驻扎在上海。由此就出现了一种奇特现象，英、法两国已同清政府开战，但在上海地区却与清朝地方政府进行军事合作，为了不同的利益，他们却走到了一起。

在这种情况下，咸丰帝的态度也为之一变。他见英法联军兵势太盛，恐清军抵抗不住，又怕英法联军与太平军合作，那样，大清朝百年基业就会毁于一旦。于是，他先是频频下令，让何桂清、薛焕对英、法进行试探，希望能有转机，但未能奏效；接着他又下令驻守大沽的僧格林沁不得首先开炮，并吩咐直隶总督恒福，若英、法使节前来换约，就对其表示既往不咎，令他们前往北京进行和谈。他已经不再要求废除《天津条约》了。

六月十五日，英法联军率领舰船200余艘、陆军1.7万余人，分别从大连、芝罘出发，中途躲开防守严密的大沽，在清军未设防的北塘登陆。直隶总督恒福奉旨对英、法使节一再照会，希望他们按照美国先例，进京换约，而英、法两方气势汹汹，对此根本不理。僧格林沁已奉旨不得首先开战，因此也未能乘登陆之敌立足未稳，就对他们予以打击。英法联军在没有任何障碍的情况下，登陆行动进行了整整十天。二十六日，英法联军首先攻占大沽西北的新河，二十八日，又占领了大沽西侧的塘沽。至此，大沽炮台正面虽防守严密，但却无济于事，而防守薄弱的侧背，却完全陷入敌军魔掌。僧格林沁见形势不好，便准备在大沽与敌军决一死战，奏请咸丰帝善保津、京。得知此讯，咸丰帝大为惊恐。僧格林沁是咸丰帝最为信赖的，骁勇善战，所辖之军是清军在北方之精锐，若失去此将此兵，清王朝将无人统兵，无人打仗。于是，他亲颁朱谕：“天下根本，不在海口，实在京师”，让僧格林沁如果受挫，立即率部回守天津，以防英法联军的进军，此处可“另择可靠大员，代为防守”大沽炮台。他还不顾英、法当时决计开战的态度，自欺欺人，下发了一道谕旨，派大臣前往北塘，“伴送英、佛（法）两国使臣，进京换约”。

英法联军于七月初五开始进攻位于大沽北岸主炮台西侧的石疑炮台，守军奋力迎击，支持两小时最终抵挡不住，大多战死，指挥作战的直隶提督乐善亦阵亡。僧格林沁见大势已去，急忙统兵撤离大沽，中途避开天津，直奔通州。大沽南北炮台经营三载，耗资数十万，安炮数百位，但却未能在战斗中发挥应有的作用。英法联军在占领大沽后，于初七朝无兵防守的天津全面出击。

咸丰帝此时只得再派出大学士桂良和恒福同任钦差大臣，在天津与英法联军进行新一轮谈判。英、法提出的条件是：增加赔款；把天津辟为通商口岸；承认《天津条约》；公使驻京与否由英方自行决定。英、法漫天要价，大大超过开战之初。桂良等人根据咸丰帝的谕旨想进行辩解，但却遭英、法拒绝，英、法只许签字，不容商议。桂良等人要求宽限几日以便他们奏请圣旨，而英、法又以桂良无“全权”为由，中止谈判。二十三日，英法联军由天津开始进逼北京。

咸丰帝此时矛盾重重，进退两难。他因不能容忍英、法两国的条件，欲背水一战，但前方军情不利，这使之难下决心，七月二十三日，只得再次派出钦差大臣怡亲王载垣带人前往通州谈判；因英法联军兵盛，于是他想尽快逃离危险的北京，但又怕颜面丢失。二十四日，他下发一道朱谕，称“朕今亲统六军，直抵通州，以伸天讨而大张挞伐”。同时下发僧格林沁请咸丰帝巡幸木兰的折片，想由军机大臣等出面请求移驾，以此来保全自己的威仪。而大臣们经过仔细讨论之后，却既不同意他亲征通州，也不同意他巡幸木兰。

英法联军步步逼近，使谈判的地点从天津转到了通州。至八月初二，钦差大臣载垣等人奉旨，一一接受英法方面的各项要求。初三，英国使团中文秘书巴夏礼，又得寸进尺，提出进京换约时须向咸丰帝亲递国书，这下子刺痛了咸丰帝。自马戛尔尼使华以来，西方使节觐见中国皇帝的礼仪，一直令清王朝极为不满。咸丰帝绝对不能容忍不跪不拜的觐见。他从历次谈判大臣的奏报中，竟然认定巴夏礼是英方的“谋主”，早就下令载垣等人设法将其及随从“羁留”、“勿令折回”。于是谈判再次宣告破裂，载垣立即通知驻守通州东南张家湾一带的僧格林沁，采取行动，准备向英法联军开战。

八月初四，僧格林沁率部从半路截获由通州返回的巴夏礼等 39 人以示宣战，并派出 2 万大军与英法联军正在推进的先头部四千人于张家湾展开激战。结果僧部大败，退往通州以南的八里桥。初七，僧格林沁又率清军约 3 万人与英法联军 5000 人，再次于八里桥正面交锋，结果清军再次遭重创而败退。在第二次鸦片战争中，张家湾、八里桥两战是双方投入兵力最多、最为激烈的战斗。清军的马队在英法联军猛烈炮火轰击下冒死冲锋，但终因炮火密集、伤亡惨重而败退，又冲散了跟进的步兵。两战的结果，英法联军先头部队只是耗尽了弹药，但兵员伤亡较小；而僧格林沁等部清军却人员死伤无数，溃不成军，完全丧失了战斗力。偌大的北京城，失去了最起码的抵抗力，完全暴露在英法联军的兵刃之下。战斗力最强的僧格林沁见败局已定，上奏请求“赶紧议抚”。初八，八里桥之战结束后的第二天，咸丰帝以“秋狝木兰”为名，仓皇从圆明园逃向热河。临行前，他任命其弟恭亲王奕䜣为“钦差便宜行事全权大臣”，全面负责“督办和局”。

英法联军在经历八里桥之战后，稍事休整，继续朝紫禁城步步进逼，初十至通州，十二日至北京朝阳门外。恭亲王奕䜣一再寄书额尔金、葛罗，请求停战议和，而英、法专使要求先释放巴夏礼等人，然后再决定议和之事。二十二日，英法联军在德胜门外再次击败僧格林沁部下的清军，随后闯入圆明园，大肆掠夺、抢劫。在京清政府官员，在英、法的威胁命令下，于二十四日释放巴夏礼等人，二十九日按英法要求，打开北京安定门，英法联军一部进入北京城。而额尔金却借口巴夏礼等人遭受苛暴，疯狂地对清朝皇帝进行“报复”和“惩罚”，竟然下令放火焚毁圆明园。九月初五，英军执行这一命令，火烧圆明园。

圆明园内的烈火冲天而起，熊熊燃烧，三日不灭。北京城的居民抬头就可看到西北方向的浓密的硝烟。这座历经 90 余年才修建而成的、耗银上亿两的东方名园和艺术殿堂，被侵略者一把火就烧成灰烬。各种珍奇异宝都被抢光了，雕梁画栋的精美建筑也都被烧光了，只剩下那些烧不着、打不烂的石柱，还保存在那里，向世人诉说着侵略者的暴行，并且记录了清朝统治者们丧权辱国，屈服于外敌的耻辱！

此后奕䜣等人完全听命于额尔金、葛罗的行动，进行所谓的交涉。一条不留地答应英、法提出的条件，一字不差地同意英、法拟定的条约。九月十一日，奕䜣与额尔金签订了《中英续增条约》，并互换了《中英天津条约》。第二天，奕䜣又同葛罗签订了《中法续增条约》，并互换了《中法天津条约》。十五日，躲在热河的咸丰帝，批准了上述条约。十九日起，侵略军心满意足地开始从北京撤军。

《中英北京条约》共有九款，其主要内容为：赔款增至银八百万两；割让九龙给英国；增开天津为通商口岸；完全承认《中英天津条约》；由英方决定公使驻否北京。《中法北京条约》共有十款，其主要内容为：赔款增至800万两；增开天津为通商口岸；完全承认《中法天津条约》；清政府禁教期间没收的教产，应原数奉还，并由法国公使转交各处教民。

从以上分析可以看出，中英、中法《北京条约》，连同以前所签订的中英、中法、中美、中俄《天津条约》和中英、中法、中美《通商章程善后条约：海关税则》，是西方列强使用武力强加于中国的又一批不平等条约。再将鸦片战争后的第一批不平等条约合在一起，西方列强从此便肆意欺凌中国人民，侵夺中国利益，这些奠定了所谓“条约体制”的基础。但是，奕䜣与俄国公使于十月初二签订的《中俄北京条约》却远远超过了这些条约的总和。

显皇后和懿贵妃

显皇后钮祜禄氏

勤俭德高，总理后宫

1852年，十六岁的钮祜禄氏被选秀入宫，入宫即被封为嫔。由于出身高贵，在四个多月之后，她就已经稳坐在皇后的宝座上，速度之快，在整个清代都十分罕见。从此，钮祜禄氏就开始了总理后宫、母仪天下的生涯。后宫集聚了众多上品女人，作为后宫的统领，无风要起三尺浪，平地都会生波澜。历史上被废黜的皇后数不胜数，善始善终者简直凤毛麟角，而钮钴禄氏却能一直笑到最后。

钮祜禄氏很勤俭，不喜欢穿绫罗绸缎，尤其不愿用进口的洋纺织物，她认为中看不中用，偏偏钟爱穿布衣服，还督促宫女绣鞋，而且每年亲手做一双鞋给咸丰穿。她经常和后宫的妃嫔们说："臣子们送的东西不要收，我们多接受一份礼物，老百姓们就会多一份饥寒。"如果收下了，就是教他们去做贪官。有时，赶上皇后过生日，朝内外大臣官员们为了巴结皇帝和皇后，便纷纷前来献送厚礼，钮祜禄氏一概拒绝，绝没有半点通融。她平时的一举一动，严格遵守各种封建礼法，夏天天气再热，穿衣服也不露出身体来，洗澡时不用宫女和太监伺候，坐不斜倚，行不提速，对待下人比较和善，向来没有疾言厉色，每次面见皇上总是穿着礼服，所以，大家给她起了个雅号叫"女圣人"，咸丰帝对她也很是敬重。

有一次，咸丰为了游乐，下令花巨款整饬圆明园等居处，为劝阻他的这种做法，一向温顺的钮祜禄氏竟拔下头上的簪子，披头散发地对咸丰皇帝进谏，于是，咸丰皇帝对她更加敬重。

当时，还是贵人的叶赫那拉氏对她是又敬又怕。按照清朝宫中的规矩，妃嫔以下所有女子穿的服装，都必须是窄袖长袍，不许穿裙子，头上的发髻要统一梳成横长式，站时要挺直腰板。待到册立为妃时，穿着、发型和行动才能稍微自由一些。叶赫那拉氏刚进宫被选为兰贵人后，为了讨皇上喜欢，穿衣打扮超过礼制，头型很夸张，恰巧被皇后撞到了，皇后就对她说："拆了，重新梳妆。"大概从这时起，兰贵人就对皇后有了不满，只是她当时地位不及皇后，只能表面上伪装着。叶赫那拉氏是一个非常有心计的女人，她曾经公开说："刚进宫的时候，宫里所有的宫女都忌妒我长得漂亮，后来都被我制服了，皇帝非常宠我，等我生了皇子，地位就更加巩固了。"她谁都可以制服，但她制服不了皇后。清代禁宫内有这样一种规定：能够与皇帝同房的妃嫔们都要由皇后决定，到傍晚的时候，由皇后捡出一些写着妃嫔名号的牌子交给太监呈给皇上，皇帝留下哪个人的牌子，就召哪位妃嫔到皇帝寝宫去伺寝。如果皇帝想到哪个妃嫔宫中去住，必须先由皇后传谕旨给那个妃嫔，告诉该妃嫔做好接驾的准备，然后皇帝才前往彼处，而且这种谕旨上必须要盖上皇后的金印。由此可见，皇后对各个妃嫔的制约是很大的，她不让你见皇上，你就见不到，而妃嫔不见皇帝的面，是无出头之日的。在这些方面，钮祜禄氏皇后一向大度处之，从不心怀嫉妒，也不争风吃醋，是个心地善良的人。叶赫那拉氏看出皇后的心肠比较软，容易被拉拢，由于她入宫后，在皇后的住处坤宁宫当差，于是就处心积虑地逢迎，皇后逐渐对她有了很大的好感，于是对兰贵人提供了许多方便，甚至在风流皇帝面前时常说那拉氏几句好话。当兰贵人生了皇子载淳以后，地位开始慢慢地发生了变化，而钮祜禄氏万万也没能料到，她的这一做法，却铸成了大错。

1860 年，英法联军攻占大沽，兵进天津，直逼通州，欲进犯北京。咸丰带着妻妾和孩子仓皇逃到热河的行宫。但仍旧沉溺于声色之中，使他本来就已虚弱的身体越来越坏。第二年，咸丰病逝。这一年，皇后仅仅二十四岁，叶赫那拉氏也不过二十六岁。

咸丰死后，仅有六岁的载淳即位。尊皇后为母后皇太后，上徽号为"慈安"，称慈安太后，尊其生母懿贵妃为圣母皇太后，徽号为

“慈禧”，称慈禧太后。因慈安居住在紫禁城东路的钟粹宫，故称“东太后”，慈禧居住在西路的储秀宫，故称“西太后”。

贤德勤俭，同治中兴

慈安为人宽厚，心地善良，小皇帝载淳虽不是她亲生的儿子，但她对载淳的关爱远远超过了载淳的生母慈禧，母子二人的感情非常好。在为载淳选后的事情上，慈安更是设身处地为他着想，怕载淳亲政以后，年纪太轻，不能胜任繁重的政务，所以需要一位成熟贤淑，识大体而又能动笔墨的皇后辅助。出于这种考虑，她先同载淳商量，征得了他的同意之后，才明确坚持要立阿鲁特氏为后。在二人完婚之后，慈安对皇后更是百般照顾，每次来请安时，都热情相待。后来，在慈禧的挑拨下，皇帝和皇后开始分居，并酿成了悲剧。在载淳去世后的几天里，也正是慈安细心地开导皇后，才使阿鲁特氏有了重新生活的勇气。

载淳继位后，由于年纪还小，不能独立理政，咸丰临终前曾命其宠信的王公大臣怡亲王载垣、郑亲王端华，额驸景寿，大学士肃顺和军机大臣穆荫、匡源、杜翰、焦祐瀛八人为“赞襄政务大臣”，协助载淳处理一切政务；授予皇后“御赏”印章，授予皇长子载淳“同道堂”印章（由慈禧掌管）。

咸丰皇帝的原意是让八大臣和两宫太后的权力互相制约，顾命大臣拟旨后要请两位太后盖上“御赏”和“同道堂”印章，既不让辅臣一手遮天，又避免后宫专政。

后来，野心勃勃的慈禧，发动了“辛酉政变”，拉拢慈安一起，两宫同治，实施垂帘听政，在此期间，一些日常的事务由慈禧处置，但每遇朝政大事，还是要由慈安太后最后决定。

在以慈安为主的垂帘听政时期，节俭自爱的风气很浓，她常以东南太平天国未灭，国家正处在多事之秋为由，驳回一些大臣奏请大兴土木重修圆明园的奏折。

当时，北京城内有一个名叫李三的大富豪，有钱有势力，但是人品很坏。李三勾结广东商人李光照，与圆明园管理大臣殷德拉上了关系。他们在小皇帝外出游玩时前往参见，哄骗小皇帝答应重修圆明园。李三与李光照暗自高兴，自以为可以大捞一把。为了能取得慈禧太后的同意，李光照用重金贿赂了大太监安德海，安德海开口要价二十万两白银，经一番讨价还价之后，最终以十万两白银成交。不料李光照行贿的事情被恭亲王等大臣知道了，于是上奏给慈安。慈安听后大怒，立即下令刑部逮李光照入狱。而安德海因慈禧太后关照躲过了一劫，但是重修圆明园之事直到同治皇帝亲政前，再也没有被提起过。

慈安与慈禧密切配合，发挥己长，励精图治，在朝内重用奕䜣、文祥、倭仁等重臣，外用一批优秀的汉族将领，如曾国藩、左宗棠、李鸿章等，使得同治年间出现了“中兴之象”。

大智若愚，深谋远虑

长期以来，慈安给人一种过于忠厚老实，缺乏政治才干，事事依赖慈禧的印象。实际上，慈安出身于世代官宦之家，从小就受到过良好教育，特别是她成为中宫皇后的五年中间，清王朝遭遇了空前的外患内忧，使她在忧患中逐渐成熟，在忧患中增长了阅历。

慈安对权力不感兴趣，所以日常朝政多让慈禧处理。而“慈禧慑于嫡庶之分，亦恂恂不敢失礼”。遇到朝政大事，慈禧不敢擅做主张，仍要征询慈安的意见。由此可见，慈安太后在控制局面、掌控权力方面也是很有一套办法的。在光绪年间任过大清国驻英国大使，回国后先后任过光禄寺卿、太常寺卿、大理寺卿、左副都御使的薛福成，在他的《庸人盦笔记》中提到：诛杀陷城失地、临阵逃脱的两江总督何桂清，将骄蹇贪淫的胜保下狱赐死，赏给曾国藩、左宗棠、李鸿章爵位，皆出自慈安之意。

垂帘听政，并不是宫廷政治的常态，相反，它是特殊情况下的救急之举，是基于长远利益的一个权宜之计。对此，定会有许多饱读圣贤之书的大臣对此不满，因此，维持内部团结，施政上不出大的纰漏就显得尤为重要，慈安清醒地意识到了这点。

按照朝廷的规矩，当皇后没有子嗣时，其他被选为太子的嫔妃之子，要过继给皇后，成为皇后之子才算符合条件。此皇子要由皇后亲领亲带亲抚亲养，而生母却无权养护，甚至随便看一眼都不行。可是两个女人垂帘，皇帝年幼，正处于一个比较特殊的时期，再按以往的老规矩办就会有弊端产生。慈安于是下令请生母慈禧与她这个嫡母同居养心殿，共同抚养六岁的同治皇帝。这样虽然破坏了宫中规矩，自己的专一抚养之权也被分出，与皇帝的感情培养也增加了难度系数和不确定性，这对她显然是不利的，但是却对大局有利。

你难道就不怕亲母子朝夕相处合起来架空你吗？看看慈安是怎么说的吧！“吾两寡妇人抚一孤子，设不幸奸人乘机造作语言，居间播弄，则天下大事去矣。今寝处一所，朝夕相见，各坦怀相示，谗何由兴？”可见慈安的胸怀、气度和大局意识，后来的事实证明慈安的深谋远虑是多么的英明。

慈安谦让慈禧，但并不是甩手推掉抚育同治幼帝的责任，而是像生身母亲一样，关怀、呵护、疼爱他，无微不至，比生母慈禧更尽心，更亲切。同治也因而对母后皇太后慈安更尊敬，更亲近，更自然，更无拘无束，更像一对母子。在为同治帝选后这个重大问题上，慈安、慈禧产生了分歧。慈安看中了淑静端慧、容德俱佳的崇绮之女阿鲁特氏，认为她必定是一位贤淑的皇后，而慈禧则看中了年轻俏丽、姿性敏慧的凤秀之女富察氏。最后，慈安没有赔笑附和，也没有强行作出决定，而是默不作声，将选择的权力交给同治帝，结果，同治帝还是选了慈安看中的阿鲁特氏。

慈安将选择权和裁判权交给了皇帝自己，一方面可以避免两宫分裂，二也体现公正无私，让慈禧和内外大臣心服口服，三是对同治皇帝抱有信心。结果，正是如她所预料的一样，这件事情再一次证明了慈安在同治帝心中的崇高地位，以及她的眼光和大智若愚的智慧。

诛杀安德海，朝野称快

按大清朝的制度，太监不得出都门，犯者杀无赦。安德海是慈禧的心腹太监，他依仗慈禧的宠信，胡作非为，肆无忌惮。不仅朝中大臣，甚至连同治帝都恨他入骨。

安德海，直隶南皮县人，人称“小安子”。年少时，因羡慕那些在宫中当太监而发迹的乡人，于是自残入宫做太监。他识字，可以读《论语》、《孟子》这类书籍，善于察言观色、阿谀逢迎，“以柔媚得太后欢”，并赢得慈禧的器重，当上了总管太监。因此，小人得志的安德海以慈禧为靠山，不把慈安、同治帝和奕䜣放在眼里。同治初年，小皇帝还未成年，但对安德海飞扬跋扈的一套非常不满，经常为一些事训斥他，每次挨了训，安德海都要跑到慈禧那里诉说自己的委屈，慈禧听后就召载淳来指责一番，这样，反而加深了小皇帝对安德海的仇恨。

载淳曾找到慈安，一起商量除掉安德海的方法，他们认为山东巡抚丁宝桢可以担当此任。因此，在丁宝桢入京晋见时，就令他伺机诛杀安德海，丁宝桢慨然允诺。

1869年，即同治八年，在慈禧太后的默许下，安德海借皇上大婚、采办龙袍的名义，乘楼船沿运河南下。按清朝祖制，太监不准出京。但安德海不仅出京，而且还私挟妇女、张挂龙凤旗帜，一路招摇，惊扰地方。所过顺天府衙门、直隶总督衙门，都隐忍不发。结果他进入山东地界时，丁宝桢便得知消息，他令总兵王正启率兵追捕安德海，一直追到了泰安，王正启才抓住安德海，并马上把他押到了济南府。安德海一时搞不清状况，叫嚣道："我是奉皇太后的命令外出，谁敢冒犯我，那就是自找死路！"丁宝桢迅速将此事上奏朝廷，慈安早已等了很久，她立即召集军机大臣、内务府大臣共同商议，大家一致认为："（太监）祖制不得出都门，犯者杀无赦，当就地正法。"慈禧还有意袒护，但是慈安态度坚决，下令就地正法，在济南杀掉了安德海。当时朝野上下，人心大快。

慈安的存在对慈禧是有着相当的震慑作用的。安德海一死，慈禧不仅丧失了心腹，还颜面大失，不由得对慈安心生嫉恨。

纵虎成患，终遭暗算

同治死后，载湉被立为皇帝，即光绪，这并非慈安的意愿，完全是慈禧的主张。由于光绪年幼，两宫太后二次垂帘听政。此时，虽然是二人同时训政，但是慈安已经没有一分权力，实权都掌握在慈禧手中。载淳的死，对慈安打击很大，她开始诚心信奉佛教，天天在宫中以持斋念佛为主要功课。光绪年间，慈安太后日益倦怠，不再过问外事，这样，慈禧更加地无拘无束，统摄朝政，大权独揽。

慈禧经常单独召见大臣，各种大事在决定的时候也不再通知慈安。在过去，慈禧是不敢这样做的，像同治年间补瑞麟为文华殿大学士这样的事情，都要找慈安商量，取得慈安的同意后才可以实施。此时，慈安竟成了可有可无的人，自己虽然不关心政事，但是也不是一团空气，慈禧的做法完全无视她的存在，这让慈安感到愤愤不平，两人之间的矛盾也逐渐突显起来。

于是，慈安打算劝阻慈禧骄横擅权的独断行为，给她一个警告，希望她能够收敛一些。

1881 年的年初，某天晚上，慈安在自己的宫中置办了酒宴，说是为慈禧祝福。一番嘘寒问暖过后，慈安让左右的随侍人员都退下，开始唠起了家常，她先是说起了当年在热河行宫时，肃顺专权，两宫太后受排挤，以及同治十一年二人同时垂帘听政的事情，说到了动情处，不仅潸然落泪。慈禧听了以后，想起了往日的艰辛岁月，也感慨万千。慈安见慈禧被打动了以后，忽然话题一转："现在，咱们姊妹都老了，说不定哪天就要离开尘世。相处二十多年，所幸从来都是同心协力，连一句冲撞对方的话都没有过。而我这里存有一件东西，是先帝给我的，现在它已经没有什么作用了，你看看吧。"说完，慈安从袖子里面掏出一个精致的信封递给慈禧，慈禧接过信封，打开信后仔细阅读，顿时脸色大变，羞愧得不敢抬头看慈安。原来，这封信装的是咸丰临终前交给慈安的遗诏，大意是：叶赫那拉氏是皇帝的生身母亲，母以子贵，日后定会尊封为皇太后，我对此人实在是不能深信，此后如果她能安分守法也就罢了，否则，你可以出示这一纸诏书，命廷臣按照我的遗命，把她除掉。

慈安见慈禧看完，把这封信要回，随后，非常仗义地放在烛火上烧掉了。当时，慈禧心神慌乱，又羞又恼又恨，各种感情交织在一起，但仍勉强装出感激泪下的样子。慈安又对她百般劝解和安慰，直到酒宴结束。

且不说慈禧被慈安的一番“好意”惹到愤怒至极，但是毕竟密谕毁掉了，慈禧心上悬着的一块石头落了地，她感到轻松多了，再也没什么值得她担惊受怕的了。此后，她对慈安做了什么，恐怕没有人真正地知道。

没过几个月，这一年的三月九日，慈安身体稍感不适，第二天晚上就死了，终年四十四岁。

慈安太后的突然死亡，朝野上下的种种猜测不胫而走。年仅四十四岁，比慈禧还小两岁的慈安太后突然暴毙宫中，此后，慈禧开始一人独裁。人们以掌握的少之又少的“线索”，对慈安的死进行着各种各样的推测，使得她的死变得疑云密布，成为二百多年清宫史上的一大疑案。

按照惯例，皇帝和皇太后在病危时，要召王公、大学士、军机大臣等朝中亲近重臣进宫，托孤遗言，准备后事。慈安崩于三月初十日戌时，而翁同龢在家听到慈安的消息却是在初十日深夜的“子初”，通知者是两名做粗笨杂活儿的仆役。许多闻讯赶到皇宫的大臣们进入皇宫后，看到宫中寂然无声，一点办理丧事的迹象也没有，还在乾清门吃了闭门羹。一直等到日出，才召王公大臣们进钟粹宫，这种做法有悖于惯例和常理。

另外，太医为慈安开的处方照例也应先交军机大臣和御前大臣传视、审阅，以昭慎重。而王公大臣们直到十一日早将近三点时，才看到太医所开的五个处方，其中午刻开的处方有方无药，而初九日的处方一个也没有。

以上的这些疑点，不禁让人们满腹狐疑。关于慈安的死因，归纳起来，民间大致有三种说法：

第一种说法是清朝官方的“正常病死说”。在朱寿朋的《光绪朝东华录》中载有慈安的遗诏，说她在“（1881 年农历三月）初九日偶染微疴，初十日病势陡重，延至戌时，神思渐散，遂至弥留”。另据《清稗类钞》载，在慈安初感身体不适时，御医为她诊脉，认为“微疾不须服药”，没想到当晚就去世，大为诧异，还以为传言。另一位当事人左宗棠，当时任军机大臣，突然听说慈安得病身亡，顿足大声说：“昨早对时，上边（指慈安）清朗周密，何尝似有病者？即去暴疾，亦何至若是之速耶？”

慈安与慈禧共同垂帘达二十年之久，她俩的根本利益是一致的，两人之间虽有矛盾，但也不是你死我活的敌我矛盾，慈禧根本没有必要害死慈安。既然如此，那么慈安的死因到底是什么呢？一些清史专家经过深入研究考证，并做了大量深入的社会调查，最后得出的结论是慈安患的是脑血管疾病，很可能是脑溢血。这种病的重要诱因之一是疲劳过度。

第二种说是因慈禧与慈安交恶，慈安被迫自杀说。据《清稗类钞》另一种记载，慈安与慈禧共同垂帘听政，慈禧权欲极重，慈安却倦怠少闻处事，并不与之争权，因此二人长时间相安无事。但到了 1881 年初，慈禧患血崩剧疾，不能参政，有一段时间，慈安独视朝政。这让慈禧大为不悦，就污蔑慈安忘记了先帝的嘱托，干预朝政，言语非常激烈，慈安知道后十分气愤，但是又辩不过慈禧，恼恨之下，“吞鼻烟壶自尽”。

第三种说法是慈禧进药毒死说。据《慈禧外纪》载：当年咸丰临终时，曾秘密留下了一个遗诏给慈安，要她监督慈禧，若慈禧“安分守己则已，否则汝可出此诏，命廷臣传遗命除之”。但老实的慈安将此事告诉慈禧，阴险毒辣的慈禧听了，表面对慈安感泣不已，实际上已起杀机，遂借向慈安进献糕点之机，暗下毒药，谋害了慈安。另文廷式《闻尘偶记》却认为慈禧是因与人私通怀孕，被慈安察觉，准备废掉慈禧太后称号，慈禧知道后，先下手为强，设计毒死了慈安。

获宠的懿贵妃

身份卑微

清朝咸丰二年，皇太后为咸丰皇帝挑选秀女。经过层层遴选，17 岁的那拉氏幸运地被选中了。于是，她走进了日思夜想的北京紫禁城。进宫后，那拉氏被选为贵人。宫中人称“兰贵人”。

三个月后，兰贵人入住长春宫。这长春宫的正殿高悬着乾隆帝的御笔匾额，上书“敬修内则”四个遒劲有力的大字，似在告诫后宫妃嫔要严格遵照祖宗家法行事，谨慎地规范自己的一切言行。在有清一代，对后宫的妃嫔制定了严格的等级限制：自皇后以下的妃嫔共分七级，第一级是皇贵妃，第二级是贵妃，第三级是妃，第四级是嫔，第五级是贵人，第六级是常在，第七级是答应。以上统称内廷主位。

当时，慈禧只被封为贵人，是第五级的嫔妃。可以说，她在后宫的嫔妃中，品级低下，身份卑微。慈禧对她这个地位，自然很不满意。然而，仅仅过了两年的时间，她就被晋封为懿嫔；再过了两年，她被晋封为懿妃；又过了一年，她被晋封为懿贵妃。也就是说，只经过短短五年的时间．慈禧便由第五级的兰贵人跃升为懿贵妃了。此时，年仅 22 岁的慈禧已经成为仅次于皇后的后宫女主人了。那么，年轻的慈禧为何能在美女如云的后宫中脱颖而出？她究竟是靠什么功夫获得咸丰皇帝的宠幸而独霸龙床的呢？

风姿卓越，脱颖而出

众所周知，皇帝后宫争宠之战历来云谲波诡，风云变幻。咸丰皇帝好色成性，后宫不仅佳丽无数，而且等级森严。当时，在咸丰的后宫中，皇后之下还有一个皇贵妃、两个贵妃、四个妃子、六位嫔，贵人、常在、答应则无定数。而此时，咸丰还挑选数十名年轻貌美的汉女佳丽入住圆明园，最让他心仪的就是人们所说的四春。“文宗渔色，于圆明园隅，暗藏春色，谓之四春，世竞传之”。这四春就是牡丹春、海棠春、杏花春、武林春。她们原来都是良家女子，被逼迫而走入圆明园的。除四春之外，咸丰还钟情于一位曹寡妇。这位来自山西的寡妇，长得美妙绝纶，特别是一双小脚，不到三寸。她的鞋也与众不同，鞋底是菜玉做的，内衬香屑，鞋尖缀着光彩夺目的明珠。入宫后，“咸丰帝最眷之”。年轻的慈禧要在这六宫粉黛中脱颖而出，独霸龙床，实在是难上加难。

当然，慈禧年轻时也是一位美人。慈禧晚年常常炫耀说，年轻时宫里人都说她长得漂亮，大家都忌妒她。做过慈禧近两年女侍官的德龄，在她的书中如此描绘慈禧的外貌：“太后当伊在妙龄时，真是一位风姿绰约、明媚鲜明的少女，这是宫中人所时常称道的；就是伊在渐渐给年华所排挤，入于老境之后，也还依旧保留着好几分动人的姿色咧！”

曾与慈禧朝夕相处九个月的美国女画家卡尔在《慈禧写照记》中写道：“慈禧太后身体各部分极为相称，美丽的面容，与其柔嫩修美的手、苗条的身材和乌黑光亮的头发，和谐地组合在一起，相得益彰。太后广额丰颐，明眸隆准，眉目如画，口唇宽度恰与鼻宽相称。虽然其下颔极为广阔，但丝毫不显顽强的态势。耳轮平整，牙齿洁白得如同编贝。嫣然一笑，姿态横生，令人自然欣悦。我怎么也不敢相信她已享 69 岁的大寿，平心揣测，当为一位 40 岁的美丽中年妇女而已。”

施之无效的伎俩

虽然，年轻的慈禧美丽动人，雪明花艳，但是，受封为兰贵人之后的慈禧，并没有成为独宠专房的后宫嫔妃。当时，受到咸丰宠幸的有三人，一是天生丽质的云嫔，二是温顺柔媚的丽贵人，三是丰姿绰约的玫常在。云嫔武佳氏早在咸丰还未当皇帝之前就是他的宠妾了，不仅美貌超群，而且与咸丰的情谊深厚，咸丰称帝后对她宠眷不衰。丽贵人、玫常在和慈禧同年选秀入宫。丽贵人艳若桃李，美如西施，撒娇弄嗔起来，竟让咸丰神魂颠倒，不能自持。而玫常在徐桂氏聪明伶俐，心机过人，每次被召幸，总能带给咸丰新鲜和刺激，是咸丰帝的最爱，不久把她晋升为贵人，与慈禧平起平坐了。

此时的慈禧尽管每天都将自己装扮得俏丽可人，等待着咸丰的临幸。但是，总是等不到咸丰的到来。她环视后宫，自己并不是最美的，也不是最娇媚的，如果要集三千宠爱于一身，必须改变吸引皇帝的策略。于是，她听从了宫女的建议，每日饮“驻香露”，使自己渐渐玉体溢香；她听从了御医建议，用鸡蛋清敷面，让皮肤柔软有弹性；她让近侍从宫外采来人奶，天天用人奶沐浴，不久后通体细滑白嫩，肌肤宛如初生婴儿；用宫中特制的玉容散化妆，使面容珠圆玉润。由于保养有方，慈禧渐渐少了刚入宫时的那份青涩，多了一份成熟女人的风韵和妩媚。

在不断提升女性魅力的同时，还是兰贵人的慈禧开始主动与咸丰宠幸的嫔妃们竞争起来。她贿赂宫女太监，指使他们陷害此时圣眷正隆的玫贵人，让咸丰误以为玫贵人在慈禧的点心里下毒。于是，咸丰一怒之下将玫贵人降为常在，再降为宫女。不久，慈禧又用蛊惑罪陷害云嫔，结果云嫔被打入冷宫，又气又急，不久后悬梁丧了芳魂。而丽贵人一直是个聪明的女人，慈禧的所有伎俩在她面前都不管用，咸丰对她的宠幸有增无减，慈禧只好等待时机。

见缝插针的手段

咸丰四年，丽贵人身怀六甲，咸丰为了保住龙种，让丽贵人安心养胎，只好远离了丽贵人的身边。这让慈禧等到了难得的机会。一夜不临幸女人就心神不宁的咸丰急于找到丽贵人的替身，于是，颇具风韵，且善解人意的兰贵人进入了他的眼帘。《清稗类钞》也说慈禧：“有机智，遇事辄先意承旨，深嬖之。”《慈禧外纪》记道：“以己之聪明智慧，遂蒙帝宠。”与手握生杀大权的皇帝相伴，要想获得宠幸，善于揣摩皇帝的深层思想是必备的能力。那拉氏正具有这一特殊的能力。《十叶野闻》记载了咸丰临幸那拉氏的情景：“当文宗（咸丰帝）初幸慈禧之日，颇有惑溺之象，《长恨歌》中所谓

‘春宵苦短日高起，从此君王不早朝’者，仿佛似之。”两年之后，慈禧从贵人被晋升为懿嫔，在她独霸龙床的人生目标上迈进了一大步。

提高素养，吸引帝王

为了独霸龙床，圣眷不衰，慈禧还学习书法绘画，以取悦咸丰。慈禧天分极高，在圆明园居住时，“因日习书画以自娱，故后（慈禧）能草书，又能画兰竹。”有的史料说她，“书法端腴”，有的史料记载她，“先入宫，夏日单衣，方校书卷。”咸丰帝寄情声色，懒于国事。有些奏章，就让慈禧代阅，甚至代批，“时时披览各省章奏，通晓大事”。《慈禧传信录》中说：“时洪杨乱炽，军书旁午，帝有宵旰劳瘁，以后书法端腴，常命其代笔批答章奏，然胥帝口授，后仅司朱而已。”但是，清朝皇帝一般不准后宫参与政事。时间一久，“帝浸厌之”。一旦发现咸丰不满，慈禧便急流勇退，“后亦敛迹”，马上蛰伏起来。善观风色的慈禧，能相机行事，知道进退。

因此，咸丰十分迷恋慈禧，时常召幸。慈禧终于在入宫四年时，即咸丰六年三月二十三日诞下了皇子。这是咸丰帝惟一的儿子，是为载淳。母以子贵，那拉氏的地位发生了急剧的变化。《清皇室四谱》记道：“六年三月生皇子，是为穆宗（同治帝）。旋诏晋懿妃，十二月行册封礼。七年十二月晋懿贵妃。”。但由于备受宠幸，且诞育了皇子，她的实际地位已在皇后之上了。就这样，此时的慈禧不想独霸龙床也不可能了。

传说中的“四春娘娘”

《清史演义》中的描述

咸丰，后人称之为四无皇帝，无远见、无胆识、无才能、无作为，是对爱新觉罗·奕詝一生的最好评价。他给世人留下的最深的印象，就是留下了慈禧，这个握有大清王朝整整五十年权力，同时又将大清送入坟墓的女人。除了四无皇帝与慈禧外，还有个“四”与女人的关系让世人皆知，那就是传说中的四春娘娘。

> 不到半年，南中已献入汉女数十名，供值圆明园，分居亭馆，个个是纤秾合度，修短得中。更有那裙下双弯，不盈三寸，为此金莲瘦削，越觉体态轻盈。咸丰帝得了许多美人，每日在园中游赏，巧遇艳阳天气，春色争妍，悦目的是鬟光钗影，扑鼻的是粉馥脂芳。酒不醉人人自醉，花不迷人人自迷。香国蜂王，任情恣采，今夕是这个当御，明夕是那个侍寝，内中最得宠幸的，计有四人，咸丰帝赐她们芳名，叫作牡丹春，杏花春，武林春，海棠春。
>
> 牡丹春住在圆明园东偏，宫院名牡丹台，嗣改名镂月开云；杏花春住在圆明园西室，宫院名杏花村馆；武林春住在圆明园南池，池上建起一座寝宫，天然佳妙，池名武林春色，宫院亦

就池出名；海棠春住在圆明园北面，宫院恰不是海棠名号，偏叫作绮吟堂。

在咸丰帝的意思，乃是将四春佳丽，分居四隅，绾住那一年春色，自己作为护花使者。乐将极矣。无如雨露虽是宏施，膏泽总难遍及，重门寂寂，夜漏迟迟，听隔院之笙歌，恼人情绪，看陌头之杨柳，倍触愁肠。由悲生怨，由怨生妒，酸风醋雾，迷漫全园。

谁意四春夺宠之时，正值太后弥留之日，咸丰帝入侍慈躬，好几日不到园内，羊车望幸，愈觉无期。接连又是太后崩逝，哭临奉安的手续，忙了两三个月。咸丰帝颇尽孝思，百日以内，未尝入园。至易夏为秋，时日已多，哀思渐杀，方再入园中游幸。

当时四春娘娘，都已料圣驾将临，眼巴巴的在园探望。偏这杏花春慧心独运，捷足先登，数日前已遍赂值园宫监，叫他留意迎驾。那宫监得了好处，自然格外献功，

咸丰帝未入园门，狡太监已先探报。杏花春即带领宫眷等，至要路迎迓，遥见御驾徐徐过来，早已轻折柳腰，俯伏在地。是时因太后丧期，妃嫔等都遵制服孝，杏花春浅妆淡抹，越显得云鬟鬒黑，玉骨清芬。咸丰帝瞧将过去，好似鹤立鸡群，分外夺目，多日不见，益令人醉。忙龙行虎步的走将拢来，令她起立。杏花春珠喉婉转，先禀称臣妾迎驾，继禀称臣妾谢恩，然后站起娇躯，让咸丰帝先行，自率宫眷等后随。到了寝宫，又复叩首请安。咸丰帝叫她不必多礼，并赐旁坐。这时候的杏花春自然提足精神，殷勤献媚，把这咸丰帝笼住不放。留连至晚，即留宿在杏花村馆。

翌日，复由咸丰帝特旨，开群芳宴，传谕各宫妃子贵人，都到杏花村馆领宴。那时六院三宫，接奉圣谕，就使心中未惬，也只好联翩前来。

园内的牡丹春、武林春、海棠春，满肚子含着醋意，终究不敢不到。只有钮祜禄后，领袖宫闱，天子不能妄召，所以未尝与宴。

还有一位那拉贵人，奉了命，竟叫宫监回奏，称病不赴。咸丰帝圣度汪洋，总道她身怀六甲，无暇责备，谁知入宫见嫉，她已别有心肠。那拉氏之心术，已露一斑。

是日，杏花村馆，大集群芳，“花为帐幄酒为友，云作屏风玉作堆”，说不尽的绮腻风光，描不完的温柔情态。咸丰帝至此，乐得不可言喻。恐怕此时的欢乐，只有咸丰帝一人，杏花春或尚得其半，此外则阳作欢娱，阴怀妒忌，未必尽如帝意也。但天下无不散的筵席，圆则易缺，满则易倾，咸丰帝一生，也只有这场韵事，算作极乐的境遇了。

——民国·蔡东藩《清史演义》

对于四春娘娘的文字记载，可查的最早来源就是这部由蔡东藩写就的《清史演义》中“那拉氏初次承恩·圆明园四春争宠”一回。另外则就是民国时期的小说家许啸天所著的《清代宫廷秘史》一书。那么，四春娘娘是小说家的虚构，还是历史上的真实呢？

四春娘娘有无其人

至于四春娘娘有无其人，先让我们看一下咸丰帝的后妃全纪录：

萨克达氏——孝德温惠诚顺慈庄恪慎徽懿恭天赞圣显皇后、钮祜禄氏——孝贞慈安裕庆和敬诚靖仪天祚圣显皇后、叶赫那拉氏——孝钦慈禧端佑康颐昭豫庄诚寿恭钦献崇熙配天兴圣显皇后、他他拉氏——庄静皇贵妃、佟佳氏——端恪皇贵妃。

其他妃嫔：婉贵妃——索绰络氏、玫贵妃——徐佳氏、璷妃——那拉氏、吉妃——王氏、禧妃——察哈喇氏、庆妃——张氏、云嫔——武佳氏、容嫔——伊尔根觉罗氏、璹嫔——那拉氏、玉嫔——那拉氏、玶常在——伊尔根觉罗氏。

现在可以一目了然了，正史之中，并没有这四个人的名字。不过这并不代表四个人从未存在过。要知道，中国有为尊者讳的传统。咸丰皇帝再没有任何才干，也是一国之君，史官们是不敢什么都写的。而野史也未必是空穴来风。因此，四春娘娘有无其人，还不敢下一个定论。

话又说回来，无论四春娘娘是否存在，咸丰帝逃不开酒色财气这四个字是肯定的。正如《清史演义》中的评价：

“酒色财气四字，为人生最大之魔障，而色之一关，尤为难破，其酿祸亦最甚。士大夫之家无论已，试观历朝以来，亡国之朕，大半由于女色。若仅仅酗酒，仅仅嗜财，仅仅使气，虽不能无弊，国尚不至于亡。咸丰帝颇号英明，当时称为小尧舜，观其闻选女之谠言，不加以罪，反褒奖之，其器识已可见一斑，然卒未能屏除肉欲，幸那拉，嬖四春，为主德累，四春尚未足亡清，而那拉实为亡清之张本，夫岂真遗碑成谶，非人力可以挽回者？主德可以格天，主不德，天数始不能逃也。”

咸丰之死

千年国耻，火烧圆明园

1856年，英法以修约为借口对中国发动第二次鸦片战争，攻占了广州。1858年，英法联军攻占天津，进而向北京进犯。英法联军一边与清政府议和，一边继续进犯北京。在通州击败清军后，进攻北京。咸丰帝自圆明园仓皇逃亡热河，命恭亲王奕䜣留京议和。奕䜣代表清政府与英、法、俄签订了《北京条约》。

最令人痛心的是，英法联军进入北京后，一把火烧毁了举世闻名的皇家园林——圆明园。大火三天三夜不熄。中国园林艺术的精华和杰作，就这样被付之一炬。特别是园里面收藏的中华五千年的文物宝藏或者被焚毁，或者被抢掠。而圆明园收藏的这些文物宝藏个个都是价值连城，它不仅仅是收藏了清代文物，而是中华有史以来五千年文明的精华。可以说，圆明园被焚毁，被抢掠，是我们中华五千年文明史上最沉痛的浩劫。

有一天，两个强盗闯进了夏宫，一个进行抢劫，另一个放火焚烧。他们高高兴兴地回到了欧洲，这两个强盗，一个叫法兰西，一个叫英吉利。他们共同分享了圆明园这座东方宝库，还认为自己取得了一场伟大的胜利！

——法·雨果

正如法国著名作家雨果所描绘那样：火烧圆明园是英法两国携手制造的世界艺术史上最大的一场灾难。

与此同时，英法联军等侵略者用武力闯进了皇宫，进了天坛，让天子脚下这块本来最安全的地方的老百姓遭受涂炭，这也是中华民族五千年的历史长河中外国侵略者第一次侵入北京，是中华民族五千年的空前浩劫。

避暑山庄？避难山庄？

面对这场浩劫，身为一国之主，身系天下下苍生之安慰的咸丰帝却在外敌入京、义军蜂起、社稷多难、江山危急之时，逃跑了，而不是身守社稷。英法联军一打入北京，咸丰就暗示大臣，给他上奏章，让他去木兰围场打猎去，借这茬儿就到了承德避暑山庄，留下恭亲王奕䜣在北京主持这些事情。

在大敌入侵之时，他不尽职守，不守国门。既没有与英法联军决战的诏书，也没有作战决心，更没有没有周密的作战部署。

起初，当英军 18000 余人、法军 7000 余人陆续开赴中国侵略时，面对不足三万人的“远征军”，咸丰皇帝并没有发动起抵抗力量，甚至连一份诏书都没发。对于拱卫京畿的要地——天津大沽炮台、塘沽海口，也没有增派一兵一卒。最为荒唐的是，当侵略者隆隆的炮声响彻北京防线的时候，咸丰，这个一国之君，却在圆明园里大张旗鼓地庆祝 30 岁“大寿”。文武百官齐聚一堂，在圆明园的同乐园里连看了四天的庆寿大戏。

此时，英法联军在圆明园的一片欢声笑语中加紧了进攻。

堂堂的一个大清帝国，数以百万计官兵，敌不过数万侵略军，是不可能的。但咸丰皇帝还是跑了，躲在热河闭目塞听。

咸丰皇帝的死因

世人皆知，咸丰皇帝有四大癖好：

其一，咸丰贪恋美色，在避暑山庄，他依旧不问窗外风雨，今朝有酒今朝醉，只图自己逍遥快活。据书中记载：奕詝置兵败于不顾，携妃嫔游行园中，寄情于声色既聊以自娱，又自我麻醉。据野史记载：山西籍孀妇曹氏，风流姝丽，脚甚纤小，喜欢在鞋履上缀以明珠。咸丰帝召入宫中，最为眷爱。国难当头，他却依然沉浸于美色，不思进取。

其二，贪丝竹，他把一个戏班挪到承德，上午唱叫“花唱”，下午要“清唱”，天冷在屋子里演，夏天在“如意洲”演出。每天乐不思蜀。

其三，贪美酒。咸丰贪杯，一饮即醉，而且大耍酒疯。野史记载：“文宗嗜饮，每醉必盛怒。每怒必有一二内侍或宫女遭殃，其甚则虽所宠爱者，亦遭戮辱。幸免于死者，及醒而悔，必宠爱有加，多所赏赐，以偿其苦痛。然未几而醉，则故态复萌矣。”

其四，贪鸦片。咸丰继位不久，违背祖训，吸上鸦片，并美其名曰“益寿如意膏”。而且咸丰在热河期间常常吸食鸦片来刺激自己、麻醉自己。

咸丰如此折腾自己，自然就离死不远了。根据相关史料记载，早在北京时，咸丰帝就因为被酒色掏空了身子，面黄肌瘦，时常咳嗽不止。后来医生开出药方，说鹿血是纯阳之物，可以长期饮用，滋阴壮阳。于是咸丰帝就养了百余只鹿，每天取血引用。后来到了热河，鹿群留在北京，而他又不知休养生息，成天沉溺声色之中。

到咸丰十一年（1861 年）七月，老毛病终于又犯了。这次没有鹿血滋补，咸丰帝终于走向了死亡的边缘。十五日，咸丰帝病重，临死前立载淳为皇太子，并命八名心腹重臣为顾命大臣。两天以后一命呜呼，结束了他年仅 31 岁的生命。

附：咸丰帝大事年表

⊙道光三十年（1850 年　庚戌）

正月，道光帝病重，召载铨、载垣、端华、僧格林沁、穆彰阿、赛尚阿、文庆等，公启秘匣，宣示御书“皇四子立为皇太子，封皇六子奕为恭亲王”。道光帝逝。皇太子奕訢即皇帝位，以明年为咸丰元年。封皇七弟奕譞为醇郡王。十二月洪秀全于广西金田起义。

⊙咸丰元年（1851 年　辛亥）

二月，太平军攻克南京，定为都城，改称天京。八月，选叶赫那拉氏（即后来的慈禧太后）入宫，封为兰贵人。

⊙咸丰二年（1852 年　壬子）

二月，封广西右江道穆扬阿之女钮祜禄氏（即后来的慈安太后）为贞嫔。

⊙咸丰三年（1853 年　癸丑）

一月，在籍侍郎曾国藩帮办湖南团练，此为湘军之始。八月，上海小刀会起义。英驻沪领事阿利图征得美使马沙利同意，宣布上海海关由英美领事代征。十月，太平军北伐军抵达张登镇，京师大骇。是年，太平天国颁布《天朝田亩制度》。

⊙咸丰四年（1854 年　甲寅）

二月，曾国藩所办团练湘军练成，会集湘潭，发布《讨粤匪檄》，攻击太平天国运动。十一月，晋兰贵人叶赫那拉氏为懿嫔。三月，以皇五子奕谅屡失礼节，罢一切职任，令回上书房读书。谒西陵。

⊙**咸丰六年**（1856 年　丙辰）

二月，西林教案发生，法国以此为借口与英国发动第二次鸦片战争。八月，太平军发生内讧，韦昌辉杀杨秀清等。九月，英国制造亚罗号事件。进攻广州，挑起第二次鸦片战争。

⊙**咸丰七年**（1857 年　丁巳）

十一月，英、法军攻入广州。

⊙**咸丰八年**（1858 年　戊午）

四月，英法联军攻占天津大沽炮台。六月，桂良、花沙纳分别与英、法、美、俄签订不平等的《天津条约》。

⊙**咸丰十年**（1860 年　庚申）

六月，八国联军入侵北溏。七月，僧格林沁退守通州，与英法联军激战八里桥，英军攻陷天津。八月，咸丰帝携后妃皇子仓皇逃往避暑山庄，命恭亲王奕为钦差大臣，办理抚局。英法联军入京，火烧圆明园。九月，亲王奕奏因英法联军退至天津。签订中英、中法、中俄不平等的《北京条约》。十二月，立总理外国事务衙门，派奕、桂良、文祥管理，办理对外交涉。

⊙**咸丰十一年**（1861 年　辛酉）

七月，咸丰帝病危，宣谕立载淳为皇太子，并命肃顺等八大臣赞襄政务，随即病逝。定明年为祺祥元年。九月，慈禧联合奕发动政变，扳倒八大臣。十月，恭亲王奕为议政大臣，在军机处行走。诏改年号祺祥为同治。载淳御太和殿即皇帝位，以明年为同治元年。十一月，两宫太后垂帘听政。

大清十二帝

真实地再现了大清十三朝十二帝三百余年的历史

李金龙／主编

辽海出版社

肆

因人成事的短命皇上

——清穆宗同治帝

读书十年长进少，亲政一载咨嗟多

帝王档案

⊙姓名：爱新觉罗·载淳

⊙属相：龙（1856 年）

⊙年号：同治

⊙在位：1861～1874 年

⊙享年：19 岁（1856～1874 年）

⊙庙号：穆宗

⊙谥号：继天开运受中居正保大定功圣智诚孝信敏恭宽毅皇帝

⊙陵寝：惠陵（清东陵）

⊙配偶：5 人，皇后阿鲁特氏

⊙子女：无

⊙继位人：载湉（光绪）

帝王小传

同治皇帝爱新觉罗·载淳（1856～1874年），咸丰皇帝与叶赫那拉氏的独生子，生于咸丰六年。咸丰十一年（1861年）八月二十一日，咸丰帝病危，召御前大臣怡亲王载垣、郑亲王端华、协办大学士户部尚书肃顺及军机大臣穆荫、匡源、杜翰、焦祐瀛代写朱谕，立载淳为皇太子，并命上述大臣赞襄政务。载淳生母那拉氏和钮祜禄氏尊为皇太后。第二天咸丰帝去世，6岁的载淳即位，年号祺祥，他是清朝第十任皇帝。

同治一直受制于慈禧太后，没有什么作为，直到同治十二年方才亲政，真正独立执掌大权的时间仅一年有余，次年病卒，年19岁，庙号“穆宗”。同治皇帝在位14年，在此期间，清朝政府在“孤儿寡母”执政下，图强新政，重用汉臣，取得了一系列的文治武功。清政府依靠曾国藩、李鸿章、左宗棠等一批重臣镇压了太平天国起义等一系列的农民起义，也办了一些所谓的“洋务新政”。虽然这些事情实际上与同治皇帝没有太大关系，但是当时社会还算安定，出现了短暂的“同治中兴”局面。

青史语录

“国运中兴，十年之间，盗贼划平，中外乂安。非夫宫府一体，将相协和，何以臻兹？洎帝亲裁大政，不自暇逸。遇变修省，至勤也。闻灾蠲恤，至仁也。不言符瑞，至明也。”

——《清史稿·穆宗本纪》

辛酉宫变，太后垂帘

密谋夺权

咸丰十一年七月十七日，咸丰帝驾崩了。他临终前做了三件事：一、立皇长子载淳为皇太子。二、命御前大臣载垣、端华、景寿，大学士肃顺和军机大臣穆荫、匡源、杜翰、焦祐瀛八人为赞襄政务大臣，八大臣控制了政局。三、授予皇后钮祜禄氏“御赏”印章，授予皇子载淳“同道堂”印章（由慈禧掌管）。顾命大臣拟旨后要盖“御赏”和“同道堂”印章。十八日，大行皇帝入殓后，以同治皇帝名义，尊孝贞皇后为皇太后即母后皇太后，尊号为慈安太后；尊懿贵妃为孝钦皇太后即圣母皇太后，尊号为慈禧太后。

咸丰死后，年仅5岁的载淳继位，拟年号“祺祥”。可是，这个年号尚未正式启用，清廷内部就发生了一件重大的夺权斗争，这个斗争影响了小皇帝载淳的一生。

治丧期间，慈安太后住在东六宫的钟粹宫，后来被称为“东太后”；慈禧太后住在西六宫的长春宫，被称为“西太后”。八月初一日，恭亲王奕获准赶到承德避暑山庄叩谒咸丰的梓宫，同两宫太后会面约2个小时。然后，奕在热河滞留6天，尽量在肃顺等人面前表现出平和的姿态，麻痹了顾命大臣。

奕一回到北京，立即暗中紧锣密鼓地为政变做各种准备，尤其加紧做好军事布置。初五日，醇郡王奕譞为正黄旗汉军都统，掌握实际的军事权力。初六日，御史董元醇上请太后权理朝政、简亲王一二人辅弼的奏折。十一日，就御史董元醇奏折所请，两宫太后召见八大臣。肃顺等以咸丰遗诏和祖制无皇太后垂帘听政故事，拟旨驳斥。两宫太后与八位赞襄政务大臣激烈辩论。八大臣“哓哓置辩，已无人臣礼”。肃顺恣意咆哮，小皇帝吓得尿了裤子。两宫太后不让，载垣、端华等负气不视事，相持愈日，卒如所拟。八大臣想先答应两宫太后，把难题拖一下，回到北京再说。

当时，清廷的嫡系武装共有两支，分别控制在僧格林沁和胜保手中，他们都与肃顺嫌隙甚深，咸丰帝死后都无条件地站在皇太后和奕的一边。咸丰帝一死，胜保即自行带兵回京，经与奕密商之后，胜保在下达谕旨不许各地统兵大臣赴承德祭奠后，于八月初七日赴热河祭奠咸丰帝，并乘机在京畿一带和北京、热河之间沿途布防。奕还以太后命令示步军统领、神机营都统和前锋、护军统领，以把这些京城武装控制起来，为己所用。在此之前，手握重兵的僧格林沁早已不顾当时的政治体制，一再坚持奏折必书“伏乞皇太后、皇上圣鉴”字样，公然与肃顺等人对抗，表示自己坚定拥护皇太后的立场。

有了胜保、僧格林沁的武力作强大的后盾，奕等人谋划的政变已是“万事俱备，只欠东风”。然而，此时肃顺等人却全然不知自己已成他人刀俎之上的鱼肉，依然得意忘形。自以为顾命制度既符合祖宗家法，又为大行皇帝遗诏所定，其合法性已不容置疑。奕则一再以软弱谦卑之态麻痹肃顺等人，肃顺等人果然上当，毫无察觉。同时奕通过心腹曹毓瑛的通风报信，对热河那边的风吹草动了如指掌。曹毓瑛本是肃顺的心腹，被肃顺任为军机处领班章京，参与机要。后因咸丰帝拟增一军机大臣上学习行走，按序理应曹毓瑛担任，但是肃顺却安排了焦祐瀛。曹毓瑛明表谦让，却心怀怨恨。后见肃顺等人与奕集团有矛盾，其权位难保长久，于是改换门庭，投靠奕，现在正是他立功和向奕表示忠心的时候。

慈禧太后像

正当慈禧和奕磨刀霍霍的时候，肃顺等人又犯下了一个致命的错误。当时，端华系步军统领，统率在京八旗步军和在京绿营马步军 3 万人，掌京师九门管钥，身居要职，举足轻重。载垣兼銮仪卫掌卫事大臣、上虞备用处管理大臣之职，掌管皇帝的侍卫队与仪仗队，负有随侍皇帝渔猎、率领三旗侍入值之责，肃顺兼任响导处事务大臣，掌管着一支皇家侦察部队。这就是说，端华、载垣、肃顺统领着京城和皇帝的主要安全保卫力量。可是，他们三人见慈禧被迫退让，奕对赞襄制度也不敢提出异议，遂认为大局已定，无人能撼动他们的权位，于是，以“差务较繁”为由，一起辞去上述要职。他们也许是为了表明专心致力于摄政事务，不敢包揽一切，以取得太后的信任和支持而作出的一个姿态。但这正是皇太后尤其是慈禧求之不得的，遂以两宫太后的名义同意了他们的请求。慈禧非常精明，在委任奕同党瑞常等接任步军统领等职的同时，又特地委派端华暂署行在步军统领，以防肃顺等人起疑。这样，肃顺等人手中仅有的一点兵权也丢了，他们离死亡又靠近了一大步。

九月二十三日（10月26日），是咸丰帝灵柩回京的日子。肃顺等人安排载垣等随同两太后和小皇帝在避暑山庄丽正门外跪送咸丰帝灵柩启程返京，然后从间道先行，提前赶回京师。而肃顺、仁寿、奕譞、陈恩孚、宋晋等人，则护送咸丰帝笨重的灵柩，从大道缓缓而行。这一安排正中慈禧下怀，她抓住这一至关重要的机会，选用快班轿夫、日夜兼程，提前四天赶到北京。

二十三日，大行皇帝梓宫由避暑山庄启驾。同治与两宫太后奉大行皇帝梓宫，从承德启程返京师。两宫太后和同治只陪了灵驾一天，就以皇帝年龄小、两太后为年轻妇道人家为借口，从小道往回赶。咸丰十一年九月二十八日（1861年10月31日），两宫太后和小皇帝一行到达京郊，恭亲王奕出城迎接，密陈在京政变部署情况，两宫太后听了颇为放心。当天，两宫太后在郊外宿次召见了奕，双方开始为政变做最后一项准备。那就是密商政变后的政治体制，也就是权力如何分配的问题。

二十九日，同治奉两宫太后回到北京皇宫。因为下雨，道路泥泞，灵驾行进迟缓。同治奉两宫太后间道疾行，比灵驾提前4天到京。

突发政变

这时，肃顺等人的败局已定，垂帘听政势在必行。而奕这位曾经与皇位擦肩而过的皇子，如今已是功高盖世，众望所归，手握实权。他早已盯上了这一次难得的争权机会，但不好直接提出。于是，他便策动其亲信、手握重兵的胜保上了《奏请皇太后亲理大政并另简近亲王辅政折》。

胜保奏折首先就赞襄政务王大臣的不合法性进行了抨击。他说，肃顺等人辅政，是以他们自己代写的圣谕为依据，而且当时，先皇已是弥留之际，近支亲王多不在侧，所以未能择贤而任之，这是先帝的未竟之志。而现在，嗣圣既未亲政，太后又不临朝，谕旨尽出于八大臣。他们已开矫窃之端，大失臣民之望，如果循此不改，一切发号施令，真伪不分，这样，不独天下人心日行解体，恐怕外国人闻之，也觉于理不顺，势必招致天下大乱。胜保的此番议论，等于将肃顺等人置于矫诏窃权的位置上，这对他们无疑是致命的一击。

接着，胜保在奏折中又引经据典，论证垂帘听政和亲王辅政多有先例，而且合情合理。当务之急，应该因时制宜，不应拘泥细枝末节。

最后，胜保明确主张："为今之计，非皇太后亲理万机，召对群臣，无以通下情而正国体；非另简近支亲王佐理庶务，尽心匡弼，不足以振纲纪而顺人心。"

从胜保奏折的内容可以看出，胜保为政变成功后设计的政治体制，实质就是皇太后听政与近支亲王辅政相结合，太后听政为其名，亲王辅政为其实。至于肩负辅政重任的近支亲王，在胜保等人的眼中，自然非恭亲王奕莫属。从后来的事态发展来看，慈禧的目标是代行君权，个人专政，其内心深处并不想接受这种政治体制，但她不得不依靠掌握朝廷实权、具有崇高威望的奕和手握重兵的胜保，于是不得不暂且答应下来。三十日（11 月 2 日），两宫太后在宫中召见奕、文祥、桂良、贾桢、周祖培等人。慈禧面对众人，一把鼻涕一把泪，斥骂肃顺等八大臣大逆不道、飞扬跋扈、图谋不轨的种种罪行，并将英法联军入侵北京、圆明园被焚掠、皇都百姓受惊、咸丰皇帝出巡的政治责任全扣到载垣等八大臣头上。众大臣愤慨无比。周祖培说："何不重治其罪？"

慈禧顺水推舟："彼为赞襄王大臣，可径予治罪乎？"

周祖培答道："皇太后可降旨先令解任，再予拿问。"

说到这里，慈禧确信留京大臣对诛杀肃顺等人毫无异议之后，随即抛出早在热河期间就由醇郡王奕譞拟好的谕旨，交给恭亲王奕，当众宣示。谕旨核心意思有两点：一是要求王公大臣等妥议皇太后亲理大政并另简亲王辅政；二是宣示八位赞襄政务大臣的种种罪行，谕令解除他们的一切职务。

刚宣读完毕，恰逢载垣、端华进宫上朝，见奕等王大臣竟在殿内，非常诧异，大声质问："外廷臣子，何得擅入？"奕答道："有诏。"载垣、端华就更摸不着头脑了，毫不客气地责备两宫太后不该召见奕等人。太后大怒，立即传下另外一道谕旨，奕当场宣示："将载垣、端华、肃顺革去爵职拿问，交宗人府会同大学士六部九卿翰詹科道严行议罪。"载垣、端华听罢如坠云雾之中，厉声斥问："我辈未入，诏从何来？"奕不与理会，一声令下，一群侍卫将其拿下，押到宗人府看管起来。

两宫太后又以小皇帝的名义，火速发出密旨，命令正在回京路上监视肃顺的睿亲王仁寿、醇郡王奕譞相机擒拿肃顺，押解回京，交宗人府听候议罪。此时，护送灵柩的肃顺才行至密云县。监视他的仁寿、奕譞接到驰送而来的密旨，连夜率兵赶去，在卧室中将其拿获。肃顺这才如梦方醒，跳骂道："悔不该早治此婢！"押至宗人府，碰见载垣、端华二人，肃顺怒道："若早从吾言，何至有今日！"二人无可奈何，答道："事已至此，还说什么！"

这样，慈禧和奕集团经过紧密的配合和周密的部署，取得了政变的成功。

十月初一日，命恭亲王奕为议政王、军机大臣。随之，军机大臣文祥奏请两宫太后垂帘听政。初三日，大行皇帝梓宫至京。初五日，从大学士周祖培疏言“怡亲王载垣等拟定‘祺祥’年号，意义重复，请更正”，诏改“祺祥”为“同治”。“同治”含义可做四种诠释：一是两宫同治，二是两宫与亲贵同治，三是两宫与载淳同治，四是两宫、载淳与亲贵同治。

十月初六（11 月 8 日），恭亲王奕等人公布八大臣八条罪状，而后，扔下两条白绢，令载垣、端华自尽。肃顺则被无帷小车押赴刑场处决，在通往刑场的大街上，人山人海，熙熙攘攘，人群中有人高喊道：“肃顺，也有今天啦！”于是人们纷纷以瓦砾泥土掷之，肃顺白白胖胖的面目很快就模糊不可辨别了。此人是条硬汉，行刑之前一路破口大骂，刑场上不肯下跪，刽子手用刀柄敲断他的两条腿，方才跪下。接着，奕等王大臣会议提出将景寿、穆荫、匡源、杜翰、焦祐瀛五人革职，发配新疆效力。

慈禧和奕进一步肃清余党，将陈孚恩、黄宗汉、刘昆、成琦、德克律太等人革职，将太监杜双奎、袁添喜、王庆喜等发往边远地区充官兵奴仆。

此外，慈禧和奕非常清醒地知道，肃顺、载垣、端华掌权多年，其党羽遍布六部九卿，至于依附逢迎、巴结讨好者，在京师内外文武百官中，更是大有人在，但如果一一追究，广为株连，势必弄得人人自危，风声鹤唳，不利于笼络人心，稳定政局。为此，慈禧、奕在处死载垣、端华、肃顺之后，连下三道上谕，宣布既往不咎之意，但内含肃杀之气，意在告诫宗室王公、文武百官，不得抗拒垂帘，否则肃顺等人前车俱在，必将严惩不贷。

初九日，载淳在太和殿即皇帝位。二十六日，礼亲王世铎上《垂帘章程》。两宫太后懿旨：依议。于是，皇太后垂帘听政之举，舆论已经造成，章程亦已制定。

二十九日，军机处将所查抄的肃顺家产账目及其来往书信，全部当众销毁。至此，人心大定。

十一月初一日，同治奉慈安皇太后、慈禧皇太后御养心殿垂帘听政。垂帘听政之所设在大内养心殿东间，同治帝御座后设一黄幔（初为黄屏），慈安皇太后与慈禧皇太后并坐其后。恭亲王奕立于左，醇亲王奕譞立于右。引见大臣时，吏部堂官递绿头笺，恭亲王奕接后，呈放在御案上。皇太后垂帘听政，这在中国历史上实属空前绝后。也就是从这个时候起，同治帝就失去了家庭生活的乐趣，成为他母亲手中的一个傀儡和工具。同治帝在位 13 年，前 12 年是在两太后垂帘的情况下虚坐龙椅的傀儡皇帝，最后只亲政了 1 年。

这次政变，因载淳登极后拟定年号为祺祥，故史称“祺祥政变”；这年为辛酉年，又称“辛酉政变”；因政变发生在北京，又称为“北京政变”。其时，“辛酉政变”的三个主要人物——慈安皇太后 25 岁，慈禧皇太后 27 岁，恭亲王奕 30 岁。

毫无国君风范

不爱学习的皇帝

咸丰十一年（1861 年），咸丰帝在热河驾崩，身后仅留下一子载淳。经过一场惊心动魄的宫廷政变，两宫皇太后掌握了实际权力，在恭亲王奕䜣的支持下，搞起了“垂帘听政”。大清国的最高权力，就落在了两个妇人之手。

幼稚无知的同治，懵懵懂懂被抬上了九五至尊的宝座，接受文武百官王公大臣的三跪九叩，山呼万岁。其实他什么也不懂，所有的军国大事，都由坐在身后的两位太后说了算，他也只是装装样子，每天的主要任务是到弘德殿读书。

清代皇子的教育是极为严格的，可是同治却是个例外。由于他从小就失去了父亲，而两位母亲又整日忙于国事无暇他顾，因此同治自小就和一帮太监宫女厮混在一起，正是所谓入鲍鱼之肆，久而不闻其臭。本来少年心性，贪玩好动，又没有得到严格的管教，同治逐渐养成了懒散不好读书的恶习。在清朝的所有皇帝中，他恐怕是唯一一个不爱学习的皇帝。

其实同治的老师不可谓不好，曾经教过他的老师都是朝廷重臣，饱学之士。例如礼部尚书祁隽寯藻，大学士翁心存，工部尚书倭仁，翰林院编修李鸿均、李鸿藻，咸丰朝状元翁同龢都曾经教过他。无奈同治脾气喜怒无常，“天威难测”，这些老师毕竟又都是臣子，并不敢过分要求，也只好睁一只眼，闭一只眼，得过且过。李鸿藻长年担任同治的老师，每天上课的时候不是陪他聊天，给他讲故事，就是下棋而已。而同治的几位伴读奕详、奕询等人都是他的叔叔辈，同治始终对其敬而远之，没法儿起到相互鼓励，彼此切磋的作用，除了代同治受过，给他当出气筒之外一无所用。后来恭亲王奕䜣的儿子载澄进宫伴读，载澄脑子好使，又能说会道，可是也不好好学习，反而带着同治成天玩耍嬉闹，成了同治的玩伴。同治在课堂上有精神的时候就打闹嬉笑，无所顾忌，没精神的时候就呵欠连连，瞌睡连天。《翁同龢日记》记载了同治十年（1871 年）同治帝的学习情况：晨读懒洋洋，只是敷衍了事；作文腹内空空，几乎不能成篇；作诗吭吭巴巴，不忍卒读。完全就是一副老师最不喜欢的差学生模样。过了两年依然如此，连《大学》都背不下来。

看不懂奏折的同治

如此学问，同治的治国能力可想而知。同治亲政之后，甚至连奏折都看不懂，只得叫苦连天。曾经有一次，同治和翁同龢聊天，其间居然抱怨："当皇帝的差使太累了！"贵为一国之君，治国平天下本为份内之事。同治即使不能和他的先人雍正那样，视处理政务为日常生活的一部分；至少也应该和嘉庆道光一样，不求有功但求无过，勤恳办公。可他居然把皇帝的宝座看成一个差使，自己只不过是在当差。怀着这种做一天和尚撞一天钟的心态当皇帝，也难怪慈禧迟迟不肯把权力交给他。

强烈的排外情绪

不仅如此，同治的精神世界也极为抱残守缺。或者是著名的清流派首领倭仁、李鸿藻等人先后担任他的老师，或者是幼年时期随同父母出奔热河的经历给同治帝留下了浓厚的阴影，他虽然年纪不大，但却表现出强烈的排外情绪，有时候甚至强烈得令人生畏。据说当同治帝还是个小孩子的时候，就让太监用泥巴捏成洋人的样子摆在桌案上，他则拿小刀把这些泥偶的头一一割下来，一边割一边嘴里还念念有词："杀尽洋鬼子，杀尽洋鬼子。"待同治帝年纪稍大，他的排外情绪愈发高涨了。曾经给同治帝做伴读的兵部右侍郎夏同善有一块怀表，有一次拿出来看时间时，被同治帝看到了，便问他是何物？夏同善不敢隐瞒，便取出怀表呈给同治帝，说此物乃是西洋之物，可以计时。谁料同治闻言大大不悦，一把将怀表摔个稀烂，斥责道："没这玩意儿，你就不知道现在几点了吗?"等他亲政以后，更是对洋务运动不以为然，认为同文馆、方言馆、船炮制造局等都是没用的玩意儿。

沉迷游戏的帝王

同治一见书就头痛，但提到玩乐就两眼放光。他特别喜欢玩儿一种叫"掼跤"的游戏：这游戏据说是某太监发明的，拿一条板凳，躺在上面，让另一个人按着肚子，然后以此为圆心不停地转圈，有精通此道者，不用板凳，随便躺在地上就可以转起来，煞是好看。同治便非常喜欢这个游戏，他自己贵为天子，不能随便行动，便经常命令小太监表演给他看，他在一旁手舞足蹈哈哈直笑。可是这个游戏对身体素质要求极高，只有身材小巧灵活者才表演得了，年纪稍大一些便无能为力，时间一长，便头昏眼花，甚至因此毙命。可同治才不管那么多，只要他想看，就强令小太监掼跤，由此死者也不在少数。

同治遇到载澄以后，玩儿的花样更多了。载澄极力怂恿同治出宫游玩，在他看来，掼跤把人累个半死，有啥意思！京城里好玩儿的地方太多了。只要有两个小钱儿，就能痛饮美酒，抱得美人儿。好不容易当了皇帝，反而被关在紫禁城里，太没劲了。同治被他忽悠得一颗心扑扑乱跳，于是跟着载澄出宫寻欢作乐，从此竟然一发而不可收。

微服私访的轶事

清人曾有论认为，同治"跳荡游冶之遗传性，亦得之慈禧为多"；

如此说来，咸丰贪酒好色的毛病，也一丝不差地全部传给了同治。继承了父母“优良基因”的同治频频出宫，北京城几乎每个角落都留下了他的身影，在清人的笔记中，记载了大量关于同治微服私行的轶事。

同治自幼养尊处优，甫一接触外面的花花世界，顿时目迷五色，甚至不知道买东西是要给钱的。饿了就吃，渴了就喝，吃饱喝足，掉头就走，摊贩虽然不满，但见他前呼后拥，如此做派，想来必然大有来头，只得自认倒霉，不敢声张。

不过天长日久，同治自然也有所觉察。有一次他吃饱喝足，看到别人结帐，不明所以，便问老板为什么要给钱。老板哭笑不得，说道：“我们做生意都是糊口，怎么能不要钱！哪儿像少爷您一看便不是凡人，我们是等着您一总赏下来呢。”

同治一听，也觉得不好意思，便说：“我老来你这里吃吃喝喝，大概也欠了你不少了，不过我出门都不带钱，给你写个欠条你看如何？”说完便取纸笔，写了几个大字“饬广储司付来人银五百两。”这老板也不识字，不知道写的是什么，便拿给朋友看。朋友一见骇然，说这广储司是内务府的银库啊，敢让你从广储司领银子的，只有当今圣上啦。

老板一听顿时吓得半晕，说什么也不敢去，无奈朋友怂恿，只得硬着头皮去广储司一试。管事儿的一听这事儿，深感为难，不知如何是好，只得回禀慈禧。慈禧便叫来同治问可有此事，同治供认不讳。慈禧一笑，告诉管事儿的官员：“皇上虽然是胡闹，可是也不能让老百姓觉得皇上说话不算数，这钱就赏下去吧。”

又有一次，同治出宫玩耍，不巧大雨滂沱，同治只得在一所寺院中避雨。可巧遇到一人，穷困潦倒。同治也是无聊，便上前搭话。二人攀谈起来，原来此人原是一大户人家的奴才，被主人赶了出来，无处容身，只得寄居在寺院中，苟活而已。同治听说如此，便问他想做什么。此人长叹一声，说要是能到广东海关当几年差使，就心满意足啦。

同治立刻取纸笔来写了一封信交给他，告诉他你只要拿着这封信去步军统领衙门，包你心想事成。此人半信半疑，第二天拿着信如此这般，步军统领一见此信，认得是皇上御笔，心知皇上又微服私访多管闲事，然而也无可奈何，只得安排此人赴广东就任。

淮军集团的兴起

筹建淮军

李鸿章，安徽合肥人，道光末期中进士，后任翰林院编修。安徽大体上可以分为北、中、南三个地区。长江以南为皖南，淮河两岸为皖北，夹于两者中间的地区为皖中。皖南因大江阻隔，而与北、中两区关系不太密切。北区由于土地瘠薄，灾害频作，除寿州等极少数州县外，不仅经济文化落后，士族地主不太兴盛，且私盐畅行，捻党主要在此地区活动。中区与之相反，经济文化发达，士族地主力量大，还有很多诸如桐城张、方、姚诸姓等一些延续百年，甚至二三百年的大家族，其他如合肥李氏，太湖赵氏，霍山吴氏，也是名门望族，而且还继承发扬了程朱理学的传统，从康雍时的方苞，嘉道时的方东澍，到咸同间的吴廷栋、方宗诚，都因此而名噪一时。这样，中区地主阶级，就因其士族地主占主导，而且具有浓厚的理学传统，因此在组织上、思想上与清王朝的关系非常密切。

在咸丰朝革命高潮冲击下，两区上述基本情况的差异，有了更为明显的表现。太平军进至长江中下游后，北区捻党立即响应他们举行起义，太平军也不时往来其间，北区地主遂纷纷举办团练对抗太平军。其中虽有不少人对清王朝忠心耿耿，但更多的是对太平军和清军采取两面应付的态度；而有的人则野心勃勃，力图自成局面，苗霖沛就是这样的人。随着两个政权对峙日久，太平军江河日下，于是大多数人转向拥护清王朝。

中区除了南部各县因成为太平军巩固的根据地，而无法组织团练，或虽组织，不久即被镇压外，其他的各县则处于两军来去不定的状态。清廷派团练大臣吕贤基，和当地绅士赵䜣、李文安李鸿章父子等对他们耐心说明，于是他们纷纷起来与太平军坚决对抗。如六安李元华，庐江吴廷香、潘鼎新，合肥张树声、刘铭传、周盛华，桐城马三俊等人，在随清军作战，或筑堡对抗太平军的过程中，他们都奋勇敢战，其中吴、马、周三人战死后，其子或弟吴长庆、马复震、周盛波、盛传，又继承父志，继续为清兵效力。其实潘鼎声也是在父亲战死后，“号哭请于大府率乡团及诸子侄，疾攻三河镇克之，昀斩剧贼数百，负父骸归，哭而誓曰，不尽杀诸贼，非人子也”。总之，中区与北区团练的政治风格完全不同，并因此而获得清廷赏赐并加官晋爵，从而激发了他们争相猎取更高功名利禄的雄心。在湘军攻占安庆之后，皖中团练便积极谋划东下江苏。实现这一目的的最好途径是把分散的团练重新编排为一支新军，但他们彼此却一直互不相下，有时甚至武装冲突。这样，就需要一个地位声望较高，与各头目关系较好，有才干并且为曾国藩所倚重，因而能带领他们与湘军一同赴战的人，成为他们的首领。

李鸿章是翰林进士，其父李文安早在道光时已官至郎中，咸丰时，父子更同时官至实缺道员，在中区的士族地主中声望越来越高。在咸丰三年至七年（1853～1857年）这几年中，他们父子虽然也举办团练，但从未参与基于个人恩怨的私斗，与各头目保持较好的关系，其中有的还为他父子效力。同时，李鸿章自己也通过办团练，亲自带兵打仗，在辅佐皖抚福济的军政治活动中提高了能力，并且增加了不少经验。而且，早在道光末年，李鸿章因曾国藩为其父同年好友，就师从于曾国藩，并得到曾的赏识。正因为他们之间的非同寻常的关系，所以咸丰八年（1858年），李一入幕府，就受到曾国藩的格外器重，令其参与机要；十年（1860年）又奏保他为江苏盐运使，与黄翼升一起组建淮扬水师，东援苏常。虽然这次奏保未获准，淮扬水师也未东下，但李为曾所器重，已是公开的秘密。中区团练头目对此早已心领神会。事实上，张树声也在积极谋划。他认为“庐、凤、颖、寿之民，忠于朝廷，并且斗志很高，能别立一军，使其豪及大姓将之”，并通过李上书曾国藩。曾看后极为赞许，他们这样做并表达想在曾国藩的麾下效力的强烈愿望，透露了他们愿在李的带领下，随湘军作战的共同心声。

江南大营覆灭后，清军在江苏南部只剩下镇江、上海两个军事要地，其中上海的经济政治地位更重要。上海在开埠后约20年内已发展成为全国最大的进出口都市，对外财政收入额巨大。外国侵略者与江苏官绅联合，先对小刀会起义进行镇压，接着又打退了太平军首轮进攻。咸丰十一年（1861年），当上海官绅得知太平军将再次向上海进军时，又一次向外国侵略者摇尾乞怜，大绅士潘曾玮等向英国人说：“现在国民无不同声环诉，求助贵国，实已情极之至。”同时，他们也明白侵略者在上海驻兵不多，根本抵挡不了数十万太平军的进攻。于是便两次派人至安庆向曾国藩求救，请他派兵支援，上海方面则提供巨额军饷。

曾国藩既不能拒绝上海官绅的要求，而且他也不愿拒绝。上海是两江总督的辖地，能得到巨额军饷，对于饷需奇缺的湘军也颇具吸引力；另一方面，进援上海镇江，就与进援浙西的左宗棠军、进军天京的曾国荃军相呼应，对太平军形成大包围之势。正因为有这样重要的经济、军事双重意义，曾国藩才精心策划东援江苏的部署，并精心挑选统将人选。他先考虑派曾国荃，并加派李鸿章、黄翼升、陈士杰，但却令李去镇江，令曾、陈往上海。很明显，这是因为曾国荃是其亲弟，陈士杰既为其早年门徒，又为同乡旧部，自然要比李鸿章同他的关系更为亲密。但曾国荃意执要攻占天京，立首功，而陈士杰又不愿东来。这样，曾国藩才只好令李领陆营并加派黄翼升之水师一起东援上海。这对李鸿章无疑是一个很好的机会。

李鸿章于咸丰十一年（1861 年）十一月奉命招兵买马，至同治元年（1862 年）正月，张树声、刘铭传、潘鼎新、吴长庆即各带所部团勇应召来到安庆，并按湘军营制，把淮军编为四营；同时，曾国藩从湘军调拨韩正国两营，程学启两营，张遇春一营，以及新从湖南招募的四营。这十三营，除张、刘、潘、吴四营是李鸿章新招来的，并有同乡，乃至其他私人交谊外，程学启、张遇春三营虽从湘军拨来，张遇春还是李之旧部，但将士全为安徽人；其他六营的将士均为湖南人，与李没有丝毫关系，韩正国两营则是曾国藩之嫡系部队。其实，黄翼升之水师四千人也嫡属曾国藩。即使加上李弟统带千余人不久加入，其嫡系淮军数额也远远抵不上湘军，更何况曾国藩既是李的老师和恩主，又是淮军的创建者和实际上的统帅。这一切使初建时的李鸿章军名为淮，但事实上则同鲍超等军一样，都是湘军的附属。

淮军的正式独立

同治元年（1862 年）三月，李鸿章的首批军队乘坐上海官绅以 18 万巨款租来的外国轮船来到上海，至五月，陆营 6500 人全部到达，不久以后黄翼升率水师也随后赶到。李军在上海虽多次在战场上获胜，但曾国藩仍然坚持以前的想法，命李去镇江，而让黄翼升继续驻守上海。而这时已署理江苏巡抚的李鸿章却非常明白自从太平军建都天京，特别是江南大营覆灭后，苏北的财政大权已为漕运总督等军政大员把持，如果去镇江，便会失去对上海财税的控制权，自己就陷于有兵无饷的困境，巡抚之职也徒有其名。

在这种关键问题上，雄心勃勃的李鸿章自然不会轻易放手，婉辞加以拒绝："恐鸿章一动，此间军心不稳"，并言黄翼升不愿与之分开，且"昌岐独留淞沪，文武水陆未见皆遵教令"。同时，他对曾国藩像从前一样毕恭毕敬，且从上海巨额收入中，分拨一部分给曾作为军饷。同治元年（1862 年）八月至十二月，仅据曾的随手记录，分拨的军饷就达 14 万两之多。而且李鸿章此时已是立有战功、兼握军政的封疆大吏，不大方便也不大可能随意进退。这样，曾国藩就只好任李所为，不再坚持前议。于是，李鸿章又采取了以下几个方面的措施。

首先是大力整顿税政，增加税收。据行家估算，同治元年，上海的关税一年就达到 500 万两。但李鸿章刚开始对上海的情况不大熟悉，署布政使吴煦又有意想垄断财政权，李鸿章遂仿照曾国藩对江西的办法，将上海财政一分为二，由吴掌管关税收入，以备常胜军、会防局和镇江守军支用；厘金则由李鸿章派人接管，以作为湘军和淮军的日常开支。数月后，吴卸署调往他处，上海财政全归李掌握。随着九江、汉口海关开征，上海关税收入虽然有所下降，但厘金田赋却因淮军收复失地日渐增多。此外，还另外加收新的捐税。再加上对吴煦所主持的弊端极多的各项税政进行调整，处理不法的人员，重新制定章程，效果也很好。这样，上海税金估计年收入应该能达到500多万两。

其次，扩充实力。李鸿章带至的上海陆营水师，总共不过万余人，加上其弟李鹤章由陆路带来之马步1500人，兵力合计12000人。这样的规模肯定不能应付四面皆敌的战局。李鸿章遂凭借上海财力，大力招兵买马：一是招募新营，派张树声、吴长庆回皖招募九营，后又派人到苏北招募五营。二是对上海原有绿营系统的部队进行筛选、整顿、改编，其中少数仍由原有将弁管带，而大多数则由其他人掌管。如郭松林原为曾国荃部将，随李到上海后，李就命令他对绿营进行统一改编。对原有水师也采取同样办法，把曾秉忠部下的200号战船减裁到170号。三是大量收编降众，南汇、常熟、太仓等太平军守将归降后，有的整编，有的仍由降将带领，而有的则分散编入各营，补充缺额；四是曾国藩代其组建由李朝斌统带的太湖水师十营加入淮军。五是吸收少量苏杭地区的盐枭枪船和团练，郑国魁的两营水师就是由盐枭改编布成。经过各方筹集，至攻下苏州时，李鸿章座下水陆军已达7万多人。

再次，更新武器。李军初来上海时，武器装备只有冷兵器和原始热兵器。之后不久，李鸿章就深感这些远不及洋枪洋炮性能之优良，于是大量购买西洋武器，装备部队，并且吸取江南大营只用洋枪不用西法训练的教训，聘请西人教练部队，把部队按西法训练。至同治元年十月，所部“能战之将，其小枪队悉改为洋枪队，逐日操演”。以后逐渐增加购买西洋武器，至四年春，“每营用洋枪四百余，少亦三百余杆”。这就是说，原有的原始热兵器小枪抬枪和大部分冷兵器，已经基本上为洋枪所取代。与此同时，还增加了许多洋炮。张遇春军最早装备洋炮，元年年底，李鸿章还亲自对其操练进行视察，以后郭松林、刘铭传、程学启等军也相继用洋炮来进行装备，甚至还组建抚标亲军炮队，其中刘铭传和程学启拥有大炮更多达二三十门。所部会字营千人也是由英国人代为训练成军。三年常胜军裁撤下来的炮队600人，枪队300人，外籍教官12人，又全部划归淮军。而其所聘用的西人，平时训练军队，战时协同作战。这一切，使淮军拥有近代武器的数量在全国排第一，从而部队的战斗力得到很大增强。

最后，增加了个人的主导权。李鸿章至上海后，仿效曾国藩的做法，除了其亲弟李昭庆、李鹤章为统领外，还提拔重用同乡亲友。如刘铭传、张树声、潘鼎新、吴长庆、周盛传这些皖中最早参加淮军的团练头目，一一被提升为统领。还重用籍贯为安徽的原绿营将领和太平军降将，前者像况文榜本为获罪的败将，李不仅未予惩处，还给其戴罪立功的机会；后者如从湘军拨来之程学启，和到上海后接收的降将骆国忠、吴建瀛等，也被提拔为统领或分统。此外，李鸿章还令同乡好友蒯德模、蒯德标，乡试同年凌焕，会试同年陈鼒等人，或主持营务，或委以厘局、粮台、文案等重任，苏常收复以后，还重任其中一些人为实缺府县官和道员。这一大批人，本来与李鸿章有私人交谊，现在又被破格提拔、委以重任，自然感恩图报，对其唯命是从。

李鸿章所取得的显赫成就，除了曾国藩的支持，以及巨额的上海税收作为物质基础外，也离不开西方国家的支持。李鸿章至上海后，就与西方各国军政人员频繁往来，参观西方军队操演，并大批购进西方武器，采用西式方法进行训练，聘用西方军人，表现出友好的合作态度。再加上淮军的战斗力又远远超出绿营，西方国家自然高兴给他们供应武器，并为其进行军事部署，训练部队，提供贷款。

经过同治前三年（1862～1864 年）时间的坚持不懈的努力，李鸿章终于摆脱了淮军对湘军的附庸地位，使淮军成为一支军事、经济实力雄厚的统一部队，几乎可以与湘军分庭抗礼，同时也成为一个大的政治集团。

剿平捻军

太平天国起义失败

战局恶化

曾国藩的湘军从咸丰九年（1859 年）下半年开始重整旗鼓，再次朝安徽的太平军发起进攻，驻池州守将韦俊向清军投降。江南大营也加紧进攻天京，天京的局势又开始变得紧张。咸丰十年（1860 年）一月，曾国藩的湘军围攻安庆。

咸丰十年（1860 年）初，洪仁捡、李秀成等人在芜湖召开军事会议，他们一致认为应该集中兵力打击江南大营。他们派精锐部队从小道偷袭杭州，吸引江南大营分兵救援杭州，然后把偷袭部队迅速撤回，再用优势兵力出奇不意地集中攻打江南大营。十年（1860 年）正月，李秀成挥师南下。二月，一举攻破杭州。闻讯，江南大营果然派兵救援。李秀成同时放弃杭州，迅速撤师回朝。闰三月，李秀成、陈玉成等五路太平军联手猛攻江南大营，清军头目和春、张国玕败逃至丹阳，太平军步步紧追，张国樑拨马出逃时落水溺死。和春逃至无锡浒墅关，陷入绝境而自杀身亡。从此，江南大营便不复存在。

咸丰十年（1860 年）四月，洪秀全在天京举行会议，庆贺大军攻破江南大营，并在同时又召开军事会议。会议决定太平军立即东征苏南地区，然后在江南、江北分两路大军沿江西征，夺取武汉以缓解安庆局势，被称作二次西征。会后，李秀成择师东征，克复苏州等许多州县，大军开始朝上海进逼，开辟了苏南根据地，建立了以苏州为中心的苏福省。五月，李秀成发起了对上海的首次进攻。这时，盘据上海的外国侵略者不再假惺惺地搞什么中立，而是帮助清军进攻太平军。美国人华尔纠合一些外国亡命徒组成洋枪队进攻太平军，但屡屡失败，华尔也受重伤。当太平军迫近上海城时，适值英法联军从天津撤至上海来援助清军抵抗太平军，于是，李秀成撤离了上海地区，退到苏州。

咸丰十一年（1861 年）初，陈玉成和李秀成率军发起第二次西征，以解安庆之围，并使天京的安全不受威胁。陈玉成军沿长江北岸从安徽入湖北。原约定李秀成军沿长江南岸经江西进入湖北，两军于咸丰十一年（1861 年）三月在武汉会师。陈玉成的北路军于咸丰十一年（1861 年）二月攻克离汉口只有一百六十里的黄州。当时，在汉口租界的英国参赞巴夏孔赶到黄州游说太平军放弃攻打武汉，说什么太平军如先攻打武汉，容易形成孤军深入，有遭到夹击的危险。又由于李秀成的部队行动迟缓而未及时赶到，陈玉成竟搬师回朝去援救安庆，放弃了进攻武汉。李秀成则高估湘军的实力，于是改变路线从徽州进入浙江转攻江西，再进湖北，直到咸丰十一年（1861 年）五月才抵达。而陈玉成早已率军回援安庆了。由于李秀成的延期会师和陈玉成急忙撤走，遂使第二次西征再次失败了。

曾国荃率领湘军猛扑安庆，在安庆外围与太平军展开最为残酷的战斗。咸丰十一年（1861 年）八月，安庆失守，守城的太平军 16000 多人无一人投降，全部战死。湘军屠城三日，全城男女老幼无一幸存。

安庆失守使天京失去了西部屏障，这对太平天国来说是一个惨痛的损失。但是，太平军在东部战场获得重大胜利。咸丰十一年（1861 年）四月，李秀成的堂弟李世贤率部攻入浙江，不出半年，太平军便占领浙东、浙西的大部地区。八月，李秀成从江南转入浙江，十一月底攻克杭州，遂把浙江和苏南根据地连成一片，成为天京东都的屏障，并保障了天京的物资供应。如果没有苏浙基地的开辟，太平天国最后两三年的处境将难以想象。苏、浙两省历来是中国最富庶的地区之一，也是清朝政府赋税收入和粮饷的重要来源。曾国藩曾经惊呼："现在浙、苏两省膏腴之地，尽为贼有，窟穴已成，根柢已固。"

然而，太平军在东部战场的胜利，却阻止不了西部形势的迅速恶化。陈玉成在安庆失守后，退回庐州。同治元年（1862 年）初，他派部将陈得才、赖文光等率军向西北远征，他自己留在庐州与湘军进行了 3 个月的血战。三月间弃城突围，被反复无常的团练头子苗沛霖骗入寿州城内，并扣押了他，送至清军胜保营内。胜保要他下跪，陈玉成怒目斥责说："你本是我手下的败将，我怎能跪你？好不自重的东西！"胜保又对他进行劝降，陈玉成暴跳如雷，厉声喝道："大丈夫死则死耳，何饶舌也！"陈玉成大义凛然、坚贞不屈，五月英勇就义于河南延津，年仅 26 岁。庐州失守和陈玉成牺牲以后，使太平军西部战场完全失败。湘军乘机东下，步步逼进天京，太平天国的形势越来越危险。

天京变乱后，天王洪秀全遭受重大打击，而他的封建思想和宗教迷信却越来越严重。他更加脱离群众，不理朝政，不了解下情。他常常写一些让人摸不着头脑甚至是自相矛盾的诗句或顺口溜作为诏令颁发下去，结果朝廷上下无章可循，一片混乱。他一味迷信上帝，宁肯相信上天，也不相信人，总是企图依靠上帝的声威来防范他人篡权。他一度把“太平天国”改为“上帝天国”，后来又改称“天父天兄天王太平天国”。同时，为了保住自己的地位，为了削弱李秀成、陈玉成的势力，他便毫无节制地封王，使彼此互相牵制。因此，到太平天国失败前夕，封王竟多达2700多个。结果造成矛盾重重，政令不一，满朝文武竞相追逐名利，明争暗斗，“动以升迁为荣，几若一岁九迁而犹缓，一月三迁而犹未足”，于是朝野上下人心惶惶，各有他图。

在太平天国的地方和基层政权中，有不少异己分子混了进来。地主团练武装在苏浙地区也气焰嚣张，这些封建势力盘根错节，相互勾结，依旧欺压人民。有人混入地方政权和太平军中之后，仍与清军暗中勾结，阴谋颠覆太平天国政权。李秀成及其他将领对这些反常现象视而不见，反而一味采取“招抚”政策，敷衍塞责，引起了太平天国广大军民的抗议和强烈不满。因此，在太平天国管辖的区域中，农民经常进行抗粮抗租斗争，有时还发生杀死催租派捐的乡官的激烈冲突。

中外反动势力联合进逼

咸丰十一年（1861年）十月，曾国藩奉命统辖苏、浙、皖、赣四省军务后，坐镇安庆对军队进行统一指挥。他分三路大军进攻太平军：首先，于咸丰十一年（1861年）底，派他的弟弟曾国荃率湘军主力从正面进攻天京。接着，在十二月派左宗棠率另一支湘军由江西进入浙江。左宗棠因为对湘军提供过大力帮助而被曾国藩延入幕府，咸丰十年他开始单独招募和率领一支湘军来同太平军打仗。后来，曾国藩又在同治元年（1862 年）三四月间，派李鸿章率淮军从安庆出发，乘英国轮船抵上海与外国侵略军一起攻打苏南地区的太平军。李鸿章咸丰八年（1858 年）为曾国藩幕僚，咸丰十一年（1861 年）在曾国藩帮助下对安徽团练武装进行扩充和整编，按照湘军的编制组建淮军，成为镇压太平天国的另一支武装。

英、法、美等国侵略军在此时也以上海为基地加紧布防。同治元年（1862 年）一月，中外反动势力在上海成立“中外会防公所”，负责统一规划防守上海的方案。英、法军在上海的驻兵也已达数千人之多。华尔的洋枪队也扩编至五千人，改称为“常胜军”。他们与清军联合进攻在上海周围的太平军。

同治元年（1862 年）初，李秀成率五路大军离开杭州，从苏州出发，分别从水路和陆路，第二次进攻上海。他沿途对外国侵略者发出警告，让他们最好不要干涉太平军的行动，应当各宜自爱，互不干扰，倘助逆为恶，则是以卵击石，自取灭亡。李鸿章的淮军与外国侵略者联合起来，对其进行疯狂反扑。双方在奉贤南桥镇激战，法国海军司令卜罗德中弹身亡。太平军最终也不得不退出南桥镇。同治元年（1862 年）四月中旬，李秀成亲率大军对侵略军发起反攻，接连收复嘉定、青浦等县城；在青浦又活捉了“常胜军”副统领法尔思德。五月初，当太平军逼近上海城郊时，侵略者颤颤惊惊地躲在上海城内不敢出战。清统治者也挖苦他们说：“夷人之畏长毛，亦与我同，委而去之，真情毕露。”

正当李秀成在上海近郊取得重大胜利之时，曾国荃率湘军进围天京，天京形势开始全面告急。洪秀全一日连下三道命令催促李秀成返回支援天京，李秀成只好暂时放弃攻取上海的计划，带兵赶回天京。从八月二十日至十月初五，李秀成在天京城外率领大军与湘军浴血奋战 46 天，湘军已快支援不住，曾国荃面部受伤。在安庆督战的曾国藩吓得面如土色。鉴于太平军粮草奇缺，寒衣无备，难以坚持攻坚，李秀成便主动停止了进攻，并按照洪秀全的命令渡江进攻皖北，向湖北进军，然后攻克武汉，占领湘军的后方，以迫使湘军撤离天京。这就是太平天国当时所布置的进北攻南的战略计策。同治二年（1863 年）春，李秀成转战皖北。不料皖北正在闹饥荒，太平军将士饿死、病死的很多。五月，淮军又有所行动，攻占了雨花台。洪秀全再次急命李秀成迅速回军救援。李秀成率军正要渡江返回南岸之时，江水暴涨，再加上粮食奇缺，士卒死伤 10 万多人，损兵折将，士气衰退。

当李秀成在天京城外奋力拼杀之时，李鸿章督率淮军和“常胜军”乘机反扑。因此，东部战场的局势也开始对太平军严重不利。同治二年（1863 年）一月，英国军官戈登统领“常胜军”，和淮军联合作战，在当年夏天攻陷太仓、昆山、吴江等地，朝苏州进逼。八月又派兵围攻无锡，企图把太平军后路截断，包围苏州。苏州太平军在慕王谭绍光率领下，顽强抵抗，使淮军和“常胜军”不断在坚城外消耗时间，却没有丝毫进展。十月十七日，“常胜军”趁夜间偷袭娄门外炮垒，死伤士兵 200 余名。

李鸿章和戈登见强攻不下，就打算利用招降来达到目的。戈登公然向谭绍光致书，向他劝降。谭绍光不加理会，反而用更加猛烈的炮火反击。十八日，李秀成从城外的望亭回到苏州，认为在目前的形势下最好放弃苏州，谭绍光坚决反对。这时，苏州的其他守将郜永宽、汪安钧之流生叛变之心。当天晚上，汪安钧出城，到阳澄湖敌营，偷偷地向早已叛投清军、成为李鸿章手下总兵的程学启投降。主将李秀成知道了此事，可他不但不设法制止，反而对他们说：“现今我主上蒙尘，其势不久，尔是两湖之人，皆由尔便，尔我不必相害。现今之势，我也不能留尔。我乃国中有名之将，有何人敢保我投降乎?”郜永宽一帮人感激涕零，说：“忠王宽心，我等万不能负义。”十月二十日晚，李秀成认为大势已去，便不顾几万太平军安危，带着亲信从苏州胥门逃往丹阳。

江宁省城战图　清

十月二十二日晚，郜永宽等又与戈登、程学启进一步商量投降条件。淮军要他使谭绍光先生擒李秀成，或者斩杀谭绍光才肯相信他。二十四日，郜永宽等八人将谭绍光害死并开城降敌，苏州城遂为敌所占。几天之后，李鸿章处死了郜永宽等 8 人。十一月初二，无锡失守，黄子降被捕后不久遇害。苏州、无锡沦陷后，淮军又兵分两路：一路进窥浙江嘉兴，一路准备进攻常州。

淮军在把突入江阴、常熟、无锡境内的太平军肃清后，又在常州外围集合。同治三年（1864 年）三月十七日，淮军水陆协同作战，攻占了常州西南的陈渡桥，切断了太平军通金坛、丹阳之路。十八日，常州城外的战略要点都被清军占领，太平军全部退入城内。淮军又在城壕外构筑长墙，并把大炮移过来，于晚间在护城河上偷架浮桥。四月，淮军发起总攻，以大炮对准旧缺口进行狂轰滥炸。至初六，南城、北城各被轰塌十余丈，淮军从缺口涌入。太平军与突入之敌展开激烈的巷战，淮军占领常州城，但却付出了巨大代价。四月初八，提督冯子材又占领了丹阳。至此，苏南各城又一一被清军收复。

当各路湘军节节东犯，曾国荃部大军开临天京时，镇守浙江的太平军李世贤、黄呈忠、范汝增等部，也受到敌人的东西夹击。

浙东方面，清军与英法侵略军串通一气，于同治元年（1862 年）四月十二日攻陷宁波。七月初七，洋将马樑惇率“常胜军”一队自上海到达宁波，和“常捷军”会胜，协同进犯余姚，威逼绍兴。黄呈忠、范汝增部于八日对敌进行反攻，进占慈溪，威胁宁波。“常胜军”统领华尔奉李鸿章之命，率千人自上海来到宁波，于七月十六日攻占慈溪。在这次战斗中，华尔中弹身亡。同治二年（1861 年）正月，浙东的中外反动联军再次发起进攻，正月二十六日他们占领绍兴，二月初二又占领萧山，其先头部队直抵杭州城下。

浙西方面，新任浙江巡抚左宗棠于同治元年（1862 年）一月中旬率领部下从皖南进入浙江后，不久连占开化、常山、遂安、江山等地。五月四日，左宗棠由江山进至衢州，所部湘军沿汤溪、兰溪一线驻扎，构成对金华的威胁。从五月起，李世贤部在龙游、汤溪、兰溪一线顽强抵抗左宗棠所部湘军。同年秋，浙江布政派蒋益澧率湘军近万人由广西到达浙江，接受左宗棠领导。而太平军方面，由于曾国荃部围困天京，但调回李世贤，留浙的太平军兵力减少。于是，左宗棠乘机带领大军于当年冬天对浙西太平军发起新的攻势。同治元年（1862 年）十一月二十日攻破严州，次年正月初十攻陷汤溪，十二日攻陷龙游、兰溪。十三日，太平军放弃金华城。接着，旬日之间，湘军又接连攻破武义、永康、东阳、义乌、诸暨、桐庐，二月初六开始进攻杭州西南的富阳。

富阳是湘军进攻杭州的必经之地，地理位置很重要，县城背江面山，右阻一溪，形势险固，太平军占领杭州，即在此安营扎寨，修筑城池。湘军蒋益澧部自二月下旬开始进攻富阳以来，刚开始，屡为太平军守将汪海洋部所败。直至八月二十七日，才在“常捷军”千余人的帮助下攻占该城。湘军占领富阳之后，便由钱塘江直逼杭州。同时，又在余杭布署部队，企图断了杭州太平军的后路。于是，双方在杭州、余杭展开了激烈的争夺。

同治二年（1863 年）底，苏南战场的军事形势对太平军很不利，苏州、无锡落入敌手。淮军一方面进攻常州，另一方面又分兵进入浙江，进攻杭州东北的重镇嘉兴。嘉兴附近的平湖、乍浦、海盐、澉浦、海宁、桐乡等地的太平军守将纷纷叛降。同治三年（1864 年）二月，嘉兴又落入敌手，坚守杭州的太平军陷于敌人兵分三路的重重包围之中。

二月初十，湘军和“常捷军”联手对杭州发起猛攻，用大炮轰塌凤山门城垛约三丈，蜂拥而入，却又被太平军全部逐出。十二日，敌军向武林、钱塘、凤山、望江、清泰等门发起猛烈进攻，太平军坚决抗击，使湘军遭到重创。当天晚上，守将陈炳文等率部弃城、奔向北方的德清，杭州于次日晨落入敌手。同日，汪海洋弃余杭北走，余杭也失守了。

二月二十七日，李世贤会同陈炳文、汪海洋、黄呈忠、陆顺德等，自德清抵浙西昌化，打算离开浙江、进入安徽。杨辅清、黄文金等留守湖州。至此，湘军基本上占领了浙江全省。

苏南与浙江根据地的丧失，使天京失去了东南屏障，军需和粮食供应断绝，越来越被动。

天京陷落

同治二年（1863 年）十月十五日，巡抚曾国荃及提督萧太衍部驻扎在天京城东孝陵卫。天京城此时只剩下太平门、神策门尚与外界相通。

十一月初十，李秀成自丹阳回到天京的第二天就向洪秀全建议：

“鉴于湘军壕深垒固，封锁严密，天京内无粮草，又难以获得外援，不如放弃天京，取道江西和湖北会合陈得才、赖文光所部太平军，到中原地区争取更大发展。”洪秀全厉声斥责说：“朕奉上帝圣旨，天兄耶稣圣旨下凡，作天下万国独一真主，何惧之有……朕铁统江山，尔不扶，有人扶。尔说天兵，朕之天兵多过于水，何惧曾妖者乎！尔怕死，便是会死，政事不与尔干，王次兄勇王执掌，幼西王出令，有不尊幼西王令者合朝诛之。”洪秀全厉声驳斥了李秀成的建议，坚持固守天京，并且怀疑李秀成对其不忠。此时，他不但不再过问太平军的有关情况，而且向他报告情况时，他总是期待上帝保佑，胡言乱语，不务实际。

被围困的天京形势十分紧迫。洪秀全动员全城军民抵抗，并下达严格命令：如有私拆城外清军投来书信的，全家抄斩；知情不报者以奸妄论处。

这时，浙江战场的太平军转而争取主动，陆续向外突围。第一批约 8 万人，于同治三年（1864 年）一月，从溧阳、广德、宁国进入天目山区，又向闽、赣地区挺进。第二批约 20 万人，在李世贤率领下，从浙江德清出发进军江西。第三批约 3 万人，从丹阳经皖南向江西突围时，遭到敌人的拦截，死伤无数。

曾国荃为了尽快攻下天京，增加围困天京的湘军至 5 万人。

湘军于同年一月二十一日，攻占了紫金山巅的天保城。二月二十四日，曾国荃部在太平门、神策门外驻扎，对天京形成合围之势。

天京城内粮食断绝，处境艰难。李秀成要洪秀全降旨筹粮，以稳定军心、安抚百姓。洪秀全下诏说：“合城俱食甜露，可以养生。”李秀成因城中无粮，劝洪秀全将城中百姓放出城外。洪秀全斥李秀成：“不顾国体，敢放朕之弟妹外游。各遵朕旨，多备甜露，可食饱长生，不由尔奏。”二月间，曾国荃包围金陵后，用云梯攻城，但没有成功。三月开始，在朝阳、神策、金川门外挖掘十余处地道，准备将城墙轰塌。太平军一面组织力量从城内对挖，进行破坏，一面又加紧构筑月城，以便城墙轰塌后继续拼死抵抗。

同治三年（1864 年）四月二十七日，天王洪秀全病逝，享年 51 岁。这时，天京人心惶惶，动荡不安。五天之后，全朝文武扶幼天王洪天贵福即位，由忠王李秀成执掌一切军政事务。

湘军于五月三十日攻占紫金山地保城，这样湘军就居高临下，可以监视城内的动静。湘军在龙脖子山麓修筑数十座炮台，日夜轰炸天京，压制太平军的炮火，掩护其攻城；同时，在龙脖子山麓与城墙之间填塞大量芦苇、蒿草，上面盖上沙土，高度与城墙齐，为攻城铺平道路，还在附近距城十数丈处昼夜不停地挖地道，准备轰城。半个月后，湘军做好了一切攻城准备工作。

李秀成见湘军马上就要攻破城池，于六月十五日深夜，选派千余人乔装打扮成湘军，冲出城去，企图破坏太平门附近的地道，却被湘军认出，只好退回城内。

同治三年（1864 年）六月十六日，担任主攻任务的湘军部队齐集太平门外。午刻，轰发地雷，城墙被炸开了很大缺口，湘军蜂拥而入。太平军纷纷以枪炮猛烈轰击，虽给湘军以重大杀伤，但缺口最终未能被堵住。湘军由太平门入城后，兵分四路直插城内。太平军同湘军展开了激烈的巷战。黄昏时分，天京各城门均被湘军打开。

当天京城破时，李秀成为了效忠、保住天王的骨肉——幼天王，挥泪辞别了老母，舍弃家室，独护幼天王冒死突围。但由于各门均被湘军严密把守，几次突围均未成功。深夜三更之后，李秀成让幼天王骑上自己久经疆场的战马，而自己却骑着幼天王那匹劣马，再次突围，他冒死冲锋陷阵，带领幼天王从城墙倒塌的缺口向城外冲击。湘军穷追不舍，喊声震天，李秀成和幼天王被敌人冲散，彼此不知下落。李秀成因劣马疲劳过度，加上天已大亮，便弃马逃入荒山顶的破庙躲避，后来乡民发现了他并把他密藏于村中。由于奸细告密，于六月十九日湘军俘获了他。李秀成在自述中谈到了他的被俘经历："我战马幼主骑去，现在生死未知。我若仍骑战马，我亦他逃矣。"

李秀成在囚笼里写了洋洋洒洒的万言供词，主要内容如下：

第一，详述了太平天国运动的整个历史及他本人的经历。

第二，总结了太平天国失败经验教训和主要原因，指出太平天国的十大错误。

第三，指出曾国藩应用10种办法来招降太平军余部，叫作"招降十要"或"收齐章程"。招降十要的主要内容是要曾国藩恩赦两广之人，给票令回，要求不杀南京城内的太平军将士，不管是王是将，不管是何处之人，一律不要杀害，赦其死罪。李秀成写完供词的当天晚上，就被曾国藩杀了，年仅41岁。

湘军在大肆抢劫之后，火烧天京城，以消灭罪迹。全城上下，火光冲天，一直燃烧至七月二十五日。城内的太平军将士，或战死疆场，或被抓捕杀害，或聚众自焚，十余万人无一人投降。湘军围城有两年多时间，期间有一万多人死于疾病，九千人战死，同样付出了高昂的代价。

同治三年（1864年）六月，幼天王洪天贵福从天京突围出来，在江苏东坝与率兵来迎的洪仁轩相遇，两人一起回到皖南广德。七月十二日，洪仁轩到湖州打算和黄文金等坚守城池。左宗棠部湘军、李鸿章部淮军派重兵围攻湖州，守城太平军顽强作战，数次大败清军，但守将陈学明于七月二十五日叛降了清军，形势对太平军极为不利。洪仁轩、黄文金等只好于二十七日夜弃湖州退往广德，二十八日夜，护幼天王离开广德、奔向宁国、昌化。途中，黄文金受伤牺牲，洪仁轩护幼天王于八月二十二日经开化、常山等地，进入江西玉山，企图会合先期入赣的李世贤、陈炳文及汪海洋等部，再入湖北会合陈得才部，以图重振太平天国大业。没想到李世贤等部已转移至赣、粤、闽三省边界地区。洪仁轩急忙带领部队追赶他们，九月九日却在石城杨家牌遭敌袭击，幼天王与洪仁轩等在混乱中失散。洪仁轩北走广昌，在白水镇被俘。幼天王逃至石城荒山野岭中，但最终被敌捕获。年仅16岁的幼天王于十月二十日在南昌被凌迟处死。洪仁轩被俘后，于同年十月在南昌英勇就义。就义前他慷慨吟诗，痛骂当今清朝的昏庸统治，而坚信革命事业会后继有人。诗的最后几句是："我今即永逝，一语贻后贤。天国祚虽斩，复生待他年。"

天京失守后，太平军余部仍在大江南北坚持斗争，侍王李世贤和康王汪海洋所部太平军在江南和东南沿海地区继续努力反清。天京失陷后，他们率部由江西出发向福建南部的汀州和漳州发起进攻，并以漳州为根据地建立政权，所属军队有 20 万，屡败清军。同治四年（1865 年）二月，左宗棠在英、法侵略者帮助下又重新夺回漳州。四月，李世贤兵败藏在山中，汪海洋杀死李世贤的部将，把其部众并入己部。后李世贤来投奔汪海洋，竟遭汪海洋杀害。同治五年（1866 年）一月，汪海洋在广东嘉应州战役中阵亡。自此，长江以南的太平军彻底失败。

赖文光所部太平军一直活动在长江以北。同治三年（1864 年）九月，太平军以赖文光为统帅，按太平军的编制、制度进行统一整编。次年四月在山东曹州歼灭僧格林沁的马队，杀死僧格林沁。于同治五年（1866 年）分为东西两路，互为犄角之势。赖文光率部入山东，张宗禹率部进入陕西联合起义力量，同治六年（1867 年）赖文光军兵败山东；第二年一月赖文光在扬州地区被捕牺牲。张宗禹军得知后，速回山东救援，同治七年（1868 年）在山东西北部被歼灭。

云贵高原一直活跃着各少数民族的起义队伍，他们一直坚持到同治十一年（1872 年）至光绪二年（1876 年）才最终失败。

洋务运动的兴起

兴办企业

从 19 世纪 60 年代开始，洋务派以“自强”为口号，依照西方资本主义国家的方法来研制新式枪炮和船舰，兴办了一批军事工业企业。其中规模较大的军工厂主要有：

江南制造总局。同治四年（1865 年），在曾国藩支持下由李鸿章在上海建立。总局购买了美国旗记机器铁厂和苏州制炮局的部分机器，同时又委派容闳从美国购进一部分机器，综合构成该局的生产设备。创办经费为 54 万余两白银，以后又投入很多经费。拥有工人二千余人，在洋务派创办的军工企业中，规模最大。主要是生产枪炮、弹药、水雷和小型船舰。该局还附设译书馆，翻译西文书籍。

金陵机器局。同治四年（1865 年），李鸿章署理两江总督时，把他在苏州创办的洋炮局迁到南京并加以改造扩建而成。主要生产枪支、火炮，为淮系军阀供应军火。

福州船政局。同治五年（1866 年），左宗棠在福州闽江马尾山下设立该局，也称马尾造船厂。该局以 47 万两白银起家，是洋务派创办的规模最大、设备最齐全的轮船修造厂。该厂还附设船政学堂，专门教授英语、法语、算法和画法，为驾驶轮船和造船培养专门人才。该局系南洋水师的基地。

天津机器局。这是同治六年，崇厚在天津筹建的，英国人密妥士任总管，从国外购买机器，制造火药。虽耗资巨大但成效不佳，同治九年（1870 年）李鸿章调任直隶总督时接管了该厂，招募洋匠，添置设备，扩大规模，使该局有了一些起色。随后又扩大规模，分为东、西两局。东局设在天津城外东南方的贾家沽，西局设在天津城南海光寺。主要生产弹药、水雷、炮架、洋枪等。

19 世纪 70 年代以后，洋务运动的重点转向兴办民用工业企业，但军事工业的扩展却丝毫未放松，许多省份相继兴办了小型军工企业。此外，张之洞于光绪十七年（1891 年），在汉阳创办了湖北枪炮厂，这是洋务运动后期兴办的最大的军火工厂。

上述军工企业性质都属于官办，严格地控制在清政府和湘、淮系等军阀集团手中，绝对不允许商民插手和仿办。这些企业的性质和特点主要有以下三个方面：

其一，具有浓厚的封建性。这些企业完全采用官办的形式，由官款拨充各局、厂的创办经费和巨额的常年开支，具体讲，是由军饷中拨出一部分或从税收中支付。企业管理机构按照封建衙门组建官僚机构。工人大多来自清军士兵，各局、厂的管理制度仍采用封建军队式的，对工人“以兵法部勒”，以“武弁”统领。企业生产的产品由清廷直接调拨给军队，不在市场上出售。企业既不计算成本，不负盈亏，更没有从利润转化而来的资金积累。所以，它是官府控制、垄断下的具有浓厚封建气息的近代企业。

其二，依赖性和买办性的特色很明显。这些军工企业从设计施工、购置机器设备、生产技术，直到原料供应，没有一样不依赖外国。当然，在当时的历史条件下这些也是无法避免的，但关键在于这些企业长期都是在外国人的操纵之下。例如李鸿章为首的淮系军阀所创办的军工企业主要操纵在英国人手中，左宗棠的湘系集团兴办的军工企业被法国人所控制。外国资本家还通过洋务派推销国内早已落后的或者淘汰的设备和器材。一些洋务派官僚在采办经营过程中乘机贪污受贿或扩充个人势力。可谓是名为“自强”，实则封建军阀趁机各自扩充本派的实力。

其三，其中也包含一定的资本主义因素。这些军工企业采用了在当时的中国还算比较先进的大机器生产，集中了一批出卖劳动力的工人，形成了资本主义形式的阶级关系。企业的产品虽不面向市场，但其本身具有部分的商品属性，从某种意义上说也受价值规律的支配。所以说，这些军工企业中间包含有一定的资本主义因素。

洋务派从 19 世纪 70 年代到 90 年代，在兴办军工企业的基础上，又打出“求富”的招牌，开始大量兴办民用工业企业。洋务派从 19 世纪 70 年代起大办民用企业主要有两个原因：首先是他们在创办军工企业的实践中遇到一些困难，比如资金奇缺、原材料供给不足和运输落后等，加上经办人员极度的挥霍浪费而使企业难以维持，使他们认识到“必先求富而后能强”。也就是说必须通过大力发展民用工业企业来积累资金，打下雄厚的经济基础，才能辅助军工企业的发展。再者，他们想通过兴办民用企业来抑制洋商倾销洋货和列强的经济掠夺。洋务派代表人物在奏章、书信、谈话中都表示过要“稍分洋商之利”，“欲收已失之利还之于民”等想法。虽然洋务派在兴办民用企业的过程中各有企图，甚至还有一些表里不一的伪君子，但也不能说他们没有抑制洋商和夺回利权的意图。从他们兴办民用企业的实践来看，也的确尝试过一些抵制洋商倾销洋货的努力。

自19世纪70年代到90年代的20余年间，洋务派大约创办了20多个民用企业，涉及交通运输、采矿、纺织、冶炼等行业，规模较大的有以下几个：

上海轮船招商局。同治十一年（1872年）由李鸿章在上海创立。这是近代中国第一家轮船航运公司，也是洋务派兴办的第一个民用企业，形式为官督商办。当时，李鸿章上奏获准后，清廷拨直隶练饷局制钱22万串，折合白银13.3万两作为股本，委托沙船富商朱其昂、朱其绍兄弟在上海设局筹集商股而创办。初期仅有轮船三艘，到光绪三年（1877年）已有大小船共30艘，在各口岸设27处分局。该局在经营过程中遭英、美轮船公司的不断排挤，在极其困难的情况下，它不仅没有被挤垮，而且蓬勃发展，是民用企业中最有成就的一个。

开平矿务局。光绪四年（1878年）李鸿章在天津创设。最初由李鸿章派唐廷枢在天津计划创立开平矿务局，目的是开采唐山煤矿。原拟官办，后因清廷财政困难，改为官督商办。光绪七年（1881年）开始开采出煤，每天的产量达五百至六百吨。由于该矿设备优良，煤矿储量大，煤质好，产量逐年增加。除供应轮船招商局、天津机器局、北洋海军用煤外，还在市场上大量出售，在天津很好地抑制了洋煤进口。

上海机器织布局。这是李鸿章于光绪八年（1882年）派人收集商股在上海筹办的，是近代中国第一个机器棉纺织厂，于光绪十六年（1890年）投产。资本来源于公款和商股，股资由50万两逐渐增至100万两。从英、美两国购置了纺织机械，包括轧花、纺纱、织布一整套设备，共有3.5万枚纺锭，布机达530台。经营兴盛，利润很高。光绪十九年（1893年）由于失火而被毁灭殆尽。不久由李鸿章派盛宣怀重新建厂，更名为华盛纺织厂，性质仍是官督商办。

电报总局。光绪五年（1879年），李鸿章为了军事上的需要而在大沽炮台至天津之间试设电报，试验成功。光绪六年（1880年），李鸿章在天津设立电报局，任命盛宣怀为总办。第二年就开始铺设天津到上海的线路，年内竣工。这是中国第一条长途通讯线路。同时，在紫竹林、大沽口、济宁、清江、镇江、苏州、上海等地分设七个分局。光绪八年至十年（1882～1884年），上海至南京、南京至武汉的电线相继架设完毕。光绪八年（1882年），因官款不足，电报总局又吸纳商股和民资而改为官督商办。

铁路交通运输业。光绪元年至二年（1875～1876年），英国人在上海至吴淞段修筑了铁路，全长三十六华里，从此中国便有了铁路。后因机车轧死一人，清廷要求司机偿命，并派李鸿章到上海进行谈判。愚昧的清政府出28万两白银购回铁路、机车，然后把机车抛入江中，铁轨、车辆被弃置在海滩，后来全部烂掉了。此后清政府内部争论了许多年铁路问题。开平矿务局于光绪六年（1880年）修筑了唐山到胥各庄的铁路，总长十一公里，用以运煤，但这却是中国近代史上自办的第一条铁路。这条铁路后来又延长到天津，又从唐山延至山海关。光绪十三年（1887年），台湾修筑了从基隆到台北的铁路，后又把铁路延长到新竹。从此中国的铁路事业逐渐发展起来。

洋务派接着又创办了台湾基隆煤矿、黑龙江漠河金矿、兰州机器织布局、汉阳铁厂、湖北织布局等民用企业。

这些民用企业大致上分3种经营方式，即官办、官督商办、官商合办，但官督商办的方式占主导地位。这是因为清廷缺乏资金，不得不利用社会上现有的私人资本，以解决经费来源。而拥有货币财富的买办、商人为获取最大利润，也企图在官府的保护下更加顺利地经营企业。二者便自愿结合起来，产生了官督商办这种形式的近代企业，并且一直延续到19世纪80年代。之后官督商办的形式逐渐被官商合办所代替。官商合办也就是官、商各认股份，拥有各自的权利义务，共同经营管理企业。但是由于这种经营管理存在很多弊病，企业仍处于清政府控制之下，企业的正常发展还是遇到了很大阻碍。

民用工业企业的性质和特点主要具有以下几个方面：

第一，民用企业总体上属于资本主义性质，但仍带有明显的封建性。这些企业的资金，主要是由官僚、买办、商人以私人入股的形式筹集的。企业中雇佣了大批工人，这些工人以出卖劳动力为生，与企业的主人是资本主义的阶级关系。企业的产品大部分都投放市场，经营的目的是为了最大限度地盈利。所以这种企业是具有资本主义性质的企业。但是，在洋务派官僚的控制下，这些企业在经营管理上又带有浓厚的封建性，其管理机构实为封建官府衙门的翻版。在企业中不仅由官府来决定一切，而且亏损总要由商股承担，并且官府还经常向企业进行勒索，商人被迫向封建统治者“报效”。

其二，洋务派把持下的民用企业具有垄断性，压制了民族资本主义的发展。洋务派不仅对民间发展近代工业从不给予鼓励，反而处处进行阻挠，严禁民间人士自办企业，对民用企业实行封建垄断。例如，李鸿章创办上海机器织布局后，就奏准获得10年专利权，10年之内不许商人另设新厂。福建轮船招商局设立后，李鸿章也多次阻挠广东、上海等地商人创办新的轮船公司。

其三，民用企业对外国资本主义存在很大的依赖性，并且在经营管理上极为腐败。虽然民用企业与外国资本主义势力的利益存在冲突，甚至有尖锐矛盾，但它们在很大程度上依赖着外国资本主义。同军工企业一样，它们在机器设备上、技术上、资金上依赖外国，有的几乎完全由外国侵略者操纵、控制。由于企业经营管理存在很多腐败现象，因而成为官僚买办营私舞弊的场所，最终由于官吏中饱私囊，而使大多数企业亏损非常严重。

但是洋务派兴力的民用工业企业归根到底还是中国近代史上比较先进的资本主义性质的企业，它在一定程度上推动了社会经济的发展。首先，这些新式工业企业规模较大，并开始使用大机器生产，开创了近代工业企业经营管理的新格局，奠定了中国资本主义近代工业基础。当然，这个基础比较薄弱。其次，民用企业生产的产品目的是要投放市场，这不仅扩大了资本主义商品经济的影响，而且其中一些产品还抵制了洋商洋货。再次，民用企业同军工企业一样，引进西方先进的科学技术，培养了一批工程技术人才和一批近代产业工人，积累了大量技术资料，传播了近代科技知识，对中国资本主义工业的发展起了积极的促进作用。

加强海军、倡导西学

在兴办军工、民用企业的同时，洋务派还筹建了海军，加强海防建设，设立外文学馆，派遣留学生到国外学习先进科技。

从 19 世纪 60 年代开始，由于列强疯狂侵略我国邻邦和边疆地区，导致边疆地区出现了普遍危机。同治十三年（1874 年），在美国的怂恿和支持下，日本出兵侵略我国台湾，东南沿海局势变得非常紧张。光绪元年（1875 年），两江总督沈葆桢、直隶总督李鸿章等人上奏请求筹建北洋、南洋和粤洋三支海军。经总理衙门核准，每年调拨海关银四百万两来资助筹办海军，计划 10 年之内建成。光绪十年（1884 年），三洋海军已初步建成。北洋海军归北洋大臣管辖，拥有 15 艘船舰，负责防卫山东、直隶、奉天海域；南洋海军属南洋大臣统辖，拥有 17 艘船舰，负责江浙海域的安全；福建海军由福建船政大臣管辖，拥有 11 艘船舰，防卫闽粤海域。在中法战争中，经过马尾之战后，福建水师几乎全军覆没。清政府在光绪十一年（1885 年）又增设海军衙门，统理海军、海防事宜，任命醇亲王奕䜣为总理海军大臣，而会办李鸿章却掌握着实权。此后，李鸿章趁机扩充由他所统领的北洋海军，任用淮系将领丁汝昌为水师提督，扩充舰只到 22 艘，成为海军中实力最强的舰队。此间，为逢迎讨好西太后，奕譞、李鸿章等人不惜挪用海军经费修建颐和园。光绪十四年（1888 年）以后，海军不再增加船舰及其他装备，军纪越发涣散，派系斗争严重，内部矛盾加剧。

洋务运动有一项重大贡献，那就是设立各种学馆，派遣留洋学生。为了培养精通外语和熟谙洋务的人才，洋务派积极筹划设立各级各类学馆、学堂。咸丰十一年（1861 年）奕䜣奏请设立京师同文馆，第二年该馆正式成立，以教授外文为主，同时也开设了天文、历史和数理化等课程。此后，广州、上海等地也纷纷效仿，成立学馆。光绪六年（1880 年），李鸿章奏请设立天津水师学堂，八年又设一分馆，定名为管轮学堂。水师学堂学生学习天文地理、几何代数、平弧三角、驾驶御风、测量演放鱼雷等项。管轮学堂学生学习算学几何、三角代数、物力汽理、机器画法、机器实艺、修造鱼雷等课程。光绪十一年（1885 年）李鸿章还在天津创办了武备学堂，专门用来轮流培训淮军及北洋各军军官，并聘请德国军官李宝等对官兵进行德国式操练，以提高各军能力。据保守统计，到光绪二十一年（1895 年），洋务派共创办大约 20 余所外语和各类工业技术学堂。许多军工或民用企业还附设翻译馆，用来讲习、翻译外国书籍。

同治九年（1870 年），在中国近代第一个留学生容闳的建议下，曾国藩奏请派遣留学生出国，清廷批准了此事。同治十一年（1872 年），中国第一批学生从上海出发赴美留学。到光绪元年（1875 年），共派遣 120 名留学生。此后赴外国留学人员还在不断增加。例如，李鸿章在筹办海防的过程中，感到船舶与驾驶人才奇缺，便于光绪二年（1876 年）奏请派福州船政局附设学堂的 18 名学生赴法国学习制造轮船，另外又派 12 名赴英国学习驾驶。福州船政局先后派出众多留学生，其中有许多在国外深造成才的，如严复、刘步蟾、林永生、萨镇冰等，他们后来均成为海军中的优秀教官和将领。李鸿章在筹办海防的同时，也对陆防进行了一番整顿，光绪二年（1876 年）曾选拔一批年轻的中下级军官卞长胜等七人赴德国学习陆军的有关军事技术。光绪五年（1879 年）学成归国，按照德国操法训练军队，大大提高了将士的军事技术。

总体上讲，在 30 余年间，洋务派相继创办了几十个近代化的军工、民用企业，组建了近代化的海军，并成立了传播西学的学堂。在世界资本主义势力频繁入侵，商战、兵战蜂拥而至，民族危机日渐加深的形势下，这些做法无疑是进步的，有重大意义。洋务派引进了西方的生产技术和设备，并且引进了先进的生产力，创办了许多近代工业企业，这一系列的活动都不自觉地促进了资本主义生产关系的产生和发展。这就使古老的中国的生产方式发生了一些深刻变革，开始用大机器生产来逐渐取代家庭手工业和小作坊生产，改变了几千年来一直沿袭的封建经济结构。所以从客观上讲，洋务运动成为中国资本主义近代化的起点。

当然，洋务派学习和利用西方先进的科学技术，兴办近代工业企业的根本目的是为了拯救和维护清朝封建统治，他们主观上并不是要触动封建主义的体制和根基，而是企图对西方近代科技进行移花接木，以使中国封建体制适应正在发生剧烈变化的国内外形势。但事实上，洋务派不仅创办了中国第一批近代工业企业，而且冲击了封建思想文化的堤坝，使其产生了一个缺口，为西学的进一步传入创造了良好条件。随着西方科技知识的传入，西方的哲学、政治思想开始影响中国。西方的社会政治学说成为批判封建主义的锐利武器，奠定了资产阶级政治运动的物质和思想基础。新的经济因素必然带来新的政治、思想、文化因素，也一定会对中国传统的经济结构、思想文化结构带来很大的冲击，所以说洋务运动产生的多重后果绝对是洋务派始料不及的。

洋务运动事实上没有、而且也不可能把中国改变成为西方列强那样的资本主义国家，更没有达到其“自强求富”的理想目标。当时就有人评论洋务派是“一手欲取新器，而一手仍握旧物”，只“新其貌，而不新其心”。他们从未打算改变腐朽的封建社会制度，在“中学为体，西学为用”方针的指导下来进行洋务活动，其结果必然是经营管理腐败。有许多官员徇私舞弊，贪污受贿，中饱私囊，任人唯亲，冗工滥食。许多重要企业甚至成为封建军阀集团争权夺势、扩张割据势力的资本。

亲点皇后

状元之女，同治亲点

阿鲁特氏出生在一个世代官宦的家族，她的祖父赛尚阿在嘉庆年间中举，曾为大学士，道光年间担任兵部尚书兼刑部尚书，可谓权倾一时。她的父亲崇绮是清王朝唯一的满人状元。

同治十一年，两宫太后决定为十七岁的皇帝选立皇后。嫡母慈安太后与生母慈禧太后全都动起了脑筋，把满朝文武官员家待字闺中的女孩子都理了一遍，最后选出了十名出众的闺秀。

民间的说法，二月初二为大吉大利的黄道吉日，两宫太后决定在这一天选定皇后和妃嫔的人选。

选后的当天，御花园里热闹非凡，两宫太后和皇帝同坐在宝座之上。经过第一轮挑选，从十人中选出了四人，这四人之中将产生一后一妃和两嫔。当时，刑部员外郎凤秀之女富察氏和崇绮之女阿鲁特氏就在其中。慈禧要立富察氏为后，慈安则认为阿鲁特氏雍容端庄，又知书达理，应是皇后的理想人选，两宫太后意见各不相同，互不相让。后来，让同治亲自选择，同治虽然青春年少，但也懂得选择皇后应该以德为先，加上他最敬重的慈安皇太后也非常喜欢阿鲁特氏，所以不顾生母的心情，最后，阿鲁特氏顺理成章地成为皇后，富察氏被封为慧妃。

皇后人选确定之后，接下来就是下聘、迎娶和婚典等一系列的大婚仪式。这次同治的大婚，是继康熙帝大婚之后，“百年难遇”的一次皇帝的婚礼，场面豪华到难以想象，前后总共花了上千万两白银，相当于清王朝全国财政收入的一半。阿鲁特氏毕竟是一位知书达理的女性，得知这个天文数字以后感到非常地不安。“朱门酒肉臭，路有冻死骨”，如果把这笔钱花在军备和民生上，岂不是更值得？她这样想着。不久后，她就得知，不少朝廷官员都在她与同治大婚前上过奏折，希望皇室在内忧外患的特殊时期能够节俭办理婚事，心中这才有了一丝的安慰。

宫闱之深，世事难料

阿鲁特氏进宫之后，与同治的夫妻感情十分融洽，相亲相爱，相敬如宾。

而阿鲁特氏每次见慈禧，她都感觉这位婆婆矜持有余，亲切不足，有太后的架子，没有亲人之间的关切，不管她怎样小心伺候，都不能讨得慈禧的欢心。慈禧见到她，总是气不打一处来，事事找茬。

每次，慈禧看到皇帝对阿鲁特氏特别好，便格外地不高兴。于是，就对皇帝的私生活横加干涉，经常把同治叫到自己居住的长春宫教训一番，甚至有意无意、明里暗里要求同治少去皇后寝宫，多去慧妃的寝宫。这让阿鲁特氏在宫中战战兢兢，如履薄冰。此后，皇上每次到自己宫里来坐，她都会委婉地劝皇上去咸福宫多陪陪慧妃，同治虽然知道阿鲁特氏的良苦用心，但是一想到自己贵为天子，连喜欢哪个女人都得掩饰，便不由得悲从心生。同治皇帝也着实有几分倔强，偏不依母亲去慧妃那里，干脆谁的寝宫也不去，独自一个人待在乾清宫。这样，母子二人失和，这更让慈禧迁怒于阿鲁特氏，认为是她挑唆儿子不听自己的话，对她记恨在心。

同治皇帝写字像

据同治帝的老师翁同龢的日记记载，同治皇帝倦怠读书，经常嬉戏，注意力不集中。

有一次，阿鲁特氏陪慈禧看戏，每当看到淫秽的地方时，都要侧过脸回避不看，慈禧对她很不高兴，当面骂她是假正经。阿鲁特氏身边的人劝她要处处讨慈禧欢心，要善逢迎，只有和皇太后搞好关系才能保住自己的位子，否则于己不利。但是，阿鲁特氏的性格耿直，不善逢迎，她认为自己是堂堂正正从大清门迎娶的皇后，只要自己行得端，做得正，没必要阿谀奉承，溜须拍马。有人将阿鲁特氏的话偷偷地告诉了慈禧，慈禧听后，勃然大怒，认为是故意蔑视自己，因而对阿鲁特氏“更切齿痛恨，由是有死之之心矣”。

同治帝有病，阿鲁特氏心中着急，但不敢去侍奉，怕慈禧责怪。有一次，阿鲁特氏偷着去探望同治帝，流着眼泪倾诉独处宫中、备受虐待之苦。同治帝安慰她说：“卿暂忍耐，终有出头日也。”小夫妻的这些话被尾随而来、在外偷听的慈禧听到了，她暴跳如雷，立刻闯进了屋子里，抓住阿鲁特氏的头发，一边打，一边往外拽，竟将一撮头发连同头皮揪了下来，病床上的同治帝欲救不能，又急又气又害怕，竟然昏了过去。慈禧见状，这才饶了阿鲁特氏。

在深宫里，可以倾心交谈的人并不多，阿鲁特氏从自己丈夫身上得到了些许的安慰，有时心里甚至暗自揣想：虽然慈禧不喜欢自己，但是能得到丈夫如此的疼爱，就算是死了也值得。

1874年农历十二月五日，同治病死，终年十九岁。阿鲁氏唯一的希望也没有了。

悲剧命运，被逼惨死

皇帝大婚之后，意味着要亲政，这却是慈禧的心病。视权如命的慈禧并不愿意交出权力，儿子虽然是自己亲生的，但她早就感到同治和慈安的关系更密切，在亲政之前就曾联合慈安，悄悄地杀掉了自己最宠爱的太监安德海。皇帝尚未亲政就如此胆大忘形，与自己作对，将来的情况更加难以预料。此次选皇后，同治又和慈安站在一边，新皇后肯定也和皇帝一条心，如果慈安、同治、同治皇后三个人联合起来对付自己，又会产生怎样的后果？慈禧越想越生气，气急败坏，就把怨气通通都发到了阿鲁特氏身上。

同治英年早逝，十四天后，两宫皇太后发出懿旨："皇后作配大行皇帝，懋著坤仪，著封为嘉顺皇后。"两月后，阿鲁特氏崩逝于储秀宫，年仅二十一岁。

阿鲁特氏因何而死，有几种不同的说法。一种是同治去世，皇后哀伤过度，大病不起，并抱定必死的决心拒绝治疗而逝。一种是说同治死的当天，阿鲁特氏就曾吞金自尽，遇救不死，因此这次身死，仍然是自缢，追随皇帝于地下。另一种说法是被慈禧太后迫害致死，慈禧唯恐嘉顺皇后在世，日后会有隐忧后患，决心置她于死地，秘密下令，断绝她的一切饮食，使皇后活活饿死。种种说法，难分真假，但是和慈禧都有着直接或间接的关系。

据传，同治死后，阿鲁特氏大恸大悲，不思饮食，后来发现自己已经有了两个月的身孕。然而，慈禧对于唯一的儿子留下的遗腹子，也同样恨之入骨，唯恐阿鲁特氏生下皇子，名正言顺地当上太后。自己就再也不能摄政，在慈禧的心目中，权力永远比亲情更重要。所以，在阿鲁特氏已经能进食之后，慈禧依然不许给皇后进膳，阿鲁特氏彻底绝望了，走上自己别无选择的一条自尽路。

1875 年，也就是同治去世后七十五天，饱经磨难的阿鲁特氏才吐出胸中的最后一口怨恨之气，带着未出世的孩子走了。阿鲁特氏死后与同治皇帝合葬于惠陵地宫。

丧礼隆重，身后遗事

阿鲁特氏活着时，慈禧太后对她百般挑剔，死后的丧仪却颇为隆重，和当年的大婚典礼一般。皇后去世的当天，慈禧就派礼亲王世铎领头办理，又加派恭亲王主持，很是大操大办了一场。

阿鲁特氏死了，可是她家族的故事还在继续。由于慈禧的怒气并未全消，转而发到了她的父亲崇绮身上。在阿鲁特氏死后不久，崇绮就被免去吏部侍郎的官职，外放出京。后来，因崇绮全不记女儿被慈禧逼死之仇，一味地巴结太后，而复被起用，先任镶黄旗汉军副都统，后来调任户部尚书，可谓官运亨通。他曾与徐桐等一起主张废光绪帝，因此更加得到慈禧的宠任。

1900年，八国联军入侵华北，他任留京办事处大臣，后在保定自缢而死。崇绮的长子及其全家也继父亲之后自杀身亡。想当初，崇绮中状元、嫁女儿是何其的风光，而最终却不得善终。

同治之死

花街柳巷中的帝王

此时的同治开始广泛出没于花街柳巷，秦楼楚馆。据说他经常到崇文门外的酒馆和妓院中饮酒作乐，“伶人小六如、春眉，娼小凤辈，皆邀幸”，又沉迷于“小说淫词，秘戏图册”中。这个时候，他又认识了王庆祺。

这王庆祺本是一世家子弟，英俊潇洒，多才多艺。有一次在广德楼饭庄唱曲儿，恰巧被微服私行的同治遇到，同治大加赞赏，便一见如故，给其加官进爵，原本王庆祺只是个小小的翰林院侍读，骤然以五品官加二品衔，毓庆宫行走。这王庆祺其他本事没有，吃喝玩乐的手段却花样繁多，居然比已故的载澄还高明一筹。这下子同治真是心花怒放，于是与王庆祺朝夕相处，日夜游玩，简直一刻也离不开。

有一次，太监给同治送茶，远远就看见同治与王庆祺两人坐在榻上凑在一起津津有味地看一本小册子，状甚亲密，太监心中疑惑，待走近一看，居然是本《秘戏图》。两人看得入迷，连旁边有人都浑然不觉。由是便传出了同治亦好男色的说法。此外也有说同治甚至连宫内太监也不放过的不堪说法：“有奄杜之锡者，状若少女，帝幸之。之锡有姊，固金鱼池娼也。更引帝与之狎。由是溺于色，渐致忘返。”

同治的身体本来就弱，根本经不起这种醇酒妇人的折腾。很快他就病倒了。同治十三年（1874 年）十二月初五，年仅 19 岁的同治在养心殿驾崩。

因天花而死说

关于同治的死因，当时就众说纷纭。根据官方说法，同治是患天花不治身亡。这一点也得到了翁同龢的支持。

《翁同龢日记》中详细记载了同治从发病到病重，最终驾崩的情况，翁同龢根据太医的说法，明确提出同治是患天花而死。而历史研究者通过对清宫档案中保留下来的药方的研究也证实了这一点。

此外，根据一些野史的记载，同治患病之后，宫内外进行了规模浩大的“供送痘神”，恭请“痘神娘娘”进入养心殿接受供奉的宗教活动，由于天花是一种致死率非常高的疾病，而满人世居关外，对这种病几乎毫无免疫力，因此大多时候只能听天由命，通过宗教手段，期待自然痊愈。举行仪式时，两宫太后亲赴景山寿皇殿焚香祈祷，祈求列祖列宗的保佑；文武大臣身穿花衣，为皇帝祈福；宫中张灯结彩，贴着驱邪避祟的对联……皇宫内外，锣鼓喧天，乐声震地，好不热闹。

根据美国公使的说法，同治所患疾病并非不治之症，若以西医方法诊治，绝无不可医治之理。然而，同治却不得不忍受这些对他身体根本是有害无益的装神弄鬼，最终咽气。

而同治死后民间流传的一副对联似乎也能说明同治死于天花，上联是“弘德殿、广德楼，德行何居？惯唱曲儿钞曲本”，下联是“献春方、进春册，春光能几？可怜天子出天花”。

然而，这副对联也嘲讽了同治帝生前过于糜烂混乱的私生活，也正是由于如此，不少人对天花致死说提出质疑，认为无论是翁同龢的日记，还是太医院的诊疗报告，都有可能是“为尊者讳”，因此不能作为切实的证据。

梅毒致死说

不少人坚信，同治是患梅毒而死的。根据野史记载，同治外出寻花问柳之时，由于担心被人认出，不敢去比较正规的娱乐场所，而是专拣私娼取乐。这种地方，鱼龙混杂，交叉传染的概率很大。同治患病以后，太医院恐怕伤了皇家体面，不敢对症下药，恐怕传为笑谈，佯装天花治之。同治自然病势日重，最终不治而死。

这一说法也有其他的证据：一些关于同治症状的记载说同治死时，头发全部掉光，由此看来，同治所患疾病，与梅毒的症状实在很像；而《越缦堂日记》也非常婉转地记载了此事，先说“上旋患痈，项腹皆一，皆脓溃”，又说“宫廷隔绝，其事莫能详也。”如此含含糊糊的表达方式，不禁让人生疑。

慈禧太后害死说

还有一种说法，认为同治是慈禧太后害死的。然而具体如何行凶，却是说法不一。

一种说法是慈禧太后与皇后阿鲁特氏的争执，导致同治病危不治。同治年少轻狂，大率类此。但随着他年纪见长，朝野中要求两宫太后停止垂帘归政于帝的呼声也越来越高。慈安禀性冲淡，对此提议自然是无可无不可，可是慈禧始终以“典学未成”为由，不允许同治亲政。这虽是慈禧权力欲望强烈使然，但这个理由倒一点儿没错，同治没有治国之才是千真万确的。

不过，慈禧终究不得不遵守祖制，于同治十一年（1872 年），宣称皇帝年纪渐长，理应亲政，不过皇帝既然成人，应当先举行大婚方为妥善。于是下诏命京城内外满蒙大臣送秀女入宫备选，为 17 岁的同治挑选皇后。

慈禧之所以选后的用意，是想在同治身边安插一个自己的内应，用“枕头风”间接控制同治。因此，她自然希望同治按照自己的心意立后。在众多的秀女中，慈禧看上了员外郎凤秀的女儿富察氏。说起来，这富察氏确实长得比其他秀女漂亮许多，特别惹眼。

然而慈安对此事却有不同的看法，她认为富察氏虽然漂亮，但也许是出身于小户人家的缘故，举手投足透着一股轻佻之态，一看便知缺少教养。这样的女子怎么能够统摄六宫，母仪天下。因此她看上的并非富察氏，而是翰林院侍讲崇绮的女儿阿鲁特氏。崇绮的父亲是道咸两朝重臣塞尚，岳父是郑亲王端华，而且自己才学过人，是清代唯一一个考中状元的蒙古人。因此阿鲁特氏算得上是出身于书香门第，官宦世家，从小就接受了极好的教育。据《清史稿》记载，阿鲁特氏“幼读书，知大义，端静婉肃，内外称贤”。虽然是溢美之辞，却也不乏真实。总的来说，阿鲁特氏虽然长得不如富察氏，但气质却非富察氏可比。

结果，慈安和慈禧在立后问题上发生了分歧，双方都希望立自己偏爱的秀女为妃，这其中自然也包含着一点儿看皇上听谁的话的私心在内。当然，挑媳妇儿的事儿，老妈再怎么想都在其次，最终还是要儿子亲自决定。于是这个皮球被踢到了同治面前。

按照同治一贯好冶游恶读书的作风，他应该比较喜欢姿色过人艳丽无双的富察氏才对，可当他看见一跪在丹墀下的一排排美女的时候，也不知道怎么鬼使神差地就看中了气质过人温婉贤淑的阿鲁特氏。这可让慈禧大失所望、大为光火。所谓知子莫若母，慈禧对同治的想法可以说了如指掌，因此才定下这条计策，想不到居然失算了。

尽管在慈禧亡羊补牢的安排下，富察氏被册封为慧贵妃。但婚后的同治却与阿鲁特氏举案齐眉，相敬如宾，伉俪情深，对富察氏不理不睬，彻底晾到了一边儿。慈禧的计策至此彻底失败了。

盛怒的慈禧将一腔邪火迁到了皇后阿鲁特氏的身上。变着法儿地刁难皇后，甚至不许二人见面，逼着同治与慧妃同房，郁闷的同治只好变着法儿地抵制慈禧。他以身体不爽为名，独居养心殿。后来同治病重，皇后偷偷去护理侍奉，二人久未见面，不免说些儿女私情之话。

谁知慈禧得知此事，火冒三丈，亲自闯入养心殿暖阁，抓着皇后的头发拖出殿外，连打带骂，还要叫太监杖责，全然不顾太后和皇后的体面。

受辱不过的皇后情急之下说了句："媳妇是从大清门抬进来的，请太后留媳妇的体面！"谁知这句话反而激起了慈禧更大的怒火，慈禧本来就为自己未能在咸丰生前册为皇后而耿耿于怀，闻听此言宛如火上浇油一般，认为皇后是刻意讽刺自己，更加不依不饶。可怜同治见此，吓得人事不省，病情转重。

不久同治病重身亡，悲痛欲绝的皇后决心殉死，吞金自尽未遂。谁知慈禧却只是淡淡地说："就随大行皇帝去了吧"。不久慈禧择载湉为新君，皇后在宫内已经没有任何名分可言。在同治驾崩 75 天之后，皇后也撒手西去，年仅 21 岁。

另有一说，据传来自王庆祺。同治死后，王庆祺随之被贬斥，忿忿不平的他曾经对人说过，重修圆明园，乃是同治深谋远虑的一步妙棋。原来同治虽然亲政，但慈禧仍然事事过问，频频掣肘。同治便打算重修圆明园，以请慈禧移居圆明园之名，行监禁之实。不料事机不密，被慈禧太后得知，最终酿成大祸。

此外还有一种更为奇特的说法，声称同治死于慧贵妃富察氏之手。传说清宫旧例，天子要巡幸某妃嫔宫中，需要经过皇后的批准方能成行，否则妃嫔不准擅自接驾。同治死前，曾经想要往慧贵妃宫中就寝，皇后阿鲁特氏再三不允，禁不起同治苦苦哀求，只得允许。谁料第二天同治突然发病，竟至于一病不起。更有甚者提到同治龙驭上殡之时，慈禧毫不悲痛伤心，而是忙着考虑由谁继承皇位。由此观之，慈禧定是凶手无疑。

其实这些说法，和史实相差太远，根本不能自圆其说，因此只能聊备一格而已。然而，有一种说法却甚为有趣。

传说，同治病重时，有一日忽宣李鸿藻入内见驾。李鸿藻进得殿来，却发现皇后也在。李鸿藻心中疑惑不解，连忙叩头请安。原来同治自知病重不治，便决定提前立储君，由于担心慈禧太后从中作梗，日后为难皇后，便特意宣李鸿藻来写遗诏，立贝勒载澍为储君。由于载澍年纪较长，慈禧便不能随心所欲操纵政局。李鸿藻闻听此言心中暗暗吃惊，他心知同治的这点小把戏根本不是慈禧太后的对手。于是当面假意应承，背后却立刻将此事报知慈禧太后。慈禧太后闻言大怒，立刻命人活活逼死了同治帝。

同治之死，一场宫廷阴谋

当年除了上述几种病因，关于同治之死，大英博物馆汉文藏书部助理道格思还提到了另一种说法，他曾在信中写道：在同治死之前，坊间流传着一个谣言，同治与两宫太后发生了一次严重冲突。1874 年 9 月 10 日同治朱谕：恭亲王奕䜣革去亲王世袭罔替，降为郡王，其子载澂革去贝勒郡王衔。第二天，皇太后懿旨，赏还奕䜣及载澂爵秩。不久，两宫就正式公告同治得重病，“12 月 8 日，帝病，命军机大臣李鸿藻代批答奏章，12 月 18 日，帝以天花，命内外陈奏事件由皇太后披览裁定（或云因微行致疾）。”1875 年 1 月同治去世。2 月 20 日，同治皇后吞金自杀。

当时民间谣传同治皇后怀有同治遗腹子，道格思按照自己对中国皇权体制的理解，推理嘉顺皇后很有可能诞下皇帝的继承人，这样，她就可以像两宫一样垂帘听政，但这个设想妨碍了她的两个婆婆既有的统治权，嘉顺皇后最后也只能“因病去世”。显然，在道格思的笔下，同治皇帝和皇后的死完全是一出宫廷阴谋。

同治是否死于官方所公布的天花，当年曾在北京行医的英国医生德贞就有所怀疑。1875 年 3 月他的一份报告说同治小时“曾感染过天花”，而且同治的许多病症“让人们质疑他疾病的真实性”，他以为只有公开病历才能说明真相。在德贞的医学报告中保存的一份中文资料中有未曾引起人们注意的史料：同治得天花的另一种官方解释。清宫廷正式宣布同治得天花的时间是 1874 年 12 月 8 日，即农历十一月初一，那天正是金星凌日——德贞指出，按中国人的传统说法，这一天就是有一个点从太阳盘上划过，所以那天天子的脸上会留下斑点，这样皇帝生天花便顺理成章了；德贞叹道中国人真是太智慧了，他们居然找到了这样的一个借口。

25 年后，道格思再次提起这个事件时，德贞明确告诉《泰晤士报》，同治不可能死于天花，依据是在他还是孩童时，自己曾为他提供过牛痘接种疫苗。他更否认道格思关于同治是在两宫太后逼迫下自杀的推断，理由是同治的病因众所周知——德贞以排除法说明同治不可能死于天花，又用“众所周知”一词来说明同治不可能死于两宫太后的迫害，但他最终回避了同治死亡的真正原因。

德贞的医学报告和公开信为同治之死因又增添了一层神秘色彩，如果同治曾感染过天花，或同治曾接种过疫苗，那么，他为何还会因天花而医治无效归天呢？这有待于公布更多的清宫医案来论证德贞的报告。

1990 年《清宫医案研究》出版，公布同治患病期间的全部医案，最后得出结论：“历来对其死因传说纷纭，多谓因微服冶游，‘杨梅上天’。现有同治十三年十月三十日至十二月初五日脉案表明，当系死于天花。权威的定论平息了学术界和民间的猜测，越来越多的学者接受“同治死于天花”的论断。但台湾学者对照故宫博物馆出版的医案和《翁同龢日记》后发现，御医李德立撰写的同治脉案，并非全部是真相，这是一部官方文牍，因为医案写作与御医的荣辱生死关系重大，面对慈禧和翁同龢等大臣的巨大压力，李德立低调而婉转地记录同治的病情，致使这部医案中保留的脉案部分多有粉饰成分。不过这位学者同意当今的医生鉴定同治脉案后正式公布的死因，同治是“病之后为痘疹余毒所致‘走马牙疳’，最后为毒热内陷而死。”目前学者可能接受的说法是，患天花的同治，也可能同时身染梅毒，最后死于“走马牙疳”。

附：同治帝大事年表

⊙**咸丰十一年**（1861 年　辛酉）

七月，咸丰帝病危，召载垣、端华、景寿、肃顺、穆荫、匡源、杜翰、焦祐瀛，宣谕立载淳为皇太子，并命此八大臣赞襄政务。尊皇后钮祜禄氏为母后皇太后，懿贵妃、载淳生母叶赫那拉氏为圣母皇太后，定明年为祺祥元年。八月，御史董元醇请皇太后权理朝政，简亲王一二人辅弼。九月，上母后皇太后徽号为慈安，圣母皇太后徽号为慈禧。慈禧联合奕发动宫廷政变（又称北京政变、辛酉政变、祺祥政变），解载垣、端华、肃顺任，罢景寿、穆荫、匡源、杜翰、焦祐瀛军机。十月，命恭亲王奕为议政大臣，在军机处行走。诏改年号祺祥为同治。十一月，两宫太后垂帘听政。

⊙**同治元年**（1862 年　壬戌）

二月，奉懿旨：皇帝在弘德殿入学读书，祁寯藻、翁心存授读。

六月，京师同文馆开始，附属于总理各国事务衙门，初以培养翻译人才为主，以利开展洋务运动。

⊙同治三年（1864年　甲子）

六月，太平天国失败。

⊙同治四年（1865年　乙丑）

三月，罢恭亲王军机，撤议政，命文祥等办理总理各国事务衙门事宜。五月，李鸿章在上海设立江南制造总局，成为洋务派创办新式军事工业的开始。

⊙同治七年（1868年　戊辰）

二月，退役驻华公使浦安臣率“中国使团”出访美英俄法普等国，为中国使团首次出访。

⊙同治十一年（1872年　壬申）

五月，李鸿章创办轮船招商局，是洋务派创办的最早的民用企业。九月，举大婚礼。册立户部尚书崇绮之女阿鲁特氏为皇后，年十九；册封刑部侍郎凤秀之女富察氏为慧妃。十月，封知县崇龄之女赫舍里氏为瑜嫔，册赛尚阿之女、皇后之姑为珣嫔。

⊙同治十二年（1873年　癸酉）

正月，两宫皇太后以亲政届期，懿旨勉“祗承家法，讲求用人行政，毋荒学业。”行亲政大典。

⊙同治十三年（1874年　甲戌）

二月，日本以台湾高山族误杀琉球船民为借口，出兵台湾。三月，日军侵略台湾。十二月，载淳逝于养心殿，年19。太后召惇亲王奕誴、恭亲王奕䜣、醇亲王奕谖等，宣懿旨，以醇亲王之子载湉承继文宗，入承大统，为嗣皇帝，俟嗣皇帝有子，再承继大行皇帝。以明年为光绪元年。

无力回天的囚徒皇帝

——清德宗光绪帝

维新为兴国，青史永垂名

帝王档案

⊙姓名：爱新觉罗·载湉

⊙属相：羊（1871 年）

⊙年号：光绪

⊙在位：1874～1908 年

⊙享年：38 岁（1871～1908 年）

⊙庙号：德宗

⊙谥号：同天崇运大中至正经文纬武仁孝睿智端俭宽勤景皇帝

⊙陵寝：崇陵（清西陵）

⊙配偶：3 人，皇后叶赫那拉氏

⊙子女：无

⊙继位人：溥仪（宣统）

帝王小传

光绪皇帝载湉（1871～1908年），全名爱新觉罗·载湉。同治十年出生于北京宣武门太平湖畔醇王府，他4岁时同治帝驾崩。载湉父亲奕譞是道光帝的第7个儿子，母亲是慈禧的胞妹，这种特殊的家庭环境，使他在同治病故之后被指定为皇帝。载湉4岁登极，年号为光绪。光绪是清朝的第十一位皇帝，也是清朝第一位非皇子而入继大统的皇帝。光绪帝在位34年。这34年可分为三段。第一段光绪元年至十四年（1875～1888年），是他读书阶段；第二段是十五年至二十四年（1889～1898年），是他亲政、支持维新变革阶段；第三段是二十五年至三十四年（1899～1908年），是他被囚禁阶段。

光绪帝亲政之初，接受新思想，富有进取精神，积极支持变法，但变法危及封建守旧势力的利益，遭到以慈禧为主的清室贵族的阻挠。戊戌变法的失败，使清王朝改变旧章的一线生机被扼杀。八国联军占领北京时，慈禧只好挟光绪帝仓皇逃到西安。义和团运动后，各地反清武装起义此起彼伏，民主革命思潮在全国广泛传播，清王朝濒于覆灭的边缘。

光绪三十四年（1908年）十月二十一日，满腹屈辱与哀怨的光绪帝在涵元殿病逝，享年38岁，庙号德宗，葬于河北易县崇陵。

青史语录

“春秋方富，抱大有为之志，欲张挞伐，以湔国耻。已而师徒挠败，割地输平，遂引新进小臣，锐意更张，为发奋自强之计。”

——《清史稿·德宗本纪》

被抱来的皇帝

两宫再垂帘

载湉即位，太后垂帘

同治十三年（1874年）十月三十日，同治帝载淳刚刚亲政不到两年就突然得了天花。消息传出，文武百官都非常震惊。天花在当时是不治之症，顺治帝就死于天花。在这种情况下，视权如命的慈禧太后便想在同治帝死后再次垂帘听政，并开始多方面策划。

首先，同治帝刚患病七八天，经过御医精心调理，病情已逐渐有所好转，这时慈禧就迫不及待地同慈安太后一起，接连两次在同治帝病榻旁召见军机、御前大臣，示意他们呼吁皇上下令“两宫太后权时训谕”，再次垂帘听政。不久，同治帝便发布上谕，通告臣民从此之后，内外陈奏事件，均由皇太后阅读以后，予以裁定。慈禧就这样在同治帝还未驾崩时，就急不可耐地乘机揽权。

同治帝病危之后，慈禧更加毫无顾忌地全面投入了储位之争，想按照她的意愿来选择幼帝，以便再次垂帘听政，执掌清王朝的统治大权。

按清代祖宗家法，若皇帝死后无子，则应从皇族近支选一个晚辈的人来继承帝位。同治帝下一辈是“溥”字辈，按惯例，同治帝死后应从“溥”字辈中挑选一人，继承皇位。“溥”字辈中，道光帝长子奕纬的长孙溥伦是最为合适的人选，因为立溥伦既符合同治帝嗣子的惯例，并且合乎次序。但慈禧为了统揽大权，坚决反对立“溥”字辈的人继承帝位。因为如果那样做，慈禧将会由于她的孙辈为帝而被晋尊为太皇太后。太皇太后，虽然地位更加显贵，但已无权势，就不便于再垂帘听政、干预国事了，因此，慈禧极力坚持从“载”字辈中选择嗣帝。

在皇室近支中，最有资格入选的“载”字辈应是奕䜣长子载澂，但慈禧因奕䜣和她有矛盾，且载澂当时已经 17 岁，如立为帝，就要亲政，这样便不利于慈禧揽权，倘若慈禧不归政，又会遭群臣反对，因此慈禧决意不立载澂，而立醇亲王奕譞之子载湉。当时，载湉年仅 4 岁，即位之后慈禧仍然可以操纵大权，而且其母又是慈禧的妹妹，即使将来皇帝长大成人，还可以让他顺从慈禧，听她摆布。慈禧决定了以后，便暗中预先制定了御用冠服，只待同治帝驾崩之后，就马上把载湉迎入宫中立为皇帝。

十二月初五，傍晚时分，慈禧召集御前会议。她突然传旨召见王公、大臣，确定立奕譞之子载湉。

载湉继大统之事确定以后，第二天，慈禧便命六部、九卿、翰、詹、科、道商量确定垂帘章程，接着宣布明年改年号为光绪。光绪元年（1875 年）正月二十日，载湉在太和殿举行登极典礼，接受百官朝贺。至此，由光绪帝继承大统，两宫太后再次垂帘听政。

光绪帝在位前二十年（1875～1894 年），是自由资本主义向帝国主义加速过渡的时期，也是资本主义国家加紧对殖民地半殖民地进行侵略和掠夺的时期。19 世纪 90 年代初年法国经济学家勒鲁瓦·博利厄直截了当地说，“开拓殖民地是一个民族的力量扩张”，开拓殖民地是文明国家必须完成的一项重要任务。正因为如此，各个帝国主义侵略者便加紧了对中国及其周边国家的殖民掠夺，并大量抢占中国领土。光绪五年（1879 年），日本以武力强行占领琉球群岛，并将其改名为冲绳县；光绪九年（1883 年），越南沦为法国的殖民地；光绪十一年（1885 年），缅甸被英国完全占领；十六年（1890 年），英国强迫清政府承认“它对锡金的保护权”，与此同时不断骚扰中国边境。从同治十二年（1873 年）到光绪二十年（1894 年），西方列强威逼清帝国政府签订了大大小小共 90 余个不平等条约，进一步破坏了中国主权，使中国加速沦为半殖民地国家。

大臣诽议

慈禧违反祖训，强立载湉为帝，彻底表现了她“利幼君可专政”的政治野心，朝野内外对此反应强烈，虽然人们害怕女后专权的淫威，不敢公开表示反对，但仍有一些人通过种种途径，表示了他们的抗议与不满。

首先表示不满的是内阁侍读学士广安。当慈禧宣称载湉“承继文宗显皇帝之子，即承继大行皇帝为嗣”以后，他立即上奏要求太后公开召集王公、大学士、六部、九卿公议，当众下一个定论，以防日后有变。这实际是抗议慈禧选立载湉为帝，而未给同治帝立嗣的做法。上疏之后，慈禧太后传旨把他训斥了一顿。

同治帝皇后阿鲁特氏，因不堪慈禧折磨和凌辱，在同治帝死后不到百日便自杀身亡，于是御史潘敦俨便以此为借口，上奏要求慈禧赐以美谥，表扬皇后，并发扬其美德。实际上是对慈禧迫害阿鲁特氏表示一种抗议，同时也是间接地对立光绪帝再次表示抗议，结果也被慈禧斥为“糊涂”“谬妄”，而被革了职。

广安、潘敦俨二人的奏折只是委婉、含蓄地表达了清廷统治集团内部一些人对慈禧独断专行的不满，行动比较温和，没有产生什么影响，仅仅是反对慈禧的一个小小插曲，很快就被慈禧压服了。可是到了光绪五年（1879 年），吏部主事吴可读，在慈禧给同治帝及其皇后举行“大葬”的时候进行了尸谏，以死来请慈禧为同治帝立嗣，这一壮举出人意料，引起了不小的轰动。吴可读，字柳堂，甘肃皋兰人。道光三十年（1850 年）考中进士，后来升为御史。他为人正直，从不攀援亲贵。同治十二年（1863 年）曾因谈论国事而被降调。当时提督成禄有罪，被押送到京城，刑部定拟罪为斩立决，恭候钦定，而吴可读奏请减轻对成禄的处罚。王、大臣等说他刺听朝政，请皇上为他定罪，同治仅命降调，结果吴可读被降调为吏部主事。同治死后，朝廷明颁诏书，立醇亲王奕𫍽之子载湉入继大统，他与广安的想法一样，但方式不一样，因为他看到广安疏奏没有一点用，而且还受到责骂，因此，决定采取更激烈的方式来进谏。下定决心以后，他每天都在寻找一个合适的机会，一直没有如愿。直至光绪五年（1879 年）他才找到尸谏的时机。这一年闰三月初五，恭奉梓宫安葬惠陵的事务结束后，送葬的队伍返回京师，半路上，在蓟州三义庙歇息。当天人们就看到前来送葬的主事吴可读一直都不吃饭，不喝水，有人好心劝之，他婉言谢绝。晚上，夜深了，悄无声息的时候，人们逐渐地进入梦乡之后，吴可读还是安静地一动不动地坐着。凉气袭来，他依然稳如磐石。只见他闭目很久之后，对着惠陵的方向连连遥拜，从怀中掏出前天夜晚草拟的奏疏，缓缓地放到桌子上，然后又提笔写下了几个大字："请吏部堂官代奏。"办完所有的事情以后，他又提笔作一首绝命诗："回头六十八年中，往事空谈爱与忠。抔土已成皇帝鼎，前星预祝紫微宫。相逢老辈寥寥甚，到处先生好好同。欲识孤臣恋思所，惠陵风雨蓟门东。"写完之后，把诗放到了奏疏之上。最后，他拿起早已预备好的毒药，慢慢地送入了口中，吞了下去。

第二天早上，当人们推开吴可读的房门时，见他直挺挺地倒在地上，安祥地睡着，脸上带着一丝苦涩的笑。人们看到了桌子上的那张纸条，才恍然大悟，原来吴主事早已抱定死志了！

回到京师后，吏部长官遵从吴可读的遗嘱，代他将奏折呈给两宫皇太后。

慈禧仔细读完吴可读的奏折，虽然不太高兴，但她感到这的确是公忠之义，所以这一次她并未发怒，只是下达懿旨："嗣后皇帝生有皇子，即承继大行皇帝为嗣。此次吴可读所奏，前降旨时即是此意，着王、大臣大学士六部九卿翰詹科道将吴可读原折会同妥议具奏。"随后又用朱笔在其奏折中写下八个大字："以死建言，孤忠可悯。"

吴可读以死相谏一事，轰动了朝廷内外，人们议论纷纷。同吴可读同年中进士的一些人，特为吴可读于文昌馆设祭，并献上挽联以表悼念。

朝中大臣也有一些反应，他们有的口头议论一下，有的则上奏点评。有的认为吴可读的死是没有意义的，他以死进谏其实是一种"于我朝家法未能深知，而于皇太后前此所降之旨，亦尚未能细心仰体"

的举动。有人认为吴可读虽一片忠心，但其死则是由于过分忧虑造成的。

各大臣就此事纷纷上奏两宫皇太后，慈禧会同慈安分析综合各大臣的意见后决定应赶快结束此事，于是特颁懿旨宣示文武百官：两宫传下懿旨，吴可读便按五品官厚葬，抚恤其家人，并根据其遗嘱把他葬到蓟州。吴可读的奏折被收在毓庆宫，只能作为后世的档案，供后人观瞻，三义庙的血算是白流了，最多不过引起人们的一些哀怜罢了。

夺权军机处

军机处内的斗争

光绪初年的军机处首席军机大臣为恭亲王奕䜣，军机大臣有文祥、宝鋆、李鸿藻、沈桂芬、景廉，除景廉是在光绪二年（1876 年）学习入值之外，其余的都是同治朝的老班底。

同治朝的军机处，其成员基本上都是奕䜣的亲信。文祥，字博川，号文山，瓜尔佳氏，满洲正红旗人，咸丰八年（1858 年）便已经在军机大臣上学习行走，第二年在军机大臣上行走。咸丰十一年（1861 年），英法联军侵占北京，咸丰帝在逃亡之前下命文祥署步军统领，随同奕䜣办理议和，是奕䜣议和期间的主要得力助手，两人由于政见一致，在很多重大问题上都联合上奏，从此结成了牢固的政治友谊。文祥"操守狷介"，在处理政务上"尤持大体"，是奕䜣在军机处的主要助手，其后因病于光绪二年（1876 年）去世。

宝鋆，字佩蘅，索绰络氏，满洲镶白旗人，道光进士，咸丰朝时曾先后担任礼部侍郎、总管内务府大臣、署理户部三库事务，会办京城巡防等职。第二次鸦片战争期间，咸丰帝打算出逃时，军机以下各衙门官员联合上疏对咸丰进行劝阻，该奏疏便是由宝鋆起草主笔的。后来八国联军逼近北京，咸丰最终还是出逃，在出逃之前，他命令户部将国库库存银两解往热河，宝鋆以死相争，坚决不肯将国库银两交出去，咸丰帝盛怒之下欲“置之重辟”，宝鋆仍“毅然不挠”。咸丰帝逃亡热河后，清廷出现留守京城奕䜣集团与热河行在肃顺集团两个阵营时，宝鋆又坚定地站在了奕䜣的这一边，两人的关系从此极为融洽。辛酉政变成功后，宝鋆一下子便从以五品衔署户部侍郎之职升迁到了军机大臣，兼充总理各国事务大臣，被奕䜣“倚为左右臂”。而宝鋆则遇到政务问题，唯奕䜣之意行事，是奕䜣政治上的忠实追随者。

而同治初年的其他军机处成员，李棠阶也“结欢恭亲王”，因此军机处完全处在了奕䜣的掌握之中，清王朝的军国要政，“凡事由（恭亲）王作主”，军机处所拟奏的谕旨，慈禧只有偶尔的情况下才能对之稍作更动，因此人们议论清代的军机处时，认为军机处的作用一向只是承示传达皇帝的旨意和命令，向来都没有实权，只在恭亲王奕䜣时代，才稍略有了一点实权，就是指的这一点。

同治四年（1865 年），慈禧罢黜奕䜣，对此军机大臣全都表示反对，并上疏挽留，这使慈禧认识到，让军机处完全掌握在奕䜣手里是个失策。于是她便在同年借军机大臣李棠阶病死之机，将李鸿藻调派入军机处，命其在军机大臣上学习行走，到第二年三月时又任命其为在军机大臣上行走，从而利用李在军机处内对奕䜣进行牵制，以操纵军机处。

李鸿藻，字寄云，号兰荪，直隶高阳人，咸丰二年（1852 年）进士，咸丰十年（1860 年）其入值上书房，担任大阿哥的老师。同治帝即位后，其又入值弘德殿，与倭仁、翁心存一起为帝师。与翁、倭一样，李鸿藻也喜欢谈论朱子语录，这三个人以帝师的身份，在上登高疾呼，“朝士遂从而攻王陆之学”。而执掌政柄的奕䜣在强调以礼立国的同时，在某些方面又敢于对儒家传统的治平之道进行突破，主张学习西方，倡导以编练军队制造器械为内容的洋务运动，这引起了李鸿藻、倭仁等顽固派的强烈不满，认为这是擅改祖制，以夷变夏，双方因此成见日深。

同治六年（1867 年），前任山西巡抚沈桂芬也进入军机处。当时文祥多病，宝鋆只主持大体事务，而沈桂芬由于与奕䜣政见相同，与宝鋆又交情日益融洽，因此遇到要起草或拟定谕旨，或对章奏作出批示答复时，大多由沈桂芬“主笔”。所谓“主笔”就是当事的意思，当时的人们甚至有认为沈桂芬才是掌握朝政的那一个人，而李鸿藻则为“打杂军机，拟稿而已”。作为帝师的李鸿藻当然不肯服气，再加上两人政见上又相异，沈以“谙究外情”著称，是个洋务派，李则属顽固派，故此李凡事都不肯与沈配合，两人之间的矛盾因此便日益深固。

进入光绪朝之后，奕䜣与李鸿藻之间，李鸿藻与沈桂芬之间的矛盾，全都被带了过来，并且还变得更加严重。尤其是当光绪二年（1876 年）文祥病逝之后，沈桂芬的地位进一步得到提升，沈李之间的矛盾也因此进一步加剧。李鸿藻在军机处势孤力单，为改变自己的这一处境，他便极力“引荐端士”，把大批新进的御史翰林聚结在自己的周围，对直隶同乡，如张之洞、张佩纶等他更是多方引拔，从而壮大自己的势力，并博得时人对自己的赞誉。由于李鸿藻是直隶高阳人，其周围又以北方人居多，故时人称之为“北党”。他们不断发表议论，评论政治，并接连上疏，集中攻击沈桂芬“昏谬私曲，既无公事之法，又不实修战备”，甚至宣扬“吴江（沈为江苏吴江人）势焰愈张，中国危端立至”等言论。李鸿藻的盟兄，内务府大臣荣禄，甚至借自己单独与慈禧议事之机，要慈禧外放沈桂芬为贵州巡抚。当时沈所任的职位为协办大学士兼兵部尚书，官正一品，巡抚则为从二品，沈如果被外放，不仅是被从军机处中驱逐，而且还是被降级贬官。此事后来并未被实行，但由此，军机处内的派系斗争便变得更加地白热化了。

沈桂芬感到自己在军机处中地位不稳，为改变这一处境，他于是把自己的门生、湖南巡抚王文韶拉入军机处，“援王以厚南派之势”，这样聚集在沈、王的周围南方人士，便被称作为“南党”。于是南、北两党之间的倾轧便成了军机处的主要矛盾，而其总根源所在其实是奕䜣和慈禧。

光绪六年（1880 年），沈桂芬因病去世，李鸿藻因之在军机处地位上升，他决意把王文韶从军机处中排挤出去，于是便借当时云南军费报销不实案，集中攻击作为户部侍郎的王文韶“赋性贪邪”“唯利是图”“才不足以济奸，而贪可以污国”，一口认定王在此案中有贪污受贿的嫌疑，从而使王不能安心工作并最终于光绪八年（1882 年）解职回乡。此后，李又指使张之洞对奕䜣的亲信、实际长期主持总理衙门的董恂等人进行弹劾，使得这些人最终被罢职。这种军机处内部的勾心斗角，说到底是对奕䜣的打击，并使得慈禧从中渔利，从而得以更好地控制与操纵军机处。

奕譞参政

奕譞在清廷中有着十分特殊的地位，他是道光皇帝的第七个儿子，咸丰皇帝是他的四兄，同治帝载淳是他的侄子，同治帝载淳死后，慈禧为咸丰立嗣，所立光绪帝载湉便是奕譞的儿子。在咸丰帝统治期间，奕譞尚藉藉无闻，在清廷中还没有什么地位和权力，在那时，他除了按清廷宗室的惯例被封为属于二等爵位的醇郡王之外，并没有再得到过其他特殊的“恩典”。但是，当到了咸丰十年（1860 年），奕譞“奉旨”与咸丰帝宠爱的懿贵妃（即后来的西太后）的妹妹——就是未来福晋结婚后，其在清廷中的地位产生了很大的变化。

咸丰十一年（1861 年）秋，咸丰帝去世，大清帝位由其子载淳继承，并改第二年为同治元年（1875 年）。这时，阴险悍鸷的叶赫那拉氏，因其子继承帝位而得以与咸丰帝的原皇后钮祜禄氏“并尊”为皇太后。西太后与东太后谋定，并与留守北京的道光的第六个儿子恭亲王奕䜣勾结，乘机发动政变，以突袭的方式消除了以肃顺为首的“顾命八大臣”。两太后于是便以同治帝年幼为由，以“垂帘听政”的方式控制了清廷政权。作为慈禧的妹夫，一向并不为咸丰帝所看重的奕譞，与两太后积极合作，在政变中发挥了重要的作用。因而在慈禧得势之后，奕譞也青云直上，被加上了一大堆官职，并参与管理清廷要务。同治三年（1864 年），慈禧赐予奕譞亲王衔。同治十一年（1872 年），奕譞又被正式封为清宗室一等爵位的“醇亲王”。总之，奕譞以皇室宗亲和慈禧妹夫的身份，得到了慈禧的格外宠信，其地位扶摇直上。但是与奕䜣相较起来，他还是要相差很远，无法与奕䜣相提并论。

在当时的清廷，奕譞与奕䜣的意见各异，因此早在同治年间，两人便已“不甚合”。奕譞思想保守固执，很少与洋人接触，属封建顽固派。他对奕䜣重用汉族人，提倡并支持曾、左、李向西方学习，引进先进技术，采用机器，很是不以为然，还曾经向慈禧上折，要求“摒除一切奇技淫巧，洋人器用”。而其又尤其不满奕䜣推行“外敦信睦，隐示羁縻”的外交方针，并曾在天津教案的处理上同奕䜣发生过激烈的争论。

当年，天津人民焚毁教堂，殴打法国领事致死从而掀起反洋教斗争。奕譞认为这是人民激于义愤，清廷应对之予以抚恤而不应该采取杀戮政策，从而鼓舞人民奋发之志与忠义之气。而奕䜣则以军备不足、不能对法开战为由，决定向法国妥协，以赔款、派员前往法国道歉，对参予者20余人判处死刑和流刑，并将天津府县官员革职发配了结此案。对这一处理结果，奕譞十分不满，并愤而将御前大臣等职辞去，以示耻于与奕䜣等人同列。后来经过慈禧再三温谕劝说，他才在第二年初重又销假上朝，但又在事前写的一道奏折中说自皇太后垂帘听政以来，朝政国事没有一点起色，追究其原因，就是因为办事大臣就是主持朝政的大臣，对什么事全都只同意而没有拒绝，所以才会这样的。奕譞在天津教案问题上采取如此激烈的态度，严厉指责奕䜣对外国侵略者的要求只有同意而没有拒绝，对奕䜣对外政策予以全盘否定，实际上是要奕䜣下台。不久，奕譞甚至直接向慈禧密报，不让奕䜣管理总理各国事务衙门，企图将其外交事务大权剥夺。继而同治帝亲政之后，奕譞又上奏说什么“去年系军机大臣拟旨，现在乃圣主当阳”，借以发泄他对清廷中枢大权由奕䜣所掌握这一现象的不满。不过同治年间，由于奕䜣大权在握，故奕譞尽管“疾其兄之专权，久有眈眈之意”，却无可奈何。但从光绪帝继位后，“醇邸挟太上之尊，树用私人，结党相倾，恭王之势渐孤”，这样在奕譞与奕䜣的斗争之中，奕𫍽便渐渐占了上风。

对于慈禧对自己的恩宠，奕𫍽当然感到高兴，但其内心也并不是一点顾虑也没有的。他很了解慈禧的阴狠性格，故在唯慈禧之命是从的时候，也时时加以提防，并不敢有所疏忽。

在奕𫍽同奕䜣的矛盾斗争中，慈禧有意支持奕𫍽而排斥奕䜣，从而制造其兄弟间的不和。光绪即位后，奕𫍽为免遭不测，以“旧疾复发，曲赐矜全”为由，要求将自己所任的职务全部免除掉，对此，慈禧下旨表示同意免除奕𫍽所管的各项差使，只是“如遇朝廷大政，仍宜时备顾问，倘有条奏事件，亦可于两宫前呈递”。这样，本来奕𫍽已不能再对朝政进行直接干预，但在光绪九年（1883 年）7 月，慈禧却命令奕𫍽参预会议法越事宜。中法交涉一事事宜本来是由奕䜣等军机大臣主持，而现在慈禧却突然又命奕𫍽加入，会同办理，实际上就是对奕䜣表示不信任，鼓励支持奕𫍽向奕䜣夺权，而此举，也可说是其后来罢免全体军机大臣的前奏。

慈禧决定借山西、北宁失守事件罢黜奕䜣等人之后，首先同奕𫍽密商，在研究军机处可由哪些人接任时，奕𫍽推荐了礼亲王世铎担任首席军机大臣，因为奕𫍽自己是皇帝的生父，故此不便入主军机处，因此他才会推荐世铎代领枢府。世铎为人“懦腐无能”，军机首揆由其担任，则其不过是充当奕𫍽的傀儡而已。同时，在改组军机处的第二日，慈禧又发布上谕：“军机处遇有紧要事件，着会同醇亲王奕𫍽商办，俟皇帝亲政后再降谕旨。”这样一来就为醇亲王奕𫍽后来的参政铺平了道路。

奕𫍽掌管军机处后，由于他的皇帝生父身份使其不便到军机处入值，因此军机处就每天都把要处理的政务和文件送到奕𫍽的府邸，谓之“过府”。谕旨陈奏，则都由孙毓汶传达，这样，改组后的军机处实际上就是掌握在奕譞及其心腹孙毓汶手里。

奕譞当政后，并未积极组织力量对法国的侵略坚决进行抵抗，而是很快便进行妥协，而且在镇南关大捷之后，其便屈辱怯懦地同法国订立和约，以结束战争。可以说，其在对外退让妥协方面，比奕䜣走得更远。而在内政方面，他则对慈禧竭力曲意逢迎，清廷政治在其手上变得更加腐败了。

罢免奕䜣

奕䜣是道光帝的第六个儿子，咸丰帝异母弟弟，早年时由于储位之争，后来又因其母太后封号问题而触怒咸丰帝，故此两人一直不和，最后竟到了咸丰帝临终前，把奕䜣排除在顾命大臣之外的程度，而这引起了奕䜣的极大不满。后来，奕䜣利用咸丰帝逃亡热河，自己在北京议和期间所积蓄的政治力量，联合并支持慈禧发动辛酉政变，处死肃顺等顾命大臣，实行太后垂帘听政。但奕䜣拥护垂帘的本意是希望表面上是太后垂帘听政，实际上是朝政大权全都归于自己，让慈禧仅仅成为一个名义上的摄政者，实际由他以议政王的身份总揽内外一切大权。这样，在政变成功之后，在如何处理亲王辅政和太后垂帘的关系，即如何分享清王朝的统治权力问题上，慈禧便同奕䜣产生了矛盾。刚开始时慈禧才刚刚开始听政、接触朝政，在处理政务上终究还是不太熟悉，需依赖奕䜣维持大局，故此对奕䜣暂时采取了优容的态度。但在清军攻下天京，镇压了太平天国革命，清政府的危机已基本结束之后，慈禧便感到奕䜣不再为自己所需要，并且她尤其不能容忍奕䜣同自己处于一个“准平等”的地位，处处分庭抗礼，于是便利用蔡寿祺一道奏折给奕䜣罗列的揽权、徇私、纳贿、骄盈等罪名，于同治四年（1865 年）三月革除奕䜣一切职务，企图将其从清朝统治集团中清除出去。尽管这一举动后来在满朝王公大臣的反对之下而作罢，但奕䜣的议政王称号却被撤销，从此奕䜣的地位开始被削弱。而经过这一事件之后，奕䜣表面上对慈禧小心谨慎，实际上则心怀怨恨。同治七年（1868 年），他乘慈禧宠信太监安德海违法私自去山东之机，命山东巡抚丁宝桢将其捉拿处死，从而给了慈禧一个小小的报复。不久，在重修圆明园一事上双方又发生冲突，由于奕䜣的带头反对，使得慈禧迫于当时舆论的压力而不得不下令停修圆明园，但奕䜣的爵位也几乎因此而被革去。后来慈禧又想在归政前遍召朝臣，乘机“欲御乾清宫”，但其这一野心被奕䜣看破并予以制止。凡此种种，都使得慈禧早就想将奕䜣罢黜掉。

罢黜奕䜣，慈禧利用的是左庶子盛昱的奏折。盛昱在所上的《疆事败坏请将军机大臣交部严议折》，主要指出李鸿藻曾举荐徐延旭、唐炯，分任广西、云南巡抚，统率清军迎敌，而唐、徐却不战而溃，清廷应对李鸿藻惩以滥保的处分，并说恭亲王、宝鋆久在军机处供职，经手处理过很多政事，并不是那种没有知人之明的人，他们与景廉、翁同龢等才智见识一般的人本是不一样的，“乃亦俯仰徘徊，坐观成败，其咎实与李鸿藻同科”。慈禧于是便抓住这个奏折，把奕䜣等人一并从军机处中逐出去，将奕䜣“开去一切差

恭亲王奕䜣旧照

清廷主持洋务活动的领袖。

使”“家居养疾”；宝鋆“原品休致”；李鸿藻、景廉则“开去一切差使，降二级调用”；翁同龢革职留用，退出军机处，仍在毓庆宫行走。

慈禧还在同一日中宣布：礼亲王世铎，在军机大臣上行走。户部尚书勒和布、阎敬铭，刑部尚书张之万，均在军机大臣上行走。工部左侍郎孙毓汶，在军机大臣上学习行走。

由于慈禧这一次对军机处进行的改组是发生在甲申年，故历史上称这一次军机处的改组为“甲申易枢”，或“光绪甲申朝局之变”。

甲申易枢主要是由于慈禧和奕䜣之间的权力之争引起的，是晚清统治集团内部的一次权力再分配，它并未像辛酉政变那样引起清王朝的基本方针和政策的变化，但尽管这样，它还是同样对晚清的政局产生了重大的影响。

首先它标志着慈禧专权统治的最后形成和确立。辛酉政变之后，慈禧开始登上清王朝的最高统治宝座，但这时她尚未真正掌握最高权力，因为一则是两宫并尊，慈禧的地位低于慈安；二则是奕䜣以议政王身份辅政，大权在握；同治四年（1865 年），奕䜣议政王称号被撤，但其仍以总理衙门大臣与首席军机大臣执掌行政大权，从而对慈禧的权力形成制衡之势。光绪七年（1881 年），慈安暴卒，慈禧专权的局面由此形成，但奕䜣在位，慈禧仍不能不有所顾忌，从而无法完全实践其生杀予夺一任其意的目的。奕䜣去位之后，慈禧便可在朝中为所欲为，无所顾忌，独断专行。而这之后，一旦慈禧专权最后形成，没有了任何能对其构成制约与牵制的力量，其结果便必然是导致清王朝从此国是日非，其内政外交都更其腐败了。

台湾建省

台湾的开发

中日就日本侵略台湾事件引起的纠纷处理完结之后，沈葆桢首先提倡要妥善办理台湾善后事宜。他以战略眼光强调：“台湾之所谓善后，即台湾之所谓创始也。”而他之所以提出要以“创始”精神去经营台湾善后事宜是由于看到资本主义列强对台湾早就有了“觊觎之心”，如果不自己开发，迟早会再次被列强掠夺走；而如果早作经营，则可以使台湾提高国防能力，从而屏障东南七省安全。李鸿章也积极给予沈葆桢支持。

而所谓以“创始”精神从事善后工作，就是将开山、抚“番”、建立海防等诸种事务融为一体，从而为台湾的近代化建设奠定良好基础。

为加强台湾防务，沈葆桢任用法国人柏尔都模仿巴黎要塞修造了安平炮台，从而使清廷在台湾的行政中枢所在地台湾府衙得到保护；又让丹麦人德勒耶承揽了台湾和福建之间的海底电报线的铺设工程。

当时台湾约有原住民高山族人 20 万，沈葆桢正确地看到，想要很好地开发台湾就必须将开发的过程与促进高山族居民文明进化同时并重。

日军还未撤走时，沈葆桢便开始了开山活动，到光绪元年（1875

年）时，他已依靠兵勇共开出北、中、南三大路。北路由提督罗大春率兵十三营，由噶玛兰的苏澳一直开发到奇莱，共计二百零五里；中路由总兵吴光亮率兵三营，由彰化的林圮埔一直开发到璞石阁，共计二百六十五里；南路由海防同知袁闻柝和总兵张其光率三营兵，分开两条路，其中一条从射寮到卑南，共二百一十四里，另一条是从赤山到卑南，共一百七十五里。这些新开辟的道路将台湾东西贯通起来，地段平坦的地方，宽达一丈，在遇有山岭起伏，溪流湍急的地段则宽为六尺。开山过程中，沿途番社狙击，开山部队因此必须一面测地绘图、凿山架桥，一面剿抚番众，建垒驻兵，以保卫工程成果。沈葆桢于是便在进行开山的过程中，同时就设立招抚局，进行“抚番”工作，以促进高山族人迅速摆脱原始状态。其具体措施包括设土目，查番户，定番业，通语言，禁仇杀，教耕稼，修道路，给茶盐，设番学，易冠服，变风俗等。很多番社都很愿意接受教化，但同时也有些番社对新的生活方式不习惯，时服时叛。

沈葆桢认为有必要加强汉化影响，破除内地人民不得私渡台湾的禁律，开放台湾。他力言：在未先行招募垦荒的情况下开山，则路通了也等于没通，而要招募垦荒，不开禁，则民众仍然会取观望态度，不会听从招募。在他的要求下，光绪元年（1875年）正月初十日，清廷宣布台湾开禁，并在汕头、厦门、香港等处设“招垦局”，鼓励大陆民众前往台湾开发，提供免费渡航，并发给口粮，耕牛和种籽。

同时，沈葆桢还着手筹办基隆煤矿，并向清廷申请减税，以便使其能够具备与洋煤竞争的能力。此外，沈还曾经打算在台湾炼铁和开采石油。

七月，沈葆桢被调任两江总督，原由其所主理的台湾事务则被交由福建巡抚王凯泰办理。对沈葆桢的开发台湾计划，闽浙总督李鹤年不是很赞成，因此，王凯泰便无从放手施展，并且王不久便因病去世。之后，清廷任命丁日昌为福建巡抚。丁大力开发台湾，转年十二月，丁巡视台湾，赏给其居民银牌、哔吱、布匹等物，并雇用汉民代不善耕种的高山族居民耕种，传授他们农业生产技术，此外，还设立义学，以传播文化。为鼓励台湾渔业发展，丁日昌还罢去台湾渔税；此外，他还增添了旗白（今高雄）炮台炮位，从而加强了台湾的防御力量。丁还计划把从吴淞铁路拆下来的路轨器材铺筑于台湾，并架设电线，但这些计划最后均因财政经费紧张而未能实现。后丁日昌因病离职。四年（1878 年）六月，吴赞诚出任福建巡抚，他也曾经前往台湾，在台湾各地巡视，同年秋天，他又进一步开辟道路，不久，吴因病去世。七年（1881 年），岑毓英任福建巡抚，也致力于台湾开发，其认为大甲溪是台湾南北交通的要道，但是大甲溪的水流湍急，不利交通，于是便向当地士绅劝募，又加上清廷的财政拨款，共计耗资 20 万元建成大甲溪桥。另外，其还将团练总局改为培元总局。

本来，台湾原设的最高级行政官员为分巡台湾兵备道，加按察使衔，隶属于福建省。同治十三年（1874 年）十一月，沈葆桢筹议提高台湾的行政地位，其建议将福建巡抚移驻台湾，并且其还列举了 12 条理由对巡抚亲驻台湾将有利于加速开发台湾，进而有利于屏蔽东南七省加以说明，认为这当中“关系非轻”。同时，沈葆桢又在台湾增设郡县，将台湾原有的一府四县二厅增为二府八县四厅。之后，清廷议定福建巡抚今后冬春两季驻守台湾，夏秋两季则驻守福建，从而两处兼顾，以加强对台湾的经营管理。光绪二年（1876 年）十二月，刑部侍郎袁葆恒上疏指出，福建巡抚半年驻台，半年驻闽，怕这样的举措会导致福建和台湾均受其害。驻于台湾，怕福建省省内政务被荒废，驻于福建，怕一旦巡抚分心，则建设台湾便流于空谈，他于是建议把福建巡抚改为台湾巡抚，长驻台湾，而福建省的事务则归闽浙总督管理。这时正担任福建巡抚的丁日昌也有同感，他奏称分驻两地，来往不便，请求清廷派重臣驻守台湾，并在督办数年之后，再在台湾建省，但是他们的建议并未为清廷所采纳。

刘铭传与台湾建省

中法战争爆发后，台湾的战略地位再次引起了清廷的注意。光绪十年（1884 年）九月，督办台湾军务的淮军名将刘铭传被清廷任命为福建巡抚。第二年五月，其以台湾需要大力建设的理由，坚决要求辞去福建巡抚一职，而请求专驻台湾。七月，左宗棠也上折对应以大员专驻台湾的建议予以重申。此外，贵州按察使李元度也有相同建言。于是九月初五日，清廷正式发表台湾建省上谕，改福建巡抚为台湾巡抚，福建省事务归闽浙总督杨昌濬兼理，而刘铭传则成为了首任台湾巡抚。

而实际上清廷的这一举措与刘铭传的本意并不完全相同。刘铭传认为台湾虽然应有长驻大员，但建省的条件尚不具备，因为此时台湾的开发尚在初期，财政十分匮乏，刘于是便请求仍与福建省联为一气，认为以福建为依托才好进行建设，因此刘奏请清廷仍称为“福建台湾巡抚”，等到 5 年之后一切准备就绪再正式称省。这当然是出于慎重，但清廷认为已经下旨批准设省，就没有必要再反复改动了。因此，只是谕令“台湾虽设行省，必须与福建联成一气如甘肃、新疆之制，庶可内外相维”。

刘铭传（1836～1895 年），字省三，号大潜山人，安徽合肥人。刘铭传是淮军名将，是淮军中最早大量使用西方近代枪法、炮法的一个，所部称“铭”军。他曾多次上疏清廷要求学习西方军事技术以抵抗外国侵略，光绪六年（1880 年）又上疏请求清廷从速修造铁路以求自强，但遭到顽固派的反对。

尽管其近代化抱负在大陆屡屡受挫，但刘并未因此而泯灭大志，在被任命为台湾首任巡抚之后，刘铭传开始转思把台湾建成中国近代化的模范省，决心“以一岛基国之富强，奉一隅之设施，为全国之范”。

光绪十二年（1886 年），刘铭传开始对台湾省的行政区划进行较大的调整，其将彰化桥仔头设为台湾首府首县，作为省会（今称台中）；将原台湾府县所在地改称为台南府、安平县；彰化南境和嘉义东境合并为云林县；将新竹西南境独立出来设为苗栗县；将卑南厅升为台东直隶州；在花莲港设州判；将淡水东南部的土地划归基隆厅，又改通判为同知。如此，台湾便由沈葆桢时代的二府八县四厅一变而成三府一州十一县三厅，从而初具省级规模。

刘铭传建设台湾主要是从 3 个方面入手。

第一，开化高山族居民，加快其汉化速度。

刘铭传看到高山族人民的归化与海防实际上是互为表里，如果他们不归化，社会秩序不安定。到光绪十二年（1886 年）上半年，刘铭传督率部下招抚番社 400 余个，归化 7 万余人。光绪十三年（1887 年），其部将张兆连又在山后招抚二百一十八社，归化 5 万余人；与在同时，章高元又在山前招抚二百六十余社，归化 3.8 万人。

而在继续“抚番”的同时，刘也不忘将开山工程向前予以推进。张兆连开通了嘉义至卑南道路，林朝栋与抚垦帮办大臣林维源开辟中路和东路。其中开辟横贯台湾岛的山区道路工程尤为险难，刘铭传于是便作出部署，由张兆连部从水尾挖凿山岭向西推进，章高元部由集集街挖凿山岭向东推进，这样在清军修路部队穿峭壁，越险谷，历经艰辛努力之后，一条一百八十余里长的山路便得以在光绪十三年（1887年）春竣工，从而使得向来久居在山野之中的高山族居民得以走出原始生活。如此，到光绪十六年（1890年），全台秩序大体安定。

当时，有的人屡剿屡叛，对产生这一现象的原因，刘铭传作了分析，他看到当地人的田产房屋和财物常常被土匪、盗贼或奸民侵占，而每当有这种事情发生，当地人无处可以诉官，也无处可以伸冤，于是便自行集众复仇，对善良的汉族居民进行杀掠，而奸民在汉族人遭遇当地人杀害后便会向官府递请诉讼，官府于是便兴师剿之，这样长久下来，便导致了这一现象的产生。刘于是便认定今后政府务须对各族居民一视同仁，并且引导汉族加强与高山族人交流。刘铭传制定招徕政策，派人到大陆广招福建贫民来台进行开发屯种，与高山族人共处杂居，并逐步推广汉族先进生产技术，在各重要番区设立抚垦局、立番市，局中设有医生及教授耕读的人员，教高山族人学习耕织技术；还设一些义塾，吸收高山族子弟千数人入学，其中台北所设的番学堂不但教以汉文、算术、官话、台语和礼仪，而且还提供衣食。这些措施对台湾秩序及高山族人的社会进步都起到了良好的作用。

第二，清理台湾财政，积累近代化资金。

台湾土地税自康熙年间谕令“永不加赋”后，土地开垦得越来越多，但国库收入却没有增加分毫，而百姓的负担也并未有所减轻，这当中的利益都被土绅剥削而去。台湾开始建省后，收入不能自养，行政经费要依赖清廷指定福建省给予80万两“协饷”。

为解决近代化资金的来源问题，光绪十二年（1886年）四月，刘铭传分别在台北府与台南府设立清赋总局，各属县厅设分局，由知府统理，知县主持，彻底进行清丈土地，清理田赋的工作。这一工作到光绪十四年（1888年）时大致完成，这时其所收的田赋已超过原额40万两，并且台湾人民的负担也反而有所减轻。当时台湾新采取的赋税交收办法是模仿一条鞭法，方便农民，而使胥吏难以从中进行盘剥。除正赋以外，明确规定“补水”“平余”章程，此外不许胥吏加派。台湾正额赋税原是18万两，经过这一番整顿之后，赋额增加到67万余两，差不多是原来的3.7倍。此外，刘铭传还对因中法战争而被破坏了的基隆煤矿进行恢复，购进新式洋机，增加煤炭产量；设台湾脑琉总局，以收樟脑、琉磺之利；又设煤油局，钻取石油；加强船政管理等。于是，整个台湾的杂税（包括煤炭、樟脑、茶叶、船货厘金、鸦片、盐课等）由原来90万两增为370余万两。此外，刘铭传还设立官银局，购用西方机械造币，每年出币数10万枚，从而开中国近代币制改革之先河。

第三，以国防为龙头，开展近代化建设。

刘铭传认为南北洋海防的关键就是台防，而澎湖又为台防的关键所在。因此他在台湾进行的所有近代化建设都是紧紧地围绕着加强国防、抗击侵略的目的进行的。

为加强台湾岸防设施，刘铭传兴工改筑10座钢筋混凝土的西式炮台，向英国阿姆士顿厂购置31尊钢铁后膛大炮，80具水雷以及加农炮若干。又改澎湖副将为总兵，部署防军三十营，均配用洋枪，此外还聘请外国军事教官对之进行教练。此外，其还在台北设立机器局，聘请德国人彼德兰为工程师，生产弹药、炮弹和枪弹。对基隆炮台，其聘请德国工程师庞斯监工按欧洲方法重新进行建造，重造后，该炮台极其坚固。

在沈葆桢、丁日昌时电报线已由台南架至安平和旗后，全长不足百里。光绪十二年（1886年）五月，刘铭传招德商上海泰东洋行承办台北至基隆、沪尾以及至台南的八百里陆线，使得台湾全岛信息畅通。八月，刘铭传又让英商上海怡和洋行承办淡水至福州、安平至澎湖的水线，使台湾与大陆的联系贯通。光绪十四年（1888 年）水陆两线均完工之后，刘铭传又设立一座电报学堂，并聘请西方教师培训电报人员。同年又在台北设邮政局，发行邮票，票面上部绘龙，下部绘马，寓示中国邮传；此外又拨邮船二只，往来于台湾与福建及上海之间。台湾的新邮政开创得很早，就连大陆都要较之晚了 9 年。当时，刘铭传还打算在台湾开创电话事业，可惜他的这个计划未能完成。

在海上交通事业方面，刘铭传又在香港定造轮船四艘，此外又由南洋侨商集资购买两艘，开辟的数条航线可由台湾到上海、香港、西贡、新加坡、吕宋等数个港口。

从光绪十三年（1887 年）开始，刘铭传又招商股办起台湾南北铁路，计划北起基隆，南达台南，从而使得海防陆路能够贯通台湾首尾。十四年（1888 年），因商股持犹疑态度，集资困难，清廷便又将该铁路改归官办。光绪十七年（1891 年），基隆台北段建成通车，接着又往南展筑。光绪十九年，台北新竹段建成通车，两段合计，全长一百零七公里。台湾铁路是当时最早由清廷自行修造的铁路之一。

刘铭传治理台湾七年，“不独办防练兵已也，造铁路以通之，行邮船以辅之，振殖产以裕之，辟财源以养之，改内政以新之，设教育以明之，使民能知义，国无患贫，而兵乃可用”。但他自己却由于深入山地，感染湿瘴，从而造成视力和听力下降，又加上患有肺病，咯血气喘，身体情况很是不佳。而其由于推行新政，进行清赋加税的工作，台湾当地的一些士绅商户和有钱人都埋怨其主政太苛，他的各项改革措施在当时又常常遭受顽固守旧派的反对。最后其想续开基隆煤矿新井，但当时清廷财政紧张，不能拨款，刘铭传于是便将续开事宜委托英商集资筹办，结果刘的这一举措遭到清廷户部和总署的指责驳斥，并被给予处分。在这种情况下，刘铭传愤而辞职。

继刘铭传之后担任台湾巡抚的是邵友濂，邵消极吸取了刘之去职的教训，上任之后一反刘铭传任职时的所为，废止各项新政，对学堂和铁路等都予以停办，台湾建设于是便陷入了停顿之中。

中日甲午战争

朝鲜“东学道”起义

19世纪末以来，帝国主义列强对中国的邻邦朝鲜展开了激烈的争夺。在这场争夺中，通过“明治维新”走上军国主义道路的日本表现得最为贪婪和野蛮。

吞并朝鲜是日本“大陆政策”的重要组成部分。自从明治维新以来，日本军阀一直奉行“征韩论”的国策。光绪元年（1875年）八月，日本舰队进入汉江江口，并强占了永宗岛。次年一月，朝鲜被迫与日本签订《江华条约》十二款。条约规定：第一，开元山、仁川为商埠，日本货物免缴关税。第二，日本可以自由测量朝鲜海岸。第三，日本享有领事裁判权。此外，条约还明确规定：“朝鲜为自由之邦”。这表明日本为了独霸朝鲜，极力想要破坏朝鲜与清政府的传统宗属关系。《江华条约》是日本强加给朝鲜的第一个不平等条约。此后，日本及其他列强侵略朝鲜的步伐都加快了。光绪三年和六年

(1877年和1880年)，日本又分别在元山、釜山设置了特别居留地(租界)。日本的一些商业公司利用不平等条约，大量向朝鲜倾销商品，使朝鲜的手工业遭到极大摧残，严重地破坏了朝鲜经济的发展。当时，以王妃闵氏为首的闵妃党把大院君李昰应排挤出去，掌握了最高统治权，日本便乘机培植亲日势力，通过各种手段把闵妃党置于自己控制之下。

日本对朝鲜的政治、经济侵略，加剧了朝鲜国内的反日情绪。大院君李昰应利用这种情绪，于光绪八年(1882年)六月初九在汉城发动兵变，处死了一些官吏和日本教官，焚烧了日本驻朝鲜使馆，最后驱除了闵妃党，重新执掌政权，史称“壬午兵变”。兵变发生后，日本政府一面派兵侵入朝鲜，一面命令驻朝公使花房义质逼迫朝鲜赔偿损失，并企图割占巨济岛和郁陵岛。得到朝鲜兵变的消息后，清朝署直隶总督张树声上报清政府，同时，派北洋水师提督丁汝昌、道员马建忠及广东水师提督吴长庆等，率军队和兵舰赴朝，于七月十三日平息了兵变，大院君被迫归政于朝鲜国王。日本的侵略计划被清军的迅速行动挫败了，花房义质看到中日两国在朝鲜的兵力悬殊，未敢轻意挑衅清朝军队。日本政府未能实现利用兵变割取朝鲜领土和夺取更大权益的企图。但是，朝鲜仍被迫于光绪八年(1882年)七月十七日与日本签订了《济物浦条约》，日本以保护使馆为借口，获得了在朝鲜驻兵的权利。

壬午兵变后，日本政府一方面加强针对中国的扩军备战，同时，竭力培植朝鲜亲日势力。当时，在朝鲜出现了金玉均、洪英植、朴泳孝、徐光范等贵族青年为首的开化党，这个党具有资产阶级改良主义的性质。日本侵略者为了利用开化党来实现其侵朝计划，便采取各种手段诱惑和拉拢金玉均，而金玉均等也想依赖日本夺取朝鲜的统治权。光绪十年（1884 年）九月，日本驻朝公使竹添进一遵照日本政府的指示，开始策动开化党发动政变。他先蛊惑金玉均等人说：中法两国正在交战，清国即将灭亡，你们切不可坐失良机。接着，他又帮助开化党制订了政变的计划和具体行动方案。

光绪十年（1884 年）十月十七日，金玉均等人按照与竹添进一秘密制订的行动计划，制造事端，把日军引进王宫，然后挟持国王，组织起一个由开化党人担任要职的亲日政权。史称“甲申事变”。

汉城民众对政变的发生十分愤慨，纷纷要求打入王宫把倭奴杀尽。有些朝鲜大臣来到清军营地，请求派兵援助。十九日，在朝鲜驻守的清朝记名提督吴兆有、总兵张光前、帮办袁世凯分别率领清军与朝鲜军民一同攻进王宫，击败了开化党和日本侵略军，把被挟持到宫外的朝鲜国王拦回。次日，竹添进一自己焚毁日本使馆，带领日军退到仁川。开化党人金玉均、朴泳孝等逃到了日本。

甲申事变后，日本国内出现了主战、主和两种争论。有的报纸大肆鼓吹要“占领朝鲜京城”；有些官僚政客也叫嚣要武装吞并朝鲜。但是日本政府考虑到其军事力量无法与清军匹敌，所以决定暂时维持和局，积极备战，等待时机卷土重来。光绪十一年（1885 年）一月，日本政府派伊藤博文为全权大使，陆军中将西乡从道为副使，同李鸿章在中国天津举行谈判。李鸿章采取退让妥协的方针，三月初四，与日本签订了《中日天津条约》。条约规定：从签约之日起的四个月内，中日两国军队全部撤出朝鲜；将来朝鲜国内如果发生内乱或重大事件，中日两国或一国派兵，应事先告知对方，事定后要立即撤回，不得留驻朝鲜。这样，日本虽然撤走了驻朝鲜的军队，但却获得了随时可以向朝鲜派兵的特权，为其后来发动侵略战争开辟了道路。

日本侵略者早在中法战争结束时就已经形成了吞并朝鲜和占领中

国的计划。日本政府根据伊藤博文为首的侵略分子的策划，积极进行备战。甲申事变后，日本的一些官僚政客竭力挑拨日本与亚洲邻国的关系，声称日本应该与西方国家一同来“兴亚洲”，要按照西洋人的办法，对朝鲜和中国发动武装进攻。从光绪十六年（1890 年）开始，日本侵略集团的战争煽动达到了高潮。同年底，新上任的日本首相山县有朋在帝国议会上发表“施政演说”，提出了保持国家独立的自卫之道，鼓吹日本必须保护利益线和守卫主权线。主权线，指国家的疆域界线；利益线，指关系主权线安危的地区。朝鲜就是山县有朋所说的利益线，他把朝鲜视为与日本安危密切相关的地区，公然宣称要进行“保护”。

光绪十五年（1889 年）后，日本政府疯狂扩军备战，到甲午中日战争前夕，日本已拥有陆军 29 万人，海军配备了 31 艘军舰、37 艘鱼雷艇。光绪十九（1893 年）底，由于日本国内各派政治力量相互倾轧，政局开始动荡不安，日本统治者决定用发动战争的方式，转移各派政治势力的视线，以防止国内出现更大的动荡。

光绪二十年（1894 年）春，朝鲜爆发了“东学道”农民起义。“东学道”又称为“天教”“东学教”，是朝鲜农民的秘密反抗组织，具有宗教的色彩。这年一月初十，“东学道”信徒全琫准率众在全罗道古阜郡起义，攻占郡府，俘获郡守，释放囚徒，夺取武器，严惩贪官，开仓济贫，广大群众因而十分拥护起义。四月，起义军攻占井邑、咸平、长城等郡，东学道徒和广大农民不断来投，队伍迅速壮大到万数千人，并建立了执纲所作为政权机构，发布了“辅国安民、逐灭洋倭、尽灭权贵”等战斗纲领。四月二十八日，农民起义军攻克朝鲜南部重镇全罗道首府全州，兵锋直指汉城。

农民起义的风暴使朝鲜封建统治者受到极大震憾。他们惶恐不安，立即派遣洪启薰率领八百京兵，于四月一日从京城出发，赴全州进剿。但被起义军多次打败。朝鲜统治者看到单凭自己的力量已无法镇压起义军，决定请求清政府派兵帮助围剿。四月三十日，兵曹判书闵泳骏向清政府驻朝鲜总理交涉通商事宜大臣袁世凯提出请求援兵的公文，请袁世凯“迅即电恳北洋大臣，酌遣数队，速来代剿”。接到朝鲜政府的乞兵公文后，袁世凯迅即向北洋大臣直隶总督李鸿章请示。

李鸿章立即命令北洋水师提督丁汝昌派“扬威”“济远”二舰，驶往汉城、仁川，保护侨商，并派直隶提督叶志超、太原镇总兵聂士成率 2000 余兵士东渡。五月初三，东渡清军乘坐招商局轮船赴朝。与此同时，又向驻日公使汪凤藻发电，令其根据中日《天津条约》，照会日本外务省：清政府根据朝鲜国王的乞兵公文，按照“保护属邦旧例”“派令直隶提督叶志超，选带劲旅，星驰往朝鲜忠清、全罗一带，相机堵剿，剋期扑灭，务使属境乂安，各国在韩境通商者皆得各安生业，一俟事竣，仍即撤回，不再留防”。

日本挑起朝鲜问题

在此之前，日本侵略者就一直在密切注视着事态的发展，并大量进行阴谋活动，企图把事态扩大，以制造出兵朝鲜的机会。日本参谋本部认为，朝鲜必定要向清政府求助，而清政府也肯定会答应出兵。到那时，日本就有了借口而派兵入朝。四月二十九日，日本内阁通过了陆奥宗光的建议，即如果中国确实派遣军队赴朝鲜，不管其用何名义，日本也必须派遣相当的军队赴朝。这清楚地表明，日本早已确定了发动侵略战争的方针，决定趁清政府派兵助剿之机，出兵进占朝鲜。

但是，日本政府仍担心清政府不愿派兵赴朝，便极力诱惑。日本驻朝使馆译员郑永生曾诱劝清廷驻朝“总理交涉通商大臣”袁世凯说：东学党起义愈拖愈不好办，贵国政府为何不迅速出兵助韩，日本政府决没有其他用意。四月二十六日，日本参谋本部根据伊地知幸介的报告，认为朝鲜政府必然请求中国援助，中国也必将同意朝鲜的请求。因此，参谋本部认为，日本有必要出兵朝鲜。当天，外务大臣陆奥宗光同回国的日本驻朝公使大鸟圭介就出兵事宜进行了磋商。四月二十九日，日本内阁召开会议。会议根据陆奥宗光的意见，正式决定出兵朝鲜。当夜，陆奥同外务次官林董及参谋次长川上操六对出兵的策略、兵力等问题进行了商讨。五月初一，陆奥向大鸟发出关于处理朝鲜问题之训令。通知他如果确认清政府出兵朝鲜时，“帝国政府应立即派遣兵员”。“如清国官吏问及我出兵的理由，可按照《天津条约》第三款回答之：朝鲜国内发生叛乱有危及帝国公使馆、领事馆及帝国侨居臣民生命财产之虑，因而出兵”。五月初二，关于日本出兵朝鲜致清国的照会被内阁会议通过。同日，日军成立了战时大本营，并命令大鸟公使返回朝鲜任职。五月初三，向日本驻中国临时代理公使小村寿太郎发出训令，让他把日本出兵朝鲜的消息通知清政府。五月初五，日军开始军事行动。从五月初七起，日军陆续抵达朝鲜。至十三日，共有八艘军舰，载着约四千名陆军，五百名陆战队入朝。兵力是赴朝清军之两倍。

五月初五，日本驻华临时代理公使小村寿太郎，向清政府提出日本出兵朝鲜的照会。清政府接到照会的第二天，据理驳斥日本出兵的理由。在给日本的复照中重申了清政府系“应朝鲜之请，派援兵戡定内乱，乃从来保护属邦之旧例”，并强调：“目下釜山、仁川各港情形，虽然平静，然该两地为通商口岸，故暂留军舰，以资保护。若贵国派兵，系专为保护使馆领事馆及商民，自无必要派多数军队。贵国派兵，既非出于朝鲜请求，望勿进入朝鲜内地，以免惹起惊疑。”但日本挑衅的决心已定，因而对清政府的劝告毫不理睬。五月初九，日本政府在照复中蛮横无礼地说，日本此次派兵朝鲜，“系根据日韩济物浦条约之权利；而出兵手续系根据天津条约，帝国政府可自行裁决派遣军队多寡，其进退行止，毫无受他人掣肘之理”。

实际上，早在复照清政府之前，日本就已出兵朝鲜了，五月初二，日本参谋部设立了战时大本营，并请天皇批准派出混成旅团赴朝。同日，陆奥宗光便命令大鸟圭介带领四百余名陆战队员，乘“八重山”号军舰动身。接着，一户少佐率领日军一大队向朝鲜进发。就在叶志超、聂士成率领清军分别于五月初五、初六到达朝鲜后，初七，大鸟便带兵进入汉城，其后续部队也分批不断到达朝鲜。李鸿章在得知日本出兵朝鲜的消息后，才看清了日本的阴谋，所以急电袁世凯阻止日军的行动。五月初九起，袁世凯与大鸟在汉城举行紧急会谈，就双方撤兵问题进行商讨。但日本政府侵朝的战争机器已经开动，不愿就此罢兵。因此，李鸿章阻止日本派兵的活动宣告失败。五月下旬，已有万人左右的日军进驻朝鲜。

为了蓄意扩大事态和制造出兵朝鲜的借口，五月十一日，日本内阁会议通过了所谓改革朝鲜内政的方案。声称：平定乱民以后，为了改革朝鲜内政，须由中日两国共同向朝鲜派出若干名常设委员，“查核”朝鲜有关的经济、政治、军事。清政府在收到包含上述内容的照会后，于五月十八日让汪凤藻复照日本政府，表示反对共同“改革”朝鲜内政，并再次建议中日两国军队应该共同从朝鲜撤出。对于这一答复，陆奥宗光于第二日又一次复照汪凤藻，表示日军决不能撤出朝鲜。此后，日本一方面仍继续向朝鲜增派军队，另一方面准备独自“改革”朝鲜内政。五月二十三日，大鸟公使与朝鲜国王就“改革”

朝鲜内政的必要性进行了详谈。六月初十，日本向清政府提出所谓声明，即日军今后如在朝鲜发生不测，责任应由清政府承担。同时，陆奥宗光训示大鸟圭介：当前之急务应是促成中日冲突，为实行此事，可以采取任何手段。可以说中日战争已如箭在弦上，一触即发。

朝鲜朝野对日本入侵朝鲜，感到相当惊惧。五月初五，朝鲜外务督办赵秉稷强烈要求杉村濬，从速电告日本政府，“即施还兵之举，以敦友睦，免生枝节”，遭到日本无礼拒绝。五月初六，大鸟公使由日本回到仁川，决定于第二日率兵入京。朝鲜政府立即派人劝阻，又被大鸟严拒。初七，大鸟率420名海军陆战队员，携四门野炮，强行闯进汉城。

此时，赴朝清军已到达牙山。朝鲜政府也不断增派援军，同先期赴朝进剿的官兵协同作战，收复了全州。朝鲜局势逐渐平静下来，日本以护使护侨护商作为出兵的借口已不存在。但当赵秉稷访问大鸟，对其擅自率兵入京进行责问，并敦促其立即撤兵时，却又一次遭到拒绝。为了避免冲突，清政府决心令赴朝部队定期返回国内，并希望日本同时撤兵。各国舆论也强烈谴责日本派兵的行为是师出无名。但是，日本政府不仅拒绝撤兵，反而继续增兵，并召开内阁临时会议，作出了“日军在任何情况下都不能撤退”的决议。陆奥宗光还对大鸟圭介发出训令，“即使外交上有多少纷议，亦必使大岛少将所率之本队悉数列阵汉城”。这一切表明，日本政府已决心挑起战争冲突，因而对中朝两国的强烈抗议和各国舆论的谴责充耳不闻，一意孤行。但是，日本强词夺理，在外交上陷于被动。为摆脱困境，日本政府需要寻找新的借口，制造新的事端。

英俄进行调停

在日本的外交讹诈和武力威胁面前，清政府中以慈禧太后和李鸿章为代表的主和派，不敢对日军的行为进行针锋相对的斗争，不加强战守准备，而是利用帝国主义之间的矛盾，即采取“以夷制夷”的方针，来保持和局。尤其是寄希望于英俄两国进行干涉，迫使日军退出朝鲜，以避免战争冲突。

甲午战争前，英俄两国是争夺亚洲和世界霸权的主要敌手。沙俄早就对朝鲜半岛怀有野心，曾多次诱惑朝鲜签订密约，妄图控制朝鲜。俄国驻华公使喀西尼在甲午战前曾经说过，如果朝鲜发生冲突，“我们当然不能置身局外”。五月十七日，李鸿章向喀西尼要求俄国出面调停中日争端时，喀西尼表示：俄韩两国是近邻，俄国决不会容许日本侵略朝鲜。二十二日，沙俄政府通过驻华参赞转告李鸿章：“俄皇已电谕驻俄使转致倭廷，勒令与中国共同商议撤兵事宜，俟撤后再议善后办法。如倭不遵办，电告俄廷，恐须用压服之法。”同一天，沙俄政府训令驻日公使希特罗渥，“劝告”日本与中国共同把军队从朝鲜撤出。五月二十七日，沙俄政府再次向日本政府发出照会，要求其与中国同时撤兵，并警告日本政府如果拒绝劝告，应当承担一切后果。五月二十九日，日本政府照复俄国，声称：日本出兵朝鲜，决无侵略疆土之意，实属对于现在形势不得已之举，若至该国‘内乱’完全消灭，回复平稳状态，将来无何等危惧时，自然撤退其军队”。这一外交照复，正如陆奥宗光自己所说的那样，不过是“以外交的笔法，婉言拒绝了俄国政府之劝告”。

这时，李鸿章为了促使俄国出面干涉，竟向喀西尼提出，由中、日、俄三国共同对朝鲜内政进行改革，三国在朝鲜分享同等权利。六月初一，喀西尼将这一情况报告给沙俄外交大臣吉尔斯。喀西尼在报告中认为，“这一建议对于我国很有利，它将保证今后得以维持朝鲜秩序，将摒除中国在朝鲜的优越势力”，并要求俄国政府接受这一建议。但沙俄政府经过审慎考虑后，认为事态错综复杂。接受李鸿章建议，强迫日本撤兵，虽可获得重大利益，却会得罪日本。特别是当时英国也在等待时机，一旦俄国以任何方式援助中国，英国很可能支持日本。这就不仅促使日英靠拢，使自己受到孤立，甚至要冒战争的风险。俄国当时虽力图扩张在远东地区的势力，但由于尚未完成西伯利亚铁路工程，要在远东发动一场战争，还存在一定困难。因而，它希望暂时维持远东地区的现状。日本政府既然已经保证“绝无侵略疆土之意”，也就顺水推舟，以免促成日本和英国的联合，从而加强俄国在远东的对手英国的势力。因此，六月初五吉尔斯向喀西尼发出训令说：“李鸿章对我们的信任我们完全珍视，然而我们认为不便直接干涉朝鲜的改革，因为在这建议的背后，显然隐藏着一个愿望，即把我们卷入朝鲜纠纷，从而取得我们的帮助。”这样，俄国政府为了自身利益，不愿接受李鸿章的建议。六月初七，沙俄政府向李鸿章明确表示：“倭韩事，明系倭无理，俄只能以友谊力劝倭撤兵，再与华共商善后事宜，但未便用兵力强勒倭人。至于朝鲜内政应革与否，俄亦不愿干涉。”至此，清政府乞求俄干涉的希望破灭了。

清政府在乞求沙俄出面干涉的同时，也请求英国进行调停。五月二十八日，李鸿章请英国驻华公使欧格讷，“转电外部，速令水师提督带十余艘铁快舰径直赶赴横滨，与驻使同赴倭外署，责问其以重兵压韩之无理，扰乱东方商务，与英关系重大，勒令撤兵，再商善后，谅倭必遵，而英与中倭交情尤显。此好机会，勿让俄著先鞭”。

英国对日本在远东扩张侵略势力的做法，态度很矛盾。沙俄是英国在远东的主要竞争对手，因此，英国把扼制沙俄势力作为其远东政策的出发点。后起的日本，暂时还对英国在远东的利益构不成重大威胁。考虑到利用日本可以抑制沙俄势力的南下，英国愿意支持日本在朝鲜进行扩张。但同时，又担心中日之间的战争冲突，会改变远东现状，从而影响英国在远东的既得利益和给俄国带来扩张势力的机会，因此，又想出面调停。当李鸿章与喀西尼在天津频繁接触，乞求沙俄出面干涉的时候，英国政府焦虑难安。英国驻华公使欧格讷急忙出面怂恿总理衙门，以“同保该国土地勿令他人占据”和接受“改革朝鲜内政”为基础，撇开俄国直接同日本谈判。

经过英使欧格讷的斡旋，六月初七，总理衙门王大臣与日本驻华临时代理公使小村寿太郎举行谈判。虽然英国提出的谈判条件有利于日本，但因此时日本发动战争的决心已定，对英国的调停根本不感兴趣，又找不到合适的理由拒绝，便在外交上敷衍应付，毫无和谈诚意。在谈判桌上，小村以清政府要求日本撤兵朝鲜为借口，极力破坏和谈的进行。谈判破裂后，陆奥宗光于六月十二日又发电指示小村寿太郎，令其向清政府声明：“近日驻贵国之英国公使注重中日两国之友谊，以好意居中周旋，努力调停，然中国政府除依然主张我国从朝鲜撤兵外，不为何等商议；此非中国政府徒好生事而何？事局已至此，将来如果发生不测之变，日本政府不承担责任。”这个声明被陆奥称为“日本政府对于中国政府之第二次绝交书”。这一颠倒是非、蛮横无礼的外交声明，彻底暴露了日本政府的狡诈面目：既要破坏谈判，又想嫁祸于人；既要发动战争，又想推卸罪责。

接到声明后，清政府虽颇感激愤，但仍委曲求全。为谋求中日争端的和平解决，再次通过英国政府向日本表示了谈判的愿望。但此时，日本已经完成了在朝鲜的军事部署，陆奥宗光认为：已“没有与中国优游于樽俎之间再行会商之暇；若断然拒绝英国之调停，恐外交上有失礼仪，故以为不如提出中国政府无法接受之条件，使之自然中止为得计”。于是，日本政府向清政府提出无法容忍的苛刻条件：第一，即使中国政府同意对朝鲜内政进行改革，但对于此前“日本政府以独立着手之事项，中国应不容喙”；第二，中国政府必须在五日内答复日本此次提议，否则“日本政府不能与之应酬”；第三，中国不得增派军队赴朝。中国政府只有同意上述先决条件，日本才同意举行谈判。日本政府这种出尔反尔、蛮横无礼的态度及所提的苛刻条件，连英国政府都认为：与日本政府曾言明之谈判基础相矛盾，且超出其范围之外，日本政府已单独着手之事项使中国政府毫不容喙协议云者，实际是违背《天津条约》之精神。但清政府仍抱着求和之心，再次退让，对日本的条件完全同意。只是提出在改革朝鲜内政时，只能劝告朝鲜政府，不能强迫。同时，还格外作出让步，承认日本在朝鲜享有的通商权利与中国同等。希望通过这些让步换取日本承认“遇朝鲜有大典，日本不能与中国并行”，以维持清政府对朝鲜的形式上的宗主国的地位和脸面。日本政府却百般刁难，坚持中日两国必须强迫朝鲜国王遵行改革朝鲜内政：遇朝鲜大典，两国必须平行，以此逼迫清政府放弃对朝鲜形式上的宗主国地位，并承认日本在朝鲜一切方面享有独断独行的权利。日本政府的目的，就是要用这些清政府无法接受的条件使谈判决裂，逼迫清政府作战。

英国政府目睹了这一切，深知日本已经决心发动战争，和谈不可能再进行下去，遂于六月二十一日向日本政府发出照会：“中国之上海为英国利益之中心，故欲日本政府承认不在该港及其附近进行战争的运动”。这实际上是暗示日本：只要日本不在上海及其附近地区发动战争，不影响英国在这些地区的利益，英国就不会出面干涉。与此同时，英国与日本于光绪二十年（1894 年）六月十四日正式签订了英日新约，规定：英国取消在日本的租界和租界行政权；取消在日本的领事裁判权；提高关税税率等。这个新约的缔结，实质上是使日本战时外交政策获得了英国的重大支持。英国外交大臣金伯雷在签约时也说：“对于日本来说，这样的条约效果确实不小。说其效力比在朝鲜击败中国的大军更为远大也不为过。”

英日新约签订后，英国要求日本在发动战争时，把上海划为中立区，得到了日本的同意。此后，英国关注的焦点便发生了转移，转而更加重视日本打败中国后，可能带来的更多渔利的机会。由于英日间的相互勾结，清政府谋求英国调停的幻想也告落空。

光绪对日宣战

当日本步步进逼，战争一触即发之际，清政府内部在和战问题上也存在着分歧。这时，慈禧太后垂帘听政和训政达 20 余年之久，她虽已宣布“撤帘归政”，由光绪皇帝亲政，但内外大事的最后决定权仍掌握在太后手中。此时在清廷内部逐渐形成了两个政治集团。一些顽固守旧的贵族、大官僚，依附于太后，实际上操纵和控制了清政府的军政外交大权，从而形成了“后党”集团。光绪帝自登基以来，一直受慈禧太后控制，亲政以后依然没有太大的权力。为了改变受制于人的处境，光绪皇帝依靠他的师傅翁同龢，把一部分官僚集结在一起，形成了“帝党”集团。“帝党”成员大多数是通过科举擢升的一些文职官员，没有掌握实权，力量薄弱。

面对日本的战争威胁，清朝统治阶级内部，大体上是形成了主和、主战的两派势力："后党"主和，"帝党"主战。

主和派以慈禧太后为首，主要包括庆亲王奕劻、恭亲王奕䜣、李鸿章淮系集团、军机大臣孙毓汶、徐用仪等握有实权的贵族大官僚。主战派以光绪皇帝为首，包括被李鸿章排挤的湘系集团，以及翁同龢等没有实权的文职官员。

在甲午战争中，握有清政府军事外交大权的李鸿章，一开始就"一意主和"，他认为敌强我弱，中国不能和日本开战，因而消极备战，把希望寄托在国际调停上。五月中旬，袁世凯、汪凤藻请"厚集兵力"，均遭他的拒绝。五月二十日，总理衙门电询李鸿章，"倭如不停地添兵，我应否多援以助声威"，李复以"今但备而未发，续看事势再定"。从这可看出，李鸿章存有侥幸观望的态度，不作战守准备。

相反，光绪帝则主张一面议和来商谈，一面作备战准备，即"实力备战以为和地"，不完全把希望寄托在英俄调停上。从五月下旬起，他一周之内连发三道上谕，指示备战。五月二十二日谕令："口舌争辩已经无济于事。……此时事机吃紧，应如何及时措置，李鸿章身负重任，熟悉倭韩情势，着即妥筹办法，迅速具奏。"五月二十八日又谕："现在倭焰愈炽，朝鲜受其迫胁，其势岌岌可危，他国劝阻亦徒托之空言，决裂将不可免"；"我战守之兵及军火粮饷，必须事事筹备确有把握，才不致临时诸形掣肘，贻误事机"。五月二十九日严旨："倭人胁迫朝鲜，其焰方张，势将决裂，内防外援，自宜事先预筹"，"若待事至决裂而后议守议战，肯定来不及，不可不事先筹备"。他提醒李鸿章，"不宜借助他邦，致异日节外生枝"。对于李鸿章乞求英国派军舰赴日、勒令日本撤兵的做法，光绪帝认为："如出自彼意，派兵护商，中国亦不过问；若此意由我而发，彼将以自护之举，托言助我，将来竟要求我补偿所耗兵费，中国断不应允。"并警告李鸿章，

“嗣后该大臣与洋人谈论，务必格外谨慎；假若轻率发端，以致贻误事机，定惟该大臣是问”。他还对李鸿章专恃俄使调停的做法特别提出告诫：“俄使喀西尼留津商办，究竟彼国有无助我收场之策，抑或另有觊觎别谋？李鸿章当沉几审察，勿致堕其术中，是为至要。”

六月十二日，日本驻华临时代理公使小村寿太郎照会总理衙门，把日本政府的“第二次绝交书”递交给中国，指责中国“徒好生事”，“将来如发生不测之变，日本政府不任其责”，实际上是向中国发出最后通牒。面对如此严峻局势，光绪帝感到战争势不可免，便由前一阶段的一面备战，一面和商，转而针锋相对地坚决主战。十四日，令军机大臣和总理衙门大臣讨论朝鲜事态。十六日，翁同龢等上奏《复陈会议朝鲜之事折》，主张采取“不战而屈人之术”，一方面迅速准备战事，派军前往朝鲜与日军相持；另一方面“稍留余地”，如日方“情愿就商，但使无碍大局，仍可予以转圜”。这个意见得到光绪帝的同意。在“一意主战”的同时，仍然向日本敞开“和商”的大门。

但是，日本已决心在战争的道路上继续走下去。六月二十一日凌晨，日本驻朝鲜公使大鸟圭介率领日兵攻入朝鲜王宫，发动政变，劫持了国王，并成立了以大院君李昰应为首的傀儡政权。接着，逼迫大院君废除同清政府缔结的一切条约，并“授权”日军驱逐在朝的中国军队；二十三日清晨，日本海军在朝鲜牙山湾丰岛附近海面，突然袭击中国舰船，悍然挑起侵略战争。同一天，日本入朝的陆军混成旅团，由汉城出发南下，向驻在牙山的清军进攻。至此，和平解决中日争端的大门被日本完全关闭了，清政府被迫应战，以战争反对战争。六月二十九日，总理衙门照会日本驻华临时代理公使小村寿太郎，指责日本首先挑衅，“致废修好之约，此后与彼无可商之事”。同一天，日本外务大臣陆奥宗光向中国驻日公使宣布，两国进入战争状态。七月初一，光绪帝正式下诏宣战。宣战诏书揭露了日本政府悍然发动侵略战争的种种事实，宣布“倭人渝盟肇衅，无理至极，势难再予姑息容忍。着李鸿章严饬派出各军，迅速进剿，厚集雄师，陆续进发，以拯救韩民于涂炭”。同一天，日本天皇睦仁也下诏宣战。中日两国政府的宣战，标志着中日甲午战争的正式爆发。

奕䜣再次出山

慈禧太后的本意虽不想对日宣战，但在廷臣和全国主战舆论的压力下，她也一度表现出主战的姿态。但战争爆发后，清朝海陆军连遭败绩，使她丧失了抗战的信心。为了对光绪帝的“一力主战”进行牵制和为日后留有和商的余地，慈禧太后决心重新起用在中法战争中被她罢斥的恭亲王奕䜣。九月初一，她和光绪帝召见奕䜣，并颁布懿旨，令其管理总理衙门，添派总理海军，会同办理军务。但没有给他太大权力，只是“会同”办事。当时许多朝臣认为国家面临多事之秋，宫廷内部应当捐弃前嫌，和衷共济，度过这艰难的时刻。奕䜣这样的亲贵，有着多年的政治外交经验，应当让其全权统筹大局，而不应屈居于“会办”地位。有些官员奏请恢复奕䜣10年前的原职；也有人提出让奕䜣总揽军务，均未被获准。这表明慈禧太后还没有完全捐弃前嫌，对奕䜣还是有所顾虑。奕䜣也完全懂得太后是想利用他的影响，在外交上多作些弥缝工作，为议和留有余地，而不是一力主战。因此，他复出后所做的第一件事，就是在九月初八正式向各国驻华使节呼吁，请求列强出面干涉中日争端。十五日，又同英国驻华公使欧格讷讨论请求各国出面调停问题。欧格讷提出，可以由英国出面，以“联合仲裁”的方式进行调停，但必须以各国保护朝鲜、中国赔偿日本军费为条件，军机大臣孙毓汶和徐用仪对于欧格讷提出的条件表示同意，认为只有如此才能保祖宗龙兴之地；李鸿藻和翁同龢认为这是偏袒日本，反对接受。奕䜣也倾向于孙、徐意见。次日，奕䜣向太后上奏。此时，距十月初十的慈禧太后六十大寿庆典已为时不远，为了“万寿盛典”能顺利进行，她希望早日结束战争，因而急于求和。因此，她责成奕䜣按英国的条件办理。但是，俄、美、法、德等国在接到英国提出的“联合调停”建议后，由于相互间的利害冲突，并没有都认同英国的建议。十月初三，奕䜣又以恭亲王的名义恳请美国调停。

十月初四，清廷成立了督办军务处。以奕䜣为督办，奕劻为帮办，李鸿藻、翁同龢、长麟、荣禄为会办。从此，奕䜣在军事和外交上取得了最高指挥权力。但尚未入军机，慈禧太后对他的信任仍有所保留。

这时，侵略战争的战火已被日本引向中国，清朝陆海军接连惨败，主和声浪甚嚣尘上，慈禧太后的求和心态更加明朗。因此，奕䜣虽然名义上是督办军务处督办，也提出过战而后能和的主张。实际上，他几乎把全部精力用来寻求外交解决的途径。为了求和，甚至可以赔款割地。十月初六，奕䜣邀请英、俄、德、美、法各国公使到总理衙门晤谈，并向各国公使提出照会，以皇帝和皇太后名义，请求各国公使提议本国政府出面调停。当天，奕䜣分别向清驻外使节杨儒、龚照瑗、许景澄发电，要求他们同英、俄、德、法、美、意各国外交部商洽调停事宜。第二天，为了继续要求各国公使出面调停，又以允许朝鲜独立、赔偿日本战费为条件。

十月二十七日，日军攻占旅顺口的消息传来，慈禧太后更加气急败坏。她认为国事到这种地步，是由于光绪听从主战派的意见所致。十一月初八，竟侵越皇帝权力，作出一系列打击主战势力、加强主和势力的重大决策。

此时，奕䜣受命主持军机，极力支持危局。在军事上，采纳军机处的建议，檄调刘坤一北上主持战事，以湘军代替淮军出关作战，并催促刘坤一火速北上。又调陈湜、魏光焘两支湘军出关支援宋庆，并给陈、魏两军拨支兵饷，竭力筹措战事；同时，遴选赴日谈判使节人选，并以“君命”委派张荫桓和邵友濂为全权代表，东渡日本乞和。

奕䜣复出后，某外国通讯社曾报道说，他有“将现任枢臣们粉碎了的杯子修补完整”的责任。然而，奕䜣也无力回天，他无法挽回清政府的败局，无法把“粉碎”了的“杯子修补完整”。

中日之战

清政府在对日宣战的同时，派大同镇总兵卫汝贵率十三营盛军、高州镇总兵左宝贵率九营奉军、提督马玉昆率四营毅军、副都统丰升阿率六营奉天练军盛字营和吉林练军，共三十二营，总计 13500 人，入朝参战。卫汝贵率盛军六千人入平壤，提督马玉昆率毅军二千人进义州，左宝贵率所部准备开赴平壤。为往牙山增兵，李鸿章雇用英国小商轮“飞鲸”号、“爱仁号”，载一营清军前往，由北洋舰队的“济远”“扬威”“广乙”三舰护航。二十一日，又租英国商轮“高升”号，载着二营清军，运往朝鲜，军械物资则由北洋舰队的运输舰“操江”号运送。清军运兵计划被日本间谍窃取，日军遂准备在朝鲜海面截击中国军舰和运兵船。二十二日，“飞鲸”号、“爱仁”号抵达牙山。次日凌晨，“济远”“广乙”二舰从牙山返航，行至牙山口外的丰岛海面遭到日本军舰的猛攻，日军“吉野”号首先开炮，“秋津洲”“浪速”号也猛烈开火。北洋舰队被迫进行还击。开战不久，双方战舰都被击伤，“广乙”号中弹后起火，失去战斗力，管带林国祥令南驶搁浅，后自行炸毁。“济远”号管带方伯谦仓皇躲入仓内，并下令挂上白旗逃离战场。“吉野”号穷追不舍。爱国水手李仕茂、王国成两人自动操尾炮轰击，四发三中，把“吉野”号击退。“操江”号和“高升”号被“浪速”号、“秋津洲”号包围。“操江”号被俘。“高升”号上的爱国官兵视死如归，冒着敌人的炮火，英勇还击，直到船体全部沉没，1200 名官兵除 300 名遇救外其余皆壮烈殉国。

二十六日，日军向牙山东北二十公里的成欢进犯，聂士成率领三千名清军奋勇抵抗。二十七日凌晨，于光炘等在佳龙里伏击日军，击毙日军中队长尉松崎臣等多人。后因日军增援，于光炘等牺牲。日军猛攻聂军较薄弱的左翼，聂士成多次派兵增援，均未能成功。聂士成率众抵抗日军进攻，击毙了日军大队长桥本昌世少佐和多名士兵，终因弹药不足，遂奋力杀出重围，成欢失陷。

四路大军入朝后，清军占据了优势，本应抓住战机，主动南下进攻汉城的日军。虽然光绪帝下旨：“星夜前进，直抵汉城”“相机进取，力挫凶锋”。可李鸿章置谕旨于不顾，令各军“先定守局，再图进取”。结果，四路大军入朝后，既不南下攻敌，又不据守险要之地，而是聚集在平壤，给敌军以陆续增援和集结兵力的时机。六月底，叶志超率部从牙山败退，七月下旬逃抵平壤。他谎报军情，向清政府邀功。清廷不辨真伪，对他赏银两万两以示嘉奖，并任命其统帅平壤各军。逃将升官，败军受赏，消息传出，全军哗然。叶志超对战守不作认真布置，每日与诸将狂喝滥饮，坐等日军来攻。日军利用这一有利时机大力增兵朝鲜，至八月上旬，先后运送陆军 3 万余人在仁川、釜山、元山等地登陆。

七月初一，中日双方正式宣战。宣战后，清政府继续坚持避战静守的策略方针，在平壤消极防御，坐待日军从容进兵。八月十三日至十五日，日本陆军约万人，按预定计划分四路包围了平壤。十六日，日军分三路对平壤发动总攻，战斗在大同江南岸、玄武门和城北牡丹台及城西南同时进行。经过两天激战，平壤被日军攻陷。左宝贵等爱国官兵为国捐躯，叶志超等弃城北逃。

十八日晨，完成护航任务返航的北洋舰队在驶至大东沟附近海面时遇到日军联合舰队。为了偷袭北洋舰队，日军联合舰队司令伊东佑亨竟下令悬挂起美国国旗，以此为掩护，急速驶向北洋舰队。中午时分，丁汝昌判断出这支急驶而来的是日本舰队，命令各舰升火，准备战斗。黄海海战终于爆发了。

日舰共有12艘船，其中包括由“千代田”“松岛”“桥立”“严岛”“扶桑”“西京丸”“比睿”“赤城”八舰组成的本队和由“吉野”“浪速”“高千穗”“秋津洲”四舰组成的第一游击队，旗舰为“松岛”号。北洋舰队包括“定远”“镇远”“济远”“经远”“致远”“靖远”“来远”“广甲”“扬威”“超勇”等10艘战舰，“广乙”“平远”“福龙”也曾一度参战，旗舰为“定远”号。丁汝昌先以“犄角鱼贯阵”迎敌，后见敌舰是“一字竖阵”，又下令改为“犄角雁行阵”，以“定远”“镇远”两舰居中，其余各舰横着排列。但尚未完成队形变换，激战已经开始，所以刚交战时，北洋舰队是以人字阵与日舰对垒。距敌近六公里时，“定远”舰管带刘步蟾即下令开炮遥击，各舰相继发出第一排炮弹，但由于距离太远均未能击中目标。日舰在相距三公里时，发炮轰击，第一游击队四艘战舰向距主力舰较远的右翼“超勇”“扬威”两舰集中进攻。“扬威”“超勇”中炮起火，“超勇”沉没，“扬威”搁浅，失去战斗力。“定远”舰施放大炮，船身颠簸，站在飞桥上督战的丁汝昌因而被抛到舱面负伤，改由刘步蟾指挥。刘步蟾镇定自若，水兵们顽强抗敌，“定远”等舰猛击敌舰“比睿”“赤城”两舰，使它们都退出战斗。

下午，日舰采取首尾夹攻战术，对北洋舰队构成很大威胁。“致远”舰管带邓世昌率舰迎击日本舰队，鏖战中弹药即将用完，而船体受伤严重，“吉野”号又迎面开来，邓世昌便下令加大马力撞向“吉野”号，准备与敌人同归于尽。“吉野”号一边慌忙躲避，一边施放鱼雷。“致远”舰不幸被鱼雷击中，全舰沉没，邓世昌等200余名官兵，除20余名得救外，其余皆壮烈牺牲。见“致远”舰沉没后，“济远”“广甲”两舰遂夺路逃走。“济远”舰慌不择路，竟撞沉了搁浅的“扬威”舰。“广甲”舰偏离航线，搁浅在大连湾的三山岛外，次日被日舰击沉。“经远”舰受到日本第一游击队的围攻，全舰将士在管带林永升的指挥下，孤军奋战，发炮攻敌，在炮战中，林永升等200余名官兵仅16人获救，其余皆壮烈殉国。“定远”“镇远”“来远”“靖远”四舰在极端不利的情况下沉着应战，先后击中敌舰“松岛”“西京丸”“吉野”等，杀死杀伤众多敌人。海战进行了五个多小时后结束，双方互有损失，日舰稍占优势。李鸿章旋下令北洋舰队回威海卫拒守。日军占领朝鲜全境并掌握了渤海、黄海制海权，分陆海两路向中国进逼。

九月二十六日，日本侵华第一军在山县有朋的率领下，从朝鲜的义州向清军的鸭绿江防线发动攻击；第二军在大山岩的指挥下出大同江，在花园口登陆，直犯金州，南攻辽东半岛。二十七日，与马金叙、聂士成交战后，日军攻陷虎山。二十八日清晨，日军进攻九连城，守将吕本元、刘盛休早已逃之夭夭，日本侵略者因而不费一枪一弹即占领这一重镇，后又攻陷安东（今丹东）。同日，花园口也被日军占领，随后日军又侵占貔子窝。十月初七，日本侵略者开始进攻金州，旅顺总兵徐邦道自告奋勇赴金州抗敌。初八，双方在距金州五公里的石门子展开大战。徐邦道因孤力无援，退守旅顺。初九，日军侵占金州，然后兵分三路向大连进犯。大连虽有炮台，配备了最新式的大炮，弹药储存丰富，但守将赵怀益贪生怕死，临阵逃脱，这样，日军于初十不战而得大连，当地的120门大炮及大量炮弹、军用物资全部落入敌手。

二十一日，日军开始进攻旅顺。旅顺尽管拥有30座炮台，近150门大炮，环海布有水雷，驻有30余营军队，但是作为实际统帅的龚照玙贪鄙庸劣，金州失守前曾一度逃到天津。临时统领姜桂题也是一个无所作为的庸才。因此当日军进攻旅顺时，只有徐邦道率部奋勇抗敌，并于次日在土城子一带沉重打击了日军。二十三日，徐邦道统率的爱国官兵伤亡也不小，而且疲饥交加。在这时刻，黄仕林等人却率部逃走，其部下公然抢劫银号公库，使旅顺陷于一片混乱中。二十四日，日军会攻旅顺，徐邦道寡不敌众，被迫突围。次日，旅顺失陷。日本侵略者进入旅顺后，进行了灭绝人性的大屠杀。他们见人就疯狂地乱砍乱杀，有的被割去双耳，有的被砍掉脑袋，有的被挖去双眼，有的被钉在墙上，有的妇女被奸污后开膛剖腹。这场大屠杀共进行了四天，尸横遍野，血流成河，仅有36名当地人幸免于难。日本侵略者在他们的脸部刺上免杀的记号，让他们来抬同胞的死尸。日本侵略者的残暴本性暴露无疑。

为了乞求和平，十一月二十四日，清政府正式通知日本，决定派张荫恒、邵友濂为全权大臣赴日媾和。但是，日本侵略者并不肯就此收兵，他们又把侵略的矛头伸向了北洋舰队的重要基地威海卫。十二月，日本从国内调派一支军队抵达大连湾，与入辽东半岛的部分日军汇合成新的军团，以大山岩为司令官，共计2万人，由联合舰队25艘军舰、16 艘鱼雷艇掩护，准备进攻山东半岛。日军首先进攻成山以抄威海卫的后路。十二月二十五日，日本侵略者攻陷成山和荣成县城后，由陆路向西挺进。山东巡抚李秉衡派兵与敌在枫岭、桥头等地交战，屡战屡败，威海卫后防诸要塞全部落入敌手。光绪二十一年（1895 年）一月初五，日军向威海卫南帮诸炮台发起进攻，同时，联合舰队也从海上发起攻击。

当时，北洋舰队尚有两艘铁甲舰、5 艘巡洋舰、6 艘炮艇、12 艘鱼雷艇，战斗力还比较强。但李鸿章等人严禁海军出击，命其死守威海卫，陷于被动挨打的不利局面。从一月初五起，日本联合舰队在伊东佑亨的指挥下，对威海卫发动了多次进攻，南北帮炮台先后被日军占领。北洋舰队因而受到日本陆、海军的夹击。十一日，“定远”舰中鱼雷搁浅。次日，“威远”号也中鱼雷沉没，“来远”舰中雷。十三日，日本联合舰队发动总攻，旗舰“松岛”号受到重创。北洋舰队 12 艘鱼雷艇擅自逃逸，有的被俘虏，有的被击沉。十四日，日舰又一次发动攻击，“靖远”舰受重伤。总教习美国人浩威、英国人马格禄鼓动北洋舰队的外国人及威海卫营务处提调牛炳昶等，逼迫丁汝昌投降，被丁汝昌拒绝。十五日，日舰再次进攻，“靖远”舰中炮搁浅，其余舰艇的弹药已将用尽，浩威、马格禄等人再次劝降，还挑动士兵逼迫丁汝昌投降。丁汝昌见大势已去，派人炸沉“靖远”舰。“定远”舰管带刘步蟾也派人将“定远”舰炸沉，然后自杀殉国，实践了他自己在开战初立下的“苟丧舰，将自裁”的誓言。十七日，丁汝昌也在绝望中自杀身亡。十八日，“广丙”舰管带程璧光乘“镇北”炮艇把降书递给了日本联合舰队，日本侵略者获得了“镇远”“平远”“济远”“广丙”四舰和六艘炮艇及刘公岛上的全部军用物资。二十三日，日本舰队开进威海卫港，并在刘公岛登岸。北洋舰队全军覆没。

在日军进攻山东半岛的同时，中日双方在辽东也分东、西两路展开了激战。东路大高岭一线，依克唐阿、聂士成率部与日军不断周旋。陈湜的湘军与聂士成军换防后，同东边道道员张锡銮一起，会同当地民众，分别于二月初二和初五收复了宽甸和长甸。在西线，清军先后五次反攻海城，但均告失败。日军侵入辽东半岛后，从海城、岫岩、盖平分三路出击，清军一路溃败。日本侵略者在占领鞍山等地后，于二月初八大举进犯牛庄。当日军杀进牛庄市区时，守将魏光焘、李光久等正在吸食鸦片，看到日军后迅速逃走了。广大爱国官兵自发地抵御日军，有的据屋后墙角死守，先后有2000人牺牲。次日，牛庄失陷。牛庄失守后，吴大澂从田庄台逃到石山站。守卫营口的宋庆当晚也统率三万大军逃到田庄台。十一日，日军不战而得营口。十三日，日军猛攻田庄台，宋庆经过激战，敌不过对手，弃城逃走，未及撤离的近二千名官兵惨遭杀害。日本侵略者攻陷田庄台后，纵火焚城，田庄台一市至此遂成为一堆废墟。日本侵略者占领了整个辽东半岛。

《马关条约》

光绪二十年（1894年）九月，英国提出的“联合仲裁”失败后，清政府转而请求美国出面调停中日争端。美国为了从和谈中得到好处，表示愿意出面斡旋。十月初九，美国驻日公使遵照本国训令告诫日本政府，战争要适可而止，否则“如果中国被打垮，英、法、俄、德等国将以维持秩序为名，瓜分中国”，这样不利于日本。在美国劝告下，十一月初一，日本政府通过美国驻华公使转告清廷，同意与中国议和。十一月二十四日，清廷正式派户部左侍郎张荫桓、巡抚邵友濂为议和全权大臣。光绪二十一年（1895 年）一月初七，张荫桓、邵友濂同日本全权代表伊藤博文、陆奥宗光在广岛开始进行谈判。日本虽同意清政府遣使议和，但并不是真心诚意地想实现和平。这是因为，一则日本尚未实现攻占威海卫、消灭北洋舰队的图谋；二则认为张、邵二人“全权不足”，不能满足其通过谈判进行勒索的要求。一月初八，双方代表进行第二次会晤，伊藤等按照事先的密谋，无理刁难中国代表。他们以张、邵二人的全权证书手续不完备为借口，反诬中国没有和谈诚意，拒绝开议，并肆意践踏国际外交准则，把清政府拍给中国代表的电报扣留，拒不交出。清政府为了不使和谈破裂，委曲求全，表示可以修改全权证书，日方同样予以拒绝。日本公开点名要李鸿章为清政府全权代表，清政府被迫答应。为尽快媾和，二月十八日，李鸿章以美国人科士达为顾问，带领他的儿子李经方及随员伍廷芳、马建忠等，乘坐德国轮船，赶赴日本马关。二十四日，李鸿章与日本全权代表伊藤博文、陆奥宗光在马关开始议和。李鸿章提出先停战、后议和的要求。伊藤博文见机行事，肆意勒索，遂提出包括占领天津等地在内的四项停战条件。李鸿章见日方的停战条件极端苛刻，只好撤回停战要求，先议和款。会谈结束后，在返回寓所的途中，李鸿章的左眼下部被日本暴徒小山丰六郎用手枪击伤，谈判被迫中断。

李鸿章遇刺后，日本政府一度恐惧不安，既担心列强乘机干涉，又怕李鸿章据理采取强硬措施。而为了在谈判中达到割占中国台湾的目的，日本又调兵进犯澎湖列岛。二十九日，澎湖列岛被日军攻陷。陆奥宗光通知李鸿章：日本政府已经同意暂时停战。李鸿章在得到陆奥宗光的通知后神情十分高兴。三月初五，双方签订了不包括台湾和澎湖列岛在内的、为期三周的停战协定。

自三月初七起，议和进入第二阶段——缔结和约的谈判。日方提出了包括要求中国承认朝鲜为完全的独立国；日本割取台湾全岛及附属各岛屿、澎湖列岛、奉天南部地方；赔偿日本军费三亿两库平银；开放北京、重庆等七处为通商口岸等十一款议和条约底稿，条件非常苛刻，并限四日内议复。经过李鸿章的再三乞求，三月十六日，伊藤博文提出了一个修正案，将战争赔款、奉天南部割地和增开通商口岸等要求作了一些缩减。“声明此系文武熟商再三核减尽头办法，请三日内回信。两言而决，能准与不能准而已”，并以“战争持之愈久，则花费必将愈多，今日我方应允之讲和条件，并非到他日亦必须应允之”进行威胁。甚至恫吓说：“倘不准，定即添兵。广岛现泊 60 只运船，可载数万兵，小松亲王专候此信，即日启程。”在日方的催逼和威胁下，三月十八日，清廷被迫电谕李鸿章与日方订约。二十三日，李鸿章与伊藤博文、陆奥宗光签订《讲和条约》（即《马关条约》）十一款及《议订专条》三款。《展期停战另款》二款、《另约》三款、《马关条约》十一款的主要内容是：

第一，中国承认日本对朝鲜的控制；

第二，中国把辽东半岛、台湾全岛及所有附属岛屿、澎湖列岛割让给日本；

第三，赔偿日本军费二亿两库平银，分八次交清。“第一次赔款交清后，未经交完之款，应按年加每百抽五之息”；

第四，日本臣民得在中国通商口岸城邑，任便从事各项工艺制造，又得将各项机器任便装运进口，只交所定进口税；

第五，开放重庆、沙市、杭州、苏州为商埠，日船可以沿内河在以上各口自由航行，载货搭客。

中日之战和《马关条约》对中国产生的影响极为严重。尽管中国军民英勇抵抗外来侵略者，用鲜血和生命谱写出一曲曲英雄壮歌，但是仍无法从根本上扭转败局。北洋水师全军覆灭，湘军的大溃败，既是清朝封建统治者主和投降造成的恶果，又暴露了其极端虚弱的本质。中国人民受到日本侵略者惨无人道的屠杀，国家领土受到强盗铁蹄的践踏。赔款及赔款利息数额巨大，超过清政府每年国库收入的3倍，清政府被迫向列强大举借取外债，中国人民的负担更加沉重。而日本侵略者则以这笔赔款大力发展本国资本主义，逐渐转化为帝国主义国家。条约规定的日本人可在中国投资建厂的权利像一根绳索，捆绑住中国民族资本主义发展的手脚，阻碍了中国近代生产力的发展，而列强对华的资本输出便合法化了。《马关条约》的签订使列强侵华的野心急剧膨胀，各国争相在中国投资，进行资本侵略；列强在中国拼命划分"势力范围"，掀起一股瓜分中国的浪潮。《马关条约》的签订，进一步加深了中国半殖民地化的程度，中华民族的危机空前严重。

还政风波

太后训政

光绪十二年（1886年）光绪帝16岁，已到亲政年龄。慈禧太后碍于祖宗传下的制度，只好作出归政的姿态，于七月十一日召见奕譞和世铎等亲王，"谕以本年冬至大祀圜丘为始，皇帝亲诣行礼，并著钦天监选择吉期，于明年举行亲政典礼"。当天，这道懿旨就向外公布了。

慈禧的懿旨颁发后，光绪也随即明发上谕，表明他的态度："兹奉懿旨于明年二月归政，朕仰体慈躬，敬慎谦抑之本怀，并敬念三十年来圣母为天下忧劳尽瘁，几无晷刻可以稍资休息，抚衷循省，感悚交深，慈复特沛温纶，重申前命，朕敢不祗遵慈训，于一切几务，兢兢业业，尽心治理，以冀仰酬我圣母抚育教诲有加无已之深恩。"这样，光绪帝终于得到了亲裁大政的承诺，他于是为此而积极进行准备。

奕明知慈禧嗜权谖如命，并不是真心想归政，此举不过是摆个样子，而且慈禧之所以首先向他提出归政问题，实际是在考验他，看他究竟持什么态度。奕谖很善于揣摸慈禧心理，还不到五天，便想出个"训政"的主意，带头上奏"呈恳皇太后训政"。奏折首先对皇太后垂帘听政以来的文功武治极力加以美化，之后便以种种冠冕堂皇的理由，提出等光绪帝年满"二旬"再归政，而且即使亲政之后，也必须永远按照现有规制，一切事情，先请懿旨，再向皇帝奏闻。这就使光绪帝亲政的时间被大大推迟了，更重要的是"承照现在规制行事"，等于把慈禧操纵清廷实权的局面永远固定下来，慈禧自然对此求之不得。

奕谖在自己带头上奏的同时，又指使世铎、伯彦纳谟祜等人，也异口同声地请求太后"再行训政数年"，以壮大声势。为保证顺利实施训政，接着奕谖又同世铎等人商议制定了一个《训政细则》。按照这个细则，所有军国大事，都要"候懿旨遵行""呈慈览发下"或"恭候慈览"。这样，即使光绪帝亲政，也不过是个傀儡，慈禧仍把持了一切军国要政的最终决定权。

太后归政

慈禧训政两年后，鉴于光绪帝即将完婚，再不归政太不成体统，于是在光绪十四年（1888年）七月宣布：明年正月光绪帝举行大婚之后，定于二月初三正式归政。在光绪帝举行大婚典礼前夕，奕𫍽又授意军机处起草了一个《酌拟归政事宜折》，提出皇帝亲政后，“在京各衙门每日具奏事件……皇上披阁传旨后”，仍由军机大臣“另缮清单，恭呈皇太后慈览”，对各级官吏的任免，经军机大臣拟定后，由皇上向皇太后奏明，次日再降谕旨。同时奕𫍽又同世铎当面协商，预拟了一个清廷办事“条目”，把上述原则进一步具体化、制度化。按照这个“条目”，光绪帝亲政后，虽可接受中外臣工的奏折，但最终决定权必须“仍照规章，请旨遵行”。这就造成了这样的局面：皇上虽有亲政之名，而无亲政之实，一切用人行政皆仍出于“归政”的慈禧之手。

慈禧这一手确实高明，很多人认为这回太后确想归政。但是，就在人们对她赞不绝口的时候，慈禧又在进行周密布署。她大肆笼络人心，拉自己的势力，拼凑忠实于自己的集团。在亲政前的一个月里，慈禧不断对诸王重臣们加官晋级。她首先以“醇亲王奕𫍽志虑忠纯，经猷闳远，自垂帘听政以来，深宫宵旰焦劳，勤求上理，王以一心一德，宏济艰难，凡可以利国家安社稷者，罔不综揽大纲，竭奕勋助”为由，对奕𫍽重重给予赏赐。显而易见，对醇亲王的加恩，是要使这位声望甚高的宗亲知恩图报。同时，慈禧又遍施恩惠于当朝要员。礼亲王世铎不仅得到御书匾额，而且还得到宗人府的“从优议叙”。大学士额勒和布、张之万，刑部尚书孙毓汶、兵部尚书许庚身等均受到相当大的优待。然后慈禧还对各重要部门的官员如军机处章京，六部侍郎、员外郎甚至主事以及各省总督、巡抚、将军、道员，甚至提督、知府等人赏俸加封。

一道道诏书，把慈禧的奖赏送达朝廷内外，内地边陲。这些受奖赏之人，捧读诏书，都感激涕零。他们对慈禧太后的知遇之恩十分感激，感激她竟然在还政前还没有忘记他们。

光绪十五年（1890 年）二月初三，亲政大礼在太和殿正式举行了。大典之后，光绪与朝廷要员们又到慈宁宫，给已等在那里的慈禧上了一个尊号，又把那么几个带有美意的字加在皇太后前面。自此以后，“慈禧端佑康熙昭豫庄诚寿恭皇太后”才是慈禧的全称。

自归政以后，慈禧并未真正放权修养，安享晚年，而是积极活动，继续主揽朝中大权。时人有评论说：“皇上亲政后，遇除授尚书、侍郎、将军、督抚各缺，仍恭请皇太后懿旨简用，盖由圣德谦冲，于用人行政诸大端犹复禀承慈训，以示不敢独断。”可见，用人的大权仍被慈禧死死地掌握在自己手里。

光绪亲政

光绪亲政以后，知道皇太后的势力遍布朝廷内外，欲成就大事不容易，所以凡事必先征求慈禧意见，然后才能明发上谕。然而即便如此，慈禧还是不放心他，在宫廷内外密布间谍，随时搜集情报，监督光绪的活动，甚至居然在光绪身边安插自己的心腹。

在光绪亲政之后，慈禧假装表示对光绪“关心”，特地召见光绪说：“我身边有一王姓太监，为了照顾你的身体，从今以后，我让他不断前往你身边侍奉，以慰我之心愿。”光绪听到“王太监”三个字，已了解了此中深意。王太监很受慈禧信任，他善于窥测别人秘密，宫中称他为“香王”。光绪明知慈禧派他来自己身边是别有用心，但仍得感谢皇太后的一片“好心”，因此，光绪连忙说道：“孩儿对亲爸爸十分感激，还望亲爸爸保重御体。”从此以后，光绪身边每月中有15天由这位“香王”侍奉，这样光绪这15天的一举一动便处于慈禧的严密监视之中。当然，间谍远不止一人，因为慈禧不可能对另外15天放任不管。光绪身边时常出没的一些太监，几乎都是慈禧的间谍，因此一件小小的事也无法瞒过慈禧。例如，光绪很器重廷臣长麟、汪鸣銮，常跟他们商量朝中大事甚至一日召见三次。这件事，很快就被传报到颐和园。慈禧对此二人疑心很重，她很怕二人与光绪密谋夺走她手中的大权，为此召见光绪后说出了她的决定：“皇帝，我看长麟与汪鸣銮图谋不轨，你还是免了他们吧!”光绪听后，知道慈禧有疑心，如果不遵旨，恐怕以后更不好办事，如果惹怒了太后，后果会不堪设想。于是，他无可奈何地当即表态：“孩儿遵旨便是!”第二天，发出上谕，二人被以“迹近离间”的罪名革职，永不叙用。

帝后两党的形成与斗争

光绪帝亲政后，慈禧太后虽退居颐和园，但仍操纵和把持朝政。光绪帝每月至少要到颐和园向慈禧“听训”“请安”两次，有时甚至多达六七次；重要奏折，必须送呈慈禧阅览后，方能处置，所谓光绪“事太后谨，朝廷大政，必请命乃行”，说明光绪帝仍处于傀儡地位，随时受慈禧摆布。那些接近光绪的近臣对这种状况非常不满。南书房行走、侍读学士陆宝贵向光绪进言：“母后只可婉劝，不可唯谨”。御史安维峻则上疏指责慈禧“皇太后既归政皇上，若仍遇事牵制，将何以上对祖宗，下对天下臣民”。光绪帝本人也不甘心于充当傀儡。为了摆脱慈禧的控制，他利用身边的亲信，开始组织政治力量，在其周围渐渐形成帝党集团。

协办大学士、户部尚书翁同龢是帝党核心人物。翁同龢原是慈禧的亲信，曾任同治帝师傅。光绪帝即位后，又被慈禧指派为光绪帝师傅，在弘德殿教授读书。光绪帝亲政后，翁同龢渐渐倾心于光绪，而光绪处理军国大政时，也十分倚重他，差不多事事都与他商量，因而成为光绪帝党的主要人物。军机大臣李鸿藻在政治上也倾向于帝党，翁同龢的至友工部侍郎长麟、汪鸣銮以及礼部侍郎志锐、侍讲学士文廷式、侍读学士陆宝忠、经筵讲席官李文田等，也都成为了帝党成员。不过，帝党成员的骨干主要还是清流派的一些人物，如工部主事沈曾植、翰林张謇、国子监祭酒盛昱、编修王仁堪、黄绍箕、丁立钧等。此外，御史高燮曾、安维峻等也靠近帝党。这些人有的是光绪近臣，有的是翁同龢门生故吏，这些人大多是无权无勇的词馆清显、台谏要角，只有翁同龢在政府中权势还比较大，这就注定他们敌不过后党。

相比之下，以慈禧太后为首的后党，阵容则相当强大。内有控制军机处的慈禧亲信徐用仪、孙毓汶以及大多数的六部九卿等；外有封疆大臣中权势最重、地位最高的北洋大臣兼直隶总督李鸿章作为支柱，使得众多文武百官以及京外督抚藩臬，或诱于权势利禄，或慑于慈禧淫威，大半都投靠于后党。

帝后两党均属清朝封建统治集团，它们是伴随慈禧、光绪为争夺清廷最高统治权而产生和形成的，1894 年中日甲午战争的爆发是其最初的分野并使矛盾趋于表面化。

在甲午战争中，慈禧和光绪对日本侵略的态度截然相反。慈禧顽固保守，厌烦战争，特别担心战争会影响她的六十大寿的庆典，于是置国家民族利益而不顾，一意主张妥协求和。以李鸿章为首的一批地方官僚为维护其私利，也力求退让求和，屈膝投降。以翁同龢为首的一部分官僚则主张积极抵抗。在对日的和战问题上，帝后两党遂产生了严重的分歧与激烈斗争。

在中日战争爆发前，日军步步向中国进逼，在严重的侵略威胁面前，是立足本国，积极准备抗敌，还是依赖外国调停，搞所谓的“以夷制夷”，构成了帝后两党的第一个分歧。李鸿章奉慈禧旨意，竭力主张避战，幻想通过英、俄等国的调停，和平解决争端。针对这种情况，光绪二十年（1894 年）五月二十二日光绪帝向李鸿章发出谕旨，明确指出，依照现在情形看来，口舌争辩，已经无济于事，并要李鸿章对俄使的调停提高警惕，说：“俄使喀布尼留津商办究竟彼国有无助我收场之策，抑或另有觊觎别谋，李鸿章当沈几审察，勿至堕其术中，是为至要。”李鸿章对光绪帝谕旨采取阳奉阴违的态度，仍集中主要精力会见俄、英等国使节。二十八日，光绪帝又向李鸿章发出上谕，严厉地斥责说：“前经迭谕李鸿章，酌量添调兵丁，并妥筹办法，均未复奏”，并又一次强调“势甚岌岌，他国劝阻亦徒托之空言”，要求李鸿章加强防御。六月初二，又就李鸿章擅自乞求英国政府派舰赴日“勒令撤兵”一事，特意发出谕旨，严正申明：对日本的战争挑衅，中朝自应大张挞伐，不宜借助其他国家，以致日后别生枝节，并告诫李鸿章今后绝不要做乞求外力示弱于人的事。另一方面，光绪帝为加强抗战，集中国力筹备战守事宜，又第一次公开冒犯慈禧的旨意，请求把修建颐和园工程的款项用来扩充军费，慈禧对此勃然大怒。

爱国官僚积极支持光绪帝的主战态度，翁同龢在战争乌云密布之际，主张调东三省及旅顺兵迅速赶赴朝鲜，以备抗战。战争爆发后，慈禧命他去天津传话李鸿章请俄国出面调停时，翁以“臣为天子近臣，不敢以和局为举世唾骂”为由，断然拒绝了慈禧的旨意。李鸿章却在慈禧的指使下，一再抗拒光绪帝的上谕，一味寄希望于外国调停，电令已被日军包围的驻朝清军，“宜驻牙山静守，切勿多事”“我不先与开仗，彼谅不动手”。这样，中国军队完全陷入被动挨打的地位。

战争爆发后，是屈辱求和还是坚持抗战，构成了帝后两党斗争的第二个回合。在日军挑起丰岛海战与成欢之战后，七月初一，清政府正式对日宣战，命令李鸿章迅速派出各路大军进剿，并谕令“沿江、沿海各将军督抚及统兵大臣，整饬戎行，遇有倭人轮船驶入各口，即行迎头痛击”，于是全国出现了一个令人振奋的抗战局面，主战派暂时占据了上风。然而李鸿章等人却对国内出现的这种奋发局面怏怏不乐，徐用仪、孙毓汶等军机大臣，极力干扰破坏光绪帝组织的抗战和试图整顿军政的努力，使陆军在平壤战败和北洋水师在黄海之战中遭受严重损失，清政府的抗战很快出现了一落千丈的颓势。

平壤、黄海之战失败的消息传来后，举国上下一片震惊，后党在这时乘机散布妥协投降论调，开始同英、俄公使频繁接触，再次施展故伎乞求外国调停。帝党为了坚持抗战到底，要求严惩李鸿章，并把主持军国大计的军机大臣交部议处，从“玩法营私”的徐用仪、孙毓汶等慈禧亲信手中夺回军事指挥大权，重新起用与慈禧素有旧怨的恭亲王奕䜣主持军机处。双方斗争的结果，给予了李鸿章“革留摘顶”的处分，奕䜣也重新主持军机处和总理衙门。另一方面，慈禧则下懿旨，以“干预朝政”的罪名，将珍妃、瑾妃降为贵人，把坚决支持光绪帝抗战的志锐发送到乌里雅苏台，并撤销满汉书房，使光绪帝再没有机会接近自己的亲信近臣。慈禧对帝党人物采取了上述处罚镇慑措施之后，背着光绪帝决定对日求和。重新上台的奕䜣，也有免于光绪帝的期望，没有违背慈禧的求和意图，继续坚持反侵略战争，而是加紧对日进行议和活动。

当然，帝党的反侵略斗争也不彻底，他们在后党的打击下，在战败的既成事实面前，最终只有接受辱国丧权的不平等条约，但他们比起后党的卖国投降，多少表现了一定的爱国主义精神，从而使帝后两党从权力之争的狭小圈子中跳出来，具有了抵抗和投降，爱国和卖国的斗争性质。

甲午战后，光绪帝“愤外难日迫，国势阽危，锐欲革新庶政致富强”。翁同龢认识到只有变法才能图存自强，必须采取西法改革清政府。在维新思想的影响下，光绪帝终于开始认真考虑康有为所提出的变法事宜。从此之后，翁同龢日益亲近维新派，支持和资助康有为在北京创办强学会，并把康有为密荐给光绪帝，沟通了维新派同光绪帝的关系，使之得以互相结合起来。于是帝党便走上了维新变法、救国自强的道路。帝后两党之间的斗争，又围绕变法维新展开了。

维新运动期间，后党反对变法，恶毒地攻击维新运动。对此，维新派在舆论上给予了强有力的批判。帝党则不仅在舆论上配合维新派，严厉驳斥后党的反动叫嚣，指出“时势危迫，不革旧无以图新，不变法无以图存”，而且在政治上也大力反击后党。维新运动开始后，徐用仪、孙毓汶禀承慈禧太后旨意，利用其掌握的权力，反对变法，翁同龢上疏光绪帝，先后把两人逐出军机处，搬掉了阻碍变法的两块绊脚石。强学会被封后，帝党上疏力争，把其改为官书局，选刻中西书籍及译摘报刊，以扩大见闻。保国会成立时，后党以“名为保国，势必乱国而后已”为借口，要求查究，遭到光绪帝严厉斥责：“会能保国，岂不大善，何可查究耶!”光绪帝顶住了顽固派的攻击，撤去造谣诽谤的御史文悌之职，使维新运动得以继续高涨。百日维新期间，后党成员许应骙、怀塔布阻挠新政，反对把各科考试改为策论和开经济常科，帝党成员杨深秀、宋伯鲁立即反击，上疏弹劾二人，光绪帝则“著许应骙按照各节，明白回奏”，以后怀塔布、许应骙又阻挠部属王照上书言事，光绪帝斥之为“故为抑格”并将其撤职查办。帝党的有力反击，使后党的气焰在一定程度上受到打击，从而维护了维新运动的开展。

面对维新派与帝党的结合，后党也不甘示弱，极力破坏阻挠。后党一再以“斥退”“拒收”阻挠维新派的上书，并想方设法削弱帝党势力、摧毁维新派。光绪二十一年（1895年）十二月初三，后党先把帝党骨干成员户部右侍郎长麟，吏部右侍郎汪鸣銮，以“上年屡次召对，信口妄言，迹近离间”的罪名，革职查办，永不任用。继而又由李鸿章指使杨崇伊，对强学会进行弹劾并强行解散。次年春，杨崇伊再次出面参劾帝党中坚分子文廷式，以“遇事生风，常于松筠庵广集同类互相标榜，议论时政”的罪名，将文廷式驱逐回原籍，永不叙用。光绪帝颁布“诏定国是”后的第四天，后党为铲除光绪帝的羽翼，又由慈禧直接下令，迫使光绪革去翁同龢的职务，并驱逐出京，使光绪帝失去了股肱。同时慈禧又强迫命令光绪帝，凡授予二品以上大臣新职，须到颐和园向太后谢恩，并任命荣禄为直隶总督，次年五月初五又实授为直隶总督兼北洋大臣，统率聂士成、董福祥、袁世凯三军，从而“身兼将相，权倾当朝”。军政实权就这样被后党牢牢掌握。最后终于发动政变，镇压了维新派，击败了帝党，扼杀了维新运动。

变法图强

维新思潮的兴起

当帝国主义掀起瓜分狂潮之时，一个以“救亡”为口号的维新变法运动在神州大地出现了。

这个运动在政治上要求改革中国现有政体，仿行西方一些国家实行君主立宪制度，在经济上要求以“富国养民”为宗旨，发展自由资本主义，把中国建成大机器生产的工业化国家。这个运动的形成则经历了几十年逐步演进的过程。

鸦片战争后林则徐、龚自珍、魏源等人面对内政衰败、外患日深，即要求改革弊政和“师夷长技以制夷”，以实现民族之独立、国家之富强。林、龚、魏等人是中国近代维新派的先驱，他们提出的“更法改制”等主张成了维新潮流的源头。

在甲午战前，清朝已经面临着十分严重的财政困难，当时已不可能依靠国内的力量支付这一笔庞大的赔款。因此，为了缴付巨额赔款，清政府不得不向外国资本者借贷。通过大借款，外国侵略者进一步控制了中国关税。在紧迫的国内国际形势下，清政府也感到国力衰微，无法应付世界的巨大变化，从60年代开始便委托一部分封建地主官僚筹办洋务。从咸丰、同治年间起，陆续开办了许多官办、官商合办或官督商办的军事工业。而这时，也有一些官僚、地主、商人投资于新式企业。咸丰十一年（1861 年）福州商人从英国购入机器，设厂制造砖茶，先后开办了 3 个制茶厂，产量最大时达 1.37 亿磅。同治二年（1863 年），上海洪盛米号开始用机器碾米。光绪五年（1879 年），汕头商人用机器制豆饼，制品除供当地销售外，还远销到台湾市场。光绪六年（1880 年），华侨商人陈启源在广东南海创办机器缫丝厂。光绪七年（1881 年），上海商人以 10 万两资本设立源昌机器五金厂；广东顺德黎召民等组织了肇兴公司，在香港、伦敦两地间贩运中外货物。光绪八年（1882 年），澳门商人设立轮船公司，上海商人设立机器造纸厂。光绪九年（1883 年）至二十年（1894 年）间，广东顺德先后成立了 30 多个机器缫丝厂，每厂有一部蒸汽机，资金最高达 6 万元，最低也有 1.8 万元。这些人形成了中国最早的民族资本家。在办理新式企业的过程中，这些人接触到了资本、利润以及新式管理企业的方法等许多新的东西，他们开始感到儒家学术和八股文一类旧学问已经不能适应新的环境，于是他们从中挣扎出来，开始探讨现实的经济政治问题，学习西方。而一些朝廷的官员和有眼光的智者也感觉到要挽救民族危机，就应该学习西方先进的东西。他们也担心清政府如不自觉进行改革、自强，那就将被日益风起云涌的群众反抗风暴所淹没。

既自强，就必须向西方学习。那时的中国人，只有极少数外交官和留学生能直接接触到外国的社会政治和科学文化。鉴于此，清政府于同治元年（1862 年）在北京设立同文馆，培养翻译人员。同治四年（1865 年）洋务官僚在上海设立江南制造局，附设翻译馆，译述发展洋务工业必需的技术知识，也译一些政法方面的书。另外，在中国传教的一些洋人传教士很早就开始出版书报。光绪十三年（1887 年），英美传教士在上海设立广学会，发行《万国公报》，出版了 100 多种书。中国人从这些书刊中获得了一些有关光、声、电、化等方面的粗浅科技知识，也得到了不少社会政治和国际形势方面的知识。

容闳是当时最早倡导“以西方之学术，灌输于中国，使中国日益趋于文明富强之境地”的人。他是近代中国第一个赴美留学的学生。他回国后曾访问了太平天国，向洪仁玕提出过革新的建议。在同治年间，他又多次向清廷的洋务官员倡议改良，以通过政治力量的支持，来实现自己的改良主张。其后的王韬、薛福成、马建忠、郑观应等人也是早期维新派的著名人物。他们在光绪年间写书或写文章，发表变法言论，引起了当时社会人士和知识界的广泛关注。他们认为，为了抵制西方的侵略，只有学习西方资本主义。他们还认为洋务官员专搞制造，学的只是西方的皮毛，因而对当时的社会政治，多少持一点批评的态度。比如郑观应，早年就放弃了参加科举考试的道路，投身商界，为洋务官员经办过织布局、电报局、招商局一类企业，成为一个熟悉中外贸易的官商。他于同治元年（1862 年）出版了《救时揭要》一书，同治十年（1871 年）又增删为《易言》，光绪十九年（1893 年）又进一步增订并改名为《盛世危言》发行。这本历时 30 年才最终完成的书基本上概括和反映了当时具有革新思想的人的一些想法和观点。直到光绪后期，这部书还在知识界广为流传。

郑观应等人在书中强调“穷则通”的道理，主张逐渐地通过革新来实现富强。他们还主张，要保持国家的独立，只有兼采西学，变法自强，才能免遭侵略。他们因此还揭露了不平等条约对中国造成的危害，认为只有中国自强起来，外国人才会从中国撤走。他们提倡振兴工商业，让民间自办公司或企业，全民齐心协力，富人出资，穷人出力，与外国资本家打一场“商战”。这一切，都需要有一个适应新形势的新政府的支持。以前的君主独裁体制显然行不通，考察世界各国的政体，在民主共和、君主专制、君民共主（君主立宪）中，最适合中国的实际情况的是君民共主。他们要通过实行君民共主等一系列的措施来挽救中华民族危亡。薛福成、王韬、陈炽、马建忠、郑观应等人继承了林则徐、魏源等人的爱国和改革思想，以“商战固本”为口号，对发展民族资本主义更加积极。在国家政治制度上，郑观应、陈炽等提出了兴民权、设议院、实现君主立宪的主张，使维新思想的水平达到了一个新的高度。郑观应说：“欲得民心，莫要于通下情；欲通下情，莫要于设议院……君主者权偏于上，民主者权偏于下，君民共主者权得其平”，他设想在中国设立的议院，“上院以国之宗室勋戚及各部大臣任之，取其近于君也；下院以绅耆士商才优望重者任之，取其近于民也”。但是，尽管郑观应等羡慕西方的资本主义制度，并极力进行宣传，终因当时社会总体条件的限制，而未能掀起一个现实的改革运动。不过，他们的宣传活动，奠定了康有为等领导的维新变法运动的思想基础。

公车上书

宣传变法思想

康有为，广东南海人，出身于地主官僚家庭，深受儒家思想的熏陶。他早年去过上海、香港等地，接触到一些西方资本主义的东西，读了许多介绍西学的书，对资本主义有了新的认识，感到不能再用以前看待“蛮夷”的眼光去看待他们。因为那时的西方资本主义国家已经成功地发展了资本主义，而中国却仍处在清朝封建专制统治下，古老而闭塞，国家日趋衰弱，老是被外国侵略。这样，康有为的革新思想诞生了。他把搞改良、学习外国当做救国真理。光绪十四年（1888年），康有为去北京参加顺天乡试（考举人）。当时正当中法战争不久，不仅一些同中国关系密切的邻邦，如缅甸、越南、锡金被法、英侵占，而且英国又在对中国边疆西藏发动侵略战争；俄国在夺得中国黑龙江以北、乌苏里江以东和中国西北的广大土地后，又进而窥伺中国东北地区；日本也在步步进逼中国邻邦朝鲜。康有为见到这种形势，立即写了封五千字的“上皇帝书”，去叩紫禁城大门。书中说：外国人已把侵略之手从侵占邻邦伸入边疆，进而达到深入内地的危险局面；人民的情绪会越来越不满，到处是“骚乱”，将会再次爆发太平天国那样的起义。他认为此时只有赶紧变法改良，才能挽救危局，要是再拖延下去，后果不堪设想。他提出了“变成法、通下情、慎左右”的变法具体办法。“变成法”就是要参酌古今中外的法制，结合中国当前的具体情况，革除弊政；“通下情”就是要人人享有自由发言的权利，政府应设立“训议之官”，以备谘询；“慎左右”就是要选拔维新人才参与政权，革除顽固守旧官僚的职务。这是康有为把酝酿已久的变法思想变为正式建议的开端。此书被称为“上清帝第一书”。

这封“上皇帝书”，仅仅是一个勤勉的知识分子为了实现国家的独立富强提出了一些改良措施。但顽固守旧的官僚们却认为，一个毫无地位的书生，竟敢向皇帝上书大发议论，实在不知天高地厚，因此没人把此书送呈光绪皇帝。本来，康有为已被内定为这次考试的第三名。主考官徐桐，很反感康的上书，大骂他是“狂生”，不予录取。康有为虽然落选了，但经过这次上书，他的名声却渐渐大了起来。

在上书失败后，康有为写下了“治安一策知难上，只是江湖心未灰”的诗句，表达了一个爱国知识分子忧民忧国的远大理想。回到广东后，他招收学生讲学。光绪十七年（1891年），他在广州创办“万木草堂”学馆，并开始撰写《长兴学记》，阐发改良主义教育思想。梁启超、徐勤、麦孟华等，先后到这里拜他为师学习。梁启超也出身于地主阶级家庭，这时已是举人，却拜虽没授举人但才华横溢的康有为为师。梁启超在此渐渐放弃科举考试那一套，集中精力学习理学、经学、西学和史学，在后来的维新运动中成为康有为的主要助手，被人们合称为“康梁”。

为了使中国的有产者和知识分子、士大夫们支持自己的变法主张，康有为在教学的同时写了许多书，着力引申和附会孔子学说，作为其改良理论的依据。其中有两部书对思想界和后来的戊戌变法影响最大。一部是《新学伪经考》，光绪十七年（1891 年）写成；一部是十八年（1892 年）开始写，几年后才完稿的《孔子改制考》。儒家的《诗》《礼》《书》《乐》《易》《春秋》，俗称“六经”，相传都经过了孔子编订，是千百年来中国知识分子的必读书。到西汉末，因为发现了一批用篆书一类古文写的儒家经传，不同于当时通行的隶书本子，从此产生了古文经和今文经两大学术派别。康有为的《新学伪经考》就是证明古文经为伪经，以树立今文经在思想界的支配地位，从传统的儒家思想中找到他的变法改良主张的依据。他多方面论证古文经是刘歆为帮助王莽篡夺汉朝的天下而伪造出来的，所以他把古文经称为“新学”，是王莽的“新”朝之学，是刘歆捏造的伪经，而非孔子的真经。这样，知识分子就被康有为引导去怀疑古代的经典，打击死守“祖宗家法”的势力。清朝政府一再禁毁此书。《孔子改制考》发挥了“托古改制”的思想。在书中，康有为根据公羊学派的理论，阐发了“张三世”“通三统”学说。“通三统”即为因夏、商、周三代不同，故应随时因革。“张三世”是把中国社会历史的发展分为三个阶段，即据乱世、升平世、太平世，愈变愈进步。康认为，社会历史的发展必然要沿着这三个阶段由据乱世入升平世，再到太平世，人力根本无法阻挠。他还把“三世说”理论和“礼运”篇中的“大同”与“小康”思想结合起来，认为升平世即“小康”之世，太平世则为“大同”之世。康有为的这种历史观是进化的历史观，比封建有产者的复古主义和循环论的历史观要进步得多。

康的另一部书名为《大同书》，起草于光绪十一年（1885 年），初稿为《人类公理》，十九年（1893 年）基本完成。他认为在人类未来的大同社会中，家庭和国家已经消亡，男女一样可以参加各种工作，人人享有参与政治的权利，各级政府均由人民选举产生。他认为导致人类生活痛苦和社会发生动乱的根源在于私有财产的存在，因此他觉得“大同”世界应该不存在私有财产，人人都从事劳动生产，社会上不会出现欺诈和掠夺的行为。他还认为在家庭消灭后，人人都不愿意再留有私有财产，私有财产制度自然也就消灭了。他在这本书中勾画出一个“没有阶级，一切平等”的极乐世界，充满了民主主义的博爱理想和平等精神。《大同书》虽然是写成了，但他并不想公开传播“大同”思想。因为他认为当时社会处于“据乱世”阶段，只能先进入“升平世”阶段，实现“小康”之世，否则中国社会会陷入更加混乱的状态。

对于社会不同阶层发出的改良呼声，当时的清廷意见也不相同。慈禧本来是因为光绪年纪小而暂时代他处理朝政的，第二次“垂帘”意味着她不肯轻易把手中的权力放弃。而光绪帝随着年龄的增长，不甘心继续做慈禧的傀儡，迫切要求掌握政权。光绪二十年（1894 年）在日本发动侵华战争的前夕，以慈禧为首的集团害怕因战争而使政权的现状受到改变，因而宁愿对日本屈辱退让。当时的淮军头目李鸿章，为保存自己的军事实力，也赞成对日妥协。而光绪帝则希望通过战争削弱政敌的势力，使自己能够掌握实权，因此主张抵抗日本。光绪帝每日召见廷臣，示意对日作战。当日本正式发动侵略战争后，光绪帝终于在七月一日发布了宣战诏令。但甲午战争中，清军在军事上连续败退，在朝鲜战场上一败涂地。光绪帝一时还不敢严厉惩罚对战争负有重大责任的李鸿章，便“拔去三眼花翎，褫去黄马褂”，起用奕䜣为总理衙门大臣，剥夺了奕劻和李鸿章控制的外交大权。光绪虽然主张坚决抵抗日本侵略，但本身缺乏实力，只得依靠湘系军阀。光绪二十年（1894 年）十二月，光绪正式任命刘坤一为钦差大臣，督办东征军务。刘坤一率领八十余营清军在山海关一带驻守。这是清政府对日开战以来最大的一次出兵，光绪帝对此寄予厚望。然而，湘军也和淮军一样腐败无能。光绪二十一年（1895 年）二月日本侵略军进犯营口、牛庄、田庄台等地，湘军同样一触即败，狼狈逃窜。三月二十三日，终于由李鸿章代表清廷与日本签订了丧权辱国的《马关条约》。

面对这种情势，光绪的确感到国力衰微到了很严重的地步，国家毁在自己手里，确实对不起祖宗。因而他也愿意任用一部分新知识分子，一方面挽救民族危机，一方面借以夺回应属自己的权力。在光绪周围也有一些比较开明的官员，他们逐渐也具有了维新的倾向，企图通过改良政治，挽救摇摇欲坠的清政府。在这种情况下，光绪帝决心倾听朝野的呼声。

光绪二十一年（1895 年）二月康有为到北京参加会试。这时候，中日甲午战争以清军的惨败而将宣告结束，李鸿章正在日本马关与日本议订投降条约。三月二十一日，康有为知道李鸿章已应允日本提出的割地、赔款、设厂制造、开埠通商等项条件，《马关条约》立刻就要签订。于是他让梁启超发动广东举人联名上书，要求清政府拒绝签订条约。这一主张得到了一部分广东举人的赞成，不少湖南籍举人也表示愿意签名。二十八日，广东、湖南两省举人便联合到都察院上书。紧接着，福建、江西、四川、贵州、陕甘、湖北、江苏、广西、直隶、山东、云南、河南、山西等数省举人上书，特别是台湾举人声泪俱下地反对割让台湾。几天后，都察院门前，车水马龙，人群熙攘，一时议论沸腾，掀起了反对签约的巨大声浪。

公车上书

康有为看到了爱国士人的反侵略情绪不断高涨，决定再发动一次大规模的请愿运动，以此作为改良的契机。他连夜起草了一封“上皇帝书”，长达1.4万余字，邀请十八省的举人在达智桥松筠庵集会，研究上书的问题，结果有1200多名举人在上书上签名。他们决定于四月初八共同到都察院投递“上皇帝书”。清廷有些官员得知这个消息后，深恐有碍于批准《马关条约》，便多方进行阻挠和破坏，一面要慈禧太后强迫光绪帝提前批准条约，以造成无可改变的事实；一面进行威胁。军机大臣孙毓汶派探子监视各举人的寓所，叫他们考虑一下自己的前途。有些举人经不起恐吓，竟要求把自己的姓名除掉。但康有为仍坚持原定的计划，邀合一些举人前往都察院投递“上皇帝书”。这个不平凡的举动，使清朝政局受到极大震动，激起了一阵阵不平静的波浪。这就是中国近代历史上有名的“公车上书”（汉朝用公家车马接送被征举的仕人，后来人们就用“公车”代指举人入京应试）。

这次上书内容广泛，康有为代表的维新派变法改革的全部主张几乎全被包含在里面。“公车上书”总体上包括“立国自强之策”和“权宜应敌之谋”两个方面的内容。前者在国家的政治制度、经济建设、文化教育等方面，提出了一系列变法革新的重大设想。后者针对日本侵略提出拒和、练兵、迁都等应急之策，试图达到“塞和款而拒外夷，保疆土而延国命”之目的。

“公车上书”指出当前民族危机的严重性，说：辽东半岛及台湾一割，法国窥伺广西、云南，英国窥伺广东、云南及西藏，俄国窥伺新疆及黑龙江、吉林，列强一定接踵而来瓜分中国。而国内百姓日渐穷困，遍地乞丐，满山群盗，即使没有外国侵略，精华也已枯竭，国家形势难以变好。康有为在“公车上书”中还提出了“下诏鼓天下之气；迁都定天下之本；练兵强天下之势；变法成天下之治”四个解决民族危机的办法。

康有为要求光绪帝颁发“罪己诏”“求才诏”和“明罚诏”，这就是“下诏鼓天下之气”。他要求迁都于长安（西安），把二万万两赔款改充军费，绝不对日求和，这就是“迁都定天下之本”。他要求选将、购械、练兵，与日本针锋相对地斗争，这就是“练兵强天下之势”。他认为以上三项办法只是“权宜应敌之谋”，只是为了挽救当前的民族危亡。要谋求国家独立富强，最根本的办法是“变法成天下之治”。他向光绪帝指出：数十国都在觊觎中国，这是四千余年来从未有过的大变局，非改变旧法不可。变旧法就要实行富国之法、教民之法、养民之法。富国之法是：国家发行钞票，允许私人资本创办机器厂、修筑铁路、设立轮船公司以及开采矿产，各省设立铸银局自造银元，邮政实行官办。养民之法的具体措施是：采用新式农业生产方法，引进西方国家的农业科学，各城镇普遍设立农会，提倡保护商业，奖励发明著作，倡导设立合股公司，广设商会，抚恤社会贫穷等。教民之法的具体措施是：普及文化教育，大力讲求西学，各省州县遍设艺学书院，改革科举制度，广设书藏（图书馆）及学塾，将淫祠改为孔庙，鼓励创设报馆等。

在“公车上书”中，康有为还建议光绪帝裁撤冗员，精简机构，改革官制及澄清吏治。他要求设立使才馆以培养外交人才，派遣官吏出洋游历或学习。他特别请求光绪帝下诏颁行全国，让士民公开推举通中外、博古今、明政体、方正直言之士组成“议郎”，在府县内，约10万户举一人，不论已入仕还是未入仕，均可当选。“议郎”不仅向皇帝提供咨询，而且中央及地方的一切重要政令和筹饷事宜，均由议郎开会讨论决定，多数赞成获得通过后，立即由政府执行。议郎每年更换一次。这项建议实质上已接近设立议院，这次上书虽未上达，却成了维新变法运动的起点。

康有为向光绪帝指出，如果能够实现以上种种建议，不但可以抵抗日本的侵略，而且可以使中国变为一个独立富强的国家。

康有为在这次会试中得中进士，被授予工部主事。他又于五月初六上了第三书。这篇上书对“公车上书”作了进一步补充，并提出了富国、教士、养民、练兵的具体实施办法。该书终于上达光绪帝之手（是康有为戊戌年以前唯一呈至光绪之手的上书），光绪览后深深被感动，命抄录三份，一份呈给慈禧，一份留在乾清宫，一份发往各省督抚会议。而他自己则把奏本置于案头看了十日，终于下定了改革的决心。

“公车上书”是康有为领导的知识分子的大请愿运动，它冲破了清政府对“士人干政”的禁令，具有不同寻常的历史意义；“公车上书”提出了当时资产阶级的改良主义政治纲领，可说是近代中国知识分子作为一种社会政治力量发动的一次群众性爱国运动。参加者的社会阶级层面虽然较狭窄，但不能否定其具有的进步意义。“公车上书”虽然被都察院拒绝收纳，光绪帝未能看到，但是，它却在全国各地广泛流传，大大促进了改良主义思想的传播。

康有为与守旧派的辩论

光绪二十一年（1895年）闰五月初八，康有为又向光绪帝上了第四书。这篇上书的中心是让光绪帝“保民而亲下，遵贤而尚功”，做到“有才必用，有情必通”。为广开言路，书中设计了“下诏求言”“辟馆顾问”“开门集议”“开府辟士”“设报达聪”等形式。该书还首次明确提出“设议院以通下情”的政治主张，较《公车上书》中所说“议郎议政制”更加清楚地表达了把封建专制制度变为议会制度的政治要求。该书先后被都察院和工部拒绝投递，又未能上达。

康有为四次上书后的两年，维新派在北京、天津、上海、湖南以及其他许多地方，成立学会，创办报刊，开办学堂，为维新变法继续进行各种准备活动。到光绪二十四年（1898年）年初，德、俄、日、英、法等帝国主义国家先后在中国划分势力范围，妄图瓜分中国，民族危机更加深重，维新运动因而被推进到实行的阶段。

德国强占胶州湾后，康有为赶赴北京，第五次向光绪皇帝上书。第五书痛陈了帝国主义瓜分中国，亡国灭族即在旦夕的危险，强调若不变法图强，“皇上与诸臣，求为长安布衣而不可得”。书中向光绪奉献了三条可供选择的策略：“第一策曰采法俄日以定国是”；“第二策曰大集群才而谋变政”；“第三策曰听任疆臣各自变法”。书中指出：“上述三策，能行其上则可以强，能行其中则犹可以弱，仅行其下则不至于尽亡”，一策都不实行中国必定要灭亡。所以，康有为献的三策，实际只是一策，即要求光绪效法日俄两国，明定国是，进行更法改制。此次上书更加明确提出，“采万国律例，定宪法公私之分”“自兹国事付国会议行”。康有为的变法主张，如：设议院、定宪法、开国会、实行君主立宪制等，在第五书中已全部表达出来。这些内容反映了中国资产阶级维新理论所能达到的最高水平。

康有为的《上清帝第五书》，由于工部大臣“恶其伉直，不为代递”。给事中高燮曾抗疏向上力荐，并请求光绪帝召见康有为。恭亲王奕䜣阻止说：“本朝成例，只有四品以上官，才能召见，今康有为乃小臣，皇上若有所询问，命大臣传语即可。”光绪二十四年（1898年）正月初三，康有为被请到总理衙门西花厅，五大臣对他进行询问，于是出现了康有为与守旧派的面对面争论。

出席问话的五大臣是李鸿章、荣禄、翁同龢、廖寿恒和张荫桓。荣禄是一个极力阻扼变法的顽固派分子，西花厅辩论主要在他与康有为之间展开。荣禄见到康有为当头便说：“祖宗之法不可变！”康有为当即反驳：“祖宗之法，以治祖宗之地也，今若不能守祖宗之地，何有于祖宗之法乎？即如此地为外交之署（指总理衙门）亦非祖宗之法所有也。因时因地制宜，诚非得已。”

廖寿恒打断康有为的话问：“从何处着手变法呢？”康有为答道：“官制为先、宜变法律。”

李鸿章质问道：“然则六部尽撤，则例尽弃乎？”康有为回答：“今为列国并立之时，非复一统之世，今之法律官制，皆一统之法，弱亡中国，皆此物也，诚宜尽撤，即一时不能尽去，亦当斟酌改定，新政才可推行。”

翁同龢见辩论十分激烈，便扭转话题问：“目前国库支绌，变法的款项如何筹措？”康有为回答：“日本之银行纸币，印度田税，法国印花（指实行印花税）。以中国之大，若制度既变，可比今十倍。”康有为又依照五大臣所提问题，回答了关于改革法律、学校、农商、度支、铁路、工矿、海陆军、会社、邮政等方面的问题。并说，日本仿效西方实行维新，取得了巨大成果，日本离我们又近，最容易模仿。《日本变政考》《俄大彼得变政记》可供变法采鉴。这场辩论从下午三点开始，到黄昏时才结束。

第三天，光绪询问延见康有为的情况，翁同龢如实奏报。光绪帝又要召见康有为，被奕䜣再次拦阻，说可让康有为“条陈所见”，如果确有可取之处，再行召见不迟。光绪帝听从其请求，于是命康有为书面奏陈建议，并送上《俄大彼得变政记》《日本变政考》等书。

参加“询问”康有为的五大臣，有洋务派、守旧派，也有维新派。其政治观点有很大差异。但从李鸿章、荣禄的“询问”和康有为的回答看，当时气氛相当紧张，可以说是对维新派与守旧派的一场激烈斗争。康有为对“祖宗之法不能变”的谬论给予了强有力的驳斥，表达了更法改制的理由和态度。从这个角度看，康有为占据了上风。这次辩论后，康有为看到守旧派对变法极端仇视，尽管光绪皇帝对他能依重信赖，但诸多严峻的现实，使他的思想产生了巨大波动，出现了几个新的想法。一是守旧派势力太过强大，简直坚不可摧，康有为乃收起了自己原来要“全变”的政治主张，从要求设议院、开国会，变为开制度局和懋勤殿，他的变法主张产生了一定程度的后退；二是光绪帝对他的信任态度，使他对光绪帝产生了很大的依赖思想，因而他把原来的“兴民权”思想，变成了“乾纲独断，以君权雷厉风行”；三是由于顽固势力之大，使康有为隐约产生了先用武力把守旧派完全清除，而后再实行变法的想法。这时他的总体设想是：先依靠光绪帝实行变法；变法不成再利用军事手段铲除守旧派，然后再进行变法。所以，自此以后，依靠君权和平变法和实行军事政变流血变法，康有为都作了一定的思想准备。

西花厅辩论 5 天后，康有为应诏上书《请大誓臣工开制度新局折》

（第六书）。该折向光绪帝提出3件事："一曰大誓群臣，以革旧维新，而采天下舆论，取万国良法；二曰在宫中开制度局，征20名天下通才为参与，将一切政事制度重新商定；三曰设立待诏所许天下人上书。"并进一步设计，制度局下分设度支、法律、学校、农、工、商、铁路、矿务、邮政、游会、海军十二局，每道设立一民政局，每县设立一民政分局。这个奏折的内容涉及到改革中央和地方官制及各项经济、政治制度，成为戊戌变法的施政纲领。但是，这个纲领同前几个上书相比，在有关政治制度上的设计明显地后退了，例如，设议院、制宪法、开国会等关键性内容不再被强调。

不久，康有为又上了第七书。同时又把《俄大彼得变政记》《日本变政考》等著作呈给光绪帝，请求他仿效彼得大帝和明治天皇实行变法。光绪帝把康有为的奏折和呈书"置御案，日加披览，于万国之故更明，变法之志更决"。

谭嗣同的维新思想

谭嗣同，字复生，号壮飞，又号东海褰冥氏、华相众生、寥天一阁主、通眉生等，湖南浏阳人。同治四年（1865年）二月十三日出生。谭嗣同出身于官僚家庭，其父继洵（字敬甫）曾任湖北巡抚。他幼年随父在京读书，在浏阳学者欧阳中鹄的指导下学习和钻研王夫之的著作，嗣同后来亦十分敬仰王夫之，深受其影响。

光绪二年（1876年），谭嗣同在北京染上流疫，昏死三日后才苏醒，所以取号复生。他母亲和姐姐、哥哥等则在这次流疫中染疾而逝。其母死后，庶母对他横加虐待，其父也歧视他，使他心灵上受到极大创伤，后来他曾追述："吾自少至壮，遍遭纲伦之厄，涵泳其苦，殆非生人所能任受。”由于早年的遭遇，他十分憎恨封建伦理，这对他日后维新思想的产生和形成有很大关系。

谭嗣同早年在京城时结交了义侠王五，向他学习剑术和拳击，后来“于文事之暇，喜欢技击，会舞剑，会骑马”，即是由此奠定基础。虽然正统的封建士大夫不屑于结交王五，谭嗣同却与他关系相当密切。王五那种英勇慷慨、桀骜不驯，以及愤世疾俗的反抗精神，也影响了谭嗣同后来的人生。

光绪三年（1877 年），其父被补授甘肃巩秦阶道。此后谭嗣同曾长期居住于其父兰州任所，继续求学读书。他还常与父亲的役属在西北原野纵横驰骋，穿山越岭，踏沙涉水。晚间则架起帐篷，点起篝火，饮酒高歌。这种豪放不羁的生活与坚毅勇敢的精神，促使其喜好“为驰骋不羁之文”，好“讲霸王经世之略”。

谭嗣同作为一个封建达官之子，其父迫切期望他通过科举考试步入仕途。而就个人而言，也只有走科举之路，才能施展自己的“经世之略”。因此，他从光绪十年起至二十年（1884 年至 1894 年）的 10 年间，曾往来于南北各地，多次参加科举考试，不料，却屡试不中。但由此他遍观了南北各地社会风土，广览“形势胜迹”，又目睹到哀鸿遍野，灾民颠沛流离之状，大大加深了他对社会的了解和对苦难群众的同情，不禁产生了“风景不殊，山河顿异；城廓犹是，人民复非”的感慨，立志做一些有利于振兴祖国的事业，于是自号“壮飞”。

光绪二十年（1894 年），中国在甲午战争中惨败，清朝统治者于次年和日本签订了丧权辱国割地赔款的《马关条约》。消息传来，举国震惊，在京参加会试的康有为联合各省举人，发动了有名的“公车上书”，揭开了维新变法运动的序幕。深重的民族危机使谭嗣同大受刺激，他悲愤高歌：“世间无物抵春愁，合向苍冥一哭休。四万万人齐下泪，天涯何处是神州。”爱国主义激情使他的思想发生了急剧变化，他给密友唐才常写信说：“三十之年适在甲午，地球全势忽变，嗣同学术更大变。”他后悔自己把“三十年前之精力，弊于所谓考据辞章，垂垂尽矣，勉于世，无一当焉”，从此，他痛感到再不能抱残守缺，决心努力学习西方近代的自然科学知识和社会政治学说，走维新变法的道路。此间，他写了一系列阐发其维新变法观点和主张的论文，作过许多鼓吹变法的讲演，从“开风气”、“育人材”出发，联合有识之士，筹办和创立算学格致馆、时务学堂、《湘学报》等。

正当谭嗣同在湖北、湖南等地积极从事维新活动之际，他的父亲却为他取得了候补知府的官衔，并一再催促他到南京候补。为此，光绪二十二年（1896 年）二月他离开武昌，北游访学。他先到达上海，访见英国传教士傅兰雅，看到了万年化石、爱克斯光照相，还购买了一批西书，对自然科学产生了很大的兴趣。再到天津，参观了那里的机厂、船坞、轮船、铁桥、火车、炮台、电线，还参观了漠河的金矿和唐山的煤矿，认为“无一不规模宏远，至精至当”，反映了他十分向往资本主义的大机器生产。他还在天津加入了当地的民间秘密结社组织——在理教。然后，又到北京，谒见了帝党要员翁同龢。

七月，谭嗣同到南京候补，在官场往来答拜中，他耳闻目睹了官场的腐败与黑暗。此间，他与精通佛学的杨文会经常往来，潜心研究佛学。同时，又到上海与梁启超、吴雁舟、汪康年等相交往。梁把其师康有为的思想介绍给他，谭嗣同听后对康充满钦佩之情；梁启超也向康有为称赞谭嗣同“才识明达，魄力绝伦，所见未有其比……公子之中，此为最矣”。结识梁启超，使谭嗣同在官场的“空寂”中找到知音。在这段时间，他多次在南京与上海间往返，一方面从事维新活动；另一方面与梁启超探讨变法理论，并着手撰写其代表性著作《仁学》。光绪二十三年（1897 年），《仁学》一书著成。《仁学》反映了他在由旧学转变为新学过程中新旧思想之芜杂和矛盾的交织。首先，在哲学世界观上，他继承了中国古代唯物主义思想传统的一面。其次，在认识论方面，他承认认识的来源是客观实体，人们认识的出发点是感官接触；但他又怀疑一般感性认识不可靠，因而夸大感性认识的相对性，于是由相对主义的怀疑论走向了神秘主义的“顿悟”论。第三，在谭嗣同自相矛盾的思想体系中，既包含“日新”说的辩证法思想，又含有形而上学循环论的成分。此外，谭嗣同还论证了社会法制是随着时代的变化而不断发展变化的，他明确指出“汉唐无今日之道，今日无他年之道”，为维新变法运动提供了理论根据。谭嗣同《仁学》中的思想矛盾，既反映了他为寻求救国救民的真理而表现出来的勇敢创新精神，又反映了他作为当时先进知识分子在思想上具有一定的局限性。

当维新变法运动日益发展起来后，维新事业的积极倡导者黄遵宪、江标、徐仁铸等先后到湖南任职，湖南巡抚陈宝箴也是最热心支持变法的开明大吏。当地的维新之士唐才常、易鼐、毕永年、樊锥等，也迫切希望谭嗣同回湖南与他们共谋维新事业。因此，谭嗣同于光绪二十四年（1898 年）正月毅然弃官，回到湖南，全身心地投入湖南的维新活动。他参与建铁路、兴矿务、创学会、办报纸，使湖南的维新活动大有进展。此时，谭嗣同尤为致力于时务学堂、《湘报》、南学会。他先后为《湘报》撰写《湘报后叙》等近 20 篇文章，竭力为革新变法、提倡民权制造舆论，使《湘报》成为维新事业的喉舌。南学会成立后，谭嗣同亲任主讲人，他每次到会“必讲爱国之理，求救亡之法”，畅谈当时中国的危急情势，激发听讲者的爱国主义热情。毕永年听后也深有感受地说：“闻复生先生讲义，声情激越，洵足兴顽起懦。”谭嗣同期望通过南学会等阵地，“群湖南者智湖南，又以智湖南者智中国。”尔后，湖南各地的学会如雨后春笋般建立起来。由于谭嗣同等人的努力，湖南的新学、新政大为推广，风气大变，对南方各省产生了很大影响。曾有人评论说：“全省风气大开，君（指谭嗣同）之功居多。”

湖南因“大行改革，全省移风”，引起当地的顽固士绅、守旧分子的仇恨。叶德辉、王先谦等气焰嚣张，他们多次遣人至京参劾维新派，并直接攻击维新党人“首倡邪说”，“背叛圣教”，甚至施展各种阴谋手段，“阋散南学会，殴打《湘报》主笔，谋毁时务学堂”，还扬言要谋杀谭嗣同。张之洞也对《湘报》《湘学报》横加指责：“《湘学报》中可议处已时有之，至近日新出《湘报》其偏尤甚”“此等文字，远近煽播，必至匪人邪士，倡为乱阶”。面对顽固士绅、达官显贵的威胁和破坏，谭嗣同依旧义无反顾，坚强不屈。在反动势力的迫害和打击下，时务学堂的教习，有的被解聘，有的因畏惧而动摇离去，同时内部也产生了分歧。在此形势下，谭嗣同毅然表示：“平日互相劝勉者全在‘杀身灭族’四字，岂临小小利害而变其初心乎！”

光绪二十四年（1898 年）四月二十三日，光绪帝“诏定国是”，明令实行变法维新。在侍读学士徐致靖的保荐下，谭嗣同被擢为四品军机章京，赴京与林旭、杨锐、刘光第等参与维新，当时被称为“军机四卿”。他应诏来到京师后，天真地认为，朝廷毅然决定变法自强，国事将大有可为，决心“益加奋勉，不欲自暇自逸”，全身心致力于变法维新。然而，随着维新改革的推进，新旧势力的矛盾和斗争愈演愈烈。在山雨欲来风满楼的形势下，手无实权的光绪帝几乎连自己的皇位都保不住，密诏谭嗣同等设法营救。在一筹莫展的紧急关头，谭嗣同对袁世凯作了错误估计，深夜贸然私访，请其出兵诛杀荣禄，营救光绪帝。阴险奸诈的袁世凯当面表示“忠诚”于光绪帝，随后却立即向荣禄告密。二十一日凌晨，一场宫廷政变终于爆发，光绪帝被废禁瀛台，继而大肆搜捕维新派，康有为、梁启超逃往日本。在这千钧一发之际，谭嗣同的密友义侠王五愿做保镖，护送其出京。日本公使馆也愿设法保护他。面对生与死的抉择，谭嗣同拒绝了劝告，大义凛然地表示：“大丈夫不做事则已，做事则磊磊落落，一死亦何足惜!”并说：“各国变法，无不从流血而成，今日中国未闻有因变法而流血者，此国之所以不昌也。有之，请自嗣同始。”不久，他即被捕入狱。他在狱中还题诗于壁：“望门投止思张俭，忍死须臾待杜根。我自横刀向天笑，去留肝胆两昆仑。”在刑场上，他视死如归，不顾监斩官的拦阻，临终前高喊：“有心杀贼，无力回天，死得其所，快哉！快哉!”谭嗣同死时，年仅34岁。

谭嗣同著有《寥天一阁文》《兴算学议》《莽苍苍斋诗》《远遗堂集外文》《壮飞楼治事十篇》《石菊影庐笔识》《仁学》《秋雨年华之馆丛脞书》等著作，以及大量书信与论文。今人辑有《谭嗣同全集》。

百日维新

光绪的变法措施

徐致靖在“诏定国是”两天后，上书保举能够实行新政而又发奋图强的人才。于是康有为、黄遵宪、谭嗣同、张元济、梁启超五人被徐致靖推荐。因此，维新派谋划建立权力机构也就从这封奏折开始了。

光绪帝于四月二十八日召见了康有为，他们主要围绕选用维新人才、建立变法权力机构的问题而谈论。康有为说：“现在的大臣都是因循守旧，不懂国际形势，皇上如果依靠他们变法，就好像缘木求鱼，不会成功的。”接着他又说老臣们：“累奉旨办学堂、办商务，彼等少年所学知识都是无用的，实在不知如何去办。皇上要变法，只有选用年轻的小臣，广招天下人才，考察其贤能，进行选拔，不计官职，可以破格录用。”

光绪帝当天也召见了张元济，谈话中他们谈到了办学堂、修铁路、办外交等方面的问题。

光绪帝召见之后，想重用康有为，由于荣禄、刚毅等人反对，只是授予康有为总理衙门章京上行走的职位，并授予他专折奏事的特殊待遇。

从此以后，康有为借专折奏事之权，经常上奏折与皇上，主要包括以下几方面内容：

除旧方面。经济：废除漕运。裁撤厘金。政治：废除缠足封建陋习。减裁冗官。军事：停弓刀石武试。裁绿营，放旗兵。文教：废八股试帖楷法取士。改书院，废淫祠。

布新方面。经济：劝励工艺，奖募创新。立商政以开利源，而杜漏卮。开农学堂、地质局，以兴农殖民，而富国本。改以漕款建筑铁路。统计全局，大筹巨款，行新政，筑全国铁路。政治：拟定宪法，开制度局。尊孔圣为国教，以孔子纪年。御门誓众，力图维新。立宪法，开国会，禁止妇女缠足。建设新京。议开懋勤殿以议制度。军事：广设武备学堂，仿德、日制度。改营勇为巡警，仿德、日兵制练兵。文教：改试策论，俟学校尽开，废除科举；译日本书，派人留学；开学校，广设小学，县设中学，省设专门高等学大学。改《时务报》为官报；请定中国报律。

于是，光绪帝自四月二十三日“诏定国是”起，到八月初六政变止，下了很多新政上谕，接连发出数十道改革命令。按时间顺序内容如下：

除旧方面。政治：命各部院衙门删去旧例，另定简明则例；严禁地方胥吏扰民；谕饬詹事府等已裁衙门一切事宜，归并六部。军事：命各省切实裁兵练军，力行保甲，整顿厘金。文教：命嗣后一切考试，各著作勿用五言八韵诗；公布科举章程，命此后一切考试，均以讲求实学、实政为主，不得凭楷法取士。

布新方面。经济：命各省整顿商务，在各省会筹办商务局，饬盛宣怀赶办芦汉铁路，并命承办各员迅速开办粤汉、沪宁各路；命地方官振兴农业，兼采中西各法；颁布《振兴工艺给奖章程》十二款；命刘坤一、张之洞试办商务局，先就沿海沿江如上海、汉口一带设厂兴工，并将如何设立商务，商会各端，迅速奏闻；命各省督抚认真劝导绅民，发展农政工艺并优奖创制新法者；谕命于京师专设矿务铁路总局；命沿江、沿海、沿边各地商贾辐辏之处，广开口岸，以图商务流通；京师设立农工商总局，命各省劝办农业；命端方认真筹办农工商总局；命于京师及各通商口岸，广设邮政分局；诏编预算，命户部将每年出入款分门列表，按月刊报。政治：命各省督抚酌保通达时务之使才；命遇有士民上书言事，都察院毋庸拆阅，亦不得稽压；命于铁路矿务总局，农工商总局酌插各衙门裁缺人员；重谕各官民一律得应诏言事；诏许旗人经营商业。军事：命各省陆军改练洋操，限各省于6个月内将并所练队伍分扎处所妥议覆奏；通谕各处八旗、汉军、炮军、藤牌营等，改习洋操，新法练军；命各省力筹拨款，以添设海军；筹造兵轮。文教：命总署议奏南北设立矿学学堂。诏自下科为始，乡会试及生童岁科各试，一律改试策论；将上海译书局改为官督商办；创设京师大学堂，官书局及译书局均并入大学堂。命各省学堂广译外洋农务书籍；谕改各地书院为兼学中学、西学之学校；民间祠庙之不在祠典者，由地方官晓谕，改为学堂。命各省兴办中、小学堂；命筹议铁路矿务等专门学堂；命各省挑选学生赴日本留学；命各省迅办学堂；命各驻外使节劝导华侨创办学堂，兼译中西文章；批准设立编译学堂于上海；批准在京师筹设报馆。

顽固派阻挠变法

光绪变法维新时，慈禧虽在颐和园“休养”，但光绪的一举一动都在她的掌握之中，甚至在光绪变法的初期，就有所察觉。康有为曾对此有专文说明。

康有为曾明确记载，当时慈禧在听到光绪的变法请求后，本打算明目张胆地出来干涉，但这样做于理不通。更何况说，光绪是说他要挽救国家和民族危亡，这有什么不对的？于是，慈禧回答光绪的是：“凡所施行之新政，但不违祖宗大法，无损满洲权势，即不阻止。”慈禧最关心的是人事关系，而不是光绪设学堂、办团练、设农工商总局之类。她很担心光绪将夺走她手中的权力，为此，对光绪变法，她做了多方面的防范工作，加强了对光绪的控制。而且对维新人士的防范也进一步加强了。当她得知光绪破例召见工部主事康有为，并想重用维新人士时，于是，她下定决心进行阻挠，将开刀的第一对象对准了翁同龢，因为他支持变法，曾引荐康有为，并对变法有贡献。

翁同龢是光绪的老师，光绪亲政后，对他百般重用和信任。他对光绪帝很有帮助，光绪帝也非常需要他，但就在这时，慈禧决定除掉他。四月二十七日，在颐和园，慈禧等光绪请安后，与往日一样同他闲问起来。

“有二事，请皇帝考虑：一是今后我对众臣赏赐及补授文武一品、满汉侍郎，必须前来谢恩。二是重用荣禄……”慈禧说完见光绪没有反驳，也就令其回宫中去了。第二天，光绪遵慈禧的懿旨明发上谕，以慈禧捏造出来的理由将翁同龢革职，其理由是：“协办大学士、户部尚书翁同龢，近来办事多未经协商，以致议论迭起，屡经有人参奏。且每于召对时，谘询事件，任意可否，喜怒见于词色，渐露揽权狂悖情状，断难胜枢机之任。”翁同龢在上谕明发之后，被迫离京还乡了。在翁同龢将要离开北京的时候，光绪帝答应慈禧文武百官受赏及补授大员到她面前谢恩要求的一道上谕又明发天下。

两道上谕明发，朝廷内百官不知所措。正当人们为此事而感到惊讶的时候，光绪对荣禄大加提拔的消息又传下来，这更加令人们惊愕不已。光绪先传旨将荣禄授为文渊阁大学士，接着又实授荣禄为直隶总督兼北洋通商大臣。授予他的此权已超出寻常，达到了权倾朝廷的地步，然而慈禧还觉得不够，故又使光绪给他加重了军权，即由荣禄节制直隶按察使袁世凯教练的新建陆军马步各队。

这样一来，由于慈禧对荣禄的重赏和提拔，使北京处于慈禧的总揽之下。康有为说：“然而，四月二十三日定国是之诏方下，西后逐翁常熟，召见二品以上大臣，命荣禄出督直隶，统袁（世凯）、董（福祥）、聂（士成）三军，定九月阅兵于天津，以为废立之计。盖八月初六废立之变，已于四月二十七日定之矣。”

百日维新过程中，维新派的每一项变法内容甚至光绪帝颁发的谕令也都遭到了守旧派的抵制和破坏。例如“诏定国是”中明确令军机大臣和总理衙门会同议奏京师大学堂，他们拖了很久不办，光绪帝为此很着急上火，又下旨说，若再不议奏“定即从严惩处不贷”，他们这才慢条丝理、不慌不忙地就此事复奏。光绪帝令军机处拟旨废八股，刚毅则敢公开顶撞说：“此乃祖制，不可轻废”。裁并闲曹、汰减冗员，京师谣传“康有为欲废尽京师六部九卿衙门”。群臣更有与维新变法的诸臣势不两立的，“新政诏旨交疆臣施行……都被搁置而不问”，群臣中有的找借口推托，有的相互察言观色，还有的根本不理睬。

建立变法机构

光绪帝深深感到，要想推行新法必须得有变法的权力机构做保证。但是，变法中最困难的事情也就是建立变法机构。百日维新之始，慈禧就逼迫光绪下旨：凡补授文武二品、满汉侍郎、地方督抚，都必须到太后处具折谢恩，致使慈禧把握光绪的用人大权，使具备高位和实权的变法机构难以建立。尽管如此，光绪仍不气馁，坚持不懈地努力争取，以建立变法权力机构。

办新学、废八股成为变法的开始。四月二十九日，宋伯鲁上书请求废除八股，与其针锋相对的礼部尚书、总理衙门大臣许应骙，竟要将经济特科并入八股。五月初二，宋伯鲁、杨深秀指责许应骙“庸妄狂悖，腹诽朝旨”。光绪帝下旨让许应骙“明白回奏”。五月初四，许应骙“明白回奏”，在奏折中一针见血地攻击康有为“袭西报之陈说，轻中朝之典章，其建言既不可行，其居心尤不可问”，“勾结朋党，快意排挤，摇惑人心，混淆国是”，要求光绪把他“驱逐回籍”。不久，吏部主事王照上折请光绪游历日本等国。礼部尚书许应骙、怀塔布等不肯代奏，王照与之抗争。许应骙则上折训斥王照“咆哮署堂，借端挟制”，诬陷他奏请光绪去日本等国游历是将皇上置于危险境地。“居心叵测，请求皇上加以惩办”。见到此情况之后，七月十九日，光绪帝下旨将礼部尚书怀塔布、许应骙等六堂官全部革职，而封维新人士李端棻、徐致靖、阔普通武、王锡蕃分别为礼部尚书和侍郎，代替了守旧派的位置。

七月初七，光绪又下旨赏谭嗣同、杨锐、刘光第、林旭四人四品卿衔，在军机章京上行走，参与新政。“军机四卿”的擢用，标志着变法权力机构已形成，四京卿所处位置重要，虽然职位不高，但当时人们把他们当成“宰相”视之。

徐致靖推荐军机四卿中的谭嗣同，七月初五，谭嗣同到京，七月二十日，光绪帝召见了谭嗣同，并于当天授予他四品卿衔。

王锡蕃认为：林旭学西方政治学，颇有建树，还善于交涉商务，年轻有为，是一位超群的才子，因此推荐他给光绪帝。光绪帝知道他是康有为的弟子，保国会员，所以下旨召见他，从此之后林锐得到了光绪的信任。

而湖南巡抚陈宝箴则认为杨锐、刘光第“切究当世之务，绝无浮夸之习”，称刘光第“器识闳远，廉正有为”。所以杨锐先于七月十六日被光绪召见，他当面上奏皇上百条建言，使“天颜甚霁”；刘光第于七月十九日被召见，召对也“颇详直”。

光绪任用四卿之后，所有有关新政的奏折，都命令他们阅看；皇帝还特令由他们撰拟谕旨，那班守旧大臣的权力显然被夺回，光绪帝与康有为之间的墙垒被推倒，皇上所有的事情都要问康有为，命令四卿传旨，康有为所陈奏，亦由四卿密陈，“不复由总署大臣矣”。但是，军机四卿的任用和礼部堂官的更置后，只过了半个月的时间就发生了政变。

七月初十，两江总督刘坤一、两广总督谭钟麟、直隶总督荣禄被光绪帝明发上谕申斥，对朝廷颁发的新政诏旨各省继续沿用旧习，贪图吃喝玩乐，虽然朝廷下旨敦促，但仍然没有行动。刘坤一受到申斥后，为应付皇上曾奏了几道响应新政的奏折；而荣禄受到申斥后，因深知维新派与自己派系之间的矛盾很深，便赶紧与慈禧勾结，密谋策划政变，正如梁启超所说“至明发此谕，荣禄自知不保，而篡废之事益亟矣”。谭钟麟受到申斥，仍然不予理睬。七月二十八日，依据宋伯鲁弹劾谭钟麟的奏本（康有为代拟），光绪帝再次下旨对他申斥，并让湖南巡抚陈宝箴“严查参奏”于他。阻挠新政是宋伯鲁参劾谭钟麟的主要问题，但谕旨下发后，政变指日可待，光绪帝与康有为等维新派皆知情况万分紧急，他们顾不上其他事情，导致查劾谭钟麟之事不了了之。

与此同时，湖南巡抚陈宝箴因认真举办新政而得到光绪帝的多次奖赏。

维新运动在湖南搞得最为活跃，主要是由于谭嗣同、唐才常、黄遵宪、梁启超等维新人物不懈努力，巡抚陈宝箴对此也做了很多贡献。例如当时十分著名的湖南时务学堂，其组织、经费等项皆由陈宝箴一手主持。后来遭到王先谦、叶德辉等封建势力的攻击时，陈宝箴则挺身而出维护时务学堂，斥责封建顽固派。同时，陈宝箴亲率地方官吏参与维新团体南学会活动，他还亲临讲演过两次，对该学会和湖南各地的学会起到了很大的推动作用。他还大大支持了湖南的《湘学报》《湘报》的举办。其他诸如举办实业，开办学校等多项新政，他都积极推行。

陈宝箴的态度始终遭到旧势力的嫉恨和攻击，御史徐树铭、黄均隆等曾上疏弹劾，企图把他彻底铲除。光绪帝对陈宝箴十分支持，六月二十三日下旨切责顽固派，褒奖陈宝箴说：“陈宝箴自兼任湖南巡抚以来，锐意整顿，即不免指摘纷乘。此等悠悠之口，属在缙绅，倘亦随声附和，则是有意阻挠，不顾大局，必当严惩，断难宽贷。”然而，湖南的顽固势力却置光绪帝的警告于不顾，变本加厉地阻挠新政和围攻维新派，胁制陈宝箴，“乃至哄散南学会，殴打报主笔，谋毁时务学堂”。因此，光绪帝于七月二十九日为了支持陈宝箴再次下旨，让他“坚持定见，实力举行，慎勿为浮言所动，稍涉游移”。当时形势紧张，光绪帝已经感到政治风暴即将到来，仍旧下旨鼓励陈宝箴，足见其对维新变法确实有很大决心。

戊戌政变

斗争加剧

清朝封建专制政权是满洲贵族战胜汉族人统治的明王朝后建立起来的。虽然从清朝建立开始，清的统治者们就汲取了元朝蒙古贵族的教训，注意缓解民族矛盾，没有采取明显的民族等级政策，但这并没有从根本上解决问题，清朝统治的二百多年历史中，一直充斥着满汉间的民族矛盾。中央政府的内阁、军机处虽也有所谓满汉复职形式，但汉官只不过是个陪衬罢了。以后的太平天国运动使满清贵族意识到必须要利用汉族地主的势力来巩固自己的统治，所以不得已才把部分地方统治政权向汉族地主开放，但很多重要权力还是牢牢掌握在自己手中。清朝末年的维新运动、宪政运动更深刻地触及了清朝统治，使满洲贵族统治者忧心忡忡。

维新运动兴起后，慈禧太后、恭亲王、刚毅、荣禄、徐桐及绝大多数满洲大臣，之所以拼命反对变法，除了有保守思想外，其更深层的原因是他们害怕改革的深入触及自身利益，害怕200多年辛苦经营的满族政权毁于一旦，害怕自己手中特权的丧失，总之，他们已把维新运动上升到了汉族人对“满族人的夺权斗争”的高度。保国会并非“保中国不保大清”，但满洲贵族却宁愿如此理解，以保证建立他们共同对外捍卫自己特权的联合阵线。这一点上，刚毅就是一个很好的例证。刚毅曾说：“改革者汉族人之利，而满族人之害也。”刚毅之言代表了满洲人中守旧党人的心事。

满洲贵族这种执拗的偏见，成为变法运动的极大障碍。何况，维新志士的思想言论中也确有“反满革命”的浓重成分，谭嗣同就是一个典型。他无情地揭露满洲贵族入主中原，屠杀和压迫汉族人的种种罪恶，表现出对满洲贵族势不两立的姿态，他说满洲贵族与古代暴君相比，其残忍程度有过之而无不及，“古之暴君，以天下为之私产止矣”，而满洲贵族“起于游牧部落，直以中国为其牧场耳，苟见水草肥美，将尽驱其禽畜，横来吞噬。所谓驻防，所谓名粮，所谓厘捐，及一切诛求之无厌，刑狱之酷滥，其明验矣”。对满洲贵族无比痛恨的他高呼“誓杀尽天下君主，使流血满地球，以泄万民之恨”。

谭嗣同与康有为相比，在维新运动中更讲究策略，表现比较克制，但随着维新运动的日益推近，他的奏折也尖锐地涉及了满汉问题。五月二十七日，他上奏的《请裁绿营放旗兵改营勇为巡警仿德日而练兵折》，提出各省驻防八旗兵丁“听其所好，择业而从，优给三年之粮，听其改附所在民籍”。要求取消手持特权而又腐败无能的八旗老爷兵，把他们改为一般的“民籍”。到八月末，康有为又上了《请君民合治满汉不分》的奏折，他认为“不宜于一国民之内，示有异同，若疆界既分，即生彼此”。明确提出了取消满汉差别。他以北魏文帝的成功改革为例，让光绪仿效“定裁满汉之名行同民之实”。

他还说服光绪帝废除满洲姓氏、取消贵族封号和国家朝号。

七月二十日后，康有为又上《请断发易服改元折》，奏折说“今为机器之世”，而满族所推崇的“辮发长垂，行动摇舞，误缠机器，可以立死，且垂辮“为外人指笑”，应剪掉才合乎时代潮流。又说清朝时兴的褒衣博带同西装西服相比亦“极可怪笑”，也应当更换成新式服装。同时提出改光绪二十四年（1898 年）为“维新元年”，从而让举国之民“改视易听，咸与维新”。同时，又上《请设新京折》，建议光绪把都城迁往江苏上海附近，而北京派人留守就行了。

七月二十九日，光绪皇帝根据袁昶的奏折，命令八旗子弟旗民“各习四民之业，以资治生”。

满洲贵族认为康有为是公开与他们为敌，拿他们开刀。如其建议中：改八旗民丁为民籍；取消满族人特权，免除亲贵封号；更易满族姓氏、服饰；迁都上海附近等，这种种举措分别是汉族人的夺权行动，是 200 多年来反清反满的重演。出于这种想法，满洲贵族才对维新变法百般阻碍。早在保国会活动时，他们就指控维新派是“专变祖宗成法”，是“辨言乱政”、“名为保国，实为乱国”，那时他们就要鼓动慈禧讨伐维新派。由于种种原因，慈禧当时并未发难。“诏定国是”之后，光绪帝和维新派进行了突变式的变法，改革风潮如狂风暴雨，呼啸而来。光绪皇帝百日之内竟下发数百道新政上谕。这一切都引起了满洲顽固派的无比仇恨，尤其是康有为上述奏折的发表，以及满洲顽固派连遭光绪帝惩罚，使他们更加深信光绪帝已背叛了祖宗，成了汉族人的皇帝，于是忍无可忍，从而举起了政变的屠刀。

光绪告急

当变法力度进一步加大，守旧的保守贵族势力屡受打击之时，颐和园内的老佛爷——慈禧正在静观待变。她对守旧派们向自己寻求支持并不理会，对维新变法也似乎是任其发展。这使守旧派大惑不解。

其实，慈禧虽然表面上不动声色，但却从未停止过对时局的思考。她要出其不意一举成功。这时荣禄成了这里的常客，许应骙、怀塔布成了这里的听差。

光绪皇帝一直关注着颐和园内慈禧太后的动向，并通过康有为等维新派人士及心腹的小太监不停地打探消息。光绪二十四年（1898年）八月，他得到这样一个重要情报：慈禧准备利用九月在天津阅兵之机，发动兵变，囚禁光绪，复行垂帘。

光绪得知这一消息后，大吃一惊，他没有想到风暴到来得如此之快，慈禧与荣禄竟会这么凶狠。如何对付呢？他不得不求救于康有为等人。

百日维新期间，光绪与慈禧确曾计划过去天津阅兵。由于当时正值新旧两派斗争紧张之时，所以上谕一下，朝野内外，猜议纷起，风传要在天津阅兵过程中废除光绪皇帝。八九月间，这个风闻在京津之间广为流传。

康有为当然要采取应对之策。但当时，维新派手中并无兵权，这是很要命的事情。对此，他感到很痛苦："收兵权则恐警觉，不抚将则恐不济事，日夜忧危"。只好一面请求光绪帝"仿日本立参谋本部，选天下虎罴之士，不二心之臣于左右，上亲擐甲胄而统之"；一面运动北洋军队，同守旧派争夺兵权。同时，又进行"围园执后"的谋划。

七月二十九日，军机章京杨锐应皇帝召见来到养心殿光绪的书房。

光绪遣散走身边的人后，便把慈禧准备军事政变的事情一一转告了杨锐。然后付密谕一道，命令他迅速出宫与康梁等人商量救驾对策。杨锐身负重担，怀揣密谕，叩辞出宫，辗转一阵，召集康有为、刘光第、林旭、谭嗣同等人，在康有为的书房集合会面。康有为等人见杨锐面色难看，情绪紧张，便知有大事发生。杨锐掏出皇帝密诏说："有皇上朱笔密谕。"康有为眼疾手快，见到杨锐出示密谕便伸手接了过来。

在密诏中，光绪说出了自己的苦衷和焦急心情，向康有为等发出了紧急求救的呼号。

康有为看了密诏，一时也无计可施，便把谭嗣同找来商量。康有为说："现在情况有些不妙，太后他们可能要策划一个大阴谋。我们上受皇上知遇之恩，下受黎民百姓的重托，在这样的关键时刻，须想出一个好主意，先发制敌，才是上策。"

谭嗣同表示赞同："您说的对，目前局势确实严重，现在的关键问题是我们手头没有军队，在生死关头，哪里去找忠心保护皇上的军队？到时候我们只能任人宰割，死倒不可怕，只是壮志未酬，愧对国人，到时也难以瞑目！"

康有为对谭嗣同的话表示认同，也认为没有军队是维新派的致命伤。这时，他想起了袁世凯这个人。当时袁世凯手中有兵权，对维新表现得也很积极，康有为把"勤王"的希望寄托在了他的身上。听了康有为的介绍，谭嗣同也同意了请袁世凯帮忙、共渡难关的计划。于是决定一面向光绪推荐袁世凯，并让光绪给予超擢（让他知恩图报），一面又派人前往游说。为保密起见，康有为将保荐袁世凯的奏折拟定后，推由徐致靖签名上奏。

袁世凯其人

袁世凯，字慰庭（又作慰廷、慰亭），别号容庵，河南省陈州府项城县人，清咸丰九年（1859 年）八月二十日生于一个官僚地主家庭。其叔祖袁甲三官拜漕运总督，生父袁保中为本县著名豪绅，胞叔袁保庆官至道员，从叔袁保恒历任户、吏、刑部侍郎，袁保龄为候补道。袁世凯行四，约在同治三年（1864 年）过继给胞叔袁保庆为嗣子。

同治五年（1866 年），袁世凯随嗣父袁保庆至济南任所，开始读书。同治十二年（1873 年）袁保庆病逝，袁世凯迁居返回原籍，与嗣母牛氏一起生活。

同治十三年（1874 年）袁世凯又随袁保恒到了北京，随京城名师学习，但他已养成纨袴子弟的恶劣习性，读书不过是应付了事，所以学业上没什么长进。光绪二年（1876 年）秋回到家乡原籍参加乡试，结果是名落孙山而回。第二年夏天，随袁保恒至湖南办理赈务，历练做官本领。光绪五年（1879 年）秋，他又一次应考乡试，仍未考中。其后曾报捐中书科中书。接着，捐纳实缺，没有成功，于是决心投笔从戎。于光绪七年（1881 年）至山东登州投奔其嗣父的至交、淮军统领吴长庆，获得帮办文案之职，从此，开始了他的仕途生涯。

光绪八年（1882 年），朝鲜兵变，国王李煦和闵妃集团被围攻，向来受闵妃排斥的大院君李昰应（李熙之父）重握朝政。清廷与朝鲜素有宗藩关系，朝鲜兵变，清廷不能坐视不管。于是署直隶总督张树声命令吴长庆率淮军六营至朝平乱。七月出兵东渡前，幕府名流张謇等人推荐袁世凯任执行前敌营务处事。袁世凯在战争表现突出。平定叛乱后，吴长庆为袁世

袁世凯旧照

凯报功请赏。经回直隶总督兼北洋大臣任的李鸿章奏准，九月初一袁以同知补用，并赏戴花翎。不久，应朝鲜请求，吴长庆命袁帮助朝鲜整顿军队。

光绪十年（1884 年），法国人侵犯中国边界，李鸿章为加强边防，奏调吴长庆率兵三营驻防奉天金州，其余三营留驻汉城，由记名提督吴兆有统带，命袁世凯总理营务处，会办朝鲜防务。此时，袁世凯在朝鲜已成为了一个军事实力派人物。十月，朝鲜以金玉均为首的开化党在日本配合下发动政变，迫李熙改组了政府。袁世凯果决地说服吴兆有统兵打退日军，将亲日派势力驱逐出政府。这次行动的胜利使袁世凯的政治野心迅速膨胀，他自作主张，搬进王宫，以监国大员自居，企图独掌军权。此举使吴兆有对他充满了怨恨，于是向清廷揭发了他挪用军饷等罪状，再加上当时日本要求清军退出朝鲜的压力，袁心灰意冷，于光绪十年（1884 年）十二月请假回国，返回原籍。

为了进一步控制朝鲜，李鸿章认为两项措施最为可行。一是释放被软禁在保定的李昰应回朝，利用其影响和力量抑制闵妃集团依赖俄国的倾向；二是以袁世凯接替驻朝商务委员陈树棠的职务。李鸿章为了提高袁世凯的政治地位，以让其在外交事务中发挥积极作用，光绪十一年（1885 年）九月，李鸿章奏准袁世凯为驻扎朝鲜总理交涉通商大臣，并以知府分发，补缺后以道员升用，赏加三品衔。从此，他开始崭露头角，活跃在中国的政治舞台上，成为中外闻名的重要人物。

清皇朝对朝鲜的宗主地位本来就有名无实。而袁世凯自抵新任后，为维护“上国”尊严和“属邦体制”，时时摆出监国大员的架势，骄横跋扈，独断专行，时时干涉朝鲜内政，并于光绪十二年（1886 年）两电李鸿章，请废黜李熙，另立新君。袁世凯的行为使朝鲜宫廷的离心倾向更大了，中朝关系严重受损。日本自确定霸占朝鲜进而侵略中国的大陆政策后，一直在寻找机会发动战争。起初袁世凯对日本的防御力度很大，积极准备御敌，但后来盲目乐观、麻痹轻敌，放松了对日本的警惕。

光绪二十年（1894 年）二月，朝鲜爆发了东学党起义。四月，朝鲜政府请求中国派兵助剿。袁世凯屡次发电给李鸿章，请求出兵朝鲜，并保证日本绝不会出兵朝鲜，接着又将军机泄漏给日本。当日本出兵朝鲜后，袁世凯一心镇压起义，并没有意识到形势的危急。直至日本大兵压境，才请求增兵备战。五月下旬，战争已如箭在弦上，一触即发。在此情况下，袁世凯为苟全性命，再三电请李鸿章，要求回国。经清廷批准，袁于六月十七日改装易服偷偷回到国内。

中日甲午战争爆发后，李鸿章奏派袁世凯仍任总理交涉通商大臣兼办辑抚事宜，令其驰赴平壤一带联络官军，协筹粮运。袁对这场战争全无胜利之想，大敌当前，却一味退逃，一心议和。清军的屡次败北，将旧有军队的腐朽暴露无余，全国上下一片改革旧军、建立新军的呼吁之声。基于这种形势，袁世凯也向盛宣怀建议改革军制，募练新军，并毛遂自荐要当监督，光绪二十一年（1895 年）又以同样意见上书军机大臣李鸿章。六月十二日，袁被召见，奉派督办军务处差委。袁世凯善于钻营，工于心计。他拼命巴结显贵，并拟订新军营制饷章和聘请外国军官合同，请人译撰兵书，博得知兵之名。这些努力终未白费，袁世凯最终得到了权臣荣禄等的赏识，十月二十二日获得到天津小站督练新建陆军的权柄。

十一月初一，袁世凯至小站接管原定武军 4000 多人，旋派人选募 2000 多人，全军共 7000 人。军队设督练处，袁自领督练官。新建陆军采用了德国和日本建制，营制分左右两翼，每翼分统步、炮、马、工程、辎重各兵种；教官多自德国聘任，新式武器多从德国购置，全军一律习洋操。这在中国陆军史上还真是第一次。袁世凯在军队中大肆树立个人的绝对权威，对部下恩威并重，或官禄利诱，或严刑峻法，加上一些诸如升官发财等封建糟粕思想的灌输，很快培植起一批亲信死党，把军队训练成带有浓烈人身依附性质的武装。

由于袁世凯作风跋扈，嗜杀擅权，营私受贿，光绪二十二年(1896年)，御史胡景桂对其进行参劾，但因为有此案参办者荣禄的包庇，袁世凯顺利渡过难关，安然无恙。这件事使袁世凯更加视荣禄为自己的保护伞，依得大树好乘凉。

第二年，清廷因为袁世凯练兵有功，提升他为直隶按察使，仍专管练兵事宜。

错用袁世凯

正在天津小站忙于练兵的袁世凯，听说皇帝的钦差大臣前来，自然要进行隆重的欢迎仪式，并设宴款待钦差。在宴席上徐仁录侃侃而谈，而袁世凯却显得非常恭谨。宴会完毕，三人进入书房密谈。谭嗣同才吐露了实底：“新政即将成功，可是却受到满洲贵族的抑制；您要是能支持新政，打败守旧势力，北洋之位非您莫属。”

袁世凯因此许诺，心中窃喜，立即表示要以死效忠朝廷。

至此，谭嗣同原有的戒心已经解除。于是开口直言：“荣禄、刚毅实属拨弄口舌之辈，挟母后以临天子。今欲借明公刃，取二人头以谢天下。明公以为如何?”

袁世凯听罢此言，知道这是机密大事，为表自己的忠心与决心，口出誓言说：“杀荣禄如杀一狗耳!”

中心议题已经结束，谭嗣同怕生意外，特地叮咛几句。他意味深长地说道："报君恩，救君难，立奇功大业，天下事入公之掌握；如贪图富贵，告变封侯，害及天子亦在公，惟公自裁！"

听了谭嗣同的这番话，袁世凯知道这是激将之法，为获取谭嗣同的信任，消除其疑虑，慷慨陈词说："你以为我何人？我三世受国恩深重，断不至丧心病狂，贻误大局。但能有益于君国，必当死生以之。"

谭嗣同与徐仁录回京后将游说的前前后后向光绪皇帝做了秘密汇报。光绪对袁世凯的态度和谭嗣同的游说大加赞赏，于是他立即传旨召见袁世凯。

九月十六日，光绪依康有为的奏请，在毓兰堂召见了袁世凯。因为是第一次接见，光绪还不敢完全信任袁世凯，所以只是做些试探性的询问而已。可是袁世凯却乘机奏道："九月有巡幸大典，督臣荣禄令臣督率修理操场，并先期商演阵图，亟须回津料理，倘无垂询事件，臣当返回天津。"袁世凯想从中知道光绪对"天津阅兵"和荣禄的真实意图，便想以此话来探知究竟。而光绪只想先给他一个礼遇作为试探。因此，在接见后，便以"袁世凯，办事勤奋，校练认真"的名义，授予侍郎候补衔。

侍郎一职，内可升授尚书，外可简放巡抚，也算是朝廷大臣了。这对刚晋升为按察使的三品地方官的袁世凯来说，一夜之间跃身为二品朝廷大臣，真是喜从天降。但嗅觉灵敏的袁世凯很快从得意之中清醒过来，他洞察到了光绪的用意，他对前来祝贺的人说："以无寸功，受重赏，决不为福。"袁世凯已经意识到一场政治风雨很快就要来临，自己要首当其冲承担风险了。

就在光绪与康梁密谋起事的同时，颐和园的"行废立"计划也在紧锣密鼓地进行着。全国局势日益紧张，一场巨大的政治风暴就在眼前。为防万一，光绪于八月初二特颁密谕于康有为，让他迅速离京去上海，再由上海出海到国外去寻求支持力量。

光绪虽然催促康有为出京，但康有为认为值此危急关头，正是用人之际，而且皇上有难，自己怎能一走了之，因此，他并没有立即就走，而是仍然在试图寻找一个有效的办法制止可能发生的宫廷政变。于是，他向洋人求救。

向荣禄告密

袁世凯在京受到光绪的多次召见，在皇帝面前也表示了自己的赤胆忠心。光绪诸事交待完毕后即令其火速回天津，准备带兵入京听调。袁世凯在自北京回天津路上一直苦思冥想，他必须在慈禧与光绪之间进行一次关系自己身家性命的选择，找一个稳固的靠山。这两个人一个是当今清廷实际的掌权者皇太后，一个是年轻有为却又有名无权的清国皇帝，究竟投靠谁的门下？

经过反复思索，袁世凯终于给光绪皇帝定了位：光绪是个摆设，他只不过是坐在御座上受文武百官朝贺，就像菩萨、大佛一样仅仅是受朝拜的偶像罢了。他虽有振兴国家、变法图强的愿望，可是除了身边几个手无寸铁的文人之外，再无其他的军事力量可以控制；而慈禧集团则拥有强大的武装力量，光是一个荣禄，光绪就无法对付，因为荣禄身为直隶总督，实权在握，京畿地区早已在他的控制之中。经过深思熟虑，权衡利弊之后，袁世凯作出了出卖光绪、投靠慈禧的决定。于是他刚回天津，便直奔直隶总督府，向荣禄去报告光绪的计划，借以“征求”一下他的意见。

荣禄天生聪明机巧，是满洲贵族出身，其家庭世代官宦。他依靠父辈门荫入仕，又通过镇压农民起义得到清廷的赏识，而对慈禧太后的趋炎附势、忠心效劳使得他仕途得意、步步高升。戊戌之年，他已是总理衙门大臣、兵部尚书，是慈禧太后跟前的红人，所谓“身兼将相，权倾举朝”的人物。

维新运动中，荣禄虽与维新派势不两立，但也并不绝对反对改革。中国在甲午战争中的惨败、日益强烈的民族危机使荣禄不能再无动于衷。为维护清政府统治地位，荣禄也主张对军事、文教、经济等方面实行某些改革。

荣禄赞成军事、文教、经济方面的某些改革，但在政治方面的改革，他绝对反对。他曾说：“富强之道，不过开矿、通商、练兵、制械，其他大经大法，自有祖宗遗制，岂容轻改?”总理衙门西花厅辩论时，他一见康有为就以不容置疑的口吻断言“祖宗之法不能变”。从根本上说，荣禄是满洲贵族利益的集中代表之一，他本身就享有很多的贵族特权，当这些特权利益要受到改革的挑战与破坏时，他无疑要站在满洲贵族顽固派一边，他们结成死党，拼命与变法为敌。

“诏定国是”不久，他就同慈禧策划出任直隶总督，首先将北洋主要力量控制在自己手里，作为防范和扼杀维新派的一张王牌。以后，他一直同慈禧暗里勾结，维新派的一举一动都在他们的密切监视之中。当维新派策动袁世凯，而袁最后决定投靠顽固派，把前前后后一系列的事情一五一十地汇报给了荣禄。荣禄马上意识到事态的严重性，于是暗示袁世凯速把此事秘奏于慈禧。

囚禁光绪

袁世凯将光绪召见之事又向慈禧汇报一遍。为显示自己的功劳，又添油加醋地说什么光绪命令他“带兵来围颐和园，并用暴力冲破园门，就在乱兵之中结果太后的生命”。

瀛台

戊戌政变后，慈禧太后下令将光绪帝囚禁在北京城内中南海的瀛台。

袁世凯一席话，不禁使慈禧怒从心头起。盛怒之下，立即传旨起驾回宫，与光绪这个与她作对的死敌算账。

慈禧深夜起驾回宫，光绪事先没有得到任何消息，自然也无丝毫的准备。

慈禧通宵部署。八月初六晨，假借光绪之名，发了一道“主谕”，宣布自这一天起，“由太后再度训政，一切军政大事均听太后圣裁”。随即慈禧发出了一道懿旨：“皇上忽然病重，都是康有为等进呈红丸所至。予命皇上养病，一切大政由予临朝做主。康有为等图谋不轨，实为大逆不道，著步军统领衙门、九门提督一体严拿。”

慈禧一声令下，朝廷内外空气马上紧张起来，迅速行动，捉拿康梁等维新派人士。好在康有为先一天奉光绪之命离京去了上海。慈禧知道这个消息后，立即发电给烟台等几处康有为去上海的必经之地，要求严密搜捕捉拿康有为。当电报到达烟台时，因烟台的东海关道员正与德国办交涉，忙得不可开交，也未来得及看电报内容，所以虽然电报先于康有为到达烟台，但康有为到烟台港后依然安然无恙。慈禧为了保证将康有为彻底逮捕归案，在发电的同时，又派了两只头等兵船日夜追赶。但这两只兵船以烧煤为动力航行，因领命出海匆忙，未来得及装上足够的煤，所以只追赶了一日，就因煤要用完而不得不返回，这一捉拿计划至此也破产了。

当康有为所乘轮船到吴淞口时，只见有一小火轮迎面开来，并升旗叫大船停轮。于是两船并拢起来。有一个洋人从小火轮跳到大船上来，对着手中的照片找见了康有为，一把拖住，问道："你在京可杀人?"康有为被问得莫名其妙，不知如何作答。见洋人取出一份电报，康有为一看，才知道了事情的前因后果，知道自己正在清廷的通缉之中。康有为愤怒不已，想投海一死，被同船人劝住。这名洋人了解了事情的始末后，非常敬佩，说道："你不要多虑，我是英国人，本国领事久慕先生大名。今日接到上海道照会通知，说是贵国上海道带了沪兵在码头守候，准备捉拿先生。所以领事派我先来相救。你不用多说了，快随我下船去吧。"康有为说："承领事怜救，敢不奉命?但我是一中国人，官吏耳目甚密，即使能逃出吴淞，还有别的地方可以藏身吗?不如我以一死谢天下。"英国人劝止了康有为，并不由分说把康有为拉到小火轮上。英国人又说："你如果逃到我国，我国必能保护你，何必寻此短见?"于是，在英国公使的庇护下，康有为转危为安，不几天便乘英国军舰到了香港。

在康有为得到英国公使庇护的同时，梁启超也作为政治犯得到了日本驻北京领事馆的庇护。不久，他被保护去了日本。

变法失败

维新党人除此二人脱逃外，其余诸人多被清廷逮捕。包括徐致靖、杨深秀、杨锐、林旭、谭嗣同、刘光第、康广仁等。其中除去徐致靖未赴法场，其余六君子全部遇难。

同时，慈禧发出上谕，宣布废除百日维新的全部新政，恢复旧制。

八月十一日，宣布恢复所有被裁撤的衙门和冗员；禁止士民上书；废时务报局；停办各省州县新办起的学堂。

八月二十四日，下令恢复八股取士旧制，停止经济特科；废止农工商总局；禁闭全国新设的报馆，严拿报馆主笔。

八月二十六日，宣布禁止会社和一切社会团体，严拿会员；宣布恢复裁撤的巡抚职位。

九月十八日，宣布恢复武场科考旧制。

与此同时，慈禧重奖了在此次政变中效力的守旧派官员，其中荣禄升为军机大臣，兼为节制北洋陆海各军；怀塔布被提升为左都御史兼理藩院尚书；李盛铎被任命为驻日公使。刚毅、王文韶、廖寿恒、李鸿章、袁世凯、文悌等也都分别得到了慈禧的恩惠与封赏。

慈禧还想斩草除根，彻底根除维新派，害死光绪，但因各地的反抗情绪激昂和一些大臣的建议，不得不停止株连更多的维新人士。光绪与康、梁等人领导的维新运动失败了。

戊戌政变，以变法志士的淋漓鲜血给慈禧集团的胜利抹上了耀眼的底色，给慈禧、荣禄、许应骙、怀塔布之流带来了欢笑，它并没有减轻中华民族所经受的灾难，相反，那一丝变法图新的曙光已被彻底扫除了。

剿抚义和团

义和团运动

义和团运动的兴起

义和团原名义和拳，具有多源而同流的特点，分别源自大刀会、白莲教系统的八卦教、梅花拳等民间教派和结社。但多数还是从民间习拳练武、强身保家的基础上发展起来的。它本来是北方民间的反清秘密结社，但随着帝国主义的入侵，义和团逐渐发展为反抗外国侵略的组织并在反对外国侵略势力的斗争中不断壮大，成为反对帝国主义侵略的强大力量。光绪二十四年（1898 年），山东巡抚张汝梅在当地义和拳势力不断扩大的情况下，奏请朝廷“将拳民列诸乡团之内”。第二年夏天，继任山东巡抚毓贤上奏将“义和拳”改称“义和团”。同年清廷的公文也开始称之为“义和团”。这样，“义和拳”才有了“义和团”之称。

义和团的成员大多来自贫苦农民、水陆运输工人、手工业者、小商贩等。其基层组织以“坛”为单位，称为“坛场”“坛口”或“拳场”。各坛的首领被称为“师父”“师兄”等。发展组织称为“铺坛”，封建迷信色彩十分浓厚。义和团虽然没有统一的组织和领导，但由于斗争目标的一致，各坛仍能以揭帖的形式，彼此呼应，互相支援。

义和团反帝爱国运动首先在山东兴起并非偶然，其主要原因是：第一，甲午战争中山东遭到日本侵略者的蹂躏，饱受战祸之苦。战后，德国强占了胶州湾，英国占据了威海卫，整个山东又成为德国的势力范围。德国在山东修筑了胶济铁路，并开发沿线的矿藏资源，严重破坏了铁路沿线的土地房屋，给人民生活带来困难，同时矿藏资源被劫夺。随着帝国主义对中国铁路和航运的掠夺与控制，一方面使大批依赖运河为生的旧式交通运输工人和陆路运输的挑夫、车夫失业；另一方面，大量的洋货倾销，加快了农民和手工业者的破产。失业、破产的威胁使许多运输工人、农民、手工业者走投无路，纷纷加入义和团。第二，甲午战争后，清政府对人民加紧了搜刮。由于政治腐败，百业凋蔽，水利失修尤为严重。清政府虽曾几次拨款修治，但治河官吏贪污腐败，把拨款据为己有，中饱私囊，修治只是为应付门面，不过是草草行事。黄河连年溃决，山东每年都有水患，到光绪二十四年（1898年），黄河在山东境内大决口20余次，50多个州县受灾，16万多民众被淹死，房屋损毁无数。山东境内不仅频遭水灾，而且旱灾也不时发生。水旱灾害使广大农民陷于流离失所、饥寒交迫的境地，广大人民群众把全部的仇恨对准了清政府的封建统治者。第三，帝国主义教会势力在山东的侵略活动十分猖獗。19世纪末，在山东有天主教、基督教的教堂及其他教会机构1000余所，传教士和教徒有8万多人。教会势力不仅进行文化侵略和间谍活动，还肆无忌惮地干涉中国内政，控制和操纵官府，使之护教抑民。一些外国传教士为扩张势力，还收罗一批为非作歹、万人痛恨的败类替他们办事，从而横行乡里，欺压百姓，这导致广大群众同外国教会势力的矛盾日益激化，各地民众反对外国教会势力的斗争不断发生。长期在中国人民群众中郁积的对帝国主义的仇视与反抗，终于通过义和团运动爆发出来。

光绪二十四年（1898年），山东冠县义和团首举义旗，揭开了义和团反帝爱国运动的序幕。冠县城北的梨园屯与直隶威县交界，光绪十二年（1886年），德国传教士来此传教，强行把村北玉皇庙拆毁，改建教堂。村民阎书勤、高元祥等挺身而出，率众反抗外国传教士和教民的压迫，斗争相持长达九年。光绪二十一年（1895年），冠县官府派兵弹压村民，这更引起了村民的仇恨。阎书勤、高元祥等人与威县梅花拳首领赵三多联合，请求他的支持。于是，这两支队伍互相支持，协同作战，共同反抗官府和教会势力的欺压。光绪二十四年（1898年）九月，赵三多在山东冠县蒋家庄竖起“助清灭洋”的旗帜，攻打教堂，并多次打退前来镇压的清军。此后，赵三多、阎书勤将起义队伍分成两支，赵三多率领一支在直隶中部和南部进行反抗外国侵略势力的斗争，阎书勤率另一支继续在冠县一带打击外国教会势力。与此同时，鲁西北的茌平、高唐、禹城、长清等州县的义和团，也在朱红灯和心诚和尚的领导下展开了积极的反洋教斗争。光绪二十五年(1899年)，山东平原县遭灾荒，教民因有教会撑腰，乘机囤积居奇，平原县杠子李庄教民地主李金榜侍借教会势力，压迫百姓，义和团民与教会势力发生冲突。县令蒋楷却袒护教会和教民，而对群众进行压制，团民数人被逮捕入狱。朱红灯率领人一举捣毁了平原县的外国教堂，此后又在平原县的森罗殿战胜前来镇压的清军，为百姓出了一口恶气。

山东巡抚毓贤深感教会势力猖獗，同时，面对义和团反抗斗争的蓬勃兴起，又不安于义和团力量的增长。因此，他在处理平原事件时，一方面建议把蒋楷革职，另一方面又诱捕杀害了朱红灯与心诚和尚。但鲁西北的义和团运动却在不断发展，不仅团民的数量有增无减，而且斗争的规模也越来越大。各国公使对此惊恐不安。他们认为毓贤对义和团运动镇压不力，要求清廷撤换掉他。光绪二十五年(1899年)，清政府迫于帝国主义的压力撤换了毓贤，改派袁世凯为山东巡抚。同年十一月，袁世凯率武卫右军七千人走马上任。他一到山东就立即发布了《禁止义和团告示》和《严禁拳匪暂行章程》，残酷镇压义和团的反帝斗争，先后屠杀义和团首领王立言、王玉振等数十人。袁世凯还与驻青岛的德国侵略者相勾结，对义和团进行了联合剿杀。成千上万的团民惨死在他的屠刀之下，在东光县方圆十里内，每棵树上都挂着义和团民的人头。山东义和团在袁世凯的血腥镇压下损失惨重，除部分仍留在山东转入秘密活动坚持斗争外，另一部分则进入直隶和京津一带，与当地团民汇合，继续战斗。

自垂帘听政以来，慈禧对洋人一直妥协退让、求和自保，以此来保持“安定”局势。但侵略者总是恃强凌弱，对弱者从未有过同情之心。由于侵略者步步紧逼，在大清帝国主权不断丧失，慈禧的统治地位也越发不稳了。面对这空前的威胁，慈禧必须维持自己的统治，她要寻找机会报复打击洋人。恰恰义和团就在这个时候爆发了，慈禧终于找见了反击洋人的武器。对此，她毫不隐讳，直言道：“予四十年来，忍辱含垢，卧薪尝胆，以谋报复，如越王勾践之心，未尝一日忘之。予待洋人，不可谓不宽大，从前我不是请公使夫人到西苑游玩吗？现在全国一心，同仇敌忾，必能战胜无疑矣。”基于这种认识，慈禧对义和团的态度发生了一百八十度的大转变，因此，义和团才有可能“奉旨”灭洋。

慈禧对义和团给予高度重视。在义和团尚未在京津地区全面发展之际的光绪二十六年（1900 年）三月间，端王载漪、庄王载勋等一班亲贵就不断在慈禧面前怂恿利用义和团这张牌打击洋人。

招抚义和团

在“太后当时正把外国人恨到了切齿咬牙的地步，不论谁能够喊一声打倒洋鬼子，她心里就觉得欢喜”的情况下，她听到了一些关于义和团的报告。其中，义和团“共清灭洋”“扶清灭洋”的口号正合慈禧的心思，加之有端王载漪和庄王载勋的怂恿，于是利用义和团打击洋鬼子的决策便逐渐酝酿而成。后来，西逃路上慈禧曾对吴永谈过她当时的动机：“依我想起来，我还算是有主意的。我本来执定不同洋人破脸的，中国一段时期因洋人欺负得太狠，也就不免有些动气。”

慈禧为了报复洋人，确实想把义和团作为自己的一张王牌，但又不知义和团实力如何，若对付不了洋人，岂不是偷鸡不成又蚀了一把米？于是她派道行作为朝廷特使，前往山东等地调查详情，再作决定。

道行深得慈禧依赖，这不仅是因为慈禧信佛，而且她更认为道行是个高僧，派他去调查义和团是何底细，自然会一清二楚。但她万没料到，端、庄二王已和李莲英通了气。在道行出宫之际，李莲英特地找到了道行，向他传达端、庄二王的意思，道行谨记在心。

道行到达山东义和团大本营以后，立即被待如上宾。因为山东义和团首领李来中等早已与端王载漪、庄王载勋通了消息。道行还未到山东，消息便已先至。于是，李来中便在盛宴招待后，天天陪道行观看义和团的操练，以展示其实力。

数日之后，道行离开山东回京。一方面他既得李莲英嘱托，另一方面又受到山东义和团厚待，于是回京后把义和团锦上添花地说得格外声势非凡，如同天兵下界一般。直听得慈禧心花怒放，利用义和团之心益增。

但是，用义和团抗击洋人并非儿戏，不能等闲观之。慈禧对此事不敢有丝毫大意，慎之又慎。于是她在义和团发展到直隶以后，第二次派人前往涿州调查，这次派出的人是刚毅和赵舒翘。慈禧后来对吴永回忆当时的情况是：“当时拳匪初起，议论纷纷，我为是主张不定，特派他们两人（刚毅、赵舒翘）前往涿州去看验。后来回京复命，我问他义和团是否可靠，他只装出拳匪样子，道是两眼如何直视的，面目如何发赤的，手是如何抚弄的，叨叨絮絮，说了一大篇。”

两次调查的结果使慈禧很高兴，她决定招抚义和团。朝廷政策的转变，给义和团的发展创造了条件。义和团迅速发展到京津一带，其发展速度之快，势力之大，是满朝文武所不曾料到的，大家深感震惊。大学士徐桐给慈禧出了一个主意：“利用反对洋人的义和团，给洋人压力，以收两败俱伤之效。”慈禧对此建议颇为赏识，传令召义和团入京。后来她自己曾回忆说道：“当祸乱起时，人人都说拳匪是义民，怎样的忠勇，怎样的纪律，有法术，绘声绘色，教人不能不信；后来又说京外人心，怎样地一伙向着他们；又说满汉各军已与他们打通一气了，因此更不敢轻说剿办。”

耳听为虚，眼见为实，慈禧并不满足于众人对义和团如何“神功武力”的汇报，而且还把义和团召进颐和园亲自进行考察。当她看了义和团“刀枪不入”的武功后，便完全相信了义和团抗击洋人的能力。不久，义和团便成了“奉旨义和团”。天津、北京、廊坊响起了打击侵略者的呼声。

直隶省南部与山东毗邻，在山东义和团竖旗起义后，直鲁交界地区和直隶南部很快出现了义和团反帝斗争，他们攻打教堂，驱逐传教士，致使直隶各州县中“教案”迭出。光绪二十六年（1900 年）四月至五月间，义和团的组织几乎遍及直隶全省，连直隶的省府也被义和团控制了。接着义和团又向北、向东发展，分别进军京、津地区，一个新的斗争中心在京、津、保一带形成了。

光绪二十六年（1900 年）四月间，涞水县义和团焚毁了当地的教堂，惩办了 20 余名作恶多端的教士、教民。直隶总督裕禄急忙派提督梅东益、道员张莲芬、副将杨福同率兵前往镇压。义和团闻讯后便在石亭村设伏，将清军杀了个落花流水，清军六七十人送了命，副将杨福同当场毙命。史称“涞水大捷”。此后，义和团又乘胜攻占涿州，在城头上树起“兴清灭洋”的大旗。为了粉碎清军的围剿，切断清廷的增援部队，义和团拆毁了琉璃河到长辛店的铁路百余里，焚烧和毁坏了沿线的车站、桥梁和电杆。义和团在涞水、涿州的胜利，打开了进逼京、津的通道。清廷上下无不震惊。

以慈禧太后为首的清政府自有一套对付义和团的手段。剿抚兼施是其惯用伎俩。初期主要是采取查禁和剿杀方法，可这不仅没有镇压住义和团，相反却使“拳会蔓延，诛不胜诛”，直接威胁到清廷的统治。面对义和团运动的蓬勃兴起，清政府内部意见不一，曾发生过多次激烈的辩论和争吵。概括起来，主要有两种意见，一种主张镇压，另一种主张招抚。两派意见针锋相对。慈禧太后既慑于义和团的声势，深恐镇压会激起更大的反抗，同时，又怕招抚会得罪帝国主义，只得采用折中之法，和平解散义和团。于是便宣布对拳民、教民要“一视同仁”，命令清军不得“轻伤民命，启衅邀功”。这样，义和团便在清政府的默许下大批进入北京和天津。

初期慈禧太后对义和团的态度是敌视的。她先下令“抚绥弹压，消患未萌”，继而要求地方官分清“匪”“会”，对义和拳会采取较宽容的姿态，也只是策略上的需要，而非本质的改变，其本质就是镇压，即所谓“剿”。“抚绥弹压，消患未萌”，带有硬性镇压的性质；分清“匪”“会”，则具有分化瓦解的性质。至于后来，慈禧对义和团由“剿”到“抚”以致于“用”，即采取“招团御侮”的政策，其原因归纳起来主要有三点：

第一，义和团“扶清灭洋”和“神助灭洋”旗号的诱惑力及其在畿南的迅猛发展。

义和团的斗争旗号，不但有“扶清灭洋”，还有“神助灭洋”。这些口号说明义和团只是把洋教洋人作为斗争对象，而对清廷则是拥护与扶助的，至少是不妨碍清朝的统治，并且得到天意的神助。义和团掀起的各次教案都很好地说明了这一点。义和团不敌视清朝各级政府，虽然有时也有对官兵的武力行为，那也只是为了抗官逮捕，并非蓄意颠覆政府。至于所谓“神助义和团”，除却其宗教迷信色彩外，在中国当时的科学水平下，颇得广大人民的崇信，以致广大官民竟认为它的行为符合天意。所以清廷权力的核心人物普遍看好义和团。经过光绪二十六年（1900 年）四月二十四日在畿南的“涞水戕官”和二十九日的“涿州踞城”后，义和团的斗争队伍不仅迅速壮大了，而且由于近在畿南，对北京朝廷也造成了巨大而直接的影响。因为“涞水戕官”，是直隶义和团击杀了清军副将杨福同，这一举动显示了义和团的威力。“涿州踞城”，是指义和团入涿州占据城池七日，地方官竟蒙混过关，没有向上司报告，说明已与官府相安无事。另外，义和团与涿州居民相处得十分好，几乎达到拳、民无法区分的程度，即所谓“穿起衣巾则为匪，脱去衣巾则为民，至于不可究诘”。“涿州踞城”后，义和团在畿南已“无处不有”。义和团在畿南势力的迅速扩大，与人民的水乳相融以及它对清廷的友善、对帝国主义的刻骨仇恨，这一切不能不使早已对列强心怀不满的慈禧太后在对待义和团的政策上重新作出考虑。

第二，满洲权贵和顽固官员的怂恿。

满洲权贵，首先是大阿哥父亲端郡王载漪，他与太后关系密切，不仅在皇族中属于近支，尤其他是太后的亲侄女婿，儿子又新立为皇储，在朝中权倾一时，地位显赫，早有“使馆朝夷，皇位夕易”的思想。他这一思想，不仅影响太后，而且，一些攀龙附凤的朝臣，如满军机大臣刚毅，就一味投其所好，依其眼色行事。而刚毅又左右着一些朝臣。另外，在近支王公中，还有庄亲王载勋和载漪的胞兄弟载濂和载澜等，也都有利用义和团抗拒洋人的主张。他们或在朝廷树党对太后施加压力，或乘机行欺骗蒙蔽之事。如庚子事变后太后回忆道：“载勋、载澜诸人，自夸系近支，说大清国不能送与鬼子，其情形横暴已极，几将御案掀倒。”

在顽固派中，以刚毅、徐桐最为支持利用义和团拒降的策略。刚毅字子良，满洲镶蓝旗人。此人早年为官颇有作为，同、光之际他作为刑部郎中，承审浙江余杭县民杨乃武、葛毕氏（俗称“小白菜”）一案，并为之平反。等到义和团运动兴起之时，载漪首倡借拳剿洋，倡言“雪耻强国，在此一举”，并对义和团忠勇之举称赞不已。五月初八，在第一次关于如何对待义和团的御前会议上，时为协办大学士、军机大臣的刚毅，即附和载漪，同礼部尚书启秀、刑部尚书顺天府尹赵舒翘等主张招抚义和团，与另一派主张镇压义和团的朝臣针锋相对。御前会议最后的结果是：“决计不将义和团匪剿除。因该团实皆忠心于国之人，如与以上等军械，好好操演，即可成为劲旅，以之抵御洋人，颇为有用。”

第三，洋兵来京的压力。

早在四月末，各国使节就照会总理衙门要求派遣“使馆卫队”进京，因为数量较少，清廷便答应了。五月初，以英国海军中将西摩为首的各国联军已组成。他们通知清廷，即将由天津搭火车北上进京。这个消息使清廷上下，一片惊恐。五月十四日后，义和团在京津沿线毁坏电线、铁路，围攻联军，使西摩联军受阻，被迫退回。可清廷因电线、铁路中断，并未得到这一情况的详细消息。所以对西摩为首的续来洋兵非常害怕。在南来义和团和东来洋兵的夹攻下，慈禧太后于二十日再次召集许多大臣入宫研究对策。会上两种意见相左，太常寺卿袁昶和总署大臣、吏部侍郎许景澄等少数人慷慨陈词，主张“剿乱民，以退洋”；而以载漪为首的诸王贝勒，“众口一辞”“皆以受外人欺凌至于极处，今既出此义团，皆以天之所使为词”。慈禧太后说：“人心可恃”“现在民心已变（指拳会“扶清灭洋），总以顺民心为最妥”。斥袁昶所奏不合。因此会后下谕决定对义和团“姑开一面之网”“即行召募成军”，作为“折冲御侮之资”，以对付洋兵。当天即派许景澄、那桐出京迎阻洋兵，又寄谕给直隶总督裕禄、直隶提督聂士成和新疆喀什噶尔提督（时守大沽口）罗荣光："此后各国如有续到之兵，仍欲来京，应即力为阻止……如各国不肯践言，则衅自彼开，该督等相机行事，朝廷不为遥制。万勿任令长驱直入，贻误大局，是为至要。"同日下旨明令刚毅、董福祥负责召募义和团成军工作。可见五月二十日慈禧太后已正式制订了"招团御侮"的政策，这时距对外宣战还有五天。

"扶清灭洋"口号的提出

光绪二十六年（1900 年）二月至三月间，义和团已在北京活动，他们到处散发张贴反对外国侵略者的揭帖，动员群众奋起抗争，抵御外侮。六月初，城内义和团团民多达 10 余万人，全城坛口林立，约有千余个。义和团焚烧了宣武门、前门一带的外国教堂，惩办了总理衙门中的一些卖国官员。外国侵略者龟缩于东郊民巷和西什库教堂，准备顽抗。义和团的斗争，已控制了北京局势，而清廷对此已无法驾驭。

天津是列强从事经济掠夺和宗教侵略的一个重要据点。光绪二十六年（1900 年）一月，天津开始有义和团民公开练拳习武，义和团坛口已在城郊出现。四月，城乡坛口猛增，大街小巷遍布冶铁炉，昼夜打造武器。五月，天津城内已遍布了来自附近州县的义和团。著名的义和团首领曹福田、张德成等分别在静海、新城等地成立了义和团组织，并率队入津铺坛。船家女儿林黑儿自称黄莲圣母，在城北成立了红灯照坛口，此坛口全部由女团民组成。此后，天津城内外坛口发展到 300 余个，团民约 4 万多人。

义和团运动在津京迅速发展，有力地推动了全国的反帝爱国斗争。在短短的几个月中，北起黑龙江，南至广东，东自江浙，西至陕甘、云南，全国 20 余个省份都发生了焚烧、拆毁外国教堂、驱逐传教士的斗争。反帝爱国运动一浪高似一浪，终于在全国范围内形成了高潮。义和团虽然人数众多，影响巨大，但却没有一个统一的严密的组织体系。他们一般是以八卦名目自立团号，分别为乾、坎、艮、震、巽、离、坤、兑等，故有坤字团、坎字团等名称。其中乾字团、坎字团是义和团的主力。此外，各团坛信仰的神灵也各种各样，他们信的神灵大都是《封神榜》《三国演义》《西游记》《三侠五义》等小说或戏曲中的人物。如孙悟空、猪八戒、赵云、关羽、黄天霸、窦尔敦等都成为“附体”的神灵。他们声称凡是加入了义和团的人，都可以神灵附体，刀枪不入。义和团各坛标识也各不相同，如坎字团崇尚红色，以红布包头，扎红腰带；乾字团崇尚黄色，便以黄布包头，扎黄腰带。

义和团在山东西北部、直隶南部兴起时，就以“助清灭洋”“扶清灭洋”为口号。同一时期，四川、湖北、浙江等地的反教会斗争中，也出现了“顺清灭洋”“保清灭洋”等口号。无论是“助清”“扶清”还是“顺清”“保清”，这些口号的唯一目的都是“灭洋”。

“扶清灭洋”口号的提出只是一种自发的结果。它并没有经过义和团民对社会主要矛盾的科学分析，而是在外敌当前、国难当头的时刻采取的朴素的斗争手段和策略。这一手段和策略自发地顺应了中华民族和帝国主义矛盾已成为当时主要矛盾的客观事实，吸引和动员了广大群众和爱国清军参加反帝斗争，表现了中国人民抵御外国侵略者的坚定决心。在另一方面，“扶清灭洋”的口号也反映了义和团对清政府的本质并不能了解，只能形成一个模糊的认识。

庚子事变

八国联军侵华

清廷宣战

光绪二十六年（1900 年）五月，义和团在京、津、保三角地区不断发展壮大，不断破坏芦保和京津两铁路线，火车停驶后，义和团准备进入北京。不仅义和团强烈要求灭教，部分清军（董福祥所部甘军、武卫后军）也越来越敌视洋人。此时，不时传来洋人失踪或被捉的消息。四月二十二日，法国驻北京的天主教主教樊国梁，写信给法国驻京公使，说不幸的事件就要来临了，要求派遣海军卫队进京。后来，由于驻京各公使的要求，总理衙门允许各国派使馆卫队，但限制人数，即每个使馆人数不得超过 30 名。五月初四，各国卫队从天津搭火车陆续北上，计有英、俄、法、美、意、日、德和奥匈兵，另外还有 19 名军官，总计 451 名武装人员。其中有 2 名军官及 41 名卫兵保护天主教北堂（即西什库教堂），其他 17 名军官和 391 名卫兵负责保护使馆。

五月上旬，势态越来越紧张。驻京的各国公使认为来到的四百余名卫队人数不够，恐怕帮不上忙，乃共同议定：凡有舰队在中国沿海一带停泊的各国公使，电告本国政府，下令给各自海军统领，在排外运动和北京被封锁占上风的情况下，立刻采取措施救护。于是，列强立刻在大沽口组成联军，推选英国海军中将西摩为统帅。包括英兵736人，德兵450人，俄兵315人，法兵158人，美兵100人，日兵52人，意兵40人，奥兵25人，共计1876人，组成一支海军混合部队。五月十四日上午，西摩联军分批从天津搭火车向北京进发，沿途受到义和团和董福祥武卫后军、聂士成武卫前军的拦击。他们拆电线，毁铁路，围攻敌人，使联军损失惨重，被迫撤退。

西摩联军自天津向北京进发后，驻天津的各国领事与大沽口各国海军当局曾进行会谈，研究下一步的计划，但没有实质性进展。当时情况危急，五月十九日，各国驻大沽口守军将领，分别开会商议。他们在会议上表示："已经见到许多中国军队的调动，有切断津沽铁路的企图，在白河口也布置了水雷；会议决定必须采取步骤保全铁路并保护天津外侨。"第二天会议决定先下手为强，一切准备好后，各国驻使于二十日夜向中国驻大沽守将升任喀什噶尔提督的天津镇总兵罗荣光出示最后警告，要求罗明日两点钟以前交出大沽炮台，否则立即开炮。罗荣光拒绝后，各国海军立刻于当夜23时提前开炮轰击，八国（按：实际为七国，美国这次未参加）联军侵华正式开始。第二天早晨大沽炮台失守。

五月二十日午刻，慈禧传旨在仪鸾殿召见王、大臣、六部九卿。仪鸾殿来了文武百官百余人，首先由光绪开口责备各大臣不能镇压乱民，神情非常严厉。随后侍读大学士刘永亨出班奏道："臣刚才见董福祥，请皇上下旨驱散乱民。"话未说完，只见端王载漪大声说："好，这是失人心的第一要义。"刘永亨害怕他的威势而不敢说话，只听袁昶跪在门外大呼："臣袁昶有话上奏！"袁昶走进内殿，极力讲述义和团不必畏惧，乱民以拳进攻，根本不必害怕，即便有妖术，从古到今也没有能依仗此成事的。慈禧质问道：“法术不足恃，难道人心也不足恃吗？今日中国十分贫弱，所仗者人心，若连人心一同失之，国将以何立？今京城扰乱，洋人要调兵来，将何以处之，尔等有何见识，各据所见，立即报来。”

各位大臣各言其是，但无法统一意见，此次御前会议未做决定而结束。

二十一日，慈禧再次传旨召见众文武于仪鸾殿，然后对众臣言明新情况，“顷得洋人照会四条：第一，指明一地，令中国皇帝居住；第二，代收各省钱粮；第三，代掌天下兵权，……今日衅开自彼，国亡在目前，若竟拱手让之，我死无面目见列圣。一战而亡，不是更好吗”。文武群臣都点头同意：“臣等愿效死力！”

慈禧见全体通过就结束了御前会议。后来有人向荣禄问：“照会有四条，为何太后只宣布了三条？”荣禄答道：“有一条是让太后还政，太后避而不谈。”

二十二日、二十三日分别召开会议，最后决定向各国开战。五月二十五日，清政府发布宣战上谕，宣称对外国入侵者要决一生死。清廷的宣战只是惺惺作态而已。这道慷慨激昂的上谕并没有交给任何国家，也未说明和哪国开战。这是清政府在义和团的压力和帝国主义的进攻之下无可奈何的做法。他们企图利用义和团抑制洋人，以发泄对帝国主义的怨恨。宣战后，清政府便向反对宣战的李鸿章、张之洞、刘坤一等人袒露心迹，让他们体会朝廷一片苦心。义和团来势汹汹，遍布北京城，剿灭义和团，则即刻祸起后院，只能是因势利导，徐图挽救。此后，清政府又要求各驻外国公使向驻在国说明，这次对外国宣战，完全是身不由己，要求各国政府体谅，并表示要找机会设法惩办义和团。可见，以慈禧太后为首的清政府对外宣战和招抚义和团都是另有企图的，它要为以后向帝国主义投降留条后路，不仅利用义和团抗帝，而且必要时就以出卖义和团来抑制列强的进攻，以保住统治地位。

宣战后，以慈禧太后为代表的清政府给北京义和团发放粳米，白银10万两，并奖励抗击列强的天津义和团，以示笼络；同时又任命庄亲王载勋、协办大学士刚毅等带领义和团，制定章程，以便控制和利用义和团。许多义和团民对清政府很信任，被欺骗而受其摆布。所以，义和团在津京发展到高潮时，也意味着他们受骗上当，必将走向失败。

抵抗列强入侵

光绪二十六年（1900年）五月十四日，英、美、日、意、德、法、奥、俄等八国聚集了2.1万多人，在英国海军上将西摩的率领下，大举进犯北京。义和团和部分爱国清军听说后，立即拆毁津京铁路，围追堵截，阻止侵略军北攻。联军在落垡和廊坊数次遭到义和团的打击，历时四天，方走完一半的路程。此后，西摩又企图从水路入京，同样被阻，只好率残余军队退回天津，义和团粉碎了西摩进犯北京的计划。

五月二十一日，八国联军占领大沽炮台后，义和团与爱国清军相互配合，在天津城郊英勇抗击侵略者。他们英勇奋战，视死如归，在天津老龙头火车站和紫竹林租界，同联军展开了殊死搏击。

老龙头火车站是京津塘铁路的枢纽，也是天津租界与外界联系的军事要地，有1700余名俄守军。五月二十二日，义和团民数千人在首领曹福田的统率下，与部分清军合力攻打盘踞车站的沙俄侵略军，俄军死伤500多人。义和团和清军曾多次攻进车站，激战中车站轮番被双方占领，但最后清军得手。

紫竹林租界位于海河西岸，天津城东南，各国领事馆和洋行都在这里，是侵略军的老巢。联军集结在这里达两万人左右。六月初六张德成带领所谓“天下第一团”的5000多名团民，袭击紫竹林租界。他们设计骗敌，以火牛踏雷，几番攻入租界，杀死许多敌人。

另外，东局子和武备学堂也发生了激烈的斗争。武备学堂本是清政府用来培训军官的，失守大沽后，该校几十名支持和加入义和团的学生开炮轰击租界，严重威胁联军。五月二十初一下午，德英军队火攻学堂，学生们奋起反击，联军久攻不下，便放火焚烧房屋，引爆弹药库，几十名学生全部壮烈牺牲。

武备学堂的战火未熄，保卫东局子的战斗又拉开帷幕了。东局子是华北最大的兵工厂，当时在东局子也设立了义和团坛口，驻守该局的清军中有许多义和团的人。五月二十七日，俄英军队600多人攻击东局子，守军和义和团将其击退。六月初一，联军派出2800余人围攻东局子，守军和义和团民进行了坚决反击。在激烈的战斗中，联军的炮弹落入该局的火药库，引起爆炸，侵略军一拥而上，东局子失守。

联军一系列入侵行动和在大沽口外的聚集，使驻扎在北京的帝国主义侵略势力更加张狂。早在五月十五日，日本使馆书记生杉山彬到车站接援军，路过先农坛附近被杀。外国侵略者借机在东交民巷使馆附近建筑工程，分兵驻守，驱赶居住此地的中国居民，并且不断开枪射击义和团民、群众和巡街守城的清军。五月十八日，德国公使克林德看到正在练武的义和团人，便带兵开枪杀死20多人。

庚子年（1900年）围攻使馆战斗可以说是历史上一个特殊的战争。从五月二十四日开始进攻至七月二十日联军攻入北京，使馆最后解围，前后几乎两月，中国似战非战，似和非和，打打停停，全过程充满了矛盾和怪异的现象。五月二十四日，发生了一件事情，极其严重。当天上午德国公使克林德乘轿车前往总理衙门途中被八旗兵恩海枪杀。这件事鼓舞了慈禧太后。此前，自十二日起，留居北京的外人就一直处于“被包围”中，当时外国使馆人员及外侨都集中在北堂、使馆区和美以美会教会（战事起后，全体撤入使馆）。以后，在京的外国人，急切地盼望西摩联军的到来，另一方面则是等待清政府负担责任。北京朝廷中只有少数人看到了问题的严重性，如蒙古八旗人尚书立山，汉族人许景澄、袁昶一直反对与外人弄僵。还有一个在慈禧太后身边的重要人物荣禄，不断告诉太后保护外国公使，不使情况弄得太糟。五月二十一日荣禄请求太后准许把各国使节护送到天津去。这样，二十一日清廷曾发上谕命令荣禄率领他的部队保护使馆，并表示如各外国使节及其眷属愿意前往天津的话，他们会在路上受保护。二十三日下午 4 时，清廷已接到大沽守军的消息，知道各国海军已发出要索大沽炮台的警告，因此，经过总理衙门通知各国公使同他们的僚属、眷属、卫队和所有的在京外人，在 24 小时内从北京撤回天津，中国军队将奉令沿途护送。二十三日以前，慈禧太后在某些官员的要求下，还不敢公然违背国际惯例，即国与国间虽相互交战，也不宜伤害来使。当时各国驻京公使接到总署通知都十分吃惊，他们自二十日就被紧紧地包围，无法联系西摩联军，仅靠一小部分使馆卫队，用于京城防守人数不够，用以行军至天津更嫌不足，现在总理衙门声言派军队跟着，他们则认为靠不住。但是各国公使考虑到除了离开北京之外，将别无退路。于是各国外交团决定抢时间，给总理衙门一个通知，要求二十四日上午 9 时到总理衙门拜见，以便解决行军的细节、护送的方式以及运输工具的问题。外交团希望通过这一次拜见，“进一步作出表示而说服中国政府承认它的手段的愚蠢”。各公使们认为离开京城是必要的，且达成一致意见，但德使克林德拒不同意。二十四日上午 9 时，外交团未接到总理衙门关于约期谒见的答复，各使节决定可以毫不顾虑地前往，克林德大声反对，并告诉他的同僚们，他已给总理衙门发出照会，他将单身前访，责备中国大臣违背国际法，破坏外交使节不可侵犯的惯例。克林德这一表示，遭到各使节的全体抗议，指出这样做对他个人十分不利。但克林德独排众议，径自前往。结果，他被害的消息很快就传来了。克林德被害，使事情复杂了。这时慈禧如果回心转意再想遵守国际公法，保护外使，就必须来个一百八十度的大转弯，承认杀害外国公使的责任，立刻排斥朝廷中仇外势力，调集可靠部队镇压义和团，并解除对使馆和北堂的围困。但慈禧太后此时十分憎恨洋人，克林德之死，不但没有引起她的警觉，反而使她及其近臣深解其恨，并蔑视“洋人”。内阁学士那桐，请端王将克林德戮尸，并在东安门枭首示众，由于袁昶极力反对，才盛棺埋葬。慈禧太后也以此洋洋自得，信心百倍。第二天她对端王说：“洋人的事情，就像锅里的鱼，我待洋人不薄啊，让他们的亲属游览南海，现在我们齐心合力，团结对外，定能打败敌人。”慈禧太后和她身边权贵们当时这么想，所以克林德被杀后，短期内出现了一个围攻使馆的高潮。但由于荣禄等朝臣和南方督抚如李鸿章、张之洞、刘坤一的抗议，转入停攻和缓攻，后来两个月中，由于认识上难以达成一致意见，便出现了打打停停的怪事。

当时，躲藏在使馆和北堂的外国人中共有 473 名外国平民，外国卫兵 451 名，还有数千名中国教民。使馆和北堂虽然器械精良、掩体坚厚，但与人数众多的武卫军、神机营、虎神营以及义和团众相比，根本没有还击力。他们能坚持两个月的主要原因是慈禧太后斗志不坚，还有，就是存在着西方人称之为“已经很清楚地看出这次凶暴攻击将产生什么后果的一派”。这里有必要提及的是大学士和武卫军都统荣禄。荣禄清楚地知道攻击使馆的严重后果，在整个围攻中，他坚持暗中保护。太后在五月二十四日至二十八日五天中，对洋人痛恨到极点，以致气愤无比，大动干戈，下令进攻。二十九日后则稍有觉醒，荣禄则可大显身手。由于东南督抚不合作及京中大臣荣禄等暗中保护，再加上慈禧太后对洋人的暧昧态度，导致围攻使馆许久仍无战果。

处死五大臣

北京自五月以来，慈禧太后主张借拳拒洋，以载漪、刚毅为首的顽固势力，安抚义和团入京，包围使馆、教堂，经常烧杀掠夺，祸及居民，京城秩序大乱。局势发展令人忧虑。可是，在清廷的几次御前会议上，由于载漪一派人的压制，持异议的大臣多噤不敢言。宣战后，局势已经进退两难，“灭洋”——实际在北京仅表现为围攻使馆、教堂——之声笼罩一切。在北京满洲权贵及附和它们的朝臣炽热猛烈的气氛下，形势愈发难以预料。这时在朝臣中却有几个人置自己的安危于不顾，挺身而出，他们公开地与刚毅、载漪等立异，提出他们解决时局的方案。这就是许景澄、袁昶、联元、徐用仪、立山五人。这五人在八国联军逼近北京前夕，未经审讯，立即被斩。这就是五大臣被杀事件。辛丑条约后，清廷曾颁诏给五人平反，大加褒奖，史称“五忠”。

五大臣中以许景澄、袁昶的言行最为强硬，死事尤烈，堪称与“戊戌六君子”媲美。袁昶，字爽秋，浙江桐庐人。光绪二年（1876年）进士，授户部主事，担任总理衙门章京。十八年（1892年）外放安徽宁池太广道。二十四年（1898年）迁陕西按察使，还没到任，就提升为江宁布政使。后来调到直隶，很快便被召入京，以三品京堂在总理衙门行走，授光禄寺卿，转太常寺卿。二十六年（1900年）以太常寺卿充总署大臣。许景澄，字竹筼，浙江嘉兴人，同治七年（1868年）进士，改庶吉士，散馆授编修。大学士文祥以其才华横溢而向朝廷推荐，光绪六年（1880年）诏命出使日本，由于父亲丧事而没去成。十年（1884年）出任为驻法、德、意、荷、奥五国公使。十六年（1890年）为驻荷、俄、奥、德四国公使。十八年（1892年）俄国侵我帕米尔地区领土，许景澄据理力争，努力维护主权，表现出忠于职责的态度和巧妙的外交技巧。二十四年（1898年），列强瓜分野心日渐膨胀，诏许景澄充总理衙门大臣兼工部侍郎，直至二十六年（1900年）。许景澄、袁昶以总署大臣和卿贰身份，参加宣战前历次御前会议，在端、刚集团得到慈禧太后庇护，恃拳剿洋而左右朝局情况下，二人敢言直述，又多方奔走游说，希望挽救危难的局势。在五月二十日御前会议上，袁昶“力言莫急于先自治乱民，让各国使臣看清形势，使他们心悦诚服，然后可以商阻夷使添调外兵”。袁昶看到建议未被采纳，退朝后又找庆王奕劻、端王载漪、荣禄等进言，结果是奕劻“神色沮丧”，荣禄避而不谈，而“端甚怒”。二十二日，他与许景澄草拟了一个《拟急救目前危局折》呈上，宗旨与前引二十日对慈禧所奏的内容相同。该折说：“为今之计，惟有先清城内之匪，以抚定民心，安慰洋人，乃可阻其续调之兵。必中国自剿，乃可免洋兵助剿，情势显然。”袁昶、许景澄态度非常鲜明，即坚决镇压义和团，阻止洋人不断加兵。行动方案是先清北京城内，即责成荣禄督带武卫中军，“暂关闭前三门”，挑选得力将领和劲兵，分别组队清洗，这是轻而易举之事。义和团在京城被阻，各国就没有理由续兵前来了。袁、许如此残忍地对付义和团，在客观上有不得已而为之的合理性。

义和团自被端、刚之流招入北京后，已被载勋、刚毅等义和团大臣所控制，终日围攻使馆、教堂和焚杀，不再有昔日反对教会、教民凌辱的反抗强暴的精神，进京后越来越胡作非为，与载漪、刚毅之流合污，不再是进步的力量，反而造成社会动乱。相比之下，袁许的主张可以说是化险为夷的方法之一，有助于国家的暂时安定。

在此疏上陈约20余日后，看到没被通过采纳，他们于是又上第二疏，专门申说保护公使的必要，把保护使馆的意义说得十分清楚。

接着，六月二十七日袁昶又会同许景澄上第三疏，大骂徐桐、赵舒翘、启秀、刚毅、毓贤、裕禄、董福祥之流的误国，要求治其罪。“其余袒护拳匪，与徐桐、刚毅谬妄相若者，一律治以应得之罪”。号称正本清源。可见袁、许一片忠诚之苦心。

袁昶心地坦荡，毫无邪念，曾致书奕劻，请劝载漪不要成为祸之根源，端王为大阿哥溥儁的父亲，应学奕譞而避嫌疑，此书再无它意。但该书为载漪所得，即上奏太后，因此治了个离间罪。

许景澄性本慎微，因屡为外使，故熟悉外情，却被怀疑不忠。五月二十三日，光绪帝手携许景澄衣，诚挚地说：“天下数万万生灵，都要遭殃，你不能不谨慎啊!”许景澄答：“似宜保全公使，令其下旗生还。”光绪帝答应了，而举朝皆怒许之失言。太后看到这个情形也十分不满，大声斥责光绪帝：“皇帝别管，毋误事。”

袁、许二人为中国命运着想，直述忠言，遭到权贵嫉恨，尤为太后所痛恨，于七月初二被逮捕，初三被处斩，初四奉朱谕宣告天下。

其余如徐用仪、联元、立山也于八月十七日并斩于市。

五大臣的被杀，固然是清廷内部顽固与洋务两派斗争的结果，是顽固派对洋务派的大反扑，也应看作是愚昧狂妄战胜理智，落后战胜先进的典型。

五大臣仅因所持政见不同，有的只是与政见有丝缕联系，便被诬陷投狱，最后连当时的司法程序都不经过，就全被杀害。说明当一种极端思潮控制众人时，对于一个国家或社会的破坏力有多大！

京津失陷

天津保卫战中，部分爱国的清兵和将领也同侵略者展开了殊死搏斗。六月初十，直隶提督聂士成率领武卫前军两营从天津城南绕到租界西南面。他一面命令架炮于城墙之上，向跑马场及租界一带轰击；一面挑选百名勇士，潜入跑马场用手雷轰击敌军。次日，聂士成率部沿马场道进攻，一直攻打到租界边缘的小营门一带。六月十三日，联军向天津城西南郊进攻，围截义和团和清军。联军在占领纪家庄的同时，又分兵 6000 多人攻击小营门、马场道一带的聂士成军。聂军在不利的形势下后退到城南八里台，联军马上又组织围攻，聂士成冲锋陷阵，一马当先迎击来犯的侵略者，他指挥武卫前军勇敢前进，奋力拼杀。在猛烈的炮火中，聂士成身中七弹，腹破肠流，壮烈牺牲。

八里台之战后，联军占领了位于海光寺的机器西局。天津战况紧急，清政府派帮办北洋军务的宋庆到天津主持战局。六月十七日，联军分两路大举进攻天津城。一路由日、英、美、法、奥军组成，进攻南门；一路由俄、德军队组成，进攻东北角的水师营炮台。守卫南门的清军和团民发炮还击，打死打伤侵略军 800 余人。这是中国军民在抵抗联军侵略的战争中，杀敌最多的一次。六月十八日，日军炸毁城墙，清军与义和团在城内同侵略者进行巷战后，被迫退到天津。

在天津保卫战紧急之时，清廷于六月间任命李鸿章为直隶总督，准备投降，集中力量镇压义和团。指挥天津防守的清军将领马玉昆等，利用义和团马玉昆旧照民与联军对战的机会，命令清军从背后射击团民，使义和团腹背受敌。清政府的卑劣行径，使义和团受到严重的损失。

天津失陷后，八国联军在城内无恶不作，由于联军的残暴屠杀，“自城内鼓楼迄北门外水阁，积尸数里，高数尺”。无数天津民众死伤。联军还大肆抢劫财物，日军从长芦盐务署抢走白银 200 多万两。俄军占领造币厂，抢走了几百吨存银。这些强盗不仅抢劫官署、钱庄、工厂、商店，而且还挨户搜掠银钱、文物古玩、钟表、皮毛丝绸、金银珠宝等财物。

联军分区占领天津，由日、英、美、法、俄、德等国成立了“都统衙门”（即暂行管理津郡城厢内外地方事务都统），天津陷入殖民统治达两年之久。

与天津保卫战同时，北京义和团向帝国主义侵略者发动攻击。从五月十九日起，部分清军和义和团围攻西什库教堂长达 63 天之久。战斗打打停停，毙伤了一些守堂的敌军，但始终未能攻占教堂。自五月二十四日起，义和团又开始进攻东交民巷使馆区，打了 56 天，也未能攻下。义和团和部分清军只是希望惩罚侵略者，合力围攻西什库教堂和使馆区，并没有识破清政府所耍弄的伎俩，也不懂各国使馆应受驻在国保护的国际公法，反而给列强提供了扩大侵略的借口。

以慈禧太后为首的清政府虽然对外宣战，但其根本立场是敌视民众和媚外妥协，总在借机对侵略者投降。五月二十四日，慈禧太后曾下令荣禄等人率清军和义和团民围攻使馆和教堂，但清军只是装腔作势，暗中保护。在围攻西什库教堂时，荣禄曾要求军队不必攻击过猛，想为后来的投降做铺垫。与此同时，那些手持大刀长矛的数万义和团民却大量死于侵略者的枪口之下。后来，慈禧太后又在驻京侵略者无法得到支持的情况下，多次派人给使馆和教堂送去白面、大米、水果和蔬菜。荣禄的武卫军居然半公开的把弹药送给侵略军，反过来屠杀义和团民。

八国联军占领天津后，继续向北京进犯。七月初十，联军两万人由天津沿运河两岸向北京进攻。当时，津京之间的清军约有10万多人，但清廷正忙着向侵略者求和，并无切实有效的抵抗行动。大部分清军一路望风溃逃，只有少部分爱国清兵和义和团在沿途不断阻击联军。七月十一日，侵略军进攻北仓，义和团奋起杀敌，敌军死伤400余人。在敌军不断增派援兵的形势下，北仓被占领。十二日，联军进攻杨村，清军很快溃散，宋庆、马玉昆带领军队向通州逃亡。十三日，清政府任命李鸿章为议和全权大臣，乞求投降。临时受命为帮办武卫军事务大臣的李秉衡无法统辖“勤王军”，军心涣散，调度不灵。十四日，在河西务与侵略军作战时，不打已散，李秉衡无力挽回败局，退至张家湾服毒自杀。联军很快占领通州。十九日，联军逼近北京城，是日夜，俄军抢先进攻东便门，日军接着进攻东直门、朝阳门。义和团和一些清军奋力抵抗，联军死伤300多人。此时，由于广渠门守备空虚，英军乘隙而入，接着俄军、日军也相继入城。这时城内的守军如荣禄的武卫军，载漪的虎神营、神机营，董福祥的甘军等已先后败亡。二十日，北京失陷。慈禧太后带着光绪帝和皇族及王公大臣等从西华门急逃，经居庸关、大同、太原，逃奔西安。途中她一方面发布上谕要对义和团“痛加铲除”，一方面授予李鸿章“便宜行事，朝廷不为遥制”的卖国全权。

荣禄揣摩慈禧的态度将有转变，为了留一条后路，他串通敌人，暗中助之。北京抗击战正激战不已时，荣禄出任大帅，他不但不指挥战斗，反而对积极参加战斗的董福祥大加约束，不给董军大炮地雷，借口是若用大炮地雷，宗庙宫阙内廷恐为震动，并且密嘱诸将不可武力攻取东交民巷，恐伤和好之意，力保中国大局，所以“东交民巷攻占不下，皆因荣相不准诸将力攻之故”。

慈禧在这个问题上虽未明确支持荣禄，但却事事不问，并对董福祥的积极参战表示不同意，这些事实充分证明慈禧的态度开始转变，由积极支持义和团逐渐转为阻挠镇压。这样，义和团的行动受到限制，像荣禄这样的人在暗中阻挠与其洋人作战。而就在此时，八国联军陆续派兵，再次进犯北京，终于打败了义和团。八国联军遂在北京肆意横行。

光绪二十六年（1900 年）的夏末，八国联军逼近北京，清王朝的统治者顶着烈日出逃。据后来慈禧自己说，她原是不想跑的，这么一大把年纪了，早已无所谓了。这也是实情。可是无奈载漪、载澜这两个推动慈禧对外国宣战的祸首，唯恐外国人追究他们，所以极力劝诱慈禧逃跑。开始慈禧还犹豫不决，后来终于同意了。她心中已实在不知洋人会怎样处理自己。

联军未入城时，庆亲王奕劻请派李鸿章入京与各使议和，各国大使纷纷应允，定于七月十七日会晤。届期，总署大臣相顾畏首畏尾，只得作罢。

李鸿章奉命北上，到达江南时，听说情况紧急，密奏“请勿迁都，勿攻使馆，则事或可转圜”。这也是比较积极的处理危机的办法，但慈禧没有接受。

当联军炮攻宫城时光绪帝竟要前去以礼相阻，说：“彼军法文明，朕往必无害，且可议款”，表现出英勇无畏的精神。太后认为他疯了，珍妃这时也斗胆求情于太后，自陈所见：“皇上不必西去，应该留在京城处理大事。”珍妃能与皇上相互应和，也有缘由。光绪帝在瀛台囚禁时，曾冲破重重障碍，会见珍妃。此次如能留京主持和议，或能获得出头露面之一日。慈禧当然不会给光绪这个机会，结果皇帝被“挟之俱西”，而珍妃被推坠于井。据说当珍妃临危时皇上曾替珍妃求情，反遭慈禧斥骂。

《辛丑条约》的签订

八国联军对北京进行了更加疯狂的洗劫和残暴的屠杀。他们集中兵力包围各坛口，屠杀义和团民众，仅在庄王府一处，侵略者就枪杀和烧死了团民1700多人。他们见人就杀，许多地方“尸横满地，弃物塞途，人皆踏尸而行”，有的地区甚至尸首堆积如山，很多家庭“虚无一人，而遗尸未敛，蛆出户外”，境况惨然。联军统帅在京特许军队公开抢劫三天，他们疯狂而贪婪地洗劫了堆满金银翡翠、珍奇异宝的皇宫，颐和园，三海，抢劫各官衙的库款多达6000万两白银。另外，他们还抢劫和毁坏了皇宫、颐和园、翰林院收藏的大量图书文物。明代的《永乐大典》被抢走300余册，其他各种珍本图书被抢劫和损毁达4.6万余册。他们还抢走北京天文台的四分仪、六分仪、天球等古铜天文仪器。这次洗劫把中国“自元明以来之积蓄，上自典章文物，下至国家奇珍，一扫而光”，损失之大已无法统计。

八月，瓦德西指挥联军进一步扩大侵略，陆续占领了山海关、张家口、保定、秦皇岛，并向山西进犯。同一时期，沙俄除参加八国联军侵犯津京，镇压义和团之外，还出兵10余万，霸占了东北三省，并于六月二十日到二十一日，制造了“海兰泡惨案”和“江东六十四屯血案”，黑龙江以北的中国居民有20余万人不幸被杀。沙俄为实现其独霸中国东北的“黄色俄罗斯”计划，以武力迫使盛京将军增祺派出代表，签订了《奉天交地暂且章程》，妄图使中国东北地区成为俄国独占的殖民地。《章程》签订后，全国各阶层人民纷纷抗俄，迫使清廷未敢承认这一条约，并将增祺革职。

庚子事变和八国联军入侵，使国家空前蒙难。

八国联军攻占北京后，各帝国主义国家对如何处置中国，难以取得统一的意见，矛盾不断激化。此后，英、俄、美、法、德、日、意、奥八国，加上比利时、西班牙、荷兰，在“惩办凶手”和索要战争赔款问题上，不断争吵。这时，美国第二次提出“门户开放”政策，在重申第一次“门户开放”政策的原则之后，又以“保持中国的领土和行政完整”作为借口，建议各帝国主义国家共同维护以慈禧为首的傀儡政权作为统治中国的工具。光绪二十六年（1900 年）十一月初三，十一国共同提出《议和大纲》12 条，强迫清政府全部接受。慈禧太后见到李鸿章送来的《议和大纲》中没有把自己作为凶手加以惩办，十分高兴，立即命令奕劻、李鸿章全部答应。

慈禧西行之时，就准备投降八国联军。还在逃跑的路途中，也即七月二十六日，慈禧命令李鸿章与徐桐、荣禄、崇绮立刻与八国议和。八国首先提出应该惩罚凶手，但惩罚凶手也即惩罚慈禧，所以他们经过反复掂量，准备饶过慈禧，只要她屈服就行。慈禧对此十分感激。她这样说道：“洋人本来打算惩罚祸首，今天幸亏没有提出，不能不感谢祖宗的佑护。”

慈禧虽未受惩罚，但必须有人替她受过。为了议和，也为了排斥异己势力，她宣布的第一批替罪羊有载漪、载勋、刚毅、赵舒翘等。他们有的被处死，有的被流放，有的被撤职，有的被降级，处罚十分严厉。

经过反复谈判，加之慈禧等也完全遵照帝国主义列强提出的条件，严惩了抗击联军的官员，同意了他们的要求，最后和议终算成了。

光绪二十七年（1901 年）七月二十五日，列强代表同清政府的全权代表奕劻、李鸿章在和约上签字，因这一年是农历辛丑年，故称

《辛丑条约》。这个条约共十二款，另有19个附件，主要内容是：

第一，清政府向各国赔款白银4.5亿两，以关税、盐税和常关税作担保，分39年还清，年息四厘，本息共计9.8亿多两百银。

第二，各国在北京东交民巷设立使馆区，中国人不准在界内居住，允许各国驻兵以“保护使馆”。

第三，清政府必须拆除大沽炮台及北京到大沽沿途所有炮台。在天津周围二十里内，不准驻扎中国军队。允许各国在北京到山海关铁路沿线的12个战略要地驻兵。

第四，清政府要惩办支持和赞助过义和团运动的官吏，永远禁止中国人成立或加入任何反帝组织，违者处死。清朝各省官吏必须保护外国人的安全，镇压人民的反抗斗争，否则“即行革职，永不叙用”。

第五，总理衙门改为外务部，班列六部之前，以办理今后与各国交涉事宜。

《辛丑条约》是帝国主义在镇压了义和团运动之后，强迫清政府签订的又一个不平等条约。这个条约的签订使列强在政治、经济、军事等方面对中国的侵略大大加深。此外，侵略者还重新确立了以慈禧太后为首的清政府充当它们掠夺中国的帮凶，实际上使中国成为各国侵略者共管之下的半殖民地国家，清政府已成为帝国主义势力控制中国的工具。中国已完全成为半殖民地半封建社会。

声势浩大的义和团运动虽然被中外反动势力联合扼杀了，但是这场反帝爱国运动带来了深远的影响。

义和团运动使帝国主义瓜分中国的愿望落空，大大阻碍了他们的侵略步伐。

义和团运动使人民群众更加认清了清政府的反动本质，促进了人民群众的觉醒，为资产阶级民主革命的发展奠定了基础。

义和团运动推动了亚洲各国民族解放运动。在义和团运动期间，亚洲民族解放运动空前高涨。朝鲜、印度、波斯、土耳其、菲律宾等国出现了形式不同的反帝爱国斗争。义和团运动支援、影响了亚洲各国人民的民族解放运动，成为亚洲各国人民民族解放运动的一面旗帜。

和约签订之后，两宫立即准备回京。为了减轻地方驿站的负担，因此他们决定分三批回京，即第一批先行者为在陕没有重要工者，第二批继行者为两宫及随行侍卫人员，第三批为在京中没有重要事务的人。

光绪二十七年（1901 年）八月二十四日，两宫从西安出发。这次回京，跟出逃时相比自然是大不相同。光慈禧一人就有三千辆车，装运金、银、绸缎、古董、玩器等名贵物品。

慈禧回京师的消息传开之后，京中王公大臣暨文武大小官吏，都聚集在马家堡车站准备迎接慈禧。各国男女，都想见中国三次垂帘听政者和囚禁的皇帝，因此在车站人们蜂拥而至。

下午 3 时，火车到站，慈禧走在最前面，光绪紧跟其后，洋人见状，纷纷向前，争相一睹为快。使慈禧不悦的是，竟有外国人手持摄影机摄她的影，真乃“大不敬”。幸好不一会儿走出了站，进入八抬大轿，两宫历尽劫难后终于回到了久违的京都。

清末“新政”

成立督办政务处

光绪二十六年（1900 年）七月二十六日，慈禧太后带着光绪帝惊慌向西逃的途中，在内外压力下，于宣化鸡鸣驿，下诏承认自己有罪，承认“负罪实甚”，表示“涤虑洗心”。二十八日，于宣化府（今河北宣化）下诏求敢于直言之士，要求臣属“随时献替，直陈无隐”。十月初十，皇室到了西安，在此许诺要改变当前的政治状况，对“酿此大衅”，再次表示“痛自刻责”。十一月初六，向奕劻、李鸿章发了电报，答应德、俄、日、美、英、法、意、奥等十一国公使提出的议和大纲十二条以换取列强对其继续柄政的认可。

经过义和团运动和八国联军之役，不但全国被剥削、被压迫的下层群众无法生活下去，统治者也难以维持统治。在戊戌政变中，慈禧夺取了光绪帝的权力，铲除了维新派。到了此时此刻，她也必须实行新政，走上已被她废弃的老路。光绪二十六年（1900 年）十二月初十日下诏说：“世有万古不易之常经，无一成不变之治法……盖不易者三纲五常……而可变者令甲令乙，不妨如琴瑟之改弦……要归于强国利民而已。”取他人之长补己之短。此诏又称：康有为谈新法，实际上是乱法，而不是变法；命军机大臣、大学士、九卿、六部、出使各国大臣、各省督抚根据现有情况，参酌中西政要，包括朝章国故、吏治民生、军政、学校科举、财政，有所承袭，有所改革，省并结合，各抒所见，限两个月之内，详细条议奏闻，以备采纳。

光绪二十七年（1901 年）三月初三，清政府为了推进变法，下令成立督办政务处。这道上谕说：上年十二月初十，因变通政治，通饬京外各大臣，各抒所见，以待甄择。近来陆续条奏已复不少，唯各疆臣、使臣，多未奏到。此举事体重大，条件繁多，奏牍纷繁，务在体察时势，抉择精当，分别可行不可行，并考察其行之力与不力，非有统汇之区，不足以专责成而挈纲领。着成立督办政务处，派庆亲王奕劻、大学士李鸿章、荣禄、昆冈、王文韶、户部尚书鹿传霖为督办政务大臣，刘坤一、张之洞亦着遥为参预。上谕要求“未经陈奏者，著迅速条议具奏，勿再迁延观望”。

这道上谕把当年军机大臣的3/4、内阁大学士的2/3加入到督办政务处，参与大臣为地方疆臣中最有影响的刘坤一、张之洞，政务处的规格极为崇隆。上谕规定督办政务处全权负责新政一事，这种规格使手续简化，办事迅速。

清廷在下诏设立督办政务处的同时，还公布了政务处开办条议。

督办政务处条议，没能也不可能从中、西政治制度的视角，分析兴衰的成因，不免有些浅薄；在如何处理中、西法关系问题上，重弹洋务派“中学为体，西学为用”的老调。尽管如此，条议仍不失为清廷的变法宣言和改革纲领，并且对中国政治现状进行分析的时候，也是很深刻的。政务处的设立，使地方督抚观望的现象得以结束，说明清廷要求变法的决心还是有的。

江楚会奏三折

清廷成立督办政务的诏书已下达，三月初七，山东巡抚袁世凯，首先提出新政意见十条。其要点是充实武备、开通民智、改进财政、递减岁科乡试取中名额及派遣游学、增设实学等。

同年五月二十七日、六月初四和六月二十七日，两江总督刘坤一、湖广总督张之洞，联合上奏三份奏折，时称“江楚会奏三折”。

第一折为《变通政治，人才为先，遵旨筹议折》，提出育才兴学四端，上万字。主要内容为：第一，设文武学堂。奏折说，现行取士制度，“皆就已有之人才而甄拔人，未尝就未成之人才而教成之”。现在通过科举制所录用的人，“见闻素狭，讲求无素，即有考求时务者，不过粗知大略”。“不足以佐治安民”。“救时首务，当兴学育才”。主张州县设初、高两级小学，府设中学校，省城设高等中学及农、工、商、矿、武备等专门学校，京师设文武大学校。同时还拟订各类各级学校的课程设置、教学方法、等级年限、考试办法。其特点是突出自然科学知识学习和付诸于实践，并试图通过学校考试取士，最终取代科举取士。第二，酌改文科。办法是：实行三场先后互易，分场发榜，各有去取。头场取博学，二场取通才，三场归纯正。首场是对中国政史进行考试，二场对各国政治、地理、武备、农工、算法进行考试，三场对四书五经经义进行考试，即论说考辩。头场录取数额中的1/10，二场是1/3。按科目减少科举取士之额，为学堂取士之额。上面的两个方面，意在培养实学，将使生员、举人、进士，皆出于学堂，八股与科举自然而然就会被废除。第三，停罢武科。奏折指出，武科中弓箭大刀笨拙，对于作战发挥作用不大，与火器相比逊色得多，至于默写武经，大率皆系代倩，文字且不知，何论韬略？因此自从有军队以来，设立武科来而能使军队提高战斗力的，还没有听说过。奏请将武科小考乡会试等场一切停罢。第四，奖劝游学。奏折认为，不多设学堂，不足以用，想要多设一是经费困难，二是教学困难，唯一的办法就是到外国游学。要求清廷令各省分遣学生出洋游学。学业方向，为文武两途及农工商各专门之学。学成回国，经过考试，完全合乎要求的，即按其等第，作为进士举贡，以辅学堂之不足。在派遣公费生的同时，亦奖劝自费游学，办法与前者相同。

奏折最后强调，设文武学堂、停罢武科、酌改文科、奖劝游学，“此四条为求才图治之首务”。四者互相贯通，取长补短，育才图治，兴学育才，非变通文武两科不能兴学，非游学不能助兴学之所不足。“今日时势倖无可倖，缓无可缓”，希望朝廷能够施行。

刘坤一、张之洞第二折为《遵旨筹议变法，谨拟整顿中法十二条》，内容涉及吏治、司法、军事及八旗生计四个方面，二万余言。主要内容：

第一，崇节俭。奏折从总结历代兴衰成败的规律入手，得出成由勤俭，败由奢的结论，从而提出，“欲挽回天意，激励人心”，必须要节俭。奏折认为，节俭至关重要。官以俭而廉，官场风气，上面实行，下面仿效，上官奢华，糜费无度，诱使下属需索骚扰，官场腐败就不可避免。奏折提出，朝廷果有卧薪尝胆之志，当“力行节俭始自宫廷”“所有宫室舆服，力求朴素，应酬宴会勿得浮糜”“上官岁时之供，一概禁绝”，并明谕大小臣工，“再有营私糜费者，必重惩之”。

第二，破常格。刘、张指出，从国家建立之始，疏节阔目，上下通情，既能详尽地知道百姓的隐患，亦能鼓舞贤才，故成功易；中叶以后，文义不合，上下否隔，对民情很少了解，人才亦难于自见，故致治难。奏折进一步指出，现在文武官员、官气浓厚，这样就会失掉人心，有害国政：“今之用人，仍困之以例章，计较以资格，则所得者，皆寻常之俗吏。依流平进者多骑墙，精力渐衰者惮改作，资序已深者耻下问，岂能济非常之艰难乎?”解决办法：一是破资格，用贤能；二是除官气，戒虚文；三是去敷奏，尚直谏。

第三，停捐纳。奏折提出，捐纳有妨正途，有害吏治，有碍自强要政。吁请明降谕旨，等到这次秦晋赈捐结束之后，即行永远停罢，振作士气，而清治源。

第四，重官禄。张、刘认为，俸禄不足以养廉，加以银贱物贵，这就使贪污成风，主张重禄养廉。奏请每年拨给京官养廉银百两，这样就会使他们竭尽全力把心思放在国事与民事上；地方各官，拨给职田，收其租课，以资办公。在实施之后如果还有贪污者，就革掉其职务，“仍行追罚充公”。

第五，去书吏。奏折说，蠹吏害政，已有2000多年，久已为世诟病，尔等不过查叙旧案，核算数目，从未涉及事理，其准者，不过曰与某案尚属相符，尚属实在情形；其驳者，不过曰与旧案不合，很难实行。此辈一无所长，但工作弊索贿。至外省各衙门书吏，弊窦亦多。他们控制州县，盘剥百姓，所做坏事，举不胜举。拟请将各省书吏一律汰除，改用本省候补佐戎杂职为之，称为“稿委”“写生”诸名称，以示改用士人之意，且既可令候补人员练习公事，又可为本省寒士开一生计，这真是一举多得。至于裁除书吏，亦应宽给出路，以示体恤。

第六，去差役。奏折列举差役害民时说：差役害民，各省都如此，任用乡里的无赖为他们做事。传案之株连，过堂之勒索，看管之凌虐，相验之科派，缉捕之淫掳，白役之助虐，其害不可殚述。百姓们一见到差役，就像看到了虎狼蛇蝎一样。拟请以5年为限，次第裁革，并逐步推广外国警察成法，方可除去差役之害。

第七，改选法。要求改变现行部选章程，以后州县相通，统归外补，无论正途、捐纳、保举，皆令分发到省，补用试用，令其学习政治，上官亦需要对其才识进行考核。遇有缺出，即于本班内，酌量后加以补充，不必拘定名次。至道府两项，应用后补人员者，则改归外补；应用实缺人员者，则改为记名简放。那些所缺的京官，向章应选到府者，亦请改为记名简放。并请部臣将各项班次，删减归并。俾后补各官但思濯磨自效，而不以计缺趋避，分其心思，这样就会使吏治稍有起色。

第八，简文法。刘、张列举了文法过于繁密的各种弊端之后，提出三点革新措施：一是去虚文。凡部院文移，外省公牍，对实政毫无用处者；册籍浩繁，无关利弊者；末节细故，往返驳查稽延时日者；循旧具报出结并无实事者，通行彻查，酌量省罢。无关紧要的，亦请查核酌改从简。二是省题本。奏折称，现行题本制度，乃沿前明旧制，既有副本，又有贴黄，兼须缮写宋字，繁杂缓慢。拟请永远省除，分别改为奏咨。三是宽例处。奏折指出，方今吏议繁密，对于京城之外的官吏，殆无一人一日不干吏议者，而州县更加严重。于是遇事推卸，多方弥缝。既明知无益劝惩之事，何必存此虚文？应请饬下有司，查核处分旧例，分别公私轻重，量加宽减删除，这样臣下对于朝廷，僚属对于上官，就可以说实话，办实事。

关于司法整顿，奏折第八款恤刑狱条中，提出了九点改革措施：第一，禁讼累。奏折说，如果有诉讼，差役家丁收取诉讼费用，要根据家道的富贵程度来收费。不满其欲者，则诡曰案未传齐，致官不能过堂。差役不革，不能除掉这个弊端。至传案株累，最为民害，其中有原告诬攀者，亦有吏役怂恿本官者，亦必须裁去吏役，方能杜绝。第二，省拖累，即宽减例处，明定上控例章。奏折认为，现行承审例限处分太严，而命案盗案之报少，一定要等到犯人招供之后，才能详细上报。盗案之例限，开参太严，且必获犯过半，兼获盗首，方予免议。从而导致讳盗之事多，讳有为无，讳劫为窃，讳多为少，各省没有一处如实上报人数。命案罕报罕结，则多私和人命，及拖毙证人之事，人民的冤情不能申诉。至于上控之案，往往为讼棍主持，攀累讹索，图告而不图审，以致被告羁系日久，而原告总不到案，这就会更加害人。应请明定例章，限定呈控，承审时限，严办架讼迟延之人，以省拖累。第三，省刑责。奏折说，公堂问案，敲扑呼号，血肉横飞。外国人见之，疾首蹙额，讥笑他们轻视人类，地方官相沿已久，莫不动心。拟请以后除盗案命案，证据已确而不肯认供者，准其刑吓外，凡初次讯供及牵连人证，不能轻易责罚。其笞杖等罪，酌量改为羁禁数日或数旬，不得凌虐久系。第四，重众证。奏折认为中国轻证据，重口供，是酷刑逼供及拖累无辜的根源。主张参考西方法律，重视证据。要求以后断案，除死罪必须有输服供词外，其军流以下罪名，果系众证确凿，证人都是公正可信之人，即可按律定拟。第五，修监羁。奏折称中国监狱羁所，等之于地狱，连外国人都痛恨之。要求各省设法筹款，改善监狱羁所，务使屋宇整洁，地面宽敞，严禁凌虐，给他们稍好一点的饭菜。第六，教工艺。奏折主张在监狱羁所，设工艺场，教给犯人工艺技术，在改善生活待遇的同时，又能使犯人出狱后，多一谋生手段。第七，恤相验。奏折要求，明定命案现场勘察及尸检费用，以避免官吏骚扰勒索。第八，改罚锾。奏折提出三点改革办法：一是将民事纠纷类的户婚、钱债、田土各案，经审断，有罪的一方按照罪名来收纳银两；二是举贡生监职员封职犯罪，罪在军遣以下者，除褫革外，应免其刑责，缴纳罚银充公，私罚及入已者，罪之；三是流徙各犯，除军罪重情外，也改用银两赎罪，改为罚禁。第九，派专官，即派各府同知通判，来监督改良监狱的专官，总司稽察各属改良监狱之事等。

关于筹及八旗生计，奏折第九条提出松弛八旗户籍限制，允许做一些其他的生计。凡京城及驻防旗人，有愿至各省随宦游幕、投亲访友，以及从事农工商各业，都可以；侨寓地方，愿寄籍应小考乡试者，也随便，准附入所寄居地方之籍，一律取中，但标明是哪个旗的人；有驻防省份，驻防或附入驻防的旗人，有自愿归入民卷者，不用加以区别，统归地方官与民人一体约束。唯出京寄籍、自谋生理之人，其钱粮即行开除，并将与马步甲兵饷额一起，供八旗学堂费用。旗人入学堂者，则按照以前的方法操练，勿庸再到，其饷项照例发给，五年学成，各有所长，虽然俸禄被除，也不用担心贫穷。

关于整顿军事方面的措施，奏折第十条提出裁屯卫，第十一条提出裁绿营。奏折说，有漕运的各省屯田，本来是为运军提供粮食，各卫所守备千总，本为征屯饷、押漕运而设。今日无论折漕与否，运漕皆系民船轮船，运军久无其人，卫官一无所事，已经不能发挥他们的作用了，而屯田屯饷弊窦尤多。要求将屯田屯饷，改归所隶州县征收，将屯饷改为地丁，将屯丁运军之名、编审之例，永远删除，千总、守备等官一律裁掉。

怎样裁汰绿营，奏折提出两条原则，一是逐渐把他们退去，免致急而生变；二是妥筹抵补弹压地方之方。为此奏折拟定了一个为期20年的裁汰计划。即各省每年裁1/20，计百人裁五，用20年时间把他们裁完。各省饷米，于二十成中扣发一成，充作地方养勇及设警察之费。被裁士兵发给恩饷一年。被裁汰官员，效仿日本元老院的做法，优给俸廉，赏加荣衔，至该员身故为止。

刘、张在第二折的最后说：以上12条，都是中国落后的原因，而尤为外国指摘诟病之端。臣等所拟办法，是基于近日民情不训人心思变。只有消除以上各种弊端，方可固民心，御侮捍患。

刘坤一、张之洞第三折为《遵旨筹议变法，谨拟采用西法十一条》，共上万字。大要为：第一，广派游历。要求饬派王公大臣、翰詹科道部员、宗室子弟及各省道府州县官员，分别派往各国考察，了解其它国家的形势，察其与我国关涉之大端。游历一年者酌奖，三年者优奖。并请明订章程，以后新派总署堂官章京、出使大臣、海关道员，以及升京卿、送御史、放道员，必须由出过国的人担任。第二，练外国操。主张成立专管筹划全国兵事的总营务处，推广武备学堂，采用外国军事技术和战术，练将练兵。第三，广军实，即扩充枪械军火制造局。第四，修农政。兴办各种农业学堂，京师设农政大臣，省设农务局，县设劝农局。推广农事试验，研究种子、肥料、土壤、病虫害及耕作技术，增加棉麻桑茶种植面积，提倡植树造林，加强渔业、牧业，改进农业机具，奖励农学游学和垦荒。第五，劝工艺。设工艺学堂及劝工场（货物陈列展览所），培养技工，奖励发明创造，给予专利权，鼓励技术进步。第六，定矿律、路律、交涉刑律、商律，对工商业者的合法经营加以保护。第七，用银元，统一币制。第八，行印花税，扩大税源。第九，推行邮政。第十，官收洋药。第十一，多译些外国书籍等。

最后刘、张说：臣等所拟各条，大概近30年来，已经奉旨陆续举办，此不过重申而已。伏望早赐施行，使各国见中华有发奋为雄之志，就不能再轻视我们；使天下士民知朝廷有改革之意，则顽固者化其谬，望治者效其忠，而犯上作乱之邪说，不再发生，天下幸甚！这即是刘、张会奏三折的政治目的。

刘、张三折上达，八月二十日，上谕和懿旨一同颁发，肯定刘、张“整顿中法仿行西法各条，事多可行”，并命督办政务处根据三折内容，“随时设法举办”。这样，“江楚会奏三折”，成了推行“新政”的纲领性文件。

政法制度改革

政法制度的改革，可分为两个方面，整饬吏治和改组过时的官僚机构。导致清廷官员贪污和政治腐败的原因，一个是清政府的“捐纳制度”；另一个是官员对日常工作不熟悉，把一切事务交给胥吏去办；第三是职权范围不明确，互相牵制。因此，慈禧在这些方面也采取了一系列的改革措施。二十七年（1901 年）四月，下令清理各省例行文籍，仿照部章，把繁冗的部分删去。各衙门书吏、差役分别裁汰、裁革，不准假以事权。六月，改总理各国事务衙门为外务部，列于六部之前，打破了中国历代的六部体制。八月，下诏嗣后补缺轮署本章及向来专系具题之件，均着改题为奏，其它各项本章立即删除，使之简易。光绪二十八年（1902 年）正月，命将詹事府归并翰林院，将通政使司一职撤掉。二月，命各出使大臣检查各国通行律例，责成袁世凯、刘坤一、张之洞慎重选出对中西律例十分熟悉的人保送来京，听候简派，开馆编纂。四月，派沈家本、伍廷芳将一切现行律例按照交涉情形，参考各国法律悉心考订，妥为拟议，务期中外通行，有裨治理。光绪二十九年（1903 年）七月，设立商部。光绪三十年（1904 年）五月，命各省清除那些不合理的规定，力除靡费以为练兵之用。十一月，命裁撤湖北巡抚、云南巡抚两缺。广东巡抚暂缓裁撤。十二月改漕运总督为江淮巡抚。三十一年（1905 年），从伍廷芳、沈家本等奏请，将律例内重刑枭首、凌迟、戮尸三项永远删除，只有斩决这一种执行死刑方式。六月，裁撤盛京户、礼、兵、刑、工五部侍郎。七月，命专设法政学堂。九月设巡警部。十一月，命各省以直隶为榜样设立法律学堂仕学速成馆，并设立学部。三十二年（1906 年）四月，修律大臣沈家本等奏请试办刑事、民事诉讼各法。闰四月命各省将军、督抚整饬吏治，共培元气。九月，更进一步厘定官制，军机处、内阁、吏部、外务部、学部照旧，巡警部改为民政部，户部改为度支部，以财政处并入，太常寺、光禄寺、鸿胪寺并入礼部，兵部改为陆军部，刑部改为法部，大理寺改为大理院，工部并入商部，改为农工商部，增设邮传部，理藩院改为理藩部。各部均设尚书一员，侍郎二员。更进一步改变了中国传统的六部模式，基本上与西方类似，实现了单一的领导，跟以前有了很大的差别，每个部都任命两个尚书（满族、汉族各一人），明确了各自的责任。

新政的内容

慈禧新政涉及很多方面的内容，“举凡朝中国政，吏治民生，学校科举，军政财制”各个方面都被包括，可以概括为以下几个方面。

第一，兴学堂，改科举。学堂是培养人才的基地，人才对国家的兴旺，民族的复兴，是很重要的。因此慈禧非常重视兴办学堂。她说：“人才为政事之本”“兴学育才，实为当今急务”。依据这种想法，她又积极地颁令实办。慈禧办学首先以京师开始，因为它是全国人瞩目的地方，是政治、经济与文化的中心，因此，她指出：“京师首善之区，尤宜加意作养以树风声。”为此，她特别派张百熙做为管学大臣，令其“将学堂一切事宜责成经理，务期端正趋向造就通才”。张百熙上任之后，多方策划、准备，不到一个月，就将办学意见，呈献上来。主要有四点：一为预定方法，其办法是将学习内容分为两科。“一曰政科，二曰艺科。以经史、政治、法律、通商、理财等事隶政科；以声光、电化、农工医算等隶艺科”。他认为应推行“速成教育法”，即“于豫备科之外，再设速成一科，速成科亦分二门，一曰仕学馆，一曰师范馆”；以此来促使快出人才。二为附设译局，他认为“欲求中国经史政治诸学，非藏书阁不足以探讨之资，欲知西国政治工商等情，非译书局不足以广见闻”。故主张，“惟欲随时采买西书刷印译本，最好设上海分局”；三为广购书籍仪器；四为广筹经费等。对以上这些主张，慈禧下令：“着即认真举办、切实奉行。”京师大学堂在张百熙的推行之下，无论是规模、学制、质量，都向前发展了一大步，并在实践中建立了一套比较完备的制度。

与此同时，地方也顺次开始了兴办学堂。光绪二十七年（1901年）八月，清廷明旨谕告全国："著各省所有书院，于省城均改设大学堂，各府及直隶州均改设中学堂，各州县均改设小学堂，并多设蒙养学堂……著各该督抚学政切实通饬，认真兴办。"

在京师大学堂的带头下，再加上政府对这方面的督促、监管，到了光绪三十一年（1905 年），京师大学堂已初建规模，并且已有成千上万所的"各省学堂，已次第兴办"。在此基础上，清廷又设了总汇之区——学部"以资董率而专责成。"

刚开始推行新政，亟需人才，当时的科举制度要想解决这个问题是不容易的。于是，光绪二十八年（1902 年）清政府决定废除科举制，十一月明旨谕告全国说："现在学堂初设，成材尚需时日，科举改试策论。"这个谕旨刚传出不长时间，新的诏书又传了下来说："嗣后乡会试头场试中国政治史事论五篇，二场试各国政治艺学策五道，三场试四书义二篇、五经义一篇。考官阅卷合校三场以定去取，不得偏重一场。生员岁科考试仍先试经古一场，专试中国政治史事及各国政治艺学策论，正场试四书义五经义各一篇，考试试差庶吉士散馆均用论一篇策一道。进士朝考论疏，殿试策问，均以中国政治史事及各国政治艺学命题，以上一切考试凡四书五经义均不准用八股文程式，策论均应切实敷陈，不得仍前剽窃。"为了使科举选官制度彻底废除，慈禧又下令："自明年（光绪二十九年，即 1903 年）会试为始，凡一甲之授职修撰编修，二三甲之改庶吉士，用部属中书者，皆令入京师大学堂，分门肄业，其在堂肄业之一甲进士庶吉士，领有卒业文凭，始咨送翰林院散馆，并将堂课分数，于引见排单内注明，以备酌量录用。"这样，学堂肄业代替了科举制，到光绪三十一年（1905 年），从隋朝开始的科举制经历了一千多年终于被正式废除。

第二，改兵制练士兵，举办武备学堂。在同列强的战争与镇压农民革命中，充分显露了绿营兵、八旗兵的腐败与兵制的落后，兵制不改很难振武扬威，士兵不练很难御敌。在这种情况下，清政府比以前更为积极地进行改制练兵活动。在兵制方面，清政府制定了许多营规法规，以镇为编制，镇设统制统领，统领二协；协置协统统帅；协辖二标，标有标统指挥；标下设三营，营以管带为长；营辖四队，设队官；队辖三排，排辖三班。在练兵方面，清政府不断传出令旨，号令全国认真训练。光绪二十九年（1903 年）京师成立了练兵处，负责统筹各地练兵。在地方上，责令各省成立督练公所，负责本省的练兵事宜。训练了一段时间后，还是有些成果。现仅就其练操举例如下：四川的奎俊“于省城内外，将旧有营垒展拓修葺，广阔草场”，分归提督夏毓秀并委署重庆镇总兵初发祥、营务处道员黄士鳌统领各营“认真训练，名曰威远军”。广东寿荫将驻防八旗兵“挑练洋操”，训练后成效显著。“今次校阅洋操，旗兵步伐整齐，枪炮有准，训练均属得法”。在训练旧军的同时，清政府又编制了新军，以袁世凯所练北洋六镇为新军中突出代表。但由于经费紧张等多种原因，清政府并未按原定计划编练三十六镇新军。

在改兵制练士兵的同时，清政府于光绪二十七年（1901 年）为了更有效地提高军队素质与指挥水平，下令停止武科举，改由设置武备学堂造就军事人才。清政府颁发了旨令之后，全国各地的武备学堂纷纷建立起来，如安徽省在邓华熙的布置下，“遵旨筹设武备学堂”，武备学堂殿在抚衙署以东。他们“参酌南北洋教法订立章程”，规定：“学生以四十人为额，报考本省外省员弁及官绅子弟肄习兵学，咨调北洋陆师学堂出力历练成材之二人分别教习。”武备学堂在设立后，用严格的制度训练学生，培养了很多人才，如吉林武备学堂“督练现逾八月之久，操法已有成效”。经延茂勋等亲加校阅后奏报：“各操尚能整齐灵便，人材均能造就”。武备学堂取代武科举显而易见是一大进步。

第三，游学西方，考查西方政治。对中国的挨打受奴役，特别是对八国联军之战败逃西安的惨痛历史反省之后，慈禧方知中国政府软弱的源泉，知道中国要想打败列强，必须“师夷之长技”，向西方学习。因此，慈禧传出懿旨：“饬令各省选派学生出洋游学，以资造就。”至光绪二十八年（1902 年）各省虽然派出了很多游学之人，但“游学日本者尚不乏人，泰西各国或以道远费多，咨送者少”。慈禧针对此种状况于光绪二十八年（1902 年）九月再传懿旨：“各省督抚选择明通端正之学生。筹给经费，派往西洋各国，考求专门学业，务期成就人才，以备任使。”她还多次下命令，惩处那些不办实事的官吏，使游学西方各国的人增加了许多。这些人对未来中国的建设发挥了重要的作用。

第四，兴办商务、矿务事业。慈禧新政在经济方面的重要表现就是兴办矿务、商务。矿务、商务是政府财政收入的主要来源之一，在清政府财力危机的情况下，兴办商务、矿务非常重要。因此，慈禧十分重视此事。在责令各地实力兴办商务、矿务的同时，又于光绪二十九年（1903 年）成立商部，加强对商务、矿务的督导。随后又由商部陆续制订颁发了许多有关商务的章程，使矿务、商务发展很快。如四川的商务与矿务成就突出。光绪二十五年（1899 年）四川就已奏准成立了商务局，招商开办商务，然而“因风气未开，商情不免顿阻”，至光绪二十六年（1900 年）以后，经实力兴办，方有“矿务大兴”情况的出现。仅煤矿一项，如重庆、邛州、泸州、隆昌各煤矿陆续开办。商务也有了进一步发展，如仅商务局下设的白蜡公司一家，“计两年四个月共收解银五万六千余两，较前增至十余倍”。重庆仿照西方的方法制造卷烟，“大批运销上海”，所制洋蜡“颇能合用，若更精益求精，当可抑制洋货”。全国其他地方，兴办矿务、商务有成效的事例很多。

“新政”的内容看起来很广泛，但是除了废科举、兴学堂、派留学生出国等措施具有积极意义外，其他的措施成效很小，而且进一步加深了中国社会的半殖民地半封建化的程度。例如，清政府鼓吹奖励实业、振兴商务，其主要目的是解决财政困难，而官吏贪污成风，大搜民财，中饱私囊。与此同时，列强以帮助清政府推行“新政”为名，到处钻营，干涉各个领域，而清政府在举办“新政”的过程中又广聘洋人充当顾问，于是使侵略者能够控制中国的财政、军事、政治等大权。例如，清政府的财政顾问是由美国人精琦担任，日本的坂本少佐充当直隶督练公所的军事顾问。他们控制和操纵清朝的政局，而且要横加干涉地方官吏的任免。例如，光绪二十九年初，清政府任命俞廉三为山西巡抚，英、美、法三国公使及顾问都以俞廉三“顽固成性”为理由，强迫清政府由他人任职。

清政府推行的所谓“新政”，基本上没有离开维新派的主张，更多的还是走了洋务派的老路。从“新政”的本质上看，它并不是维新派主张的再现。维新变法运动是资产阶级维新派改良社会政治的实践。其目的是要立宪法、开国会、实行君主立宪制。而清政府的“新政”一点儿也没改变封建的统治体制，专制独裁制一如既往。“新政”的推行也没有使中国富强，反而由于筹办“新政”增加苛捐杂税而使人民负担大大加重。

革命初兴

资产阶级民主革命的兴起

从光绪二十七年（1901 年）起，经过八国联军侵华浩劫的中国政局有所变化。随着“新政”的推行，中国民族资本主义表现出继续发展的趋势，民族资本家集团开始形成一个独立的社会阶级。同时，各级新式学堂逐渐兴办起来，据统计，截止宣统二年（1910 年）国内各新式学堂学生发展到 1307390 万人；与此相联系，能够出国留学已成为一种时尚，以到日本留学的人数为例，光绪二十七年（1901 年）为 280 名；光绪二十八年（1902 年）为 614 名；光绪二十九年（1903 年）为 1242 名；光绪三十年（1904 年）为 2557 名；光绪三十一年（1905 年）为 8000 名；光绪三十二年（1906 年）为 1.2 万人。这表明新的知识分子队伍正在形成和壮大。从光绪二十七年起到三十一年（1901～1905 年）中国同盟会成立前的五年间，伴随着资产阶级、小资产阶级及其知识分子队伍的不断扩展，资产阶级民主革命发展到新的时期，呈现出蓬勃发展的五大趋势：

第一，五年间，资产阶级领导的反对列强掠夺的爱国运动空前发展。拒俄运动、收回矿权路权运动、声援旅美华工抵制美货运动，接连不断，波及全国，先后卷入斗争的群众达数十万人。

第二，资产阶级民主革命思想广泛而又迅速地传播开来，新增革命报刊30余种，出版宣传鼓动革命的小册子达60余种，刊出的针砭时弊的谴责小说达数百种，其中最有代表性的报刊有：《开智录》《国民报》《游学译编》《大陆》《湖北学生界》《浙江潮》《苏报》《童子世界》《女子世界》《中国白话报》《中国日报》《广东日报》《檀山新报》（檀香山）《图南日报》（新加坡）等。这些刊物有的宣传爱国思想，号召救亡；有的对清廷丧权辱国，昏庸腐败进行抨击；有的呼吁学习西方，奋起自强御侮；有的从“美国独立”、“法国革命”中寻求理想；有的从卢梭的《民约论》、约翰弥勒的《自由原论》、孟德斯鸠的《万法精意》中借取天赋人权、自由平等的思想武器。这些革命报刊和所宣传的革命思想，在国内外青年知识分子中广泛地传播，使资产阶级民主革命思想，成为不可阻挡的时代潮流。

第三，在传播民主革命思想和对保皇派进行斗争的过程中出现了一批革命的宣传家和思想家，其中著名的代表人是章炳麟、邹容、陈天华。

章炳麟，字太炎，浙江省余杭县人。早年曾接受改良思想，曾对维新变法大肆宣传。戊戌变法失败后，他逐渐转变了政治立场，走上了革命道路。当时，康有为、梁启超等改良派逃亡国外，成立了“保皇会”，继续主张改良的思想，鼓吹建立君主立宪，反对革命，曾得到海外华侨广泛支持。光绪二十八年（1902年），康有为发表了《与同学诸子梁启超等论印度亡国由于各省自立书》及《答南北美洲诸华商论中国只可行立宪不可行革命书》两封长信，对清政府的统治大加赞美，指责革命将会导致天下大乱，以致“亡国灭种”。第二年，章太炎在上海《苏报》上发表《驳康有为论革命书》等文章，对康有为的保皇主张进行深刻而又全面地批判，指出只有革命才能有民主自由，明确表述了资产阶级民主革命的观点。他把被保皇派奉若神明的光绪皇帝斥为“载湉小丑，未辨菽麦”，针对康有为“宣扬公理不明，民智未开，而不能进行革命”的观点，提出了以革命明公理，用革命开民智的主张。他还特别撰文向国人推荐邹容所著的《革命军》一书，在社会上影响很大。章太炎的文章打击了保皇派的气焰，促进了人们的觉醒。

邹容，四川巴县人，到日本留过学。光绪二十九年（1903 年），不满 20 岁的邹容在上海出版了震动一时的《革命军》。他对民主、革命热情地歌颂，宣传资产阶级的自由平等、天赋人权学说，主张用革命手段“扫除数千年种种之专政政体”，恢复人民的民主权利。他提出了建立资产阶级的“中华共和国”的号召，要求彻底地废除君主专制政体，反对外国人干涉中国的革命和独立，并大声疾呼“革命独立万岁!”《革命军》出版后，很快风靡海内外，先后印行 20 多次，销量上百万册。清朝政府非常害怕，与上海的帝国主义势力勾结起来，于光绪二十九年（1903 年）查封了《苏报》。章太炎和邹容先后入狱，邹容在监狱里倍受折磨，死于狱中。

陈天华（1875～1905 年），原名显宿，字星台，湖南新化人，家庭贫穷，从小就喜欢中西历史，关心时事政治，“尤喜谈平等自由诸说”。光绪二十九年（1903 年），官费留学日本，在东京弘文学院学习。时值日俄两国争夺中国东北的激烈时刻。他痛恨清廷腐朽卖国，决心投身反帝反封建的民族民主革命的斗争中，积极参加拒俄义勇队。同年，写成了《警世钟》《猛回头》两本重要著作。他用通俗流畅的白话文，描述中国被瓜分的惨景，号召人们立即行动起来，同列强、同朝廷作斗争。他的《猛回头》《警世钟》激动人心，扣人心弦，极富感染力，同邹容的《革命军》一样，被人们争相传诵，为宣传反清革命，促进武昌新军起义，起了很大的宣传作用。

孙中山领导兴中会在国外继续进行活动，在华侨中发展组织，宣传革命，与康有为、梁启超等改良派作了尖锐的斗争。光绪二十九年（1903 年），孙中山发表了《敬告同乡书》，把革命与保皇的界限严格划分开来，揭露了梁启超假革命真保皇的面目，指出革命与保皇根本不同，“革命、保皇二事，决分两途，如黑白之不能混淆，如东西之不能易位”。孙中山旗帜鲜明的革命言论，弄清了是与非，推动了革命形势的发展。他还在《中国问题的真解决》一文中充满信心地指出：清朝统治“正迅速地走向死亡”“中国现今正处在一次伟大的民族运动的前夕”“全国革命的时机现已成熟”“一旦我们革新中国的伟大目标得以完成，不但在我们的美丽的国家将会出现新纪元的曙光，整个人类也将得以共享更为光明的前景”。

此外，在不断壮大的宣传队伍中十分著名的还有，杨笃生、章士钊、刘光汉、胡汉民、汪精卫、马君武、冯自由、宋教仁、朱执信、廖仲恺、陶成章、秋瑾，以及秦力山、戢元丞、张继、吴稚晖、陈去病等。革命宣传风起云涌，把更多的爱国志士推向民主革命的前沿，而革命队伍的壮大，使革命组织纷纷建立起来。

第四，革命团体的纷纷出现。光绪三十年（1904 年）是资产阶级民主革命运动达到高潮的一年，一年之中就涌现出 12 个革命团体，遍及江、浙、湘、鄂、皖、闽、赣、川、陕，及云南、贵州、广东等十二直省。以华兴会、科学补习所和光复会最为有影响。

华兴会是湖南民主革命者建立的革命团体。黄兴是此组织的主要发起人。黄兴（1874～1916 年），原名轸，字廑午，竞武，号杞园，后改名兴，字克强，湖南省善化（今长沙）县人。早期接受封建教育，在武昌两湖书院学习期间，开始接触资产阶级社会政治学说，参与了唐才常领导的自立军起事。光绪二十八年（1902 年），被选派赴日留学，入东京弘文书院师范科。此间受到革命思想影响，转向革命。他先后参与了《湖北学生界》《游学译编》的创办工作，并参加了“拒俄义勇队”和军国民教育会的活动。第二年夏，他受军国民教育会委派，回国组织反清革命活动。其后他以长沙明德学堂教员身份为掩护，秘密从事民主革命的组织、宣传工作。同年九月十六日，他与章士钊、彭渊恂、刘揆一、宋教仁、柳大任、谭人凤等 20 余人，以庆贺生日为借口，举行秘密会议，决定成立“华兴会”，被推为会长（宋教仁、刘揆一为副会长），为不引起清政府的注意，对外以集股兴矿的名义，成立华兴公司。光绪二十九年（1903 年）十二月三十日，成立华兴会，提出了“驱除鞑虏，复兴中华”的革命口号，确定了各省响应推翻清廷的总战略。先后参加者有四五百人。光绪三十年（1904 年）春，黄兴联络会党首领马福益，决定利用十月初十慈禧 70 岁生日那天，五路起事夺取长沙，占领湖南。九月十五日，消息被泄漏，起义失败，黄兴离开上海，不久再赴日本。

光绪三十年（1904 年）五月湖北革命志士刘敬安、张难先发起和创建了革命组织科学补习所。其宗旨是联络新军中的青年知识分子，以“运动军队”，扩大革命武装。该组织建立后，积极响应黄兴的长沙起事计划。同年秋，由于泄漏了在长沙起义的消息，科学补习所受到牵连，只好停止活动。第二年春，刘敬安等重新组织了革命团体日知会。

另一个重要革命团体光复会由浙江志士在上海建立。成立于光绪三十年（1904 年）秋末，主要是陶成章、龚宝铨创立，推举蔡元培为会长。光复会的誓词是：“光复汉族，还我河山，以身许国，功成身退。”其后，光复会又在日本东京建立分会，数百人参加。

此外，光绪三十年（1904 年）前后，其他一些革命小团体也纷纷成立。如福建的共和山堂、安徽的岳王会、江苏的励志学会、江西的易知社、云南的誓死会、贵州的科学会、四川的公德会、广东的群知社，还有励学斋等。

第五，作为资产阶级民主革命领袖的孙中山已被广大革命者认同和拥戴。

光绪二十六年（1900年）秋，孙中山在惠州起义失败后去了日本，到光绪三十年（1904年），他主要理论和实践贡献有三：一是，积极支持华侨和广大爱国知识分子的爱国活动，同他们的联系十分密切。光绪二十九年（1903年），东京留日学生拒俄义勇队和军国民教育会相继成立时，他秘密建立青山军校，招聘日本军事专家授课，使许多革命者都紧紧地团结在一起，"一时京滨道上往还频繁，总理所居，座客常不空也"。二是，从思想上、政治上"大击保皇毒焰"，把革命与保皇的界限分清，"使人人知所适从"。这几年，他最重要的著述有《中国问题的真解决》《驳保皇报书》《敬告同乡书》等。他尖锐地批判了保皇派的君主立宪思潮，从政治思想上为民主革命的发展清除障碍。三是，广泛团结和接纳革命者，积极做好建立全国性的政党组织准备。光绪二十九年（1903年）秋至三十一年（1905年）夏，孙中山为了"招集同志，合成大团"进行环球旅行。他先在越南河内，在华侨中建立兴中会分会，后取道檀香山、日本，而后前往欧洲、美洲。在檀香山，他整顿兴中会，创立"中华革命军"，提出"驱除鞑虏，恢复中华，创立民国，平均地权"十六字纲领。之后他在美洲参加致公党，把十六字纲领写进该党章程。孙中山转赴欧洲，在柏林、布鲁塞尔、巴黎等地，一些华侨和留学生对他表示热烈的欢迎。他在这些地区建立革命组织，均以此十六字为号召。孙中山这一理论，为全国政党的建立奠定了思想和组织基础。

中国同盟会的成立

随着革命形势的急速发展，原来由各革命团体分头活动的斗争形式，已经不能适应形势发展的需要。革命党人深切地感到组建一个全国性的统一政党来领导革命运动的必要性。于是，革命领袖孙中山开始活动，他广泛接触革命团体的负责人，致力于建立起一个具有更广泛的社会基础和明确的政治纲领的革命政党。在与黄兴、宋教仁等人磋商后，孙中山决定成立一个全国规模的统一的革命组织，以便指挥全国革命斗争。经孙中山提议，该组织定名为中国同盟会，纲领是“驱除鞑虏，恢复中华，创立民国，平均地权”。光绪三十一年（1905年）七月二十日，中国同盟会成立大会在日本东京正式举行，孙中山以及兴中会、华兴会和光复会等革命团体的部分成员参加了这次会议。会议通过了同盟会的章程，选举出领导机构，孙中山被推举为总理。

同盟会的本部设在东京，本着三权分立的原则，在总理之下设有执行、评议、司法三部。执行部庶务科总干事由黄兴担任，总理外出时，本部工作由黄兴来负责主持。国内分设东、西、南、北、中五个支部，支部以下设各省区分会；在海外分设南洋、欧洲、美洲、檀香山四个支部，支部以下按国别和地区设立分会。

同盟会成立后，革命党人在组织建设上获得了迅速的发展。在短短的几年里，广东、广西、福建、浙江、贵州、湖南、湖北、江西、江苏、安徽、山东、陕西、山西、河南、直隶等国内各省份相继出现同盟会的分支组织，在海外的新加坡、马来西亚、菲律宾、檀香山等地革命党人的组织也有所发展。同盟会的分支组织的发展奠定了资产阶级革命运动全面高涨的组织基础。

光绪三十一年（1905年）十月三十日，同盟会的机关报《民报》在东京创刊。在《民报》的发刊词中，孙中山将同盟会的十六字纲领归纳阐发为民族、民权、民生三大主义，即三民主义。

民族主义内容包括“驱除鞑虏，恢复中华”，即推翻满清皇朝的统治，争取国家和民族的独立，也就是孙中山所说的民族革命。鉴于辛亥革命期间，许多革命党人存在浓厚的种族复仇主义思想，在解释民族主义时孙中山特别强调“对于满洲不以复仇为事”。他指出民族革命并不是要灭尽满族人，“我们并不是恨满洲人，是恨害汉族人的满洲人。假如我们实行革命时候，那满洲人不来阻害我们，决无寻仇之理”。可见，民族主义是反对腐败的满族统治者和由他们把持的腐朽政权以及那些反对革命、维护满族腐朽政权的汉族人，而不是针对所有满族人。这就是将民族主义同种族复仇主义区别开来。在当时，帝国主义成为清王朝的太上皇，清王朝已成为帝国主义统治中国的工具，中华民族与帝国主义的矛盾、人民大众与封建主义的矛盾，已集中体现在中国人民与清王朝统治阶级的矛盾上。因此，只有推翻清王朝的统治，才能拯救危亡，争取民族的独立。孙中山曾经指出：满清政府极端腐败，以致中国的形势非常危险，帝国主义者也企图瓜分中国，不进行革命就不能挽救民族危亡，不进行革命就不能驱逐帝国主义者，振兴国家。

民权主义的内容是“创立民国”，即推翻君主专制制度，建立资产阶级的民主共和国，也就是孙中山所说的政治革命。孙中山曾经明确指出，他所领导的革命不同于以“反满复汉”为宗旨的天地会，也不同于“只以驱除光复自任，此外无转移”的朱元璋、洪秀全，而是“驱除鞑虏，恢复中华之外，国体民生尚当与变革”“我们所主张的革命是三民主义和五权宪法的革命”。他一再阐明必须将民族主义和民权主义紧密结合起来，民族革命和政治革命一次完成，“我们推倒满洲政府，从驱除满族人那一面说，是民族革命，从颠覆君主政体那一面说是政治革命，并不是把它分作两次去做。政治革命的结果便是建立民主立宪政体。按照当前的政治形势，即使君主是汉族人，我们也不能不革命”。

民生主义的内容为“平均地权”，也就是孙中山所说的社会革命。孙中山主张核定地价，把革命后因社会经济发展而增长的地价收归国家所有，并逐步由国家向地主收买土地。孙中山认为西方资本主义国家，就是由于没有能够解决好土地问题，才产生了各种矛盾和弊病。为了能够使中国在革命成功后避免资本主义的祸害，以致造成新的社会危机，他提出了民生主义，希望能够将政治革命和社会革命一次完成。

三民主义是一个比较完整的资产阶级民主革命的纲领，它的提出，对于统一革命党人的思想，动员、号召群众，起到了巨大的积极作用。但是，同盟会的纲领也有它的局限性，它没有明确提出反对帝国主义、封建主义的战斗口号，没有提出彻底的土地纲领。因此，它是一个不彻底的民族民主革命的纲领，这是由于中国民族资产阶级的软弱性和妥协性造成的。

此外，同盟会成员对其纲领的理解也各不相同。有的只是从单纯反满的角度去理解民族主义，有的乐于接受民族、民权主义，却不赞成民生主义。在组织方面，同盟会所计划中的组织系统，始终未能完备地建立起来。在支部一级，仅建立了海外的南洋支部和国内的南方支部。本部和地方分会之间联系不够密切。而且同盟会内部还存在着较为严重的派系斗争。这一切，都为日后革命运动的发展留下了隐患。

同盟会的成立及其纲领的形成，使中国革命有了一个领导核心和统一的指导思想，标志着中国资产阶级民主革命进入了一个新的阶段，预示着全国性的革命高潮即将到来。

在孙中山领导下同盟会成立后立即着手在两个方面展开了革命活动。一方面在政治思想上展开了对改良派的论战，另一方面发动了一系列武装起义。

就在同盟会成立的同年，迫于形势，清廷不得不宣布派五大臣出洋考察宪政，第二年又宣布了“预备立宪”。这一举动使流亡海外的改良派康有为、梁启超等人欢欣鼓舞，他们加强宣传，主张保皇立宪，坚决反对革命。康梁的活动使革命派意识到只有对改良派的改良主张进行批判，才能使民主革命的思想深入人心。于是革命党人在《民报》创刊号上发表文章，阐述三民主义学说，宣传以共和代专制，用革命救中国，并点名抨击了康、梁的观点。改良派立刻撰文反击。从光绪三十一年至三十三年（1905～1907 年）间，革命派以东京的《民报》为阵地，改良派以横滨的《新民丛报》为阵地，双方展开激烈的论战。两派在新加坡、檀香山、旧金山和香港等地的报纸，也相继投入了战斗。

论战的中心问题是围绕着三民主义进行的，也即中国是否应以革命手段推翻清廷的统治，是否应当建立资产阶级共和国，是否应该改变封建的土地制度。

改良派赞成君主立宪，诋毁革命。他们攻击革命，认为革命必会引起社会动荡，招致外国干涉，导致国家灭亡。而采用改良手段，劝服清廷改良，实行君主立宪，就可以实现中国的富强。康有为诋毁革命是“杀人流血”，声称：“革命之举，必假借于人民暴乱之力，天下岂有与暴人乱民共事，而能完成者乎，终亦必亡，不过举身家国而同毙耳。”对此，革命党人针锋相对地反击：清廷不肯放弃一点权力，要它实行君主立宪是不可能的，而且清廷已经成为帝国主义侵略中国的工具，只有推翻清廷的反动统治，才能防止中国完全断送在它的手中。他们还指出，革命可以救人救世，不革命则只有腐败和苦痛。在革命战争中，不可避免的要杀人流血。但革命的目的是要以流血换来不流血，使得广大人民群众不再遭受反动统治阶级的蹂躏、屠杀。革命派认为，中国所面临的被瓜分的危险，不在于革命，而在于清廷的腐败和卖国。所以，推翻清廷的革命可以避免列强瓜分中国。

这次论战的又一个重点是中国是否能够建立民主共和国。康、梁一贯认为政治改革必须循序渐进，只有先经过一个长期的君主立宪阶段，然后才能实行民主共和制。如果跨越君主立宪阶段，骤然实行民主共和，最终仍将归于专制。对此，梁启超曾专门写了《开明专制论》和《申论种族革命与政治革命之得失》等文章来加以阐述。他的结论就是与其革命不如改良；与其共和，不如君主立宪；与其君主立宪，不如开明专制。革命党人则认为，中国人民完全有能力在推翻封建专制统治之后，建立起一个民主共和的国家，追求民主共和是世界潮流，是大势所趋。孙中山指出：不能说中国不能实现共和，如果说中国不能，是违反进化的道理的，并且世界上立宪的国家也必须经过流血，才得以立宪，同样流血，为什么不直截了当地实行共和，而实行不完备的君主立宪呢？至于国民政治素质不高这个问题，革命党人强调要以革命开民智来加以解决。

这场论战的双方在原则上分歧很大，但也有一些共同点，并都反映出了其理论上的幼稚和阶级的局限。尽管如此，这次论战仍具有重大的意义。在这场论战中，革命党人有力地辩驳了改良派的主张，揭露了他们反对革命的实质，从而进一步划清了革命与改良的界限，并且在理论战线上击败了改良派，使民主革命思想深入人心，促使革命形势蓬勃发展。经过这场论战，就连立宪派也承认：数年以来，国中盛行革命论……革命派的旗帜更加鲜明，革命派的势力更加磅礴而郁积，下至贩夫走卒，莫不口谈革命，而身行破坏。以致主张立宪者都为他们的气势所震慑。

不幸的帝王婚姻

说来也巧，同治和慈禧不睦，始于慈禧为同治选后；而光绪与慈禧同样因为光绪大婚的事闹得很不痛快。光绪十三年（1887 年）冬，17 岁的光绪皇帝也要亲政了。按照惯例，自然是要先举行大婚典礼。慈禧太后此时的心境，与当年为同治皇帝选后时并无不同，仍然是想要在光绪皇帝身边安插一个自己人。因此，她安排了自己的亲侄女，都督桂祥的女儿参选。

慈禧太后与光绪后宫妃嫔的合影。右一为隆裕皇后，左一为瑾妃，都是慈禧亲自挑选的。

清朝从建立之初就十分注重政治联姻和家族婚姻。政治联姻主要是满蒙之间的联姻，如努尔哈赤、皇太极、顺治等多人都娶了蒙古贵族女子为妻妾。家族婚姻其实是政治联姻的延伸，就是有亲戚关系的两族贵族子女成婚，诸如姑表亲婚、婚姻不拘行辈等。比如皇太极之时，兄莽古思一门姑侄三人共同嫁给了皇太极为妃，顺治皇帝就娶了母亲孝庄皇太后的哥哥的女儿为后，也就是说，顺治皇帝和他的皇后其实是表兄妹的关系。这也是满族人婚姻习俗的表现。

慈禧太后把自己的侄女安排进去，也就是想效仿孝庄太后。光绪帝并非慈禧亲生，而是慈禧的亲妹妹之子，这样算来，光绪其实是慈禧的外甥。也就是说，那位被慈禧安插进来的桂祥之女，实际上是光绪帝的表姐。

选后仪式安排在体和殿进行。这一天，备选的秀女依次排列在殿内，等待皇帝的挑选。殿内放着一张小桌子，上面放着一柄金镶玉的如意，两个红色绣花的荷包。按照清宫惯例，皇后和嫔妃由皇帝亲自挑选，如果皇上看中哪位女子，欲立其为后，则将如意赐之，欲立为妃者，则将荷包赐之。慈禧在安排秀女顺序时，特意让自己的侄女排在首位。此时没有了慈安的掣肘，慈禧自然以为光绪会乖乖听从安排。

年轻的光绪并不笨，他自然知道慈禧只不过是安排了一出戏而已，所以他根本不想配合慈禧把这场戏演下去。当慈禧拿起如意，告诉光绪看哪个姑娘合你心意，就把如意赐给她的时候，光绪直截了当地说道，婚姻大事，还是皇爸爸来做主，儿臣就算了吧。谁知控制欲极强的慈禧并不答应。也许在她看来，过程和结果同样重要。你光绪必须按照我制定的规矩来。光绪毕竟年纪尚幼，看到慈禧如此作派，居然以为自己即将亲政，慈禧也要尊重自己的意见了。大喜之余，一把抓起如意，看也不看站在第一排的桂祥之女，径直走到站在第二排的江西巡抚德馨女儿面前，就要把如意赐给她。

就在这关键时候，慈禧再也忍不住了。她也顾不得皇家的体面，严厉地喝了一声："皇帝!"光绪吃了一惊，愕然回过头来看着慈禧，此时慈禧却又闭上了眼睛，一语不发。只是朝着第一排的方向努了努嘴。光绪愣了一下，还是无可奈何地慢慢踅回身来，把如意重重地往桂祥之女的手中一塞，迅速回到了慈禧身旁。

光绪这个皇帝做得有点窝囊，虽然身为皇帝，可是面对专权的慈禧，也只有认命的份儿。光绪与表姐，也就是隆裕皇后在成婚前的关系一直不错，作为姐姐，隆裕对光绪特别照顾，就像对待自己的亲弟弟一样，两人的关系十分融洽。可是突然间，慈禧把自己的姐姐指给了自己当皇后，光绪心中实在难以接受。但为了服从慈禧，也为了讨好慈禧，光绪别无选择。

经此一场风波，光绪自然也不愿再挑选嫔妃。可是慈禧太后仍然不依不饶，她认为既然光绪有心于德馨的女儿，即使召入宫中作为嫔妃，日后定然也有夺宠之忧，于是自作主张，将两个荷包给了站在第三排的礼部左侍郎长叙的两个女儿。一场可笑的选后仪式就这么结束了。然而慈禧并没有想到，在这一次选后中，她仍然没有获得胜利；她的无意之举又为自己树立了一个敌人：长叙的小女儿，就是后来的珍妃。

光绪的一生也就只有这么一后二妃，是清朝皇帝中后妃最少的皇帝，也是成婚最晚的皇帝。慈禧的做法也是出于其政治上的考虑，目的就是要把朝政交给光绪后，还能够利用皇后来操纵光绪，最起码可以监视和掌握皇帝的一举一动。

可以想象，光绪自然不会对这样一场政治婚姻感到满意，尽管珍妃瑾妃也不是他亲自挑选的，但为了报复慈禧，他甚至刻意地疏远被封为孝定皇后的桂祥之女，而亲近珍妃和瑾妃。

与隆裕皇后的大婚当晚，光绪对叶赫那拉氏异常的冷淡，客气得根本不像新婚夫妻，叶赫那拉氏后来才知道光绪本来就没看中自己。光绪连自己的婚姻都不能做主，只能把怨气撒到皇后叶赫那拉氏身上，他很清楚这位表姐就是老佛爷安插在自己身边的耳目。因此，叶赫那拉氏自大清门抬进皇宫以后，虽备受慈禧宠爱，却得不到丈夫的半点青睐。尽管皇后的桂冠令人羡慕，却无半点乐趣可言。她经常到慈禧身边哭诉，不免说一些皇帝如何宠爱珍妃的话，于是慈禧就经常辱骂珍妃，又责怪光绪对皇后无礼。这样，皇帝、皇后、太后之间的矛盾日益加深。

戊戌政变爆发后，慈禧不仅把光绪囚禁在瀛台，还要废掉他的帝位。虽然叶赫那拉氏同光绪从一开始就不合，可一旦皇帝遭废黜，自己身为废帝之后，就连眼前这点虚荣都将失去。

虽说她与光绪之间没有夫妻情分，但毕竟是姑舅亲，光绪的生母也是她的姑姑，就是砸断骨头也还连着筋呢。光绪被囚之后，后妃之中，慈禧只允许她信任的皇后叶赫那拉氏偶尔去看望。

入冬后，寒风刺骨，瀛台冷得就像冰窖一样。卧室之内，窗户上的纸早已破烂，四处漏风，被褥甚至都露出了棉絮，早应该更换了，叶赫那拉氏看后不免心酸，虽然光绪不是亡国之君，却沦落到如此地步，同亡国之君也没什么不同了。内务府出身的户部尚书立山实在看不下去，就瞒着慈禧帮光绪把窗户糊好了。

不想此事到底还是传到慈禧的耳朵里，她把立山找去打了一顿耳光，还把光绪叫到跟前说："祖宗起漠北，冒苦寒立国，汝乃听朝而畏风耶?"言下之意，这点风寒都受不了，怎么对得起艰难起家的列祖列宗？此事之后，更无人敢对光绪表示同情了。光绪对慈禧以及皇后已经恨之入骨，他怎会不知道叶赫那拉氏来看他的意图？每次叶赫那拉氏来看他，他大多时候都闭上眼睛不发一言，直到叶赫那拉氏离开。

一日，皇后不知哪句话说得不合适，光绪便怒气冲冲地将她头上的发簪拔下来扔到地上掷碎。那个发簪是太后赏给她的乾隆时期的遗物。她知道光绪的一腔愤怒实际是冲着慈禧发的，光绪始终把她当成太后的替身，实际上她比光绪还可悲，只不过她的囚所是无形的。

光绪三十四年十月，慈禧病重。当慈禧听说光绪得知自己病重后面带喜色时，不由得勃然大怒，决定一定要让光绪死在自己前面，在慈禧的安排下光绪亦病重。给皇上看病的太医换了一轮又一轮，诊断并不一致，各持一说，宫里只好又请到一位德国医生来看诊，洋医生走后，宫里纷纷传言，西洋大夫说光绪并不是平常的病，而是中毒，此话当然只能瞒着慈禧。眼看着慈禧不行了，但是光绪居然还是死在了慈禧前面，年仅三十八岁。

珍妃之死

维新启蒙，选秀为妃

1888年，十三岁的他他拉氏与姐姐同时进宫，被慈禧看中，她封为珍嫔，姐姐为瑾嫔。光绪二十年，两人同时晋封为妃。受其父亲长叙的委托，珍妃和姐姐瑾妃自幼随伯父长善在广州长大，珍妃聪明乖巧，长相伶俐，很受伯父的宠爱。

珍妃在和伯父相处的过程中，她发现长善虽为满人，但是却特别喜欢中原文化，除了自己在闲暇时阅读经书之外，还喜欢与汉人当中的名士切磋交流，最常来内府的客人是于式枚和文廷式。尤其是文廷式（光绪时榜眼），长善尤其欣赏，深交之后，将年幼的珍妃、瑾妃交给这位具有开明的教育思想家管教。

文廷式在讲课时，珍妃发现自己的这位老师和以前伯父请来的私塾先生大不一样，并没有教给她一些三从四德的东西。父兄的宠爱，师长的开通，使她的天性不仅没有受到任何压抑，而且还接受了不少维新思想。原来，作为一名女性，除了“大门不出，二门不迈”的闺阁生活，还有另一种更让人神往的自由自在的生活方式，激动的心情时常让她兴奋不已。

珍妃十岁那年，长善卸任广州将军，一家人返回北京。在那个年代，尽管社会正处在巨大的变革之中，但是女性的最好归宿还是能够到皇帝的身边，做个妃嫔享受荣华富贵。这样，过了几年，宫中选秀女，珍妃和姐姐都入选。

皇宫里的生活对珍妃来说，是既陌生又新鲜的。在这里，她听到了更多关于慈禧的传言。宫人们私下里议论，同治死后，朝廷为什么没有从其下一代“溥”字辈当中选择继承人，而是选择了和同治同是“载”字辈的光绪，很大程度上是因为慈禧想继续掌握实权。因为做了太皇太后，就再也没有“垂帘听政”的资格，这在慈禧看来是不可能容忍的事情。

珍妃听说，皇上在选妃时，原本是非常喜欢江西巡抚德馨的二女儿的，但是由于慈禧担心她将来和皇后争宠，干脆将德馨的两个女儿都打发回了家。身为皇上，不仅不能独立地执掌国家朝政，甚至也不能为自己的婚姻做主，珍妃不由得对自己原本生得清秀的丈夫又生出许多怜悯之情来。

珍妃天姿聪颖，又有才干。她刚入宫时，还没形成那么多的人事纠葛，这位姿容曼妙，气质卓然的东方女性，是死寂的紫禁城里一束温暖的阳光。年轻的光绪皇帝本来就不喜欢由慈禧做主为他挑选的隆裕皇后，珍妃的出现，更使他情不自禁地将自己的爱情给予了这个入宫时年仅十三岁的皇妃。珍妃不仅擅长书画、下棋，而且还经常与光绪玩“易装”的游戏，女扮男装后的珍妃颇有几分飒爽的英气，光绪在开心之余又对她多了一份疼爱。

事实上，最开始的时候，就连慈禧都非常喜欢这个俏丽活泼的小姑娘。觉得她身上有自己年轻时候的影子，赞叹她的欢笑给冰冷后宫带来了生气。珍嫔的字写得非常漂亮，这让慈禧太后非常地欣赏。以至于相当长的一段时间里，逢年过节，慈禧干脆让珍妃代自己写“福”写“寿”字，用它们来赏给大臣。慈禧在得闲时也喜欢到中南海、北海、颐和园、圆明园、静宜园等处散散心。很多时候，她都会叫上珍妃，珍妃的天真无邪为平素安静的皇家园林增添了许多欢笑和快乐。

照相馆事件

珍妃颇具艺术才华，平时喜爱书画，一个深宫女子，能和艺术交上朋友，也是一种精神上的寄托。珍妃入宫时，摄影术已传入中国，但在宫中是禁止的，相机被认为是“西洋淫巧之物”，会取人魂魄，照多了会使人损寿，尤其是摄影师面对皇上、皇后和妃嫔对光，是极不礼貌的犯上行为。然而，珍妃却没有这些顾忌，她喜爱摄影，于是就暗中从宫外购进一架相机，背着专横的慈禧太后，偷偷地研究起来。

珍妃毕竟还是一个半大的孩子，她对一切新鲜事物都非常好奇，平时，她不仅给自己照，也给别人照，还教会了光绪和不少太监怎样照相。珍妃平时就喜欢穿男人的衣服，照相时更是乐此不疲，照了很多男装照，摄取各种姿式，兴味盎然。

按清代后宫惯例，皇后每年的例银在二千两左右，妃不过三百两，嫔二百两，这些除了个人花费以外，还要拿出一部分打赏下人。珍妃平日里不会计划，一年下来总会出现亏空。她想到照相术在中国还是稀罕的事物，于是私下拿出自己的积蓄，让身边一名叫作戴安平的太监在东华门外开了一家照相馆，希望借此可以让手头宽裕一点，自己也可以继续追求自己的爱好。

不久，这件事传入宫中，被隆裕皇后知道了，她马上告诉了慈禧。

其实，慈禧自己也非常喜欢照相，现存的慈禧的相片要比珍妃的多得多，她对照相这件事情本身并没有多大的反应。但是她对珍妃居然敢背着自己在外开店大为光火，“以为宫嫔所不应为”，认为珍妃仗着光绪喜欢，根本就没有把自己这个老佛爷放在眼里，对珍妃开始大为不满，借口珍妃不守祖宗的家法，把她狠狠教训了一通，并将开照相馆的太监戴安平当场打死。此后，宫中再无人敢谈照相了，珍妃在宫中的地位，也急转直下。

有一次，光绪一时高兴，赏给珍妃坐八人抬的大轿，被慈禧碰到了，慈禧不仅把珍妃痛斥了一番，而且为了警告珍妃，把轿子也给毁了。这件事本由光绪起，光绪得知后也很尴尬，因此，当隆裕为此事在光绪面前说起珍妃的不是时，光绪不由得大为恼怒，把怨气全撒到了隆裕的头上。据后来一位刘姓宫女回忆，光绪当时甚至动手打了隆裕。

这样一来，珍妃不仅引来了隆裕的怨恨，而且慈禧知道以后，愈发觉得珍妃把皇帝带坏了。过了不久，光绪用库存的珍珠和翡翠做成了一件珠光宝气的旗袍，偷偷送给了珍妃。不想珍妃私下穿着与光绪在御花园里散步时，竟然被慈禧撞见了。慈禧大为生气，因为凭着珍妃的等级，无论如何也不能穿着如此珍贵的服装的。慈禧不仅当即让太监脱掉了珍妃的这件外套，而且还杖责了珍妃三十下，慈禧就是要借此给珍妃点颜色看。

卖官鬻爵

光绪二十年，慈禧六十大寿。为了庆祝自己的生日，特许王公大臣、后宫嫔妃普升一级，珍妃和姐姐瑾妃当时还为嫔，于是也依例将在该年的十月晋升为妃。但是尚未等到正式册封，就发生了一系列让珍妃难堪的事情。

这一年，一个叫耿九的人，希望谋取粤海道官职，还有一个叫宝善的人，希望出钱免罪，他们于是行贿了与珍妃较为亲近的两个太监：王长泰（王有儿）、聂德平（十八），并通过他们疏通珍妃，希望珍妃能找机会在光绪面前美言几句。珍妃毕竟还太年轻，在太监的游说下，根本没有细想这种事情的严重后果，便做了一生中最愚蠢的事情：答应了替他人跑官。

有了第一次，就会有第二次。光绪二十年（1894 年）四月间，珍妃又为玉铭谋得四川盐法道的肥缺。

按例新官放任，皇帝需要召见一次。光绪在召见时问玉铭曾在哪一衙门当差？居然回答是在木厂，光绪惊讶之余，要求玉铭当场写下简历，玉铭竟“久久不能成字”，光绪大失所望，只好另下一旨，说明新授四川盐法道的玉铭，在皇上询问其公事时，大多都并不熟悉，不能再授予这个职位。

其实在清代，卖官并不是地下交易，而是政府许可的行为。清代选官有三种途径：荫封，科举，捐纳。康熙十三年（1674 年），清朝正式颁布了制度，以后历朝沿袭，且捐纳数额愈来愈大，由捐纳而得官的人数也越来越多，一直到光绪二十七年（1901 年）才明令禁止。

很多著名的人物都是由捐纳走向仕途的，比如著名文人李慈铭，洋务运动中发挥了积极作用的华衡芳、徐寿、李善兰、郑观应、薛福成，甚至还有“戊戌六君子”之中的谭嗣同、杨深秀，以及资产阶级革命家徐锡麟等。

但珍妃却在不知不觉中得罪了以慈禧、李莲英为首的利益集团。

慈禧想帮李莲英为其四个养子说情谋官，结果都被刑部尚书以“补缺当遵部例”的理由给驳了回来，而且只肯给“乌布”这样的低级职位。

而同样性质的事情，珍妃却通过光绪为他人谋到了清代为正四品的“道员”职位。

这件事情被人揭露出来之后，使得慈禧对珍妃极为厌恶。

援宫中成例，犯事儿的嫔妃均交皇后严加管束，珍妃被幽闭于宫西二长街百子门内牢院，命太监总管专门严加看守，从此与光绪隔绝，不能见面。《故宫通览》中说珍妃被囚禁的这个小院原是侍从下人居留的地方，珍妃入住后，正门被牢牢关上，打上内务府的十字封条，珍妃住在北房三间最西头的一间，屋门从外面倒锁着，吃饭、洗脸等均由下人从一扇活窗中端进递出。珍妃所食为普通下人的饭，平时不准与人说话。逢年过节或月初一、十五，这些别人高兴的日子，看守她的一位老太监就代表慈禧对她进行训斥。

力促维新变法，被打入冷宫

1894 年，中日甲午战争爆发。甲午的战败以及近代史上著名的不平等条约《马关条约》的签订，都极大地刺激着光绪的神经。痛定思痛，光绪对维新思潮的热情越来越高，他多次在言语中透露希望中国能够效法日本明治维新，通过改革从此走向富强，这让珍妃也激动不已。珍妃素来深受老师文廷式维新思想的影响，在私下里与光绪讨论时，是倾向于光绪采纳主战派意见的，她支持光绪在国家治理上更多地发表自己独立的意见。另外，她还经常与维新党人互通信息，这就更加惹怒了慈禧，慈禧已经对她恨之入骨。

1898 年，慈禧发动政变，再次垂帘听政，捕杀维新党人，把光绪帝囚禁在中南海的瀛台，把珍妃幽禁在皇宫景祺阁的冷宫中。慈禧对珍妃的迫害，使她完全失去了人身自由，受到了严酷的杖刑。珍妃被囚禁了两年，受尽了虐待和折磨，身上肮脏不堪，形如乞丐，但她却始终念念不忘光绪帝。光绪也一直惦念着她，在太监的帮助下，光绪多次在夜晚来到北三所，与珍妃隔窗对泣。两人彼此鼓励，希望都能坚强地活下去，以待有出头之日。

珍妃的性格及思想倾向，使她能同光绪情投意合，同时，也造成了她的悲剧人生。

珍妃之死，身后遗事

关于珍妃之死，正史的记录都语焉不详。民间流传的说法多为所谓老宫人口述亲历，真实性还有待考证。

1900 年，八国联军进攻北京，慈禧太后挟持光绪帝慌忙出逃。临行前，急忙把后妃们召集到宁寿宫，幽禁于北三所寿药房中的珍妃也被唤出，此时的珍妃已被囚禁了整整三年，披散着头发，穿着旗袍，神情呆滞。

慈禧一看到珍妃，大怒说：“到这时候了，你还装模作样，洋人进来，你活得了吗？赶紧换衣服走！”珍妃说：“皇阿玛可以出去避一避，不如让皇上和我留下，设法与洋人交涉，这样可以维持大局。”慈禧顿时翻脸呵斥：“你这贱人，死到临头还敢胡说，快把她给我扔到井里去!”光绪立刻跪地哀求，请求太后留珍妃一命，此时，慈禧已是怒不可遏，说：“你这个皇上也救不了她的命！来人！赶快给我把她扔下去!”就这样，珍妃被两个太监扔进了顺贞门的井中，时年仅二十四岁，此井，后来被称为“珍妃井”。另有一种说法，当时珍妃是被慈禧命人偷偷推入井中，光绪当时并不知道。

1901 年，也就是珍妃遇害后的第二年，慈禧由西安返京，为了掩人耳目，就说珍妃为免遭洋人污辱，守节投井自杀，并命人将珍妃尸体打捞，追封为皇贵妃，初葬恩济庄的宫女墓地。在追封珍妃为珍贵妃的谕旨中，曾有“上年京师之变，仓猝之中，贞（珍）妃扈从不及，即于宫中殉难，洵属书烈可嘉，恩著追赠贵妃位号，以是褒恤”。将“珍”写成“贞”，大概有以示崇敬之意。

1913 年，瑾妃（时为端康皇太妃）将珍妃迁葬光绪景陵妃嫔园寝，并为她修建了一个小灵堂以供奉珍妃的牌位，灵堂上悬挂一额纸匾，上书“精卫通诚”，颂扬珍妃对光绪的一片真情。在隆裕太后去世后，珍妃的姐姐瑾妃已成为皇太贵妃。后来，宣统帝溥仪尊封她为端康皇贵太妃。

据溥仪回忆，隆裕皇太后死后，瑾妃很专权，自己俨然成了皇太后，效法慈禧，让溥仪叫她皇额娘，经常管教溥仪，不把皇帝放在眼中。为此，溥仪在一些人的怂恿下，公开与瑾妃吵了一架，使瑾妃很下不来台，溥仪也为此付出了沉重的代价。瑾妃为了出这口气，把溥仪的奶奶、母亲召进宫，对她二人施加压力。她二人可吓坏了，一齐跪下来苦苦哀求，答应劝溥仪给瑾妃赔礼道歉。最后溥仪经不住祖母和母亲的苦劝，被迫给瑾妃道了歉。溥仪的母亲个性极强，从未受过别人的训斥。这次窝了一肚子火，回到家吞了鸦片烟自杀了。瑾妃听了这个消息以后，吃惊不小，深怕溥仪追究此事，于是也改变了对溥仪的态度，两人关系有了明显缓和。

1924 年 10 月 20 日瑾妃病死，终年五十一岁，溥仪谥之为恪顺皇贵妃。葬入崇陵妃园寝东宝券内。

光绪驾崩之谜

光绪帝驾崩

光绪三十四年（1908 年）十月二十一日，光绪帝驾崩。

清廷档案里保存有光绪众多的“医案”（病历记录），详细记载了光绪的病历和诊治用药情况，其中有光绪本人自述的病历、病状，而光绪死前半年的医案保存非常完整。

从这些医案看，光绪体质很弱，这是人人皆知的。光绪自小离开亲生父母，在宫中生活并不那么愉快。慈禧醉心权力，对光绪照顾得非常少，对他的要求却很严厉，使小皇帝享受不到母爱，没有童年生活的乐趣，影响了身体的成长。所以，光绪从小便病魔缠身，常患感冒和脾胃病，用药频繁，并有长期遗精的病史。这些记载和当时人们的传说是相同的。

成年以后，光绪体质未见好转。但在光绪十五年至二十四年（1889～1898 年）这段时间里，发病和用药都相对减少。这可能是因为正值青年时期，气血旺盛。而亲政以后，还没和慈禧发生大的冲突，精神颇为放松。特别是这时有珍妃进入他的生活，给他带来了很多温馨和乐趣。由于这些原因，所以光绪的身体相对好些。

戊戌政变后，光绪和他亲爱的珍妃分别被囚禁。生活的彩图烟消云散，国家维新没有希望，光绪整日生活在忧惧郁闷之中，时刻担心被太后废掉、谋害。于是光绪健康状况恶化，病情突然加重，多病并发。至光绪二十六年（1900 年），光绪的病况到了“病已深入五脏，气血双亏”这种境地。用现代医学概念解释，也就是说，光绪已患有严重的神经官能症、关节炎或骨结核，还有血液系统疾病。中医称这种现象为“痨瘵之象”，病势已十分严重了。

此后，病情日甚一日，没有出现一点转机。到光绪三十四年（1908 年）春季以后，已是病入膏肓，必死无疑，不需要任何人加害，也只在旦夕了。

御医曹元恒在三月初九日所写的医案表明，此时光绪已是肝肾阴虚，脾阳不足，气血亏损，寒凉温燥药物全部不能用，医生们已经毫无办法了。五月御医陈秉均的记录证明，治疗确实毫无效果：“调理多时，全无点效。”延至九月，光绪病情开始复杂多变，脏腑功能都失调，而且这种情况已出现很长时间了。医生们用的药也都是维持时日，无力起死回生了。

御医肯定都是些有声望的人，而此时都已声称无能为力，为了挽救皇上，朝廷又征召各省名医来做最后的努力。光绪三十四年（1908 年）七月，江苏名医杜钟骏奉召来京。他首次入诊后，即对吏部尚书陆润庠说：“我辈此来，满拟治好皇帝之病以博微名。及今看来，徒劳无益。不求有功，但求无过。”名医和御医的诊断是相同的。

自这年春天起，光绪亦觉得病势严重了。他自己说“病势迁延，服何药总皆无效，且一症未平，一症又起”。正值壮年的光绪，肯定十分愿意活下去。他对御医们长治无效非常生气，指责他们无能，“屡易药方，仍属加重”“总系药不对症”，说他们“草率立方”。他认为御医看脉时不是十分认真，“每次看脉，匆匆顷刻之间，岂能将病详细推敲？只是敷衍了事而已”。给皇上看病，谁敢马虎，只是病情严重，无人能想出好办法而已，光绪埋怨也没用。

大约到十月十七日前后，光绪危在旦夕。十月十六日出现肺部炎症和心肺衰竭的症候。第二天，杜钟骏等三名御医入诊，他们全都认为，光绪上盛下虚，元气损亏过度，病势危笃至极。后来杜钟骏记述：“皇上气促口臭，带哭声而言曰：‘你有何法救我?’予曰：‘皇上大便如何?’皇上曰：‘九日不解，痰多气急心空。’……复退至军机处拟方，予案中有‘实实虚虚，恐有猝脱’语。继大臣曰：‘你此案如何这样写法，不怕皇上害怕吗?’予曰：‘此病不出四日，必有危险。此后变出非常，予不负责，不能不预言。’”

十九日，光绪已是“中气虚损，不能承领上下，以致上而逆满喘咳，下而大便不行。清气不升，浊气不降，而通体为之困乏矣”，御医们皆以为颇为棘手。

二十日，光绪帝“目睑微而白珠露，嘴有涎而唇角动”，中枢神经症状已经出现了。

二十一日子刻，光绪生命垂危，“脉息如丝欲绝，肢冷，气陷。二目上翻，神志已迷。牙齿紧闭，势已将脱”。到中午，脉息出现“若有若无，目直视，唇反鼻搧，阳散阴涸之象”。至酉刻，“龙驭上宾”。

从以上病史记载看，由于光绪一生忧郁寡欢，身体十分虚弱，以致五脏俱病，六腑皆损，阴阳两虚，气血双亏，终以阳散阴涸、阴阳离决死去。用现代医学的概念来解释，就是患有肺结核，兼有肝脏、心脏和风湿等症，始终慢性消耗，最后出现多种合并症。而直接致死原因大概是心肺功能慢性衰竭，合并急性感染。

慈禧太后是否害死了光绪帝

光绪帝中毒身死

清光绪三十四年（1908 年）十月二十一日，光绪帝崩逝，年仅 38 年。《清史稿》载：“癸酉，上疾大渐，崩于瀛台涵元殿。”意思是说光绪帝是病死的。不过清末名医桂庭在所写的《诊治光绪皇帝秘记》一书中却有不同的记载：光绪帝临死前三天，曾在床上乱滚，并且肚子疼痛难忍，脸颊发暗，舌头又黄又黑，似乎有中毒的迹象。那么光绪帝真的是中毒而死吗？

1980 年，清西陵管理处对清光绪帝及隆裕皇后所葬崇陵棺椁（于 1938 年被盗）进行了清理并重新封闭，而光绪及隆裕皇后的头发被移至棺椁外，保存在清西陵管理处文物库房。

光绪皇帝的遗骨犹在，随着科学技术的发展，通过尸体检测来揭开真相，越来越成为可能。2003 年，中央电视台清史纪录片摄制组、清西陵文物管理处、中国原子能科学院反应堆工程研究设计所和北京市公安局法医检验鉴定中心四个单位开始共同合作，组成“清光绪帝死因”专题研究课题组。课题组运用侦查破案的思维方式，根据信息的产生、传递、处理、还原、应用等原理，充分利用“中子活化”“X 射线荧光分析”“原子荧光光度”“液相色谱/原子吸收联用”等一系列现代专业技术手段，通过开展综合分析、模拟实验、双向推理、多维论证等多项工作，对清西陵保存的光绪头发、衣物、遗骨以及墓内外环境进行反复的检验和缜密的分析研究。在经过五年研究之后，2008年11月2日，课题组对世人公布确证“光绪帝系砒霜中毒而死”这一结论，但学术界仍可提出异议。

如果光绪帝是中毒而死，那么谁又是凶手？有人认为以当时的条件、环境而论，如果没有慈禧的主使和授意，谁也不敢、也不能下手毒杀光绪，而且慈禧又有谋害光绪的动机，因而，慈禧就是毒杀光绪的凶手。

皇帝与太后之间的矛盾

这还要从光绪帝与慈禧太后之间的矛盾说起。众所周知，戊戌变法失败后，以慈禧太后为首的顽固派重新把持了所有朝廷大权，改良派人士或遭屠戮或被通缉，光绪帝更是被囚禁于中南海瀛台，成了徒存虚名的皇帝。

但是，维新派在地方上的影响依旧存在，在名义上，光绪帝依旧是皇帝，而他比慈禧太后年轻30多岁，慈禧太后一死，很有可能重新归政于他，到那时东山再起的光绪帝必定会对顽固派进行打击和报复。

并且，戊戌变法得到了许多国家的关注和同情，相对于行将就木并且保守的慈禧太后，列强们似乎更希望由年轻而又开放的光绪帝当政，所以光绪帝只要名号仍在，他所具有的巨大影响力就不容忽视。正是看到了这种潜在的威胁，从有关记载看，慈禧太后囚禁光绪帝后不久，就有意谋害或者废掉光绪帝。

慈禧太后起初的策略是，对外大张旗鼓宣布光绪帝已经病重，并下诏广求名医入宫为光绪帝看病，每天还将光绪帝的病历和药方传示各官署，甚至送到东交民巷各使馆。一时间，人心汹惧，似乎光绪帝大限已至。慈禧太后这样做，一方面是为谋害或者废掉光绪帝制造烟幕弹；另一方面借以试探各方的反映，尤其是试探各国公使的反映。出乎意料的是，光绪帝的安危受到了外界的广泛关注，一时人言鼎沸，传言甚多。有说光绪帝已经自尽身亡；有的说正抱病，被囚一室；甚至还有报道说光绪帝已被顽固派害死，所谓“病重”不过是一种假象；甚至对此极为不满的各国公使还纷纷向总理衙门建议，派一位医术高超的西医为光绪帝看病。慈禧太后起初不同意，后来迫于广泛的舆论压力，勉强同意让法国名医德对福入宫为光绪帝看病。诊断之后，德对福将结果公布于报纸之上，世人才知道光绪帝并没有什么大病，所谓的病情，也只是“体气瘦弱，精神短少，消化迟滞，大便滞泄”等，并非什么绝症。由此，慈禧太后通过“皇帝病重”谋害光绪帝的伎俩被揭穿，慈禧太后也通过这件事看到了舆论所向。

不久，顽固派又试图废掉光绪帝，对外宣称：“帝久病不能君临天下”，为废立制造舆论。但是这种做法也立即遭到了外国驻华使节的反对，一些手握实权的封僵大吏也致电表示反对，流亡海外的康有为、梁启超更是发动侨民，致电清廷，“请皇帝圣安”，并要求慈禧太后归政于光绪帝。在这种情况下，顽固派明显感觉到了光绪帝背后的力量，也暂时不敢轻举妄动。

后来，慈禧太后又听从亲信荣禄的建议，于光绪二十五年十一月(1899 年 12 月)，宣布立端郡王载漪之子溥俊为大阿哥，定于次年元旦令光绪帝让位于他。不想这一计谋，也遭到了外国驻华使节的反对，外国人认为顽固派扼杀帝党，实行的是某些排外或者闭关的政策，这将对他们的侵略不利。后来甚至有传言，洋人要“勒令皇太后归政”，这让慈禧太后恼羞成怒，不惜利用义和团向侵略者宣战。之后，洋人和慈禧太后达成了谅解，洋人同意继续由慈禧太后维持局面，慈禧太后也甘愿为洋人效劳。在这种情况下，光绪帝的废立已暂时威胁不到慈禧太后的统治，慈禧太后也就放下了心。然而，慈禧太后对囚禁在瀛台孤岛上光绪帝的种种折磨，似乎让人感到她随时都希望光绪帝死去。

据有关资料说，光绪帝在瀛台孤岛上受着非人的折磨，生活极为凄苦。光绪帝刚到瀛台时，依照慈禧太后的吩咐，每天还给两席饭菜，后来只剩下一席。而所谓的饭菜，除了干冷变质的食品之外，别无其他。太监们也往往任意敷衍，有时甚至干脆不送。当时工部侍郎立山因为冬天给光绪帝住的大殿糊了糊窗户纸，就被慈禧太后大骂一顿。

光绪二十四年（1898 年）冬天，因南海结冰，光绪帝和几个小太监一起玩耍，不知不觉踏冰走上了岸，后被大太监崔玉贵看见。崔玉贵以小太监挟持光绪帝出巡，欲行不测为由，将 6 个小太监全部打死。从此，对光绪帝的管束愈加严格，只要南海结冰，就有人不厌其烦地砸冰，防止光绪帝逃跑。

慈禧太后对光绪帝精神上的折磨更加残酷，不仅逼死了他唯一宠爱的珍妃，还处处借机刺激和打击光绪帝，甚至到后来太监们也都不把光绪帝放在眼里。

正是因为慈禧太后曾试图谋害或者废掉光绪帝，并对他的“囚徒”生活极尽虐待之能事，人们才怀疑是慈禧太后最后派人害死了光绪帝。再说，一生要强的慈禧太后能容忍一直被自己压制的光绪帝死在自己的后面吗？她就不害怕光绪帝重新执政后，翻她的旧案？尤其是二人离世的时间相距不到一天，这仅仅是巧合吗？所以这种怀疑是理所当然的。当时长期担任起居注官，接近光绪帝的恽毓鼎，在所写《崇陵存信录》一书中说：光绪三十四年（1908 年）秋，入诊者都说光绪帝并无大病。十月初十，逢慈禧太后生日，他还准备给太后祝寿，后慈禧太后传懿旨：因皇帝有病在身，免其率百官行礼。并且说，当时慈禧太后患腹泻已经多时，有人进谗言，说光绪帝听到太后病了，面露喜色，慈禧太后十分恼怒地说道："我不能死在你前面。"到了二十一日光绪帝就驾崩了。这样看来，慈禧是毒害光绪帝的真正凶手，不过，也有人持不同意见。

李莲英、袁世凯谋害皇帝

还有其他说法，认为是李莲英或者袁世凯出于自身安危的考虑，怕慈禧太后死后，光绪帝重新执政，会对自己不利，因而下手害死了光绪帝。德龄女士在《瀛台泣血记》一书中叙述：李莲英一直跟着慈禧太后，他怕慈禧太后死后，光绪帝重新执政算自己的老账，下手毒死了光绪帝。英国人濮兰德和白克好斯合著的《慈禧太后外传》中也支持这种说法。而末代皇帝溥仪在《我的前半生》中则说，他听说光绪帝是喝了袁世凯送来的一剂药而死的。由于在戊戌变法期间，袁世凯出卖了光绪皇帝，一旦慈禧太后死后，光绪帝重新执政，肯定会向袁世凯算账，所以袁世凯要在慈禧太后死之前，先把光绪帝害死。

总的来说，在光绪帝诸多的死因中，被慈禧太后害死是一种重要的说法。至于事实是否如此，到目前为止，史学界仍没有定论。

慈禧去世

慈禧去世

到了光绪三十四年（1908 年），74 岁高龄的慈禧进入皇宫已有 58

年，对大清的统治已48年，十月，慈禧因年纪大了，体力不支，她的精力明显不够用了，此时她也不免有些担心，于是千方百计保养，但尽管如此，她还是病倒了。

她在病倒之后，尽管想不到自己的寿命不久了，但自知年纪大了，既然病倒就十分不利。所以，她一方面依然将朝廷权力握在手中不放，甚至到死前的最后一刻；另一方面必须得考虑自己的身后之事，作一些安排。

慈禧在病重期间，作出了一个重要的决定，就是将醇亲王载沣将近3岁的儿子溥仪迎入宫中。光绪去逝之后，慈禧就在朝廷内外宣示溥仪为入关后第十代皇帝，这是慈禧所立的第三个傀儡皇帝。

在立溥仪登极即位之前，慈禧就下了一道懿旨，曰："现值时事多艰，嗣皇帝尚在冲龄，正宜专心典学，著摄政王载沣为监国，所有军国政事，悉秉承予之训示施行，俟嗣皇帝年岁渐长，学业有成，再由嗣皇帝秉裁政事。"这充分表明，慈禧虽然立了皇帝，但她绝不放弃手中大权，哪怕一点点。

这年十月二十二日，慈禧太后正在中南海仪鸾殿的御榻上，静卧养病。几天来，慈禧的病情加重了，而且是明显加重，御医们绞尽脑汁，用尽医术为她治疗，但也无济于事，应诏赴京的全国各地名医也轮着为慈禧诊断、治疗，开出许多方子，但慈禧的病情却日益严重。

慈禧出生在大清帝国中衰之际。西方资本主义列强对东方的富庶很感兴趣，更想吞掉中国这块土地。他们极力用各种方式来撬开中国的大门。在她6岁那年，英国发动了鸦片战争，中国的大门被隆隆的炮声打开了。列强涌了进来，眼看大清政府面临着危亡。她在宫中正受咸丰宠幸的时候，洪秀全在南方闹起了太平天国革命。没有多久，英法发动了第二次鸦片战争，咸丰内外交困，逃入热河避难。在一个集权专制的政体下，最高统治者皇帝重色轻政，为所欲为，手中的大权自然就会失去。在咸丰纵情声色、不问政事的情况下，肃顺等人乘机想篡权，后妃不甘受人指使，与奕䜣联合，最后使肃顺大败，慈禧垂帘听政，步入了政治舞台。她与慈安、奕䜣制定了对洋人妥协、集中全力镇压太平天国革命的政策，终于外揖洋人，内平太平天国。由此形成了所谓“同治中兴”。但时间不长，中法战争中，中国军民齐心协力，镇南关一战大败法军，法国茹费理内阁倒台。慈禧害怕再发大乱，导致别的国家也来干涉内政，因此同李鸿章等人积极鼓吹乘胜即收，与法国签订《中法新约》，造成了不败而败的局面。10 年后，中日甲午战争爆发，中国惨败，被迫签订《马关条约》，丧失主权，也大大加深了半殖民化。民众对洋人的侵略十分愤恨，山东闹起了义和团。慈禧采取利用义和团反洋人的策略，招来了八国联军，结果北京被攻陷，慈禧西逃。自《辛丑条约》签订后，中国进入了半殖民地半封建社会，洋人几乎掌握了大清帝国的命运。

慈禧每每回忆到这些，她都怨恨至极点，但她痛恨的不是自己，而是道光与咸丰，更怨恨肃顺、载垣、端华等人。她怨恨上台时就接的是他们的破烂摊子。她更怨恨奕䜣、慈安、光绪、康有为、梁启超、载漪、载勋等人不尽心尽力，导致国家败落。对自己，慈禧本人不但没有怨恨，反而自豪。她曾经说过：“我不逊于任何一个男性统治者!”慈禧认为，她接过这样一个破烂摊子，能将大清帝国维持到这种地步已经够可以的了。历史上有几位能像自己这样，统治的时间长达 48 年，况且又是在内忧外患的情况下，毫无分裂割据局面，她的确为之自豪。也确实是这样，她统治下的大清帝国，终究还算一个统一的国家。

慈禧不但破坏大清祖制垂帘听政，而且将列祖列宗不得重用太监，更不允许他们参政干政的祖训抛到九宵云外，重用起安德海、李莲英等太监，导致他们在朝中胡作非为、权重一时。但是，也许是慈禧在自豪过后又痛心疾首的缘故，慈禧在临终前留下遗言，即是："以后勿再使妇人预闻国政，此与本朝家法有违；尤须严防不得令太监擅权，明末之事可为殷鉴。"

慈禧的殡葬前后，所烧的纸人、纸马、楼库、器皿、松亭、松轿、衣、帽、鞋、履、衾、被、枕、褥等数不胜数。在出殡前两个月，仅仅一次就在东华门外烧掉一只"大法船"。这只船价值十几万两银子，是用绫罗绸缎扎成的。

慈禧的棺材木料，来自于云南的森林，仅运费就花去了几十万两白银。棺材做完后，先用一百匹布缠裹衬垫，然后刷 49 次油漆。由几千杠夫抬棺，分几十班轮流杠运，每班 128 人。在出殡前，杠夫在德胜门外"演杠"整 10 天，按照正式送葬的要求，抬着一块和棺材重量相同的大厚板，厚板中心放着满满的一碗水，直练到碗中水不溢时，演练才可停止。

出殡的那一天，送葬队伍声势浩大，旗伞飘扬，在最前面走的是 64 人的引幡队，举着花花绿绿的万民旗、万民伞。在其后是上千人的法架卤簿仪仗队，举着无数个金瓜、钺斧、朝天镫，刀枪如林，幡旗蔽日。跟在仪仗队后面的是由 100 多人组成的抬着慈禧的巨大棺材的大杠。皇家规矩特别多，还把棺材装饰成轿的模样，称为"吉祥轿"。跟在棺材后边的是十路纵队的武装兵弁。最后面是由数千辆车子组成的文武百官、皇亲国戚的车队。送葬队伍蜿蜒十多里，所路过的地方，不能有任何障碍物，只要是有的，不问大小、多少，一律拆掉。

从北京到东陵，要走六七天。途中不仅有已设可供食宿休息的行宫，而且还每隔一段距离用高级布匹搭起芦殿、黄幄。即使这些临时住所，也是金瓦玉阶，朱碧辉煌。芦殿是供棺柩暂停用的，它先以黄绸围成内城，又以白绫子围成外城，外城之外，还有一道网城。

慈禧葬礼准备了近一年的时间，花了 120 万两白银，消耗资金是如此惊人。

西宫太后为何葬于东边

对弈赌陵说

民间流传着不同的说法，其中一种说法是对弈赌陵。东宫太后慈安是由正宫皇后升为太后的，可以说是天经地义的皇太后，而西太后慈禧只不过是沾了儿子当皇帝的光才升级为太后的，所以在地位上远不及慈安太后，这样，西太后的陵墓无论是在风水上还是在规模上都不能与慈安太后相比。可是我们知道，慈禧太后向来争强好胜，心狠手辣，她怎么可能甘心屈居于慈安太后之下呢？于是她精心布置了一场赌局，与慈安太后约好，谁下棋下赢了，谁就先挑选陵墓。可怜慈安太后性格柔弱而又心无城府，自然不是诡计多端的慈禧太后的对手，于是西太后就毫不客气地把属于东太后的陵墓给霸占了。

慈禧太后明抢慈安陵

还有另一种说法，认为慈禧在柔顺的慈安太后面前根本就懒得去玩弄什么花招，说白了就是明抢了人家的陵墓。传说慈禧太后有一天晚上做了个怪梦，梦见自己死了以后被慈安葬在了清东陵的西边。这个梦给了慈禧一个大大的灵感，她想，如果慈安太后先于她死的话，把她葬在哪里还不是由自己说了算吗？于是，歹毒的慈禧太后就真的下药把慈安太后给毒死了，并如愿以偿地把她葬在了清东陵的西边。

再后来，慈禧为了让自己死后继续过上豪华奢侈的生活，以“年久失修”为借口，对自己的陵寝花巨资大肆修整了一番。

东边本身就是慈禧的墓地

当然也有人认为，慈禧太后生前虽然狡猾奸诈，不甘居人之下，但在祖宗面前她还是有所顾忌，不敢造次的，规规矩矩地葬在了属于自己的陵墓内。这个看法同样有不一样的观点：一种观点认为，东太后、西太后的名称，与她们的地位、资历是没有什么关系的，更不可能由她们的陵墓方位所决定。慈禧太后之所以称为西太后，是由于她生前居住于紫禁城内西边的储秀宫和长春宫，同样的道理，慈安太后之所以称为东太后，则因为她生前居住于紫禁城东边的钟粹宫。正是因为她们生前居住的方位不同，才决定了她们的称号。

西宫太后是否理应葬在东边？恐怕这个谜底将永远随着慈禧太后埋进坟墓。

附：光绪帝大事年表

⊙**同治十三年**（1874 年　甲戌）

十二月，载淳逝于养心殿，年 19。以醇亲王之子载湉承继文宗，入承大统。以明年为光绪元年。

⊙**光绪元年**（1875 年　乙亥）

正月，光绪帝即皇帝位。英国借马嘉礼案强迫清政府签订《烟台条约》。

⊙**光绪七年**（1881 年　辛巳）

三月，慈安太后逝于钟粹宫，上谥为孝贞皇后。

⊙**光绪九年**（1883 年　癸未）

五月，法军进攻越南河内的纸桥，挑起中法战争。

⊙**光绪十年**（1884 年　甲申）

八月，法舰炮轰福建马尾造船厂，挑起马尾海战。

⊙**光绪十一年**（1885 年　乙酉）

二月，中法战争结束。九月，改台湾府为行省，刘铭传为台湾巡抚。设立海军事务衙门，命醇亲王奕譞总理，节制调遣沿海水师等。

⊙**光绪十三年**（1887 年　丁亥）

正月，光绪帝始亲政。

⊙**光绪十四年**（1888 年　戊子）

二月，改清漪园为颐和园，诏修颐和园。

⊙**光绪十五年**（1889 年　己丑）

正月，光绪大婚礼成。二月，慈禧太后归政。

⊙**光绪二十年**（1894 年　甲午）

七月，中日甲午战争爆发。九月，北洋水师在黄海与日军海战。十二月，北洋水师在威海卫一战中惨败。

⊙**光绪二十一年**（1895 年　乙未）

三月，李鸿章代表清廷在日本马关议和，签订《马关条约》。四月，康有为发动“公车上书”。六月，康有为与梁启超在北京组织“强学会”。

⊙**光绪二十二年**（1896 年　丙申）

四月，沙俄诱订《中俄密约》，攫取中东铁路权，将侵略势力伸入东北三省。

⊙**光绪二十四年**（1898 年　戊戌）

四月，选派宗室王公出洋游历。召见康有为，颁布“定国是诏”，开始百日维新。五月，诏立京师大学堂；陆军改练洋操；科举改试策论。八月，慈禧太后发动政变，重新垂帘殿训政。康有为逃，谭嗣同等戊戌六君子下狱处斩。光绪帝被禁瀛台，懿旨一切复旧。

⊙**光绪二十六年**（1900年　庚子）

四月，义和团起义，入京师。五月，义和团焚正阳门城楼，杀德使克林德。清廷向列强宣战，嘉奖义和团为“义民”，借以御外侮。七月，德、奥、美、英、法、日、意、俄八国联攻军陷北京。光绪帝、慈禧太后仓皇出逃西安，珍妃被害于宫中。史称“庚子西狩”。

⊙**光绪二十七年**（1901年　辛丑）

七月，奕劻、李鸿章与十一国公使订立《辛丑条约》。

⊙**光绪三十一年**（1905年　乙巳）

七月，孙中山在日本成立中国同盟会。清廷派五大臣出洋考察，掀起立宪运动。

⊙**光绪三十二年**（1906年　丙午）

正月，醇亲王载沣之子溥仪（即宣统皇帝）生于醇王府。七月，考察宪政大臣载泽呈递密折，力请清廷宣布立宪，以保政权。

⊙**光绪三十四年**（1908年　戊申）

十月，光绪帝逝于瀛台。次日，慈禧逝世。十一月，溥仪即位于太和殿，以明年为宣统元年。

见证历史变迁的末代君王

——清宣统帝溥仪

从清朝到中华民国，从皇帝到普通公民

帝王档案

⊙姓名：爱新觉罗·溥仪

⊙属相：马（1906 年）

⊙年号：宣统

⊙在位：1908～1911 年

⊙享年：62 岁（1906～1967 年）

⊙庙号：无

⊙谥号：无

⊙陵寝：先葬八宝山公墓，后移葬清西陵华龙陵园

⊙配偶：5 人，郭布罗·婉容等

⊙子女：无

⊙继位人：无

帝王小传

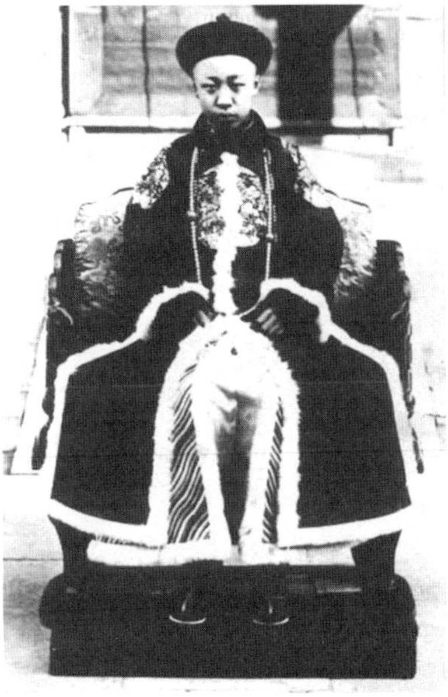

溥仪（1906～1967 年），全名爱新觉罗·溥仪，字浩然，笔名植莲，英文名亨利（Henry）。溥仪的父亲是醇亲王载沣，与光绪帝同父异母，母亲是慈禧太后亲信重臣荣禄的女儿。光绪帝没有子嗣，根据慈禧太后的懿旨，光绪死后，由溥仪继位，承继同治，兼祧光绪，改元宣统。光绪三十四年十月二十一日（1908 年 12 月 2 日）溥仪初次即位，当时仅 3 岁。宣统三年（1911 年），武昌起义胜利，中华民国成立。溥仪被迫在民国元年十二月二十五日（1912 年 2 月 12 日）退位，但保留皇帝的名义继续住在紫禁城内。宣统只当了 3 年皇帝，是 12 帝中帝祚最短的。1917 年，获得张勋支持而自 7 月 1 日至 7 月 12 日复辟。1924 年 11 月 5 日，冯玉祥的军队包围紫禁城并赶走溥仪。溥仪转往天津。日本占领中国东北之后，建立傀儡国家满洲国。溥仪自 1932 年 3 月 9 日至 1934 年 2 月 28 日任满洲国执政，年号大同。日本于 1934 年命溥仪为满洲皇帝，3 月 1 日登极，年号康德。日本在二战中失败后，溥仪被苏联执政官员带到苏联境内，最后把溥仪移交给中国。

二战后，溥仪被定性为战犯，于 1959 年 12 月 4 日经中华人民共和国最高人民法院根据特赦令予以释放。1964 年，溥仪成为全国政协委员，1967 年 10 月 17 日因病逝于北京。

青史语录

“大变既起，遽谢政权，天下为公，永存优待，遂开千古未有之奇。虞宾在位，文物犹新。是非论定，修史者每难之。”

——《清史稿·宣统本纪》

清宫三代无婴啼

连续三位帝王均无后

同治皇帝载淳，十九周岁死去的时候，没有留下一儿半女，虽然野史曾提到过皇后阿鲁特氏已怀有龙种，但正史中得不到任何依据，便无法作数。掐指一算，同治皇帝于同治十一年九月（1872 年 10 月）举行大婚典礼，死于同治十三年十二月（1875 年 1 月），这期间两年零三个月的时间里，他居然无法留下自己的一点骨血，实属怪事。

光绪皇帝死的时候三十八岁，居然身后也没有留下一男半女。光绪皇帝于光绪十四年十月（1888 年 11 月）大婚，虽然他在政治上难以有所动作，是慈禧控制下的傀儡皇帝，但在婚姻中，还是有一些自主权利的，慈禧并不会去干涉他的私生活。而且作为一国之君，他起码有着皇后妃子，几名女子陪伴，而且还有宠爱的珍妃常伴身旁，但膝下无子，确实让人费解。

而作为光绪帝继位人宣统帝溥仪，这位末代皇帝活了六十一岁，但也是没有孩子留下。晚清接连三任皇帝都没有留下子嗣，的确是够让人震惊了。

接连三朝皇帝都没有留下一男半女，这在中国的封建历史上还是绝无仅有的，“不孝有三，无后为大”，对于平常人家来说如此，对于帝王家更是如此。一个皇帝没有生育能力，这是要被天下人耻笑的。

皇帝绝后谁之过

三朝皇帝个个绝后，爱新觉罗氏皇族到底怎么啦？对此人们纷纷展开探讨，但因为当时的有关史书、传记并未对此事记载过多，而且时隔太久，研究起来很难下手，这三位皇帝不生育，成为一团疑云，后人只能凭借猜测分析，通过现代医学角度来看当时的情形。

清末三朝皇帝都未生儿育女，与满洲皇族的婚姻习俗有关。按照满洲皇室的婚姻习俗，丈夫死后，妻子是可以嫁给小叔子，或者丈夫家其他的男性，这种原始的婚俗，将女人当做一种交配工具。而也正是这种习俗，令大清的皇室血统发生了变化。

当时清太祖努尔哈赤死前曾嘱咐：“俟我百年之后，我的诸幼子和大福晋交给大阿哥收养。”他是要将自己的妻子交给自己的儿子。不止努尔哈赤这样，其他皇室成员的婚配，都是典型的近亲婚配或乱伦婚配。

皇太极时代，肃亲王豪格是皇太极的长子，多尔衮是皇太极的亲弟弟，但豪格娶的嫡妻却是多尔衮妻子的妹妹，在豪格死后，这位嫡妻博尔济锦氏又被多尔衮纳为妻子。

之后为了对付明朝，皇太极开始注重与蒙古部落之间的关系，希望能够强强联合，借用蒙古的力量来进入中原。而最好的联合方式，就是我国古代早已有之的联姻。

在正式将“后金”改为“清”之后，坐上了龙椅的皇太极所册封的嫔妃中，有五宫后妃全都来自于蒙古的博尔济锦部，另有三位后妃，如果按照辈分来算的话应当是姑侄关系。据统计，仅仅是皇太极在位期间，满洲贵族与蒙古科尔沁部联姻就足有18次。

顺治与皇太极一样，也是多次近亲结婚或是乱伦婚配，顺治的皇后和淑惠妃，是他同一个亲舅舅的两个女儿，都是他的表妹。为了政治，满族与蒙古族部落的联姻一直延续了很长时间。金国大汗、大清国皇帝、王、贝勒等贵族不仅娶蒙古女子为妻，还把自己的女儿都嫁出去，这些混乱的婚姻是导致后来大清帝王不孕的一个原因。

当然因为近亲结婚而导致后来帝王的身体病变，只不过是一个猜测而已，至于这三位帝王为何绝后的真正原因，还有待考究。

一场乱七八糟的登基大典

光绪三十四年（1908年）十一月初九，天气冷得出奇。紫禁城太和殿内却钟鼓齐鸣，一派雍雍穆穆的景象。年仅三岁的小皇帝——溥仪的登基大典正在举行。然而这次登基大典举行的却是前所未有的荒唐。拥立了新皇上的文武群臣不但没有露出开心的神色，反而一个个忧心忡忡。慈禧和光绪的同时崩薨，还没有让这些大臣们从震惊中清醒过来。登基大典上闹出的闹剧，让这些国家柱石们的心头蒙上了一层阴影。

很多年以后，溥仪在自传《我的前半生》曾经回忆了当时的情形：

由于溥仪刚刚入宫，他是怀着恐惧的心情面对这一切的。天气的寒冷也让这个小皇帝早就受不了。他一个人孤零零地坐在须弥宝座上，听着震耳欲聋的皇家音乐，看着一帮陌生人在自己的脚下手舞足蹈，三跪九叩，终于再也无法忍受这个场面。

正当登基大典举行得热闹的时候，溥仪突然开始哇哇大哭，边哭边喊："我不挨这儿，我要回家！我不挨这儿，我要回家！"说着就要从宝座上跳下来。

溥仪的父亲，议政王醇亲王载沣此时正单膝侧身跪在宝座之下，扶着小皇帝。见溥仪如此折腾，也不敢动弹，只好死死地压着溥仪。动弹不得的溥仪不断地挣扎，哭喊声越来越响，"我要回家"的声音伴随着盛大的钟鼓声在太和殿内回荡。急得满头是汗的载沣只好连连安慰道："别哭，别哭，快完了，快完了！"

对于历来迷信的清廷官员而言，这些话实在是不祥之兆。他们交头接耳，窃窃私语："怎么可以说'快完了'呢？""说'要回家'可是什么意思啊？"

溥仪小皇帝——年号宣统——就这样登上皇位，成为了大清王朝的最后一任皇帝。

为何溥仪成皇帝

传闻溥仪之所以会当上皇帝，是慈禧病重之时，见光绪也病入膏肓，认为两人随时都有殡天的可能，由于光绪无子，挑选大清帝国的下一任皇帝的重担便又落在了慈禧的肩头。慈禧虽然深知自己已经不能再像从前一样垂帘听政，但她仍然要挑选一位和自己沾亲带故，关系甚近的皇族接替皇位。根据光绪入宫的前例，自然是还要从奕譞这一支中选择。

此时奕譞早已去世，接替醇亲王爵的是其第五子载沣。慈禧为了笼络载沣，又使出了她熟悉的策略，将宠臣荣禄的女儿认作了养女，并指婚给载沣。本来载沣当时已经订亲，但慈禧坚持如此，载沣只得听从。这样，载沣又成了慈禧的干女婿。载沣和这位大小姐生了两个儿子，溥仪和溥杰。慈禧立储的时候，就挑中了年纪稍微大一点儿的溥仪。

不过，有了前车之鉴的醇亲王府并不愿意把溥仪交出去——溥仪的亲叔叔，现在的光绪帝载湉当初也是这么被送进宫去，在宫里活活地被折腾了三十多年，此时马上就要撒手人寰。都说当皇帝有享不尽的荣华富贵，可只有这些天皇贵胄才知道其中的辛酸。

奕譞尚在人世的妻子，载沣的母亲一听说自己视若掌上明珠的大孙子又要被抱进皇宫去，当时就两眼一黑昏了过去。醒来以后死死地抱着溥仪不松手，而溥仪则又哭又叫又喊又闹——整个醇王府一片混乱。所有的人都在盯着年轻的摄政王载沣，可载沣也一句话也说不出来，只是无可奈何地苦笑。乱了一阵子，有个乳母看溥仪哭得可怜，便过来给他喂奶，溥仪这才渐渐安静下来。

执掌大清权力的父亲

溥仪即位之后，由于年纪太小，载沣掌握了大清朝实际的权力。对于这个两代为帝的家庭来说，所谓树大招风，因此不得不韬光养晦，低调做人。前文已经说过，老醇亲王奕譞在光绪即位以后，便辞去了全部职务，希望以此远离政治斗争。然而，光绪长大以后与慈禧的对立还是让奕譞的处境极为尴尬。一方面，他与荣禄等人甚为友善，最后还结为亲家；另一方面他和支持光绪的翁同龢等人关系也很不错。为了不让慈禧对他有任何意见，他甚至放弃了所有原则，在督办北洋海军的建设时，挪用经费给慈禧修造颐和园。载沣也继承了乃父的此种家风。小心翼翼，明哲保身。朝中大事，几乎都由庆亲王奕劻和其他军机大臣做主。他则摆出一副超然世外与世无争的架势。

不过，载沣虽然低调如此，有一件事情他却始终耿耿于怀：那就是光绪的失势，他始终认为，如果不是袁世凯关键时刻倒戈，百日维新就不会失败，而光绪也就不会受到慈禧的百般凌辱，最终郁郁而终。因此，他处心积虑要为光绪报仇。一时间，民间流言四起，传说载沣已经将袁世凯秘密处死。

然而，流言终究是流言。事实上，载沣要想除去实力已经异常强大的袁世凯，几乎是不可能完成的任务。他只能团结一帮年轻气盛却没有任何政治斗争经验的少壮派满族亲贵来筹划此事，然而这一举动却遭到了庆亲王奕劻和张之洞的坚决反对。

据说，当载沣和几位军机大臣碰头，把自己的计划和盘托出时，所有的军机大臣都吓了一跳。庆亲王更是连说不妥。他认为，袁世凯虽然现在已经被夺了军权，但北洋新军都是他的手下，段祺瑞、冯国璋、王士珍等人都是他一手提拔起来的。如果这些人造反，带兵进京，谁挡得住？

最后，万般无奈的载沣只好同几位军机大臣达成妥协，以袁世凯患“足疾”为由，将其免职，令回原籍。载沣自以为从此可以安然无恙，然而过了不久，革命的风暴席卷全国，已经对清廷彻底失望的袁世凯卷土重来趁势夺取了政权。这就是他所想不到的了。

就这样，大清朝的政局，愈加动荡了。

清政府推行新政时，定下了预备立宪的计划，但由于慈禧的去世，继续推行这一计划的权力，交到了载沣的手里。由于这也是光绪遗诏中所关心的事情，载沣并不敢怠慢。宣统元年（1909 年），如期举行了各省谘议局的选举；第二年，资政院也告开院。正当全国人民翘首以盼第一任内阁的建立的时候，载沣却作出了一个愚蠢的决定。

愚蠢的皇族内阁

宣统三年（1911 年）载沣任命了第一届内阁。然而，这一届内阁有 13 名成员，居然有 9 人是满人，而这 9 人中又有 7 人是宗室子弟。内阁总理大臣就是军机大臣庆亲王奕劻。除此之外，清廷还宣布，由于内阁制度为首创，为了慎重起见，本届内阁仅根据内阁办事暂行章程成立，具体国务处理还依照原来的政治模式进行；并且，军事方面的问题也不由内阁总理大臣负责，而是由军咨府大臣载涛负责。

由于这届内阁徒有其表，它被立宪党人和革命党人异口同声地讽刺为“皇族内阁”；载沣的决策失误，也让社会舆论大失所望，认为清廷根本无意立宪，既然和平手段无法解决，就以武力夺取之。很多立宪党人从此倒向革命派。革命的暴风迅速席卷了大江南北。

罢免袁世凯

袁世凯以在小站练兵起家，戊戌维新中投靠后党，慈禧太后很器重他，升他为山东巡抚。己亥到庚子年间，他残酷镇压义和团，帝国主义列强对他表示满意。庚子八国联军之役，八国联军击败了清政府北洋五军中的前、后、左、右四军，而袁世凯掌握的武卫右军在原来的基础上扩充了许多，成为清政府在京畿一带强有力的军事力量。光绪二十七年（1901 年），李鸿章病死，遗折保荐袁世凯为直隶总督兼北洋大臣。从此以后他官运亨通，先后兼任督办政务处大臣、督办关内外铁路大臣、练兵处会办大臣、督办津镇京汉路大臣、督办津镇京汉路电报事务大臣等要职。清政府实施新政时，袁世凯主持训练新军。他趁此机会，又加强了自己的军事力量，建成北洋六镇新军。在朝廷中，袁世凯结成党派，以重金买通昏庸贪鄙的军机首辅庆亲王奕劻作为靠山；在朝廷之外，他与立宪派结纳，对立宪运动表现得特别积极、热心，以邀政声时誉，成为实力最大的买办军阀和权臣，使很多汉族官僚和立宪派都想攀附他。

由于袁世凯势力的迅速扩张，一些满族贵族和守旧大臣一直对他很怀疑。早在新政期间，就有人奏劾“袁世凯之请派饷练兵也，所谓司马昭之心，路人皆知矣，岂果奋忠以维国势哉”。光绪三十二年（1906 年）清政府议定官制，袁世凯指使人提出设立责任内阁，取消军机处。而满族官僚铁良则主张设立陆军部，集军权于中央，反对袁世凯的建议。双方展开了激烈的争执。结果，朝廷否决了袁的建议。这一风波过后，袁世凯深知被人怀疑，遂以退为进，奏请开去各项兼差，并把北洋六镇中的四镇交由陆军部管辖，只有两镇被留下由他控制。在光绪三十三年（1907 年）春夏间的“丁未政潮”中，虽然袁世凯以奕劻作为靠山没有发生什么事，但清廷少壮亲贵并未解除对袁世凯的疑忌。在他们的活动下，清政府明升暗降地将袁世凯和另一个有实力的汉族官僚张之洞调任军机大臣，兼外务部尚书。因此袁世凯被迫离开他经营多年的直隶总督与北洋大臣之职，但是在朝中到处都是他的爪牙，北洋军事骨干也都是他的亲信，他的势力还是很大。

载沣对袁世凯疑忌已久。作为光绪帝的胞弟，他对袁世凯在戊戌时的做法早就怀恨在心，对袁世凯势力的蒸蒸日上尤为愤嫉。在政务处议论官制时，载沣对袁世凯提出的设立内阁、撤裁军机的主张“强词驳诘”，甚至“出口谩骂”。当善以权术“驾驭群僚”的慈禧死后，载沣对袁世凯更是十分担心。这样，袁世凯势不可免要成为载沣集权中首先打击的目标。

载沣监国后不久，已觉察出载沣意向的御史赵炳麟立即上奏参劾袁世凯“树植私党，挟制朝廷，方今主少国疑，似此包藏祸心、罔知大义者，久在枢垣，他日必生意外之变”，并告诫载沣，“若待其党根蒂固结，谋定后动，他日监国摄政王虽欲去之，亦无可如何”。载泽、善耆等人也向载沣提出建议，除掉袁世凯。光绪三十四年（1908 年）十二月十一日，清政府发布上谕，以袁世凯“现患足疾，步履维艰”为由，“着即开缺回籍养疴”。载沣一伙本来打算严惩袁世凯，后经张之洞等人劝以“主幼时危，未可遽戮重臣动摇社稷”，以致激生他变，才改为开缺回籍。

罢黜袁世凯后，袁的党羽也被相继贬职。宣统元年（1909 年）正月，邮传部尚书陈璧以部员冒滥、开支糜费、有负委任被交部严议，很快就被撤职；同月，徐世昌由东三省总督改任邮传部尚书，其原职由锡良接任。到任后，锡良马上严参北洋骨干、黑龙江布政使倪嗣冲，得旨革职；二月，民政部侍郎赵秉钧被迫休致，交出京师警务大权；十二月，唐绍仪被迫“乞休”，宣统二年（1910 年）正月，撤掉铁路总局长、号称“北洋财神”的梁士诒的职务。

由于袁世凯经营多年，“尚侍督抚，均属其私”，并不能很快一扫而净，在大力扫荡袁党的同时，载沣又竭力将军权收拢在皇室亲贵手中。载沣监国后不久，即下令设立禁卫军，以毓朗、载涛、铁良为训明，满汉地主阶级内部已有了很深的矛盾，统治集团内部的矛盾迅速表面化、激烈化。北洋集团虽然一时受挫，但因其“内有庆亲王为之应，外有杨士骧济其财，仍然固结如旧”，袁世凯以养病为名，实际上却暗中遥控指挥党羽，继续影响朝局。一些汉族地主官僚害怕失去自己的势力，受清政府的排斥，开始积极附和立宪运动。即是满族贵族中也有人因载沣等人的行为表示极度地不满。朝政在载沣兄弟及奕劻、毓朗等人的把持下，更为腐败。这种局势相应又刺激着立宪运动更为积极，使得革命潮流一天比一天高涨。载沣为首的皇室亲贵企图以集权来支撑即将坍塌的封建大厦，结果相反使自己陷入困境，加速了灭亡。

皇族内阁与预备立宪

皇族内阁

宣统二年（1910 年）底，立宪派发动的国会请愿活动达到了高潮。参加这次请愿活动的不仅有各省谘议局和资政院，还有地方督抚等封疆大吏。是年九月二十三日，由东三省总督锡良领衔，十八名总督、巡抚、将军、都统联名奏请朝廷，要求“立即组织内阁，特颁明诏以明年设国会”。对立宪派的请求清政府可以不予理睬，但对督抚们的吁请却不能不重视。于是，在谕令请愿代表“即日散归”的同时，清政府又发布上谕：“着缩改于宣统五年实行开设议院，先确定练大臣，并强调“此次禁卫军专归监国摄政王自为统辖调遣”。宣统元年（1909 年）正月，谕令筹备海军，派载泽、善耆、铁良等专门管理此事。五月，又发布上谕，明定皇帝为“大清帝国统帅海陆军大元帅”，在皇帝亲政前，由摄政王代理一切，海军大臣由载洵担任。此后又谕设军谘处，由载涛、毓朗负责。按其暂行章程规定，凡“关涉国防用兵一切命令计划”都是由军谘处拟定，再由皇帝（实际是载沣）裁定后交由陆、海军部“钦遵办理”，军谘处成为凌驾于陆、海军部之上，直接由载沣控制的机构。通过这一系列安排，皇室亲贵掌握了清政府的最高军事权力。

咸、同以降，清政府中地方督抚的权力越来越大。特别是直督、鄂督、江督等督抚，不仅对一方军政与大权加以控制，而且因办理部分外交，又与西方列强关系密切。载沣对于这种情况也很担心，把他们看成是对清政府统治的一种威胁。他除了在汉族督抚出缺时多以满族人代替外，还从制度上削弱地方督抚的军权与财权。清政府在光绪三十四年（1908 年）十二月公布了《清理财政章程》，于度支部设立清理财政处，各省设清理财政局，必须将财政收支准确数目按季呈报度支部，并由度支部派出监理官二人“督同清理”，从而把各省财政置于中央朝廷的监督和控制之下。宣统元年（1909 年）十一月，督办盐政处设立，以载泽兼任督办大臣，将督抚盐务税款的稽收权完全收归中央。由载涛、毓朗把持的军谘处几次拟派员到各省“督理军务”，这主要是考虑收回督抚的军权。宣统二年（1910 年）冬，清政府又谕令撤销各省督抚所兼的陆军部尚书或侍郎衔。各省督抚对载沣的这些政策表示强烈的不满，在财政、地方军政、盐务等问题上，地方督抚或联衔电驳，或上书婉劝，函电频频，使载沣几次受挫。

载沣罢黜袁世凯和集权皇族亲贵、排斥汉族地主官僚的行为表官制，提前颁布试办，预即组织内阁。”并说：“此次缩定期限，系采取各督抚等奏章，又由王大臣等悉心谋议，请旨定夺，洵应即作为确定年限，一经宣布，万不能再议更张。”

清廷在立宪派的坚请之下答应设立责任内阁，保守派官员对此甚为恐慌，他们担心内阁会造成对皇权的侵夺。学部丞参上行走柯绍忞上奏称：“君主立宪虽有命令之权，政柄既已下移，将并其命令之权亦移之。今使内阁大臣代负责任，万一主权稍替，有鹰扬跋扈之臣专吾政柄，密布腹心于各部大臣，在上下议院结党营私，此私忧过计者一。”大学堂总监刘廷琛在奏折中说：“凡各部院大臣、各省督抚皆由总理大臣保证，一切奏章先达内阁，由总理入奏请旨，内阁掌理天下大事。总理得人，尤不改其公忠之志，万一总理巧取时誉，久执威权，而若说其中不会出现王莽、曹操之流，臣实不敢信也。”他向清廷政府建议“严厉惩处几个外省封疆大吏中的贪污者，以震动天下耳目。而于应办新政，择要实行，扰民苛敛，酌量停罢。办一事必择一任事之人，不稍掺私意于其间”。清政府迫于立宪派与外省督抚的压力，还不敢接受被刘廷琛自称为“上策”的这个建议，但皇室亲贵们对于权臣窃柄极为忌讳，他们担心设内阁、议院会不可避免地出现这一情况。如何避免“鼎祚潜移”“王纲解纽”，以保君上大权，就成为设立责任内阁时王公亲贵们最关心的问题。

宣统三年（1911 年）四月初十，清政府颁布了由宪政编查馆、会议政务处拟定的内阁官制 19 条和暂行办事章程 14 条。条文订立者在“敬举要义”时说：“查各立宪国内阁之设，目的在于担负起国务之责任。而对于何者应负责任，各国立法又复不同。恭绎钦定宪法大纲，统治之权属诸君上，则内阁官制自宜参仿日、德两国为合宜。我国已确定为君主立宪政体，则国务大臣责任所负，自当用对于君上主义，任免进退皆在廷，方符君主立宪宗旨。”这个“要义”清楚明白地指出责任内阁的本质是“大权统于朝廷”。内阁官制及办事章程规定，内阁由总理大臣和各部大臣等国务大臣组成，其职责在于辅弼皇帝，均由皇帝“特旨简任”。内阁总理大臣为国务大臣首领，其职责是“秉承宸谟，定政治之方针，保持行政之统一”，他可以向各省或藩属长官发布训示，监督各地长官施政，也可暂停各部大臣或各省、藩属长官的命令处分，然后向皇帝请示定夺。总理大臣可随时入对，各部大臣可随时会同总理大臣入对，或请旨自行入对。陆军大臣和海军大臣可就军机大事先向皇上具奏，承旨后再向内阁总理大臣报告，阁议事件最后仍要“请旨裁夺”。显然，这个内阁完全是对皇帝负责，皇帝操纵着一切，无怪乎时论说它“名为内阁，实则军机；名为立宪，实则为专制”。

在发布内阁官制和办事章程的同时，清政府又发布上谕，任命内阁总理、协理大臣和各部大臣，并宣布将旧内阁、军机处和会议政务处统统撤去，正式成立了责任内阁。首届责任内阁的成员如下：

总理大臣　庆亲王奕劻

协理大臣　徐世昌那桐

外务大臣　梁敦彦

民政大臣　肃亲王善耆

度支大臣　加贝勒衔镇国公载泽

学务大臣　唐景崇

陆军大臣　荫昌

海军大臣　加郡王衔贝勒载洵

司法大臣　绍昌

农工商大臣　加贝勒衔贝子溥伦

邮传大臣　盛宣怀

理藩大臣　寿耆

在这个由13人组成的内阁中，仅有徐世昌、唐景崇、盛宣怀、梁敦彦四人为汉族官员。其余9名满族人中，奕劻、善耆、载泽、载洵、溥伦均为世爵宗室，绍昌为觉罗，寿耆为宗室。在内阁中满洲贵族占多数，而其中皇族又占多数，因此内阁被时人称为“皇族内阁”。

皇族内阁的出台，彻底暴露了清政府假立宪、真集权的真实用心。谕旨一发表，立即引得群情激愤。立宪派万万没有料到，几年来的辛苦奔走，换来的是这样一个皇亲贵戚集权当国的“责任内阁”。五月十四日，匆匆赶到北京的各省谘议局第二次联合会的代表向都察院上折，指出皇族内阁与君主立宪政体相排斥，君主立宪制下，君主神圣不可侵犯，因而皇族地位也不可动摇，而内阁则受议会监督，常会因政策问题而垮台。如内阁总理大臣不是皇族，则内阁垮掉不会对君主造成影响或冲击，但若为皇族，倒阁必有损皇族尊严，君主的神圣地位也将因此而受到威胁。因此应另简大员组织内阁，立宪派企图用君主皇族“不负责任”才能保住尊严与地位来劝说清政府改弦更张，但他们不知，“不负责任”即意味着没有权力，这是满族亲贵们无论如何也接受不了的。亲贵们根本听不进这种忠告，对之不予理会。六月十九日，各省谘议局代表又一次上书，指出“君主不担负责任，皇族不组织内阁，为君主立宪唯一之原则……而第一次组织内阁之总原则，适与立宪国之原则相反”，如坚持以皇族组织内阁，就会使天下臣民“疑朝廷于立宪之旨有根本取消之意”，“国本动摇，实大变之所伏”。清政府对此上书的“妄言大变”进行了严厉申斥。上书的次日，清政府发布上谕：“黜陟百司，系君上大权，载在先朝钦定宪法大纲，并注明议员等不得干预。值兹预备立宪之时，凡我君民上下，不得超越大纲范围行事。乃议员等一再陈请，议论渐近嚣张。若不亟为申明，日久恐兹流弊。朝廷用人审时度势，秉持公正，尔臣民等均当懔遵钦定宪法大纲，不得率行干请，以符君主立宪之本旨。”

皇族内阁的设立标志着清政府预备立宪骗局的彻底破产，立宪派对清政府丧失了信心。清政府的上谕发表后，立宪派即发布了《宣告全国书》，称“希望绝矣”。由于清政府顽固坚持反动的立场，不肯放弃皇族特权，导致了人心背弃，立宪派也放弃了对它的希望而另谋出路，皇族内阁也最终在武昌起义所形成的反清革命风暴中垮台。

预备立宪

更改政体的呼声高涨

光绪二十九年（1903 年），清廷开始准备立宪。这年十二月四日，云贵总督丁振铎、云南巡抚林绍年电请清廷从速变法，以挽大厦于将倾。光绪三十年（1904 年）二月，清王朝驻法、俄、英、比四国的使臣，孙宝琦、胡维德、张德彝、杨兆鋆，奏请立宪。孙宝琦还在《上政务处书》中要求仿效德、日的制度，定为“立宪政体之国。”

各种报刊也不停地发表抨击清廷“新政”的文章。光绪二十九年（1903 年）十二月，《中外日报》以《论中国必革政始能维新》为题，抨击西太后的“新政”是“既内恐舆论之反侧，又外惧强邻之责言，乃取已被废除的戊戌变法的内容与措施，陆续施行，以表明国家实有维新之意”。同年九月初八《时报》上的《论近日设官之无当》一文，谴责清廷“假变法之名，以谢各国，故设此以办新政”。黄遵宪也批评说：“其所用之人，所治之事……比前又甚焉，然后乃知，变法之诏，第为辟祸全生，徒以媚外人而欺吾民也。”

越来越多的人识破了清廷变法的实际动机，随之，社会更加动荡。当时中国局势发展有五大趋势：第一，城乡群众自发的反封建压迫斗争持续高涨。据档案统计，从光绪二十七年起到三十一年（1901～1905年）五月止，全国较大规模的民变上升到百余起；第二，五年间，资产阶级领导的反对列强掠夺的运动空前高涨，先后掀起了拒俄运动、收回矿权路权运动、援助旅美华工抵制美货运动，卷入斗争的群众共有数十万人；第三，在资产阶级和小资产阶级知识分子中，主张和同情民主革命的人日益增多，5年间新增革命报刊30余种，有60余种宣传鼓吹革命的小册子出版发行，刊出的谴责小说达数百种；第四，反清民主革命运动蓬勃发展，光绪三十年（1904年），有10多个革命团体在这一年里成立，遍及全国十二省；第五，资产阶级上层领导的立宪运动，渐成气候，以日俄战争日胜俄败为契机，国内一片立宪的呼声。

在上述时局的影响下，统治阶级中一些驻外使臣、封疆大吏，都向清廷发出呼吁，要求改革政体。

日益高涨的革命浪潮和人民群众不断掀起的反抗斗争，对清王朝的统治构成了严重的威胁，一些督抚大员对此深感不安，他们认为只有实行立宪，才能解决当前的危急，使清王朝的统治稳固下来。特别是到了光绪三十一年（1905年），日本战胜俄国，从而取得日俄战争的胜利，舆论大都认为这与日本的宪政体制有着密切关系。直隶总督袁世凯、两江总督周馥、湖广总督张之洞还联名上奏，请定12年后实行宪政，并奏请简派亲贵大臣出国考察政治。一时间，体制问题成了人们关注的焦点，立宪成了人们讨论的中心问题。正如时人所说：“今日立宪之声，洋洋遍全国矣。上自勋戚大臣，下逮校舍学子，靡不曰立宪立宪，一唱百和，异口同声。”

人们要求变中国君主专制为立宪政体以富国强兵的呼声越来越高涨，迫使慈禧也不得不进行其立宪的准备工作。三十年（1904 年）六月，著名的立宪派人物张謇刻印《日本宪法》到处散发，并向清廷呈进 12 册。

作为清王朝最高决策者的慈禧太后面对中国屡受外人欺凌、宰割，她也作了思考，她认为应对西方诸国的政治进行考察，以求吸取其有益于中国的东西，故特设政务处，并且于光绪三十一年（1905 年）十月派出了端方等五人组成考察团，出国考察政治。与此同时，又设立了考察政治馆，目的是：“延揽通才，悉心研究，择各国政治与中国相宜者，斟酌损益，纂订成书，随时进呈，候旨裁定。”

五大臣出洋考察

六月十四日，清廷颁布了派大臣出国考察政治的上谕。六月二十五日，清廷又加派商部右丞绍英，随同前命四大臣出洋考察政治。八月十九日，载泽、戴鸿慈、徐世昌、端方、绍英等五大臣向皇上陛辞，请求指示。次日，又命令出使各国大臣会同考察政治大臣博采考证。

八月二十六日，五大臣动身出发，十时许，革命党人吴樾，在北京正阳门火车站行刺五大臣，伤载泽、绍英，吴樾当场被炸死，五大臣只得推迟行期。嗣后，清廷恼羞成怒，大肆搜捕党人，并成立巡警部，徐世昌被任命为尚书。

九月二十八日，清廷改派山东布政使尚其亨、顺天府丞李盛铎，会同载泽、戴鸿慈、端方，前往各国考察政治。这五个人成为最后确定的五大臣的人选。

十月二十二日，清廷命政务处大臣筹定立宪大纲。十月二七十日，载泽、戴鸿慈、端方、李盛铎、尚其亨请训。

十一月十一日，戴鸿慈、端方偕熊希龄等自北京启程，于当天到达天津，与袁世凯“密为布置”，至十一月二十日，才到达上海。二十三日，戴、端自上海乘船赴美。十二月二十九日，两大臣到达美国首都华盛顿。随后由美方派员引导他们参观各地，戴、端等所到之处，耳目一新，对资本主义美国的富裕，深感“叹畏”。

光绪三十二年（1906 年）一月二十二日，戴鸿慈、端方一行离美赴欧，途经英、法，稍事停留，于二月十三日，一行人到达德国柏林。在德国，两大臣共花费了一个多月的时间进行考察，对德国“气象森严，规矩整肃”，兵备强盛，留下了深刻印象。

三月二十三日，戴、端自德启程，访问丹麦（二十四日）、瑞典（二十八日）、挪威（四月初三）三国。四月初十，戴等开始对德联邦的萨克森、巴延两国进行了为时五天的考察，对两国的文化教育事业留下了深刻的印象。十六日，戴一行抵奥地利首都维也纳，考察历时一周。对奥匈帝国的军备生产、国民教育、国力强盛，都极力赞赏。

四月二十日，戴等启程赴俄，二十六日，到达俄都圣彼得堡。在俄期间，考察人员对沙皇重整军备及筹备立宪的情况极为关注。戴还会见了前财政大臣维特，谈及俄国立宪的情况。

闰四月初四，戴鸿慈一行离俄赴荷兰考察，初六日抵荷京海牙。戴氏等由俄至荷，又有了新的认识。他奏称：荷国乃一小国，“不及中国一大府，却是世界强国”，科学发达，“为各国公推”；工商进步，“灿然可睹”。同月十六日，戴、端一行离荷前往瑞士、意大利考察。三十日，戴、端乘德国吕尔波号轮船自意大利返国。

载泽、尚其亨、李盛铎一行，比戴鸿慈等两大臣晚了 4 天才离开北京，但却比戴一行人提前 3 天出洋考察。二十二日，载泽等抵日本神户，二十六日到达名古屋，二十八日至东京。光绪三十二年（1906年）一月二十日，载泽、李、尚离日前往美，二十六日到达美国。二十日离美赴欧。二十八日到达英国，三月二十五日离英赴法，四月十六日，复自法赴英。不久又由英国赴比利时。闰四月十九日，载泽、尚其亨自比利时乘法轮返国。五月二十一日，载泽、尚其亨等一行回抵上海，六月初三返回北京。

戴鸿慈、端方一行于六月初一回到上海。十二日，端方、戴鸿慈自上海向各省总督去电，商议立宪日期。十七日，端、戴等由沪至津，二十一日返抵北京。至此，五大臣出洋考察政治结束。

光绪三十二年（1906 年）六月初三和二十一日，考察政治大臣载泽、端方等，先后返京，他们把考察情形向清廷做了详细汇报，并提出立宪的主张。六月中、下旬至七月初，清廷频繁召见出国考察大臣，其中端方被三次召见，载泽二次召对，并召见戴、尚二人各一次。四大臣召对时，“皆痛陈中国不立宪之害，及立宪之利”。两宫听了之后很是震动，但因“初无成见”，复令“详晰指陈”。六月十九日，袁世凯奏称目前形势危急，请赶紧实行立宪，袁世凯提出了十大主张。即昭大信，宜亲诣太庙，昭告立宪；举人才；振国势；融满汉；行赏罚；明党派；建政府，采用内阁合议制；设资政院，州县设议事会，省设咨议局；办地方自治；行普及教育。在这一年，慈禧在召见曹汝霖时，就立宪问题与他进行了长谈。慈禧问：“日本的宪法是什么宗旨?”曹汝霖回答说：“因德国宪法君权比较重，故日本宪法的宗旨是取法德国的。”问：“听说他们国会里有党派，常常发生争吵。”答：“是的……臣在日本时，适逢对俄开战问题，国会各派争得不可开交。后来开御前会议，天皇决定宣战，两党即一致主战，团结起来了。”慈禧听了，叹了一口气说：“唉！咱们就坏在不能团结！”曹答：“以臣愚见，若是立了宪法，开了国会，就能团结。”慈禧高声问道：“有了宪法、国会，即可团结吗?”曹答：“臣以为只要有一个中心就会出现团结局面，立了宪，上下都应照宪法行事，这就是立法的中心。”慈禧听了，若有所思，不再说话。

七月初六，慈禧决定派载沣、军机大臣、政务处大臣及袁世凯，就立宪之事举行专门会议讨论。初八，第一次会议召开，首先对出国考察大臣的条陈奏折进行审阅，但因有的奏折极长，等将这些文件全部看完，天已黑了，并没有进行实质的讨论就散了会。

初九，第二次会议在外务部召开。会上，众人就是否举行立宪争得不可开交。拥护立宪者依次为奕劻、徐世昌、张百熙、袁世凯；反对立宪者依次为孙家鼐、荣庆、铁良；有条件地支持立宪者为瞿鸿禨、载沣。

《钦定宪法大纲》颁行

光绪三十二年（1906 年）七月十三日，清廷正式宣布“预备仿行宪政”。但清廷确立的原则是“大权统于朝廷，庶政公诸舆论”，并特别强调当前“规制未备，民智未开”，所以要“妥议立宪实行期限，再行宣布天下，根据进度，再来确定最后实行立宪的期限”。清廷决定首先要改革官制，逐步厘订法律、广兴教育、整顿武备、普设巡警，为实行立宪做好“预备”。

虽然清廷对立宪采取了拖延敷衍的态度，但它还是宣布了预备立宪，这使很多人受到鼓舞，他们立刻组织起来并积极活动，为在中国实行立宪而奔走呼吁。光绪三十二年（1906 年）十一月，江浙绅商学界在上海成立了“预备立宪公会”的立宪团体，郑孝胥被推举为会长，张謇、汤寿潜为副会长。随后，湖北的汤化龙成立了“宪政筹备会”，谭延闿在湖南成立了“宪政公会”，丘逢甲在广东成立了“自治会”等。逃亡在外的康有为也决定将保皇会改名为“中华帝国宪政会”。光绪三十三年（1907 年）九月，在日本，梁启超等人成立了“政闻社”，并向清廷保证：“政闻社所执之方法，常以秩序的行动，为正当之要求，其对于皇室绝无干犯尊严之心，其对于国家绝无扰紊治安之举。”遍布各地的立宪团体成立后，它们互相联络，互相支持，在要求清王朝立宪的运动中联合起来，他们也被称为“立宪派”。

但是，清廷对立宪并没有多少兴趣与诚意，它只是借立宪为名，企图加强满洲贵族的权力。光绪三十二年（1906 年）九月二十日，清廷公布了中央官制改革方案，作为权力中枢的军机处被保留下来，对某些部的名称做了更改；将袁世凯练成的“北洋六镇”划出四镇，归满族亲贵控制的陆军部统率。与此同时，清廷试图削减地方督抚的权力。次年八月，湖广总督张之洞、直隶总督袁世凯被调到军机处做军机大臣，剥夺了这两位实力最强的汉族总督的实权。

光绪三十四年（1908 年）六月初二，预备立宪公会电请清廷尽快召开国会，最好能在两年内举行。二十四日，清廷颁行各省谘议局章程及议员选举章程，要求各省在一年内完成。七月十五日，各省代表联名上书宪政编查馆，请求召开国会。八月初一，宪政编查馆、资政院王大臣奕劻、溥伦等进呈宪法、议院选举各纲要，及议院未开以前逐年应行筹备事宜。清廷下诏命令将各纲要刊印出来发给在京的各衙门，在外省各督、抚、府、尹、司、道，悬挂堂上，要求他们在限期内完成，每六个月将筹办成绩上报朝廷知闻。自本年起，务在第九年内将各项筹备事宜一律办齐。届时即行颁布宪法，召集议会。

立宪派发现清廷对于立宪一直拖延而不采取实际行动，便开始派代表进京联名上书请愿，要求朝廷速开国会。为回应请愿运动，清廷于光绪三十四年（1908年）八月初一，颁布了《钦定宪法大纲》。

钦定宪法大纲关于公民的权利与义务的一些条款，吸收了资产阶级中的一些内容与成果，第一次从法律条文上宣布，保护公民合法的财产权、居住权、言论自由权、集会结社权、人身安全权，同时也以法律的形式规定了公民的纳税义务。与封建专制统治相比较，这些法律条文是一个重大的进步；但大纲关于君权的规定，企图保护、扩大封建君主专制制度，与历史发展潮流相违背，它将日本等君主立宪国宪法中有关君权的一切条款，都照搬下来，并且有所发展。照此，大清皇帝的专制权力非但没有削弱，反而得到了加强。此宪法大纲将清廷立宪的动机完全暴露出来。

这个“宪法大纲”完全是为了巩固君权、强化君权。但同时也规定在9年内完成预备立宪，期满后正式召开国会，并规定“筹办咨议局”。清廷此举进一步暴露了它根本没有立宪的诚意。十月二十一日、二十二日，光绪皇帝和慈禧太后相继死去，溥仪继承了帝位，改元宣统。宣统皇帝年幼，由他的父亲醇亲王载沣摄政监国。

执政后，为了笼络人心，载沣表示要继续推行立宪，下令要求各省尽快成立咨议局。另一方面，他削夺了袁世凯的军机大臣兼外务部尚书等一切职衔，令其回籍“养病”。载沣自任大元帅，统领禁卫军，命其弟载洵、载涛分任海军大臣和军咨大臣，荫昌为陆军大臣，试图将一切大权都掌握在满族亲贵者手中。但是，袁世凯的心腹早已布满朝廷内外，特别是北洋军事集团的将领们多是袁世凯的亲信，他们“只知有袁宫保，不知有朝廷”。载沣的行动进一步加深了满汉官员间已存在的矛盾，使统治集团的分裂加剧。

预备立宪骗局的破产

宣统元年至二年（1909～1910年），各省谘议局和北京资政院相继成立，立宪派控制了谘议局和资政院。立宪派的代表人物张謇、汤寿潜、汤化龙、谭延闿、蒲殿俊等分别担任了江苏、浙江、湖北、湖南、四川等省谘议局的议长。谘议局的宗旨是向所在省提供可供采取的议论，并仅限于本省之事；会议由督抚召集。督抚有权监督谘议局的选举及会议的召开，对其通过的议案有“裁夺施行”之权，还有下令谘议局停止会议及请求解散谘议局的权力。议员的成员主要是地方士绅和由地主阶级中分化出来的上层资产阶级分子。谘议局具有地方议会的性质，许多议员积极行使对本省行政、参政、法律等方面的监督权，在要求改革地方弊政和检举地方官吏贪赃枉法的事件中，同地方官吏经常发生冲突，并对清廷的黑暗腐败现象大加揭露，对打破专制局面，活跃民主空气，有一定积极作用。但是，由于地方督抚控制着谘议局，谘议局没有多少实际权力，还不能说是完全的近代意义的地方议会。

从宣统二年（1910年）起，各省立宪派连续发起组织了3次声势浩大的请愿运动，要求清廷于宣统三年（1911年）召开国会，立即成立责任内阁。三次请愿的结果，只得到清廷宣布缩短预备立宪期限，如将开国会的时间提前到宣统五年（1913年）。此后，清廷对请愿开国会活动严行禁止。宣统二年（1910年）三月，清廷宣布成立第一届责任内阁，在内阁大臣13人中，满族贵族占了9人，而其中皇族又占5人，被称为“皇族内阁”，皇室亲贵将国家的军政大权进一步捞在手中。这就暴露了“预备立宪”的欺骗性，引起了地方督抚、官员和立宪派的普遍不满，清廷被孤立了。立宪派认为清廷此举“不合君主立宪国公例”，要求另外组阁。对他们的要求，清廷毫不犹豫地拒绝了。各省咨议局联合会发表《宣告全国书》，痛苦地承认“希望绝矣”。立宪运动宣告失败。

慈禧在日俄战争后，准备预备立宪，在革命党人于各地不断发动起义的压力下，又必须加快预备立宪。但是直到她病死，宪法也没有颁布，也没有召开议会。而慈禧的预备立宪，其目的在于巩固清政府的统治，把军政大权愈加集中在以她为首的满族权贵手中，镇压革命党人的革命活动。慈禧的预备立宪进一步激化了满汉矛盾，使清政府与人民群众更加对立，起到了加快清政府灭亡的作用。这是她未曾想到的。

清廷的倒行逆施，进一步激化了社会矛盾。为了换取帝国主义势力的贷款，清廷于宣统三年（1911 年）四月，宣布“铁路干线国有政策”，将商办的粤汉、川汉铁路在“国有”的名义下收归己有，把这两条重要干线的利权出卖给帝国主义。因此，保路运动迅速在四川、湖南、湖北和广东四省掀起，四川省尤为激烈。这年五月，四川省各地都成立了“保路同志会”，有几十万人参加。七月，在成都召开的保路大会有数万人参加，号召罢市、罢课和抗粮抗捐。立宪派力求控制保路运动，但已无能为力。四川总督赵尔丰奉清廷旨意，将咨议局、保路同志会、铁路公司及股东会负责人统统逮捕。数万群众闻讯后到督署请愿，要求释放被捕之人。面对请愿群众，赵尔丰竟下令开枪，造成流血惨案。人民更加愤怒，四川全省掀起了武装暴动。同盟会员吴永珊（玉章）等在荣县起义，建立革命政权。保路运动发展成为武装起义，清廷在四川的统治遭到沉重的打击，推翻清皇朝的革命已经来临。

革命党人领导的反清起义

萍浏醴起义

光绪三十二年（1906 年）十月，同盟会成员领导和发动了湘赣边境的萍乡、浏阳、醴陵起义。十八日，洪江会首领廖叔保在同盟会会员刘道一、蔡绍南等的策动下，在麻石集中二三千名会众，高举“汉”字旗，率先举义。十九日，萍浏醴起义正式爆发。当天，浏阳高家头、金刚头、萍乡高家台等地即被起义军占领。第二天，麻石的起义军已发展到两万余人，他们向上栗市发起进攻，清军望风而逃。同盟会党人在慈化、桐木等处发动起义进行响应。起义军顺利攻占上栗。起义队伍在十几天内发展到三万余人，控制了湘赣边区五县。起义军自称“中华民国”，并发布檄文，历数清政府十大罪状，并指出起义的宗旨是驱逐鞑虏，破除数千年专制政体，建立民主共和国，使“四万万同胞享平等之利益，获自由之幸福”。清廷对萍浏醴起义极为恐惧，它在湖南、湖北、江西、江苏四省调集了五万军队围剿起义军。经过八天激战，起义失败。刘道一、龚春台、蔡绍南等壮烈牺牲，万余名群众被杀。萍浏醴起义虽然失败，但它极大地鼓舞了人民反抗清朝腐朽统治的斗争。

黄冈之役

光绪三十三年（1907 年）四月，孙中山派许雪秋到广东潮州饶平县黄冈镇发动反清起义，史称黄冈之役。十一日，700 名起义军在革命党人陈涌波、余继成的率领下宣布起义，当夜攻入黄冈，擒杀清军数人，缴获枪枝数十杆。次日起义者成立军政府，陈涌波、余继成分任正副司令。随后革命者发布檄文，宣告“驱除鞑虏，恢复中华，创立民国，平均地权”。十六日，广东水师提督李准率军镇压了起义，起义失败。

广东惠州七女湖之役

这是继黄冈起义之后，孙中山直接领导的又一次规模较大的起义，同盟会会员邓子瑜指挥了这次起义。光绪三十三年（1907 年）四月二十二日，邓子瑜联合会党和华侨于惠州七女湖举事，归善、博罗、龙门等地民众纷纷响应起义，起义队伍避实就虚，声东击西，与清军斗争十余日，于五月初二宣布解散。

钦州、廉州之役

光绪三十三年（1907 年）秋，广东省钦、廉两州人民发起了大规模的抗捐抗税斗争。孙中山利用这一有利形势，派黄兴、胡毅生、王和顺联络抗捐税民众和钦、廉两州乡团发动起义。七月二十四日，在钦州王光山，王和顺率二百余人首揭义旗，二十八日攻占防城，杀县令宋鼌元，王和顺以“中华国民军南部都督”名义，发布文告，宣称起义宗旨是“扫专制不平之政治，建民主立宪之政体”。其后，起义军在进攻钦州、灵山时连续受挫。八月初十，起义军被迫解散，余部转入两广接壤的十万大山。钦、廉起义失败。

镇南关之役

光绪三十三年（1907 年）十月，孙中山、黄兴、胡汉民又在云南镇南关（今友谊关）发动起义。二十五日，同盟会会员黄明堂率领八十余人由镇南关背面小路向清军发起攻击，夺取了镇南、镇中、镇北三炮台。二十七日，孙中山、黄兴、胡汉民亲到镇南关指挥。清军将领陆荣廷、龙济光指挥四千清兵与起义军血战七昼夜，清军又重新控制了炮台。孙中山率部被迫退往越南，此役宣告失败。

钦州、廉州、上思之役

镇南关起义失败后，黄明堂率领“中华国民军南军”短枪队 200 余人，在广东钦、廉两州及广西上思一带活动。光绪三十四年（1908 年）二月二十五日，黄兴、黎仲实、梁建葵、黄明堂等在钦州再经发动起义。三月初二，黄兴指挥起义军于钦州马笃山，击败清巡防营统领郭人漳。是役使清兵“闻风而栗”，黄兴也因此声名远播。其后黄兴率部转战钦、廉、上思一带，历时两个月，大小数十战，四月初四，黄兴率兵退到越南。

云南河口之役

光绪三十四年（1908 年）年三月二十九日，革命党人黄明堂、王和顺、关仁甫、梁金秀在孙中山、黄兴的指挥下发动起义，攻占云南河口，击毙清警察委员王正钧。四月初一，起义军击毙河口边防帮办兼营务处王镇邦，夺取了河口大炮台，缴获枪枝千余，子弹万发。接着分兵北上。四月初五，起义军分别攻占了新街、蛮耗、蒙自。初八，黄兴到达河口指挥义军，遣兵占领南溪，俘获清管带胡华甫。十五日，清廷调重兵反击，云贵总督锡良亲自到通海指挥清军反扑。二十三日，王和顺在田房被清军击败，二十五日，清兵收复南溪。二十七日，清兵攻占河口，历时月余的河口之役最后失败。

广州新军起义

这是革命党人利用新军反清的一次重要起义。起事之前革命党人在新军中做了大量的宣传和组织工作，且约定于宣统二年（1910 年）元宵节举行起义。但是，这年除夕，新军士兵与警察发生了严重冲突，起义被迫提前。正月初三，革命党人新军炮兵排长倪映典在广州城郊率三千名新军仓促发动起义，旋进攻省城，结果被清军包围，倪映典战死，起义失败。

黄花岗起义

这是辛亥革命前夕，同盟会武装反清的又一重大军事行动。鉴于以前的多次失败，起事之前作了充分的组织和物资准备。孙中山委派黄兴组织指挥了这场起义，同盟会的许多骨干分子参与了这次军事行动。宣统三年（1911 年）三月二十九日，起义爆发了，黄兴亲率敢死队 120 余人，向总督衙门发起了攻击，与清军展开了激烈的巷战。敢死队员奋勇冲击，前赴后继，杀伤了大量清军，起义军也付出了重大牺牲。黄兴、朱执信都负了伤，喻云纪冲锋在先，壮烈牺牲，林觉民、方声洞先后遇难。在敢死队进攻督署的同时，其他各路起义军也与清军展开了血战，但都因力量悬殊，先后失败。

皖浙起义

正当革命党人在西南边疆连续举行武装起义时，光复会会员徐锡麟、秋瑾等人在江浙会党和新军中展开了积极的革命宣传和组织活动。光绪三十三年（1907 年）初，徐、秋决定在六月初十于安庆、绍兴同时发动起义。六月初四，徐锡麟利用安徽巡抚恩铭参加安庆巡警学堂毕业典礼之际，刺杀了恩铭，随后带领学生攻占军械所。清军疯狂扑击，包围了起义者，双方激战六小时，革命党人陈伯平战死，徐锡麟、马宗汉等 20 余人被捕。当晚，徐锡麟被害。次日，秋瑾于绍兴被捕。初六，秋瑾被害。皖浙起义失败。

此外，在光复会皖浙起义的影响下，光绪三十四年（1908 年）十月二十六日，安庆马炮营军官熊成基，发动起义，并指挥义军进攻安庆城，激战一昼夜，义军没能攻下城池，转攻省城，亦不下。于是他兵退庐州，并离开起义队伍，起义失败。

同盟会领导的上述武装起义虽失败，但却沉重打击了清王朝的反动统治，极大地推动了人民群众的反封建斗争，为辛亥革命的胜利创造了一定历史条件。

武昌起义

革命党人策划起义

清宣统三年（1911 年）四月，清政府借口实行铁路国有，将民办的川汉、粤汉铁路收归国有，并将铁路修筑权作为抵押，向英、法、德、美四国银行团借款。川、鄂、湘、粤等省人民对清政府的卖国行径极为愤怒，展开了各种形式的反抗斗争。

宣统三年（1911 年）正月初一，湖北革命组织文学社宣告成立，蒋翊武为社长，詹大悲为文学部长，刘复基为评议部长。它将“推翻清朝专制，反对康梁的保皇政策，拥护孙文的革命主张”作为宗旨，得到广大新军士兵的拥护。越来越多的新军士兵加入文学社。文学社还努力促进与共进会的联合。由于会党群众不受约束，难以依靠他们来取得革命的成功，湖北共进会领导人孙武也开始将工作重点转向新军，有大批新军加入了共进会。这就使湖北革命运动由宣传发动阶段迅速进入到行动阶段。

黄花岗起久失败后，本来准备响应起义的共进会加强了与文学社的联系，在两湖地区抓紧酝酿革命行动。七月二十二日，文学社、共进会举行了联席会议，会议讨论了两团体的合并问题，并计划在武昌采取行动，发动起义。会议决定建立统一领导、统一指挥、统一计划、统一行动的机构。军事方面，蒋翊武任总指挥，孙武任参谋长。指挥部设在武昌小朝街八十五号。政治方面，刘公任总理，并公设若干政治筹备员负责文告、印信、符号及炸弹制造等，总部设在汉口租界。两个革命团体的合并，使武汉地区革命力量迅速扩展。在总数约为1.7万名的湖北新军中，到武昌起义爆发前夕，有1/3以上的人都加入了革命团体。

八月初三，文学社、共进会举行联合会议，商讨起义事宜：中秋节起义，推举蒋翊武为临时总司令，孙武为参谋长，在军事方面做出了种种部署，在组织上为发动起义做好了准备。但恰好在此时出现了南湖炮八标士兵暴动，打乱了整个起义部署。

八月初二晚，炮八标三营左队士兵汪锡九、梅清福等请假离营，同营参加革命团体的兵士赵楚屏、霍殿臣等为这些人送行，他们的活动遭到了值日排长刘步云的干涉，众人很是不满。第二天，部队竟对汪、梅、赵、霍四人处以军棍的惩罚，这惹恼了士兵们，他们当即捣毁了营房的玻璃、家俱，并从炮房中拉出了大炮。有新军士兵跑到城内去向孙武、邓玉麟等人报告情况，要求立即下令起义。文学社与共进会马上召开紧急会议，商讨此事。会上根据刘复基的意见，决定仍照原来的计划行事，让为首的赵楚屏、霍殿臣等“逃亡”在外，其他人仍回到自己的部队听候命令，一切过错都可推诿于赵、霍二人身上。南湖事件很快平息下来，没引起大的风波。

武汉的局势十分紧张，革命党人准备发动起义的消息被清朝军警侦知，他们经常派探子在革命党机关周围窥视。八月十八日，孙武等人在汉口俄租界宝善里十四号内制造炸药，这时候刘公的弟弟刘同手挟着香烟走进来，不巧香烟灰余烬引起了炸药爆炸，孙武的面部被炸伤，当即被抬往法租界同仁医院救治。租界巡捕闻声赶来，革命党人只得仓促撤离。革命党人制好的旗帜、印信、文告、钞票和党人名册都落入了巡捕的手中。清朝军警遂大批出动，在武汉三镇进行搜捕。

起义爆发

武汉的革命党人正处在危急关头。宝善里事故发生的当天上午，蒋翊武、刘复基、彭楚藩等人在武昌小朝街八十五号机关部商议起义日期，宝善里事故他们直到下午才得知，本来议定要等待黄兴来后再发动起义，此时，大家一致同意提前起义，“只有提前干，或可死里求生”。根据以前的计划，蒋翊武草拟了一道命令，派人分送各标、营，命令于当夜十二时发动起义。

是夜，蒋翊武、刘复基、彭楚藩等人在小朝街机关部静等起义的举行。但是，意外的事件发生了，清廷军警逮捕并杀害了刘复基、彭楚藩等革命领袖。由于南湖炮队没有接到起义的命令，而没有采取行动，其他各标、营、队的革命士兵也没有贸然发难。

尽管清廷破坏了革命党领导机关，大肆捕杀了许多革命党人，但是革命的行动却无法遏止。根据十八日机关部传下的起义命令，新军中的革命士兵暗中开始组织起来。十九日，起义首先在拥有雄厚革命基础的工程营中爆发。共进会员、工程营革命党人总代表熊秉坤在士兵中很有威信，与三十标、二十九标的党人取得联系，部署了起义一事，与二十九标的蔡济民约定晚间点二道名时，由工程营鸣枪三声为号，发动起义。

十九日晚工程营士兵金兆龙、程正瀛与巡哨的排长陶启胜发生冲突，程正瀛打响了武昌起义的第一枪。

枪声划破了宁静的夜空，工程营的士兵立即响应，拿起枪枝，奔出营房。熊秉坤马上集合起义的新军，向清军发动攻击。在密集的枪声中，反动军官纷纷躲了起来，革命士兵控制了全营。熊秉坤带领着部队奔向楚望台军械库，去夺取武器弹药。守卫军械库的李克果在听到枪声后，下令士兵拼命抵抗。守库的工程八营左队革命党人罗炳顺、马荣乘机提出“没有子弹，怎么抵抗”。李克果命令打开军械库分发子弹。罗炳顺、马荣得到了子弹后，立即鸣枪宣布起义。熊秉坤率部赶到后，两支起义队伍汇合在一起，控制了军械库。

二十九标在听到工程营起义的枪声后，蔡济民立即鸣枪响应，率众击退了前来阻挠的反动军官，冲出了营门，沿途击毙了三十一标的一些旗兵，来到楚望台。测绘学堂的士兵在晚自习时，听见起义的枪声后，学生们立即行动起来，在方兴、李翊东的组织下，向军械库进发，与先期到达的其他革命士兵一起汇合。

南湖炮八标早就做好了起义的准备，当晚，城内响起了枪声，城北塘角方面火光冲天。徐万年、王鹤年、蔡汉卿等人马上拖出大炮，发炮以示响应。随后便拖着 19 尊炮向中和门前进。沿途他们击溃了伏击他们的清军，与城内派来迎接的金兆龙等部、绕城而来的第二十一混成协辎重、工程两队的革命士兵汇合，一起到达楚望台。

后来又有不少革命的新军士兵到达楚望台军械库，他们齐集在起义的大旗下，在楚望台商量如何进攻督署。这时，反革命军队聚集在城西南角，革命军在东南角。革命军不仅占据有利地形，将城内制高点掌握在手中，而且还有充足的枪械，占有一定的优势。所以革命军决定迅速攻下督署，不给敌人以喘息的机会。曾参加过日知会，有较多军事知识的工八营左队队官吴兆麟被推举为临时总指挥，以指挥众人攻打总督衙署。吴兆麟当众宣布了约章，命令熊秉坤、马荣、邝杰各领兵分三路进攻督署；程国贞指挥炮队，在中和门城楼及蛇山等处布设阵地，向督署及第八镇司令部发起炮击；其余分别执行巡查、策应、防守等任务及后备待命。

接近午夜时分，起义部队向督署发起了猛攻。第一、二次进攻都失利了，第三次进攻开始后，在督署附近放火照明，火光冲天，炮队得以准确地发炮击中督署的所在地和第八镇司令部马房等处。各路革命军突破防线，第八镇司令部被起义军攻克，随后义军逼近督署。湖广总督瑞徵见革命党人攻势甚猛，惊恐万状，仓皇逃窜，乘“楚豫”号兵舰离开武昌。

在争夺督署的激战中，守敌依靠几挺机枪的火力压制住起义军，并组织反扑，起义军一度退守保安门。由熊秉坤等数十人组成的敢死队攻到总署辕门下，在勇士们一次次的进攻下，湖广总督衙门终于落到革命军的手中。

次日清晨，革命军占领了武昌城所有的官署与城门，红地十八星旗高高地飘扬在黄鹤楼上空，武昌起义获得了胜利。

革命政权的成立

武昌起义胜利后，建立革命政权成为革命党人面临的最紧迫的任务。此前在文学社、共进会酝酿联合时，在都督的人选问题上双方没有能达成一致，为了不妨碍双方的联合，只好将都督一职空缺。文学社、共进会正式联合后，都督的席位仍然空缺，而是派居正、杨玉如二人赴上海邀请黄兴、宋教仁、谭人凤来湖北主持。可在此时，黄兴、宋教仁都没有到鄂，加之清军又破坏了起义指挥机构，革命领袖被害，直接领导起义获得成功的指挥官却资历不足，无法担当统帅全鄂新政权的工作。

起义军一攻占整个武昌城，蔡济民、高尚志、陈磊、李翊东、张振武等人就聚集到谘议局筹商建立新政权的问题。起义者也邀请了以汤化龙为代表的立宪派来参加会议。很显然，推举一个合适的人来担任都督、成立军政府是当前最需要解决的问题。立宪党人提出由第二十一混成协统领黎元洪担任都督，刘赓藻说："黎元洪就在城内，如果大家认为合适，就该马上去找他。"革命党人在自己内部找不出合适的人选，而汉口、汉阳还在清军手中，当务之急是找一个人领导他们巩固已取得的胜利，因而大家同意推举黎元洪为都督以资号召。

黎元洪此时正在黄土坡。就在攻克督署后不久，担任巡查的马荣、程正瀛抓住了为黎元洪搬运行李的伙夫，他们从伙夫那里得知黎元洪藏匿在黄土坡第四十一标第三营管带谢国超家。吴兆麟立刻命令马荣、程兆瀛带人赶到黄土坡去找黎元洪。在谢国超家中，革命者们见到了黎元洪，马荣等人便将黎元洪拥至楚望台。黎元洪对让他出任都署之议极力拒绝，马荣十分恼火，拔出刀来威胁，逼他非革命不可。随后，众人又簇拥着黎元洪来到谘议局，刚一进门，就有人大声喊："都督到了。"黎元洪这时没有再吭声。

下午，经过讨论，汤化龙被推举为会议主席，汤化龙提出向各省发出通电，号召响应武昌起义。在发言中吴兆麟表示公推黎元洪为湖北都督，汤化龙为湖北民政总长，由二人来主持大计，号召天下。黎元洪仍不答应，不肯在布告上签署自己的名字，李翊东端着长铳逼迫黎元洪，黎元洪仍是沉默不动。李翊东拿起笔写了一个"黎"字，在场众人齐声叫好。

革命党人推举黎元洪为都督只不过是利用黎元洪的声望来稳定并号召人心，实际上他们并不要黎元洪做什么实际工作。他们成立了谋略处，这是革命党人真正的政权机构，谋略处以蔡济民为首，由邓玉麟、吴醒汉、张廷辅等15个人组成。谋略处议定以谘议局为军政府及都府；宣布成立中华民国；改纪元，称黄帝纪元四千六百零九年；他们用都督黎元洪的名义向全国各省发出通电，宣告政府成立，在军政府下设立参谋、军务、政务和外交四个部。

月底，宋教仁从上海来到武昌，与革命派人士居正、孙武、刘公等制定约法，约法由宋教仁起草，作为中华民国中央政府正式成立之前，具有宪法效力的根本大法，这是中国资产阶级拟定的第一个带有宪法性质的重要文件，以法律的形式勾勒出了一个崭新的共和国的形象。

就在武昌起义胜利后的第二天，汉阳革命党人也举行起义，响应武昌的革命党。担任汉阳文学社联络员的袁金声过江到武昌，得知武昌起义胜利，马上回到汉阳，把武昌起义成功的消息告诉了众人；汉阳的革命党人深受鼓舞。二十一混成协的步队四十二标文学社的标代表胡玉珍便决定当晚十时发动起义。他派人到汉口与四十标二营赵承武联络，约定共举义旗，邀请因武昌小朝街机关部破坏后，逃到汉阳的文学社副社长王宪章来指挥汉阳起义。

入夜后，胡玉珍鸣枪为号，前、左两队新军士兵听到枪声后立即集合起来，迅速赶到子弹库夺取了弹药。清军管带汪炳山见势不妙仓惶逃窜。队官宋锡全在革命党人的劝导下同意起义，邱文斌率队占领龟山，同从龙灯堤赶来的起义队伍相汇合。邱文斌又拖出三门大炮，一举击溃了龟山脚下的辎重营残余部队。

在汉口，起义烽火也被迅速点燃。赵承武首先在居仁门发难，随后汉阳的革命士兵赶来，两支队伍汇合后占领了汉口全城。武汉三镇相继光复，都竖起了十八星旗。

武汉三镇起义的成功，极大地鼓舞了湖北各地。黄州、京山、汉川、宜昌、荆州等地先后宣布脱离清朝统治，举行起义，并都获得成功。革命党人联络鄂北秘密会党，会党与新党的结合使襄阳、郧阳先后反正，响应武昌起义。随着湖北各地起义的胜利，清王朝在湖北全省的封建统治土崩瓦解，资产阶级政权得以巩固下来。武昌起义之后，湖南、陕西、江西、山西、云南、贵州、江苏、广西、安徽、广东、福建、四川等省纷纷响应，辛亥革命在全国形成燎原之势。

袁世凯逼宫

袁世凯复出

武昌起义的成功，引起一些帝国主义的仇视和惊恐，它们开始考虑对武昌起义进行武装干涉。英、美、法、德、日等国，在短短的几天就调集 10 多艘军舰在武汉江面待命，监视革命派的行动。但是帝国主义对中国国内形势的迅速发展感到吃惊，它们不敢贸然行动，而在所谓“中立”的幌子下积极寻求和扶植新的代理人，以维护它们在华的侵略特权和利益。帝国主义一直对手握北洋军事集团的袁世凯极为欣赏，袁世凯也成为它们的忠实走狗。英国驻华公使朱尔典曾接到英国政府的电报：我们对袁世凯已经产生了极好的感情和崇敬。因此，在北京外交使团的会议上，美国公使嘉乐恒第一个提出促请清政府起用袁世凯的主张，各国公使对此表示一致赞同。

回籍“养疴”的袁世凯，一直在伺机东山再起。他的心腹遍布于北京与北洋陆军之中，家中设有电报，消息极为灵通。身为内阁协办大学士的徐世昌是袁世凯的心腹密友，他随时为袁世凯提供情报，通过他，袁世凯对政局了如指掌。他同北京的外国使馆也一直保持着联系，依仗帝国主义做靠山。因此，帝国主义促请起用袁世凯，并不出人意料。

武昌起义的第四天，在各方面的压力下，清摄政王载沣，决定起用袁世凯。八月二十三日袁世凯被任命为湖广总督，兼办“剿匪”事宜，除湖北原有军队归他节制调遣外，袁世凯还可以调用其他水陆各援军。袁世凯嫌职权太小，借口足疾未痊，不肯出来为清廷收拾局面，并提出六项出山条件。大要为：

第一，于明年召开国会；第二，组织责任内阁；第三，宽容此次事变之人；第四，解除党禁；第五，须委以指挥水陆各军及关于军队编制之全权；第六，必须保证充足之军费。

清政府派往南方镇压武昌起义的北洋新军，接受了袁世凯的指示，只在信阳、孝感之间徘徊，陆军大臣荫昌根本指挥不动。此时，湖南、陕西、江西、山西等省已先后独立，驻滦州的新军第二十镇统制张绍曾举行兵谏，要求速开国会，组织责任内阁，在此情况下，清廷被迫接受袁的 5 条要求，于九月初六日下谕任命袁世凯为钦差大臣，拥有指挥一切军队的大权，以冯国璋、段祺瑞分统第一、二两军，召荫昌回京。但清廷对袁世凯的第二条要求仍未置可否。这时袁仍在等待时机。九月初九，清廷下谕取消现行内阁章程，对内阁进行改革，不再以亲贵充国务大臣，起草宪法，解除党禁。九月十一日，袁世凯才同意出山，由彰德南下督师。同日，清廷解散奕劻内阁。翌日，袁世凯被任命为内阁总理大臣。

这些信条的颁布，并不能使革命者和广大人民消除他们对清廷的仇恨心理，也没有改变清廷的四面楚歌的处境，但它却使袁世凯借以取得了组阁全权。

南北和谈

袁世凯达到他的目的后，便在彰德遥领圣旨，向北洋军队下令，进攻革命军。攻陷了汉阳后，北洋军队又按兵不动。九月下旬，袁世凯进京走马上任，将清王朝的军政大权完全控制在自己的手中，并命令北洋军炮击武昌，向革命军施加压力。黎元洪惧怕北洋军的炮击，竟逃离武昌，武昌陷入一片混乱之中。于是，袁世凯一面请朱尔典出面促成媾和谈判，一面则密令冯国璋攻击汉阳。十月初一、初二，北洋军第十一协和第八协由蔡甸、驼罗口两处渡过汉水，于十月初七攻陷汉阳。次日，冯国璋接到袁世凯的命令停止攻击。北洋军进攻汉阳损失惨重，第十一协官兵伤亡 507 员。第八协前线官兵仅余 1093 名。所以，袁世凯不敢作进一步的军事冒险，转而求助于“和平”手腕。

同时，英国公使朱尔典害怕战火危及英国在长江流域的利益，立即指示汉口英国领事戈飞出面调停，向湖北军政府转达三项“议和”条件：第一，双方即日停战；第二，清帝退位；第三，选举袁世凯为大总统。革命党人在北洋军队的压力面前，同意在武汉实行局部停战。袁世凯为了实现其政治野心，以软硬兼施的手段让武汉的革命者与其议和，与此同时，以英国为首的帝国主义列强为了巩固他们在华的侵略权益，也对南北和谈极力干涉。从和谈开始到清帝退位，经过情形可分为汉口和上海两个阶段，从交涉的内容看，停战是汉口和谈双方会谈的中心内容，而到上海和谈时双方交涉的内容则变为“国体”和清帝退位的条件，这二者中后者尤为袁世凯所注目。

第一，汉口和谈。

宣统三年（1911 年）八月末，袁世凯向民军方面发出第一次和谈信息。他通过其幕客道员刘承恩向民军表示：“袁氏可与革命军合作……目前战事不能长久，当有和议的转机。”接着，他让刘承恩写信给黎元洪，希望黎能与袁合作，设法和一解决问题。九月二十日，袁又通过英国驻京公使朱尔典及驻汉口代理总领事戈飞从中活动，派刘承恩、蔡廷干到武昌谈判。由于在“共和”与“立宪”上双方存在较大的分歧，谈判未能进行下去。

四天后，俄国驻汉口总领事敖康夫开始干涉和谈，并直接要求双方代表先“罢兵”后谈判。十月初六，朱尔典致电其汉口代理总领事戈飞，要他把袁世凯的“甚愿饬停战争”的意思转达给民军方面，戈飞遵嘱，“提议停战议和”。但是，民军态度坚决，不肯与袁世凯合作。

十月初七，清军攻占汉阳并炮轰武昌军政府，这时民军中主张与袁世凯和谈的力量占了优势。于是，在戈飞的撮合下，双方签订了第一次停战协议。按照协议：双方从十月十三日早八时起，至十六日早八点止，停战三天。十月二十日，国民军攻占南京。两天后，袁世凯与朱尔典共同拟订了“续停战条款四条”，让戈飞转至湖北军政府。内容是：第一，三日停战期满，双方再停战十五日；第二，北军不遣兵向南，南军亦不遣兵向北；第三，总理大臣派各省居留北方之代表人，前往与南军各代表讨论大局；第四，总理大臣派唐绍仪为代表，与黎军门或其代表人讨论大局。以上所言南军，山、陕及北方土匪包含在其范围内。十月十六日，民军同意延长停战期三日。当日，双方于是第二次签订停战协定，规定：自十六日上午八时起至十九日上午八时止，延长停战三日。其后，第二次停战期到期，民军提出三条议案：第一，从十九日起停战十五日，期内除秦、晋、蜀三省另有专条外，两军于各省现在驻兵地方，一律按兵不动；第二，袁派唐绍仪与黎或其代表讨论大局；第三，因秦、晋、蜀三省电报不通，恐怕很难在十九日停战，因此所有以上停战条件，与秦晋蜀三省无关。十月十九日，双方又签订了第三次停战协议，双方约定停战期再延长十五日，并同意派伍廷芳与唐绍仪继续会谈。会谈地点由汉口迁往上海。第一阶段汉口谈判结束。

第二，上海和谈。

宣统三年（1911年）十月二十八日，在上海英租界市政厅里，北方代表唐绍仪与南方代表伍廷芳举行了第一次正式会谈。与会者除南北代表外，英、美、俄、日、德、法六国驻上海总领事也参加了会谈。停战问题仍旧是此次会谈的主要内容。南方代表要求北方军队遵守停战协定，在北方的晋、陕、皖、鲁及东北七省停止一切军事行动。

十一月初九，第二次会议召开，主要讨论国体问题。南方代表坚决主张实行共和政体。会议约定把停战期分别再延长七日和十五日。十一月十日，双方举行第三次会议，双方约定由国民会议对国体问题做出公决。并广泛讨论了皇帝、皇室、满、蒙、回、藏三种待遇的问题。第四次会议于十一月十一日召开。会议确定了召开国民代表大会办法细则和各省代表名额。第二天召开第五次大会，就三个优待条件达成了一致意见。一是优待皇室条件，共计6条：规定清帝退位之后，仍保留其名号，以待外国君主之礼待之；皇帝暂时还在紫城禁居住，日后退居颐和园；优定清帝岁俸，年支出多少，由新政府提交国会议决，但不得少于300万两之数；所有陵寝得永远奉祀，并由民国妥为保护；光绪的崇陵未完工程及奉安经费，仍照实用数目支给；保护其原有之私产。二是优待各族人的条件，计5条。主要内容为：他们的地位与汉族人平等；保护其应有之私产；先筹八旗生计，未筹定以前原有口粮，仍按原来的规定发放；从前对他们在从事行业及居住方面的限制，一律废除。所有王公世爵，概仍其旧。以上条件，列于正式公文，电达各国政府，以昭大信。

在召开上述公开会议和签署公开协定以外，双方代表还在私下里进行了秘密商谈，并草签了一份重要文件，主要内容为：确定共和政体；优待清皇室；先推翻清政府者为大总统。

但是，在袁世凯为自己即将成为大总统而甚感得意之时，十一月初八南方十七省代表却选举孙中山为临时大总统。十三日，孙中山在南京就职，中华民国临时政府宣告成立。消息传到北京，袁先是“十分恼怒”，继而又“极为丧气”。十四日，袁世凯致电唐绍仪，要求他辞去代表之职，概不承认以前所签的各种文件，和谈事项由他自己和伍廷芳直接电商。十七日他致电伍廷芳，质问“此次选举总统是何用意”，南北和谈陷入了僵局。二十八日，孙中山致电伍廷芳转告袁世凯说：“如清帝实行退位，宣布共和，则临时政府决不食言，文即可正式宣布解职，以功以能，首推袁氏。”张謇、汪精卫、杨士琦等人唯恐袁错过机会，不断地敦促袁世凯下定决心力促清帝退位。袁世凯在得到孙中山的明确保证之后，下定了决心，立命袁克定、梁士诒致电唐绍仪转告伍廷芳：事在必行，义无返顾。但不能由我一个人向清帝提出退位的请求。已将斯旨，指示北洋诸镇将及驻外专使，旅沪疆吏，令联衔劝幼帝退位，一举而大局可定。另拟优待皇室条件，征求南方同意。自此之后，和议中的国民会议问题一变而为清帝退位问题，于是，袁世凯开始进行逼宫。清政府的终结时刻就要到来了。

清帝退位

袁世凯在大总统职位在望之时，开始威逼清帝退位。1912 年 1 月 16 日，他率领全体阁员上奏，要求皇太后和皇上立即召集皇族开会，决定是否实行共和制。袁世凯非常狡猾，他在去紫禁城养心殿见隆裕太后呈递奏折时，装着很伤心的样子，往红毡垫上一跪，双肩耸动，鼻子抽泣，满面是泪，哽咽着哭诉。表面上，他是个清王朝的大忠臣，暗地里，他的亲信赵秉钧、梁士诒等却在逼宫。

与此同时，北洋将领段祺瑞等人，又在袁世凯指使下，发表联名通电，要求清王朝立即同意共和，否则将带兵攻入北京。所有这些，把清帝推得离退位越来越近。

1 月 30 日，隆裕太后再度召开御前会议，已经没有哪个王公亲贵敢公开反对清帝退位了。载沣、奕劻等人都认为，“官军既无斗志，不若逊位全终，犹得优遇”。隆裕太后见局势已经无法挽回，只好于 2 月 3 日，让袁世凯全权负责，与南京政府讨论优待退位条件，经几番修订之后，终于达成《关于大清皇帝辞位之后优待条件》，共 8 款：第一，清帝退位后，其尊号仍存不废。第二，民国待以外国君主之礼。第三，皇室岁费 400 万两，由民国供给。第四，暂居故宫，日后移颐和园。第五，其宗庙陵寝永远奉祀。第六，其原有私产由民国特别保护。第七，原禁卫军归民国陆军部编制，额数俸饷仍如其旧。第八，另还商定了待遇皇族四条和待遇各族七条规定。2 月 11 日，隆裕太后接受优待条例。

2月12日，隆裕太后颁布懿旨，清帝溥仪辞位，赋予袁世凯组织临时共和政府的权力，命其与民军协商统一办法并由外务部照会各国公使。6岁的小皇帝溥仪由隆裕太后带着于养心殿举行最后一次朝仪礼。清朝延续时间自清太祖努尔哈赤建国算起是297年，自清世祖入关算起是268年，至此成为历史。

紫禁城里的小朝廷

皇室优待条件

宣统退位后，清皇室的原班人马仍住在紫禁城里，除了没有全国统治权外，一切生活起居制度礼仪原封不动，被称为“关门小朝廷”，溥仪也就是“关门小皇帝”。

没有多久，人们发现“关门小朝廷”的种种行为与民国统治权、民国法律制度不合节拍，乃至与之相左。由此引起社会上议论纷纷，表示质疑和不满，参政院于是提出批评和建议，北京政府派内务总长朱启钤、司法总长章宗祥与清室内务府交涉，于民国三年（1914年）十二月二十六日制定了7条“善后办法”：

“兹为巩固清皇室安全，依据参政院建议策，声明优待条件议定善后办法如左：

一、清皇室应尊重中华民国国家统治权，除优待条件特有规定外，凡一切行为与现行法令抵触者，概行废止。

二、清皇室对于政府文书及其他履行公权、私权之文书契约，通用民国纪年，不适用旧历及旧时年号。

三、大清皇帝谕告及一切赏赐，但行于宗族家庭及其属下人等，其对于官民赠给，以物品为限，所有赐谥及其他荣典，概行废止。

清皇室所属机关对于人民不得用公文告示及一切行政处分。

清皇室如为民事上或商事上法律行为，非依释行法令办理，不能认为有效。

四、政府对于清皇室照优待条件，保护宗庙陵寝及其原有私产等一切事宜，专以内务部为主管之衙门。

五、清皇室允确定内务府办事之职权，为主管皇室内务总机关，应负责任，其组织另定之。

六、新编护军专任内廷警察职务，管理护军长官，负完全稽查保卫之责，其章程另定之。

慎刑司应即裁撤。其宫内所用各项执事人役及太监等，犯罪在违警范围以内者，由护军长官按警察法处分，其犯刑律者，应送司法官厅办理。

七、清皇室所用各项执事人等，同属民国国民，应一律服用民国制服，并准其自由剪发。但遇宫中典礼及其他礼节，进内当差人员，所用服色，得从其宜。”

然而，清室不严格遵守民国法律，却要求民国法律保护“优待条件”。袁世凯当政期间，对清室处处表示“关怀”、“保护”、“尊重”，极力主张把“优待条件”写进国家根本大法，理由是中国由帝制改为共和应归功于“清帝后之能让”，故必须“保前清之尊荣”。中华民国南京临时政府时期的临时参议院制定的《临时约法》，没把“优待条件”写进去，他指其为“疏漏”。

“约法会议”制订《中华民国约法》时，袁世凯提出：“似应将关于优待及待遇各条件，别之专条，确定效力，既与事实有合，亦与法理相符。”约法会议是袁世凯的御用工具，唯袁命是从，其制定的《中华民国约法》，专设第六十五条，规定：“中华民国元年二月十二日所宣布之大清皇帝辞位后优待条件、清皇族待遇条件、满蒙回藏各族待遇条件，永不变更其效力。其与待遇条件有关系之蒙古待遇条例，仍继续保有其效力，非依法律不得变更之。”袁世凯称帝时，清室咨文表示赞成，袁世凯看起来既高兴又感激，在优待条件上亲笔写了一段跋语：“先朝政权，未能保全，仅留尊号，至今耿耿。所有优待条件各节，无论何时，断乎不许变更，容当列入宪法。袁世凯志，乙卯孟冬。”在民国四年十二月十六日的大总统申令中，充满了清室咨文和跋语的精神。

民国对大清的“优待条件”有优待又有约束。尤其是“善后办法”，是针对清皇帝种种与民国统治权力、法规制度不相符合之行为进行约束的。

清室强调优待，而对约束方面，并不认真接受和实行，制定“善后办法”之前、之后，均有诸多不安分守己之处。溥仪关起门来称孤道寡，虽然“圣旨”不出神武门，“封官”只限内务府，但操办起来仍然煞有介事。

奢侈的帝王生活

溥仪身边有一批伺候他的太监，吃饭、穿衣、睡觉、游戏、读书……太监不离左右，听从使唤。大总管张谦和还是溥仪的启蒙老师，正式读书之前，张教溥仪认字，读《三字经》、《百家姓》，还以自己的观点讲述政治形势，当然也讲鬼的故事。都领侍总管太监张德安则教给溥仪一些宫中礼节。他们都是他的“奴才”，他可以任意打骂惩罚他们。一个太监不当心踩了博仪的脚，挨了十大板。

宣统退位时，还不满 6 周岁，刚开始读书。民国通行新式学校，按理说，他该和其他儿童一样到学校去读书，可是他不能。民国虽然徒有其名，但新东西也不少，新名词、新口号、新穿着、新花样……是封建皇宫里没有的，对他来说是禁区，不能学，不能用。他没有这种自由。因为他有尊号，太后和太妃以及生身父母把他关在紫禁城里，要他装皇帝。溥仪退位仍在宫中的时候仍用宣统纪年，有内务府、宗人府、慎刑司，有内监，故臣赠谥，不改衣冠，触犯王法者由慎刑司处治。紫禁城里的“小朝廷”，完整地保持着清朝的一切祖制家法、陈规陋习和穷奢极欲的生活方式。

紫禁城内外，依旧驻有大批护军，其森严气氛不减当年。满蒙王公、旧臣、遗老、“遗少”以及活佛们，照例入宫向溥仪跪拜叩头，甚至中华民国北京政府的文武官员、著名新文化人士，进宫也口称“皇上”，以得溥仪的召见、赏赐为荣。袁世凯对小朝廷仍然效忠，于民国二年元旦派人给溥仪拜年；隆裕太后于 2 月 22 日去世，袁世凯通电吊唁，全国下半旗致哀。溥仪回忆说：“中华号称为民国，人类进入了二十世纪，而我仍然过着原封未动的帝王生活，呼吸着十九世纪遗下的灰尘。”

他在大学士陆润庠和侍郎陈宝琛辅导下学习汉文，在都统伊克坦教导下学习满文，在庄士敦指导下学习英文。除了读书外就是恶作剧了。他在《我的前半生》中说：“我在童年，有许多古怪的嗜好，除了玩骆驼、喂蚂蚁、养蚯蚓、看狗打架之外，更大的乐趣是恶作剧。”譬如他曾想用藏有铁砂的鸡蛋糕给太监吃，用铅弹向太监窗户打。他的一次恶作剧是给弟弟溥杰送了一大包东西，并令人把这个大包送到醇亲王府。溥杰很高兴地一层层打开，直到剩下像小火柴盒那么大，才发现里面是一块粪便。

溥仪用饭是在东暖阁，每餐饭菜摆三四张八仙桌，菜六七十种，另外四位太妃送来二十几种，米饭三四种，小菜十几种，粥五六种，实际溥仪只吃前面的几种。溥仪不愿吃那上供的饭菜，倒喜欢吃太监们的馅饼，有时过去抢一块吃。某次到太监那儿吃了六张春饼，太监怕他消化不了，两个太监提着他像打夯似的往地上蹾，说是可以助消化。

这位“皇帝”也挨过饿。6 岁时有一次吃栗子过多病倒了。有一个多月时间，愚昧的太后只许他吃糊米粥。溥仪喊饿，因太后有令，无人敢给他加餐，以致他有一次一边喂鱼一边把喂鱼的馒头塞进嘴里。还有一次王府送来贡品，溥仪冲上去打开食盒抢一只酱肘子，下口就咬，被太监夺走。

溥仪和太妃们饮用的茶，是“吴肇祥”茶店专为宫里熏制的，大约 40 两银子一斤。溥仪用的水是从西郊运来的“玉泉水”，一辆插着小黄旗的毛驴车，每天走专门为它启闭的西直门去拉水，这是乾隆帝留下的传统。

穿的也同样考究，从纱到皮毛，只要那个时代有的、最优质的，皇帝都要享用。而且种类齐全，从最薄的纱到最厚的纱，从最短的珍珠毛，到灰鼠、银灰、天马、貂皮，随着气候变化而更换。和饭菜大量做而不吃一样，衣服也是做而不穿。溥仪说：“后妃有分例，皇帝却毫无限制，而且一年到头都在做衣服，做了些什么，我也不知道，反正总是穿新的。”“四执事库”太监专门负责给溥仪取换衣服，什么时候，什么节日庆典，穿什么有定例，按单子改换，如：袍褂一年更换 28 件，从正月十九的青白嵌皮袍褂，换到十一月初一的貂皮褂。这种衣着，华贵无比，但溥仪本人没有选择的自由。至于是否舒适方便他有一段诉说：“皇帝那一身衣服穿起来可麻烦了，鞋子上也有珠子，走起来叮叮当当的。鞋底有厚有薄，最厚的有三四寸高罢，难走极了。”

正月十三是溥仪的生日。这一天溥仪要在乾清宫接受中华民国大总统派来的专使祝寿。祝寿仪式按清廷接见外使办理。溥仪坐在乾清宫宝座上，下边两侧站着佩刀的侍卫。桌上放一个黄色匣子，内盛答辞。专使读完“大中华民国大总统向大清大皇帝问好”之类的祝辞之后，清宫内务府大臣绍英拿出匣中答辞，宣读一遍交溥仪，专使鞠躬退出，礼成。有一年，袁世凯派来祝寿的专使荫昌，因为荫昌原是宣统年间陆军部尚书，所以正式仪式结束后，又行了三跪九叩首礼，口称代表自己向皇上祝寿。

民国四年（1915 年），按祖制，端康太妃等下谕为小溥仪择万年吉地（陵寝所在地），找来风水先生在西陵、泰东陵附近选定墓穴。这年溥仪还不满 10 岁。

第二次登基

民国六年（1917 年）七月一日，溥仪第二次登极当皇帝，这年溥仪刚满 11 岁。复辟，和他的一切生活起居诸事一样，别人怎样说，就怎样做，连说什么话，怎样说，都是别人（师傅）教的。虽不能说全无个人意志，喜怒哀乐尚属于他个人，但政治大事，他绝无自主之权，亦无自主之能。

这次复辟是由中华民国的长江巡阅使、安徽督军张勋一手导演的，康有为也帮了不少忙。

张勋（1854～1923年），原是清朝的江南提督。他始终不承认民国政府，一直留着辫子，他的部队也都和他一样留着辫子，他被称作“辫帅”，他的军队也被叫作“辫子军”。张勋早年的时候参加过中法战争，是个偏将，后来就升成参将，再后来袁世凯做了大总统就一直跟着袁世凯。1913年，他因率军镇压孙中山发动的二次革命有“功”，被袁世凯提拔为长江巡阅使，统率2万军队驻扎在徐州一带。1916年袁世凯称帝败亡后，北京政府大总统是黎元洪，国务总理为段祺瑞。他们之间矛盾重重，被称为府院之争。民国六年围绕着对德宣战问题，府院之争不可开交，政局动荡不已。张勋遂乘机联络前清遗老遗少及保皇党人康有为等，积极为复辟作准备。

正好此时黎元洪、段祺瑞都拉拢张勋。张勋掩之再三，最后决定应黎元洪之请，用调停时局的名义北上。1917年5月，因是否解散国会问题，大总统黎元洪和国务总理段祺瑞争持不下。黎下令解除段的职务。段到天津后，即策动北洋各省督军在徐州集会示威。会后，一些省宣布独立，不承认北京政府。黎元洪被迫召张勋入京调解。

张勋以调解黎、段冲突为名，带领3000军队于6月14日入京。张勋进京以后就去叩见当时住在紫禁城的宣统皇帝爱新觉罗·溥仪。1917年6月30日晚，张勋进入清宫，召开“御前会议”，张勋对宣统说了复辟的意思，宣统皇帝当时只有十几岁，他回答说年龄小，恐怕难当大任，张勋就说当年康熙8岁登极，也不照样做了一番事业嘛，宣统就说那就勉为其难吧。深夜，张勋派兵占据火车站、邮电局等要地，同时派人劝黎元洪“奉还大政”。7 月 1 日凌晨，张勋穿上清代的朝服朝冠，率领康有为等群党，拥 12 岁的溥仪登极。当天发布八道上谕，把民国六年改为宣统九年，恢复清末官制，封官受爵：封赠黎元洪为一等公，任命张勋、王士珍、陈宝琛、梁敦彦等为内阁议政大臣，万绳式、胡嗣瑗为内阁阁丞，梁敦彦、王士珍、张镇芳、雷震春、萨镇冰、朱家宝、詹天佑、沈曾植、劳乃宣、李盛铎、贡桑诺尔布为外务、参谋、度支、陆军、海军、民政、邮船、传、学、法、农工商、理藩等部大臣，徐世昌、康有为为弼德院正副院长，还任命了各部尚书和督抚。

复辟后，溥仪每天一半时间在毓庆宫听老师的唠叨，不是读书，是接受指导。其余的半天，披阅待发的上谕和内阁官报，接受叩拜，或欣赏蚂蚁倒窝，玩骆驼。总之，少部分出乎孩子的天性，大部分参与傀儡的活动。

不过，紫禁城里的确“繁荣”了一阵子，热闹了一阵子。一时间，京城的大街小巷又都挂起了龙旗。老百姓受张勋之命，悬挂龙旗，有的甚至用纸做的龙旗应付。清朝袍褂、发辫，都成了畅销货。清室王公遗老们，抢购朝服，定制马尾假发辫，穿戴上大摇大摆地出入宫门，招摇过市。师傅们精神倍增，忘乎所以。大总统黎元洪在宣统复辟之后，坚持不退出总统府，陈宝琛竟然要溥仪赐他自尽。倒是溥仪心地善良，没有见利忘义，回答师傅说：“我刚一复位，就赐黎元洪死，这不像话。民国不是也优待过我吗?”太妃们乐得不知如何是好，几乎天天都去神佛面前烧香。内务府的官员们穿戴得特别整齐，嫌人手不够，又增加了几个人。他们兴奋的不是大清“恢复”江山，而是自己恢复失去的天堂。

复辟消息传出后，全国舆论一致声讨。孙中山在上海发表讨逆宣言，并命令各省革命党人出师讨逆。各大城市群众团体、社会名流，纷纷集会，发表通电，坚决反对复辟，要求讨伐张勋。黎元洪拒绝与复辟分子合作，逃入日本使馆避难。握有军事实力的段祺瑞借助全国反对复辟的声势和日本政府的财政支援，于 7 月 3 日在天津附近的马厂组成“讨逆军”，誓师讨伐张勋。“讨逆军”很快攻入北京，张勋的辫子军只有 3000 人，一触即溃。7 月 12 日，张勋仓皇逃入荷兰使馆。次日溥仪再次宣布退位，只坐了 12 天龙椅又下了台。段祺瑞于 7 月 14 日到北京，重掌政府大权。

溥仪大婚

溥仪于民国十一年结婚。那时，他刚满 16 岁。早婚是中国封建、半封建社会的普遍现象，宫中尤甚。虽然是退了位、只有尊号的“皇帝”，人们还是盲目崇拜，以做他的妻妾为福为荣。经过王公大臣、太妃们的一番选择及争论，最终由溥仪自己根据照片选定了一后一妃，也就是婉容和文绣。

1922 年 12 月 1 日凌晨，居住在紫禁城中的最后一位皇帝溥仪举行结婚大典。30 日夜间，满蒙王公和遗老旧臣们就已齐集在宫内等候典礼。1 日零时，溥仪穿着袍褂来到乾清宫，派载振，昭煦为正、副使，并派御前侍卫衡永等 8 人随行。同时命蒙古亲王那彦图、蒙古郡王贡桑诺尔布、载泽和溥信四个御前大臣，在乾清宫照料一切。

一时，溥仪派人把一柄如意放到凤舆里边，然后由载振押着出发。这顶凤舆比普通轿子大得多，需 16 个人抬；轿顶涂金，正中有一只很大的金凤凰，凤背上有一个小金顶；周围有 9 只小金鸾，嘴里都衔着长长的黄丝穗子。轿围是鹅黄色缎子底，上边绣着蓝色凤凰，抱着红色双喜字，绣工极为精细。

迎娶仪仗队出神武门，以大鼓 100 对及牛角号齐鸣。军警宪机关派来骑、步兵 2000 多人壮威保护。迎亲街道实行戒严，马路两边人山人海。北洋政府及外籍人员来参观者，每人发一铜质徽章才可通行。3 时左右，皇后婉容登舆，由 8 名御前侍卫执藏香在前引导，原班仪仗队护送，经东华门，把皇后迎入乾清宫。婉容皇后下舆，溥仪揭下她的盖头，一同走上喜床，吃“子孙饽饽”，窗外有一个官员用满语高声念诵祝词。宫内另摆下“合卺宴”，有猪羊叉、金银酒、金银膳等。溥仪夫妇只坐一坐就离开了。随后新后又要向东南方坐帐，与溥仪一同吃“长寿面”。婚礼第一天的仪礼结束。

3 日上午，举行“受贺礼”。由于各国驻京使节通过北洋政府的外交部，再三请求要到宫中向溥仪祝贺，遂成立招待处，由庄士敦、梁敦彦任总招待。在景运门外临时搭起了两座大席棚，由北京饭店定购了丰盛的冷食、糕点和法国香槟酒。另外，还准备了 100 余台二人肩舆，供他们来往乘坐。乾清宫外，仍照元旦那样陈列着静鞭和各种乐器，搭一个大牌坊，上面挂着各色彩绸。上午十时，大批驻华使节来到东暖阁，向穿龙袍褂、戴珠冠的溥仪和穿旗袍、梳两把头的婉容行鞠躬礼，溥仪夫妇只是微微点头，表示答礼。

接见了外国使节，溥仪又坐上宝座，接见黎元洪大总统的致贺专使黄开文。黄开文退出，又接见北洋政府文武大员和各省军阀的代表 40 多人。另外，还接见张作霖的代表张景惠以及曹锟、吴佩孚等人的代表，礼毕，请他们吃饭、看戏。接着又鸣鞭、奏乐，人数众多且不少特地从各省赶来的满蒙王公、旧臣遗老向溥仪行三跪九叩礼。典礼结束，所有的驻华使节、王公旧臣和遗老遗少等等，一齐来到景运门外那两座大席棚内，大吃大嚼起来，100 多张大圆桌全被挤满，嘈杂喧笑，一片吃声。

不言而喻，婚礼耗资巨大。当初，溥仪曾提出一切从俭，不要过于铺张的要求。但算来算去，少不了 40 万元。小朝廷内部机构臃肿，用费浩繁，太监为非作歹，盗窃成风。溥仪早些时候曾加以整顿，遣散内监，裁撤机构，削减官员。即使这样，有限的经费还是难以维持小朝廷，内务府空空如洗，民国也拨不出钱来发放积欠的优待费，小朝廷只得向银行抵押宫中文物。抵押的文物大部是咸丰、同治年间的金银器皿，“一共装了四十多个大木箱，还不够，又加上两箱瓷器。”后因无钱赎回，等同拍卖。

可悲的是，隆重、豪华、轰动的婚礼，不曾带给新人幸福，溥仪、婉容、文绣，从结婚的第一天起，都陷入苦闷和困惑之中。

婚后，溥仪在小朝廷中或读书吟诗、作画、弹琴，或捏泥人、养狗、养鹿，有时还到宫外坐汽车，逛大街……过着不知今夕是何年的日子。

三圆皇帝梦

赶出皇宫

不久，许多人觉得“宣统太不安分了”！留溥仪在宫中，就等于给中华民国还留着一条辫子。旧皇宫还会成为复辟势力的大本营。于是，民国十三年（1924年）10月23日，冯玉祥发动北京政变，改所部为国民军，任总司令兼第一军军长。11月4日，民国政府国务会议讨论并通过冯玉祥关于驱逐溥仪出宫的议案。5日，正式下令将溥仪等驱逐出宫，废除帝号。溥仪等成为国民。

溥仪被逼出宫，事情来得突然。北京警备总司令鹿钟麟限溥仪等要在2小时内全部搬离紫禁城。溥仪觉得太匆忙，但鹿钟麟极力催促，声言时限快到，如果逾时不搬，外面就要开炮。王公大臣要求宽限时间，后来鹿钟麟再限二十分钟。内务府大臣绍英入告溥仪，溥仪在修正优待条件上签了字，决定出宫。溥仪交出“皇帝之宝”和“宣统之宝”两颗宝玺。当日下午，从故宫开出五辆汽车，首尾相连地直奔溥仪当年的出生地——醇亲王府北府。这真是应了在宣统登极时说的那句话：“我不挨这儿，我要回家！”现在溥仪回家了！

与日本人勾结

1924年11月5日，溥仪被冯玉祥赶出皇宫，迁醇王府。复辟时的溥仪住在乾清宫，国民政府每年只提供50万元生活费。溥仪住在北府，门外国民军看管着，他不得自由出入。自从溥仪迁到北府，他周围的人对冯玉祥心中没有底，不知将发生什么情况，气氛非常紧张。溥仪的父亲载沣失魂落魄，语无伦次，半点主意也没有，溥仪倒很庄严平静。

事实上，溥仪本来就对王公大臣的禁锢、封锁不满，出宫以后根本不打算在北府久留，拟购裱褙胡同一处房屋，从北府迁出。11月26日，溥仪写给张作霖的信中说：“数年以来，困守宫中，囿于闻见”，乘此出宫后的机会，“拟为出洋之行”，需准备一段时间，“日内欲择暂驻之所，即行移出醇邸。”在力主出洋派各种人物的推动下，溥仪下决心外逃。溥仪与陈宝琛、庄士敦“悄悄地商议了一个计策”，这个计划既对官方保密，也瞒着王爷。但事先与日本使馆取得联系，得到了支持。

伪满洲国登极时的溥仪，身穿所谓“满洲国陆海空军大元帅正装”。

29 日溥仪与郑孝胥、陈宝琛逃往东交民巷的日本使馆。在日本使馆，郑孝胥、罗振玉的态度发生突变，简直视溥仪为他们看管的囚徒。罗振玉对前来看望溥仪的王公遗老们正言厉色地说：“这里不同在北府，每天来的人太多，对于使馆治安上很不相宜。我已和使馆方面谈妥，今后有事要来的，就在星期三、五两日；其他的日子要来，就必须经过使馆方面许可才能进来。”溥仪的情绪很不好，对溥佳说：“我来到日本使馆以后，感觉很不方便，就连院子走走都不随便。”“可是北府也不能再回去了，我一定要想办法离开这里。”

溥仪在日使馆住了近三个月，他决定去日本留学。罗振玉出台唱主角，他和日本使馆书记官池部政次策划，并得到芳泽同意，决定把溥仪送到天津去。他对溥仪说到天津好做出洋准备，溥仪同意了。冯玉祥军队入京后，溥仪曾和他的伴读兄弟溥杰、溥佳秘密商议，如果宫中不能住，即去天津，到早先准备在英租界的住处去。民国十四年（1925 年）年二月二十三日，溥仪向芳泽公使夫妇辞行、道谢，合影留念，然后由专程来京的天津日本总领事馆的警察署长和便衣警察护送，罗氏父子（福葆）陪同，前往天津。

溥仪抵达天津，先在日本大和旅馆住一天。次日，池部夫妇陪婉容、文绣及溥仪在日本使馆的一套人马到天津，移居“张园”。张园占地约 20 亩，中间一座楼房，主人是前清驻武昌第八镇统制张彪。张彪为了表示忠于清帝，坚决不收房费。溥仪在此住了 4 年多。张彪死后，民国十八年（1929 年）七月，溥仪一家搬到陆宗舆的“乾园”，与清朝遗老遗少以及张作霖、段祺瑞、吴佩孚等往来。当时蒋介石正和地方实力派混战，溥仪“静观变化，静待时机”，改“乾园”为“静园”，在此住到民国二十年（1931 年）。去东北之前，他做了 6 年的“寓公”。其间，文绣与他协议离婚，曾经轰动一时。

登极伪满洲国

1931 年，日本帝国主义发动“九一八”事变，侵占了我国东北，这是日本全面侵华的第一步。为了掩人耳目，1932 年，日本在东北成立了伪满洲国傀儡政权，寓居天津的溥仪终于被日本侵略者选中，去长春出任伪满洲国“执政”。

几天前，日本大特务土肥原贤二接到关东军的命令，秘密来到天津，找到住在静园的溥仪，劝诱他去东北，牵头成立由日本人操纵的“满洲国”。他对溥仪说，关东军对“满洲”绝无领土野心，只是“诚心诚意地，要帮助满洲人民，建立自己的新国家”。

这一次，溥仪动心了。爱新觉罗家族的这个后裔，自从被渴望共和的中国民众赶下皇帝宝座，一直留恋他仅仅享受过不足 3 年的无上尊荣。现在，给他提供过庇护的日本人，似乎又给了他一个复辟皇权的机会。他还有几分犹豫，溥仪固然日夜盼望“重登大宝”，但对于建立一个新国家这样的大事，还不敢轻举妄动。于是，他向土肥原刨根问底：“你所说的这个新国家，是个什么样的国家?”

土肥原闭着眼睛撒了一个大谎：“我已经说过是独立自主的，是由宣统皇帝完全做主的。”

溥仪还是没有得到他想要的答案，便说：“我问的不是这个，我要知道，这个国家是共和还是帝制？是不是帝国?”

土肥原含糊其辞地说：“这些问题到了沈阳都可以解决。”

满脑子复辟梦的溥仪却不含糊：“不！如果是复辟，我就去，不然的话，我就不去。”

土肥原立刻顺着他的话说：“当然是帝国，这是没有问题的。”

溥仪这下来劲了：“如果是帝国，我可以去。”

土肥原见目的已经达到，高兴地说道：“那就请宣统皇帝早日动身吧……祝陛下一路平安。”

溥仪没想到，他和土肥原的这次秘密会见，很快就被报纸披露出来。记者一针见血地指出，土肥原此行的目的，是要把溥仪搬到东北去做傀儡。

看了当天的报纸，溥仪在静园召开了一个“御前会议”，要听听一班旧臣的意见。他听着大家激烈的辩论，嘴里没有表态，心里却认为反对他立刻出山的陈宝琛“忠心可嘉，迂腐不堪”。他把社会上对他的规劝和警告，一概置之不顾。

老奸巨滑的土肥原，为了达到目的，又耍了个诡计吓唬溥仪，要让溥仪觉得天津不可久留，坚定去东北的决心。

有一天，溥仪正在听谋臣给他讲帝王之道，突然，贴身侍从祁继忠慌慌张张地跑进来，连声喊道：“不好了！炸弹！两个炸弹!”

溥仪瘫在沙发上，吓得站不起来，好不容易才问明白是怎么回事。原来，刚才有个陌生人送来一筐礼品，说是原东北保安总司令部顾问赵欣伯差他送来的。他放下礼品，匆匆告辞而去。祁继忠按照惯例检查礼品，只见水果筐子里赫然躺着两枚炸弹！静园的居民们惊魂未定，日本军警闻讯赶来，检验炸弹，得出结论：是张学良的兵工厂制造的。

这件事当然是土肥原一手炮制的。祁继忠是日本人收买的间谍，他伙同日本特务，把炸弹放进水果筐里，演出了上面的闹剧。

第二天，土肥原派翻译过来对溥仪说："宣统皇帝不要再接见外人了，还是早些动身吧。"

溥仪想到昨天发生的事情，想到这两天收到的一些恐吓信："如果你不离开此地，当心你的脑袋！"溥仪还想到一件更可怕的事情：祁继忠接到维多利亚餐厅一名茶房打来的电话，告诫溥仪近几天不要去那里吃饭，因为有些形迹可疑的人，好像衣服里藏有电刀，准备刺杀满清末代皇帝。茶房还认出那些人都是张学良派来的杀手。

土肥原一手安排这些圈套，溥仪蒙在鼓里，越想越怕，便对土肥原的翻译说："好！请你尽快安排吧。"

翻译说："遵命！为了陛下的安全，请不要告诉不相干的人。"

一天傍晚，按照日本人的安排，祁继忠把溥仪藏在一辆敞篷汽车的后箱，悄悄开出了静园。土肥原叫日本浪人在天津制造暴乱，掩护他们出逃。他们顺利地通过各个路口，溥仪在一家日本饭店换上日本军装，改乘日军司令部的军车，畅通无阻地到达英租界码头，登上一艘没有灯光的小汽船。船上堆了沙袋和钢板，还暗藏了一大桶汽油。这桶汽油是土肥原专门为毫不知情的溥仪准备的，按照计划，只要溥仪一行被中国军队发现，日本兵就会把它点燃，让溥仪和汽船同归于尽。

危机四伏的小汽船，载着溥仪的复辟梦想，把他送往黯淡的前程。土肥原的阴谋得逞了。溥仪辗转路过旅顺、沈阳，三个月后，溥仪到达长春，就任伪满洲国“执政”。

1934 年 3 月 1 日，在日本导演下，溥仪在长春“称帝”。美国二十世纪福克斯公司在“满洲国”首都新京郊外的杏花村拍摄了溥仪的登极大典。溥仪身穿清朝皇帝的龙袍，举行即位的“郊祭仪式”。

日本关东军与溥仪对用何种方式举行皇帝即位大典的想法大相径庭。关东军承认溥仪是“满洲国皇帝”而不是“大清国皇帝”，因此要溥仪穿“满洲国陆海空军大元帅正装”，而不是清帝的龙袍。双方各不相让，最后决定溥仪先穿龙袍举行登极告天礼，再穿“满洲国陆海空军大元帅正装”，在“勤民楼”举行即位典礼。

东北的 3 月仍然寒风凛冽，大风翻舞着溥仪身上的龙袍，在临时用土堆起来的“天坛”上，溥仪庄严地举行了告天即位的古礼，向天帝禀报自己即位。从这一天始，溥仪不再称“执政”，圆了他的“皇帝”之梦，过上了盼望已久的“天子生活”。即日起，“满洲国”改为“满洲帝国”，年号“康德”。这样，溥仪成了中华民族的败类，成了日本侵略军的傀儡。

走向新生

1945 年 8 月 15 日，日本正式宣布无条件投降，伪满洲国也随之垮台。溥仪在出逃日本的途中，于沈阳机场被苏联伞兵俘虏，后押往苏联。溥仪在苏联渡过了5年的拘留生活。1946年8月溥仪被遣返北京，在“远东国际军事法庭”上作证。1950年，苏联政府把溥仪等一批伪满战犯转交给中国政府。

溥仪在哈尔滨战犯管理所里，经过了一个从疑惧到认罪到接受改造的过程。他初到战犯管理所时，心里充满绝望与恐惧，不相信中国共产党的改造政策，不肯认罪。同时，他处处不肯放下皇帝的架子，拒绝接受改造。对于溥仪这种态度，战犯管理所从各个方面做了大量细致的工作。经过一个时期，溥仪的态度有所转变。1953年，在对战犯罪行进行调查时，溥仪开始逐步认罪。

1956年，我国发展国民经济的第一个五年计划已经胜利在望，为了促进战犯的认罪和改造，人民政府组织他们到东北各地去参观学习，溥仪亲眼看到东北人民在中国共产党的领导下，经过短短的时间取得的伟大成就，受到莫大的教育。之后，他认真接受改造。关押在抚顺战犯管理所的9年中，他彻底放弃了“复辟、中兴、当皇帝”的念头，并盼望能以中华人民共和国公民的身份重返北京与亲人团聚。1959年，中华人民共和国国庆10周年前夕，中华人民共和国政府发布特赦令，溥仪被特赦释放。他终于由一个清朝末代皇帝，被改造成为一个中华人民共和国的公民。

在抚顺战犯管理所改造期间，溥仪由一个衣来伸手的皇帝变成了自食其力的公民。

一个微有寒意的初冬早晨，从东北开来的列车喷吐着大团蒸气，进入落成不久的北京新车站。当一位瘦高个儿旅客出现在车厢门口并大步走上月台时，迎候的人们拥上前去。这位头戴棉帽、身穿崭新棉干部服的人，就是末代皇帝溥仪。

这是1959年12月9日。这一天，这位清太祖努尔哈赤的子孙离开他的出生地北京，已经整整35个年头了。作为一个久离故土的游子，而且在自己的生活道路上走过一段弯路，为全国父老兄弟留下伤痕的溥仪，他那复杂而又沉重的心情是可以想见的。

迎候溥仪的“五格格”韫馨带着溥仪回到前井胡同6号。小宅院打扫得干干净净，溥仪暂居的北房东间也重新布置了，四壁粉刷一新，还新糊了棚纸，窗台向阳的地方摆着盆栽，室内还有玻璃罩装饰花，床上整整齐齐地叠放着新被褥，暖壶、茶杯、毛巾、脸盆等生活日用品样样俱全。当溥仪得知这一切都是北京市民政局的干部和五妹共同布置的、许多生活用品就是民政局送来的、日前中共北京市委统战部部长廖沫沙还到这里来看过的时候，他又一次流下了感激的眼泪。

溥仪的前半生，既当过“关门皇帝”、傀儡皇帝，也当过囚徒、战犯，什么都尝过了，却没尝过“自由”的滋味。他回到北京，只觉得天是那样的湛蓝，人又如此的亲热，吸一口空气都感到心旷神怡。

1960年2月16日，新春佳节刚过，溥仪把这一天视为“幸福生活的开始”。这天，他遵照周恩来的指示，随市民政局专程送行的殷兆玉，来到西山脚下中国科学院植物研究所北京植物园。他并非来观赏花卉，而是来上班！他高兴地写道：“这是我在特赦后第一次参加伟大祖国的社会主义建设，是参加劳动的第一天！”

植物园的两位负责人在办公室热情地接待了这位“末代皇帝”。有位负责人以开玩笑的语气说：“‘皇帝’到我们植物园工作，我们很荣幸啊……”

“现在，我是一个公民，前来报到。”溥仪说着，并极其严肃认真地向植物园的领导递上了介绍信。

1961 年 3 月，溥仪任政协文史资料委员会专员。1964 年担任政协全国委员会委员。工作生活一直很充实，但他从监狱出来时，妻子一死一离，没有了家庭。确切地说，他一入宫就没了家庭，没有过普通人的温暖，没有得到过真正的母爱，也没有真正的夫妻感情。

在植物园，在政协，人们都很关心他的生活。他得了慢性疾病，市民政局、植物园、全国政协等单位的领导，为他寻医治病，他的身体慢慢健康起来。他不会照顾自己的生活，一天到晚丢三落四的。有时枕巾不见了，晚上脱衣服时才发现是早晨穿衣服时把枕巾穿在衬裤和棉裤中间；粮票丢了，他又不好意思讲，只好吃那仅剩的一两粮；雨伞、钱包、存折、刚拿到手的工资……他都丢失过，连那块他怀着深情精心保存的金壳怀表也不例外地“失踪”过，幸亏大家帮忙找回来。他回家时还不止一次误入别人房间……如果有个贤内助，也许可以把他的生活管理起来。毛泽东、周恩来都很关心他的婚事，建议他再婚。溥仪决定接受大家的好意，几经周折，与李淑贤结了婚，婚后二人生活幸福。

溥仪的后半生，接待国内外来访者占去很多时间，参加国家举行的送往迎来的招待会也不少。在与国内外各界人士的接触中，他回答了许多他们关心的事情，他们亲眼看到了他的现状。另有为数更多的人，通过他那本记述前半生的自传及其他人的报道，了解了他的一切。人们发现，在溥仪身上发生了巨变，而溥仪则说，首先是因为中国发生了前所未有的巨变。

1967 年 10 月，溥仪病逝于北京，终年 62 岁，骨灰安放在八宝山革命公墓。

婉容之死

清新脱俗，末代皇后

1905年，内务府大臣荣源的府中诞生了一个女婴，家人给她取了一个非常好听的名字——婉容。1912年2月12日，宣统帝溥仪退位。根据《优待皇室条件》的规定，宣统皇帝的尊号仍继续保留，退位的帝后和皇室成员都居住在紫禁城中。

1922年，婉容已经年满十七岁了，青春迷人，清新脱俗，这一年她被选入宫，册封为皇后，开始了辉煌而又悲凉的一生。然而，据记载，婉容的当选并不是她的美丽与多才，而是因为皇帝溥仪随手在她的照片上画了一个圈，天命如此，人力而不可抗也，注定了婉容的一生凄苦。

溥仪年满十五岁以后，逊清皇室开始为他选立皇后。尽管皇帝逊位，但是帝后的归属问题，仍然引起了激烈的争夺。当时，隆裕太后早已去世，剩下的端康太妃和敬懿太妃都想把自己的亲信立为皇后，并在商议时各执已见，互不相让。最后确定了四个人为候选秀女，并拍了她们的全身照片，让溥仪画圈决定。溥仪看了又看，比了又比，实在分不出哪个更美，于是便拿出铅笔，随便在一张照片上画了个圈。圈住的这位秀女叫文绣，因为她是敬懿太妃的亲信，端康太妃很是不高兴，溥仪又在端康太妃中意的照片上画一个圈，这就是婉容。

这样，溥仪先后画了两个圈，但清制规定皇后只能有一人，最后还是考虑端康太妃的意见，确定婉容为皇后，文绣为妃子。现在看来，婉容的幸运当选却正是她不幸命运的开始。

婉容是我国历史上最后一位得到迎娶皇后礼遇的女性。当时，清朝已被推翻了十一年，中国社会已经进入了民主共和时代，但是末代皇帝婚礼之隆重，较封建社会帝王的婚礼毫不逊色。

1922 年 12 月 1 日，溥仪大婚，同时迎娶了皇后婉容和妃子文绣。因为是中国历史上最后一次皇室的帝婚大典，大婚当天，迎亲的队伍所经之路，均以黄土铺道，沿途观看的群众人山人海。紫禁城内，悬灯结彩，鼓乐齐鸣，迎亲队伍浩浩荡荡，军警、保安林立，军队、鼓吹两班，彩装的汽车队、马车队、洋车队，清室和亲朋好友不计其数。参加婚典的达官显贵，外国要员及中外记者共计数百人。嫆容坐的一顶三十二人抬的金顶凤舆轿子，缓缓地行进着，由东华门入宫，再经景运门至乾清门。溥仪穿戴龙袍，在乾清宫西暖阁等候。当时婚礼场面热烈而隆重，如同大清王朝仍犹存一样。

婉容当上皇后之后，她的父亲被封为承恩公，整个荣源家族都因婉容而获得了实惠和荣誉。

新婚燕尔，短暂甜蜜

新婚过后，溥仪和婉容住在紫禁城，相依相伴，还算和美幸福。这不仅因为婉容有迷人的姿色，还因为她是受过学堂教育的女子，婉容自幼生长于官僚世家，生活条件比较优越。少女时曾在天津一所女子中学读书，学得一些英文，琴棋书画样样都通，算得上是一位才女。婉容入宫后，溥仪曾先后请了两位英文教师为她教授英文，由于基础打得好，她的英文水平提高得很快，还能写些简单的书信。而这时侯的婉容也确实给了溥仪很多柔情，在紫禁城两年多的时间里，她几乎每天都用英文给溥仪写些情意绵绵的信，溥仪也用英文给她回信，并给她起了个美丽的英文名字：伊丽莎白。

婉容是一位受过“五四”洗礼的女性，入宫后仍没有放弃对美和自由生活的追求，她购买了许多新潮服装，将自己打扮得漂亮艳丽。她厌倦紫禁城里囚徒般的生活，渴望观赏城外大自然的美好风光，有几次，她与溥仪两人一起，以探亲为名越出宫墙，乘车在京城的大街兜风，后来还一起到颐和园和玉泉山游玩。两年间，婉容还数次随皇帝出席了一些重大的社交活动，一起参加溥杰的婚礼和醇亲王的寿辰等，是历代皇后都不可能有的殊荣。

婉容爱看外国电影，喜欢吃西餐，会骑自行车，特别是她教会了溥仪吃西餐。开始吃时，婉容手把手地教他如何用刀，如何使叉，以及怎样吃等，后来，溥仪在婉容的影响下，渐渐地迷上西餐了。

1924 年 11 月，溥仪被逐出宫，他带着婉容、文绣住进了天津张园。按照《修正清室优待条件》，溥仪已“永远废除皇帝尊号”，而婉容也随之失去了徒有其名的“皇后”身份。随着时间的推移，溥仪性格上的弱点逐渐暴露出来了，而他生理上的缺陷最终更是导致了文绣提出离婚。

婉容出宫后，精神确实焕发了一阵，她一改宫中的装束，换上了时装旗袍和高跟皮鞋，还烫了头发，再加上她纤柔秀美的音容笑貌，一时成为租界中的“摩登女性”。更使她兴奋的是，天津这座繁华的商业城市给她提供了既时髦又风流的消遣方式：看戏、跳舞、溜冰、玩球……对她吸引力最大的则莫过于到各大百货公司购物，反正有溥仪付钱，她可以无所顾忌地大肆挥霍，以致这种物质刺激后来竟发展成婉容、文绣之间争宠的手段。溥仪后来在《我的前半生》中称之为“竞赛式的购买”，他回忆道：“婉容本是一位天津大小姐，花钱买废物的门道比我多。她买了什么东西，文绣也一定要。我给文绣买了，婉容一定又要买，而且花的更多，好像不如此不足以显示皇后的身份。”当时，寄寓在天津的皇室是靠典当才维持着表面上奢侈的生活，所以这样的日子没过多久，经济上就逐渐不支，当然也就难以继续满足婉容在物质上的虚荣了。

新的环境并没有改善婉容与溥仪的关系，他们之间始终未能建立起普通夫妇间的那种恩爱、真挚的感情。一则因为当时溥仪在遗老们的怂恿下正一心想着复辟，更主要的原因则是他自己后来才领悟到：“我不懂得什么叫爱情，在别人的平衡的夫妇，在我，夫妇关系就是主奴关系，妻妾都是君王的奴才和工具。”虽然遇有应酬时他也让婉容出面，但在溥仪的眼里，婉容只不过是一个应景的摆设。无聊和孤寂使婉容的精神日益颓靡，常常整夜不睡，得了神经衰弱症，而且鸦片瘾也越来越大了。

1931年秋，淑妃文绣因忍受不了不平等待遇而离家出走，最终与溥仪协议离婚，这就是曾在社会上轰动一时的“皇妃革命”。这件事并没有使婉容得意太久，长期以来，她的任性、孤傲已经越来越引起溥仪的不满，这次“皇妃革命”给溥仪带来的烦恼也就更多地迁怒于婉容了。

同年11月，溥仪在日本帝国主义的诱骗和策划下，独自一人秘密离津，逃往东北。直到两个月以后，婉容才由天津到大连，再转至旅顺与溥仪团聚。使她失望的是，这时候溥仪已成为听任日本帝国主义摆布的傀儡，更没想到她自已也随之落入了阴谋的陷阱。1932年3月8日，溥仪在长春就任伪“满洲国执政”，婉容便是“执政”夫人了。

夫妻陌路，红杏出墙

溥仪上任一个多月后，伪执政府就从长春市政公署搬到了新修建的前吉黑榷运局的房子，这里的八栋小洋楼是当时长春最好的建筑物。溥仪亲自为每幢房子命名，婉容和溥仪就住在缉熙楼内，溥仪住楼上西侧，婉容住楼上东侧。婉容对自己执政夫人的生活充满了兴奋，对前途更是满心幻想，但是她很快就发现，自己的一举一动都被监视起来了，她完全没有了自由。她一生悲剧的高潮，也就从来到东北开始，渐渐地婉容对执政府的生活失去了兴趣，对再次身陷牢笼感到懊悔。

婉容开始留恋起在天津时无拘无束的生活，她决定要寻找逃出去的办法，彻底地离开这个人间地狱。

1932年5月，国际联盟派李顿调查团来东北，调查日本帝国主义在中国东北的侵略罪行，婉容乘机派人与代表团中的中国代表顾维钧接触，说她在此生活得很悲惨，一举一动都要受到监视，要求顾维钧帮助她从长春逃走。顾维钧深为感动，但他无能为力，婉容无奈也只好留下来。

1933年的初秋，当时伪满立法院赵欣伯的妻子准备赴日，婉容便托她帮忙东渡。婉容认为，只要她能逃走，就一定会帮助溥仪逃走，可万没想到，此事被当时正在日本的三格格发现，她写信告知溥仪，结果逃跑又成为泡影。从此，婉容再也没有找到逃脱的机会，生不如死的她，便选择了自我毁灭。

1934年3月1日，溥仪在日本帝国主义的操纵下，在全国人民的唾骂声中登上了伪“满洲帝国”皇帝的宝座，年号“康德”。当时，在即位大典中，溥仪并没有安排婉容出席。此后，溥仪在东北担任“皇帝”期间，一切仪式和社会活动都不用皇后的陪同。

婉容在伪满宫中的十几年生活中，当“执政夫人”的两年还算是比较好的。这两年婉容偶尔还能露面，报纸上也常登出她的照片，物质生活也是很舒适的，溥仪每月分给她一千五百元，随着物价上涨增加到三千元。婉容在执政府内有自己的膳房，可谓是荤素凉热五味俱全。随身侍候的人就有四个，两个太监，两个仆妇，还有一位名叫崔慧茀的小姐做她的闺中良伴，教她绘画、刺绣，陪她下棋、弹琴，来消磨无聊的时光。

在当上伪满皇后以后，婉容一心想帮助溥仪完成复辟帝制的大业，她在宫中订了近十份报纸，每天坚持阅读，非常关心国家大事，政治理想宏大。然而，溥仪却完全没有感觉到她的一片良苦用心，反而加强了对她的限制，两人间的关系表面上还是可以的，但在私下里却很少交谈。在睡觉前，溥仪偶尔去她那里坐一下，夜深时便若无其事地走了。婉容的心中充满了无限的冷漠、空虚和寂寞，她心中的这些苦闷又不敢对别人讲，终日被无形的精神压抑和烦恼缠绕着。

婉容虽然在精神上呈病态，但她仍不失为一个俏丽的女子，在身体好些时候，她还是要悉心打扮起来。据 1934 年“帝宫”档案记载，婉容一年内仅单、夹旗袍就做了二十七件，所用的质料不仅有中国传统的丝绸，还有各种花色的日本、印度、法国的上等毛、绸、纱料。她每个月可以有三千元的月例钱，供其衣食之外的花销，她还养了五六只哈巴狗，这些通人性的小动物给了她不少乐趣。

长期有名无实的夫妻生活，对婉容来说是毫无幸福可言的。刚开始时，每当溥仪深夜离去，婉容便独自漫步庭院，睹物伤感，为自己没有欢乐的青春而叹息，觉得这个世界对自己是如此的不公正，每每想到此，就会回想起童年无忧无虑的时光，撒娇在父母的膝下，周围人的称赞，然而，这一切都是那么的遥远了。慢慢地，婉容心中的一丝希望也被时间无情地吞噬掉了，她变得嫉妒、猜疑、愤恨。婉容秉性高傲，曾以荷花自喻，她以为皇帝夜里不与她在一起，一定是跑到淑妃那里去了，其实溥仪是独睡。婉容与文绣的斗争，最后以文绣与溥仪离婚告终。

由于腐朽的宫廷生活过早地伤害了溥仪的身体，使他在青少年时代就从心理上和生理上厌恶女人。有一次，溥仪去大连游玩，一群年轻貌美的姑娘跪在海滩上静候他的光临，不想溥仪见后立刻把负责安排游览的官员痛斥了一顿，这些姑娘立即被赶走了。以后凡是溥仪要去的地方，女人都要事先躲开。

婉容有着极强的虚荣心，她宁可做“挂名妻子”，保持自己的皇后身份，也不想与溥仪离婚。更何况托她之福当上皇亲国戚的父亲和兄长，也绝对不会允许婉容离开溥仪的。然而，婉容毕竟是位有七情六欲的妙龄少妇，通过哥哥和佣妇的牵线，认识了溥仪的随侍祁继忠，两人不久就开始了私通。后来，祁继忠作为伪满将校的后补生，被溥仪送到日本陆军士官学校留学。其后，婉容又与溥仪的另一随侍发生了关系。直到 1935 年，婉容怀孕即将临产时，长期被蒙在鼓里的溥仪才知道了事情的真相。

虽无夫妻情谊，但是溥仪仍旧愤恨无比，他首先把正在日本留学的祁继忠和仍在宫中的那名随侍开除，接着提出与婉容离婚，要废掉皇后，最后这个要求没有被日本人批准。

从此，婉容陷入了悲惨的境地。她天真地希望溥仪能承认这个无辜的孩子，但是遭到了坚决的反对，她曾多次泪流满面地跪在地上哀求溥仪，最后溥仪终于允许孩子出世后送到宫外由哥哥雇保姆抚养。

孩子出生了，长得美丽俊俏，两个大眼睛惹人怜爱，婉容多么想把她留在身边相依为命啊，但这是不可能的，她只好咬着牙让等在门外的佣人把婴儿抱走了。此后，她按月给哥哥支付抚养费，天天都想着能够见到女儿一面。她万没想到的是，自己的孩子刚出世半小时就结束了幼小的生命，并被溥仪让人把她扔到锅炉里火化了。这件事一直瞒着婉容。

分娩以后，婉容被打入冷宫，过起了与世隔绝、离群索居的生活，这一晃就是十年。接连的打击和多年的冷宫生活，不仅重创了婉容的精神，也摧残了她的身体。她不梳洗，不剪指甲，长长的指甲弯到了肉里，整天喜怒无常，已经由一个花容月貌、身材窈窕的皇后变成了一个蓬头垢面、骨瘦嶙峋的活鬼。溥仪对此完全是视而不见，毫无恻隐之心，甚至经常找到各种借口，把婉容甩在宫里不管。冷漠和孤寂的婉容彻底地绝望了，整日以大烟为伴，烟瘾日重，烟毒日深，处在慢性自杀当中。到了伪满末年，她的两条腿已不会走路，需别人架着才能挪动，由于长久关在房子里，本来就有目疾的婉容，眼睛更见不得光亮，要用扇子遮着从扇子骨的缝隙中看人。

沉迷鸦片，精神崩溃

连连的社会动荡给婉容的心灵带来了巨大的冲击，生活变故让她失去了仅有的希望，她绝望地说，为什么别人都得自由，独我不能自由？

当婉容知道自己真正想要的东西时，她却倒在了那个烟榻上，再也没有力气面对这个世界。后来，到了东北，在伪皇宫里专门设了一个吸烟间，每天除了读书写字绘画，就是吸鸦片。

再后来，婉容疯了也自由了。那个像祖父一样内向敏感诗人气质的婉容，那个多才多艺可悲又可爱的婉容，就这么把自己撕碎了，就这么疯了。她吸烟的姿势，她哭嚎的声音，她那一头蓬乱的短发，她那瘦弱不堪的脸，让人为她揪心，也让人为她痛苦。

最后岁月，容迹难寻

1945 年 8 月 11 日，溥仪按照日本关东军的命令，将所谓皇宫迁往通化临江县大栗子沟。8 月 15 日，日本天皇宣布无条件投降，溥仪也宣布再次退位。

不久，溥仪在逃跑时被苏军逮捕押往苏联，婉容和伪宫内府的其他人，先后由大栗子沟逃到临江，在临江又辗转到通化、长春、吉林，被收容在拘留所。这时的婉容已经无药可救，有时唠唠叨叨，有时大哭大闹。这时，多亏善良好心的玉琴照顾她，才使她勉强活下来。

没过多少日子，国民党飞机轰炸吉林。婉容等人被押上火车，在敦化监狱几天后，于 5 月末到了延吉，被收容在延吉法院监狱。延吉监狱很大，一栋房子约有四十个监房，哪一间都满员。婉容的住处是一张二层床，她被放在下床，有时她从床上滚落到水泥地上，一动不动，门口的饭也不吃，大小便失禁，形容枯槁，憔悴不堪。

6 月初，婉容已病入膏肓，不省人事。

1946 年 6 月 20 日上午 5 时许，婉容凄凉地在延吉市与世长辞，时年四十一岁。

婉容的一生是悲剧的一生，而这个悲剧又是无法避免的，她是历史的牺牲品。

全国解放后，溥仪在抚顺战犯管理所经十年改造，于 1959 年特赦，不久到全国政协任文史专员，后与李淑贤结婚。1967 年，溥仪因肾癌去世，骨灰盒最初放在八宝山人民骨灰堂，后移葬于河北易县“华北皇家陵园”。溥仪尚有骨灰可存，而末代皇后婉容却什么也没有，她埋在哪里，至今谁也不知道。

附：宣统帝大事年表

⊙光绪三十四年（1908 年　戊申）

十月，光绪帝病危。光绪帝逝于瀛台涵元殿，年 38。尊慈禧太后为太皇太后。次日，慈禧逝。十一月，溥仪即位于太和殿，以明年为宣统元年。

⊙宣统元年（1909 年　己酉）

十一月，上皇太后徽号为隆裕。

⊙宣统三年（1911 年　辛亥）

三月，兴中会黄兴率革命党人在广州起义，俞培伦、林觉民等死难，起义失败。此次也称黄花岗之役。

四月，清廷借铁路国有名义，将川汉、粤汉铁路收归国有，旋又将铁路修建权卖给英、法、德、美四国银行团，两路所在各省掀起保路运动。七月，溥仪入学，大学士陆润庠、侍郎陈宝琛授读。

八月，革命党人在武昌起义，史称辛亥革命。

十月，伍廷芳、张謇、唐文治劝告摄政王，请赞成共和。载沣缴监国摄政王章，退归藩邸。

十一月，17 省代表开选举临时大总统会于上海，选举孙文为临时大总统，立政府于南京，定国号为中华民国。以 1912 年为中华民国元年。

十二月，袁世凯奏与伍廷芳议，赞成共和，并进皇室优待条件 8 项，皇族优待条件 4 项，满、蒙、回、藏待遇条件 7 项，凡 19 条。皇太后命袁世凯以全权立临时共和政府。溥仪逊位。下退位诏书日为宣统三年十二月二十五日，即中华民国元年（1912）二月十二日。